KB113116

DALE
CARNEGIE

데일 카네기

데일 카네기 지음 · 베스트트랜스 옮김

인간
관계론

How to Win Friends
& Influence People

자기
관리론

How to Stop Worrying
& Start Living

성공
대화론

Public Speaking
& Influencing Men
in Business

DALE CARNEGIE

데일 카네기

데일 카네기 지음 · 베스트트랜스 옮김

인간관계론

How to Win Friends
& Influence People

자기관리론

How to Stop Worrying
& Start Living

성공대화론

Public Speaking
& Influencing Men in Business

더스토리

인간
관계론

자기 관리론

성공
대화론

인간관계론

How to Win Friends
& Influence People

나는 이 책을 어떻게,
또 왜 썼는가?

20세기 초반 35년 동안 미국의 출판사들은 20만 권이 넘는 책을 출간했다. 대부분의 책들은 거의 잘 팔리지 않았고, 많은 책이 적자를 안겨 주었다.

방금 내가 '많은 책'이라고 말했던가? 세계에서 가장 큰 규모의 출판사 중 한 곳의 사장은 내게 자신의 출판사가 75년이나 됐지만 아직도 출간하는 책 여덟 권 중 일곱 권은 적자를 면치 못한다고 고백했다.

그렇다면 나는 왜 무모하게 또 한 권의 책을 쓰려고 할까? 그리고 왜 독자들은 내가 쓴 책을 읽어야 하는 것일까? 두 가지 모두 좋은 질문이다. 이 질문에 대해 소신껏 답해 보겠다.

1912년부터 나는 뉴욕에서 사업가와 전문직 종사자를 위한 교육 강좌를 진행해 왔다. 처음에는 대중연설에 관한 강좌만 진행했다. 이 강좌는 사업상 상담이나 대중연설과 같은 상황을 실제로 체험하면서 강좌에 참여한 성인들이 연설할 내용을 생각해 내고, 좀 더 명확하고 효과적으로 그리고 좀 더 안정적으로 전달할 수 있는 훈련을 하기 위해 계획된 것이었다. 하지만 몇 차례 강좌가 진행되면서 나는 사람들에게 효과적인 연설에 대한 훈련이 필요한 것만큼이나 공적으로든 사적으로든 매일 접하는 사람과 좋은 관계를 맺는 기술에 대한 훈련이 절실히 필요하다는 것을 깨달았다. 또한 나 자신도 그런 훈련이 매우 필요했다. 과거에 내가 요령이나 이해가 부족해서 저질렀던 것들을 생각하면 식은땀이 흐른다. 이런 책을 20년 전에만 볼 수 있었다면 얼마나 좋았을까? 그랬다면 나는 엄청난 혜택을 누렸을 것이다.

사람을 다루는 것은 아마 당신이 직면하는 가장 큰 문제일 것이다. 특히 당신이 사업을 하는 경우라면 더욱 그렇다. 가정주부이거나 건축가 혹은 엔지니어인 경우라 해도 사정은 크게 다르지 않다.

몇 해 전 카네기 교육진흥재단의 후원으로 진행된 연구에서 매우 중요하고 의미심장한 사실 하나가 밝혀졌다. 그 사실은 후에 카네기 기술연구소의 추가 연구를 통해 다시 입증되었다.

이 조사에 따르면 엔지니어링 같은 기술 분야에서도 전문지식 덕분에 경제적 성공을 이루는 경우는 15퍼센트에 불과하고 성격과 통솔력 같은 인간관계의 기술에 힘입어 성공하는 경우가 나머지 85퍼센트를 차지한다고 한다.

수년 동안 나는 매 시즌마다 필라델피아의 엔지니어 클럽, 그리고 미국 전기기사협회 뉴욕 지부를 대상으로 하는 강좌를 진행했다. 그 강좌들에 참여했던 엔지니어들은 통틀어 대략 1,500명 이상이 될 것이다.

그들이 강좌에 참여했던 이유는, 엔지니어링 분야에서 최고 소득을 올리는 사람들이 엔지니어링 관련 전문지식이 풍부한 사람이 아닌 경우가 많다는 것을 다년간의 관찰과 경험을 통해 알았기 때문이다. 가령, 엔지니어링, 회계, 건축 혹은 다른 전문분야의 경우에서도 단순히 기술적인 능력만을 가진 사람은 주급 25~50달러 선의 명목임금만을 주고 고용할 수 있다. 그러나 기술 분야의 전문지식은 물론 생각을 표현하고, 리더십이 있으며 다른 사람들의 열정을 불러일으킬 수 있는 능력까지 두루 갖춘 사람, 이런 사람은 더 높은 보수를 받는 자리에 오를 수 있다.

전성기를 누리던 시절의 존 D. 록펠러John D. Rockefeller는 "사람을 다루는 능력 역시 설탕이나 커피처럼 사고파는 상품이네. 그리고 나라면 세상 어떤 것보다 그 능력을 사는 데 훨씬 더 많은 비용을 치르겠네."라고 말했다.

당신은 이 세상에서 가장 값비싼 능력을 계발하는 강좌를 이 땅의 모든 대학이 개설할 것이라 생각하지 않는가? 그러나 내가 세상 소식에 어두워서인지는 몰라도, 이 글을 쓰고 있는 지금까지도 나는 어떤 대학에서든 성인을 대상으로 하는 이런 종류의 실제적이고 상식적인 강좌를 하나라도 개설했다는 이야기는 들어 본 적이 없다.

시카고 대학과 YMCA 연합학교는 성인들이 정말로 어떤 것을 배우고 싶어 하는지 알아보기 위한 조사를 실시했다. 이 조사에는 2만 5,000달러의 비용이 들었고 2년의 시간이 걸렸다. 마지막 조사는 전형적인 미국 도시라는 이유로 선정된 코네티컷 주의 메리덴에서 이뤄졌다. 메리덴에 거주하는 모든 성인은 면담을 했고, 156개 설문 항목에 대한 응답 요청을 받았다. 설문 항목에는 '당신의 사업 분야 혹은 직업은 무엇인가? 당신의 학력은 어느 정도인가? 당신은 여가시간을 어떻게 활용하는가? 당신의 소득 수준은 어느 정도인가? 당신의 취미는 무엇인가? 당신의 포부는 무엇인가? 당신의 고민은 무엇인가? 당신이 가장 공부하고 싶은 과목은 무엇인가?' 등의 내용이 있었다.

조사 결과, 성인들의 가장 큰 관심사는 건강으로 나타났다. 그리고 그들의 두 번째 관심사는 사람, 즉 타인을 이해하고 그와 좋은 관계를 맺는 법, 타인이 자신을 좋아하게 만드는 법, 타인을 설득시키는 방법에 관한 것이었다.

그래서 이 조사를 진행한 위원회는 메리덴에 거주하는 성인을 대상으로 그러한 내용의 강좌를 진행하기로 결심하고, 그 주제에 대해 실제로 활용 가능한 교재를 부지런히 찾아보았지만 한 권도 발견하지 못했다. 결국 위원회는 성인 교육 분야에서의 세계적 권위자를 찾아가 이런 사람들의 요구를 충족시킬 만한 책이 있는지 물었는데, 돌아온 답은 "없습니다. 성인들이 원한다는 것은 알지만 그들이 원하는 책은 지금껏 쓰인 적이 없습니다."라는 것이었다.

나는 경험상 이 말이 사실이라는 것을 알고 있었다. 나도 인간관계에 관한 실용적인 실행 지침서를 찾기 위해 수년간 노력했지만 찾을 수 없었으니 말이다. 그래서 나는 내 수업에 사용할 책을 직접 쓰기로 결심했고, 그 결과물이 바로 이 책이다. 이 책이 여러분의 마음에도 들었으면 좋겠다.

이 책의 집필을 위해 나는 이 주제와 관련해 신문 칼럼, 잡지 기사, 가정법원 기록, 예전 철학자들의 논문과 현대 심리학자들의 논문 등 내가 찾을 수 있는 모든 글을 읽어 보았다. 또한 자료조사 전문가를 고용해 1년 반 동안 여러 도서관에서 내가 놓치고 지나친 모든 것을 읽고 심리학과 관련된 두터운 전문서적들을 탐독해 나갔다. 또 수백 개의 잡지 기사를 검토하고, 셀 수 없이 많은 전기를 살피며 모든 시대의 위대한 지도자들이 어떻게 사람을 다뤘는지 규명하려고 노력했다. 우리는 율리우스 카이사르Julius Caesar부터 토머스 에디슨Thomas Edison에 이르기까지 전 시대에 걸친 위인들의 전기도 읽었다. 내 기억에 우리는 시어도어 루스벨트Theodore Roosevelt 한 사람의 전기만 해도 100권 이상을 읽은 것 같다.

우리는 고대부터 현대에 이르기까지 전 시대에 걸쳐 친구를 사귀고 사람을 설득하는 데 사용되었던 모든 실질적인 방법을 찾아내기 위해 시간과 비용을 아끼지 않았다.

나는 개인적으로 성공한 사람 수십 명을 인터뷰하며 그들이 인간관계에서 사용했던 기술들을 찾으려고 노력했다. 그들 중에는 세계적으로 유명한 굴리엘모 마르코니Guglielmo Marconi, 프랭클린 D. 루스벨트Franklin D. Roosevelt, 오언 D. 영Owen D. Young, 클라크 게이블Clark Gable, 메리 픽포드Mary Pickford, 마틴 존슨Martin Johnson도 있었다.

나는 이 모든 자료에 근거해 짧은 강연을 준비했고, 그 강연을 '친구를 사귀고 사람들을 설득하는 법(인간관계론)'이라고 불렀다. 초기에는 진짜로 '짧은' 강연이었지만 지금은 1시간 반짜리 강의로 늘어나 버렸다. 벌써 수 년째 나는 뉴욕에 있는 카네기 연구소의 강좌에서 성인들을 대상으로 매 시즌마다 이 강좌를 진행했다. 강의를 마치면 매번 수강생들에게 나가서 실제 그들의 업무 혹은 사회생활에서 이 시간에 배운 내용을 시험해 보고, 다음 수업 시간에는 각자가 경험하고 성취한 결과를 이야기해 달라고 요청했다.

얼마나 재미있는 과제인가! 자기계발에 굶주렸던 수강생들은 이 새로운 종류의 실험실, 즉 현실에서 활동하는 것에 매료되었다. 현실은 성인들을 대상으로 인간관계를 실험해 보는 세계 최초이자 유일한 실험실이었기 때문이다.

이 책은 우리가 일반적으로 생각하는 '쓴다'라는 개념과는 다른 의미로 집필되었다. 이 책은 마치 아이가 크는 것처럼 새로운 종류의 실험실에서, 수천 명의 성인들의 경험 속에서 성장하고 발전했다.

수년 전 우리는 엽서만 한 종이에 몇 가지 원칙을 인쇄하는 것으로 시작했다. 그다음에는 크기와 내용이 확대되어 엽서보다 조금 더 큰 카드에, 그다음엔 낱장 인쇄물에, 그다음엔 소책자에 인쇄했다. 그리고 15년의 실험과 연구 끝에 이 책이 나오게 된 것이다. 이 책에 나와 있는 원칙들은 단순한 이론이나 추론으로 이뤄진 것이 아니다. 그 원칙들은 마법처럼 작용한다. 이상하게 들릴지 모르지만, 나는 이 원칙들을 사용한 많은 사람이 문자 그대로 획기적인 변화를 경험한 것을 지켜봤다.

일례로 지난 시즌의 강좌 수강생 중에는 314명의 사원을 거느린 한 남자가 있었다. 그는 오랫동안 시도 때도 없이 막무가내로 사원들을 몰아세우고 비난하며 야단쳤다. 친절이나 감사 그리고 격려와 같은 단어는 그의 사전에 없었다. 그런 그가 이 책에서 주장하는 원칙들을 배우고 난 뒤부터 삶의 철학을 대폭 수정했다. 그 결과 그의 회사는 다시금 충성심, 열의, 팀워크 정신이 넘쳐나게 되었다. 314명의 적들이 이제 그와 친구가 된 것이다. 그는 강좌에 와서 자랑스럽게 말했다.

"예전에는 회사에서 제가 지나가도 어느 한 명 인사를 건네는 사람이 없었습니다. 제가 가까이에 가는 걸 보면 일부러 다른 곳을 바라보며 외면하는 사람도 있었고요. 하지만 이제는 그들 모두가 제 친구입니다. 심지어 저희 회사 경비원도 제 이름을 반갑게 불러 주지요."

현재 이 사람은 전보다 더 많은 수익을 내고, 더 많은 여가를 즐기고 있다. 그리고 무엇보다 가장 중요한 점을 말하자면 그가 사업과 가정생활에서 더 큰 행복을 느낀다는 것이다.

셀 수 없이 많은 영업사원이 이 원칙들을 사용해 판매실적을 급격히 신장시켰다. 강의를 들은 많은 영업사원들은 그동안 갖은 애를 써도 성사시키지 못한 거래를 계약하기도 했다. 경영진들은 더 확고한 지위를 얻었고 보수도 더 많이 받았다. 어떤 임원은 이 진리를 적용했더니 연봉이 5,000달러나 대폭 인상되었다고 말하기도 했다.

또 다른 예로, 필라델피아 가스 웍스 컴퍼니의 임원 한 사람은 사람들과 자주 다투고 사람들을 능숙하게 이끌지 못해 좌천될 위기에 몰려 있었다. 그러나 이 강좌에서 훈련을 받고 난 뒤, 그는 위기에서 벗어난 것은 물론 65세의 많은 나이에도 승진과 동시에 더 많은 보수도 받게 되었다. 종강 후 열린 연회에서는 '남편이 이 강좌에 참여한 이후 가정이 더 행복해졌다.'고 말하는 아내들도 헤아릴 수 없이 많았다.

사람들은 자신들이 이뤄 낸 새로운 결과를 보고 자주 놀란다. 그것은 정말로 마법과도 같다. 어떤 때는 감동에 휩싸여 48시간 후 있을 정규 강좌시간을 기다리지 못하고 일요일에 우리 집에 전화를 걸어서 자신이 이룬 성과를 미리 얘기하는 사람도 있었다. 어떤 남자는 지난 시즌 이 원칙들에 관한 강좌에서 큰 충격을 받은 나머지 다른 수강생들과 밤늦게까지 토론을 계속했다. 새벽 3시가 되자 사람들은 자리를 떴지만, 그는 자신의 실수를 깨달은 충격이 너무 컸고, 자신 앞에 펼쳐질 새롭고 풍요로운 세상에 대한 기대감으로 가슴이 벅차 뜬눈으로 밤을 지새웠다. 그는 그날 밤에도, 그다음 날 낮에도, 그리고 그다음 날 밤에도 역시 잠을 이룰 수 없었다.

그는 어떤 사람이었을까? 새로운 이론을 들었다 하면 어떤 것이든 가리지 않고 과시하고 다니는 순진하고 미숙한 사람이었을까? 아니다. 그는 그런 것과는 정반대의 사람이다. 논리적이고 학식 있는 미술품 거래상인 그는 사교계의 유명인사였고, 3개 국어에 능통하며 유럽의 2개 대학에서 학위를 받기도 했다.

이 책의 서문을 쓰는 동안 나는 호엔촐레른 왕가 시절 독일에서 대대로 직업장교를 배출한 명문 귀족가문 출신의 한 독일인으로부터 편지를 받았다. 대서양을 횡단하는 증기선에서 쓴 그의 편지에는 이 원칙들을 적용한 경험이 적혀 있었는데 거의 종교적 열정에 가깝게 그가 고양되어 있음을 알 수 있었다.

또 다른 예로, 뉴욕 토박이이며 하버드 대학교를 졸업한 뒤 큰 카펫 공장을 운영 중인 부유한 남자를 들 수 있다. 그는 '인간관계의 기술에 대해서는 카네기 교육 과정에서 4주간 배운 것이 하버드 대학교에서 4년 동안 배운 것보다 많다.'고 이야기했다. 터무니없는 소리인가? 너무 꿈같은 얘기인가? 물론 이런 말들을 믿고 안 믿고는 여러분 자유에 달렸다.

이쯤에서 나는 엄청난 성공을 거둔 점잖은 하버드 대학교 졸업생한 사람이 1933년 2월 23일 목요일 저녁, 뉴욕 예일 클럽의 600명의청중 앞에서 한 연설을 부연 설명 없이 옮겨 보고자 한다. 하버드 대학교의 유명 교수 윌리엄 제임스William James는 다음과 같이 말했다.

"우리가 가진 능력에 견주어 볼 때, 우리는 단지 절반 정도만 깨어있습니다. 우리는 육체적, 정신적 자원의 극히 일부분만을 사용하고있을 뿐입니다. 이를 더 넓게 일반화해 보면, 인간 개개인은 자신의한계에 한참 미치지 못하는 삶을 살고 있는 것입니다. 인간에게는 습관상 사용하지 않고 있는 다양한 종류의 능력들이 있습니다."

이 책의 유일한 목적은 바로 당신 안에 잠자고 있는, '습관상 사용하지 않는' 당신의 자산을 발견하고 개발함으로써 이익을 얻을 수 있게 돕는 것이다.

프린스턴 대학교의 총장이었던 존 G. 히번John G. Hibben 박사는'교육은 살면서 벌어지는 여러 상황에 대처하는 능력'이라고 말했다.만약 이 책의 3장까지 읽고서도 살면서 벌어지는 여러 상황에 대처하는 당신의 능력이 조금이라도 발전하지 않는다면 나는 당신에게만큼은 이 책이 완전히 실패했다고 인정하겠다. 영국의 철학자 허버트 스펜서Herbert Spencer의 말처럼 '교육의 가장 큰 목표는 지식이 아니라 행동'이고, 이 책은 바로 행동의 책이기 때문이다.

데일 카네기

이 책으로 최대의 효과를 얻기 위한
아홉 가지 제안

1. 당신이 이 책으로 최대의 효과를 얻고 싶다면, 그 어떤 원칙이나 기술과 비교할 수 없을 만큼 중요하고 필수불가결하게 갖춰야 할 조건이 하나 있다. 이 한 가지 기본적인 조건을 갖추지 못한다면 학습 방법에 관한 수천 가지의 규칙은 모두 무용지물이 되겠지만, 그것을 갖추고 있다면 이 책에서 제안하는 바를 읽지 않고도 놀라운 성과를 얻을 수 있을 것이다. 그렇다면 그 마법 같은 조건은 무엇일까? 단순하다. 배우고자 하는 진지하고 적극적인 욕구, 사람을 다루는 자신의 능력을 향상시키려는 강한 결의다. 그렇다면 어떻게 하면 그런 욕구를 키울 수 있을까? 지금 배우는 이 원칙들이 당신에게 얼마나 중요한지를 계속 상기하면 된다. 사회·경제적으로 더 나은 보상을 받기 위해 그 원칙들을 숙달하는 것이 경쟁사회 속에서 당신에게 얼마나 큰 도움이 될지 마음속에 그려라. 그리고 자신에게 이렇게 되뇌라.

   "나의 인기, 나의 행복, 나의 수입은 사람을 다루는 내 기술에 따라 좌우된다."

2. 전체적인 내용을 파악하기 위해 처음에는 각 장을 빠르게 읽으라. 그러고 나면 아마 다음 장으로 빨리 넘어가고 싶은 충동이 들겠지만, 그 유혹을 뿌리쳐야 한다. 이 책을 단순히 재미삼아 읽는 것이 아니라면 말이다. 인간관계에 대한 당신의 능력을 향상시키고 싶다면 다시 앞으로 돌아가서 각 장을 정독하라. 장기적으로 볼 때 이

21

방법이야말로 시간을 줄이는 동시에 큰 성과를 얻는 길이다.

3. 책을 읽는 중에 자주 멈추고 지금 당신이 읽고 있는 내용을 깊이 생각하라. 그리고 당신이 책에서 읽은 각각의 제안을 언제 어떻게 활용할 수 있을지 자신에게 물어보라. 토끼를 쫓는 사냥개처럼 앞만 보고 달리는 것보다는 이런 식의 독서가 훨씬 도움이 될 것이다.

4. 빨간 색연필이나 연필, 만년필을 손에 들고 책을 읽으라. 그리고 당신이 활용할 수 있는 제안을 책에서 발견하면 그 옆에 표시하라. 만약 그 내용이 정말 중요한 것이라면 밑줄을 긋거나 별표를 해 두라. 책에 표시하거나 밑줄을 그으면 독서가 좀 더 흥미로워지고, 다시 훑어보기도 쉽다.

5. 나는 거대 보험회사에서 15년간 매니저로 일한 사람을 알고 있다. 그는 매달 자신의 회사가 판매하는 보험상품의 계약서를 읽는다. 실제로 그랬다. 그는 매달, 매년 똑같은 계약서를 계속해서 읽었다. 그 이유가 무엇일까? 오랜 경험을 통해 그는 그렇게 하는 것만이 계약서 조항을 분명하게 기억하는 유일한 방법이라는 것을 깨달았기 때문이다.

한때 나는 대중연설에 관한 책을 쓰는 데 2년 정도가 걸렸다. 그런데도 나는 내가 썼던 내용을 기억해 내기 위해 이따금씩 그 책을 들춰 봐야 한다는 사실을 깨달았다. 인간이 망각하는 속도는 정말 놀랍다. 그러므로 이 책을 통해 실제적이고 지속적인 효과를 보고 싶다면 한 번 읽은 것으로 충분하다고 생각하지 말라. 책을 꼼꼼히 읽고 난 뒤에도 매달 몇 시간 정도는 다시 읽어 봐야 한다. 당신 앞에 있는 책상 위에 이 책을 두고 자주 훑어 보라. 이제 곧 실현될 당신의 높은 개선 가능성을 끊임없이 마음에 새기라. 이 원칙들이 완전히 몸에 배어 습관적으로, 또 무의식적으로 나오게 하는 것은 지속적이고 적극적인 재검토와 일상에서의 활용을 통해서만 가능하다는 것을 명심해야 한다. 다른 방법은 없다.

6. 버나드 쇼Bernard Shaw는 언젠가 이렇게 말했다. "당신이 누군가에게 무엇인가를 가르친다면 그 사람은 결코 아무것도 배우지 못한다." 그의 말이 옳다. 배움은 능동적인 과정이다. 사람은 행함으로써 배운다. 그러므로 당신이 이 책에 있는 원칙들을 완전히 익히고 싶다면 실행에 옮겨야 한다. 기회가 있을 때마다 이 규칙들을 적용하라. 그렇게 하지 않으면 금세 모두 잊어버리게 된다. 오직 활용된 지식만이 기억에 남는다. 당신은 여기에 나온 제안들을 실생활에 항상 적용하는 것이 어렵다는 사실을 알게 될 것이다. 물론 나는 이 책을 쓴 사람이니 그 내용들을 잘 알고 있지만, 그런 나조차도 제안들을 전부 적용하기란 어려운 일이라고 종종 느낀다. 가령, 기분이 나쁠 때는 상대방의 입장에서 생각하는 것보다 상대방을 비판하고 비난하는 것이 훨씬 쉽다. 칭찬하는 것보다 잘못을 지적하는 것이 쉬운 경우도 굉장히 많다. 상대방이 원하는 것보다 내가 원하는 것에 대해 이야기하는 것이 훨씬 자연스럽다. 그 외에도 이와 비슷한 경우는 많다. 그러므로 이 책을 읽을 때는 단순히 정보를 얻기 위해 읽고 있는 것이 아님을 명심하라. 당신은 새로운 습관을 형성하려고 노력하는 중이다. 그렇다. 당신은 새로운 삶의 방식을 시도하는 중이고, 그것은 시간과 인내 그리고 끊임없는 실천을 요구한다. 그러니 이 책을 자주 펼쳐 보고, 인간관계에 관한 실행지침서

라 여겨라. 그리고 당신이 아이를 돌보거나, 자신의 생각대로 배우자를 설득하거나, 화난 고객을 만족시켜야 하는 것처럼 구체적인 문제에 부딪힐 때마다 나오는 자연스럽고 충동적인 반응을 자제하라. 그런 반응은 통상적으로 잘못된 것이기 때문이다. 대신 이 책을 펼쳐 밑줄 그은 구절을 다시 읽어 보고, 새로운 방식을 적용한 뒤 어떤 경이로운 결과가 생기는지를 지켜보라.

7. 배우자나 자녀, 직장 동료에게 당신이 이 원칙들을 어기는 것을 들킬 때마다 벌금을 내겠다고 제안하라. 이 규칙들을 익히는 것을 즐거운 게임으로 만들라.

8. 월스트리트에 있는 한 일류 은행의 은행장은 내 강좌 수강생들에게 그가 자기계발을 위해 사용했던 매우 효과적인 방법을 이야기해 주었다. 그는 정규 교육을 거의 받지 못했지만 미국에서 없어서는 안될 만큼 중요한 금융 전문가가 되었다. 그리고 그의 말에 따르면 그의 성공은 자신이 개발한 시스템을 끊임없이 적용했기 때문이라고 했다. 그가 늘 해 왔다는 방식을 내 기억이 허락하는 한 되도록 정확하게 아래에 적어 보겠다.

"오래전부터 나는 약속을 확인할 수 있는 메모용 수첩을 가지고 다녔습니다. 가족들은 토요일 저녁에는 나를 위해 어떤 계획도 세우지 않았죠. 왜냐하면 내가 스스로를 반성하고 내 행동들을 돌아보며 칭찬할 것은 칭찬하는 등 깨달음을 얻기 위해 그 시간을 바친다는 것을 알고 있었기 때문입니다. 저녁식사 후 나는 혼자서 약속이 기록된 수첩을 펼쳐 놓고 한 주간 있었던 모든 면담, 토론, 회의에 대해 숙고했습니다. 그리고 제 자신에게 물었습니다. '그때 나는 어떤 실수를 저질렀는가?' '내가 제대로 했던 일은 무엇인가? 또 어떻게 했다면 더 잘할 수 있었을까?' 이번 경험을 통해 내가 얻을 수 있는 교훈은 무엇인가?'

주말에 이런 반성을 하고 나면 우울해지는 경우도 많았습니다. 내가 저지른 터무니없는 실수들 때문에 깜짝 놀라기도 했죠. 물론 해가 거듭될수록 실수는 줄어들었고, 요즘에는 검토가 끝난 뒤면 가끔 우쭐해질 때도 있습니다. 수년간 지속된 자기분석, 자기계발을 하는 이 시스템은 내가 지금껏 시도한 어떤 방법보다도 큰 도움이 되었습니다. 이 방식은 나의 결단력 개선뿐만 아니라 사람들과의 모든 만남에 있어서도 큰 도움을 주었습니다. 여러분에게도 이 방식을 강력히 추천합니다." 이 책에서 제시하는 원칙들을 적용하면서 이런 검토 방식을 사용해 보는 것은 어떨까? 그렇게 한다면 다음과 같은 두 가지 성과를 이룰 것이다.

첫째, 당신은 돈으로 살 수 없는 흥미로운 교육 과정에 참여하고 있음을 발견하게 될 것이다.

둘째, 당신은 사람을 만나고 사귀는 당신의 능력이 짙푸른 월계수 잎처럼 왕성하게 성장함을 알게 될 것이다.

9. 이 책의 뒷부분에는 당신이 이 책에서 이야기하는 원칙들을 적용하면서 거둔 성공에 대해 기록해야 하는 빈 페이지들이 있다. 기록 내용은 구체적이어야 한다. 이름, 날짜, 결과를 적어라. 이렇게 기록하면 더 노력해야겠다는 생각을 하게 될 것이다. 그리고 지금으로부터 몇 년 후 어느 날 저녁에 우연히 이 기록을 펼쳐 보게 된다면, 얼마나 놀라운 감정을 느끼게 되겠는가!

이 책으로 최대의 효과를 얻기 위한 아홉 가지 제안

1. 인간관계의 원칙을 익히겠다는 진지하고 적극적인 욕구를 가지라.

2. 다음 장으로 넘어가기 전에 각 장을 두 번씩 읽으라.

3. 읽는 중에도 자주 멈추고 책에서 이야기하는 제안을 어떻게 실제로 적용할 것인가에 대해 스스로에게 물으라.

4. 중요한 구절을 발견하면 밑줄을 그으라.

5. 다 읽은 후에도 매달 이 책을 다시 읽으라.

6. 기회가 생길 때마다 이 책에 나온 원칙들을 적용하고, 이 책을 일상의 문제들을 해결하는 실행지침서로 활용하라.

7. 이 책에서 이야기하는 원칙들을 당신이 어길 때마다 벌금을 내겠다고 주위 사람들에게 이야기함으로써, 게임을 하듯 즐겁게 배우라.

8. 매주 당신이 얼마나 진전했는지를 체크하라. 어떤 잘못을 했는지, 어떤 발전이 있었는지 그리고 미래를 위해 어떤 교훈을 깨달았는지 확인하라.

9. 이 책 뒤에 있는 빈 페이지에 당신이 이 책에 나온 원칙을 언제, 어떻게 적용했는지 기록해 나가라.

사람을
다루는 데 필요한
기본 원칙

꿀을 얻으려면 벌집을 건드리지 말라

인간관계의 핵심 비결

이대로 하면 세상을 얻을 것이나, 하지 못하면 외로운 길을 가리라

1

꿀을 얻으려면 벌집을
건드리지 말라

1931년 5월 7일, 뉴욕에서는 전례를 찾아볼 수 없이 세상을 떠들썩하게 했던 범인 검거 작전이 펼쳐지고 있었다. 몇 주 동안이나 경찰의 수사망을 피해 도망 다니던 일명 '쌍권총 크로울리'가 웨스트 엔드 애비뉴에 있는 정부(情婦)의 아파트에 숨어 있다가 체포되기 일보직전이었다. 그는 술도 마시지 않고 담배도 입에 대지 않는 사람이었지만 총으로 사람을 죽인 살인범이었다.

150명의 경찰과 형사들은 범인이 숨어 있는 맨 위층을 포위했다. 경찰은 지붕에 구멍을 뚫고 최루가스를 넣어 '경찰 살해범 크로울리'를 집 밖으로 끌어내는 작전을 펼쳤다. 주변 건물에는 기관총들을 배치해 두었다. 뉴욕의 훌륭한 주거지역 중 하나인 이곳에서는 권총과 기관총의 요란한 소리가 1시간 이상 계속되었다. 두툼한 의자를 방패 삼아 숨어 있던 크로울리는 경찰들을 향해 쉴 새 없이 총을 쏘아댔고, 1만여 명의 격앙된 시민들이 그 총격전을 지켜보았다. 이제껏 뉴욕 거리에서 전혀 볼 수 없었던 사건 현장이었다.

크로울리가 체포되었을 때, 당시 뉴욕 경찰국장직을 맡고 있던 E. P. 멀루니는 이 쌍권총의 무법자가 뉴욕 역사상 가장 위험한 범죄자 중 한 명이라고 발표했다. 국장은 '그는 사소한 일로도 살인을 할 수 있는 사람'이라고 말했다.

그러나 '쌍권총 크로울리'는 자신을 어떻게 생각하고 있었을까? 자신이 숨어 있던 아파트에 경찰이 사격을 가하는 동안 그는 '관계자 여러분께'로 시작하는 편지를 썼다. 편지를 쓰는 동안 그의 상처에서 흘러나온 피는 편지에 붉은 핏자국을 남겼다. 이 편지에서 크로울리 는 말했다. "내 안에는 지친 마음이 있다. 그러나 그것은 선한 마음이 다. 그 마음은 어느 누구도 해치고 싶어 하지 않는다."

이 사건이 발생하기 며칠 전, 크로울리는 롱아일랜드의 한적한 시 골 길에 차를 세우고 애인과 애무를 하며 즐거운 시간을 보내고 있었 다. 그런데 갑자기 경찰이 주차된 그의 차로 걸어와 이렇게 말했다. "면허증을 제시해 주십시오." 그러자 크로울리는 한마디 대꾸조차 하지 않고 경찰에게 총을 마구 쏘아 댔다. 경찰이 쓰러지자 크로울리 는 차에서 내려 경찰의 총을 집어 들고 다 죽어 가는 그의 몸에 또 한 발의 총을 쏘며 확인 사살까지 했다. 그렇게 잔인한 그가 "내 안에는 지친 마음이 있다. 그러나 그것은 선한 마음이다. 그 마음은 어느 누구 도 해치고 싶어 하지 않는다."라고 한 것이다.

크로울리에게는 사형이 선고되었다. 사형 집행 당일 전기의자에 앉은 그는 뭐라고 말했을까? "이건 내가 당연히 받아야 할 벌이다." 라고 했을까? 전혀 그렇지 않다. 그는 "나는 정당방위를 한 것뿐인데, 왜 이런 대가를 받아야 하지?"라고 말했다. 요점인즉슨, '쌍권총 크로울리'는 결코 자신의 잘못을 뉘우치지 않았다는 것이다.

과연 이것이 범죄자들 사이에서 이례적인 행동일까? 만약 그렇게 생각한다면 다음의 말도 한번 들어 봐야 한다.

"나는 다른 사람들에게 즐거움을 주고, 좋은 시간을 갖도록 도우며 내 인생의 황금기를 보냈다. 그런데 내게 돌아온 것이라고는 비난과 범죄자라는 낙인뿐이다."

이것은 알 카포네가 한 말이다. 그렇다. 미국에서 가장 악명 높은 공공의 적이자 시카고의 암흑가를 주름잡던 사악한 갱단 두목인 바로 그 알 카포네 말이다. 그는 자신이 잘못을 저질렀다는 생각은 전혀 하지 않았다. 실제로 그는 자신은 독지가이나, 다만 인정받지 못하고 오해받고 있을 뿐이라고 생각했다.

뉴어크에서 발발한 갱단의 총격전에서 무너진 더치 슐츠 역시 마찬가지였다. 뉴욕에서 가장 악명 높은 조직 폭력배의 두목이었지만, 그는 신문 인터뷰에서 자신은 독지가라고 말했다. 그리고 그는 그것이 사실이라고 믿었다.

나는 이런 주제에 대해 뉴욕에서 악명 높은 싱싱 교도소의 소장으로 오래 일했던 워든 로즈와 흥미로운 내용의 서신을 주고받았던 적이 있다. 그는 그 서신에서 다음과 같이 말했다.

"이곳 싱싱 교도소에 수감 중인 범죄자들 중 자기 스스로를 나쁜 사람이라고 생각하는 이는 거의 없습니다. 그들도 당신과 나와 같은 인간일 뿐이고, 그렇기 때문에 스스로를 합리화하고 변명합니다. 왜 금고를 털 수밖에 없었는지 혹은 왜 방아쇠를 당길 수밖에 없었는지, 그들은 수도 없이 많은 이유를 댈 수 있습니다. 그들 대부분은 논리적이든 비논리적이든 그럴싸한 변명으로 자신들을 합리화시키고, 자신들이 저지른 반사회적 행동들을 정당화하려 하며, 결과적으로 자신들은 투옥될 이유가 없다고 강하게 주장합니다."

알 카포네, '쌍권총 크로울리', 더치 슐츠, 그 외 교도소 감방 안의 절망적인 범죄자들이 스스로 아무것도 잘못한 것이 없다고 주장하는 것은 그렇다 치고, 당신과 내가 알고 지내는 주변 사람들은 어떨까?

미국 워너메이커 백화점의 설립자인 존 워너메이커John Wanamaker는 내게 "나는 상대를 꾸짖는 것은 어리석은 짓이라는 것을 30년 전에 알았다. 나는 하느님께서 지적 능력을 모두에게 공평하게 나눠 주지 않으셨다고 애태우기보다는 내 자신의 한계를 뛰어넘기 위해 무척이나 많이 노력했다."라고 고백한 적이 있다.

워너메이커는 이 교훈을 일찌감치 깨달았다. 그러나 나 개인적으로는 30여 년간 뚜렷하게 알 수 없는 세상에서 계속 실수를 거듭한 후에야 사람들이란 아무리 큰 잘못을 저지르더라도 100명 중 99명은 그것을 인정하지 않는다는 것을 알게 되었다.

비판은 쓸모없는 짓이다. 이는 사람을 방어적으로 만들며 자신을 정당화하기 위해 안간힘을 쓰게 한다. 비판은 위험하다. 이는 사람의 귀중한 긍지에 상처를 주고, 자신의 가치에 대해 회의를 갖게 하며, 적의만 불러일으키기 때문이다.

독일 군대는 병사들이 불만이 생겨도 그 즉시 불만을 보고해서는 안 된다고 규정한다. 불만이 있는 병사는 일단 하룻밤을 보내며 열을 식혀야 하며, 즉시 보고하는 병사는 처벌받는다. 문명사회라면 이와 같은 법이 반드시 있어야만 한다. 짜증 섞인 목소리로 다그치는 부모들이나 바가지를 긁는 아내들, 꾸짖는 고용주들처럼 타인의 흠을 잡는 데 급급하여 매우 백해무익한 짓을 저지르는 모든 사람들에 관한 법 말이다.

기나긴 역사를 통해 우리는 타인의 허물을 들추고 잘못을 지적하는 비판은 쓸모없는 행동이라는 것을 보여 주는 많은 예들을 볼 수 있다. 그 예들 중에서도 시어도어 루스벨트와 그의 후계자였던 윌리엄 하워드 태프트William Howard Taft 대통령 사이에 벌어졌던 유명한 언쟁을 들 수 있다. 이 언쟁으로 말미암아 공화당은 분열되었고 민주당 후보인 우드로 윌슨Woodrow Wilson이 대통령에 당선됨으로써 미국이 제1차 세계대전에 참전하게 되는 등 세계 역사의 흐름이 크게 달라졌다.

이 예에 대한 역사적 사실부터 간단히 살펴보자. 루스벨트는 1908년 대통령직에서 물러나면서 태프트를 차기 대통령으로 지지했고, 그는 대통령으로 당선되었다.

그다음 루스벨트는 사자 사냥을 위해 아프리카로 떠났다. 하지만 아프리카에서 돌아온 그는 태프트가 보수적인 정책을 전개하고 있는 것에 대해 크게 격노했다. 루스벨트는 그를 규탄하고 차기 대통령 후보 지명권을 얻기 위해 진보적 성향의 불 무스Bull Moose 당을 조직했는데, 그로써 공화당은 분열될 위기에 처하게 되었다. 이런 분위기

속에서 태프트와 그가 소속된 공화당은 선거를 치러야 했고, 결과적으로 버몬트와 유타 단 두 개의 주에서만 승리를 거뒀다. 공화당 창당 이래 최대의 참패였다. 루스벨트는 이에 대한 책임이 태프트에게 있다고 비난했다.

그렇다면 태프트 대통령 자신은 스스로를 책망했을까? 물론 아니다. 그는 눈물을 머금고 이렇게 말했다.

"그 당시 나는 그렇게 할 수밖에 없었네."

누가 비난받아 마땅한가? 루스벨트? 아니면 태프트? 솔직히 모르겠다. 그리고 알고 싶지도 않다. 다만 내가 말하고자 하는 바는, 루스벨트가 아무리 심하게 태프트를 비난했다 하더라도 그것은 태프트로 하여금 자신의 잘못을 시인하게 만들지 못했다는 것이다. 그의 비난은 태프트가 자신을 정당화하고 눈물을 글썽이며 "당시에는 그럴 수밖에 없었네."라는 말만 되풀이하게 만들 뿐이었다.

또 다른 경우로, 티포트 돔 유전 스캔들을 살펴보자. 이 스캔들을 아직도 기억하고 있는 분들이 있을지 모르겠다. 1920년대 초에 발생한 이 사건은 미국 전역을 뒤흔들었고 그 후 몇 년 동안이나 신문 지면에 오르내리며 사회적으로 큰 파장을 일으켰다. 세상 사람들의 기억 속에서 이런 사건은 미국 역사상 유례없는 일이었다. 이 스캔들의 전모를 가감 없이 살펴보자.

미국의 제29대 대통령 워런 G. 하딩Warren G. Harding의 행정부에서 내무장관으로 있던 앨버트 B. 펄은 당시 정부가 소유하고 있었던 엘크 힐과 티포트 돔의 유전 지대 임대에 대한 권한을 가지고 있었다. 그 유전 지대는 앞으로 해군에서 사용할 목적으로 따로 보존되어 있던 지역이었다. 펄 장관이 이 지역에 경쟁 입찰을 허락했을까? 아니다. 그는 일체의 입찰 과정 없이 자신의 친구 에드워드 L. 도헤니와 아주 유리한 조건의 수의계약을 맺고 그것을 건네주었다.

그렇다면 도헤니는 그 대가로 펄에게 무엇을 주었을까? 그는 '대여금'이라는 명목으로 10만 달러를 건넸다. 그런 뒤 펄 장관은 위압적인 태도로 엘크 힐의 인접 지역에서 석유를 채굴 중이던 군소 유전업자들을 쫓아내기 위해 해병대에 출동 명령을 내렸다. 결국 총검에 의해 자신들의 유전 지대에서 쫓겨난 군소 유전업자들은 법정으로 달려갔다. 그럼으로써 10만 달러 티포트 돔 스캔들은 마침내 만천하에 드러났다. 지독한 악취를 풍겼던 이 사건은 하딩 행정부의 붕괴를 초래했고, 전국적인 분노를 일으킴으로써 공화당을 붕괴 위협에 빠뜨렸다. 앨버트 B. 펄은 투옥되었고, 펄은 현직 공직자로서는 전례가 없을 정도의 중형을 선고받았다.

그렇다면 그는 과연 자신의 잘못을 뉘우쳤을까? 절대 그런 일은 없었다. 이 일이 있고 몇 년 뒤 제31대 대통령 허버트 후버Herbert Hoover는 어느 연설에서, 하딩 대통령의 죽음은 친구의 배신으로 생긴 정신적 불안과 고뇌 때문이었다고 말한 적이 있다. 펄 부인이 그 이야기를 들었을 때, 그녀는 의자에서 벌떡 일어나 눈물을 흘리며 주먹을 꽉 움켜쥐고 "뭐라고? 하딩이 펄에게 배신을 당했다고? 말도 안돼! 내 남편은 어느 누구 하나 배신한 적이 없어. 이 집을 황금으로 가득 채워 준다 해도 남편은 나쁜 짓을 할 사람이 아니야. 남편이야말로 배신을 당하고 잔혹한 이에게 끌려가 고통을 받은 희생양이란 말이야!"라고 목청껏 소리쳤다.

인간은 누구나 이렇다. 인간 본성은 아무리 나쁜 짓을 저지르더라도 남을 탓하지 자신을 탓하지 않는다. 모두가 그렇다. 그러니 내일 당신이나 내가 누군가를 비난하고 싶어지면 알 카포네나 '쌍권총 크로울리', 앨버트 B. 펄을 떠올리자. 비난은 집으로 돌아오는 비둘기와 같아서 항상 자신에게 되돌아온다는 것을 명심하자. 그리고 우리가 바로잡거나 비난하고 싶어 하는 사람은 아마도 자신을 정당화하려 할 것이고 외려 거꾸로 우리에게 비난을 퍼부을 것이라는 점을 기억해야 한다. 만일 우리를 비난하지 않는다 해도 점잖은 태프트처럼 이렇게 말하게 만들 뿐이다.

"당시에는 그럴 수밖에 없었네."

1865년 4월 15일 토요일 아침, 에이브러햄 링컨Abraham Lincoln은 포드 극장 앞에서 존 윌크스 부스에게 저격당한 뒤, 길 건너편에 있는 싸구려 하숙집 문간방으로 옮겨져 죽음을 기다리고 있었다.

그는 자신의 몸에 비해 굉장히 작고 가운데가 푹 꺼진 침대에 사선으로 눕혀져 있었다. 침대 머리맡 벽에는 로자 보뇌르Rosa Bonheur의 유명한 그림 〈마시장〉의 싸구려 모사품이 걸려 있었고, 음울한 가스등불의 노란 불빛이 희미하게 흔들리고 있었다. 스탠튼 국방부장관은 링컨의 임종을 지켜보며 다음과 같이 말했다.

"인류 역사상 사람의 마음을 가장 잘 움직였던 사람이 여기 누워 있다."

사람을 다루는 것에 관한 링컨의 성공 비결은 무엇일까? 나는 10

년간 에이브러햄 링컨의 생애를 연구했고《세상에 알려지지 않은 링컨》이라는 책을 쓰고 수정하는 데 꼬박 3년을 바쳤다. 그래서 나는 링컨의 인간성과 가정생활에 대해서만큼은 어느 누구 못지않게 철저히 연구했다고 믿고 있다. 그중에서도 나는 특히 링컨의 사람 다루는 법에 많은 관심을 갖고 연구했다.

그는 비난하기를 즐겼을까? 물론이다. 어떤 깨달음을 얻기 전까지는 그도 그랬다. 인디애나 주의 피전 크리크 밸리에 살던 젊은 청년 시절의 링컨은 다른 이를 쉽게 비난했을 뿐 아니라 상대를 조롱하는 편지나 시를 써서 눈에 띄는 길가에 일부러 떨어뜨려 놓곤 했다. 그리고 이 편지들 중 하나는 누군가로 하여금 링컨에 대해 평생 들끓는 분노를 만들었다.

일리노이 주 스프링필드에서 변호사로 일하기 시작한 뒤에도 링컨은 신문 투고를 통해 상대를 공개적으로 공격하곤 했다. 그러다 한 번은 비난의 도가 지나쳐서 큰 말썽이 생긴 적도 있었다.

1842년 가을, 링컨은 허영심이 강하고 싸우기 좋아하는 아일랜드 정치가 제임스 쉴즈를 조롱했다. 링컨은 〈스프링필드 저널Springfield Journal〉에 익명의 편지를 보내 그를 호되게 풍자했고, 기사를 읽은 사람들은 온통 폭소를 금치 못했다. 예민하고 자존심 강한 쉴즈는 화가 났고, 편지 작성자가 링컨임을 알고는 곧바로 말에 올라타고 그를 찾아가 결투를 신청했다.

쉴즈와 싸우고 싶은 마음이 없었고 결투에도 반대하는 링컨이었지만 그의 도전을 피할 수는 없었다. 자신의 명예가 걸린 문제였기 때문이다. 결투 도구 선택권은 링컨에게 주어졌다. 팔이 길었던 그는 기병대의 장검을 골랐고, 미 육군사관학교 졸업생으로부터 장검을 이용한 결투에 관한 교습도 받았다. 그리고 약속한 결전의 날, 링컨과 쉴즈는 미시시피 강의 모래사장에서 만났다. 그리고 두 사람이 목숨을 건 결투를 시작하려는 순간, 양측 입회인들의 적극적인 중재로 결투는 중단되었다.

이 일은 링컨 생애에 있어 개인적으로 가장 소름끼치는 사건이었다. 이를 계기로 사람을 다루는 기술에 대한 귀중한 교훈을 얻은 그는 그 뒤로 두 번 다시 상대를 모욕하는 편지를 쓰거나 어느 누구도 조롱하지 않았음은 물론, 어떤 일로도 타인을 비난하지 않았다.

미국 남북전쟁이 한창이었을 당시, 대통령이었던 링컨은 포토맥 지구의 전투사령관 자리에 새로운 장군을 몇 번이고 임명해야만 했다. 맥클레런, 포프, 번사이드, 후커, 미드 등 그 자리에 임명되었던 장군들마다 비참한 패배를 거듭했기 때문이다. 북부 측 국민들은 그들을 무능하다고 맹렬히 비난했고 링컨 자신도 절망의 늪에 빠지긴 했지만, 그는 '누구에게도 악의를 품지 말고 모두에게 사랑을 베풀자.'고 마음먹고 있었기에 침묵을 지켰다.

그가 좋아한 인용구 중 하나는 '남으로부터 비판받고 싶지 않으면, 남을 비판하지 말라.'였다. 또한 아내나 다른 이들이 남부 사람들에 대해 나쁘게 이야기할 때도 링컨은 "그들을 비난하지 마세요. 우리도 그들과 같은 상황에 있었다면 그렇게 행동했을지 모르니까요."라고 말했다.

그러나 언제든 타인을 비난할 기회가 끊임없이 있었던 사람 역시 링컨이었다. 예를 하나 들어 보자.

남북전쟁 시 최대의 격전이었던 게티즈버그 전투는 1863년 7월 1일부터 3일까지 사흘간 벌어졌다. 7월 4일 밤, 남측의 로버트 E. 리Robert E. Lee 장군은 폭풍우가 몰려오자 남쪽으로 퇴각하기 시작했다. 패잔병과 다름없는 군대를 이끌고 포토맥 강에 이르렀을 때, 그의 눈앞에는 물이 불어나 건널 수 없는 강이 나타났고 뒤에서는 기세가 하늘을 찌르는 북부군이 쫓아오고 있었다. 덫에 걸린 상황이나 다름없었던 리 장군에게는 빠져 나갈 길이 없었다. 링컨은 그 사실을 알고 지금이야말로 리 장군의 군대를 생포해 당장 전쟁을 끝낼 수 있도록 하늘이 주신 절호의 기회라고 생각했다. 희망에 부푼 그는 미드 장군에게 작전회의를 하지 말고 당장 리 장군을 공격하라고 명령했다. 링컨은 자신의 명령을 전문(電文)으로 보낸 뒤 미드에게 즉각적인 전투 개시를 요구하는 특사까지 파견했다.

그러면 미드 장군은 어떻게 했을까? 그는 그가 받은 명령과는 정반대로 실행했다. 그는 링컨의 공격 명령을 어기고 작전회의를 소집했다. 그는 망설였고, 시간을 지체시켰으며, 이런저런 온갖 변명을 전보로 보냈다. 리 장군을 공격하라는 링컨의 명령을 정면으로 거부한 것이다. 결국 강물은 줄어들었고, 리 장군은 자신의 병력과 함께 포토맥 강을 건너 무사히 퇴각할 수 있었다.

격분한 링컨은 때마침 그 자리에 함께 있던 아들 로버트에게 소리쳤다.

"이런! 도대체 이게 어떻게 된 일이야? 리 장군은 이제 다 잡은 것이나 마찬가지여서 손만 뻗으면 됐는데! 내가 할 수 있는 모든 것을 했음에도 군대를 움직일 수가 없었다니! 그 상황이라면 어떤 장군을 데려다 놓았어도 리 장군의 군대를 이겼을 것이야. 심지어 장군이 아닌 내가 그 자리에 있었어도 말이지!"

엄청난 실망감에 휩싸인 링컨은 자리에 앉아 미드 장군에게 편지를 썼다. 그 편지를 읽기 전에 기억해야 할 것은, 이 시기의 링컨은 극도로 온건하고 조심스러운 말투를 사용했다는 사실이다. 그런 의미에서 보면 1863년에 링컨이 쓴 이 편지는 사실 엄중한 질책에 해당하는 것이다.

친애하는 장군께.

장군께서는 이번에 리 장군을 놓친 것이 얼마나 큰 불행인지 제대로 짐작조차 하지 못하고 있는 듯합니다. 남부의 군대는 궁지에 몰린 상황이었고 최근에 승리했던 북부군의 여세를 몰아갔다면 우리는 이번에 전쟁을 끝낼 수도 있었습니다. 그러나 이제, 전쟁은 언제 끝날지 알 수 없어졌습니다. 지난 4일 밤, 장군께서는 우리에게 유리했던 전투도 제대로 치르지 못했습니다. 그런데 이제는 적군이 강 건너 남쪽에 더 근접한 상황이니 어떻게 작전을 제대로 수행할 수 있겠습니까? 더구나 장군이 그날 보유했던 병력의 3분의 2밖에는 활용하지 못할 텐데 말입니다. 그러기를 기대하기란 어려울 것 같습니다. 저로서는 장군께서 전투를 제대로 이끌어 가실지 염려됩니다. 장군께서는 세상에 둘도 없는, 하늘이 주신 기회를 놓치고 말았습니다. 그 일로 인해 저는 이루 말로 표현하기 힘들 정도로 큰 심적 고통을 받고 있습니다.

미드 장군은 이 편지를 읽고 어떻게 했을까?

그는 이 편지를 읽지 못했다. 링컨이 편지를 부치지 않았기 때문이다. 편지는 링컨 사후 그의 서류함에서 발견되었다.

이건 그저 내 추측에 불과하지만, 이 편지를 쓰고 난 뒤 링컨은 창밖을 내다보며 이렇게 혼잣말을 중얼거렸을지 모른다. "잠깐만. 이렇게 서두르는 게 잘하는 일은 아닐 수도 있겠군. 백악관에 앉아서 미드 장군에게 공격 명령을 내리는 건 쉬운 일이야. 하지만 내가 게티즈버그에 있었다면, 그래서 지난주에 미드 장군이 겪은 것처럼 엄청난 피를 흘리는 부상자들의 신음과 비명 소리를 듣고, 죽어 가는 병사들의 참상을 직접 목격했다면 아마 나도 쉽게 공격을 결정하지 못했겠지. 게다가 미드 장군처럼 성격이 소심한 사람은 더욱 그랬을 거야. 어차피 다 지나간 일, 이 편지를 보내면 내 기분이야 좀 나아질지는 몰라도, 장군은 자기를 정당화하기 위해 애를 쓰며 오히려 나를 비난할 수도 있겠군. 장군이 나에 대한 반감을 가지게 되면 사령관으로서의 직무 수행에도 악영향을 미칠 것이고, 그렇게 되면 장군이 군에서 퇴역해야 할 수도 있어." 그리하여 링컨은 편지를 부치지 않았던 것이다. 쓰라린 경험을 통해 그는 날카로운 비판과 책망이 대부분은 쓸모없다는 것을 알고 있었다.

시어도어 루스벨트의 말에 따르면, 대통령 재임 기간 중 난관에 부딪힐 때면 의자를 뒤로 기대고 벽에 걸려 있는 링컨의 커다란 초상화를 보면서 스스로 이렇게 묻곤 했다고 한다. "링컨이라면 지금 이 상황에서 어떻게 했을까? 그가 나라면 이 문제를 어떻게 해결했을까?"

앞으로 당신이 누군가를 심하게 비난하고 싶어진다면, 지갑에서 5달러 지폐를 꺼내 거기에 새겨진 링컨의 얼굴을 보며 "링컨이 지금 내 입장이라면 어떻게 했을까?"라고 물어보자.

당신은 누군가를 변화시키고, 바르게 개선시키고 싶은가? 좋다! 멋진 생각이다. 나도 그 생각에 찬성한다. 그런데 당신부터 먼저 개선하는 것은 어떨까? 전적으로 이기적인 관점에서 볼 때, 다른 사람보다는 자기 자신을 개선시키는 것이 더 남는 일이다. 게다가 훨씬 덜 위험한 일이기도 하다.

영국의 시인 로버트 브라우닝Robert Browning은 "사람은 자기 자신과의 싸움을 시작할 때 비로소 가치 있는 사람이 된다."라고 말했다. 자신을 완벽하게 만드는 데는 꽤 오랜 시간이 걸린다. 연초부터 시작해도 크리스마스가 되어야 끝날지 모른다. 그렇게 완벽해지면 당신은 연말 연휴를 잘 쉬고 새해부터는 타인을 변화시키고 비판할 수 있을 것이다. 그러나 모든 것은 자신을 먼저 완성한 이후의 일이다. "네 집 앞은 더러운 상태로 옆집 지붕 위에 쌓인 눈을 욕하지 말라."라는 공자님 말씀처럼 말이다.

젊었을 때 나는 사람들에게 강한 인상을 남기기 위해 굉장히 노력하는 편이었는데, 한번은 미국의 중견 작가인 리처드 하딩 데이비스Richard Harding Davis에게 바보 같은 편지를 쓴 적이 있다. 그 당시 문학 잡지의 작가소개란에 실릴 글을 준비하던 나는 데이비스에게 그의 작업 방식에 대해 문의하는 편지를 보냈다. 그런데 그보다 몇 주 전, 어떤 사람이 내게 보냈던 편지 말미에는 '구술 후 읽어 보지 못함'이라는 글귀가 적혀 있었다. 나는 편지를 보내는 사람이 매우 바쁘고 중요한 사람이라는 느낌이 들게 하는 그 글귀에 깊은 인상을 받았다. 그래서 전혀 바쁘지 않았지만 데이비스에게 강한 인상을 주고 싶다는 생각에 나도 그 글귀를 넣어 내 짧은 편지를 마무리 지어 보냈다.

데이비스는 내 편지에 답장을 쓰는 수고를 하지 않았다. 대신 그는 내가 보낸 편지 맨 밑에 '자네의 무례함은 도가 지나치군.'이라고 휘갈겨 쓴 뒤 내게 되돌려 보냈다. 맞는 말이었다. 나는 주제넘은 일을 저질렀고, 그랬으니 그런 질책을 받을 만도 했다. 그러나 나도 인간인지라 몹시 불쾌했고, 그 마음이 얼마나 강했는지 그로부터 10년 정도 지나 데이비스가 세상을 떠났다는 기사를 읽었을 때, 인정하긴 부끄러웠지만 그가 내게 주었던 마음의 상처가 가장 먼저 떠올랐다.

큰 것이든 사소한 것이든 우리가 남의 아픈 곳을 찌르는 비판을 하면 그로 의해 일어난 분노는 수십 년간 사무칠 뿐만 아니라 죽을 때까지 계속 이어질 것이다. 비판이 정당한 것인지 아닌 것인지는 중요하지 않다. 사람을 상대할 때 명심해야 할 것은, 상대가 논리의 동물이 아니라는 점이다. 그는 감정의 동물이고 편견에 가득 차 있으며, 자존심과 허영심에 자극을 받아 행동한다.

비판은 자존심이라는 화약고에 폭발을 일으키기 쉬운 불씨다. 때때로 이 폭발은 죽음을 재촉하기도 한다. 일례로 미국의 레너드 우드 Leonard Wood 장군은 때 이른 죽음을 맞았는데, 그 이유는 그가 비난을 받은 데다가 군대를 이끌고 프랑스 출정을 나가는 것까지 거부당함으로써 자존심에 큰 타격을 입었기 때문이라 여겨지고 있다.

영국의 위대한 소설가 중 한 명인 토머스 하디Thomas Hardy는 감수성이 매우 풍부했는데, 뜻하지 않았던 혹독한 비평을 받은 뒤 영원히 작품 활동을 포기했다. 영국의 천재 시인 토머스 채터튼Thomas Chatterton을 자살로 몰고 간 것 또한 그에 대한 비난이었다.

젊은 시절 사교성 없기로 유명했던 벤저민 프랭클린Benjamin Franklin은 뛰어난 외교적 수완과 사람을 상대하는 능수능란한 기술을 갖춰 프랑스 주재 미국 대사가 되었다. 그의 성공 비결은 무엇이었을까? 이에 대한 그의 대답은 "저는 그 누구에 대한 험담도 절대 하지 않습니다. 대신 제가 아는 모든 이의 장점에 대해 말할 뿐입니다." 였다.

바보들은 타인을 비판하고, 힐난하며, 불평하고 잔소리를 늘어놓는다. 그러나 타인을 이해하고 용서하는 것은 고결한 인격과 자제력을 지닌 사람만이 할 수 있다. 영국의 철학자 토머스 칼라일Thomas Carlyle은 "위인의 위대함은 범인(凡人)을 대하는 태도에서 드러난다."라고 말했다. 사람을 비판하기 이전에 그들을 이해해 보려고 노력하자. 그들이 왜 그런 행동을 하는지 곰곰이 생각해 보자. 그 편이 비판하는 것보다 더 유익할 뿐 아니라 흥미롭기도 하다. 그리고 이렇게 하는 것은 공감, 관용, 친절을 낳는다. '모든 것을 알게 되면, 모든 것을 용서하게 된다.'

위대한 문호 새뮤얼 존슨Samuel Johnson은 "하느님도 사람이 죽기 전까지는 심판하지 않으신다."라고 말했다. 그의 말처럼, 하느님도 살아 있는 자를 심판하시지 않는데 우리야 더 말해 무엇하겠는가?

원칙 1

다른 이들에 대한 비판과 비난, 불평을 삼가라.

2
인간관계의
핵심 비결

누군가에게 무엇인가를 시키는 방법은 오로지 한 가지밖에 없다. 어떤 방법인지 고민해 본 적 있는가? 그렇다. 단 한 가지 방법뿐이다. 그것은 그 사람으로 하여금 그 일을 하고 싶게 만드는 것이다.

명심하라. 이 방법밖에는 없다. 물론 누구나 상대방의 갈빗대에 권총을 들이대고 시계를 내놓으라고 할 수도 있다. 직원들에게 해고 위협을 가하면 돌아서서는 어떨지 모르겠으나 적어도 당신 눈앞에서는 협력하게 만들 수 있다. 회초리를 들거나 위협을 가해 자녀들을 당신이 바라는 대로 행동하게 하는 것도 가능하다. 그러나 이런 강제적인 방법은 전혀 바람직하지 않은 반발만 강하게 야기할 뿐이다.

사람을 움직이려면 그 사람이 원하는 것을 주는 것만이 유일한 방법이다. 당신이 원하는 바는 무엇인가?

20세기의 손꼽히는 심리학자 중 한 명인 오스트리아의 지그문트 프로이트Sigmund Freud 박사는 인간이 하는 모든 행동은 두 가지 동기에 의해 유발된다고 했다. 하나는 성욕이고, 다른 하나는 위대해지고 싶은 욕망이다.

미국의 가장 저명한 철학자 중 한 사람인 존 듀이John Dewey는 이것을 약간 다르게 표현했다. 그는 인간 본성에 있어 가장 강한 충동은 '인정받는 인물이 되고픈 욕망'이라고 했다. 이 말을 기억해 두길 바란다. '인정받는 인물이 되고픈 욕망'은 굉장히 의미심장한 말로, 앞으로 이 책에서 당신이 자주 보게 될 표현이기도 하다.

인간이 원하는 바는 무엇인가? 많은 것들에 힘들어할 수도 있으나, 사람은 자신이 진심으로 원하는 몇 가지만큼은 누구도 막을 수 없을 정도로 강하게 갈망한다. 거의 모든 사람이 가지는 욕구로는 다음과 같은 것들이 있다.

1. 건강과 장수
2. 음식
3. 수면
4. 돈과 돈으로 살 수 있는 것
5. 내세의 삶
6. 성적인 만족
7. 자녀들의 행복
8. 인정받고 있다는 느낌

위의 욕구들은 거의 모두 충족될 수 있다. 단 한 가지를 제외하고. 음식이나 수면에 대한 욕구만큼이나 강하고 중요하지만 쉽사리 충족되지 않는 이것을 프로이트는 "위대한 사람이 되고자 하는 욕구",

듀이는 "인정받는 인물이 되고자 하는 욕망"이라고 표현했다.

링컨이 썼던 편지 중 하나는 "사람들은 칭찬을 좋아한다."라는 글로 시작한다. 윌리엄 제임스는 "인간 본성에서 가장 근본적인 원리는 인정받으려는 갈망이다."라고 말했다. 여기에서 유념해야 하는 것은 그가 '소망', '욕망', '동경'이라는 말 대신에 '갈망'이라는 단어를 사용했다는 점이다.

절대로 참을 수 없고, 결코 사라지지도 않는 것이 바로 인간의 갈망이다. 인간의 이러한 심적 갈망을 제대로 충족시켜 줄 수 있는 소수의 사람들은 다른 이들을 자신이 원하는 대로 움직일 수 있으며, 심지어 장의사조차 그가 죽으면 진심으로 슬퍼할 것이다.

자신의 가치를 인정받는 것에 대한 갈망은 인간과 동물 사이의 가장 중요한 차이점 중 하나다. 가령 내가 미주리의 농가에서 살던 어린 시절에 아버지께서는 우량의 듀록 저지 종(원산지가 미국이고 대형종에 속하는 돼지 품종의 하나_옮긴이) 돼지와 혈통이 좋은 흰머리 소를 키우고 계셨다. 우리는 집에서 키운 돼지와 흰머리 소를 중서부 각지의 품평회와 가축 쇼에 내보냈고, 1등도 여러 번 차지했다. 아버지께서는 1등에게 주어지는 파란 리본을 하얀 모슬린 천에 붙여 놓으셨다가 친구들이나 손님이 오시면 그것을 꺼내 보여 주시곤 하셨다. 상을 자랑하실 때 아버지는 천의 한쪽 끝을 당신이 잡고, 내게 다른 한쪽 끝을 잡도록 하셨다. 돼지들은 자기들이 받은 상에 대해 관심이 없었지만, 아버지는 그렇지 않았다. 그 상으로 아버지는 당신이 인정받은 사람이라는 느낌을 가지셨다.

만약 우리 선조들에게 그런 존재가 되고 싶다는 강렬한 욕구가 없었다면 문명의 탄생은 불가능했을 것이고, 우리는 돼지 같은 하등동물들과 다를 게 없었을 것이다.

배운 것 없고 가난에 찌든 야채 가게 점원이 50센트를 주고 산 가구의 바닥에서 우연히 발견한 법률 책을 공부하게 된 것도 인정받는 존재가 되고 싶다는 욕망 때문이었다. 당신도 아마 이 야채 가게 점원의 이름을 들어 본 적이 있을 것이다. 그의 이름은 링컨이었다.

찰스 디킨스Charles Dickens로 하여금 불멸의 소설을 쓰게끔 영감을 준 것도 이 욕망이었다. 또한 영국의 건축가 크리스토퍼 렌Christopher Wren 경이 석조 건축물을 설계하게 된 것도, 록펠러가 평생 다 쓸 수도 없을 만큼의 엄청난 부를 축적하게 된 것도 바로 이 '인정받는 존재가 되고픈 욕망' 덕분이었다. 사람들이 최신 유행 스타일의 옷을 입고, 신형 자동차를 몰며, 똑똑하고 잘난 자식을 자랑하는 것도 같은 이유에서다.

많은 청소년으로 하여금 폭력 조직에 들어가 범죄를 저지르게끔 유혹하는 것도 이 욕망이다. 뉴욕시 경찰국장을 지낸 멀루니는 이렇게 말했다. "요즘 젊은 범죄자는 대개 자아가 너무나 강해서, 체포된 뒤에는 제일 먼저 자신의 범죄 관련 기사가 큼지막하게 실린 신문을 달라고 요구한다. 그들은 홈런왕 베이브 루스Babe Ruth나 뉴욕 시장인 피오렐로 라과디아Fiorello La Guardia, 앨버트 아인슈타인Albert Einstein, 찰스 린드버그Charles Lindbergh, 아르투로 토스카니니Arturo Toscanini, 루스벨트와 같은 유명인의 사진과 함께 신문의 한 면에 실린 자신의 사진을 보고 기뻐하며, 전기의자에 앉아야 맞이할 끔찍한 형벌은 마치 먼 일처럼 생각한다."

만일 당신이 언제 자신의 존재 가치를 느끼는지 내게 말해 준다면, 나는 당신이 어떤 사람인지 말해 줄 수 있다. 그것은 당신이 어떤 사람인지 결정해 주는 것이자 당신을 이해하는 데 있어 가장 중요한 사항이다. 예를 들어, 존 D. 록펠러는 자신이 한 번도 본 적이 없고 앞으로도 그러할 수백만 명의 불쌍한 중국인을 위해 최신식 병원 설립에 필요한 돈을 기부함으로써 자신의 존재 가치를 느꼈다.

반면 악명 높았던 존 딜린저John Dillinger는 강도 짓을 하거나 은행을 털고 사람을 죽이는 데서 그런 느낌을 가졌다. FBI가 그를 추격할 때, 그는 미네소타에 있는 한 농가에 뛰어 들어가 "나는 딜린저다!"라고 외쳤다. 그는 자신이 공개수배자 리스트의 제일 위에 있다는 사실을 자랑스러워했다. "당신을 해치지 않겠다. 하지만 나는 딜린저다!"라고 그는 말했다.

그렇다. 딜린저와 록펠러 사이의 가장 큰 차이는 그들이 자신이 중요하다는 느낌을 어떤 식으로 성취했냐는 것이다.

유명해진 위인들조차 자신의 중요성을 인정받기 위해 고군분투했다는 흥미로운 사례들은 역사에서도 쉽게 찾아볼 수 있다. 미국 초대 대통령인 조지 워싱턴George Washington조차 '미합중국 대통령 각하'라고 불리길 원했고, 크리스토퍼 콜럼버스Christopher Columbus 역시 '해군 제독 겸 인도 총독'이라는 호칭을 부여해 줄 것을 요청했다. 예카테리나Ekaterina 여제는 '여왕 폐하'라는 칭호를 쓰지 않은 편지는 열어 보지도 않았으며, 영부인 시절의 링컨 여사는 그랜트 장군의 부인에게 "감히 내 허락도 없이 자리에 앉다니!"라고 소리치며 화를 냈다.

미국 백만장자들은 리처드 E. 버드Richard E. Byrd 제독이 1928년에 남극 탐험에 나설 당시 그에 필요한 자금을 지원했다. 거기에는 조건이 하나 달려 있었는데, 산맥을 이루는 빙산들에 자신들의 이름을 붙여야 한다는 것이 그것이었다.

빅토르 위고Victor Hugo는 파리 시의 이름을 자신의 이름으로 바꾸려는 야심을 품었는가 하면, 위대한 문호 윌리엄 셰익스피어William Shakespeare 역시 자신의 가족을 위해 문장(紋章)을 손에 넣음으로써 자신의 이름에 명예를 더하려 했다.

때때로 사람들은 동정심과 관심을 얻기 위해 환자가 되는 것을 자처하기도 한다. 그렇게 해서 자신이 존재 가치가 있음을 느끼고자 하는 것이다. 미국 제25대 대통령 윌리엄 매킨리William Mckinley의 부인을 예로 들어 보자. 그녀는 자신의 존재 가치를 느끼기 위해 대통령인 남편에게 국가의 중요 업무를 미루고 침대 옆에서 자신이 잠들 때까지 몇 시간이고 간호하게 했다. 또한 자신이 치과 치료를 받는 동안에도 남편을 옆에 붙들어 둠으로써 관심받고자 하는 강한 욕구를 충족시켰다. 그러다 한번은 남편이 국무장관 존 헤이와의 약속을 위해 자신을 혼자 병원에 남기고 자리를 뜨자 엄청난 소동을 벌이기도 했다.

간호사로 일한 경험이 있던 작가 메리 로버츠 라인하트Mary Roberts Rinehart는 언젠가 내게, 똑똑하고 활기찬 젊은 여성이 존재 가치를 인정받고 싶어 환자가 된 이야기를 해 주었다.

"어느 날, 이 젊은 여인은 갑자기 어떤 문제에 봉착했어요. 아마도 나이 문제였을 거예요. 나이 때문에 앞으로 자신이 결혼하기란 힘들 것임을 알게 된 거죠. 그녀 앞에는 외로운 날들만이 남아 있었고 기대할 만한 것 또한 거의 없었어요. 그녀는 결국 앓아눕고 말았어요. 그래서 그 후 10년간 그녀의 노모가 3층까지 오르락내리락 식사를 나르며 그녀를 간호했는데, 그 노모마저도 병든 딸 수발에 지쳐 어느 날 세상을 뜨고 말았죠. 몇 주 동안 그녀는 기력이 약해졌지만 어느 날 갑자기 자리를 털고 일어나 옷을 갈아입고서는 다시 예전의 정상적인 삶으로 돌아갔어요."

전문가들의 의견에 따르면, 사람들은 냉혹한 현실 세계에서 자신의 중요성을 인정받지 못하면 환상 세계에서라도 그것을 찾기 위해 실제로 미칠 수 있다고 한다. 미국에는 갖가지 질병으로 괴로워하는 환자들보다 정신병으로 고통받는 환자가 더 많다. 만약 당신이 열다섯 살을 넘겼고 뉴욕에 거주하고 있는 사람이라면, 당신이 인생 중 7년을 정신병원에서 보낼 확률은 5퍼센트에 이른다.

정신이상의 원인은 무엇일까?

어느 누구도 이렇게 광범위한 질문에 답할 수 없다. 하지만 우리는 매독처럼 특정 질병이 뇌세포를 파괴해 정신이상을 일으킨다는 것을 알고 있다. 실제로 모든 정신질환의 절반은 뇌 손상, 알코올, 약물, 외상과 같은 신체적 원인에서 유발된다고 볼 수 있다. 그러나 섬뜩하게도 나머지 절반은 분명 뇌세포 손상으로 보건대, 조직적인 문제가 전혀 없음에도 걸리는 질환들이다. 사후 부검 시 초정밀 현미경으로 그들의 뇌 조직을 살펴봐도 정상인의 건강한 조직과 전혀 다를 바가 없었다. 그렇다면 도대체 그들이 정신이상을 일으킨 이유는 뭘까?

나는 정신질환 분야에서 가장 권위 있는 병원의 원장에게 이 점을 물어보았다. 이 방면에서 최고의 권위를 가지고 있었고 뛰어난 전문지식으로 이 분야의 대가들만이 받을 수 있는 최고의 상도 수상했지만, 그의 솔직한 답변은 자신 역시 왜 사람들이 정신이상을 일으키는지 모른다는 것이었다. 그 이유를 정확히 아는 사람은 없다. 그러나 그는 많은 정신이상자들은 현실 세계에서 얻을 수 없었던 자신의 존재 가치를 정신이상 상태에서는 느낀다고 말했다. 그러면서 그는 이런 이야기를 해 주었다.

"요즘 제가 돌보는 환자 중에 결혼생활에 실패한 사람이 한 명 있습니다. 그 환자는 사랑과 성적 만족, 아이 그리고 사회적 지위를 원했지만, 결혼생활은 그녀의 꿈을 송두리째 망가뜨렸지요. 남편은 그녀를 사랑하지 않았거든요. 심지어 아내와 함께 식탁에서 식사하는 것조차 거부했던 그는 그녀에게 자신의 식사를 2층에 있는 자기 방으로 가져오게 하고서는 식사가 끝날 때까지 시중을 들게 했습니다. 그녀는 자녀도 갖지 못했고 사회적 지위 역시 얻지 못했습니다. 결국 그녀는 정신이상을 일으키고 말았습니다. 그리고 상상 속에서 남편과 이혼하고서는 처녀 시절의 이름을 다시 사용했지요. 지금은 자신이 영국 귀족과 결혼했다고 믿고 있어서 자신을 스미스 부인으로 불러 달라고 합니다. 아이에 관해서도 그녀는 자신이 매일 밤 아기를 낳는다고 생각합니다. 제가 갈 때마다 매번 '선생님, 제가 어젯밤에 아기를 낳았어요.'라고 말하지요."

실제 삶에서 그녀의 모든 꿈을 실은 배는 현실이라는 암초에 걸려 산산조각이 나 버렸다. 하지만 정신이상에 걸린 후의 밝고 따뜻한 섬에서는 그녀의 모든 범선들이 노래하듯 돛대를 스치는 바람에 돛을

펄럭이며 항구로 차례차례 무사히 들어오고 있는 것이다.

비극적이라고? 글쎄, 나는 잘 모르겠다. 그 의사는 내게 말했다. "제가 능력이 좋아서 그녀를 회복시킬 수 있다 하더라도 저는 그렇게 하지 않을 것입니다. 그녀는 지금 훨씬 더 행복하니까요."

집단으로 놓고 보면 정신이상자들이 당신이나 나보다 더 행복하다. 많은 사람이 정신이상에 걸린 상태에 만족한다. 왜 그런 것일까? 그들은 자신들의 문제를 해결했기 때문이다. 당신에게 100만 달러짜리 수표를 써 줄 수도 있고 이슬람교 시아파 교주인 아가 칸Aga Khan에게 추천서를 써 줄 수도 있다. 그들은 그토록 간절히 원하던 자신의 존재 가치를 자기가 만든 상상의 세계에서 발견한 것이다.

자신의 존재 가치를 인정받기 위해서라면 실제로 미쳐 버릴 수 있는 사람들이 존재할 정도라면, 맑은 정신의 사람들을 제대로 평가해 줌으로써 당신과 내가 이룰 수 있는 기적은 어떤 것일지 상상할 수 있는가?

내가 아는 한에서 역사상 100만 달러의 연봉을 받은 인물을 꼽자면 크라이슬러Chrysler 사의 창립자 월터 P. 크라이슬러Walter P. Chrysler와 베들레헴 스틸Bethlehem Steel 사의 사장 찰스 슈워브Charles Schwab, 단 두 명뿐이었다.

왜 앤드류 카네기Andrew Carnegie는 슈워브에게 연간 100만 달러, 하루 3,000달러 이상의 임금을 주었을까? 그가 천재라서? 아니다. 그가 제철 산업에 있어서의 최고 권위자라서? 터무니없는 소리다. 그는 내게 자기보다 강철 제조에 대해 잘 알고 있는 직원들은 많다고 털어놓았던 적이 있다.

슈워브는 자신이 높은 연봉을 받는 이유는 사람을 다루는 능력을 갖고 있기 때문이라고 말했다. 나는 그에게 사람을 다루는 비결이 무엇인지 물어봤는데, 그 질문에 대한 그의 답을 아래에 적어 보겠다. 그가 했던 이 말이야말로 동판에 새겨 이 땅의 모든 집과 학교, 가게, 사무실마다 두어야 한다. 학생들은 라틴어 동사 변화나 브라질 연평균 강우량을 암기하는 데 시간을 낭비하는 대신 이 말을 기억해야 할 것이다. 만약 이 말대로 실천하기만 한다면 당신과 나의 삶은 송두리째 바뀔 것이기 때문이다.

"저는 사람들로부터 열정을 불러일으키는 재능을 가지고 있습니다. 그것은 제가 가진 가장 가치 있는 자산입니다. 그리고 사람들로 하여금 그들이 가진 능력을 최대한 발휘할 수 있게 하는 가장 효과적인 방법은 칭찬과 격려입니다.

윗사람의 질책만큼 직원들의 사기를 꺾는 것도 없습니다. 저는 누구도 질책하지 않습니다. 그보다는 사람들에게 일할 동기를 부여하는 편이 낫다고 생각합니다. 그래서 저는 항상 칭찬하려고 노력하고, 단점을 지적하는 것은 싫어합니다. 누군가가 한 일이 마음에 들면 저는 진심으로 그 일을 인정해 주고, 칭찬을 아끼지 않습니다."

슈워브는 바로 이렇게 했다. 하지만 보통 사람들은 어떻게 하는가? 이것과 정확히 반대로 한다. 아랫사람들이 한 어떤 일이 마음에 들지 않으면 심하게 나무라지만, 마음에 드는 일을 하면 아무런 칭찬도 하지 않는다. 슈워브는 "그간 세계 각국의 뛰어난 사람들을 많이 만나 봤지만, 인정보다 질책을 받았을 때 더 열심히 일하고 노력하는 사람은 본 적이 없습니다. 아무리 대단하고 높은 지위에 있는 사람이라도 이는 마찬가지였습니다."라고 단언했다.

앤드류 카네기가 경이로운 성공을 거둔 비결도 바로 이것이다. 그는 공석에서든 사석에서든 자신의 직원들에 대한 칭찬을 아끼지 않았다. 심지어 자신의 묘비에서까지 직원들을 칭찬하고 싶어 했던 그는 다음과 같이 자신의 비문을 직접 작성했다.

'여기, 자신보다 현명한 사람을 주변에 끌어모으는 법을 알았던 이가 잠들다.'

진심에서 우러나오는 칭찬을 하는 것은 존 D. 록펠러가 사람을 성공적으로 다룰 수 있었던 비결이기도 하다. 한 가지 사례를 살펴보자. 언젠가 그의 사업 동업자 중 한 명인 에드워드 T. 베드포드는 남미에서 실수로 물건을 잘못 구매하는 바람에 회사에 100만 달러의 손해를 입혔다. 록펠러의 비난을 받아도 할 말이 없는 상황이었다. 그러나 그는 베드포드가 최선을 다했다는 것을 알고 있었고, 그 사건 또한 이미 마무리된 상태였다. 때문에 록펠러는 오히려 반대로 그를 칭찬할 수 있는 방법을 찾아냈다. 베드포드가 투자한 돈의 60퍼센트를 회수한 것을 축하한 것이다. "굉장하군. 그만큼의 돈을 회수해 낼 정도로 머리를 쓴다는 것은 결코 쉽지 않은 일인데 말일세."

수많은 사람들이 명멸해 갔던 브로드웨이를 놀라게 한 엄청난 제작자이자 프로듀서였던 플로렌즈 지그펠트Florenz Ziegfeld는 '평범한 미국 소녀를 스타로 만드는 능력'이 뛰어나 명성을 얻은 사람이다. 그는 누구도 두 번 이상 눈길을 줄 것 같지 않은 초라한 미국 소녀들을 발견해 멋지게 변신시켰다. 평범했던 소녀라도 그의 손길을 거쳐 무대 위에 서면 신비롭고 매혹적인 여인으로 바뀌었다. 칭찬과 자신감의 가치를 알았던 그는 여성에 대한 정중함과 배려의 힘만으로 그녀들이 스스로를 아름답다고 느끼게 만든 것이다. 또한 그는 주당 30달러에 불과했던 코러스 걸의 봉급을 175달러까지 인상해 줄 만큼 현실적인 사람이었고, 공연 시작일이면 주연배우에게 축하 전보를 보내고 쇼에 출연한 모든 코러스 걸들에게도 값비싼 붉은 장미를 선사할 정도로 기사도적인 멋을 아는 인물이었다.

한때 나는 선풍적이었던 단식 유행에 휩쓸려 엿새 동안 물 한 모금 마시지 않았던 적이 있다. 사실 그렇게 어려운 일은 아니었다. 단식 마지막 날에 느껴졌던 배고픔은 이틀째 느꼈던 것보다 외려 덜했으니 말이다. 우리는 사람들이 자신의 가족이나 직원들에게 엿새 동안 음식을 주지 않으면 죄책감에 빠질 것임을 알고 있다. 하지만 사람들은 그들이 음식만큼이나 간절히 바라는 진심 어린 칭찬을 6일, 6주, 심한 경우에는 60년이 지나도록 해 주지 않으면서도 전혀 죄책감을 느끼지 않는다.

한 시대를 풍미했던 배우 알프레드 런트Alfred Lunt는 〈빈에서의 재회〉라는 유명한 연극에서 주인공을 맡았을 때 이렇게 말했다.

"내가 가장 필요로 하는 것은 나 스스로를 높이 평가할 수 있도록 격려해 주는 말이다."

우리는 자녀와 친구와 직원들의 육체에는 영양분을 제공한다. 그런데 그들의 자긍심을 위한 영양분은 얼마나 채워 주고 있는가?

우리는 구운 쇠고기와 감자를 줌으로써 그들이 에너지를 비축하게 하지만, 샛별이 불러 주는 노래처럼 앞으로도 오랫동안 그들 기억 속에 남게 될 따뜻한 찬사를 해 주는 데는 인색하다.

여기까지 읽은 독자 중에서 이렇게 말하는 이도 있을 것이다. "이런 구닥다리 같은 말을 하다니. 그게 아첨이지 뭐야? 감언이설이나 부추기다니! 그런 건 지겹도록 해 봤지만 하나도 소용없었다고. 적어도 똑똑한 사람들에게는 말이야." 물론 웬만큼 분별력 있는 사람들에게는 아첨이 제대로 통하지 않는다. 아첨은 얄팍하고 이기적인 데다 위선적이기까지 하다. 그러니 아첨은 실패해야만 하고 실제로도 대부분 실패한다. 하지만 칭찬에 대해 몹시 굶주리고 갈증을 느낀 나머지 아첨이든 칭찬이든 가리지 않고 무조건 좋아하는 사람들이 있는 것 역시 사실이다. 마치 아사 직전의 사람이 풀이건 벌레건 구분 없이 허겁지겁 집어삼키는 것처럼 말이다.

예를 들어, 결혼 전력이 꽤 많았던 엠디바니Mdivani 형제가 결혼식장에서 엄청난 인기를 얻은 이유는 무엇이었을까? 소위 '왕자'라 불리던 이들은 어떻게 두 명의 미인과 유명 영화배우들, 세계적인 프리마돈나, 그리고 저가 잡화점 체인 '파이브 앤 텐 센트'의 대표인 백만장자 바바라 허튼 같은 여자들과 결혼할 수 있었을까? 도대체 그들은 어떻게 한 것일까?

유명 여성 기자 아델라 로저스 세인트 존은 〈리버티Liberty〉지의 기고문에서 "여성들이 엠디바니 형제에게 매료되는 이유가 무엇인지는 오랫동안 많은 사람들에게 있어 수수께끼와도 같다."라고 말했다.

세상 물정에 밝고 남자들에 대해서도 꿰뚫고 있는 위대한 예술가 폴라 네그리Pola Negri는 언젠가 내게 그들의 매력에 대해 "그 형제는 내가 만나 본 남자들 중 아부의 기술을 가장 잘 이해하고 있는 이들이었어요. 아부의 기술이라는 것은 요즘처럼 현실적이고 유머가 넘치는 세상에서는 거의 찾아보기 힘들죠. 내가 보기에는 그게 여자들을 끌어들이는 그들의 매력임에 틀림없어요."라고 자세히 말해 주었다.

아첨에 약하기로는 빅토리아 여왕도 매한가지였다. 당시 총리였던 벤저민 디즈레일리Benjamin Disraeli는 여왕을 알현할 때 상당히 아첨을 많이 사용했다고 털어놓기도 했다. 그가 한 말을 그대로 빌리자면, 그는 '흙손으로 벽을 바르듯이' 아첨으로 자신의 말을 포장했다.

그러나 디즈레일리는 역대 영국 수상들 중 가장 세련되고 솜씨가 좋으며 영리한 인물이었고, 자기 방식을 활용하는 데 있어서 천부적이었다. 그러니 그에게 유용했던 방법이 당신과 내게도 반드시 그러리라는 법은 없다. 장기적으로 볼 때 아첨하는 것은 득보다 실이 많다. 아부는 거짓이기 때문에 위조지폐를 상대방에게 건네줄 때와 마찬가지로 언젠가는 결국 문제를 일으키기 마련이다.

칭찬과 아첨의 차이는 무엇일까? 간단하다. 칭찬은 진심이고, 아첨은 위선이다. 칭찬은 마음에서 우러나오고, 아첨은 입에서 흘러나온다. 칭찬은 이타적이고, 아첨은 이기적이다. 칭찬은 모든 이들이 환영하지만, 아첨은 모든 이들이 비난한다.

나는 최근 멕시코시티에 위치한 차풀테펙 궁전에 있는 알바로 오브레곤Álvaro Obregón 장군의 흉상을 봤다. 흉상 아래에는 그의 철학이 담긴 명언이 새겨져 있었다.

'너를 공격하는 적을 두려워하지 말고 네게 아첨하는 친구를 두려
워하라.'

나는 절대로, 결코 아첨을 권하는 것이 아니다. 그러니 안심하라.
다만 나는 새로운 삶의 방식을 이야기하고 있는 것이다. 다시 한 번
말하지만, 나는 새로운 삶의 방식에 대해 말하고 있다.

영국 국왕 조지 5세는 버킹엄 궁에 있는 자신의 서재 벽에 여섯 개
의 격언을 걸어 놓았는데, 그중 하나는 이것이었다. '값싼 칭찬은 하
지도 말고 받지도 않게 인도하소서.' 값싼 칭찬, 이것이 바로 아첨의
실체다. 언젠가 나는 기억해 둘 만한 가치가 있는 아첨의 정의에 대
해 읽은 적이 있다. '아첨이란 상대방이 스스로에 대해 평가하는 바
와 일치되게 말해 주는 것이다.' 또한 미국의 철학자이자 시인 랄프
왈도 에머슨Ralph Waldeo Emerson은 "당신이 무슨 말을 하든, 그 말에는
당신 모습이 그대로 담겨 있다."라고 말한 바 있다.

만약 아첨으로 모든 일이 해결된다면 모든 사람은 아첨꾼이 될 것
이고, 우리 모두는 인간관계의 전문가가 될 것이다.

어떤 특정 문제에 대해 고민할 때를 제외하면, 사람은 대개 전체
시간의 95퍼센트를 자기 자신에 대해 생각하면서 보낸다고 한다. 이
제 자기 자신에 대한 생각을 잠시 멈추고 다른 사람의 장점을 생각해
보자. 이렇게 하면 입 밖으로 나오기도 전에 티가 나는 천박하고 거
짓된 아첨 따위는 더 이상 할 필요가 없어질 것이다.

에머슨은 "모든 사람에게는 나보다 나은 점이 있다. 그러므로 나는 모든 사람에게서 배울 수 있다."라고 말한 바 있다. 위대한 사상가인 에머슨조차 이렇게 느꼈다면, 우리 같은 범인(凡人)이야 더 말해 무엇하겠는가? 이제 우리 자신의 장단점에 대해 생각하는 것은 멈추고, 그 대신 타인의 장점을 찾아내려고 노력하자. 아첨은 잊어버리고, '진심으로 찬사를 건네고 아낌없이 칭찬하자.' 그러면 사람들은 당신이 한 칭찬을 마음속 깊이 소중히 간직하고 평생 되풀이할 것이다. 시간이 지나 당신이 그 말을 잊은 뒤에도 오랫동안 두고두고 말이다.

원칙 2

솔직하고 진지하게 칭찬하라.

3

이대로 하면 세상을 얻을 것이나, 하지 못하면 외로운 길을 가리라

매년 여름 나는 메인Maine 주로 낚시 여행을 간다. 개인적인 취향을 이야기하자면 나는 딸기 빙수를 굉장히 좋아하는데, 어느 날인가 물고기는 어떤 이유 때문인지는 몰라도 지렁이를 좋아한다는 데 생각이 미쳤다. 그다음부터 낚시를 갈 때 나는 내가 좋아하는 것들이 아닌, 그저 물고기가 좋아하는 것만 생각한다. 그래서 낚싯바늘에 딸기 빙수를 미끼로 쓰는 일은 없다. 오히려 지렁이나 메뚜기를 매달고 물고기가 물도록 드리운 다음 이렇게 말한다. "이거 먹고 싶지 않니? 어서 와서 물려무나." 사람을 낚을 때도 이처럼 단순한 진리를 사용해 보면 어떨까?

제1차 세계대전 당시 영국 총리였던 로이드 조지Lloyd George가 바로 이러한 방법을 사용했던 인물이다. 누군가가 그에게 미국의 윌슨, 이탈리아의 올랜도, 프랑스의 클레망소처럼 세계대전 당시 유명했던 지도자들이 모두 쫓겨나거나 잊힌 것과 달리 어떻게 권력을 계속 유지할 수 있었는지를 물었다. 그러자 그는 "지도자의 자리를 지키는 방법이 한 가지 있다고 한다면, 그것은 내가 물고기 종류에 따라 그에 맞는 미끼가 필요하다는 것을 알고 있다는 것입니다."라고 대답했다.

우리는 왜 자신이 원하는 것만 이야기할까? 그것은 참으로 유치한 데다 비합리적인 행동인데 말이다. 물론 당신은 당신이 원하는 것에 관심을 기울일 것이고, 아마도 영원히 그럴 것이다. 하지만 어느 누구도 당신이 원하는 것에는 관심이 없다. 당신과 마찬가지로 세상 모든 사람은 자신이 원하는 것에만 관심을 기울이기 때문이다.

그러므로 상대방의 마음을 움직일 수 있는 유일한 방법은 그 사람이 원하는 것에 대해 이야기를 나누고, 그것을 얻을 수 있는 방법을 보여 주는 것이다. 지금이라도 당장 당신이 누군가에게 무언가를 시켜서 얻고자 하는 바가 있다면 이 점을 명심해야 한다. 가령 당신의 아들이 담배를 끊게 만들고 싶다면 설교를 늘어놓거나 당신이 원하는 바에 대해 이야기해 봤자 소용없다. 그보다는 흡연이 야구팀에 가입하는 데 문제가 된다거나, 100미터 달리기 시합에서 꼴찌를 하는 원인이 될 수 있음을 알려 줘야 한다. 이것은 당신이 자녀뿐 아니라 송아지나 침팬지 등을 다룰 때에도 효과적인 방법이다.

한 가지 예를 들어 보자. 어느 날 랄프 왈도 에머슨은 아들과 함께 송아지 한 마리를 외양간에 넣으려 애쓰고 있었다. 하지만 그들도 다른 사람들처럼 자신들이 원하는 것만 생각하는 실수를 저질렀고, 그래서 에머슨은 뒤에서 송아지를 밀고 아들은 당겼다. 그러나 그 송아지 역시 그들과 똑같았다는 것이 문제였다. 송아지도 자신이 원하는 것만 생각했기 때문에 다리를 꼿꼿이 세우고는 풀밭에서 떠나지 않으려 했던 것이다. 때마침 아일랜드 출신의 하녀가 그 광경을 목격했다. 제대로 글을 쓰거나 책을 출판할 정도의 교육을 받은 사람은 아니었지만, 최소한 그런 상황에서는 그녀가 에머슨보다 더 똑똑하게 행동했다. 송아지가 원하는 것이 무엇인지 잠시 생각에 잠겼던 그녀는 이내 자신의 손가락을 송아지 입에 넣어 빨게 하고는 유유히 송아지를 외양간에 끌고 들어갔다.

당신이 태어난 뒤부터 했던 모든 행동은 당신이 뭔가를 원했기 때문에 일어난 결과다. 당신이 적십자사에 100달러를 기부한 것도 같은 이유 때문이었을까? 물론이다. 이 점에서 예외란 없다. 당신은 도움의 손길을 전하고 싶어서, 아름답고 이타적이며 훌륭한 행동을 하고 싶어서 그렇게 한 것이다.

> '너희가 여기 내 형제 중 지극히 작은 자에게 한 것이 곧 내게 한 것
> 이니라.'
>
> (마태복음 25:40)

만약 기부한 뒤 느껴지는 기쁨보다 100달러라는 돈을 아끼는 편이 더 좋았다면 당신은 기부를 하지 않았을 것이다. 물론 기부 요청을 거부하는 것이 창피했거나, 고객의 요청을 거부할 수 없어 어쩔 수 없이 기부한 것일 수도 있다. 하지만 한 가지는 분명하다. 당신은 당신이 원하는 바가 있었기 때문에 기부를 한 것이다.

해리 A. 오버스트리트Harry A. Overstreet 교수는 그의 넓은 식견이 담긴 저서 《인간 행동에 영향을 미치는 방법Influencing Human Behavior》에

서 이렇게 말했다.

"행동은 인간이 가진 근원적인 욕망에 의해 유발된다. (......) 따라서 회사, 가정, 학교, 정치판뿐 아니라, 그 어디에서든 다른 사람을 설득하고자 하는 사람들에게 유용한 가장 좋은 충고는 '우선 상대방의 마음속에 강한 욕구를 불러일으켜라.'라는 것이다. 이대로 하는 자는 세상을 얻겠지만, 그렇지 않은 자는 외로운 길을 걸을 수밖에 없다."

스코틀랜드 출신의 가난한 아이 앤드류 카네기는 처음에 시간당 2센트를 받으며 일을 시작했지만 마침내 3억 6,500만 달러라는 거금을 기부할 정도로 크게 성공한 인물이 되었다. 그것이 가능했던 이유는 사람을 움직일 수 있는 유일한 방법은 그들이 원하는 것에 대해 이야기하는 것임을 그가 일찍 깨달았기 때문이다. 비록 학교에 다녔던 기간은 4년밖에 되지 않았음에도 그는 사람 다루는 법에 대해 잘 알고 있었다.

한 가지 예로, 그의 형수는 두 아들에 대한 걱정을 달고 살았다. 두 아들 모두 예일 대학교에 재학 중이었는데 이런저런 일로 너무 바빠서인지 집에 안부 편지 한 장 쓰는 것에도 소홀했고, 화가 난 엄마가 참다못해 편지를 써도 신경조차 쓰지 않았다.

그러자 카네기는 자신이 답장을 보내 달라고 요구하지 않아도 조카들로부터 답장을, 그것도 지급회신 우편으로 받을 수 있다고 장담했다. 과연 정말 그것이 가능할까를 두고 100달러 내기도 제안했다. 누군가가 그의 내기에 응했다.

그래서 카네기는 조카들에게 그저 일상적인 잡담 조의 편지를 써 보냈다. 물론 추신에는 '5달러짜리 지폐 두 장을 동봉하니 나누어 유용하게 쓰라.'는 말도 덧붙였다. 다만, 실제로는 '깜빡하고' 돈을 넣는 것을 잊어버렸다.

조카들로부터 답장이 왔다. 물론 지급회신 우편으로. '보고 싶은 삼촌께'로 시작하는 그 편지에는 연락 주셔서 감사하다는 인사가 담겨 있었다. 그다음 내용은 당신도 짐작 가능할 것이다.

당장이라도 당신은 누군가로 하여금 어떤 일을 하도록 설득해야 할 수도 있다. 그러면 설득하려는 말을 꺼내기 전에 잠시 멈추고 자신에게 '어떻게 하면 저 사람이 그 일을 하고 싶을까?'라고 물어보라. 이 질문은 우리가 무작정 사람을 만나서 자신이 원하는 바를 앞뒤 재지 않고 떠들어 대다가 아무런 성과 없이 상황이 종결되는 경우를 미연에 방지해 줄 것이다.

나는 매 시즌별 강연을 위해 뉴욕의 한 호텔 연회장의 저녁시간을 20일간 예약하곤 했다. 그런데 한번은 개강이 임박한 시기에, 이전보다 약 세 배 가까이 인상된 임대료를 내야 한다는 통보를 받았다. 이 소식은 내가 강연 참석자들에게 입장권을 제작 배포하고 강의와 관련된 모든 공지가 공표된 이후에 전해졌기 때문에 가격 인상을 반영한다는 것은 상황상 불가능했다.

그러니 당연히 나는 인상된 가격의 임대료를 내고 싶지 않았다. 그렇지만 내가 원하는 것을 호텔 측에 얘기해 봐야 무슨 소용이 있겠는가? 호텔 측은 오로지 자신들이 원하는 것에만 관심이 있을 뿐일 텐데 말이다. 그래서 이틀 뒤 나는 호텔 매니저를 찾아가서 "편지를 받고 좀 놀랐습니다. 하지만 당신을 탓할 생각은 없습니다. 제가 당신처럼 호텔 매니저 자리에 있었다면 저도 아마 비슷한 내용의 편지를 썼을 겁니다. 이 호텔의 매니저로서 당신의 임무는 가능한 한 최대의 수익을 올리는 것이니까요. 만약 지배인인 당신이 수익을 올리지 않으면 당신은 해고를 당할 것이고 또 그래야 마땅합니다. 자, 그럼 호텔 측이 임대료 인상 요구를 계속해서 밀고 나갈 때 발생하는 이익과 불이익에 대해서 종이에 좀 적어 볼까요?"라고 말했다.

이렇게 말을 하고 나는 편지지를 집어 들어 가운데에 줄을 긋고 왼쪽에는 '이익', 오른쪽에는 '손해'라고 적었다.

이어 '이익' 칸에는 '연회장 비어 있음'이라고 쓴 뒤 말을 이었다.

"연회장이 비어 있으니 당신들은 무도회나 회의를 유치해 대여료를 받을 수 있을 겁니다. 이것은 굉장히 큰 이익입니다. 강연회 임대료보다 이런 행사의 경우 대여료가 훨씬 더 높으니까요. 그러니 제가 이번 시즌 강좌를 진행하기 위해 이 연회장의 저녁시간을 20일간 예약한다면, 당신 입장에서는 이 강연보다 더 수익성 있는 사업들을 놓칠 것이 자명합니다. 그럼 이번에는 어떤 손해가 있을지도 생각해 볼까요? 솔직히 저는 인상된 임대료를 지불할 수 없으니, 그것으로 당신의 수입은 전혀 없어질 것이고, 저는 제 강연을 할 다른 어딘가를 찾아야겠지요. 그런데 그뿐만이 아닙니다. 이 강좌를 듣기 위해 많은 지식인과 세련된 교양인들이 이 호텔을 찾아올 텐데, 이는 호텔 측에 큰 광고 효과를 가져다줄 겁니다. 안 그렇겠습니까? 실제로 신문에 5,000달러짜리 광고를 싣는다 하더라도 제 강연에 참석한 사람들 수만큼은 불러들일 수 없을 테니까요. 그렇다면 이는 호텔 입장에서도 상당히 가치 있는 일이 아닌가요?"

이렇게 말하면서 나는 이 두 가지를 '손해' 칸에 적었다. 그리고 그 종이를 매니저에게 건네며 말했다. "앞으로 발생할 이익과 손해에 대해 신중히 생각해 보신 뒤 최종적으로 결정된 바를 알려 주십시오." 그리고 그다음 날, 나는 최초에 통보받은 300퍼센트 대신 50퍼센트만 인상된 임대료를 내면 된다는 내용의 편지를 받았다.

여기서 주목할 것은, 나는 내가 무엇을 바라는지에 대해선 한마디 언급도 없이 원하는 것을 얻었다는 사실이다. 나는 그저 상대방이 원하는 것을, 그리고 어떻게 하면 그가 그것을 얻을 수 있는지만 얘기했을 뿐이다.

만약 내가 감정적으로 일을 처리했다고 가정해 보자. 나는 지배인이 있는 사무실에 뛰어 들어가 "강연 입장권은 다 인쇄되어서 배부되고 최종 공지까지 나간 시점에 임대료를 300퍼센트나 인상하겠다는 건 도대체 무슨 경우입니까? 그것도 300퍼센트라니! 말도 안 되는 소리지, 이게 뭐요! 어처구니가 없어서! 난 한 푼도 못 내겠소!"라고 소리쳤다고 하자.

그러면 무슨 일이 벌어질까? 그와 나는 서로 화를 내고 흥분해서 더욱 격한 논쟁을 벌였을 것이고, 보나마나 누구나 예상 가능한 뻔한 결과가 나왔을 것이다. 설령 내가 지배인에게 그의 잘못을 납득시켰다 해도, 그는 자존심 때문에라도 자기주장을 굽히고 한 발 물러서서 양보하는 일은 하지 않았을 것이다.

여기 멋진 인간관계를 위한 최고의 충고가 있다. 헨리 포드Henry Ford는 "내게 성공 비결이 하나 있다면 그것은 타인의 입장을 이해하고, 자기 자신뿐만 아니라 타인의 관점에서 사물을 보는 능력이다." 라고 한 바 있다. 훌륭한 말이다. 그의 말을 한 번 더 되풀이해 보자. "내게 성공 비결이 하나 있다면 그것은 타인의 입장을 이해하고, 자기 자신뿐만 아니라 타인의 관점에서 사물을 보는 능력이다." 이 말은 너무 간단명료해서 누구든지 그 속에 담긴 진실을 한눈에 알아볼 수밖에 없다. 그러나 이 세상 사람들 열 명 중 아홉 명은 살면서 열 번 중 아홉 번 이 말을 무시하고 만다.

또 다른 예를 들 수도 있다. 멀리 갈 것도 없이 내일 아침 당신 앞으로 배달되어 책상 위에 놓여 있는 편지를 읽어 보라. 당신이 받은 상당수의 편지는 위와 같이 상식이라 할 수 있는 최고의 원칙을 위반하고 있음을 알게 될 것이다. 일례로 다음의 편지는 전국적인 영업망을 갖춘 어느 광고 대행사의 라디오국장이 전국의 지역 라디오국장들에게 부친 편지다.(괄호 안에 적은 것은 해당 문구들에 대한 내 생각이다.)

인디애나 주, 블랭크 빌
존 블랭크 귀하

친애하는 블랭크 씨.
저희 회사는 라디오 광고 분야의 선도적인 광고 대행사로서 그 입지를 확고히 하고자 합니다.
(당신네 회사가 바라는 것은 내 알 바가 아니지. 나는 내 문제만으로도 골치가 아프다고. 은행에서는 집 살 때 대출한 것 때문에 저당권을 상실시키겠다고 난리지, 화단에 있는 접시꽃에는 벌레가 들끓지, 어제도 주식은 폭락했단 말이

야. 오늘 아침에는 버스를 놓치는 바람에 지각을 해 버렸고 어젯밤에는 존의 댄스파티에 초대도 못 받고, 의사는 내가 고혈압에다 신경통과 비듬까지 있다고 말하더군. 그런데 지금 이건 또 뭐야? 이래저래 아침부터 언짢은 판에, 뉴욕의 시건방진 애송이 하나가 자기 회사가 원하는 것만 늘어놓은 편지나 보고 앉아 있다니. 흥! 만약 이 편지가 나한테 어떤 인상을 주고 있는지를 안다면 이걸 쓴 작자는 광고계를 떠나서 세제나 만드는 게 나을걸.)

전국에 수많은 광고주와 거래하는 당사는 업계 제일의 네트워크를 자랑합니다. 또한 네트워크 방송사의 방송 스케줄도 철저히 조사하고 있기 때문에 매년 최고 광고대행사의 자리를 차지하고 있습니다.

(당신네 회사 규모가 크고, 돈도 많고, 업계 1위라고? 그래서 나더러 어쩌라는 거지? GM이나 GE, 미국 육군참모본부를 다 합친 것보다 더 크다고 한들 나는 별로 신경 쓰지 않아. 당신네가 미련한 벌새만큼이라도 눈치라는 게 있다면 나는 당신네 회사가 아니라 내 자신이 얼마나 큰 존재인지에 관심이 있다는 것을 알아야 해. 당신 회사가 엄청나게 성공했다는 이야기를 자꾸 들으니까 내가 자꾸 작고 초라해지기만 하잖아.)

저희 회사는 고객에게 최신 라디오 방송 정보를 제공하기를 바랍니다.

(그거야 너희가 바라는 거잖아. '너희' 바람이란 말이야. 이런 천하의 어리석은 인간을 봤나! 나는 당신네가 바라는 게 뭔지, 아니면 무솔리니나 빙 크로스비가 바라는 게 뭔지에 대해서는 하등의 관심이 없어! 다시 한 번 말하지만 내 관심은 오로지 내가 원하는 것에만 쏠려 있어. 그런데 당신들은 이 허무맹

랑한 편지에서 그 얘기는 한마디도 안 하는군.)

그러므로 귀사의 주간 방송 정보를 받아 볼 수 있도록 당사를 특별 관리 대상에 포함시켜 주십시오. 더불어 광고 대행사가 광고 시간을 현명하게 예약하는 데 필요한 모든 상세 정보를 받아 볼 수 있는 조치를 취해 주십시오.

(특별관리 대상이라고? 뻔뻔하기 짝이 없군! 당신네 회사 자랑을 늘어놓으며 날 초라하게 만들더니 그것도 모자라서 특별관리 대상에까지 넣어 달라는 거야? 게다가 그런 요청을 하는 주제에 '부탁드립니다.'라는 등의 정중한 말 한마디조차 없이?)

이 편지를 읽으신 뒤 신속한 답변과 함께 귀사의 최신 정보를 제공해 주시면 상호 간에 도움이 될 것입니다.

(이런 멍청한 사람을 봤나! 몇 푼 하지도 않는 흔한 내용을 똑같이 인쇄해서 대량 발송해 놓고서는 저당권, 접시꽃, 고혈압 걱정으로 머릿속이 복잡한 나한테 답장까지 쓰라고 뻔뻔스럽게 요구하는 거야? 그것도 신속하게? 신속히 보내라니. 내가 당신들만큼 바쁘다는 걸 몰라서 그러는 거야? 적어도 난 바쁜 척이라도 하고 싶단 말이지. 그리고 얘기가 나와서 말이지만, 당신이 나한테 이래라저래라 할 권리를 누가 준 거야? 게다가 '상호 간에 도움이 될 것'이라고? 아, 이제야 비로소 내 입장을 생각해 주려나 보군. 하지만 내게 이익이 될 만한 게 무엇인지에 대해 자네는 제대로 이야기한 바가 없잖아.)

그럼 이만 줄입니다.

라디오 광고국장

존 블랭크

추신 : 동봉한 〈블랭크빌 저널〉 사본은 관심이 있으실 것 같아 보내드리는 것입니다. 원하시면 방송에 이용하셔도 됩니다.

(드디어 추신에서 내 골칫거리 한 가지는 해결해 줄 얘기를 하는군, 왜 편지를 쓸 때 이렇게 시작하지 않았던 거야? 하긴 이제 이런 얘기가 무슨 소용이야? 당신처럼 시간 낭비하는 얘기만 늘어놓는 광고쟁이들은 분명히 숨골에 뭔가 문제가 있어. 당신한테 필요한 건 우리 회사의 최신 정보가 아니라 갑상선 치료에 필요한 요오드 한 통이야!)

일생 동안 광고업계에 종사하면서 사람들에게 물건을 구매하도록 설득하는 데 전문가라고 자처하는 사람들이 이런 편지를 쓸 정도니 일반 정육점, 빵집, 인테리어 회사에는 무슨 큰 기대를 할 수 있겠는가?

여기 또 다른 편지가 있다. 이 편지는 대형 화물 터미널의 소장이 이 강좌 수강생인 에드워드 버밀렌 씨에게 쓴 것이다.

이 편지는 버밀렌 씨에게 어떤 영향을 미쳤을까? 답은 읽고 나서 이야기해 주겠다.

뉴욕 시 브루클린 프론트 가 28번지

A. 제레가즈 선즈 주식회사

참조 : 에드워드 버밀렌 부장

안녕하십니까?

대부분의 물량이 오늘 오후 늦게 폐사에 도착하고 있는 관계로 저희 회사의 아웃바운드 화물 터미널 발송 작업이 늦어지고 있습니다. 이로 인해 화물 체증, 연장 근무, 배차 지연이 발생하고 심한 경우에는 화물 배송 지연으로까지 이어지는 상황입니다.

11월 10일 폐사는 귀사로부터 510개의 화물을 오후 4시 20분이 돼서야 받을 수 있었습니다. 저희는 화물의 접수 지연으로 인해 생기는 바람직하지 못한 결과를 피하기 위해 귀사의 협조를 요청하는 바입니다. 그렇게 하기 위해 화물을 실어 보내는 날에는 트럭을 조금 일찍 도착할 수 있게 해 주시거나 화물 일부를 오전 중에 보내 주시면 좋겠습니다.

이런 조치가 취해진다면 귀사의 트럭 대기시간이 줄어들고 화물도 접수 당일에 발송되는 이익이 돌아갈 것으로 예상됩니다.

그럼 이만 줄입니다.

J. B. 소장 드림

수신자였던 A. 제레가즈 선즈 주식회사의 영업부장인 버밀렌 씨는 이 편지에 대해 내게 이런 내용을 보내왔다.

이 편지는 발신자의 의도와는 정반대의 효과를 일으켰습니다. 편지의 시작은 화물 터미널의 어려움에 대한 설명이었습니다. 하지만 일반적으로 보자면 이 점은 저희가 관심 없는 부분입니다. 그다음으로 우리의 협조를 요청했는데, 그로 인한 우리 회사의 불편함 같은 것은 고려하지도 않았지요. 마지막 문단에 가서야 비로소 우리가 협조를 했을 시에는 트럭 대기시간이 단축되고 접수 당일 배송이 가능하다는 사실을 이야기했습니다. 다시 말해, 저희가 가장 관심 있어 하는 부분을 가장 마지막에 언급했기 때문에 협조가 아닌 반발심만 일으킨 것입니다.

이 편지를 수정해서 개선시킬 수 있는지 알아보자. 우리의 문제를 이야기하는 데는 시간을 낭비하지 말고, 헨리 포드의 충고에 따라 '타인의 입장을 이해하고, 자기 자신뿐만 아니라 타인의 관점에서 사물을 보자'.

아래는 새로 고쳐 쓴 편지의 예다. 최상의 편지라고 할 수는 없지만 좀 나아지지 않았는가?

뉴욕 시 브루클린 프론트 가 28번지
A. 제레가즈 선즈 주식회사
에드워드 버밀렌 귀하

친애하는 버밀렌 씨.
저희 회사는 지난 14년 동안 변함없는 귀사의 성원에 깊은 감사를 드리는 바입니다. 성원에 보답하고자 저희는 언제나 신속하고 효율적인 서비스를 위해 최선의 노력을 다하고 있습니다. 그러나 지난 11월 10일의 경우처럼 귀사의 화물 트럭이 오후 늦게야 도착해 최상의 서비스를 제공하지 못하는 것에 대해서는 안타까운 마음을 금할 수 없습니다. 그렇게 된 연유는 타 회사의 화물 트럭들도 자사에 그 시각이 돼서야 도착하기 때문입니다. 이런 상황은 자연히 화물 체증으로 이어집니다. 이 말은 곧 귀사의 화물 트럭이 터미널 부두에서 대기하는 시간이 불가피하게 늘어나고, 심한 경우에는 배송 지연으로 이어질 수도 있음을 뜻합니다. 이런 사태는 굉장히 유감스러운 일이 아닐 수 없으므로, 미리 예방하는 조치를 취하는 것이 현명할 것입니다. 한 가지 방법은 귀사의 화물을 가능하면 오전 시간 중에 부두로 보내 주시는 것입니다. 그렇게 되면 트럭 대기시간이 짧아지면서 귀사의 화물이 즉각 처리될 수 있음은 물론, 저희 회사 직원들도 일찍 퇴근해 귀사의 맛있는 파스타를 저녁으로 즐길 수 있게 될 것입니다.

이 건의를 불평이나 귀사의 운영 방침에 대한 주제넘은 간섭이라 생각하지 않아 주시면 감사하겠습니다. 이 편지는 전적으로 귀사의 사업에 더 효율적인 서비스를 제공해 드리기 위해 작성하여 보내드리는 것입니다.

귀사의 화물 도착 시각 여부와 관계없이 저희는 항상 최선을 다해 귀사의 화물을 신속히 처리해 드리겠습니다. 바쁘신 중에 읽어 주셔서 감사합니다. 답신은 주지 않으셔도 괜찮습니다.

그럼 이만 줄입니다.

J. B. 소장 드림

오늘도 수천 명의 영업사원들이 박봉에 시달려 가며 별 의욕도 없이 피곤하게 길을 누비고 다닌다. 왜 그럴까? 그들은 항상 자신이 원하는 것만 생각하기 때문이다. 그들은 당신과 내가 아무것도 사고 싶지 않아 한다는 것을 깨닫지 못하고 있다. 우리가 무언가 사고 싶은 것이 있다면 나가서 사 오면 된다. 그러나 우리는 자신에게 닥친 문제를 해결하는 데는 항상 관심을 가지고 있다.

만약 어떤 영업사원이 그가 제공할 서비스나 상품이 우리가 가진 문제를 해결하는 데 도움이 된다는 것을 보여 준다면 그는 우리에게 물건을 팔기 위해 크게 애쓸 필요가 없다. 그런 상품이라면 우리 스스로 살 것이기 때문이다. 고객은 자신이 판매의 대상이 아닌, 구매의 주체이고 싶어 한다.

그러나 많은 영업사원이 고객의 입장에서 생각하지 않고 물건을 파는 데 평생을 보낸다. 한 가지 예를 들어 보자. 나는 뉴욕 중심에 위치한 아담한 단독주택 단지인 포리스트 힐스에서 살고 있는데, 어느 날 지하철역으로 뛰어가는 길에 롱아일랜드에서 오랫동안 부동산업계에 종사해 온 한 중개업자와 마주쳤다. 내가 사는 지역에 대해 잘 알고 있는 그였기에 나는 서둘러 우리 집의 벽을 마감할 때 그 안에 철망을 넣었는지 아닌지를 물었다. 그러자 그는 모른다고 답하고는 내가 포리스트 힐스 주택협회에 전화하면 알 수 있을 거라는, 내가 이미 알고 있는 내용에 대해 말했다. 그리고 다음 날 아침, 나는 그 중개업자가 보낸 편지를 한 통 받았다. 그는 내가 원한 정보를 보냈을까? 전화 한 통화만 하면 1분 안에 알 수 있는 것이었을 텐데도 그는 그렇게 하지 않았다. 그저 내가 전화를 하면 정보를 얻을 수 있다고 말하며, 내 보험을 자신에게 맡겨 달라고 부탁하는 편지를 보냈을 뿐이다. 그는 나를 돕는 일이 아닌, 그저 자신에게 도움이 되는 일에만 관심이 있었다.

나는 그에게 바셔 영의 짧지만 훌륭한 책《나누는 기쁨》,《함께 나누는 행운》두 권을 선물했다. 만약 이 책을 읽고 그 안에 담긴 철학을 따랐다면 그는 내 보험을 담당하는 것보다 수천 배 더 많은 이익을 얻을 수 있었을 것이다.

전문가들도 이와 똑같은 실수를 저지른다. 몇 년 전, 나는 필라델피아에 있는 유명한 이비인후과 의사를 찾아간 적이 있다. 그는 나를 진찰하기에 앞서 내 직업에 대해 물었다. 내 편도선이 얼마나 부었는지는 관심이 없고, 내 수입에만 관심이 있었던 것이다. 그의 주요 관심사는 환자인 나를 어떻게 도울 것인지가 아니라 그저 내게서 얼마나 뜯어낼 수 있는가 하는 것이었다. 결국 그는 한 푼도 가져가지 못했다. 인격이라곤 찾아볼 수 없는 그의 인간성을 경멸한 나머지 나는 그 자리에서 병원을 나와 버렸기 때문이다.

세상은 이처럼 이기적이고 자신의 잇속만 챙기려는 사람들로 가득 차 있다. 그래서 조건 없이 타인을 도와주려 애쓰는 몇 안 되는 사람들은 엄청난 이익을 얻을 수밖에 없다. 그들은 경쟁자가 거의 없기 때문이다. 오언 D. 영은 이렇게 말했다.

"타인의 입장이 되어서 그들의 마음을 이해할 수 있는 사람은 자신의 미래를 걱정할 필요가 전혀 없다."

이 책을 읽고 난 뒤, 항상 타인의 입장에서 생각하고 타인의 관점에서 사물을 바라보는 경향이 강해진다면 이는 분명 당신 인생에 의미 있는 이정표가 될 것이다.

대부분의 사람은 대학교에 들어가면 로마의 시인 베르길리우스 Vergilius에 관해 배우고 수학적 지식에 통달하지만 자신의 마음이 어떻게 움직이는지에 대해서는 깨닫지 못한다. 예를 들어 보자. 한번은 캐리어 사에 입사 예정인 대학생들을 대상으로 '효과적인 말하기' 수업을 진행한 적이 있었다. 뉴저지 주 뉴워크 지방에 위치한 이 회사는 대형 사무 빌딩과 극장용 냉난방 시설을 생산하는 기업이었다.

어느 날 한 학생이 다른 학생들에게 농구를 하자고 설득하고 싶어 이렇게 말했다. "우리 같이 나가서 농구 하지 않을래? 난 농구를 좋아해서 체육관에 자주 가는데, 최근 들어서는 사람이 부족해서 게임을 할 수 없었어. 며칠 전에는 두세 명 정도 모여 공 던지기를 하다가 눈에 멍까지 들었지 뭐야. 내일 밤에 몇 명이 나와 주면 좋겠는데."

이 친구는 당신이 원하는 바에 대해 언급했는가? 당신은 다른 사람들이 농구장에 가지 않는데 혼자 가고 싶지 않을 것이다. 당신은 그 친구가 뭘 원하는지에는 별 관심이 없다. 눈에 멍이 들고 싶지도 않을 것이고 말이다.

그렇다면 이 친구는 당신에게 체육관을 이용해서 당신이 원하는 것을 얻을 수 있는 방법을 제시할 수 있었을까? 물론이다. 활력이 생기고 식욕이 늘어난다거나, 정신이 맑아지고, 재미있는 시간이 될 것이고, 농구 경기를 할 수 있다는 등의 것들을 그는 제시할 수 있었다.

여기서 오버스트리트 교수의 현명한 충고를 다시 한 번 들어 보자.

"우선 상대방의 마음속에 강한 욕구를 불러일으켜라. 이대로 하는 자는 세상을 얻겠지만, 그렇지 않은 자는 외로운 길을 걸을 수밖에 없다."

강좌 수강생 중 한 명은 아들 문제로 고민이 깊었다. 그 아이는 저체중인 데다가 편식 습관까지 있었다. 아이의 부모는 일반적인 부모들이 쓰는 방법, 즉 야단치고 잔소리하는 방법을 사용했다. "엄마는 네가 이것저것 가리지 않고 먹었으면 좋겠어.", "아빠는 네가 건강하게 자랐으면 좋겠다."

아이가 부모의 말에 귀를 기울였을까? 천만에. 전혀, 조금도 신경 쓰지 않았다.

상식이라는 걸 갖춘 사람이라면 세 살짜리 아이가 30세 아버지의 입장을 이해하고 그에 맞춰 반응할 것이라고는 생각하지 않을 것이다. 그러나 그 아버지는 아이에게 바로 그것을 기대하고 있었으니, 말이 안 되는 얘기였다. 마침내 그 사실을 깨달은 아버지는 스스로 '우리 아이가 원하는 게 뭘까? 내가 원하는 것과 아들이 원하는 것을 어떻게 연결시킬 수 있을까?' 하는 생각에 잠겼다.

문제는 쉽게 풀렸다. 그의 아들은 브루클린에 있는 자기 집의 앞길에서 세발자전거 타기를 좋아했다. 그런데 근처에 사는 덩치 큰 말썽꾸러기, 할리우드식으로 표현하자면 '악동'이 아이를 밀치고 세발자전거를 빼앗아 타곤 했다. 그러고 나면 아이는 울면서 엄마에게 달려갔고, 아이 엄마는 밖으로 나와 '악동'에게서 세발자전거를 빼앗아 아들을 다시 태웠다. 이런 일은 거의 매일같이 반복됐다.

아이가 원하는 것은 무엇일까? 이건 셜록 홈즈가 아니더라도 쉽게 알 수 있다. 자존심, 분노, 인정받고 싶은 욕망 등 아이의 기질 중에서 가장 강력한 감정들이 아이로 하여금 복수하라고, '악동'의 코를 납작하게 해 주라고 자극하고 있었다. 그래서 아버지는 아이에게 이야기했다. "엄마가 먹으라고 하는 것만 먹으면 그 덩치 큰 녀석을 이길 수 있어. 정말이야. 아빠가 약속하마."

아들의 편식 문제는 그렇게 해결되었다. 아이는 자기를 괴롭히는 그 나쁜 녀석을 혼내 줄 만큼 자라기 위해서 시금치, 고등어 등 뭐든 다 잘 먹었다.

그런데 이 문제가 해결되자 아이의 아버지는 또다시 새로운 문제와 마주쳐 버렸다. 아이가 이불에 오줌을 싸는 버릇을 가지고 있었기 때문이다.

아이는 할머니와 함께 잤다. 그런데 아침에 할머니가 일어나서 침대를 만져 보고 "이런, 조니. 밤에 또 지도를 그렸구나."라고 말하면 그의 아들은 "아뇨, 제가 안 그랬어요, 할머니가 그랬잖아요."라고 말하곤 했다.

엄마가 아무리 야단을 치고 엉덩이를 때리고, 창피를 주거나 그러지 말라고 아무리 말해도 아이의 버릇은 고쳐지지 않았다. 그래서 부모는 궁리했다. '어떻게 하면 아이가 이불에 오줌을 싸지 않을까? 아이가 원하는 게 뭘까?'

아이는 무엇을 원했을까? 우선은 할머니처럼 나이트가운을 입는 게 아니라 아빠처럼 파자마를 입고 싶었다. 할머니는 손자가 밤마다 저지르는 나쁜 버릇에 질려서 그것만 고친다면 기꺼이 파자마를 사 주겠다고 말했다. 아이가 두 번째로 원하는 것은 자기 침대를 갖는 것이었는데, 할머니는 조금 섭섭하신 듯했지만 반대하시지는 않았다.

엄마는 아이를 데리고 브루클린의 백화점에 가서 판매 직원에게 가벼운 윙크를 하고서는 말했다. "여기 꼬마 신사께서 사고 싶은 게 있다고 하시네요." 그러자 그 점원은 아이가 중요한 고객이라는 느낌이 들도록 이렇게 답했다. "어서 오세요. 꼬마 신사님. 어떤 상품을 보여 드릴까요?" 아이는 키가 좀 더 커 보이게 하려고 꼿꼿이 서서는 "제가 사용할 침대를 사고 싶어요."라고 말했다.

엄마는 자신이 사 주고 싶은 침대를 아들에게 보여 줬을 때, 점원에게 또 한 번 윙크를 했다. 엄마의 뜻을 눈치챈 점원은 그 침대를 선택하도록 아이를 설득했고, 마침내 아이는 그 침대를 사기로 결정했다.

다음 날 침대가 배달되었다. 그리고 그날 밤 아빠가 집에 돌아오자, 아이는 현관으로 달려가며 외쳤다. "아빠! 아빠! 2층에 올라가서 제가 산 제 침대 좀 보세요!" 아이 아빠는 침대를 보면서 찰스 슈워브의 권고에 따라, 아이가 한 일을 진심으로 인정해 주고 칭찬을 아끼지 않았다. "앞으로 밤에 실수를 하지는 않겠지, 그렇지?" 아빠가 묻자 아이는 "네. 네. 절대로 그러지 않을 거예요."라고 답했다. 아이는 약속을 지켰다. 자신의 자존심이 걸려 있었기 때문이다. 그것은 '자기'가 '자기' 혼자서 산 '자기' 침대였다. 그리고 이제는 어른처럼 파자마도 입었으니 어른처럼 행동하고 싶었다. 실제로 아이는 어른스럽게 행동했다.

강좌 수강생 중 또 다른 아빠이자 전화 엔지니어인 K. T. 더치만 씨는 자신의 세 살배기 딸아이에게 아침을 먹이는 일로 고민하고 있었다. 부모들이 흔히 하듯 꾸짖고, 애원하고, 어르고 달래는 등의 방법을 총동원해도 아무 소용이 없었다. 그래서 아이의 부모는 스스로에게 물었다. '어떻게 하면 아이가 밥을 먹고 싶어 할까?'

딸아이는 엄마를 흉내 내면서 다 큰 어른처럼 느끼는 것을 좋아했다. 그래서 하루는 부모가 아이를 의자에 앉혀 놓고 아침을 만들게 했다. 그리고 아이의 기분이 최고조에 달했을 때 아빠는 부엌에 들어섰고, 아침 준비를 하고 있던 딸아이는 그 순간을 놓치지 않고 말했다. "아빠! 이거 보세요! 제가 아침식사를 만들고 있어요!"

아이는 부모가 먹으란 말을 하지 않았는데도 그날 아침을 두 그릇이나 먹었다. 아침식사에 흥미를 가졌기 때문이다. 아이는 자신이 인정받았다고 느꼈고, 아침을 만드는 것에서 자기를 표현할 수 있는 방법을 발견한 것이다.

윌리엄 윈터William Winter는 "자기표현 욕구는 인간 본성에서 중요한 필수적 요소다."라고 말한 바 있다. 이런 심리를 사업에 적용해 보면 어떨까? 당신 머릿속에 기발한 아이디어가 떠오르면 그것을 당신 아이디어라고 주장하기보다 다른 사람으로 하여금 그 아이디어를 더욱 발전시킬 수 있게 해 보는 것은 어떨까? 그러면 그 사람은 그 아이디어가 자기 것이라고 여겨 좋아할 것이고, 결과적으로 그것을 좋아하게 될 것이며 멋지게 승화시킬 것이다. 명심하자.

"우선 상대방의 마음속에 강한 욕구를 불러일으켜라. 이대로 하는 자는 세상을 얻겠지만, 그렇지 않은 자는 외로운 길을 걸을 수밖에 없다."

원칙 3

상대방의 마음속에 강한 욕구를 불러일으켜라.

|||||||||||||||||||||||||| Section 1 요약정리 ||||||||||||||||||||||||||

사람을 다루는 데 필요한 기본 원칙

1. 다른 이들에 대한 비판과 비난, 불평을 삼가라.

2. 솔직하고 진지하게 칭찬하라.

3. 상대방의 마음속에 강한 욕구를 불러일으켜라.

타인의
호감을 얻는
여섯 가지 비결

1
어디서나 환영받는
사람이 되는 방법

당신은 지금 친구 사귀는 법을 알고 싶어서 이 책을 읽고 있는가? 그렇다면 왜 이 세상에서 친구를 가장 잘 사귀는 자의 기술을 배우지 않는가? 그는 누구일까? 당신은 내일이라도 길에서 그를 만날지 모른다. 당신과 3미터 정도 가까운 거리를 두고 마주하게 되면 그는 꼬리를 살랑거리며 반갑게 당신을 맞이할 것이다. 당신이 멈춰 서서 다정하게 등이라도 두드려 준다면 그는 자신이 당신을 얼마나 좋아하는지 보여 주기 위해 펄쩍펄쩍 뛰며 좋아할 것이다. 그리고 당신은 그의 애정표현 이면에 어떠한 숨은 의도도 없다는 것을 알고 있다. 그는 당신에게 부동산을 팔고 싶어 하거나, 당신과 결혼하고 싶어서 그러는 것이 아니다.

살기 위해 일하지 않아도 되는 유일한 동물이 개라는 것을 아는가? 닭은 알을 낳아야 하고, 젖소는 우유를 짜야 하고, 카나리아는 노래를 불러야 한다. 하지만 개는 인간에게 사랑만 주고도 먹고산다.

내가 다섯 살이었을 때 아버지는 노란 털이 복슬복슬한 강아지를

50센트에 사 오셨다. 그 강아지는 내 어린 시절의 빛이자 기쁨이었다. 매일 오후 네 시 반이 되면 강아지는 마당에 나와 그 예쁜 눈으로 한시도 떼지 않고 거리를 지켜보고 있었다. 그러다 내 목소리를 듣거나 도시락 통을 흔들며 돌아오는 내가 나무 사이로 보이면 총알처럼 튀어나와 단숨에 언덕 위까지 올라와서는 좋아서 어쩔 줄 모르며 멍멍 짖고 펄쩍펄쩍 뛰며 나를 맞이했다.

강아지 티피는 5년 동안 나의 한결같은 친구였다. 그러던 어느 날 밤이었다. 나는 그 밤을 영원히 잊지 못할 것이다. 티피는 나에게서 30미터 정도도 떨어지지 않은 곳에서 벼락을 맞아 죽고 말았다. 티피의 죽음은 내 유년 시절의 비극이었다.

티피, 너는 단 한 번도 심리학 관련서를 읽어 본 적이 없겠지. 사실 그럴 필요도 없었어. 누군가에게 진심으로 관심을 가지면, 다른 이들의 주목을 끌려고 애쓰는 사람이 2년 동안 사귈 수 있는 것보다 더 많은 사람들을 두 달 안에 사귈 수 있다는 걸 너는 타고난 본능으로 알고 있었으니까.

이 점에 대해 다시 얘기해 보자. 당신이 먼저 다른 사람에게 관심을 보이면, 당신한테 관심을 갖게끔 애써서 2년 동안 사귈 수 있는 것보다 훨씬 더 많은 친구를 두 달 안에 사귈 수 있다. 하지만 우리는 다른 사람들의 관심을 받으려고 온갖 노력을 다하며 일생 동안 실수를 반복하는 사람들이 있다는 것을 알고 있다. 물론 그런 방법은 아무 소용이 없다. 사람들은 당신에게 관심이 없고, 내게도 마찬가지다. 그들은 오로지 자기 자신에게만, 그것도 아침부터 저녁까지 온종일 관심을 둘 뿐이다.

언젠가 뉴욕 전화회사는 사람들이 통화 중 가장 많이 사용하는 단어를 자세히 조사했다. 1위는 당신이 짐작한 대로 1인칭 대명사 '나'였다. '나'라는 단어는 500번의 전화 통화 중에 무려 3,990번이나 사용되었다. '나', '나', '나', '나', '나'.

단체 사진을 볼 때 당신은 누구를 가장 먼저 찾아보는가?

만약 누군가가 당신에게 관심이 있다고 생각한다면, 다음 질문에 답해 보자. 오늘 밤 당신이 죽는다면, 장례식에는 몇 명이나 올까?

당신이 먼저 다른 사람에게 관심을 갖지 않는데 그 사람이 당신에게 관심을 가져야만 하는 이유는 뭔가? 연필을 들고 아래에 답을 적어 보라.

만일 당신에게 관심을 갖게 할 목적으로 다른 사람에게 깊은 인상을 남기기 위해 애쓴다면, 당신은 결코 진정한 친구를 사귈 수 없다. 친구, 그것도 진정한 친구는 절대 그런 방법으로 생기지 않는다.

그런데 나폴레옹은 그런 방식으로 사람을 사귀려고 했다. 조세핀과의 마지막 만남에서 그는 "조세핀, 나는 지금껏 이 세상에서 누구보다 운 좋은 사람이었소. 그런데 지금 이후부터 내가 의지할 수 있는 사람은 당신밖에 없소."라고 말했다. 그러나 역사가들은 나폴레옹이라는 인물이 과연 자신의 아내 조세핀이라도 믿을 수 있었던 인물이었을지 의문을 품는다.

오스트리아의 유명한 심리학자인 알프레드 아들러Alfred Adler는 《당신에게 인생의 의미는 무엇인가What Life Should Mean to You》라는 저서에서 이렇게 말한다.

'타인에게 관심을 갖지 않는 사람들은 인생에서 큰 고난을 겪고, 타인에게 가장 큰 상처를 준다. 인류의 모든 실패는 이런 유형의 사람들로부터 기인한다.'

당신이 아무리 수십 권의 두꺼운 심리학 서적을 읽는다 해도 이렇게 뜻 깊은 구절을 찾기란 쉬운 일이 아니다. 나는 반복하는 것을 싫어하지만 아들러의 말속에는 깊은 뜻이 있기 때문에 되풀이해 보겠다.

'타인에게 관심을 갖지 않은 사람들은 인생에서 큰 고난을 겪고, 타인에게 가장 큰 상처를 준다. 인류의 모든 실패는 이런 유형의 사람들로부터 기인한다.'

예전에 뉴욕 대학교에서 단편소설 창작에 관한 강의를 들었을 때, 당시 〈콜리어스Collier's〉지의 편집장이 초청 강사로 온 적이 있었다. 그는 자신의 책상에 굴러다니는 수십 편의 소설들 중 아무거나 하나 집어 들어 몇 구절만 읽어도 그 작가가 사람에 대한 애정이 있는 사람인지 아닌지를 알 수 있다고 말했다. 그리고 이렇게 덧붙였다. "만약 작가에게 사람에 대한 애정이 없으면, 사람들도 그 작가의 작품을 좋아하지 않습니다."

이 딱딱한 편집장은 창작 수업 중에 두 번이나 멈추고서는, 자신이 너무 설교 조의 말을 늘어놓아 미안하다고 하면서 이렇게 말했다. "사실 제가 하는 말은 설교 시간에 듣는 내용과 다를 바 없습니다. 하지만 명심하십시오. 작가로 성공하고 싶다면 사람들에게 관심을 가져야만 합니다." 이 말은 소설을 쓰는 데 있어 통하는 이야기지만, 직접 사람을 만나고 다루는 데 있어서는 그보다 세 배 이상 더 잘 통하는 방법이라 할 수 있다.

하워드 서스턴Howard Thurston이 브로드웨이에서 마지막으로 공연하던 날 저녁, 나는 그의 분장실을 찾아갔다. 자타가 공인하는 마술의 대가이자 특히 손 마술의 황제였던 서스턴은 40년간 전 세계 순회공연을 하며 계속해서 환상을 만들어 내고, 관객을 현혹시켰으며, 놀라움을 금치 못하는 장면을 연출해 냈다. 6,000만 명 이상의 사람들이 그의 공연을 관람했고, 그가 벌어들인 돈은 거의 200만 달러에 달했다.

나는 그에게 성공 비결을 물어보았다. 학교 교육은 분명 전혀 상관이 없었다. 그는 어렸을 때 집을 나와 부랑아가 되었고, 화물 자동차에 몰래 숨어 타 건초 더미 위에서 잠을 청했는가 하면 집집마다 구걸하며 끼니를 해결하기도 했다. 글 읽는 법은 철길을 따라 서 있는 기차역 표지판을 보고 겨우겨우 배웠을 뿐이다.

그렇다면 그는 마술에 대한 굉장한 지식이 있었을까? 그것도 아니다. 그의 말에 따르면 손 마술에 관한 책은 이미 수백 권이 출판되어 있고, 많은 마술사들은 자신의 수준만큼 손 마술을 할 줄 안다고 한다.

그러나 그에게는 다른 마술사가 갖추지 못한 두 가지가 있었다. 첫째, 쇼의 대가였던 그는 무대 위에서 자신의 개성을 펼쳐 보이는 능력을 갖고 있었다. 둘째, 그는 인간의 본성을 잘 파악하고 있었다. 그의 동작, 어조, 심지어 한쪽 눈썹을 들어 올리는 것까지 그가 하는 모든 것들은 공연 전에 하나하나 철저히 연습한 것들이었다. 그의 동작은 몇 분의 1초까지 치밀하게 계획된 것들이었다. 그러나 그것에 그치지 않고 서스턴은 사람들에 대한 진심 어린 관심까지 갖고 있었다. 그가 말한 바에 의하면 많은 마술사들은 관객을 바라보며 속으로는 '그래, 오늘도 풋내기, 촌뜨기들이 많이 왔군, 저런 녀석들 속이기야 식은 죽 먹기지.'라고 생각한다고 한다. 그러나 서스턴의 마음가짐은 이와 전혀 달랐다. 그는 매 공연마다 무대에 오르면서 '나를 보러 와 준 사람들이 있다니 정말 고마운 일이야. 저들이야말로 내가 즐거운 일을 하면서 살 수 있게 해 준 사람들이지. 그러니 내가 할 수 있는 최선을 다해 멋진 공연을 보여 줘야 해.'라고 다짐한다.

그는 또한 무대 위에 오를 때 스스로 이렇게 되뇐다고 했다. "나는 관객을 사랑해. 나는 저들을 사랑해." 웃기는 얘기라고? 이상하다고? 물론 당신은 충분히 당신이 좋을 대로 생각할 수 있다. 하지만 나는 단지 당신에게 당대 최고의 마술사가 사용한 비법을 가감 없이 전하고 있을 뿐이다.

슈만 하인크Schumann-Heink 부인도 이와 유사한 이야기를 했다. 배고픔과 슬픔, 한때는 아이들과 동반 자살하려 했을 정도로 불행했던 인생, 이런 모든 것에도 불구하고 그녀는 계속 노래했고, 마침내 청중을 전율케 하는 유명한 바그너 가수가 되었다. 그녀 역시 자신의 성공 비결 중 하나는 사람들에 대한 깊은 관심이라고 고백했다.

이것은 또한 시어도어 루스벨트 대통령이 대단한 인기를 누린 비결이기도 했다. 심지어 하인들도 그를 좋아했다. 그의 흑인 하인이었던 제임스 E. 에이머스James E. Amos는 《시종의 영웅인 시어도어 루스벨트 대통령Theodore Roosevelt, Hero to His Valet》이라는 책에서 감동적인 일화 하나를 소개했다.

언젠가 내 아내가 대통령께 메추라기에 대해 질문했던 적이 있다. 아내는 메추라기를 본 적이 없었기에 대통령께서는 매우 자세히 설명해 주셨다. 그로부터 얼마 후, 우리가 살고 있었던 오두막으로 전화가 왔다(에이머스와 그의 아내는 오이스터 베이에 있는 대통령 관저 안의 조그만 별채에서 살았다). 그 전화는 대통령께서 친히 하신 것이었다. 대통령께서는 창밖에 메추라기가 있으니 보고 싶으면 밖을 내다보라는 말씀을 아내에게 해 주시려고 전화를 걸었다고 하셨다. 대통령은 그토록 세심하게 사람을 배려해 주시는 분이셨다. 우리 집 근처를 지나실 때면 우리가 보이지 않아도 "여어, 애니!", "여어, 제임스!" 하며 반갑게 부르곤 하셨다.

어떻게 고용인들이 이런 사람을 좋아하지 않을 수 있겠는가? 또 어떤 이들이 이런 사람을 좋아하지 않을 수 있겠는가?

대통령직에서 물러난 루스벨트가 한번은 백악관에 들른 적이 있었는데, 마침 태프트 대통령 내외는 자리에 없었다. 그는 자신이 임기 중 알게 된 모든 하인들, 심지어는 부엌에서 그릇을 닦는 하녀에게까지 이름을 부르며 인사를 건넸다. 이런 행동은 그가 평범한 사람들에게도 얼마나 진정한 애정을 가지고 있었는지를 잘 보여 준다.

역시 그의 하인 중 한 명이었던 아치 버트Archie Butt는 그날의 일을 다음과 같이 적었다.

그분께서는 부엌 담당 하녀 앨리스를 보시자 요즘도 옥수수빵을 만드는지 물으셨다. 그러자 앨리스는 "가끔 하인들이 먹을 것을 만들기는 하지만 윗분들께서는 드시지 않아 따로 만들지는 않습니다."라고 대답했다. 그러자 그분은 "그 사람들은 맛을 잘 모르는 사람들이로군. 대통령을 만나면 그렇게 얘기해 주겠네."라고 말씀하셨다. 그분이 사무실로 가시려 하자 앨리스는 옥수수빵을 내왔고, 그분은 그 빵을 드시며 사무실로 걸어가셨다. 가는 길에 정원사와 일꾼들을 만나면 인사를 건네셨다.

그분은 예전에 그러셨던 것과 꼭 같이 사람들에게 말을 건네셨다. 그들은 아직도 그 일에 대해 이야기한다. 아이크 후버는 눈물을 글썽이며 이렇게 말했다. "최근 2년 동안 그렇게 행복한 날은 없었습니다. 억만금을 준다 해도 그날과 바꿀 사람은 아무도 없을 것입니다."

찰스 W. 엘리엇Charles W. Eliot 박사를 가장 성공한 대학 총장 중 한 명으로 만든 것도 바로 다른 사람의 문제에 대한 깊은 관심이었다. 그는 미국의 남북전쟁이 끝난 지 4년이 되는 1869년부터 제1차 세계대전이 일어나기 5년 전인 1909년까지 하버드 대학의 총장을 역임했다.

그가 어떤 방식을 사용했는지 알려 주는 한 가지 예를 살펴보자. 어느 날 L. R. G. 크랜든이라는 신입생이 학자금 50달러를 빌리러 총장실을 찾아왔다. 대출은 승인되었다. 그 이후 크랜든 학생의 말을 옮겨 보면 다음과 같다.

"저는 진심으로 감사의 인사를 드리고 나가려는데 총장님께서 '잠깐 앉아 보게.' 하고 말씀하셨습니다. 그러시더니 놀랍게도 이런 얘기를 해 주셨습니다. '자네가 혼자 자취하고 있다고 들었네. 나는 밥만 제때 잘 챙겨 먹고 다니면 자취가 그렇게 나쁘다고는 생각하지 않아. 대학을 다닐 때는 나도 자취를 했지. 쇠고기 덩어리로 요리해 본적 있나? 충분히 숙성시킨 고기를 사다가 잘 요리하기만 하면 그게 자네에게 최고의 요리가 될 걸세. 하나도 버릴 게 없거든. 내가 했던 요리법을 알려 주지.' 하시고는 제게 고기를 잘 골라야 한다, 국물이 졸아들어 젤리가 될 정도로 천천히 요리해야 한다, 고기를 잘게 자를 땐 이렇게 해라, 누를 때는 냄비 안에 작은 냄비를 넣고 눌러라, 먹을 땐 식혀서 먹어라 등의 이야기를 해 주셨습니다."

세상에서 가장 바쁜 사람이라고 해도 진정으로 그에게 관심을 가지면 그 사람으로부터 관심, 시간 그리고 협력을 얻어 낼 수 있다는 것을 나는 개인적인 경험을 통해 깨달았다. 그 경험에 대해 얘기해 보겠다.

몇 년 전 나는 브루클린 예술과학재단에서 소설 작문 강의를 했다. 나와 학생들은 많은 작가들의 경험에서 교훈을 얻기 위해 캐슬린 노리스Kathleen Norris, 패니 허스트Fannie Hurst, 아이다 타벨Ida Tarbel), 앨버트 페이슨 터휸Albert Payson Terhune, 루퍼트 휴즈Rupert Hughes 등과 같이 유명한 작가들을 학교에 모셔 오고자 했다. 그래서 우리는 그 작가들에게 '우리는 작가님의 작품을 좋아할 뿐 아니라 작가님의 충고와 성공 비결을 간절히 듣고 싶다.'는 내용의 편지를 썼다. 각각의 편지에는 150명의 학생들이 서명했다. 더불어 '우리는 작가님이 너무 바빠서 강의를 준비하는 것이 무리라는 것을 알고 있기에, 작가님의 창작 기법에 대해 듣고자 설문지를 동봉하니 답변해 주시면 감사하겠다.'고 덧붙였다. 작가들은 좋아했다. 누가 이런 방식을 싫어하겠나? 이렇게 하여 작가들은 시간을 내어 브루클린에까지 와 우리에게 강연을 해 주었다.

대중연설 강좌 시간에는 이와 같은 방식을 활용하여 시어도어 루스벨트 내각의 재무장관이었던 레슬리 M. 쇼Leslie M. Shaw, 태프트 내각의 법무장관 조지 W. 위커샴George W. Wickersham, 윌리엄 제닝스 브라이언William Jennings Bryan, 프랭클린 D. 루스벨트 등 많은 저명인사들을 초청해 강의를 진행했다.

정육점 직원이든 빵집 직원이든 혹은 왕관을 쓴 임금이든, 사람은 누구나 자기를 존경하는 사람을 좋아하기 마련이다. 독일 황제 빌헬름을 예로 들어 보자. 제1차 세계대전이 끝나 갈 시기에 그는 아마도 세상에서 가장 경멸받는 사람이었을 것이다.

그가 자신의 목숨을 부지하겠다고 네덜란드로 도망쳤을 때는 국민까지 그를 외면했다. 그에 대한 국민들의 분노는 더욱 격렬해져서 수백만 명의 사람들이 그의 사지를 찢어 죽이거나 화형에 처하고 싶어 할 정도였다. 그런데 국민들이 분노에 불타오르는 가운데에도 한 소년은 황제에게 친절과 존경이 담긴 짧고 정성 어린 편지를 보냈다. 소년은 다른 사람들이 어떻게 생각하든지 상관없이, 자신은 황제 빌헬름을 늘 존경하고 사랑하겠다고 말했다. 소년의 편지를 받고 크게 감동한 황제는 그 소년을 초대했다. 소년은 어머니와 함께 황제를 알현했고, 후에 황제는 소년의 어머니와 결혼했다. 소년은《친구를 사귀고 사람을 설득하는 법》이라는 책을 읽을 필요가 없었다. 이미 본능적으로 이미 그것을 알고 있었으니 말이다.

친구를 사귀고 싶다면 상대를 위해 무언가를 해 주는 노력이 필요하다. 그것에는 시간, 에너지, 이타심, 사려 깊음이 필요하다. 윈저 공은 영국의 황태자였을 당시 남미를 순방할 계획이 생겼다. 그는 여행에 앞서 상대방의 언어로 대중 연설을 하기 위해 몇 달간 스페인어를 공부했다. 남미 사람들이 그를 좋아하게 된 것은 두말할 필요도 없다.

나는 수년 간 친구들의 생일을 알아내고자 노력했다. 내가 어떤 방법을 사용했을 것이라 생각하는가? 비록 점성술에 대해서는 문외한이지만 나는 우선 상대방에게 '생일이 성격이나 기질과 관계있다는 걸 믿느냐'면서 이야기를 시작하고, 그러고 나서 그의 생일을 물어본다. 예를 들어, 상대방이 자신의 생일은 11월 24일이라고 하면 나는 속으로 '11월 24일, 11월 24일'을 되뇐다. 그리고 상대가 자리를 비울 때 그의 이름과 생일을 간단히 메모해 놓고 나중에 생일 기록장에 옮겨 적는다. 그리고 그 생일을 연초마다 달력에 표시해 둔다. 그러면 자동적으로 사람들의 생일에 신경 쓰게 된다. 그리고 생일 당일이 되면, 나는 그 사람에게 편지를 보내거나 전보를 쳤다. 그 효과는 엄청나다. 나는 종종 그의 생일을 기억해 주는 사람들 중 한 명이 되었기 때문이다.

누군가를 친구로 만들고 싶다면 활기 있고 열성적인 자세로 그를 맞이하라. 누군가 당신에게 전화를 하면 이 같은 마음으로 대하라.

상대방이 전화를 걸어 줘서 더없이 기쁘다는 것을 표현하듯 "여보세요." 하며 받아라. 뉴욕 전화회사는 전화교환원들이 "전화번호를 말씀해 주세요."라고 말할 때 "안녕하세요, 전화해 주셔서 감사합니다."라는 느낌을 전할 수 있는 어조로 훈련하는 과정을 운영하고 있다. 이제 우리도 전화를 받을 때면 이 방법을 명심하고 실행해 보자.

이 생각을 회사 업무에도 적용할 수 있을까? 나는 수많은 사례를 알고 있지만 두 가지 정도만 얘기해 보겠다.

뉴욕 시에 있는 대형 은행에서 근무하는 찰스 R. 월터스 씨는 어떤 회사에 관한 기밀문서를 준비하라는 임무를 부여받았다. 그가 알고 있는 한, 그 임무에 긴급히 필요한 자료를 가지고 있는 유일한 사람은 한 대형 제조업체의 사장이었다. 그를 찾아간 월터스 씨가 사장실로 막 들어섰을 때, 한 젊은 여비서가 문으로 고개를 들이밀고 사장에게 오늘은 우표가 없다고 말했다.

"저는 요즘 열두 살짜리 아들을 위해 우표를 수집하는 중입니다." 사장은 월터스 씨에게 얘기했다. 월터스 씨는 이내 자신의 용무를 이야기하고는 질문을 시작했다. 하지만 사장은 막연한 데다 전혀 구체적이지 않은, 애매모호한 답변만 할 뿐이었다. 그는 월터스 씨의 질문에 답해 줄 마음이 없는 듯했고, 면담은 건질 만한 것 하나 없이 짧게 끝났다. "솔직히 뭘 어떻게 해야 할지 모르겠더군요." 월터스 씨는 후에 강좌 시간에 그때의 이야기를 했다. "그런데 마침 그때 비서가 했던 말이 생각났어요. 우표, 열두 살짜리 아들 …… 그리고 저희 회사 외환 담당 부서에서 우표를 수집한다는 사실이 떠올랐습니다. 전 세계에서 보내오는 편지에 붙어 있는 우표들 말이에요.

다음 날 오후 저는 그 사장을 다시 찾아가서 아드님께 선물할 우표를 조금 가지고 왔다는 메모를 전했습니다. 면담이 금방 이루어졌냐고요? 물론이죠. 그는 국회의원에 출마하는 사람보다 더 힘차게 내 손을 쥐고 흔들었습니다. 얼굴에는 미소가 가득한 채로 무슨 일이든 해 주려고 하더군요. 그는 우표를 마치 보물이라도 되는 양 어루만지며 '이거 우리 아들이 정말 좋아하겠는데요. 이건 정말 보물이에요.'라고 말했습니다.

그렇게 우표에 대해 이야기하고 그의 아들 사진을 보며 30분 정도 시간을 보낸 뒤, 그는 제가 원하는 정보에 대해 한 시간 이상 아주 세세히 알려 주었습니다. 제가 부탁하지 않은 것까지 말입니다. 그는 자신이 알고 있는 것은 물론 동료들에게 전화를 하거나 부하직원까지 불러 물어봐 주었습니다. 게다가 그와 관련된 실태, 수치, 보고서와 서신까지 모아 주더군요. 기자들 사이에서 하는 표현을 빌자면, 특종을 건진 셈이죠."

여기 또 다른 예를 보자. 필라델피아에 사는 C. M. 크나플 주니어 씨는 몇 년 동안 대형 체인점에 연료를 납품하기 위해 애쓰고 있었다. 그러나 그 대형 체인점은 타 지역 업체와 거래를 계속했고, 경쟁 업체의 트럭들은 크나플 씨의 회사 앞을 보란 듯이 오가며 그 대형 체인점에 물건을 실어 날랐다. 크나플 씨는 어느 날 밤, 수강생들 앞에 나와서 그 체인점이 국가적인 불행의 원흉이라는 등의 악담을 쏟아부었다. 그리고 왜 자신이 체인점에 납품하지 못했는지 여전히 의아해했다.

나는 그에게 다른 전략을 써 볼 것을 권했다. 간단히 말해 강좌 수강생들을 둘로 나눠서 '국가적으로 봤을 때 체인점의 확장은 이익보다 손해가 크다.'라는 주제에 대한 토론을 벌이기로 한 것이다.

나는 크나플 씨에게 체인점을 옹호하는 입장에 설 것을 제안했다. 내 제안에 동의한 그는 그 길로 곧장 자신이 그동안 경멸해 왔던 체인점의 이사를 찾아가 말했다. "오늘 제가 이곳에 온 이유는 연료를 팔기 위해서가 아니라 부탁드릴 일이 있어서입니다." 그는 우리의 토론 계획에 대해 설명하고 이렇게 덧붙였다. "아무리 생각해도 이사님만큼 제가 원하는 정보를 알려 주실 수 있으신 분은 없으신 것 같아 도움을 청하러 왔습니다. 이번 토론에서 정말 이기고 싶은데, 제게 도움을 주신다면 진심으로 감사드리겠습니다." 그 이후에 대해서는 크나플 씨가 한 이야기를 직접 들어 보자.

"저는 그에게 정확히 1분만 시간을 내 달라고 했습니다. 이 조건 덕분에 그는 면담을 수락했습니다. 상황을 설명하자, 그는 내게 앉으라고 하고는 정확히 1시간 47분 동안 이야기를 하더군요. 그는 체인점에 관해 책을 쓴 또 다른 임원을 한 명 불러왔습니다. 또한 전미 체인점 협회에 요청해 이 주제에 관한 토론 자료 사본도 구할 수 있게 해 주었지요. 그는 체인점이 사람들에게 진정한 봉사를 하고 있다고 생각했고 수백 개의 커뮤니티를 위해 자신이 하는 일을 자랑스럽게 여겼습니다. 이야기를 하는 동안 그의 눈은 더없이 반짝였습니다. 그 덕분에 제가 그동안 생각지도 못했던 것에 대해 눈을 떴다고 고백하지 않을 수 없습니다. 그는 제 모든 정신 태도를 바꿔 버렸습니다.

내가 자리에서 일어났을 때, 그는 문 앞까지 걸어 나와 내 어깨에 손을 지그시 올리고는 토론에서 좋은 성과가 있기를 빌겠다고 하면서, 나중에 또 한 번 들러서 어떻게 되었는지 알려 달라고 했습니다. 그리고 마지막으로 '봄에 다시 봅시다. 당신 회사의 연료를 주문할 수 있을 겁니다.'라고 덧붙였습니다.

그건 제게 기적이었습니다. 저는 주문에 대한 말은 한마디도 꺼내지 않았는데 그가 저희 회사 제품을 주문하겠다고 제안했으니까요. 제가 진심으로 그와 그의 문제에 관심을 기울였던 그 두 시간이 저와 저희 회사 연료에 대한 관심을 끌려고 한 10년보다 훨씬 더 나은 진전을 이룬 것입니다."

크나플 씨, 당신은 새로운 진리는 깨달은 것이 아닙니다. 이미 아주 오래전, 예수가 태어나기 100년 전에 유명한 로마의 시인 푸블리우스 시루스Publilius Syrus는 이렇게 말했습니다.

"우리는 우리에게 관심을 갖는 사람에게만 관심을 갖는다."

따라서 다른 사람이 당신을 좋아하게 만들려면,

원칙 1

다른 사람들에게 진정한 관심을 기울여라.

더욱 호감 가는 성격, 그리고 더욱 효과적인 인간관계 기술을 갖고 싶다면 헨리 링크Henry Link 박사의《종교에의 귀의The Return to Religion》라는 책을 적극 권장한다. 이 책은 착하게 살라고 강조하는 종

교 관련 서적이 아니니 제목을 보고 겁먹을 필요는 없다. 저자인 링크 박사는 유명한 심리학자로, 성격 문제를 겪는 3,000여 명 이상의 환자를 면담하고 상담한 전문가다. 그는 내게 자신의 저서 제목을 '인간 성격 개선법'으로 짓는 것도 어려운 일은 아니었을 것이라 말했다. 그 책의 주제가 바로 그것이었기 때문이다. 흥미로움과 동시에 교훈도 주는 그 책을 읽고 책에서의 제안을 따른다면 사람을 다루는 당신의 기술은 분명 향상될 것이다.

2
좋은 첫인상을
남기는 방법

최근 나는 뉴욕에서 열린 한 만찬회에 참석했다. 손님 중에는 꽤 많은 유산을 상속받은 한 여성이 다른 사람들에게 좋은 인상을 남기기 위해 애쓰고 있었다. 그녀는 검은 모피와 다이아몬드, 진주로 잔뜩 치장하고 있었지만 얼굴에는 전혀 신경을 쓰지 않았던 것 같다. 얼굴은 심술과 이기심으로 가득했기 때문이다. 그녀는 다른 사람들이 다 아는 것, 즉 얼굴 표정이 몸에 걸친 옷보다 훨씬 더 중요하다는 사실을 모르고 있었다(재미로 하는 말이지만, 이 이야기는 잘 기억해 두었다가 당신 아내가 모피 코트를 사 달라고 할 때 들려주면 괜찮지 않을까 싶다).

찰스 슈워브는 내게 자신의 미소가 백만 불짜리라고 말했다. 그러고 보면 그는 그 말의 숨은 뜻을 잘 알고 있었던 것 같다. 그는 전적으로 자신의 인격과 매력 그리고 사람들이 자신을 좋아하게 만드는 능력 덕분에 엄청난 성공을 거두었다. 그리고 슈워브의 기질 중 가장 사람의 기분을 좋게 하는 것은 보는 이의 마음을 사로잡는 미소였다.

나는 언젠가 배우이자 가수인 모리스 슈발리에Maurice Chevalier와 오후를 보낸 적이 있는데 솔직히 조금 실망스러웠다. 침울하고 말수 없는 그의 모습은 내가 예상한 것과 전혀 달랐다. 그러나 그가 미소를 짓자 모든 것이 달라졌다. 마치 태양이 구름 사이를 뚫고 나온 것처럼 환한 그 미소가 없었다면 그는 파리로 돌아가서 아버지와 형제들처럼 가구를 만들고 있었을 것이다.

행동은 말보다 강하다. 그리고 그중에서도 한 번의 미소는 "저는 당신을 좋아해요. 당신은 저를 행복하게 합니다. 당신을 만나서 정말 기쁩니다."라는 뜻을 전달한다.

개가 많은 사랑을 받는 이유 또한 이것이다. 개는 사람들을 보면 매우 기쁜 나머지 어쩔 줄 모르며 뛰어오르고, 그러니 자연히 사람들도 그런 개를 보고 반가워하게 되는 것이다.

하지만 가식적인 웃음? 그건 안 된다. 그런 행동은 누구에게도 통하지 않는다. 우리는 그게 인위적이라는 걸 알기 때문에 달가워하지 않는다. 나는 진짜 미소, 마음이 따뜻해지는 미소, 가슴속에서 우러나오는 미소, 시장에서 좋은 값을 받을 만큼 순수한 그런 미소에 대해 얘기하고 있는 것이다.

뉴욕의 한 대형 백화점 인사 관리자는 내게 자신은 무뚝뚝한 표정의 박사 학위 소지자보다 차라리 초등학교를 중퇴했더라도 미소가 아름다운 판매 여직원을 채용하겠다고 말했다.

미국 최대의 고무 제조회사 회장은 내게 말하길, 자신이 관찰한 바에 따르면 자기가 하는 일에 즐거움을 느끼지 못하는 사람은 결코 성공하지 못한다고 했다. 그 분야의 선도자였던 그는 '열심히 일하는 것만이 우리 소원의 문을 열어 줄 열쇠다.'라는 옛 격언을 크게 신뢰하는 것 같지 않았다. 덧붙여 그는 "나는 흥이 나서 놀이처럼 일을 즐겨 성공한 사람들을 알고 있네. 그런데 후에, 그들 중 몇몇은 일을 일이상으로는 생각하지 않더군. 결국 따분함을 느끼기 시작한 그들은 일에서 즐거움을 잃고 결국 실패하고 말았지."라고 말했다.

만약 다른 사람들이 당신을 만나 즐거운 시간을 보내기를 기대한다면 당신 스스로가 상대방과 즐거운 시간을 가져야 한다.

나는 수천 명의 사업가들에게 한 사람을 지정해 1주일 동안 그 사람에게 계속 미소를 지어 보인 뒤 수업에 와서 그 결과를 말해 달라고 요청했다. 어떤 결과가 나왔을까? 자, 한번 살펴보자.

다음은 뉴욕에 사는 증권 중개인 윌리엄 B. 스타인하트가 쓴 편지다. 그의 편지는 예외적인 것이 아니다. 사실 다른 수백 명이 겪은 것과 같은 대표 사례라 할 수 있다. 스타인하트는 이렇게 썼다.

"저는 결혼한 지 18년이 넘었습니다. 18년간 저는 아침에 일어나서 회사에 출근할 때까지 아내에게 거의 웃어 준 적이 없었고, 한두 마디의 말을 건네는 일도 드물었습니다. 아마 저는 브로드웨이를 지나다니는 사람 중에 가장 무뚝뚝한 사람이었을 겁니다.

이 강의에서 미소를 지어 본 후 경험을 발표해 달라고 하셨을 때 1주일간 노력해 봐야겠다고 마음먹었습니다. 그리고 다음 날 아침, 머리를 빗다가 거울에 비친 제 굳어 있는 얼굴을 보고 속으로 말했습니다. '빌, 오늘부터 그 쏘아보는 얼굴은 지우는 거야. 그리고 웃어 보자. 지금 당장 웃기 시작할 거라고.' 그러고는 아침식사를 위해 자리에 앉아 아내에게 '잘 잤어, 여보?' 하고 웃으며 아침 인사를 건넸습니다. 선생님께서 아내가 놀랄지 모른다고 미리 주의를 주셨죠. 네, 그런데 아내의 반응은 그 정도가 아니었습니다. 아내는 크게 당황했습니다. 충격을 받은 것 같았어요. 저는 아내에게 앞으로도 계속 이렇게 할 거라고 이야기해 줬죠. 그렇게 시작한 아침 인사가 이제 거의 두 달째 접어들었습니다. 제 태도가 이렇게 변하자 지난 한 해 동안 느낀 행복보다 더 큰 행복을 이 두 달간 느낄 수 있었습니다. 이제는 출근할 때 아파트 엘리베이터 보이에게도 웃으며 '안녕!' 하고 인사하고, 도어맨에게도 미소를 건넵니다. 지하철 매표소에서 표를 사면서도 매표소 직원에게 미소를 짓고, 제가 다니는 증권거래소에 도착하면 여태껏 내가 미소 짓는 것을 보지 못했던 직원에게도 웃어 보입니다.

이내 저는 모든 사람이 제가 웃으면 역시 웃음으로 받아 준다는 것을 알았습니다. 저는 제게 불평이나 불만 사항이 있어 찾아오는 사람들을 친절하게 대했습니다. 그들이 자신의 힘든 점을 이야기할 때 웃는 모습으로 들어주면 해결책이 더 쉽게 나오는 것도 알게 되었고, 미소가 매일 더 많은 돈을 벌게 해 준다는 점도 알게 됐습니다.

저는 다른 중개인과 사무실을 함께 쓰고 있습니다. 그의 직원 중에는 호감이 가는 청년이 한 명 있었는데, 이 과제 결과에 으쓱해진 저는 그 친구에게 인간관계에 대한 제 철학에 대해 얘기해 줬습니다. 그랬더니 그는 저를 처음 사무실에서 봤을 때 심통 맞은 사람이라 생각했다며 솔직히 말해 주더군요. 하지만 최근에는 그 생각이 달라졌다면서, 제가 웃을 때 굉장히 인간적으로 보인다고 덧붙였습니다.

저는 제 생활 속에서 비난하는 습관도 버렸습니다. 이제는 비난 대신에 감사와 칭찬의 말을 하려 합니다. 그리고 제가 원하는 것에 대해서 말하던 것도 그만두었습니다. 대신 다른 사람의 관점을 이해하려고 노력하고 있지요.

이런 일들은 정말 말 그대로 제 삶에 혁명을 일으켰습니다. 저는 완전히 전과 다른 사람이 되었습니다. 더 행복해졌고 더 부유해졌으며, 친구들도 더 많아졌습니다. 살아가는 데 있어서 이것들보다 더 중요한 게 있을까요?"

이 편지는 사회생활에 닳고 닳아 세상 이치에 밝은, 뉴욕의 주식 중개인이 썼다는 것을 다시 한 번 떠올려 주길 바란다. 주식 중개업은 100명 중 99명이 실패할 정도로 매우 힘든 업종에 속한다.

당신은 웃고 싶지 않은가? 웃으려면 무엇을 어떻게 해야 할까? 방법은 두 가지가 있다. 첫째, 억지로라도 웃어라. 혼자 있다면 휘파람을 분다거나 콧노래를 흥얼거리며 나는 이미 행복하다는 듯이 행동하라. 그러면 정말로 행복해질 것이다. 하버드 대학교 교수를 지낸 윌리엄 제임스는 이렇게 말했다.

"행동은 감정을 따라오는 것처럼 보이지만 실제로 행동과 감정은 동시에 일어난다. 따라서 의지의 직접적인 통제를 받는 '행동'을 조절하면, 의지의 통제에서 먼 '감정'을 간접적으로 조절할 수 있다. 따라서 즐거운 감정이 사라졌을 때, 다시 즐거워지기 위한 최고의 자발적인 방법은 이미 유쾌한 것처럼 행동하고 이야기하는 것이다."

세상 사람 모두는 행복을 추구하는데, 여기 그것을 찾을 확실한 방법이 하나 있다. 그것은 바로 당신의 생각을 조절하는 것이다. 행복은 외부 상태가 아닌 내부 환경, 즉 마음먹기에 달려 있다.

인간을 행복하게 혹은 불행하게 만드는 것은 재산을 얼마나 가졌는지, 사회적으로 어떤 위치에 있는지, 혹은 어디에 사는지 등의 것이 아니다. 행복과 불행은 행복에 대한 당신의 생각에 따라 결정된다.

예를 들면 같은 곳에서 똑같은 일을 하는 사람이 두 명 있다. 두 사람은 급여와 지위가 비슷하다. 그런데 한 사람은 불행하고 다른 한 사람은 행복하다. 이유가 뭘까? 정신적 태도가 서로 다르기 때문이다. 나는 찜통 같은 더위 속에서 일당 7센트를 받기 위해 열심히 일하는 중국인 일용근로자가 뉴욕의 중심 번화가인 파크 애비뉴에 사는 사람들만큼 행복해하는 모습을 봤다.

셰익스피어는 "좋고 나쁜 것은 아무것도 없다. 다만 생각이 그것을 만들어 낼 뿐이다."라고 말했는가 하면, 링컨 역시 "대부분의 사람들은 그들이 마음먹은 만큼 행복해진다."라고 했다. 그가 옳았다. 최근 나는 이 말이 진실임을 알려 주는 생생한 예를 목격했다.

내가 뉴욕의 롱아일랜드 역에서 계단을 올라가고 있을 때였다. 내 바로 앞에서는 몸이 불편한 소년들 30~40명이 지팡이나 목발을 짚고 계단을 오르기 위해 애쓰고 있었다. 한 아이는 업혀 가야만 했다. 그런데 아이들이 웃고 즐거워하는 것을 보며 나는 적잖이 놀랐다. 아이들을 담당하고 있는 인솔자에게 나의 놀라움에 대해 이야기하며 말을 건넸다. 그러자 그는 "네, 이런 아이들은 평생 불구로 살아가야 한다는 것을 깨달았을 때 처음에는 큰 충격을 받습니다. 하지만 충격을 이겨 낸 뒤부터는 대개 자신의 운명을 받아들이고 보통의 아이들보다 훨씬 더 밝게 지내지요."라고 말했다.

나는 모자를 벗고 아이들에게 경의를 표하고 싶었다. 그 아이들은 내게 절대 잊을 수 없는 교훈을 가르쳐 주었다.

배우 메리 픽포드가 역시 배우이자 남편이었던 더글러스 페어뱅크스Douglas Fairbanks와 이혼을 준비할 당시, 나는 그녀와 한나절을 함께한 적이 있다. 그 당시 모든 사람은 그녀가 근심으로 마음이 심란하고 불행할 것이라 예상했다. 그러나 실상 그녀는 내가 만나 본 어느 누구보다 가장 침착하고 당당한 모습이었다. 그녀는 행복해 보였다. 비결은 무엇이었을까? 그녀는 35페이지 정도의 짧은 책에서 그 답을 알려 주었다. 재미있게 볼 만한 책이니 도서관에 가서 그녀가 쓴《신에 의지하여》를 찾아 읽어 보길 권한다.

세인트 루이스 카디널스의 3루수로 활약하다가 이제는 미국에서 가장 잘나가는 보험 판매원이 된 프랭크 베트거는 내게 웃는 사람이 항상 환영받는다는 것을 오래전에 깨달았다고 말한 바 있다. 그래서 그는 누군가의 사무실에 방문할 때 항상 문 앞에 잠깐 멈춰 서서 감사해야 할 수많은 것들을 떠올리고 진심이 담긴 미소를 활짝 지은 뒤 그 미소가 사라지기 전에 사무실 문을 열고 들어간다. 그는 이 단순한 기술이 보험 판매에서 엄청난 성공을 거두는 데 큰 도움이 되었다고 믿고 있다.

철학자 엘버트 허버드Elbert Hubbard의 뜻깊은 충고 한 구절을 잘 읽어 보라. 이 충고를 행하지 않고 읽기만 하는 것은 의미가 없으니, 꼭 실천해야 한다는 것도 명심하라.

　문을 나설 때는 항상 턱을 당기고 고개를 들어 숨을 최대한 크게 들이마셔라. 그리고 햇살을 한껏 받아라. 친구들에게 미소 띤 얼굴로 인사하고, 진심을 담아 악수를 나눠라. 오해받을까 두려워하지 말고, 적을 생각하는 데 시간을 허비하지 마라. 당신이 하고 싶은 일을 마음에 확실히 새기기 위해 노력하라. 그러면 헤매지 않고, 목표를 향해 곧장 나아가게 될 것이다. 당신이 하고 싶은 멋지고 원대한 꿈을 마음에 새기라. 그렇게 시간이 흐르면 산호가 조류에서 필요한 것을 가져가듯이 자신도 모르는 사이에 꿈을 이루는 데 필요한 기회를 잡고 있는 당신을 보게 될 것이다. 당신이 되고자 하는, 성실하고 유능한 사람의 이미지를 마음에 그려 보라. 그러면 당신이 그린 그 모습이 매 시간 당신을 그런 사람으로 변화시킬 것이다. 모든 것은 생각으로 결정된다. 올바른 정신 자세를 견지하라. 용기, 솔직함 그리고 쾌활함이 그것이다. 바르게 생각하는 것은 곧 창조하는 것이다. 모든 것은 욕망에서 탄생하며, 모든 진실한 기도는 응답을 받는다. 우리는 우리의 마음에 따라 변한다. 턱을 당기고, 고개를 들어라. 인간은 고치 안에 들어 있는, 준비 단계에 있는 신이다.

　옛 중국인들은 처세술에 관한 지혜가 돋보였는데, 그들은 우리가 항상 기억하고 있어야 할 만큼 귀중한 격언을 남겼다. '웃지 않는 사람은 장사를 하면 안 된다.'

　장사 이야기가 나온 김에, 프랭크 어빙 플레처Frank Irving Fletcher는 오펜하임 콜린스 사의 광고에서 아래와 같이 소박한 철학이 묻어나는 광고 문구를 내걸었다.

크리스마스에 보내는 미소의 가치

미소는 돈이 들지 않지만, 많은 일을 합니다.
미소는 받는 사람을 풍요롭게 하지만,
주는 사람을 가난하게 만들지는 않습니다.
미소는 잠깐이지만, 그 기억은 영원합니다.
미소가 없어도 될 정도로 부유한 사람은 없고,
미소가 주는 혜택을 누리지 못할 정도로 가난한 사람 역시 없습니다.
미소는 가정의 행복을 만들어 내고, 사업에서는 호의를 불러일으키며, 친구 사이에서는 우정의 징표가 됩니다.
미소는 지친 자에겐 안식이고, 절망에 빠진 자에겐 새날이며,
슬픈 자에겐 빛이고, 곤경에 처한 사람에게는 자연이 주는 최고의 명약입니다.
그러나 미소는 돈으로 살 수도, 구걸할 수도, 빌릴 수도 없고
훔칠 수도 없습니다.
누군가에게 주기 전까지 미소는 아무 쓸모도 없는 것이기 때문입니다.
그러니 크리스마스 선물을 사시다가 저희 직원이 너무 지친 나머지 미소조차 짓지 않으면 여러분이 먼저 미소를 지어 주시지 않으시겠습

니까?

왜냐하면 이제 더 이상 지어 줄 미소가 남아 있지 않은 사람이야말로 미소가 가장 필요한 사람이기 때문입니다.

그러므로 사람들이 당신을 좋아하게 만들려면,

원칙 2

웃어라.

3
이것을 못 하면
문제가 생긴다

오래전 1898년, 뉴욕 로클랜드 지역에 비극적인 참사가 발생했다. 마을 사람들은 그날 있을 한 아이의 장례식에 갈 준비를 하고 있었다. 짐 팔리는 마구간에서 마차에 매기 위해 말 한 마리를 끌어냈다. 그날은 무척이나 추웠고, 땅은 눈으로 덮여 있었다. 며칠 동안 마구간 안에만 갇혀 있었던 말은 갑자기 물통 쪽으로 가더니 펄쩍펄쩍 날뛰다가 그만 두 뒷발로 짐 팔리를 걷어차 죽이고 말았다. 그래서 스토니 포인트라는 그 작은 마을에서는 한 주에 한 명이 아니라 두 명의 장례를 치르게 되었다.

짐 팔리가 죽으며 미망인과 세 명의 아들에게 남긴 것은 몇 백 달러의 보험금이 전부였다. 아버지의 이름을 물려받은 큰아들 짐은 당시 열 살이었다. 큰아들 짐은 어린 나이에 벽돌 공장에서 모래를 나르고 짓이긴 뒤 틀에 부어 벽돌을 만들었고, 그렇게 만들어진 벽돌을 몇 번씩 뒤집어 가며 햇볕에 말리는 일을 했다.

짐에게는 교육이라는 것을 받을 기회가 전혀 없었다. 그러나 아일랜드인 특유의 상냥함과 사람들이 자신을 좋아하게 만드는 천부적인 재능을 가지고 있었던 그는 후에 정계에 입문했다. 세월이 흐르면서 그는 사람들의 이름을 외우는 데 놀라운 능력을 드러내기 시작했다. 고등학교 근처에 가 본 적조차 없었지만 짐은 46세가 되기 전까지 네 개 대학에서 명예박사 학위를 수여받았고, 민주당 전국위원회 의장, 우정공사 총재직에 올랐다.

언젠가 나는 그를 인터뷰한 뒤 성공 비결에 대해 물었는데, 그는 "열심히 일하는 것입니다."라고 대답했다. 그래서 내가 "농담하지 마시고요."라고 되받았더니 그는 외려 내게 자신의 성공 비결이 무엇이라고 생각하느냐고 물었다. 그래서 나는 "저는 당신이 1만 명의 이름을 기억하고 계시다고 들었습니다."라고 말했는데, 그는 "아뇨, 틀렸습니다. 저는 5만 명의 이름을 외우고 있습니다." 하고 답했다. 이점을 주의 깊게 봐 주길 바란다. 그의 이런 능력은 프랭클린 D. 루스벨트를 대통령 자리에 올려놓는 데 큰 도움을 주었다.

스토니 포인트에서 서기를 맡아 공직에서 일하던 시절에 그는 사람들의 이름을 외우는 자신만의 방법을 생각해 냈다. 처음에는 매우 간단했다. 그는 새로운 사람을 만날 때마다 그의 성과 이름, 가족, 직업, 정치적 성향 등을 확실히 파악한 뒤 그 모든 사실들을 그림처럼 머릿속에 잘 넣어 두었다. 그렇게 함으로써 그는 무려 1년 만에 다시 만나는 사람이더라도 상대의 등을 두드리고는 아내와 아이는 잘 있는지 묻고, 뒷마당에 핀 접시꽃은 요새 어떤지 등을 물어볼 수 있었다. 그의 지지자가 늘어나는 것은 당연한 일이었다.

루스벨트가 대통령 선거 유세를 시작하기 몇 달 전부터 짐 팔리는 서부와 북서부 주에 사는 모든 국민에게 하루에도 수백 통의 편지를 써 보냈고, 4륜 마차, 기차, 자동차, 작은 보트 등 모든 교통수단을 이용해 19일 동안 20개 주, 1만 2,000마일을 순회했다. 그는 여정 중에 이 마을 저 마을에 들러 아는 사람들과 식사나 차를 함께하며 솔직한 대화를 나누곤 했다. 일정이 끝나면 그는 다시 또 다른 순회 지역을 향해 달려갔다. 동부에 돌아온 짐 팔리는 자신이 방문했던 마을에 사는 한 사람에게 편지를 보내 자신과 이야기를 나눈 모든 사람의 명단을 보내 달라고 부탁했다.

최종 명부에는 수천 명의 이름이 기입되어 있었다. 그럼에도 그는 명단에 적힌 모든 사람에게 '친애하는 빌에게'나 '친애하는 조에게'로 시작하여 '짐'이라고 자신의 서명을 적어 넣은 편지를 일일이 보냈다.

그는 대부분의 사람들이 모든 사람의 이름을 합친 것보다 자신의 이름에 훨씬 더 큰 관심을 갖는다는 것을 일찌감치 간파했다. 다른 사람의 이름을 기억하고 편하게 불러 주는 것은 은근하면서도 굉장히 효과 있는 칭찬을 하는 것과 같다. 그러나 이름을 잊어버리거나 잘못 불렀다가는 그와 정반대의 결과를 불러오게 된다.

내 경험을 예로 들어 보겠다. 한번은 파리에서 대중 연설 강좌를 진행하면서 파리에 살고 있는 모든 미국인들에게 편지를 보냈다. 그런데 프랑스인 타이피스트가 아무래도 영어에 능통하지 못했던 탓에 이름을 타이핑하는 데 꽤나 실수를 많이 저질렀다. 파리에 지점을 둔 미국계 대형 은행의 어느 지점장은 그 이유로 내게 신랄한 질책을 전해 오기도 했다.

앤드류 카네기의 성공 비결은 무엇이었을까? '강철왕'이라고 불리는 그였지만 사실 그는 제철 전문가가 아니었다. 그의 회사에는 카네기보다 제철에 대한 전문지식을 많이 갖춘 사람들이 수백 명이 넘었다. 그러나 그는 사람을 다룰 줄 알았고, 그 덕분에 부자가 될 수 있었다.

일찍이 그는 사람들을 조직하고 통솔하는 데 있어 천부적 재능을 보이며 지도자로서 두각을 나타냈다. 열 살이 되던 해에는 사람들이 자신의 이름을 놀라울 정도로 중요하게 여긴다는 사실을 발견하고, 사람들로부터 협력을 이끌어 내는 데 그 점을 활용했다.

예를 들어 보자. 스코틀랜드에서 보냈던 유년 시절의 어느 날, 그는 새끼를 밴 어미 토끼를 잡았다. 그리고 그에게는 곧 한 무리의 아기 토끼가 생겼지만, 불행히도 토끼에게 줄 먹이가 없었다. 다행히 좋은 생각이 떠올랐다. 그는 이웃 친구들에게 토끼에게 먹일 클로버나 민들레를 가져다주면 그들의 이름을 따서 토끼의 이름을 짓겠다고 말했다. 그 계획은 마법과 같은 결과를 불러왔고, 카네기는 그 일을 결코 잊지 못했다.

세월이 흐른 뒤 그는 사업에도 이런 심리를 이용해 수백만 달러를 벌었다. 일례로 그는 펜실베이니아 철도회사에 강철 레일을 팔려고 했다. 당시 펜실베이니아 철도회사의 사장은 J. 에드가 톰슨이었다. 그래서 카네기는 피츠버그에 거대 규모의 강철공장을 짓고 '에드가 톰슨 제철소'라는 이름을 붙였다.

여기 수수께끼가 있으니 한번 풀어 보라. 펜실베이니아 철도회사에서 강철 레일이 필요했을 때 사장인 J. 에드가 톰슨은 어느 회사에서 물건을 구입했을 것 같은가? 최대의 유통회사 시어스 로벅Sears Roebuck? 아니, 틀렸다. 다시 한 번 생각해 보라.

침대열차 사업의 주도권을 차지하기 위해 발명가 조지 M. 풀먼 George M. Pullman과 경쟁을 벌일 당시에도 카네기는 토끼에 얽힌 교훈을 다시 한 번 되새겼다. 당시 카네기가 운영하던 센트럴 철도회사와 풀먼의 회사는 업계 수위를 다투고 있었다. 두 회사 모두 유니온 퍼시픽 철도회사의 침대열차 사업을 성사시키기 위해 애쓰는 과정에서 정면으로 충돌했고, 가격을 대폭 내리는 등의 경쟁이 과열된 탓에 결국 사업상의 이윤을 낼 수 없는 지경에까지 이르렀다. 그러던 중 카네기와 풀먼은 유니온 퍼시픽 이사회를 만나기 위해 뉴욕에 갔다. 그리고 어느 날 오후, 세인트 니콜라스 호텔에서 풀먼을 만난 카네기가 말했다. "안녕하세요. 풀먼 씨. 우리 서로 어리석은 짓을 하고 있는 것은 아닐까요?" 풀먼이 되물었다. "그게 무슨 말씀이십니까?" 그러자 카네기는 자신이 품고 있었던 대안, 즉 두 회사의 공동 투자를 제시했다. 더불어 두 회사가 등을 돌리지 않고 함께했을 때 얻을 수 있는 상호 이익에 관해 강조하며 열변을 토했다. 풀먼은 주의 깊게 들었지만 완전히 확신하는 것 같지는 않았다. 마침내 그가 물었다. "새 회사의 이름은 뭐라고 지을 건가요?" 카네기는 즉시 대답했다. "그야 물론 '풀먼 객차회사'죠." 그러자 풀먼의 표정은 밝아졌다. 그러고는 "제 방에 가서 좀 더 얘기해 봅시다."라고 말했고, 이 대화로 산업계의 역사가 이루어졌다.

친구와 사업상 동료들의 이름을 기억하고 존중해 주는 카네기의 이런 점이야말로 그가 지도자로서 성공한 비결 중 하나였다. 그는 자신 밑에 있는 수많은 직원들의 이름을 외워서 부를 수 있다는 사실을 자랑스러워했고, 자신이 경영하는 동안 회사에서는 단 한 번의 파업조차 일어나지 않았다는 사실에도 뿌듯해했다.

한편 폴란드 출신의 피아니스트 파데레프스키Ignacy Paderewski는 항상 풀먼 침대열차의 흑인 요리사를 '카퍼 씨'라고 부름으로써 그가 자부심을 느끼게 해 주었다. 파데레프스키는 미국을 15회나 방문하여 자신의 연주로 전미 관객들을 열광시켰다. 미국 공연 때마다 그는 전용 차량을 이용했고, 공연 후에는 늘 같은 요리사가 야식을 준비해 줬다. 그 여러 해 동안 파데레프스키는 한 번도 그 요리사를 미국에서 흔히 부르는 식의 '조지'라고 부르지 않고, 유럽의 격식대로 항상 '카퍼 씨'라고 불렀고 카퍼 씨도 그렇게 불리는 것을 무척 좋아했다.

사람들은 자신의 이름에 강한 자부심을 느끼기 때문에 무슨 일이 있더라도 자신의 이름을 영원히 남기려고 한다. 심지어 허풍이 심하고 고집까지 센 당대 최고의 쇼맨 P. T. 바넘P. T. Barnum은 그의 이름을 물려줄 아들이 없어서 실망한 나머지 외손자 C. H. 실리에게 '바넘 실리'로 개명하면 2만 5,000달러를 물려주겠다고 제안하기까지 했다.

200년 전 부자들은 작가들을 후원하고 그들로 하여금 자신에게 책을 헌정하게 했다. 도서관이나 박물관에 초호화 소장품들이 있는 것은 자신의 이름이 인류의 기억에서 사라질 것을 참을 수 없었던 사람들이 그것들을 기증한 덕분이다. 뉴욕 시립 도서관은 레녹스와 에스터의 소장품을 보유하고 있다. 메트로폴리탄 박물관에는 벤저민 알트만Benjamin Altman과 J. P. 모건J. P. Morgan의 이름이 새겨져 있고,

거의 모든 성당은 기증자의 이름을 새긴 스테인드글라스 창문으로 장식되어 있다.

수많은 사람이 다른 사람의 이름을 기억하지 못하는 이유는 그것에 정신을 집중해서 반복하며 마음속에 새기는 데 시간이나 공을 들이지 않기 때문이다. 사람들은 다른 이의 이름을 외우기에는 자신들이 너무 바쁘다는 핑계를 대곤 한다. 하지만 아무리 바빠도 프랭클린 D. 루스벨트만큼 바쁜 사람이 있을까? 그럼에도 그는 자신과 만난 기계공의 이름까지도 기억하고 외우는 데 시간을 냈다.

일례를 들어 보겠다. 크라이슬러 사는 다리가 불구였던 루스벨트를 위해 특별한 차를 제작했다. W. F. 체임벌레인 씨는 기계공으로 그 차를 백악관으로 운반했다. 나는 이때의 경험에 관해 쓴 체임벌레인 씨의 편지를 소개하겠다.

"저는 루스벨트 대통령께 수많은 특수 장치들이 장착된 자동차 운전법을 알려 드렸습니다. 하지만 대통령께서는 제게 사람들을 다루는 굉장한 기술들을 가르쳐 주셨습니다."

체임벌레인 씨는 계속해서 이렇게 적었다.

"제가 백악관에 갔을 때 대통령께서는 정말 기분이 좋고 밝아 보이셨습니다. 또 제 이름을 부르시며 편하게 대해 주셨지요. 특히 인상 깊었던 점은 제가 보여 드리고 말씀 드리는 사항에 대해서 그분이 굉장한 관심을 보이셨다는 점입니다. 그 차는 손만으로도 모든 것을 작동할 수 있도록 설계된 특수 차량이었습니다. 많은 사람이 그 차를 구경하기 위해 모여들었습니다. 그러자 대통령께서 말씀하셨습니다. '이거야말로 굉장하군. 운전하는 수고도 하지 않고 버튼만 누르면 차가 움직이다니 말이야. 정말 대단해. 도대체 어떻게 앞으로 가는 것인지 궁금하네. 언제 한 번 시간 내서 차를 분해하고 작동 원리를 보고 싶군.'

백악관에 있던 대통령의 지인들께서 차를 살펴보며 놀라워할 때 그분께서는 모두가 있는 자리에서 '체임벌레인 씨, 이 차를 만드는 데 기울인 당신의 시간과 노고에 진심으로 감사드립니다. 정말 대단합니다.'라고 말씀하셨습니다. 그분께서는 난방 장치와 백미러, 시계, 조명 등, 실내 장식, 운전석의 위치, 대통령의 이니셜을 새긴 슈트케이스가 들어 있는 트렁크 등을 칭찬하셨습니다. 다시 말해서 제가 상당히 고심했던 세부 사항들 거의 모두에 신경을 써 주신 것입니다. 그분은 차 내부의 이러한 다양한 장치들에 대해 영부인과 프랜시스 퍼킨스 노동부 장관, 그리고 비서에게도 알려 주셨습니다. 심지어 늙은 흑인 포터를 불러 '조지, 이 슈트케이스에는 각별히 신경 써 주기 바라네.'라고 말씀하셨습니다. 운전 교육이 끝나자 대통령께서는 제게 '체임벌레인 씨, 제가 연방준비제도이사회(FRB)를 30분이나 기다리게 했습니다. 이제 그만 가 봐야 할 것 같습니다.'라고 말하셨습니다.

저는 기계공 한 명을 대동하고 백악관을 방문했는데, 도착했을 때 그를 대통령께 소개해 드렸습니다. 그 이후에는 대통령과 그 기계공이 대화를 나눈 적이 없으니 대통령께서는 그의 이름을 단 한 번 들으셨을 뿐이었죠. 그 기계공은 워낙 숫기가 없는 젊은이여서 계속 뒤편에 있었습니다. 하지만 저희가 떠나기 전에 그분께서는 그 젊은이를 찾아 이름을 부르시고 악수를 나누시고는 워싱턴에 와 줘서 고맙다고 말씀하셨습니다. 그분은 형식적이 아닌, 진심에서 우러나오는 감사의 인사를 전하셨습니다. 저는 그것을 느낄 수 있었지요.

뉴욕으로 돌아온 뒤 며칠이 지나, 저는 루스벨트 대통령의 친필 서명이 된 사진 한 장과 함께 진심으로 고맙다는 메모를 우편으로 받았습니다. 어떻게 대통령께서 이런 것을 보낼 시간이 있으신 건지 그저 신기할 뿐이었습니다."

프랭클린 D. 루스벨트는 타인의 호의를 얻는 가장 단순하고, 가장 명확하며, 가장 중요한 방법이 상대의 이름을 기억하고 그를 중요한 사람이라고 느끼게 하는 것임을 알고 있었다. 그런데 우리 중에는 몇 명이나 그렇게 하고 있을까?

우리는 처음 만나는 사람과 얘기를 나눈 뒤에도 돌아서면 그의 이름을 잊어버리는 경우가 많다. 정치인이 배워야 할 첫 번째 교훈은 바로 이것이다.

'유권자의 이름을 기억하는 것이 곧 정치인의 능력이다. 이름을 기억하지 못하면 그도 잊히고 만다.'

이름을 기억하는 능력은 정계뿐 아니라 사업이나 사회적인 관계에 있어서도 굉장히 중요하다. 프랑스의 황제이자 나폴레옹의 조카였던 나폴레옹 3세는 엄청난 궁정 업무에도 불구하고 만나는 모든 사람의 이름을 기억했다.

비결은 무엇이었을까? 간단하다. 이름을 제대로 못 들었을 때 그는 "정말 미안하네. 다시 한 번 이름을 말해 주겠는가?" 하고 물었다. 이름이 독특한 경우에는 "철자가 어떻게 되지?"하고 물었다. 또한 대화 중에도 그는 일부러 몇 번이고 상대방의 이름을 불렀고 그의 특징, 표정, 전체적인 모습을 이름과 연관시켜 외우려고 애썼다.

상대가 중요한 사람일 경우에 그는 더 많은 공을 들였다. 상대가 자리를 비워 혼자 있게 될 때는 그 사람의 이름을 즉시 종이에 쓰고 그것을 뚫어져라 쳐다보며 집중해 기억에 새긴 다음 종이를 찢어 버렸다. 이런 식으로 그는 이름에 대한 청각적 인상뿐만 아니라 시각적 인상도 가지게 되었다. 이 모든 일에는 시간이 필요하다. 하지만 에머슨의 말처럼 '예절은 작은 희생들로 이루어져 있다.'

그러므로 사람들의 호감을 사고 싶다면,

원칙 3

**상대방에게는 그의 이름이 사람의 입에서 나오는
가장 달콤하면서도 가장 중요한 말임을 기억하라.**

4

좋은 대화 상대가 되는
쉬운 방법

나는 최근에 브리지(카드 게임의 일종) 파티에 초대를 받았다. 나는 그 게임을 즐기지 않는데, 그 자리에 있었던 어느 금발의 부인 또한 그랬다. 그녀와 대화를 나누던 중 '아라비아의 로렌스'로 유명한 로웰 토머스Lowell Thomas가 라디오로 옮기기 전까지 내가 그의 매니저였다는 사실을 알려 주었다. 그리고 그를 도와 당시 공연 중이던 유명한 여행 만담을 준비하기 위해 수차례에 걸쳐 유럽을 다녀왔다는 사실도 이야기했다. 그랬더니 그녀가 물었다. "그럼 카네기 씨, 여행 중에 가 봤던 멋있는 곳들과 아름다운 경치에 대해 얘기해 주실 수 있으신가요?" 자리를 잡고 앉았을 때 그녀는 남편과 최근에 아프리카 여행을 다녀왔다고 이야기했다. "아프리카요?" 나는 크게 외쳤다. "정말 재미있었겠군요. 저는 늘 아프리카에 가 보고 싶었습니다만, 알제리의 수도 알제에서 고작 24시간 머문 것이 전부였습니다. 맹수나 큰 동물들이 있는 곳은 가 보셨나요? 아, 정말요? 운이 좋으시군요! 정말 부럽습니다! 아프리카에 대해 좀 더 얘기해 주십시오."

부인의 얘기는 45분이나 계속되었다. 그녀는 내가 어디에 갔고 무엇을 봤는지에 대해 다시는 질문하지 않았다. 그녀는 내 여행 이야기를 듣고 싶었던 것이 아니라 자기 얘기에 관심을 가져 줄 사람을 찾고 있었던 것이다. 자신의 모습을 뽐내고 자신이 어디를 다녀왔는지 얘기할 수 있도록 잘 들어주는 사람 말이다.

그녀가 비정상이었던 것일까? 아니다. 대부분의 사람들은 모두 이렇게 행동한다.

예를 들어, 최근에 나는 뉴욕의 출판업자 J. W. 그린버그가 연 만찬회에서 저명한 식물학자를 만났다. 식물학자와는 얘기를 나눠 본 적이 한 번도 없었던 터라 그에게 매력을 느낀 나는 대마초 같은 마약이나 신종 식물의 일종인 루터 버뱅크, 실내 정원에 관한 얘기와 더불어 별것 아닌 듯한 감자 하나에도 얼마나 신기한 사실들이 많이 담겨 있는지를 들으며 글자 그대로 넋을 놓고 있었다. 우리 집에도 작은 실내 정원이 하나 있었는데, 그의 이야기를 들으니 정원에 관련된 몇몇 문제들도 해결할 수 있을 것 같았다.

이미 말했듯이 우리는 만찬회 자리에 있었고, 그곳에는 10여 명 정도의 손님이 더 있었다. 하지만 나는 모든 사교계 원칙에 어긋나게 다른 사람들에게는 신경도 쓰지 않고 그 식물학자 한 사람과 몇 시간 동안 이야기를 나누었다.

자정이 되어 나는 모두에게 인사를 하고 자리를 떠났다. 그러자 그 식물학자는 만찬회 주최자에게 가서 나를 치켜세우는 칭찬을 늘어놓았다. 그는 내가 '가장 활기찬' 사람이고, 이런저런 칭찬을 하다가 마지막에 '매우 재미있게 대화를 잘하는 사람'이라며 말을 마쳤다.

재미있는 대화 상대? 내가? 왜 그랬을까. 나는 거의 아무 말도 하지 않았다. 얘기를 하고 싶어도 화제를 바꾸지 않고서는 불가능했을 것이다. 식물학에 관해서라면 펭귄 해부만큼이나 전혀 아는 바가 없기 때문이다. 내가 했던 것은 딱 한 가지, 그의 얘기를 열심히 들어주는 것이었다. 사실 나는 그의 이야기가 정말 재미있었기에 열심히 들었고, 그도 그것을 느꼈다. 그는 당연히 기뻤을 것이다. 이런 식의 경청은 우리가 다른 사람에게 해 줄 수 있는 최고의 찬사 중 하나다. 《사랑의 이방인Strangers in Love》에서 잭 우드포드Jack Woodford는 '상대방의 이야기에 집중해서 귀를 기울여 주는 것은 거의 모든 사람들이 좋아할 수밖에 없는 은근한 아부와 같다.'라고 말한 바 있다. 나는 그 식물학자의 얘기에 귀를 기울인 정도가 아니라 완전히 빠져들었다. 즉, '진심으로 찬사를 건네고 아낌없는 칭찬'을 했다.

나는 그에게 정말 매우 즐거웠고 많은 것을 배웠다고 말했다. 실제로도 많이 배웠고, 그가 알고 있는 만큼 나도 많이 알았으면 좋겠다고 그에게 이야기했고 지금도 그렇게 생각한다. 나는 그에게 그와 함께 들판을 다녀 보고 싶다고 말했고, 지금도 그렇다. 나는 그에게 다시 한 번 꼭 만날 수 있길 바란다고 말했으며, 지금도 같은 마음이다.

어쨌든 그는 그렇게 해서 나를 말 잘하는 사람으로 여기게 되었다. 나는 그저 그가 말하는 것을 듣기만 하고 독려했을 뿐인데 말이다.

비즈니스 상담을 성공으로 이끄는 비결은 무엇일까? 전 하버드 총장이었던 찰스 W. 엘리엇의 말에 따르면 '성공적인 사업 상담에 대한 특별한 비법은 없다. 가장 중요한 것은 당신에게 말하는 사람에게만 집중하는 것이고, 그것보다 상대방을 기분 좋게 만드는 것은 없다'라고 말했다.

이는 명백한 사실이다. 그렇지 않은가? 하버드 대학교에서 4년을 공부하지 않아도 이 점은 충분히 알아낼 수 있다. 그러나 우리는 비싼 가게를 얻고 물건을 싸게 공급받으며 창문을 꾸미고 광고에 수백 달러를 쓰는 사람들이 고객의 목소리에 귀 기울이지 않고, 고객의 말을 가로막고 반박하여 짜증나게 만들다가 끝내는 가게에서 쫓아내고 마는 사람을 고용하는 경우를 많이 본다.

J. C. 우튼의 경험을 예로 들어 보자. 그는 내가 진행하는 한 강의에서 이 얘기를 들려주었다. 그는 뉴저지 주 뉴워크의 번화가에 있는 백화점에서 양복 한 벌을 샀다. 하지만 집에 와서 보니 양복이 신통치가 않았다. 정장 상의에서 물이 빠져 와이셔츠 깃에 얼룩이 생긴 것이다.

그는 다시 그 양복을 백화점에 가지고 가서 물건을 판매한 직원에게 전후 사정을 얘기했다. 내가 지금 '얘기했다'라고 했나? 미안하다. 이건 좀 과장된 표현이다. 사실 그는 직원에게 자초지종을 설명하려고 했다. 하지만 성공하지 못했다. 직원은 그의 말을 가로막았다. "저희는 이 양복을 수천 벌 팔았지만 이런 불만 사항은 처음 듣습니다." 하고 쏘아붙였다. 이것은 직원의 말이었고 말투는 더 쌀쌀맞았다. 그 직원은 적대적인 어조로 이렇게 말했다. "거짓말 마세요. 지금 저희에게 덤터기 씌울 생각이신 것 같은데, 그리 호락호락하지 않다는 것을 제가 제대로 보여 드리죠." 이런 언쟁이 한창일 때 또 다른 판매원이 가세했다. "진한 색 양복은 처음에 조금씩 물이 빠집니다. 그건 저희가 어떻게 할 수 없습니다. 그 가격대 제품은 그렇습니다. 염색 공정상의 문제니까요."

"저도 이때부터 슬슬 열이 받더군요." 우튼 씨는 이야기를 계속했다.

"첫 번째 직원이 저의 정직성에 대해 의심을 했고, 두 번째 직원이 제가 품질이 떨어지는 상품을 구입한 것을 지적하자 저는 더 이상 참을 수 없었습니다. 그래서 옷을 집어 던지고 욕을 하려던 찰나, 백화점 지배인이 그 옆을 지나갔습니다. 지배인이라 다르긴 다르더군요. 그는 제 태도를 180도 바꿔 놓았습니다. 화가 난 고객을 만족스러운 고객으로 변화시킨 것이죠. 어떻게 했냐고요? 그는 세 가지를 했습니다.

첫째, 그는 처음부터 끝까지 아무 말도 하지 않고 제 이야기를 들었습니다. 둘째, 제가 말을 마치자 또 그 직원들이 자신들의 견해를 늘어놓으려 했는데, 그는 제 입장에서 그들에게 이야기를 하더군요. 와이셔츠 깃은 분명히 정장 때문에 얼룩졌음을 지적했고, 그 백화점에서는 고객이 100퍼센트 만족하지 않는 제품을 팔면 안 된다고 주장했습니다. 셋째, 그는 양복의 결함에 대해 몰랐던 점을 인정하고 매우 간단히 이렇게 얘기했습니다. '양복은 어떻게 해 드릴까요? 원하시는 대로 처리해 드리겠습니다.'

몇 분 전만 해도 나는 그들에게 빌어먹을 양복은 당신들이나 가져가라고 말할 생각이었지만 그에게는 이렇게 말했을 뿐이었습니다. '저는 조언을 구하고 싶은 것뿐입니다. 이 물 빠짐 현상이 일시적인 것인지 알고 싶은데요. 이런 경우 어떻게 해야 될까요?'

그는 제게 1주일 정도 더 지켜보라고 하며, '만약 그때까지도 나아지지 않으면 가져오십시오. 새 상품으로 교환해 드리겠습니다. 불편을 드려 죄송합니다.'라고 말했습니다. 저는 만족하며 매장을 빠져나왔습니다. 양복은 1주일이 지나자 괜찮아졌고, 그 백화점에 대한 제신뢰는 완전히 회복되었습니다."

그 지배인이 백화점의 사장이 되었다고 해도 그리 놀랄 일이 아니다. 그리고 그 두 직원은 아마 평생 말단 직원으로 남아 있을 것이다. 아니다. 어쩌면 그들은 고객을 응대할 필요가 전혀 없는 포장부서로 전출될지도 모른다.

남의 이야기를 정말로 잘 들어주는 사람은 이해심을 가지고 묵묵히 듣는다. 만성적인 불평꾼이나 가장 지독한 비평가들이 킹코브라가 독을 뿜어내듯 독설을 퍼붓는 동안에도 말이다. 그리고 이런 사람들이라 해도 그렇게 이야기를 잘 들어주는 사람 앞에서는 유순해지고 누그러지기 마련이다.

예를 들어 보자. 몇 년 전, 뉴욕 전화회사는 전화 교환원들을 괴롭히는 한 포악한 소비자로 골치를 썩고 있었다. 그는 전화에 대고 고함을 지르며 전화기를 몽땅 뽑아 버리겠다고 협박했는가 하면 전화요금이 잘못 청구됐다고 요금 납부를 거부했고, 언론에도 투고하고 공공 서비스 위원회에 수많은 불만을 접수시켰음은 물론 전화회사를 상대로 몇 건의 소송도 진행했다.

마침내 이 회사의 가장 유능한 문제 해결사가 문제의 고객과의 면담을 위해 파견되었다. 이 해결사는 불평을 쏟아 내는 그 나이든 고객의 얘기를 가만히 들어주면서 "네, 맞습니다." 하고 그의 불만에 동조해 주었다. "그는 거의 세 시간 가까이 계속해서 화를 냈습니다. 저는 계속 듣기만 했고요.”

이 문제 해결사는 내 강좌에서 자신의 경험을 말해 주었다.

“그러고 나서도 얼마간은 그의 얘기를 더 들었습니다. 저는 그와 네 번의 면담을 가졌고 마지막 면담이 끝날 시점에 저는 그가 막 설립한 단체의 창립 회원이 되었습니다. 그 조직은 ‘전화가입자보호협회’였습니다. 저는 여전히 그 단체의 회원입니다. 그리고 제가 아는 한 그 단체의 회원은 전 세계에 그와 저뿐입니다.

저는 그와 면담을 하는 내내 그가 지적하는 모든 점들을 잘 들어주고 동조했습니다. 그는 지금까지 자신을 그렇게 대해 주는 전화국 직원을 보지 못해서인지 저와 굉장히 친해졌습니다. 첫 방문 때 저는 그를 만나러 온 목적에 대해 한마디도 언급하지 않았습니다. 두 번째, 세 번째 면담 때도 그랬고요. 하지만 네 번째 면담 때 저는 문제를 완전히 해결했습니다. 그는 모든 청구 요금을 납부했고, 전화회사와의 분쟁 역사상 처음으로 공공 서비스 위원회에 접수시켰던 불만 사항을 자진해서 철회했습니다.”

분명 그 고객은 자기 자신을 가혹한 착취로부터 모든 사람의 권리를 보호하는 신성한 십자군으로 여겼을 것이다. 그러나 현실에서 그가 바랐던 것은 자신이 중요한 사람이라는 존재감이었다. 처음에 그는 불평과 불만을 늘어놓음으로써 이런 기분을 느꼈다. 그러나 그가 자신을 찾아온 회사 대표자가 자신의 존재감을 인정하고 있다고 느끼자 그의 상상 속 불만들도 연기처럼 사라진 것이다.

몇 년 전의 일이다. 어느 날 아침 화가 난 고객 한 명이 줄리안 F. 데트머 씨의 사무실로 쳐들어왔다. 데트머 씨는 후에 세계 최고의 모직물 공급사가 된 데트머 모직회사의 설립자다. 그 손님에 대한 데트머 씨의 이야기를 들어 보자.

"그 고객은 저희 측에 15달러를 빚지고 있었습니다. 물론 그 손님은 부인했지만 저희는 그가 착각하고 있다는 것을 알고 있었습니다. 그래서 저희 회사의 채권부에서 그에게 지불 요청을 했지요. 저희 채권부에서 수차례 독촉장을 보내자 그는 짐을 싸서 시카고에 있는 제 사무실에까지 달려와 자신은 한 푼도 갚지 않을 것이며 앞으로 저희 회사와의 거래 또한 끊겠다고 말했습니다. 저는 그가 하는 말을 인내심 있게 들었습니다. 그의 말을 가로막고 싶었지만 그렇게 하는 건 옳지 않다는 걸 알고 있었으니까요. 그래서 그가 얘기를 끝낼 때까지 놔뒀습니다. 마침내 그가 흥분을 좀 가라앉히고 냉정을 찾은 듯했을 때 저는 조용히 말했습니다. '이런 말씀을 해 주시려고 먼 길을 와 주셔서 깊이 감사드립니다. 손님께서는 저희에게 큰 도움을 주셨습니다. 손님께서 저희 채권부 때문에 불편하셨다면 다른 선량한 고객들도 불편하셨을 테니까요. 그렇다면 큰일이지요. 손님께서 이런 사항을 말하려는 마음보다 제가 이런 얘기를 듣고자 하는 마음이 더 컸다고 생각합니다.' 그는 제가 이런 말을 할 줄은 전혀 몰랐을 것이고, 무척 실망했을 것입니다. 그는 제게 따지기 위해 시카고까지 왔는데 정작 저는 그와 싸우기는커녕 고맙다는 인사를 하니 말입니다. 저는 그에게 15달러의 빚은 지워 버리겠다고 말했습니다. 우리 회사 직원들은 수천 개의 거래를 관리하고 있지만 당신은 꼼꼼한 데다가 하나의 거래만 관리하니 우리보다 틀릴 가능성이 적지 않겠냐는 이유를 말하며 말이죠.

저는 그에게 당신의 심정을 충분히 이해하고, 제가 당신이라도 똑같이 했을 것이라고 말했습니다. 그리고 앞으로 저희 회사의 물건을 구매하지 않겠다 했으니 다른 모직회사도 추천해 드렸습니다. 예전에 그가 시카고에 오면 저희는 점심을 함께하곤 했기에, 그날도 어김없이 점심을 같이하자고 권했습니다. 그는 마지못해 응했습니다. 하지만 점심을 먹고 사무실로 돌아왔을 때 그는 예전보다 더 많은 물량을 주문했고, 화를 푼 뒤 기분 좋게 집으로 돌아갔습니다. 그리고 적어도 우리가 그에게 했던 것처럼 자기 또한 공정해지자는 마음에서 영수증을 살펴보던 그는 빠뜨린 청구서 한 장을 발견하고는 사과의 편지와 함께 15달러를 보내왔습니다. 나중에 아들을 낳자 그는 아이의 가운데 이름을 데트머라고 지었습니다. 22년 후 세상을 뜰 때까지 그는 제게 좋은 고객이자 친구로 남았습니다."

몇 년 전 가난한 네덜란드 이민자 소년이 주당 50센트를 벌기 위해 방과 후 빵집의 창문을 닦고 있었다. 지독한 가난 때문에 소년은 양동이를 들고 길거리에 나가 석탄 마차에서 떨어진 석탄 부스러기를 줍기 위해 시궁창을 뒤지고 다녀야만 했다. 에드워드 보크Edward Bok라는 그는 정규교육이라고는 6년밖에 받지 못했지만, 미국 역사상 가장 성공한 잡지 편집인이 되었다. 그에게 무슨 일이 있었던 것일까? 무척 긴 얘기이긴 하지만 그가 어떻게 시작했는지는 여기에서 짧게 얘기할 수 있다. 그의 출발점은 이 장에서 말하고 있는 원칙들을 활용하는 것이었다.

13세에 학교를 그만둔 그는 주당 6달러 25센트를 받고 웨스턴 유니언 전신회사의 사환이 되었다. 그러나 한순간도 공부를 포기할 생각을 하지 않았기에 독학을 시작했다. 그는 차비를 아끼고 점심을 굶어 가며 돈을 모아 미국 위인 전집을 샀고, 전례가 없는 일을 했다. 유명인들의 삶을 읽은 뒤 그 사람들에게 각자의 어린 시절에 대해 더 알려 달라고 요청하는 편지를 쓴 것이다.

진정으로 다른 이의 이야기를 듣는 데 뛰어난 사람이었던 그는 유명인들로 하여금 자신에 대해 이야기하도록 만들었다. 한번은 대선 주자였던 제임스 A. 가필드James A. Garfield 장군에게 어린 시절 운하에서 배 끄는 일을 했던 것이 사실이냐고 묻는 편지를 써서 그로부터 답장을 받았는가 하면, 남북전쟁 시 북군 사령관이었던 그랜트 장군에게 당시의 한 전투에 대해 질문하는 편지를 쓰기도 했다. 그러자 장군은 소년을 위해 지도를 그려 보내 주었을 뿐 아니라, 당시 열네 살이었던 소년을 저녁식사에 초대해 저녁 내내 얘기를 나눴다.

그는 에머슨에게도 편지를 써서 그 자신에 대해 얘기해 달라고 요청했다. 그렇게 웨스턴 유니온 전신회사의 급사였던 이 소년은 이내 미국의 많은 유명 인사들과 서신을 교환하게 되었다. 그와 편지를 주고받은 인물들로는 에머슨, 성직자 필립스 브룩스Phillips Brooks, 법학자 올리버 웬델 홈스Oliver Wendell Holmes, 시인 헨리 롱펠로Henry Wadsworth Long-fellow, 에이브러햄 링컨 부인, 소설가 루이자 메이 올코트Louisa May Alcott, 남북전쟁 시 북군의 장군이었던 윌리엄 셔먼William Sherman, 정치인 제퍼슨 데이비스Jefferson Davis 등이 있었다.

그는 이들과 서신 연락을 할 뿐만 아니라 휴가 동안에는 환영받는 손님이 되어 그들의 집에 방문하기도 했다. 이런 경험은 그에게 값진 자신감을 불어넣었고, 그 유명 인사들은 그의 삶을 바꿔 놓을 꿈과 의욕을 불타오르게 했다. 그리고 다시 말하지만 이 모든 것은 여기에서 말하는 원칙을 충실히 실천했기 때문에 가능했다.

유명인들의 인터뷰 진행자로 명성을 떨친 아이작 F. 마커슨Issac F. Marcosson은 사람들이 대개 상대의 말을 주의 깊게 듣지 않기 때문에 좋은 인상을 주지 못한다고 말했다.

"사람들은 다음에 질문해야 할 것에만 너무 신경을 쓴 나머지 잘 듣지 못합니다. 하지만 유명인들은 말 잘하는 사람보다는 잘 들어주는 사람이 되겠다고 이야기합니다. 세상에는 재능 있는 사람이 많지만, 경청하는 재능을 가진 사람은 정말 드물죠."

거물급 인사들만이 잘 듣는 사람이 되길 바라는 것이 아니라 일반인들 역시 그런 사람이 되고 싶어 한다. 〈리더스 다이제스트Reader's Digest〉지에 실린 '많은 사람이 의사를 부르는 것은 자신의 이야기를 들어줄 사람이 필요하기 때문이다.'라는 말처럼 말이다.

남북전쟁으로 인해 시국이 어지러울 당시 링컨은 일리노이 주 스프링필드에 살고 있는 옛 친구에게 '몇 가지 상의할 것이 있으니 워싱턴에 와 달라.'는 편지를 썼다. 친구가 백악관에 도착하자 링컨은 노예해방 선언을 하는 것이 타당한가에 대해 그와 몇 시간에 걸쳐 이야기했다. 또한 그런 움직임에 대한 찬반 논의를 검토하고, 신문에 실린 기사와 의견들을 읽어 주었다. 당시 한 측에선 노예해방을 하지 않는 것에 대해, 또 다른 측에선 노예해방을 하는 것에 대해 링컨을 비판하고 있었다.

몇 시간의 대화 이후 링컨은 악수를 하며 옛 친구를 돌려보냈다. 그는 친구의 의견은 묻지도 않은 채 혼자서만 계속 떠들었다. 하지만 그와 동시에 그간 복잡했던 마음이 한결 정리되는 것 같았다. "그렇게 얘기하고 나니 조금 편안해하는 것 같더군." 하고 링컨의 친구는 말했다.

링컨이 필요로 했던 것은 조언이 아니었다. 그는 자신의 짐을 덜 수 있도록 편안하게 공감해 줄 청자를 원했고, 이것이야말로 문제가 생겼을 때 사람들이 가장 필요로 하는 것이다. 대부분의 화난 고객, 불만에 가득 찬 직원이나 상처 받은 친구가 원하는 것도 이것이다.

사람들로 하여금 당신을 피하고, 등 뒤에서 비웃고, 심지어 경멸하게 만들고 싶다면 여기 그 비결이 있다. 상대방의 말을 끝까지 듣지 말고 쉴 새 없이 당신 얘기만 늘어놓아라. 만약 다른 사람이 말하는 중간에 무슨 생각이 떠오르면 그 사람의 말이 끝날 때까지 기다리지 마라. 그는 당신만큼 똑똑하지 않다. 왜 그 사람의 쓸데없는 수다를 들으며 당신의 시간을 낭비하는가? 그러니 즉시 당신의 입을 열어 그의 말을 끊어 버려라.

당신은 이런 사람을 본 적이 있는가? 불행히도 나는 본 적이 있다. 놀랍게도 그중 몇몇은 사회적으로 명망 높은 사람들이다. 그들은 지루함 그 자체다. 자기 자신에게만 빠져 있고 자기만이 제일인 줄 아는 사람들은 정말이지 우리를 지루하기 짝이 없게 만든다.

자기 자신에 대해서만 말하는 사람은 자기 자신만 생각한다. 컬럼비아 대학 총장이었던 니컬러스 머리 버틀러Nicholas Murray Butler 박사는 "자기 자신만 생각하는 사람은 교양을 쌓을 가망이 없는 사람이다. 이런 사람은 아무리 교육을 받더라도 교양이 생기지 않는다."라고 말했다.

그러므로 대화를 잘하는 사람이 되고 싶다면 남의 말을 주의 깊게 들어야 한다. 찰스 노덤 리Charles Northam Lee 여사가 말한 대로 "관심을 끌려면 먼저 관심을 가지라." 다른 사람이 기꺼이 답해 줄 수 있는 질문을 던지고, 상대방이 자신과 자신이 이룬 일에 대해 얘기하도록 이끌어라.

당신이 대화를 나누고 있는 사람은 당신이나 당신의 문제보다 자신과 자신의 희망, 자신의 문제에 수백 배나 더 관심이 있다. 기근으로 인해 중국에서 수백만 명이 죽는다는 사실보다 자신의 이 하나가 아프다는 사실을 그는 더 중요하게 여기고, 아프리카에서 지진이 수십 번 일어난다 해도 자기 목에 생긴 종기만큼의 신경도 쓰지 않는다. 그러니 앞으로 대화를 할 때는 이 점을 명심하자.

그러므로 사람들이 당신을 좋아하게 만들고 싶다면,

원칙 4

**잘 듣는 사람이 되어라.
상대방이 스스로에 대해 말하도록 이끌라.**

132

5

사람들의 관심을 끄는 방법

오이스터 베이에 있는 백악관 관저로 시어도어 루스벨트를 방문한 모든 사람은 그의 폭넓고 다양한 지식에 놀란다. 가말리엘 브래드포드Gamaliel Bradford는 '상대가 카우보이든 의용 기병대원이든 뉴욕의 정치가든 외교관이든, 루스벨트는 그에 맞춰 대화할 수 있다.'라고 쓴 적이 있다. 루스벨트는 어떻게 그렇게 할 수 있었을까? 답은 간단하다. 그는 손님이 온다는 말을 들으면 그 전날 밤 늦게까지 그 손님이 특별히 관심을 갖고 있는 분야에 대한 책을 읽었다. 모든 지도자들이 그러했듯 루스벨트 역시 '사람의 마음과 통하는 지름길은 상대가 가장 귀중하게 여기는 것에 대해 얘기하는 것'임을 알고 있었기 때문이다.

예일 대학교 문과대학 교수였던 윌리엄 라이언 펠프스William Lyon Phelps는 어린 나이에 이런 교훈을 배운 바 있다. 그는 《인간의 본성 Human Nature》이라는 자신의 수필에서 이렇게 썼다.

"여덟 살 때 일이다. 나는 후사토닉의 스트래트포드에 있는 리비 린 슬리 숙모님 댁에서 주말을 보내고 있었다. 어느 날엔가는 저녁 무렵에 중년 남성이 찾아왔다. 그분은 숙모와 작은 언쟁을 벌이는 것 같았는데, 얘기가 끝나자 내게 말을 걸었다. 당시 보트에 상당한 관심을 갖고 있던 나는 그분과 신나게 이야기를 나누었고, 그가 돌아간 뒤 들뜬 마음으로 숙모님에게 그분 얘기를 했다. 진짜 멋있는 데다 보트에 대한 관심도 대단한 사람이라고 말이다. 그러자 숙모는 그 남자는 뉴욕에서 변호사로 일하는 사람이며 보트에 관해서는 아는 바나 관심이 전혀 없는 사람이라고 알려 주셨다.

'그런데 그 아저씨는 왜 그렇게 보트 얘기만 했을까요?'

'그야 그분이 신사라서 그렇지. 그분은 네가 보트에 관심을 갖고 있다는 것을 알고 너의 관심을 끌고 즐겁게 해 주기 위해 얘기하신 거란다. 네가 편하게 느끼도록 대해 주신 거지.'"

윌리엄 라이어 펠프스는 이렇게 덧붙였다.

"나는 숙모님의 말씀을 결코 잊을 수 없었다."

이 장을 쓰는 동안 나는 보이스카우트에서 활약하는 에드워드 L. 찰리프가 보낸 편지를 받았다. 그는 편지에서 다음과 같이 이야기했다.

"어느 날 저는 도움을 청할 일이 생겼습니다. 유럽에서 대규모 보이스카우트 잼버리 대회가 열릴 예정인데, 미국의 어느 대기업 사장에게 한 소년단원의 유럽 여행 경비를 후원해 달라고 부탁하는 일이었습니다. 마침 그분을 만나러 가기 전에 운 좋게도 나는 그가 100만 달러짜리 수표를 끊었는데 사용이 취소되어 그것을 액자에 끼워 놨다는 얘기를 들었습니다. 그래서 그를 만났을 때 저는 우선 그 수표를 보여 달라고 요청했습니다. 100만 달러짜리 수표라니! 저는 그에게 이런 큰 금액의 수표를 실제로 보고 왔다고 소년단원들에게 이야기해 주고 싶다고 말했습니다. 그러자 그는 기꺼이 그 수표를 보여 주었고, 저는 경탄하면서 어떻게 이런 어마어마한 수표를 끊게 되었는지 물어보았습니다."

당신도 보다시피 찰리프 씨는 보이스카우트나 유럽에서 열릴 잼버리 대회 혹은 자신이 원하는 바에 관한 이야기로 대화를 시작하지 않았다. 그는 상대방이 관심을 가지는 것에 대해 제일 먼저 얘기했고, 그 대화의 결과는 다음과 같았다.

"곧이어 그 사장은 말했습니다. '아, 그런데 무슨 일로 저를 찾아오신 건가요?' 그래서 저는 그에게 용건을 말했습니다. 정말 놀랍게도 그는 내가 요청한 금액을 즉각, 그것도 훨씬 더 큰 액수로 주었습니다. 저는 소년단원 한 명만 유럽으로 보내 달라고 부탁한 것이었는데 그는 다섯 명의 소년단원과 함께 저도 유럽에 보내 주었고, 그곳에서 7주 정도 머물다 오라며 1,000달러나 주었습니다. 또한 우리에게 편의를 제공하라는 편지를 유럽 지사장에게 써서 보냈고 자신이 직접 파리로 와 시내도 구경시켜 주었습니다. 그 인연으로 그는 형편이 어려운 단원들에게 일자리를 마련해 주었으며 지금까지도 저희 단체에서 열심히 활동하고 있습니다. 하지만 제가 그때 그의 관심사를 미리 파악하여 마음을 열게 하지 않았다면 그에게 접근하는 것은 열 배나 더 어려웠을 것입니다."

이것을 사업에서도 활용할 수 있을까? 그럴까? 자, 그럼 뉴욕 최고의 제빵 기업 중 한 곳인 뒤버노이 앤 선즈Duvernoy & Sons의 헨리 G. 뒤버노이Henry G. Duvernoy의 경우를 보자.

그가 뉴욕의 한 호텔에 빵을 공급하기 위해 애쓸 때의 일이다. 그는 4년간 매주 그곳의 담당자를 찾아갔고, 그가 참석하는 친목 행사에도 꼭 참석했다. 심지어 거래 성사를 위해 그 호텔에서 방을 잡아 장기 투숙한 적도 있었다. 그러나 그가 한 모든 행동은 실패했다.

뒤버노이 씨는 이렇게 말했다. "인간관계에 대해 배운 뒤 저는 전략을 바꾸기로 했습니다. 그 사람이 흥미를 느끼는 것, 그가 열정을 쏟는 것을 찾아내기로 한 거죠. 저는 그가 미국호텔영접인협회라는 호텔 직원 모임에 소속되어 있다는 것을 알았습니다. 넘치는 열정 덕분에 그는 협회 회장은 물론 국제 영접인 협회 회장까지도 맡고 있었고, 아무리 멀리서 회의가 열리더라도 반드시 참석했지요."

다음 날 제가 그를 만났을 때, 저는 영접인 협회에 대해 얘기하기 시작했습니다. 그의 반응은 놀라웠습니다. 그는 30분 이상을 흥분하며 협회에 관한 얘기를 했습니다. 그 단체는 그의 취미이자 인생의 열정을 바친 곳이라는 것을 똑똑히 알 수 있었습니다. 그는 내가 자리를 뜨기 전에 그 단체의 찬조회원으로 가입시켰습니다. 그동안 저는 빵에 대한 이야기는 전혀 하지 않았습니다. 그러나 며칠 후에, 그 호텔의 사무장이 전화를 걸어 빵의 샘플과 가격을 요청했습니다.

"'사장님께 뭘 어떻게 하신 건가요?' 사무장이 반갑게 인사하며 말했습니다. '어쨌든 사장님 마음이 당신에게 넘어간 것만은 분명합니다.' 생각해 보십시오. 저는 그 사업을 성사시키기 위해 4년이나 그를 쫓아다녔습니다. 만일 그가 어디에 관심이 있는지, 그가 어떤 것을 말하고 싶어 하는지 알지 못했다면 저는 아마 아직도 여전히 그를 쫓아다니고 있을 겁니다."

그러므로 사람들이 당신을 좋아하게 하려면,

원칙 5

상대방의 관심사에 대해 이야기하라.

6
사람들을 단번에
사로잡는 방법

나는 뉴욕의 33번가와 8번가 사이에 위치한 우체국에서 편지를 부치려고 줄을 서서 기다리고 있었다. 그런데 우체국 직원이 자신의 일을 지겨워하고 있다는 것이 눈에 들어왔다. 그는 편지 무게를 재고, 우표를 내주고, 잔돈을 거슬러 주고, 영수증을 발행하는 것 같이 단조로운 일을 몇 년째 매일같이 반복하며 보내고 있었다. 그래서 나는 속으로 이렇게 생각해 봤다. '저 사람이 나를 좋아하게 만들어야겠다. 그러려면 내가 아니라 저 사람에 대해 뭔가 근사한 얘기를 해야 할 텐데, 칭찬할 만한 게 뭐가 있을까?' 때로는 이런 질문에 답하기가 어렵고, 특히 그 대상이 처음 보는 사람일 경우엔 더욱 그렇다. 하지만 이번에는 다행히 어렵지 않았다. 그에게서 칭찬할 만한 것을 즉시 찾아냈던 것이다.

그가 편지 무게를 재는 동안 나는 진심을 담아 말했다. "저도 당신처럼 멋진 머리카락을 갖고 싶네요."

약간 놀란 것 같았지만 그의 얼굴에는 환한 미소가 번졌다. "뭘요.

지금은 예전만 못해요." 그는 겸손하게 답했다. 내가 그에게 예전에는 윤기가 더했겠지만 지금도 굉장히 멋지다고 말해 주자 그는 대단히 기뻐했다. 우리는 즐겁게 몇 마디의 대화를 나누었는데 마지막에 그는 내게 이렇게 말했다. "제 머리가 멋있다는 분들이 꽤 많긴 해요."

장담컨대, 그 직원은 그날 하늘을 나는 것 같은 기분으로 점심을 먹으러 갔을 것이다. 그리고 퇴근하고 집에 돌아가 부인에게 이 얘기를 하고, 거울을 보며 '내 머리가 멋지긴 하지.' 하며 흐뭇해했을 것이다.

언젠가 이 이야기를 강연에서 했더니 한 남자가 이렇게 물었다. "그 사람에게서 뭘 바라신 건가요?" 내가 그 사람한테 뭘 바랐냐고? 아니, 내가 그 사람한테 뭘 바란 것이냐니!

우리가 경멸스러울 정도로 이기적이라면, 그래서 아무런 대가 없이 솔직한 칭찬을 건네는 정도의 작은 행복도 나누지 못한다면, 우리의 영혼이 시큼한 돌사과 크기보다 크지 않다면, 그 결과가 실패일 수밖에 없음은 지극히 당연한 일이다.

내가 그 직원에게 원하는 것이 하나 있긴 했다. 나는 가치를 따질 수 없는 무언가를 그에게서 바랐고, 얻어 냈다. 나는 그가 보상을 할 수 있는 상황이 아님에도 그에게 무언가를 주었다는 느낌, 오랜 시간이 지난 후에도 사라지지 않고 즐거운 기억으로 남을 느낌을 얻었다.

사람의 행동에 있어 영원불변의 법칙이 하나 있다. 이 법칙을 지키면 문제가 생기는 일은 결코 없을 뿐만 아니라 수많은 친구와 영원한 행복이 찾아오는 반면, 어기는 순간부터는 끊임없이 문제에 봉착하게 될 것이다. 그 법칙은 바로 이것이다. '항상 상대방에게 자신이 인정받는 존재임을 느끼게 하라.' 앞서 본 대로 존 듀이 교수는 인정받고 있음을 느끼고 싶은 욕망이야말로 인간 본성에서 가장 깊은 충동이라고 말했고, 윌리엄 제임스 교수 역시 "인간 본성에서 가장 깊은 원칙은 인정받으려는 욕구"라고 한 바 있다. 이미 지적했듯이 이 욕구는 인간과 동물을 구분하는 기준이자, 인간이 스스로 문명을 발전시키게끔 한 동력이다.

철학자들은 수천 년 동안 인간관계에 대해 숙고한 끝에 한 가지 중요한 교훈을 발견했다. 그것은 새로운 것이 아니라 역사만큼이나 오래된 것이다. 3,000년 전에 조로아스터 교는 페르시아에 있는 자신의 배화교도들에게 이 수칙을 가르쳤고, 2,500년 전 공자는 중국에서 이 수칙을 설파했다. 도교의 창시자인 노자 역시《도덕경》을 통해이 수칙을 추종자들에게 가르쳤고, 기원전 5세기에 석가모니는 갠지스 강 근처에서 이 수칙을 알려 주었다. 그보다 1,000년 앞서 힌두교는 경전에서, 그리고 20세기 전에는 예수가 유대의 바위산에서 이 수칙을 가르쳤다. 예수는 이 수칙을 하나의 생각으로 요약했는데, 그것은 아마 이 세상에서 가장 중요한 규칙일 것이다.

'남에게 대접받고 싶은 대로 남을 대접하라.'

당신은 주변 사람들에게 인정받기를 원한다. 그들이 당신의 진가를 알아주기를 원하고, 작은 세상에서나마 인정받고 싶어 한다. 하찮고 입에 발린 아부가 아니라 진심 어린 칭찬을 듣고자 한다. 당신은 친구나 동료가 찰스 슈워브의 표현처럼 당신을 진심으로 인정해 주고 아낌없이 칭찬해 주기를 바란다. 우리는 모두 이것을 원한다. 그러니 이 황금률처럼 우리가 남에게 대접하고자 하는 대로 남에게 베풀자. 어떻게? 언제? 어디서? 대답은 이렇다. 항상. 어디서나.

예를 들어 보겠다. 나는 라디오시티 빌딩의 안내 직원에게 헨리 서베인의 사무실 위치를 물어본 적이 있다. 단정한 유니폼 차림의 직원은 안내 서비스를 하는 자신의 방식에 대해 자부심을 느끼고 있었다. 그는 분명하고 또렷하게 말했다. "헨리 서베인 씨는 (잠깐 멈추고), 18층, (잠시 멈추고) 1816호입니다."

나는 서둘러 엘리베이터 쪽으로 가다가 멈추고 다시 돌아와 말했다. "제 질문에 대답하는 방식이 굉장히 훌륭하다고 칭찬하고 싶네요. 답변이 매우 깔끔하고 분명했습니다. 이렇게 예술적인 수준으로 대답하는 걸 듣기란 쉽지 않은데 말입니다."

기쁨에 넘쳐 그는 내게 왜 중간에 잠깐씩 멈추고, 왜 각 부분을 그렇게 이야기하는지에 대해 설명해 주었다. 내가 던진 몇 마디가 그를 으쓱하게 만든 것이다. 18층을 향해 올라가면서 나는 그날 오후, 인류 행복의 총량에 약간이나마 보탬이 된 듯한 느낌이 들었다.

프랑스 대사나 미국의 사교 클럽인 엘크스 클럽의 축제위원회 위원장 정도의 인물이 되어야만 칭찬의 철학을 실천할 수 있는 것은 아니다. 우리는 거의 매일 칭찬으로 마법을 부릴 수 있기 때문이다.

가령 감자튀김을 주문했는데 으깬 감자 요리가 나왔다면 종업원에게 이렇게 말해 보자. "번거롭게 해서 죄송하지만, 저는 감자튀김을 주문한 것 같은데요." 그러면 종업원도 "죄송합니다. 바꿔 드리겠습니다." 하고 기꺼이 음식을 바꿔 줄 것이다. 당신이 종업원을 존중해 주었기 때문이다.

상대방을 배려하는 몇 마디의 말, 예를 들어 "번거롭게 해 드려 죄송하지만……", "실례지만 이것 좀……", "이렇게 해 주실 수 없을까요?", "실례가 되지 않는다면……", "고맙습니다."와 같은 것들은 무미건조하게 돌아가는 삶의 톱니바퀴에 기름과 같은 역할을 할 뿐만 아니라 제대로 교육받은 사람임을 나타내는 표시의 역할도 한다.

또 다른 예를 들어 보자. 혹시 홀 케인Hall Caine의 소설《크리스천 The Christian》이나《재판관The Deemster》,《맨 섬의 사람들The Manxman》을 읽어 본 적이 있는가? 수백만이 넘는 사람들이 읽은 작품을 썼던 그는 대장장이의 아들이었다. 8년간의 정규교육이 그가 받은 교육의 전부였지만, 세상을 떠날 때 그는 작가로서 가장 많은 돈을 번 사람이었다.

홀 케인은 소네트와 발라드를 좋아해 단테 게이브리얼 로세티Dante Gabriel Rossetti의 시는 모두 외울 정도였다. 심지어 그는 로세티의 예술을 찬양하는 글을 썼고 그 글의 사본을 로세티에게 보냈다. 로세티는 기뻐했다. 그녀는 아마 이렇게 생각했을 것이다. '내 능력을 이렇게 높이 평가하는 청년이라면 틀림없이 영특하겠군.'

그래서 그녀는 그 대장장이의 아들을 런던으로 초대해 자신의 비서로 고용했다. 이것은 홀 케인의 삶에 있어 큰 전환점이 되었다. 새로운 일자리에서 당대의 유명 문인들을 만날 수 있었기 때문이다. 그들의 충고와 격려가 그를 작가의 길로 이끌었고, 마침내 그는 작가로서 이름을 남기게 되었다.

맨 섬에 있는 그의 집 그리바 캐슬은 전 세계 각지에서 찾아오는 사람들의 메카가 되었고 그가 남긴 유산은 250만 달러에 달했다. 만일 그가 유명 인사를 찬양하는 글을 쓰지 않았다면 그가 이름도 없는 가난뱅이로 삶을 마쳤을지 누가 알겠는가?

진정한 마음에서 우러나오는 칭찬은 이처럼 거대한 힘을 가지고 있다. 로세티는 자신을 중요한 사람이라고 여겼다. 이것은 전혀 이상한 일이 아니다. 거의 모든 사람은 자신을 중요하다고, 그것도 매우 중요하다고 여기기 때문이다.

이 점은 모든 국가들의 경우도 마찬가지다. 당신은 자신이 일본인보다 우월하다고 생각하는가? 하지만 일본인들은 자신들이 당신보다 훨씬 우월하다고 생각한다. 예를 들어 보수적인 성향의 일본인들은 일본 여성이 백인 남성과 춤추는 것을 목격하면 심하게 화를 낸다.

당신은 자신이 인도의 힌두교도보다 뛰어나다고 생각하는가? 그것은 당신 마음이다. 하지만 수백만 명의 힌두교도는 당신보다 자신들이 더 우월하다고 생각하기 때문에 이교도의 그림자가 드리워진 것만으로도 충분히 더럽혀진 음식을 집기 위해 자신의 자세를 낮춤으로써 스스로를 더럽히지 않을 것이다.

당신은 자신이 에스키모보다 뛰어나다고 생각하는가? 다시 한 번 말하지만 어떻게 생각하건 당신 마음이다. 하지만 당신은 에스키모가 당신에 대해 어떻게 생각하는지 알고 싶지 않은가? 에스키모 사이에도 부랑자들이 있는데 그들은 일하기를 거부하는, 사회에 무익한 사람들이다. 에스키모들은 그 부랑자들을 '백인'이라고 부른다.

이는 그들 사이에서 가장 모욕적인 말이다.

모든 국가는 저마다 타국에 비해 우월하다고 느낀다. 이것이 애국심과 전쟁을 낳는다. 또 하나의 불변의 진실을 말하자면, 당신이 만나는 거의 모든 사람은 결국 당신보다 자신이 우월하다고 느낀다는 것이다. 그러므로 그런 사람의 마음을 얻는 확실한 방법은 그가 자신만의 작은 세계에서만큼은 중요한 인물임을 인정해 주고 당신의 그런 생각을 은근히 내비쳐 상대방이 알게 하는 것이다. 에머슨의 말을 명심하라.

"내가 만난 모든 사람은 나보다 나은 점들을 갖고 있다. 때문에 나
는 모든 사람에게서 배운다."

안타까운 부분은, 내세울 것 하나 없는 사람들이 자신의 열등감을 어떻게든 무마시키기 위해 오히려 더 자주 큰소리로 떵떵거리고 소란을 피우며 어깨에 힘을 준다는 것이다. 이런 모습은 상대방을 불쾌하게 하고 혐오감을 일으킨다. "인간이여, 교만한 인간이여, 그 짧은 인생 속에 살며 허황된 것에 빠져 있다니 저 하늘의 천사도 울 지경이로구나."라고 셰익스피어가 말했듯이 말이다.

이제 카네기 코스를 수강한 사업가가 지금 말한 원칙들을 사업에 적용하여 성공한 세 가지 사례를 들려주겠다. 첫 번째는 코네티컷 주에서 변호사로 활동하고 있는 사람의 이야기다. 여기서는 편의상 R 씨라고 부르겠다.

이 강좌를 수강한 지 얼마 되지 않았을 때, 그는 차를 몰고 아내와

함께 처가 식구들을 만나기 위해 롱아일랜드에 갔다. 아내는 그를 연세가 있는 숙모와 이야기하게 남겨 놓고는 혼자 사촌들을 만나러 나가 버렸다. 그는 강의 시간에 배운 칭찬의 법칙을 어떻게 실천했는지 나중에 발표해야 했기 때문에 그 숙모님께 그 법칙을 적용해 보기로 마음먹었다. 그는 자신이 진심 어린 찬사를 할 만한 것을 찾기 위해 집 안을 둘러보았다.

"숙모님. 이 집은 1890년에 지어진 것 같네요. 맞나요?" 그가 물었다.

"그렇지. 딱 그해에 지어졌지."

"이 집을 보고 있으니 제가 태어난 집이 생각나네요. 아름답고, 튼튼하게 지어진 데다 방도 많은 집이었어요. 숙모님도 아시다시피 요새 그렇게 지어진 집은 찾기 어렵잖아요."

그녀는 그의 말에 맞장구를 치며, "그래, 맞아. 요즘 젊은 사람들은 아름다운 집은 안중에도 없고 조그만 아파트 한 채나 냉장고만 바라지. 그러고는 차나 끌고 여기저기 쏘다닐 줄만 안다니까."라고 말했다. 그리고 행복한 옛 기억에 잠겨 떨리는 목소리로 말을 이었다. "이건 꿈에 그리던 집이야. 이 집은 사랑으로 지어졌어. 이 집을 짓기까지 남편과 내가 얼마나 오랜 시간 동안 꿈꿔 왔는지 모른다네. 우리는 설계사도 따로 두지 않고 이 모든 걸 직접 설계했지."

말을 마친 뒤 그녀는 그에게 집 안 구석구석을 구경시켜 주었다. 그녀가 여행을 다니는 동안 하나씩 모아서 평생 간직해 온 멋진 보물인 페이즐리 숄, 영국 전통 찻잔 세트, 영국 웨지우드 사에서 만든 도자기, 프랑스식 침대와 의자, 이탈리아 그림, 한때 프랑스 성을 장식했던 실크 커튼 등이 집을 꾸미고 있었다. 그것들을 보며 그는 마음에서 우러나오는 감탄을 아끼지 않았다. R 씨는 계속 우리에게 자신의 이야기를 들려주었다.

"집을 보여 주신 뒤 숙모님은 저를 차고로 데려갔습니다. 거기에는 거의 새 차나 다름없는 패커드 차량 한 대가 있었습니다."

"남편은 죽기 직전에 이 차를 샀지." 그녀는 부드럽게 말했다. "나는 그 사람이 가고 나서 이 차를 타 본 적이 없어. 자네는 물건 보는 눈이 탁월한 것 같으니, 내 이 차를 자네에게 주겠네."

"하지만 숙모님. 저한테 너무 과분합니다. 물론 숙모님의 마음은 감사하지만, 저는 숙모님 피가 섞인 친척도 아니고, 새 차도 가지고 있는걸요. 게다가 숙모님의 친척들 중 많은 분들이 이 차를 갖고 싶어 하실 거구요."

"친척!" 그녀가 크게 소리쳤다. "그래, 맞아 내게 친척이 있긴 하지. 이 차를 갖고 싶어서 내가 하루라도 빨리 죽기를 목 빠지게 기다리는 친척이 있고말고. 하지만 그 아이들이 차를 갖게 할 수는 없어."

"정 그게 싫으시면 중고차 거래상한테 파시는 방법도 있겠죠." 그가 말하자 그녀는 "뭘 판다고!" 하며 울부짖었다. "자네는 내가 이 차를 팔 것이라고 생각하는 겐가? 이 늙은이가 생판 모르는 남이 이 차를 끌고 다니는 걸 봐줄 것 같은가? 그것도 남편이 내게 선물한 차를? 차를 판다는 건 꿈도 못 꿀 일이야. 나는 이걸 자네에게 주겠네. 아름다운 물건에 대해 칭찬할 줄 아는 자네에게 말일세."

그는 그 선물을 거절하려 애썼지만, 숙모의 기분을 건드리면서까지 그럴 수는 없었다.

그 나이 든 부인은 자신의 페이즐리 숄과 프랑스 골동품 그리고 오래된 추억만을 간직한 채 홀로 쓸쓸히 대저택을 지키며 누군가가 자그마한 관심을 가져 주길 간절히 바라고 있었다.

그녀에게도 젊고 아름다우며 남자들의 사랑을 받았던 시기가 있었다. 그러다가 사랑으로 온기가 넘치는 집을 지었고 그 집을 아름답게 꾸미기 위해 유럽 전역의 많은 물건을 수집했다. 그러나 이제 나이 들어 외롭게 혼자 지내는 그녀는 인간적인 온기와 작지만 진심 어린 찬사를 간절히 원했다. 하지만 어느 누구 하나 그것을 주지 않았다. 그러다가 사막에서 만난 샘처럼 그것을 찾게 되자 그녀는 그에 대한 감사의 표시로 패커드 차를 선물하는 것이 조금도 아깝지 않았다.

또 다른 경우를 보자. 뉴욕 주의 라이에 있는 루이스 앤 발렌타인 조경회사의 임원인 도널드 M. 맥머흔 씨는 이런 일화를 소개했다.

"친구를 사귀고 사람들에게 영향력을 행사하는 법에 대한 강좌를 들은 뒤 얼마 지나지 않아 저는 유명 법률가의 저택 조경 공사를 진행하게 됐습니다. 집주인은 밖으로 나와 제게 철쭉과 진달래를 심는 것에 대해 이러저러한 몇 가지 사항들을 얘기했습니다. 나는 그에게 말했습니다. '판사님, 멋진 취미를 가지고 계시는군요. 개들이 정말 멋있어서 감탄하는 중이었습니다. 메디슨 스퀘어 가든에서 매년 열리는 개 품평회에서 대상도 많이 타셨다면서요?' 그는 '네.' 하고 답한 뒤에 '개 덕분에 즐거운 일이 많았죠. 사육장을 한번 구경해 보시겠습니까?'라고 물었습니다.

그는 자신의 애완견을 구경시켜 주고 개들의 수상 얘기를 했는가

하면, 심지어 개 혈통서를 가져와 어떤 혈통이길래 그런 멋지고 영리한 개들이 태어나게 됐는지를 설명해 주는 데 거의 1시간가량을 보냈습니다. 그리고 나서 그는 제 쪽으로 돌아서서 '혹시 아이가 있소?' 하고 물었습니다. '네. 아들이 있습니다.'라고 하자 '그럼 그 애가 강아지를 좋아하겠지요?' 하고 또 묻더군요. 제가 "네. 무척 좋아하지요."라고 답하자 그는 말했습니다.

"잘됐군. 내가 한 마리 드리겠소."

그는 강아지에게 먹이 주는 법을 알려 주다가 멈칫하더니, "말로 하면 잊어버리실지도 모르니 적어 드리겠소." 하고는 집 안으로 들어가 개 혈통과 먹이 주는 법에 대해 쓰고서는 100달러는 됨직한 강아지를 한 마리 들고 와 내게 주었습니다. 게다가 그는 자신의 귀중한 시간 중에서 1시간 15분이라는 긴 시간을 제게 할애했습니다. 이 모든 것이 그의 취미와 수상 경력에 대해 제가 진심으로 경탄한 결과였습니다."

코닥Kodak 사의 조지 이스트만George Eastman은 활동사진을 가능하게 한 투명 필름을 발명한 덕분에 수억 달러에 달하는 어마어마한 재산을 모으며 세상에서 가장 유명한 사업가 중 한 사람으로 명성을 떨쳤다. 그러나 그토록 엄청난 성공을 거둔 그 역시 당신이나 나처럼 다른 이들로부터 인정받기를 원했다.

한 예를 들어 보자. 오래전에 이스트만은 로체스터 지역에 이스트만 음악학교와 자신의 어머니를 기리기 위한 킬번 홀 연주회장을 짓고 있었다. 뉴욕에 있던 슈피리어 의자회사의 사장 제임스 애덤슨은 그 건물 연주회장에 의자를 납품하고 싶었고, 건축가에게 연락해 마침내 이스트만과 만날 약속을 얻어 냈다. 애덤슨이 도착했을 때 그 건축가는 "이번 거래를 성사시키고 싶은 사장님의 마음은 압니다. 하지만 제가 지금 확실히 말씀드릴 수 있는 것은 만약에 조지 이스트 만 씨를 만나서 5분을 넘기시면 거래를 따낼 가망성은 거의 없다는 것입니다. 이스트만 씨는 규율에 대해서 엄격하신 데다 매우 바쁘신 분이거든요. 그러니 용건만 간단히 말씀하시고 빨리 나오도록 하십 시오."라고 말했다.

애덤슨 씨는 건축가의 말대로 하려고 마음먹었다.

그가 안내받은 방에 들어갔을 때 이스트만은 책상 위에 한가득 쌓인 서류들을 검토하고 있었다. 이윽고 그는 고개를 들어 안경을 벗고는 건축가와 애덤슨이 있는 쪽으로 오면서 이렇게 말했다. "안녕하세요, 두 분께서는 무슨 일로 저를 찾아오셨습니까?"

건축가는 이스트만에게 자신과 애덤슨을 소개했고, 애덤슨은 이렇게 말했다. "저희는 회장님을 기다리는 동안 이 사무실을 둘러보고 감탄했습니다. 제가 만약 이런 곳에서 일할 수 있다면 얼마나 좋을까 하고 말입니다. 회장님께서도 아시다시피 저는 실내 장식용 목재 사업을 하고 있습니다만, 이렇게 아름다운 사무실은 처음 봅니다."

조지 이스트만 회장이 대답했다. "제가 거의 잊고 살았던 것을 상기시켜 주시는군요. 사무실이 참 아름답지요? 제가 처음 여기를 지었을 때는 저도 이곳을 무척 좋아했습니다. 하지만 머릿속에 온통 업무만 가득하다 보니 어떤 때는 몇 주씩이나 사무실이 눈에 들어오지 않게 되었네요."

애덤슨은 방 한쪽으로 걸어가 벽의 판자를 문질러 보고는 "영국산 떡갈나무군요. 아닙니까? 이탈리아산 떡갈나무와는 나뭇결에 있어서 약간 차이가 있지요."라고 말했다.

"맞습니다." 이스트만 회장이 답했다. "영국에서 수입해 온 떡갈나무입니다. 고급 목재만 취급하는 내 친구가 골라 줬지요."

그러고 나서 그는 방의 비례와 색감 그리고 수공예 목각과 더불어 자신이 계획하고 고안해 만든 다른 것들을 보여 주며 방을 구경시켜 주었다.

방을 돌아다니며 목공예품을 살펴보다가 창가에 이르러 멈춰 선 이스트만은 조용하고 차분한 목소리로 자신이 인류를 돕기 위해 구상하고 있는 시설들에 대한 이야기를 꺼냈다. 그는 로체스터 대학, 종합병원, 동종요법병원, 양로원, 소아병원 등을 구상하고 있었다. 애덤슨은 인류의 고통 경감을 위해 자신의 재산을 사용하는 그의 이상적인 태도에 대해 진심을 담아 경의를 표했다. 그러자 이스트만은 유리 상자를 열어 그가 난생처음으로 가지게 된 카메라를 꺼냈다. 어느 영국인으로부터 산 발명품이었다.

애덤슨은 그에게 사업 초창기에 겪은 난관을 어떻게 헤쳐 나갈 수 있었는지 물었다. 그러자 이스트만은 유년 시절에 겪었던 가난에 대한 이야기를 들려주었다. 이스트만은 일당 50센트를 받는 보험회사 직원으로 일하고 홀어머니는 하숙집을 꾸리며 살았다. 그럼에도 가난의 공포가 밤낮으로 쫓아다니자 결국 그는 어머니가 하숙집 일로 고생하실 필요가 없을 만큼 많은 돈을 벌기로 결심했다. 애덤슨은 몇 가지 질문을 더 던졌고, 이스트만의 사진 건판 실험 이야기를 경청하며 그의 이야기에 집중했다. 그는 하루 종일 사무실에서 일한 얘기,

실험 중 화학 반응이 일어나는 사이에 잠깐 눈을 붙여 가며 밤새워 실험했던 얘기, 어떤 날은 72시간 내내 옷도 갈아입지 않은 채 실험하고 잠자고를 반복했던 얘기를 애덤슨에게 들려줬다.

애덤슨은 10시 15분에 이스트만 회장의 방에 들어갔고, 그에 앞서 5분 이상을 소요해서는 안 된다는 주의 사항도 들었다. 그러나 1시간이 가고, 2시간이 지났음에도 그들은 이야기를 계속 이어 나갔다.

이윽고 이스트만은 애덤슨을 돌아보고서는 이렇게 말했다. "지난번 일본에 갔을 때 제가 의자를 몇 개 사 와서 우리 집 베란다에 두었는데, 햇빛을 너무 받았는지 그만 페인트칠이 벗겨지고 말았더군요. 그래서 시내에 나가 페인트를 사 와서는 제가 직접 칠했습니다. 제 페인트질 솜씨를 한번 구경해 보시겠습니까? 좋습니다. 우리 집에 가서 같이 점심식사도 하면서 보여드리겠습니다."

점심식사 후 그는 애덤슨에게 일본에서 사 왔다는, 개당 1달러 50센트밖에 하지 않는 의자를 보여 주었다. 사업으로 수억 달러를 벌었지만 자신이 직접 페인트질을 했다는 사실 때문에 이스트만은 그 의자를 매우 자랑스러워했다.

연주회장 의자 주문액은 9만 달러에 달했다. 누가 그 계약을 따냈을까? 제임스 애덤슨? 아니면 애덤슨의 다른 경쟁자? 그날 이후 이스트만 회장이 세상을 뜰 때까지 그 두 사람은 절친한 친구 사이가 되었다.

이런 '칭찬'이라는 마법의 돌을 가정에서부터 사용해 보는 것은 어떨까? 나는 칭찬의 마법이 가장 필요하면서도 부족한 곳이 가정이라고 생각한다. 당신의 배우자에게는 분명 장점이 있을 것이다. 최소한 장점이 있다는 생각은 했을 테니 결혼한 것 아니겠는가. 그런데 배우자의 그러한 점에 대해 마지막으로 칭찬한 것은 언제인가? 그로부터 지금까지 얼마나 시간이 흘렀는가?

몇 년 전 뉴브런즈윅에 있는 미라미치 강 상류에서 낚시를 할 때의 일이다. 나는 캐나다의 깊은 숲 속 야영 캠프장에 고립되어 있었다. 읽을 수 있는 것이라고는 철 지난 지방 신문뿐이어서 나는 신문의 구석구석까지 샅샅이 다 읽었다. 그중에는 칼럼니스트인 도로시 딕스 Dorothy Dix가 쓴 글도 있었는데, 너무나 감명 깊어 나는 그 글을 신문에서 오려 내서 아직도 보관하고 있다. 그녀는 사람들이 항상 신부에게만 이런저런 충고를 하곤 하는데, 그건 이제 지겨우니 누군가가 신랑을 불러 놓고 몇 가지 현명한 충고를 해 줘야 한다고 말했다.

입을 맞추면 아부를 잘하게 된다는 아일랜드의 블라니 스톤에 입을 맞추기 전에는 절대로 결혼할 생각을 하지 말라. 결혼 전까지는 여성에 대한 칭찬이 각자의 기호에 달린 문제지만, 결혼 후 칭찬은 필수적이자 개인의 안녕에도 필요한 요건이다. 결혼은 정직함이 활개 칠 수 있는 곳이 아니라, 술수를 펼쳐야 하는 전장과도 같다.

만약 당신이 매일같이 즐겁게 지내고 싶다면 아내의 살림 솜씨에 대해 불만을 표하거나 시어머니와 비교하는 일은 하지 말라. 오히려 그와 반대로 그녀의 가정적인 모습을 늘 칭찬하고 비너스의 아름다움과 미네르바의 지혜, 그리고 메리 앤의 쾌활함을 모두 합친 유일한 여성과 결혼한 자신이 얼마나 축복받은 사람인지 공개적으로 밝혀라. 때로는 스테이크가 고무처럼 질기고 빵이 숯덩이처럼 타도 불평하지 말라. 다만 '이보다는 항상 훨씬 나은데 오늘 같은 날도 있네.'

하는 정도만 언급하라. 그러면 아내는 당신의 이상적인 아내가 되기 위해 부엌에서 자신을 불태울 정도로 열심히 일할 것이다.

하지만 아내가 의심할 수 있으니 너무 갑자기 위의 글대로 시작하지는 않는 것이 좋겠다. 대신 오늘 밤이나 내일 밤에 아내에게 꽃다발 혹은 사탕이 담긴 상자를 건네라.

입으로만 "그래, 그렇게 해야지."라고 말하지 말고 실천에 옮겨라! 거기에 덧붙여 미소와 따뜻한 한마디도 함께 건네라. 만약 더 많은 아내와 남편이 이렇게 한다면 여섯 쌍 중 한 쌍이 이혼하는 슬픈 현실은 더 이상 계속되지 않을 것이다.

여자로 하여금 당신과 사랑에 빠지게 하고 싶은가? 자, 여기 그 효과가 분명할 비밀이 있다. 내가 생각해 낸 것은 아니고, 단지 도로시 딕스의 생각을 빌린 것뿐이다. 그녀는 스물세 명의 여성들에게 마음의 상처를 주고 그들의 재산을 가로채고 사기 결혼까지 일삼은 사람과 인터뷰를 한 적이 있다(이 인터뷰는 교도소에서 이뤄졌음을 미리 밝혀야겠다). 그 사기꾼에게 여자의 마음을 사로잡은 비결이 무엇이냐고 묻자 그는 "다른 기술은 아무것도 없고, 그저 그 여자에 대해서만 이야기했다."라고 말했다.

그리고 이와 같은 기술은 남자에게도 효과적이다. 대영제국을 통치한 가장 영리한 사람 중 한 명인 디즈레일리는 다음과 같이 말했다.

"상대방에게 그 사람에 대해서만 이야기해 보라. 그럼 그는 몇 시간이든 그 이야기를 듣고 있을 것이다."

그러므로 사람들이 당신을 좋아하게 만들려면,

원칙 6

상대방이 인정받고 있음을 느끼게 하라.
그리고 진심으로 인정하라.

지금까지 당신은 이 책의 상당 부분을 읽었다. 이제 책을 덮고, 담배를 끄고, 이 칭찬의 법칙을 가장 가까이에 있는 사람에게 적용해 보라. 그리고 어떤 마법 같은 효과가 생기는지 지켜보라.

||||||||||||||||||||||||| Section 2 요약정리 |||||||||||||||||||||||||

타인의 호감을 얻는 여섯 가지 비결

1. 다른 사람들에게 진정한 관심을 기울여라.

2. 웃어라.

3. 상대방에게는 그의 이름이 사람의 입에서 나오는 가장 달콤하면서도 가장 중요한 말임을 기억하라.

4. 잘 듣는 사람이 되어라. 상대방이 스스로에 대해 말하도록 이끌어라.

5. 상대방의 관심사에 대해 이야기하라.

6. 상대방이 인정받고 있음을 느끼게 하라. 그리고 진심으로 인정하라.

상대방을
설득하는
열두 가지 비결

1
논쟁으로는
결코 이길 수 없다

제1차 세계대전이 끝난 지 얼마 되지 않았을 즈음에 런던에서 보낸 어느 날 밤, 나는 귀중한 교훈 하나를 배웠다. 그때 나는 로스 스미스 경의 매니저로 일하고 있었다. 전쟁 당시 로스 경은 팔레스타인에서 활약한 우수한 비행조종사였고 종전 후에는 30일 만에 지구 반바퀴를 비행하여 사람들을 놀라게 했다. 당시 이 일은 유례없이 놀라운 위업이었기에 온 세상에 큰 반향을 일으켰다. 호주 정부에서는 그에게 5만 달러의 상금을 주었고, 영국 왕실에서는 훈공 작위를 수여했다. 한동안 그는 '대영제국의 린드버그'로 불리며 영국 내에서 화제의 인물이 되었다.

어느 날 저녁, 나는 로스 경을 위해 열린 연회에 참석했다. 저녁식사 중 내 옆에 앉은 한 남자가 '일을 벌이는 것은 인간이라 할지라도 그 일을 결정짓는 것은 신이다.'라는 인용을 섞어 가며 재미있는 이야기를 했다.

그 재담꾼은 자기가 인용한 내용이 성경에 나와 있다고 말했는데,

나는 그의 말이 틀린 것임을 알고 있었다. 게다가 나는 정확한 출처를 알고 있었고 그에 대해서는 의심의 여지가 없었다. 그래서 내가 알고 있음을 인정받고 잘난 척도 할 겸 누가 청하지도 않았는데 그의 잘못을 지적하는 우를 범하고 말았다. 하지만 그는 자신의 주장을 굽히지 않았다. "뭐라고요? 셰익스피어의 작품에 나오는 말이라고요? 말도 안 돼요! 그건 분명히 성경에 나온 말입니다."

내 우측에는 그 재담꾼이, 좌측에는 내 오래된 벗인 프랭크 가몬드가 앉아 있었다. 프랭크는 오랜 세월 동안 셰익스피어 연구에 매진해 왔기에 그 재담꾼과 나는 그에게 그 출처가 어디인지 물어보기로 했다. 그러자 그는 탁자 아래로 내 발을 툭 건드리고는 말했다. "이런 데일, 자네가 틀렸네. 저분 말씀이 옳아. 그 구절은 성경에 나온 것이라네."

그날 밤 집에 돌아오는 길에 나는 그 친구에게 "프랭크, 자네도 그 말이 셰익스피어가 한 이야기임을 알고 있지 않은가?"라고 물었다.

"그래, 물론 알고 있지." 그는 답했다. "〈햄릿〉 5막 2장에 나오지. 하지만 우리는 즐거운 자리에 초대받은 손님이 아닌가. 그런데 굳이 그가 잘못했다고 지적할 이유가 뭔가? 그렇게 하면 그가 당신을 좋아할 것 같은가? 그의 체면 살리는 일을 좀 하는 게 어때서? 그는 자네 의견을 물은 적이 없고 또 듣고 싶어 하지도 않았네. 그런데 왜 그 사람과 논쟁하려 하는 건가? 날카로운 대립은 항상 피하도록 하게나."

'날카로운 대립은 피하라.' 이 말을 해 준 그 친구는 이제 죽고 없다. 하지만 내게 가르쳐 준 그의 교훈은 여전히 살아 있다.

나는 버릇처럼 논쟁을 하던 사람이었기 때문에 그의 말은 내게 꼭 필요한 충고였다. 어려서부터 나는 하늘 아래 있는 모든 것에 대해 형과 논쟁을 벌였고, 대학에 진학했을 때는 논리학과 토론법을 배워 토론 대회에 나가기도 했다. 보통 토론 하면 미주리 지역의 사람들을 떠올리곤 하는데, 나 역시 미주리 출신이라 그 증거를 보여 줘야만 속이 후련했다.

후에 나는 뉴욕에서 논쟁 및 토론법 강의를 했다. 그리고 이제는 부끄러운 이야기지만 한때는 이 주제에 관한 책을 쓸 계획도 있었다. 하지만 그 일이 있은 뒤부터 나는 다수의 토론을 경청하거나 비판하고 그것에 참여하기도 하며 논쟁의 결과를 지켜보게 되었다. 이 모든 것을 종합해 본 결과, 세상에서 유일한 '논쟁에서 이기는 가장 좋은 방법'을 알아냈다. 그것은 바로 방울뱀이나 지진을 피하듯이 논쟁도 피하는 것이다.

논쟁은 십중팔구 참여자로 하여금 자신의 의견을 전보다 더 확신하게 만드는 결과만을 초래한다. 사람은 논쟁에서 이길 수 없다. 논쟁에서 지면 당연히 지는 것이고, 만약 이긴다고 해도 그 역시 지는 것이기 때문이다. 왜 그런 것일까? 자, 당신이 상대방의 허점을 찾아 그가 틀렸음을 입증해서 이겼다고 치자. 그래서 뭐가 어쨌다는 것인가? 물론 당신이야 기분이 좋겠지만, 상대방은 어떻겠는가? 당신은 상대방으로 하여금 열등감을 느끼게 했고 자존심도 상하게 했으니, 그는 당신의 승리에 분개할 것이다.

자신의 의지에 반해 승복한 사람은 여전히 자신의 생각을 바꾸지 않는다.

펜 상호생명보험사는 영업사원들에게 다음과 같은 한 가지 명확한 기준을 제시하며 그것을 지키게 한다.

'논쟁하지 말라!'

진정한 판매 기술은 논쟁이 아닐뿐더러, 그것과는 거리가 멀어도 한참 멀다. 사람의 마음은 결코 그런 식으로 바꿀 수 없기 때문이다.

예를 들어 보자. 예전에 굉장히 호전적인 성격의 아일랜드인 패트릭 J. 오헤어 씨가 내 강좌를 들으러 왔다. 그는 제대로 된 교육을 받은 경험이 거의 없었지만 논쟁을 굉장히 좋아했다. 운전기사 경력이 있었던 그는 당시 트럭을 판매하는 일을 하고 있었는데, 큰 성과를 거두지 못하자 나를 찾아온 것이다. 몇 가지 질문을 통해 나는 그가 판매 거래를 트려는 고객과 끝없이 논쟁하고 다투는 사람임을 파악했다. 만약 트럭을 사려는 고객이 그가 판매하려는 트럭에 대해 안 좋은 이야기를 하면 그는 화가 머리끝까지 치밀어 흥분하며 멱살잡이를 했다. 당시 그는 논쟁에서 자주 이겼다. 나중에 그가 내게 말했던 것처럼 말이다. "저는 '이 정도면 저 녀석 콧대가 납작해졌겠지.'라고 말하며 고객의 사무실을 걸어 나오곤 했습니다. 물론 본때야 제대로 보여 준 것이 사실이긴 했지만, 결과적으로 저는 한 대의 트럭도 팔지 못했습니다."

그랬던 오헤어 씨는 이제는 뉴욕의 화이트 모터 사의 최우수 판매사원이 되었다. 어떻게 된 일일까? 여기 그가 말한 것을 옮겨 보겠다.

"요즘 고객 사무실에 들어갔을 때 고객이 '어디에서 오셨다고요? 화이트 트럭이요? 거기는 정말 별로예요. 누가 거저 줘도 거기 차는 안 탑니다. 전 A사의 트럭을 살 거예요.'라고 하면 저는 이렇게 말합니다. '고객님, 물론 A사의 트럭은 훌륭하니 그 회사 트럭을 사시면 절대 후회는 하지 않으실 겁니다. 정말 훌륭한 회사에서 만들고 역시나 훌륭한 사원들이 판매하는 차니까요.' 그러면 상대방은 아무 말도 못합니다. 논쟁의 여지가 없으니까요. 고객이 A사가 최고라고 말하고, 제가 고객님 말이 맞다고 호응하면 고객은 말을 멈출 수밖에 없게 됩니다. 제가 이미 동의했는데 계속해서 'A사는 최고'라고 할 수는 없는 노릇이니까요. 그러고 나면 자연스럽게 그에 대한 이야기는 접고, 저는 화이트 트럭의 장점을 말하기 시작합니다.

전에는 그런 얘기를 들으면 붉으락푸르락해져 화를 내곤 했습니다. A사의 단점을 주장하는 이야기를 펼쳐 놓았죠. 하지만 그렇게 논쟁할수록 고객은 점점 경쟁사 제품을 더 좋아하게 되었습니다. 지금 와서 그때를 돌아보면 어떻게 그런 식으로 물건을 팔 수 있었는지 저 스스로도 의문이 듭니다. 저는 다툼과 논쟁으로 제 삶의 긴 시간을 헛되이 보냈습니다. 하지만 이제는 입을 다물고 지냅니다. 그 편이 더 득이 되니까요."

현명한 벤저민 프랭클린은 이렇게 말하곤 했다.

"당신이 논쟁하고 괴롭히고 반박한다면 이길 때도 있을 것이다. 그러나 그것은 공허한 승리에 불과하다. 그렇게 함으로써 당신은 결코 상대방의 호의를 이끌어 낼 수는 없기 때문이다."

당신 자신에 대해 판단해 보라. 당신은 겉으로 드러나는 학문적 혹은 이론적 승리를 원하는가? 아니면 상대방의 호의를 원하는가? 둘 중 하나를 택해야 한다. 이 둘을 동시에 얻기란 불가능하기 때문이다.

한번은 〈보스턴 트랜스크립트Boston Transcript〉지에 다음과 같이 의미심장한 구절이 실린 적이 있다.

죽을 때까지 자기가 옳다고 우기던 사람,

윌리엄 제이가 여기 묻히다.

일생 동안 그는 옳았다. 완벽히 옳았다.

하지만 옳건 그르건 죽으니 그만.

당신은 논쟁에서 옳을 수 있고, 한평생 계속 그럴 수도 있다. 하지만 상대방의 마음을 바꾸기 위해 벌인 논쟁이라면, 당신이 옳았든 틀렸든 그것이 소용없는 일임은 마찬가지다.

우드로 윌슨 대통령 시절에 재무부 장관을 지낸 윌리엄 G. 매카두William G. McAdoo는 정계에서 수많은 사람들을 접해 본 결과 '무식한 사람을 논쟁으로 이기는 것은 불가능하다'는 것을 깨달았다고 말한 적이 있다.

'무식한 사람?' 매카두는 조금 조심스럽게 표현한 것 같다. 내 경험에 비추어 이야기하자면, 지능지수에 상관없이 언쟁을 통해서는 어느 누구의 마음도 돌릴 수 없다.

예를 들어 보자. 소득세 상담원인 프레드릭 S. 파슨스 씨는 정부의 세무 사정관과 1시간가량 논쟁을 벌이고 있었다. 9,000달러가 달려 있는 사안이었다. 파슨스 씨는 그 9,000달러는 현실적으로 회수가 불가능한 악성 채권이기 때문에 세금 징수가 불가능하다고 주장했다. "악성 채권이라니요. 그럴 리가요!" 세무사정관이 대꾸했다.

"그 사정관은 냉정하고 거만한 데다 고집까지 셌습니다." 파슨스 씨가 강좌에 참석해서 해 준 이야기를 들어 보자. "이유를 대고 사실을 제시해도 모두 헛수고였습니다. 논쟁이 길어지면 길어질수록 그는 더 고집을 부렸지요. 그래서 저는 논쟁을 피해 화제를 전환했고 그를 칭찬하기로 마음먹었습니다. 그래서 '저는 이 일이 당신이 내려야 하는 진짜 중요하고 어려운 결정에 비하면 사소한 문제라고 생각합니다. 저도 조세 공부를 했던 적이 있습니다. 하지만 제 지식이야 책에서만 얻은 것에 불과한 반면, 당신은 일선에서 경험을 통해 조세 지식을 얻고 계십니다. 저는 가끔 제가 세무사정관으로 일했더라면 얼마나 좋았을까 하고 생각하곤 합니다. 그랬다면 많은 것을 배울 수 있었을 테니까요.' 하며 진심을 담아 이야기했습니다. 그러자 그는 의자에 등을 기대고 편히 앉더니, 자신이 적발한 교묘한 부정행위 등 자기 업무에 관한 이야기를 꽤 오래 들려줬습니다. 그러면서 말투가 점점 우호적으로 변하더니 자신의 아이 이야기까지 해 줬지요. 그는 돌아가면서 제 사안에 대해 좀 더 살펴보고 며칠 안으로 결론을 내리겠다고 말했습니다. 그로부터 3일 후에 회사로 전화한 그는 제가 신고한 대로 세금 환급을 진행하기로 했다고 알려 주더군요."

이 세금사정관은 인간이 갖고 있는 가장 흔한 취약점을 잘 보여 주고 있다. 그는 자신이 중요한 인물이라는 기분을 느끼고 싶었던 것이다. 그래서 파슨스 씨와 논쟁을 지속하는 한, 그는 자신의 권위를 큰 소리로 주장하며 내세울 수밖에 없었다. 그러나 자신의 중요성을 인정받고 있다고 느낀 뒤 논쟁이 중단되고 자부심을 펼칠 수 있게 되자 그 조사관은 호의적이고 친절한 사람으로 되돌아온 것이다.

나폴레옹의 집사장을 지낸 앙리 B. 콩스탕Henri B. Constant은 나폴레옹의 부인 조세핀과 종종 당구를 쳤다. 그는 《나폴레옹의 사생활 회고록Recollections of the Private Life of Napoleon》의 1권 73쪽에서 이렇게 말했다.

> "내 실력이 조금 더 좋았지만 나는 항상 그녀에게 승리를 양보했다.
> 그러면 황후는 무척 기뻐했다."

콩스탕에게서 영원히 변치 않는 교훈을 배우자. 사소한 다툼이 발생하면 고객이나 연인, 아내나 남편이 이기게 해 주자. 부처님은 "미움은 결코 미움으로 해결되지 않는다. 사랑만이 미움을 잠재운다."라고 말씀하셨다. 오해 역시 논쟁으로 풀리지 않는다. 대신 상대의 마음을 헤아려 그에 맞게 대응할 때, 상대를 위로할 때, 그리고 상대의 시각에서 보고자 할 때에만 풀리게 되어 있다.

링컨은 언젠가 동료와 한창 심한 논쟁을 벌이는 젊은 장교를 질책한 적이 있다. "자기 자신에게 최선을 다하려는 사람은 사사로운 논쟁 따위에 시간을 낭비하지 않는 법이네. 그리고 논쟁을 하고 나면 결국 성격에 해가 되고 자제력을 잃기 마련이지. 둘 다 옳다면 자네가 양보하게. 자네가 옳다고 해도 사소한 일에 대해서는 양보하게. 개와 싸워서 물릴 바에야 개가 먼저 지나가게 해 주는 편이 훨씬 낫지 않겠나. 물린 후에 그 개를 죽인다 해도 상처는 남을 테니 말일세."

원칙 1

논쟁에서 이기는 유일한 방법은 그것을 피하는 것뿐이다.

2
적을 만드는
확실한 방법과 대안

시어도어 루스벨트는 대통령이었을 당시, 자신의 생각 중 75퍼센트가 옳다면 그것은 자신의 최고 기대치에 도달하는 것이라고 고백한 바 있다.

20세기 가장 위대한 인물 중 한 사람의 최고치가 이 정도라면 당신과 나처럼 평범한 사람의 경우는 어떻겠는가? 당신 생각의 55퍼센트만이라도 옳다고 확신할 수 있으면 당신은 월스트리트에 가서 하루에 수백만 달러를 벌 수 있을 뿐 아니라 그 돈으로 요트도 사고 예쁜 여자와 결혼도 할 수 있을 것이다. 그러나 55퍼센트도 확신할 수 없다면 어떻게 당신이 다른 사람의 잘못을 지적할 수 있겠나?

굳이 말로 하지 않더라도 당신은 표정이나 억양, 제스처로 상대에게 그가 틀렸다는 의미를 전달할 수 있다. 그런데 상대가 당신의 의견에 과연 동의하겠는가? 절대로 그런 일은 없다. 그런 경우 상대는 자신의 생각을 바꾸기는커녕 당신에게 반박하게 될 것이다. 당신이 그 사람의 지능, 판단력, 자부심, 자존심에 직격탄을 날렸기 때문이다. 플라톤이나 칸트의 모든 논리를 마구 제시한다 해도 당신은 이미 그의 기분을 상하게 했기 때문에 그의 의견을 바꿀 수 없다.

절대로 "당신에게 이러이러한 것을 증명해 보이겠습니다."라는 말로 이야기를 시작하지 말라. 이 말은 정말 해서는 안 된다. 이 말은 곧 "나는 당신보다 똑똑하니 내가 한두 가지 일러 주는 것을 듣고 마음을 고쳐먹으시오."라고 말하는 것과 같기 때문이다.

이건 도전이나 마찬가지다. 즉, 이런 말은 대립을 일으켜 당신이 이야기를 시작하기도 전에 상대로 하여금 당신에 대한 반감을 가지고, 당신과 싸우려 들게 만들 것이다. 아무리 가장 친절한 태도로 대한다 해도 상대의 마음을 바꾸는 것은 어려운 일이다. 그런데 왜 일을 더 어렵게 만드는가? 왜 스스로를 궁지에 빠뜨리려 하는가?

무언가를 증명하고 싶다면 아무도 알아채지 못하도록, 교묘하고 능숙하게 함으로써 어느 누구도 당신이 무엇을 하고 있는지 알지 못하게 하라.

영국의 시인이자 비평가 알렉산더 포프Alexander Pope는 말했다.

"가르치지 않는 듯이 가르쳐라. 또한 상대가 잠시 잊고 있었던 것을 생각나게 하는 것처럼 제안하라."

역시 영국의 외교관이자 정치가였던 필립 체스터필드Philip Chester-field 경은 아들에게 이런 충고를 남겼다.

"할 수 있다면 다른 사람보다도 더 현명해져라. 그러나 네가 더 현명하다고 상대에게 말하지는 말이라."

나는 이제 내가 20년 전에 믿었던 사실들의 대부분을 믿지 않는다. 구구단 정도나 예외라 할 수 있을까. 하지만 아인슈타인을 읽고 나서는 그마저도 의심스러워졌다. 20년이 더 지난 후에는 내가 이 책에 썼던 내용도 믿지 않게 될지 모르겠다. 예전에 확신했던 모든 것들에 대해 지금은 확신이 가지 않는다. 소크라테스는 아테네에서 자신의 제자들에게 끊임없이 이렇게 말했다.

"내가 아는 것은 오직 하나, 나는 아무것도 알지 못한다는 것뿐이다."

글쎄, 내가 소크라테스보다 현명해지기를 바랄 수는 없는 노릇이다. 그래서 나는 다른 이들의 생각이 틀렸다는 말은 하지 않는다. 덕분에 나는 이것이 훨씬 도움이 된다는 사실을 깨달았다.

만약 어떤 사람이 당신이 생각하기에 틀린 말을 했다면, 실제로 그 말이 틀렸음을 확실히 안다고 하더라도 이런 식으로 말을 시작하는 것이 더 좋지 않을까? "그런데 잠시만요. 제 생각은 조금 다릅니다만 제가 틀릴 수도 있겠지요. 자주 틀리곤 하거든요. 만일 제가 틀린 이야기를 한다면 바로잡아 주십시오. 그럼 사실을 좀 더 살펴보는 게 어떨까요."

'내가 틀릴 수도 있다.', '자주 틀리곤 한다.', '사실을 살펴보자.' 등과 같은 말 속에는 불가사의한 마력이 있다. 이 세상의 어떤 사람이

더라도 그 말에 반대하지는 않을 것이다.

이는 과학자들의 방식이다. 나는 예전에 스티븐슨이라는 사람을 인터뷰했던 적이 있다. 그는 6년간 오로지 고기와 물로 버티기도 하면서 무려 11년 이상을 북극 지역에서 활동한 유명 과학자이자 탐험가였다. 그는 내게 자신이 했던 실험에 대해 설명해 줬고, 나는 그에게 무엇을 증명하기 위해 그 실험을 하는지 물었다. 그때 그가 했던 대답을 나는 결코 잊을 수 없다. "과학자는 결코 어떤 것도 증명하려 하지 않습니다. 다만 사실을 밝히고자 할 뿐입니다."

당신은 과학적인 사고를 하고 싶지 않은가? 당신의 과학적 사고를 막는 사람은 아무도 없다. 당신 자신만 제외하면 말이다.

자신이 틀렸음을 받아들인다면 문제에 휘말리지 않게 될 것이다. 그러면 모든 논쟁은 끝나고, 상대방 역시 당신처럼 공정하고 대범하며 편견 없는 자세를 취하려고 할 것이며, 더불어 자신도 틀릴 수 있다는 점을 인정하게 될 것이다.

누군가가 틀렸음을 확실히 안다고 해서 그것을 거리낌 없이, 무뚝뚝하게 지적하면 어떤 일이 벌어지겠는가? 이와 관련된 구체적인 사례를 살펴보기로 하자.

뉴욕의 젊은 변호사 S 씨는 최근 미연방 대법원에서 굉장히 중요한 사건(루스트가르텐 대 플리트 코퍼레이션 사건, 280 U. S. 320)의 변론을 맡게 되었다. 거액의 돈과 법률상의 쟁점이 달려 있는 중요한 사건이었다.

논쟁 중에 대법원 판사 한 명이 S 씨에게 질문했다. "해사법 법정 기한이 6년 아닙니까?"

S 씨는 멈춰서 판사를 잠시 쳐다보고는 무뚝뚝하게 대답했다. "판사님, 해사법에는 법정 기한이란 것이 없습니다."

카네기 강좌에 참여한 S 씨는 당시의 상황을 이렇게 설명했다.

"갑자기 법정에 침묵이 감돌더니, 그 방 안 온도가 0도까지 내려가는 것 같았습니다. 분명 제 말이 옳았고, 판사님 말씀이 틀렸습니다. 그래서 저는 있는 그대로 말한 것뿐이었습니다. 하지만 판사는 제게 우호적이지 않았습니다. 저는 아직까지도 제가 법률상으로 옳았다고 생각합니다. 그리고 저는 어느 때보다 훌륭한 변론을 했습니다. 하지만 저는 상대를 설득하지 못했습니다. 박식하고 사회적 명예도 있는 분에게 틀렸다고 말하는 큰 실수를 범했기 때문입니다."

논리적인 사람은 거의 없다. 우리 중 대다수가 선입견이나 편견을 가지고 산다. 게다가 우리는 미리 형성된 생각이나 질투심, 의심, 두려움, 시기, 자존심으로 인해 제대로 사고하기가 어렵다. 그리고 대다수의 사람들은 종교나 헤어스타일, 공산주의, 혹은 클라크 게이블 같은 영화배우에 대한 자신의 생각을 바꾸고 싶어 하지 않는다. 따라서 누군가의 잘못을 지적하고 싶어지면 매일 아침 식전에 무릎을 꿇고 경건한 마음으로 다음의 구절을 읽기 바란다. 제임스 하비 로빈슨 James Harvey Robinson 교수의 지혜가 담긴 《정신의 형성The Mind in the Making》이라는 책에 나온 글이다.

우리는 때로 아무런 저항이나 감정의 동요 없이 마음을 바꾸기도 한다. 하지만 남으로부터 자신이 틀렸다는 이야기를 들으면 분개하며 자신의 견해를 더욱 확고히 다진다. 자신의 믿음을 형성하는 데 있어서는 믿을 수 없을 정도로 무덤덤하다가도, 누군가 그 믿음을 빼앗으려 하면 그 신념에 대해 전에 없던 집착을 보인다. 우리가 소중하게 여기는 것은 분명 그 신념 자체가 아니라 위협받는 자신의 자존감이다. '내 것'이라는 간단한 말이 인간사에 있어서는 가장 중요한 단어이기 때문에 이 말을 잘 생각해 보는 것이 지혜의 출발이라 하겠다.

'내' 식사, '내' 개, '내' 집, '내' 조국, '내' 종교 등 어느 경우나 이 위력은 마찬가지다. 우리는 자신의 시계가 가리키는 시간이 빠르거나 늦거나, 혹은 차가 낡았다는 지적에만 화를 내는 것이 아니라 화성에 운하가 있는지, 에픽테토스(Epictetus)라는 단어를 어떻게 발음하는지, 해열진통제인 살리신이 과연 의학적으로 효과가 있는지, 아카드 왕조의 시조라 알려진 사르곤 1세가 살았던 시기는 언제인지 등과 같은 것에 대해 우리가 알고 있는 사실이 틀렸다는 말을 들을 때도 화를 낸다. 우리는 습관적으로 옳은 것이라고 생각했던 것들을 계속해서 믿고 싶어 한다. 그리고 이렇게 믿어 왔던 것들에 대한 의문이 제기되면 화를 낼 뿐만 아니라 기존의 생각을 지키기 위해 온갖 이유를 갖다 붙인다. 그 결과 소위 논증이라고 일컫는 것은 우리가 이미 믿고 있는 것을 계속 유지하기 위해 논리를 찾는 것에 불과하다고 할 수 있다.

언젠가 나는 집 장식을 위해 인테리어 업자에게 커튼을 주문한 적이 있다. 그런데 영수증을 받았을 때 청구 금액이 너무 커서 깜짝 놀랐다.

며칠 후 한 친구가 집에 왔다가 그 커튼을 보았다. 내가 그 커튼 값을 얘기하자 그녀는 득의양양한 태도로 "뭐라고? 엄청 바가지 쓴 것 같네."라고 말했다.

사실이었을까? 그렇다. 그녀는 사실을 알려 주었다. 하지만 사람은 자신의 판단과는 반대되는 진실을 듣는 것을 좋아하지 않는다. 나도 사람인지라 나 자신을 방어하느라 애썼다. 결국 싼 것은 품질 면에서 나 미적 취향에 있어서 기대에 못 미칠 수밖에 없다는 등등을 지적하면서 말이다.

다음 날 우리 집에 들른 또 다른 친구 하나는 그 커튼을 입이 마르도록 칭찬하면서, 형편만 된다면 자신의 집에도 이런 정교한 작품을 활용하고 싶다고 말했다. 그런 말을 듣자 내 반응은 어제와 정반대가 되었다. 나는 친구에게 말했다. "그래. 사실 나도 이 커튼을 장만할 만큼 여유롭지는 않아. 너무 비싸게 줘서 아무래도 괜히 산 것 같거든."

뭔가 잘못했을 때 자신에게는 그 사실을 인정할 수 있다. 만약 남이 그것을 지적하더라도 부드럽고 은근한 방법으로 말해 준다면 우리는 타인에게도 잘못을 인정할 수 있을 것이고, 때로는 자신의 솔직함과 관대함을 자랑스럽게 여길 수도 있다. 그러나 누군가가 우리 입안에 도저히 삼키기 힘든 사실을 밀어 넣으며 삼키라 한다면…….

남북전쟁 당시 미국에서 가장 유명한 편집장이었던 호레이스 그릴리Horace Greeley는 링컨의 정책을 지독하게 반대했다. 논쟁, 조롱, 비난을 거듭하면 링컨이 자신의 의견에 동의할 것이라 생각한 그는 몇 달, 몇 해 동안 지속적으로 링컨을 겨냥하여 신랄한 공격을 거듭했다. 실제로 그는 링컨이 부스에게 저격당한 날 밤에도 그를 비방하는 잔인하고 혹독한 조롱 조의 공격성 글을 썼다.

하지만 이 모든 행동들이 링컨의 생각을 바꿔 그릴리의 생각에 동의하게 만들었는가? 전혀 그렇지 않았다. 조롱과 비난으로는 결코 사람의 마음을 바꿀 수 없다.

사람 다루는 법과 자기 관리, 인성 계발에 대한 훌륭한 조언을 얻고 싶다면 벤저민 프랭클린의 자서전을 읽어 보기 바란다. 이 책은 가장 멋진 전기문일 뿐만 아니라 미국 문학의 고전이기도 하다. 이 자서전에서 프랭클린은 자신이 어떻게 쓸데없이 논쟁하는 습관을 이겨 냈는지, 또 어떻게 미국에서 가장 유능하고 상냥하며 외교적 수완이 뛰어난 사람으로 변모할 수 있었는지에 대해 자세히 이야기한다.

프랭클린이 실수를 연발하는 청년이었던 시절의 일이다.

어느 날 나이 든 퀘이커교도 친구가 그를 한쪽으로 데리고 가더니 그의 아픈 곳을 찌르는 몇 가지 진실을 지적하며 이렇게 말했다.

"벤, 자네는 구제불능이야. 자네의 의견은 자네와 다른 견해를 가진 모든 사람에게 큰 타격을 주고 있네. 그 상처가 너무 커서 이젠 어느 누구도 자네 생각을 듣고 싶어 하지 않는다네. 자네 친구들은 자네가 없을 때 더 즐겁다고 하더군. 자네는 너무 박식해서 누구도 자네에게 말을 걸려 하질 않고 있지. 사실 말하려고 애써 봐야 불편하고 힘들어지니 말을 걸려는 이가 없는 걸세. 자네가 박식하다고는 하지만 알면 얼마나 많이 알겠나. 이런 상황이 지속된다면 자네가 지금 알고 있는 것 이상으로 더 많이 알게 될 것 같진 않네."

벤저민 프랭클린의 뛰어난 장점 중 하나는 이런 통렬한 비판을 받아들이는 태도다. 그는 이 말이 사실이라는 것을 알 정도로 그릇이

크고 현명한 인물이었다. 또한 이대로 계속했다가는 실패와 사회의 나락으로 떨어지는 일만 남을 것이라는 사실도 깨달았다. 그래서 그는 즉시 자신의 거만하고 독선적인 태도를 바꾸기 시작했다.

프랭클린은 말했다. "나는 사람들의 감정에 직접적으로 반하는 행동과 내 자신의 감정을 직접적으로 주장하는 것을 삼가겠다는 규칙을 세웠다. 심지어 나는 고정된 의견을 나타내는 단어나 표현, 예를 들어 '확실히', '의심할 여지없이'와 같은 말을 자제하고, 그 대신 '제가 생각하기에', '제가 이해하기로는', '제가 추정컨대' 또는 '현재로 봐서는'과 같은 말을 사용했다. 내가 생각하기에 틀린 주장을 하는 누군가가 있더라도 대놓고 퉁명스럽게 반박하거나 그가 잘못되었음을 즉시 입증함으로써 즐거움을 찾으려 하지도 않았다. 그 대신 어떤 특별한 경우나 상황에 따라서는 그의 말이 옳을 수 있지만 이번 경우는 좀 달라 보인다거나 혹은 그렇게 보이는 것 같다며 이야기를 시작했다. 이런 태도의 변화가 가져오는 효과는 금세 나타났다. 내가 의견을 조심스럽게 제시하니 상대는 더 쉽게 그것을 받아들였고 충돌 또한 줄어들었다. 내가 잘못되었다는 사실을 알게 되었을 때도 예전과 달리 덜 치욕스러웠고, 운 좋게 내가 옳은 경우에는 상대 역시 쉽게 자신의 실수를 인정하게 되었을 뿐 아니라 함께 즐거워할 수 있었다.

사실 처음에는 이 방식을 따르기 위해 내 본래 성격을 억눌러야 했지만, 시간이 지나면서 점차 쉽고 편해졌다. 덕분에 지난 50년간 내가 독선적으로 말하는 것을 본 사람은 없을 것이다. 내가 제안하는 새로운 제도나 새 개정안이 많은 시민의 지지를 얻었던 것 그리고 내가 의회의 일원이 되어 영향력을 행사할 수 있었던 것은 이 습관이 완전히 자리 잡았기 때문이 아니었나 싶다. 나는 언변이 뛰어난 연설가도 아닌 데다가 단어 선택에서도 머뭇거리고 표현 또한 정확하지 못함에도 대개는 내 주장을 잘 관철할 수 있었기 때문이다."

벤저민 프랭클린의 이 방식을 사업상에 적용해 보면 어떨까? 여기에 두 가지 사례가 있다.

뉴욕 리버티 스트리트 114번가에 사는 F. J. 마호니 씨는 정유회사에 특수 장비를 판매하고 있다. 한번은 롱아일랜드에 사는 주요 고객으로부터 주문이 들어와, 설계도를 만들고 그의 승인을 받은 뒤 장비 제작 단계에 들어갔다. 그때 문제가 생겼다. 그 고객이 자신의 주문에 대해 친구들과 상의를 했는데, 친구들이 그에게 엄청난 실수를 하고 있다고 지적한 것이다. 여기는 너무 넓고, 여긴 너무 좁으며, 여기는 이것이 잘못됐고, 저기는 저것이 잘못됐다는 등의 지적이 쏟아지자, 그 고객은 화가 치솟아 마호니 씨에게 전화를 걸어 장비를 인수할 수 없다고 통보하기에 이르렀다. 당시 상황에 대해 마호니 씨는 이렇게 이야기했다.

"저는 매우 세심하게 제작 설계도를 확인했고 저희가 옳다는 것을 확신할 수 있었습니다. 게다가 그 고객과 친구들이 잘 모르면서 이런저런 지적을 하고 있다는 것도 눈치챘죠. 하지만 고객에게 그것을 사실대로 이야기하는 것은 분명 위험 부담이 큰 일이라는 생각도 들었습니다. 그래서 저는 롱아일랜드에 있는 그의 사무실을 찾았습니다. 사무실에 들어섰더니 그 고객은 자리에서 벌떡 일어나 제게 성큼성큼 다가오며 모욕적인 말들을 속사포처럼 내뱉더군요. 얼마나 흥분했는지 그는 말하던 중에 주먹을 흔들어 대기도 했습니다. 그렇게 한참 동안 저와 장비에 대한 비난을 퍼붓더니 '자, 이제 어떻게 할 작정이요?'라며 말을 끝내더군요.

저는 매우 차분하게, 그가 말하는 대로 해 주겠다고 말했습니다. '당신이 이 모든 설비에 대한 대금을 치르실 분이니 분명 원하는 대로 하실 수 있습니다. 그렇지만 누군가는 그 책임을 질 수밖에 없습니다. 만약 당신이 옳다는 생각이 들면 저희 측에 설계도를 돌려주십시오. 이미 2,000달러라는 돈이 시공에 들어가긴 했지만, 그 손실은 당신을 위해 저희가 기꺼이 감수하겠습니다. 하지만 꼭 말씀 드리고 싶은 것이 있습니다. 당신이 주장하는 대로 제작할 경우에는 그에 따르는 책임 또한 당신이 져야 합니다. 반면 저희는 저희 설계가 맞다는 생각에 변함이 없으므로, 만일 이대로 일을 진행할 경우 모든 책임은 저희 쪽에서 지겠습니다.'

그쯤 되자 그는 좀 진정이 되었는지 '좋습니다. 그대로 진행하세요. 하지만 문제가 생기면 모든 책임을 지셔야 합니다.'라고 하더군요.

결국 저희 판단이 옳았기에 제작은 성공적으로 끝났습니다. 그리고 그는 이번 시즌에도 전과 비슷한 주문을 두 건이나 더 내기로 약속했지요.

솔직히 그가 저를 모욕하고 제 얼굴에 주먹을 휘두르며 일을 제대로 알기나 하는 사람이냐고 말할 때는 저 역시 따지고 반박하고 싶었지만, 그 충동을 참기 위해 있는 힘껏 제 자제력을 동원해야 했습니다. 그렇게 참으니 보람이 있었습니다. 만일 제가 그 고객에게 틀렸다고 말하며 논쟁하기 시작했다면 아마 법적 소송까지 이어졌을 것이고, 감정은 서로 상하는 데다 금전적 손실도 생겼을 것이며, 귀중한 고객을 잃는 사태까지 가야 했을 것입니다. 그 덕분에 저는 상대방에게 틀렸다고 말하는 것은 결코 득이 되지 않는다는 것을 확실히 깨닫게 되었습니다."

그럼 이번에 또 다른 예를 들어 보겠다. 지금 내가 전하고 있는 사례들은 수많은 사람이 겪은 경험들의 전형에 해당하는 것임을 기억하기 바란다.

R. V. 크로울리 씨는 뉴욕에 위치한 가드너 W. 목재회사의 판매사원이다. 그는 다년간 인정사정없는 목재검사관들에게 그들의 판단이 잘못됐음을 지적해 왔음을 고백했다. 그들과의 논쟁에서 그는 대부분을 이겼지만, 그로써 득이 되는 것은 하나도 없었다. 그의 말을 빌리자면 '목재검사관들은 마치 야구 심판 같아서 한 번 결정했다 하면 번복이라는 게 없기 때문'이었다.

크로울리 씨는 비록 자신은 논쟁에서 이기지만, 회사는 그로 인해 수천 달러의 손실을 입고 있음을 깨달았다. 그래서 카네기 코스를 수강하는 중에 그는 작전을 바꿔 논쟁을 그만두기로 결심했다. 과연 어떤 결과가 나왔을까? 수업 시간에 그가 발표한 내용을 들어 보자.

"어느 날엔가 아침 일찍 회사 전화벨이 울렸습니다. 거래처 직원이건 전화였는데, 그는 매우 화가 난 데다 짜증까지 섞인 목소리로 저희가 보낸 차 한 대 분량의 목재가 모두 불량 판정을 받는 바람에 진행 중이었던 하역 작업을 중단했으니 즉각 회수해 가라고 통보하더군요. 그 차량에 있던 목재의 4분의 1 가량이 하역된 상황에서 목재

검사관이 55퍼센트의 불량률이라고 통보했기 때문에 인수를 거부하기에 이른 것입니다.

즉시 공장으로 달려가며 저는 이 상황을 잘 처리할 수 있는 최고의 방법이 무엇인지 침착하게 생각해 봤습니다. 보통의 상황이라면 등급 판정 기준을 열거하고 목재검사관이었을 때의 경험과 지식을 바탕으로 담당 검사관에게 이 목재의 실제 등급은 높게 책정되어야 하고 그가 검사 규정을 잘못 알고 있다고 설득하려 했을 겁니다. 그러나 저는 이 수업 시간에 배운 규칙을 적용해 보기로 마음먹었습니다.

공장에 도착해 보니 구매 담당자와 목재검사관은 이미 독을 품고 한바탕 논쟁을 벌일 준비를 하고 있다는 것을 알 수 있었습니다. 나는 하역 중인 차량 쪽으로 걸어가서 어떻게 그가 판정하는지 볼 수 있도록 계속 하역 작업을 진행해 달라고 요청했습니다. 검사관에게는 그가 하던 대로 합격품과 불합격품을 나누고, 합격품은 따로 쌓아 달라고 부탁했고요.

그가 작업하는 것을 얼마간 보고 나니 그가 실제로 기준을 너무 엄격하게 적용하는 데다가 규정도 잘못 해석하고 있다는 판단이 들었습니다. 문제가 됐던 목재는 백송이었는데, 그 검사관은 단단한 목재에 대해서는 잘 알고 있었지만 백송에 대해서는 그렇지 않았고 경험 또한 부족했습니다. 우연치 않게 백송은 제 전문분야이기도 했지요.

그렇다면 저는 그가 내리는 품질 판정에 이의를 제기했을까요? 전혀 아니었습니다. 그저 계속 지켜보다가 조금씩 그 목재는 왜 불량으로 판정받았는가 하는 식의 질문을 던졌을 뿐입니다. 판정이 잘못되었다는 내색은 전혀 하지 않았고, 제가 질문하는 이유는 오로지 앞으로 거래처에서 원하는 품질 좋은 목재를 제공하기 위해서임을 강조했습니다.

정말 친절하고 협조적인 자세로 질문하고, 그들의 기준에 미달되는 목재를 걸러 내는 것은 당연하다고 계속 이야기했더니 검사관의 태도도 곧 누그러지고, 우리 사이의 긴장된 분위기도 풀리기 시작하더군요. 그러고 나서 이따금씩 중간중간에 제가 조심스럽게 몇 마디 꺼내자 그 검사관도 자신이 불량이라고 판정한 목재가 실제로는 기준에 부합할 수 있고, 자신들의 기준을 충족시키는 목재는 훨씬 높은 등급의 것이겠다는 생각이 드는 것 같았습니다. 하지만 저는 제가 그런 이야기를 화두로 삼으려는 것을 그가 전혀 눈치채지 못하게끔 주의를 기울였지요.

그의 태도는 조금씩 바뀌기 시작했습니다. 그리고 결국 그는 자신이 백송에 대한 경험은 없다는 것을 인정하고, 하역되는 목재 하나하나에 대한 제 의견을 묻기 시작했습니다. 저는 왜 그 목재가 그들의 등급에 합당한 것인지를 설명하는 한편, 그렇지 않은 경우에는 굳이 저희 목재를 취급하지 않아도 된다고 거듭 강조했습니다. 마침내 그는 자신이 불량 판정을 내릴 때마다 뭔가 꺼림칙한 느낌이 들었던 이유를 알게 됐습니다. 더 높은 등급의 목재를 주문했어야 했는데 그러지 못한 자신들의 실수를 깨닫게 된 것이죠.

그는 제가 그곳을 떠난 뒤 전 목재를 재점검하고서는 전체 합격 판정을 내렸습니다. 납품한 목재 전부에 대한 대금을 저희가 결제받은 것은 물론이고요. 상대가 틀렸음을 지적하는 것을 참는 요령을 발휘했더니 이번 거래에서 회사는 적지 않은 금액의 돈을 아낄 수 있었습니다.

그리고 더 나아가서는 돈으로 값을 매길 수 없이 소중한 우호적인 관계도 얻었고요."

지금 내가 이야기하고 있는 것은 전혀 새로운 사실이 아니다. 무려 20세기 전에 예수는 이렇게 말했다.

'너와 다투는 사람과 서둘러 화해하라.'(마태복음 5:25)

이는 다시 말해 당신의 고객, 당신의 남편, 당신의 적과 논쟁하지 말라는 것이다. 상대방에게 그가 틀렸다고 말하거나 그를 화나게 만들지 말고, 그저 약간의 외교적인 수단을 발휘하라.

기원전 22세기, 이집트의 아크토이 왕은 그의 아들에게 몇 가지 현명한 충고를 해 주었다. 4,000년 전 어느 오후, 그는 술을 마시다가 "다른 이의 감정을 상하게 하지 않는다면, 네가 바라는 대로 될 것이다."라고 말했다. 그의 충고는 오늘날에도 매우 필요한 것에 해당한다.

그러므로 다른 사람을 설득하고 싶다면,

원칙 2

상대의 의견을 존중하고, 그의 잘못을 지적하지 말라.

3

잘못은
솔직히 인정하라

지리적으로 봤을 때 내가 사는 곳은 뉴욕 중심부다. 하지만 우리 집에서 걸어서 1분도 채 걸리지 않는 곳에는 원시림이 펼쳐져 있다. 봄이면 그곳에서는 딸기 덤불이 하얀 꽃을 피우고, 다람쥐가 보금자리에서 어린 새끼를 키운다. 뒤쪽에는 쥐꼬리 망초가 꽤나 자라 있다. 사람의 손이 거의 닿지 않는 이곳은 '숲 공원'으로 불리는데, 이름 그대로 숲이라 할 수 있다. 아마도 여기는 콜럼버스가 아메리카 대륙을 발견했을 당시의 모습과 거의 같을 것이다.

나는 이 숲을 보스턴 불도그인 렉스와 자주 산책한다. 렉스가 사람을 좋아하는 데다 공원을 다니면서 사람들과 마주친 일이 거의 없었기 때문에 나는 렉스에게 목줄이나 입마개 등을 채우지 않고 데리고 다녔다.

그러던 어느 날, 공원에서 기마경찰을 만났다. 그는 거들먹거리고 싶어 안달이 난 사람 같았다. "공원에서 개가 목줄이나 입마개 없이 돌아다니게 내버려 두시면 어떻게 합니까? 법규 위반인 걸 모르십니까?"

"네, 물론 알고 있습니다만, 여기에서는 제 개가 아무에게도 별다른 해를 끼칠 일이 없다고 생각했습니다." 나는 부드러운 어조로 대답했다.

"해를 끼치지 않을 거라고 '생각'하셨다고요? 법은 선생님이 생각하시는 것과는 아무런 상관이 없습니다. 저 개는 다람쥐를 죽이거나 어린아이를 물 수도 있습니다. 이번 한 번은 눈감아 드리겠습니다만, 다음번에 이런 식으로 목줄이나 입마개 없이 개를 이곳에 데리고 오시면 그때는 저와 함께 가셔야 합니다."

나는 잘 알았다고 순순히 답했고, 그 이후 서너 번은 그 약속을 따랐다. 하지만 렉스는 입마개 씌우는 것을 싫어했고 나 역시 마음에 들지 않았다. 그래서 우리는 약속을 어기고 몰래 산책을 나가기 시작했다. 한동안은 아무 일이 없었는데, 결국 어느 날엔가는 그에게 다시 들키고 말았다. 어느 날 오후 렉스와 나는 언덕 꼭대기까지 달리기 시합을 했는데, 불행히도 나는 암갈색 말을 타고 있는 그 경찰을 보고 말았다. 렉스는 그 경찰을 향해 돌진하고 있었다.

나는 이제 꼼짝없이 벌금을 물게 될 것임을 깨달았다. 그래서 그 경찰관이 입을 열 때까지 기다리지 않고 선수를 치며 "경찰관님, 제가 법을 위반했습니다. 알리바이도 없고 변명의 여지도 없습니다. 지난주에 경찰관님께서는 제게 입마개도 씌우지 않은 개를 이곳에 데리고 오면 벌금을 물리겠다고 미리 경고를 하셨는데, 이렇게 되어 버렸네요."라고 말했다.

그러자 그 경찰관은 부드러운 어조로 이렇게 답했다.

"글쎄요, 지금처럼 주변에 아무도 없을 때라면 이렇게 작은 개는 뛰어놀게 하고 싶은 유혹을 느낄 만도 하겠습니다."

"네, 그렇습니다." 나는 답했다. "하지만 위반은 위반이죠."

"그런데 이 정도로 작은 개라면 사람에게 해를 입힐 것 같지는 않습니다." 경찰관이 반박했다.

"네, 하지만 다람쥐를 죽일지도 모르니까요." 내가 답했다.

그러자 그는 내게 이렇게 말했다. "제 생각에 선생님께서는 너무 심각하게 생각하시는 것 같습니다. 그럼 이렇게 하시는 건 어떨까요? 선생님께서는 이제 개를 저 언덕 너머 제가 볼 수 없는 곳에서 놀게 하시면 됩니다. 그러면 우리는 모든 걸 다 모른 척하고 넘길 수 있습니다."

그 경찰도 인간인지라 자신이 인정받고 있다는 느낌을 원했다. 그래서 내가 자책을 하고 나서자 자신의 자부심을 충족시키는 유일한 방법, 즉 내게 아량을 베풀며 관용적인 태도를 택할 수밖에 없었다. 하지만 만약 그때 내가 나를 옹호하려 애썼다면 어떻게 되었을까? 글쎄, 아마 경찰관과 싸워 본 적이 있는 사람이라면 알 것이다.

나는 경찰을 상대로 논쟁을 벌이는 대신 그가 전적으로 옳고 내가 완전히 틀렸다는 사실을 재빨리, 솔직하게, 진심으로 인정했다. 이 일은 내가 그의 입장을 이해하고 그가 내 입장을 이해함으로써 순조롭게 마무리되었다. 체스터필드 경이라도 1주일 전에 내게 법규를 위반하면 안 된다고 위협했던 이 기마경찰보다 더 자비로울 수는 없었을 것이다.

어차피 내가 비판받아야 할 상황이라면 다른 사람이 나를 깎아내리기 전에 스스로 자책하는 편이 낫지 않을까? 다른 사람의 입에서 나오는 모욕을 견디는 것보다 자기비판을 듣는 편이 더 쉽지 않을까? 다른 사람이 생각하거나 말하고 싶어 하는, 나에 대한 비난의 말은 상대가 입을 열기 전에 당신 스스로가 먼저 말해 버려라. 그들이 말할 기회를 얻기 전에 그들에게 먼저 털어 놓아라. 그 이후는 순풍을 맞이하는 돛과 같아질 것이다. 이렇게 되면 상대는 한없이 관대해진 태도로 당신의 실수를 사소한 것으로 만들 가능성이 매우 높아진다. 기마경찰이 나와 렉스에게 그랬던 것처럼 말이다.

상업 미술가인 페르디난드 E. 워런 씨는 이 기술로 심술 맞고 질책이 잦은 미술품 구매자의 호의를 끌어낸 적이 있다. 그의 이야기를 들어 보자.

"광고나 인쇄 용도로 쓰일 그림은 정밀하고 정확하게 그리는 것이 중요합니다. 어떤 미술 편집자들은 자신이 의뢰한 것을 즉각적으로 제작해 달라고 요구하기도 하는데, 그런 경우에는 작은 실수들이 발생하기 쉽습니다. 제가 잘 아는 편집장 한 명은 사소한 트집을 잡기 좋아합니다. 저는 종종 불쾌한 마음으로 그의 사무실을 나오곤 했는데, 그건 그의 비난을 받아서가 아니라 그가 비판하는 방식 때문이었습니다. 최근에 저는 그 편집장에게 한 작품을 급히 제작해서 보냈는데, 그는 제게 전화를 하더니 당장 달려오라고 했습니다. 뭔가 잘못되었다는 것이죠. 도착해 보니 제가 예상하고 염려했던 대로였습니다. 비판할 거리가 생긴 그는 득의양양해 있었고, 하나하나 꼬치꼬치 따지기 시작했습니다. 그때 '내가 배웠던 자기비판의 기술을 지금 적용해 봐야겠다.'라는 생각이 들더군요. 그래서 이렇게 이야기했습니다.

'아무개 씨. 당신 말이 사실이라면 제가 실수한 것이니 저는 변명의 여지가 없습니다. 오랜 시간 동안 같이 일했으니 이제는 좋은 그림을 드릴 때가 된 것 같기도 한데 이 정도밖에 되지 않으니 정말 부끄럽고 면목이 없습니다.'

그러자 그는 저를 옹호해 주기 시작했습니다. '당신 말이 맞긴 합니다만, 그렇다고 이게 그렇게 중대한 실수는 아닙니다. 다만…….' 저는 그의 말을 막고 다시 말했습니다. '어떤 실수든 나중에 큰 손실을 입힐 수 있고, 또 사람을 짜증나게 하는 법이지요.'

그는 내 말 중간에 끼어들려 했지만 저는 그렇게 내버려 두지 않았습니다. 저는 정말 굉장한 시간을 보내고 있었기 때문입니다. 생애 처음으로 제 자신을 비판하고 있었는데도 기분은 좋았습니다. 저는 계속해서 말했습니다. '제가 더 주의를 기울였어야 했습니다. 일거리도 많이 주시는데, 당연히 제가 최고의 결과물을 드리는 것이 당연합니다. 그러니 이 그림은 완전히 처음부터 다시 그려 오겠습니다.'

그러자 그가 강하게 저지했습니다. '아뇨, 아닙니다. 그런 수고까지 끼칠 생각은 없습니다.' 그는 제 작품을 칭찬하고 약간의 변화만 주었으면 좋겠다고 했습니다. 그리고 이런 사소한 실수로 회사에 금전적 손실이 있을 리는 없다고 확인시켜 줬습니다. 무엇보다 굉장히 미세한 실수이고 약간의 세부 손질이 필요한 정도일 뿐이니 전혀 걱정할 필요가 없다고 말하더군요.

저 자신에 대한 강한 비판 덕분인지 그는 저와 싸울 마음이 싹 달아나 버린 것 같았습니다. 그는 이야기는 이 정도로 하고 점심이나 함께하자고 하더군요. 그는 저와 헤어지기 전에 수표 한 장과 새로운 다른 일을 의뢰했습니다."

어떤 바보든지 자기 실수에 대한 변명은 할 줄 알고, 실제로 많은 바보들이 그렇게 한다. 하지만 자신의 실수를 인정하는 것은 자신을 다른 사람들에 비해 부각시켜 줄 뿐 아니라 스스로 생각할 때에도 고귀함과 뿌듯함이 느껴져 좋은 기분이 들게 한다. 역사 속에서 이와 관련된 한 가지 예를 찾자면 로버트 E. 리 장군에 관한 이야기라 할 수 있다. 게티즈버그 전투에서 피켓 장군의 돌격 작전이 실패했을 때, 리 장군은 그 책임이 전적으로 자신에게 있다고 비판하고 나섰다.

피켓 장군의 돌격 작전은 서양에서 유례없이 가장 훌륭하고 멋진 공격이었다. 피켓 장군 자체도 굉장히 멋진 사람이었다. 그는 어깨까지 닿는 긴 적갈색 머리를 길게 늘어뜨려 묶고 있었고, 나폴레옹이 이탈리아 원정 시에 그랬던 것처럼 그도 거의 매일 열렬한 사랑의 편지를 썼다. 비극적이었던 7월의 어느 오후, 피켓 장군의 충직한 부대는 그가 모자를 오른쪽으로 멋지게 살짝 비껴쓴 채 북군 전선을 향해 기세등등하게 진격하자 환호성을 질렀다. 병사들은 대열을 이루었고 깃발은 펄럭이며 총검은 태양 아래 빛나고 있었다. 실로 굉장히 멋지고 숨 막히는 광경이었다. "용감하다. 정말 멋지다." 남군을 주시하고 있던 북군 병사들 사이에서 감탄이 흘러나왔다.

피켓 장군의 군대는 과수원과 옥수수밭, 초원과 골짜기를 어려움 없이 휩쓸고 지나갔다. 진격하는 내내 북군의 대포가 대열에 커다란 구멍을 만들었지만 그들은 조금도 굴하지 않고 계속 나아가며 진격을 멈추지 않았다.

그런데 매복해 있던 북군 보병대가 묘지 능선의 석벽 뒤에서 나타나더니 무방비 상태의 피켓 부대에게 기습적으로 무차별 사격을 가했다. 폭발하는 화산처럼 순식간에 화염에 휩싸인 능선은 대학살의 현장이 되고 말았다. 몇 분 후 피켓의 연대 지휘관들은 한 명을 제외하고 모두 쓰러져 버렸고, 5,000명 병사 중 5분의 4에 해당되는 수가 전사했다. 최후의 돌격을 이끈 아미스테드 장군은 돌진하여 석벽을 뛰어넘고 그의 검 끝에 달린 모자를 흔들며 소리쳤다.

"전원, 착검하고 앞으로 돌격하라!"

그들은 돌격했다. 석벽을 뛰어넘어 적을 찌르고 개머리판으로 적의 머리를 부수며 묘지 능선 남쪽에 남군의 깃발을 꽂았다. 그러나 승리는 아주 잠시뿐이었다. 비록 짧은 시간이었지만 이 순간은 남부 연방사상 가장 위대한 순간으로 기록되었다.

피켓의 돌격은 눈부시고 용감했지만, 종말의 시작에 불과했다. 리 장군은 북군 방어선을 더 이상 무너뜨릴 수 없었고, 그도 그것을 알고 있었다. 남군에게는 뼈아픈 패배의 순간이 아닐 수 없었다.

너무 슬프고 충격을 받은 리 장군은 남부 연방의 대통령이었던 제퍼슨 데이비스에게 사의를 전하며 '젊고 유능한 인재'를 임명해 달라고 부탁했다. 만약 리 장군이 작전 참패에 대한 책임을 남에게 전가하려고 마음먹었다면 수없이 많은 사람들을 지목할 수 있었을 것이다. 연대 지휘관 중 일부는 그의 명령을 따르지 않았고, 기마부대는 너무 늦게 도착하는 바람에 보병부대의 공격을 제대로 지원하지 못했기 때문이다. 여기서는 이게 문제가 되었고 저기서는 저게 말썽을 피웠다.

그러나 고매한 성품의 리 장군은 다른 사람을 탓하지 않았다. 피흘리는 병사들이 남부군 전선으로 간신히 돌아오자 그는 홀로 말을 타고 나가 다음과 같은 숭고한 말로 자신을 탓하며 그들을 맞이했다. "이 모든 것은 내 책임이다. 이 전투에서 패배한 것은 나이고, 나 혼자일 뿐이다."

역사상 이렇게 자신의 패배를 인정할 정도로 용기와 인품이 뛰어난 장군은 거의 없었다.

엘버트 허버드는 온 나라에 돌풍을 일으킨 창의적인 작가였다. 그의 신랄한 글은 독자들의 엄청난 분노를 불러일으키기도 했지만, 그는 사람 다루는 기술이 매우 탁월했기에 적이었던 사람도 친구로 만들 때가 많았다. 예를 들어, 그의 글을 읽고 너무나 화가 난 독자 하나가 '당신 글에서 이런저런 부분은 동의할 수 없다.'고 하며 이것저것을 지적하고 비난하는 편지를 보낸 적이 있다. 그러자 허버드는 그에게 이렇게 답장을 보냈다.

다시 생각해 보니 저 역시 당신처럼 그 점에 대해 전적으로 동의하기는 힘들 것 같습니다. 제가 어제 쓴 모든 글이 오늘도 마음에 드는 것은 아니기 때문입니다. 이 주제에 대한 당신의 생각을 알려 주셔서 감사합니다. 다음에 기회가 닿아 이 근처에 놀러 오신다면 저희 집에도 한번 들러 주십시오. 둘이 함께 이 주제에 대해 낱낱이 파헤쳐 볼수 있을 것 같습니다. 멀리서 박수를 보내며 이만 줄이겠습니다.

엘버트 허버드 올림

당신이라면 그 독자에게 뭐라고 말했겠는가?

당신이 옳은 경우라면, 부드럽고 은근한 방식으로 상대방이 당신 생각에 동의하게 만들어 보자. 반대로 틀린 경우라면(사실 솔직히 말해 이런 경우가 놀라울 정도로 훨씬 많겠지만) 빠르고 분명하게 실수를 인정하자. 이런 기술을 쓰면 놀라운 결과가 일어날 뿐만 아니라, 믿을지 모르겠지만 당황스러운 상황에서 자신의 실수를 옹호하려 할 때보다 훨씬 더 즐거울 것이다. '싸우면 충분히 얻지 못하나, 양보하면 기대 이상의 것을 얻는다.'라는 옛말을 명심하자.

그러므로 다른 사람을 설득하고 싶다면,

원칙 3

**잘못을 했을 때는 빨리,
그리고 분명하게 그것을 인정하라.**

4
상대를 이해시키는
경청

누군가에게 화가 났을 때 이 얘기 저 얘기 다 쏟아붓고 나면 확실히 당신의 기분은 한결 나아질 것이다. 하지만 상대방은 어떻겠는가? 그 사람도 당신처럼 기분이 좋을까? 과연 호전적인 말투와 적대적인 태도가 당신의 의견을 따르게 하는 데 보탬이 될까? 우드로 월슨은 이렇게 말했다.

"당신이 두 주먹을 불끈 쥔 채 제게 온다면 분명 저는 당신보다 두 배 더 빠르게 쳐야겠다고 마음먹을 것입니다. 하지만 당신이 제게 와서 '자, 우리 한 번 상의해 봅시다. 서로 의견이 왜 다른지, 그 차이에 대해 얘기해 볼까요.'라고 말한다면 우리는 의견 차는 크지 않지만 공통분모가 많기 때문에 화합하기 위한 인내와 솔직함, 의지만 있다면 얼마든지 그렇게 할 수 있다는 것을 알게 될 것입니다."

우드로 월슨이 한 이 말의 진가를 존 D. 록펠러 2세John D. Rockefeller

Jr. 보다 더 잘 알아본 사람은 없을 것이다. 1915년 당시 록펠러는 콜로라도에서 가장 멸시받는 인물이었다. 미국 산업사상 가장 심각한 파업이 2년간 콜로라도 주를 뒤흔들었다. 독이 올라 적대적으로 변한 광부들은 콜로라도 석유와 강철회사 쪽에 임금 인상을 촉구했다. 이 회사는 록펠러 소유였다. 그들이 회사 기물을 파손하자 병력까지 동원되었고, 유혈 사태가 벌어졌다. 파업을 하던 광부들은 총에 맞는 지경에까지 이르렀다.

들끓는 증오로 유혈 사태가 벌어지는 가운데 록펠러는 파업 참가자들을 설득하고자 했다. 그리고 그는 성공했다. 어떻게 한 것일까? 여기에 그 일화를 소개하겠다.

사람들을 사귀는 데 몇 주를 할애한 록펠러는 어느 날 파업 노동자 대표자들 앞에서 연설을 했다. 그 연설은 내용 면에서도 처음부터 끝까지 걸작이었고, 그 결과 또한 놀라웠다. 록펠러에게 덮쳐 오던 강한 증오의 파도를 잠재운 데다 수많은 추종자까지 만들어 냈기 때문이다. 그는 연설에서 사실을 밝혔지만 그 태도가 매우 우호적이었기 때문에 파업 참가자들은 그토록 강하게 밀어붙이던 임금 인상에 대한 언급은 한마디도 하지 않은 채 작업장으로 돌아갔다.

그 유명한 연설의 시작은 아래에 나와 있다. 얼마나 우호적인 느낌이 가득한지 주목해 보자. 명심해야 할 것은 당시 록펠러의 연설을 들었던 사람들은 불과 그보다 며칠 전까지만 해도 그의 목을 사과나무에 매달려고 한 사람들이었다는 점이다. 그럼에도 그는 흡사 의료 선교단체의 사람들에게 하듯 온화하고 따뜻한 태도로 연설했다. 그의 연설은 '이 자리에 선 것을 자랑스럽게 생각한다.' '여러분의 가정에 방문하여' '여러분의 아이와 아내를 만나보고 나니' '우리는 낯선 사람이 아닌 친구로서 마주하고 있는 것' '우리는 여기서 처음 보는 사람처럼 있는 것은 아니다. 다만 친구로 만나', '여러분의 호의와 배려 덕분에 상호 우정의 정신과 우리 공동의 이익이 있고', '저는 여러분의 호의와 배려 덕분에 이 자리에 설 수 있게 되었다.' 등의 구절로 가득하다.

그는 "오늘은 제 삶에서 매우 특별한 날입니다."라는 말로 연설을 시작했다.

"처음으로 저는 이 훌륭한 회사의 종업원 대표 여러분과 임원들, 그리고 감독들과 자리를 함께하는 행운을 얻었습니다. 저는 이 자리에 선 것을 자랑스럽게 생각하고 제 삶이 다하는 날까지 이 자리를 기억할 것입니다. 만일 이 모임이 2주 전에 열렸다면 저는 여러분 대부분을 알지 못했을 것입니다. 지난주에는 남부 석탄 지대의 모든 캠프를 둘러보고, 출장 중인 분들을 제외한 실질적인 전체 대표 여러분과 직접 대화하며 여러분의 집도 방문해 부인과 자녀들을 만나는 기회를 가졌습니다. 그랬기에 우리는 지금 서로 낯설지 않은 친구로 마주하고 있는 것입니다. 이런 상호 우의의 정신으로 공통 관심사를 함께 의논하게 된 것에 저는 큰 기쁨을 느낍니다. 오늘 이 모임은 회사 임원과 대표 여러분들의 모임이고, 저는 불행히 그 어느 쪽에도 속하지 않지만 여러분의 호의와 배려 덕분에 이 자리에 설 수 있게 되었습니다. 하지만 한편으로 저는 주주들과 이사들을 대표한다는 의미에서 여러분과 긴밀하게 연관되어 있다고 느낍니다."

이것이야말로 적을 친구로 만드는 훌륭한 기술의 멋진 본보기가 아닐까?

만약 록펠러가 전혀 다른 전략, 즉 광부들과 언쟁을 벌이고 충격적인 사실을 그들의 바로 눈앞에서 퍼부으며 그들의 잘못을 비판했다는 어조를 내비쳤다고 가정해 보자. 그리고 온갖 논리적 수단을 동원해 그들이 잘못했음을 입증했다면 그다음에 과연 어떤 일이 벌어졌겠는가? 분명히 더 큰 화, 증오, 저항이 생겨났을 것이다.

누군가가 당신에 대한 반감과 증오를 마음에 품고 있다면 당신은 세상의 모든 논리를 갖다 대도 그를 설득할 수 없다. 야단치는 부모님, 권위적인 상사와 남편, 잔소리하는 아내는 사람이란 마음을 바꾸고 싶어 하지 않는 존재임을 깨달아야만 한다. 사람들을 강제로 이끌거나 억지로 강요한다고 해서 우리의 뜻에 따르게 할 수는 없다. 그러나 우리가 더없이 친절하고 우호적으로 대하면 그들의 의견을 바꿀 확률은 높아진다.

실제로 링컨은 거의 100년 전에 이런 말을 했다.

'꿀 한 방울이 쓸개즙 한 통보다 더 많은 파리를 잡는다.'라는 오래된 격언에는 진리가 들어 있다. 사람도 마찬가지다. 상대방을 자신의 뜻대로 설득하고 싶다면 먼저 당신이 그의 진정한 친구임을 확신시켜라. 그 안에 사람의 마음을 잡는 꿀 한 방울이 있다. 그렇게 한다면 당신이 어떤 말을 하든 그는 매우 쉽게 납득할 것이다.

사업가들은 파업 참가자들에게 우호적으로 대하는 것이 이득이라는 것을 몸소 배운다. 예를 들어 화이트 모터 사의 공장 근로자 2,500

명이 임금 인상과 유니온 숍(채용된 뒤 일정 기간 안에 조합에 가입하지 않는 신규 직원이나, 조합원 자격을 상실한 직원이 해고되는 협정-옮긴이)을 요구하며 파업을 단행했을 때, 사장이었던 로버트 F. 블랙은 그들에게 모욕 또는 위협을 가하거나 격분하지 않았으며 독재와 공산주의에 대한 이야기를 떠들어 대지도 않았다. 사실 그는 파업 참가자들을 칭찬했다. 그는 클리블랜드 신문에 '근로자들의 평화적 파업 돌입'에 대해 찬사를 넣어 광고를 냈다. 파업 중에 시간이 남는 근로자들을 본 그는 수십 개의 야구방망이와 야구 글러브를 사다 주며 공터에서 야구를 하도록 권유했는가 하면, 볼링을 좋아하는 사람들을 위해서는 볼링장을 임대해 주기도 했다.

우호적인 태도가 늘 그러하듯, 그의 이러한 행동들도 우호적인 태도로 되돌아왔다. 파업 노동자들은 빗자루, 삽, 쓰레기차를 빌려 와서 공장 주변에 버려진 성냥개비, 신문, 쓰레기, 담배꽁초를 주웠다. 상상해 보라. 근로자들이 임금 인상과 노조 승인을 위해 파업하는 와중에 자신이 일하는 공장 주변을 치우는 모습을 말이다. 그때까지의 길고 긴 미국 파업사상 이는 한 번도 없었던 사건이었다. 그 파업은 어떠한 반감이나 상처 없이 1주일 만에 평화적인 타협을 통해 끝났다.

신과 같은 외모를 갖추고 구약성서의 여호와 같은 어조로 말하던 대니얼 웹스터는 가장 변론을 잘하는 변호사 중 하나로 평가받는 인물이다. 그러나 그는 다음과 같은 우호적인 언변으로 자신의 강력한 변론을 시작했다. "배심원 여러분께서는 이러한 점을 고려해 주시기 바랍니다." "이런 점은 아마도 생각해 볼 가치가 있을 것입니다." "이상의 사실에 대해서는 여러분도 주목해 보실 것이라 믿습니다만."
"여러분께서는 인간 본성에 대한 깊은 지식을 갖고 계시므로 이 사실이 가지는 중요성을 쉽게 아시리라 생각합니다."

그는 배심원들에게 고압적이거나 그들을 몰아붙이는 태도를 취하지 않았고, 자신의 의견을 강요하려 하지도 않았다. 그가 유명해진 데는 그의 부드러운 말투, 차분하고 우호적인 접근방식이 한몫했다.

물론 당신에게는 파업을 잠재우거나 배심원단에게 변론해야 하는 일이 생기지 않을지도 모른다. 하지만 집세를 깎는 일은 생길 수 있지 않을까? 그때도 이렇게 우호적으로 접근하는 방식이 도움이 될까? 다음의 예를 살펴보자.

엔지니어인 O. L. 스트라우브 씨는 집세를 깎고 싶었다. 그러나 그는 집주인이 냉정한 사람이라는 것을 알고 있었다. 스트라우브 씨는 카네기 코스에서 자신의 경험에 대해 이렇게 이야기했다. "저는 그 주인에게 임대 기간이 만료되면 바로 집을 비우겠다고 알리는 편지를 썼습니다. 사실 저는 이사 갈 마음이 없었습니다. 집세만 좀 낮춰주면 계속 살고 싶었지요. 하지만 가망은 없어 보였습니다. 다른 세입자들도 세를 깎아 보려 했지만 모두 실패했고, 모두가 그 집주인을 상대하기란 정말 어렵다고 말했으니까요. 하지만 저는 속으로 '내가 사람 상대하는 법을 배우고 있으니 한번 배운 대로 해 보고, 어떻게 되는지 지켜보자.' 하고 생각했습니다.

제 편지를 받은 집주인과 그의 비서가 저를 만나러 왔습니다. 저는 문 앞에서부터 찰리 슈워브 식의 인사법으로 그를 맞이했습니다. 저는 호의와 열기로 다소 들떠 있었습니다. 높은 임대료에 대한 이야기는 꺼내지도 않았고, 대신 제가 그 집을 얼마나 좋아하는지 말하기 시작했습니다. 저는 정말 '진심으로 찬사를 하고 아낌없이 칭찬했습니다.' 저는 그가 이 건물을 운영하는 방식에 대해서도 감탄했지요. 그러고 나서 1년 더 살고 싶지만 능력이 안 된다고 털어놨습니다. 그는 세입자에게 환영받은 경험이 없어 어떻게 해야 할지 모르는 것 같았습니다.

그러던 중 드디어 그가 제게 고민을 털어놓았습니다. 세입자들이 불만에만 가득 차 있다는 것이었습니다. 어떤 세입자는 자신에게 무려 14통의 편지를 보냈는데, 그중에는 그를 모욕하는 것임이 명백한 것도 있었다더군요. 또 다른 세입자는 위층에 사는 세입자의 코골이를 해결해 주지 않으면 임대 계약을 파기하겠다고 위협했답니다. 그런 이야기들을 하고 나서 '당신처럼 만족스러워하는 세입자가 있다는 것이 얼마나 위안이 되는지 모르겠습니다.'라고 하더니, 그는 제가 말도 꺼내지 않았는데 먼저 임대료를 조금 내려 주겠다고 했습니다. 저는 좀 더 깎아 주기를 바랐기 때문에 제가 지불할 수 있는 정확한 금액을 말했고, 그는 두말없이 제 의견을 받아들였습니다.

그는 자리를 떠나면서 저를 돌아보고는 이렇게 물었습니다. '집 안 장식 중에 제가 해 드릴 만한 것이 있나요?'

만약 다른 세입자들이 했던 방식으로 임대료를 깎으려 들었다면 저 역시 그들과 똑같은 실패를 맛보았을 것입니다. 제가 성공할 수 있었던 것은 우호적이고 공감하며 감탄하는 방식 덕분이었습니다."

이에 대한 또 다른 예를 살펴보자. 이번에는 사교계의 유명인사로서 모래사장이 펼쳐진 롱아일랜드의 가든 시티에 사는 도로시 데이 부인의 이야기이다.

"저는 최근에 제 친구 몇몇과 오찬을 함께했습니다. 매우 중요한 모임이었던 터라 저는 모든 것이 매끄럽게 진행되도록 많은 신경을 썼습니다. 그 레스토랑의 수석 웨이터였던 에밀은 그런 일에 유능해서 항상 저를 도와주었는데, 그날만큼은 저를 실망시켰습니다. 에밀은 자신 대신 다른 웨이터 한 명만을 달랑 보내 제 시중을 들게 했고, 결국 오찬 모임은 대실패였습니다. 그 웨이터는 1등급 서비스가 뭔지 전혀 모르는 사람이었습니다. 그는 가장 먼저 챙겨야 할 주빈을 걸핏하면 마지막으로 챙겼고, 아주 큰 접시에 약간의 샐러리만을 가져오기도 했습니다. 가져온 고기는 질겼고 감자는 느끼했습니다. 정말 최악이었죠. 화가 머리끝까지 치민 저는 그 끔찍한 순간에도 미소를 잃지 않기 위해 안간힘을 썼지만, 속으로는 계속 '에밀이 올 때까지만 참자. 이 모든 사실을 꼭 따지고야 말겠어.'라고 생각했습니다.

이 일이 벌어진 건 수요일이었는데, 저는 그다음 날 밤에 인간관계론 강의를 들었습니다. 강좌를 듣고 나서, 저는 에밀을 질책하려던 것이 얼마나 부질없는 짓인지 깨달았습니다. 그런 질책은 기분을 망치고 반감만 갖게 할 뿐 아니라, 앞으로 저를 돕고자 하는 마음도 싹 사라지게 했을 테니까요. 저는 그의 입장에서 한번 생각해 보기로 했습니다. 그는 재료를 사지 않았고 요리를 하지도 않았습니다. 다른 웨이터들 중에 좀 무능한 친구가 있는 것이야 그로서도 어쩔 수 없는 일이었겠죠. 내가 질책하려는 게 너무 성급한 일 혹은 너무 심한 일은 아닌가 하는 생각이 들었습니다. 그래서 저는 비난 대신 우호적인 방법을 쓰기로 했습니다. 그를 칭찬하는 것으로 시작하기로 마음먹은 거죠. 이런 접근법은 굉장히 멋진 결과와 연결되었습니다. 그다음 날 저는 에밀을 만났습니다. 그는 이미 자신을 방어하려는 기세더군 요. 하지만 저는 '에밀, 제가 손님을 접대할 때 당신이 저를 도와주면 정말 큰 힘이 된다는 걸 말하고 싶어요. 당신은 뉴욕 최고의 수석 웨 이터잖아요. 물론 당신이 재료를 사거나 요리하지 않았다는 것도 충 분히 잘 알고 있어요. 수요일에 있었던 일은 아마 당신도 어쩔 수 없 는 상황이었으리라 생각해요.'라고 말했지요.

그러자 에밀은 얼굴에 드리워진 먹구름이 사라지더니 웃으며 이 렇게 말했습니다. '사실 부인, 문제는 제가 아닌 요리사 쪽에서 일어 났어요.' 그래서 제가 말했죠. '에밀, 제가 다른 모임을 계획하고 있는 데 그에 대해서 당신 조언을 좀 듣고 싶어요. 다음번에도 그 요리사 를 계속 쓰는 것이 좋을까요?' '물론입니다, 부인. 그런 일은 두 번 다 시 없을 겁니다.'

그다음 주에 저는 다른 오찬 자리를 마련했고, 에밀과 저는 함께 메뉴를 정했습니다. 저는 그에게 지난번 실수에 대해서는 한마디도 하지 않았습니다. 저희가 도착했을 때 식탁은 화려하고 아름다운 장 미로 장식되어 있었죠. 그날 에밀은 끝까지 자리를 지켰고, 메리 여 왕을 모시는 자리라 해도 그보다 더 잘할 수는 없을 정도로 많은 신 경을 써 줬습니다. 음식과 서비스도 완벽했습니다. 메인 요리가 나 올 때는 한 명이 아닌 네 명의 웨이터가 서빙을 했습니다. 그리고 요 리 위에 마지막으로 달콤한 민트를 뿌리는 것은 에밀이 직접 해 줬습 니다.

모임을 마치고 떠나면서 그날의 주빈이 제게 물었습니다. '저 수석 웨이터에게 어떻게 하신 거죠? 저는 이렇게 훌륭한 서비스와 접대는 처음 받아 봤답니다.' 그녀의 말이 맞았습니다. 우호적인 접근과 진심 어린 찬사라는 방법을 사용한 것이니까요."

아주 오래전, 맨발로 미주리 북서부 지역에 있는 숲을 지나 시골 학교에 다니던 소년 시절, 나는 태양과 바람에 관한 우화를 읽었다. 그들은 누구 힘이 더 센지 겨루었다. 바람은 "내가 더 세다는 걸 보여 주지. 저기 저 코트를 입고 걸어가는 노인이 보이지? 장담컨대 내가 너보다 더 빨리 저 사람 코트를 벗길 수 있어."

그리하여 태양은 구름 뒤에 숨고 바람은 돌풍을 일으켰다. 하지만 바람이 강해질수록 노인은 입고 있는 코트를 더 꽁꽁 싸맸다. 결국 바람은 잠잠해졌고 내기를 포기했다. 뒤를 이어서 구름 뒤에서 모습을 드러낸 태양이 노인에게 활짝 웃어 보이자, 곧바로 노인은 이마에 맺힌 땀을 닦고 코트를 벗었다. 태양은 바람에게 '온화함과 다정함은 분노와 힘보다 항상 강하다.'라고 일러 주었다.

너무 멀리 있어서 가 볼 수 있을 것이라고는 꿈도 못 꿨던 교육과 문화의 역사적 중심지 보스턴에서는 내가 그 이야기를 읽던 어린 시절에도 그 속에 담긴 진리가 실제로 입증되고 있었다. 이것은 의사인 B 박사에 관한 이야기로, 이 일이 있고 30년 후 나의 수강생이 되었던 그는 우리에게 그 일화를 들려주었다.

당시 보스턴의 신문사들은 허위 의료 광고, 예를 들면 낙태 전문가나 남성 질환을 치료한다는 돌팔이 의사들의 광고로 떠들썩했다. 사실 그들이 '남성성의 상실'이라든가 다른 무서운 이야기로 순진한 사람들에게 겁을 주며 그들의 돈을 뜯어내는 끔찍한 경우는 수도 없이 많았다. 그들이 하는 치료라는 것은 결국 피해자들에게 끊임없이 병에 대한 공포만 심어 주는 것이었을 뿐, 실제적인 의학적 치료는 전혀 이루어지지 않았다. 낙태 전문가는 의료 사고로 많은 환자의 목숨을 앗아 갔지만 그로 인해 유죄 판결을 받는 일은 거의 없었다. 그들은 대개 약간의 벌금을 낸다거나 정치적인 영향력을 이용해 아무 탈 없이 법망을 빠져나갈 뿐이었다.

악화일로의 상황이 되자 보스턴에 사는 선량한 시민들은 분개하고 일어났다. 성직자들은 설교단을 두드려 가며 신문을 강하게 비판했고, 이런 불건전한 광고가 중단될 수 있게 도와 달라고 전능하신 신에게 기도했다. 시민단체, 기업, 여성단체, 교회, 청년단체도 언론을 강하게 비판하며 퇴치 운동에 나섰지만 허사였다. 주 의회에서도 이 몰상식한 광고가 불법임을 명시하는 법안을 통과시키고자 치열한 논쟁을 벌였지만 뇌물과 정치력 행사로 인해 그 노력은 번번이 실패로 돌아갔다. 당시 B 박사는 보스턴 열성 기독인 모임인 모범시민위원회의 위원장이었고, 할 수 있는 모든 것을 다했지만 아무런 성과를 거두지 못했다. 의료 관련 범죄를 상대로 하는 싸움에 희망은 보이지 않았다.

그러던 어느 날 밤 자정이 지난 시각, B 박사는 여태껏 보스턴 시민들이 생각해 보지도 못한 것을 시도했다. 친절, 공감, 찬사를 활용함으로써 신문사가 그런 광고를 더 이상 게재하지 않게끔 해 보기로 한 것이다. 그는 〈보스턴 헤럴드〉지의 편집장에게 편지를 보내 자신이 얼마나 그 신문을 좋아하는지 말했다. 기사 소재가 명료한 데다 선정적이지 않고, 특히 사설란이 훌륭해 늘 애독하고 있음은 물론 가족들이 다 같이 읽을 수 있는 정말 훌륭한 신문으로 생각한다고도 했다. 또한 자신의 생각에 〈보스턴 헤럴드〉지는 뉴잉글랜드 주에서 최고의 신문이자 미국 내 훌륭한 신문의 하나라고 극찬했다. 그리고 말을 이었다.

"그런데 어린 딸이 있는 제 친구 하나가 제게 이런 말을 하더군요. 어느 날 밤 딸아이가 그 신문에 실린 낙태 전문가의 광고를 읽더니 무슨 뜻이냐고 묻더랍니다. 그때 친구는 어떻게 답을 해야 할지 몰라 무척 당황했다고 하더군요. 〈보스턴 헤럴드〉는 보스턴 내 상류층에게 배달되는 신문인데, 이런 일이 제 친구의 집에서 일어났다면 아마 다른 많은 가정에서도 이런 상황이 발생하고 있다고 봐야 하지 않을까요? 선생님에게도 어린 따님이 있다면 이런 광고를 보게 두실 건가요? 그리고 따님이 그 광고의 내용에 대해 물어 온다면 어떻게 설명하시겠습니까?

저는 〈보스턴 헤럴드〉처럼 흠 잡을 데 없이 훌륭한 신문이, 아버지로 하여금 딸이 신문을 가져오는 것조차 두렵게 만드는 내용을 게재하는 것에 대해 매우 안타까울 뿐입니다. 아마 수천 명의 구독자들이 저와 같은 심정이 아닐까요?"

이틀 후 〈보스턴 헤럴드〉의 편집장이 B 박사에게 답장을 보냈다. B 박사는 서류함에 넣어 30년간 보관했던 그 답장을 수업 시간에 내게 주었다. 지금 이 글을 쓰는 내 앞에, 1904년 10월 13일자로 보내진 그 편지가 놓여 있다.

매사추세츠 주 보스턴 A. H. B. 박사님 앞

B 박사님께

이번 달 11일에 제게 보내 주신 박사님의 편지에 대해 깊은 감사를 드립니다. 제가 편집장이 된 이래 계속해서 고심하던 조치를 취하기로 결심하는 데 박사님의 그 편지가 가장 큰 영향을 미쳤기 때문입니다.

이번 주 월요일부터 저희 신문은 신문지상에서 혐오스러운 내용의 광고를 가능한 한 모두 없애기로 결정했습니다. 허위 의료 광고나 낙태용 세척기 광고, 혹은 이와 비슷한 광고는 모두 사라질 것입니다. 또한 이번에 당장 그렇게 하기 어려운 다른 모든 의료 광고에 대해서는 독자들에게 불쾌감을 주는 일이 절대 없도록 철저히 검열할 예정입니다.

이런 점에서 도움을 주신 박사님은 물론 박사님께서 보내 주신 편지에 진심으로 다시 한 번 감사드립니다. 이만 줄이겠습니다.

W. E. 하스켈 편집장 올림

수많은 우화를 지어 낸 이솝은 크로이소스 궁에서 기원전 600년경 크로이소스 왕정하의 그리스에서 궁정 노예로 살았다. 하지만 그가 가르친 인간 본성에 대한 진리는 2,400년 전의 아테네뿐만 아니라 지금의 보스턴과 버밍햄에서도 통하고 있다. 태양은 바람보다 빨리 코트를 벗게 만들 수 있다. 친절함과 우호적인 접근, 찬사는 고함과 분노보다 훨씬 쉽게 사람의 마음을 돌릴 수 있다. 링컨이 한 말을 명심하자. '꿀 한 방울이 쓸개즙 한 통보다 훨씬 더 많은 파리를 잡는

다.' 당신이 생각한 대로 상대방을 설득하고 싶다면 이 규칙을 적용하는 것을 잊지 말라.

그러므로 상대를 설득하고 싶다면,

원칙 4

우호적으로 시작하라.

5
소크라테스의 비밀

사람들과 대화할 때는 절대로 당신과 반대되는 부분부터 이야기하지 말고, 당신이 상대방의 의견에 동의한다는 것부터 강조하고 또 강조하라. 또한 가능하면 상대방에게 우리가 서로 같은 목표를 향해 나아가고 있으며, 유일한 차이점은 목표가 아닌 방법일 뿐임을 주지시켜야 한다.

상대방이 처음부터 "네."라고 말할 수 있도록 대화를 이끌어라. 가능한 한 그 상대가 "아니오."라고 말하는 경우는 만들지 말라. 오버스트리트 교수는 자신의 저서 《인간 행동에 영향을 미치는 법》에서 이런 이야기를 하고 있다.

"아니오."라는 부정적인 반응은 가장 극복하기 어려운 장애물이다. 일단 "아니오."라고 말한 사람은 자존심 때문에 그 입장을 굽히지 않으려 한다. 나중에 그는 자신의 "아니오."가 잘못된 것이라고 생각할 수도 있지만, 너무나 소중한 자존심 때문에 한 번 말한 사실을 고수할 것이다. 일단 입 밖으로 나온 말에 대해서는 끝까지 책임져야 하는지라, 사람이 처음부터 긍정적인 방향을 잡을 수 있도록 이끄는 것이 중요하다. (뛰어난 연설가는) 처음부터 몇 차례나 "네."라는 반응을 끌어 낸다. 그렇게 해서 그는 듣는 사람들의 심리를 긍정적인 방향으로 움직이게 만드는 것이다. 그것은 마치 당구공의 움직임과 비슷해서, 처음에 공을 한쪽 방향으로 쳐 보내고 나면 그것의 방향을 바꾸는 데 힘이 필요하고, 더구나 반대 방향으로 움직이게 하려면 엄청난 힘이 든다.

이런 경우의 심리적인 패턴은 꽤 명백하다. 누군가가 "아니오."라고 말하고 또 그렇게 생각한다면, 그는 단순히 그 세 글자를 말하는 것 이상의 일을 한 것이다. 그의 분비기관, 신경, 근육의 전 유기체는 한데 모여 거부 상태를 만들어 낸다. 그러면 가끔은 눈에 띄지만 대부분의 경우는 눈에 보이지 않을 정도로 미미하게 신체적으로 위축되거나 그러한 조짐을 보인다. 즉, 그의 신경과 근육의 전체 체계에 수용에 대한 경계경보가 울리는 것이다.

그러나 그와 반대의 경우, 즉 "네."라고 답하는 경우에는 이런 긴장이 일어나지 않는다. 몸 전체의 조직은 전향적이고 수용적이며 개방적인 태도를 취한다. 따라서 처음에 긍정적인 반응을 많이 이끌어 낼수록 우리의 궁극적인 제안이 상대의 관심을 얻는 데 성공할 확률은 높아진다.

긍정적인 반응을 유도하는 전략은 아주 단순한 방법이지만 지극히 사소한 것으로 여겨져 무시되는 경우가 너무 많다. 어찌 보면 사람들은 처음부터 다른 이들과 다른 의견을 제시하면 그들에게 자신이 대단한 존재로 보일 것이라고 착각하곤 한다. 급진주의자는 보수적인 동료들과 함께 있으면 이내 상대방을 화나게 한다. 그런데 그렇게 해서 그가 얻는 것은 무엇인가? 만일 상대를 화나게 하는 것 자체가 즐거운 일이기 때문에 그렇게 하는 것이라면 이해할 수도 있겠으나, 상대를 설득하는 것이 목적이었다면 그는 심리적으로 무지한 사람이라는 것을 드러낼 뿐이다.

학생이나 고객, 어린이, 남편, 아내 등 상대가 누구더라도 그로 하여금 처음에 일단 "아니오."라는 말을 하게 했다면, 그 부정적인 대답을 다시 "네."로 되돌리는 데는 그야말로 천사의 지혜와 인내가 필요할 것이다.

뉴욕에 위치한 그린위치 저축은행의 직원 제임스 에버슨 씨는 하마터면 놓칠 뻔했던 잠재고객을 이 '네.' 기술의 사용으로 잡을 수 있었다. 그의 이야기를 들어 보자.

"계좌 개설을 위해 은행에 오신 어떤 분에게 그에 필요한 서류 양식을 드리고 작성을 부탁드렸습니다. 그분은 양식서의 몇 가지 질문에 대해서는 기꺼이 답하셨지만, 다른 몇몇에 대해서는 대답하는 것을 완강히 거부했습니다. 제가 인간관계 강의를 듣기 전이었다면 아마도 그분께 자신의 정보를 제공하지 않으면 계좌 개설이 불가능하다고 말했을 것입니다. 부끄러운 이야기지만, 예전에는 그렇게 일을 처리했으니까요. 사실 그렇게 최후통첩을 하고 나면 기분은 한결 좋아졌습니다. 은행에 왔으면 은행의 규칙이나 규정을 무시할 수 없음을 고객에게 보여 주는 것이었으니까요. 하지만 그런 행동은 분명히 저희 은행을 이용하고자 찾아온 고객에게 그들이 환영받거나 존중받는 고객이라는 느낌은 주지 못했을 것이 분명합니다.

그래서 저는 그날 아침에 조금 양식 있게 행동해 보기로 마음먹었습니다. 즉, 은행이 고객에게 원하는 것이 아니라 고객이 은행에게 원하는 것에 대해 말하기로 한 것이죠. 그리고 무엇보다 고객이 처음부터 '네.'라는 답변을 하게 만들기로 했습니다. 그래서 저는 우선 그분의 말에 동의하면서, 그가 답변을 거부한 정보가 사실 절대적으로 필요한 것은 아니라고 말했습니다.

그러고는 이렇게 말했습니다. '그런데 만약 고객님께서 사망하셨을 경우, 저희 은행에 고객님의 예금이 예치되어 있다면 법적 절차에 따라 다음 상속자에게 예금이 전달되어야 하지 않나요?' 그러자 그는 '네, 그렇습니다. 당연하죠.' 하고 답했습니다.

그래서 제가 '그러시면 고객님의 사망 시 다음 상속인이 누구인지 그 이름을 알려 주시는 것이 좋지 않을까요? 고객님께서 원하시는 대로 실수나 지체 없는 상속을 저희가 도와드릴 수 있도록 말입니다.' 그러자 그는 다시 '네.' 하고 답했습니다.

그 젊은 남성은 은행이 아닌 자신을 위해서 정보를 요구한다는 사실을 알고는 태도가 부드러워졌습니다. 은행에서 나가기 전에 그는 자신에 대한 모든 정보를 제공해 줬을 뿐만 아니라 제 권유로 어머니를 수혜자로 하는 신탁 구좌를 개설했습니다. 그리고 어머니에 관한 정보도 기꺼이 알려 주었지요. '네.'라는 대답을 이끌어 낸 뒤부터, 그가 자신이 문제 삼은 일에 대해서는 잊고 제가 제안한 사항을 기꺼이 따르려 한다는 것을 알 수 있었습니다."

이번에는 웨스팅하우스 사의 판매사원 조셉 앨리슨 씨의 이야기다.

"제 담당 구역에는 저희 회사가 꼭 거래하고 싶어 하는 고객이 있었습니다. 제 전임자는 무려 10년간 그 고객에게 공을 들였지만 결국은 아무것도 판매하지 못했지요. 저도 그 구역의 담당자가 된 뒤부터는 그 고객을 열심히 쫓아다녔지만 3년간은 아무런 성과가 없었습니다. 전화하고 방문한 지 13년이 되어서야 우리는 마침내 그 고객에게 모터 몇 대를 판매할 수 있었죠. 그 모터들의 성능이 입증되기만 한다면 수백 대를 더 팔 수 있을 것 같다는 것이 제 예상이었습니다.

저는 모터의 성능을 자신하고 있었기 때문에 그로부터 3주 후쯤 기세 좋게 그를 찾아갔습니다. 그러나 그 기세는 그리 오래 가지 못했습니다. 저를 맞이한 엔지니어가 '앨리슨 씨, 아무래도 당신 회사 모터를 더 구매하는 건 힘들 것 같네요.'라고 말했기 때문입니다. 제가 놀라서 '아니, 왜요?' 하고 묻자 '모터가 너무 쉽게 과열되거든요. 도저히 만질 수가 없어요.'라고 그는 답했습니다. 오랜 경험을 통해 저는 그 상황에서 논쟁을 해 봐야 좋을 것이 없음을 알고 있었습니다. 그래서 저는 '네.'라는 답을 이끌어 낼 생각을 하기 시작했습니다.

'아, 그렇군요, 스미스 씨. 저도 당신 말에 100퍼센트 동의합니다. 너무 쉽게 과열되는 모터는 더 이상 구매하지 말아야죠. 전국 전기제조업 협회의 규정에 명시된 표준치보다 더 뜨거워지는 제품을 구매해서는 안 됩니다. 그렇죠?'

그는 제 말에 동의했습니다. 그렇게 첫 번째 '네.'를 얻어 냈죠.

'전국 전기제조업 협회 규정에서는 정격 모터 온도가 실내 온도보다 40도 이상 높으면 안 된다고 정해 놓고 있습니다. 맞습니까?' 그는 동의했습니다. '네, 맞는 말씀입니다. 하지만 당신 회사의 모터는 그보다 훨씬 더 뜨겁습니다.' 그와 논쟁하지 않고 공장의 실내 온도가 몇 도쯤 되는지 질문하니 그는 '약 24도쯤 됩니다.'라고 답하더군요.

그래서 저는 답했습니다. '공장 실내 온도가 24도인데 그보다 40도가 높다면 모터는 64도쯤 되겠군요. 64도나 되는 뜨거운 물이 나오는데 그것에 손을 대면 데지 않을까요?' 그는 또다시 그렇다고 동의했습니다. '그렇다면 모터에 손이 닿지 않도록 조심하는 것이 좋지 않을까요?' 제가 묻자 그는 '그래요. 당신 말이 맞네요.' 하고 제 말을 받아들였습니다.

우리는 한동안 대화를 나누었고, 그는 잠시 후 비서를 부르더니 그 다음 달에 약 3만 5,000달러에 달하는 상품을 주문하도록 지시했습니다.

수년의 시간과 수많은 비용을 날린 뒤에야 저는 논쟁이 아무런 쓸모가 없고, 그보다는 다른 사람의 입장에서 바라보고 상대가 '네.'라고 답하게 하는 것이 더 이득이 됨은 물론 재미까지 있다는 것을 알게 되었습니다."

'아테네의 잔소리꾼' 소크라테스는 맨발로 다니고 나이 40세가 되어 머리가 벗겨지고 나서야 19세의 부인과 결혼했지만 명석한 인물이었다. 그는 역사상 손에 꼽을 정도로 소수의 사람들만 이룬 일을 해냈다. 즉, 인간의 사고방식을 통째로 바꿔 놓은 것이다. 죽은 지 2,300년이 지난 지금도 그는 언쟁을 일삼는 이 세상에 영향을 미친 위인들 중 가장 현명하게 설득을 잘했던 사람 중 한 명으로 손꼽히며 존경받고 있다.

그는 어떤 방법을 사용한 것일까? 그는 사람들의 잘못을 지적했을까? 아니다. 소크라테스는 그보다 더 노련했다. 오늘날 '소크라테스식 문답법'이라고 불리는 그의 기술은 '네.'라는 답변을 이끌어 내는 데 기초하고 있다. 그는 상대가 동의할 수밖에 없는 질문을 던졌고, 상대의 동의가 충분히 쌓일 때까지 하나씩 질문해 나갔으며, 상대가 조금 전까지 극구 반대하던 결론에 자신도 모르게 도달했다는 것을 알게 될 때까지 계속해서 질문했다.

만일 상대방에게 틀렸다고 지적하고 싶어 안달이 나는 때가 온다면 맨발의 늙은 소크라테스를 떠올리자. 그리고 상대에게 부드럽게 질문하자. 물론 '네.'라고 동의할 수밖에 없는 질문 말이다.

중국인들은 아주 오래된, 변치 않는 동방의 지혜를 담은 격언을 알고 있다. 양식 있는 중국인들은 인간 본성 연구에 5,000년의 시간을 들인 결과 엄청난 지혜와 통찰력을 얻었고, 그들은 이렇게 말했다.

'사뿐히 걷는 사람이 더 멀리 간다.'

그러므로 다른 사람을 설득하고 싶다면,

원칙 5

상대가 기꺼이 '네.'라고 답할 수 있게 만들라.

6
불만을 해소하는 안전밸브

상대방을 설득하려고 할 때, 대부분의 사람들은 자기 혼자서만 말한다. 특히나 판매사원들은 이런 치명적인 실수를 잘 저지르곤 한다. 하지만 상대방이 말하게 만들어야 한다. 상대는 당신보다 자신의 사업이나 문제에 대해 훨씬 더 많이 알고 있다. 그러니 그에게 질문하고 그가 당신에게 많은 것들을 말하게끔 유도하라.

그의 말에 당신이 동의하기 어렵다면 분명 그의 말을 끊고 끼어들고 싶은 유혹을 느낄 것이다. 하지만 그래서는 안 된다. 그것은 굉장히 위험한 행동이기 때문이다. 입 밖으로 표현해 달라고 아우성치는 생각들이 마음속에 여전히 남아 있는 한 그는 결코 당신에게 집중하지 않을 것이다. 그러니 마음을 열고 참을성 있게, 진지한 태도로 경청하며, 상대방이 자신의 많은 생각들을 이야기하도록 이끌어라.

이런 방법이 사업에도 적용 가능한지 살펴보자. 여기 이 방법대로 할 수밖에 없었던 남자의 이야기를 소개하겠다.

몇 해 전 미국 내 최대 자동차회사 중 한 곳에서 1년 치의 자동차

시트용 직물을 구매하는 협상이 진행되고 있었다. 세 곳의 이름 있는 직물제조사가 견본을 제출했고, 자동차회사의 중역들은 그것들을 면밀히 검토한 뒤 각 업체에 계약을 위한 마지막 발표 기회를 줄 테니 지정된 날짜에 발표자를 보내라고 통보했다.

그중 한 업체의 발표를 맡은 G. B. R 씨는 심각한 수준의 후두염을 앓고 있는 상태로 그곳에 도착했다. R 씨는 당시의 일을 수업 시간에 직접 말해 주었다.

"중역들 앞에서 발표할 차례가 되자 목소리가 나오지 않더군요. 속삭이는 것도 못할 정도였습니다. 방에 들어가니 직물 담당 엔지니어, 구매 담당자, 판매 담당자 그리고 회사 사장님이 앉아 있었습니다. 저는 목소리를 내려고 안간힘을 썼지만 쇳소리밖에 나지 않았습니다.

저는 종이에 '여러분, 제가 목소리가 나오지 않아 말씀을 드릴 수가 없습니다.'라고 적은 뒤 그것을 테이블에 둘러앉아 있는 그들에게 보여 줬습니다. 그러자 그 회사 사장님이 '그럼 제가 대신 말씀드리죠.' 하더니 저 대신 발표를 시작했습니다. 그는 저희의 직물 견본을 보여 주며 장점을 설명했고, 곧 저희 회사 상품에 대한 활기찬 토의가 이뤄졌습니다. 그 사장님은 제 역할을 맡아 주셨기 때문에 토의가 이뤄지는 동안에도 제 입장에서 말씀해 주셨습니다. 제가 한 일이라고는 미소를 짓거나 끄덕이거나 제스처를 취하는 것뿐이었습니다.

이런 특이한 회의의 결과 저는 계약을 성사시킬 수 있었습니다. 50만 야드에 달하는 분량이었기에 계약금만도 160만 달러였습니다. 그것은 지금까지 제가 따냈던 것 중 가장 큰 규모의 계약이었습니다.

만일 목소리가 나왔다면 저는 계약을 따내지 못했을 것입니다. 저는 비즈니스라는 것에 대해 너무나 잘못 생각하고 있었기 때문입니다. 하지만 그런 우연한 계기로 조용히 있게 되면서 저는 다른 사람이 말하게 하는 것이 때로는 큰 득이 된다는 것을 배웠습니다."

필라델피아 전기회사의 조셉 S. 웹 씨 역시 이와 똑같은 깨달음을 얻었다. 그가 부유한 네덜란드 농부들이 사는 펜실베이니아의 시골 지역을 시찰 다니던 때의 일이다.

"왜 저 사람들은 전기를 쓰지 않죠?" 그는 관리가 잘된 어느 농장을 지나가다가 그 지역 담당자에게 질문했다. "구두쇠라서 그렇습니다. 당신도 저 사람들한테 뭘 팔기는 힘들 겁니다." 그 담당자는 신물 난다는 투로 답했다. "게다가 저 사람들은 회사 입장에서 골치 아픈 존재죠. 저도 전기를 넣기 위해 시도했지만 가망이 없었어요." 정말 그럴 수도 있었다. 하지만 웹 씨는 자신도 한번 시도해 봐야겠다고 결심한 뒤 그 농가의 문을 두드렸다. 문이 아주 조금 열리더니 나이 든 드러켄브로드 부인이 그 틈으로 밖을 내다보았다. 웹 씨는 그이후의 이야기를 우리에게 들려주었다.

"부인은 제가 전기회사 직원인 것을 알아차리고 제 눈앞에서 문을 쾅 닫아 버렸습니다. 제가 다시 두드리자 부인은 문을 열고는 우리 회사가 도둑이니 날강도니 하는 이야기를 하더군요.

그래서 제가 말했습니다. '드러켄브로드 부인, 번거롭게 해 드려 죄송하지만 저희는 전기를 사용하시라고 말하러 온 게 아니라 달걀을 좀 사고 싶어서 온 겁니다.' 부인은 문을 좀 더 열더니 우리를 의심의 눈초리로 쳐다보았습니다. '제가 보니까 부인께서는 좋은 도미니크 종 닭을 가지고 계신 것 같습니다. 신선한 달걀 한 꾸러미를 사고 싶은데요.' 하고 말하자 그녀는 문을 좀 더 활짝 열고 '도미니크 종 닭인 건 어떻게 안 거요?' 하고 궁금한 듯 물었습니다.

제가 '저도 닭을 기르고 있습니다만 이렇게 좋은 도미니크 종은 처음 봅니다.'라고 하자 부인은 '그럼 당신 닭이 낳는 달걀을 먹으면 되겠구려.' 하고 여전히 의심스럽다는 듯 되물었습니다.

'제가 기르는 닭은 레그혼 종이라 흰 달걀만 낳아서요. 부인도 직접 요리를 하셔서 아시겠지만 흰 달걀이 케이크 만들 때는 노란 달걀과 상대가 안 되지 않습니까. 게다가 제 아내는 케이크 만드는 데 워낙 자신 있어 하는 사람이라서요.'

이쯤 되자 드러켄브로드 부인은 훨씬 우호적인 태도로 현관 앞까지 나와 있었습니다. 그 사이에도 저는 부지런히 주변을 살피다가 농장에 굉장히 좋은 설비가 마련되어 있는 것을 알아챘습니다.

저는 계속 말을 이어 나갔습니다. '사실 남편 분께서 기르시는 암소보다 부인이 기르는 닭에서 나오는 수입이 더 많으실 것 같네요.'

부인은 이 말을 매우 마음에 들어 했습니다. 분명히 그랬습니다. 그녀는 그 이야기를 너무나 하고 싶어 했지만 바보 같은 그녀의 남편은 그 사실을 전혀 인정하지 않으려 했던 것 같았습니다.

그녀는 자신의 닭장을 보여 주기 위해 저희를 안내했습니다. 그곳을 보던 중에 저는 그녀가 직접 고안해 만든 작은 기계 장치들을 발견했고, 그것에 진심으로 찬사를 보내고 칭찬을 아끼지 않았으며, 좋은 사료와 적정 온도에 대해서도 추천해 드렸습니다. 몇 가지는 그녀에게 여쭤 보기도 했지요. 그렇게 부인과 저는 서로의 경험을 나누는 사이가 되었습니다.

이내 부인은 이웃들 중에 닭장에 전등을 달아 두면 훨씬 수입이 좋아진다고 말하는 사람들이 있다면서 그 말이 사실인지, 자신도 그렇게 하면 이득이 될지에 대해 제 솔직한 의견을 들려 달라고 하더군요.

2주 후, 드러켄브로드 부인의 도미니크 종 닭은 밝은 전등불 아래서 꼬꼬댁거리며 맛있게 모이를 쪼아 먹고 있었습니다. 부인은 제게 전기 설치를 주문했고, 이전보다 더 많은 달걀을 얻게 되었습니다. 그러나 제 이야기의 요점은 바로 지금부터입니다. 제가 만약 처음에 그 부인이 스스로 이야기를 꺼내게끔 유도하지 못했다면 저는 펜실베이니아 주의 그 네덜란드 출신 농가에 전기를 팔지 못했을 것입니다. 그 사람들에게는 뭐든 팔기가 어렵기 때문입니다. 따라서 그들이 사게끔 만들어야 합니다.”

최근 〈뉴욕 해럴드 트리뷴〉지의 금융 면에는 '특별한 능력과 경력이 있는 사람을 구한다는 대형 광고가 실렸다. 그 회사에 지원서를 보낸 찰스 T. 큐벨리스 씨는 며칠 뒤 면접을 보러 오라는 통지를 받았다. 면접을 보기에 앞서 그는 월스트리트를 돌아다니며 그 회사 설립자에 관한 정보를 샅샅이 수집하러 다녔다. 그리고 면접 중에 이렇게 말했다.

“이 회사처럼 엄청난 성과를 거둔 기업의 일원이 된다면 제게 큰 영광이 될 것입니다. 사장님께서는 28년 전에 사무실과 속기사 한 명만을 둔 채 사업을 시작하신 걸로 알고 있는데, 그 이야기가 정말인가요?”

성공한 사람들 상당수는 자신이 초기에 힘들게 고생한 시절을 회상하길 좋아한다. 이 사장도 예외는 아니었다. 그는 자신이 현금 450달러와 기발한 아이디어만 가지고 어떻게 사업을 시작했는지에 대해서 한참 이야기했다. 또한 좌절과 조롱을 견뎌 낸 이야기, 일요일과 다른 휴일은 물론 하루에 12~16시간 일하며 모든 난관을 넘어선 이야기와 함께 현재는 월스트리트의 거물급 인사들이 여러 정보와 방향을 묻기 위해 자신을 찾아온다는 자랑까지 늘어놓았다. 그는 그런 역사를 무척 자랑스러워했다. 그는 그럴 만한 자격이 있었고, 그 이야기를 하는 동안 너무나 뿌듯해했다. 마지막으로 그는 큐벨리스 씨의 경력에 대해 간단히 묻고는 부사장을 불러 이렇게 말했다. "이 사람이야말로 우리가 찾던 사람이네."

큐벨리스 씨는 자신이 지원한 회사 사장의 업적을 조사하기 위해 노력했고, 상대와 상대의 문제에 대해서도 관심을 보였으며, 상대방이 더 많은 이야기를 하도록 만들어서 호감 가는 인상을 만들었다.

내 친구들이라 해도 내가 잘된 이야기를 듣기보다는 자신이 성공한 일에 대해 이야기하고 싶은 것이 사실이다. 프랑스의 철학자 로슈푸코Rochefoucauld는 "적을 만들려면 친구를 넘어서고, 친구를 만들려면 그가 당신을 넘어서게 하라."라고 말한 바 있다. 왜 그럴까? 친구가 우리를 넘어서면 친구는 자신의 중요성을 확인하지만 우리가 친구를 넘어서면 친구는 열등감과 시기, 질투의 감정을 갖게 되기 때문이다.

독일 속담 중에는 'Die reinste Freude ist die Schadenfreude.'라는 것이 있는데, 이를 우리말로 옮기면 '우리는 우리가 질투하는 사람들이 곤경에 처한 것을 볼 때 가장 큰 기쁨을 느낀다.' 또는 '진짜 기쁨은 다른 사람이 어려움에 부딪쳤을 때 느끼는 기쁨이다.' 정도가 될 것이다. 그렇다. 당신 친구 중 누군가도 당신이 승리의 기쁨에 차 있을 때보다 문제에 부딪쳤을 때 더 만족할 것이다.

그러니 상대방에게는 우리의 성공을 최소한도로 보여 주자. 겸손해지자. 이것이야말로 언제나 좋은 성과를 가져온다. 미국의 작가 어빈 코브Irvin Cobb는 이 기술을 구사하는 데 매우 탁월한 사람이었다. 한번은 변호사가 증인석에 있는 그에게 이렇게 물었다. "제가 알기로 코브 씨께서는 미국 내 가장 유명한 작가이십니다. 맞습니까?" 그러자 그는 "저는 제 분에 넘치도록 운이 좋은 사람이었죠."라고 답했다.

우리는 겸손, 또 겸손해야 한다. 당신과 나는 대단한 사람들이 아니기 때문이다. 지금부터 100년 뒤면 우리 모두는 죽고 완전히 잊힐 것이다. 그 짧은 인생에서 자신의 사소한 성취나 자랑을 늘어놓으며 남을 귀찮게 할 수는 없지 않은가. 그러니 그 대신 상대방이 말하게 하자. 생각해 보면 당신이 자랑으로 내세울 만한 것도 많지 않다. 당신이 바보가 되는 것을 막아 주는 것이 무엇인지 아는가? 별것 아니다. 갑상선 내에 들어 있는 소량의 요오드다. 의사가 당신의 갑상선을 열어 약간의 요오드만 제거해 내면 누구든 바보가 될 것이다. 골목 구석에 있는 약국에서도 5센트면 구할 수 있는 그 적은 양의 요오드가 당신과 정신병원 사이에 있는 전부다. 5센트어치의 요오드, 이것은 결코 자랑할 만한 것이 아니지 않은가?

그러므로 상대를 설득하고 싶다면,

원칙 6
나보다 상대가 더 많이 이야기하게 하라.

7
협력을 이끌어 내는
방법

당신은 다른 사람이 은쟁반에 담아 건네 줘서 쉽게 얻은 아이디어보다는 당신 스스로 발견한 아이디어를 더 신뢰하지 않는가? 만약그렇다면, 당신의 의견을 다른 사람의 목구멍에 억지로 밀어 넣으려는 생각은 잘못된 것이 아닐까? 그보다는 당신이 몇 가지 제안만 하고 상대방으로 하여금 스스로 결론에 도달하게 하는 것이 더 현명한방법 아닐까?

한 가지 예를 들어 보겠다. 내 수강생이자 필라델피아에 사는 아돌프 젤츠 씨의 이야기다.

젤츠 씨는 어느 날 갑자기 의욕이 없고 체계조차 잡히지 않은 자동차 영업사원들에게 사기를 불어넣어야 할 필요성을 느꼈다. 그는 판매회의를 소집해 직원들에게 저마다 바라는 바를 정확하게 말해 달라고 요청했고, 그들이 말한 요구 사항들을 칠판에 옮겨 적었다. 그러고 나서 이렇게 말했다. "저는 여러분께서 바라는 이 모든 사항을 들어 드리겠습니다. 자, 그럼 이제는 제가 여러분께 기대할 만한 것에 대해 말씀해 주시기 바랍니다." 이 질문에 대한 답변은 신속하게 나왔다. 충성, 정직, 솔선수범, 낙관주의, 팀워크, 하루 8시간 열정적인 자세로 근무하는 것 등을 그들은 빠르게 답했고, 심지어 하루 14시간을 일하겠다는 사람도 있었다. 그 회의는 새로운 용기와 자극을 제공하는 결과로 이어졌다. 젤츠 씨는 내게 그 이후 판매 실적이 놀라울 정도로 급증했다고 말했다.

"그 직원들은 저와 일종의 도덕적 거래를 한 것입니다." 그는 이렇게 말했다. "제가 맡은 바를 해내는 만큼 그들 역시 자신들의 몫을 해내기로 결심한 것입니다. 그들이 절실하게 필요로 했던 활력소는 곧 자신들이 바라고 원하는 바에 대해 이야기를 나누는 것이었습니다."

타인의 강요로 물건을 사거나, 일을 하라는 명령을 듣는 것을 좋아하는 사람은 없다. 우리는 자신의 의사로 물건을 사거나 자신의 생각에 따라 행동하는 것을 더 좋아한다. 우리는 우리 자신이 원하고 바라고, 생각하는 것에 대해 말하고 싶어 한다.

일례로 유진 웨슨 씨의 경우를 살펴보자.

이 진실을 깨닫기 전에 그가 놓친 수수료 수입은 수만 달러가 넘을 것이다. 웨슨 씨는 디자인 제작 스튜디오에서 만든 스케치를 스타일리스트나 직물 제조업자에게 판매하는 일을 했다. 그는 3년 동안 매주 한 번씩 뉴욕의 유명 스타일리스트 중 한 명을 찾아갔다. 웨슨 씨는 말했다. "그 사람은 한 번도 제 방문을 거절한 적이 없습니다. 그렇지만 물건을 사는 일 또한 없었죠. 그는 항상 제 스케치를 면밀히 검토하고는 '안 되겠는데요, 웰슨 씨. 오늘 보여 주신 것은 저희하고 잘 어울리지 않는 것 같습니다.'라고 말했습니다."

거의 150번에 달하는 실패 끝에 그는 자신이 너무 판에 박힌 생각을 갖고 있었다는 것을 깨달았다. 그래서 매주 하루 저녁을 인간 행동에 영향을 미치는 방법을 공부하는 데 할애하기로 결심했다.

자신이 배운 새로운 접근 방식을 시도해 보고 싶어진 그는 어느 날, 아직 완성되지 않은 스케치 여섯 개 정도를 들고 그 고객의 사무실로 찾아가 이렇게 말했다. "선생님께 부탁드릴 일이 있습니다. 여기 미완성 스케치가 있는데 이것을 어떤 식으로 완성해야 선생님께 제공할 만한 것이 될지 말씀해 주시면 감사하겠습니다."

그 고객은 한동안 말없이 스케치만 보더니 이렇게 말했다. "웨슨 씨, 스케치는 여기 두고 가셨다가 며칠 뒤에 다시 오세요."

웨슨 씨는 사흘 뒤에 그 고객을 다시 찾아가 그의 제안을 들은 뒤 자신이 두고 왔던 스케치를 들고 스튜디오로 돌아왔다. 그리고 고객이 말한 대로 스케치를 마무리하게 했다. 결과는 어땠을까? 모든 스케치가 팔렸다.

이 일은 9개월 전에 일어난 일이다. 이 일이 있은 뒤 그 고객은 자신의 생각이 반영된 스케치 수십 점을 더 주문했다. 그 모든 제품을 판매한 결과 웨슨 씨는 1,600만 달러 이상의 수수료를 벌어들였다. 그는 말했다.

"이제 저는 몇 년간 그 고객에게 물건을 팔지 못한 이유를 깨달았습니다. 저는 제가 생각하기에 그 고객이 구매해야만 하는 제품을 사라고 했던 것이죠. 지금의 저는 그때와 정반대입니다. 저는 그에게 그의 생각을 들려 달라고 부탁하고, 그 고객은 자신이 디자인을 만들고 있다고 느낍니다. 실제로도 그렇고요. 저는 이제 그에게 물건을 팔 필요가 없습니다. 그가 사고 있으니까요."

시어도어 루스벨트가 뉴욕 주지사이던 시절, 그는 비범한 재주를 선보였다. 정계 지도자들과 우호적인 관계를 유지하면서도 그들이 끔찍이도 싫어하는 개혁을 단행한 것이다. 여기에 그때 그가 활용했던 방법이 있다.

중요한 자리에 인사 임명이 필요한 경우 그는 정계 지도자들로부터 추천을 받았다. 루스벨트의 말에 따르면 "그들은 우선 자기 정당에서 '신경을 써 줘야 하는' 인물들을 추천하곤 했다. 그러면 나는 그들에게 그 사람을 임명하는 것은 그다지 정치를 잘한다고는 할 수 없는 일 같고, 대중이 받아들이지도 않을 것 같다고 말했다.

그러고 나면 그들은 꾸준히 자기 당의 당직자들 중 자신에게 유리하지도 불리하지도 않은 인물들을 거론했다. 그러면 나는 그 사람들은 대중의 기대에 부응하지 못할 것 같으니 그 직책에 맞는 사람을 찾아 줄 수 없겠냐고 부탁했다. 그들이 세 번째로 추천하는 인물은 좋은 인재이긴 하지만 그 자리에 적합한 인물은 아니었다. 그래서 나는 그들에게 정말 고맙다고 인사하면서 한 번만 더 알아봐 달라고 요청했다. 그들이 네 번째로 추천해 주는 인물이야말로 받아들일 만한 사람이었다. 그들은 내가 직접 골랐을 사람의 이름을 거론했다. 나는 그들에게 감사의 인사를 전하고 그 사람을 임명하며, 이번 임명은 모두 그 사람들 덕분이라고 말했다. 그러고는 내가 여러분을 기쁘게 했으니 반대로 이제 여러분이 나를 기쁘게 해 줄 순서라고 이야기했다."

실제로 그들은 공무원법이나 프랜차이즈 과세 법률과 같은 개혁을 지지함으로써 그에게 보답했다. 명심하라. 루스벨트는 상대방의 이야기를 듣기 위해 상당 부분 물러났고 그들의 조언을 존중하는 태도를 취했다는 것을 말이다. 중요 인사를 임명할 때 루스벨트는 그 지도자들이 후보를 지명하고 그 모든 것이 자신들이 한 일이라는 생각이 들게 만들었다.

롱아일랜드에서 자동차 중개업을 하는 한 사람은 어느 스코틀랜드인 부부에게 중고차를 팔 때 이 방법을 활용했다. 이 중개인은 그 부부에게 많은 차를 보여 주고 또 보여 줬지만 부부는 매번 이 차는 마음이 들지 않고, 저 차는 상태가 안 좋다는 이유를 들었고, 너무 비싸다는 것도 항상 문제였다. 상황이 이렇게 되자 카네기 코스를 수강 중이었던 그는 동료 수강생들에게 조언을 구했다.

우리는 그에게 '샌디(스코틀랜드인을 뜻하는 별명)'에게 차를 팔려 하지 말고 '샌디'가 차를 사게 만들라고 말해 주었다. 즉, '샌디'에게 무엇을 사야 하는지 말하기보다는 '샌디'로 하여금 어떤 것을 사겠다고 말하게끔 만들라는 뜻이었다.

이 말이 꽤 그럴 듯하게 들렸던 그는 며칠 뒤 한 고객이 자신의 중고차를 팔고 새 차를 사겠다고 찾아왔을 때 그 조언을 따르기로 했다. 그는 그 고객이 가지고 온 중고차가 분명 '샌디'의 마음에 들 것이라고 생각하고서는 수화기를 들어 '샌디'에게 전화를 걸었고, 괜찮으면 잠깐 와서 자신에게 조언을 좀 해 줄 수 없겠느냐고 물었다.

'샌디'가 도착했을 때 그는 다음과 같이 말했다. "고객님께서 워낙 빈틈없는 분이시고 차의 가치를 아는 분이시니, 혹시 이 차를 살펴보고 타 보신 뒤에 제가 얼마 정도에 사면 좋을지 말씀해 주시겠습니까?"

그러자 '샌디'는 크게 웃어 보였다. 자신의 의견이 제대로 평가받고, 능력 또한 제대로 인정받았기 때문이다. 그는 차를 타고 자메이카에서 포레스트 힐까지 퀸즈 거리를 다녀온 뒤 말했다. "300달러 정도에 거래하면 될 것 같군요."

"제가 그 값에 차를 거래한다면 고객님께서 그 차를 사실 의향이 있으신가요?" 하고 그 중개인이 물었다. 300달러에? 물론이다. 그것은 그가 매긴 감정가이니까. 그리고 거래는 그 즉시 성사되었다.

한 엑스선 장비 제조업자도 이와 같은 심리를 활용해 브룩클린에서 가장 큰 병원에 자신의 장비를 파는 데 성공했다. 이 병원은 신관을 증축하면서 국내에서 가장 뛰어난 엑스선 장비를 갖출 계획이었다. 엑스선 파트의 총책임자인 L 박사는 자기 회사 제품들의 자랑을 늘어놓는 영업사원들에 둘러싸여 매일같이 정신이 없었다.

그런데 그중 사람 다루는 법에 굉장히 능숙했던 한 제조업자는 L 박사에게 아래와 같은 내용의 편지를 보냈다.

'저희 공장은 최근에 새로운 엑스선 장비를 제작, 완성했습니다. 그 신제품의 첫 번째 상품이 이제 막 저희 회사에 도착했습니다. 아직 장비는 완벽하지 않고, 저희도 그 점을 알고 있기 때문에 좀 더 개선시키고 싶습니다. 박사님께서 제품을 살펴보신 뒤 개선점을 알려 주신다면 저희로서는 더없이 감사하겠습니다. 박사님께서는 바쁘실 터이니 언제고 편한 시간을 정해 주시면 저희 쪽에서 차로 모시러 가겠습니다.'

수업에 나온 L 박사는 그때의 일을 말해 주었다. "저는 그 편지를 받고 적잖이 놀랐습니다. 놀란 동시에 기분도 좋았죠. 그전까지는 어떤 엑스선 장비 제조업체로부터 한 번도 그런 요청을 받은 적이 없었으니까요. 그 편지는 제가 인정받는 사람이라는 느낌이 들게 했습니다. 사실 그 주에는 매일 저녁 스케줄이 꽉 차 있었지만 저는 그 편지를 받은 뒤 약속 하나를 취소했습니다. 그리고 장비를 살펴봤는데, 보면 볼수록 마음에 들더군요. 제게 그 장비를 팔려고 애쓴 사람은 하나도 없었습니다. 하지만 저는 뛰어난 성능이 마음에 들어 병원을 위해 그 장비를 들여놓겠다고 생각했고, 결국 그렇게 했습니다."

에드워드 M. 하우스 대령은 우드로 윌슨이 백악관 주인으로 있을 당시 국내외 업무에 있어서 엄청난 영향력을 행사했다. 윌슨은 자신의 내각 관료들보다도 하우스 대령과의 비밀 회담과 그가 하는 충고에 더 크게 의지했다.

대령이 대통령에게 영향을 미치는 데 사용한 방법은 무엇이었을까? 운 좋게도 우리는 하우스 대령이 그 답을 아서 스미스에게 알려 주고, 그것을 스미스가 〈새터데이 이브닝 포스트Saturday Evening Post〉지에 옮겨 놓았기 때문에 알 수 있다.

하우스는 이렇게 말했다. "대통령을 알게 된 뒤부터 나는 그의 마음을 바꾸는 가장 좋은 방법을 터득했는데, 그건 아무렇지도 않게 어떤 의견을 흘려 말함으로써 대통령이 그것에 관심을 갖고 심사숙고하게 만드는 것이었지. 나는 이 방법을 우연히 발견했다네. 한번은 백악관에 방문해서 어떤 정책을 강력히 촉구했는데 대통령 마음에는 들지 않는 것처럼 보였네. 그런데 며칠 뒤 저녁식사 자리에서 대통령이 내가 말한 의견을 마치 자신이 생각해 낸 것처럼 술술 말해서 깜짝 놀랐지 뭔가."

과연 그때 하우스 대령이 대통령의 말 중간에 끼어들어 "그건 대통령께서 하신 생각이 아니라 제 생각이었습니다."라고 말했을까? 아니다. 그것은 하우스 대령다운 행동이 아니었다. 그는 훨씬 노련했고, 그런 것으로 인정받고자 하는 사람이 아니었다. 그는 결과를 원했기 때문에 대통령이 계속해서 그 생각이 자신의 생각이라고 느끼게 만들었다. 하우스는 그에 그치지 않고 한 걸음 더 나아가 그 생각은 윌슨이 내놓은 것이라고 대중에게 공식화시켜 버렸다.

우리가 만나게 될 모든 사람은 우드로 윌슨과 같은 사람이라는 것을 명심해야 한다. 그러니 하우스 대령의 이 방법을 사용하도록 하자.

몇 년 전 캐나다 뉴브룬즈윅의 한 남성은 이 방법을 써서 나를 그의 단골로 만들었다. 당시 나는 그곳에서 낚시와 카누를 하며 시간을 보낼 계획이었기에 여행 안내소에 정보 요청을 위한 글을 썼다. 그런데 아마 그 일로 내 이름과 주소가 어딘가에 공개되었던 것 같다. 왜냐면 편지를 보낸 뒤로 이곳저곳의 캠프와 여행 가이드로부터 수십 통의 편지와 책자, 인쇄된 추천서를 받아 보았기 때문이다. 너무나 어리둥절해진 나는 어떤 것을 골라야 할지 도무지 알 수 없었다.

그런데 한 캠프장 주인은 매우 현명한 방식으로 내게 접근했다. 그는 내게 자신의 캠프장에서 머물렀던 뉴욕 시민의 이름과 연락처를 보내고는, 그들에게 연락해 본 뒤 내가 받고 싶은 서비스에 대해 말해 달라고 부탁했다. 놀랍게도 나는 그 리스트에서 내가 아는 이름을 발견했고, 그에게 전화해서 그가 거기서 겪은 일들을 들었다. 그러고 난 뒤 그 캠프장에 연락해 내가 도착할 날짜를 알려 주었다. 다른 사람들은 그들의 서비스를 팔려고 했지만 딱 한 사람은 내가 스스로 사게 만들었고, 결국 그 사람만이 성공했다.

2,500년 전 중국의 현인 노자는 오늘날 이 책을 읽는 우리들도 명심해야 할, 다음과 같은 이야기를 남겼다.

강과 바다가 많은 산에서 내려오는 시냇물의 존경을 받는 이유는 낮은 데 있기 때문이다. 이로 인해 강과 바다는 모든 산의 시냇물을 지배할 수 있다. 이렇듯 현자란 사람 위에 있고 싶으면서도 자신을 사람들 아래에 놓고, 사람들 앞에 나서고 싶으면서도 사람들 뒤에 선다.

그리하여 현자는 사람들 위에 있으면서도 무겁다 여겨지지 않고, 사람들 앞에 선다 해도 무례하다 여겨지지 않는다.

그러므로 다른 사람을 당신의 생각대로 설득하고 싶다면,

원칙 7

상대가 스스로 생각해 냈다고 느끼게 하라.

8
기적을 가져오는 공식

사람은 자신이 완전히 틀렸을 때도 스스로 그렇게 생각하지 않는다. 우리는 이 점을 명심해야 한다. 그러니 자신이 틀렸다고 여기지 않는 사람을 비난하지 말라. 어떤 바보든 비난은 할 수 있다. 상대를 이해하기 위해 노력하라.

다른 사람들이 그들의 방식대로 생각하고 행동하는 데는 그럴 만한 이유가 있다. 그 숨겨진 이유를 찾으면 당신은 그의 행동, 어쩌면 그 사람의 성격까지 이해할 수 있는 중요한 열쇠를 가지게 된다.

진심을 다해 그 사람의 입장에 서도록 노력하라.

만약 '내가 저 사람 입장이라면 기분이 어떨까? 어떻게 반응할까?' 하고 생각한다면 당신은 문제 해결에 들어갈 시간도 아끼고 짜증 나는 일도 적어질 것이다. '그 원인에 대해서 관심을 갖게 되면 그 결과에 대한 반감이 줄어들기' 때문이다.

《사람을 황금처럼 빛나게 만드는 법How to Turn People into Gold》의 저자 케네스 M. 구드Kenneth M. Goode는 이렇게 말한다.

"잠깐만 멈춰라. 잠시 멈추고 당신이 자신의 일에는 열중하며 관심을 갖는 것에 반해 그 외의 다른 일들에는 거의 신경 쓰지 않고 있음을 생각해 보라. 세상 사람들은 누구나 다 그렇다는 것을 깨달아야 한다. 그렇게 한다면 당신은 링컨이나 루스벨트처럼, 어떤 일을 하든 성공할 수 있는 단 하나의 기반을 갖게 될 것이다. 즉, 사람을 다루는 데 있어 성공하는 비결은 바로 얼마나 다른 사람의 입장을 이해하는가에 달려 있다."

몇 년째 나는 시간이 있을 때마다 집 근처 공원에서 걷거나 승마를 하면서 기분전환을 하고 있다. 고대 갈리아 지방의 드루이드 족처럼 나는 떡갈나무를 숭배하다시피 하는데, 쓸데없이 일어나는 화재로 매년 수많은 어린 나무와 관목들이 타 버리는 것이 무척 안타까웠다. 그런 화재의 대부분은 부주의한 담배꽁초 때문이 아닌, 주로 자연으로 간답시고 공원에 나와 나무 그늘 아래에서 소시지나 달걀을 구워 먹는 아이들 때문에 일어났다. 때로는 이 불이 너무 크게 번져 소방차가 출동해 화재를 진압하기도 했다.

공원 한쪽에는 '이곳에 화재를 일으키는 사람은 벌금형과 징역형에 처할 수 있다'는 내용의 표지판이 있었다. 하지만 공원에서도 인적 드문 곳에 자리 잡은 그 표지판을 본 아이들은 거의 없었다. 기마 경찰이 공원을 관리하기로 되어 있었지만 자신의 임무를 크게 신경 쓰지 않아서인지 화재는 해마다 계속됐다. 전에 한번은 내가 경찰관에게 급히 뛰어가 공원에 불이 빠르게 번지고 있으니 소방서에 연락하라고 했지만, 그는 냉담한 태도로 자신의 관할 구역이 아니라는 대답만 했다. 나는 크게 절망했다. 그리고 그 뒤부터는 공원에 말을 타고 갈 때 나 스스로가 공공지역 보호위원이나 된 것처럼 공원 보호에 앞장서게 되었다.

처음에는 나 역시 아이들의 입장에서 생각해 보려는 노력을 하지 않았다. 나무 아래에서 불길이 피어오르는 것을 보면 나는 그 자체로 불쾌해질 뿐만 아니라 그것을 바로잡겠다는 마음에 사로잡혀, 지금 생각해 보면 매우 잘못된 행동을 했다. 아이들 쪽으로 가서 불을 피우면 감옥에 잡혀 갈 수 있다고 경고하며 권위적인 목소리로 불을 끄라고 명령한 데다, 말을 듣지 않으면 체포하겠다고 위협까지 했던 것이다.

아이들 입장에서는 조금도 생각하지 않고 그저 내 감정을 드러내기만 했던 결과는 어땠을까? 아이들은 내 말에 따랐다. 부루퉁해졌고 화도 내면서 말이다. 하지만 내가 언덕을 넘어가면 아이들은 또 불을 피웠을 것이다. 어쩌면 온 숲을 다 태워 버리고 싶었을는지도 모른다.

몇 년이 더 지나며 나는 인간관계에 대한 조금의 지식이나 요령, 타인의 입장에서 생각하는 경향이 더 생긴 것 같다. 그래서 이제는 아이들에게 명령을 하는 대신 불이 피어오르는 곳에 가서 이렇게 말한다.

"애들아, 즐거운 시간 보내고 있니? 저녁 메뉴는 뭐니? 나도 어렸을 때 불장난을 굉장히 좋아했었지. 물론 지금도 좋아하고 말이야. 하지만 너희도 알다시피 공원에서 불을 피우는 건 매우 위험하단다.

물론 나는 너희가 피해를 입힐 거라고 생각하지는 않아. 하지만 조심성 없이 행동하는 아이들도 있어. 그 아이들이 와서 너희가 불 피우는 것을 보고, 똑같이 불을 피워 보고는 그것을 끄지 않고 집으로 돌아가 버리면 불길이 마른 낙엽으로 번져 온 나무들을 태우고 만단다. 우리가 좀 더 주의를 기울이지 않으면 이 공원에 있는 나무들이 곧 사라질지도 몰라. 너희들은 불을 피워서 감옥에 갈 수도 있고 말이야. 그렇다고 해서 내가 이래라저래라 하면서 너희의 즐거운 시간을 방해하고 싶진 않단다. 나는 너희가 즐겁게 노는 걸 보는 게 좋거든.

그래도 이 불 근처에 있는 낙엽들은 치우는 게 좋지 않겠니? 그리고 돌아갈 때는 흙을 많이 덮어 불길을 꺼 주면 좋겠는데, 그래 줄 수 있겠니? 그리고 다음번에 또 놀고 싶으면 저기 언덕 너머 모래 구덩이에서 불을 피우고 노는 게 좋겠구나. 거기라면 안전할 것 같으니 말이야. 고맙구나, 얘들아. 그럼 즐거운 시간 보내렴." 이렇게 말하면 얼마나 큰 차이가 있겠는가! 이 말은 아이들의 협조를 이끌어 냈다. 물론 입이 나오는 아이들도 없고, 분개하는 일도 없이. 아이들은 명령에 복종하도록 강요받지 않고, 자신의 체면을 구기지도 않는다. 그리고 내가 그들의 입장에서 바라보며 상황을 처리했기 때문에 아이들도 나도 기분이 좋다.

이제는 다른 사람에게 불을 끄라고 하거나 세제 한 통을 사 오게 하거나, 적십자에 50달러를 기부해 달라고 요청할 때는 그전에 잠깐 멈춰 눈을 감고 그 사람의 입장에서 생각해 보려고 노력하는 것이 어떨까?

그리고 스스로에게 물어보라. '저 사람이 이 일을 하고 싶게 하려면 어떻게 해야 할까?' 물론 그렇게 하기까지는 시간이 좀 걸린다. 그러나 당신은 그 덕분에 타인과의 마찰을 줄이고 고생도 덜하면서 친구를 만들 수 있음은 물론 더 좋은 결과도 얻을 수 있다.

하버드 경영대학원의 도넘 학장은 이렇게 말했다.

"누군가와의 면담 자리에 가면서 '나는 이러저러한 말을 하게 될 것이고, 그의 관심사와 의도를 생각했을 때 그는 이러저러한 대답을 할 것'이라는 생각이 명확히 떠오르지 않는다면 나는 차라리 그의 사무실 앞 골목길에서 두 시간이라도 서성거리며 내 생각을 정리할 것이다."

이 말은 너무 중요하기 때문에 강조하는 차원에서 한 번 더 적겠다.

"누군가와의 면담 자리에 가면서 '나는 이러저러한 말을 하게 될 것이고, 그의 관심사와 의도를 생각했을 때 그는 이러저러한 대답을 할 것'이라는 생각이 명확히 떠오르지 않는다면 나는 차라리 그의 사무실 앞 골목길에서 두 시간이라도 서성거리며 내 생각을 정리할 것이다."

만약 이 책을 읽고 당신이 한 가지 결실을 얻는다면, 즉 항상 다른 사람의 입장에서 생각하고 자신의 관점과 마찬가지로 다른 사람의 관점에서도 사물을 보게 된다면, 그것은 분명 당신의 인생에 있어 큰 이정표 역할을 하게 될 것이다.

그러므로 상대방으로 하여금 불쾌함이나 적개심을 갖게 하지 않으면서도 그를 변화시키고 싶다면,

원칙 8

상대의 입장에서 사물을 보려고 진심으로 노력하라.

9
모든 사람이
원하는 것

논쟁을 멈추게 하고, 악감정을 해소하고 호의를 불러일으키며, 다른 사람들이 주의 깊게 당신의 말을 경청하게 만드는 마법의 주문을 알고 싶은가? 좋다. 여기 그 주문이 있다. 주문은 이렇게 시작한다.

> "그렇게 생각하시는 것이 당연합니다. 저라도 틀림없이 그렇게 했
> 을 겁니다."

이런 대답은 정말 고약한 악당의 마음도 풀게 만들 것이다. 그리고 실제로 그 사람 입장이었다면 당신 역시 그 사람처럼 생각했을 것이기 때문에 당신은 100퍼센트의 진심을 담아 저 말을 할 수 있다.

알 카포네의 경우를 예로 들어 보겠다. 당신이 알 카포네와 똑같은 신체, 성격, 사고방식은 물론 그의 환경과 경험까지 가지고 있다고 가정해 보자. 이것만으로도 당신은 알 카포네와 똑같아질 것이다. 알

카포네를 만든 것은 다름 아닌 위의 것들이기 때문이다. 당신이 방울뱀이 아닌 유일한 이유는 당신의 어머니나 아버지가 방울뱀이 아니기 때문이다. 당신이 소와 입을 맞추지 않거나 뱀을 신성시 여기지 않는 이유가 있다면 그것은 당신이 인도 브라마푸트라 강가에 있는 힌두교 가정에서 태어나지 않았기 때문이다.

지금의 당신은 당신 자신이 잘나서 된 것이 아니다. 그러니 명심해야 한다. 당신에게 짜증내고 고집 부리고 비이성적으로 대하는 사람들도 그렇게 하는 데는 각자의 이유가 있다는 것을 말이다. 그 가엾은 악마를 불쌍히 여기고, 그를 동정하라. 그의 마음을 이해하라. 술에 취해 거리를 헤매는 부랑자를 보며 존 B. 거프가 말했던 것을 스스로에게 말하기 바란다. "하느님의 은총이 없었다면 저기 가는 사람이 곧 나였을 것이다." 당신이 만날 사람 중 4분의 3은 공감하는 마음에 굶주리고 목말라하는 사람들이다. 그들에게 공감하면 그들은 자연히 당신을 사랑하게 될 것이다.

예전에 나는 《작은 아씨들》의 작가인 루이자 메이 올코트 여사에 대해 방송했던 적이 있다. 물론 나는 그녀가 매사추세츠 주의 콩코드에서 살면서 불후의 명작을 썼다는 것을 알고 있었다. 그럼에도 나는 방송에서 나도 모르게 뉴햄프셔 주의 콩코드라고 말하고 말았다. 그것도 한 번이었으면 실수로 여겨져 용서받을 수도 있었겠으나 두 번이나 그렇게 말했으니, 여간 난감하지 않을 수 없었다.

마치 벌 떼가 몰려오듯 각지에서 나를 비난하는 신랄한 편지와 전보가 무방비 상태인 내게 쇄도했다. 모두가 다 분개한 내용들이었고, 어떤 편지는 모욕적이기도 했다. 매사추세츠 주의 콩코드에서 자랐고 지금은 필라델피아에 산다는 한 부인은 내게 자신의 타오르는 화를 감추지 않았다. 내가 올코트 여사가 뉴기니 출신의 식인종이라고 했어도 그보다 더 화를 낼 수는 없었을 것이다.

나는 그 편지를 다 읽고 혼잣말을 했다. "하느님, 감사합니다. 이런 여자와 결혼하지 않게 해 주셔서 정말 감사합니다." 나는 그녀에게, 비록 내가 지명을 잘못 말하는 실수를 저지르긴 했지만 당신이야말로 상식적인 예의를 지키지 않는 더 큰 잘못을 저질렀다고 말하는 편지를 쓰고 싶었다. 이것은 내 편지의 서두일 뿐이고, 그다음 본격적으로 팔을 걷어붙이고 내가 생각하는 바를 그녀에게 쏟아부으며 시비를 가리고 싶었다.

하지만 나는 꾹 참고 그렇게 하지 않았다. 그것은 성미가 급한 바보들이나 하는 짓이라는 걸 알고 있었기 때문이다. 나는 바보가 되고 싶지 않았기에, 그녀의 적개심을 호감으로 바꿔 놓기로 마음먹었다. 그것은 일종의 도전이자 내가 즐길 수 있는 게임이기도 했다. 나는 나 자신에게 이렇게 말했다. "무엇보다 내가 그녀라면, 나도 아마 그녀와 똑같이 느꼈을 거야." 그래서 나는 그녀의 입장에서 생각하기로 결심하고, 필라델피아로 가서 그녀에게 전화를 걸었다. 통화 내용은 다음과 같았다.

나 : 안녕하세요. 부인. 몇 주 전에 제게 주신 편지에 감사의 인사를 하고자 전화를 드렸습니다.

부인 : (날카로우면서도 교양 있고 예의 바른 목소리로) 누구신가요?

나 : 부인께서는 저를 잘 모르실 겁니다. 저는 데일 카네기라고 합

니다. 부인께서 몇 주 전에 제가 루이자 메이 올코트 여사에 대해 언급한 방송을 보셨지요? 저는 그 작가가 뉴햄프셔 주의 콩코드에 산다고 말한 엄청난 실수를 저질렀습니다. 정말 너무나 바보 같은 실수를 저질렀고 그 점에 대해 사과 말씀을 드리고자 합니다. 시간 내서 제게 편지 써 주신 점 감사드립니다.

부인 : 카네기 씨, 그런 편지를 보낸 것은 죄송하게 생각합니다. 제가 잠시 이성을 잃었나 봅니다. 제가 사과 드립니다.

나 : 아뇨! 아닙니다! 부인이 사과하실 일이 아닙니다. 제가 사과를 드려야죠. 학교를 다니고 있는 아이들도 그런 실수는 하지 않았을 것입니다. 그다음 주 일요일 방송에서 사과 방송을 하긴 했습니다만 부인께 따로 사과드리고 싶어 지금 이렇게 전화를 드렸습니다.

부인 : 저는 매사추세츠 주의 콩코드에서 태어났어요. 저희 집안은 200년 동안 매사추세츠 주에서 유명한 집안이었답니다. 그래서 저는 제 고향에 대한 자부심이 대단하지요. 저는 당신께서 올코트 여사가 뉴햄프셔 주에서 태어났다고 말하는 것을 듣는 순간 너무 화가 났습니다. 하지만 지금은 제가 쓴 편지에 대해 정말 부끄럽네요.

나 : 저도 너무나 크게 속상하다는 말씀을 드리고 싶습니다. 제 실수가 매사추세츠 주 이름에 누를 끼치진 않을 겁니다. 다만 저 자신에게 상처가 됐을 뿐이지요. 부인처럼 지위나 교양을 갖추신 분들이 방송에서 말하는 사람들에게 시간을 내서 편지를 쓰시기란 결코 쉽지 않으셨을 것으로 생각됩니다. 앞으로도 많은 지

도 편달을 부탁드립니다.

부인 : 당신께 한 비판을 이렇게 이해해 주시니 제 기분이 정말 좋습
니다. 틀림없이 대단한 분이시란 생각이 드네요. 앞으로 기회가
된다면 만나 뵙고 싶습니다.

내가 그녀의 입장에서 사과하고 공감하자, 그녀도 내 입장에서 사
과하고 공감했다. 나는 화를 자제한 것에 대한 만족감과 더불어 내가
받은 모욕을 상대에게 친절로 돌려주었다는 만족감도 얻을 수 있었
다. 나는 그 부인이 내게 호감을 갖게 만듦으로써 부인에게 강에 가
서 뛰어들어 버리라고 말할 때 얻을 수 있는 즐거움보다 훨씬 더 큰
즐거움을 얻었다.

백악관을 차지한 모든 대통령은 거의 매일같이 인간관계에 있어
서 곤란한 상황에 처하게 된다. 태프트 대통령도 예외는 아니었다.
그는 많은 경험을 통해 악감정이라는 산성을 중화시키는 데는 공감
이 가장 큰 화학적 가치를 갖는다는 것을 깨달았다. 자신의 책《공직
자의 윤리Ethics in Service》에서 태프트는 큰 꿈을 갖고 있지만 일이 잘
되지 않아 실망감을 느낀 한 어머니의 분노를 누그러뜨린 재미있는
예를 다음과 같이 보여 주고 있다.

약간의 정치적 영향력이 있는 남편을 둔 워싱턴의 한 부인은 내게 와
서 자신의 아들에게 자리 하나를 내 달라고 6주인가 그 이상인가를 간
청했다. 그녀는 엄청나게 많은 상하원 의원의 도움을 얻어 그들과 함께
나를 만나러 와서는 그들을 통해 계속 그 일을 부탁했다.

하지만 그 자리는 특별한 전문적 자질을 요했기 때문에 나는 사무국장의 추천에 따라 다른 사람을 임명했다. 그러자 부인은 내게 한 통의 편지를 보내서 내가 정말 배은망덕한 사람이라고 했다. 내가 마음만 먹으면 자신을 행복하게 해 줄 수 있는 사람임에도 그것을 거부한데다, 자신이 주 의회의 의원들을 열심히 설득해서 내가 특별히 관심을 가졌던 법안을 통과시켰는데 그것에 대한 보답이 이런 것이냐 불평하면서 말이다.

이런 편지를 받았을 때 흔히 사람들이 하는 첫 번째 일은 이런 부적절한 일을 하거나 혹은 다소 무례를 범한 그 상대를 어떻게 혼내 줄까 고민하는 것이다. 그리고 답장을 쓸 것이다. 하지만 현명한 사람이라면 그 답장을 서랍에 넣고는 서랍을 잠글 것이다. 이런 서신 왕래는 대략 이틀 정도씩의 시간이 걸리므로, 그 정도가 흐른 뒤 다시 답장을 꺼내서 보면 그것을 보내지 않게 된다. 이것이 내가 선택한 방법이다.

그런 뒤에 나는 앉아서 내가 할 수 있는 한 가장 정중한 답장을 썼다. 그런 상황에서는 어머니로서 실망하시는 게 당연하지만 내 개인적 권한으로 임명할 수 있는 일이 아니었고, 전문 자질을 요하는 사람을 선택해야 했기 때문에 국장의 추천에 따라 임명하게 되었다는 내용을 적어 보낸 것이다. 나는 부인의 아들이 지금 있는 자리에서 그녀가 원하는 바를 이룰 수 있을 것이라 생각한다고도 적었다. 그러자 그녀는 화가 누그러졌는지, 전에 쓴 편지에 대한 사과의 말을 적어 보냈다.

하지만 내가 냈던 그 임명안은 승인받는 데 시간이 걸렸고, 그사이 전에 쓴 편지와 필체는 같지만 부인의 남편이 썼다는 편지가 왔다. 거기에는 이번 임명 건으로 인해 부인이 신경쇠약에 걸려 앓아누웠고 심각한 위암 증세를 보인다는 내용이 담겨 있었다. 그러니 내게 처음에 제출한 임명안을 철회하고 대신 아들을 임명해 줌으로써 아내의 건강을 회복시켜 줄 수 없겠느냐는 얘기였다.

그래서 나는 또 다른 답장을 그녀의 남편에게 써야만 했다. 나는 그 진단이 오진이었기를 바라고, 그가 부인의 중병으로 느낄 큰 슬픔을 이해는 하지만 이 안건을 철회하는 것은 불가능하다고 말했다. 결국 임명 건은 원안대로 승인되었다.

그 편지를 받은 이틀 뒤에는 백악관에서 작은 음악회가 열렸다. 그곳에서 나와 내 부인에게 가장 먼저 인사한 두 사람은 바로 그 남편과 부인이었다. 최근까지만 해도 임종이 머지않았다던 바로 그 부인 말이다.

솔 휴로크Sol Hurok는 아마 미국 최고의 공연 기획자일 것이다. 표도르 샬리아핀Feodor Schaliapin, 이사도라 던컨Isadora Duncan, 안나 파블로바Anna Pavlova와 같은 세계 유명 예술가들과 20년을 함께 일한 그는, 자신이 개성 강한 스타들과 함께하며 가장 먼저 배운 것은 그들의 독특한 개성에 공감, 공감 그리고 또 공감하는 것이라고 내게 말한 적이 있다. 3년간 그는 표도르 샬리아핀의 흥행을 담당한 적이 있다. 샬리아핀은 메트로폴리탄 오페라 극장에서 굵직한 저음으로 상류층 청중들에게 전율을 선사한 베이스 가수였지만, 마치 버릇없는 아이처럼 행동했던 터라 늘 문제를 일으켰다. 휴로크의 독특한 표현을 빌리자면 그는 '모든 면에서 구제불능인 친구'였다.

일례로 샬리아핀은 공연이 있는 날이면 정오쯤에 휴로크에게 전화를 걸어 "솔, 오늘 몸 상태가 엉망이야. 목은 익지도 않은 햄버거처럼 퍽퍽해서 오늘 밤에 노래 부르기는 힘들겠어." 휴로크는 그럴 수 없다며 그와 말싸움을 했을까? 아니다. 그는 흥행사가 예술가를 그런 식으로 다루어서는 안 된다는 것을 잘 알고 있었다.

그는 샬리아핀이 있는 호텔로 달려가 지나칠 정도로 크게 동정심을 표했다. "아이고, 가엾은 친구." 그는 슬퍼하며 말했다. "불쌍한 내 친구. 당연히 노래 부르는 건 무리겠지. 공연은 당장 취소하겠네. 몇천 달러야 손해 보겠지만 자네 명성에 흠이 잡히는 것에 비하면 그것은 아무것도 아니지." 그러면 샬리아핀은 한숨을 내쉬며 이렇게 말했다. "좀 이따가 다시 와 보는 게 좋겠어. 5시쯤 와서 내 상태 좀 봐주게."

5시가 되면 휴로크는 다시 그의 호텔로 달려가 또 자신의 동정심을 표한다. 그렇게 하며 다시 한 번 공연을 취소하고 싶다고 말하면 샬리아핀은 한숨을 쉬며 이렇게 말했다. "그래, 이따가 다시 한 번 와주게. 내가 좀 나아질지도 모르잖나."

7시 30분이 되면 이 훌륭한 베이스 가수는 노래하는 것에 동의한다. 단, 휴로크가 메트로폴리탄 오페라 극장 무대에 올라 샬리아핀이 감기로 인해 목 상태가 좋지 않다는 말을 하는 조건하에서만 말이다. 휴로크는 실제로 그렇게 하지는 않았지만 일단은 샬리아핀에게 그러겠노라 약속했다. 그것만이 이 가수를 무대 위에 올릴 유일한 방법임을 알고 있었기 때문이다.

아서 I. 게이츠Arthur I. Gates 박사는 자신의 유명한 저서 《교육 심리학Education Psychology》에서 다음과 같이 말했다.

"인간이라면 누구나 공감을 갈망한다. 아이들은 자신의 상처를 보여 주고 싶어 한다. 심지어 더 큰 동정, 공감을 얻어 내기 위해 베거나 멍들게 한다. 같은 이유로 성인들 역시 그들의 멍든 부분을 보여 주고 싶어 하고 자신이 겪은 사고나 병, 특히 외과 수술에 대해 상세히 이야기하고 싶어 한다. 현실이건 상상이건 불행에 대한 '자기연민'은 사실상 모든 인간이 어느 정도는 갖고 있는 것이다."

그러므로 다른 사람을 자신의 생각대로 설득하고 싶다면,

원칙 9

상대의 생각과 욕구에 공감하라.

10
모두가 좋아하는
호소법

내가 자란 곳은 미주리 주의 변두리로, 미국 서부 역사상 가장 악명 높은 갱인 제시 제임스가 활동하던 커니 지역에서 가까운 곳이었다. 한번은 그곳에 있는 그의 농장을 방문한 적이 있었는데, 그곳에는 여전히 제시 제임스의 아들이 살고 있었다. 그의 아내는 내게 제시가 어떻게 기차를 강탈하고 은행을 털었는지, 그리고 이웃 농부가 대출금을 갚도록 돈을 나눠 줬는지에 대해 이야기해 주었다. 제시 제임스는 아마 마음속으로 자신을 먼 훗날에 등장할 더치 슐츠나 '쌍권총 크로울리' 혹은 알 카포네와 같은 이상주의자라고 생각했던 것 같다. 사실 우리가 만나는 모든 사람, 심지어 당신이 거울에서 마주 보는 사람도 스스로를 괜찮은 사람이라 평가하고, 자신이 훌륭하며 이기적이지 않은 사람이 되기를 바란다.

미국의 대은행가이자 미술품 수집가로도 유명한 J. P. 모건은 자신의 경험을 이야기하던 중에, 사람들이 어떤 행동을 하는 데는 대개 두 가지 이유가 있다고 말한 적이 있다. 두 가지 중 하나는 그럴듯해 보이는 이유, 다른 하나는 진짜 이유다. 진짜 이유는 그 사람 자신이 고려하기 마련이니 그 점에 대해서는 강조할 필요가 없다. 그러나 모든 인간은 마음으로는 이상주의자이기 때문에 그럴듯해 보이는 동기 역시 고려하고 싶어 하고, 따라서 사람을 변화시키고 싶다면 바로 그 고상한 동기에 호소해야 한다. 사업에 적용하기에는 너무 이상적인 이야기인 것 같은가? 그렇다면 다음의 이야기를 한 번 살펴보자.

해밀턴 J. 파렐은 펜실베이니아 주의 글레놀던에 위치한 파렐 미첼 사의 사장이다. 그는 세를 놓은 집들이 있었는데, 어느 날 세입자 중 한 명이 무슨 일로 화가 났는지 그에게 이사를 가겠다고 위협을 해 왔다. 그의 계약 기간은 넉 달이나 남아 있는 상태였고, 월세는 55달러였다. 그럼에도 계약 기간과 상관없이 자신은 즉시 방을 비우겠다고 알려 온 것이다. 파렐 씨는 수업 시간에 그때의 일을 이야기했다.

"그 사람들은 겨울 내내 저희 집에서 살았습니다. 겨울은 세가 가장 비쌀 때지요. 그리고 저는 지금 방이 비면 가을까지는 다시 세를 놓는 게 어렵다는 것을 알고 있었습니다. 계약 파기로 220달러가 날아갈 것이 눈에 훤하더군요. 정말 너무 화가 났습니다.

평소대로라면 한걸음에 세입자에게 달려가 계약서를 다시 읽어 보라고 했을 겁니다. 그가 이사를 간다면 전체 계약 기간 임대료를 한꺼번에 지불해야만 한다는 점도 제대로 알려 줬을 테고요. 저는 당연히 그 돈을 받을 수 있고, 또 받아 내는 데 필요한 조치들을 취할 것이라고 말했을 겁니다.

하지만 버럭 화를 내며 소동을 부리는 대신 저는 다른 작전을 써보기로 마음먹었고, 그래서 이렇게 말해 봤습니다. '선생님. 제게 하신 말씀은 잘 들었습니다. 그런데 저는 아직도 선생님께서 이사하려 하신다는 사실을 믿을 수가 없네요. 임대 사업을 오랫동안 해 오면서 제게도 사람 보는 눈이 좀 생겼는데, 선생님을 처음 뵈었을 때 한눈에 약속을 지키는 사람이라는 것을 알 수 있었습니다. 정말 그런지 아닌지 내기를 해도 좋을 정도로 확신이 들었지요. 자, 이제 제가 제안 하나를 하겠습니다. 며칠 동안 이 점에 대해 좀 더 생각해 보시지요. 다음 달 1일이 임대료를 내는 날이니, 만약 그때 오셔서도 이사하겠다고 말씀하신다면 그렇게 결정된 사항으로 알겠습니다. 그리고 이사하시도록 해 드리고 사람을 보는 제 눈이 잘못되었다는 것도 인정하겠습니다. 하지만 저는 여전히 선생님께서 약속이나 계약 사항을 지키실 분이라고 믿고 있습니다. 무엇보다 우리가 사람이냐 원숭이냐 하는 것은 결국 우리 자신의 선택에 달려 있는 일 아니겠습니까?'

다음 달이 되자 이 신사는 제게 직접 찾아와 임대료를 지불했습니다. 그와 그의 아내는 이 점에 대해 이야기해 보고 계속 더 지내기로 했답니다. 그들은 자신들의 명예를 지키는 유일한 길은 계약 기간을 지키는 것뿐이라고 결론지었던 것입니다."

영국에서 가장 부유하고 영향력 있는 신문사의 사주였던 노스클리프 경Lord Viscount Northcliffe은 공개되기 원치 않았던 자신의 사진이 신문에 실린 것을 보고 편집장에게 편지를 썼다. 그런데 그가 '더 이상 그 사진을 사용하지 마시오. 난 그 사진을 공개하기 싫습니다.'라고 말했을까? 아니다. 그는 그보다 더 고상한 동기, 즉 인간이 누구나 갖고 있는 '어머니에 대한 존경과 사랑'에 호소했다. 그는 이렇게 썼다.

'그 사진은 더 이상 사용하지 말아 주십시오. 어머니께서 좋아하지 않으십니다.'

존 D. 록펠러 2세도 자신의 아이들을 따라다니는 파파라치들을 차단하기 위해 이와 비슷한 방법을 활용했다. 그는 '그 사진들이 신문에 실리는 것을 원치 않습니다.'라고 말하지 않고 그 대신 모든 사람의 가슴속에 있는, 아이를 해치고 싶어 하지 않는 욕구에 호소했다. 때문에 그는 "여러분도 잘 아실 겁니다. 여러분 중에도 자녀가 있는 분이 계실 텐데, 얼굴이 너무 알려지면 아이들에게 좋지 않을 것임은 다 아는 이야기 아닙니까?"라고 말했다.

〈새터데이 이브닝 포스트〉지와 〈레이디스 홈 저널Lady's Home Journal〉지를 소유한 백만장자 사이러스 H. K. 커티스는 본래 메인 주 출신의 가난한 소년이었다. 백만장자로 가는 화려한 경력을 쌓기 시작한 초창기 시절, 그는 작가들에게 다른 잡지사가 주는 만큼의 고료를 지불할 수 없었고, 원고료를 줘야만 글을 쓰는 일류 작가들에게 글을 써 달라고 청탁할 수도 없었다. 그래서 그는 그들의 고상한 동기에 호소하는 방식을 활용했다. 일례로 그는 《작은 아씨들》의 작가 루이자 메이 올코트 여사가 한창 인기를 누릴 때 그녀의 글을 받아 내는 데 성공했다. 그녀가 아니라 그녀가 소중히 여기는 자선단체 앞으로 수표를 발행하겠다고 말한 것이 그 비결이었다.

이에 대해 회의론자들은 이렇게 말할지도 모른다. "음, 그건 노스클리프 경이나 록펠러, 아니면 감성적인 소설가들에게만 해당하는 이야기겠죠. 과연 그 방법이 내가 돈을 받아야 하는 골치 아픈 인간들한테도 통할까요?"

당신 말이 옳을 수도 있다. 모든 경우와 모든 사람에게 통하는 방법이란 이 세상에 없다. 만약 당신이 지금까지 거두고 있는 결과에 만족한다면 굳이 방법을 바꿀 필요가 없지만, 그렇지 않다면 시도해 볼 만하지 않을까? 여하튼 편안한 마음으로 카네기 코스 수강생이었던 제임스 L. 토머스의 실화를 읽어 보기 바란다.

어떤 자동차회사의 고객 여섯 명이 서비스 이용료를 내지 않겠다고 했다. 그들 중에 총 청구금액에 대해 항의한 사람은 없었으나, 저마다 어떤 세부 항목이 잘못 청구되었다고 주장했다. 회사 입장에서 보면 고객들 모두가 서비스를 받을 때 내용을 확인하고 서명했으므로 잘못되었을 리가 없다고 생각했고, 고객들에게도 그렇게 이야기했다. 그러나 이것이 첫 번째 실수였다.

그 회사의 채권부 직원들은 고객들이 자신들에게 과다 청구되었다며 내지 않은 미수금을 받기 위해 다음과 같은 절차를 밟아야 했다. 당신은 그들이 성공했을 것 같은가?

1. 고객을 찾아가 납부 기한이 한참 지난 대금을 받기 위해 왔다고 통명스럽게 말한다.

2. 회사는 오차 없이 일을 처리했고, 청구서도 완벽하기 때문에 결과적으로 고객이 완전히 틀렸음을 분명히 말한다.

3. 자동차에 대해서라면 회사는 고객이 생각하는 것보다 훨씬 잘 알고 있고, 그러니 다투어 봐야 별 소용이 없음을 은근히 암시한다.

4. 결과 : 다툼이 일어난다.

위의 것들 중 어느 하나라도 고객을 만족시키고 납부금을 받아 낼 수 있는 방법이 있는가? 당신도 답을 알 수 있을 것이다.

일이 이렇게 되자 채권부 과장은 고객들을 대상으로 법적 조치를 취하려고 했는데, 운 좋게도 부장이 이 일을 알게 되었다. 부장은 납입 불이행 고객들에 대해 조사해 보니 그들은 그때까지 대금을 체납한 적이 없는 이들이었다. 대금을 받는 방식에 있어 뭔가 엄청난 착오가 있는 것이 틀림없었다. 그래서 그는 제임스 L. 토머스에게 이 '회수 불가능'해 보이는 미수금을 받아오라고 말했다. 다음은 그가 취한 방법인데, 그의 이야기를 통해 직접 들어 보자.

1. 우선은 고객 개개인을 직접 방문했습니다. 목적은 납기일이 한참 지난 미수금을 받기 위한 것이었지만, 고객에게 그런 말은 한마디도 하지 않았죠. 저는 회사가 고객들에게 이제까지 해온 서비스가 어땠는지, 부족한 점은 없었는지 확인하기 위해 왔다고 말했습니다.

2. 저는 고객의 이야기를 다 들을 때까지는 어떤 판단도 내리지 않을 것임을 명확히 했습니다. 또한 저는 회사가 그들에게 절대 실수했을 리가 없다고 주장하려는 게 아니라고도 말했습니다.

3. 저는 고객의 차에만 관심이 있을 뿐이고 그 차는 그 어느 누구보다 고객이 제일 잘 알고 있으며, 그 차에 대한 최고의 권위자는 고객이라고 덧붙였습니다.

4. 그렇게 고객이 이야기하게끔 하면서, 그 이야기를 주의 깊게 듣고 공감을 표했습니다. 그것이야말로 고객이 그토록 기대하고 바랐던

바였습니다.

5. 마침내 그 고객이 이성을 찾으면 저는 그의 페어플레이 정신에 호소했습니다. 고상한 동기에 호소한 것이죠. 저는 이렇게 이야기했습니다. '우선 이번 일이 잘못 처리됐음을 저 역시 절감하고 있다는 것을 알아주셨으면 합니다. 저희 직원으로 인해 불편하고 화나고 언짢으셨을 겁니다. 절대 있어서는 안 되는 일이었는데 말이죠. 정말 죄송스럽고, 회사를 대표해서 진심으로 사과드립니다. 다시는 그런 일이 없도록 하겠습니다. 여기 앉아서 고객님의 이야기를 듣고 보니 고객님께서는 매우 공정하고 인내심이 있으신 분이시라는 것을 알 수 있었습니다. 그런 분이시니 제가 한 가지 부탁을 드리고자 합니다. 이 일은 다른 어떤 분보다 고객님께서 잘하실 수 있는 일이고, 또 고객님보다 이에 대해 더 잘 아시는 분도 없을 것이기 때문입니다. 여기 고객님에게 발행된 청구서가 있습니다. 고객님께서 저희 회사 사장님이라 생각하시고 이 청구서를 정정해 주시면 제가 마음이 놓일 것 같습니다. 모든 것을 고객님께 맡기고, 말씀하신 대로 처리하겠습니다.'

그 고객이 청구서를 수정했냐고요? 물론 그렇게 했습니다. 그리고 그 일을 재밌어 하는 것 같기도 했고요. 청구금액은 150달러에서 400달러까지 있었는데 고객이 자신에게 유리한 대로만 고쳤을까요? 네, 고객들 중 한 명은 그렇게 했습니다. 그 고객은 문제가 되는 항목에 대해서는 한 푼도 지불할 수 없다고 했습니다. 하지만 나머지 다섯 명은 모두 회사가 청구한 금액을 지불했습니다. 더 재미있는 것은 그 일이 있고 나서 2년 안에 그 고객들이 저희 회사의 새 차를 주문했다는 것입니다."

토머스 씨는 말을 이었다. "저는 이 경험을 통해서, 고객에 대한 아무런 정보도 없을 때는 그 고객이 성실하고 정직하고 믿음직하며 회사에서 청구한 금액이 정확하다는 확신만 있다면 언제든 대금을 지불할 사람이라고 전제하는 것이 일을 해 나가는 데 있어 가장 중요한 출발점이라는 사실을 알게 되었습니다. 이것을 조금 다르게 표현하자면, 사람들은 정직하고 자신의 의무를 다하고자 한다는 것입니다. 이 원칙에서 예외적인 사람은 상대적으로 적습니다. 또한 설사 당신을 속이려는 사람이라 해도 당신이 그를 정직하고 바르고 공정한 사람으로 생각하고 있음을 내비치면, 그 역시 당신에게 호의적으로 대하게 된다는 것을 저는 확신합니다."

그러므로 당신의 생각대로 사람을 설득하고자 한다면,

원칙 10

상대의 고상한 동기에 호소하라.

11
영화도 하고 TV도 하는 그것

몇 년 전 〈필라델피아 이브닝 불러틴Philadelphia Evening Bulletin〉지는 위험한 소문으로 곤란한 상황에 처했다. 악의적인 소문이 유포되고 있었고, 광고주들에게는 이 신문이 광고는 너무 많은 반면 뉴스가 지나치게 적어 더 이상 구독자들에게 인기가 없다는 말을 들었던 것이다. 즉각적인 조치가 필요했다.

어떻게 해야 할까? 그 신문사는 이렇게 일을 처리했다.

그 회사는 특정 일을 정해 그날의 정규판 신문에 실린 모든 기사를 뽑아 분류한 뒤 한 권의 책으로 만들어 출간했다. 책 제목은 '하루'로 지었다. 307페이지짜리의 이 책은 분량으로 보면 2달러를 받을 만했지만 신문사는 단돈 2센트에 판매했다.

이 책의 출판은 이 신문사가 얼마나 방대한 양의 재미있는 읽을거리를 제공하고 있는지를 극적으로 보여 주는 것이었다. 이 책은 며칠에 걸려 숫자나 공론을 앞세워 주장하는 것보다 더 생동감 있고 흥미롭고, 인상 깊게 사실을 전했다.

　케네스 구드와 젠 카우프만Zenn Kaufman의 《사업상의 쇼맨십Show-manship in Business》은 연출을 통해 매출을 향상시킨 다양한 사례들을 생생히 보여 준다. 이 책에서는 일렉트로룩스Electrolux 사가 냉장고에 소음이 없음을 극적으로 보여 주기 위해 고객의 귀에 성냥 긋는 소리를 들려주었던 일, 1.9달러짜리 모자에 배우 앤 소던Ann Sothern의 서명을 넣음으로써 유명인을 활용한 시어스 로벅Sears Roebuck 사의 카탈로그 이야기, 움직이던 쇼윈도의 상품이 멈추면 그것을 지켜보던 사람의 80퍼센트가 흥미를 잃는다는 것을 보여 준 조지 웰바움Geroge Wellbaum의 사례, 퍼시 화이팅Percy Whiting이 두 개의 회사채 목록을 보여 주며 유가 증권을 판매한 일(화이팅은 고객에게 어떤 목록에 있는 증권을 살지 물었다. 현 시장의 통계에서는 당연히 그의 목록이 더 좋은 결과를 보여 주고 있다. 호기심이 고객의 관심을 사로잡은 예였다. 참고로 각 리스트는 5년 전에 1,000달러의 가치가 있다고 평가받았다.), 미키 마우스의 이름이 어떻게 백과사전에 오르게 되었는지, 또 어떻게 그 이름이 파산 위기에 처했던 공장을 되살렸는지에 대한 이야기, 이스턴 항공사Eastern Air Lines가 더글러스 항공사Douglas Airliner의 실제 조종간처럼 창가를 다시 제작해 통로 쪽에 몰리는 손님들을 창가 쪽으로 유도한 일, 해리 알렉산더Harry Alexander가 자사 제품과 경쟁사 제품 간의 가상 권투 시합을 방송하여 자사 영업사원들을 고무시킨 일, 우연히 사탕 진열대에 조명을 놓자 매출이 두 배 증가한 사례, 크라이슬러가 자신의 차의 견고함을 입증하기 위해 코끼리를 그 위에 올라가게 한 일 등을 소개하고 있다.

뉴욕 대학의 리처드 보덴과 앨빈 뷔스는 1만 5,000건의 영업 관련 면담을 분석했다. 그리고 그들은 《토론에서 이기는 법How to Win an Argument》이라는 책을 내고, 같은 주제로 '영업의 여섯 가지 원칙'이라는 강좌를 열었다. 이 내용은 후에 영화로도 제작되어 수백 개 대기업의 영업사원들이 관람하기도 했다. 그들은 조사를 통해 밝혀 낸 원칙에 대해 설명하고 있을 뿐 아니라 실제로 그것을 적용해 보여 주었다. 즉, 청중들 앞에서 논쟁을 붙여 좋은 판매 방법과 나쁜 판매 방법을 보여 주었던 것이다.

지금은 연출 시대다. 때문에 어떤 사실을 그저 말하는 것만으로는 충분하지 않고, 그것을 생생하고 재미있으며 극적으로 연출해야만 한다. 당신은 쇼맨십을 발휘해야만 한다. 영화나 라디오, TV에서도 그렇게 하고 있고, 당신 역시 관심을 끌고 싶다면 그렇게 하지 않으면 안 된다.

쇼윈도 디스플레이 전문가들은 극적 연출이 가지는 강력한 힘을 잘 알고 있다. 예를 들어 새로운 쥐약을 개발한 어느 업체는 대리점 쇼윈도에 실제로 살아 있는 쥐 두 마리를 전시하게 했다. 그러자 그 주의 판매 실적은 평소보다 다섯 배나 증가했다.

〈아메리칸 위클리American Weekly〉지의 제임스 B. 보인튼은 방대한 분량의 시장 조사 보고서를 브리핑해야 했다. 그의 회사에서는 유명한 콜드 크림에 대해 철저한 조사를 막 마쳤고, 그는 경쟁사의 가격 할인 정책에 대비한 자료를 당장 내놔야 하는 상황이었다. 그 자료를 요청한 고객은 광고계에서 거물급으로 통하는 굉장한 인물이었다.

게다가 보인튼은 첫 번째 브리핑에서 이미 실패를 경험한 적이 있었다. 당시에 관한 그의 말을 들어 보자.

"처음 브리핑하는 자리에서는 본론에서 벗어나 쓸데없이 조사 방식에 대한 토론을 하는 바람에 시간을 허비하고 말았습니다. 그 고객이 주장하면 저는 받아쳤지요. 그 고객은 제가 틀렸다고 말하고, 저는 제가 옳다는 것을 밝히려 애썼습니다. 결국 제 주장이 옳음을 증명해서 만족하기는 했습니다만 시간을 너무 많이 쓴 탓에 브리핑 시간은 다 끝나 버렸고, 얻은 것 또한 아무것도 없었습니다.

두 번째 브리핑 자리에서 저는 숫자나 자료를 도식화하는 일에는 신경 쓰지 않았습니다. 대신 저는 그 고객을 찾아가 사실을 극적으로 연출했습니다. 사무실에 들어갔을 때 그는 통화하느라 바쁘더군요. 그사이에 저는 가방을 열고 그의 책상 위에 32개의 콜드크림 통을 꺼내 놓았습니다. 모두 그가 이미 알고 있는 제품들이었지요. 그의 경쟁사에서 나오는 제품들이었으니까요. 저는 모든 병에 항목별 거래 조사 결과에 대한 메모를 붙여 놨습니다. 각각의 메모는 간단히, 그리고 극적인 방식으로 조사 결과를 보여 주고 있었습니다."

"어떻게 됐습니까?"

"논쟁 따위는 일어나지 않았습니다. 새롭고 신선한 방식이었으니까요. 그 고객은 병을 하나하나씩 집어 들고 그것에 붙어 있는 메모의 내용을 읽었습니다. 그러면서 대화도 우호적으로 이루어졌고, 추가 질문도 받았습니다. 그는 굉장히 흥미 있어 하더군요. 원래 그는 제게 10분의 브리핑 시간을 주었지만 10분, 20분, 40분이 지나고 1시간이 지나도 대화는 계속되었습니다. 제가 브리핑한 내용은 첫 번째 자리에 들고 갔던 것과 똑같은 것이었습니다. 하지만 극적인 효과와 쇼맨십을 사용하니 이전과는 완전히 다른 결과를 얻을 수 있었습니다."

그러므로 당신의 생각대로 사람을 설득하고자 한다면,

원칙 11
당신의 생각을 극적으로 표현하라.

12

다른 방법이 통하지 않을 때
취해야 할 방법

베들레헴 스틸 사의 찰스 슈워브가 경영하는 공장 중에는 생산량이 기대에 비해 낮은 곳이 있었다. 슈워브는 그 공장의 공장장에게 "당신처럼 유능한 직원이 있는데 어째서 실적은 오르지 않는 겁니까?"라고 묻자 담당자가 대답했다. "잘 모르겠습니다. 직원들을 어르고 압박하고, 화도 내고 욕도 했다가 해고할 거라는 위협도 해 봤지만 모두 소용없었습니다. 직원들은 도통 일을 하려고 하지 않습니다."

이 대화가 오간 시간은 저녁 무렵으로, 마침 야간 근무조가 교대하기 직전이었다.

"분필 하나 줘 보십시오." 슈워브가 말했다. 그러고 나서 그는 가장 가까이에 있는 사람에게 다가가 "오늘 근무시간에 용해 작업은 몇 번이나 했습니까?" 하고 물었다.

"여섯 번 했습니다."

슈워브는 대꾸도 하지 않고 바닥에 '6'이라고 크게 적어 놓고는 가 버렸다.

야간 근무조가 들어와 바닥에 적힌 '6'을 보고는 이게 뭐냐고 묻자 주간 근무자는 "오늘 사장님이 다녀가셨는데, 저희한테 용해 작업을 몇 번 했냐고 물어서서 여섯 번 했다고 했더니 바닥에 저렇게 적어 놓으셨습니다."

다음 날 아침, 슈워브는 그 공장에 다시 찾아왔다. 야간 근무자들은 전날 바닥에 적힌 '6'을 지우고 크게 '7'이라고 적어 놓았다. 아침에 출근한 주간 근무조는 바닥에 크게 쓰인 '7'이라는 숫자를 보았다. '야간 근무조가 주간 근무조보다 일을 더 잘한다 이거지?'라고 생각한 주간 근무자들은 야간 근무조의 콧대를 꺾어 버리고 싶어 열정적으로 작업에 임했다. 그리고 밤이 되어 작업을 마칠 때가 되자 그들은 크게 '10'이라는 숫자를 써 놓고 퇴근했다. 점차 상황이 나아지기 시작한 것이다. 생산량이 늘 뒤처지던 이 공장은 이내 다른 어느 공장보다 더 많은 생산량을 기록하는 공장이 되었다.

그 비결은 무엇이었을까? 찰스 슈워브가 한 말을 들어 보자.

"일이 이뤄지게 하는 방법은 경쟁심을 자극하는 것입니다. 이때의 경쟁은 탐욕스럽고 돈에 눈 먼 경쟁이 아니라 남을 능가하고 싶다는 욕구로 생기는 경쟁심을 뜻합니다."

능가하고 싶은 욕구! 도전! 용감히 도전하는 것! 이것이야말로 기개 있는 사람들에게 호소할 수 있는 틀림없는 방법이다. 이런 도전이 아니었다면 시어도어 루스벨트는 미국의 대통령이 되지 못했을 것이다. 러프라이더Rough Rider 연대를 모집해 대 스페인 전쟁에 참전했던 루스벨트는 종전 후 쿠바에서 막 귀국하자마자 뉴욕 주지사로 선출되었다. 하지만 그의 반대파들은 그가 더 이상 합법적인 뉴욕 거주자가 아님을 알아냈고, 이에 겁먹은 루스벨트는 사퇴하려 했다. 그러자 뉴욕 출신의 거물급 상원의원인 토머스 콜리어 플랫Thomas Collier Platt은 그의 도전 의식을 자극했다. 그는 갑자기 루스벨트에게 달려가 우렁찬 목소리로 소리쳤다. "스페인 전쟁의 영웅이 갑자기 겁쟁이가 되었단 말인가?"

루스벨트는 반대파와 싸우기로 결심했고, 그 후의 이야기는 역사에 남겨진 그대로다. 도전은 그의 삶을 바꿔 놓았을 뿐 아니라 미국 역사에도 큰 영향을 미쳤다.

찰스 슈워브는 도전의 엄청난 힘을 알고 있었다. 플랫도 그랬고 알 스미스Al Smith 역시 그랬다.

알 스미스가 뉴욕 주지사였던 시절, 그는 난감한 문제와 마주했던 적이 있다. 데블스 아일랜드의 서쪽에 있는 싱싱 교도소에는 교도소장이 없었다. 근거 없는 추문과 스캔들이 교도소 안팎을 떠돌고 있었기에 스미스에게는 싱싱 교도소를 관리할, 강철처럼 강한 사람이 필요했다. 하지만 누구를 그 자리에 앉힐 것인가? 스미스는 사람을 보내 뉴햄프턴의 루이스 E. 로스를 불렀다.

"싱싱 교도소를 맡아 주는 게 어떻겠나?" 로스가 그의 앞에 섰을 때 그는 가볍게 물었다. "그곳은 경험이 풍부한 사람이 맡아야 한다네."

로스는 난처했다. 그는 싱싱 교도소가 위험한 곳이라는 것을 알고 있었다. 그것은 정치적 인사였던 데다가, 그곳의 교도소장 자리는 쉽게 변하는 정치 상황에 따라 인사 변동이 잦아서 불과 3주 만에 떠난 사람도 있었다. 앞으로의 경력도 고려해야 하는데, 과연 그런 위험을 감수해야 할까?

로스가 망설인다는 기색을 알아챈 스미스는 몸을 젖혀 의자에 등을 기대며 웃었다. "젊은 친구, 자네가 겁먹는 걸 탓할 생각은 없네. 위험한 자리인 건 맞으니 말이야. 자네의 자리를 책임져 줄 거물급 인사를 알아보겠네."

그렇게 스미스는 로스의 도전 의식을 불러 일으켰고, 로스는 거물급 인사를 필요로 하는 자리에 자신이 도전해 본다는 것이 마음에 들었다.

그래서 그는 그곳에 교도소장으로 부임했을 뿐 아니라, 그곳에서 오랫동안 일하며 실존하는 교도소장 중에서는 가장 유명한 사람이 되었다. 그가 집필한 《싱싱 교도소에서의 2만 년(20,000 Years in Sing Sing)》이라는 책은 수십만 부가 팔렸다. 그는 방송에도 출연했고, 그가 말한 교도소 이야기를 바탕으로 수십 편의 영화가 제작되기도 했다. 또한 수감자들에 대한 그의 '인간적인 태도'는 교도소 개혁이라는 측면에서 기적을 이끌어 냈다.

파이어스톤 타이어 앤드 러버 사Firestone Tire & Rubber Company를 설립한 하비 S. 파이어스톤Harvey S. Firestone은 이렇게 말했다.

"돈만으로는 인재를 불러 모으거나 붙잡아 둘 수 없다. 중요한 것은 게임 그 자체다."

성공한 사람이라면 누구나 이 말을 굉장히 좋아한다. 게임. 자기 표현의 기회. 자신의 가치를 증명하고, 다른 사람을 능가하고 이길 수 있는 기회. 도보 경주, 돼지 고함소리 내기 시합, 파이 먹기 대회가 개최되는 것도 바로 이것 때문이다. 남을 능가하고 싶은 욕망, 남에게 인정받고자 하는 욕망 말이다.

그러므로 당신의 생각대로 사람, 특히 용기와 기개가 넘치는 자를 설득하고자 한다면,

원칙 12

도전 의식을 불러일으켜라.

상대를 설득하는 12가지 방법

1. 논쟁에서 이기는 유일한 방법은 그것을 피하는 것뿐이다.

2. 상대의 의견을 존중하고, 그의 잘못을 지적하지 말라.

3. 잘못을 했을 때는 빨리, 그리고 분명하게 그것을 인정하라.

4. 우호적으로 시작하라.

5. 상대가 기꺼이 '네.'라고 답할 수 있게 만들라.

6. 나보다 상대가 더 많이 이야기하게 하라.

7. 상대가 스스로 생각해 냈다고 느끼게 하라.

8. 상대의 입장에서 사물을 보려고 진심으로 노력하라.

9. 상대의 생각과 욕구에 공감하라.

10. 상대의 고상한 동기에 호소하라.

11. 당신의 생각을 극적으로 표현하라.

12. 도전 의식을 불러일으켜라.

감정을 상하게 하지 않고 상대를 변화시키는 아홉 가지 비결

||||||||||||||||||||||||

1

칭찬과 감사의 말로
시작하라

캘빈 쿨리지Calvin Coolidge가 대통령이었던 시절, 그의 친구 한 명이 백악관에서 주말을 보내게 됐다. 대통령 개인 집무실에 들어서던 친구는 대통령이 자신의 비서 중 한 명에게 이렇게 말하는 것을 들었다. "오늘 입은 옷이 참 예쁘군. 자네는 역시 매력적인 여성이야."

비서에게 있어서 이 말은 '침묵의 캘빈'이라 불리던 대통령이 자신에게 거의 생전 처음으로 해 준 엄청난 칭찬이었을 것이다. 무척 생소한 데다 예상 밖의 일이었기 때문에 비서는 당황한 나머지 얼굴을 붉혔다. 그러자 대통령이 말했다. "너무 거만해지지는 말게나. 나는 자네 기분이 좋아지라는 뜻에서 일부러 한 칭찬이니 말일세. 그나저나 앞으로는 문장 부호 사용에 좀 더 주의를 기울여 줬으면 좋겠네."

다소 노골적이기는 하지만 그의 방식은 인간 심리적인 면에서는 굉장히 훌륭한 것이었다. 누구나 자신의 장점에 대한 칭찬을 들은 뒤라면 언짢은 이야기도 좀 더 편하게 받아들일 수 있기 때문이다.

이발사는 손님 면도를 하기 전에 비누칠을 한다. 이 방식은 1896

년 매킨리가 대통령 출마 당시에 썼던 것이기도 하다. 당시 열혈 공화당원 중 한 명이 선거 연설문을 써 왔다. 그는 자신의 글이 키케로 Cicero나 '자유가 아니면 죽음을 달라.'라는 명언을 남긴 패트릭 헨리 Patrick Henry 그리고 대니얼 웹스터 같은 명연설가들의 글을 한데 합친 것보다 더 뛰어나다고 느끼고 있었다. 뿌듯함에 취한 그는 자신의 연설문을 매킨리 앞에서 큰 소리로 낭독했다. 몇 가지 좋은 점이 있긴 했지만 그 연설문을 그대로 사용하기는 어려웠다. 비난이 쏟아질 만한 수준의 것이었기 때문이다.

하지만 매킨리는 그 당원의 열의를 꺾어 기분을 상하게 하고 싶지 않았음과 동시에, 한편으로는 그 연설문을 사용하기 어렵다는 말도 해야만 했다. 과연 어떻게 그가 이 일을 멋지게 해냈는지 살펴보자.

"이보게, 친구. 이거 정말 멋지고 훌륭한 연설이군." 매킨리는 말했다. "아마 어떤 사람도 이보다 나은 연설을 준비할 수는 없을 걸세. 정확한 지적들을 많이 했군. 그런데 이번 대선 상황에서는 그런 말들이 적절할지 잘 모르겠네. 자네 개인의 입장에서 보면 합리적이고 건전한 말들이지만 나는 정당의 입장에서 연설의 효과를 생각해 보지 않을 수 없다네. 자, 그럼 집에 가서 내가 말한 바를 고려한 연설문을 작성한 뒤에 사본을 좀 부쳐 주게나."

그 당원은 그의 말대로 했다. 매킨리는 그의 두 번째 연설문을 검토한 뒤 그가 수정 및 재작성을 할 수 있도록 도와주었다. 그 결과 그는 선거 기간 동안 가장 영향력 있는 연설가 중 한 명이 되었다.

이어서 여기 에이브러햄 링컨이 쓴 편지 중 두 번째로 유명한 것을 소개하겠다(그의 가장 유명한 편지는 전쟁에서 다섯 명의 아들을 잃은 빅스비 여사에게 보낸 애도의 편지였다.). 링컨이 아마 5분 안에 다 썼을 이 편지는 1926년 경매에 등장했을 때 1만 2,000달러에 낙찰되었다. 참고로 이 금액은 링컨이 반세기 동안 일해서 모을 수 있었던 돈보다 더 큰 금액이었다.

링컨은 1863년 3월 26일, 미국 남북전쟁 중 북군이 가장 힘겨웠던 시기에 이 편지를 썼다. 링컨이 임명했던 장군들은 무려 1년 6개월 동안 패배를 거듭하고 있었다. 그것은 아무 소득도 없는, 쓸데없고 바보 같은 인간 학살일 뿐이었다.

국민들은 공포에 떨었다. 수천 명의 병사들은 군대를 떠났고 심지어 공화당원들까지도 들고 일어나 링컨의 사퇴를 요구했다.

"우리는 지금 파멸의 위기에 처해 있습니다." 링컨은 말했다. "심지어 하느님께서도 우리를 버리신 것 같습니다. 저는 한줄기 희망의 빛조차 볼 수 없습니다." 이렇듯 이 편지는 어두운 슬픔과 혼돈이 가득한 시기에 쓰였다.

내가 여기에 이 편지를 인용하는 이유는 장군 한 사람의 행동에 국가의 운명이 달려 있던 그 시기에 링컨은 어떻게 자기 멋대로 행동하는 후커 장군을 변화시키려 노력했는지를 보여 주기 위해서다. 이 편지는 아마 링컨이 대통령이 된 뒤에 쓴 것들 중 가장 신랄한 내용의 편지일 것이다. 그러나 당신은 이런 편지에서조차 링컨이 상대의 심각한 잘못에 대해 언급하기 전에 칭찬부터 했음을 보게 될 것이다.

그렇다. 후커 장군이 한 잘못은 정말 심각한 것이었다. 하지만 링컨은 그렇게 표현하지 않았다. 좀 더 온건했고, 좀 더 외교적이었던 그는 이렇게 썼다. '장군에게 충분히 만족하지 못하는 점이 몇 가지

있습니다.'

다음은 링컨이 후커 장군에게 보낸 편지의 내용이다.

나는 장군을 포토맥 부대의 지휘관으로 임명했습니다. 물론 나는 나름의 충분한 이유가 있었기 때문에 그렇게 한 것입니다만, 그럼에도 장군에게 충분히 만족하지 못하는 점이 몇 가지 있다는 것을 알아줬으면 합니다.

나는 장군이 용감하고 능력 있는 군인임을 믿고 있고, 그런 부분이 마음에 듭니다. 또한 장군은 자신의 본분과 정치를 혼동하지 않는 인물임을 믿고, 그런 면에서 올바르게 생각하고 있는 분입니다. 장군은 자신에 대한 확신을 갖고 있고, 그런 점은 반드시 필수적이라고는 할 수 없을지 몰라도 가치 있는 자질이라 할 수 있습니다.

장군은 야심이 있는 분입니다. 사실 적당한 범위 내에서는 야심을 가지는 것도 도움이 됩니다. 하지만 번사이드 장군의 지휘하에 있는 동안 장군은 야심에 휩싸인 나머지 그의 명령에 불복종함으로써 공을 세운 명예로운 동료 장군은 물론 국가에까지 중대한 잘못을 저질렀습니다. 나는 장군이 최근 '군대와 국가에는 모두 독재자가 필요하다.'고 말했다는 것을 전해 들어 알고 있습니다. 내가 장군에게 군의 지휘를 맡긴 것은 장군이 그런 말을 했기 때문이 아니라, 그 말을 했음에도 그렇게 한 것임을 장군도 알고 있으리라 생각합니다.

성공한 장군만이 독재자로 나설 수 있는 법입니다. 내가 장군에게 바라는 것은 군사적 성공입니다. 그것을 위해서라면 나는 독재자라도 감수할 수 있습니다.

정부는 최선을 다해 장군을 지원할 것입니다. 정부는 과거 다른 장군들에게도 그렇게 해 왔고, 앞으로 어떤 장군들에게도 그러할 것입니다. 장군은 병사들이 자신의 지휘관을 비난하고, 그를 불신하는 분위기를 부대 내에 조성했습니다. 나는 그 결과가 장군에게 되돌아오지 않을까 심히 걱정스럽습니다. 나는 그러한 사태를 예방하기 위해 내가 할 수 있는 최선을 다해 도우려 합니다.

장군이 아니라 나폴레옹이 다시 살아 돌아온다 해도, 군 내부의 분위기가 그러하다면 결코 좋은 결과를 이끌어 낼 수 없을 것입니다. 그러니 경솔한 언행은 삼가기 바랍니다. 경솔함은 피하고 전력을 다해 전장으로 전진하여 우리에게 승리를 안겨 주기 바랍니다.

당신은 쿨리지나 매킨리, 링컨이 아니다. 당신은 과연 이런 철학이 일상의 사업 관계에서도 효과적인지 알고 싶을 것이다. 과연 효과가 있을까? 다음을 한번 살펴보자. 이번에는 필라델피아에 위치한 와크 컴퍼니의 W. P. 거 씨의 사례. 당신과 나처럼 평범한 시민인 거 씨는 필라델피아에서 열린 카네기 코스의 수강생으로, 강의 시간에 자신의 이야기를 들려주었다.

와크 컴퍼니는 정해진 날짜까지 필라델피아에 대규모 사무실 건물 시공을 마치기로 계약했다. 공사는 계획대로 착착 진행되어 완공이 눈앞에 다가왔다. 그런데 갑자기 건물 외부에 쓸 장식용 청동을 납품하는 하청업자가 제날짜에 물건을 댈 수 없다고 전해 왔다. 그런 상황이라면 공사가 전면 중단되어야 하는 데다 손해배상 또한 어마어마해질 것이므로 큰일도 보통 큰일이 아니었다. 이 모든 것이 단

한 사람 때문이었다.

거 씨는 그 업체와 여러 번 장거리 통화를 하며 논쟁과 열띤 대화를 계속했지만 별 소용이 없었다. 결국 그는 하청업체와 담판을 벌이기 위해 뉴욕으로 향했다.

"브루클린에서 사장님과 같은 이름을 가진 사람은 사장님 한 분뿐이라는 사실을 알고 계십니까?" 거 씨는 하청업체의 사장실에 들어서며 이렇게 물었다. 사장이 놀라서 "아니요. 전혀 몰랐습니다."라고 답하자 거 씨는 말했다. "네, 제가 오늘 아침 기차에서 내려 사장님 주소를 찾으려고 브루클린 지역 전화번호부를 봤는데, 사장님과 같은 이름을 가진 사람은 딱 한 명뿐이었습니다."

사장은 "저는 전혀 몰랐습니다." 하고 답하며 흥미롭다는 듯 전화번호부를 뒤져 보기 시작했다. "뭐, 독특한 이름이긴 합니다." 그는 자랑스럽게 말했다. "저희 집안은 거의 200년 전에 네덜란드를 떠나 이곳 뉴욕에 정착했습니다." 사장은 몇 분 동안 자신의 집안과 조상에 관해 이야기했다. 그가 이야기를 끝내자 거 씨는 그 업체의 공장이 무척 크다고 칭찬하면서, 이전에 자신이 방문했던 다른 공장들과 견주어 볼 때 훨씬 더 좋다고 말했다. "제가 본 공장 중에 가장 깨끗하고 정돈된 곳이네요."라고 거 씨가 말하자 사장은 "저는 이 사업을 일으키는 데 한평생을 바쳤습니다. 그리고 지금은 무척 자랑스럽습니다. 공장을 좀 더 둘러보시겠습니까?"라고 말했다.

공장을 살펴보며 거 씨는 제작 시스템을 칭찬하고 경쟁업체에 비해 어떤 점이 어떻게 뛰어난지를 사장에게 알려주었다. 거 씨가 처음 보는 몇몇 독특한 기계들에 대해 이야기를 꺼내자, 사장은 그 기계를 발명한 사람이 자신이라고 자랑하며 그 기계가 어떻게 작동하고 어떤 우수한 결과를 내놓는지 설명하는 데 상당한 시간을 할애했다. 그러고는 거 씨에게 점심을 같이 하자고 강하게 권했다. 이때까지 거 씨가 회사에 방문한 진짜 목적에 대해서는 그에게 한마디도 하지 않았다는 점을 유념하기 바란다.

점심식사가 끝나자 사장은 말했다. "자, 이제 사업 이야기를 해 봅시다. 저도 당신이 여기 온 이유를 알고 있었습니다만, 이 만남이 이렇게 즐거우리라고는 예상하지 못했습니다. 필라델피아로 돌아가셔서, 제가 다른 주문을 늦추는 한이 있더라도 귀사가 주문하신 물건은 제날짜까지 제작하여 보내겠다는 약속을 하더라고 말씀하셔도 됩니다."

한마디 요청도 없이 거 씨는 자신이 원하는 모든 것을 얻었다. 물건은 제 날짜에 도착했고 건물은 완공 계약 기간이 끝나는 그 날짜에 완공되었다. 만일 거 씨가 대부분의 사람들이 그런 상황에서 사용하는 고압적인 방법을 사용했다면 이런 결과가 나올 수 있었을까?

그러므로 반감이나 반발을 일으키지 않으면서 상대를 변화시키고 싶다면,

원칙 1

칭찬과 솔직한 감사의 말로 시작하라.

2

미움받지 않게 비판하는 방법

어느 날 점심 무렵, 자신의 제철공장 한 곳을 살펴보던 찰스 슈워브는 직원 중 몇 사람이 담배를 피우고 있는 것을 우연히 보게 되었다. 그 직원들 머리 바로 위에는 '금연'이라 쓰여 있는 푯말이 붙어 있었다. 슈워브는 그 푯말을 가리키며 "자네들은 글을 읽을 줄도 모르나?"라고 말했을까? 그렇지 않았다. 그건 슈워브가 사용하는 방식이 아니었다.

그는 직원들 쪽으로 걸어가 시가를 한 개비씩 건네며 이렇게 말했다. "자네들 말이야, 밖으로 나가서 이 시가를 피워 준다면 정말 고맙겠는걸." 그 직원들은 자신들이 규칙을 어겼음을 슈워브가 알고 있다는 것을 알아챘다. 그럼에도 그가 잘못에 대해서는 아무런 말도 하지 않고, 오히려 작은 선물까지 주며 자신들이 인정받고 있음을 느끼게 해 줬기 때문에 직원들은 그를 존경하게 되었다. 그렇게 행동하는 사람을 어느 누가 좋아하지 않을 수 있겠는가?

워너메이커 백화점의 설립자 존 워너메이커도 이와 같은 방법을 활용했다. 그는 필라델피아에 있는 자신의 대형 매장을 매일같이 둘러보았는데, 한번은 계산대에서 기다리고 있는 여성 고객 한 명이 눈에 띄었다. 하지만 판매사원들 중 누구도 그녀에게 관심을 갖지 않았다. 그럼 무엇을 하고 있었을까? 그들은 계산대 한쪽 구석에 모여서 자기네들끼리 웃고 떠드느라 바빴다. 워너메이커는 한마디도 하지 않았다. 그는 조용히 계산대로 가서 직접 그 고객의 계산을 처리한 뒤, 판매사원들에게 그녀가 구입한 제품을 건네주며 포장하게 하고는 그곳을 떠났다.

1887년 3월 8일, 유명한 설교가 헨리 워드 비처는 사망했다. 동양에서 사용하는 표현대로 그는 '세상을 떠났다.' 그다음 일요일, 라이먼 애벗Lyman Abbott은 비처의 죽음으로 공석이 된 설교대에서 설교를 해 달라는 부탁을 받았다.

그는 최선을 다하기 위해 프랑스의 작가 귀스타브 플로베르Gustave Flaubert처럼 꼼꼼히 주의를 기울여 쓰고 또 쓰며 자신의 설교문을 다듬었다. 그러고 나서 그 설교문을 그의 아내에게 읽어 줬다. 대개 글로 적힌 설교문이 그렇듯이 그의 설교문 역시 너무 형편없었다. 만약 그의 아내가 판단력이 부족한 사람이었다면 이렇게 말했을 것이다. "여보, 이건 너무 이상해요. 이대로는 절대 안 돼요. 사람들이 다 졸겠어요. 무슨 백과사전을 읽는 것 같거든요. 도대체 몇 년을 설교했는데 이렇게밖에 못하죠? 제발 사람이 말하듯이 할 수는 없어요? 좀 자연스럽게 하실 수 없냐고요. 이걸 읽었다간 망신거리만 될 거예요."

만약 그의 아내가 이렇게 말했다면 무슨 일이 일어났을지는 당신도 잘 알 것이다. 그리고 그의 아내 역시 잘 알고 있었다. 그래서 그녀는 그 글이 〈노스 아메리칸 리뷰North American Review〉에 실린다면 정말 좋을 것 같다고 칭찬했다. 다시 말해, 그녀는 그 글을 칭찬하면서도 설교문으로는 좋지 않음을 은근슬쩍 암시한 것이다. 애보트는 그 뜻을 알아차리고 정성 들여 준비한 자신의 설교문을 찢어 버렸음은 물론, 메모 한 장 없이 설교를 했다.

그러므로 반감이나 반발을 일으키지 않으면서 상대를 변화시키고 싶다면,

원칙 2
상대의 실수는 간접적으로 지적하라.

3
자신의 잘못을
먼저 이야기하라

몇 년 전, 조카 조세핀 카네기가 내 비서로 일하겠다고 캔자스시티의 집을 떠나 뉴욕에 왔다. 당시 그 아이는 열아홉 살이었고 그보다 3년 전에 고등학교를 졸업했지만 사회 경험은 거의 없었다. 요즘 그녀는 수에즈 서부 지역에서 가장 유능한 비서 중의 한 사람이 되었지만 초창기에는 뭐랄까, '개선의 여지가 많았다.'

그런데 하루는 조세핀을 야단치려다가 스스로 이런 생각이 들었다. '잠깐만, 데일 카네기. 너는 조세핀보다 나이는 두 배나, 사회 경험은 1만 배나 더 많지? 그런데 어떻게 저 아이가 네 관점과 판단, 창의력을 갖고 있기를 기대하는 거야? 자네의 그런 능력들도 사실 별것 아닐 텐데 말이지. 그리고 잠깐 기다려 봐, 데일. 너는 열아홉 살때 뭘 하고 있었지? 네가 저질렀던 바보 같은 잘못이나 엄청난 실수를 기억하고는 있지? 이런저런 실수와 잘못들 말이야.'

이 문제에 대해 정직하고 공정하게 생각을 거듭한 끝에 나는 열아홉 살 조세핀의 타율이 내가 열아홉 살이었을 때보다 더 낫고, 부끄럽지만 고백하자면 나는 조세핀이 마땅히 받아야 할 칭찬도 제대로 해 주지 않는다는 결론을 내렸다.

그래서 그 이후로 나는 그 아이의 실수를 지적하고 싶을 때 이렇게 말을 꺼냈다. "조세핀, 네가 실수를 했구나. 하지만 하느님께서는 네 실수가 내가 저질렀던 것보다는 낫다는 것을 아실 거야. 판단력은 타고나는 게 아니야. 경험을 통해서 얻어지는 거지. 그래서 너는 네 나이만 할 때의 나보다 훨씬 낫단다. 나는 그때 바보 같고 멍청한 잘못들을 너무 많이 저질러서 너나 다른 사람들을 탓할 생각은 전혀 없어. 하지만 네가 만약 이러저러하게 했다면 좀 더 현명한 일이었을 거라고 생각하지 않니?"

만약 꾸짖는 사람이 자신 역시 완벽한 사람이 아님을 겸손하게 시인하고 말문을 연다면, 상대방은 자신의 잘못을 되풀이하여 지적하는 이야기라도 좀 더 쉽게 받아들일 것이다.

세련된 기품이 있기로 알려진 프린스 폰 빌로우Prince von Bulow는 이미 1909년에 이런 행동의 필요성을 잘 알고 있었다. 당시 그는 빌헬름 2세가 통치하는 독일제국의 총리였다. 육군과 해군 병력을 키우며 그들로는 무엇이든 휩쓸 수 있다고 거들먹거리던 빌헬름 2세는 '거만한 빌헬름', '건방진 빌헬름', '최후의 독일 황제 빌헬름'으로 불렸다.

그런데 깜짝 놀랄 일이 벌어졌다. 빌헬름 2세가 했던 너무나 터무니없는 이야기들 때문에 유럽 대륙이 흔들리고 세계 각지에서 폭발음이 일어나기 시작한 것이다. 영국 방문길에 바보 같고 제멋대로인 발언을 공식적으로 해 버린 데다, 〈데일리 텔레그래프Daily Telegraph〉

지에 그것을 실어도 좋다고 허락한 황제 덕분에 문제는 끝없이 악화 일로를 걸었다. 그가 했던 이야기들은 다음과 같았다. 자신만이 영국 민에게 호감을 느끼는 유일한 독일인이다. 독일은 일본의 침략에 대 항할 해군을 양성 중이다. 자신만이 러시아와 프랑스에 영국이 짓밟 혀 굴욕당하는 영국을 구해 주었다. 영국의 로버츠 경이 남아프리카 의 보어인을 물리칠 수 있었던 것은 사실 자신이 세웠던 군사 계획 덕분이다……

근 100년 동안 유럽 대륙의 어떤 왕들도 평화로운 시기에 그처럼 충격적인 이야기를 한 적이 없었다. 영국은 격분했고, 독일 정치인들 은 경악했으며, 전 유럽 대륙은 벌집을 쑤신 것처럼 떠들썩해졌다. 그런 난리 속에서 황제는 전전긍긍하다가 수상인 폰 뷜로우에게 이 일에 대한 책임을 져 달라고 말했다. 즉, 폰 뷜로우가 이 모든 것은 황 제에게 그렇게 말할 것을 조언한 자신의 책임이라고 발표해 주길 원 했던 것이다. 그러자 폰 뷜로우는 황제에게 항의했다.

"그러나 황제 폐하, 독일과 영국에서 제가 폐하께 그런 조언을 했 다고 믿을 사람은 한 명도 없을 것이라 사료됩니다."

이 말이 입 밖으로 나가는 순간, 그는 자신이 엄청난 실수를 저질 렀다는 것을 깨달았다. 황제는 대노하여 "자네는 내가 미련하기 때 문에 자네라면 절대 저지르지 않았을 실수를 했다고 생각하는가 보군!"

폰 뷜로우는 비판을 하기 전에 칭찬해야 했음을 알고 있었다. 그 러나 이미 때는 너무 늦었기 때문에 그는 차선책, 즉 비판한 뒤 칭찬 을 하기로 했다. 그리고 칭찬이 늘 그렇듯, 그 차선책은 기적을 일으켰다.

"저는 절대 그런 뜻으로 말씀드린 것이 아닙니다." 그는 공손히 말했다.

"황제 폐하께서는 다방면에서 저보다 훨씬 뛰어나십니다. 육해군에 관한 지식은 물론이고, 여러 분야 중 특히 자연과학에서 월등히 뛰어나시지요. 저는 황제 폐하께서 기압계나 무선 전신, 또는 뢴트겐선에 대해 설명하시는 것을 종종 경탄하며 들었습니다. 자연과학의 모든 분야에 대해서는 부끄러울 정도로 아는 것이 없고 화학이나 물리학에 대해서도 문외한인 저는 아주 단순한 자연 현상조차 제대로 설명할 수 없습니다. 하지만 그에 대한 보상인지 저는 약간의 역사적 지식과 더불어 정치, 특히 외교 쪽으로 유용한 자질도 조금은 갖추고 있다고 생각합니다."

황제의 얼굴이 밝아졌다. 폰 뷜로우는 황제를 칭찬했고, 자신을 낮추었다. 그러자 황제는 그 어떤 것이라도 용서할 수 있을 것 같았다. "내가 자네에게 우리는 놀라울 정도로 서로를 훌륭하게 보완하는 관계라고 늘 말하지 않았나?" 열띤 목소리로 황제가 말했다. "우리는 서로 늘 붙어 있어야 해. 암, 그렇고말고!"

그는 폰 뷜로우의 손을 잡고 여러 번 흔들었다. 그날 오후 황제는 너무 열정에 차서 두 주먹을 불끈 쥔 채 이렇게 말했다. "누구든 내게 프린스 폰 뷜로우에 대해 안 좋은 이야기를 하면 그 사람 콧대를 주먹으로 부러뜨려 버리겠다."

폰 뷜로우는 너무 늦지 않게 위기를 모면했다. 그러나 빈틈없는 외교관이었음에도 불구하고 그는 한 가지 실수를 범했다. 그는 황제가 조금 모자란 사람이라 누가 돌봐 줘야 한다는 암시를 하기 이전에, 자신의 부족한 점과 황제의 우수한 점을 먼저 언급했어야 했다.

자신을 낮추고 다른 사람들을 칭찬하는 몇 마디 말 덕분에 자신이 모욕당했다고 느낀 거만한 황제와 절친한 친구가 될 수 있다면, 겸손함과 칭찬이 우리 일상에서 얼마나 큰 일을 할 수 있을지 상상해 보라. 제대로 사용한다면 겸손함과 칭찬은 인간관계에서 진정한 기적을 일으킬 것이다.

그러므로 반감이나 반발을 일으키지 않으면서 상대를 변화시키고 싶다면,

원칙 3

**상대를 비판하기 전에
자신의 잘못을 먼저 이야기하라.**

4

명령받고 싶어 하는 사람은 아무도 없다

최근에 나는 미국 전기 작가협회의 원로인 아이다 M. 타벨Ida M. Tarbell 여사와 식사를 하며 즐거운 시간을 보냈다. 나는 여사에게 책을 집필 중이라고 말했고, 우리는 '사람들과 잘 지내는 법'이라는 중요한 주제에 대해 활발히 토론했으며 그 과정에서 그와 관련된 여사의 경험담도 들을 수 있었다.

그녀가 오웬 D. 영의 전기를 쓸 당시의 이야기다.

어느 날 그녀는 영과 함께 3년간 같은 사무실에서 일했던 사람을 인터뷰하게 되었다. 그 사람은 3년 동안 단 한 번도 영이 누군가에게 직접적으로 명령하는 것을 들어 본 적이 없다고 단언했다. 영은 항상 제안을 했을 뿐 명령을 하지는 않았다. 다시 말해 그는 "이렇게 하시오." 또는 "저렇게 하시오."라거나 "이렇게 하지 마시오.", "저렇게 하지 마시오."라는 말 대신 "이런 것도 생각해 보면 좋지 않을까요?" 혹은 "저렇게 하면 어떨 것 같습니까?"라고 말했다. 영은 편지를 구술시키고 난 뒤에도 그는 종종 "이러이러하게 쓰는 건 어떨까요?"라고 이야기하기도 했다. 비서 중 한 사람이 쓴 편지를 검토한 뒤에는 "이 부분을 이런 식으로 고치면 더 좋아질 것 같군요."라고 말한 적도 있다. 그는 항상 다른 사람들에게 스스로 일을 할 수 있는 기회를 제공했고, 절대로 자신의 비서들에게도 어떤 일을 하라고 명령한 적이 없었다. 그저 직원들이 일을 하게 두고, 자신이 저지른 실수를 통해서 깨닫게 했을 뿐이다.

이러한 기술은 사람들로 하여금 자신이 저지른 실수를 쉽게 바로잡을 수 있게끔 한다. 또한 자존심을 세워 줌과 동시에 자신이 인정받고 있다는 생각이 들게 하며, 반감 대신 협조하고 싶은 마음을 불러일으킨다.

그러므로 반감이나 반발을 일으키지 않으면서 상대를 변화시키고 싶다면,

원칙 4

직접적인 명령 대신 질문을 하라.

5

상대의 체면을
세워 줘라

오래전 제너럴 일렉트릭General Electric 사는 찰스 슈타인메츠를 부서장에서 물러나게 해야 하는 까다로운 상황에 봉착했다. 슈타인메츠는 전기 분야에서 손꼽히는 천재였지만 회계부서장감으로는 턱없이 부족한 인물이었다. 그러나 회사 입장에서는 그의 심기를 건드리고 싶지 않았다.

그는 여전히 회사에서 없어서는 안 되는 인물이었고, 굉장히 예민한 사람이었다. 그래서 회사는 그에게 새로운 직함을 주었다. 제너럴 일렉트릭 사의 컨설팅 엔지니어로 임명한 것이다. 이 직함에 해당하는 일은 그가 이미 해 오고 있었다. 그리고 그가 맡았던 회계부서장에는 다른 인물을 임명했다. 슈타인메츠는 기뻐했고, 회사 간부들 역시 그랬다. 회사에서 가장 성격이 까다로운 인물의 체면을 세워 줌으로써 아무 문제없이 소동을 벌이지 않고 일을 처리했기 때문이다.

상대방의 체면을 살려 주는 것, 이것이야말로 중요하고 더없이 중요한 일이다! 우리는 다른 사람의 감정을 짓밟고, 자기 멋대로 하고,

잘못을 꼬집어 내고, 위협을 가하고, 다른 사람들 앞에서 아이나 종업원을 다그친다. 상대방의 자존심이 다치는 것은 안중에도 없이 말이다. 하지만 이와 반대로 아주 잠깐의 생각, 사려 깊은 말 한두 마디, 상대방의 입장에 대한 진심 어린 이해는 상대방이 받을 상처를 훨씬 줄일 수 있을 것이다. 그러니 다음부터 밑에 있는 사람들이나 종업원들을 해고해야 하는 꺼림칙한 일을 처리해야 할 때는 이 점을 명심하도록 하자.

"해고당하는 일이야 더 말할 나위 없겠지만, 직원을 해고하는 일도 그렇게 즐거운 것은 아닙니다."(나는 지금 공인회계사 마셜 A. 그랜저 씨가 내게 보낸 편지 내용의 일부를 인용하고 있다.) "이쪽 일은 대개 한철 장사라, 저희는 3월에 많은 인원을 감축해야 합니다. 저희 업계 종사자들 사이에서 해고하는 것을 좋아하는 사람이 없다는 건 너무나 당연한 사실이므로, 해고 처리는 가능한 한 빠르게 하는 게 관례입니다. 그래서 보통 다음과 같은 방식으로 처리하지요. '앉으십시오, 스미스 씨. 이번에 성수기가 다 끝나서 저희로서는 더 이상 드릴 일거리가 없습니다. 물론 이번 시즌에만 고용되었다는 것은 이미 알고 계셨으리라 생각합니다. 등등 …….'

이런 말을 들은 사람들은 실망감과 '모멸감'을 갖게 됩니다. 그들 대부분은 평생 회계업계에 종사했지만, 그럼에도 자신들을 그렇게 쉽게 해고해 버리는 회사에 대해서는 아주 작은 애사심조차 가지지 않습니다.

최근에 저는 임시직원들을 내보낼 때는 좀 더 능숙하고 사려 깊은 태도를 취하겠다고 결심했습니다. 그래서 면담 전에는 반드시 그 사람이 겨울 동안 했던 업무를 꼼꼼히 살펴본 뒤, 한 사람씩 따로 불러 이렇게 말했습니다. '스미스 씨(실제로 업무 처리 능력이 좋았다면) 정말 수고하셨습니다. 뉴어크Newark로 파견되어 하셨던 일은 정말 어려운 것이었는데, 잘 처리해 주셔서 회사는 당신을 자랑스럽게 생각하고 있습니다. 능력 있으신 분이시니 어디에서 일하더라도 잘 해내실 것입니다. 저희 회사는 스미스 씨의 능력을 믿고, 항상 응원하고 있다는 점을 잊지 말아 주시기 바랍니다.'

그 효과 말씀입니까? 그 사람들은 해고당하는 것에 대해 전보다 훨씬 더 좋은 감정을 갖고 떠났고, '모멸감' 또한 느끼지 않았습니다. 만약 우리에게 일거리가 있었다면 그들과 계속해서 일했을 것임을 그들은 알고 있습니다. 그리고 우리가 그들을 다시 필요로 할 때 그들은 개인적으로 상당한 애정을 갖고 일하러 와 줍니다."

고인이 된 드와이트 머로우Dwight Morrow는 상대에게 달려들어 싸우기를 좋아하는 공격적인 사람들을 화해시키는 데 엄청난 재주를 갖고 있다. 그는 어떤 방법을 썼을까? 우선 양측의 옳은 점, 정당한 점을 세세히 찾아내서 칭찬하고 강조하며 조심스럽게 그 점을 조명해 주었다. 그래서 어느 쪽으로 해결이 되더라도 절대 어느 쪽도 잘못한 편이 되지 않게 했다. 바로 이것, 즉 상대의 체면을 세워 줘야 한다는 것은 진정한 중재자라면 모두 아는 사실이다.

진정으로 위대한 사람, 평범한 속세를 넘어선 사람은 너무나 훌륭하기 때문에 자신의 개인적 승리를 흐뭇하게 감상하는 데 시간을 낭비하지 않는다. 다음의 예를 보자.

1922년, 터키인들은 수백 년 동안 심각한 적대 관계를 유지해 오던 그리스인들을 터키 땅에서 영원히 몰아내기로 결정했다. 무스타파 케말Mustafa Kemal은 자신의 병사들에게 나폴레옹처럼 연설했다. "제군들의 목표는 지중해다." 이와 함께 현대사에서 격렬한 전쟁 중 하나가 발발했고, 터키 군이 승리했다. 그리고 두 명의 그리스 장군, 트리코피스와 디오니스가 항복하고자 케말의 진지에 갈 때 터키인들은 그들에 대고 엄청난 저주를 퍼부었다. 그러나 케말의 태도는 승리자의 그것과 전혀 달랐다. 그는 그들의 손을 꼭 잡고 이렇게 말했다.

"여러분, 앉으시지요. 모두 피곤하실 겁니다." 그런 뒤 그는 그들과 함께 전쟁에 대해 자세히 논의했고, 적들이 받은 패전의 충격을 덜어주었다. 그는 군인 대 군인으로서 이렇게 말했다. "전쟁이란 게임과도 같아서, 때로는 뛰어난 자가 질 때도 있습니다."

승리에 따르는 엄청난 흥분에도 불구하고 케말은 다음과 같이 중요한 규칙을 기억하고 있었다.

원칙 5

상대의 체면을 세워 줘라.

6

사람들을 성공으로
이끄는 방법

피트 발로우는 내 오랜 친구다. 그는 동물 쇼를 하면서 평생을 서커스단, 곡예단과 함께 유랑했다. 나는 그가 무대에 내보내기 위해 새로 데려온 개를 조련시키는 것을 구경하는 것이 좋았다. 그는 개가 조금이라도 잘하면 개를 쓰다듬고 칭찬하며 고기를 주는 등 난리법석을 부렸다.

사실 이것은 새로운 방식이 아니다. 동물 조련사들은 그런 방법을 수백 년 동안 사용해 왔으니 말이다.

그런데 왜 우리는 개를 훈련할 때 활용하는 상식을 사람을 변화시키려 할 때는 쓰지 않는 것일까? 왜 우리는 채찍 대신 고기를 사용하지 않고, 비난 대신 칭찬을 활용하지 않는 것일까? 약간의 진전을 보이더라도 칭찬을 해 주자. 칭찬은 상대를 계속 분발하게 만든다.

싱싱 교도소의 소장인 워든 루이스 E. 러스는 범죄 행위에 전혀 가책을 느끼지 않는 교도소의 수감자들조차도 작은 발전에 대한 칭찬에는 변화를 보인다는 것을 알게 됐다. 나는 이 장을 쓰고 있을 때 그로부터 편지를 받았는데, 그 내용은 아래와 같다.

"저는 잘못에 대한 지독한 비판이나 비난보다 적절한 칭찬의 말이 재소자들의 협력을 이끌어 낼 수 있고, 더 나아가 궁극적으로는 그들의 사회 재적응 능력을 향상시키는 데 더 좋은 결과를 가져온다는 사실을 알게 됐습니다."

나는 싱싱 교도소에 수감된 적이 없다. 적어도 지금까지는 말이다. 하지만 과거를 돌아보면 칭찬 몇 마디가 그 이후의 내 삶 전체를 뒤바꿔 놓았음을 알 수 있다. 당신 삶에서도 이런 경험이 있지 않은가? 역사에는 칭찬의 마법 그 자체가 만들어 낸 놀라운 사례가 수없이 많다.

일례로, 반세기 전에 열 살짜리 한 소년은 나폴리의 어느 공장에서 일하고 있었다. 소년은 가수가 되고 싶었지만 첫 번째 선생님이 그의 의욕을 꺾어 버렸다. "너는 노래할 수 없어. 네 목소리는 울림이 없고, 꼭 문틈으로 새어 나오는 바람소리 같거든." 그러나 가난한 촌부였던 소년의 어머니는 소년을 품에 안고 칭찬해 주면서, 소년은 노래를 잘할 수 있고 또 이미 나아지고 있다고 이야기해 주었다. 그녀는 아들의 음악 교습비를 마련하기 위해 맨발로 다녔다. 그런 어머니의 칭찬과 격려는 소년의 삶을 바꿔 놓았다. 당신도 그 소년의 이름을 들어봤을 것이다. 이탈리아의 유명 테너 가수인 그의 이름은 엔리코 카루소Enrico Caruso다.

오래전, 작가가 되기를 꿈꾸는 런던의 젊은 청년이 있었다. 하지만 그에게 있어 좋은 조건이란 하나도 없었다. 그는 학교에 4년 이상 다녀 본 적이 없었고, 아버지는 빚을 갚지 못해 감옥에 갇혀 버렸다. 소년은 굶주림의 고통에 시달렸던 때도 적지 않았는데, 그러다 쥐가 들끓는 창고에서 구두약통에 상표를 붙이는 일을 하게 됐다. 밤이 되면 소년은 런던 빈민가를 떠도는 두 명의 부랑아와 함께 음침한 다락방에서 잠을 청했다. 글재주에 너무나도 자신 없었던 소년은 누구로부터도 비웃음을 사지 않기 위해 어두운 밤에 몰래 나와 자신의 작품을 출판사에 우편으로 부쳤지만, 계속 거절당하는 일이 반복되었다.

마침내 기념비적인 날이 찾아왔다. 어느 출판사의 편집장 하나가 그를 칭찬해 준 것이다. 비록 원고료는 한 푼도 받지 못했지만, 한 명의 편집장이라도 그를 인정해 준 것에 감동한 소년은 두 뺨에 눈물을 흘리며 정처 없이 거리를 돌아다녔다. 그렇게 한 작품이 출판되어 나옴으로써 소년이 받은 칭찬과 인정은 삶을 완전히 바꾸어 버렸다. 만약 그 격려가 없었다면 소년은 쥐가 득실거리는 공장에서 상표나 붙이는 데 평생을 보냈을지도 모른다. 당신도 이 소년의 이름을 들어 봤을 것이다. 그의 이름은 찰스 디킨스Charles Dickens다.

반세기 전에 런던의 또 다른 소년은 포목점의 점원으로 일하고 있었다. 소년은 새벽 5시에 일어나서 가게를 청소하고, 하루에 14시간 동안 노예처럼 일해야 했다. 그 자체로도 고된 그 일이 소년은 너무나 싫었다. 2년 뒤, 더 이상 견디지 못한 소년은 어느 날 일어나 아침식사도 하지 않고, 가정부로 일하고 계신 어머니와 상의하기 위해 15마일을 걸어갔다. 그 가게에서 더 일을 하느니 차라리 죽어 버리겠다며 소년은 미쳐 날뛰었고, 어머니께 간청하며 눈물도 흘렸다. 그러고 나서 옛 모교의 교장 선생님께 자신은 가슴이 너무 아파 더 이상 살고 싶지 않다는 애절한 내용의 긴 편지를 썼다.

교장 선생님은 소년을 칭찬하며, '너는 정말 영리하니 그에 맞는 일을 하라'는 확신을 심어 주며 교사직을 권했다. 이 칭찬은 소년의 장래를 바꾸었을 뿐 아니라 그로 하여금 영문학사에 영원한 족적을 남기게 했다. 소년은 훗날 77권의 책을 쓰고 글재주로 100만 달러 이상의 부를 쌓았는데, 당신은 아마 이 소년의 이름도 들어 봤을 것이다. 그는 바로 《타임머신The Time Machine》, 《투명 인간The Invisible Man》 등과 같은 공상 과학소설로 유명한 영국 소설가 H. G. 웰스H. G. Wells 다.

1922년 캘리포니아 변두리에는 아내를 부양하며 어려운 삶을 살고 있는 한 남자가 있었다. 그는 일요일에는 교회 성가대에서 노래를 불렀고, 가끔씩 결혼식장에서 '오, 내게 약속해 주오Oh, Promise Me'를 불러 5달러를 받기도 했다. 너무 가난한 탓에 더 이상 캘리포니아 시내에서 살 수 없었던 그는 포도 농장 한가운데 있는, 곧 쓰러질 것 같은 낡은 집에 세를 얻어 살았다. 월세는 12달러 50센트밖에 되지 않았지만 그는 그것조차 제때 낼 수 없어 열 달치가 밀려 버렸다. 그는 포도 농장에서 포도 따는 일을 거들며 월세를 조금씩 갚아 나갔다. 그는 훗날 내게 "포도 외에는 먹을 것이 없었던 시절도 있었지요."라고 말하기도 했다. 의욕을 잃은 그는 가수로 사는 꿈을 접고 생계를 꾸려 나가기 위해 트럭을 팔려 했다. 그런데 당시 할리우드에서 영화 제작자 등으로 활동했던 루퍼트 휴스가 때마침 그에게 "자네는 정말 훌륭한 가수가 될 자질을 갖고 있다네. 그러니 꼭 뉴욕에 가서 공부하도록 하게나."라며 그를 칭찬했다.

그는 최근 내게 그 작은 칭찬과 격려가 자신의 삶에 있어 큰 전환점이 되었다고 말했다. 그는 그 칭찬을 듣고 2,500달러를 빌려 동부로 갔기 때문이다. 이 이야기의 주인공은 메트로폴리탄 오페라 하우스 등 오페라 무대에서 전설적인 바리톤 가수로 명성을 떨친 로렌스 티벳Lawrence Tibbett이다.

우리는 지금 사람을 변화시키는 것에 대해 이야기하고 있다. 하지만 만일 당신이나 내가 다른 이에게 영감을 주어서 그가 자신에게 숨겨진 보석이 있음을 깨닫게 할 수 있다면 우리는 사람을 변화시키는 것 이상의 일을 할 수 있다. 말 그대로 사람을 180도 다른 사람으로 만들 수 있는 것이다.

너무 과장한 것처럼 들리는가? 그렇다면 하버드 대학 교수이며 미국이 낳은 가장 훌륭한 심리학자이자 철학자였던 윌리엄 제임스의 지혜가 담긴 말을 들어 보자.

인간은 그가 가진 능력에 비해 겨우 절반 정도만 깨어 있다. 우리는 우리가 지닌 육체적·정신적 자원의 극히 일부만을 사용할 뿐이다. 일반화하여 이야기하자면 개개의 인간은 그럼으로써 자신의 한계에 훨씬 못 미치는 삶을 살고 있다. 하지만 인간에게는 습관상 활용하지 못하고 있는 다양한 종류의 능력이 있다.

그렇다. 지금 이 책을 읽고 있는 당신 역시 습관상 활용하지 못하고 남겨 둔 다양한 능력을 가지고 있다. 그리고 당신이 제대로 쓰고 있지 않은 그 능력 중 하나는 상대를 칭찬하고 영감을 불어 넣어, 그로 하여금 자신의 잠재력을 깨닫게 하는 마법의 능력이다.

그러므로 반감이나 반발을 일으키지 않으면서 상대를 변화시키고 싶다면,

원칙 6

약간의 발전을 보여도 칭찬하라. 어떤 발전이든 칭찬하라.
'진심으로 인정하고, 아낌없이 칭찬하라.'

7

개에게도 착하다고
말해 줘라

내 친구 어니스트 겐트 부인은 뉴욕 스카스데일에 살고 있다. 어느 날 그녀는 집안일을 돌봐 주는 하녀를 고용해서 다음 월요일부터 나오라고 말했다. 그사이 겐트 부인은 그 하녀가 예전에 일하던 집에 전화를 걸어 그녀에 대해 물어보았다. 그런데 그녀의 모든 면에 대해 좋지 않은 대답을 들었다. 월요일이 되어 일하러 온 하녀에게 겐트 부인은 이렇게 말했다. "넬리, 네가 전에 일했던 집의 안주인에게 전화를 해 봤어. 그분은 네가 정직하고 믿음직한 사람이라고 말하더구나. 요리도 잘하고 아이들도 잘 돌보고 말이야. 네가 좀 지저분하고 집을 잘 치우지 않는다는 말도 듣긴 했지만, 내 생각엔 그분이 거짓말을 한 것 같아. 너는 아주 깔끔한 복장이고, 누구나 그걸 알 수 있거든. 그래서 나는 네가 딱 네 옷차림처럼 집 안을 깨끗하고 말끔하게 치울 거라고 믿어 의심치 않는단다. 너랑 나랑은 잘 지낼 수 있을 것 같구나."

그리고 그들은 정말 잘 지냈다. 넬리에 대한 좋은 평가는 곧 그녀가 지켜야 할 기준이 되었다. 그녀는 언제나 집 안을 깔끔하게 유지했고, 자신에 대해 겐트 여사가 갖고 있는 기대를 저버리지 않았음은 물론 즐거운 마음으로 쓸고 닦으며 근무시간보다 한 시간이나 더 일하곤 했다.

볼드윈 로코모티브 웍스Baldwin Locomotive Works 사의 사장 새뮤얼 보클레인Samuel Vauclain은 "대개의 사람들은 자신이 존경하는 사람이 자신의 어떤 능력에 대해 높이 평가하면 그가 이끄는 대로 쉽게 움직인다."라고 말한 바 있다. 다시 말해, 당신이 누군가의 특정 부분을 나아지게 만들고 싶다면 그것이 이미 그 사람의 뛰어난 장점 중 하나인 것처럼 행동해야 한다.

셰익스피어는 말했다.

"갖추지 못한 장점이 있다면 이미 그것을 가진 것처럼 행동하라."

그러니 상대의 어떤 장점을 계발시켜 주고 싶다면, 다른 이들 앞에서 공개적으로 그가 이미 그 장점을 갖고 있다고 생각하고 말하는 것이 좋다. 상대가 지키고 싶어 할 만한 좋은 평가를 내려라. 그러면 그는 당신의 실망한 모습을 보지 않기 위해 오히려 더 큰 노력을 기꺼이 기울이려 할 것이다.

《파랑새The Blue Bird》의 저자 모리스 마테를링크Maurice Maeterlinck의 연인이자 소프라노 가수였던 조제트 르블랑Georgette Leblanc은 자신의 저서《추억, 마테를링크와 함께한 나의 삶Souvenirs, My Life with Maeterlinck》에서 벨기에판 신데렐라의 놀라운 변신에 대해 소개했다. 책에서 그녀는 이렇게 쓰고 있다.

인근 호텔의 하녀 아이가 내 식사를 가져오는 일을 맡았다. 부엌 보조로 처음 일을 시작했기에 그 아이는 '접시닦이 마리'라고 불렸다. 아이는 눈이 사시인 데다 안짱다리여서 보기 흉한 모습이었다.

어느 날, 아이는 내 식사로 마카로니를 가져왔다. 마카로니 소스가 묻어 빨개진 그 아이의 두 손을 보고 나는 대뜸 이렇게 말했다. "마리, 너는 네 안에 어떤 보물이 있는지 전혀 모르는 것 같구나."

자신의 감정을 숨기는 데 익숙해 있던 마리는 뭔가 크게 야단을 맞을까 봐 두려웠는지 미동도 하지 않은 채 마냥 서 있기만 했다. 그렇게 몇 분이 지나자 아이는 탁자 위에 접시를 내려놓고 한숨을 내쉬더니 천진한 목소리로 말했다. "부인, 부인께서 그렇게 말씀해 주지 않으셨다면 저는 결코 그렇게 생각할 수 없었을 거예요." 마리는 의심도 하지 않고 질문을 하지도 않았다.

그러고는 곧장 부엌으로 가서 내가 한 말을 되풀이했다. 그 말에 대한 믿음이 너무나 확고했기에 아무도 그 아이를 놀리지 않았고, 마리는 그날 이후 특별한 관심까지 받게 되었다. 하지만 모든 변화 중에서 가장 특이할 만한 것은 바로 마리 자신에게서 일어났다. 그 아이는 자신 안에 보이지 않는 경이로움이 있다는 것을 믿으면서 외모와 신체를 정성 들여 가꾸기 시작했다. 그러자 이전에는 볼 수 없었던 젊음이 피어나기 시작했고, 못생긴 외모도 어느 정도 감춰졌다.

두 달 후 내가 그곳을 떠날 때, 마리는 요리사의 조카와 곧 결혼할 예정이라고 알려 왔다. 마리는 "저도 이제 귀부인이 될 거예요."라고 말하며 내게 감사의 인사를 했다. 몇 마디의 말이 한 소녀의 일생을 바꿔 놓은 것이다.

조제트 르블랑은 '접시닭이 마리'에게 그녀가 지키고 싶은 좋은 칭찬을 해 주었고, 그 칭찬은 그녀의 삶을 변모시켰다.

헨리 클레이 리스너Henry Clay Risner도 프랑스에 주둔한 미국 병사들의 행동을 변화시키고자 했을 때 이와 똑같은 방법을 사용했다. 미국에서 가장 유명한 장군인 제임스 G. 하보드James H. Harbord는 언젠가 리스너에게, 프랑스에 있는 200만 명의 보병은 자신이 책에서 읽거나 전에 만나 본 병사들 중 가장 말끔하고 이상적인 병사들이라고 말한 적이 있다.

너무 과장된 칭찬이라고? 그럴지도 모르겠다. 하지만 리스너가 이 말을 어떻게 활용했는지 한번 살펴보도록 하자. 그는 다음과 같이 썼다.

"저는 장군께서 말씀하신 것을 기회가 될 때마다 병사들에게 말해 줬습니다. 그것이 진실인지 아닌지는 한 번도 의심하지 않았죠. 설령 진실이 아니라 해도 장군께서 그렇게 생각하신다는 것을 아는 것만으로도 병사들은 그 기준에 맞게 모범적으로 행동할 것임을 알고 있었기 때문입니다."

옛말에 '미친개라고 낙인찍는 것은 그 개를 목매다는 것과 같다.'라는 것이 있다. 그렇다면 좋은 개라고 불러 주면 어떤 일이 일어나겠는가? 부자든 가난한 사람이든, 거지이든 도둑이든, 대부분의 사람은 자신에게 정직하다는 평이 주어지면 그에 맞게 살아간다.

죄수들의 특성이라면 어느 누구보다도 잘 알고 있는, 싱싱 교도소의 교도소장 워든 루이스 E. 러스는 이렇게 말했다.

"아주 나쁜 사람을 다룰 수 있는 방법은 한 가지밖에 없다. 그것은
그를 존경할 만한 사람처럼 대하는 것이다. 그가 그런 대우를 받을 만
한 인물이라고 생각하라. 그렇게 하면 그는 누군가 자신을 믿어 준다
는 사실을 자랑스러워하며, 즐거운 기분으로 그 대우에 맞는 행동을
할 것이다."

이 말은 매우 훌륭한 데다 중요한 말이기 때문에 한 번 더 적겠다.

"아주 나쁜 사람을 다룰 수 있는 방법은 한 가지밖에 없다. 그것은
그를 존경할 만한 사람처럼 대하는 것이다. 그가 그런 대우를 받을 만
한 인물이라고 생각하라. 그렇게 하면 그는 누군가 자신을 믿어 준다
는 사실을 자랑스러워하며, 즐거운 기분으로 그 대우에 맞는 행동을
할 것이다."

그러므로 반감이나 반발을 일으키지 않으면서 상대를 변화시키고
싶다면,

원칙 7

상대가 지키고 싶어 할 좋은 평을 주어라.

8

바로잡기 쉬운 잘못이라고
말하라

나이 마흔이 되도록 총각이었던 친구 한 명이 얼마 전에 약혼을 했는데, 그는 약혼녀의 설득으로 춤 교습을 받게 되었다. "하느님도 내가 춤 교습이 필요하다는 건 알고 계실 걸세." 친구는 그 일을 이야기하며 이렇게 고백했다.

"내 춤 실력은 20년 전 처음 춤을 배울 때나 지금이나 똑같으니 말이야. 첫 번째 춤 선생은 내게 사실을 말해 준 것 같네. 내 춤이 너무 엉망이라 모든 걸 다 잊고 처음부터 새로 시작해야 한다고 했거든. 하지만 그 말 때문에 춤 배울 마음이 싹 사라져 버렸다네. 도통 의욕이 생기지 않더라고. 그래서 그만뒀지.

그다음 선생은 내게 거짓말을 했을 수도 있지만 내 마음에는 들었다네. 내 춤이 조금 구식이기는 하지만 기초는 잘 잡혀 있으니 새로운 몇 가지 스텝을 배우는 데는 별 문제가 없을 거라고 했거든.

처음에 찾아간 선생은 내 실수만 꼬집어서 사기를 꺾었지만, 새로운 선생은 그와 정반대였다네. 내가 잘하는 점을 계속 칭찬했고 실수

는 아주 사소한 것처럼 말해 줬거든. '선생님께서는 리듬감을 타고나
셨네요.'라거나 '정말 타고난 춤꾼이시네요.'라고도 해 주고 말일세.
나도 내가 4류 댄서인 데다가 앞으로도 별 진전이 없을 거라는 것 정
도는 알고 있지. 그런데도 나는 아직도 내심 그 선생이 말한 바가 사
실일지도 모른다고 생각하고 싶다네. 내가 돈을 내는 사람이니 그 선
생이 그렇게 말하는 것이 당연하긴 하지만, 새삼스럽게 그걸 따져서
뭐하겠나?

어쨌든 리듬감을 타고났다는 선생의 말이 아니었다면 예전 그대
로였을 춤 실력이 지금은 많이 좋아진 것 같네. 그 말이 내게 용기
와 희망을 준 셈이지. 그 말 덕분에 춤을 더 잘 추고 싶어졌다고나
할까."

당신의 자녀, 남편 혹은 직원에게 그들이 어떤 일에 있어 '바보 같
다, 무능하다, 엉망이다' 등과 같은 말을 한다면 그것은 더 나아지고
자 하는 그들의 의욕을 모조리 꺾어 놓는 것과 같다. 하지만 정반대
의 방법을 사용해 보라. 격려를 아끼지 말고, 쉽게 할 수 있는 일이라
고 말하는 것이다. 그럼으로써 상대는 그 일을 할 수 있다고 당신이
믿고 있음을 보여 주고, 자신에게 감춰진 재능이 있다는 것을 상대가
알게끔 하라. 그러면 그 사람은 발전하기 위해 밤낮으로 노력할 것
이다.

이 방법은 로웰 토머스가 사용한 것이기도 하다. 실로 그는 인간관
계의 최고 전문가라 할 수 있다. 그는 상대를 칭찬하고, 상대에게 자
신감을 심어 주며, 상대로 하여금 용기와 믿음을 갖게 한다. 일례로
나는 그의 부부와 함께 주말을 보낸 적이 있다. 토요일 밤에 그는 내

게 따뜻한 화롯가에 앉아 편하게 브리지 게임을 하자고 제안했다. 브리지 게임이라니? 나는 절대로 그 게임을 즐기지 않을 뿐 아니라, 그것에 대해 아는 것도 하나 없었다. 내게 있어 브리지 게임은 미스터리 그 자체다. 안 된다. 절대로 안 된다. 내겐 불가능한 일이다.

"이봐, 데일, 이 게임은 어렵지 않아." 로웰이 말했다. "기억하고 결정하는 것 말고는 아무것도 필요 없다네. 예전에 자네는 기억력에 대한 책도 썼으니 이 게임 정도는 식은 죽 먹기일 걸세. 브리지는 자네한테 딱 맞는다니까."

그리고 내가 무엇을 하고 있는지 미처 깨닫기도 전에 나는 난생처음 브리지 게임을 하고 있는 나 자신을 발견했다. 이는 전적으로 내가 그 게임에 타고난 재능이 있다는 말을 들었고, 그 게임이 쉬워 보였기 때문이다.

브리지 게임 얘기를 하다 보니 일리 컬버트슨Ely Culbertson이라는 사람이 생각난다. 컬버트슨이라는 이름은 브리지 게임을 하는 곳이라면 어디에서든 나오는 이름이다. 브리지 게임에 대해 그가 쓴 책은 수십 개 언어로 번역되어 수백만 부가 팔렸다. 그런데 그가 내게 고백한 바에 의하면, 한 젊은 여성이 그에게 브리지 게임에 소질이 있다고 확신시켜 주지 않았다면 그는 그 게임의 전문가가 될 수 없었을 것이다.

1922년 미국에 온 그는 철학과 사회학을 가르치는 일을 얻으려 했지만 구할 수 없었다. 그래서 그는 석탄을 팔아 봤지만 실패로 돌아갔고, 그다음으로 커피를 팔아 봤지만 그 역시 실패하고 말았다.

그는 당시 자신이 브리지 게임을 가르치게 될 것이라고는 상상조차 하지 못했다. 카드 게임에는 재주가 없었을 뿐 아니라 고집도 무척 세서 질문도 많이 던졌고, 게임이 끝난 뒤에는 왜 그렇게 되었는지 모두 분석하려 들어서 아무도 그와 게임을 하려 하지 않았기 때문이다.

그런데 그는 조세핀 딜런이라는 예쁜 브리지 게임 선생을 만나 사랑에 빠졌고, 그녀와 결혼했다. 그녀는 게임을 세세하게 분석하는 그를 보고 그가 브리지 게임에 천재적인 잠재력이 있음을 알려 주었다. 컬버트슨이 내게 말한 것처럼, 오로지 그 격려의 말 한마디로 인해 그는 브리지 게임을 직업으로 삼게 된 것이다.

그러므로 반감이나 반발을 일으키지 않으면서 상대를 변화시키고 싶다면,

원칙 8

격려하라. 바로잡아 주고 싶은 잘못이 있다면
그것이 바로잡기 쉬운 것처럼 보이게 하라.
상대가 하기 바라는 것은 하기 쉬운 것으로 보이게 하라.

9

내가 원하는 바를
기꺼이 하게 만드는 방법

지난 1915년 무렵, 미국은 경악에 빠졌다. 여태껏 인류가 겪은 피의 역사를 통틀어도 상상할 수 없는 엄청난 규모의 대학살을 유럽 국가들이 1년 이상 벌이고 있었기 때문이다. 과연 평화가 다시 찾아올까? 그 대답을 아는 사람은 아무도 없었다. 하지만 우드로 윌슨은 평화를 위해 노력하기로 결심했다. 그는 유럽 지도자들과의 협의를 위해 대통령인 자신의 대리인으로 평화사절단을 보내기로 했다.

당시 미국 국무장관이자 '평화의 수호자'로 알려져 있던 윌리엄 제닝스 브라이언은 자신이 그 역할을 맡기를 원했다. 그는 인류 평화를 위한 그 위대한 임무를 수행한다면 자신의 이름을 역사에 길이 남길 수 있을 것임을 알아챘다. 그러나 윌슨 대통령은 자신의 친한 친구인 하우스 대령에게 그 임무를 맡겼다. 하우스에게는 친구인 브라이언이 기분 나빠하지 않도록 이 달갑지 않은 사실을 전달해야 하는, 난처한 과제가 주어졌다. 그는 그때의 일에 대해 일기에 이렇게 적고 있다.

"내가 유럽 평화사절단으로 가게 됐다는 소식을 들었을 때 브라이언은 실망하는 기색이 역력했다. 그는 자신이 그 일을 준비하고 있었다고 말했다. 나는 그에게, 대통령은 이 일을 누군가 공식적으로 하는 것은 바람직하지 않다고 여기시는 데다가, 국무장관인 브라이언이 가게 된다면 지나치게 많은 관심이 쏠릴 것이고 그가 왜 왔는지 사람들이 이상하게 여길 것이라 생각하고 계시다고 말해 주었다."

당신은 이 말이 암시하는 바를 알 수 있을 것이다. 다시 말해 하우스는 브라이언이 이 일을 맡기에는 지나치게 중요한 인물이라고 이야기한 것이다. 그리고 브라이언은 그 말에 만족했다.

현명하고 세상사에 대한 경험도 풍부한 하우스는 인간관계에서의 중요한 규칙들 중 하나를 잘 따른 것이다.

'당신이 제안한 일을 항상 상대가 기쁜 마음으로 하게 만들라.'

우드로 윌슨은 윌리엄 G. 매커두에게 자신의 내각 관료로 일해 달라고 부탁할 때도 이 법칙을 따랐다. 각료가 되어 달라고 요청하는 것 자체만도 영광스러운 일인데, 윌슨은 상대로 하여금 자신이 인정받고 있다고 두 배나 더 크게 느끼게끔 만들었다. 매커두 자신이 직접 이야기한 내용을 들어 보자.

"윌슨 대통령은 자신이 내각을 구성하고 있는 중인데, 제가 재무부 장관 자리를 맡아 주면 정말 기쁘겠다고 말했습니다. 그에게는 듣는 이의 기분을 좋게끔 말하는 능력이 있었습니다. 그런 제안은 내가 영광으로 여기며 받아야 하는 것인데도, 그는 마치 제가 그에게 호의를 베푸는 것 같은 느낌이 들게 만들었습니다."

하지만 불행히도 윌슨이 늘 이런 방법을 적용했던 것은 아니다. 만약 그랬더라면 아마 미국 역사는 달라졌을지도 모른다. 예를 들어 미국이 유엔의 전신인 국제연맹에 가입하려 했을 때, 윌슨은 상원과 공화당이 그 상황을 기쁘게 받아들이게끔 만들지 못했다. 국제연맹의 구성을 위해 평화회담을 하러 갈 때 윌슨은 엘리후 루트나 휴스, 혹은 헨리 캐벗 로지와 같은 저명한 공화당원들 대신 자기 당의 이름 없는 의원들을 선발하여 그들과 동행했다.

그는 공화당원들을 냉대했다. 대통령과 함께 자신들이 연맹을 구상했다고 여기면서 그 설립과 관련된 일에 간섭하려는 것을 가로막은 것이다. 이렇게 미숙하게 인간관계를 처리한 결과 윌슨은 실각으로 인해 자신의 정치 경력을 망가뜨렸음은 물론 건강을 해쳐서 수명까지 단축시켰다. 또한 미국이 국제연맹에 가입하지 않게 됨으로써 세계 역사도 달라졌다.

유명 출판사 더블데이 페이지Doubleday Page는 '당신이 제안한 일을 상대가 기쁜 마음으로 하게 하라.'라는 규칙을 항상 준수했다. 이 출판사가 얼마나 이 규칙을 잘 활용했던지, 작가인 O. 헨리O. Henry는 다른 출판사가 자신의 글을 받아 줬을 때보다 더블데이 페이지가 거절했을 때 더 기분이 좋았다고 말하기도 했다. 거절할 때조차 그들은 그의 진가를 인정해 주면서도 매우 정중한 태도를 취했기 때문이다.

내가 아는 사람 중에는 친구나 자신이 신세를 졌던 사람들로부터 너무나 많은 연설 요청을 받지만 대부분의 경우 일정상 거절해야만 하는 사람이 있다. 하지만 그 솜씨가 워낙 뛰어나기 때문에 상대는 결과적으로도 만족해했다. 어떻게 한 것일까? 그는 단순히 너무 바쁘다거나 이러쿵저러쿵 사정을 설명하는 데 그치지 않았다. 우선은 초대에 대한 감사의 뜻과 함께 초청을 받아들일 수 없는 자신의 상황에 유감을 표시한 다음, 자신을 대신할 연사를 추천해 주었다. 즉, 그는 상대방이 거절에 대해 불쾌감을 느낄 틈을 주지 않고, 상대로 하여금 지체 없이 그가 섭외해야 할 다른 연사에 대해 생각하도록 만든 것이다.

"〈브루클린 이글스〉지의 편집장으로 있는 제 친구 클리블랜드 로저스에게 강연을 부탁해 보면 어떨까요? 아, 가이 히콕은 어떠신가요? 그 친구는 유럽 지역 특파원으로 15년 동안 파리에 살았기 때문에 놀랄 만한 이야깃거리가 많거든요. 아니면 인도에서 맹수 사냥에 대한 영화를 만들었던 리빙스턴 롱펠로는 어떠신가요?"

뉴욕에서 가장 큰 인쇄업체 중 한 곳인 J. A. 원트 사를 경영하는 J. A. 원트는 어느 기계공의 태도를 바로잡되, 그가 반발심을 느끼지 않게끔 만들어야 하는 문제에 직면했다. 그 기계공의 업무는 밤낮으로 작동하는 수십 대의 타자기와 기계들을 관리하는 것이었는데, 그는 근무시간이 너무 길다거나 일이 너무 많다거나 보조 직원이 필요하다며 항상 불평을 늘어놓았다.

하지만 J. A. 원트는 보조 직원을 구해 주거나, 근무 시간이나 업무량을 줄여 주지 않으면서도 그 기계공을 만족시켰다. 어떻게 한 것일까? 그는 기계공에게 개인 사무실을 제공했고, 사무실 문에는 그의 이름과 함께 '서비스 파트 매니저'라는 직함이 걸려 있었다. 그로써 그는 더 이상 누구나 함부로 부릴 수 있는 수리공이 아니라, 엄연히 한 부서의 관리자가 되었다. 권위가 생겼고 인정도 받으니 그는 자신이 회사에서 중요한 존재가 되었다는 느낌을 가졌다. 그는 기쁜 마음으로 일했고 한마디의 불평도 하지 않았다.

유치하다고? 그럴지도 모르겠다. 하지만 나폴레옹이 프랑스 최고 훈장인 레지옹 도뇌르 훈장을 만들어 1,500명의 병사들에게 수여하고 18명의 장군들을 '프랑스 육군 원수'로 임명하며, 자신의 군대를 '대육군Grand Army'이라 칭했을 때도 사람들은 유치하다고 말했다. 역전의 용사들에게 '장난감'을 주고 있다는 비난을 받았을 때 나폴레옹은 이렇게 답했다.

"'장난감'으로 지배당하는 것이 인간이다."

직함과 권위를 부여하는 이런 방법은 병사들로 하여금 나폴레옹을 위해 기꺼이 싸우게 만들었다. 그리고 이 방법은 당신에게도 효과가 있을 것이다. 앞서 언급했던 뉴욕 스카스데일에 사는 내 친구 겐트 부인에게도 그랬으니 말이다.

그녀는 한때 자신의 잔디밭을 뛰어다니며 망가뜨리는 아이들로 골치를 앓았다. 아이들을 꾸짖거나 달래 봤지만 모두 허사였다. 결국 그녀는 그 아이들 중 가장 말썽꾸러기인 녀석에게 직위를 부여함으로써 권위가 생겼다고 느끼게 하는 방법을 써 보기로 했다. 그녀는 그 아이를 자신의 '탐정'으로 임명한 뒤, 누구든 잔디밭에 무단으로 침입하지 못하게 하라는 임무를 부여했다. 그러자 문제는 깔끔하게 해결됐다. 그 '탐정'은 뒷마당에 불을 피워 쇠막대기를 뜨겁게 달군 다음, 잔디밭에 들어가는 녀석은 누구든 그 막대기로 뜨거운 맛을 보게 하겠다고 겁을 준 것이다.

이런 것이 바로 인간의 본성이다.

그러므로 반감이나 반발을 일으키지 않으면서 상대를 변화시키고
싶다면,

원칙 9

당신이 제안하는 일을 상대가 기꺼이 하게 하라.

감정을 상하게 하지 않고
상대를 변화시키는 아홉 가지 비결

1. 칭찬과 솔직한 감사의 말로 시작하라.

2. 상대의 실수는 간접적으로 지적하라.

3. 상대를 비판하기 전에 자신의 잘못을 먼저 이야기하라.

4. 직접적인 명령 대신 질문을 하라.

5. 상대의 체면을 세워 줘라.

6. 약간의 발전을 보여도 칭찬하라. 어떤 발전이든 칭찬하라.
   '진심으로 인정하고, 아낌없이 칭찬하라.'

7. 상대가 지키고 싶어 할 좋은 평을 주어라.

8. 격려하라. 바로잡아 주고 싶은 잘못이 있다면 그것이 바로잡기 쉬운 것처럼 보이게 하라. 상대가 하기 바라는 것은 하기 쉬운 것으로 보이게 하라.

9. 당신이 제안하는 일을 상대가 기꺼이 하게 하라.

기적을 일으킨
편지들

기적을 일으킨 편지들

나는 지금 당신이 무슨 생각을 하고 있는지 안다. '기적을 낳은 편지라고? 말도 안 돼! 이건 꼭 약 선전 같잖아?'

그렇게 생각한다 해도 당신을 탓하지는 않겠다. 15년 전쯤이었다면 나도 이런 책을 보고 그렇게 생각했을 테니 말이다. 너무 의심이 많은 것 아니냐고? 나는 의심 많은 사람을 좋아한다. 태어나서 20년을 미주리 주, 즉 '증거를 보여 줘Show Me State'라는 별명을 가진 지역에서 자라서인지, 나는 눈앞에 보여 줘야 믿는 사람들을 좋아한다. 인류의 사상에 의한 진보 중 거의 대부분은 의심이 많은 사람, 끊임없이 질문하는 사람들, 도전하는 사람들, 증거를 보여 달라는 사람들에 의해 이뤄졌다.

정직하게 이야기해 보자. '기적을 일으킨 편지들'이라는 제목이 정확한 것인가? 솔직히 말해 정확하지는 않다. 이 제목은 실제 사실을 일부러 완곡히 표현한 것이기 때문이다. 이 장에 실린 편지들 중 몇몇은 기적의 두 배라고 평가할 만한 엄청난 결과를 낳았다. 이런 평가를 내린 사람은 미국에서 가장 유명한 판촉 활동 전문가인 켄 R. 다이크Ken R. Dyke다. 예전에 존스 맨빌Johns-Manville 사의 판촉 담당자였던 그는 현재 콜게이트 팜올리브 피트Colgate-Palmolive Peet 사의 홍보 담당자이자 전미광고주협회의 대표직을 맡고 있다.

그에 따르면 정보 조사를 위해 판매자에게 상품 정보를 요청하는 편지를 보낼 경우, 대부분의 회신율은 5~8퍼센트를 넘지 않는다고 한다. 만일 15퍼센트가 응답한다면 매우 대단한 일이고, 20퍼센트가 응답한다면 그것은 거의 기적과도 같다고 그는 말했다.

하지만 그의 편지 중 아래에 소개될 편지는 무려 42.5퍼센트의 회신을 받았다. 즉, 이 편지는 기적의 두 배에 해당하는 엄청난 결과를 거둔 것이다. 이런 결과는 결코 웃어넘길 만한 것이 아니다. 또한 특별한 경우에 해당된다거나, 운이 좋아서 혹은 그저 우연히 생긴 것이라 할 수도 없다. 다른 수십 통의 편지 역시 이와 비슷한 결과를 이끌어 냈기 때문이다.

대체 그는 어떤 방법으로 이런 결과를 만든 것일까? 그의 설명을 들어 보자.

"편지의 효율이 이토록 놀랍게 증가한 것은 제가 '효과적인 말하기와 인간관계론'이라는 주제의 카네기 강좌에 참가한 직후의 일입니다. 강좌를 듣고 나서야 저는 제가 이전에 사용한 접근 방식이 완전히 틀린 것이었음을 알았습니다. 그래서 강좌에서 배운 원칙들을 적용해 보려고 노력했지요. 그랬더니 정보를 요청하는 제 편지의 효율이 다섯 배에서 여덟 배까지 높아진 것입니다."

여기 그 편지가 있다. 이 편지를 쓴 사람은 받는 이에게 작은 부탁을 함으로써 그의 기분을 좋게 만들어 준다. 그 부탁은 받는 이로 하여금 자신이 인정받고 있다는 느낌을 갖게 하는 것이었기 때문이다. 이 편지에 대한 내 사적인 견해는 괄호 안에 적었다.

인디애나 주, 블랭크 빌
존 블랭크 귀하

친애하는 블랭크 씨.

이렇게 편지를 드리는 것은 귀사의 도움이 없이는 풀기 힘든 문제가 있어 도움을 청하기 위해서입니다.

(상황을 명확히 그려 보자. 애리조나에 있는 목재 딜러가 존스 맨빌 사의 임원으로부터 이런 편지를 받았다고 가정해 보자. 그런데 뉴욕에서 연봉깨나 받는 임원이 자신에게 어려움을 해결할 수 있도록 도와 달라고 말한다. 애리조나의 목재 딜러는 아마도 이렇게 생각할 것이다. '음, 뉴욕에 있는 이 양반이 곤란한 문제에 처했다면 사람은 제대로 찾아온 셈이군. 나는 항상 관대하고 다른 사람들을 도와주기 위해 노력하니 말이야. 자, 그럼 무슨 문제인지 한번 볼까?')

작년에 저는 지붕 재처리재의 판매 증가를 위해 딜러들이 본사에 가장 원하는 것은 연중 내내 광고 인쇄물을 보내 주는 것이고, 그에 대한 비용은 전적으로 본사가 지불해야 한다고 회사를 설득하는 데 성공했습니다.

(애리조나의 딜러는 아마 이렇게 생각할 것이다. '당연히 그 비용은 회사가

지불해야지. 광고로 인해 가장 많은 수익을 올리는 것은 결국 당신네 회사일 테니 말이야. 나는 임대료 내는 것도 힘든 상황인데 당신들은 수백만 달러를 벌잖아. 근데 이 친구, 뭐가 문제라는 거지?')

최근 저는 광고 인쇄물 계획에 참여한 1,600명의 딜러들에게 설문지를 보내고, 수백 통의 답변을 받았습니다. 보내 주신 답변은 유용하게 활용할 것이고, 기꺼이 협조해 주신 딜러 여러분들께 진심으로 감사의 말씀을 드립니다. 이런 결과에 힘입어 저희 회사는 여러분에게 훨씬 더 큰 도움이 될 새로운 광고 인쇄물 계획을 내놓게 되었습니다.

하지만 오늘 아침에 있었던 전년도 계획의 시행결과 보고회의에서 대표이사는 그 일이 실제 매출과 연결되는 비율이 얼마나 되는지를 물어보셨습니다. 물론 대표이사라면 누구나 던질 수 있는 질문이었습니다. 그 질문에 답하기 위해 저는 딜러 여러분께 도움을 청할 수밖에 없는 상황입니다.

(이런 표현은 매우 좋은 표현이다. '딜러 여러분께 도움을 청할 수밖에 없는 상황입니다.' 뉴욕의 이 거물 인사가 자신의 속내를 털어놓은 것이다. 이 말은 그가 애리조나에 있는 존스 맨빌 사의 거래 상대를 솔직하면서도 진지하게 인정하고 있음을 의미한다.

여기서 주목해야 하는 점은, 다이크는 자신의 회사가 얼마나 크고 중요한지를 말하는 데 시간을 낭비하지 않고 있다는 것이다. 대신 그는 자신이 얼마나 그 딜러에게 의지하는지를 직접적으로 이야기하고 있다. 딜러의 도움 없이는 자신이 대표이사에게 보고조차 할 수 없다고 인정하고 있으니 말이다. 애리조나의 딜러도 인간인지라 이런 식의 어투를 당연히 좋아할 수밖에 없다.)

제가 요청 드리는 것은 다음의 사항을 동봉된 엽서에 기재해서 보내 주셨으면 하는 것입니다. 첫째, 지난해 발송된 광고 인쇄물은 많은 지붕 작업이나 지붕 재처리 작업 건에 얼마나 도움이 되었는지, 둘째, 그 작업을 하는 데 투입된 총 비용을 기준으로 봤을 때 매출은 얼마였는지를 가능한 한 센트 단위까지 정확히 추산하여 알려 주시기 바랍니다.

보내 주신 정보는 유용하게 활용하겠습니다. 친절하게 도움을 주신 것에 미리 감사 인사를 올리는 바입니다.

판촉 활동 매니저

켄 R. 다이크

(이 마지막 문단에서 어떻게 그가 '나'는 낮추고 '상대'는 높였는지 주목하라. 또한 그가 '유용하게', '친절하게', '감사' 등의 표현을 얼마나 잘 활용했는지도 살펴보기 바란다.)

사실 이 편지는 단순하다. 그렇지 않은가? 하지만 이 편지는 상대에게 작은 부탁을 하고, 그것을 들어주는 상대에게 인정받고 있다는 느낌을 갖게 만들면서 '기적'을 이끌어 냈다.

이런 심리는 당신이 석면 지붕을 팔든 외제차를 타고 유럽 여행을 하고 있든, 어떤 상황인가와 상관없이 똑같이 적용될 수 있다.

예를 들어 보겠다. 언젠가 나는 나와 동향의 작가인 호머 크로이 Homer Croy와 함께 차를 타고 프랑스 내륙을 돌아다니다 길을 잃은 적이 있다. 우리는 구식 T형 포드를 길가에 세우고 농부들에게 근처 읍내로 갈 수 있는 길을 물었다.

그 질문에 대한 반응은 가히 놀랄 만한 것이었다. 나막신을 신고 있던 그 농부들은 아마도 미국인이라면 누구나 부자라고 생각했던 것 같다. 게다가 그 지역에서는 자동차가 더없이 보기 드문 희귀한 물건이었다. 자동차로 프랑스를 여행하는 미국인들이었으니 우리는 분명 백만장자로 보였을 것이다. 어쩌면 우리를 헨리 포드의 사촌쯤 이라 여겼을지도 모른다.

하지만 그들은 우리가 모르는 것을 알고 있었다. 우리는 그들보다 더 많은 돈을 가지고 있었지만, 근처 읍내로 가는 길을 찾기 위해 모자를 벗고 예의를 갖춰 그들에게 다가가야 했다. 그리고 그 행동은 그들로 하여금 자신들이 중요한 존재라고 느끼게 했다. 그들 모두는 한꺼번에 입을 열어 다 같이 말하기 시작했다. 보기 드문 기회를 맞은 것에 흥분한 한 사람이 얼른 나서서 다른 이들을 모두 조용히 시켰다. 우리에게 길을 안내하는 짜릿한 순간을 혼자 독차지하고 싶었던 것이다.

당신도 이런 방식을 시도해 보기 바란다. 낯선 도시에 가면 경제적인 면이나 사회적 지위 면에서 당신보다 낮은 이를 붙잡고 이렇게 말하라. "제게 문제가 생겨서 그런데 괜찮으시다면 도움 좀 청해도 될까요? 이러이러한 곳에 가려면 어떻게 해야 하는지 알려 주실 수 있으신가요?"

벤저민 프랭클린은 이 방법을 사용해 자신을 신랄하게 비판하는 적을 평생의 친구로 바꿔 놓았다. 젊은 시절에 프랭클린은 모아 둔 돈을 작은 인쇄사업에 투자했다. 당시 그는 필라델피아 주 의회의 선출직 직원을 하게 되었는데, 그 직책은 모든 공문서의 인쇄를 책임지는 자리였기에 굉장한 수익을 올릴 수 있었다. 프랭클린은 그 일을 계속 유지하고 싶었지만 점차 위협이 눈앞에 드리워지기 시작했다. 주 의회에서 돈 많고 능력 있는 의원 중 한 사람이 프랭클린을 무척 싫어했던 것이다. 그는 프랭클린을 싫어할 뿐만 아니라 대놓고 그를 비난하고 다녔다. 이는 위험하고도 매우 위험한 상황이었기에 프랭클린은 그 사람이 자신을 좋아하게 만들기로 결심했다. 하지만 어떻게 한단 말인가? 그것이 문제였다. 적에게 호의를 보이면 될까? 아니다. 그렇게 하는 것은 그의 의심만 살 뿐이고, 어쩌면 그로 하여금 자신을 경멸하게 만들지도 모를 일이었다.

프랭클린은 무척 현명하고 노련했기에 이런 함정에는 빠지지 않고 오히려 그와 정반대로 행동했다. 그는 자신의 적에게 호의를 베풀어 달라고 했다. 그렇다고 돈을 빌려 달라 한 것은 절대 아니다. 그는 상대를 기쁘게 하는 부탁, 다시 말해 상대의 허영심을 채워 주는 부탁, 상대를 인정하는 부탁, 상대방의 지식과 성취에 대한 존경심을 은근히 내비칠 수 있는 부탁을 건넸다.

그다음의 이야기는 프랭클린에게 직접 들어 보자.

"나는 그의 서재에 굉장히 귀한 책이 있다는 이야기를 듣고 그에게 짧은 편지를 보냈다. 그 책을 너무 보고 싶으니 며칠 좀 빌려 줄 수 없겠냐는 부탁을 적어서 말이다. 그는 곧바로 책을 보내 줬다. 그리고 1주일 뒤, 그의 호의에 정말 감사하다는 편지와 함께 그 책을 돌려주었다. 그 일이 있고 나서 그를 의회에서 다시 만났을 때, 그는 내게 먼저 말을 걸어온 데다(지금까지 그가 내게 말을 건 적은 한 번도 없었다.) 무척 정중하게 나를 대했다. 그 뒤로 그는 내가 하는 모든 부탁을 흔쾌히 들어주었다. 덕분에 우리는 좋은 친구가 되었고, 우리의 우정은 그가 죽을 때까지 지속되었다."

프랭클린이 사망한 지 150년이 지났지만, 호의를 요청함으로써 상대의 마음을 사로잡은 그의 방법은 여전히 잘 활용되고 있다.

일례로 강좌 수강생 중 한 명인 앨버트 B. 암젤 씨 역시 이 심리를 이용해 엄청난 성과를 거두었다. 배관 난방 장치 판매사원인 그는 브루클린에 사는 한 배관공과 거래 계약을 하기 위해 몇 년째 애를 쓰고 있었다. 이 배관공의 회사는 규모가 대단히 컸고, 그의 신용도 역시 매우 좋았다. 하지만 암젤 씨는 시작부터 일이 잘 풀리지 않았다. 그 배관공은 자신이 거칠고 사나우며 심술궂다는 것을 자랑으로 여기는, 상대하기 어려운 사람 중 하나였다.

그는 입 한쪽에 시가 한 대를 물고 책상 뒤에 앉아서는 암젤 씨가 방문차 사무실에 들어설 때마다 그에게 호통을 쳤다. "오늘은 아무 것도 필요 없어요! 피차 시간 낭비하지 맙시다. 나가요!" 그러던 어느 날 암젤 씨는 새로운 방법을 시도해 보았고, 그 덕분에 그와 거래의 포문을 활짝 연 데다 친구가 되면서 새로운 주문도 많이 받을 수 있게 되었다.

암젤 씨의 회사는 롱아일랜드의 퀸스 빌리지에 새로 대리점을 내기 위해 사무실 임대 관련 협상을 진행하고 있었다. 그곳은 그 배관공이 잘 알고 있는 데다 큰 사업을 벌이고 있는 곳이기도 했다. 그래서 암젤 씨는 그 배관공 회사에 다시 방문했을 때 이렇게 말했다. "저는 오늘 당신께 뭘 팔겠다고 여기 온 게 아닙니다. 괜찮으시다면 부탁을 좀 드릴 수 있을까 하여 들렀습니다. 몇 분만 시간을 내주실 수 있으십니까?"

배관공이 시가를 옮겨 물며 말했다. "흠. 좋소. 무슨 일인지 빨리 이 야기해 보시오."

"저희 회사는 퀸스 빌리지에 새 지점을 낼 계획인데, 사장님께서는 다른 어느 누구보다도 그 지역을 잘 알고 계시지 않습니까. 그래서 사장님의 조언을 구하고자 왔습니다. 지점을 이쪽으로 옮기는 것이 잘하는 일일까요?"

이런 일은 배관공에게 있어 전에 없던 새로운 상황이었다. 오랫동안 그는 판매사원들에게 사무실에서 나가라고 고함을 지름으로써 자신의 존재감을 느껴 왔는데, 이번에는 한 판매사원이 중요한 문제에 대해 자신에게 조언을 구하고 있었으니 말이다.

"자, 일단 앉게나." 그가 의자를 앞으로 당기며 말했다. 그리고 1시간 동안 퀸스 빌리지의 배관업 시장이 가진 특별한 장단점들을 매우 상세히 알려 주었다. 그는 점포를 퀸스 빌리지에 여는 데 동의했을 뿐만 아니라 물건 구매, 재고 파악, 사업 시작 시의 필요한 모든 일련의 과정들에 대한 윤곽을 잡는 데 있어서 자신의 모든 지식을 총동원해 조언해 주었다. 그는 배관 자재 도매업체를 상대로 어떻게 장사해야 하는지를 가르쳐 주면서 자신의 존재감을 확인한 것이다. 그러더니 그는 점점 사적인 영역으로까지 이야기의 범위를 넓혀 나갔고, 가정 문제와 부부 싸움까지 털어놓았다.

"그날 저녁, 저는 장비에 대한 첫 주문서를 제 주머니에 넣어 왔을 뿐 아니라 그와 사업상의 우정에 대한 기반도 다졌습니다. 그전에는 고함을 치며 저를 내쫓던 사람과 이제는 골프를 같이 칠 정도로 친밀한 사이가 되었지요. 그 친구의 존재감을 높일 수 있는 부탁을 한 결과 그가 이렇게 변할 수 있었던 것입니다."

앞서 언급한 켄 다이크의 또 다른 편지를 상세히 살펴보면서 그가 '부탁 좀 들어 주세요.'라는 심리 활용법을 어떻게 사용하고 있는지 다시 한 번 주목해 보자.

몇 년 전 그는 정보를 요청하는 자신의 편지에 대해 사업가, 계약자, 건축가의 답장을 받지 못해 고민에 빠져 있었다. 사실 당시 건축가나 엔지니어로부터 답신을 받을 확률은 1퍼센트도 채 되지 않았고, 2퍼센트면 좋은 편이며 3퍼센트면 매우 훌륭한 것으로 간주되었다. 그렇다면 10퍼센트는 어떻겠는가? 이는 가히 기적이라 부를 만했다.

하지만 그의 편지는 거의 50퍼센트에 달하는 답장을 받아 냈다. '기적'에 해당하는 수치의 다섯 배나 되는 것이다. 또한 그가 받은 답장들은 간단한 메모 수준이 아닌 2~3쪽에 이르는 장문의 편지들이었을 뿐 아니라, 내용 또한 친절한 조언과 협력의 의지로 가득했다.

여기에 그가 쓴 편지의 내용을 소개하겠다. 당신은 이 편지에서 쓰인 심리 활용법이나 몇몇 구절이 앞서 나왔던 그의 편지와 거의 일치함을 알게 될 것이다. 편지를 읽으며 행간의 의미를 파악하고, 편지를 받은 사람의 심리를 분석하며, 이 편지가 어떻게 기적의 다섯 배에 달하는 결과를 낳았는지도 생각해 보기 바란다.

뉴욕 시, 22 이스트 40번가, 존스 맨빌

○○○○ ○○○○가 617번지 ○○○귀하

친애하는 ○○○ 씨께,

이렇게 편지를 드리는 것은 저희에게 귀사의 도움이 없이는 해결하기 어려운 문제가 있어 도움을 청하고자 함입니다.

1년 전쯤 저는 건축회사들이 저희 회사에 가장 원하는 것은 집의 수리나 개조에 사용되는 우리의 모든 건축 자재와 부품을 보여 주는 카탈로그라고 회사를 설득했습니다. 동봉하는 자료는 그 결과로 만들어진 카탈로그로서, 이런 종류로는 최초의 것이라 생각됩니다.

하지만 최근 들어 카탈로그의 재고가 점점 떨어지고 있어 이 점을 제가 저희 회사의 대표님께 말씀 드렸더니, 대표님께서는 대표로서 하실 수 있는 당연한 말씀을 제게 하셨습니다. 즉, 처음 의도했던 바대로 카탈로그가 성과를 거두었다는 증거를 제시하면 새로 제작에 들어가도 좋다고 하신 것입니다.

이렇게 어쩔 수 없이 건축가 여러분들의 도움을 요청할 수밖에 없는 상황인지라, 저는 실례가 되는 줄 알면서도 이렇게 전국 각지의 49개 업체 여러분에게 이번 건에 대한 심사위원이 되어 주십사 요청 드리게 되었습니다.

번거로움을 줄여 드리고자 이 편지 뒤에는 몇 가지 간단한 질문을 첨부했습니다. 답을 표시해 주시고 또 저희 회사에 바라는 점이 있으시면 적어 주신 다음 동봉된 회신용 봉투에 넣어 보내 주신다면 진심으로 여러분의 호의에 감사할 것입니다.

물론 두말할 나위 없이 이 설문에 대한 응답은 절대로 필수 사항이 아닙니다. 다만 저는 이제 카탈로그 제작을 중단해야 할지, 아니면 건축가 여러분의 경험과 조언에 기초하여 좀 더 개선된 카탈로그 제작에 또다시 착수해도 될지에 대한 문제를 여러분의 의견을 듣고 결정하려 하는 것입니다.

어떤 경우이든 여러분의 협조에 제가 깊은 감사를 드린다는 점을 알아주신다면 좋겠습니다. 다시 한 번 감사드리며, 이만 줄이겠습니다.

판촉활동 매니저

켄 R. 다이크

한 가지 주의 사항을 더 알려주겠다. 내 경험으로 보건대 여러분들 중 몇몇은 이 편지에서 사용된 심리 활용법을 기계적으로 똑같이 베끼려 할 것이다. 이런 사람들은 마음에서 우러나오는 진심 어린 존중이 아닌 아첨과 가식으로 상대의 자부심에 바람을 넣으려 하지만, 그런 방법은 통하지 않는다.

우리 모두는 감사받고 인정받기를 원하고, 그것을 얻을 수 있다면 어떤 일이든 하려 한다는 점을 명심해야 한다. 하지만 그 누구도 아부나 가식은 원하지 않는다. 다시 한 번 말하지만, 이 책이 알려 주는 원칙들은 진심에서 우러나왔을 때만 제대로 된 효과를 거둘 수 있다. 나는 잔재주가 아닌 새로운 삶의 방식에 대해 이야기하고 있다.

행복한 가정을
만드는
일곱 가지 비결

1
가정을 무덤으로 만드는
가장 빠른 방법

75년 전, 나폴레옹 보나파르트의 조카인 나폴레옹 3세는 테바의 백작이자 세상에서 가장 아름다운 여성인 마리 유제니와 사랑에 빠져 그녀와 결혼했다. 그의 고문들은 그녀가 시시한 스페인 백작 집안의 딸일 뿐이라고 지적했다. 그러나 나폴레옹 황제는 이렇게 응수했다. "그것이 뭐 어떻단 말인가?" 그녀의 품위, 젊음, 매력, 아름다움은 황제에게 더할 수 없이 큰 기쁨을 선사했다. "나는 내가 모르는 여성이 아닌, 내가 사랑하고 존경하는 여성을 선택했노라." 그는 황제의 자리에서 강한 어조로 이렇게 연설하며 모든 이들의 반대를 물리쳤다.

나폴레옹 황제와 그의 신부는 건강과 부, 권력, 명예, 아름다움, 애정, 존경 등 완벽한 사랑에 필요한 모든 요소를 가지고 있었다. 결혼이라는 신성한 빛이 그보다 더 뜨겁고 밝게 타오른 적은 없었다.

그러나 안타깝게도 그 불빛은 흔들리고, 뜨겁게 타오르던 불꽃도 차가워지더니 결국 재가 되어 버렸다. 나폴레옹은 유제니를 황후로 만들 수는 있었지만 프랑스 황제가 가진 어떤 능력으로도, 황제가 보여 주는 사랑의 힘으로도, 황제의 권력으로도 그녀의 잔소리를 멈추게 할 수는 없었다. 그녀는 질투와 의심이 심해서 황제의 명령도 우습게 여겼고, 다른 여자와 어울릴 것이 두려워 그가 혼자 있는 시간을 가지는 것마저 허락하지 않았다. 그가 국정을 위한 공적 업무를 보는 동안에도 집무실에 불쑥불쑥 드나들었는가 하면, 황제에게 있어 가장 중요한 회의도 방해했다. 또한 언니에게 달려가 남편에 대한 불평을 늘어놓으며 한탄하고, 울며불며 야단법석을 떠는 일도 잦았다. 황제의 서재로 쳐들어가 온갖 잔소리와 욕설을 퍼붓기까지 했으니, 화려한 궁전을 수도 없이 갖고 있는 프랑스 황제였음에도 그가 마음 편히 다른 사람의 방해를 받지 않고 쉴 수 있는 공간은 어느 데고 없었다.

그럼 이 모든 행동을 통해 유제니는 무엇을 이뤘을까?

여기 그 답이 있다. 나는 E. A. 라인하르트E. A. Rheinhardt의 명저《나폴레옹과 유제니 : 프랑스 제국의 희비극Napoleon and Eugénie : The Tragi-comedy of an Empire》의 일부를 옮겨 보겠다.

"그래서 결국 나폴레옹은 밤마다 부드러운 모자를 푹 뒤집어쓰고 얼굴을 가린 채 작은 옆문을 통해 밖으로 몰래 빠져나왔다. 그리고는 가까운 친구와 단둘이 자신을 기다리고 있는 미모의 여인에게 가기도 하고, 때로는 아주 오래된 큰 도시를 여기저기 걷다가 동화 속에나 있을 것 같은 밤거리를 지나며 유제니와 즐겁게 지내는, 있었을지도 모를 모습을 상상하기도 했다."

이것이 그녀의 잔소리가 거둔 성과다. 그녀가 프랑스의 권좌에 앉았던 것이나 세상에서 가장 아름다운 여성이라는 것은 모두 사실이었다. 그러나 권력이나 미모도 잔소리라는 치명적인 결함 앞에서는 사랑을 지속시킬 힘이 없었다. 그녀는 구약 성서에 나오는 욥Job처럼 목소리를 한껏 높여 "내가 너무나 두려워했던 일이 나를 덮쳤다."라며 비탄에 빠졌을지도 모른다. 그런데 그 일이 그녀를 덮쳤다는 것은 맞는 표현일까? 사실 그 가련한 여인은 질투와 잔소리로 그런 결과를 초래한 것인데 말이다.

사랑을 파괴하는 데 있어서 지옥의 악마들이 개발한 가장 치명적이고 악독한 방법은 다름 아닌 잔소리다. 잔소리는 파괴력이 강한 데다 절대 실패하는 법조차 없어서, 마치 킹 코브라에게 물린 것처럼 항상 파멸로 몰고 간다.

레오 톨스토이Leo Tolstoi의 부인은 이 점을 깨달았다. 그렇지만 이미 때는 너무 늦어 버렸다. 죽기 전 그녀는 딸들에게 "너희 아버지를 죽게 한 가장 큰 원인은 나였단다."라고 고백했고, 딸들은 아무런 대답도 하지 못한 채 모두 울기만 했다. 딸들은 어머니의 말이 사실임을 알고 있었다. 어머니의 끝없는 불평, 끝없는 비난, 그리고 끝없는 잔소리 때문에 아버지가 돌아가셨다는 것을 말이다.

그러나 톨스토이 부부는 그 어느 누구보다도 행복한 사람들이었다. 톨스토이는 역대 가장 유명한 소설가라 할 수 있었다. 그가 쓴 두 편의 걸작,《전쟁과 평화》와《안나 카레니나》는 인류의 문학적 보고 속에서 영원히 빛날 것이다.

그가 너무나 유명했기에 팬들은 밤낮으로 그를 쫓아다니며 그가 하는 모든 말들을 속기로 받아 적기까지 했다. 그가 그저 "가서 자야겠는데."라는 아주 사소한 말을 해도 말이다. 현재 러시아 정부는 톨스토이가 적은 모든 문장을 인쇄하고 있는데, 그의 글을 엮은 책만 해도 100권은 족히 넘을 것이다.

톨스토이 부부는 이런 명성은 물론 부와 사회적 지위, 아이들도 얻었다. 이렇게 좋은 환경 속에서 시작한 결혼은 유례가 없었다. 처음에 자신들의 행복이 너무 완벽하고 강렬해서 오래가지 못할 것 같다고 느낀 그들은 신 앞에 함께 무릎을 꿇고 그 행복이 영원히 깨지지 않게 해 달라고 기도했다.

그런데 엄청난 일이 벌어졌다. 톨스토이가 점차 변하기 시작하더니 완전히 다른 사람이 되어 버린 것이다. 그는 자신이 쓴 걸작들을 부끄러워했고, 그때부터 평화를 염원하는 전단지의 글을 쓰고 전쟁과 기근을 없애는 데 자신의 생애를 바쳤다.

젊은 시절에는 사람이 상상할 수 있는 모든 죄, 심지어 살인까지 저지른 적이 있다고 고백했던 이 작가는 말 그대로 예수의 가르침을 따르기 위해 노력했다. 그는 자신의 모든 땅을 사람들에게 나눠 주고 가난한 삶을 살았다. 그는 들판에 나가 나무를 베고 건초 더미를 쌓았다. 신발은 손수 만들었고, 방도 직접 청소했으며, 나무 식기에 밥을 담아 먹었고, 자신의 적들까지도 사랑하려 노력했다.

레오 톨스토이의 삶은 비극이었고, 그 비극의 원인은 결혼이었다. 그의 아내는 사치를 좋아했지만 그는 사치를 경멸했다. 그녀는 명성과 세상의 갈채를 꿈꿨지만 이런 하찮은 것들은 그에게 아무런 의미도 없었다. 그녀는 돈과 재산을 간절히 원했지만 그는 그것들이 죄라고 생각했다.

그가 자신의 책에 대한 판권을 아무런 대가 없이 다른 이에게 주겠다고 고집하자 그녀는 수년 동안 남편에게 잔소리하고 화를 냈으며 소리를 질렀다. 그녀는 그 책들로 벌어들일 돈을 원했다. 그가 자신의 의견에 반대하면 그녀는 입에 아편 병을 갖다 대고는 바닥을 구르면서 자살하겠다고 하거나, 우물에 빠져 죽겠다고 위협하면서 히스테리 증상을 보였다. 그들 삶에서는 다음과 같은 사건도 벌어졌는데 나는 이것 역사상 가장 애처로운 광경 중 하나라고 생각한다.

앞서 말했듯 그들은 결혼생활 초반에 굉장히 행복했다. 그러나 결혼한 지 48세가 지나자 그는 아내의 모습조차 보기 싫어했다. 저녁시간이면 때때로 이 비탄에 잠긴 늙은 아내는 그의 남편에게 다가가 무릎을 꿇고, 50년 전 자신에 대한 사랑을 표현했던 그의 일기 중 멋진 구절을 읽어 달라고 부탁했다. 그가 이제는 영원히 사라져 버린 그 아름답고 행복한 시절에 대해 읽어 주고 나면 부부는 함께 울었다. 오래전에 그들이 꿈꿨던 낭만적인 꿈들과 삶이라는 현실은 달라도 너무나 달랐다.

마침내 82세가 된 톨스토이는 가정의 비극적인 불행을 견딜 수가 없었다. 그래서 눈이 내리던 1910년 10월의 어느 밤, 그는 아내의 곁을 떠났다. 그는 자신이 어디로 향하는지도 모른 채 춥고 어두운 곳으로 도망쳤다.

그리고 11일 후, 그는 기차역에서 폐렴으로 죽은 채 발견되었다. 그의 유언은 아내가 자신이 있는 곳에 오는 것을 허락하지 않는다는 것이었다. 톨스토이 부인의 잔소리와 불평 그리고 히스테리 증상의 대가는 바로 이것이었다.

그녀에게는 그렇게 심하게 불평할 수밖에 없었던 이유가 있을 것이라 생각하는 사람들도 있을 것이다. 그렇다 해도 그것은 지금 말하고자 요점에서 벗어난 사항이다. 여기에서의 문제는 '잔소리가 그녀에게 도움이 되었는가, 아니면 문제를 한없이 악화시켰는가?'이기 때문이다.

"내가 미쳤던 것 같다는 생각이 너무 많이 드는구나." 이는 톨스토이 부인이 자신의 행동에 대해 스스로 내린 판단이다. 그렇지만 너무 늦었다.

에이브러햄 링컨의 삶에서 가장 큰 비극이었던 것 역시 결혼이었다. 당신은 링컨 대통령 일생에 있어서 가장 큰 비극은 암살이 아니라 결혼이었다는 사실을 염두에 두길 바란다. 극장에서 부스가 총을 쐈을 때, 링컨은 자신이 저격당했다는 것도 깨닫지 못했다. 하지만 그는 23년 동안 거의 매일같이, 그의 법률 파트너인 헌든의 표현대로 '가정불화의 고역'을 참아 내야 했다. '가정불화?' 이 표현은 조금 부드러운 표현이다. 약 4반세기라는 시간 동안 링컨 여사는 끝없는 잔소리로 남편을 괴롭혔다.

그녀는 늘 불평하고 남편을 비난했다. 그녀가 볼 때 그에게 괜찮은 곳이라고는 하나도 없었다. 걸음걸이만 해도 그는 어깨가 구부정한 채로 마치 인디언처럼 발을 똑바로 들어 올렸다가 내리며 어색하게 걸었다. 남편의 발걸음에는 탄력이 없고, 동작에는 품위가 없다는 것이 그녀의 불만이었다. 그녀는 그의 걸음걸이를 흉내 내며, 자신이 렉싱턴에 있는 마담 렌텔 기숙학교에서 배운 것처럼 맨 먼저 발 앞쪽을 먼저 디디며 걸으라고 잔소리했다.

그녀는 머리에서부터 쭉 튀어나와 있는 그의 큰 귀도 좋아하지 않았다. 또한 그의 코는 곧지 않고, 아래 입술은 튀어나왔으며, 폐병 환자처럼 보이고, 발과 손도 너무 크며, 머리가 너무 작다고 불평했다.

에이브러햄 링컨과 그의 부인 메리 토드 링컨은 교육, 성장 환경, 성격, 취향, 견해 등 모든 면에서 서로 달랐다. 그들은 계속해서 서로를 짜증나게 했다. 당대 링컨 연구의 권위자 앨버트 J. 베버리지Albert J. Beveridge 상원의원은 이렇게 적었다. "링컨 부인의 크고 쇳소리 같은 목소리는 길 건너에서도 들릴 정도였다. 근처에 사는 사람이라면 누구나 링컨 부인이 끝없이 쏟아 내는 분노를 들을 수 있었다. 그녀의 화는 말 이외의 다른 방법으로 터져 나오기도 했다. 그녀가 폭력을 행사했다는 이야기는 수없이 많았고, 그것이 사실이었다는 데는 의심의 여지가 없다."

일례로 링컨 부부는 결혼 직후 스프링필드에 있는 제이콥 얼리 여사의 집에서 살게 되었다. 의사였던 남편이 세상을 뜬 후 그녀는 생계를 위해 하숙집을 할 수밖에 없었다.

어느 날 링컨 부부가 아침식사를 하던 중, 링컨이 부인의 화를 돋우는 뭔가를 했다. 그게 무엇이었는지는 지금 아무도 기억하지 못한다. 그런데 화가 난 링컨 부인은 잔에 담겨 있던 뜨거운 커피를 남편 얼굴에 끼얹어 버렸다. 그것도 다른 하숙생들이 지켜보는 앞에서 말이다. 정적이 흐르는 가운데 링컨은 아무 말 없이 모욕을 당한 채로 앉아 있었고, 얼리 여사가 젖은 수건을 들고 와 그의 얼굴과 옷을 닦아 주었다.

링컨 부인의 질투는 너무 어리석고 지나친 데다가 이해하기 어려울 정도였기 때문에, 그녀가 공개적으로 벌였던 안타깝고 수치스러운 일들에 대해서는 75년이 지난 지금 읽는 것만으로도 너무나 놀라울 따름이다. 그녀는 끝내 정신이상이 되고 말았다. 조금이라도 그녀에 관해 호의적으로 이야기한다면, 어쩌면 그녀는 항상 초기 정신이상 증세의 영향을 받고 있었을지도 모르겠다.

그녀의 모든 잔소리와 비난, 흥분이 링컨을 조금이라도 변하게 했을까? 한 가지 측면에서는 그랬을 수도 있다. 이런 행동은 그녀에 대한 그의 태도를 확 바꾸었기 때문이다. 그녀는 링컨으로 하여금 자신의 불행한 결혼을 후회하고 가능한 한 부인을 피하게끔 만들었다.

스프링필드에는 열한 명의 변호사가 있었다. 하지만 모두가 그곳에서 생계를 제대로 유지할 수는 없었으므로 그들은 말안장에 짐을 싣고 데이비드 데이비스 판사가 재판을 하는 곳이면 어디든 따라다니곤 했다. 그런 식으로 그들은 제8회 순회법정이 열리는 모든 마을에서 일거리를 얻을 수 있었다.

다른 변호사들은 매주 토요일이면 항상 스프링필드로 돌아와 가족들과 함께 주말을 보냈지만, 링컨은 그러지 않았다. 그는 집에 가는 일이 끔찍했다. 그래서 봄의 3개월, 그리고 가을의 3개월 동안 순회재판 지역을 돌아다녔고 스프링필드 근처에는 얼씬도 하지 않았다. 지방 호텔의 환경은 대부분 열악했지만, 그는 몇 년이나 이런 생활을 계속했다. 집으로 돌아가 끊임없는 부인의 잔소리나 분노와 마주하는 것보다는 차라리 그쪽이 마음이 편했기 때문이다.

링컨 부인이나 유제니 황후, 톨스토이 부인이 자신들의 잔소리로 얻어 낸 결과물은 이런 것들이다. 그들은 삶의 비극 말고는 아무것도 얻은 것이 없고, 자신이 가장 소중히 여기는 것들을 모두 망가뜨렸다.

11년간 뉴욕시 가정법원에서 일하며 수천 건의 처자 유기 문제를 검토한 베시 햄버거 씨에 따르면, 남편들이 가출하는 가장 큰 요인 중 하나는 아내의 잔소리라고 한다. 〈보스턴 포스트Boston Post〉지는 이 사안을 두고 이렇게 말했다.

"많은 아내는 잔소리라는 삽으로 부부 사이의 무덤을 조금씩 조금씩 파고 있다."

그러므로 행복한 가정을 만들고 싶다면,

원칙 1

잔소리하지 말라.

2
상대를 바꾸려
하지 말라

　아무리 내 인생에서 수많은 바보짓을 저지른다 해도, 사랑 때문에 결혼하는 미련한 짓만큼은 절대로 하지 않겠다." 영국의 수상 디즈레일리는 이렇게 말했다. 그리고 실제로 그는 연애결혼을 하지 않았고, 35세가 될 때까지 미혼이었다가 자신보다 열다섯 살이나 더 많은 돈 많은 미망인 메리 앤에게 청혼했다. 50년의 삶을 살았던 그녀의 머리는 이미 희끗희끗해지고 있었다. 사랑해서 결혼한 것이냐고? 아니다. 그녀는 그가 자신을 사랑하지 않는다는 것, 그리고 그가 자신의 돈 때문에 결혼하는 것을 알고 있었다. 그래서 메리 앤은 딱 한 가지 조건을 내걸었다. 그의 성격을 파악할 수 있게 1년의 시간을 달라는 것이었다. 그리고 1년 후, 그녀는 그와 결혼했다.

　듣기에는 다소 무미건조하고 타산적인 것 같다. 그렇지 않은가? 그러나 굉장히 역설적이게도 디즈레일리의 결혼은 많은 상처와 오명으로 얼룩진 모든 결혼 사례 중 가장 성공적이었던 것으로 꼽힌다.

　디즈레일리가 선택한 그 돈 많은 미망인은 젊지도, 예쁘지도, 그렇다고 똑똑하지도 않았다. 그와는 정반대였다. 그녀는 문학적, 역사적 소양 면에서 엉망이었기에 대화 중 웃음을 자아내기 일쑤였다. 가령 그녀는 그리스 시대가 먼저인지 로마 시대가 먼저인지도 몰랐다. 그녀는 옷이나 가구에 대한 취향도 독특했지만 결혼에서 가장 중요한 것, 즉 남편을 다루는 기술에 대해서만큼은 그야말로 천재였다.

메리 앤은 지적인 면에서 디즈레일리와 자신을 비교하는 행동은 시도조차 하지 않았다. 남편이 재치 있는 공작부인들과 재담을 나눈 뒤 오후가 지나 피곤하고 지친 몸으로 집에 돌아오면 그녀는 가벼운 잡담으로 그를 편히 쉬게 해 주었다. 디즈레일리에 있어서 집은 정신적 긴장을 풀고 부인의 따뜻한 사랑에 몸을 녹이고 편안해질 수 있는 곳이었고, 시간이 갈수록 그런 데서 오는 그의 기쁨은 점점 더 커져 갔다.

나이 든 아내와 집에서 보내는 시간들은 그의 삶에서 가장 행복한 순간이었다. 그녀는 그의 동료이자 비밀을 털어놓을 수 있는 친구였고 조언자였다. 매일 밤 그는 그날 있었던 일을 그녀에게 얘기하기 위해 서둘러 집에 돌아왔다. 그리고 (이것이 가장 중요한데) 그가 말은 일이 무엇이든 메리 앤은 절대 남편이 실패할 것이라 생각하지 않았다.

30년 동안 메리 앤은 남편 디즈레일리만을 위해 살았다. 그녀는 자신이 갖고 있는 엄청난 재산조차 남편의 삶을 편하게 해 주기 때문에 가치가 있는 것이라고 생각했다. 그에 대한 보답으로 디즈레일리는 그녀를 우상으로 여겼다.

그는 그녀가 죽고 난 뒤 백작이 되었다. 그러나 그는 작위를 받기도 전에 자신의 아내도 같은 작위를 받을 수 있게 해 달라고 빅토리아 여왕에게 간청했다. 그리하여 1868년에 메리 앤은 비스콘스필드 백작 부인이 되었다.

아무리 그녀가 사람들에게 바보 같고 산만한 사람으로 보였다 해도 그는 절대 그녀를 나무라거나 꾸짖지 않았다. 만일 누군가가 그녀를 놀리려 하면 그는 부인을 향한 강한 애정으로 그녀를 옹호하려 했다.

메리 앤은 결코 완벽하지 않았지만 30년 동안 끊임없이 자신의 남편을 자랑했고 칭찬했으며, 존경했다. 그 결과는 어땠을까? 디즈레일리는 이렇게 말했다. "우리는 결혼해서 30년을 살았지만 나는 한 번도 아내에게 싫증을 느껴 본 적이 없다."(그러나 아직도 메리 앤이 역사를 몰랐다는 이유로 그녀는 멍청했던 게 틀림없다고 믿는 사람들이 있다는 것이 놀라울 따름이다.)

남편의 입장에서 디즈레일리는 메리 앤이 자신의 인생에서 가장 중요한 사람이라는 것을 굳이 숨기지 않았다. 그 결과는 어땠을까? 메리 앤은 친구들에게 이렇게 말하곤 했다. "잘해 주는 남편 덕분에 내 삶은 행복의 연속이랍니다."

그 부부끼리 하는 농담이 있었다. "당신, 그거 알아? 내가 당신 돈 때문에 결혼한 거?"라고 디즈레일리가 물으면 메리 앤은 웃으면서 이렇게 대답했다. "그럼요. 알고말고요. 그런데 당신이 다시 결혼하게 된다면 그땐 사랑 때문에 저하고 하실 거잖아요. 그렇죠?"

그는 그녀의 말에 동의했다. 메리 앤은 완벽하지 않았다. 그러나 디즈레일리에게는 그녀를 있는 그대로 놔두는 현명함이 있었다.

헨리 제임스Henry James는 이렇게 말했다. "다른 사람과 관계를 맺는 데 있어서 알아야 할 첫 번째 규칙은, 내가 행복을 얻는 방식을 상대가 억지로 바꾸려고 하지만 않는다면 나 역시 상대가 행복을 얻는 특별한 방식을 그대로 인정해 주어야 한다는 것이다."

이 점은 너무 중요하기 때문에 다시 한 번 반복하겠다. "다른 사람과 관계를 맺는 데 있어서 알아야 할 첫 번째 규칙은, 내가 행복을 얻는 방식을 상대가 억지로 바꾸려고 하지만 않는다면 나 역시 상대가 행복을 얻는 특별한 방식을 그대로 인정해 주어야 한다는 것이다."

릴랜드 포스터 우드Leland Foster Wood는 자신의 저서 《가족으로 함께 성장하기Growing Together in Family》에서 이렇게 말한다.

"자신에게 꼭 맞는 이상형을 찾는다 해서 성공적인 결혼생활이 되는 것은 아니다. 이는 곧 자신 역시 상대에게 꼭 어울리는 사람이 되어야 한다는 것을 의미하는 것이기 때문이다."

그러므로 행복한 가정을 만들고 싶다면,

원칙 2

상대를 바꾸려 하지 말라.

3

이혼 법정으로 가는 지름길

디즈레일리의 가장 강력한 정적은 윌리엄 글래드스턴William Glad-stone이었다. 이 둘은 대영제국에서 논의되는 모든 일에서 충돌했지만 그럼에도 그들에게 한 가지 공통점은 있었다. 두 사람 모두 사적인 생활에서는 무척 행복했다는 것이다.

윌리엄과 캐서린 글래드스턴 부부는 무려 59년을 함께 살았는데, 거의 60년이나 되는 그 긴 세월 동안 그들은 서로에 대한 헌신을 아끼지 않았다. 나는 영국의 가장 위엄 있는 총리였던 글래드스턴이 자신의 아내의 손을 잡고 난롯가를 돌며 춤추는 모습을 상상해 보곤 한다. 이 노래를 부르면서 말이다.

> 누더기를 걸친 남편과 말괄량이 아내
> 우리는 삶의 고난도 잘 이겨 내고 헤쳐 나가리

공적인 부분에서는 그의 강적이었던 글래드스턴도 집에서는 절대 비난을 입에 담지 않았다. 그가 아침식사를 하기 위해 나왔는데 다른 식구들이 아직 자고 있으면, 그는 사람들을 나무라는 자신만의 부드러운 방법을 사용했다. 목소리를 한껏 높여서 알 수 없는 노래를 온 집 안 가득 울려 퍼지도록 부른 것이다. 이렇게 해서 그는 영국에서 가장 바쁜 남자가 혼자 아침식사를 기다리고 있다는 것을 다른 가족들에게 알렸다. 상대를 고려할 줄 알고 탁월한 방법까지 갖춘 그는 가정 내에서의 비난을 엄격하게 자제했던 것이었다.

러시아의 예카테리나 여제 또한 그랬다. 알려진 대로 그녀는 세계에서 가장 큰 제국 중 한 곳을 다스리고, 수백만 국민의 생사에 관한 권한을 가지고 있는 사람이었다. 정치적으로 보면 그녀는 쓸데없는 전쟁을 일으키고 수십 명의 적을 처단하기 위해 총살형을 선고하기도 했으니 잔인한 폭군이라 할 수 있다. 그러나 요리사가 고기를 태워도 아무 말 하지 않지 않고 웃으며 먹었던 사람 또한 그녀였다. 이런 인내심은 미국의 대다수 남편들도 잘 알고 배워야 할 점이다.

가정불화에 대한 원인 연구에서 미국 내 최고 권위자로 꼽히는 도로시 딕스는 전체 결혼 중 50퍼센트 이상이 실패라고 단언한다. 그녀의 말에 따르면 행복한 가정생활의 꿈이 이혼의 바위에 부딪쳐 산산조각 나는 이유 중의 하나는 아무런 쓸모도 없이 헛되고 상대의 가슴만 찢어 놓는 비난이다.

자녀를 꾸짖고 싶을 때면…… 아마 당신은 내가 '꾸짖지 말라'고 할 것이라 예상하고 있을 것이다. 하지만 그 말을 하려는 것이 아니다. 나는 그저 당신이 아이들을 꾸짖기 전에 미국 잡지에 실린 글 중 최고의 명작이라 할 수 있는 '아빠는 잊어버린다Father Forgets'를 읽어 보길 바란다. 이 글은 원래 〈피플스 홈 저널People's Home Journal〉의 사설란에 게재되었던 글인데, 작가의 허락을 받아 〈리더스 다이제스트〉에 실렸던 요약판으로 아래에 신는다.

'아빠는 잊어버린다'는 진실한 감정을 느낀 순간에 재빠르게 쓴 매우 짧은 글이지만, 많은 독자들의 심금을 울리는 내용으로 끊임없이 재발간되어 나오는 명작이다. 이 글의 작가 W. 리빙스턴 라니드W. Livingston Larned는 이렇게 말한 바 있다.

"약 15년 전 처음 나온 이후로 '아빠는 잊어버린다'는 전국 수백 개의 잡지와 사보, 신문에 게재되었음은 물론 수많은 외국어로도 번역되었다. 학교나 교회, 강단에서도 이 글을 읽고 싶다고 해서 허락한 것도 수천 번에 이르고, 셀 수 없이 많은 행사와 프로그램을 통해 방송되기도 했다. 정말 신기한 것은 대학 학보나 고등학교 잡지에도 이 글이 실렸다는 것이다. 가끔은 짧은 글이 신기할 정도로 성공하는 경우가 있는데, 이 글이 바로 그런 경우에 해당된다."

아빠는 잊어버린다
W. 리빙스턴 라니드

아들아, 들어 보렴. 아빠는 네가 잠든 모습을 보며 이 이야기를 하고 있단다. 고양이 발처럼 작고 보드라운 주먹이 너의 볼을 받치고 있고, 몇 가닥의 금빛 곱슬머리는 촉촉이 땀에 젖은 네 이마에 달라붙어 있구나. 아빠는 네가 자고 있는 방에 혼자 살그머니 들어왔단다. 불과 몇 분 전, 서재에서 서류를 보고 있는데 갑자기 후회의 물결이 아빠를 휩쓸었어. 너무나도 미안한 마음이 커서 아빠는 지금 네 옆에 와 있단다.

아들아, 생각나는 것들이 몇 가지 있구나. 먼저 아빠는 네게 화를 냈지. 학교에 가려고 준비할 때 네가 고양이 세수만 한다고 야단을 쳤고, 신발이 지저분하다고 혼냈으며, 네가 물건을 바닥에 내팽개친다고 화를 냈어.

아침 먹을 때도 잔소리를 했구나. 음식을 흘리지 말아라, 꼭꼭 씹어서 삼켜라, 팔 괴고 먹지 말아라, 빵에 버터를 너무 많이 바르지 말아라 하면서 말이야. 내가 집을 나설 때 놀러 나가려던 너는 내게 돌아서서 손을 흔들며 "아빠! 잘 다녀오세요!"라고 말했는데, 그런 네게 아빠는 "어깨 펴고 다녀야지!"라고 말해 버렸지.

늦은 오후에도 아빠는 이와 비슷했던 것 같다. 집에 오다가 아빠는 무릎을 꿇고 구슬치기를 하고 있는 너를 봤어. 네 양말에는 구멍이 나있었지. 나는 너를 앞세워 집으로 가자고 하면서 네 친구들 앞에서 네게 창피를 주었구나. "양말이 얼마나 비싼지 아니? 네가 돈을 벌어 산다면 그렇게 함부로 신진 못했을 거다." 이런 이야기를 하다니 정말 아빠는 너무나도 부끄럽단다.

기억하니? 저녁 때 서재에서 책을 읽고 있는데 네가 조금은 상처 받은 눈빛으로 조심스럽게 들어왔던 걸 말이야. 방해받았다는 것에 짜증 난 내가 쳐다봤을 때, 너는 문가에 망설이며 서 있었단다. 나는 네게 "그래, 원하는 게 뭐냐?" 하고 날카롭게 쏘아붙였는데, 너는 아무 말도 하지 않고 있다가 갑자기 달려와서는 내 목을 감싸고 내게 뽀뽀를 했지. 네 작은 팔은 하느님이 네 마음속에 피어오르게 만드신 사랑, 아무리 돌보지 않아도 절대 시들지 않는 사랑으로 가득 차 나를 감싸고 있더구나. 그러고서 너는 콩콩 발소리를 내며 네 방으로 돌아갔지.

그래, 아들아. 네가 그렇게 나가자마자 아빠는 너무나 무시무시하고 고통스러운 두려움이 몰려와 손에 쥐고 있던 서류도 떨어뜨릴 뻔했단다. 나는 지금껏 네게 어떤 짓을 해 왔던 걸까? 습관적으로 잘못이나 지적하고 꾸짖고……. 우리 아들이 되어 준 고마운 네게 아빠가 주는 보상이 이런 것들이었다니. 하지만 아빠가 너를 사랑하지 않아서 그랬던 것은 아니란다. 단지 아직은 어린 네게 너무나도 많은 것을 바랐기 때문이야. 나는 어른의 기준으로 너를 재고 있었던 거란다.

아들아. 너는 정말 무척이나 착하고, 훌륭하며, 진실한 아이란다. 네 조그만 몸 안에는 언덕 너머로 밝아 오는 새벽처럼 넓은 마음이 있단다. 아까 아빠에게 달려와 뽀뽀를 해 주던 그때 아빠는 그걸 분명하게 느꼈어. 아들아, 오늘 밤 내게 이것보다 더 중요한 일은 없단다. 아빠는 불도 켜지 않고 네 머리맡에 무릎을 꿇고 앉아 있어. 너무나 부끄러운 마음으로 말이다.

이건 아주 작은 속죄에 불과할 거야. 네가 깨어 있을 때 네게 이런 말을 해도 너는 잘 이해하지 못할 것 같구나. 하지만 내일 이 아빠는 진짜로, 아빠다운 아빠가 될 거란다. 네 친구가 되어 너와 함께 웃고, 네가 아플 때는 같이 아파해 줄게. 짜증 섞인 잔소리를 하고 싶어진다면 차라리 혀를 깨물면서 주문처럼 이 말을 되새길게. '아직은 아이일 뿐이야. 아주 어린아이일 뿐이지.'

아빠는 너를 다 큰 남자로 생각했던 것 같아 정말 속상하단다. 지금 이렇게 작은 침대에 피곤한 듯 웅크리고 잠든 너를 보니 너는 아직도 어린아이인데 말이야. 네가 엄마 어깨에 머리를 얹고 엄마 품에 안겨 있었던 것이 엊그제 일 같은데, 아빠가 네게 너무 많은 것을 바랐구나.

너무 많은 것을.

그러므로 행복한 가정을 만들고 싶다면,

원칙 3

비난하지 말라.

4

순식간에 모든 사람을 행복하게 만드는 방법

로스앤젤레스의 가정관계연구소 소장 폴 포피노Paul Popenoe는 이렇게 말한다.

"대부분의 남자들은 아내를 찾을 때 기업 임원이 아닌, 자신이 최고라고 느끼게 해 줄 의사가 있고, 자신의 허영심을 채워 줄 만한 매력을 갖춘 여자를 찾는다. 그래서 여성 임원이라면 한 번쯤은 점심식사 초대를 받을 수도 있겠지만, 대충 이런 상황이 예상된다. 그녀는 자신의 대학 시절에 들었던 '현대 철학의 주요 흐름' 같은 진부한 내용을 음식을 나눠 주듯 말하고, 자기 밥값은 자기가 내겠다고 고집피울 가능성이 꽤 높다. 결과적으로 그녀는 그날 이후 점심을 혼자 먹게 된다.

반대로 대학을 나오지 않은 타이피스트가 점심에 초대받으면, 그녀는 자신을 에스코트하는 사람을 열렬히 바라보며 무척이나 듣고 싶은 듯이 '그럼 당신 이야기 좀 해 주세요.'라고 말할 것이다. 결과적으로 그는 다른 사람들에게 '비록 대단한 미인은 아니지만 그녀처럼 즐거운 대화 상대는 처음 만나 봤어.'라고 말하게 된다."

남자들은 옷을 잘 차려 입고 예쁘게 보이려는 여자들의 노력을 반드시 칭찬해야 한다. 사실 남자들은 여자들이 옷에 대해 얼마나 큰 관심을 갖고 있는지를 잘 모르거니와, 설사 안다 해도 금방 잊어버리고 만다. 가령 남자와 여자가 길에서 어떤 다른 남자와 여자를 만나면, 여자는 상대편 남자의 외모는 거의 보지 않는 대신 상대편 여자가 얼마나 잘 입었는지를 본다.

몇 년 전, 내 할머님께서 98세의 나이로 돌아가셨다. 돌아가시기 직전에 우리는 할머니께 30년 전쯤 찍었던 할머니 사진을 보여드렸다. 할머니는 시력이 너무 안 좋으셔서 사진을 제대로 보실 수가 없었지만, 이 한 가지는 물으셨다. "사진에서 내가 무슨 옷을 입고 있니?" 생각해 보라. 거의 한 세기의 흔적을 고스란히 몸에 담은 채 침대에 누워 지낸 시간만으로도 몹시 지친, 이제는 기억이 흐려져 더 이상 딸들도 알아보기 힘들며 곧 생을 마감하게 되실 할머니가 30여 년 전에 자신이 입고 있었던 옷에 대해 관심을 보이시다니! 할머니가 그 질문을 하실 때 나는 그 옆에 있었다. 그때 내가 받은 인상은 앞으로도 절대 지워지지 않을 것이다.

이 책을 읽고 있는 남자들은 자신이 5년 전에 입은 양복이나 셔츠를 기억할 수 없을 것이고, 또 굳이 그런 것을 기억하고 싶은 마음도 없을 것이다. 하지만 여자들은 다르고, 남자들은 그 사실을 깨달아야만 한다. 프랑스의 상류층 소년들은 여성들의 옷과 모자를 칭찬하도록, 그것도 한 번이 아니라 여러 차례에 걸쳐 칭찬하도록 배운다. 5,000만 명에 이르는 프랑스 남자들이 그렇게 한다면 옳은 일이라고 해도 되는 것 아닌가!

내가 모아 두었던 이야기들 중에는 실제로 일어나지는 않았지만 진리를 담고 있는 우스갯소리가 있어 여기에 소개해 보려 한다.

한 농부의 아내가 고된 하루 일과를 마치고 돌아온 남편 앞에 저녁식사로 건초더미 하나를 올려놓았다. 화가 치밀어 오른 남편이 아내에게 "미친 것 아니야?"라고 소리치자 그녀는 이렇게 말했다. "어머, 알아차리셨어요? 지난 20년 동안 꼬박꼬박 요리를 해 왔지만, 당신이 먹는 것이 건초인지 맛있는 요리인지를 제게 알려 준 적이 전혀 없어서요."

모스크바와 상트페테르부르크에서 온갖 것을 누리고 살던 러시아 귀족들은 이런 점에서 괜찮은 관습을 가지고 있다. 제정 러시아 시대의 상류층 사이에서는 맛있는 만찬을 즐긴 뒤에는 꼭 요리사를 불러서 무척 훌륭한 요리였다는 칭찬을 전하는 것이 관례였다.

당신의 아내에게도 이런 배려를 하는 것은 어떨까? 맛있는 닭고기 요리가 식탁에 오르면 아내에게 맛있다고 칭찬함으로써, 당신이 건초 더미를 먹고 있지 않다는 사실에 감사하고 있음을 아내가 알게 하라. 아니면 배우 등으로 활약하며 나이트클럽의 여왕으로 통하던 '텍사스 기넌'이 클럽에서 늘 했던 것처럼 아내에게 '열렬한 박수'를 보내는 것도 좋다. 더불어 당신이 칭찬할 때는 당신에게 있어 아내가 얼마나 소중한 존재인지 표현하는 것에 주저하지 말아야 한다. 앞서 보았듯 영국이 낳은 가장 위대한 정치가인 디즈레일리도 "아내는 정말 내게 고마운 사람"이라며 세상에 알리지 않았는가.

며칠 전 잡지에서 우연히 가수이자 코미디언인 에디 캔터Eddie Cantor와의 인터뷰를 읽은 적이 있는데, 이런 내용이 있었다.

"저는 세상 누구보다 제 아내에게 정말 감사하고 있습니다. 아내는 제 어린 시절 가장 소중한 친구였고, 제가 바르게 자랄 수 있도록 도와 줬습니다. 결혼한 뒤에는 동전 하나까지 아껴 모은 돈을 굴리고 굴려 큰 재산으로 만들었고, 예쁘고 사랑스러운 아이도 다섯 명이나 키워 줬지요. 아내는 항상 가정을 행복한 곳으로 꾸려 줬습니다. 제가 뭔가 조금이라도 이룩한 것이 있다면, 그것은 모두 아내 덕분입니다."

할리우드는 유명한 로이드 보험사마저도 내기를 걸지 않을 만큼 결혼생활을 잘 유지하기 힘든 곳이다. 그런 할리우드에서도 눈에 띄게 행복한 부부들이 몇몇 있는데, 워너 백스터Warner Baxter 부부가 그중 하나다. 백스터 부인은 예전에 위니프레드 브라이슨이라는 이름의 배우로 활동했지만 결혼과 동시에 화려했던 배우 생활을 그만뒀다. 그러나 그녀의 희생이 결코 그들의 행복을 망가뜨리지는 못했다. 워너 백스터는 이렇게 말했다. "아내는 무대 위에서 받는 박수갈채를 그리워했습니다. 하지만 저는 제가 그녀에게 갈채를 보내고 있다는 것을 아내가 알게 하려고 부단히 노력했지요. 남편이 자신에게 헌신하고 있고, 자신을 칭찬하고 있다고 느낄 때 아내는 남편을 통해 행복감을 느끼지 않을까요? 그런 헌신과 칭찬이 진심이라면 남편이 행복해질 수 있는 길도 그 안에 있는 것이죠."

바로 이것이다.

그러므로 행복한 가정을 만들고 싶다면,

원칙 4

진심으로 칭찬하라.

5
작은 관심을 표현하라

아득히 먼 옛날부터 꽃은 사랑의 언어라고 여겨져 왔다. 특히 제철에 나는 꽃은 비싸지 않고, 종종 길거리에서 싼값에 팔기도 한다.

그런데도 보통의 남편들은 수선화 한 다발을 사 들고 집에 가는 일이 없다. 그런 꽃이 난초만큼 굉장히 비싸다거나, 구름이 뒤덮고 있는 알프스 산 절벽에 피어난 에델바이스처럼 구하기 힘든 것도 아닌데 말이다. 왜 당신의 아내가 병원에 입원이라도 해야만 꽃다발을 선물하려 하는가? 왜 오늘밤에라도 아내에게 장미꽃 몇 송이를 선물하려 하지 않는가? 여러분에게는 실험 정신이 있으니 한번 해 보자. 그리고 무슨 일이 생기는지 지켜보자.

배우이자 작곡가, 제작자였던 조지 M. 코핸George M. Cohan은 '브로드웨이를 가진 사나이'라 불릴 정도로 바빴지만 어머니가 돌아가실 때까지 하루에 두 번씩 전화를 드렸다. 그렇다고 매번 어머니께 깜짝 놀랄 만한 소식들을 전해 드린 것도 아니다. '작은 관심'의 의미는 사실 이런 것이다. 사랑하는 사람에게 당신이 그 사람을 생각하고 있다는 것, 그 사람을 기쁘게 하고 싶다는 것, 또 그 사람의 행복과 안녕이 당신에게 정말 소중하며 항상 마음속 깊이 간직하고 있다는 것을 보여 주는 것 말이다.

여자들은 생일이나 기념일을 중요하게 생각한다. 왜 그런가는 여성들만의 비밀로 영원히 남을 것이다. 보통의 남자들은 그런 날들을 기억하지 않고도 별 문제없이 살아갈 수 있다. 그러나 몇몇 기념일은 반드시 기억해야 한다. 콜럼버스가 미 대륙을 발견한 1492년이나 미국이 독립선언을 한 1776년, 그리고 아내의 생일과 결혼기념일이 그것이다. 필요하다면 앞의 두 가지는 잊어버려도 되지만, 뒤의 두 가지를 잊고서는 절대로 잘 살 수 없다.

시카고에서 4만 건의 이혼 소송과 2,000쌍의 조정에 성공한 조셉 새버스 판사는 이렇게 말한다. "가정불화의 가장 큰 원인은 대부분 사소한 일에 있다. 아침 출근길의 남편에게 아내가 잘 다녀오라며 손을 흔들고 인사해 주는 간단한 일만으로도 이혼을 피할 수 있는 경우는 얼마든지 있다."

로버트 브라우닝은 아내 엘리자베스 베럿 브라우닝과 가장 목가적인 가정생활을 한 사람으로 여겨진다. 그는 아무리 바빠도 아주 작은 칭찬과 관심으로 끊임없이 애정을 북돋우며 부부 사이의 사랑을 유지했다. 병든 아내에 대한 그의 배려가 얼마나 극진했는지, 한번은 아내가 언니에게 보내는 편지에 이렇게 쓸 정도였다. "요즘 나는 남편 말대로 내가 진짜 천사가 아닌가 싶은 생각이 들기 시작했어."

이렇게 수시로 표현하는 작은 관심의 가치를 모르는 남자들은 너무나도 많다. 게이너 매독스Gaynor Maddox는 〈픽토리얼 리뷰〉지에 기고한 글에서 다음과 같이 썼다.

"별로 좋지 않아 보일 수도 있겠지만, 미국 가정은 정말이지 몇 가지 새로운 습관을 들여야 할 필요가 있다. 가령 침대에서 아침식사를 하는 것은 수많은 아내들이 마음껏 누려야 하는 즐거운 기분 전환 방법 중 하나다. 여자들에게 있어 침대에서의 아침식사는 남자들이 멋진 술집에 가는 것과 비슷한 역할을 한다."

결혼이라는 것은 결국 사소한 사건의 연속이다. 이 사실을 간과하는 부부는 행복해지기 어렵다. 시인이자 극작가인 에드나 세인트 빈센트 밀레이Edna St. Vincent Millay는 이와 같은 사실을 자신의 함축적이고 짤막한 시에서 요약하여 표현한 바 있다.

내 하루하루가 아픈 것은
사랑이 가고 있기 때문이 아니라
사랑이 사소한 일로 가 버렸기 때문
Tis not love's going hurts my days
But that it went in little ways.

이 시구는 기억해 두는 것이 좋다. 이혼 재판소로 유명한 네바다주 리노 시의 법정에서는 월요일부터 토요일까지 이혼 소송을 진행하는데, 미국 전체로 보면 열 쌍 중 한 쌍 정도가 이혼한다. 당신은 그중에서 얼마나 많은 부부가 실제로 엄청난 비극이라는 암초에 부딪혀 이혼한다고 생각하는가? 장담컨대 그런 경우는 매우 적을 것이다. 만일 당신이 몇날 며칠 그 법정에 앉아 그 불행한 부부들의 증언을 듣는다면, 그들의 사랑이 '사소한 일로 가 버렸다.'는 것을 깨닫게 될 것이다.

지금 바로 칼을 가져와 아래의 구절을 오려 내라. 그리고 그것을 당신의 모자 안 또는 매일 아침 당신이 면도할 때 들여다보는 거울에 붙여 놓아라.

"나는 이 길을 딱 한 번만 지나갈 수 있다. 그러므로 내가 다른 사람에게 선행을 베풀거나 친절을 보여 줄 수 있는 기회가 생긴다면 지금 해야 한다. 미루거나 게을리해서는 안 된다. 나는 이 길을 다시는 지나갈 수 없기 때문이다."

그러므로 행복한 가정을 만들고 싶다면,

원칙 5
작은 관심을 표현하라.

6
행복해지기 위해
잊지 말아야 할 것

월터 담로쉬Walter Damrosch는 미국에서 제일가는 웅변가 중의 한 사람이자 한때 대통령 후보이기도 했던 제임스 G. 블레인James G. Blaine의 딸과 결혼했다. 오래전 스코틀랜드에 있는 앤드류 카네기의 집에서 만나 부부가 된 지금까지, 그들은 진정으로 행복한 삶을 누려왔다.

그 비밀은 무엇이었을까? 담로쉬 부인은 이렇게 말한다.

"배우자를 신중하게 고르는 것도 중요하지만, 결혼 후 서로 예의를 지키는 것 또한 그에 못지않게 중요합니다. 만약 젊은 아내들이 다른 이들에게 하는 것처럼 남편에게 예의를 차린다면 얼마나 좋을까요? 어떤 남편이든 잔소리 심하고 바가지 긁는 아내로부터는 도망치기 마련입니다."

무례함은 사랑을 집어삼키는 암이다. 모든 사람이 이 사실을 안다. 그러나 그럼에도 대다수 사람들이 가까운 사람들보다는 낯선 이들에게 더 예의를 차린다는 것은 정말이지 안타까운 일이다.

우리는 결코 모르는 이의 말을 가로막고 "맙소사, 그 구닥다리 얘기를 또 하시게요?"라며 끼어들려 하지 않는다. 또한 허락 없이 친구의 편지를 뜯어서 본다거나 사적인 비밀을 훔쳐보려는 일 또한 하지 않는다. 우리가 이런 사소한 잘못을 저질러 기분을 상하게 하는 대상은 언제나 우리와 가장 가깝고 소중한 가족들이다.

다시 한 번 도로시 딕스의 말을 여기에 인용해 보겠다. "실제로 우리에게 비열하고 모욕적이며 상처가 되는 말을 하는 사람들이 가족밖에 없다는 것은 놀랍지만 분명한 사실이다."

헨리 클레이 리스너는 "예의는 부서진 문을 눈감아 주고 그 문 너머 마당에 있는 꽃을 보려 하는 마음가짐이다."라고 말한 바 있다. 결혼생활에 있어서의 예의란 자동차의 엔진 오일만큼이나 중요하다.

'아침 밥상의 독재자Autocrat of the Breakfast Table'라는 글로 사랑받은 올리버 웬델 홈스도 자신의 가정에서는 결코 독재자가 아니었다. 사실 그는 가족에 대한 배려가 깊어서, 우울하거나 괴로울 때도 다른 식구들에게는 그런 감정을 감추기 위해 노력했다. 그는 다른 가족들에게까지 자신의 우울함을 전염시키지 않고 혼자 감당하는 일이 정말로 괴로웠다고 말했다.

올리버 웬델 홈스는 그런 일을 해낸 반면, 대다수의 사람들은 어떤가? 가령 회사에서 안 좋은 일이 벌어졌거나, 판매가 부진하거나 상사에게 호출당해 야단맞은 일이 생겼다. 머리가 깨질 듯 아프고 5시 15분에 출발하는 통근버스마저 놓쳤다. 그러면 그는 집에 도착하자마자 식구들에게 분풀이를 하기 시작한다.

네덜란드에서는 집에 들어가기 전에 신발을 현관 밖에 벗어 놓는다. 정말이지 우리는 네델란드 사람들로부터 이 교훈을 배워야 한다. 밖에서 생긴 골치 아픈 일들은 집에 들어가기 전에 벗어 놓아야 한다는 교훈 말이다.

예전에 윌리엄 제임스는 '인간의 무지에 대해서On a Certain Blindness in Human Beings'라는 에세이를 쓴 적이 있다. 좋은 글이니 가까운 도서관에 가서 찾아 읽어 보는 것도 괜찮을 것 같다. 에세이에서 그는 이렇게 썼다. "이 글에서 다룰 인간의 무지는 우리와 다른 존재나 사람들의 감정과 관련되어 '우리 모두를 고통스럽게 하는, 우리 모두가 갖고 있는 무지'다."

고객이나 사업상의 파트너에게 신랄하게 말하는 것은 꿈도 못 꾸는 많은 남자가 아내에게 윽박지르는 것은 대수롭지 않게 여긴다. 하지만 개인의 행복을 위해서는 사업보다 결혼이 훨씬 더 중요하고, 훨씬 더 필수적이다.

행복한 결혼생활을 하는 평범한 남자가 혼자 외롭게 사는 천재보다 훨씬 더 행복하다. 러시아의 위대한 소설가 이반 투르게네프Ivan Turgenev는 문명사회라면 어디에서나 환호를 받았다. 그럼에도 그는 "저녁식사를 준비하고 나를 기다려 주는 여자가 어디엔가 있다면, 나는 내 모든 재능과 작품을 포기해도 아깝지 않을 것이다."라고 말했다.

어쨌거나, 오늘날 행복하게 결혼생활을 할 가능성은 얼마나 되는 것일까? 이미 언급했듯이 도로시 딕스는 결혼의 반 이상이 실패라고 말했지만, 폴 포피노 박사는 그 반대라고 주장한다. 그는 "결혼생활에서 성공할 가능성은 다른 어떤 사업에서 성공할 확률보다 높다. 야

채 가게를 여는 사람들의 70퍼센트는 실패하지만, 결혼하는 부부 중 70퍼센트는 성공한다."

이상과 관련된 도로시 딕스의 결론을 들어 보자.

결혼과 비교해 본다면, 태어나는 것은 한낱 에피소드이고 죽음은 사소한 일에 불과하다. 남자들이 왜 사업이나 자신의 직업에서 성공하기 위해 기울이는 노력을 좋은 가정을 만드는 데는 기울이지 않는지 여자들은 이해하지 못한다.

100만 달러를 버는 것보다 아내를 만족시켜 주고 평화롭고 행복한 가정을 꾸리는 것이 남자들에게 더 큰 의미를 차지함에도 불구하고, 자신의 결혼생활을 성공적으로 이끌어 나가는 것에 대해 진지하게 고민하거나 진심 어린 노력을 기울이는 남자들은 백 명 중 한 명도 되지 않는다. 그는 자신의 인생에서 가장 중요한 것을 그저 운에 맡기고서, 행운이 자신에게 올지 안 올지에 따라 승리하거나 패배한다. 고압적인 수단 대신 부드러운 방법을 쓰면 모든 일이 잘 풀릴 텐데, 여자들은 왜 남편들이 친절하게 자신을 대하지 않는지 이해할 수 없다.

남자들은 누구나 아내의 기분을 조금만 맞춰 주면 아내가 뭐든 할 것임을 잘 알고 있다. 살림에 뛰어나다거나, 내조를 잘한다는 등의 사소한 칭찬 몇 마디만 해도 아내는 동전까지 싹 모아서 내주리라는 것을 안다. 만일 아내에게 작년에 산 옷을 입으면 얼마나 예쁘고 근사한지 모른다는 말을 하기만 하면 아내는 파리에서 수입된 신상품은 거들떠보지도 않을 것임을 안다. 아내의 눈에 입을 맞추기만 하면 아내는 모든 일을 눈감아 주고, 입술에 입을 맞추기만 하면 입을 꼭 다물고 아무 잔소리도 하지 않을 것임을 안다.

모든 아내들은 자신의 남편이 이런 점들을 알고 있음을 안다. 왜냐하면 자신한테 어떻게 하면 되는지에 대한 완벽한 도면을 남편에게 제공했기 때문이다. 그렇기 때문에 남편이 자신의 기분을 맞춰 주거나 자신이 바라는 바를 해 주기보다는 자신과 다툰 다음 그 대가로 불쾌한 식사를 하고, 자신에게 옷이며 자동차며 진주 등을 사 주느라 돈을 낭비하는 것을 보면 아내는 화를 내야 할지 정나미 떨어진다고 해야 할지 도무지 알 수가 없는 것이다.

그러므로 행복한 가정을 만들고 싶다면,

원칙 6
예의를 갖춰라.

7

결혼의 성적 측면을 이해하라

사회위생관리소의 총책임자 캐서린 비먼트 데이비스Katharine Be-ment Davis 박사는 언젠가 1,000명의 기혼 여성들을 대상으로 지극히 개인적인 영역에 대해 솔직한 설문조사를 진행한 적이 있다. 평균적인 미국 성인의 성적 불만족에 대한 조사 결과는 믿을 수 없을 정도로 놀랍고 충격적이었다. 1,000명의 기혼 여성들로부터 받은 답변을 모두 살펴본 뒤, 데이비스 박사는 미국에서 일어나는 이혼의 중요 원인 중 하나는 성생활에서의 부조화라는 데 의심의 여지가 없다고 단언했다.

G. V. 해밀턴G. V. Hamilton 박사의 조사는 그녀의 연구 결과가 사실임을 입증하고 있다. 해밀턴 박사는 100명의 남성과 100명의 여성의 결혼생활을 연구하는 데 4년을 보냈다. 그는 조사 대상인 남녀 각각에게 결혼생활에 관한 400여 개의 질문을 하고, 문제를 자세히 규명했다. 무려 4년에 걸친 이 연구는 사회학상으로도 매우 중요한 것으로 간주되어 주요 자선가들의 후원을 받았다. 해밀턴 박사와 케네

스 맥고완Kenneth MacGowan이 쓴《결혼생활의 문제What's Wrong with Marriage?》는 그 연구의 결과물이다. 과연 결혼생활의 문제는 무엇인가? 해밀턴 박사는 "성적 부조화가 마찰의 가장 큰 원인이 아니라고 말하는 사람은 대단히 편견에 사로잡힌, 신중하지 못한 정신과 의사라 할 수 있다. 어찌 되었든 성생활 자체가 만족스럽다면 다른 이유로 발생하는 부부 사이의 마찰은 많은 경우 큰 문제가 되지 않는다."라고 말한다.

로스앤젤레스 가정관계연구소 소장인 폴 포피노 박사는 수천 건의 결혼을 검토했고, 가정생활 분야에서는 미국 최고의 권위자로 인정받는 사람 중 하나다. 그의 말에 따르면 결혼생활의 실패는 대부분 네 가지 원인 때문에 일어나는데, 그가 제시한 순서는 아래와 같다.

1. 성적 부조화
2. 여가 활용법에 대한 의견 불일치
3. 경제적 어려움
4. 정신적, 육체적, 혹은 감정적 이상

우리가 주목해야 할 것은 성 문제가 제일 먼저 나온다는 것, 그리고 이상하게도 경제적 어려움은 겨우 세 번째로 등장했다는 것이다.

이혼 문제에 관한 권위자라면 누구나 조화로운 성생활이 절대적으로 필요하다는 데 동의한다. 일례로 몇 년 전 수천 건의 이혼 소송을 처리했던 신시내티 가정법원의 호프먼 박사는 "이혼 소송 열 건 중 아홉 건은 성적 불만에서 비롯된다."라고 말한 바 있다. 또한 유명한 심리학자인 존 B. 왓슨 역시 "성이 인생에서 가장 중요한 주제라는 것은 모두가 인정한다. 성은 분명히 남성과 여성의 행복에 큰 파멸을 야기하는 주요 요인이다."라고 말한다.

그리고 나는 내 강좌에서 연설한 수없이 많은 개업의가 실제로 이와 똑같은 이야기를 하는 것을 들었다. 많은 책과 교육이 넘쳐 나는 20세기에도 가장 원초적이면서도 자연스러운 본능에 대한 무지 때문에 결혼생활이 파괴되고 삶이 산산조각 난다는 것은 참으로 불쌍한 일이 아니겠는가?

감리교 목사로 18년을 보낸 올리버 M. 버터필드Oliver M. Butterfield 박사는 뉴욕의 가정상담 서비스 사무소에서 일하기 위해 교단을 떠났다. 아마 그는 생존하고 있는 사람 중에서 가장 많이 결혼식 주례를 선 사람일 것이다. 그는 아래와 같이 말한다.

"목사로 재직하고 얼마 지나지 않았을 때, 나는 결혼을 하러 오는 많은 커플들이 사랑과 선의를 가졌음에도 결혼생활에 필요한 성적 지식에 대해서는 너무나 무지하다는 것을 발견했습니다. 서로에게 적응하고 맞춰 가며 살아야 한다는 점에서 정말 어려운 것이 결혼임을 고려해 보면, 그토록 중요한 문제를 그저 운에 맡겨 놓는데도 이혼율이 16퍼센트밖에 안 된다는 것은 놀랍습니다. 진짜 결혼한 상태가 아닌, 그저 이혼만 하지 않은 채 살고 있는 부부의 수는 엄청날 정도로 많습니다. 그들은 일종의 연옥에 살고 있다고 할 수 있겠죠."

버터필드 박사는 "행복한 결혼은 운으로 만들어지는 것이 아닙니다. 정교하게, 또 신중하게 계획된다는 측면에서 그것은 건축물과도 같습니다."라고 말했다.

이 계획을 돕기 위해 오랫동안 그는, 결혼하는 부부라면 누구나 그들의 장래 계획에 대해 자신에게 솔직하게 터놓고 의견을 나누어야 한다고 주장해 왔다. 그리고 그렇게 의견을 나눈 결과, 그는 많은 결혼 당사자들이 '결혼맹(盲)'이라는 결론에 도달했다.

버터필드 박사는 "성은 결혼생활에서 만족시켜야 하는 여러 요소들 중 하나에 불과하지만, 이 관계가 제대로 이루어지지 않으면 다른 어떤 것도 제대로 될 수 없습니다."

그렇다면 어떻게 이것을 제대로 이루어지게 할 수 있을까? 계속해서 버터필드 박사의 말을 들어 보자.

"감정적으로 입을 다물어 버리지 말고, 결혼생활의 자세와 행동에 대해 객관적이고도 초연한 태도로 토론하는 능력을 키워야 합니다. 이런 능력을 키우는 데는 양식과 가치관이 담긴 책을 읽는 것 이상의 좋은 방법이 없습니다. 그래서 저는 제가 썼던 《결혼과 성적 조화Marriage and Sexual Harmony》와 함께 몇 권의 책을 늘 나눠 줬습니다. 이사벨 E. 허튼Isabel E. Hutton의 《결혼생활을 위한 성적 테크닉The Sex Technique in Marriage》과 맥스 익스너Max Exner의 《성적인 측면에서의 결혼생활The Sexual Side of Marriage》, 헬레나 라이트Helena Wright의 《결혼에 있어서의 성의 요소The Sex Factor in Marriage》 등 세 권은 좋은 길잡이가 될 수 있는 책입니다."

책을 통해서 성을 배운다는 것이 좀 이상한가? 몇 년 전 콜롬비아 대학은 미국 사회위생협회와 공동으로 교육계의 저명한 인사들을 초청해 대학생의 성과 결혼 문제에 대한 토론을 벌였다. 그 토론에서 폴 포피노 박사는 다음과 같이 말했다. "이혼은 감소하는 추세에 있습니다. 그 이유 중 한 가지는 사람들이 성과 결혼에 관한 양서들을 더 많이 읽고 있기 때문입니다."

그러므로 행복한 가정을 만들고 싶다면,

원칙 7
결혼생활의 성적인 측면에 관한 좋은 책들을 읽으라.

‖‖‖‖‖‖‖‖‖‖‖‖‖‖‖‖ Section 6 요약정리 ‖‖‖‖‖‖‖‖‖‖‖‖‖‖‖‖

행복한 가정을 만드는 일곱 가지 방법

1. 잔소리하지 말라.

2. 상대를 바꾸려 하지 말라.

3. 비난하지 말라.

4. 진심으로 칭찬하라.

5. 작은 관심을 표현하라.

6. 예의를 갖춰라.

7. 결혼생활의 성적인 측면에 관한 좋은 책들을 읽으라.

결혼생활 평가 설문

〈아메리칸 매거진American Magazine〉 1933년 6월호에는 에멧 크로지어Emmet Crozier의 '결혼생활의 문제는 왜 생기는가Why Marriages Go Wrong'라는 글이 실렸다. 다음의 설문은 그 글에 들어 있는 것이다. 아래 문항에 답해 보는 것도 도움이 될 것이다. 각각의 질문에 대해 '그렇다'라는 대답을 할 경우에는 10점씩 매긴다.

남편용

1. 아내의 생일, 결혼기념일 혹은 예기치 않은 날에도 아내에게 가끔 꽃을 선물한다.
2. 다른 사람들 앞에서 아내를 비난하지 않는다.
3. 아내에게 생활비 외에도 재량껏 쓸 수 있는 돈을 준다.
4. 여성 특유의 잦은 감정 변화를 이해하고, 아내가 피곤하거나 예민하거나 짜증을 낼 때 옆에서 잘 도와준다.
5. 여가 시간의 반 정도는 아내와 함께한다.
6. 칭찬할 때는 제외하고, 아내를 다른 사람과 비교하지 않는다.
7. 아내의 사고방식, 친구 관계, 독서, 정치관 등에 대해 잘 알고 있다.
8. 아내가 사교모임에서 다른 남자와 춤을 추거나 건전한 친교를

맺더라도 질투하는 말을 하지 않는다.

9. 기회가 있을 때마다 아내를 칭찬하거나 존경을 표현할 준비가 되어 있다.

10. 단추를 달거나 양말을 꿰매거나 세탁소에 옷을 맡기는 등 아내가 당신을 위해 하는 작은 일들에도 고맙다는 말을 한다.

아내용

1. 동료나 비서, 근무시간 등 업무에 관한 남편의 일에는 일체 간섭하지 않는다.

2. 즐겁고 따뜻한 가정을 만들기 위해 최선을 다한다.

3. 다양한 요리를 함으로써 남편이 '오늘은 무슨 요리가 나올까?' 하고 궁금해지게 만든다.

4. 남편의 사업에 대해 잘 이해하고 있다가 필요할 때 조언을 한다.

5. 경제적으로 어렵더라도 남편을 비난하거나 다른 사람과 비교하지 않으며, 용감하고 즐거운 마음으로 대처해 나간다.

6. 시부모님 등 시댁 식구들과 친하게 지내기 위해 열심히 노력한다.

7. 옷을 고를 때는 남편이 좋아하는 색상과 스타일 등을 고려한다.

8. 조화로운 관계를 위해 사소한 일은 남편에게 양보한다.

9. 남편이 좋아하는 취미를 배워 함께 여가를 즐기기 위해 노력한다.

10. 최근 뉴스, 신간, 새로운 아이디어 등에 대해 잘 알고 있어 남편과 함께 지적인 대화를 나눈다.

자기관리론

How to Stop Worrying
& Start Living

나는 이 책을 어떻게
그리고 왜 썼는가?

35년 전, 나는 뉴욕에서 가장 불행한 청년 중 한 명이었다. 당시 나는 트럭을 판매하며 먹고살았지만 트럭이 어떤 원리로 굴러 가는지도 몰랐고 알고 싶지도 않을 만큼 일하기가 싫었다. 또한 싸구려 가구들로 채워져 있고 바퀴벌레가 득실거리는 웨스트 56번가의 방에 사는 것도 끔찍했다. 아침마다 방에 걸려 있던 넥타이를 매려고 손을 뻗으면 바퀴벌레들이 사방으로 흩어지던 것이 아직도 생생히 기억난다. 나는 내 방과 마찬가지로 바퀴벌레들이 득실거릴 것이 빤한 허름하고 더러운 식당에서 밥을 먹는 것도 정말 싫었다.

매일 밤 나는 실망, 걱정, 비통, 그리고 혐오를 먹고 자란 편두통을 이끌고 썰렁한 방으로 돌아왔다. 내가 혐오를 느낀 이유는 대학 시절에 품었던 나의 꿈들이 악몽으로 변했기 때문이었다. 정녕 내가 이런 삶을 원했나? 이것이 내가 그토록 간절히 소망했던, 생기 넘치는 모험이었나? 이것이 삶이 나에게 주는 의미의 전부인가? 내가 정말 싫어하는 일을 직업으로 삼고, 바퀴벌레들과 동고동락하고, 싸구려 음식을 먹으며 미래에 대한 희망도 없이? 나는 독서

할 여유와 대학 시절에 꿈꾸었던 책을 쓸 여가 시간을 갈망했다.

나는 내가 그토록 싫어하는 일을 그만두는 것이 이익이면 이익이지 손해가 되지는 않을 것임을 알고 있었다. 나는 돈을 많이 버는 것에는 관심이 없었지만 풍요로운 삶을 살고 싶었다. 간단히 말해 루비콘 강, 즉 대부분의 젊은이들이 인생의 출발점에 서 있을 때 맞이하는 결단의 순간에 이르른 것이다. 그리하여 나는 결심했고 그것이 나의 미래를 완전히 바꾸었다. 그것은 지난 35년을 행복하게 했고 나의 유토피아적인 열망을 능가하는 보상을 주었다.

내가 내린 결단은 이것이었다. 싫어하는 일을 그만두는 것, 내가 미주리 주 워런스버그의 주립 교육대학에서 4년 동안 교육학을 공부했으니 야간학교에서 성인들을 가르치면서 돈을 벌겠다는 것, 그리고 가끔 쉬면서 독서, 강의 준비, 소설이나 단편을 쓰는 것. 나는 '글을 쓰기 위해 살고, 살기 위해 글을 쓰기'를 진정으로 원했다.

야간에 성인들에게 어떤 과목을 가르쳐야 할까? 나의 대학 교육 과정을 되돌아보고 평가해 보니 내가 대학에서 배운 다른 어떤 것보다 대중연설의 교육과 경험이 업무, 그리고 인생에서 더욱 현실적인 가치가 있다는 것을 알게 되었다. 왜? 그것은 나의 소심함과 더불어 자신감 부족 현상을 사라지게 했고, 사람들을 대하는 용기와 확신을 주었기 때문이다. 또한 리더십이란 대개 자리에서 일어나 자신이 생각하는 바를 말할 수 있는 사람에게 주어진다는 사실을 명확히 깨달았다.

나는 콜롬비아 대학과 뉴욕 대학의 야간 공개강좌에서 대중연설 강사로 일하고 싶다고 지원했다. 그러나 이 두 대학은 나의 도움이 필요 없다는 결정을 내렸다.

당시 나는 좌절했다. 하지만 지금은 그 두 대학이 나를 거절한 것에 대해 하나님께 감사한다. 왜냐하면 눈에 보이는 결과물을 신속하게 내야 했던 YMCA 야간 학교에서 강의를 시작했기 때문이다. 그것은 그야말로 도전이었다. 성인들은 대학 학위나 사회적 지위 때문에 내 강의를 듣는 것이 아니었다. 그들이 오는 이유는 단하나, 자신이 처한 문제들을 해결하기 위해서였다. 그들은 업무 회의에서 극도의 긴장감 없이 두 발로 서서 몇 마디의 말이라도 할수 있기를 원했다. 영업사원들은 용기를 내기 위해 한참이나 주변을 서성거리지 않고도 깐깐한 고객을 방문할 수 있게 되기를 바랐다. 그들은 침착함과 자신감을 얻고 싶어 했다. 사업에서의 성공도 원했고, 가족을 위해 더 많은 돈을 벌고 싶어 했다. 그리고 수업료도 할부로 지불했기 때문에 만일 자신이 원하는 결과를 얻지 못하면 더 이상 돈을 내지 않아도 됐다. 나 역시 고정 급여가 아닌 수익금의 일정액을 받기로 계약했기 때문에 먹고 살기 위해서는 현실을 직시해야만 했다. 그때는 내가 악조건 속에서 강의를 한다고 느꼈지만 지금 와서 생각해 보면 돈으로도 살 수 없는 훈련이었다는 것을 실감한다. 나는 학생들에게 동기를 부여해야 했고, 그들이 문제를 해결하는 데 도움을 줘야 했다. 또한 활기 넘치는 강의를 통해 그들이 계속 수업에 나오고 싶게 만들어야만 했다.

그것은 흥미로운 일이었고 나는 그 일을 사랑했다. 수강하러 온 비즈니스맨들이 그토록 빨리 자신감을 얻을 뿐 아니라 그중 상당수가 빨리 승진하고 봉급이 인상되는 것을 보고 나 역시 크게 놀랐다. 수업은 내가 기대했던 것보다 훨씬 큰 성공을 거듭했다.

처음에 일급 5달러도 거절했던 YMCA는 3학기가 채 지나지 않아 내게 이익 배분 방식으로 하루 30달러를 보수로 지급했다. 처음에는 오로지 대중연설 강의만 했으나 몇 해가 지나면서 사람들에게 친구를 사귀고 사람들을 설득하는 능력 또한 필요하다는 것을 알게 된 나는 인간관계에 관한 적당한 교재를 찾을 수 없어서 직접 한 권을 써 냈다. 내가 썼다고는 하지만 일반적인 집필 방식은 아니었다. 내 글은 수강생들의 경험 속에서 성장하고 발전했고, 나는 그 책의 제목을《인간관계론(How to Win Friends and Influence People)》으로 정했다.

그 책은 오로지 내 강좌에 참여하는 성인들을 위한 교재로 집필된 것이었던 데다 그 전에 내가 썼던 책들은 거의 팔리지 않았기 때문에 나는 그 책의 판매에 대한 기대도 없었다. 그러나 아마 현존하는 인물 중 나만큼 깜짝 놀란 작가도 별로 없을 것이다.

시간이 흐르면서 나는 성인들의 또 다른 큰 문제들 중 하나가 바로 '걱정'이라는 것을 알게 되었다. 대다수의 수강생들은 경영인, 영업사원, 기술자, 회계사 등 업종과 직종을 망라한 여러 분야의 직장인들이었는데 그들 중 대부분은 걱정거리를 갖고 있었다. 수강생 중에는 여성들도 있었는데, 직장에 다니거나 가정주부인 그녀들에게도 역시 걱정거리가 있었다. 때문에 내게는 당연히 '걱정을 극복하는 방법'에 관한 교재가 필요했고, 다시 한 번 그런 책을 찾아보려 했다. 나는 5번가와 42번가가 만나는 지점에 있는 뉴욕 최대의 공공도서관에 가 봤다. 그런데 놀랍게도 그 도서관에는 '걱정

(Worry)'이라는 단어가 포함된 제목의 책이 단 22권밖에 없었다. 반면 '벌레(Worm)'라는 단어를 포함한 제목의 책은 무려 189권에 달했다. 벌레에 관한 책이 걱정에 관한 책보다 거의 아홉 배나 많다니! 놀랍지 않은가?

걱정은 인류가 직면한 가장 큰 문제들 중 하나이기 때문에 당신은 미국의 모든 고등학교와 대학에서 '걱정을 없애는 방법'에 관한 강좌를 하고 있다고 생각할 수도 있다. 그렇지 않은가? 하지만 내가 무지해서인지는 몰라도 미국에 그런 강좌가 있다는 말은 단 한 번도 들어본 적이 없다. 데이비드 시베리(David Seabury)가 《성공적으로 걱정하는 방법(How to Worry Successfully)》이란 책에서 '책벌레에게 발레를 하라고 요구하는 것만큼이나 우리는 익숙하지 않은 일에 대한 준비가 거의 없는 상태에서 성인이 된다.'라고 말한 것도 놀랄 일은 아니다.

그 결과는 어떤가? 병원 침대의 절반 이상은 신경과 감정상의 문제를 가진 사람들이 차지하고 있다. 나는 뉴욕 공립도서관에 있던 걱정과 관련된 스물두 권의 책을 꼼꼼히 읽었을 뿐 아니라, 구할 수 있는 책은 모두 구입했다. 하지만 교재로 사용할 수 있는 책은 단 한 권도 찾을 수 없었고, 그래서 직접 책을 쓰기로 결심했다.

7년 전에 나는 이 책을 쓸 준비를 시작했다. 어떻게 준비했는지 궁금한가? 여러 시대의 철학자들이 걱정에 관해 말한 것들과 더불어 공자에서 처칠에 이르는 수많은 전기들도 읽었다. 그리고 잭 뎀프시, 오마르 브래들리 장군, 마크 클라크 장군, 헨리 포드, 일리노어 루스벨트, 도로시 딕스와 같은 각계각층의 저명인사들과 면담도 했다. 하지만 이런 것들은 시작에 불과했다.

나는 면담이나 독서보다 훨씬 중요한 것들을 했다. 걱정을 정복하기 위한 '실험실'에서 5년간 연구했고, 내 강좌의 성인 수강생들은 실험 대상이 되었다. 내가 아는 한 그런 종류의 실험실은 세계 최초이자 유일무이한 것이었다. 실험 과정은 다음과 같았다. 나는 수강생들에게 걱정을 없애는 방법에 관한 일련의 규칙들을 제시하고 그것을 그들의 생활에 적용시켜 보게 한 뒤, 그들이 얻은 결과들에 대해 수업 시간에 이야기하게 했다. 어떤 수강생들은 걱정을 없애기 위해 자신이 과거에 사용했던 방법에 대해 발표했다.

이 경험의 결과 나는 '어떻게 걱정을 극복했나'에 관한 이야기를 이 세상 그 누구보다 많이 들은 사람이 되지 않았을까 생각한다. 게다가 '어떻게 걱정을 극복했나'에 대한 강의 시간에 나온 수백 개의 이야기들을 편지로도 읽었다. 그 이야기들은 미국과 캐나다의 219개 도시에서 진행되고 있는 이 강좌에서 우수한 것으로 엄선된 것들이었다. 그러므로 이 책은 상아탑에서 나온 것이 아니고, 걱정이 어떻게 극복될 수 있는가에 관한 학문적 강론 또한 아니다. 나는 오히려 그것과는 정반대로 수천 명의 사람들이 어떻게 걱정을 극복해 왔는가에 관해 빠르고 정확하며 입증된 보고서를 쓰려고 노력했다. 분명한 한 가지는 이 책이 실제적이고, 당신은 아주 생생한 이야기를 들을 수 있을 것이라는 점이다.

다행히 이 책에 실린 이야기들은 정체를 알 수 없는 가상의 인물 혹은 막연한 '메리'나 '존'에 관한 것이 아니다. 아주 드문 경우를 제외하고 이 책에는 실제 사람의 이름과 주소가 나온다. 즉, 이 책의 내용은 실제 있었던 일을 기록한 것이며, 그것을 보증하고 증명할 실제 인물도 존재한다.

프랑스의 철학자 폴 발레리(Paul Valery)는 "과학은 좋은 처방의 집대성이다."라고 말했다. 이 책이 바로 그렇다. 우리 삶에서 걱정을 없앨 성공적이고 장기간의 경험으로 보증된 처방들의 모음집이기 때문이다. 그러나 미리 경고 삼아 말해 둘 것은, 당신이 이 책에서 보게 될 것들은 전혀 새로운 어떤 것이 아니라는 점이다. 대신 일반적으로 적용되지 않는 것들을 많이 보게 될 것이다. 사실 근본적으로 당신과 나는 어떤 새로운 것을 필요로 하는 것이 아니다. 우리는 이미 완벽한 삶을 살아도 될 만큼 많이 알고 있다. 우리 모두는 황금률과 산상수훈에 대해 읽었다. 우리의 문제는 알지 못하는 것이 아니라 실천하지 않는 것이다. 이 책의 목적은 오랜 세월을 거친 수많은 기본 진리들을 고쳐 말하고 실례를 들어 설명하며 현대적으로 재해석해 진부한 냄새를 없애는 것, 그리고 나서 당신의 정강이를 걷어차며 그것들을 삶에 적용하게 만드는 것이다.

당신이 이 책을 고른 이유는 어떻게 쓰였는지 알고 싶어서가 아닐 것이다. 당신은 해결 방법을 찾고 있다. 그러니 이제부터 시작하자. 부디 먼저 이 책을 처음부터 34쪽까지만 읽어보기 바란다. 그때까지도 걱정을 멈추고 삶을 즐길 새로운 힘과 새로운 자극을 얻지 못한다면 그 사람은 이 책을 쓰레기통에 던져 버려도 좋다. 그런 이에게는 이 책이 쓸모가 없다.

데일 카네기

이 책이 여러분에게 도움을 주는
열여섯 가지 방법

1. 걱정되는 상황을 해결하는 구체적이고도 검증된 공식을 풍부하게 제공한다.

2. 사업상의 걱정을 절반으로 줄이는 방법을 알려 준다.

3. 평화와 행복을 부르는 정신 자세를 갖추는 데 필요한 일곱 가지 방법을 제시한다.

4. 돈과 관련된 걱정을 줄이는 방법을 알려 준다.

5. 당신이 가진 수많은 걱정을 극복하는 법칙을 설명해 준다.

6. 비난을 유익하게 활용하는 방법을 말해 준다.

7. 주부들이 피로를 줄이고 젊음을 유지할 수 있는 방법을 제시한다.

8. 피곤과 걱정을 막는 네 가지 작업 습관을 알려 준다.

9. 하루의 활동 시간을 한 시간 늘리는 방법을 가르쳐 준다.

10. 감정이 폭발하는 것을 막을 수 있는 방법을 설명해 준다.

11. 평범한 수십 명의 남녀가 자신들이 어떻게 걱정을 멈추고 새로운 삶을 시작했는지 솔직하게 털어놓은 이야기를 들려준다.

12. 2주 내에 우울증을 치료하는 알프레드 아들러의 처방을 알려 준다.

13. 세계적으로 유명한 의사인 윌리엄 오슬러 경으로 하여금 걱정을 물리치게 한 스물한 개의 단어를 알려준다.

14. 냉방산업의 창시자인 윌리스 H. 캐리어가 걱정을 극복할 때 사

용하는 3단계 방법을 제시한다.

15. 윌리엄 제임스의 '걱정을 다스리는 특효약'을 어떻게 사용해야
    하는지 알려 준다.

16. 〈뉴욕 타임스〉의 발행인인 아서 헤이즈 설츠버거, 컬럼비아 대
    학 전 학장인 허버트 E. 호크스, 세계 헤비급 권투 챔피언인 잭
    뎀프시, 야구 명감독 코니 맥, 뱁슨 대학 설립자인 로저 W. 뱁
    슨, 버드 제독, 헨리 포드, 진 오트리, J. C. 페니, 존 D. 록펠러 등
    걱정을 극복한 수많은 유명 인사들의 방법을 자세히 제시한다.

걱정에 대해
알아야 하는
기본적 사실들

1

오늘에 충실하기

1871년 봄, 한 청년이 책 한 권을 집어 들어 그의 미래에 깊은 영향을 끼친 스물한 단어의 구절을 읽었다. 몬트리올 종합병원의 의과대학생이었던 그는 기말시험을 어떻게 통과할지, 앞으로 무엇을 해야 할지, 어디로 가야 할지, 어떻게 기량을 키워야 할지, 어떻게 생계를 꾸려야 할지 등의 걱정에 한창 빠져 있었다.

이 젊은 의학도가 1871년에 읽은 그 스물한 단어의 구절은 그가 당대의 가장 저명한 내과의사가 되는 데 큰 도움을 줬다. 그는 세계적으로 유명한 존스홉킨스 대학에 의학대학원을 설립했고 옥스퍼드 의과대학의 흠정(왕이 친히 제정함, 또는 그의 명령으로 제정된 것)강좌를 담당하는 교수가 되었다. 그것은 영국에서 의사가 받을 수 있는 최고의 영예였다. 그는 영국 왕실로부터 기사 작위를 받았다. 그가 죽어 세상을 뜬 뒤 그의 삶을 기록하기 위해서는 두꺼운 두 권의 책이 필요했는데, 그 분량은 무려 1,466쪽에 달했다.

그의 이름은 윌리엄 오슬러(William Osler) 경이었다. 1871년 봄에 그가 읽었던 스물 한 단어의 구절. 그로 하여금 걱정으로부터 자유로운 삶을 살도록 도와준 토머스 칼라일(Thomas Carlyle)의 그 구절은 이것이다.

> 우리의 주된 임무는 저 멀리 있어 희미하게 보이는 것을 보려고 하는 것이 아니라, 당장 손안에 있는 명확한 것을 실천하는 것이다(Our main business is not to see what lies dimly at a distance, but to do what lies clearly at hand).

42년이 지나고 캠퍼스에 튤립이 만발한 어느 따스한 봄날 저녁, 윌리엄 오슬러 경은 예일 대학 학생들을 대상으로 연설을 했다. 그는 학생들에게, 자신처럼 4개 대학에서 강의를 하고 유명한 책까지 써 낸 사람은 '특수한 두뇌'의 소유자일 것이라고 생각하겠지만, 그것은 사실이 아니라고 말했다. 또한 친한 친구들은 자신이 '지극히 평범한 두뇌'를 가졌다는 것을 잘 알고 있다고 덧붙였다.

그렇다면 그의 성공 비결은 무엇일까? 그는 자신이 '오늘에 충실하자'는 태도로 살았기 때문이라고 답했다. 이 말은 무슨 뜻일까? 예일 대학에서 연설하기 몇 달 전 오슬러 경은 대서양을 횡단하는 대형 원양 정기선 위에 몸을 실었다. 그 배는 선장이 버튼 하나만 누르면 육중한 기계음과 함께 배의 각 부분이 다른 부분들과 빠르게 격리되어 방수 구역으로 바뀌는 배였다.

"여러분들 하나하나는 그 정기선보다 훨씬 더 놀라운 유기적 조직체일 뿐 아니라 그것보다 더 긴 항해를 해야만 합니다. 제가 강조하고 싶은 것은 배의 기계장치를 다루는 법을 배우듯 여러분의 하루하루를 충실히 살아가는 것이 안전한 항해를 책임지는 가장 확실한 방법이라는 점입니다. 선교(船橋)에 올라서서 적어도 그 커다란 차단막이 제대로 작동하게끔 만드십시오. 살아가는 모든 단계에서마다 버튼을 누르고 강철문이 과거, 즉 지나 버린 날들을 차단하는 소리를 들으십시오. 또한 미래, 즉 아직 다가오지 않은 날들을 금속막으로 막아 버리십시오. 그러면 여러분은 안전하게 오늘에만 충실히 살 수 있습니다.

과거를 차단하세요. 죽은 과거는 죽은 이들을 묻게 놔두십시오. 바보들을 무가치한 죽음으로 인도하는 지난날은 막아 버리십시오. 내일의 짐에 어제의 짐까지 얹어서 오늘 가지고 간다면 아무리 강한 사람도 비틀거리기 마련입니다. 과거와 마찬가지로 미래도 철저하게 차단하십시오. 오늘이 바로 미래입니다. 내일은 없습니다. 인류가 구원받는 날은 바로 오늘입니다. 미래를 걱정하는 사람의 발걸음에는 정력 낭비, 정신적 고통, 걱정, 근심이 끈질기게 따라다닙니다. 단단히 틀어막으십시오. 그렇게 선수(船首)에서 선미(船尾)까지 칸막이를 친 다음, '오늘만의 구역'에서 생활하는 습관을 기를 수 있도록 준비하십시오."

오슬러 경은 내일을 준비하기 위한 어떤 노력도 하지 말아야 한다는 의미로 그런 말을 했을까? 아니다. 전혀 그렇지 않다. 내일의 준비를 위한 최선의 방법은 당신의 모든 지혜와 열정을 오늘 할 일에 집중시키는 것, 그리고 오늘 그 일을 훌륭하게 하는 것이다. 그것만이 당신이 미래를 준비할 수 있는 유일한 방법이다.

윌리엄 오슬러 경은 예일 대학교 학생들에게 주기도문으로 하루를 시작할 것을 권했다. '오늘날 우리에게 일용할 양식을 주시고⋯⋯.'로 시작하는 그 기도문에서 알 수 있듯 우리는 오직 오늘의 양식만 필요로 한다는 것을 기억하기 바란다. 어제 먹어야 했던 딱딱해진 빵에 대해서 이 기도는 불평하지 않는다. 또한 '오, 하나님, 요즘 밀밭이 너무 가물었어요. 가뭄이 오려나 봐요. 그러면 내년 가을에 먹을 빵은 어떻게 구하죠? 아니면 만약 제가 직업을 잃는다고 생각해 보세요. 오, 하나님, 그러면 어떻게 빵을 구하죠?'라고 하지도 않는다. 그렇다. 이 기도문은 우리에게 오늘의 양식만 청할 것을 가르치고 있다. 오늘의 양식만이 당신이 먹을 수 있는 유일한 양식이다.

오래전, 주변이 전부 자갈밭이라 사람들의 생계가 힘든 지방을 무일푼의 한 철학자가 지나가고 있었다. 어느 날 그는 언덕 위에 많은 사람을 모아 놓고 연설을 했다. 아마 그 연설은 동서고금을 막론하고 그 어떤 연설보다 가장 많이 인용될 것이다. 그의 주변에 모여들었고 그는 동서고금을 막론하고 아마도 가장 많이 인용되었을 연설을 했다. 스물여섯 단어로 이루어진 이 연설은 수세기 동안 많은 사람에게 깨달음을 주고 있다. "그러므로 내일 일을 위하여 생각하지 말라. 내일 일은 내일이 생각할 것이요, 한 날의 괴로움은 그날로 족하니라."(마태복음 6장 34절)

많은 사람이 예수의 '내일 일을 위하여 생각하지 말라'는 말을 받아들이지 않았다. 사람들은 그 말을 실현될 수 없는 이상이나 동양적 신비주의의 일부로 여긴다. 그들은 "나는 꼭 내일 일을 생각해야겠어. 가정을 지키려면 보험에 들어야만 하고, 노후를 위해서는 저축을 해야지. 성공하려면 반드시 계획을 세우고 준비해야 해."라고 말한다.

그렇다. 물론 그렇게 해야 한다. 사실 예수의 저 말이 번역된 것은 300년 이상 지났고, 제임스 왕 시대에 그 말들이 의미했던 것은 오늘날의 의미하는 바와 다르다. 300년 전의 '생각'이라는 단어는 대개 '걱정'을 뜻했다. 현대식의 성서 번역본은 예수의 말을 다음과 같이 보다 정확하게 인용하고 있다. '내일 일을 위하여 염려하지 말라.' 반드시 내일을 생각하라. 아니, 그뿐 아니라 신중하게 생각하고 계획하고 준비하라. 그러나 걱정하지는 마라.

제2차 세계대전 시 미국의 군 지휘관들은 걱정할 겨를도 없이 내일을 위한 전략을 짰다. "나는 우리가 가진 최고의 장비들을 최정예 부대에 보급했고 그들에게 가장 현명하다고 판단되는 임무를 부여했다. 내가 할 수 있는 일은 그게 전부였다." 미 해군을 지휘했던 어니스트 J. 킹(Ernest J. King) 제독의 말이다.

계속해서 그는 이렇게 말했다. "나는 침몰해 버린 군함을 건져 올리거나, 막 침몰하려는 전함을 막을 수 없다. 어제의 일로 괴로워하기보다는 내일의 문제에 내 시간을 할애하는 것이 훨씬 낫다고 생각한다. 더구나 지난 일들이 나를 괴롭힌다면 나는 견딜 수 없을 것이다."

전시나 평시를 막론하고 올바른 사고와 그렇지 못한 사고의 가장 큰 차이는 바로 이것이다. 올바른 사고는 원인과 결과를 따져 논리적이고 건설적인 계획에 이르게 하지만 그렇지 않은 사고는 종종 긴장과 신경쇠약에 이르게 한다. 최근에 나는 세계에서 가장 유명한 신문 중 하나인 〈뉴욕 타임스(New York Times)〉의 경영자 아서 헤이즈 설츠버거(Arthur Hays Sulzberger)와 인터뷰하는 특권을 누렸다. 그는 내게, 제2차 세계대전의 불길이 유럽 전역으로 퍼져 나갔을 때 너무 놀라고 걱정스러워서 잠도 거의 못 잤다고 말했다. 그는 몇 번이고 한밤중에 자다 일어나 캔버스와 물감을 챙겨서는 거울을 보며 자화상을 그리려 애썼다. 그림에 관해서는 문외한이었지만 걱정을 떨쳐 버리고자 그렇게 했던 것이다. 그럼에도 걱정하지 않을 수 없었던 그는 교회 찬송가에 나오는 다섯 단어를 그의 좌우명으로 삼고 나서야 평정심을 찾을 수 있었다고 했다. '다만 한 걸음씩 인도하소서.'

> 인도하여 주소서, 자비로운 빛 되신 주님
> 내 발걸음을 지켜 주소서
> 저 먼 곳 보려 하지 않으니
> 다만 한 걸음씩 인도하소서

비슷한 시기에, 유럽 어딘가에서 군복무 중이던 한 청년이 그와 비슷한 교훈을 배우고 있었다. 그는 메릴랜드 주 볼티모어 시의 늘럼 가 5716번지에 사는 테드 벤저미노였는데 전쟁에 대한 걱정이 너무 심해 중증 전투 신경증에 걸려 있었다. 당시의 일을 그는 아래와 같이 쓰고 있다.

1945년 봄, 나는 걱정을 계속하다가 결국에는 의사들이 '발작성 가로 결장'이라고 부르는 증세를 보였다. 극심한 고통이 따르는 질병이었다. 장담컨대 그때 만약 전쟁이 끝나지 않고 계속되었다면 나는 육체적으로 완전히 무너져 버렸을 것이다. 육군 제94보병사단 유해발굴단 소속 하사관이었던 나는 모든 전사자, 실종자, 부상자에 관한 기록을 작성하고 관리하는 일을 했다. 그리고 전투가 최고조에 달했을 때는 임시 묘지에 묻힌 연합군과 적군의 시신을 발굴하는 일도 했다. 또한 그 시신들의 개인 소지품을 수거하여 그것들을 소중히 간직할 그들의 부모나 친척에게 보내는 일도 했다. 그러면서 나는 우리가 어이없거나 심각한 실수를 저지르지는 않을지 끊임없이 걱정했다. 또한 이 일을 끝까지 해낼 수 있을지, 전쟁터에서 살아남아 하나밖에 없는 아들을 내 팔에 안아 볼 수 있을지도 걱정이었다. 나는 당시 16개월밖에 안 된 아들의 얼굴조차 보지 못한 상태였다. 걱정이 심해지자 몸무게가 15킬로그램이나 줄었고, 거의 정신이 나간 미친 사람 같았다. 내손은 마치 뼈와 살만 남은 듯 앙상했다. 나는 만신창이가 되어 제대하는 것이 아닐지 두려워졌다. 나는 울음을 터뜨렸고 어린아이처럼 흐느꼈다. 너무도 마음이 약해진 나머지 혼자 있을 때마다 눈시울을 붉혔다. 벌지 전투가 시작된 지 얼마 지나지 않아서는 너무도 자주 눈물이 나서 정상적인 상태로 돌아가는 것을 거의 포기하기까지 했다.

결국 나는 군 병원에 입원했다가 한 군의관으로부터 내 삶을 완전히 바꿔 줄 조언을 듣게 되었다. 내 몸 상태를 꼼꼼히 검사한 그는 나의 문제가 심적인 것이라 말했다. "테드, 당신의 삶을 모래시계라고 생각해 보세요. 모래시계 위쪽에는 수천 개의 모래알이 있다는 것을 당신도 알 겁니다. 그 모래알들은 모래시계를 깨뜨리지 않고 천천히 그리고 일정하게 모래시계의 좁은 목을 통과하죠. 당신과 나 그리고 모든 사람이 이 모래시계와 같아요. 아침에 눈을 뜨면 우리 앞에는 반드시 그날 처리해야 할 일들이 산더미같이 쌓여 있죠. 하지만 만약 그 일들을 한꺼번에 처리하려 하거나 모래알들이 모래시계의 좁은 목을 통과하듯 천천히 그리고 일정하게 하지 않으면, 우리의 신체나 정신 조직은 무너지고 맙니다."

잊지 못할 말을 들은 그날 이후 지금까지 나는 그 근본 원리를 실천하고 있다. '한 번에 모래 한 알, 한 번에 한 가지 일.' 전쟁 기간 동안 그 조언은 육체적으로나 정신적으로 나를 지켜 주었을 뿐 아니라 나로 하여금 애드크래프터스 프린팅 앤 옵셋이라는 유한책임회사의 광고 홍보부장 자리에 오를 수 있게 도와주었다. 전쟁 기간 동안 나를 괴롭혔던 문제들은 업무에서도 마찬가지로 발생했다. 한꺼번에 스무 가지 이상의 일거리가 주어졌고 시간은 별로 없었다. 우리 회사의 재고는 떨어져 갔고, 새로운 방식의 일처리, 재고 정리, 주소 변경, 사업장을 열고 닫는 등의 모든 일을 해야 했다. 그러나 나는 긴장과 불안 대신 그 군의관의 말을 떠올렸다. '한 번에 모래 한 알. 한 번에 한 가지 일.' 마음속에서 계속 이 말을 반복하면 일을 더욱 효과적으로 처리할 수 있고 전장에서 나를 거의 파멸시킬 뻔했던 혼란스러운 마음도 생기지 않는다.

현대의 생활 방식과 관련하여 참으로 놀라운 사실은 입원 환자들의 절반이 신경 혹은 정신적 문제를 가진 사람들이라는 것이다. 그 환자들은 지난날에 대한 후회와 다가올 날들에 대한 두려움의 중압감을 못 이기고 무너져 버린 이들이다. 그러나 만일 '내일 일을 위하여 염려하지 말라.'라는 예수의 가르침이나 '오늘에 충실하라.'라는 윌리엄 오슬러 경의 말을 마음에 새겼다면 그들 중 대다수는 오늘도 길을 걸으며 행복하고 유익한 삶을 살고 있었을 것이다.

당신과 나는 지금 이 순간 두 영원, 즉 영구히 지속될 광대한 과거와 기록된 시간의 마지막 한 글자를 향해 돌진하고 있는 미래의 합류점에 서 있다. 우리는 두 영원 중 어느 쪽에서도 살 수 없다. 결코, 단 1초도 말이다. 만일 그렇게 살려 하면 몸과 마음이 다치게 된다. 그러니 우리가 살 수 있는 유일한 시간, 즉 지금부터 잠들기 전까지의 시간을 사는 것에 기꺼이 만족하자. 영국의 소설가 로버트 루이스 스티븐슨(Robert Louis Stevenson)은 말했다.

"누구나 아무리 힘들어도 해질녘까지는 짐을 옮길 수 있다. 누구나 아무리 힘들어도 하루 동안은 일을 할 수 있다. 누구나 해가 지기 전까지는 기분 좋게, 참을성 있게, 성실하게, 순수하게 살 수 있다. 그리고 이것이 바로 삶이 진정 의미하는 바다."

그렇다. 삶이 우리에게 요구하는 것은 이것이 전부다. 그러나 미시간 주 새기노 시 코트 가 815번지에 사는 E. K. 쉴즈 부인은 잠들기 전까지 기꺼운 마음으로 사는 법을 배우기 전에는 절망에 빠져 자살까지 생각하기도 했다. 그녀는 내게 말했다. "저는 1937년에 남편을 잃고 완전히 의욕을 상실했죠. 게다가 거의 무일푼이었어요. 그래서 예전에 캔자스의 로치플라워라는 회사에서 일했을 당시의 상사였던 리언 로치 씨에게 편지를 썼더니 다시 일을 주더군요. 저는 예전에 시골과 도시 지역의 교육위원회에 책을 파는 일로 생활비를 벌었어요. 그로부터 2년 전에는 남편이 병을 얻어 차를 팔았지만, 중고차 한 대를 사기로 하고 그 계약금을 지불할 만큼의 돈을 어렵게 모아 다시 책 판매를 시작했습니다.

저는 다시 길 위에 오르면 우울증이 좀 나아질 줄 알았어요. 하지만 혼자 운전하고 혼자 밥을 먹는 일은 견디기 힘들었습니다. 어떤 지역에서는 돈벌이가 쉽지 않아 얼마 되지도 않는 중고차 할부금을 치르기도 힘들 지경이었으니까요.

1938년 봄 미주리 주의 베르사유에서 일하고 있을 때였어요. 학교들의 재정 상태는 좋지 않았고 길도 험하게 느껴졌습니다. 저는 너무도 외롭고 낙담해서 자살까지 생각했죠. 제 인생에서 성공하기란 불가능해 보였습니다. 살아야 할 이유도 없었어요. 모든 게 두려웠습니다. 자동차 잔금을 치르지 못할까 봐, 방세를 내지 못할까 봐, 밥도 제대로 못 먹고 살까 봐 두려웠죠. 건강은 나빠지고 있는데 병원비가 없다는 것도 두려웠습니다. 그럼에도 자살할 수 없었던 이유는 제가 죽으면 여동생이 절망에 빠질 것이고, 내게는 장례식에 필요한 돈조차 충분하지 않다는 생각이 들어서였습니다.

그러던 어느 날, 저는 어떤 글을 읽은 뒤 절망에서 벗어나 살아갈 용기를 얻었습니다. 저는 평생 이 한 문장에 감사할 것입니다. '현명한 사람에게는 하루하루가 새로운 인생이다.' 저는 이 문장을 타이핑하여 운전하는 내내 볼 수 있도록 차 앞 유리에 붙여 놓았습니다. 저는 한 번에 하루만 산다는 것이 그리 어렵지 않다는 것을 알게 되었습니다. 그리고 지난날을 잊고 내일을 생각하지 않는 법을 배웠습니다. 저는 아침마다 스스로에게 이렇게 말합니다. '오늘

하루가 새로운 인생이다.'

저는 외로움과 가난에 대한 두려움을 극복하는 데 성공했습니다. 지금 저는 행복하게 잘살고 어느 정도 성공도 했으며, 삶에 대한 열정과 애착도 가지고 있습니다. 이제 저는 결코 다시는 두려워하지 않을 것이며 제게 어떤 삶이 주어지든 개의치 않을 것입니다. 또한 미래를 두려워할 필요도 없고 한 번에 하루만 살 수 있다는 것, 그리고 현명한 사람에게는 하루하루가 새로운 인생이라는 것을 저는 압니다."

당신은 혹시 누가 이 시를 썼는지 알고 있는가?

행복한 사람, 홀로 행복하여라.

오늘을 나의 것이라고 말할 수 있는 사람,

확신을 갖고 이렇게 말할 수 있는 사람,

내일이여, 무슨 짓이든 해 보아라. 나는 오늘을 살리니.

요즘 시처럼 보이지 않는가? 그러나 이 시는 예수가 태어나기 30년 전 로마의 시인 호라티우스(Horatius)가 지은 것이다.

인간성과 관련하여 내가 알고 있는 가장 큰 비극 중 하나는 사람들에게 삶을 미루는 경향이 있다는 것이다. 우리는 지금 창문 밖에 피어 있는 장미꽃을 만끽하기보다는 지평선 저 멀리 어딘가에 있는 매혹적인 장미 화원을 꿈꾸고 있다. 왜 우리는 이렇게 어리석을까? 왜 이토록 비극적으로 어리석은 것일까?

캐나다의 소설가이자 경제학자인 스티븐 리콕(Stephen Leacock)

은 다음과 같이 말했다.

"우리의 짧은 인생 과정은 참으로 이상하다. 아이들은 '내가 크면'이라고 말하지만 큰 아이가 되면 '내가 어른이 되면'이라 하고, 어른이 되면 '내가 결혼하면'이라고 한다. 그러나 결혼하고 나면 결국 어떻게 되는가? 또다시 '내가 은퇴하면'이라는 말을 할 것이다. 그러고 나서 마침내 은퇴하는 시기가 다가왔을 때, 그는 살아온 풍경을 되돌아본다. 그곳에는 찬바람만 불 것이다. 그는 모든 것을 놓쳤고 인생은 지나가 버렸다. 인생은 삶 속에 있고 매일 매시의 연속으로 이루어진다는 사실을 우리는 너무 늦게 깨닫게 된다."

디트로이트에 사는 에드워드 S. 에반스는 걱정 때문에 거의 죽을 지경에 이르러서야 '인생은 삶 속에 있고 매일 매시의 연속으로 이루어진다'는 사실을 깨달았다. 가난한 환경에서 자란 그는 신문 배달로 처음 돈을 벌었고 그다음에는 식료품 점원으로 일했다. 시간이 흘러 그가 책임져야 할 가족은 일곱 명으로 늘었고 그는 도서관의 보조 사서가 되었다. 급여는 적었지만 그만두기가 두려웠다. 8년이라는 세월이 흐른 뒤 그는 용기를 내어 자기 사업을 시작하기로 했다. 다행히 그는 초기 투자비용 55달러를 빌려 시작한 그 사업을 1년에 2만 달러를 벌어들일 정도로 성장시켰다. 그러나 곧 추위, 그것도 견디기 힘든 한파가 몰아닥쳤다. 친구의 고액 어음에 보증을 서 주었는데 그 친구가 파산하고 만 것이다. 그에 이어 또 다른 불행이 찾아왔다. 그가 전 재산을 저축해 두었던 은행이 망해 버린 것이다. 그는 자신의 전 재산을 잃었을 뿐 아니라 1만 6,000달러에 이르는 빚까지 떠안게 되었다. 그 상황에서는 그의 신경도 견뎌 내지 못했다. 그는 내게 말했다.

"저는 잠을 잘 수도, 먹을 수도 없었습니다. 이상하게 몸이 아팠죠. 걱정, 오로지 걱정만이 저의 병을 키웠습니다. 하루는 길을 걷다가 정신을 잃고 인도 위에 쓰러졌어요. 더 이상 걸을 수 없게 된 겁니다. 저는 입원했고, 몸에는 종기가 나기 시작했어요. 그 종기들이 몸속에서 곪기 시작하자 침대에 누워 있는 것도 고통스러웠습니다. 하루가 다르게 쇠약해졌죠. 마침내 의사는 제가 2주 정도밖에 살지 못할 것이라고 말했습니다. 충격을 받은 저는 유언장을 작성하고 침대에 누워 죽을 날만 기다리고 있었습니다. 몸부림치고 걱정해 봐야 아무런 소용이 없었으니까요. 그래서 다 포기하고 편안하게 잠을 청했습니다. 저는 1주일을 통틀어 두 시간도 제대로 못 잤는데, 그때는 저의 세속적 골칫거리들이 대단원을 향해 가고 있다고 하니 아이처럼 잠들 수 있었습니다. 마침내 고단한 피로가 사라지기 시작한 겁니다.

그러자 식욕이 돌아오고 몸무게가 늘었습니다. 몇 주 후에는 목발을 짚고 걸을 수 있게 되었고, 6주 후부터는 다시 일을 할 수 있게 되었죠. 1년에 2만 달러라는 돈을 벌던 저였지만 당시엔 1주에 30달러를 벌 수 있는 일에도 감사했습니다. 저는 차량이 배에 실릴 때 바퀴 뒤에 괴는 고임목을 판매하는 일을 했습니다. 그때 교훈을 얻었죠. 더 이상 걱정하지 말자. 더 이상 지난 일에 대해 후회하지 말자. 더 이상 미래를 두려워하지 말자. 저는 저의 모든 시간과 정력 그리고 열정을 고임목 파는 일에 집중시켰습니다."

그리고 에드워드 S. 에반스는 급속히 성장했다. 몇 해 지나지 않아 그는 자신의 이름을 딴 제조사를 설립했고 그 회사의 주식은 오래 전에 뉴욕 증권거래소에 상장되었다. 만약 당신이 비행기로 그린란드에 가게 된다면 그의 이름을 붙인 에반스 필드 소형 비행장에 착륙할지도 모른다. 그러나 만약 하루를 충실히 사는 법을 배우지 않았다면 에드워드 S. 에반스는 이러한 것들을 이루어 내지 못했을 것이다.

루이스 캐럴(Lewis Carroll)의 소설 《거울나라의 앨리스》에서 화이트 퀸은 앨리스에게 이런 말을 한다. "규칙은 내일도 잼을 바르고 어제도 잼을 바르는데 오늘은 절대 잼을 바르지 않는 거야." 우리들 대부분도 이와 같다. 지금 당장, 빵 위에 오늘의 잼을 바르는 대신 어제의 잼을 만들고 내일의 잼을 걱정한다. 심지어 프랑스의 위대한 철학자 몽테뉴(Montaigne)도 이와 비슷한 실수를 저질렀던 적이 있다. 그는 "내 인생은 대부분 일어나지도 않은 끔찍한 불행으로 가득 차 있었다."라고 말했다. 내 삶도 그렇고 당신의 삶도 그렇다.

단테(Dante)는 말했다. "오늘이 결코 다시 시작될 수 없다는 것을 생각하라." 인생은 무서운 속도로 미끄러지듯 가 버린다. 우리는 초속 19마일의 속도로 공간을 질주하고 있다. 우리의 가장 소중한 재산은 바로 오늘이고, 그것이 우리가 유일하게 갖고 있는 확실한 재산이다.

기원전 5세기경의 그리스 철학자 헤라클레이토스(Heracleitos)는 "변하지 않는다는 법칙을 제외한 모든 것은 변한다."라고 제자들에게 가르쳤다. 또한 그는 "같은 강물에 두 번 들어갈 수는 없다."

라고도 말했다. 강물은 매 순간 변화한다. 그 안에 들어가는 사람
도 마찬가지다. 인생은 끊임없이 변하고, 확실한 것은 오늘뿐이다.
끊임없는 변화와 불확실성에 싸여 있는 미래, 어느 누구도 예상할
수 없는 미래의 문제를 해결하기 위해 오늘을 살아가는 아름다움
을 망쳐서야 되겠는가? 다음은 미국의 언론인 로웰 토머스(Lowell
Thomas)의 깨달음이다. 나는 최근 그의 농장에서 주말을 보낸 적이
있는데, 그는 구약성경의 시편 118편 중 한 구절을 액자에 넣어 잘
볼 수 있도록 자신의 방송 스튜디오의 벽에 걸어 놓고 그것을 자주
쳐다보았다.

이날은 여호와께서 정하신 것이라
이날에 우리가 즐거워하고 기뻐하리로다.

영국의 비평가 존 러스킨(John Ruskin)은 '오늘'이라는 단어가
새겨진 작은 돌멩이 하나를 자신의 책상 위에 올려놓았다. 내 책상
위에는 그런 돌멩이가 없지만, 나는 내가 매일 아침 면도할 때마다
볼 수 있도록 시 한 편을 거울에 붙여 놓았다. 윌리엄 오슬러 경이
자신의 책상 위에 항상 두고 보던 그 시는 고대 인도의 유명한 극작
가 칼리다사(Kalidasa)가 쓴 것이었다.

새벽에 바치는 인사

이 하루를 잘 살피라!

이 하루가 인생이고, 인생 중의 인생이니.

그 짧은 흐름 안에

들어 있다, 네 존재의 진실과 실체가

성장의 축복이

행동의 영광이

아름다움의 찬란함이.

어제는 한낱 꿈이고

내일은 오직 환상이니,

오늘을 잘 보내는 이에게

어제는 행복한 꿈

내일은 희망으로 가득 찬 환영.

그러니 잘 살피라, 이 하루를!

이것이 새벽에 바치는 인사

당신이 걱정에 대해 가장 먼저 알아 두어야 하는 사실은 이것이다. 당신의 삶에서 걱정을 떨쳐 버리고 싶다면 윌리엄 오슬러 경이 한 대로 하면 된다.

원칙 1

과거와 미래를 철문으로 막아라. 오늘을 충실히 살라.

당신 자신에게 이런 질문들을 던져 보고 그 답을 적어 두는 것은

어떨까?

1. 나는 미래에 대한 걱정이나 '지평선 너머의 매혹적인 장미 화원'에 대한 동경으로 오늘의 삶을 미루는 경향이 있는가?

2. 나는 과거에 일어난, 이미 끝나 버린 일에 대한 후회로 현재 괴로워하지 않는가?

3. 나는 아침에 일어나면서 '오늘을 잡을' 결심, 즉 내게 주어진 24시간을 최대한 활용할 결심을 하는가?

4. 나는 '오늘에 충실한 삶'을 통해 내 인생을 더욱 밀도 있게 살 수 있는가?

5. 언제부터 그것을 실천하면 좋을까? 다음 주? 내일? 오늘?

2

걱정스러운 상황을
해결하는 비법

당신은 이 책을 더 읽어 나가기 전에, 걱정스러운 상황을 처리하는 데 있어 지금 당장 사용할 수 있는 빠르고 확실한 마법과 같은 기술을 원하는가?

그렇다면 훌륭한 엔지니어로서 냉방산업을 개척했고, 현재 뉴욕 주 시러큐스에 있는 세계적으로 유명한 캐리어(Carrier) 사의 회장 윌리스 H. 캐리어(Willis H. Carrier)가 만들어 낸 방법을 여기에 소개하겠다. 걱정을 떨치는 방법들에 대해 지금까지 들어본 것 중 가장 확실한 방법인 그것은 언젠가 내가 뉴욕의 엔지니어스 클럽에서 그와 함께 점심 식사를 했을 때 직접 들은 것이다.

"저는 젊은 시절에 뉴욕 주 버펄로 시에 있는 버펄로 포지 컴퍼니에서 일했습니다. 당시 제게는 미주리 주 크리스털 시에 있는 피츠버그 플레이트 글라스 컴퍼니의 한 공장에 가스정화 장비를 설치하라는 임무가 주어졌습니다. 공장설비비는 수백만 달러에 달했죠. 그 장비의 설치 목적은 기체 내의 불순물을 제거하여 엔진에 손상을 입히지 않고 연소하게 하는 것이었습니다. 이런 식의 가스정화 방식은 새로운 것이었죠. 전에 한 번밖에 시도된 적이 없었고, 설치 조건 또한 달랐습니다. 그래서 그곳에 가서 작업하던 도중 예측하지 못했던 문제가 발생했죠. 장비가 어느 정도 작동하긴 했지만 우리가 상품보증서에서 보장한 수준에는 미치지 못했던 것입니다.

저는 실패했다는 사실에 큰 충격을 받았습니다. 마치 누군가로부터 머리를 한 대 얻어맞은 것 같았어요. 위장이 꼬이듯 아팠고 한동안은 너무나 걱정스러운 마음에 잠도 자지 못했습니다. 그러던 어느 날, 누구나 알고 있을 법한 '걱정해 봐야 아무짝에도 소용없다.'라는 말이 떠올랐습니다. 그래서 저는 걱정하지 않고 제게 일어난 문제를 해결할 방법을 생각해 냈습니다. 효과는 아주 좋았고 그로부터 30년 이상 저는 그 방법을 사용하고 있습니다. 간단합니다. 누구든 할 수 있죠. 그 방법은 세 단계로 이루어져 있습니다.

제1단계. 저는 그 상황을 대담하고 솔직하게 분석한 뒤 실패의 결과로 발생할 수 있는 최악의 경우가 무엇인지 생각해 봤습니다. 저를 감옥에 처넣거나 총으로 쏴 죽일 리가 없다는 것은 확실했습니다. 제가 실직할 가능성이 있다는 것은 사실이었고, 고용주가 그 장비를 철수시키고 투자비 2만 달러를 손해 볼 가능성은 물론 있었죠.

제2단계. 그렇게 저는 발생할 수 있는 최악의 경우를 생각한 후, 필요하다면 그것을 감수하기로 했습니다. 그래서 저 자신에게 이렇게 말했습니다. '이번 실패는 내 경력에 오점으로 남을 것이고 어쩌면 직장을 잃을 수도 있다. 하지만 만약 그렇게 된다 해도 나는 언제든지 다른 직장을 찾을 수 있다. 상황은 훨씬 더 나빴을 수도 있다. 고용주들의 입장에서 생각해 봐도 그들은 우리가 새로운 기체정화 방식을 시도한다는 것을 이미 알고 있었으니, 이번 일로 2만 달러의 손실을 입는다 해도 그 정도는 견딜 수 있을 것이다. 이번 경우는 실험이었으니 그 돈을 연구비로 처리할 수도 있겠지.'

발생할 수 있는 최악의 경우를 생각하고 필요하면 그것을 감수하기로 마음먹자 대단히 중요한 결과가 생겼습니다. 마음이 편안해지면서 한동안 느끼지 못했던 평화로운 느낌을 갖게 된 것입니다.

제3단계. 그때부터 저는 제가 이미 마음속에서 받아들인 그 최악의 상황을 개선하기 위해 차분한 마음으로 시간과 힘을 기울였습니다.

저는 눈앞에 닥친 2만 달러의 손실을 줄일 수 있는 모든 수단과 방법을 생각하기로 했습니다. 몇 가지 테스트를 거친 뒤 마침내 추가적인 장비에 5,000달러를 더 투자해서 추가 장비를 설치하면 문제를 해결할 수 있다는 것을 발견했습니다. 그렇게 해서 결과적으로 2만 달러의 손실 대신 1만 5,000달러의 수익을 얻었죠.

만일 제가 계속 걱정만 하고 있었다면 결코 그 일을 해낼 수 없었을 것입니다. 걱정의 가장 나쁜 속성 중의 하나가 집중력을 떨어뜨리는 것이니까요. 걱정에 빠지면 생각이 산만해져서 결단력을 발휘할 수 없습니다. 하지만 마음을 굳게 먹고 스스로를 최악의 상태에 맞서게 한 뒤 그것을 마음속으로 받아들이면 막연한 상상들은 사라지고 문제에 집중할 수 있는 상태에 도달하게 됩니다.

제가 말씀드린 이 사건은 오래 전에 일어난 일이지만, 그 효과가 너무 좋았기 때문에 지금까지도 저는 그 방법을 사용하고 있습니다. 그리고 그 결과, 제 인생은 거의 완벽하게 걱정으로부터 자유로워질 수 있었습니다."

심리학적 관점에서 봤을 때, 윌리스 H. 캐리어의 비법은 어떻게 그토록 그렇게 가치 있고 실용적인 것이 된 것일까? 그 비법은 걱정 때문에 분별력을 잃고 거대한 먹구름 속에서 헤매는 우리를 그것으로부터 끌어내 주기 때문이다. 우리는 우리가 어디에 서 있는지 알게 된다. 만약 우리가 공중에 떠 있는 상태라면 무엇 하나라도 철저히 생각할 겨를이 있겠는가?

응용심리학의 창시자 윌리엄 제임스(William James) 교수가 사망한 지 38년이 지났다. 그러나 그가 지금 살아 있어서 이 최악의 상황에 대처하는 비법을 듣는다면 그는 진심으로 그것에 동의했을 것이다. 내가 어떻게 그것을 아는지 궁금한가? 그는 자신의 학생들에게 이렇게 말했기 때문이다. "사실을 인정하라. 기꺼이 인정하라. 이미 일어난 일을 인정하는 것은 모든 불행의 결과를 극복하는 첫걸음이다."

이와 비슷한 생각은 사람들 사이에서 널리 읽힌 린위탕의《생활의 발견(The Importance of Living)》이라는 책에도 나와 있다. 중국의 사상가인 그는 "진정한 마음의 평화는 최악의 상황을 받아들이는 것으로부터 온다. 심리적으로 그것은 에너지의 발산을 의미한다."라고 말했다.

바로 그것이다! 그것은 심리적으로 에너지의 새로운 발산을 의미한다. 우리가 최악의 상황을 받아들이면 우리는 더 이상 잃을 것이 없다. 잃을 것이 없다는 것은 바로 우리가 모든 것을 얻을 수 있음을 의미한다.

윌리스 H. 캐리어는 말했다.

"나는 최악의 상황을 받아들이자마자 한동안 느끼지 못했던 편안함과 평화로움을 느꼈습니다. 그런 후부터 생각을 할 수 있었습니다."

일리 있는 말이다. 그렇지 않은가? 수많은 사람은 길길이 날뛰는 혼란 속에서 그들의 삶을 망친다. 최악의 상황을 받아들이려 하지 않기 때문에, 그 상황을 개선하고자 하지 않기 때문에, 파멸로부터의 구출을 거부하기 때문에 그러한 것이다. 그들은 자신들의 운명을 재건하려 하기보다는 '쓰라리고 격렬한 경험과의 싸움'에 몰두한다. 그리고 결국엔 우울증이라는 상념 고착의 희생자가 되고 만다.

윌리스 H. 캐리어의 비법을 자신의 문제에 적용시킨 사례가 궁금한가? 그렇다면 여기 한 가지 좋은 예가 있다. 뉴욕에서 정유 도매업을 하는 한 수강생의 이야기다. 그는 다음과 같이 말했다.

"저는 협박을 당하고 있었습니다. 그게 가능한 일이라는 것을 믿을 수 없었죠. 영화에서나 있는 일인 줄 알았거든요. 하지만 실제로 제가 협박을 당하고 있었어요. 자초지종을 설명하자면 이렇습니다. 제가 대표로 있던 정유 회사에는 배달 트럭과 운전기사가 많았어요. 당시에는 물가관리국 법규가 엄격하게 실시되고 있었던 때라 우리는 고객들에게 배달할 수 있는 기름의 양을 할당받고 있었습니다. 그런데 저도 모르는 사이에 일부 배달 기사들이 고정 고객들에게는 기름을 적게 배달하고 거기에서 남은 기름을 자기 고객들에게 되팔고 있었던 모양입니다.

그런 불법적인 거래에 대해 어렴풋이 알아채기 시작한 것은 어느 날 정부 조사관이라는 사람이 찾아와서 제게 불법행위를 묵인해 주는 대가로 돈을 요구한 뒤부터입니다. 그는 우리 회사 기사들이 저지른 일이 담긴 문서를 내보이며 만약 제가 돈을 주지 않으면 그 서류를 지방 검찰로 넘기겠다고 위협했습니다.

물론 저는 적어도 제 개인적인 입장에서만 봤을 땐 걱정할 게 없다는 것을 알고 있었습니다. 하지만 법적으로 회사는 직원의 행위에 대한 책임도 져야 했습니다. 게다가 그 사건이 법정까지 가서 신문에 실리기라도 한다면 평판이 나빠져 사업을 그만두게 될 수 있다는 것도 알고 있었습니다. 더군다나 그 사업은 저의 아버지가 24년 전에 시작하셨고 저는 그 사업을 자랑스럽게 여기고 있던 터였습니다.

저는 너무나 걱정스러운 나머지 몸까지 아팠습니다. 꼬박 3일 밤낮 동안 아무것도 먹지 못하고 잠도 잘 수 없었습니다. 미친 듯이 서성대기만 했죠. 5,000달러를 줘야 하나, 아니면 어디 마음대로 해 보라고 해야 하나? 어느 쪽으로든 마음을 먹어 보려 해도 결국 악몽으로 끝나고 말았습니다.

그러던 어느 일요일 밤, 대중연설에 관한 카네기 코스에 참석했던 저는 '걱정을 없애는 방법'이라는 제목의 소책자 하나를 우연히 집어 들었고, 그 책을 읽다가 윌리스 H. 캐리어의 이야기를 발견했습니다. 그는 '최악의 상황에 맞서라.'라고 말했더군요. 그래서 저는 생각했습니다. '내가 돈을 주는 것을 거절해 그 날강도 같은 놈들이

검찰청에 증거를 넘기게 될 때 일어날 최악의 상황은 무엇인가?'

대답은 이것이었습니다. '사업이 망하는 것, 그것이 일어날 수 있는 최악의 상황이다. 감옥까지 갈 일은 없을 것이다. 평판이 나빠져 사업을 접게 되는 일이 전부다.'

그리고는 저 자신에게 말했습니다. '좋아, 사업이 망한다. 마음으로 받아들이자. 그다음은? 사업이 망했으니 다른 일을 찾아봐야겠지. 나쁘지 않아. 나는 석유에 관련된 건 많이 알고 있으니 기꺼이 나를 받아 줄 회사들이 있을 거야.' 그렇게 생각하고 나니 기분이 조금 나아졌습니다. 사흘 밤낮을 괴롭히던 공포감이 차츰 사라지기 시작한 겁니다. 감정이 진정되고 놀랍게도 생각이란 것을 할 수 있게 되었죠.

이제 저는 제3단계, 즉 그 최악의 상황을 개선하기 위한 단계를 밟을 수 있을 만큼 충분히 머리가 맑아졌습니다. 해결책을 생각하자, 완전히 새로운 양상이 제 앞에 펼쳐졌습니다. 만약 제 변호사에게 이 모든 상황을 말한다면 그는 아마 내가 생각지 못했던 방법을 찾아낼지도 모르는 일이었습니다. 전에는 그 생각을 하지 못했습니다. 바보같이 보일 수도 있다는 것을 압니다. 하지만 전에는 생각이 아니라 오로지 걱정만 하고 있었던 겁니다. 저는 아침이 밝자마자 변호사를 만나 보기로 마음먹고 침대에 누워 마치 통나무처럼 세상모르고 잠을 잤습니다.

그래서 어떻게 됐냐고요? 다음 날 아침 제 변호사는 제게 지검장을 직접 찾아가 사실대로 이야기하라고 했습니다. 그래서 그렇게 했죠. 진술을 마치고 저는 깜짝 놀랄 이야기를 듣게 되었습니다. 그 지검장이 말하길, 이와 같은 공갈 협박 사건이 수개월째 발생하고 있고 자신을 정부 조사관이라 사칭했던 그 사람은 경찰에 수배 중인 사기꾼이라는 것이었습니다. 사흘 밤낮을 그 전문 사기꾼한테 5,000달러를 줘야 하나 말아야 하나 생각하느라 괴로웠던 저는 그 말을 듣고 크게 안도했습니다.

이 경험은 저에게 오래도록 간직할 교훈을 주었습니다. 이제 걱정되는 절박한 문제가 닥치면 '윌리스 H. 캐리어 공식'이라 부르는 방법을 사용합니다."

만약 '윌리스 H. 캐리어가 어려운 일에 처했었구나.'라고 생각된다면 잠깐 생각을 멈추고 들어보라. 아직 제대로 시작도 안했다. 이제 매사추세츠 주 윈체스터, 웨지미어 52번가에 사는 얼 P. 헤니의 이야기를 해 보겠다. 이 이야기는 1948년 11월 17일, 보스턴에 있는 스태틀러 호텔에서 그가 내게 들려준 것이다.

"지난 1920년대, 너무 많은 걱정에 시달린 나머지 궤양이 제 위 속을 갉아먹는 상태에 이르렀습니다. 어느 날 밤 위궤양으로 인한 심한 출혈로 저는 급히 시카고의 노스웨스턴 의대 부속병원으로 향했습니다. 78킬로그램이던 체중은 40킬로그램으로 줄었어요. 병세가 너무 심각해서 손가락 하나도 까딱하지 말라는 주의를 받았습니다. 저명한 궤양 전문의를 포함하여 세 명의 의사가 제 증세에 대해 '치료할 수 없다'는 진단을 내렸습니다. 저는 알칼리성 분말과 함께 우유와 크림을 반반씩 섞어 만든 하프앤하프 한 수저를 매 시간 섭취하며 생명을 유지했습니다. 간호사는 매일 밤낮으로 제 위에 고무 튜브를 넣어 내용물을 뽑아냈습니다.

그렇게 몇 개월의 시간이 흘렀고 저는 저 자신에게 말했습니다. '이봐, 얼 헤니. 이렇게 질질 끌다 죽는 것 말고 기대할 게 없다면 네게 남은 그 짧은 시간이라도 최대한으로 살아보는 것이 어떻겠어? 너는 죽기 전에 세계 일주를 해 보는 게 소원이었잖아. 언젠가 그 일을 할 거라면 그 기회는 오직 지금밖에 없을 거야.'

제가 세계 일주를 하겠다고, 그리고 스스로 하루에 두 번 위 속에 든 내용물을 뽑아내겠다고 의사들에게 말하자 그들은 큰 충격을 받았습니다. 그들은 지금껏 이런 이야기를 들어 본 적이 없고, 제가 세계 일주를 하던 도중에 죽어 수장될 수도 있다고 경고했습니다. 그래서 저는 이렇게 대답했지요. '아뇨, 그럴 일은 없을 겁니다. 제 친척들에게 네브래스카 주 브로큰 보우에 있는 가족묘지에 묻히겠다고 약속했거든요. 그래서 제 관을 가지고 다닐 생각입니다.'

저는 관을 배에 실을 준비를 한 후 상선회사와 약속을 했습니다. 만약 제가 죽으면 배가 고국으로 돌아갈 때까지 제 시신을 냉동실에 보관해 달라고 말입니다. 저는 예전에 오마르 하이얌(Omar Khayyam)이 지은 시의 한 구절에 나오는 기분을 맛보며 여행을 시작했습니다.

아, 아직 쓸 것이 남아 있다면, 지금 아낌없이 쓰라

우리 역시 한 줌의 먼지가 되기 전에

먼지에서 먼지로 돌아가 먼지 아래 누울지니

술도 없이, 노래도 없이, 노래 부르는 이도 없이,

그리고 끝도 없이!

로스앤젤레스에서 아시아를 향해 출항하는 프레지던트 애덤스호에 올라타는 순간 몸이 한결 나아지는 것 같은 기분을 느꼈습니다. 저는 차츰 알칼리성 분말 섭취와 위 세척기를 멀리하게 되었고 얼마 지나지 않아 모든 종류의 음식을 먹을 수 있었습니다. 심지어 먹으면 죽을 수도 있는 모든 종류의 낯선 토착 음식을 먹고 혼합 음료도 마셨습니다. 몇 주가 지나자 길고 검은 시가도 피웠고 위스키로 만든 하이볼을 마시기까지 했지요. 여태껏 살았던 그 어느 때보다 즐거운 나날들이었습니다. 저는 몬순과 태풍을 경험하기도 했어요. 예전 같았다면 그로 인한 공포에 질려 죽었을지도 모르지만 그런 모든 모험들이 흥미롭기까지 했습니다.

저는 배 안에서 게임을 하고 노래를 부르고 친구들을 사귀며 밤늦도록 놀았습니다. 중국과 인도를 여행할 때는 제가 고국에서 사업을 하며 고민했던 것들은 동양의 가난과 굶주림에 비하면 천국이었다는 것을 깨달았습니다. 저는 무의미한 걱정들을 멈추고 상쾌한 기분을 느꼈습니다. 다시 미국으로 돌아왔을 땐 몸무게가 40킬로그램이나 늘었고 위궤양을 앓았던 적은 없었던 것처럼 거의 잊고 지낼 정도였습니다. 그때처럼 기분이 좋았던 적은 평생 한 번도 없었습니다. 저는 관을 장의사에게 도로 판 뒤 사업으로 복귀했고, 그 이후 단 하루도 아픈 적이 없었습니다."

얼 P. 헤니는 윌리스 H. 캐리어가 걱정을 극복하기 위해 사용했던 원칙과 똑같은 방법을 자기도 모르게 사용했다는 것을 그제야 깨달았다고 말했다.

"제일 먼저 저는 저 자신에게 물었습니다. '일어날 수 있는 최악의 상황은 무엇인가?' 대답은 바로 죽음이었습니다.

둘째, 저는 죽음을 받아들일 마음의 준비를 했습니다. 아니, 해야만 했습니다. 선택의 여지가 없었지요. 의사들이 제 병은 나아질 가망이 없다고 했으니까 말입니다.

셋째, 저는 제게 남은 짧은 시간을 최대한 즐기는 것으로 그 상황을 개선하려고 노력했습니다. 만약 배에 몸을 실은 뒤에도 계속 걱정을 했다면 저는 의심의 여지없이 관 속에 누워서 귀향했을 것입니다. 그러나 저는 마음을 편안하게 가졌고, 제 모든 문제들을 잊었습니다. 그 마음의 평화 덕분에 새로운 에너지가 생겼고, 그것은 제 생명을 구해 주었습니다."

그러므로 원칙 2는 이것이다.

원칙 2

**걱정되는 문제가 있다면 윌리스 H. 캐리어의 마법에
공식에 나오는 다음의 세 단계를 실행하라.**

제1단계. '일어날 수 있는 최악의 상황은 무엇인가?'라고 스스로에게 물어보라.

제2단계. 필요한 경우에는 최악의 상황을 받아들일 준비를 하라.

제3단계. 침착하게 최악의 상황을 개선하기 위해 노력하라.

3

걱정이 미치는 영향

걱정에 대처하는 전략을 모르는 사업가는 요절한다.

– 알렉시스 캐럴(Alexis Carrel) 박사

어느 저녁 무렵, 이웃 사람 하나가 우리 집에 찾아와 나와 가족들에게 천연두 예방접종을 받길 권했다. 그는 뉴욕 시 전역의 집을 찾아다니며 천연두 예방접종을 권하는 수천 명의 자원봉사자들 중 한 명이었다. 겁에 질린 사람들은 예방접종을 받기 위해 몇 시간이고 줄을 서서 기다렸다. 백신 접종 부서는 모든 병원뿐 아니라 소방서, 관할 경찰서, 큰 공장에도 설치되었다. 2,000명 이상의 의사와 간호사들은 밤낮을 가리지 않고 열성적으로 예방접종을 위해 몰려드는 사람들을 상대했다. 이러한 소동의 원인은 무엇이었을까? 뉴욕 시에서 여덟 명의 시민이 천연두에 걸렸고 그중 두 명이 사망한 일이 있었다. 거의 800만 명에 달하는 인구 중에 두 명이 사망한 것이 원인이었던 것이다.

내가 뉴욕에 산 지는 37년 이상 되었지만 지금껏 어느 누구도 걱정이라는 정서적 질병에 대해 주의를 당부하기 위해 우리 집 초인종을 누르지는 않았다. 그 질병은 지난 37년 동안 천연두보다 1만 배나 많은 손상을 입혔는데도 말이다.

현재 미국에 살고 있는 사람 열 명 중 한 명은 신경쇠약 증세를 갖게 될 것이다. 그 원인의 대부분은 걱정과 심리적 갈등이라는 사실을 알려주기 위해 집집마다 찾아다니는 사람은 아무도 없었다. 그래서 나는 당신의 집 초인종을 누르고 경고를 하기 위해 이 챕터를 쓰고 있다.

노벨의학상을 수상한 알렉시스 캐럴 박사는 "걱정에 대처하는 전략을 모르는 사업가는 요절한다."라고 말한 바 있다. 그리고 이것은 가정주부, 수의사, 벽돌공의 경우에도 마찬가지다.

몇 년 전 나는 산타페 철도회사의 보건 담당 임원인 O. F. 가버 박사와 텍사스, 뉴멕시코 주를 자동차로 여행하며 휴가를 보냈다. 그의 직함을 정확하게 말하자면, 걸프 콜로라도 앤 산타페 병원협회의 수석 내과의였다. 우리는 걱정이 끼치는 영향에 대해 대화를 나눴는데, 대화 중 그는 내과에 찾아오는 환자들의 70퍼센트는 불안감이나 걱정만 없애도 병원을 찾을 필요가 없는 사람들이라고 말했다.

"그들의 질병이 실제로는 존재하지 않는 상상 속의 것이라는 말은 아닙니다. 그 사람들의 병은 욱신거리는 치통만큼이나 현실적이고, 때로는 그보다 100배 이상 심각하죠. 제가 말하는 것은 신경성 소화불량, 몇몇 종류의 위궤양, 심장 질환, 불면증, 여러 가지 두통, 특정 종류의 마비 증세 같은 것들입니다. 이 질병들의 고통은 대단합니다. 저도 12년 동안이나 위궤양으로 고생해 봤기 때문에 제가 말한 것들에 대해서 잘 압니다."라고 그는 말했다.

"두려움은 걱정을 야기합니다. 걱정은 사람을 긴장하고 불안하게 만들며 위 신경에도 영향을 주어 실제로 정상적인 위액을 비정상적으로 변하게 합니다. 이렇게 되면 위궤양에 걸리게 되는 경우가 많습니다."

《신경성 위 질환(Nervous Stomach Trouble)》이라는 책의 저자 조지프 F. 몬테규(Joseph F. Montague) 박사도 이와 유사한 말을 했다. "위궤양은 당신이 먹는 것 때문이 아니라, 당신을 먹는 것 때문에 생긴다."

메이요 클리닉의 W. C. 알바레즈 박사는 "궤양은 정신적 스트레스의 기복에 따라 심해지기도 하고 진정되기도 합니다."라고 말했다. 메이요 클리닉에서 위 기능장애 치료를 받은 1만 5,000명의 환자들에 대한 연구는 이 진술을 뒷받침한다. 다섯 명 중 네 명에게는 위 질환이 생길 만한 신체적 요인이 전혀 없었다. 대부분의 환자들이 위 질환이나 위궤양을 앓는 주요한 요인들은 두려움, 걱정, 증오, 강한 이기심, 현실에 대한 부적응과 같은 것이었다. 위궤양은 당신을 죽음에 이르게 할 수도 있다. 〈라이프(Life)〉지에 따르면 위궤양은 현재 치명적 질병 목록에서도 상위 열 번째 자리를 차지하는 질병이다.

나는 최근에 메이요 클리닉의 해럴드 C. 하베인 박사와 몇 번 연락을 주고받았다. 그는 매년 열리는 전미개업의협회 정기총회에서 기업체 임원 176명에 대한 연구 논문을 발표했다. 그들의 평균 나이는 44.3세였다. 그의 발표에 따르면 그 임원들 중 3분의 1을 조금 넘는 사람들은 극도의 긴장 상태로 살아갈 때 발생하는 특유의 만성질환 세 가지, 즉 심장 질환, 소화 계통 궤양, 고혈압 중 하나를 앓고 있었다. 생각해 보라. 기업체 임원들의 3분의 1이 마흔다섯 살이 채 되기도 전에 심장 질환, 궤양, 고혈압으로 몸을 망치고 있다니, 성공을 위해 얼마나 비싼 대가를 치르고 있는 것인가! 게다가 엄밀히 말하면 그들은 성공했다고도 할 수 없다!

사업의 발전을 위해서 위궤양과 심장 질환의 대가를 치르는 사람을 누가 성공했다고 말할 수 있겠는가? 세상을 다 얻고 건강을 잃는다면 그게 무슨 소용일까? 설사 세상을 다 얻었다 해도 한 번에 한 침대에서밖에 잠을 잘 수 없고 하루에 세끼밖에 먹지 못한다. 공사판 노동자도 그렇게는 한다. 아니, 큰 권력을 가진 경영 간부보다 더 잘 자고 더 즐겁게 식사한다. 솔직히 나라면 철도회사나 담배회사를 경영하느라 마흔다섯 살에 건강을 망치며 사느니 차라리 무릎 위에서 밴조나 퉁기며 사는 앨라배마의 소작농이 되는 쪽을 택하겠다.

담배 이야기가 나와서 말인데, 세계에서 가장 유명한 담배회사 사장이 최근 기분 전환을 위해 캐나다에 있는 숲에 갔다가 심장마비로 갑작스레 사망하는 일이 있었다. 수백만 달러의 재산을 모은 그였지만 예순한 살의 나이로 사망한 것이다. 그는 아마도 그의 지난 인생과 소위 말하는 '사업에서의 성공'을 맞바꿨을 것이다. 내 생각에는 이 수백만 달러의 재산을 가진 담배회사 사장이 이룬 성공은 미주리 주의 농부였던 내 아버지가 거둔 성공의 절반도 되지 않는 것 같다. 아버지는 돈 한 푼 남기지 않으셨지만 89세에 돌아가 셨으니 말이다.

저명한 의사인 메이요 형제는 병원 침대의 절반 이상은 신경성 질환을 가진 환자들이 차지하고 있다고 강조했다. 그러나 그 환자 들이 사망한 후 그들의 신경조직을 고성능 현미경으로 검사해 보 면 그들의 신경조직은 대부분 권투선수 잭 뎀프시(Jack Dempsy)의 신경조직만큼이나 건강하다는 것이 분명히 나타난다. 그 사람들의 '신경성 질환'은 신체 신경의 악화 때문에 유발되는 것이 아니라 허 무, 좌절, 근심, 걱정, 불안, 패배의식, 절망의 감정들 때문에 발생한 것들이다. 플라톤은 이렇게 말했다. "의사들이 범하는 가장 큰 잘 못은 마음을 치료하려는 시도도 없이 몸을 치료하려 한다는 것이 다. 그러나 마음과 몸은 하나이므로 이 둘을 별개로 취급해서는 안 된다."

의학 분야에서 이 위대한 진리를 이해하는 데는 2,300년이 걸렸 다. 우리는 심신의학이라 부르는 새로운 분야의 의학의 싹을 이제 막 틔우기 시작했다. 마음과 몸을 함께 치료하는 심신의학을 발전 시키기에는 지금이 적당한때다. 현재의 의학은 물리적 병원균에 의해 발병되는 천연두, 콜레라, 황열병, 그리고 이름 모를 수백만의 사람들을 때 이른 죽음으로 몰고 갔던 수십 개의 다른 전염병과 같 은 무서운 질병들을 대부분 극복했기 때문이다. 그러나 의학은 병 원균이 아닌 걱정, 불안, 증오, 좌절, 절망 등의 감정으로 인해 야기 되는 정신적, 신체적 질환에는 제대로 대처하지 못했다. 이러한 감정적 질환으로 인한 피해자의 규모는 놀라운 속도로 증가, 확대되고 있다. 의사들은 현재 인구의 20분의 1은 인생의 일부를 정신 질환을 치료하기 위한 시설에서 보내게 될 것이라고 전망한다. 제2차 세계대전 당시 군에 소집된 미국 젊은이들 여섯 명 중 한 명은 정신적으로 병 또는 문제가 있어서 입대를 거부당했다.

정신이상의 원인은 무엇일까? 그 이유를 정확하게 아는 사람은 아무도 없지만, 많은 경우 불안과 걱정이 주원인일 가능성이 크다. 현실 세계의 냉혹함에 대처하지 못하고 걱정과 괴로움에 시달리는 사람은 주변 환경과 관계를 끊고 자기가 만든 은밀한 공상의 세계로 도망쳐 자신의 근심스러운 문제들을 해결한다.

내가 이 책을 쓰는 지금, 내 책상 위에는 에드워드 포돌스키 (Edward Podolsky) 박사가 쓴 《걱정을 멈추면 건강을 얻는다(Stop Worrying and Get Well)》라는 제목의 책이 놓여 있다. 그 책에 나온 챕터 제목을 몇 개를 소개해 보겠다.

걱정이 심장에 미치는 영향

걱정을 먹고 자라는 고혈압

걱정이 유발할 수 있는 류머티즘

당신의 위장을 위한 걱정 줄이기

걱정은 어떻게 감기를 유발하는가

걱정과 갑상선

걱정하는 당뇨병 환자

걱정에 대해 조명한 또 다른 책은 '정신의학계의 메이요 형제'
라 불리는 칼 메닝거(Karl Menninger) 박사가 쓴 《내 안의 적(Man
Against Himself)》이다. 이 책은 당신에게 걱정을 피하기 위한 법
칙 같은 것을 알려주지는 않지만, 근심이나 좌절, 증오, 원한, 저항,
불안에 의해 우리의 몸과 마음이 어떻게 파괴되는지를 생생히 보
여 준다. 걱정은 매우 완고한 성격의 사람마저도 병들게 할 수 있
다. 그랜트(Grant) 장군은 남북전쟁이 막바지에 다다를 무렵 이 사
실을 깨달았다. 이야기인즉슨 이렇다. 그랜트 장군은 리치몬드 시
를 아홉 달 동안 포위하고 있었다. 리(Lee) 장군의 부대는 기진맥진
했고 굶주렸으며 녹초가 되었다. 전 연대가 한꺼번에 하기도 했는
가 하면, 남아 있던 군인들은 그들의 막사에서 기도 모임을 하며 고
함치고, 흐느끼고, 환상을 보기도 했다. 종말이 다가오고 있었다. 리
장군의 부대원들은 리치몬드 시내의 면화와 담배 창고에 불을 붙
이고 무기고를 태우고서는 치솟은 불길이 어둠을 밝히는 동안 그
도시에서 탈출했다. 그랜트 장군은 남부 연합군들을 맹렬히 추격
하며 그들의 양쪽, 뒤쪽에서 발포를 멈추지 않았다. 그러는 동안 북
군 소속 셰리든 장군의 기병부대는 앞에서 철도를 파괴하고 보급
열차를 탈취하며 그들의 진로를 차단했다.

극심한 편두통 때문에 거의 눈을 뜨지 못할 정도였던 그랜트 장
군은 자신의 부대원들을 따라가지 못하고 근처의 한 농가에 머물
게 되었다. 그의 회고록에는 다음과 같이 기록되어 있다.

나는 두 겨자가 섞인 뜨거운 물에 두 발을 담근 상태로 밤을 지새웠

다. 겨자 반죽 덩어리를 손목과 목 뒤에 대면서 아침까지 다 낫기를 바라고 있었다.

다음 날 아침, 그의 두통은 사라졌다. 하지만 그를 낫게 한 것은 겨자 반죽이 아니라 말을 탄 장교가 황급히 가져온, 리 장군의 항복 의사가 담긴 서한이었다. 그랜트 장군은 이렇게 쓰고 있다. '그 전갈을 지닌 장교가 도착했을 때까지도 나는 편두통에 시달리고 있었지만 서한의 내용을 보자마자 두통이 씻은 듯 사라졌다.' 명백하게 그랜트 장군의 병을 유발한 것은 걱정, 긴장, 그리고 감정이었다. 그는 그의 감정이 확신, 성취, 그리고 승리의 색을 취한 순간 치료된 것이다.

그로부터 70년 후, 프랭클린 D. 루스벨트(Franklin D. Roosevelt) 내각의 재무장관을 역임한 헨리 모건도 2세는 걱정 때문에 너무 고통스러워져 어지러움을 느낄 수도 있다는 것을 알게 되었다. 그의 일기에 의하면 그의 걱정은 대통령이 밀 가격을 올리기 위해 하루 사이에 440만 부셸을 매입하던 날 극에 달했다. 일기에는 다음과 같이 적혀 있다. '그 일을 진행하는 내내 나는 말 그대로 눈이 핑핑 돌았다. 나는 점심을 먹은 뒤 집으로 돌아가 두 시간 동안 침대에 누워 있었다.'

걱정이 사람들에게 끼치는 영향에 대해 알고 싶어져도 나는 도서관이나 의사를 찾아갈 필요가 없다. 지금 이 책을 쓰고 있는 우리 집의 창밖을 내다보는 것으로 충분하기 때문이다. 한 블록 내에도 어떤 집에는 걱정으로 신경쇠약에 걸린 사람이 살고, 다른 집에는 걱정으로 당뇨에 걸린 사람이 살고 있는 것을 볼 수 있다. 주식시장의 주가가 떨어지면 그의 피와 소변의 당 수치는 올라간다.

프랑스의 저명한 철학자 몽테뉴는 자신의 고향 보르도의 시장에 당선되었을 때 시민들에게 이렇게 말했다. "저는 공공의 임무를 제 두 손으로 감당할 준비가 되어 있습니다. 하지만 제 간과 폐로 그것을 처리하지는 않겠습니다."

내 이웃은 주식시장의 문제를 혈류로 감당함으로써 거의 죽을 지경에 이르고 있다. 걱정이 사람들에게 끼치는 영향에 대해 생각할 때 내 이웃을 볼 필요도 없다. 지금 이 책을 쓰고 있는 바로 이 방만 봐도 걱정 때문에 이른 나이에 죽은 예전 집주인을 떠올릴 수 있으니 말이다. 걱정 때문에 당신은 류머티즘과 관절염에 걸려 휠체어 신세를 지게 될지도 모른다. 관절염 분야에서 세계적으로 유명한 코넬 의과대학의 러셀 L. 세실 박사는 관절염을 초래하는 가장 흔한 네 가지 조건을 다음과 같이 정리했다.

1. 부부 간의 불화
2. 재정적 파산이나 고민
3. 고독과 근심
4. 오랫동안 쌓인 분노

물론 이 네 가지 정서적 상태들이 관절염을 일으키는 모든 원인이라는 말은 아니다. 관절염의 종류에는 여러 가지가 있고 그 원인도 다양하다. 그러나 다시 한 번 말하지만, 러셀 L.세실 박사는 관절염을 유발하는 가장 흔한 조건이 위의 네 가지라고 했다. 일례로 내 친구 중 한 명은 불경기에 큰 어려움을 겪었다. 가스회사에서는 그의 집에 공급되던 가스를 끊어 버렸고 집은 은행에 저당 잡힌 상태였다. 그러자 그의 아내에게 갑자기 심한 통증을 동반한 관절염이 발생했다. 약물치료와 식이요법에도 변함없이 지속되던 그 증세는 그들의 재정 상태가 개선되자 사라져 버렸다.

걱정은 심지어 충치도 유발할 수 있다. 미국치과의사회 연설에서 윌리엄 I. L. 맥고니글 박사는 "걱정, 두려움, 잔소리 등이 유발할 수 있는 나쁜 감정들이 신체의 칼슘 균형을 깨뜨려 치아 부식을 일으킨다."라고 말했다. 맥고니글 박사는 그의 환자 중 한 사람에 대해 말해 주었다. 그 환자는 항상 완벽한 치아 상태를 유지했는데 아내가 갑자기 병을 얻어 입원해 있던 3주 동안 무려 아홉 개의 충치가 생겼다. 모두 걱정 때문에 생긴 것들이었다.

혹시 당신은 심한 갑상선 기능항진증(혈액 속에 갑상선 호르몬이 과도하게 생기는 병)에 걸린 사람을 본 적이 있는가? 그들은 몸을 부들부들 떨고 흔든다. 그런 증세를 가진 이들은 거의 겁에 질려 죽어 가는 사람들처럼 보이고, 또 실제로 그렇기도 하다. 신체 기능을 조절하는 갑상선의 상태가 나빠졌기 때문이다. 그 병에 걸리면 심장 박동이 빨라지고 온몸은 통풍구를 활짝 열어 놓은 화덕처럼 전력을 다해 요란한 반응을 보인다. 만약 수술이나 치료를 통해 억제하지 않으면 그 환자는 화덕의 불꽃처럼 '자신을 소진시키고' 사망에 이르게 된다.

얼마 전, 나는 이 질병을 앓고 있는 친구와 필라델피아에 갔다.

우리는 38년 동안 그 병을 치료해 온 유명 전문의 이스라엘 브람 박사의 진찰을 받기 위해 스프루스가 1633번지에 있는 그의 병원을 찾았다. 그의 병원 대기실 벽에는 다음과 같은 권고 사항이 적힌 커다란 목판이 걸려 있었다. 나는 그곳에서 기다리는 동안 갖고 있던 서류 봉투 뒷면에 그것을 적어 왔다.

긴장 완화와 원기 회복

긴장을 완화하고 원기를 회복하는 가장 큰 힘은 건전한 신앙과, 수면, 음악, 웃음이다.
신을 믿고, 숙면하는 법을 배우고, 좋은 음악을 사랑하고, 삶의 유쾌한 면을 바라보라.
그러면 건강과 행복은 당신의 것이 될 것이다.

그 의사가 내 친구에게 던진 첫 번째 질문은 이것이었다. "어떤 심리적 불안 때문에 지금과 같은 이상 증세가 생긴 것입니까?" 그는 내 친구가 걱정하는 것을 멈추지 않으면 심장 질환이나 위궤양, 또는 당뇨병 같은 다른 합병증이 생길 수도 있다고 경고했다. 그리고 그 저명한 의사는 말했다. "이 질병들은 모두 사촌지간, 그중에서도 친사촌지간이라고 할 수 있습니다." 맞다. 그것들은 친사촌지간이다. 모두 걱정으로 인해 생기는 질병들이기 때문이다.

내가 여배우 멀 오버론(Merle Oberon)과 인터뷰할 당시 그녀는 영화배우인 자신의 최대 자산, 즉 아름다운 외모를 망가뜨리는 것이 걱정임을 알기에 걱정하지 않으려고 노력한다고 말했다.

"처음 영화계에 진출할 당시에는 불안하고 무서웠어요. 저는 그때 막 인도에서 왔기에 런던에 아는 사람이라고는 한 명도 없었죠. 몇 명의 영화 제작자를 만나기도 했지만 저를 배우로 뽑으려는 사람은 아무도 없었습니다. 게다가 얼마 가지고 있지 않았던 돈도 떨어져가기 시작했어요. 2주 동안을 크래커와 물만으로 버텼습니다. 이제 문제는 걱정만이 아니었습니다. 배가 고팠으니까요. 저는 저 자신에게 이렇게 말했습니다. '아마 너는 바보인지도 몰라. 절대 영화에 출연할 수 없을지도 모르고. 생각해 봐. 너는 연기를 한 번도 해본 적이 없잖아. 네가 내세울 게 조금 예쁜 얼굴 말고 또 뭐가 있니?'

저는 거울로 갔습니다. 그리고 거울에 비친 제 모습을 보자 걱정이 제 얼굴에 무슨 짓을 저질렀는지 알게 되었죠. 주름이 생긴 겁니다. 수심에 가득 찬 표정도 보였죠. 그래서 저 자신에게 말했습니다. '당장 그만두자! 걱정만 하고 있을 수는 없어. 네가 내세울 건 얼굴뿐인데 그마저도 걱정이 다 망치겠어!'"

걱정만큼 순식간에 여자를 나이 들고 심술궂은 것처럼 보이게 만들며 외모를 망가뜨리는 것도 없다. 걱정은 표정을 굳게 한다. 이를 꽉 문 것 같은 표정과 주름을 만든다. 걱정을 하면 얼굴에 찌푸린 인상이 생긴 후 사라지지 않는다. 머리카락이 하얘지고 어떤 경우에는 탈모까지 일으키기도 한다. 또한 걱정은 얼굴 피부를 망가뜨리고, 갖가지 피부 발진이나 뾰루지, 여드름이 생기게도 한다.

심장발작은 오늘날 미국에서 치사율이 가장 높은 질병이다. 제2차 세계대전이 벌어지는 동안 전투에서 사망한 사람은 거의 30

만 명에 달한다. 하지만 같은 기간 동안 심장 발작으로 죽은 사람은 200만 명이나 되고, 그중 절반인 100만 명의 사람들은 걱정 혹은 극도의 긴장 상태에서 비롯된 심장 발작으로 죽었다. 알렉시스 캐럴 박사가 "걱정에 대처하는 전략을 모르는 사업가는 요절한다."라는 말을 하게 된 가장 큰 이유 중 하나가 바로 심장 발작이다.

남부 여러 주에 사는 흑인이나 중국인 중에는 이렇게 걱정으로 인한 심장 발작을 앓는 이가 거의 없다. 그들은 매사를 차분하게 받아들이기 때문이다. 심장마비로 인한 사망자 중 의사의 수는 농부보다 스무 배나 많다. 의사들은 항상 긴장 속에서 살기 때문에 그와 같은 결과가 나타나는 것이다. 윌리엄 제임스는 말했다. "하나님은 우리의 죄를 용서하실지 몰라도, 신경조직은 절대 용서하는 법이 없다."

믿기지 않는 놀랄 만한 사실이 있다. 매년 미국에서 자살한 사람의 수는 가장 흔한 전염성 질병 다섯 가지로 인해 사망한 사람의 수보다 많다는 것이다. 왜 그럴까? 그 대답의 대부분은 '걱정'이다.

옛날 중국에서는 잔인한 군주가 포로들을 고문할 때, 손발을 묶은 포로를 물방울이 끊임없이 뚝, 뚝, 뚝 떨어지는 물주머니 아래에 있게 했다. 머리 위로 끊임없이 떨어지는 그 물방울 소리는 결국 망치질 소리처럼 들려 그 포로를 미치게 만들었다. 스페인의 종교재판과 히틀러 치하의 독일 강제수용소에서도 이와 똑같은 고문 방법이 사용되었다. 걱정은 끊임없이 뚝, 뚝, 뚝 떨어지는 물방울과 같다. 끊임없이 뚝, 뚝, 뚝 계속되는 걱정은 인간을 정신이상과 자살로 몰고 간다. 내가 미주리 주 시골 아이였을 때 들었던, 세계적

인 부흥사 빌리 선데이가 저승의 지옥불에 대해 했던 묘사는 섬뜩
했다. 하지만 그는 걱정 많은 사람이 지금 당장 겪을 육체적 고통의
지옥불에 대해서는 한마디도 하지 않았다. 예를 들어 당신이 고질
적으로 걱정하는 사람이라면, 언젠가는 인간이 참을 수 없는 가장
심한 고통 중 하나를 겪게 될지도 모른다. 그것은 바로 협심증이다.

만약 그 병에 걸리면 당신은 극심한 고통으로 비명을 지를 것이
다. 당신의 비명 소리에 비하면 단테《신곡》의 '지옥 편'에 나오는
소리는 '장난감 나라의 모험'에서 나오는 우스운 비명 소리처럼 들
릴지도 모른다. 그러면 당신은 자신에게 이렇게 말하게 된다. "오,
하나님, 오, 하나님, 저를 이 병에서 낫게만 해 주신다면 이제 다시
는 어떤 일에 대해서도 절대로 걱정하지 않겠습니다." 내 말이 허풍
이라고 생각된다면 가까운 병원에 있는 의사에게 한번 물어보라.

당신은 인생을 사랑하는가? 건강하게 오래 살고 싶은가? 어떻게
하면 그렇게 살 수 있는지 알려주겠다. 알렉시스 캐럴 박사의 말을
다시 인용하자면, "정신없이 돌아가는 현대 도시 한복판에서 자신
의 내면적 자아의 평온을 유지하는 이는 신경성 질환으로부터 안
전하다." 당신은 정신없이 돌아가는 현대의 도시 한복판에서 내면
적 자아의 평온을 유지할 수 있는가? 당신이 보통 사람이라면 '그
렇다', '당연히 그럴 수 있다'고 대답할 것이다. 우리 중 대부분은 우
리가 실감하는 것보다 더 강하다. 우리에게는 지금까지 아직 한 번
도 사용해 보지 않은 내적 능력이 있다. 헨리 데이비드 소로(Henry
David Thoreau)의 불후의 명작《월든(Walden)》에는 다음과 같은 구
절이 있다.

사람에게 있어 의식적인 노력으로 자신의 삶을 고양시키려는 능력이 확실히 존재한다는 사실보다 더 위안이 되는 것은 없음을 나는 알고 있다. 만약 누군가가 자신이 꿈꿔 온 방향으로 자신 있게 나아가고, 그리고 자신이 상상한 삶을 살고자 노력한다면 그는 보통의 경우보다 빨리 성공을 거둘 것이다.

　이 책을 읽고 있는 수많은 독자들은 분명 아이다호 주 코들레인 시 박스 892번지에 사는 올가 K. 자비만큼 놀라운 의지력과 내적 능력을 갖고 있을 것이다. 그녀는 가장 비극적인 상황에서도 걱정을 몰아낼 수 있다는 것을 알았다. 당신과 나도 이 책에서 다뤄지는 아주 오래된 진리들을 적용하기만 한다면 그럴 수 있다고 굳게 믿는다. 올가 K. 자비가 내게 편지로 들려 준 자신의 이야기는 이렇다.

　"8년 6개월 전, 저는 천천히 그리고 고통스러운 죽음을 맞게 될 시한부 인생을 선고받았습니다. 암에 걸렸거든요. 이 나라에서 의술이 가장 뛰어나다는 메이요 형제가 그런 진단을 내렸습니다. 저는 막다른 골목에 몰려 망연자실해 있었습니다. 저는 아직 젊었습니다. 절대로 죽고 싶지 않았어요! 자포자기한 심정으로 저는 켈로그에 있는 제 주치의에게 전화를 걸어 제 마음속의 절망감을 털어놓았습니다. 그는 제 말이 다 끝나기도 전에 저를 꾸짖더군요. '어떻게 된 거예요, 올가. 싸워 이겨 낼 마음은 없는 겁니까? 그렇게 계속 울고만 있으면 당연히 죽습니다. 그래요, 최악의 상황이 맞아요. 그 사실을 인정하세요! 걱정만 하지 말고 그걸 이겨 낼 무언가를 해 보라고요!' 그 즉시 저는 다짐했습니다. 얼마나 엄숙한 다짐이었는지 저는 못이 살을 후벼 파고 등골이 오싹해지는 것 같은 느낌마저 들었습니다. '걱정하지 않겠어! 울지 않을 거야! 육체적 고통을 극복할 정신력만 있다면 나는 기필코 승리할 거야! 죽지 않을 거라고!'

암이 많이 진행되어 그 부위에 라듐을 처방할 수 없을 때는 보통 하루 10분 30초씩, 30일간 방사선 치료를 받습니다. 저는 하루 14분 30초씩, 49일을 받았습니다. 몸이 너무 야위어서 풀 한 포기 없는 산허리의 바위처럼 뼈만 앙상해지고 발이 납덩이처럼 딱딱하게 굳었지만 저는 걱정하지 않았습니다! 단 한 번도 울지 않았지요! 저는 웃었어요! 정말로, 억지로라도 애써서 웃었습니다!

저는 그저 웃는 것만으로 암을 치료할 수 있다고 생각할 만큼 바보스럽지는 않습니다. 하지만 즐거운 마음가짐은 몸이 질병과 싸워 이기는 데 도움이 된다고 믿습니다. 아무튼 저는 암을 이겨낸 기적과도 같은 일을 경험했습니다. 그리고 지금 저는 제 인생에서 그 어느 때보다도 건강합니다. 저는 제 주치의가 제게 했던 도전적이고 전투적인 말에 감사할 따름입니다.

'사실을 직시하라. 걱정만 하지 말고 그것을 이겨 낼 무언가를 해 보라!'"

나는 알렉시스 캐럴 박사가 했던 말을 다시 언급하며 이번 장을 마무리하고자 한다. '걱정에 대처하는 전략을 모르는 사업가는 요절한다.'

이슬람교의 창시자 마호메트의 열렬한 추종자들은 코란에 나오는 구절을 가슴에 문신으로 새겨 놓곤 한다. 이 책을 읽는 모든 독자들이 알렉시스 캐럴 박사의 이 말을 문신처럼 가슴에 새겨 두기 바란다. '걱정에 대처하는 전략을 모르는 사업가는 요절한다.'

혹 캐럴 박사가 당신 이야기를 했던 것일까?

그럴지도 모른다.

||||||||||||||||||||||| Section 1 요약정리 |||||||||||||||||||||||

걱정에 대해 알아야 하는 기본적 사실들

1. 걱정을 피하고 싶다면 윌리엄 오슬러 경이 말한 것처럼 하라. '오늘을 충실히' 살라. 미래의 일로 조마조마하지 마라. 잠들기 전까지의 그날 하루만 살라.

2. 큰 걱정이 당신을 쫓아와 궁지에 몰아넣을 때는 윌리스 H. 캐리어의 마법의 공식을 사용해 보라.

   1) 자신에게 이렇게 물어라. '내가 이 문제를 해결하지 못할 때 생길 수 있는 최악의 상황은 어떤 것인가?'

   2) 필요하다면 최악의 상황을 받아들일 마음의 준비를 하라.

   3) 받아들이겠다고 마음먹은 최악의 상황을 개선하기 위해 침착하게 노력하라.

3. 걱정을 하게 될 경우 얼마나 큰 건강상의 대가를 치르게 될지를 기억하라. '걱정에 대처하는 전략이 없는 사업가는 일찍 죽는다.'

걱정을 분석하는 기본 테크닉

걱정을 분석하고 해결하는 방법
사업상의 걱정을 절반으로 줄이는 방법

1

걱정을 분석하고
해결하는 방법

내게는 여섯 명의 정직한 하인이 있다네.

(내가 알고 있는 것은 모두 그들이 가르쳐 준 것이라네.)

그들의 이름은 누가, 무엇을, 왜, 언제, 어디서, 어떻게, 어디서라네.

– 러드야드 키플링(Rudyard Kipling)

우리는 제1장의 두 번째 꼭지에서 윌리스 H. 캐리어의 비법을 살펴보았다. 그런데 이 비법이 모든 걱정거리를 해결해 줄 수 있을까? 물론 그렇지는 않다. 그렇다면 어떻게 해야 할까? 우리는 다음과 같이 문제를 분석하는 3단계를 익혀서 다양한 종류의 걱정을 다루는 법을 배워야 한다.

1. 사실을 확인한다.
2. 사실을 분석한다.
3. 결론을 내리고 그것에 따라 행동한다.

너무 빤한 이야기인가? 그렇다. 이 내용은 아리스토텔레스(Aristoteles)가 가르치고 사용한 것이다. 우리를 괴롭히고 우리의 낮과 밤을 지옥처럼 만든 문제들을 해결하고자 한다면 당신과 나 역시 이 방법을 사용해야 한다.

첫 번째 원칙은 '사실을 확인한다.'이다. 사실을 확인하는 것이 왜 중요할까? 사실을 정확히 알지 못하면 우리에게 닥친 문제를 지혜롭게 해결하려는 시도조차 할 수 없기 때문이다. 사실을 알지 못한 상태에서 우리가 할 수 있는 일이라고는 혼란 속에서 조바심을 내는 것뿐이다. 내 생각이냐고? 아니다. 22년 동안 컬럼비아 단과대학과 종합대학의 학장을 지낸 고(故) 허버트 E. 호크스(Herbert E. Hawkes)의 생각이다. 20만 명의 학생들이 고민을 해결할 수 있도록 도와주었던 그는 다음과 같이 말했다.

"걱정의 가장 큰 원인은 혼란입니다. 이 세상 걱정의 절반은 결정의 기반이 되는 근거를 충분히 알지 못한 채 결정을 내리려는 사람들이 만든 것입니다. 예를 들어, 제게 다음 주 화요일 세 시 정각에 맞닥뜨리게 될 문제가 있다면 저는 다음 주 화요일이 올 때까지 결정을 내릴 시도조차 하지 않습니다. 그 시간 동안 저는 그 문제에 관계된 사실들을 확인하는 데 집중할 뿐 걱정하거나 괴로워하지 않습니다. 잠을 설치는 일도 없고요. 오직 사실들을 확인하는 데 집중합니다. 사실들에 대한 확인이 제대로 이뤄진 상태에서 화요일이 다가올 즈음이 되면 문제는 대개 저절로 해결됩니다!"

나는 호크스 학장에게 그것이 걱정을 완전히 떨쳐 버렸음을 의미하는 것인지 물어보았고, 그는 이렇게 대답했다.

"그렇습니다. 저는 솔직히 지금 제 인생은 전혀 걱정이 없는 삶이라고 말할 수 있습니다. 공정하고 객관적인 눈으로 사실들을 확인하는 데 시간을 집중한다면 걱정들은 대개 이해라는 빛을 받아 증발해 버릴 것입니다." 다시 적어 보겠다. "공정하고 객관적인 눈으로 사실들을 확인하는 데 시간을 집중한다면 걱정들은 대개 이해라는 빛을 받아 증발해 버릴 것입니다."

그러나 우리들 대부분은 어떻게 하는가? 우리가 사실에 신경을 쓴다고 가정해 보자. 토머스 에디슨(Thomas Edison)은 "생각하는 수고를 피할 수만 있다면 인간은 어떤 수단이라도 사용할 것이다."라고 진지하게 말했지만 우리는 조금이라도 근심하는 사실들이 있으면 사냥개처럼 다른 것들은 모두 무시하고 우리가 이미 생각한 것을 지지하는 사실들만 뒤쫓는다. 우리는 오로지 우리의 행위를 정당화할 사실들만을 원한다. 우리의 희망 사항에 잘 들어맞으면서 우리가 이미 갖고 있는 편견을 정당화시키는 사실들 말이다.

프랑스의 소설가이자 평론가인 앙드레 모루와(Andr Maurois)의 표현대로 "우리의 개인적 욕망에 일치하는 것은 모두 진실처럼 보인다. 그렇지 않은 모든 것은 우리를 화나게 한다."

이 말을 듣고도 우리가 가진 문제들에 대한 해답을 얻는 일을 무척 어려워하는 것이 놀랄 만한 일로 여겨지는가? 가령 2 더하기 2가 5라고 믿으면서 초등학교 2학년생들의 수학 문제를 풀려고 하면 이와 똑같은 문제가 생기지 않겠는가? 그러나 이 세상에는 2 더하기 2가 5라고, 아니 때로는 500이라고 우기면서 자기 자신과 다른 사람들의 인생을 고통스럽게 만드는 사람들이 너무나 많다.

그러면 우리는 어떻게 해야 할까? 우리는 감정을 사고로부터 분리시켜야 한다. 호크스 학장의 표현대로 '공정하고 객관적인' 방법으로 사실들을 확인해야 하는 것이다.

하지만 걱정을 하고 있을 때라면 이런 식으로 생각하는 것이 쉽지 않다. 걱정을 할 때면 감정이 주도권을 쥐기 때문이다. 하지만 내게 처한 문제들로부터 한 발짝 물러나 사실들을 명확하고 객관적으로 바라보는 데 도움이 될 두 가지 아이디어를 소개하겠다.

1. 사실을 확인하고자 노력할 때, 나는 나 자신이 아닌 다른 누군가를 위해 정보를 수집하고 있는 척 행동한다. 이렇게 하면 근거에 대해 냉정하고 공정한 시각을 갖고 감정을 배제하는 데도 도움이 된다.

2. 걱정되는 문제와 관련된 사실들을 모으는 동안 나는 나와 반대되는 입장을 변론하는 변호사처럼 행동한다. 다시 말해, 내게 불리한 모든 사실들에 대해 이해하려고 노력한다. 나의 바람을 손상시키는 사실들, 맞닥뜨리고 싶지 않은 사실들 말이다.

그런 다음 나의 입장과 반대의 입장 모두를 글로 적어 본다. 그러면 진실은 대개 이 두 극단적 입장 사이의 어딘가에 있다는 것을 알게 된다.

내가 말하려고 하는 요점은 이것이다. 당신이든 나든, 아인슈타인이든 미국연방대법관이든 간에 우선 사실을 확인하지 않고도 어떤 문제에 대해 현명한 결정을 내릴 정도로 뛰어난 사람은 절대로 없다. 토머스 에디슨은 이런 사실을 알고 있었다. 세상을 뜨기 전까지 그가 자신이 겪었던 문제와 관련된 사실들을 기록한 공책은 무려 2,500권에 달했다.

그러므로 문제를 해결하기 위한 제1원칙은 이것이다. '사실을 확인하라.'

호크스 총장이 했던 것처럼 먼저 공정한 방식으로 모든 사실들을 수집할 때까지는 우리에게 닥친 문제를 해결하려는 시도조차 하지 마라. 그러나 이 세상의 모든 사실들을 확인하는 것은 우리가 그것들을 분석하고 해석하기 전까지는 어떤 도움도 되지 않는다. 나는 사실들을 글로 적은 후 그것을 분석하는 것이 훨씬 쉽다는 것을 알게 되었다. 사실들을 종이에 기록하고 문제를 명확하게 진술하는 것만으로도 현명한 결정을 내리는 데 큰 도움이 된다. 미국의 과학자이자 발명가인 찰스 케터링(Charles Kettering)의 말대로 "명확하게 진술된 문제는 반은 해결된 것이나 마찬가지다."

이 모든 것들이 실제로 어떤 효력을 나타내는지 보여 주겠다. 중국 속담에 '백문이 불여일견'이라는 것이 있다. 그러니 우리가 말하고 있는 것을 실제 행동에 옮긴 한 사람의 그림을 내가 당신에게 보여 준다고 생각하자.

지금 예로 들려는 것은 나와 수년간 알고 지낸 갈렌 리치필드의 이야기다. 미국 동부 지역에서 가장 성공한 사업가 중 한 명인 그는 일본이 상하이를 침략했던 1942년에 중국에 있었다. 다음은 그가 우리 집을 방문했을 때 들려 준 이야기다.

"진주만에 폭탄을 투하한 직후 일본인들은 벌떼처럼 상하이로 몰려들었습니다. 저는 아시아생명보험 상하이 지사에서 지점장을 맡고 있었죠. 그들은 우리 회사에 '군 청산인'을 보냈는데 그는 실제로 해군 장성이었습니다. 그는 제게 우리 회사의 자산을 청산하는 데 협조하라는 명령을 내렸습니다. 선택의 여지가 없었죠. 협조 아니면 다른 어떤 것을 선택해야 했는데, 그 다른 어떤 것이란 의심의 여지없이 죽음을 의미했습니다.

저는 달리 대안이 없었기 때문에 앞서 말한 그 일을 하는 척했습니다. 하지만 75만 달러 상당의 유가증권 한 벌은 그 해군 장성에게 준 리스트에 포함시키지 않고 빼돌렸습니다. 그것은 우리 회사의 홍콩 지사의 것이지 제가 있던 상하이 지사의 자산과는 아무런 관계가 없는 것이었기 때문입니다. 그래도 혹시 일본인들이 제가 한 일을 눈치채서 저를 끓는 물에 넣어 버리지 않을까 두려워지긴 했습니다. 아니나 다를까 결국 그들은 그 사실을 알아채고 말았죠.

그들이 그 사실을 발견했을 때 저는 사무실에 없었고 저의 회계 담당자만 있었습니다. 그가 말하길 그 일본군 장성은 대단히 분노하여 발을 쿵쿵 구르고 욕설을 퍼부으며 저를 도둑놈이니, 반역자니 했다고 합니다! 제가 감히 일본군에 반항을 한 것입니다! 저는 그것이 무엇을 의미하는지 알고 있었죠. 저는 이제 브리지하우스에 처넣어질 것이 분명했습니다!

브리지하우스! 일본 비밀경찰의 고문실! 제가 아는 사람들 중에는 그곳에 끌려가느니 차라리 죽겠다며 자살을 한 친구들이 있었고, 그곳에서 열흘간이나 심문과 고문을 받다가 죽은 친구들도 있었습니다. 그런데 이제 제가 그 브리지하우스에 끌려가게 될 처지에 놓인 것입니다!

그래서 제가 어떻게 했냐고요? 그 소식을 들은 건 일요일 오후였습니다. 저는 두려움에 벌벌 떨어야만 했을지도 모릅니다. 실제로 제 나름대로의 문제 해결 방식이 없었더라면 틀림없이 그랬을 겁니다. 여러 해 동안 저는 걱정스러운 일이 생기면 타자기 앞에 앉아 다음과 같은 두 가지 질문과 그에 대한 대답을 타이핑했습니다.

1. 지금 걱정하는 것은 무엇인가?
2. 그것에 관해 내가 할 수 있는 일은 무엇인가?

전에는 이 두 가지 질문을 쓰지 않은 상태에서 답을 하려고 했습니다. 하지만 몇 년 전부터는 그러지 않았습니다. 질문과 대답을 작성해 놓는 일이 제 생각을 명확하게 해 준다는 것을 알았기 때문입니다. 그래서 저는 그 일요일 오후에 당장 상하이 YMCA에 있는 제 방으로 가서 타자기를 꺼냈습니다. 그리고 이렇게 썼습니다.

1. 지금 걱정하는 것은 무엇인가?
   - 내일 아침에 브리지하우스로 끌려갈지 모른다는 사실을 걱정하고 있다.
2. 그것에 관해 내가 할 수 있는 일은 무엇인가?'

저는 몇 시간 동안 자리에 앉아 제가 취할 수 있는 네 가지 대응 방법, 그리고 각각의 방법이 가져올 수 있는 가능한 결과를 적어 보았습니다.

1. 그 일본 장성에게 설명한다. 하지만 그는 영어를 못한다. 통역관을 통해서 그에게 설명하려 한다면 다시 그를 자극할 수도 있다. 그러면 그는 잔인한 사람이니 나를 죽일 수도 있고 귀찮게 그런 이야기를 할 바엔 차라리 그냥 브리지하우스에 처넣어 버릴 수도 있다.

2. 도망친다. 그건 불가능하다. 그들은 항상 나를 감시한다. YMCA에 있는 내 방을 드나들 때도 확인을 받아야 한다. 만약 탈출을 감행한다면 생포되어 총살당할 것이다.

3. 이 방에만 머물며 사무실 근처에는 얼씬도 하지 않는다. 그렇게 하면 일본 장성이 나를 의심해서 군인들을 보내 내게 변명할 기회도 주지 않고 브리지하우스에 집어넣을 수도 있다.

4. 월요일 아침 평소처럼 사무실로 출근한다. 이 경우에는 그 일본 장성이 너무 바빠 내가 한 일을 잊어버릴 수도 있다. 생각이 난다 해도 어느 정도 화가 가라앉아 나를 괴롭히지 않을지도 모른다. 만약 그렇게 된다면 더할 나위 없이 좋다. 설사 나를 괴롭힌다 해도 내게는 설명할 수 있는 기회가 있다. 그러므로 월요일 아침에 평소처럼 사무실로 출근해 아무 일도 없다는 듯 행동하면 브리지하우스를 피할 수 있는 두 가지 가능성이 생긴다.

이 모든 것을 생각해 내고 네 번째 계획에 따라 월요일 아침에 평소처럼 사무실로 출근하기로 결심하는 순간 저는 헤아릴 수 없는 해방감을 느꼈습니다.

다음 날 아침 제가 사무실로 들어갔을 때 그 일본 장성은 입에 담배를 물고 앉아 있었습니다. 그는 언제나 그랬듯 저를 노려보았지만 아무 말도 하지 않았습니다. 6주 뒤, 고맙게도 그는 도쿄로 돌아갔고 제 걱정은 끝났습니다.앞서 말씀 드렸듯이 일요일 오후에 타자기 앞에 앉아 제가 취할 수 있는 여러 단계들을 작성하고 각각의 단계마다 발생할 수 있는 결과를 정리한 뒤 차분히 결정을 내린 것이 제 목숨을 구했다고 할 수 있습니다. 만약 제가 그렇게 하지 않았다면 저는 갈팡질팡하고 망설이다가 충동적으로 잘못된 행동을 했을지도 모릅니다. 그리고 만약 제가 처한 문제에 대해 생각해 보지 않고 결정을 내렸다면 일요일 오후 내내 걱정만 하느라 미쳐 버렸을 수도 있습니다. 그날 밤에 잠도 못 잤을 것이고 월요일 아침에 피곤하고 근심에 찬 얼굴로 사무실에 갔겠죠. 그러면 그것만으로도 그 일본 장성의 의심을 사서 그가 어떤 조치를 취했을 것이 분명합니다.

결정을 내리는 것의 엄청난 가치는 몇 번의 경험을 통해 증명되었습니다. 인간을 신경쇠약으로 몰아 삶을 고달프게 만드는 것은 고정된 목표에 다가서지 못하고 다람쥐 쳇바퀴 돌듯 미친 듯이 돌기만 하다가 멈추지 못하기 때문입니다. 명확하고 확실한 결정을 내리면 그것만으로도 걱정의 50퍼센트는 사라집니다. 그리고 그 결정을 실행에 옮기기 시작하기만 하면 다시 40퍼센트의 걱정도

사라집니다. 결국 다음과 같은 4단계의 조치를 취하기만 하면 걱정의 90퍼센트는 사라지는 것이죠.

1. 내가 걱정하고 있는 것을 정확하게 적는다.
2. 그것에 대해 내가 할 수 있는 것들을 적는다.
3. 어떻게 할지 결정한다.
4. 결정한 것을 즉시 실행에 옮긴다.

갈렌 리치필드는 현재 뉴욕 존 111번 가에 있는 스타 파크 앤드 프리먼(Starr, Park and Freeman) 사(社)의 극동지역 담당 이사로 있으며 대형 보험과 금융 관련 업무를 맡고 있다. 뿐만 아니라 그는 오늘날 아시아에서 활동하는 가장 영향력 있는 미국인 사업가 중한 명이다. 그가 내게 고백하길, 그가 이렇게 성공하기까지는 걱정을 분석하고 그것에 정면으로 대응하는 방법이 큰 기여를 했다고한다. 그의 방법이 그렇게 뛰어난 이유는 무엇일까? 그것은 효율적이고 구체적이며 문제의 핵심에 곧장 접근하기 때문이다. 게다가세 번째 원칙이자 필수적인 원칙으로 '해결하기 위해 행동하라'라는 원칙을 갖고 있다는 점에서 뛰어나다. 행동하지 않으면 모든 조사나 분석은 밑 빠진 독에 물 붓는 격이 되고, 아무런 결실도 거두지 못하는 정력 낭비에 불과하다.

윌리엄 제임스는 이렇게 말했다. "결정이 내려지고 실행할 일만남았다면 결과에 대한 모든 책임과 관심은 완전히 잊어버려라."(여기에서 윌리엄 제임스는 명백하게 '관심'이라는 말을 '걱정'이라는 말과 동의어로 사용했다.) 그의 말인즉슨, 당신이 사실들을 토대로 신중한 결정을 내렸으면 행동으로 옮기라는 뜻이다. 다시 생각하기 위해 멈춰 서지 마라. 또한 머뭇거리거나 걱정하거나 결정의 절차를 다시 밟기 시작해도 안 된다. 자기 자신에 대한 믿음을 잃어서는 안 된다. 그렇게 하면 다른 의심들이 생기기 시작한다. 자꾸만 뒤를 돌아보려 해선 안 된다.

나는 언젠가 오클라호마에서 가장 유명한 석유사업자 중 한 명인 웨이트 필립스에게 어떻게 그의 결정을 행동으로 옮기는지 물어본 적이 있다. 그는 이렇게 대답했다. "우리에게 닥친 문제에 대해 지나치게 생각하면 혼란과 걱정이 생기게 됩니다. 조사나 생각을 더 이상 계속하면 해가 되는 순간이 분명 있습니다. 결정을 내린 다음 뒤돌아보지 말고 행동해야 하는 순간이 있습니다."

지금 당장 당신이 가진 걱정을 해결하기 위해 갈렌 리치필드의 기술을 사용해 보는 것은 어떻겠는가? 아래 공란에 여러분이 생각하는 답을 적어 보기 바란다.

질문 1 - 내가 걱정하는 것은 무엇인가?

질문 2 - 내가 할 수 있는 일은 무엇인가?

질문 3 - 나는 앞으로 이렇게 하겠다.

질문 4 - 언제부터 시작할 것인가?

2

사업상의 걱정을 절반으로 줄이는 방법

만약 당신이 사업가라면 아마도 지금 이렇게 생각할지 모르겠다. '이 장의 제목은 좀 웃기는군. 나는 사업을 시작한 지 19년째 된다고. 다른 사람들이 알고 있는 정도는 알고 있단 말이지. 그런데 사업상의 걱정을 절반으로 줄이는 방법을 내게 설명해 주겠다니, 정말 어처구니가 없네!'

맞는 말이다. 나도 몇 년 전에 이런 제목을 봤다면 그와 똑같이 생각했을 것이다. 이 제목은 많은 것을 약속하고 있지만 약속만큼 값싼 것도 없으니 무슨 약속인들 못할까.

솔직하게 말해 보자. 어쩌면 나는 당신의 사업상 걱정을 반으로 줄여 주지 못할지도 모른다. 최근의 분석 결과 아무도 그렇게 할 수는 없다고 밝혀졌다. 당신 자신만 빼고. 그러나 내가 할 수 있는 일이 있긴 하다. 다른 사람들이 어떻게 걱정들을 줄였는지를 당신에게 소개하고, 나머지는 당신에게 맡기는 것이다.

당신은 이 책의 45페이지에서 인용한, 세계적으로 유명한 알렉

427

시스 캐럴 박사의 말을 기억할 것이다. '걱정에 대처하는 전략을 모르는 사업가는 요절한다.'

걱정이 이렇게 심각한 문제이니 내가 사업상 걱정들의 10퍼센트만 줄여 줘도 당신은 만족스러워하지 않을까? 그렇다고? 좋다! 그러면 한 경영 간부가 걱정의 50퍼센트가 아닌, 전에 경영상의 문제들을 해결하기 위해 쉬지 않고 회의에 쏟아부었던 시간의 75퍼센트를 줄인 방법에 대해 소개하겠다.

게다가 나는 '김 모 씨'나 '아무개' 또는 '오하이오 주에 사는 내가 아는 누구'의 이야기처럼 당신이 확인할 수 없는 이야기는 하지 않으려고 한다. 이것은 리언 심스킨이라는 실존 인물에 관한 실제 이야기다. 그는 뉴욕 주 뉴욕 가 20번지, 록펠러센터에 있는 미국 제일의 출판사 '사이먼 앤드 슈스터(Simon and Schuster)'의 공동경영자 겸 총괄책임자다.

리언 심스킨은 그의 경험에 대해 다음과 같이 말했다.

"15년 동안 저는 일하는 시간의 거의 절반을 문제에 대해 의견을 나누며 회의하는 데 소비했습니다. 이렇게 해야 할까, 저렇게 해야 할까? 아무것도 하지 말아야 하나? 우리는 신경이 곤두선 상태로 의자에 앉아 머리를 쥐어짰고 회의실 안을 서성거리기도 했습니다. 논쟁과 결론이 나지 않는 이야기들을 반복했습니다. 밤이 되면 저는 완전히 녹초가 되곤 했어요. 저는 남은 인생 동안에도 이런 식으로 계속 일해야 할 것 같다는 생각이 들었습니다. 저는 15년 동안 그렇게 해 왔고 그보다 더 나은 방법은 생각해내지 못했으니까요. 만약 누군가가 제게 근심 가득한 회의에 소비했던 시간과 그로 인한 심적 긴장감의 4분의 3을 줄일 수 있다고 말했다면 저는 그 사람을 비현실적이고 분별없는, 탁상공론이나 하는 낙천주의자로 생각했을 겁니다. 그러나 저는 그 말 그대로 할 수 있는 방법을 생각해 냈습니다. 그 방법을 8년 동안 사용하면서 일에서의 능률과 건강, 행복에도 놀라운 일이 일어났고요.

마치 마술이나 부리는 것처럼 들릴 수도 있지만 모든 마술이 그렇듯 어떻게 그 방법이 사용되었는지 알게 되면 매우 단순하다는 것을 알 수 있습니다. 그 비밀은 다음과 같습니다.

첫째, 저는 15년 동안 회의에서 진행해 왔던 절차를 당장에 그만두었습니다. 불안해하는 참석자들로부터 뭐가 잘못되었는지 세부 사항 하나하나를 듣는 것으로 시작해 '무엇을 해야 할까요?'라고 묻는 것으로 끝나는 그 절차 말입니다. 둘째, 저는 새로운 규칙을 만들었습니다. 제 앞에서 문제점들에 대해 발표하고자 하는 사람은 모두 다음과 같은 네 가지 질문에 대한 답을 준비하여 기록하여 제출하도록 했습니다.

질문 1 - 무엇이 문제인가?
(그전에는 아무도 실제 문제가 무엇인지 구체적으로 알지 못한 채 걱정스러운 회의를 시작해 한두 시간을 허비하곤 했습니다. 그리고 우리의 문제가 무엇인지 정확하게 적어 놓으려 하지도 않고 토론하는 데만 열을 올리곤 했습니다.)

질문 2 - 문제의 원인은 무엇인가?

(예전의 업무 방식에 대해 다시 돌이켜 보니, 문제의 근원이 되는 상황을 명확히 확인하려 하지도 않고 걱정스러운 회의를 하며 몇 시간을 허비했다는 생각에 소름이 끼칠 정도입니다.)

질문 3 – 문제 해결을 위해 가능한 모든 방법은 무엇인가?

(이전의 회의에서는 한 사람이 한 가지 해결책을 제시하면 다른 사람들은 그의 의견에 대해 반박하려고만 했죠. 차분했던 분위기는 자주 격화되었습니다. 우리는 종종 주제에서 완전히 벗어난 회의를 하기도 했는데, 회의가 끝날 무렵에 보면 문제를 공략하기 위해 우리가 할 수 있는 다양한 방법들을 적어 둔 사람은 아무도 없었습니다.)

질문 4 – 문제 해결을 위한 제안은 무엇인가?

(예전 회의에 참석했던 이들은 가능한 해결책에 대해 단 한 번이라도 충분히 생각해 보거나 '제가 제안하는 해결책은 이것입니다.'라고 기록해 보지도 않은 채 몇 시간 동안이나 상황에 대해 고민만 하고 뱅뱅 도는 생각만 하다가 오는 사람들이었습니다.)

이제 문제들을 가지고 저를 찾아오는 사람들은 거의 없습니다. 왜냐고요? 앞서 말한 네 가지 질문에 답을 하기 위해서는 모든 사실들을 확인해야 할 뿐 아니라 그 문제들에 대해 깊이 생각해 봐야 한다는 것을 그들도 알게 되었기 때문입니다. 그렇게 하니 네 번 중의 세 번 정도는 저와 의논할 필요가 없어졌습니다. 왜냐면 마치 토스터에서 식빵이 튀어나오듯 적절한 해결책이 저절로 떠오르기 때문입니다. 심지어 논의가 필요한 경우에도 질서 있게, 논리적으로 진행되어 합리적인 결론에 도달하기 때문에 회의에 들어가는 시간도 이전보다 3분의 1 정도로 줄었습니다.

이제 사이먼 앤드 슈스터에서는 문제점에 대해 걱정하고 대화하는 시간이 엄청나게 줄어들었습니다. 반면 문제 해결을 위한 행동의 시간은 훨씬 많아졌지요."

내 친구 프랭크 베트거는 이와 비슷한 방법으로 사업상의 걱정을 줄였을 뿐 아니라 소득도 거의 두 배로 늘었다고 말했다.

"몇 년 전 보험 판매를 시작했을 때 나는 내 일에 대한 무한한 열정과 애정으로 가득했다네. 그러다 문제가 생겼지. 나는 낙담한 나머지 일에 혐오를 느끼고 그만둘까도 생각했지 뭔가. 만약 어느 토요일 아침에, 내가 걱정하는 진짜 이유가 뭔지 살펴보자는 생각이 떠오르지 않았다면 나는 아마 일을 그만뒀을지도 모르네.

1. 나는 먼저 스스로 이렇게 물었어. '도대체 뭐가 문제인가?' 문제는 내가 방문하는 고객들의 수는 엄청나게 많지만 수입은 그만큼 많지 않다는 것이더군. 나는 고객이 될 것 같은 사람과 판매 계약을 맺는 순간까지는 내가 꽤나 잘하는 사람인 줄 알았어. 그렇지만 막상 계약하려고 하면 고객들은 '음, 좀 더 생각해 볼게요, 베트거 씨. 나중에 다시 들러 주세요.'라고 말하곤 했지. 그렇게 반복되는 방문에 시간을 허비하는 것이 나를 의기소침해지게 하고 있었다네.

2. 나는 또 스스로 이렇게 물었어. '가능한 해결책은 무엇인가?'

하지만 그 질문에 대답하기 위해서는 사실들을 검토해 볼 필요가 있었지. 지난 12개월간의 실적을 기록해 둔 수첩을 꺼내 숫자들을 면밀히 살펴본 결과 깜짝 놀랄 만한 사실 하나를 발견했다네! 글씨들이 적힌 바로 그 수첩에는 내가 판매한 보험의 70퍼센트가 첫 번째 방문 시 성사되었다는 사실이 나타나 있었어! 23퍼센트는 두 번째 방문 시 계약되었고 말일세! 그리고 나를 녹초로 만들고 내 시간을 빼앗은 세 번째, 네 번째, 다섯 번째 등의 방문을 통해 체결된 계약은 고작 7퍼센트에 불과했다네. 다시 말해 나는 일하는 시간의 절반을 내 판매 실적의 겨우 7퍼센트밖에 되지 않는 것에 허비하고 있었던 것이지!

3. '해답은 무엇인가?' 그것은 분명했어. 나는 두 번째 면담을 넘어가는 모든 방문은 즉시 생략하고 나머지 시간은 새로운 고객들을 확보하는 데 투자했지. 그 결과는 믿을 수 없을 만큼 놀라웠어. 짧은 기간이었지만 한 번의 방문으로 생기는 현금 가치는 2.8달러에서 4.27달러로 높아졌다네."

앞서 말했듯 프랭크 베트거는 미국에서 가장 유명한 생명보험 판매인 중 한 명이다. 그는 필라델피아 주의 피델리티 뮤추얼 사에서 매년 수백만 달러 상당의 보험 계약을 성사시키고 있다. 하지만 그에게도 위기의 순간이 있었다. 실패를 인정하고 포기하려고 했던 순간에 그는 문제를 분석함으로써 성공의 길에 들어설 수 있었다.

당신은 아래와 같은 질문들을 사업상의 문제들에 적용해 볼 수 있겠는가? 다시 한 번 내 도전에 대해 말하자면 다음의 질문들은 당신의 걱정을 반으로 줄일 수 있다. 그 질문들을 다시 적어 보겠다.

1. 무엇이 문제인가?
2. 문제의 원인은 무엇인가?
3. 문제 해결을 위해 가능한 모든 방법은 무엇인가?
4. 문제 해결을 위한 제안은 무엇인가?

‖‖‖‖‖‖‖‖‖‖‖‖‖‖‖ Section 2 요약정리 ‖‖‖‖‖‖‖‖‖‖‖‖‖‖‖

걱정 분석의 기본 테크닉

1. 사실을 확인하라. 컬럼비아 대학교 호크스 학장의 이야기를 기억하라. "이 세상 걱정의 절반은 결정의 기반이 되는 근거를 충분히 알지 못한 채 결정을 내리려는 사람들이 만든 것이다."

2. 결정은 사실을 신중하게 확인한 뒤 내려라.

3. 신중하게 결정을 내린 후에는 행동하라! 결정을 행동으로 옮기기 위해 열심히 노력하라. 결과에 대한 모든 불안은 떨쳐 버려라.

4. 당신 혹은 당신의 동료가 어떤 문제에 대해 걱정하게 된다면 아래의 질문과 그에 따르는 답을 적어 보라.

  1) 무엇이 문제인가?

  2) 문제의 원인은 무엇인가?

  3) 문제 해결을 위해 가능한 모든 방법은 무엇인가?

  4) 문제 해결을 위한 제안은 무엇인가?

걱정하는 습관을
버리는 방법

1

마음속에서
걱정을 몰아내는 방법

나는 매리언 J. 더글러스가 내 강의를 들으러 왔던 몇 년 전의 그 날 밤을 절대 잊지 못할 것이다. 나는 그의 실명을 쓰지 않았다. 그 가 개인적인 이유로 신분을 밝히지 말아 달라고 부탁했기 때문이 다. 하지만 여기에 소개될 그의 이야기는 그가 전에 내 수업에서 말 했던 실제 이야기다. 그는 한 번도 아니고 두 번이나 자신의 가정 에 불어닥친 비극에 대해 들려주었다. 첫 번째 비극은 그가 너무나 도 사랑하던 다섯 살짜리 딸을 잃은 것이었다. 그와 그의 아내는 첫 번째 상실로 인한 슬픔을 감당할 수 없을 것만 같았다. 하지만 그는 "열 달 뒤 하나님은 저희들에게 또 다른 딸을 선물하셨습니다. 하 지만 그 아이도 5일 만에 하늘나라로 가고 말았지요."라고 말했다.

두 딸의 잇따른 죽음은 견디기 힘든 아픔이었다. "저는 받아들일 수 없었어요." 그는 말했다. "저는 잠을 잘 수도, 음식을 먹을 수도, 편한 마음을 가질 수도, 휴식을 취할 수도 없었습니다. 신경은 극도 로 불안한 상태였고 자신감도 사라졌습니다." 그는 결국 의사를 찾아갔다. 어떤 의사는 수면제를 처방해 주었고 어떤 의사는 여행을 권했다. 둘 다 시도해 봤지만 별 효과가 없었다. 그는 말했다. "제 몸은 마치 바이스(기계공작에서 공작물을 끼워 고정하는 기구)에 끼워져 있고, 바이스가 제 몸을 계속 조여 오는 것 같았죠." 비통함으로 인한 긴장 상태. 만약 당신이 큰 슬픔 때문에 마비 증세를 겪어본 적이 있다면 그의 말이 의미하는 바를 잘 알 것이다.

"하지만 너무나 감사하게도 제게는 네 살 난 아들이 남아 있었습니다. 아들이 제 문제에 대한 해답을 주더군요. 멍하니 슬픔에 잠겨 있던 어느 오후, 아들이 제게 물었습니다. '아빠, 배 만들어 주세요.' 저는 배나 만들고 있을 기분이 아니었습니다. 사실 아무것도 하고 싶지 않았지요. 그러나 아들은 끈질기게 졸라대더군요. 저는 두 손을 들 수밖에 없었습니다.

장난감 배를 만드는 데 거의 세 시간이 흘렀습니다. 배를 다 만들 때쯤 되자 저는 배를 만들며 보낸 그 세 시간이 몇 개월 만에 처음으로 정신적인 편안함과 평화를 느낀 시간이었음을 깨달았습니다! 그 깨달음 덕분에 저는 무기력한 상태에서 벗어나 조금씩이나마 생각을 할 수 있게 되었습니다. 몇 개월 만에 처음으로 진짜 생각을 하게 된 것입니다. 저는 구상과 생각이 필요한 무언가를 하느라 바쁘면 걱정을 하기 어렵다는 것을 알게 됐습니다. 제 경우에는 장난감 배를 만드는 일이 걱정을 떨칠 수 있게 해 주었죠. 그래서 저는 바쁘게 생활하기로 마음먹었습니다.

그다음 날 밤, 저는 이 방 저 방을 다니며 손질이 필요한 것들을 찾아 목록을 만들었습니다. 책장, 계단, 방풍창, 창문 차양, 문손잡이, 자물쇠, 새는 수도꼭지 등 수리가 필요한 물품들이 꽤나 많았습니다. 손질해야 할 물건들을 2주에 걸쳐 목록으로 정리해 보니 무려 242개나 되더군요.

지난 2년 동안 저는 그것들의 대부분을 수리했습니다. 또한 제게 자극을 줄 수 있는 활동들로 삶을 가득 채웠지요. 1주일 중 이틀 밤은 성인 대상 강좌에 참석하기 위해 뉴욕에 옵니다. 제가 살고 있는 지역의 시민 활동도 열심히 하고 현재는 교육위원회의 회장도 맡고 있습니다. 참석하고 있는 모임은 수십 개나 되고 적십자사의 모금활동이나 다른 활동들도 돕고 있는 등 저는 지금 너무나 바빠서 걱정할 틈이 없습니다."

걱정할 틈이 없다! 그것이 바로 전쟁이 한창일 때에 하루 열여덟 시간을 일했던 윈스턴 처칠(Winston Churchill)이 한 말이다. 누군가가 엄청난 책임감 때문에 걱정되지 않느냐고 물었을 때 그는 이렇게 답했다. "나는 너무나 바쁩니다. 걱정할 틈이 없죠."

찰스 캐터링도 자동차의 자동시동기 개발을 시작할 당시 이와 비슷한 난관을 겪었다. 캐터링은 최근에 퇴직하기 전까지 세계적으로 유명한 GM사의 부사장 겸 GM연구소를 맡았다. 하지만 예전의 그는 너무 가난해서 창고의 위층을 연구실로 사용해야만 했다. 식료품을 사기 위해서는 아내가 피아노 레슨으로 번 1,500달러를 사용해야 했고, 나중에는 자신의 생명보험을 담보로 500달러를 빌려야 했을 정도였다. 나는 그의 아내에게 당시에 걱정이 되지는 않았냐고 물어보았는데, 그녀는 이렇게 대답했다. "물론이죠. 걱정이 심한 나머지 잠도 오지 않았어요. 하지만 남편은 달랐죠. 그이는 작업에 너무 몰두해서 걱정할 시간이 없었어요."

위대한 과학자 루이 파스퇴르(Louis Pasteur)는 "평화는 도서관과 연구실에서 찾을 수 있는 것"이라는 말을 남겼다. 평화는 왜 그런 곳에 있을까? 도서관이나 연구실에 있는 사람들은 대개 너무도 일에 몰두한 나머지 자신에 대해서는 걱정할 틈이 없기 때문이다. 연구원들은 신경쇠약에 걸리는 일이 거의 없다. 그들에게는 그런 사치를 즐길 여유가 없는 것이다.

바쁜 상태를 유지하는 것처럼 단순한 일은 어떻게 걱정을 몰아내는 데 도움을 주는 것일까? 심리학이 밝혀 낸 가장 기본적인 법칙들 중 한 가지에 그 답이 있다. 즉, 아무리 똑똑한 사람이라 해도 한 번에 한 가지 이상을 생각하는 것은 절대로 불가능하다는 것이다. 별로 믿기지 않는가? 좋다. 그러면 한 가지 실험을 해 보자.

지금 당장 등을 기댄 뒤 눈을 감고 자유의 여신상을, 그리고 내일 아침에 무엇을 할지를 동시에 생각한다고 가정해 보자. 실제로 한 번 해 보길 바란다. 당신은 두 가지를 각각 순서대로 생각할 수는 있지만 동시에 생각하기란 불가능하다는 것을 알게 되었을 것이다. 그렇지 않은가? 감정의 영역에서도 이것은 마찬가지다. 흥미로운 어떤 일을 활기차고 열정적으로 함과 동시에 걱정으로 인해 처지는 것은 한꺼번에 이루어지지 않는다. 한 종류의 감정이 다른 감정들을 몰아내기 때문이다. 그리고 이 간단한 발견은 육군의 정신의학 군의관들로 하여금 전쟁 기간 동안 기적이나 다름없는 일들을 수행해 낼 수 있게 했다.

전쟁에서의 끔찍한 경험으로 인해 심한 불안감을 느낀 나머지 후방으로 이송된 일명 '노이로제 병사'들에게 군의관들은 '매우 바빠지라'는 처방을 내렸다. 그러한 정신적 충격을 받은 병사들은 깨어 있는 시간을 활동으로 가득 채웠는데, 대개는 낚시, 사냥, 공놀이, 야구, 골프, 사진 찍기, 정원 손질, 춤추기 등과 같은 야외 활동들이었다. 그들은 자신이 겪은 끔찍한 경험에 대해 생각할 틈을 가질 수 없었다.

'작업 요법'은 정신의학에서 활동이 마치 약처럼 처방될 때 사용되는 용어다. 그것은 새로운 치료법이 아니다. 예수가 탄생하기 500년 전에도 고대 그리스 의사들은 이 방법을 권장했다!

벤저민 프랭클린(Benjamin Franklin)이 활동하던 시대에 퀘이커 교도들은 이미 필라델피아에서 이 방법을 사용하고 있었다. 1774년에 퀘이커 교도들의 요양소를 방문했던 한 사람은 정신질환을 가진 환자들이 바쁘게 아마(亞麻) 방적 작업을 하는 것을 보고 큰 충격을 받았다. 한 퀘이커 교도로부터 '간단한 작업을 하면 실제로 환자들의 상태가 개선됨을 알게 되었다'는 설명을 듣기 전까지 그는 불쌍한 사람들이 착취당하고 있다고 생각했던 것이다. 방적 작업은 신경과민 증세를 완화시키는 효과가 있었다.

어떤 정신의학자든 바쁜 상태를 유지하는 것은 신경 관련 질환에 가장 좋은 치료제라고 말할 것이다. 미국의 시인 헨리 워즈워스 롱펠로(Henry Wadsworth Longfellow)는 젊은 아내와 사별한 뒤 그 사실을 스스로 터득했다. 그의 아내는 어느 날 촛불에 봉합용 밀랍을 녹이던 중 옷에 불이 붙었다. 롱펠로는 아내의 비명 소리를 듣고 달려갔지만 그녀는 그 불로 인해 사망해 버렸다. 한동안 그는 그 끔찍한 경험의 기억으로 인해 거의 미칠 지경에 이르렀다.

하지만 다행히도 그에게는 그의 보살핌을 필요로 하는 세 아이들이 있었다. 롱펠로는 슬픔을 무릅쓰고 아이들의 부모 역할을 해냈다. 아이들에게 이야기를 들려주고, 아이들과 함께 산책과 놀이를 하며 생겨난 끈끈한 사랑을 '아이들의 시간'이라는 시를 지어 영원히 기념했다. 또한 그는 단테의 작품들을 번역하기도 했다. 이 모든 일들이 한데 결합하여 그를 분주하게 만들었고, 그것에 너무 바쁜 나머지 그는 자신에 대한 생각은 말끔히 잊어버리고 마음의 평화를 되찾았다. 영국의 시인 알프레드 테니슨(Alfred Tennysson)은 그의 가장 친한 친구 아서 헤일럼이 죽었을 때 다음과 같이 단언했다. "절망의 늪에 빠지지 않으려면 행동에 몰두해야 한다."

힘들게 일할 때나 하루 일과를 하는 중에 '행동에 몰두하기'란 대부분의 사람들에게 어렵지 않은 일이다. 그러나 일을 마치고 난 뒤의 시간, 바로 이때가 위험하다. 여가 활동을 즐기며 가장 행복한 시간이 되어야 할 그때 걱정으로 인한 우울함이 밀려오기 때문이다. 내가 지금 잘 살고 있는 것인지, 판에 박힌 삶을 사는 것은 아닌지, 오늘 직장 상사가 한 말에 어떤 '의도'가 있는 것은 아닌지, 혹은 대머리가 되는 것은 아닌지 등을 고민하기 시작하는 것이 바로 이 시간이다.

한가할 때 우리의 마음은 진공 상태에 가까워지는 경향이 있다. 물리학을 전공하는 모든 학생들은 '자연은 진공 상태를 싫어한다.'는 사실을 알고 있다. 당신과 내가 한 번쯤은 봤음직한 것들 중 진공 상태에 가장 가까운 것은 백열전구의 내부쯤 될 것이다. 전구를 깨뜨려 보라. 그러면 자연은 이론적으로 비어 있는 공간을 채우기 위해 공기를 밀어 넣을 것이다.

자연은 공허한 마음을 채우기 위해 밀려들기도 한다. 무엇으로 채울까? 대개는 감정이다. 왜 그럴까? 걱정, 두려움, 증오, 질투, 시기 등의 감정은 원시의 활기와 정글의 역동적 에너지에 의해 움직이기 때문이다. 이러한 감정들은 너무 격정적이기 때문에 우리의 마음속에서 평화롭고 행복한 생각과 감정을 몰아내는 경향이 있다.

컬럼비아 사범대학의 교육학 교수인 제임스 L. 머셀(James L. Mursell)은 이 점을 아주 잘 표현했다. "걱정은 당신이 행동하고 있을 때가 아니라 일과가 끝난 시간에 당신을 괴롭히는 경향이 있다. 머릿속이 온갖 생각들로 어지러워지면 각종 터무니없는 가능성들이 떠오르고 작은 실수 하나도 커 보이게 된다. 그때의 당신의 마음은 부하(負荷)가 걸리지 않은 채 작동하는 모터와 같아서, 모터 속의 부품을 과열시켜 태워 버리거나 산산조각 나게 만들 수 있다. 걱정에 대한 해결책은 건설적인 어떤 행위에 완전히 몰입하는 것이다."

이 사실을 깨닫고 실천하기 위해 당신이 대학 교수가 될 필요는 없다. 세계대전이 한창이던 때 나는 시카고 출신의 한 가정주부를 만났다. 그녀는 자신이 어떻게 해서 '걱정에 대한 해결책은 건설적인 어떤 행위에 완전히 몰입하는 것'이란 사실을 스스로 터득하게 되었는지를 말해 주었다. 나는 뉴욕에서 미주리 주의 내 고향집으로 가기 위해 탔던 기차의 식당 칸에서 그녀와 그녀의 남편을 만났

다(구체적인 사실들이 이야기의 신뢰도를 높이기 때문에 나는 이름이
나 주소 없이 사례를 드는 것을 좋아하지 않는데, 안타깝게도 그 부부
의 이름은 미처 알아 두지 못했다).

이 부부의 아들은 일본이 진주만을 기습 공격한 다음 날 군에 입
대했고, 그녀는 하나밖에 없는 아들 걱정에 건강을 거의 망칠 뻔했
다. 내 아들은 어디에 있을까? 안전하게 잘 있을까? 전투 중일까?
다치지는 않았을까? 죽었을까?

내가 그녀에게 어떻게 걱정을 극복했는지 묻자 그녀는 이렇게
답했다. "일을 시작했어요." 그녀는 제일 먼저 가정부를 내보내고
모든 집안일을 혼자 도맡아 하면서 바쁘게 지냈다고 말했다. 하지
만 그것도 큰 도움은 되지 않았다. 그녀가 말하길 "문제는 집안일
들은 마음을 쓰지 않고도 기계적으로 할 수 있다는 것이었어요. 그
러니 아들에 대한 걱정은 떠나질 않았죠. 침구 정리를 하고 설거지
를 하면서 저는 정신적으로나 육체적으로 하루 종일 저를 바쁘게
할 수 있는 어떤 새로운 종류의 일이 필요하다는 것을 깨달았고, 그
래서 백화점에서 판매사원으로 일하기 시작했어요.

그게 효과가 있더군요. 얼마 지나지 않아 정신을 차려 보니 저는
무척이나 바쁘게 지내고 있었어요. 손님들은 제 주위에 벌떼처럼
몰려들어 가격, 사이즈, 색상 등을 물어봤죠. 당장 해야 할 일 말고
는 어떤 것도 생각할 겨를이 없었어요. 그리고 밤이 되면 아픈 다리
를 풀어주는 것 말고는 다른 걸 떠올릴 수 없었습니다. 저녁을 먹자
마자 침대에 누워 정신없이 잠들곤 했어요. 걱정할 시간뿐 아니라
기력도 없었습니다."

그녀는《불쾌한 기억을 잊는 기술(The Ard of Forgetting)》이라는 책에서 존 쿠퍼 포이스(John Cowper Powys)가 의미한 바, 즉 '해야 할 일에 몰두할 동안에는 어떤 안락한 안정감 또는 깊은 마음의 평화, 일종의 편안한 무감각 상태가 인간이라는 동물의 신경을 안정시켜 준다.'는 사실을 스스로 깨우친 것이다. 얼마나 고마운 일인가!

세계에서 가장 유명한 여성 탐험가인 오사 존슨(Osa Johnson)은 최근에 걱정과 슬픔으로부터 자신이 어떻게 해방되었는지 내게 말해 주었다. 당신이 그녀의 인생 이야기를 책으로 읽어 봤을지 모르겠다. 그 책의 제목은 '나는 모험과 결혼했다(I Married Adventure)'이다. 만약 모험과 결혼한 여자가 있다면 오사 존슨이 바로 그녀다. 오사는 16살에 마틴 존슨이라는 사람과 결혼하여 캔자스 주의 차누테를 떠나 보르네오 섬의 거친 정글로 거주지를 옮겼다. 25년 동안 이 캔자스 출신 부부는 세계 각지를 돌아다니며 아시아와 아프리카의 사라져 가는 야생 동물에 대한 영화를 찍었다. 몇 년 전 미국으로 돌아온 그들은 자신들이 찍은 유명한 영상들을 보여 주며 순회강연을 했다. 어느 날 그들은 덴버를 출발하여 태평양 연안 지방으로 향하는 비행기에 올랐는데, 비행기가 산에 추락하면서 그녀의 남편 마틴 존슨은 그 자리에서 사망했다. 의사들은 오사 역시 평생 침대 신세를 져야 할 것이라고 말했다. 그러나 그것은 그녀가 어떤 사람인지 모르고 한 소리였다. 3개월 뒤 그녀는 휠체어에 앉아서 많은 사람들 앞에서 강연을 했다. 분명히 말하면 그녀가 그 시즌에 사람들 앞에서 강연한 것은 무려 100회 이상이었다. 그것도 휠체어에 앉은 채로 말이다. 내가 그녀에게 왜 그렇게 무리해서 강연을 하는지 물었을 때 그녀는 답했다. "슬퍼하거나 걱정할 시간을 없애야 했으니까요."

오사 존슨은 테니슨이 약 한 세기 전에 노래했던 "절망의 늪에 빠지지 않으려면 행동에 몰두해야 한다."라는 것과 똑같은 진리를 발견한 것이다.

버드 제독은 다섯 달 동안 혼자 고립되어 있을 때 이와 같은 진리를 발견했다. 그는 남극을 덮은 거대한 빙하의 만년설 속의 오두막에서 글자 그대로 묻혀 살았다. 남극의 만년설은 자연의 가장 오래된 비밀을 간직하고 있으며 미국과 유럽 땅을 합친 것보다 더 큰 미지의 대륙을 덮고 있다. 그런 곳에서 그는 다섯 달을 혼자 지낸 것이다. 160킬로미터 이내에 살아 있는 생물이라고는 아무것도 존재하지 않았다. 너무나 혹독한 추위 탓에 그가 숨을 내쉬면 그의 귀를 스치는 바람이 그것을 얼려서 결정(結晶)화 시키는 소리가 들리는 것 같았다. 그가 쓴 책 《얼론(Alone)》에는 막막하고 영혼을 깨부술 듯한 암흑 속에서 그가 보낸 다섯 달 이 기록되어 있다. 낮에도 밤처럼 어두웠던 그곳에서 그는 정신을 온전히 지키기 위해 바쁘게 활동해야만 했다. 그는 이렇게 말하고 있다.

"밤이 되면 랜턴을 끄기 전까지 내일 할 일을 계획하는 습관을 들였다. 말하자면 스스로에게 해야 할 일을 할당한 것이다. 탈출을 위한 터널에 한 시간, 눈을 평탄하게 하는 데 삼십 분, 연료통 정리에 한 시간, 식량 터널 벽에 선반을 만드는 데 한 시간, 부서진 썰매 수리에 두 시간 하는 식으로 시간을 나누는 방법은 아주 효과적이었다. 그렇게 함으로써 나는 엄청난 자제력을 가질 수 있습니다." 그리고 그는 이렇게 덧붙였다. "그렇게 하지 않았거나 혹은 그와 비슷한 일이라도 하지 않았다면 나는 목적 없는 나날들을 보냈을 것이고, 목적 없는 나날들은 그런 날들이 언제나 그렇듯, 아무 의미 없는 하루하루가 되었을 것이다." 마지막 말을 다시 적어 보겠다. '목적 없는 나날들은 그런 날들이 언제나 그렇듯, 아무 의미 없는 하루하루가 되었을 것이다.'

만약 당신과 내게 걱정거리가 있다면 우리는 '일'이라는 오래된 방법을 약처럼 사용할 수 있다는 것을 기억하자. 이런 말을 한 사람은 다름 아닌 하버드 대학 임상의학 교수였던 최고의 권위자 고(故) 리처드 C. 캐버트(Richard C. Cabot) 박사다. 그는 자신의 책 《사람은 무엇으로 사는가(What Men Live By)》에서 다음과 같이 말한다.

의사로서 나는 과도한 의심, 주저, 동요, 두려움으로 인한 정신적 마비 증세를 겪는 많은 사람들이 일을 통해서 치유되는 경우를 볼 때 기쁨을 느꼈다. …… 일을 통해 얻게 되는 용기는 에머슨이 그토록 강조한 자기 신뢰와 같다.

만약 당신과 내가 바쁘게 활동하지 않는다면, 만약 우리가 빈둥거리기만 하고 이런저런 생각만 한다면 우리는 찰스 다윈(Charles Darwin)이 '위버 기버(Wibber Gibber)'라고 말하던 것을 수도 없이 만들어 냈을 것이다. '위버 기버'란 옛날이야기에 나오는 그렘린,

즉 우리의 실행력과 의지력을 공허하게 하고 쓸모없게 만드는 작은 악마다.

나는 애태우고 안달할 시간이 없을 정도로 바쁘게 활동함으로써 '위버 기버'를 이겨 낸 뉴욕 출신의 사업가를 알고 있다. 그의 이름은 트렘퍼 롱맨이고 사무실은 월가 40번지에 있다. 그는 내가 진행하는 성인 교육 강좌의 수강생 중 한 명이었다. 걱정을 극복해 낸 그의 이야기는 너무나 흥미롭고 인상적이어서 나는 수업이 끝난 뒤 그에게 저녁식사를 함께하자고 청했다. 우리는 레스토랑에 앉아 밤이 깊도록 그의 경험에 대해 얘기를 나눴다. 그가 내게 들려준 이야기는 이렇다.

"18년 전, 저는 걱정이 너무 심해 불면증에 시달렸습니다. 신경은 곤두서 있었고, 짜증이 잦았으며 항상 불안했어요. 신경쇠약에 걸릴 것 같았습니다.

제가 걱정하는 데는 이유가 있었죠. 저는 뉴욕 웨스트 브로드웨이 418번지에 있는 크라운 청과음료회사의 회계 담당자였습니다. 우리 회사는 1갤런 크기의 통에 포장된 딸기에 50만 달러를 투자한 상태였습니다. 20년 동안 우리 회사는 그렇게 포장된 딸기를 아이스크림 제조사에 판매하고 있었습니다. 그러다 갑자기 우리 회사의 판매가 멈춰 버렸습니다. 내셔널 데어리나 보든스 같은 대형 아이스크림 회사들이 제품 생산을 급격히 늘리면서, 비용과 시간을 줄이기 위해 배럴 단위로 포장된 딸기를 구매했기 때문입니다.

우리에게는 이제 팔지 못한 50만 달러어치의 딸기가 남아 있었을 뿐 아니라 향후 12개월 동안 100만 달러어치의 딸기 구매 계약

447

까지 체결까지 해 놓은 상태였습니다. 회사는 이미 은행으로부터 35만 달러를 대출받았기 때문에 그 돈을 갚거나 기한을 연장할 수도 없었습니다. 그런 상황이었으니 제가 걱정하는 것은 당연한 일이었죠. 저는 캘리포니아 주 왓슨빌에 있는 회사 공장으로 달려가 상황이 바뀌었고, 이대로 가다가는 곧 파산할 것이라고 사장님을 설득하려 했지만 그는 믿지 않았습니다. 그는 모든 잘못을 뉴욕에 있는 사무실 탓으로 돌렸습니다. 판매 능력이 부족했기 때문이라고 말입니다.

며칠의 간청 끝에 마침내 저는 사장님을 설득하는 데 성공했습니다. 더 이상의 딸기 포장은 하지 않도록 멈추고, 샌프란시스코에 있는 시장에 가공하지 않은 딸기를 납품하기로 했습니다. 그렇게 함으로써 우리의 문제는 어느 정도 해결되었습니다. 그쯤 되면 저도 걱정을 멈출 수도 있었는데 그러지 못했습니다. 걱정은 일종의 습관인데, 그 습관이 제게 생겨 버린 것입니다.

뉴욕으로 돌아온 뒤 저는 이태리에서 사 오는 체리, 하와이에서 사 오는 파인애플 등 모든 일에 대해 걱정하기 시작했습니다. 신경은 날카로워졌고 짜증이 났으며 잠도 잘 수 없었습니다. 그리고 제가 앞서 말했듯 금방이라도 신경쇠약에 걸릴 것 같았습니다.

자포자기한 심정으로 저는 불면증을 치료하고 걱정을 멈추게 하는 생활 방식을 선택하게 되었습니다. 바로 일을 하는 것이었죠. 저는 제 모든 능력을 필요로 하는 문제들로 인해 바빴기 때문에 걱정할 시간이 없었습니다. 원래는 하루 7시간 정도 일했지만, 지금은 하루에 15~16시간 정도를 일합니다. 매일 아침 8시에 출근해서 거의 자정이 될 때까지 사무실에서 지내지요. 저는 새로운 임무와 책임도 맡았습니다. 한밤중이 다 되어 집에 돌아와 침대에 누울 때면 너무도 지친 나머지 순식간에 곯아떨어질 정도였습니다.

저는 그런 식으로 석 달 정도를 지냈습니다. 그러자 걱정하는 습관이 사라졌고 평범한 일상으로도 다시 돌아왔습니다. 이것은 18년 전의 일이지만 저는 그 후로 단 한 번도 불면증이나 걱정 때문에 괴로워한 적이 없습니다."

조지 버나드 쇼(George Bernard Shaw)가 옳았다. 그는 이 모든 것을 다음과 같은 말로 요약했다. "불행해지는 비결은 당신이 행복한가 아닌가로 고심할 여유를 가지는 것이다." 그러니 그런 문제로 고심하지 말자! 팔을 걷어붙이고 일을 하자! 당신의 피는 온몸을 돌고 정신은 맑아질 것이다. 그러면 곧 당신의 몸속에 용솟음치는 적극적인 활력이 마음속에서 걱정을 몰아낼 것이다. 일하라. 일을 통해 바쁜 상태를 유지하라. 그것이 지구상에서 가장 저렴하면서도 가장 효과 좋은 약이다.

걱정하는 습관을 버리기 위한,

원칙 1

**바쁘게 움직여라. 걱정하는 사람이
절망의 늪에 빠지지 않으려면 행동에 몰두해야 한다.**

2
딱정벌레가
당신을 쓰러뜨리게 놔두지 마라

내가 죽을 때까지 잊지 못할 극적인 이야기 하나가 있다. 뉴저지 주 메이플우드 하이랜드 14번 가에 사는 로버트 무어가 들려 준 이야기다.

"1945년 3월, 저는 제 인생 최대의 교훈을 얻었습니다. 인도차이나의 해안, 수심 80미터 아래에서 얻은 교훈이죠. 저는 잠수함 바야 S.S.318호에 탑승한 88명의 선원 중 한 명이었습니다. 소형 일본군 호위함 한 척이 우리 항로로 다가오는 것이 레이더에 잡혔습니다. 날이 밝아 오는 중이었기에 우리는 공격을 위해 물 밑으로 내려갔습니다. 저는 잠망경을 통해 일본군 호위구축함과 유조선, 기뢰부설함을 발견했습니다. 우리는 호위구축함을 향해 세 발의 어뢰를 발사했지만 빗나갔습니다. 각각의 어뢰에 장착된 장치가 잘못된 것 같았습니다. 호위구축함은 공격당했다는 사실을 알아채지 못하고 항해를 계속했습니다. 우리는 마지막 배인 기뢰부설함을 공격할 준비를 하고 있었는데 그 배가 갑자기 방향을 틀어 우리 쪽을 향해 다가왔습니다. 일본군 정찰기가 해저 18미터에 있던 우리 잠수함을 발견하고 우리 위치를 일본군 기뢰부설함에 무전으로 알려 준 것입니다. 우리는 발각되는 것을 피하기 위해 45미터 깊이까지 내려갔고 수중 폭뢰에 대비할 준비를 했습니다. 해치에는 추가로 잠금장치를 하고 우리 잠수함에서 어떤 소리도 새어 나가지 않도록 송풍기, 냉각장치 그리고 모든 전기 장비의 전원을 껐습니다.

3분 뒤 엄청난 혼란이 일어났습니다. 잠수함 주변에서는 여섯 개의 수중 폭뢰가 폭발했고, 우리는 80미터나 되는 바닥까지 가라앉고 말았습니다. 우리는 모두 겁에 질렸습니다. 수심 300미터에서 공격당하는 것은 위험한 정도이고 150미터 이내에서 당하는 것은 거의 치명적이라고 할 수 있습니다. 그런데 우리는 150미터의 절반이 조금 넘는 깊이에서 공격당한 것입니다. 안전에 관해 말하자면 간신히 무릎 높이의 깊이였습니다. 그 일본 기뢰부설함은 15시간 동안 수중 폭뢰를 퍼부어 댔습니다. 만약 폭뢰가 반경 5미터 이내에서 터지면 그 충격으로 잠수함엔 구멍이 뚫립니다. 일본군의 폭뢰는 15미터 부근에서 수차례 터졌습니다. 우리는 '안전을 유지하라'는 명령을 받았기 때문에 각자의 침상에 조용히 앉아 침묵을 지켰습니다. 저는 너무 무서워서 숨도 제대로 못 쉴 지경이었습니다. '이제 나는 죽었다.' 저는 속으로 계속 이렇게 말했습니다. '죽을 거야. 이젠 죽을 거라고!' 선풍기와 냉각장치를 꺼 놓았기 때문에 잠수함 내부 온도는 37도를 넘었지만 공포로 인해 한기를 느낀 저는 스웨터는 물론 털로 안감을 댄 재킷까지 입었는데도 추위로 계속 몸을 떨었습니다. 이는 딱딱거리며 부딪혔고 식은땀도 나기 시작했습니다. 공격은 15시간 동안 계속되었습니다. 그러다 갑자기 멈췄습니다. 일본 기뢰부설함이 수중 폭뢰를 다 소진하고 가 버린 것이 분명했습니다.

공격을 받았던 15시간은 마치 1,500만 년처럼 느껴졌습니다. 지금까지의 제 인생이 주마등처럼 스쳐 지나갔습니다. 제가 잘못했던 일들과 어리석게 걱정하던 모든 사소한 일들이 떠올랐습니다. 해군에 입대하기 전에 저는 은행원이었습니다. 그때 저는 긴 업무 시간, 얼마 되지 않는 월급, 낮은 승진 가망성을 걱정했죠. 또한 제 집이 없는 것, 새 차를 사지 못한 것, 아내에게 예쁜 옷 한 벌 사 주지 못한 것 때문에 속상해했습니다. 항상 잔소리하고 호통 치는 상사도 얼마나 미워했는지 모릅니다. 밤이 되면 괴로움과 불만을 안고 집에 돌아와 별것 아닌 일로 아내와 말다툼하던 일들이 떠올랐습니다. 자동차 사고로 이마에 생긴 흉터에 대해서도 걱정했습니다.

그때는 이런 걱정들이 크게 느껴졌는데, 수많은 폭뢰들이 저를 저세상으로 날려 버릴 듯 위협하는 상황이 되니 그런 제 걱정들은 너무나 우스워 보였습니다. 저는 그때 잠수함 안에서, 살아서 물 밖으로 나가기만 한다면 절대로 걱정 따위는 하지 않겠다고 다짐했습니다. 절대로! 절대로! 다시는 걱정하지 않겠다! 저는 그 끔찍했던 15시간 동안, 시러큐스 대학에서 4년 동안 책과 씨름하며 배웠던 것보다 더 많은 삶의 기술을 배울 수 있었습니다."

우리는 흔히 인생에 큰일이 닥치면 용감하게 맞서다가도 사소한 일, '눈엣가시' 같은 일에는 지고 만다. 그 예로 새뮤얼 패피스(Samuel Papys)의《일기(Diary)》를 보면, 런던에서 해리 베인스 경이 참수

당하는 것을 목격했던 일이 기록되어 있다. 해리 경은 단두대에 오르면서 사형 집행인에게 살려 달라고 간청하지 않았다. 다만 자신의 목에 난 종기를 건드리면 아프니 조심해 달라고 부탁했을 뿐이다.

이것은 버드 제독이 남극의 끔찍한 추위와 암흑 같은 밤 속에서 발견했던 사실이기도 하다. 그의 대원들은 큰 문제들보다 '눈엣가시' 같은 일에 더 법석을 떨었다. 수많은 위험과 고난, 그리고 때로 영하 60도까지 떨어지는 혹한을 불평 한마디 없이 견뎠다. "하지만" 버드 소장은 말했다. "룸메이트의 장비가 각자에게 지정된 공간을 침범한다는 생각에 서로 말을 하지 않게 된 경우도 있었고, 음식을 삼키기 전에 꼭 스물여덟 번을 씹고 삼키는 플레처주의자(Fletcherist)가 식당에 보이면 밥을 못 먹었던 대원도 있었습니다. 극지의 캠프에서 이처럼 사소한 일들은 잘 훈련받은 사람들까지도 정신이상 직전까지 몰고 갈 수 있는 힘을 가지고 있었습니다."

당신은 버드 제독의 말에 이런 생각을 했을지도 모른다. 결혼 생활에서도 '사소한 것들'이 사람들을 정신이상 직전까지 몰고 가고 '이 세상 비탄의 절반'을 일으킨다고 말이다.

적어도 이 분야의 권위자들은 이렇게 이야기하고 있다. 시카고의 조지프 새바스 판사는 4만 건 이상의 이혼 소송을 중재하고 난 뒤 다음과 같이 선언했다. "대다수 이혼의 주요 원인은 사소한 것들입니다." 뉴욕 카운티 검찰청의 검사장 프랭크 S. 호건은 이렇게 말했다. "적어도 절반 이상의 형사 사건은 사소한 일에서 비롯됩니다. 술집에서의 허세, 가정 내의 말다툼, 모욕적인 언사, 헐뜯는 말, 무례한 행동 등과 같이 별것 아닌 것들이 폭행과 살인으로 이어지죠.

우리들 중 잔인성과 사악함을 가진 사람은 극소수에 불과합니다. 이 세상 가슴 아픈 일들의 절반은 우리의 자존심을 건드리거나 모욕하거나 허영심에 충격을 주는 것들로 인해 야기되는 겁니다."

일리노어 루스벨트(Eleanor Roosevelt)는 결혼한 지 얼마 되지 않았을 때 새로운 요리사의 음식이 입맛에 맞지 않아 '며칠 동안 걱정했다.' 루스벨트 부인은 말한다. "하지만 지금은 그런 일이 있으면 어깨만 한 번 으쓱하고 잊어버릴 거예요." 바로 이것이다. 이런 것이 정서적으로 성숙한 사람의 행동이다. 절대적인 독재자 예카테리나 2세도 요리사가 맛없는 음식을 내 왔을 땐 웃어넘기곤 했다 한다.

한번은 아내와 함께 시카고에 있는 내 친구 집에서 저녁식사를 한 적이 있다. 고기를 썰어 나눠 주다가 친구가 뭔가 잘못했던 모양이다. 나는 그걸 알아채지 못했고, 알았다 하더라도 신경 쓰지 않았을 것이다. 하지만 그것을 본 친구 부인은 우리가 보는 앞에서 친구를 심하게 구박했다. "존, 잘 좀 보고 하라고요! 한 번이라도 제대로 하는 적이 없어!"

그러고 나서 우리에게 말했다. "저이는 항상 저렇게 실수를 한답니다. 잘하려고 노력도 안 해요." 실제로 그가 고기를 잘 썰고 잘 나눠 주려는 노력은 하지 않았을지는 몰라도 20년 동안이나 그런 부인과 함께 살아오고 있다는 것에 대해서는 분명히 공로를 인정한다. 솔직히 말해 그녀의 잔소리를 들으며 북경 오리나 상어 지느러미 요리를 먹을 바에는 차라리 평온한 분위기에서 머스터드소스를 뿌린 핫도그나 두어 개 먹는 게 나을 것 같다.

그 일이 있고 얼마 지나지 않아 아내와 나는 친구 몇 명을 집에 초대했다. 친구들이 도착하기 직전에 아내는 냅킨 중 석 장이 식탁보와 어울리지 않는다는 것을 발견했다.

나중에 아내로부터 들은 이야기는 이렇다. "요리사에게 달려가 알아보니 나머지 석 장의 냅킨은 세탁소에 가 있더라고요. 손님들은 문 앞에 도착해 버렸고 냅킨을 바꿀 시간은 없었죠. 눈물이 왈칵 쏟아질 것 같았어요! 머릿속은 온통 '왜 이런 바보 같은 실수 때문에 저녁시간을 통째로 망쳐야 하는 거야?' 하는 생각으로 가득했지요. 그러다가 '아니야, 왜 그래야 되는데?' 싶어졌고, 좋은 시간을 갖자고 마음먹은 뒤 저녁식사 자리로 갔어요. 그리고 실제로 재미있게 보냈고요. 친구들이 저를 신경질적이고 까다로운 사람보다는 서툰 가정주부로 보는 편이 낫겠다 싶었죠. 그리고 이건 어디까지나 제 생각이지만 어쨌든 냅킨이 식탁보와 어울리지 않는다는 건 아무도 알아채지 못했다고요!"

유명한 법률 속담 중에 이런 것이 있다. '법은 사소한 일에 관여하지 않는다.' 걱정하는 사람도 그래야 한다. 마음의 평화를 원한다면 말이다.

대부분의 경우, 사소한 일로 골치 아픈 것을 이겨 내고 싶다면 시각을 바꾸면 된다. 즉, 마음속에 새롭고 유쾌한 관점을 확립하는 것이다. 《파리에 가야 했던 사람들(They Had to See Paris)》 및 다수의 책을 쓴 내 친구 호머 크로이(Homer Croy)는 마음의 관점을 바꾸어 생긴 일의 훌륭한 예를 보여 준다. 뉴욕에 있는 자신의 아파트에서 집필 작업을 하는 동안 그는 라디에이터의 덜컹거리는 소리에 짜증이 났다. 라디에이터 안에서 수증기가 쿵쿵거리는 소리와 지글

지글 끓는 소리를 내면 책상에 앉아 있던 그도 짜증으로 부글부글 끓어올랐다.

그는 말했다. "그러다가 친구 몇 명과 캠핑을 떠났어. 나뭇가지들이 지펴 놓은 불 속에서 타는 소리를 듣고 있으니 그 소리가 우리 집 라디에이터에서 나는 소리와 비슷하다는 생각이 들더군. 왜 이 소리는 좋아하고 다른 소리는 싫어해야 하지? 나는 집에 돌아와 생각했어. '나뭇가지들이 불에 타는 소리는 듣기 좋아. 라디에이터에서 나는 소리도 그 소리와 비슷하잖아. 그러니 저 소리에 대해서는 걱정하지 말고 잠이나 자자.' 그러고는 그렇게 했지. 며칠 동안 라디에이터 소리가 좀 거슬리기는 했지만 곧 아무런 신경도 안 쓰이더라고. 사소한 걱정들도 마찬가지야. 우리가 그런 것들에 신경을 쓰고 짜증 내는 이유는 그것들을 너무 과대평가하기 때문이지."

영국의 정치가인 벤저민 디즈레일리(Benjamin Disraeli)는 말했다. "사소한 일에 신경 쓰기에는 인생이 너무 짧다." 이 말과 관련해 〈디스 위크 매거진(This Week Magazine)〉에서 앙드레 모루아는 이렇게 말했다. "이 말은 내가 수많은 고통의 경험들을 극복하는 데 도움을 주었습니다. 무시하고 잊어버려야 할 사소한 일들로 우리는 마음을 어지럽히곤 합니다. 이 땅에서 살 수 있는 시간은 몇 십 년밖에 되지 않는데도 우리는 곧 잊어버릴 작은 불만들을 생각하면서 다시 얻을 수 없는 소중한 시간들을 허비합니다. 그래선 안 됩니다. 우리는 가치 있는 행동과 감정, 원대한 사고, 진실한 애정과 맡은 일에 대한 꾸준함 등에 인생을 바쳐야 합니다. 사소한 일에 신경 쓰기에는 인생이 너무 짧기 때문입니다."

때로는 러드야드 키플링 같은 저명한 인물도 '사소한 일에 신경 쓰기에는 인생이 너무 짧다'는 사실을 잊을 때가 있다. 그 결과는 어땠을까? 그와 그의 처남은 버몬트 역사상 가장 유명한 법정 싸움을 벌였다. 그 싸움은 너무도 유명해서 '러드야드 키플링 - 버몬트 불화'라는 제목의 책까지 나올 정도였다.

이야기는 이렇다. 키플링은 버몬트에 사는 캐롤라인 발레스티어라는 여자와 결혼하여 예쁜 집을 지었다. 그는 그곳에 정착해서 여생을 보낼 작정이었다. 그의 처남 비티 발레스티어는 키플링의 가장 친한 친구가 되었고, 두 사람은 함께 일하고 함께 여가를 즐겼다. 그러다가 키플링이 처남으로부터 땅을 사게 됐다. 다만 철마다 때가 되면 처남이 건초를 베어 가도 좋다는 단서가 달려 있었다. 어느 날 키플링이 그 건초용 대지에 꽃밭을 가꿀 계획이 있다는 것을 알게 된 처남은 격분했고 분통을 터뜨렸다. 키플링도 바로 되받아쳤다. 버몬트의 그린 산맥을 감싸는 공기마저 냉랭해질 정도였다.

며칠 뒤 키플링은 자전거를 타고 밖으로 나왔다가 여러 마리의 말이 끄는 마차를 타고 가던 처남과 길에서 마주쳤다. 그런데 갑자기 처남이 마차로 길을 가로지르는 바람에 키플링의 자전거가 넘어지고 말았다. 그러자 '당신 주변의 모든 사람이 이성을 잃고 당신 탓을 할 때도 침착함을 유지할 수 있다면'이라고 말했던 사람이 키플링 본인이었음에도 그는 이성을 잃고 처남을 고소해 버리겠다며 욕설을 퍼부어 댔다! 곧 세상을 떠들썩하게 만든 재판이 열렸다. 대도시의 기자들이 몰려들었고 이 소식은 빠른 속도로 전 세계로 퍼져 나갔다. 화해는 이루어지지 않았다. 이 법정 싸움으로 인해 키플링과 그의 부인은 미국의 고향을 떠나 남은 생을 다른 곳에서 살아야 했다. 이 모든 걱정과 비탄이 하찮은 것 하나 때문에 일어난 것이다. 건초더미 하나 때문에…….

2,400년 전 고대 그리스의 정치가 페리클레스(Perikles)는 말했다. "그만합시다, 여러분. 우리는 사소한 일에 너무 오래 매달렸습니다." 정말 우리는 그렇게 하고 있다.

해리 에머슨 포스딕 박사가 들려준 이야기 중 가장 재미있는 것 하나를 소개하겠다. 숲의 거인이 이기고 진 싸움들에 관한 이야기다.

콜로라도의 롱스피크 비탈면에는 거대한 나무의 잔해가 있다. 자연학자들은 그 나무의 수명이 400년 정도 되었을 것이라고 말한다. 콜럼버스가 산살바도르에 발을 디뎠을 쯤에 묘목 크기였던 그 나무는 플리머스에 청교도들이 이주했을 당시에는 지금의 절반 정도로 자라 있었다. 긴 생애를 보내는 동안 나무는 열네 번이나 벼락을 맞았고, 400년 동안 셀 수 없는 눈사태와 폭풍이 나무를 흔들고 지나갔다. 그 나무는 그 모든 것들을 견뎌 냈다. 하지만 딱정벌레 떼가 공격해 오자 결국 나무는 쓰러지고 말았다. 딱정벌레들은 나무의 껍질을 먹어 치웠고 나무의 내적 저항력도 딱정벌레들의 작지만 그칠 새 없는 공격에 차츰 파괴되어 갔다. 일생 동안 시들지 않았고 수많은 벼락과 폭풍을 견뎠던 숲의 거대한 나무가 결국에는 인간이 손가락 사이에 놓고 눌러 죽일 수 있을 정도로 작은 딱정벌레에게 무릎을 꿇은 것이다.

우리도 그 숲에 있던 거대한 나무처럼 싸우고 있지는 않을까? 너무도 심한 폭풍과 눈사태와 벼락 등과 같은 인생의 시련들은 어떻게든 이겨내 보려고 하지만 걱정이라는 조그만 딱정벌레, 너무 작아서 손가락으로 눌러 죽일 수 있는 조그만 딱정벌레가 우리의 마음을 갉아 먹도록 내버려 두고 있는 것은 아닐까?

몇 년 전, 나는 와이오밍 주 고속도로 순찰대장인 찰스 세이프레드 및 그의 친구 몇 명과 함께 와이오밍에 있는 티턴 국립공원을 여행했다. 우리는 공원 내에 있는 존 D. 록펠러의 농장을 방문할 계획이었다. 하지만 내가 타고 있던 차는 엉뚱한 길로 가는 바람에 길을 잃었고, 다른 차들이 그 농장에 도착하고 한 시간이나 지나서야 농장 입구에 닿을 수 있었다. 세이프레드가 농장 출입문 열쇠를 갖고 있었기 때문에 그는 우리가 도착할 때까지 모기가 우글거리는 숲속의 땡볕에서 우리를 기다리고 있었다. 극성 사나운 그 모기들은 성자 같은 사람도 이성을 잃게 만들기에 충분했지만 찰스 세이프레드를 이겨 내진 못했다. 우리를 기다리는 동안 그는 포플러 나뭇가지를 꺾어 피리를 만들었다. 우리가 도착했을 때 그는 그 피리를 불고 있었다. 나는 사소한 것들에 대해서는 신경 쓰지 않는 법을 아는 사람에 대한 추억의 의미로 아직도 그 피리를 간직하고 있다.

걱정하는 습관이 당신을 무너뜨리기 전에 그것을 버리고 싶다면,

원칙 2

당신이 무시하고 잊어버려야 할 만큼 사소한 일들이
당신을 뒤흔들도록 놔두지 마라. 이 말을 기억하라.
"사소한 일에 신경 쓰기에는 인생이 너무 짧다."

3

대부분의 걱정보다
더 강력한 법칙

어렸을 때 나는 미주리에 있는 농장에서 자랐는데, 하루는 체리 씨를 발라내는 일을 하시던 어머니를 돕다가 울음을 터뜨렸다. 어머니는 물으셨다. "데일, 도대체 뭣 때문에 우는 거니?" 나는 울먹이며 말했다. "산 채로 땅에 묻힐까 봐 무서워요!"

그 당시 나는 걱정이 가득했다. 천둥번개가 치며 비가 올 때는 벼락에 맞아 죽는 것이 아닐까, 집안 형편이 어려울 땐 배부르게 먹지 못하는 것은 아닐까, 죽으면 지옥에 가지 않을까 하는 걱정들로 말이다. 내 귀를 잘라 버리겠다고 겁주던 동네 형인 샘 화이트가 정말로 그렇게 하지는 않을까 무서웠다. 내가 여자아이들에게 인사하면 그 아이들이 나를 비웃을까봐 걱정했고, 나랑 결혼하려는 여자가 없으면 어쩌나 걱정했으며, 결혼식 직후에는 부인에게 무슨 말을 해야 하나 걱정했다. 나는 한적한 시골 교회에서 결혼식을 올리고 지붕을 술로 장식한 마차를 타고 농장으로 돌아오고 싶은데, 농장으로 오는 마차 안에서 대화가 끊기지 않을 수 있을까? 어떻하지? 어떻게 해야 하나? 나는 밭두렁 위를 몇 시간씩이나 서성대면서 이렇게 너무나도 중요하다고 여겼던 문제들에 대해 고민했다.

세월이 흐르면서 나는 내가 걱정했던 일들의 90퍼센트는 실제로 일어나지 않는다는 것을 깨달았다. 예를 들면, 앞서 말했듯 나는 벼락을 맞을 것이 너무 무서웠다. 하지만 국가 안전보장위원회의 통계에 따르면 내가 한 해에 번개에 맞아 죽을 확률은 35만 분의 1밖에 되지 않는다는 것을 이제는 알고 있다.

산 채로 땅에 묻힐까 봐 무서워했던 것은 더 어처구니없다. 시체를 미라로 만들어 보존하는 것이 관습이었던 시대보다 더 이전에도 산 채로 매장되었던 사람은 1억 명 중의 한 명 정도였을 것이다. 그런 것을 가지고 나는 무서워 울기까지 했다.

여덟 명의 사망자 중의 한 명은 암으로 죽는다. 내가 무언가를 걱정하고 싶었다면 벼락에 맞아 죽는다거나 산 채로 매장당해 죽는 것 말고 암에 걸릴 것을 걱정했어야 했다.

물론 지금까지 말한 것은 나의 유년기와 청소년기의 걱정들이었다. 하지만 우리 어른들 대다수가 걱정하는 것들도 그만큼이나 쓸데없는 것들이다. 당신이나 내가 가지고 있는 걱정거리의 90퍼센트는 지금 당장 없앨 수 있다. 평균의 법칙에 따라 우리가 걱정하는 것들에는 현실적인 정당성이 없다는 것을 깨닫고 고민을 멈춘다면 말이다.

세계 제일의 보험회사인 런던 로이즈 사(社)는 잘 일어나지 않는 일들을 걱정하는 사람들의 성향을 간파해 수백만 달러를 벌었다. 런던 로이즈는 사람들이 걱정하는 재난들이 결코 일어나지 않는다는 데 내기를 걸지만, 그것을 내기가 아닌 보험이라고 부른다. 사실 그것은 실제로 평균의 법칙을 근거로 한 내기임이 맞다. 이 거대한 보험회사는 200년 동안 계속해서 성장세를 유지하고 있다. 인간 본성이 변하지 않는 한, 이 회사는 앞으로도 5,000년 정도는 더 상승세를 유지할 것이다. 사람들은 계속해서 재난에 대비해 신발과 배와 봉랍(封蠟) 등에 대한 보험을 들 테지만, 평균의 법칙에 의하면 그런 재난은 흔히 생각하는 것만큼 자주 일어나지는 않기 때문이다.

평균의 법칙에 대해 살펴보면 이전에는 알지 못했던 사실들로 깜짝 놀랄 것이다. 예를 들어, 만일 내가 내년부터 5년 동안 게티즈버그 전투처럼 치열한 전투에서 싸워야만 한다는 사실을 알게 되면 나는 몹시 두려울 것이다. 내가 들 수 있는 모든 생명보험에 가입하고, 유언장도 작성하고 세속적인 일들은 모두 정리한 뒤 이렇게 말할 것이다. "전쟁터에서 살아남지 못할 수도 있으니 남은 기간 동안 최대한 열심히 살아야겠다." 그러나 사실 평균의 법칙에 따르면 전쟁 시가 아니더라도 50세에서 55세까지 사는 것은 게티즈버그 전투에서 싸우는 것만큼이나 위험하고 치명적이다. 내가 말하고자 하는 것은 즉, 평상시에 50세에서 55세 사이의 1,000명 당 사망자 수는 게티즈버그 전투에서 싸웠던 16만 3,000명의 군인 1,000명 당 사망자 수와 맞먹는다.

나는 이 책의 몇몇 장을 제임스 심슨이 캐나다 로키 산맥의 보우 호수 근처에 갖고 있던 '넘티가 로지'라는 오두막집에서 집필했다. 여름 한철을 그곳에 머무르던 중에 나는 샌프란시스코 주 퍼시픽

가 2298 번지에 사는 허버트 H. 샐린저 부부를 만났다. 살면서 걱정 한 번 안 했을 것 같은 인상을 지닌 샐린저 부인은 침착하고 조용한 성격의 여성이었다. 어느 저녁, 불을 피워 놓은 벽난로 앞에서 나는 그녀에게 걱정 때문에 괴로워해 본 적이 있었는지 물어보았다. 그녀는 이렇게 말했다. "괴로워해 본 적이요? 저는 그것 때문에 거의 인생을 망칠 뻔했어요. 걱정을 극복하는 법을 배우기 전까지 저는 11년 동안이나 제가 만든 지옥에서 살았답니다. 저는 민감하고 성급한 성격 탓에 항상 지독한 긴장 속에서 살았죠. 매주 저는 샌머테이오에 있는 집에서 버스를 타고 샌프란시스코에 있는 상점에 가곤 했어요. 하지만 쇼핑을 하는 동안에도 걱정 때문에 몸서리 쳤습니다. 다리미를 다림판에 그냥 올려놓고 나온 것은 아닌지, 집에 불이 난 것은 아닌지, 가정부가 애들을 놔두고 도망가 버리지는 않을지, 애들이 자전거를 타고 나갔다가 교통사고라도 당하는 것은 아닌지 등의 걱정이었죠. 그래서 쇼핑을 하다 말고 식은땀을 흘리며 상점을 뛰쳐나와 집으로 가는 버스를 잡아탔습니다. 이런 상황이었으니 첫 번째 결혼이 실패로 끝난 것은 무리도 아니었죠.

변호사인 두 번째 남편은 어떤 일에도 걱정하지 않는 침착하고 분석적인 사람이에요. 제가 불안해하고 걱정할 때마다 남편은 이렇게 말했어요. '긴장하지 말고 생각해 봅시다. 당신이 정말 걱정하고 있는 게 뭘까? 평균의 법칙을 살펴보고 그 일이 정말로 일어날 만한 일인지 아닌지 알아봅시다.'

그 예로 우리 부부가 뉴멕시코에 있는 앨버커크에서 칼스배드 케이번스까지 운전을 하고 갔을 때의 일이 생각나네요. 비포장도로를 달리고 있었는데 폭우가 쏟아졌죠. 차는 이리저리 미끄러졌고 어떻게 손을 쓸 수조차 없었어요. 저는 우리가 도로 옆 개천에 처박힐 거라고 확신했지만 남편은 제게 이렇게 말했어요. '지금 아주 천천히 운전하고 있으니 아무 일도 안 일어날 거야. 설사 차가 개천으로 미끄러져도 평균의 법칙으로 따져 봤을 때 우리는 조금도 다치지 않을 거야.' 남편의 이런 침착함과 확신은 저를 안심시켰습니다.

어느 여름 우리 부부는 캐나다 로키 산맥에 있는 투캥 계곡으로 캠핑을 떠났어요. 폭풍이 텐트를 갈기갈기 찢어 버릴 듯했던 어느 밤에 우리는 해발 2,100미터의 높이에서 캠핑을 하고 있었습니다. 텐트는 나무로 된 받침대에 버팀줄로 묶어 놓은 상태였고요. 방수용 외부 텐트는 바람 때문에 흔들리고 떨리면서 날카로운 소리를 냈습니다. 저는 우리 텐트가 곧 바람에 날아갈 것이라 생각했습니다. 너무 무서웠죠. 하지만 남편은 계속 이렇게 말했어요. '이봐, 여보. 우리는 브루스터스 사의 산악 가이드와 함께 여행하고 있잖아. 브루스터스 사람들은 모두 전문가들이라고. 저 사람들은 이 산에서 60년 넘게 텐트를 쳐 왔어. 이 텐트도 이 자리에 오랫동안 있었고 말이야. 텐트는 아직 바람에 날려 쓰러지지도 않았고, 평균의 법칙으로 생각해 봐도 오늘밤 이 텐트가 날아갈 일은 없을 거야. 그리고 설령 바람에 날아간다 해도 다른 텐트에서 묵으면 되지 않겠어? 그러니 안심해.' 저는 남편의 말대로 마음을 편히 가라앉힌 채 잘 수 있었습니다.

몇 해 전에는 제가 살고 있던 캘리포니아 지역에 척수성 소아마

비가 창궐했어요. 예전 같았으면 저는 신경이 날카로워졌겠지만, 남편은 차분하게 행동하라고 설득했습니다. 우리 가족은 가능한 모든 예방 조치를 취했습니다. 사람이 붐비는 곳이나 학교, 영화관 같은 곳에는 아이들을 데려가지 않았지요. 보건 당국에 알아보니 캘리포니아 역사상 가장 많은 소아마비 환자가 발생했을 때의 환자 수는 주 전체를 통틀어 1,835명밖에 되지 않았습니다. 평상시의 소아마비 환자 수는 200 내지 300 명 정도였고요. 그 숫자만 놓고 보면 결코 적은 편이 아니라 안타깝기는 했지만, 그럼에도 평균의 법칙에 따라 가늠해 보면 어떤 한 아이가 그 병에 걸릴 확률은 높지 않다는 생각이 들었습니다.

'평균의 법칙에 의하면 그럴 일은 없을 거야.' 이 한마디는 제 걱정거리들의 90퍼센트를 떨쳐 버렸습니다. 그리고 그 말 덕분에 저는 지난 20년 동안 기대 이상으로 아름답고 평온한 삶을 살 수 있었습니다."

미국 역사상 인디언과의 전투에서 가장 위대한 공을 세웠던 조지 크룩(George Crook) 장군은 그의 자서전에서 다음과 같은 말을 했다. 인디언들의 '걱정과 불행의 대부분은 현실이 아닌 그들의 상상 때문에 발생한다.'

지난 수십 년을 돌이켜 보면 내 걱정들의 대부분 역시 현실이 아닌 상상에서 비롯되었다는 사실을 알 수 있다. 뉴욕 시 프랭클린 가 204번지에 위치한 제임스 A. 그랜트 디스트리뷰팅 컴퍼니의 소유주인 짐 그랜트는 자신도 그런 경험을 했다고 말했다. 그는 한 번에 화차 10~15대 정도 분량의 플로리다산 오렌지와 자몽을 주문한다. 그는 이런 생각들로 스스로를 괴롭게 했다고 말했다. '열차 사고가 일어나면 어떻게 하지? 과일이 길바닥에 내팽개쳐지면 어떻게 하지? 과일을 실은 기차들이 다리를 건널 때 다리가 무너지면 어떡하나?' 물론 그는 과일들에 대한 보험을 들어 놓았지만 제때 배달을 하지 못해 거래처를 잃을 수도 있다는 것이 두려웠다. 그는 심한 걱정 때문에 위궤양이 생기지는 않았는지 알아보려고 병원을 찾았다. 의사는 신경이 너무 예민한 것만 제외하면 아무 문제없다고 말했다. "그제야 저는 알게 되었습니다." 그는 말했다. "그리고 저 자신에게 질문하기 시작했습니다. '이봐, 짐 그랜트, 너는 1년에 몇 대나 되는 과일 화차들을 취급하지?' 대답은 '대략 2만 5,000대 쯤'이었습니다. 저는 또 물었습니다. '그 화차들 중 사고가 났던 것은 몇 대나 됐지?' 대답은 '아마 다섯 대 정도'였습니다. 그러고 나서 스스로에게 이렇게 말했습니다. '2만 5,000대 중에서 겨우 다섯 대라고? 그게 뭘 의미하는지 알겠어? 5,000분의 1 확률이라고! 다시 말해 경험에 기초한 평균의 법칙으로 봤을 때, 트럭에 사고가 날 확률은 5,000분의 1이란 말이야. 그런데 뭐가 걱정이야?' 이어서 저는 '하긴 다리가 무너질 수도 있겠지. 그런데 그런 사고로 실제로 잃은 트럭은 몇 대였지?'라고 다시 물었고, 대답은 '한 대도 없었다.'였습니다. 그래서 나 자신에게 이렇게 말했습니다. '아직 한 번도 무너진 적이 없는 다리와 5,000분의 1의 확률로 일어날 열차 사고 때문에 걱정하면서 위궤양에 걸릴 만큼 자네가 바보는 아니지 않나!'"

짐 그랜트는 내게 이렇게 말했다. "그런 식으로 생각하니 저 자신이 어리석어 보이더군요. 저는 당장 그 자리에서 제 걱정거리를 평균의 법칙에 맡기자고 다짐했습니다. 그리고 그 이후로 '위궤양' 걱정은 한 번도 하지 않았습니다!"

알 스미스가 뉴욕 주지사였을 때, 나는 그가 정적들의 공격에 대해 몇 번이고 '기록을 살펴보자'고 대답하는 것을 들었다. 그러고 나서 그는 사실들을 제시했다. 나중에 당신과 내게 걱정할 일이 생기면 현명한 알 스미스로부터 힌트를 얻어 보자. 기록을 살펴보고 무슨 근거가 있는지 본 다음, 만약에 근거가 있다면 무엇인지를 살펴보자. 프레드릭 J. 말스테트는 자신이 무덤에 있는 것은 아닐까 걱정할 때 바로 그렇게 했다. 다음의 이야기는 뉴욕에서 진행된 내 성인교육 강좌에서 그가 들려준 것이다.

"1944년 6월 초, 저는 오마하 해변 근처에 있는 개인 참호에 누워 있었습니다. 저는 제999호 부대 통신중대 소속이었고, 우리 부대는 그 당시 막 노르망디에 상륙해 참호를 파 놓은 상태였습니다. 개인 참호랍시고 직사각형 모양으로 파 놓은 구덩이의 주변을 둘러본 뒤 저는 혼잣말을 했습니다. '이건 꼭 무덤같이 생겼네.' 그 안에 누워서 잠을 자려고 하는데 정말 마치 무덤에 누워 있는 것처럼 느껴졌고, '어쩌면 이건 내 무덤일지도 몰라.'라는 생각을 떨칠 수 없었습니다. 밤 11시경에 갑자기 독일군 폭격기들이 나타나 폭탄들을 퍼붓기 시작하자 제 몸은 두려움으로 뻣뻣하게 굳어 버렸습니다. 처음 2~3일 동안 저는 밤에 조금도 잠을 잘 수가 없었고, 4~5일째 밤이 되자 거의 미쳐 버릴 것 같았습니다. 뭐라도 하지 않았다면 완전히 돌아 버렸을 겁니다. 그래서 저는 다섯 밤이 지났는데도 아직 살아 있고, 우리 부대원들 모두 마찬가지라는 사실을 떠올렸습니다. 부상 입은 사람은 단 두 명에 불과했는데, 그것도 독일군의 폭탄이 아닌 우리 군의 대공포에서 포를 쏠 때 발생한 포화 때문에 입은 것이었습니다. 저는 뭔가 건설적인 일을 하면서 걱정을 멈추고자 결심했습니다. 그래서 포화를 막기 위해 두꺼운 지붕 비슷한 것을 나무로 만들어 개인 참호 위에 올려놓았습니다. 제 참호 위에 펼쳐진 지역이 얼마나 광활한지도 생각했지요. 또한 이렇게 깊고 좁은 참호 속에서 내가 죽는 경우는 오직 직격탄을 맞을 때뿐인데, 그 확률은 1만 분의 1도 되지 않음을 생각해 냈습니다. 2~3일 밤을 이런 식으로 보내고 나니 마음도 차분해졌고 공습이 있는 동안에도 잠을 잘 수 있었습니다."

미 해군에서는 군인들의 사기를 북돋기 위해 평균의 법칙에 대한 통계자료를 사용한다. 전직 해군 선원이었던 한 사람은 자신과 동료 선원들이 군 유조선에 배속되자 몸이 굳을 정도로 걱정했던 이야기를 해 주었다. 그들 모두는 휘발유를 실은 유조선이 어뢰라도 맞는다면 바로 폭발하여 모든 이들을 저세상에 보내 버릴 것이라 믿었다.

하지만 미 해군은 그렇지 않다는 것을 알고 있었기에 정확한 수치를 발표했다. 만일 어뢰를 맞은 100척의 유조선이 있다고 치면 60척은 그대로 물 위에 떠 있고 40척은 가라앉는데, 그중 오직 다섯 척만이 10분 이내에 침몰했다. 이것은 배에서 탈출할 시간이 충분할 뿐만 아니라 사상자 또한 매우 적음을 의미했다. 그렇게 발표한 것이 과연 군의 사기에 영향을 주었을까? 이 이야기를 들려준 미네소타 주 세인트폴 월넛 가 1969번지의 클라이드 W. 마스는 다음과 같이 말했다. "평균의 법칙에 대한 이해 덕분에 초조했던 제 마음은 사라졌고, 다른 부대원들도 모두 불안감을 떨쳐 버릴 수 있었습니다. 우리에게는 기회가 있고, 평균의 법칙으로 보았을 때 우리는 죽지 않을 것임을 알게 되었습니다."

걱정하는 습관이 당신을 무너뜨리기 전에 그것을 버리고 싶다면,

원칙 3

기록을 살펴보고 자신에게 이렇게 물어보자.
"평균의 법칙으로 보았을 때 내가 걱정하는 일이
실제로 발생할 가능성은 얼마나 되는가?"

4

피할 수 없다면
받아들여라

어렸을 때의 일이다. 나는 미주리 주 북서부 어느 동네의 오래되고 버려진 통나무집 다락방에서 친구들과 놀고 있었다. 그러던 중 다락방에서 내려오기 위해 창턱에 잠깐 올랐다가 뛰어내렸다. 그때 나는 왼손 검지에 반지를 끼고 있었는데 뛰어내릴 때 반지가 못에 걸려 손가락이 잘리는 사고를 당했다.

나는 비명을 질렀다. 너무 무서웠고, 이제 곧 죽게 될 것이라고 생각했다. 하지만 치료를 받고 난 뒤로 그런 걱정은 단 한 순간도 하지 않았다. 걱정한다 해서 무슨 소용이 있겠는가? 나는 피할 수 없는 것을 받아들인 것이다. 지금은 왼손에 손가락이 네 개밖에 없다는 사실을 몇 달씩이나 까맣게 잊고 지낼 때가 많다.

몇 년 전 나는 뉴욕 시내 사옥들 중 한 곳에서 화물용 승강기 사업을 하는 한 사람을 만났다. 나는 손이 잘려 나간 그의 왼쪽 손목을 보게 되었고, 그에게 한쪽 손이 없다는 사실 때문에 난처한 일은 없었는지 물었다. 그의 대답은 이랬다. "아니요. 저는 한쪽 손이 없

470

다는 생각은 거의 들지 않습니다. 하지만 아직 결혼을 안 해서 바늘에 실을 꿸 때만큼은 손에 대해 아쉬움이 들더라고요."

우리는 어찌할 수 없는 상황이라면 그것이 어떤 상황이든 놀라울 정도로 빨리 받아들이고 적응한다. 그런 뒤에는 그런 일이 있었다는 것조차 잊어버린다.

나는 가끔 네덜란드 암스테르담에 있는 15세기경의 대성당 유적에서 발견된 비문을 생각한다. 그 비문에는 플랑드르어로 이렇게 새겨져 있다. "이미 그렇게 되었으니, 그러지 않을 수 없다."

당신이든 나든 수십 년을 살다 보면 '이미 그렇게' 불쾌해진 상황들과 수없이 마주치게 된다. 그 상황들은 '그러지 않을 수 없는' 것들이다. 하지만 우리는 두 가지 중 하나를 선택할 수 있다. 하나는 피할 수 없다는 것을 받아들이고 그것에 적응하거나, 다른 하나는 그것을 받아들이지 않음으로써 우리의 삶을 망치고 결국 신경쇠약으로 인생을 마감하는 것이다.

내가 가장 존경하는 철학자 중 한 명인 윌리엄 제임스의 현명한 조언 하나를 소개하겠다. "있는 그대로를 기꺼이 받아들여라. 일어난 일을 받아들이는 것은 불행한 결과를 극복하는 첫걸음이다."

오리건 주 포틀랜드 북동부 49번가 2840번지에 사는 엘리자베스 콘리는 역경을 통해 그 사실을 깨달았다. 최근 그녀가 내게 쓴 편지의 내용은 이렇다. "미군이 북아프리카 지역에서의 전투에서 승리한 것을 기념하여 축하하던 바로 그날, 저는 국방부로부터 전보 한 통을 받았습니다. 제가 가장 사랑하는 저의 조카가 전투 중에 실종되었다는 것이었습니다. 얼마 뒤 조카가 사망했다는 내용의 또 다른 전보도 받았습니다.

저는 슬픔으로 자포자기에 빠졌습니다. 그때까지 저는 인생이 정말 살 만한 것이라고 생각했죠. 저는 제 일을 사랑했고 조카를 키우는 데도 도움을 주었습니다. 그 아이는 제게 있어 건강하고 멋진 청년 그 자체였습니다. 제가 가진 모든 것을 다 준다 해도 아깝지 않을 그런 아이였죠. 그런데 그런 전보가 온 겁니다. 모든 것이 무너져 내리는 것 같았습니다. 살아야 할 이유가 없었습니다. 일도, 친구들도 멀리했습니다. 아무것도 신경 쓰지 않았습니다. 저는 냉소적이고 화를 잘 내는 사람이 되었습니다. 왜 내 사랑스러운 조카여야만 했지? 왜 그렇게 착하고 아직 인생의 꽃을 피워 보지도 못한 그 아이가 죽어야만 하지? 저는 받아들일 수 없었습니다. 저는 너무나 비통한 나머지 일도 그만두고 멀리 떠나 눈물과 슬픔 속에서 숨어 지내기로 결심했습니다.

일을 그만둘 준비를 하며 책상을 정리하던 중, 저는 우연히 잊고 있던 편지 한 장을 발견했습니다. 몇 년 전 어머니가 돌아가셨을 때 조카가 제게 써 준 그 편지에는 이렇게 적혀 있었습니다. '물론 우리 모두는 할머니를 그리워할 거예요. 이모님이 특히 더 그러시겠죠. 하지만 저는 이모님께서 잘 이겨 내시리라는 걸 알아요. 이모님의 인생관이라면 그럴 수 있을 거예요. 저는 이모님이 가르쳐 주신 그 아름다운 진리를 영원히 잊지 못할 거예요. 제가 어디에 있든, 아니면 우리가 얼마나 멀리 떨어져 있든, 항상 웃고 무슨 일이 닥쳐도 남자답게 받아들이라는 이모님의 말씀을 항상 기억할게요.'

저는 그 편지를 읽고 또 읽었습니다. 마치 그 아이가 제 옆에서 이렇게 말하는 것처럼 느껴졌습니다. '왜 이모님은 제게 가르쳐 주신 대로 하지 않으세요? 무슨 일이 생겨도 이겨 내세요. 미소로 슬픔을 덮어 버리세요.'

그래서 저는 일을 그만두지 않기로 했습니다. 냉소적이고 반항적인 태도도 버리고 저 자신에게 이렇게 말했습니다. '이미 일어난 일이야. 내가 바꿀 순 없어. 하지만 그 아이가 바랐던 대로 나는 이겨 낼 수 있고 이겨 낼 거야.' 저는 마음속에 있는 모든 것들을 떨쳐 내고 일에 집중했습니다. 저는 군인들에게 위문편지를 썼습니다. 다른 사람들의 아이들에게 말입니다. 또 새로운 흥미를 찾고 새로운 친구들을 사귀기 위해 야간학교 성인 강좌에 등록했습니다. 제게 일어난 변화는 저도 믿기 어려울 정도입니다. 저는 영원히 지나가 버린 과거에 대해 슬퍼하는 것을 그만두었습니다. 저는 지금 조카가 원했던 모습으로 하루하루를 기쁘게 살고 있습니다. 인생과도 화해했고, 제 운명도 받아들였습니다. 저는 지금 제가 아는 그 어떤 삶보다 충만하고 완전한 인생을 살고 있습니다."

오리건 주 포틀랜드에 살고 있는 엘리자베스 코리는 우리 모두가 배워야 할 사실을 배웠다. 즉, 피할 수 없는 것을 받아들이고 협력해야 한다는 것 말이다. '이미 그러하니 되돌릴 수 없다.' 이것은 깨닫기 쉽지 않은 교훈이다. 왕위에 오른 왕들조차도 이 교훈을 잊지 않으려면 계속해서 상기해야 한다. 조지 5세는 버킹엄 궁의 자신의 서재에 다음과 같은 말을 액자에 담아 걸어 두었다. '달을 따달라고 울거나 쏟아진 우유가 아까워 울지 않도록 가르쳐 주소서.' 같은 생각을 쇼펜하우어(Schopenhauer)는 이렇게 표현했다. '인생

이라는 여정을 준비하는 데 있어 가장 중요한 것은 괴롭거나 힘든 일을 받아들일 줄 아는 것이다.'

환경 그 자체가 우리를 행복하거나 불행하게 할 수 없다는 사실은 분명하다. 우리의 감정을 결정하는 것은 우리가 환경에 반응하는 방식이다. 예수는 '천국은 네 안에 있다'라고 이야기했다. 마찬가지로 지옥 역시 그곳에 있다.

해야만 한다고 생각하는 상황이라면 우리 모두는 재앙이나 비극을 견디고 이겨 낼 수 있다. 할 수 있다는 생각이 들지 않을 수도 있지만, 우리에게는 우리가 사용하기만 한다면 우리를 끝까지 지켜줄, 놀랍도록 강한 내적 원천이 있다. 우리는 우리가 생각하는 것보다 강하다.

고(故) 부스 타킹턴(Booth Tarkington)은 항상 이렇게 말했다. "나는 인생이 내게 강요하는 어떤 일도 받아들일 수 있다. 다만 앞이 안 보이는 것만은 예외다. 그것만은 절대로 견디지 못할 것 같다."

60세가 되었을 무렵의 어느 날, 타킹턴은 바닥에 깔린 카펫을 바라보았다. 색상이 흐릿하게 보였고 무늬가 잘 보이지 않았다. 그는 전문의를 찾아갔고 비극적인 사실을 알게 되었다. 그의 한쪽 눈은 거의 실명에 가까웠고 다른 한쪽 눈도 악화되고 있었다. 그가 가장 두려워했던 일이 닥친 것이다.

이 '최악의 재앙'에 타킹턴은 어떻게 반응했을까? '실명! 이제 내 인생은 끝장이야.'라고 느꼈을까? 아니다. 그 자신도 놀랄 정도로 그는 꽤 즐거워했고 심지어 농담을 하기도 했다. 떠다니는 '작은 점' 같은 것들이 그를 괴롭혔다. 그 점들은 그의 눈 속 여기저기를 미끄러지듯 돌아다니며 시야를 가로막았다. 하지만 그의 시야를 가로막는 점들 가운데 가장 큰 점이 보이면 그는 이렇게 말하곤 했다. "안녕하쇼! 할아버지가 또 오셨군! 이 좋은 아침에 어딜 가시려고!"

운명이 그런 정신을 정복할 수 있었을까? 당연히 그럴 수 없었다. 완전히 실명한 상태가 되었을 때 타킹턴은 말했다. "인간이 다른 것들을 받아들일 수 있는 것처럼 나도 내가 실명했다는 사실을 받아들일 수 있다는 것을 알게 되었다. 설사 오감(五感)을 다 잃는다 해도 나는 내 마음속에서 계속 살아갈 수 있다는 것 또한 알고 있다. 우리가 알든 알지 못하든, 우리는 마음으로 보고 마음으로 살기 때문이다."

시력을 회복할 수 있다는 희망을 가지고 타킹턴은 1년간 열두 번 이상의 수술을 견뎌야 했다. 그것도 부분 마취로 말이다. 그는 짜증을 냈을까? 그렇지 않다. 그는 그것을 해야 할 일이라고 생각했다. 피할 수 없다는 걸 알았기에 고통을 줄일 수 있는 유일한 방법은 그것을 품위 있게 받아들이는 것뿐이었다. 그는 병원 내의 특실을 마다하고 몸이 아픈 다른 사람들과 함께하기 위해 일반 병동에 입원했다. 그는 그들에게 힘을 주고 싶었다. 그리고 계속 되풀이되는 수술을 감수해야 했을 때, 그것도 본인의 눈에 뭘 하고 있는지 잘 알 수 있는 부분 마취를 하고도, 그는 자신이 얼마나 운이 좋은 사람인지 기억하려고 애썼다. "정말 놀라워!" 그는 말했다. "정말 놀라워! 과학이 이제는 인간의 눈처럼 다루기 힘든 부위도 수술할 수 있다니 말이야."

보통 사람이었다면 열두 번 이상의 수술과 앞이 보이지 않는 상황에서 정신적으로 무너졌을 것이다. 하지만 타킹턴은 이렇게 말했다. "나는 이 경험을 더 행복한 경험과 바꾸지 않을 것이다." 그 경험은 그에게 받아들이는 법을 가르쳐 주었고, 인생에서 자신의 인내력의 한계를 넘어설 일은 아무것도 없다는 것을 일깨워 주었다. 그 경험은 그에게 존 밀턴(John Milton)이 발견한 것처럼 '앞이 안 보인다는 것은 비참한 일이 아니다. 앞이 안 보이는 것을 감당하지 못하는 것, 그것만이 비참한 것이다.'라는 사실을 알려주었다.

뉴잉글랜드의 유명한 여권주의자 마거릿 풀러는 언젠가 자신의 신조를 이렇게 밝혔다. "나는 우주 만물을 받아들인다."

불평 많고 나이 많은 토머스 칼라일이 영국에서 그 이야기를 듣고 코웃음을 쳤다. "반드시, 그러셔야 하겠지!" 맞다. 당신이나 나나 피할 수 없는 것을 받아들이는 편이 훨씬 낫다!

만약 우리가 피할 수 없는 것들에 대해 악담하고 불평하여 괴로움을 키우기만 한다면 그 피할 수 없는 것들을 바꿀 수 없을 것이다. 하지만 우리는 우리 자신을 변화시키려고 할 것이다. 나는 잘 안다. 왜냐하면 내가 그렇게 해 봤기 때문이다.

예전에는 나 역시 내게 닥친 피할 수 없는 상황을 받아들이지 않고, 바보처럼 저주하며 반발하기만 했다. 불면증 때문에 매일 밤은 지옥과도 같았고, 내가 원치 않는 모든 것들을 나 자신에게 떠안겼다. 처음부터 바꿀 수 없는 일임을 알고 있었음에도 나는 1년가량 나 자신을 그렇게 들볶은 후에야 그것을 받아들였다. 나는 그 옛날 미국의 시인 월터 휘트먼(Walt Whitman)처럼 오래전에 이렇게 부르짖어야 했다.

> 오, 마치 나무들과 동물들처럼
> 밤, 폭풍, 굶주림, 조롱, 사고, 냉대에
> 맞설 수 있기를

나는 12년간 목축업에 종사했다. 하지만 젖소들이 비가 안 와서, 목초가 말랐다고, 진눈깨비가 온다거나 춥다고, 남자친구가 다른 암소에 너무 많은 관심을 쏟는다는 이유로 열을 내는 모습은 한 번도 본 적이 없다. 동물들은 밤, 폭풍, 배고픔을 차분하게 맞이한다. 그러니 절대 신경쇠약이나 위궤양에 걸릴 일이 없고 미치게 될 일도 없는 것이다.

내가 지금 우리 앞에 닥치는 모든 역경에 무턱대고 굴복하라고 주장하고 있는 것 같은가? 절대 아니다. 그건 단순한 패배주의일 뿐이다. 사태를 수습할 여지가 있다면 최선을 다해서 그것과 맞서야 한다. 하지만 상식적으로 생각했을 때 '이미 어쩔 수 없는 상황'에 직면해 있다면, 정신을 차리고 '안 될 일을 가지고 그렇게 애쓰지'는 말아야 한다.

콜롬비아 대학의 호크스 학장은 영국의 전래 동요인 '어미 거위의 노래' 중 일부를 자신의 좌우명 중 하나로 삼았다고 내게 말한 적이 있다.

태양 아래 모든 아픔에는
치료법이 있거나 없으니,
있다면 찾아보고
없다면 신경 쓰지 말아야지

이 책을 쓰는 동안 나는 미국의 수많은 중견 사업가들과 인터뷰를 했다. 그러면서 나는 그들이 피할 수 없는 상황들과 협력함으로써 걱정으로부터 대단히 자유로운 삶을 산다는 사실에 큰 감명을 받았다. 만일 그렇게 하지 않았다면 그들은 아마도 중압감을 이기지 못해 무너졌을 것이다. 내가 무슨 말을 하는지를 보여 줄 만한 몇 가지 예를 들어 보겠다.

전국적인 체인망을 갖고 있는 페니 스토어의 창립자 J. C. 페니(J. C. Penney)는 내게 이렇게 말했다. "저는 제가 가진 돈 전부를 잃는다 해도 걱정하지 않습니다. 걱정해 봐야 아무것도 얻을 게 없다는 걸 알기 때문이죠. 저는 항상 최선을 다할 뿐이고 결과는 신의 뜻에 따릅니다." 헨리 포드(Henry Ford)도 이와 비슷한 이야기를 했다. "제가 처리할 수 없는 일이 생기면 저는 그 일이 알아서 되도록 놔둡니다."

크라이슬러의 사장 K. T. 켈러(K. T. Keller)에게 어떻게 걱정을 멀리할 수 있었는지 물었을 때 그는 이렇게 대답했다. "저는 힘든 상황에 처해도 뭔가 할 수 있는 일이 있으면 그 일을 합니다. 만약 할 수 있는 일이 없으면 그냥 그 상황을 잊어버리려고 합니다. 앞으로 무슨 일이 일어날지 예측할 수 있는 사람은 아무도 없다는 것을 알기 때문이죠. 저는 절대 미래에 대해 걱정하지 않습니다. 미래에 영향을 끼칠 수 있는 원동력들은 너무나도 많습니다! 아무도 그런 원동력들을 유발하는 것이 무엇인지 알 수 없고 이해할 수도 없습니다. 그런데 왜 그런 걱정을 해야 할까요?" 만약 당신이 K. T. 켈러를 일컬어 철학자라고 한다면 그는 당황할지도 모른다. 그는 그저 성공한 사업가일 뿐이기 때문이다. 하지만 그가 우연히 발견한 이 사실은 1,900년 전에 로마에서 에픽테토스(Epictetus)가 가르쳤던 철학과 일치한다. 에픽테토스는 고대 로마 사람들에게 이렇게 가르쳤다. "행복에 이르는 길은 단 하나, 바로 우리의 의지력을 넘어서는 것들에 대한 걱정을 멈추는 것입니다."

'성스러운 새라'로 알려져 있는 새라 베르나르(Sarah Bernhardt)는 피할 수 없는 일들과 협력하는 방법을 알고 있었던 여성의 훌륭한 본보기다. 근 50년 동안 4대륙의 영화계에서 여왕의 자리를 차지했던 그녀는 지구상에서 가장 사랑받는 여배우였다. 그러나 그녀는 71세에 가진 재산을 모두 잃고 파산한 데다, 파리에 있는 주치의 포치 교수로부터는 그녀의 다리를 절단해야 한다는 말을 들었다. 배를 타고 대서양을 건너던 중 폭풍을 만나 갑판에 떨어져 다리에 심각한 부상을 당했기 때문이다. 정맥염이었다. 그녀의 다리는 오그라들었고, 고통이 너무 심해 의사는 그녀의 다리를 절단해야 한다고 생각했다. 그는 사납고 불같은 성격의 '성스러운 새라'에게 앞으로 어떤 치료를 해야 하는지 말하는 것조차 두려워했다. 그끔찍한 소식을 듣는다면 당연히 그녀의 히스테리가 폭발할 거라고 생각했다. 그러나 그의 예상은 빗나갔다. 새라는 그를 보더니 조용히 말했다. "그래야만 한다면, 그렇게 해야겠지요." 그것은 운명이었다.

그녀가 휠체어에 앉은 채로 수술실로 들어갈 때 그녀의 아들은 눈물을 흘리며 서 있었다. 그녀는 아들에게 밝게 손짓하며 명랑하게 말했다. "어디 가지 말고 있으렴. 금방 나올 테니."

수술실로 가는 길에 그녀는 연극의 한 장면을 재연했다. 기운을 내기 위해서 그러는 거냐고 누군가 그녀에게 물었을 때 그녀는 이렇게 답했다. "아니요, 의사와 간호사들에게 힘을 주려고 그러는 거예요. 그들도 긴장될 테니까요." 수술이 끝나고 회복한 뒤, 7년 동안 새라 베르나르는 세계를 돌며 관객들의 마음을 사로잡았다.

〈리더스 다이제스트(Reader's Digest)〉의 기사에서 엘시 맥코믹은 이렇게 말했다. "피할 수 없는 일들과의 싸움을 멈추는 순간 우리에게는 더 풍성한 삶을 창조할 수 있는 에너지가 샘솟습니다."라고 이야기했다.

피할 수 없는 일들과 싸우면서 그와 동시에 새로운 삶까지 창조할 수 있을 정도로 감정과 활기가 넘치는 사람은 없다. 둘 중 하나를 선택해야 한다. 당신은 인생의 피할 수 없는 눈보라에 휘어질 수도 있고, 아니면 그것에 버티며 저항하다가 부러질 수도 있다.

나는 미주리에 있는 내 농장에서 그와 같은 일을 본 적이 있다. 농장에 스무 그루 정도의 나무를 심었는데, 처음에는 나무들이 놀라운 속도로 자랐다. 그러다 눈보라가 쳤고 큰 가지 작은 가지 할 것 없이 쌓인 눈이 얼음이 되어 가지를 무겁게 덮었다. 나무들은 그 눈에 대해 기품 있게 가지를 굽히기보다는 그것에 당당하게 저항하다가 무게를 이기지 못하고 부러지거나 꺾여 버리는 바람에 결국 우리는 나무를 베어 내야 했다. 이 나무들은 북쪽에 있는 숲의 지혜를 배우지 못했다. 나는 캐나다에 있는 상록수림 지역 수백 킬로미터를 여행한 적이 있었지만 눈이나 얼음 때문에 부러진 가문비나무나 소나무 가지는 한 번도 본 적이 없다. 그곳의 상록수들은 가지를 휘게 하거나 굽히는 법, 피할 수 없는 것과 협력하는 법을 안다.

브라질 유술(柔術) 사범들은 문하생들에게 '참나무처럼 버티지 말고 버드나무처럼 휘어지라'고 가르친다.

당신은 당신 차의 타이어가 그렇게도 많은 충격을 받으면서 도로 위에 서 있을 수 있는 이유가 무엇이라고 생각하는가? 처음에 타이어 제조자들은 노면의 충격에 저항하는 타이어를 만들려고 했다. 그러나 그 타이어는 곧 갈기갈기 찢어지고 말았다. 그러다가 그들은 노면의 충격을 흡수할 수 있는 타이어를 만들었다. 그 타이어들은 '견뎌 냈다.' 우리가 자갈밭처럼 험한 인생길의 충격과 흔들림을 흡수하는 법을 배운다면 당신과 나는 더 오래 견딜 것이고 더 편안한 여행을 즐길 수 있을 것이다.

만일 인생의 충격들을 흡수하지 않고 그것에 저항한다면, 버드나무처럼 휘어지기를 거부하고 참나무처럼 저항하기만을 고집한다면 어떻게 될까? 대답은 간단하다. 우리는 계속되는 심리적 갈등을 겪을 것이다. 걱정하고 긴장하고 불안해하고 노이로제에 걸릴 것이다. 그런 상태로 계속 나아가서 현실 세계의 냉혹함을 인정하지 않고 스스로 만들어 낸 공상의 세계로 도망친다면 우리는 정신이

상에 걸리게 되는 것이다.

제2차 세계대전 기간 동안 수백만 명의 겁에 질린 군인들이 어쩔수 없는 상황을 받아들이거나 불안감 속에서 무너져야만 했다. 이것을 설명하기 위해 뉴욕 주 글렌데일 67번가 7126번지에 사는 윌리엄 H. 캐설리어스의 경우를 살펴보자. 그는 뉴욕에서 진행된 성인교육 강좌에서 아래의 이야기를 발표해서 우수상을 탔다.

"해안 경비대에 입대한 직후 저는 대서양 연안에서 전투가 가장 격렬한 지역에 배속되었습니다. 그리고 폭발물 관리자라는 직책을 받았죠. 생각해 보세요. 제가! 크래커 판매원이었던 제가 폭발물 관리자라니! 수천 톤의 폭발물 위에 올라 서 있다는 생각만으로도 저는 뼛속까지 오싹해졌습니다. 폭발물에 관한 교육도 겨우 이틀밖에 받지 않았습니다. 하지만 제가 배운 것들은 저를 더욱 겁에 질리게 했습니다. 제가 처음으로 현장에 출동했던 날은 아마 평생 잊지 못할 겁니다. 어둡고 추웠으며 안개까지 자욱했던 그날, 저는 뉴저지 주 베이언에 있는 케이븐 포인트의 자유무역 부두로 출동하라는 명령을 받았습니다.

저는 화물선의 '5번 선창'에 배속되었습니다. 다섯 명의 부두 인부와 함께 그 화물칸에서 일해야 했지요. 그들은 힘은 좋았지만 폭발물에 관해서는 아무것도 알지 못했습니다. 그런데 그들이 배에 싣고 있었던 것은 엄청난 화력의 폭탄이었습니다. 폭탄 하나에는 1톤가량의 TNT가 들어 있었는데, 그 정도 개수의 폭탄들이라면 그 낡은 배 한 척을 날려 버리는 것은 식은 죽 먹기였습니다. 이 폭탄들은 밧줄 두 개에 묶여서 내려지고 있었습니다. 저는 속으로 계속 이렇게 말했습니다.

'줄 하나라도 풀려 미끄러지거나 끊어지면 어떡하지? 그럼 안 되는데!' 저는 정말 무서웠습니다. 몸은 부들부들 떨리고 입이 바싹 말라 왔습니다. 다리의 힘도 빠지고 심장은 마구 뛰었습니다. 하지만 도망칠 수는 없었습니다. 그러면 탈영이 될 테니 말입니다. 그것은 저나 부모님 모두에게 불명예스러운 일이 될 것인 데다, 탈영에 대한 처벌로 총살을 당할지도 몰랐으니까요. 그러니 도망가지 않고 그냥 그곳에 있어야만 했습니다. 저는 그 인부들이 부주의하게 폭탄들을 다루는 모습을 지켜봤는데, 금방이라도 배가 폭발할 것 같았습니다. 그렇게 한 시간 이상을 등골 오싹한 공포 속에서 떨다가 저는 약간의 상식을 발휘하기 시작했습니다. 저는 스스로에게 그럴듯한 말을 했습니다. '이봐! 폭탄이 터져서 죽는다고 쳐. 그래서 뭐가 어떻다는 거야! 너한테는 큰 상관없잖아! 암에 걸려 죽는 것보다는 오히려 편하게 죽는 방법일 수도 있어. 바보같이 굴지 마. 영원히 살 것도 아니잖아! 너는 이 일을 계속해야 해. 아니면 총에 맞든가. 그러니 이 일을 좋아하는 편이 나을 거야.'

저는 몇 시간 동안 혼자서 그런 말들을 했습니다. 그러고 나니 마음이 편해지기 시작하더군요. 결국 저는 억지로 피할 수 없는 상황을 받아들이려고 함으로써 걱정과 두려움을 극복할 수 있었습니다.

저는 결코 그때의 교훈을 잊지 못할 겁니다. 이제 저는 제가 바꿀 수 없는 어떤 일 때문에 걱정하게 될 때마다 어깨를 한 번 으쓱하고 이렇게 말합니다. '잊어버리자!' 저는 그것이 효과적이라는 것을 알게 되었습니다. 심지어 저 같은 크래커 판매원한테도 말이죠." 만세! 우리 모두 이 피나포어 출신의 크래커 판매원을 위해 만세 삼창하고 한 번 더 해 주자.

십자가에 못 박힌 예수의 죽음 이외에 역사상 가장 유명한 죽음은 소크라테스의 죽음이다. 지금부터 백만 년 후에도 사람들은 그가 죽는 장면에 대한 플라톤의 빛나는 묘사를 읽고 마음에 새길 것이다. 모든 문학 가운데 가장 감동적이고 아름다운 그 구절을 말이다. 늙은 맨발의 소크라테스를 시기하고 질투한 아테네의 몇몇 사람들은 그에게 있지도 않은 죄를 덮어씌워 사형 선고를 받게 했다. 친절한 간수는 소크라테스에게 독배를 마시라고 건네면서 이렇게 말했다. "어쩔 수 없는 일이라면 담담한 마음으로 견뎌 보시오." 소크라테스는 그렇게 했다. 그는 신에 가까울 정도의 평온과 체념으로 죽음을 맞이했다. "어쩔 수 없는 일이라면 담담한 마음으로 견뎌 보라." 이 말은 예수가 태어나기 399년 전에 나왔지만 그 어느 때보다도 지금처럼 걱정 많은 세상에 필요한 말이 아닌가 생각된다. "어쩔 수 없는 일이라면 담담한 마음으로 견뎌 보라."

실제로 지난 8년 동안 나는 걱정을 없애는 방법이 조금이라도 나와 있는 책과 잡지 기사를 모두 읽었다. 그것들을 다 읽은 뒤 내가 알게 된 걱정에 관한 최고의 충고가 무엇인지 궁금한가? 그렇다면 여기에 스물일곱 단어로 요약해서 보여 주겠다. 당신과 나는 세수할 때마다 보면서 마음속에서 걱정을 씻어 낼 수 있도록 그 스물일곱 단어로 된 구절을 화장실 거울에 붙여 놓아야 한다. 돈으로도 살 수 없는 이 빛나는 기도문은 뉴욕 브로드웨이 120번 가에 있는 유니온 신학대학 응용기독학 교수 라인홀트 니부르(Reinhoold Niebuhr) 박사가 썼다.

> 주여, 제게 허락해 주시옵소서.
> 바꿀 수 없는 것을 받아들이는 평정과
> 바꿀 수 있는 것을 변화시킬 용기를.
> 그리고 이 둘을 분별할 수 있는 지혜를
> 허락해 주시옵소서

걱정하는 습관이 당신을 무너뜨리기 전에 그것을 버리고 싶다면,

원칙 4

피할 수 없는 것과 협력하라.

5
당신의 걱정을
손절매하라

월가에서 돈 버는 방법이 궁금한가? 아마 수백만의 사람들이 그 것을 궁금해할 텐데 만약 내가 그 비결을 알고 있다면 이 책을 한 권에 1만 달러에 팔 것이다. 하지만 몇몇 성공한 주식중개인들이 사용하는 한 가지 좋은 방법은 있다. 이 이야기는 뉴욕 동부 42번가 17번지에서 투자상담 사무실을 운영하는 찰스 로버트가 들려준 것 이다.

"처음 저는 텍사스에서 친구가 주식에 투자해 달라고 준 돈 2만 달러를 가지고 뉴욕에 오게 되었습니다. 저는 제가 주식시장에 대 해 잘 안다고 생각했지만 한 푼도 남김없이 다 날리고 말았죠. 사 실, 이익을 많이 남겼던 거래도 있긴 했지만 결국엔 모두 다 잃는 것으로 끝났습니다. 제 돈을 잃는 것은 크게 상관없었지만, 친구들 의 돈을 잃은 것은 아무리 친구들이 감당할 수 있는 정도였다 해도 괴로웠습니다. 우리의 모험이 그렇게 불행한 결과를 맞은 뒤 저는 친구들을 볼 면목이 없었지만 놀랍게도 친구들은 그 일에 대해 농담을 할 뿐만 아니라 대단히 낙천적인 태도를 보여 주었습니다.

저는 제가 주먹구구식으로 운과 다른 사람들이 의견에 의존해 투자했다는 것을 알게 되었습니다. H. I. 필립스의 말대로 저는 '악보도 없이 귀로 주식투자를 한' 셈이었습니다.

저는 제 실수에 대해 생각해 보기 시작했고 문제가 무엇인지 알아내기 전에는 다시 주식시장에 나가지 않겠다고 결심했습니다. 그래서 가장 성공한 주식투자자들 중 한 명인 버튼 S. 캐슬을 수소문해 그와 알고 지냈습니다. 저는 그 사람으로부터 많은 것을 배울 수 있을 것이라 믿었습니다. 왜냐하면 그는 해마다 성공가도를 달리고 있었고 그런 경력은 단순히 기회나 행운 때문에 얻을 수 있는 것이 아님을 알고 있었기 때문입니다.

그는 전에 제가 어떤 식으로 투자를 했는지에 대해 몇 가지 질문을 했고 주식거래에 있어 가장 중요한 원칙을 말해 주었습니다. 그는 말했습니다. '저는 제가 관여하는 모든 매매 계약에 손절매 주문을 걸어 놓습니다. 가령 주당 50달러짜리 주식을 산다고 하면, 저는 바로 45달러에서 손절매를 하라는 주문을 걸어 두는 것입니다.' 이 말은 곧 주가가 매입가로부터 5포인트 하락하면 자동으로 그 주식을 매도함으로써 손실을 5포인트로 제한하게 했다는 것을 뜻합니다. 나이 든 그 전문가는 말을 이어 갔습니다. '우선 당신의 주식매매 계약이 현명하게 이루어진다면 평균적으로 당신의 수익은 10, 25, 아니면 심지어 50포인트까지 발생할 수 있습니다. 따라서 손실을 5포인트로 묶어 두면 설사 잘못 투자했다 해도 원금 손실은 줄일 수 있지 않을까요?'

저는 그 원칙을 즉시 받아들여 지금까지 사용하고 있습니다. 그 원칙 덕분에 제 고객들과 저는 수천 달러의 돈을 벌 수 있었고요.

얼마 뒤 저는 이런 손절매 원칙이 주식투자가 아닌 다른 걱정에도 사용될 수 있다는 것을 깨달았습니다. 그래서 제게 닥치는 어떤 혹은 모든 골칫거리와 화나는 일들에 손절매 주문을 적용하기 시작했는데, 그 효과는 마치 마법과도 같았습니다.

예를 들어 저는 시간 약속을 잘 지키지 않는 친구와 가끔 점심식사를 함께합니다. 전에는 점심시간의 반이나 지나서 나타나는 그 친구 때문에 속을 태우곤 했습니다. 결국 저는 그에게 제 걱정에 대해 손절매 주문을 걸겠다고 말했습니다. '빌, 자네를 기다리는 일에 대한 내 손절매 기준은 딱 10분일세. 만약 자네가 약속시간보다 10분 뒤에 도착하면 우리의 점심 약속은 없던 일이 되고, 나는 아마 그 자리에 없을 걸세.'"

진작 나의 성급함, 화, 자기 합리화에 대한 욕구, 후회, 나의 모든 정신적, 감정적 불안에 대해 손절매 주문을 했더라면 얼마나 좋았을까? 왜 나는 마음의 평화를 깨 버리겠다고 위협하는 모든 상황들을 평가하고 이렇게 말할 지혜를 갖지 못했을까? "이봐 데일 카네기, 이 상황에 대해서는 딱 이만큼만 걱정하도록 해. 더 이상은 안 돼." 왜 그러지 못했을까? 하지만 적어도 한 가지 일에는 내 감각을 꽤나 잘 발휘했다고 인정한다. 그 사건은 내 인생의 결정적 국면에 있었던 매우 심각한 일이었고, 미래에 대한 꿈과 계획, 그리고 수년간의 노력이 흔적도 없이 사라질지도 모르는 엄청난 위기의 순간이었다. 30대 초반이었을 때, 나는 소설을 쓰며 살기로 결심했다. 즉, 제2의 프랭크 노리스(Frank Norris)나 잭 런던(Jack London), 토머스 하디(Thomas Hardy)가 되기로 했던 것이다. 얼마나 진지했는지 나는 유럽에서 2년을 보내기까지 했다. 당시는 제1차 세계대전이 끝나고 미국에서 달러를 마구잡이로 찍어 내던 시절이라 돈을 얼마 들이지 않고도 그곳에서 지낼 수 있었다. 그곳에서 2년 동안 지내며 나는 내 나름대로 걸작이라고 생각되는 작품을 썼고, 그 책의 제목을 '눈보라'라고 지었다. 그 제목은 아주 잘 지은 것이었다. 출판사들이 그 책에 대해 다코타 평원에 불어 닥치는 눈보라보다도 더 차가운 반응을 보였기 때문이다. 출판 대리인이 내게 소설 쪽의 자질이나 재능이 없으니 그만두라고 말했을 때는 심장이 멎는 줄 알았다. 나는 멍한 상태로 그의 사무실을 나왔다. 몽둥이로 머리를 얻어맞아도 그 정도로 멍하지는 않았을 것이다. 나는 온몸이 마비된 것 같았다. 나는 그때 인생의 갈림길에 서 있었고 엄청난 결정을 해야 한다는 것을 깨달았다. 이제 어떻게 하지? 어느 길로 가야 하나? 몇 주가 지나서야 나는 망연자실한 상태에서 빠져나올 수 있었다. 당시까지는 '당신의 걱정에 손절매 주문을 하라'는 말을 들어 본 적이 없었다. 하지만 지금에 와서 돌이켜 보면, 그때 내가 했던 것이 바로 그것이었음을 알 수 있다. 나는 그 소설을 쓰기 위해 땀 흘렸던 2년은 그 자체로 충분히 소중한 경험이자 가치 있는 시간이었음을 인정하고, 거기서부터 다시 시작했다. 즉, 다시 성인 교육 강좌를 개설하고 가르치는 일로 돌아온 것이다. 틈틈이 남는 시간에는 전기(傳記)류의 책과 당신이 지금 읽고 있는 이 책과 같은 자기계발서를 썼다.

그때 내린 결정에 나는 지금 만족하고 있을까? 만족 정도가 아니다. 그때를 생각할 때마다 나는 너무 기뻐 길에서 춤이라도 추고 싶은 심정이다. 나는 그때 이후 단 하루도, 아니 단 한 시간도 내가 또 다른 토머스 하디가 될 수 없다는 사실에 슬퍼해 본 적이 없다고 정직하게 말할 수 있다.

약 100년 전의 어느 날 밤, 월든 호숫가의 숲에서 올빼미 한 마리가 날카롭게 울던 그때, 헨리 소로는 직접 만든 잉크에 거위 깃펜을 살짝 적셔 이렇게 일기를 쓰고 있었다. '어떤 일에 드는 비용은 그것이 순간이든 지속적이든 그 일과 교환되어야 하는 인생이라고 부르는 것의 양이다.'

이 말을 다르게 표현하자면, 어떠한 일에 과다하게 우리의 인생을 지불하는 사람은 어리석은 사람이라는 것이다.

길버트와 설리반이 바로 그렇게 했다. 그들은 명랑한 가사와 음악을 만드는 방법은 알았지만 삶을 유쾌하게 사는 법에 대해서는 비참할 정도로 잘 몰랐다. 그들은 〈인내심〉, 〈군함 피너포어〉, 〈미카도〉 같은 훌륭한 경가극을 만들어 전 세계인들을 기쁘게 했지만 본인들의 감정은 조절하지 못했다. 그들의 삶을 쓰라리게 만든 요인은 겨우 카펫 가격이었다. 설리반은 그들이 매입한 공연장에 깔 카펫을 주문했는데, 카펫의 요금 청구서를 본 길버트는 화가 치밀었다. 그들은 결국 법정까지 가게 되었고 두 사람은 죽을 때까지 말을 섞지 않았다. 설리반이 새로운 작품의 곡을 써서 길버트에게 보내면 길버트는 그 곡에 가사를 붙이고 설리반에게 다시 편지로 보냈다. 한번은 공연이 끝난 뒤 두 사람이 함께 무대 인사를 해야 했던 적이 있었는데, 그들은 무대의 반대편에 따로 서서 각자 다른 방향을 향해 인사했을 정도로 서로의 얼굴을 보려 하지 않았다. 링컨과 달리 그들에게는 자신의 분노에 손절매 주문을 할 만큼의 판단력이 없었던 것이다.

남북전쟁 당시 링컨의 친구들 몇몇이 철천지원수 같은 링컨의 정적에 대해 비난하자, 링컨은 다음과 같이 말했다. "자네들이 갖고 있는 개인적인 분노는 내 것보다 더 큰 것 같군. 어쩌면 내가 가진 분노가 너무 작은 것일지도 모르겠고. 하지만 나는 결코 그게 도움이 된다고는 생각하지 않네. 인생의 절반을 말다툼으로 보낼 만큼 시간이 많은 사람은 없네. 만약 누구든 일단 나에 대한 공격을 멈춘다면 나는 그 사람과의 지난날은 절대로 기억하지 않는다네."

내가 에디스 숙모라고 부르는 연세 지긋한 우리 숙모님도 링컨과 같은 용서하는 마음을 가졌더라면 얼마나 좋았을까. 숙모님과 프랭크 삼촌은 잡초가 무성하고 땅은 척박하며 물도 부족한 농장에 사셨다. 그 농장은 저당이 잡혀 있었고, 두 분은 동전 한 푼도 쥐어짜서 써야 할 만큼 어려운 형편이셨다. 하지만 이디스 숙모는 낡은 집을 화사하게 꾸며 줄 커튼이나 작은 소품들을 사는 것을 좋아하셨기에, 그런 소박한 사치품들을 미주리 주 메리빌에 있는 댄 에버소울 포목점에서 외상으로 사 오셨다. 프랭크 삼촌은 빚이 걱정되었고, 다른 농부들과 마찬가지로 빚이 늘어나는 것을 몹시 싫어했다. 그래서 삼촌은 숙모 몰래 포목점을 찾아가 앞으로는 숙모에게 외상으로 물건을 팔지 말라고 부탁했다. 그 사실을 알고 몹시 화를 내신 숙모님은 거의 50년이 지난 지금까지도 화를 풀지 않고 있다. 나는 숙모님으로부터 이 이야기를 한두 번 들은 것이 아니다. 내가 마지막으로 숙모님을 본 것은 그녀가 70세 후반일 때였는데, 그때 나는 숙모님에게 말했다. "에디스 숙모, 프랭크 삼촌이 숙모님의 자존심을 상하게 한 것은 잘못하신 일이에요. 하지만 솔직히 말해서 거의 50년 전에 일어난 일을 가지고 그렇게 계속 불평하시는 것이 삼촌이 한 잘못보다 더 크다고 생각하지 않으세요?" (차라리 이 얘기를 달에다 대고 하는 편이 나았을 것이다.) 분노와 쓰라린 기억들을 품고 지냈던 에디스 숙모님은 마음의 평화라는 큰 대가를 지불해야 했다.

벤저민 프랭클린은 일곱 살 때 저지른 실수를 70년 동안 잊지 못했다. 일곱 살의 벤저민은 피리와 사랑에 빠졌다. 피리가 너무 좋았던 소년은 장난감 가게로 들어가 갖고 있던 동전을 계산대 위에 다 꺼내 놓고는 피리의 가격도 물어보지 않고 피리를 사겠다고 했다. 그는 70년이 지난 뒤 친구에게 편지를 썼다. "그런 뒤 집으로 돌아온 나는 피리를 갖게 된 기쁨에 온 집 안을 돌아다니며 피리를 불어 댔지." 하지만 그의 형들과 누나들은 피리의 가격보다 훨씬 더 많은 돈을 그가 지불했음을 알고서는 한참을 웃었다. 그는 편지에서 이렇게 말했다. "나는 너무 화가 나서 울고 말았네."

세월이 지나 세계적으로 유명한 인물이 되고, 프랑스 주재 대사에 임명되었을 때도 그는 피리 값을 너무 많이 치렀다는 사실이 '피리가 준 기쁨보다 더 큰 억울함'을 느끼게 했음을 잊지 못했다.

하지만 프랭클린은 결국 그 교훈을 싸게 얻은 셈이다. 그는 말했다. "어른이 되어 세상에 나와 사람들의 행동들을 살펴보니, 피리

값을 너무 많이 치르는 사람들을 많이, 아주 많이 보게 된다는 생각이 들었습니다. 다시 말해, 사람들이 갖고 있는 대부분의 불행은 물건의 가치에 대해 잘못된 평가 때문에, 그리고 그들의 피리에 너무 많은 대가를 치르기 때문에 발생한다고 봅니다.”

길버트와 설리반은 그들의 피리에 너무 많은 대가를 치렀다. 에디스 숙모님도 마찬가지다. 나 역시 많은 일들에 그렇게 했다. 그리고 세계 최고의 소설 《전쟁과 평화》와 《안나 카레리나》를 지은 불멸의 작가 레오 톨스토이(Leo Tdstoy)도 마찬가지다. 브리태니커 백과사전에 나온 말을 옮겨 보자면 레오 톨스토이는 그의 인생에서 마지막 20년 동안 ‘아마 이 세상에서 가장 존경받는 사람이었을 것이다.’ 그가 사망하기 전 20년 동안, 즉 1890년에서 1910년까지 그의 얼굴이라도 한 번 보기 위해, 목소리라도 들어 보려고, 심지어 옷깃이라고 한 번 만져보고 싶은 마음에 그를 찾아오는 열렬한 숭배자들의 물결은 끝이 없었다. 그들은 마치 그의 집으로 참배하러 온 순례자들처럼 톨스토이가 내뱉는 모든 말을 마치 ‘신의 계시’라도 되듯 빠짐없이 공책에 기록했다. 그러나 통상적인 삶의 관점에서 보자면 70세의 톨스토이는 일곱 살의 프랭클린보다도 분별력이 부족했다. 아니, 전혀 없었다.

이 말의 의미는 다음과 같다. 톨스토이는 너무나 사랑했던 한 소녀와 결혼했다. 실제로 그들은 매우 행복했기에 완전한 천국처럼 그렇게 황홀한 삶을 계속 살 수 있게 해 달라고 신께 무릎 꿇고 기도하곤 했다. 하지만 톨스토이와 결혼한 그 소녀는 천성적으로 질투심이 많은 여자였다. 그녀는 농부로 변장하고 톨스토이의 뒤를 밟곤 했는데 심지어는 숲속까지 따라 갈 때도 있었다. 그들은 심한 말다툼을 했다. 그녀는 자신의 아이들에게까지 질투를 느낀 나머지 딸의 사진에 총을 쏴 구멍을 내는 지경에 이르렀는가 하면, 심지어 아편 병을 입에 물고 바닥을 구르며 자살하겠다고 위협까지 했다. 그러는 동안 그들의 아이들은 방 한구석에 몸을 웅크리고 겁에 질려 소리를 질렀다. 톨스토이는 어떻게 했을까? 만일 그가 화를 버럭 내며 가구를 부쉈다면 그럴 만했으니 나는 그를 비난하지 않겠다. 하지만 그는 그것보다 훨씬 더 심한 일을 저질렀다. 그는 비밀 일기를 썼다. 그렇다. 그의 아내를 비난하는 말들로 가득한 일기 말이다. 그 일기가 바로 그의 '피리'였던 것이다. 그는 후세 사람들이 자신에게는 면죄부를 주고 부인에게만 모든 비난을 퍼붓게 할 작정이었다. 그렇다면 이에 대응하여 그의 부인이 한 일은 무엇이었을까? 그야 물론 그 일기의 일부를 찢어 불태워 버리는 것이었다. 그리고 그녀 또한 남편을 악당으로 만들 자신만의 일기를 쓰기 시작했다. 그녀는 심지어 《누구의 잘못인가?》라는 소설에서 남편을 가정의 악마로, 그리고 그녀 자신은 순교자로 그리기까지 했다.

무엇 때문에 이 모든 일들이 일어난 것일까? 왜 이 두 사람은 하나밖에 없는 안식처를 톨스토이 표현마따나 '정신병자 수용소'로 만들었을까? 분명히 몇 가지 이유가 있다. 그중 하나는 당신과 내게 좋은 인상을 주고픈 그들의 강한 욕구였다. 그렇다. 우리는 그들이 자신들을 어떻게 생각할까 걱정했던 바로 그 후손들이다! 그런데 그중 누가 잘못했는지 우리가 조금이라도 생각하는가? 아니다. 우리에게는 신경 쓸 일이 너무 많아 톨스토이에 대해 생각할 겨를도 없다. 망가진 이 두 남녀가 자신들의 피리를 위해 지불한 대가는 얼마나 비쌌던가! 그 두 사람 모두는 "그만합시다!"라고 외칠 분별력이 없었기 때문에 50년을 지옥처럼 살았다. "즉시 이 일에 손절매 주문을 합시다. 우리는 인생을 낭비하고 있어요. 이제 '그만하면 됐다'고 말합시다!"라고 할 정도의 가치 판단력이 그 두 사람에게는 없었다는 이유 하나 때문에 말이다.

그렇다. 나는 적절한 가치 판단력, 이것이 마음의 진정한 평화를 위한 가장 큰 비밀 중 하나라고 굳게 믿는다. 그리고 우리가 일종의 개인적인 황금률, 즉 우리 삶에서 무엇이 가치 있는 것인지에 대한 황금률을 개발하기만 하면 우리 걱정의 절반은 사라질 것이라고 믿는다.

그러므로 걱정하는 습관이 당신을 무너뜨리기 전에 그것을 버리고 싶다면,

원칙 5

살아오면서 이미 저지른 잘못 때문에
더 큰 잘못을 저지르고 싶어질 때면,
아래의 세 가지 질문을 자신에게 던져 보라.

1. 내가 지금 걱정하고 있는 일은 실제로 얼마나 내게 중요한가?

2. 나는 이 걱정을 어느 선에서 '손절매'하고 잊어버릴 것인가?

3. 이 피리에 대한 대가를 정확히 얼마나 지불할 것인가? 혹시 이미 너무 많이 지불한 것은 아닌가?

6

톱밥을
다시 자르려 하지 마라

이 문장을 쓰는 지금 창밖을 내다보면 우리 집 정원에 있는 몇 개의 공룡 발자국 화석이 보인다. 그 화석들은 이탄암과 돌로 된 지층에 묻혀 있던 것들로, 나는 그것들을 예일 대학교에 있는 피바디 박물관에서 구입했다. 그리고 피바디 박물관의 큐레이터로부터 그 화석들이 1억 8,000만 년 전에 형성된 것임을 알려주는 편지를 받았다. 다운증후군 환자라 하더라도 1억 8,000만 년 전으로 돌아가 이 화석들을 바꾸겠다는 엉뚱한 생각은 하지 않을 것이다. 하지만 이 정도로 바보 같은 생각이 또 있으니, 180초 전으로 돌아가 그때 일어난 일을 바꿀 수 없음을 고민하는 것이다.

그런데 우리 대부분은 그런 고민을 한다. 하지만 180초 전에 일어난 일의 결과를 바꾸기 위해서라면 우리도 무언가를 할 수 있지만, 그때 일어난 일 자체를 바꾸는 것은 불가능하다. 과거를 건설적인 것으로 만드는 유일한 방법은 과거의 실수에 대해 차분하게 분석하고 그것들로부터 교훈을 얻은 다음 잊어버리는 것이다.

나도 이 말이 진실임은 알지만 내게 항상 그렇게 할 용기와 분별력이 있었을까? 이 질문에 대한 대답으로 몇 년 전에 겪은 놀라운 경험에 대해 말해 보겠다. 나는 30만 달러를 손에 넣었지만 한 푼의 이익도 남기지 못하고 모두 날려 버렸다. 그 일은 다음과 같이 일어났다.

　나는 대규모로 성인교육 사업을 시작했고 여러 도시에 지점도 열게 되었다. 그리고 간접경비와 광고에 아낌없이 돈을 지출했다. 강의를 하느라 너무 바빴기 때문에 재정적인 부분에 대해서는 살필 시간과 정신적 여유가 없었다. 지출을 관리해 줄 능력 있는 사업관리자가 내게 필요하다는 생각을 하기에도 너무 경험이 없었다.

　1년 정도가 지났을 무렵, 나는 정신이 번쩍 드는 충격적인 사실을 발견했다. 매출액은 엄청나게 높았지만 순이익이 하나도 없었던 것이다. 그것을 알게 된 후 나는 두 가지 일을 해야 했다. 먼저나는 분별력을 발휘해서, 흑인 과학자 조지 워싱턴 카버(George Washington Carver)가 일생동안 저축한 4만 달러를 은행 부도 때문에 모두 잃었을 때 했던 일을 해야 했다. 누군가가 그에게 파산했다는 사실을 알고 있느냐고 물었을 때 그는 이렇게 대답했다. "네, 그 얘기는 들었어요." 그리고는 전과 다름없이 학생들 가르치는 일을 계속했다. 그는 그 손실에 대한 생각을 말끔히 지우고 다시는 그것에 대해 언급하지 않았다.

　내가 해야 했던 두 번째 일은 실수에 대해 분석하고 오래도록 간직할 교훈을 얻는 것이었다. 그러나 솔직하게 말해 나는 이 두 가지가운데 한 가지도 하지 않았다. 대신에 나는 걱정으로 의욕을 상실해 버렸고, 망연자실한 상태로 몇 달을 보냈다. 잠도 줄고 몸무게도 줄었다. 내가 저지른 큰 실수로부터 교훈을 얻는 대신에 나는 똑같은 짓을 규모만 좀 작게 해서 다시 시작한 것이다.

이런 바보 같은 짓을 인정한다는 것은 창피한 일이다. 하지만 오래 전에 나는 '스무 명에게 뭘 해야 좋은지 가르치는 것은 그 가르침을 실천하는 스무 명 중의 한 사람이 되는 것보다 쉽다'는 사실을 깨달았다.

나는 내가 뉴욕에 있는 조지 워싱턴 고등학교에 다니면서 폴 브랜드와인 박사 밑에서 공부하는 특권을 가졌다면 어땠을까 하는 생각을 한다. 그는 뉴욕 주 브롱크스 우디크레스트 939번지에 사는 앨런 손더스를 가르쳤던 바로 그 사람이다.

손더스는 내게 말하길, 그의 위생학 선생님이었던 폴 브랜드와인 박사는 그전까지 손더스가 배우지 못했던 가장 가치 있는 교훈을 가르쳐 주셨다고 했다. "저는 겨우 10대에 불과했어요." 앨런 손더스는 이렇게 이야기를 시작했다. "당시 저는 걱정이 많았죠. 제가 저지른 실수들에 대한 생각에 마음을 졸이고 초조해했어요. 가령 시험을 치르고 난 뒤에는 낙제하지 않을까 하는 불안감에 뜬눈으로 밤을 지새우고 손톱만 물어뜯은 적도 있었죠. 저는 항상 제가 한 일들을 다시 되새기며 '그렇게 하지 말고 다르게 했어야 했는데……'라고 생각하고 제가 한 말들에 대해서도 '더 멋있게 말했어야 했어.' 하고 후회했습니다.

그러던 어느 날 아침, 과학실에서 수업이 있었는데 그곳에는 폴 브랜드와인 선생님이 계셨고 우유 한 병이 교탁 가장자리에 눈에 띄게 놓여 있었습니다. 우리는 선생님이 우유를 가지고 뭘 하실지 궁금해했습니다. 그런데 갑자기 요란한 소리를 내며 자리에서 일어서신 선생님은 우유병을 개수대에 쓸어 넣어 깨뜨려 버렸습니다. 그리고 이렇게 소리치셨죠. '엎질러진 우유 때문에 울지 마라!'

선생님은 우리들에게 교실 앞으로 나가 깨진 병을 보게 하신 뒤 이렇게 말씀하셨습니다. '잘 봐라. 앞으로 살아가면서 이 교훈을 잊지 말았으면 한다. 우유는 이미 쏟아져 배수구로 빠져 나갔다는 게 보일 거다. 아무리 야단법석을 떨고 머리를 잡아 뜯어도 우유는 단 한 방울도 다시 돌아오지 않지. 조금만 주의를 기울이고 조심했다면 우유가 쏟아지지 않았을지도 모르지만 이미 늦어 버린 지금, 우리가 할 수 있는 일은 이제 그것에 대해 생각하지 말고 잊어버린 뒤 다음 일로 넘어가는 것이란다.'

이 짧은 설명은 제가 공간 기하학이나 라틴어를 잊어버린 후에도 오랫동안 기억에 남았습니다. 실제로 그 설명은 4년 동안 고등학교에서 배웠던 그 어떤 것보다 현실 생활에 도움이 되었습니다. 그것은 가능하면 우유를 엎지르지 않아야 한다는 것, 그리고 일단 우유가 쏟아져 하수구 구멍으로 사라지고 나면 완전히 잊어버리라는 가르침이었습니다."

어떤 독자들은 '엎질러진 우유 때문에 울지 마라.'라는 진부한 격언을 가지고 그렇게 야단이냐며 코웃음을 칠지도 모른다. 이 표현이 진부하며 개성 없고 상투적인 데다, 당신 역시 이미 천 번도 넘게 이 이야기를 들어 봤을 것임은 알고 있다. 하지만 나는 이렇게 진부한 격언들에는 오랜 세월을 거치며 농축된 지혜의 본질이 들어 있다는 것 또한 알고 있다. 이런 격언들은 인류의 치열한 경험에서 얻어진 것들이고 여러 세대들을 거치며 전수되었다. 만약 당신이 가장 위대한 학자들이 걱정에 관해 쓴 글들을 읽게 된다면, '다리에 이르기 전에 다리를 건너지 마라.', '쏟아진 우유 때문에 울지 마라.'와 같이 진부한 격언들보다 더 근본적이고 심오한 글은 보지 못할 것이다. 이 두 격언에 코웃음을 치는 대신 이것들을 삶에 적용하기만 한다면 당신이 읽고 있는 이런 책은 전혀 필요하지 않을 것이다.

실제로 오래된 격언들의 대부분을 삶에 적용한다면 우리는 거의 완벽한 삶을 살 수 있다. 하지만 지식이라는 것은 적용하기 전까지는 효력이 없다. 그리고 이 책의 목적도 당신에게 새로운 어떤 것을 알려주는 것이 아니라, 당신이 이미 알고 있는 것을 일깨워 주고 그것을 삶에 적용하도록 자극하는 데 있다.

나는 오래된 진리를 새롭고 생생한 방식으로 말하는 재능을 가진 고(故) 프레드 풀러 셰드 같은 사람을 항상 높이 평가해 왔다. 〈필라델피아 불러틴(Philadelphia Bulletin)〉의 편집장이었던 그는 대학 졸업반 학생들에게 이렇게 물었다. "톱으로 나무를 잘라 본 학생 있습니까? 손 한번 들어 보세요." 대부분의 학생들이 손을 들었다. 그러자 그가 또 물었다. "톱으로 톱밥을 잘라 본 학생 있습니까?" 아무도 손을 들지 않았다.

"당연히 여러분은 톱으로 톱밥을 자를 수 없습니다." 셰드는 큰 소리로 말했다. "이미 톱으로 잘랐으니까요! 이것은 과거도 마찬가지입니다. 우리가 이미 끝난 일, 해 버린 일을 가지고 걱정하는 것은 그저 톱밥에 톱질을 하고 있는 것과 마찬가지입니다."

야구계의 원로 코니 맥(Connie Mack)이 81세였을 때, 나는 그에게 이미 진 경기로 걱정해 본 적이 있느냐고 물어보았다.

"그럼요, 자주 그랬죠. 하지만 그런 바보 같은 짓은 오래전에 끝냈습니다. 그래 봐야 아무짝에도 소용없다는 것을 알았거든요. 이미 흘러간 물로는 물레방아를 돌릴 수 없잖아요."

그렇다. 이미 흘러간 물로는 물레방아도 돌리지 못하고 통나무에 톱질도 못한다. 하지만 당신의 얼굴에 주름이 지고 위에 궤양이 생기게는 할 수 있다. 나는 작년 추수감사절에 잭 뎀프시와 저녁식사를 함께했다. 그는 칠면조 요리와 크랜베리 소스를 먹으며 헤비급 챔피언 전에서 터니에게 패했던 경기에 대해 말했다. 물론 그 경기로 인해 그의 자존심은 타격을 입었다. "경기 중반쯤 되자 저는 제가 이제 늙었다는 것을 깨달았습니다. 10라운드가 끝날 무렵에는 아무것도 못하고 간신히 두 발로 서 있을 정도였죠. 얼굴은 퉁퉁 붓고 찢어져 눈이 거의 감겨 있었어요. 심판은 승리의 표시로 진 터니의 손을 들어 주는 것이 보였습니다.

저는 더 이상 세계 챔피언이 아니었어요. 저는 비를 맞으며 군중 사이를 뚫고 선수 대기실로 돌아갔습니다. 제가 지나갈 때 어떤 이들은 제 손을 잡으려 했고, 눈에 눈물이 맺힌 이들도 있었죠.

1년 뒤, 저는 터니와 다시 경기를 가졌습니다. 하지만 소용없었죠. 저는 이제 영원히 끝난 거였어요. 그것에 대해 전혀 걱정을 하지 않는 것은 어려웠지만 그래도 저는 속으로 이렇게 말했습니다. '과거에 파묻혀 살거나 쏟아진 우유 때문에 울진 않겠어. 이 한 방에 쓰러지진 않을 거야.'"

잭 뎀프시는 본인의 말대로 했다. 어떻게 그렇게 할 수 있었을까?

'나는 과거에 대해서는 걱정하지 않을 거야.'라고 끊임없이 되뇌면서? 아니다. 그렇게 하는 것은 오히려 그에게 과거에 대한 걱정을 떠올리게 만들었을 것이다. 그는 패배를 인정하고 그것에 대해 더 이상 생각하지 않았다. 그리고 미래에 대한 계획을 세우는 데 집중했다. 그는 브로드웨이와 57번 가에 잭 뎀프시 레스토랑을 열었고, 프로 권투 시합을 주최하거나 권투 경기를 열기도 했다. 그는 과거에 대한 걱정을 할 시간도 없고 유혹도 느끼지 못하게 할 건설적인 무언가를 하면서 바쁘게 생활했다. 잭 뎀프시는 말했다. "지난 10년은 제가 챔피언으로 있던 시기보다 더 좋았습니다."

뎀프시는 책을 많이 읽지는 않았다고 내게 말했다. 하지만 그는 본인도 모르게 다음과 같은 셰익스피어의 충고를 따르고 있었던 것이다. "현명한 사람은 절대 손해 때문에 주저앉거나 한탄하지 않는다. 다만 자신의 결과를 바로잡기 위해 힘차게 노력한다."

역사책과 전기 문학을 읽거나 힘든 상황에 처한 사람들을 보면서, 걱정이나 비극적인 상황을 떨치고 완전히 행복한 삶을 살아가는 사람들의 능력에 나는 끊임없이 놀라고 자극을 받는다.

한번은 뉴욕 주립 교도소를 방문한 적이 있었다. 그때 가장 나를 놀라게 했던 것은 그곳의 수감자들이 교도소 밖에 있는 일반인들 못지않게 행복해 보였다는 것이다. 당시 그 교도소의 소장이었던 루이스 E. 로스에게 그 점을 이야기했다. 그러자 그는 죄수들이 처음에 교도소에 오게 되면 원망과 괴로움에 빠지기 쉽지만, 서너 달이 지나면 영리한 죄수들 대부분은 자신의 불행한 상황을 잊고 안정을 되찾아 차분하게 수감 생활을 받아들이고 그 상황을 어떻게

든 극복하기 위해 노력한다고 했다.

로스 소장은 수감자 중 한 사람에 대해 내게 말해 줬다. '정원사'로 불리는 그는 교도소 담장 안에서 채소와 꽃을 가꾸며 노래를 부르는 사람이었다. 우리는 그가 우리들보다 더 분별력이 있는 사람임을 알 수 있다. 그는 다음의 내용을 알고 있었던 것이다.

움직이는 손가락이 글을 쓰고, 다 쓰고 나서

계속 움직인다. 너의 기도도 지혜도

그 손가락을 다시 불러 반줄도 지우게 하지 못하고

네가 흘리는 눈물이 다한다 해도

그 가운데 한 자도 지우지 못하리라.

그러니 왜 헛되이 눈물을 흘리는가? 물론 우리는 많은 실수와 어리석음의 죄를 범해 왔다! 하지만 그래서? 그 정도의 잘못은 누구에게나 있지 않나? 나폴레옹(Napoleon)도 그가 싸웠던 중요한 전투 세 번 중 한 번은 패했다. 아마 우리의 승률이 나폴레옹의 그것보다 나빠지는 않을 것이다. 누가 알겠는가?

어쨌든, 왕의 기병들과 병사를 모두 동원해도 과거를 되돌릴 수는 없다. 그러니 아래의 여섯 번째 원칙을 기억하자.

원칙 6
톱으로 톱밥을 다시 자르려 하지 마라.

걱정하는 습관을 없애는 방법

1. 바쁘게 움직여라. 그러면 마음에서 걱정을 몰아낼 수 있다. '생각의 병'을 고치는 가장 좋은 방법은 많이 활동하는 것이다.

2. 사소한 일에 과민 반응하지 말라. 손톱만 한 가치도 없는 하찮은 일에 신경을 씀으로써 당신의 행복을 망치지 마라.

3. 평균의 법칙을 사용해서 쓸데없는 걱정을 없애라. 자신에게 다음과 같이 물어보라. '평균의 법칙으로 보았을 때 내가 걱정하고 있는 일이 실제로 일어날 가능성은 어느 정도나 되는가?'

4. 피할 수 없는 것과 협력하라. 당신이 바꾸거나 개선시킬 수 없는 상황이라는 판단이 들면 자신에게 이렇게 이야기하라. '이게 현실이야. 결코 달라지지 않아.'

5. 당신의 걱정에 손절매 주문을 걸어라. 한 가지 일에 어느 정도나 많이 걱정해야 하는지를 결정하고, 그 이상은 걱정하지 마라.

6. 과거가 죽은 자를 묻게 하라. 톱으로 톱밥을 다시 자르려 하지 마라.

평화와 행복을 가져오는 일곱 가지 마음가짐

||||||||||||||||||||||||||||

인생을 바꿔 놓을 여덟 단어

앙갚음에는 많은 비용이 든다

감사할 줄 모르는 사람들로 기분이 상할 때

백만 달러를 준다면, 지금 가진 것을 포기하겠는가

자기 자신을 발견하고 그 모습대로 살아라.

당신은 세상에서 유일무이한 사람임을 명심하라

신 레몬을 받으면 레모네이드를 만들어라

2주 안에 우울증을 없애는 방법

1

인생을 바꿔 놓을
여덟 단어

몇 해 전, 나는 한 라디오 프로그램에서 다음과 같은 질문을 받았다.

"당신이 알게 된 가장 큰 교훈은 무엇입니까?"

답은 간단했다. 지금까지 알게 된 교훈 중에서 가장 중요한 것은 단연 '우리가 품는 생각의 중요성'이다. 당신이 생각하는 것을 내가 안다는 것은 나는 당신이 누구인지 아는 것과 같다. 생각이 사람을 만드는 것이다. 우리의 마음가짐은 우리의 운명을 결정하는 미지의 요인이다. 에머슨은 말했다. "하루 종일 생각하는 것, 그것이 바로 그 사람이다." 그 외의 다른 것이 될 수 있을까?

요즘 와서 나는 당신과 내가 해결해야 할 가장 큰 문제, 사실 어떻게 보면 우리가 해결해야 할 유일한 문제가 '어떻게 올바른 생각을 선택하는가?'라는 것임에 의심의 여지가 없다. 그렇게 할 수만 있다면 우리는 우리 문제를 해결하기 위한 확실한 길에 오르게 된다. 로마 제국을 통치했던 위대한 철학자 마르쿠스 아우렐리우스

(Marcus Aurelius)는 그것을 여덟 개의 단어로 요약했다. 이 여덟 단어는 당신의 운명을 좌우할 수 있다.

"우리의 인생은 우리의 생각으로 만들어지는 것이다(Our life is what our thoughts make it)."

그렇다. 우리가 행복한 생각을 하면 우리는 행복해질 것이고, 불행한 생각을 하면 불행해질 것이다. 두렵다는 생각을 하면 두려워질 것이고, 건강을 걱정하다 보면 아마도 병에 걸릴 것이다. 실패를 생각하면 분명히 실패할 것이고, 자기연민에 빠지면 모든 사람이 우리를 멀리하고 피할 것이다. 노먼 빈센트 필(Norman Vincent Peale)은 말했다. "당신은 당신이 생각하는 당신이 아니라, 당신의 생각이 바로 당신이다."

지금 내가 우리가 가진 모든 문제들에 대해 습관적이고 맹목적인 낙천주의적 태도를 가지라고 주장하는 것 같은가? 그렇지 않다. 불행하게도 우리 인생은 그렇게 단순하지 않다. 다만 나는 지금 우리가 부정적인 태도 대신에 긍정적인 태도를 지녀야 한다고 주장하는 것이다. 다시 말해, 우리는 우리가 갖고 있는 문제들에 대한 '걱정'이 아니라 '관심'을 가져야 한다. 관심과 걱정의 차이는 무엇일까? 예를 들어 보겠다. 교통 체증이 심한 뉴욕의 길을 건널 때마다 나는 내 행동에 걱정이 아닌 관심을 기울인다. 관심은 문제가 무엇인지 깨닫고 차분히 그 문제에 대처하기 위한 절차를 밟아 나가는 것이고, 걱정은 미친 듯 쓸데없이 제자리를 맴도는 것이다.

심각한 문제에도 관심을 가질 수 있는 사람은 용기를 잃지 않고 가슴에 카네이션을 꽂은 채 다닐 수 있다. 로웰 토머스라는 사람이 바로 그렇게 했던 인물이다. 나는 전에 그가 제1차 세계대전에서 활약한 앨런비와 로렌스에 관한 영화를 상영하는 자리에 참석한 적이 있다. 그와 그의 동료들은 여섯 지역의 전투 현장 모습을 사진으로 담았다. 무엇보다도 인상적이었던 것은 T. E. 로렌스와 그가 이끄는 아라비아군의 생생한 모습을 찍은 사진과 팔레스타인을 정복하는 앨런비의 모습을 담은 영상이었다. 그는 '팔레스타인의 앨런비와 아라비아의 로렌스'라는 제목을 붙이고 사진전을 겸한 강연회를 열어 런던뿐 아니라 전 세계에 큰 반향을 일으켰다. 그가 코벤트 가든 로열 오페라 하우스에서 그의 놀라운 모험에 관한 이야기를 들려주고 사진을 보여 주는 일을 계속할 수 있도록 런던의 오페라 시즌이 6주간 미뤄질 정도였다. 런던에서 거둔 그의 눈부신 성공은 다른 많은 나라에서도 이어졌다. 그 후 그는 인도와 아프가니스탄에서의 생활을 담은 영상 기록을 준비하면서 2년을 보냈다. 하지만 믿을 수 없을 정도의 불운이 겹치더니 결국은 불가능하다고 여겨졌던 일이 벌어졌다. 그가 런던에서 파산했던 것이다. 나는 그 당시 그와 함께 있었다.

우리가 라이언스 코너 하우스 식당에서 싸구려 음식을 먹어야 했던 것이 기억난다. 토머스가 스코틀랜드 출신의 유명 예술가 제임스 맥베이로부터 돈을 빌리지 않았다면 그 식당에서조차 먹을 수 없었을 것이다. 이 이야기의 핵심은 지금부터다. 로웰 토머스는 엄청난 빚과 가혹한 실망을 맛보았음에도 걱정이 아닌, 생각을 했다. 그는 자신을 실패에 주저앉도록 놔둔다면 채권자를 포함한 모든 이들에게 무가치한 사람으로 여겨질 것임을 알고 있었다. 그래서 그는 매일 아침 일을 나가기 전에 꽃 한 송이를 사서 그의 단추 구멍에 꽂고 머리를 당당히 세우고 힘찬 발걸음으로 옥스퍼드 거리를 활보했다. 그는 실패에 좌절하지 않고 긍정적이고 대담한 생각을 했다. 그에게 있어 역경은 당연한 것이었고 최고의 자리에 오르길 원한다면 겪어야 할 유용한 훈련이었다.

우리의 정신적인 태도는 심지어 육체적인 힘에도 매우 놀라운 영향을 미친다. 영국의 유명한 정신의학 전문가 J. A. 해드필드(J. A. Hadfield)는 자신이 쓴 54쪽 분량의 훌륭한 소책자 《힘의 심리학 (The Psychology Power)》에 매우 놀라운 사례들을 담았다. "심리적 암시가 근력에 미치는 영향을 알아보기 위해 세 사람을 실험에 참여시켰습니다. 근력은 악력계를 쥐는 힘으로 측정되었습니다." 그는 실험에 참여한 사람들에게 온 힘을 다해 그 악력계를 쥐라고 말했다. 그는 조건을 세 가지로 다르게 하여 실험을 했다.

정상적으로 깨어 있는 조건에서 실험했을 때 피실험자들의 평균 악력은 약 46킬로그램이었던 반면, 그들에게 '당신은 매우 약한 사람'이라고 최면을 건 후 실험했을 때의 결과는 13킬로그램에 불과했다. 그들의 평균적인 힘에 비해 3분의 1밖에 발휘하지 못한 것이다(이 세 사람 중 한 명은 프로 권투선수였는데, 그의 진술에 따르면 최면에 걸렸을 때 자신의 팔이 '마치 아기의 팔처럼 작게' 느껴졌다고 한다.) 해드필드가 피실험자들에게 '당신들은 매우 강한 사람'이라는 최면을 걸고 세 번째 실험을 했을 때 그들의 평균 악력은 64킬로그램에 달했다. 힘에 대한 긍정적인 생각으로 정신이 채워지자 육체적인 힘이 실제로 거의 다섯 배나 증가한 것이다. 이렇듯 우리의 마음가짐은 놀라운 힘을 가졌다.

생각이 가진 마력의 실제 사례를 들기 위해 미국 역사상 가장 놀라운 이야기 중 하나를 소개하겠다. 이 이야기 하나로도 책 한 권을 쓸 수 있지만 짧게 요약하면 다음과 같다.

남북전쟁이 끝나고 얼마 지나지 않은 10월의 어느 추운 밤, 집은 커녕 돈 한 푼도 없던, 세상을 떠도는 방랑자라고밖에 볼 수 없는 한 여인이 매사추세츠 주 에임즈베리에 살고 있던 퇴역 해군 장성의 부인 '마더' 웹스터의 대문을 두드렸다.

문을 연 '마더' 웹스터는 '겁에 질려 피골이 상접한, 간신히 40킬로그램이 넘을 것 같은' 작고 연약한 사람을 보았다. 글로버 부인이라는 이 낯선 여인은 밤낮없이 자신을 괴롭히는 중대한 문제에 대해 생각하고 해결책을 간구하기 위해 머물 곳을 찾고 있다고 말했다.

웹스터 부인은 대답했다. "여기 머물지 그래요? 이 큰 집에 저 혼자 살거든요." '마더' 웹스터의 사위 빌 엘리스가 휴가를 보내기 위해 뉴욕에서 그녀의 집을 찾아오지 않았더라면 글로버 부인은 그 집에 영원토록 머물렀을지도 모른다. 글로버 부인이 있는 것을 본 그는 이렇게 소리쳤다. "부랑자를 집에 들일 수는 없습니다." 그는 이 집 없는 여인을 문 밖으로 내쫓았다. 밖에는 세찬 비가 내리고 있었다. 빗속에서 얼마간 떨고 서 있던 그녀는 머물 곳을 찾아 길을 나섰다.

이 이야기의 놀라운 부분은 지금부터다. 빌 엘리스가 집 밖으로 내쫓은 그 '부랑자'는 이 세상을 살았던 그 어떤 여성보다도 인류의 사고에 영향을 끼칠 운명의 여인이었다. 그녀는 바로 현재 수백만의 헌신적인 추종자들에게 메리 베이커 에디(Merry Baker Eddy)로 알려진 크리스천 사이언스의 창시자였다.

하지만 그때까지만 해도 그녀의 인생은 질병, 슬픔, 비극만으로 차 있었다. 그녀의 첫 남편은 결혼한 지 얼마 되지 않아 죽었고, 두 번째 남편은 다른 유부녀와 눈이 맞아 그녀를 버리고 달아났다가 나중에 구빈원에서 죽음을 맞았다. 자식이라고는 오직 아들 하나뿐이었는데 아이마저 가난, 질병, 질투 때문에 어쩔 수 없이 빼앗겨야만 했다. 그때 아들은 네 살이었다. 그녀는 31년 동안 아들의 소식을 전혀 듣지 못했음은 물론 한 번도 만나지 못했다.

건강이 좋지 않은 에디 부인은 수년간 그녀가 '심리 치료의 과학'이라고 부르는 것에 관심을 갖고 있었다. 그러던 중 매사추세츠 주 린에서 그녀 인생의 극적인 전환점이 되는 일이 발생했다. 어느 추운 날 시내를 걸어가던 그녀는 얼음으로 미끄러운 길에서 넘어져 의식을 잃고 말았다. 척추가 심하게 다쳐서 몸에 심한 경련이 일어날 정도였다. 의사는 그녀가 곧 죽을 것이라 예상했고, 설령 기적적으로 살 수 있다 해도 절대 두 발로 걷지는 못할 것이라 단언했다.

죽음을 맞이하는 자리가 될 침대에 누워, 메리 베이커 에디는 성경책을 폈다. 그녀의 주장에 따르면 그녀는 신의 인도하심에 이끌려 마태복음을 읽게 되었다.

침상에 누운 중풍 병자를 사람들이 데리고 오거늘 예수께서……
중풍 병자에게 이르시되 작은 자야 안심하라 네 죄 사함을 받았느니

라……. 일어나 네 침상을 가지고 집으로 가라 하시니 그가 일어나 집
으로 돌아가더라.

(마태복음 9장 2~7절)

그녀는 예수의 이런 말씀이 그녀 안에 엄청난 힘과 믿음, 커다란
파도와도 같은 엄청난 치유력을 만들어 냈고, 그녀로 하여금 '즉시
자리에서 일어나 걷게' 했다.

"뉴턴의 사과와도 같았던 그 경험은 나로 하여금 나를 건강하게
하는 방법과 다른 사람들도 건강하게 만들 수 있는 방법을 알게끔
인도했습니다. 저는 모든 원인은 마음에 있고, 모든 결과는 정신적
현상이라는 과학적 확신을 얻었습니다."

이렇게 해서 메리 베이커 에디는 크리스천 사이언스라는 새로운
종교의 창시자이자 여성 성직자가 되었다. 그것은 지구상에 생겨
난 종교 가운데 여성이 창시한 유일한 종교다.

지금 이 순간 당신은 혼잣말로 이렇게 말할지도 모른다. "카네기
라는 이 사람, 크리스천 사이언스 관계자구먼." 아니다. 당신은 틀
렸다. 나는 크리스천 사이언스 신도가 아니다. 다만 나이를 먹을수
록 생각이 가진 놀라운 힘에 깊은 확신을 갖게 되었을 뿐이다. 성인
들을 가르치면서 35년을 보낸 결과, 나는 남자들이나 여자들이나
자신의 생각을 바꾸면 걱정, 두려움, 그리고 각종 질병들을 몰아내
고 삶까지 변화시킬 수 있음을 알게 되었다. 나는 안다! 정말 안다!
정말로 안다!! 나는 그러한 놀라운 변화가 일어나는 것을 무수히
봤다. 그런 것을 봐도 이제 놀라지 않을 정도다.

예를 들어 생각의 힘을 설명해 줄 놀라운 변화가 내 수업의 수강생 중 한 명에게도 일어났다. 그는 신경쇠약증을 앓고 있었다. 무엇때문에 신경쇠약에 걸렸냐고? 걱정 때문이다. 그는 이렇게 말했다.
"저는 모든 것이 걱정되었습니다. 너무 말라서, 머리가 빠질까 봐, 결혼할 수 있을 만큼의 돈을 벌지 못할까 봐, 좋은 아빠가 되지 못할까 봐, 내가 결혼하고 싶은 여자와 헤어질까 봐, 제대로 살고 있는 것 같지 않아서 두려웠습니다. 다른 사람들에게 비치는 저의 인상에 대해서도, 위궤양에 걸렸다는 생각 때문에도 걱정했습니다. 저는 더 이상 일할 수 없어서 일도 그만두었습니다. 저는 제가 안전밸브 없는 보일러 같다는 생각이 들 때까지 제 안에 긴장을 쌓아 올렸습니다. 압력이 견딜 수 없을 정도로 높아져 어딘가는 터져야 했는데, 결국 그렇게 되더군요. 만일 아직까지 신경쇠약에 걸렸던 적이 없다면, 앞으로도 절대 걸리지 않게 해 달라고 하나님께 기도하십시오. 정신적 고통은 육체의 고통보다 훨씬 심하니까요. 저는 신경쇠약이 너무 심해서 가족과 대화도 나눌 수 없었습니다. 생각을 통제할 수가 없었죠. 저는 두려움으로 가득 차 있어서 작은 소리에도 흠칫 놀라곤 했습니다. 사람들 만나기를 꺼렸고, 이유 없이 울음을 터뜨리기도 했지요.

하루하루가 고통의 연속이었습니다. 모두가, 심지어 하나님도 저를 버린 것 같았습니다. 강으로 뛰어들어 자살할 생각도 했습니다.

그러다 환경이 바뀌면 도움이 될까 싶어 플로리다로 여행을 떠나기로 결정했죠. 열차에 올라타려는데 아버지께서 편지를 건네주시며 플로리다에 도착하기 전까지는 읽지 말라고 하시더군요. 제가 갔을 때 플로리다는 한창 관광 성수기여서 방이 남아 있는 호텔이 없었고, 그래서 차고에 딸린 방 하나를 빌렸습니다. 마이애미에서 출항하는 부정기 화물선에서 일할 자리를 알아보았지만 운이 따르지 않았습니다. 그래서 해변에서 시간을 보냈죠. 저는 집에 있을 때보다 플로리다에서 더욱 폐인처럼 지냈습니다. 저는 아버지가 주신 편지를 열어 보았습니다. '아들아. 집에서 2,400킬로미터나 떨어진 곳에 있어도 너는 별로 나아지지 않았을 것이다. 그렇지 않느냐? 아빠는 그 이유를 알고 있단다. 네가 모든 고통의 원인을 그곳에까지 가져갔기 때문이다. 그것은 바로, 너 자신이다. 네 몸이나 마음에는 이상이 없다. 너를 내팽개친 것은 네게 처했던 상황들이 아니라, 그 상황들에 대한 네 생각이란다. '마음속으로 생각하는 것, 그것이 그 사람이다.' 이것을 깨달으면 집으로 돌아오너라. 너는 다 나았을 테니까 말이다.'

아버지의 편지에 저는 화가 났습니다. 훈계가 아닌 동정을 바라고 있었던 저는 너무 화가 난 나머지 편지를 읽자마자 절대 집에 돌아가지 않겠다고 마음먹었습니다. 그날 밤 마이애미의 골목길을 걷던 저는 예배 중인 교회를 우연히 지나게 되었습니다. 마땅히 갈 곳도 없었던 터라 교회 안으로 들어갔는데, 목사님께서 다음과 같은 구절로 설교를 하고 계시더군요. '마음을 다스릴 줄 아는 사람은 도시를 손에 넣은 사람보다 강하다.' 거룩한 분위기의 예배당 안에 앉아 아버지가 편지에 써 주신 것과 똑같은 내용의 설교를 듣고 있자니 그동안 쌓였던 혼란은 머릿속에서 쓸려 나가고 난생 처음으로 명확하고 분별 있게 생각할 수 있게 되었습니다. 저는 그동안 제가 얼마나 바보 같았는지 깨달았습니다. 있는 그대로 바라본 저 자신의 모습은 충격적이었습니다. 저는 온 세상과 그 안의 모든 사람이 변하길 바라고 있었습니다. 정작 변화가 필요한 것은 카메라 렌즈의 초점인 제 마음이었는데 말입니다.

그다음 날 아침, 저는 짐을 꾸려 집으로 돌아갔습니다. 1주일 뒤에는 일터로 복귀했고, 네 달 뒤에는 헤어질까 봐 두려웠던 그 여자와 결혼도 했습니다. 지금 우리는 다섯 아이를 둔 행복한 가정을 이루었습니다. 하나님은 제게 물질적으로, 정신적으로 덕을 베푸셨습니다. 신경쇠약에 시달리던 때의 저는 열여덟 명을 지휘하는 작은 부서의 야간 감독관이었지만, 지금의 저는 450명을 관리하는 판지 제조공장의 공장장입니다. 인생은 훨씬 더 충만하고, 호의적입니다. 이제 저는 인생의 진정한 가치를 압니다. 누구에게나 그럴 때가 있겠지만 걱정이 다가오려고 하면 저는 저 자신에게 카메라 초점을 다시 맞추라고 말합니다. 그러면 모든 것이 정상으로 돌아옵니다.

저는 정말로 제가 신경쇠약에 걸렸던 경험이 있어 기쁘다고 말할 수 있습니다. 그 덕분에 생각의 힘이 우리의 마음과 몸에 어떤 영향을 주는지 알게 되었기 때문입니다. 이제는 제 생각들을 저를 거스르는 것이 아닌, 저를 위한 것으로 만들 수 있습니다. 아버지의 말씀은 옳았습니다. 고통을 일으키는 원인은 외적인 상황이 아니라 그 상황들에 대한 제 생각이라고 하셨던 말씀 말입니다. 제가 그것을 깨닫는 순간 신경쇠약은 치료되었고, 지금도 마찬가지입니다." 여기까지가 그의 경험이었다.

마음의 평화와 삶에서 얻는 기쁨은 우리가 있는 곳, 우리가 가진 것, 우리가 누구인지 등이 아니라 오로지 우리의 마음가짐에 달려 있다. 외부 조건들은 거의 아무런 상관이 없다. 예를 들어 존 브라운의 경우를 살펴보자. 그는 하퍼스 페리에 있는 미군 무기고를 강탈하고 노예들을 선동하여 폭동을 일으킨 혐의로 교수형에 처해졌던 사람이다. 그는 자신의 관 위에 앉은 채 교수대로 실려 갔다. 그의 옆에 있던 간수는 초조해하고 불안해했다. 하지만 존 브라운은 차분하고 냉정했다. 그는 버지니아의 블루리지 산맥을 바라보며 소리쳤다. "정말 아름다운 나라야! 전에는 제대로 바라볼 기회가 없었는데."

　아니면 남극에 도착한 첫 번째 영국인이었던 로버트 팰콘 스콧 (Robert Falcon Scott)과 그 동료들의 경우를 살펴보자. 그들의 귀환 여정은 인류 역사상 가장 잔인한 여행이었을 것이다. 식량과 연료는 모두 떨어졌고, 열하루 동안 밤낮을 가리지 않고 지면을 후려치는 엄청난 눈보라 때문에 그들은 더 이상 앞으로 나아갈 수 없었다. 바람이 너무도 거칠고 날카로워 남극의 빙하에 작은 언덕들을 만들 정도였다. 스콧과 그의 동료들은 자신들이 죽을 것이라는 사실을 알고 있었다. 바로 이 같은 긴급사태에 대비해 그들은 많은 양의 아편을 가지고 있었다. 한 번에 많은 양의 아편을 복용하면 그들은 모두 기분 좋은 꿈을 꾸며 다시는 잠에서 깨어나지 않을 수 있었다. 하지만 그들은 그 마약을 사용하지 않고 '기운을 북돋는 힘찬 노래를 부르며' 죽었다. 그 사실은 8개월 뒤에 수색대가 그들의 얼어붙은 몸과 함께 찾아낸 작별 편지를 통해 알려졌다.

그렇다. 용기와 차분함이라는 창조적 생각을 마음에 품으면 관위에 앉아 교수대를 향해 가는 동안에도 경치를 즐길 수 있고, 굶주림과 추위로 죽어 가는 동안에도 '기운을 북돋는 힘찬 노래'로 텐트를 가득 채울 수 있다.

300년 전 밀턴도 시력을 잃고 이와 똑같은 진리를 얻었다.

> 마음은 곧 그 자체로 세계이니,
>
> 그 안에서 천국을 지옥으로 만들기도 하고,
>
> 지옥을 천국으로 만들기도 한다.

나폴레옹과 헬렌 켈러(Helen Keller)는 밀턴의 진술을 입증하는 완벽한 예에 해당한다. 나폴레옹은 모든 이들이 대개 갈망하는 명예, 권력, 부를 모두 소유했다. 하지만 그는 세인트헬레나에서 이렇게 말했다. "내 평생 살면서 행복했던 날은 엿새도 채 되지 않는다." 반면에 앞을 보지 못하고 소리를 듣지 못했으며 말도 하지 못했던 헬렌 켈러는 이렇게 말했다. "인생이 매우 아름답다는 것을 알게 되었습니다."

50년을 살면서 내가 배운 것이 있다면, 그것은 '당신 자신 말고는 아무것도 당신에게 평안을 줄 수 없다'는 사실이다.

내가 지금 하고자 애쓰고 있는 말은 그저 에머슨이 그의 에세이 《자립(Self-Reliance)》의 맺음말에서 잘 정리한 것을 되풀이하는 것에 불과하다. '정치적인 승리, 수익의 증가, 건강의 회복, 떠나간 친구의 돌아옴, 그 밖의 다른 외부적인 사건들은 당신의 마음을 들뜨게 하고 앞으로도 좋은 날들이 준비된 것처럼 느껴지게 할 것이다. 그런 것을 믿지 마라. 절대 그런 식으로 되는 것이 아니다. 당신 자신 말고는 아무것도 당신 자신에게 평안을 줄 수 없다.'

스토아학파의 위대한 철학자 에픽테토스는 '몸의 종양과 종기를' 제거하는 것보다 마음속의 잘못된 생각을 없애는 것에 더 많은 관심을 기울여야 한다고 경고했다.

에픽테토스가 이런 말을 한 것은 1,900년 전의 일이지만 현대 의학은 그의 말을 뒷받침해 주고 있다. G. 캔비 로빈슨 박사는 존스 홉킨스 병원에 입원한 환자들 다섯 명 가운데 네 명이 어느 정도의 정신적인 불안과 스트레스로 인한 증세로 고통받고 있다고 말했다. 이것은 때로 기질(器質)성 장애의 경우에도 해당된다. 로빈슨 박사는 이렇게 단언했다. "결국 이러한 것들은 인생과 인생의 문제들 사이에서 일어난 부조화 때문에 생긴 것이다."

프랑스의 위대한 철학자 몽테뉴는 다음의 문구를 인생의 좌우명으로 삼았다. '인간은 일어난 일보다 일어난 일에 대한 본인의 생각으로 더 큰 상처를 입는다.' 그리고 일어난 일에 대한 우리의 생각은 전적으로 우리에게 달려 있다.

내가 지금 무슨 말을 하고 있는지 알겠는가? 이런저런 문제들에 치여 신경이 곤두설 대로 곤두서 갈 데까지 간, 그런 상황에 처한 사람의 면전에 대고 '의지를 가지고 노력하면 정신 자세를 바꿀 수 있다'고 뻔뻔스럽게 주장하고 있는 것인가? 맞다. 바로 그렇다! 그리고 그것이 전부가 아니다. 이제 어떻게 하면 그렇게 될 수 있는지 보여 주겠다. 약간의 노력이 필요하지만 비밀은 간단하다.

실용심리학 분야의 최고 권위자 윌리엄 제임스는 이렇게 이야기한 적이 있다. "감정에 따라 행동이 달라지는 것처럼 보이지만 사실 행동과 감정은 동시에 일어난다. 그러므로 의지에 의해 직접적인 통제를 받는 행동을 조절하면, 의지의 통제를 받지 않는 감정을 간접적으로 조절할 수 있다."

다시 말해 윌리엄 제임스는 단순히 '결심하는 것'으로는 우리의 감정을 변화시킬 수 없지만 결심을 통해 행동은 변화시킬 수 있고, 우리가 우리의 행동을 바꾸면 자동적으로 우리의 감정 역시 바뀔 것임을 말하고 있다.

그는 이렇게 설명한다. "그러므로 만약 당신의 기분이 좋지 않을 때, 기분을 좋게 만드는 최고의 방법은 마치 기분 좋은 일들이 이미 일어난 것처럼 행동하고 말하는 것이다."

이렇게 간단한 요령이 효과가 있을까? 한 번 해 보기 바란다. 밝고 거짓 없는 미소를 지어 보자. 어깨를 뒤로 젖히고 심호흡을 해 본다. 그리고 노래 한 곡을 불러 보자. 노래를 못 부르면 휘파람도 좋다. 휘파람을 못 불면 콧노래라도 부르자. 그러면 금방 윌리엄 제임스가 한 말이 무슨 뜻인지 알게 될 것이다. 당신이 정말 행복할 때 나타나는 모습들로 행동하는 동안에는 우울해하거나 의기소침해 하는 것이 물리적으로 불가능하다는 것을 말이다.

이것은 우리 모두의 삶에서 쉽게 기적을 일으키는, 자연의 작은 기본 진리 중 하나다. 나는 캘리포니아에 사는 어떤 여인을 알고 있다(그녀의 이름은 밝히지 않겠다). 만일 그녀가 이 비밀을 안다면 24시간 안에 그녀가 갖고 있는 모든 괴로움을 떨쳐 버릴 수 있을 것이다. 그녀는 나이 많은 미망인이다. 이건 슬픈 일이다. 나도 인정한다. 하지만 그녀는 행복하게 살아 보려고 노력할까? 그렇지 않다. 만약 기분이 어떠냐고 당신이 묻는다면 그녀는 이렇게 대답할 것이다. "전 괜찮아요." 하지만 그녀의 표정과 구슬프게 들리는 목소리는 이렇게 말하는 것처럼 들릴 것이다. '오, 하나님, 제가 어떤 고생을 했는지는 당신밖에 모르십니다.' 그녀는 마치 당신에게 '어떻게 당신은 내 앞에서 그렇게 행복할 수 있죠?'라며 나무라는 것처럼 보인다.

그녀보다 불행한 여자들은 아주 많다. 그녀에게는 여생을 풍족히 살 수 있도록 남편이 남겨 준 많은 보험금이 있고, 그녀와 같이 지낼 결혼한 자녀들도 있다. 하지만 나는 그녀가 웃는 모습을 거의 본 적이 없다. 그녀는 세 명의 사위들이 모두 인색하고 이기적이라고 불평한다. 한 번에 몇 달씩 그들의 집에 얹혀 지내면서도 말이다. 그녀는 '노후에 대비해서' 자신의 돈은 쓰지 않으면서도 딸들이 자신에게 선물을 사 주지 않는다고 불평한다. 본인의 괴로움과 불행한 가족의 원인은 바로 그녀 자신이다. 하지만 그렇게 해야만 할까? 그 점이 유감스럽다. 그녀는 자신을 비참하고, 괴롭고, 불행한 늙은 여인에서 존경받고 사랑받는 한 가족의 일원으로 바꿀 수도 있었다. 그녀가 바뀌길 원했다면 말이다. 그러한 변화를 위해 그녀가 했어야 할 일이라고는 그저 쾌활하게 행동하는 것뿐이었다. 그녀 자신의 불행과 고통에 사랑을 낭비하는 대신 다른 사람들에게 줄 사랑이 모자란 것처럼 행동하기만 했어도 되는 것이었다.

나는 인디애나 주 텔시티 11번가 1335번지에 살고 있는 H. J. 잉글러트라는 사람을 알고 있는데 그는 이러한 요령을 깨달았기 때문에 10년 전에 성홍열(猩紅熱)을 앓았음에도 지금까지 살아 있다. 병에서 회복될 즈음 그는 자신이 신장 질환 중 하나인 급성 신장염에 걸렸다는 사실을 알게 되었다. 그는 각종 의사들, 심지어 '돌팔이 의사들'까지 찾아가 보았지만 아무 소용이 없었다. 그러던 중 얼마 전에는 다른 합병증까지 생겼다. 혈압이 급격히 치솟은 것이다. 그가 찾아간 의사는 그의 혈압 수치가 214에 달한다는 사실을 알려주며, 이 정도의 수치는 치명적이고 병세가 진행 중이기 때문에 죽기 전에 미리 신변 정리를 하는 편이 좋겠다고 이야기했다.

그는 이렇게 말했다. "저는 집으로 돌아와 보험료를 다 냈는지 확인하고 신께 제가 저지른 실수에 대해 용서를 빌었습니다. 그리고는 우울한 생각에 잠겼습니다. 저는 모든 사람을 불행하게 만들었습니다. 아내와 가족들은 슬퍼했고 저 자신도 우울함에 깊이 파묻혔습니다. 자기연민에 빠져 허우적대며 1주일을 보내다가 저는 스스로 이렇게 말했습니다. '너 참 바보 같구나! 아직 죽으려면 1년이나 남았잖아. 그동안이라도 행복하게 사는 게 낫지 않겠어?'

저는 어깨를 쫙 펴고, 얼굴에는 미소를 머금고 아무 일도 없다는 듯 행동하려고 노력했습니다. 처음에는 노력이 필요했다는 것을 인정합니다. 하지만 저는 억지로라도 유쾌하고 명랑해지려 했고 이것은 가족뿐 아니라 저 자신에게도 도움이 되었습니다.

그렇게 지냈더니 기분이 한결 나아지기 시작했습니다. 억지로 노력해서 꾸며 낸 감정이었지만, 노력한 만큼 실제로 그렇게 느껴졌습니다. 모든 것이 점점 더 좋아졌습니다. 그리고 무덤 속에 누워 있어야 할 날을 몇 달이나 넘긴 지금도 저는 행복하고, 건강하게, 그리고 살아 있을 뿐 아니라 혈압도 낮아졌습니다. 저는 한 가지는 확실하게 압니다. 제가 '죽어 간다'는 패배감에 계속 젖어 있었다면 분명히 의사의 진단이 맞아떨어졌을 겁니다. 하지만 저는 다른 무엇도 아닌 마음의 태도를 바꿈으로써 몸에게 스스로 치유할 수 있는 기회를 준 것입니다."

한 가지만 물어보겠다. 단순히 명랑하게 행동하고 건강과 용기에 관한 긍정적인 생각이 이 사람의 목숨을 살린 것이라면 당신이나 나는 단 1분이라도 대수롭지 않은 우울함과 의기소침을 묵인해야 할 이유가 있을까? 단순히 즐겁게 행동하는 것만으로 행복한 삶을 시작할 수 있는데 왜 우리, 그리고 우리 주변의 모든 이들은 자신을 불행하고 우울하게 만드는 것일까?

몇 년 전, 내 삶에 깊은 영향을 주었던 책 한 권을 읽었다. 제임스 레인 앨런(James Lane Allen)이 쓴 《인간은 생각한다(As a Man Thinketh)》라는 그 책에는 다음과 같은 내용이 있다.

한 사람이 주변 사물과 다른 사람들에 대한 생각을 바꾸면, 그 주변 사물과 사람들이 그에게 도움이 되도록 바뀐다는 사실을 알 수 있다. …… 근본적인 생각을 바꾸면 주변의 현실적인 상황들이 놀라울 정도로 빠르게 변화한다. 사람들은 자신이 원하는 것을 끌어당기는 것이 아니라 오로지 자기 자신을 끌어당긴다. …… 우리의 목표를 구체화하는 신성한 힘은 우리 안에 있다. 바로 우리 자신 말이다. …… 인간이 이룩한 모든 것은 바로 그 자신이 생각한 결과다. …… 사람은 오직 자신의 생각을 고양시킴으로써 일어나 정복하고 성취할 수 있다. 생각의 고양을 거부하면 약하고 비굴하고 비참한 상태에 머무를 수밖에 없다.

창세기에 따르면 조물주는 인간에게 세상 모든 곳에 대한 지배권을 주셨다. 실로 대단한 선물이다. 하지만 나는 그렇게 굉장한 특권에는 관심이 없다. 내가 원하는 것은 나 자신에 대한 지배권, 즉 나의 생각, 나의 두려움, 나의 마음과 정신에 대한 지배권이다. 그리고 참으로 놀라운 것은 단지 나의 행동과 반응을 조절함으로써 내가 원할 때면 언제라도 이런 지배력을 상당히 차지할 수 있다는 사실이다.

그러므로 윌리엄 제임스의 이 말을 기억하도록 하자. "우리가 악이라고 부르는 것들의 상당수는 당사자로 하여금 기운을 내고 정신을 차리게 하는 선으로 바뀔 수 있는 것들이다. 단, 그렇게 되려면 그 당사자는 두려운 마음을 투지로 바꿔야 한다."

우리의 행복을 위해 싸우자! 명랑하고 건설적인 생각으로 이끄는 하루 단위의 프로그램을 따라 우리의 행복을 위해 싸우자! 그 프로그램의 제목은 '오늘 하루만은'이다. 이 프로그램의 내용은 너무나도 고무적이어서 나는 수백 장을 복사해 사람들에게 나누어 주었다. 이것은 시빌 F. 파트리지(Sibyl F. Partridge)가 36년 전에 쓴 것이다. 당신과 내가 이것을 따르기만 하면 우리는 걱정의 대부분을 떨쳐 버림은 물론 프랑스인들이 말하는 '삶의 기쁨(la joie de vivre)'을 무한히 누릴 수 있을 것이다.

오늘 하루만은

1. 오늘 하루만은 행복하게 지낼 것이다. 이 말은 '대부분의 사람들은 행복하고자 마음먹은 만큼 행복하다'는 에이브러햄 링컨의 말을 사실로 간주한다. 행복은 외부적인 요인이 아닌, 내부로부터 나온다.

2. 오늘 하루만은 내 욕망에 모든 것을 맞추려 하지 않고, 나 자신을 그것에 맞추기 위해 노력할 것이다. 나는 내 가족과 내일, 내 운을 있는 그대로 받아들이고 나 자신을 그것에 맞출 것이다.

3. 오늘 하루만은 몸에 신경을 쓰겠다. 몸을 혹사시키거나 내버려 두지 않고, 운동하고, 돌보며 영양을 보충해서 내가 원하는 대로 움직이는 완벽한 기계가 되도록 만들겠다.

4. 오늘 하루만은 정신을 강화시키겠다. 무엇이든 쓸모 있는 것을 배울 것이다. 정신적인 게으름뱅이가 되지 않겠다. 노력, 생각, 집중이 필요한 글을 읽겠다.

5. 오늘 하루만은 세 가지 방법으로 내 영혼을 단련하겠다. 다른 사람 몰래 선행을 베풀겠다. 윌리엄 제임스의 제안대로, 적어도 두 개 이상은 내가 원치 않는 일을 훈련 삼아 하겠다.

6. 오늘 하루만은 다른 사람들의 마음에 드는 사람이 되겠다. 가능한 한 좋은 표정을 짓고, 멋진 옷을 입으며, 목소리를 높이지 않고, 공손하게 행동하겠다. 칭찬에 인색하지 않고, 조금도 남을 비판하지 않으며, 어떤 것에도 흠을 잡지 않고, 누군가를 통제하거나 바로잡으려 하지 않겠다.

7. 오늘 하루만은 내 인생의 문제 전부를 한 번에 해결하려 하지 않고 오늘 하루를 열심히 살기 위해 노력하겠다. 평생 붙잡고 있어야 한다고 하면 끔찍할 일도 12시간이면 해낼 수 있다.

8. 오늘 하루만은 프로그램을 만들어 보겠다. 매 시간마다 내가 해야 할 일을 적어 두겠다. 계획한 그대로 할 수 없을지라도 프로그램을 만들 것이다. 그렇게 함으로써 서두름과 우유부단이라는 두 골칫거리를 없앨 것이다.

9. 오늘 하루만은 30분 정도 혼자 조용히 쉬는 시간을 갖겠다. 그 30분 동안 내 인생에 대한 통찰력을 조금이라도 높일 수 있도록 신을 생각하겠다.

10. 오늘 하루만은 두려워하지 않겠다. 특히 행복을 느끼는 것에, 아름다운 것을 즐기는 것에, 사랑하는 것에, 내가 사랑하는 사람들이 나를 사랑한다고 믿는 것에 두려움을 갖지 않겠다.

우리에게 평화와 행복을 가져오는 정신 자세를 갖추고 싶다면,

원칙 1

유쾌하게 생각하고 행동하라. 그러면 유쾌해질 것이다.

2
앙갚음에는
많은 비용이 든다

내가 옐로스톤 국립공원을 여행하던 몇 년 전 어느 날 밤, 나는 소나무와 전나무가 빽빽하게 서 있는 숲을 마주하고 마련된 관람석에 다른 관광객들과 함께 앉아 있었다. 이윽고 우리가 보려고 기다렸던 숲의 공포, 회색 곰이 반짝이는 조명 안으로 성큼성큼 걸어 왔고 공원 내의 한 호텔 주방에서 갖다 버린 음식물 쓰레기를 게걸스레 먹기 시작했다. 말을 타고 있던 산림 감시원 마틴 데일 소령은 들떠 있는 관광객들에게 곰에 대한 설명을 해 주었다. 그는 서구 세계에서 버팔로나 코디액불곰을 제외하곤 회색 곰을 이길 동물이 없다고 말했다. 하지만 나는 그날 밤, 회색 곰이 숲에서 나와 자신과 함께 빛나는 조명 아래서 음식을 먹는 것을 허락한 유일한 동물을 보았다. 바로 스컹크였다. 회색 곰은 자신의 발로 한 방만 치면 스컹크 하나쯤은 없앨 수 있음을 알고 있었다. 하지만 왜 그렇게 하지 않았을까? 그래 봐야 아무런 득이 될 일이 없다는 것을 경험을 통해 알고 있었기 때문이다.

나 역시 그 사실을 알고 있었다. 미주리 농장에 살던 어린 시절, 나는 일렬로 죽 늘어선 관목들을 따라 덫을 놓아 다리가 넷 달린 스컹크들을 잡았다. 어른이 되어서는 뉴욕 시내의 인도 위에서 다리가 둘 달린 스컹크들과 몇 번 마주친 적이 있다. 나는 쓰디쓴 경험을 통해 다리가 둘이건 넷이건, 어느 쪽이든 자극해 봐야 득이 될 것이 없다는 사실을 깨달았다.

적을 증오하는 것은 곧 그들에게 우리를 지배할 힘을 주는 것과 같다. 우리의 잠, 식욕, 혈압, 건강, 행복을 지배할 힘을 부여하는 것이다. 자신들이 우리를 얼마나 걱정하게 만들고, 괴롭히고, 우리에게 앙갚음하고 있는지를 알게 되면 우리의 적들은 기쁨을 감추지 못할 것이다! 우리의 증오는 그들을 조금도 해치지 않는다. 그것은 오히려 우리의 낮과 밤을 지옥과 같은 혼돈으로 바꿔 놓는다.

다음과 같은 말을 한 사람은 누구일까? "이기적인 사람들이 당신을 기만하려 한다면 그것에 대해 똑같이 되돌려 주려 하지 말고 그저 당신의 명부에서 그들의 이름을 지워 버려라. 당신이 앙갚음하려 하는 순간, 상대방보다 당신 자신을 더 다치게 할 것이기 때문이다." 비현실적인 이상주의자가 한 말처럼 보이지만 이 말은 밀워키 주 경찰청에서 발행한 간행물에 실린 말이다.

남에게 앙갚음하는 것이 어떻게 당신을 다치게 할까? 방법은 다양하다. 〈라이프〉지는 앙갚음이 당신의 건강을 망칠 수도 있다고 경고한다.

고혈압을 갖고 있는 사람들의 주된 성격적 특징은 분노다. 만성화

된 분노에는 만성적인 고혈압과 심장 질환이 뒤따른다.

그러므로 "원수를 사랑하라."라는 예수의 말은 건전한 도덕론에 대한 설교만이 아니었음을 알 수 있다. 그는 20세기 의학에 관해서도 설파했던 것이다. 그가 "일곱 번씩 일흔 번까지라도 용서하라."라고 말했을 때, 그는 당신과 내가 고혈압, 심장 질환, 위궤양, 그 밖의 많은 질병들을 멀리할 수 있는 방법을 알려 준 것이다.

내 친구 중 하나가 최근 심각한 심장 발작을 일으켰다. 담당의는 그녀를 침대에 눕히고 무슨 일이 있어도 절대 화를 내지 말라고 지시했다. 의사들은 심장이 약한 사람의 경우 갑자기 화를 내면 죽을 수도 있다는 것을 알고 있다. 내가 지금 죽을 수도 있다고 말했나? 몇 년 전 워싱턴 주 스포케인의 어느 레스토랑 경영자는 갑작스럽게 화를 내는 바람에 사망에 이르고 말았다. 지금 내 앞에는 워싱턴 주 스포케인 경찰청장 제리 스와타웃으로부터 온 편지 한 통이 있다. 내용은 이렇다.

몇 년 전, 이곳 스포케인에서 카페를 운영하던 68세의 윌리엄 포커버라는 사람이 화 때문에 사망한 일이 있었습니다. 그가 화를 낸 이유는 주방장이 커피를 마실 때 자신의 컵 받침을 썼기 때문이었어요. 그 카페 지배인은 너무나도 분노한 나머지 손에 권총까지 들고 그 주방장을 뒤쫓다가 심장마비로 죽고 말았습니다. 손에는 여전히 권총을 꼭 쥔 채 말이죠. 검시관의 보고서에는 화로 인해 심장 발작이 일어났다고 적혀 있었습니다.

예수가 "원수를 사랑하라."라고 말했을 때, 그는 우리의 외모가 더 나아지는 방법도 말하고 있었다. 당신도 그럴 테지만 나는 얼굴이 증오로 인해 굳어지고 분노 때문에 망가진 여자들을 알고 있다. 이 세상의 그 어떤 미용 기술도 용서, 온화, 사랑하는 마음이 외모를 개선시키는 효과의 절반에도 이르지 못할 것이다.

증오는 심지어 우리가 음식을 맛있게 먹는 능력까지 떨어뜨린다. 성경에 다음과 같은 말이 있다.

> 사랑이 있는 곳에서 채소를 먹는 것이 살찐 소를 먹으며 서로 미워하는 것보다 낫다.

우리 자신의 증오로 인해 지치고 피곤하며, 초조해하고 외모가 망가지며, 심장 질환이 생기고 수명까지 단축될 수도 있다는 사실을 우리의 적이 알게 된다면 손을 비벼 가며 회심의 미소를 짓지 않을까?

적을 사랑하기 힘들다면, 적어도 우리 자신만큼은 사랑하자. 우리 자신을 사랑함으로써 우리의 적들이 우리의 행복, 건강, 외모를 지배하지 못하게 하자. 셰익스피어는 다음과 같이 표현했다.

> 적에 대한 화를 불태우지 마라.
> 그것은 너를 불태울 것이다.

예수가 우리에게 원수를 '일곱 번씩 일흔 번까지라도' 용서하라고 말했을 때 그는 견실한 사업에 대해서도 설파한 것이다. 지금 이 글을 쓰는 내 앞에 놓인, 스웨덴 웁살라 프라데가탄 24번지에 사는 조지 로나가 보낸 편지를 예로 들어 보겠다. 조지 로나는 오스트리아 빈에서 오랫동안 변호사로 일했지만 제2차 세계대전이 일어나 스웨덴으로 피난했다. 무일푼이었기에 일자리가 절실했던 그는 몇 개국의 언어를 구사할 수 있었으므로 수출입과 관련된 일을 하는 회사의 해외 연락 담당 업무를 하고 싶었다. 하지만 대부분의 회사들은 전쟁 중이기 때문에 그런 업무가 필요 없지만 파일에 그의 이름은 적어 놓겠다는 식의 답변을 보내 왔다. 그러나 한 사람만은 조지 로나에게 이렇게 답장을 보냈다.

당신은 제 사업에 대해 잘못 알고 있습니다. 게다가 어리석기까지 합니다. 제게 연락 담당자 같은 것은 필요 없습니다. 필요하다고 해도 당신을 고용하지는 않을 겁니다. 당신은 스웨덴어도 제대로 쓰지 못하니까요. 당신의 편지는 오자투성이입니다.

조지 로나는 그 편지를 읽고 도널드 덕만큼 맹렬하게 화를 냈다. 이 스웨덴 놈이 나보고 스웨덴어도 제대로 모른다고 하다니! 자기가 쓴 편지야말로 실수투성이잖아! 그래서 조지 로나는 그 사람을 화나게 할 작정으로 편지를 썼다. 그러다가 어느 순간 멈추고는 자신에게 말했다. "잠깐 기다려 봐. 이 사람 말이 틀렸다고 어떻게 확신하지? 내가 스웨덴어 공부를 하긴 했지만 내 모국어도 아니니 나도 모르게 실수하고 있을지도 모르잖아. 그렇다면 더 열심히 공부해야 하는 게 맞지. 적어도 일자리를 구하고 싶다면 말이야. 의도하지 않았을 수도 있지만 이 사람은 내게 도움을 준 것일지도 몰라. 이 사람 말투가 마음에는 들지 않지만, 그렇다고 내가 그에게 빚을 졌다는 사실이 달라지지는 않지. 그러니 그에게 고맙다는 편지를 쓰는 게 맞겠네."

그리하여 조지 로나는 헐뜯는 말들을 가득 채워 이미 써 놨던 편지를 찢어 버린 뒤 다음처럼 새로운 편지를 썼다. "연락 담당자가 필요 없음에도 제게 답장을 보내 주신 점 감사합니다. 귀사에 대해 잘못 알고 있었던 점은 사과드립니다. 제가 편지를 보냈던 이유는 귀사의 사업 영역에서 귀사가 선도적인 위치를 차지하고 있다고 알려져 있기 때문이었습니다. 그 편지에서 제가 범한 문법적 실수에 대해서는 미처 알지 못했습니다. 그 점에 대해서는 사과드리고 부끄럽게 생각하고 있습니다. 이제 저는 스웨덴어를 더욱 부단히 공부하고 제 실수를 바로잡기 위해 노력할 것입니다. 저로 하여금 자기계발의 길에 발을 내딛을 수 있도록 도움을 주셔서 감사합니다."

며칠 지나지 않아 조지 로나는 그 사람으로부터 자신을 만나러 와 달라는 편지를 받았다. 그렇게 로나는 일자리를 얻을 수 있었다. 조지 로나는 '부드러운 대답이 분노를 물리친다'는 사실을 스스로 깨달은 것이다.

우리는 원수를 사랑할 수 있을 정도의 성인(聖人)은 아닐지 모른다. 하지만 우리 자신의 건강과 행복을 위해 적어도 그들을 용서하고 잊도록 하자. 그것이 현명하다. 공자는 말했다. "마음에 담아 두지 않는다면, 부당한 대우를 받거나 도둑질 당하는 것은 아무것도 아니다." 언젠가 나는 아이젠하워(Eisenhower) 장군의 아들 존에게 그의 아버지가 다른 이에 대한 원한을 품는 것을 본 적이 있었는지 물었는데, 그는 이렇게 대답했다. "아니요. 아버지는 절대로 당신께서 좋아하지 않는 사람들을 생각하면서 시간을 낭비하지 않으셨습니다."

오래된 속담 중에 '화를 내지 못하는 사람은 미련한 사람이지만 화를 내지 않는 사람은 현명한 사람이다.'라는 것이 있다. 뉴욕 시장이었던 윌리엄 J. 게이너의 정책이 바로 그런 것이었다. 그는 선정적인 신문들로부터 쓰디쓴 비난을 받은 후 한 미치광이가 쏜 총에 맞아 거의 죽을 뻔했다. 사경을 헤매며 병원에 누워 있던 그는 이렇게 말했다. "매일 밤 저는 모든 것, 그리고 모든 사람을 용서합니다."

너무 이상주의적인가? 우아함과 지성의 조화가 지나쳤나? 만일 그렇다면 《염세주의 연구(Studies in Pessimism)》라는 책을 쓴 독일의 위대한 철학자 쇼펜하우어(Schopenhauer)의 의견으로 화제를 돌려 보자. 그는 인생을 무익하고 고통스러운 모험으로 여겼다. 그의 걸음 걸음에서는 우울함이 묻어났다. 하지만 그렇게 깊은 절망에 빠져 있던 쇼펜하우어도 이렇게 외쳤다. "가능한 한 어느 누구에게 조금의 원한이라도 품어선 안 된다."

버나드 바루크는 윌슨, 하딩, 콜리지, 후버, 루스벨트, 트루먼 등 여섯 대통령의 믿음직한 고문관(顧問官)이었다. 언젠가 나는 그에게 적들로부터의 공격 때문에 당황한 적이 있는지 물어보았다. 그러자 그는 다음과 같이 대답했다. "제 자존심을 상하게 하거나 당황하게 할 수 있는 사람은 아무도 없습니다. 제가 그렇게 하게 놔두지 않으니까요."

우리가 그렇게 하도록 놔두지 않는 한, 당신과 나의 자존심을 상하게 하거나 당황하게 만들 수 있는 사람은 아무도 없다.

> 몽둥이와 돌로 내 뼈를 부러뜨릴 수는 있어도
> 말로는 결코 내게 상처를 주지 못한다.

오랜 세월 동안 인류는 원수들에 대해 원한을 품지 않았던 예수 같은 사람들 앞에 촛불을 밝혀 예배해 왔다. 나는 종종 캐나다에 있는 재스퍼 국립공원에 가서 서방 세계에서 가장 아름다운 산으로 꼽히는 에디스 카벨 산을 가만히 바라보곤 한다. 그 산의 이름은 1915년 10월 12일 독일군 총살 집행대 앞에서 성자처럼 죽음을 맞이한 영국인 간호사 에디스 카벨을 기리기 위해 그렇게 지어졌다. 그녀는 무슨 죄를 지었기에 그런 죽음을 맞이했을까? 그녀는 프랑스와 영국의 부상병들을 벨기에에 있는 자신의 집에 숨겨준 뒤 먹이고 치료해 주며, 그들이 네덜란드로 탈출하도록 도와주었다. 10월의 그날 아침, 임종 미사 준비를 위해 영국인 신부가 브뤼셀의 군 교도소 내에 있던 에디스 카벨의 독방에 들어갔을 때, 그녀는 다음과 같은 말을 남겼다.

"나는 애국심만으로는 충분하지 않다는 것을 알고 있습니다. 나는 결코 다른 사람들을 증오하거나 원망하지 않을 것입니다."

이 두 문장은 오늘날까지 화강암과 청동에 새겨져 보존되고 있다. 그녀의 시신은 4년 뒤 영국으로 옮겨졌고 기념식을 거친 뒤 웨스트민스터 사원에 묻혔다. 예전에 1년간 런던에서 지냈을 때, 나는 종종 국립 초상화 전시실 맞은편에 서 있는 에디스 카벨의 동상 앞에 서서 화강암에 새겨진 그녀의 말을 읽곤 했다. "나는 애국심만으로는 충분하지 않다는 것을 알고 있습니다. 나는 결코 다른 사람들을 증오하거나 원망하지 않을 것입니다."

우리의 적들을 용서하고 잊을 수 있는 한 가지 확실한 방법은 우리 자신보다 무한히 큰 어떤 대의에 몰두하는 것이다. 그렇게 되면 그 대의 외에는 아무것도 염두에 없기 때문에 우리에게 닥치는 모욕이나 증오는 큰 문제가 되지 않을 것이다. 그러한 예로 1918년 미시시피의 소나무 숲에서 일어날 뻔했던 매우 극적인 사건 하나를 살펴보자. 그것은 다름 아닌 린치에 관한 사건이었다!

흑인 교사이자 목사였던 로렌스 존스는 린치를 당할 뻔했다. 몇 해 전 나는 그가 설립한 파이니 우즈 컨트리 스쿨을 방문해 학생들 앞에서 강연했던 적이 있다. 지금은 그 학교가 전국적으로 유명하지만 내가 말하려는 그 사건이 일어났을 당시에는 그렇지 않았다. 린치 사건은 제1차 세계대전으로 인해 사람들이 매우 감정적인 시기에 발생했다. 독일군이 흑인들로 하여금 폭동을 일으키도록 자극하고 선동한다는 루머가 중부 미시시피 지역에 돌았다. 내가 이미 언급했듯, 린치를 당할 뻔했던 로렌스 존스는 흑인이었고, 자신의 동족들을 선동해 폭동을 일으키려 한다는 누명을 쓰고 있었다. 교회 앞에 멈춰선 한 무리의 백인들은 그가 신도들을 향해 외치는 소리를 들었다. "인생은 전투입니다. 그 안에서 우리 흑인들은 반드시 무장하고 생존과 성공을 위해 싸워야 합니다."

'전투'와 '무장', 이 두 단어면 충분했다! 교회 밖에 서 있던 흥분한 백인 젊은이들은 말을 타고 밤길을 돌며 사람들을 모아 교회로 돌아왔다. 그러고는 목사를 밧줄로 묶은 뒤 1마일이나 떨어진 곳까지 끌고 가 장작더미 위에 세워 놓고는 성냥에 불을 붙이고 그의 교수형과 화형을 집행할 준비를 했다. 그때 누군가가 소리쳤다. "불을 붙이기 전에 저 빌어먹을 놈의 이야기나 들어 봅시다. 연설! 연설!" 목에 밧줄을 매단 채 장작더미 위에 서 있던 로렌스 존스는 자신의 인생과 자신의 대의에 대해 이야기하기 시작했다. 그는 1907년에 아이오와 대학을 졸업했다. 훌륭한 성품과 뛰어난 학업 성적, 그리고 음악적 재능은 그를 학생들과 교수들 사이에서 유명 인사로 만들었다. 졸업을 하면서 그는 사업을 시작하면 도움을 주겠다는 한 호텔 경영자의 제의는 물론, 음악 공부에 필요한 자금을 지원해 주겠다는 한 부호의 제의도 거절했다.

왜 그랬을까? 그는 미래에 대한 열렬한 비전을 갖고 있었기 때문이다. 흑인 지도자 부커 T. 워싱턴(Booker T. Washington)의 전기를 읽은 그는 가난에 시달리고 교육의 기회를 제공받지 못하는 흑인들을 가르치는 데 자신의 인생을 바치겠다고 마음먹었다. 그리하여 그는 남부에서 가장 발전이 더딘 지역으로 갔다. 바로 미시시피주 잭슨에서 남쪽으로 40킬로미터 떨어진 곳으로 말이다. 그리고 전당포에 시계를 맡기고 받은 1.65달러로 숲 속의 빈 공터에서 나무 그루터기를 책상삼아 학교를 열었다. 로렌스 존스는 그에게 린치를 가하기 위해 기다리고 있던 이 성난 군중에게 학교 교육을 받지 못한 아이들을 교육하느라, 그리고 그들이 훌륭한 농부와 기술자, 요리사, 가정주부가 되도록 가르치느라 고생했던 이야기를 들려주었다. 그는 자신이 파이니 우즈 컨트리 스쿨을 세우는 데 도움을 주었던 백인들에 대한 이야기도 했다. 그 백인들은 그에게 땅, 목재, 돼지, 소, 돈 등 그가 교육하는 데 도움이 될 것들을 주었다.

나중에 누군가로부터 "당신의 목을 매달고 불에 태우려 했던 사람들을 증오하지 않았습니까"라는 질문을 받았을 때, 로렌스 존스는 자신의 대의을 실현하기 위해 너무 바쁘고 그 자신보다 훨씬 더 큰 어떤 것에 너무나도 몰두했기 때문에 증오할 여유조차 없다고 대답했다. "저는 말다툼할 시간도, 후회할 시간도 없습니다. 그리고 아무도 그를 증오할 만큼 저를 경멸스럽게 만들 수도 없습니다."

로렌스 존스가 그 자신이 아닌 그의 대의에 대해 거짓 없는 감동적인 말로 연설하자 폭도들의 마음은 누그러지기 시작했다. 마침내 사람들 속에 있던 남부의 퇴역 군인 한 사람이 말했다. "이 친구가 거짓말하는 것 같지는 않군. 이 친구가 아까 말했던 백인들을 나는 알지. 좋은 일을 하고 있는 사람인데 우리가 실수했네. 이 사람을 목매달 것이 아니라 그를 도와야 해." 그 퇴역 군인은 자신의 모자를 사람들 사이로 돌려 52달러 40센트라는 돈을 모금했다. 파이니 우즈 컨트리 스쿨의 창립자를 목매달기 위해 그곳에 모였던 바로 그 사람들로부터 말이다. 로렌스 존스가 한 말이 바로 이 말이었다. "저는 말다툼할 시간도, 후회할 시간도 없습니다. 그리고 아무도 그를 증오할 만큼 저를 경멸스럽게 만들 수도 없습니다."

1,900년 전 에픽테토스는 "뿌린 대로 거둔다.", "운명은 거의 언제나 우리가 저지른 나쁜 짓에 대한 대가를 치르게 한다."라는 말을 남겼다. 또한 그는 다음과 같이 이야기하기도 했다. "결국 모든 사람은 자신이 저지른 나쁜 짓에 대한 대가를 치르게 된다. 이것을 기억하는 사람이라면 누구에게도 화를 내거나, 분노하거나, 비방하거나, 비난하거나, 감정을 상하게 하거나, 미워하지 않을 것이다."

　아마 미국 역사상 링컨만큼 다른 사람들로부터 비난받고, 미움을 사고, 배신을 많이 당한 사람도 없을 것이다. 하지만 그의 자서전 중에서 최고로 꼽히는 헌든의 자서전에 따르면 "링컨은 절대 자신의 호불호의 감정에 따라 남을 판단하지 않았다. 주어진 역할을 수행함에 있어서는 자신의 적이라 할지라도 다른 사람들과 마찬가지로 잘할 수 있다는 것을 그는 알고 있었다. 자신을 헐뜯었거나 개인적으로 냉대했던 사람이라 해도 그 사람이 그 일의 적임자라고 여겨지면 링컨은 자신의 지지자에게 하는 것만큼이나 기꺼이 그에게 그 자리를 내주었다.…… 링컨은 어떤 사람이 자신의 적이거나 또는 자신이 싫어하는 사람이라는 이유로 그의 자리를 박탈한 적이 한 번도 없었다."

　링컨은 자신이 고위직에 임명한 바로 그 사람들, 즉 맥클레런, 시워드, 스탠턴, 체이스 같은 사람들로부터 비난을 받거나 모욕을 당했다. 하지만 링컨의 법률적 파트너 헌든의 말에 따르면 그는 '자신이 한 일 때문에 칭찬받거나, 자신이 한 일 또는 하지 않은 일 때문에 비난받을 사람은 아무도 없다'고 믿었다. 왜냐하면 '모든 사람은 조건, 상황, 환경, 교육, 후천적 습관, 유전 형질이 만들어 낸 아이들이고, 그런 것들은 사람의 현재와 미래를 결정하기 때문'이다.

링컨이 옳았다. 만약 당신과 내가 우리의 적들과 똑같은 육체적, 정신적, 감정적 특징을 물려받았다면, 그리고 그들의 인생과 우리의 인생이 똑같다면 우리는 그들과 똑같이 행동할 것이다. 다른 행동을 한다는 것은 불가능하다.

다음에 소개될 수(Sioux) 부족 인디언들처럼 다음의 기도를 반복하여 관대한 마음을 갖도록 해 보자. "오, 위대하신 신이여, 제가 다른 사람의 입장이 되기 전에는 그 사람을 판단하거나 비난하지 않도록 해 주소서." 그러니 적들을 미워하는 대신 그들을 동정하고, 그들과 똑같은 삶을 살지 않게 해 주신 하나님께 감사하도록 하자. 적들에 대한 비난과 원한을 쌓아 올리는 대신 그들을 이해하고, 연민을 느끼고, 도움을 주고, 용서하고, 그들을 위해 기도하자.

나는 매일 밤마다 성서를 읽거나 성경에 나온 시편을 암송한 뒤 무릎을 꿇고 '가족 기도문'을 외우는 가정에서 자랐다. 내 귓가에는 아직도 미주리의 외딴 농가에서 내 아버지가 예수의 그러한 말씀들을 읊는 소리가 들리는 것 같다. 예수의 다음과 같은 말은 인간이 예수의 이상을 마음에 품고 사는 한 영원히 반복될 것이다. "네 원수를 사랑하라. 너희를 욕되게 하는 자들을 축복하고 너희를 미워하는 자들에게 선을 행하라. 그리고 너희를 모욕하고 핍박하는 자들을 위해 기도하라."

아버지는 예수의 이런 말씀대로 살려고 노력하셨다. 그리고 그 말씀들은 세상의 우두머리와 왕들이 얻으려고 노력했으나 얻지 못한 마음의 평화를 아버지에게 주었다.

우리에게 평화와 행복을 가져오는 정신 자세를 갖추고 싶다면,

원칙 2

결코 적에게 앙갚음하려 하지 말라.
그것은 적보다 우리 자신을 더 해친다.
아이젠하워 장군이 그랬던 것처럼,
우리가 좋아하지 않는 사람들을 생각하는 데는
1분이라도 낭비하지 말자.

3

감사할 줄 모르는 사람들로 기분이 상할 때

최근 나는 텍사스 주에서 한 사업가를 만났는데, 그는 화가 잔뜩 나 있었다. 그는 자신을 만나면 만난 지 15분도 안 되어 자신이 화난 이유를 듣게 될 것이라고 했는데 실제로 그랬다. 그를 분노하게 만든 그 일은 11개월 전에 일어난 것이었지만 그는 여전히 화를 삭이지 못하고 있었다. 그는 그 일 말고는 다른 어떤 것도 이야기할 수 없었다. 크리스마스 보너스로 서른 네 명의 직원들에게 1만 달러를, 그러니까 한 사람당 약 300달러씩을 나눠 주었는데, 아무도 그에게 고맙다는 말을 하지 않았다는 것이다. 그는 씩씩거리면서 이렇게 말했다. "그들에게 한 푼이라도 줬다는 사실이 후회스럽습니다."

공자는 "성난 사람은 언제나 독으로 가득 차 있다."라고 말했다. 그 사람은 독이 찰 대로 차 있어서 솔직히 불쌍해 보이기까지 했다. 그의 나이는 60세 정도였다. 오늘날 생명보험사들은 우리가 평균적으로 80세에서 현재 나이를 뺀 것의 3분의 2 정도를 조금 넘긴 나이까지 살 것이라 계산한다. 그러니까 이 사람은 운이 좋다면 대략 14년 내지 15년 정도를 더 살 수 있을 것이다. 하지만 그는 이미 자신의 남은 인생 중 거의 1년을 지나간 과거의 일에 대한 비통함과 분개로 허비해 버렸다. 나는 그가 불쌍했다.

그는 분노와 자기연민에 젖어 있는 대신 왜 본인이 감사 인사를 듣지 못했는지 스스로에게 물어봤어야 했다. 어쩌면 그는 직원들의 급료를 충분히 주지 않으면서 일은 과도하게 시켰는지도 모른다. 어쩌면 그 직원들은 그들이 받은 크리스마스 보너스를 일종의 선물이 아닌, 당연히 받아야 할 것으로 여겼을 수도 있다. 혹은 그가 너무 깐깐하고 쌀쌀맞아서 아무도 감히 고맙다고 말할 엄두를 내지 못했을지도 모른다. 또는 직원들은 어차피 세금으로 나갈 돈을 보너스로 받은 것이라고 생각했을 수도 있다.

하지만 다른 한편으로 어쩌면 그 직원들은 이기적이고, 인색하고, 버릇없는 사람들일지도 모른다. 이런 이유 때문일 수도 있고 저런 이유 때문일 수도 있다. 당신이 그 일에 관해 자세히 알지 못하는 것처럼 나도 잘 모른다. 하지만 새뮤얼 존슨(Samuel Johnson) 박사가 했던 말은 알고 있다. "감사하는 마음은 숭고한 수양(修養)의 열매다. 저속한 사람들에게서는 그 열매를 찾을 수 없다."

내가 하고자 하는 말의 요점은 이것이다. 그 사람은 감사를 기대하는, 인간적이고도 괴로운 실수를 범했다. 그는 단지 인간의 본성을 알지 못했던 것이다.

만일 당신이 누군가의 목숨을 구해 주었다면, 당신은 그 사람이 감사할 것이라 생각하는가? 아마 그럴 것이다. 하지만 훗날 판사가 되기 전에 형사사건 전문 변호사로 이름을 날렸던 새뮤얼 라이보비츠는 전기의자에서 죽을 뻔한 사형수 78명의 목숨을 구해 주었다. 당신의 생각에는 그 사람들 중 그를 찾아가 감사 표현을 했거나, 또는 크리스마스 카드라도 한 장 보낸 사람이 몇 명이나 될 것 같은가? 그렇다. 아무도 없었다.

예수는 어느 날 열 명의 나병환자를 치료해 주었다. 하지만 그 환자들 중 몇 명이나 예수를 찾아가 감사를 표현했을까? 단 한 명뿐이었다. 성경의 누가복음을 찾아보라. 예수가 그의 제자들을 돌아보며 물었다. "나머지 아홉은 어디에 있느냐?" 그들은 모두 도망가고 없었다. 고맙다는 말 한마디 없이 사라져 버린 것이다. 하나만 물어보겠다. 왜 당신이나 나는, 혹은 텍사스 주의 그 사업가는 우리가 베푼 작은 친절을 이유로 예수가 받은 감사보다 더 큰 감사를 기대하는 것일까?

돈과 관련된 일에서는 더 그렇다. 이 경우에는 더 절망적이다. 찰스 슈워브(Charles Schwab)는 예전에 은행 소유의 펀드로 주식 투기를 했던 은행원을 구해 준 적이 있다고 내게 말했다. 슈워브는 그 사람이 교도소에 가는 것을 막기 위해 대신 돈을 갚아 주었다. 그 은행원은 고마워했을까? 물론이다. 아주 잠깐 동안은 말이다. 그러다 그는 슈워브에게 적의를 품고 그를 비방하고 비난했다. 본인이 감옥에 가는 것을 막아 준 바로 그 사람을 말이다!

만약 당신이 친척에게 100만 달러를 준다면 그가 고마워하길 바라는가? 앤드류 카네기(Andrew Carnegie)가 바로 그랬다. 하지만 만약 그가 무덤에 잠깐 있다가 돌아왔다면 그를 비난하는 친척을 보고 큰 충격을 받았을 것이다. 왜 그랬을까? 그가 공공자선단체에는 3억 6,500만 달러라는 큰돈을 기부했으면서 그 친척에게는 그의 표현을 빌자면 '겨우 1백만 달러만 주고 땡'이었기 때문이다.

이런 식이다. 인간의 본성은 언제나 그런 것이다. 그리고 아마 당신이 살아 있는 동안 그 본성은 절대로 변하지 않을 것이다. 그러니 그것을 받아들이는 것이 어떨까? 로마 제국을 통치했던 황제들 중 가장 현명한 인물로 꼽히는 마르쿠스 아우렐리우스처럼 인간 본성에 대해 현실적인 사람이 되는 것은 어떻겠는가? 그는 어느 날 자신의 일기에 이렇게 썼다. "나는 오늘 지나치게 수다스러운 사람들과 만날 예정이다. 그들은 이기적이고, 남의 말은 듣지 않으며, 고마워할 줄 모른다. 그러나 나는 놀라거나 당황하지 않을 것이다. 그런 사람들이 없는 세상은 상상할 수 없기 때문이다."

맞는 말이다. 그렇지 않은가? 만일 당신과 내가 감사할 줄 모르는 사람들에 대해 불평하고 돌아다닌다면 누구에게 책임이 있다 할 수 있겠는가? 인간의 본성? 아니면 그것에 대한 우리의 무지? 남들이 우리에게 고마워하기를 기대하지 말자. 그러면 어쩌다 감사의 표현을 받기라도 했을 때 매우 반갑고 놀라울 것이다. 또한 감사 표현을 받지 못하더라도 기분이 상하지는 않을 것이다.

이번 장에서 내가 말하고자 하는 첫 번째 요점이 바로 이것이다. 사람들이 감사하는 것을 잊어버리는 것은 자연스러운 현상이다. 그러므로 다른 사람들이 감사하는 마음을 갖길 기대하는 것은 우리 마음을 아프게 하는 지름길이다.

나는 뉴욕에 사는 한 여성을 알고 있는데, 그녀는 항상 외롭다고 불평을 늘어놓는다. 그녀의 친인척 중 어느 한 명도 그녀에게 선뜻 다가가려 하지 않는 것은 당연하다. 만일 당신이 그녀를 방문한다면 조카딸들이 어렸을 때 그녀가 아이들을 위해 했던 일들에 대한 이야기를 몇 시간이고 듣고 있어야 할 것이다. 그 아이들이 홍역, 볼거리, 백일해에 걸렸을 때 간호했던 이야기, 몇 년 동안이나 그 아이들에게 숙식을 제공한 이야기, 그 아이들 중 한 명이 경영대학원에 가는 데 도움을 줬던 이야기, 나머지 한 아이는 그녀가 결혼하기 전까지 데리고 살았다는 이야기 등을 말이다.

그 조카딸들이 그녀를 만나러 올까? 물론 가끔씩 의무감 때문에 오긴 한다. 하지만 그들은 그런 방문조차 두려워했다. 그들은 몇 시간이고 앉아서 잔소리 아닌 잔소리를 듣고 있어야 한다는 것을 알고 있었다. 그들은 신랄한 불평과 자기연민의 한숨이 끝도 없이 계속되는 지루한 이야기들을 계속 듣고 있어야 할 것이다. 또한 그녀에게는 조카들에게 더 이상 억지로 자신을 찾아오게 해서 야단치고 들볶지 못하게 될 때 사용하는 '비장의 무기'가 있었다. 그것은 바로 심장발작이었다.

그 심장발작은 진짜일까? 그렇다. 의사들의 말에 따르면 그녀는 '신경성 심장'을 갖고 있고, 심계항진(心悸亢進)을 앓고 있다고 했다. 하지만 의사들은 그녀의 질병에 대해 할 수 있는 처방이 아무것도 없다고 말했다. 그녀의 문제는 정신적인 것이었기 때문이다.

이 여성이 진정으로 원하는 것은 사랑과 관심이다. 하지만 그녀는 그것을 '감사하는 마음'이라고 불렀다. 그녀는 사랑과 감사를 강요하고 있기 때문에 절대 그것을 받지 못할 것이다. 그녀는 그것을 당연히 받아야 하는 것으로 생각한다.

그녀처럼 감사할 줄 모르는 사람, 외로움, 무관심 때문에 병을 얻은 여성들은 아주 많다. 그들은 사랑받기를 애타게 원한다. 그러나이 세상에서 사랑받는 것을 기대할 수 있는 방법은 단 한 가지, 즉 사랑을 요구하는 것을 멈추고 아무런 대가 없이 사랑을 쏟아 주는 것뿐이다.

순전히 비현실적이고 관념적인 이상주의처럼 들리는가? 그렇지 않다. 이건 상식이자 우리가 그토록 원하는 행복을 얻기 위한 훌륭한 방법이다. 나는 확실히 알고 있다. 바로 내 가족 중에서도 그런 경우가 있었기 때문이다. 나의 어머니와 아버지는 기쁨을 위해 다른 사람들에게 도움을 베풀었다. 우리는 가난했고 항상 빚에 쪼들리며 살았다. 그러나 가난한 살림에도 아버지와 어머니는 매년 어떻게 해서든 고아원에 돈을 보냈다. 아이오와 주 카운실블러프스에 있는 '크리스천 홈'이라는 곳이 그곳이다. 어머니와 아버지가 직접 그곳을 방문한 적은 한 번도 없다. 편지 말고는 아마 아무도 부모님의 기부에 대해 고맙다고 인사한 적이 없을 것이다. 하지만 아버지 어머니는 훌륭한 보답을 받았다. 기부에 대한 감사의 표현이 돌아오길 바라거나 기대하지 않고 어린아이들을 돕는다는 기쁨을 느꼈기 때문이다.

나는 집을 떠난 뒤, 매년 크리스마스에 아버지와 어머니 앞으로 수표를 보내 드리곤 했다. 당신들을 위한 소박한 사치라도 좀 누려 보시라고 말이다. 하지만 부모님이 그러셨던 적은 거의 없었다. 크리스마스 전에 집에 갈 때면 아버지께서는 자식은 많은데 음식이나 연료를 살 돈이 없는 '과부댁'에 주려고 사신 석탄과 식료품에 대해 말씀하시곤 하셨다. 그 선물들 덕에 부모님이 얻은 기쁨, 그것은 어떠한 보답도 기대하지 않은 베풂의 기쁨이었다.

나는 아리스토텔레스가 묘사한 이상적인 인간에 거의 딱 들어맞는 사람이 바로 아버지가 아니었나 생각한다. 이상적인 인간은 가장 행복할 자격이 있는 사람이다. 아리스토텔레스는 말했다. "이상적인 인간은 다른 사람들을 위한 호의를 베풀어 기쁨을 얻는다. 그러나 그는 다른 사람들이 그에게 호의를 베푸는 것을 부끄럽게 여긴다. 왜냐하면 친절을 베푸는 것은 우월함의 상징이지만 그것을 받는 것은 열등함의 상징이기 때문이다."

이번 챕터에서 내가 말하고자 하는 두 번째 요점은 이것이다. 행복하길 원한다면 다른 사람이 그것에 감사해하는지 아닌지를 생각하지 말고, 베푸는 것에서 얻는 내적 기쁨을 위해 베풀자.

수천 년 동안 부모들은 자신의 자녀들이 부모에 대한 은혜를 모른다는 생각에 머리를 쥐어뜯어 왔다. 심지어 셰익스피어의 리어 왕도 "고마워할 줄 모르는 아이를 갖는다는 것은 뱀의 이빨보다 날카롭구나!"라고 말하지 않았는가.

하지만 우리가 아이들에게 감사하라고 가르치지 않을 경우, 아이들이 감사해야 하는 이유가 무엇이겠는가? 감사하지 않는 것은 잡초만큼이나 자연스러운 것이다. 감사하는 마음은 한 송이 장미와 같아서 양분과 물을 줘야 하고 가꾸며 사랑하고 보호해 줘야 피어난다.

만일 우리의 아이들이 고마워하지 않으면 누구를 욕해야 하는

가? 아마 우리일 것이다. 다른 사람에게 감사하는 마음을 표현해야 한다고 아이들을 가르치지 않은 우리가 어떻게 아이들이 우리에게 감사하는 마음을 갖길 기대할 수 있겠는가?

시카고에 사는 내가 아는 한 남자는, 두 의붓아들들이 자신에게 고마워할 줄 모른다고 불평할 만한 이유를 갖고 있다. 그는 상자를 만드는 공장에서 뼈 빠지게 일했지만 1주일에 40달러 이상 버는 때가 좀처럼 거의 없었다. 그는 아들 둘이 있는 한 과부와 결혼했고, 그녀는 그에게 돈을 빌리게 한 뒤 그 돈으로 두 아들을 대학에 진학시켰다. 그가 버는 주급 40달러는 음식과 옷, 연료를 사고 집세를 내는 것은 물론 빌린 돈을 갚아 나가는 데 써야 했다. 그는 4년간 아무런 불평 없이 노예처럼 일하면서 그렇게 살았다.

과연 그가 고맙다는 말 한마디라도 들어 보았을까? 전혀 아니었다. 그의 아내는 그런 일들을 모두 당연하다고 여겼고, 아들들 역시 마찬가지였다. 그들은 본인들이 의붓아버지에게 신세를 졌다는 생각은커녕 고맙다는 생각조차도 해 본 적이 없었다.

누구를 욕해야 하는가? 두 아들? 맞다. 하지만 더 큰 책임은 그들의 어머니에게 있었다. 그녀는 이제 인생을 막 시작하는 두 아이들에게 '채무 의식'으로 부담을 주는 것을 부끄럽게 여겼다. 아들들이 인생을 '빚진 상태로 시작하는 것'을 원치 않았던 것이다. 그래서 그녀는 "너희들이 대학까지 가도록 도와주셨으니 아버지는 얼마나 대단한 분이시니!"와 같은 말을 하는 것은 상상조차 하지 않았다. 대신 그녀는 이런 태도를 취했다. "아버지라면 최소한 이 정도는 해 줘야 하는 것 아니겠니?"

그녀는 자신이 아이들을 아낀다고 생각했다. 하지만 사실 그녀는 아이들로 하여금 자신들을 돌봐 줘야 하는 것은 세상이라는 위험한 생각을 갖게 한 채 삶의 현장에 보내고 있었다. 실제로 그 생각은 위험한 것이었다. 두 아들 중 하나가 고용주에게 자신의 말로는 '돈을 빌리려고' 하다가 끝내 감옥에 갔기 때문이다!

우리의 아이들은 반드시 우리가 가르치는 대로 자란다는 사실을 기억해야 한다. 나의 이모 비올라 알렉산더의 경우가 그 예에 해당한다. 미니애폴리스의 웨스트 미네하하 파크웨이 144번지에 사는 이모는 아이들이 고마워하지 않는다고 불평할 만한 이유가 전혀 없는 여성의 대표적인 본보기라 할 수 있다. 내가 어렸을 때, 비올라 이모는 자신의 친정어머니와 시어머니를 집으로 모셔 와 사랑으로 돌봐 드렸다. 나는 아직도 눈을 감으면 연세 지긋한 그 두 분이 비올라 이모 집 벽난로 앞에 앉아 계시던 모습이 생생하게 떠오른다. 그 두 분은 비올라 이모에게 '성가신 존재'였을까? 내 생각에 가끔은 그랬을 것 같다. 하지만 이모의 태도에서는 절대 그런 것이 느껴지지 않았다. 그녀는 두 분을 사랑했다. 그녀는 그분들을 아주 소중히 대했고, 그분들이 원하시는 것을 다 들어주면서 편안한 마음으로 지내시도록 해 드렸다. 게다가 비올라 이모에게는 아이들이 여섯이나 있었다. 하지만 이모는 그 두 분을 집에 모시고 있다 해서 그것이 특별히 고상한 일이라거나 어떤 칭찬을 받을 일이라고는 생각하지 않았다. 이모에게 있어 그것은 자연스러운 일, 옳은 일, 자신이 원하는 일이었을 뿐이다.

지금 비올라 이모는 어떻게 살고 계실까? 남편을 잃고 홀로 20년이라는 세월을 보낸 이모에게는 장성한 다섯 아이들이 있다. 각각 가정을 꾸린 그 아이들은 모두 이모를 자기 집에 모시겠다고 야단이다. 이모의 자녀들은 모두 이모를 좋아한다. 그들은 정말로 이모를 소중히 여겼다. 감사하는 마음 때문일까? 그럴 리가! 그것은 사랑, 순전히 사랑 때문이다. 그들은 어린 시절 내내 온정과 눈부신 인정 속에서 숨 쉬고 살았다. 이제 상황이 바뀌었으니 그들이 받은 사랑을 돌려주는 것은 전혀 놀라울 일이 아니지 않은가?

그러므로 아이가 고마움을 알게 키우려면 우리가 먼저 다른 사람에게 고마워할 줄 아는 사람이 되어야 한다는 것을 기억하자. 그리고 "아이들은 귀가 밝다."라는 말을 명심해서 우리가 하는 말에 주의하자. 다른 누군가의 친절을 깎아 내리고 싶더라도 아이들이 보는 앞이라면 일단 멈추자. "수 언니가 크리스마스 선물로 보내 준 이 행주들 좀 봐라. 직접 만들었대. 하여간에 1원 한 푼도 안 쓰려고 한다니까!"라는 식으로는 절대로 이야기하지 말자. 우리에게는 별것도 아닐 이런 이야기지만 아이들은 유심히 듣고 있다. 그러니 대신 이렇게 말해 보자. "수 언니가 크리스마스 선물로 이 행주들을 만드느라 얼마나 애썼을까? 참 좋은 분이지? 지금 바로 고맙다는 편지를 써 보자꾸나." 그러면 우리의 아이들은 무의식적으로 칭찬과 감사의 습관을 익히게 된다.

감사할 줄 모르는 사람들에 대해 분노하거나 기분을 상하고 싶지 않다면,

원칙 3

1. 감사할 줄 모른다고 분노하지 말고 아예 그런 기대를 갖지 말라. 예수는 하루에 열 명의 나병 환자를 고쳐 주었지만 그중 오직 한 명만이 감사했음을 기억하자. 우리가 예수보다 더 많은 감사를 받아야 할 이유가 있는가?

2. 행복을 찾는 유일한 길은 감사를 받을 것이라 기대하는 것이 아니라 베푸는 것에서 오는 즐거움 때문에 베푸는 것이다.

3. 감사에는 '교육되는' 특징이 있다는 것을 기억하자. 따라서 자녀들이 감사하는 사람이 되기를 원한다면, 그들에게 감사하는 법을 가르쳐야 한다.

4

백만 달러를 준다면,
지금 가진 것을 포기하겠는가

나는 헤럴드 애버트와 오랫동안 알고 지냈다. 미주리 주 웹시티 사우스매디슨 가 820번지에 살고 있는 그는 내 강의 스케줄을 잡아 주는 사람이었다. 어느 날 우리는 캔자스시티에서 만났고 그는 나를 미주리 주 벨튼에 있는 농장까지 차로 태워 주었다. 그렇게 차를 타고 오는 동안 나는 그에게 걱정을 멀리하는 방법에 대해 물었고 그는 내가 결코 잊지 못할 이야기를 들려주었다.

그는 말했다. "저는 걱정이 많은 사람이었습니다. 하지만 1934년 봄의 어느 날, 웹시티의 웨스트도허티 거리를 걷던 저는 제 모든 걱정들을 사라지게 만든 광경을 목격했습니다. 그것은 10초 동안에 일어난 일이었지만 그 10초 동안 저는 인생을 살아가는 방법에 대해 이전 10년 동안 배웠던 것보다 더 많은 것을 배울 수 있었습니다. 저는 2년 동안 웹시티에서 식료품점을 운영했습니다. 하지만 저축했던 돈을 다 잃고 7년 동안 갚아야 할 빚도 지게 되었지요. 제가 운영했던 식료품점은 그 일이 일어나기 전 주 토요일에 문을 닫

있습니다. 그래서 저는 캔자스시티로 가서 일자리를 구해 보려고 머천트 앤드 마이너 은행에 대출을 받으러 가던 중이었습니다. 저는 피폐한 사람처럼 길을 걷고 있었습니다. 투지나 확신도 모두 잃은 상태였죠.

그러다 갑자기 길을 내려오고 있는 한 사람을 보게 되었습니다. 그 사람에게는 다리가 없었습니다. 그는 롤러스케이트 바퀴를 단 작은 나무판에 앉아 있었는데, 양손에 쥔 나무토막으로 땅바닥을 밀며 앞으로 나아갔습니다. 그는 길을 건너 인도의 턱을 오르기 위해 스스로 몸을 들어올리기 시작했습니다. 그가 타고 내려온 작은 나무판을 기울이는 순간 저는 그와 눈이 마주쳤습니다. 그는 당당한 미소로 제게 인사했습니다. '안녕하세요. 날씨 좋죠?' 그는 기운찬 목소리로 말했습니다. 서서 그를 보고 있던 저는 제가 얼마나 부유한 사람인지 깨달았습니다. 저는 두 다리가 있었고, 걸을 수도 있었습니다. 자기연민에 빠져 있던 제가 부끄러웠습니다. 다리가 없이도 행복하고 자신감을 가질 수 있다면 다리가 있는 저 역시 분명 그럴 수 있다고 저 자신에게 말했습니다. 그러자 가슴이 마구 부풀어 오르는 것 같았습니다. 원래 저는 머천트 앤드 마이너 은행에서 100달러만 대출받으려고 마음먹고 있었지만, 200달러를 대출해 달라고 말할 용기도 생겼습니다. 원래 캔자스시티에 가서 일자리를 구하고 싶다고 말할 생각이었지만 이제는 일자리를 구하러 캔자스시티에 간다고 자신 있게 말했습니다. 저는 대출도 받았고 일자리도 구했습니다. 요즘 저는 다음과 같은 구절을 화장실 거울에 붙여 놓고 매일 아침 면도할 때마다 읽어 봅니다.

신발이 없어서 우울했다.

길에서 다리가 없는 사람과 마주치기 전까지는.

언젠가 나는 미국 전투기 조종사였던 에디 리켄베커(Eddie Rickenbacker)에게 21일 동안 태평양 한가운데에서 아무런 희망도 없이 구명보트에 의지해 표류하고 있었을 때 얻은 가장 큰 교훈이 무엇인지 물어보았다. 그는 이렇게 말했다. "그 경험을 통해 제가 얻은 가장 큰 교훈은, 마시고 싶을 때 마실 수 있는 맑은 물과 먹고 싶을 때 먹을 수 있는 음식을 가졌다면 그 어떤 것에 대해서도 절대 불평해선 안 된다는 것입니다."

〈타임〉지는 과달카날 섬에서 부상을 입은 하사관에 대한 기사를 실었다. 포탄 파편에 목을 다친 이 하사관은 무려 일곱 차례의 수혈을 받았다. 그는 글로 적어 의사에게 물었다. "제가 살 수 있나요?" 의사는 "물론입니다."라고 대답했다. 그는 두 번째 질문을 적었다. "제가 말을 할 수 있을까요?" "물론입니다." 그러자 그는 또 다른 글을 적었다. "그렇다면 도대체 내가 지금 뭘 걱정하고 있는 거지?" 지금 당장 스스로에게 이렇게 물어보는 것은 어떤가? "도대체 나는 지금 뭘 걱정하고 있는 걸까?" 아마 당신이 걱정하고 있는 것은 비교적 중요하지 않고 사소한 것이라는 사실을 알게 될 것이다.

우리의 삶에서 90퍼센트는 정상적인 것이고 문제가 있는 것은 10퍼센트 정도다. 우리가 행복해지길 원한다면 문제가 있는 10퍼센트는 무시하고 정상적인 90퍼센트에 집중하기만 하면 된다. 걱정하고 괴로워하고 위궤양에 걸리고 싶으면 영광에 넘치는 90퍼센트는 무시하고 문제가 있는 10퍼센트에 집중하면 된다.

영국의 수많은 청교도적 교회들에는 '생각하라. 그리고 감사하라.'라는 글이 새겨져 있다. 이 말은 우리 마음속에도 새겨 두어야 한다. '생각하라. 그리고 감사하라.' 우리가 감사해야 할 모든 것들에 대해 생각하고 우리가 입은 혜택과 은혜에 대해 하나님께 감사하라.

《걸리버 여행기(Gulliver's Travels)》의 작가 조너선 스위프트(Jonathan Swift)는 영문학 역사상 가장 지독한 염세주의자였다. 그는 자신이 세상에 태어난 것을 비참하게 생각하여 생일에 검은 옷을 입고 단식을 했다. 그러나 그런 절망 속에서도, 이 영국 문학사상 최고 염세주의자는 명랑과 행복이 건강을 증진시키는 가장 위대한 힘을 가졌다고 칭송했다. 그는 이렇게 단언했다. "이 세상 최고의 의사는 식이요법 선생, 평온함 선생, 광대 선생이다." 당신과 나는 우리가 가진 놀라운 부에 집중함으로써 하루 매 시간 공짜로 '광대 선생'의 도움을 받을 수 있다. 우리가 가진 부는 알리바바가 거짓으로 지어낸 보물보다 훨씬 크다. 당신은 10억 달러에 양쪽 눈을 팔겠는가? 두 다리를 팔고 얼마를 받을 것인가? 두 손은? 귀는? 당신의 아이들은? 당신의 가족은? 당신의 자산을 다 합쳐 보면 당신이 가진 것들이 록펠러, 포드, 모건의 재산을 다 합친 것과도 바꿀 수 없는 것들임을 알게 될 것이다.

하지만 우리는 우리가 가진 것들에 대해 감사하고 있는가? 그렇지 않다. 쇼펜하우어는 이렇게 말했다. "우리는 우리가 가진 것에 대해서는 거의 생각하지 않고 항상 우리에게 없는 것을 생각한다."

그렇다. '우리가 가진 것에 대해서는 거의 생각하지 않고 항상 우리에게 없는 것을 생각'하는 풍조는 세상에서 가장 큰 비극이다. 그것은 역사에 남은 모든 전쟁과 질병들보다도 더 큰 재난을 야기했을 것이다. 그러한 풍조는 존 팔머가 '괜찮은 친구에서 불평 많은 노인네'로 변하고 집안에서 거의 폐인이 되다시피 하는 원인이 되었다. 내가 그 사실을 아는 이유는 그가 그렇게 말했기 때문이다. 팔머는 뉴저지 주 패터슨 19번가 30번지에 살고 있다. 그는 이렇게 말했다.

"군 제대 후 얼마 지나지 않아 저는 사업을 시작했습니다. 밤낮을 가리지 않고 열심히 일했죠. 모든 일이 잘 풀렸습니다. 그러다가 문제가 생기기 시작했어요. 부품과 재료를 구할 수 없게 된 겁니다. 사업을 그만둬야 하는 것은 아닌지 걱정되었습니다. 과도한 걱정으로 인해 저는 꽤 괜찮은 친구에서 불평 많은 노인네로 변했습니다. 당시에는 알지 못했지만 지금 와서 생각해 보면, 너무 심술궂고 신경질적인 사람이 되어 버린 탓에 저는 행복한 가정을 잃을지도 모르는 상황에까지 가 있었습니다.

그러던 어느 날 같이 일하던, 젊지만 장애를 가지고 있었던 퇴역 군인이 말했습니다. '조니, 당신은 부끄러운 줄 아세요. 마치 이 세상에서 괴로움을 가진 사람은 당신밖에 없는 것처럼 구는군요. 가령 가게 문을 당분간 닫아야 한다고 가정해 봐요. 그게 뭐 큰일인가요? 사정이 좋아지면 다시 시작할 수 있잖아요. 당신에게는 감사해야 할 일들이 아주 많아요. 그런데도 당신은 항상 투덜대잖아요. 이봐요, 내가 당신 입장이었다면 정말 좋겠네요. 나를 보세요. 팔도 하나밖에 없고 얼굴의 반은 사라졌죠. 그런데도 나는 불평하지 않아요. 계속 불평하고 투덜거린다면 당신의 사업뿐 아니라 건강, 가정, 친구들도 잃게 될 거예요!' 나는 그 말을 들은 즉시 습관처럼 불평하던 태도를 고쳤습니다. 그 말 덕분에 저는 제가 그동안 얼마나 유복하게 살았는지 깨달았습니다. 저는 즉시 그 자리에서 변하고자 결심했고 제 예전 모습을 되찾기로 마음먹었습니다. 그리고 실제로 그렇게 했습니다."

내 친구 중에 루실 블레이크라는 사람이 있다. 그녀는 자기가 가지지 못한 것을 걱정하는 대신 이미 갖고 있는 것만으로도 행복해질 수 있다는 사실을 배우기 전까지는 비극적인 사건에 빠질 위기에 처해 있었다. 나와 루실은 오래전 컬럼비아 대학 언론대학원에서 단편소설 쓰는 법을 공부하던 때에 만났다. 9년 전 그녀는 충격적인 일을 겪었다. 그녀는 당시 애리조나 주 투산에 살고 있었다. 이제부터 그녀가 내게 해 준 이야기를 들어보자.

"나는 정신없이 바쁘게 살고 있었어. 애리조나 대학에서 정부 조직에 대해 배우던 중이었고, 시내에 있는 언어장애교정소에서 강사로 일했고, 내가 머물고 있던 데저트 윌로우 목장에서는 음악 평론 수업에서 교습도 했거든. 밤에는 파티, 무도회, 승마 모임 같은 곳에 참여했지. 그러다 어느 날 아침 나는 쓰러지고 말았어. 심장에 문제가 있었던 거야. 의사는 이렇게 말했어. '전적으로 안정을 취하면서 1년 정도 침대에 누워 있어야 합니다.' 의사는 내가 회복될 수 있다고 믿을 용기도 주지 않았어.

1년 동안 침대에만 있으라니! 환자가 되다니. 어쩌면 죽을 수도 있었어. 왜 이런 일이 내게 일어났지? 내가 무슨 잘못을 했다고? 나는 울고 또 울었어. 나는 괴로운 마음에 매사에 반항적이었지. 하지만 의사의 권고대로 침대에 누워 지냈어. 내 이웃 중에 루돌프라고 예술을 하는 사람이 있는데, 내게 이렇게 말하더군. '당신이 지금 그렇게 침대에 누워 1년을 보내는 것이 비극이라고 생각되겠죠. 하지만 그렇지 않을 거예요. 당신 자신에 대해 생각하고 자신을 알아가는 시간이 될 수 있을 테니까요. 당신의 이전 삶을 다 합친 것보다 앞으로의 몇 달 동안 당신은 정신적으로 더욱 성숙해질 거예요.'

나는 마음을 가라앉히고 새로운 가치를 찾기 위해 노력했어. 영감을 주는 책도 여러 권 읽었지. 어느 날 라디오 방송에서 진행자가 이런 하는 말을 듣게 됐어. '여러분은 여러분 자신 안에 있는 의식만을 표현할 수 있습니다.' 이런 말은 전에도 여러 번 들어봤지만 그제야 마음에 와 닿아 뿌리를 내렸어. 나는 생활의 지침으로 삼을 생각들만 하기로 결심했지. 기쁜 생각, 행복, 건강 같은 것들 말이야. 매일 아침 일어나자마자 내가 감사해야 할 것들을 떠올려 보려고 노력했어. 고통이 없는 것, 사랑스러운 딸, 시력, 청력, 라디오에서 흘러나오는 아름다운 음악, 책 읽을 시간이 있다는 것, 맛있는 음식, 좋은 친구들. 나는 너무나 기분이 좋았어. 그리고 나를 찾아와 주는 사람들이 많아서 의사는 정해진 시간 내에, 한 번에 한 명의 방문객만 허락한다는 말이 쓰인 종이를 병실 앞에 붙여 놓았지.

그로부터 9년이라는 세월이 흐른 지금, 나는 지금 알차고 활기찬 삶을 살고 있어. 지금은 침대에서 보낸 그날들에 대해 너무나도 감사해하고 있지. 애리조나에서 보낸 그때가 가장 소중하고 행복한 시간이었어. 매일 아침마다 내가 감사해야 할 것들을 헤아리던 습관은 아직도 남아 있어. 그건 나의 가장 소중한 재산 중의 하나야. 내가 죽을 거라는 두려움에 빠지고 나서야 살아가는 법을 배우게 됐다는 사실이 부끄러워."

사랑하는 내 친구 루실 블레이크. 너는 몰랐겠지만, 새뮤얼 존슨 박사가 200년 전에 배웠던 것과 똑같은 교훈을 너도 얻은 거란다. 존슨 박사는 이렇게 말했다. "모든 사건의 가장 좋은 점을 보는 습관이 1년에 수천 파운드를 버는 것보다 더 가치 있다." 위의 말은 낙천주의에 관한 전문가가 한 말이 아니라 20년 동안 근심, 가난, 굶주림을 경험한 뒤 마침내 당대 최고의 작가, 그리고 고금을 통틀어 가장 이름 높은 화술가가 된 한 사람이 한 말임을 알아 두기 바란다.

로건 피어설 스미스(Logan Pearsall Smith)는 커다란 지혜를 다음과 같이 몇 개의 단어로 압축했다. "인생의 목표로 삼아야 할 두 가지가 있다. 하나는 당신이 원하는 것을 얻는 것이고, 다른 하나는 그것을 즐기는 것이다. 가장 현명한 사람만이 두 번째 것을 성취할 수 있다." 부엌에서 설거지하는 일조차 감동적인 경험으로 만드는 법을 알고 싶은가? 그렇다면 보길드 달(Borghild Dahl)이 쓴 책들 중 무한한 용기에 관한 영감을 불러일으키는 책을 읽어 보라. 그 책의 제목은 '나는 보기를 원했다(I Wanted to See)'다. 이 책은 실제로 50년 동안 앞을 보지 못한 한 여성이 썼다는데, 그녀는 책에서 이렇게 말했다. "나는 눈이 하나밖에 없었는데 그마저도 심한 상처로 뒤덮여 있어 눈 왼쪽에 난 작은 틈으로 보는 것이 내 시야의 전부였다. 책을 보려면 거의 얼굴에 책을 붙이다시피 하고 눈을 최대한 왼쪽으로 돌려야만 했다."

하지만 그녀는 동정을 받거나 '특별한 사람'으로 여겨지는 것을 거부했다. 어렸을 때, 그녀는 다른 아이들과 돌차기 놀이를 하며 놀고 싶었지만 표적을 볼 수 없었다. 그래서 다른 아이들이 집으로 간 뒤에도 놀이터에 남아 눈에 표적을 익히기 위해 눈을 줄에 가까이 대고 기어 다녔다. 그녀는 친구들과 놀았던 놀이터 구석구석을 모두 기억해 두었고 곧 뜀박질 놀이의 달인이 되었다. 그녀는 집에서 책을 읽었는데, 큰 활자로 인쇄된 책에 눈을 얼마나 가까이 댔는지 속눈썹이 닿을 정도였다. 그녀는 미네소타 대학의 문학사 학위와 컬럼비아 대학의 인문과학 석사 학위 등 두 개의 학위를 갖고 있다.

그녀는 미네소타 주 트윈 벨리라는 작은 마을에서 학생들을 가르치는 것으로 시작해 사우스다코타 주 수폴즈에 있는 아우구스타나 대학의 언론학 및 문학 교수가 되었다. 그곳에서 13년 동안 학생들을 가르치며 그녀는 여성들을 위한 모임에서 강의를 하거나 라디오 방송에 출연해 책이나 작가에 대한 대담을 진행했다. 그녀는 이렇게 기록했다. "내 마음 한 구석에는 항상 시력을 완전히 상실하는 것에 대한 두려움이 있었다. 그것을 극복하기 위해 나는 삶에 대해 거의 법석을 떤다 싶을 정도로 명랑한 태도를 취했다."

그리고 그녀가 52세가 되던 1943년, 기적 같은 일이 일어났다. 그 유명한 메이요 클리닉에서 수술을 하게 된 것이다. 지금 그녀는 이전보다 40배나 더 잘 볼 수 있게 되었다. 흥미진진하고 아름다운 신세계가 그녀 앞에 펼쳐진 것이다. 이제 그녀는 부엌에서 설거지하는 것조차도 감동적이라는 것을 알게 되었다. 그녀의 책에는 다음과 같은 말이 나온다. "나는 개수대 안에 있는 솜털 같은 비누거품과 놀이를 시작한다. 두 손을 그 속에 넣어 보고 작은 비눗방울 한 알을 집는다. 거품에 빛을 비춰 보면 비눗방울 하나하나에 작은 무지개처럼 찬란한 색이 빛나는 것을 볼 수 있다."

그녀는 부엌 싱크대 위에 있는 창문을 통해 '빽빽하게 내리는 눈 사이로 날아가는 제비의 퍼덕거리는 날갯짓'을 본다. 그런 비누 거품과 제비들을 보며 너무나 큰 황홀감을 얻게 된 그녀는 다음과 같은 말로 자신의 책을 마무리한다. "나는 낮은 목소리로 말한다. '주여, 하늘에 계신 우리 아버지여, 감사합니다. 감사합니다.'" 설거지를 할 수 있고, 거품에서 무지개를 볼 수 있고, 내리는 눈 사이로 제비가 날아가는 것을 볼 수 있다는 이유로 신에게 감사한다고 상상해 보라! 당신과 나는 부끄러워 해야 한다. 우리는 그동안 인생의 하루하루를 아름다운 요정의 나라에서 살아왔다. 하지만 우리는 눈이 멀어 그것을 볼 수 없었고, 그것을 즐기기에는 너무 만족하며 살았다.

걱정을 멈추고 제대로 된 삶을 살고 싶다면,

원칙 4

**당신이 안고 있는 문제 대신,
받고 있는 축복을 헤아려 보라.**

5
자기 자신을 발견하고
그 모습대로 살아라 당신은 세상에서
유일무이한 사람임을 명심하라

나는 노스캐롤라이나 주 마운트에어리에 사는 이디스 올레드 부인으로부터 한 통의 편지를 받았다. 편지 내용은 다음과 같다.

"저는 어렸을 때 심할 정도로 예민하고 소심한 성격이었습니다. 항상 몸무게가 많이 나갔는데 통통한 볼 때문에 더 뚱뚱해 보였죠. 구시대적 사고방식을 갖고 계셨던 어머니는 예쁜 옷을 만드는 것을 어리석은 짓이라고 생각하셨습니다. 어머니는 항상 이렇게 말씀하셨어요. '헐렁한 옷은 입을 수 있어도 작은 옷은 입으면 찢어진다.' 그리고 그 말씀에 따라 옷을 지어 입히셨습니다. 저는 파티에 간다거나 즐겁게 놀아 본 적도 없었어요. 학교에서 다른 아이들과 어울려 밖에서 놀지도 않았고요. 심지어 체육 시간에도 말이에요. 병이다 싶을 정도로 소심했죠. 저는 제가 다른 사람들과 '다른' 사람이고 다른 이들에게 불쾌감을 주는 사람이라고 생각했습니다.

성인이 된 저는 저보다 나이가 많은 한 남자와 결혼을 했습니다. 하지만 저는 변하지 않았죠. 시댁 식구들은 침착하고 자신감 있는 사람들이었는데 그들은 제가 했어야만 하는, 그러나 그럴 수 없었던 모습의 전형이었습니다. 그들을 닮아 보려고 최선을 다했지만 그렇게 될 수 없었습니다. 그들이 저를 끄집어내려 할수록 저는 더욱 더 제 안으로 파고 들어갔습니다. 저는 신경질적이고 쉽게 화를 냈죠. 친구들도 만나지 않았습니다. 초인종이 울리는 소리조차 두려웠으니까요. 저는 실패자였어요. 남편이 이 사실을 알게 되는 것도 두려웠어요. 그래서 사람들 앞에서는 항상 쾌활한 척하려고 애썼고 과장된 행동을 했습니다. 그러고 나면 며칠간은 비참한 기분이 들곤 했어요. 너무나도 비참한 나머지 제 존재를 이어 가야 할 목적을 찾을 수가 없었죠. 자살을 생각하기 시작한 겁니다."

무슨 일이 일어났기에 이 불행한 여성의 삶이 변했을까? 그저 우연한 말 한마디였다! 올레드 부인의 편지는 다음과 같이 이어진다.

우연한 말 한마디가 제 인생을 송두리째 바꿔 놓았습니다. 시어머니는 어느 날 당신이 아이들을 키운 이야기를 들려주시며 이렇게 말씀하셨습니다. '무슨 일이 있어도 난 언제나 아이들에게 있는 그대로의 모습으로 살라고 가르쳤단다.' '있는 그대로의 모습!' 바로 이 말이었어요. 그 말을 듣자마자 저의 비참함은 제가 자초한 것이었음을 깨닫게 되었습니다. 저는 제게 맞지 않는 모양에 저를 맞추려고 했던 것이었습니다.

저는 하룻밤 사이에 바뀌었습니다. 있는 그대로의 모습으로 살기 시작한 겁니다. 저 자신의 성격에 대해 깊이 생각하고 저 자신이 누구인지 알기 위해 노력했죠. 그리고 제가 가진 장점을 생각해 냈습니다.

저는 할 수 있는 한 모든 색상과 스타일에 대해 공부했고 제게 맞는다고 생각되는 옷을 입었습니다. 친구를 사귀기 위해 노력했고, 모임에도 참여했습니다. 처음에는 작은 모임이었는데, 다른 사람들이 제게 뭔가를 시켰을 때는 두려움에 몸이 굳기도 했어요. 하지만 사람들 앞에서 말을 할 때마다 조금씩 용기를 얻게 되었습니다. 그렇게 되기까지는 오랜 시간이 걸렸지만 오늘날 저는 그전에는 상상할 수도 없었던 행복을 느끼고 있습니다. 아이들을 기르면서도 저는 항상 그 쓰라린 경험을 통해 얻은 교훈을 아이들에게 가르칩니다. 무슨 일이 있어도, 항상 네 있는 모습 그대로 살아라!

제임스 고든 길키(James Gordon Gilkey) 박사는 자기 모습 그대로 살고자 하는 문제는 "역사만큼이나 오래되었고 인간의 삶만큼이나 보편적인 것"이라고 말했다. 있는 그대로의 모습대로 살지 않으려는 문제는 수많은 노이로제와 정신병과 열등감 뒤에 있는 숨은 원인이다. 유아 교육을 주제로 열세 권의 책을 내고 신문과 잡지에 무수히 많은 글을 쓴 안젤로 패트리(Angelo Patri)는 이렇게 말한다. "자신이 가진 몸과 마음이 아닌 다른 누군가가 되기를 바라는 사람보다 불행한 사람은 없다."

나 아닌 다른 어떤 것이 되고자 하는 욕구는 특히 할리우드에서 유행이다. 할리우드에서 가장 유명한 영화감독 중 한 명인 샘 우드(Sam Wood)는 야망에 불타는 젊은 배우들 때문에 골치가 아프다고 했다. 그들은 자신이 느끼는 감정대로 연기하지 않고 모두 이류의 라나 터너(Lana Turner)나 삼류의 클라크 게이블(Clark Gable)이 되고 싶어 한다. 샘 우드는 그들에게 항상 이렇게 말한다. "대중은 이미 그런 맛을 봤어. 이제 뭔가 색다른 것을 원한다고."

샘 우드는 〈굿바이 미스터 칩스〉나 〈누구를 위하여 좋은 울리나〉 같은 영화의 감독을 맡기 전에 몇 년간 판매원으로서의 능력을 키우며 부동산업에 종사했다. 그는 사업계나 영화계나 똑같은 원칙이 적용된다고 단언했다. 서툴게 남을 흉내 내는 것으로는 성공할 수 없다는 것이다. 남의 흉내를 내는 앵무새가 되어서는 안 된다. 샘 우드는 이렇게 말한다. "본인이 아닌 다른 사람을 흉내 내려는 사람들은 가능한 한 빨리 떨어뜨리는 게 가장 안전한 길이라는 것을 경험을 통해 알게 되었습니다."

최근 나는 소코니-배큐엄 정유회사의 인사 담당자 폴 보인튼에게 사람들이 입사 지원을 할 때 범하는 가장 큰 실수는 무엇인지 물어보았다. 그는 6,000명 이상의 구직자들의 면접을 봐 왔고 《취업에 성공하는 6가지 방법(6 Ways to Get a Job)》이라는 책도 썼으니 그 답을 알고 있는 것은 당연했다. "입사 지원 시 사람들이 범하는 가장 큰 실수는 있는 그대로의 모습을 보이려고 하지 않는다는 것입니다. 마음을 열고 솔직하게 말하기보다 본인들 생각에 면접관이 원할 것 같은 대답을 하려고 하는 거죠." 하지만 그것은 효과가 없다. 아무도 가짜를 원하지 않기 때문이다. 가짜 돈을 원하는 사람은 아무도 없다.

어떤 시내 전차 차장의 딸은 고난을 통해 이 교훈을 깨달아야만 했다. 그녀는 가수가 되고 싶었지만 그녀의 외모가 걸림돌이 되어 고민이었다. 입은 컸고 뻐드렁니도 튀어 나와 있었다. 뉴저지 나이트클럽에서 처음 사람들 앞에 서게 된 그녀는 윗입술로 치아를 가리려고 애썼다. 그녀는 '매력적인 여자'처럼 굴려고 했다. 그 결과는? 그녀는 자신을 우스꽝스럽게 만들어 버렸고, 실패할 운명에 처했다.

하지만 클럽 안에는 마침 그녀의 목소리를 듣고 재능이 있다고 생각한 한 남자가 있었다. 그는 기탄없이 솔직하게 말했다. "이봐요, 아가씨, 아까부터 노래하는 걸 지켜봤는데 당신은 뭔가 감추려고 하더군요. 당신은 뻐드렁니 때문에 창피해하고 있어요." 그 소녀는 당황해서 어찌할 바를 몰랐지만 남자는 계속 말을 이어 나갔다. "그게 뭐 어떻다는 겁니까? 뻐드렁니를 가진 게 무슨 죄라도 되나요? 감추려 하지 말고 입을 크게 열어요. 그러면 관객들은 당당한 당신 모습에 반할 것입니다." 그의 말은 쉴 틈 없이 이어졌다. "게다가 당신이 감추려고 하는 그 뻐드렁니가 당신의 재산이 될지도 모르잖아요!"

카스 데일리는 그의 충고를 받아들여 뻐드렁니에 관한 생각은 잊어버리기로 했다. 그때부터 그녀는 오직 관객들만 생각했다. 그녀는 입을 크게 벌리고 마음에서 우러나오는 기쁨과 즐거움으로 노래했다. 그 결과 그녀는 영화와 라디오 방송계의 톱스타가 되었다. 이제 그녀를 흉내 내는 코미디언들까지 생겼다!

그 유명한 윌리엄 제임스는 보통 사람이 정신적 잠재력의 오직 10퍼센트만 계발할 수 있다고 밝히면서 자기 자신을 알지 못하는 사람들에 대해 이야기했다. "인간은 그가 가진 능력에 비해 겨우 절반 정도만 깨어 있다. 우리는 우리가 지닌 육체적·정신적 자원의 극히 일부분만을 사용할 뿐이다. 일반화하여 이야기하자면 개개의 인간은 그럼으로써 자신의 한계에 훨씬 못 미치는 삶을 살고 있다. 하지만 인간에게는 습관상 활용하지 못하고 있는 다양한 종류의 능력이 있다."

당신과 나도 그런 능력을 갖고 있다. 그러니 단 1초라도 걱정하는 데 시간을 낭비하지 말자. 우리는 다른 사람들과 다르다. 당신은 이 세상에 존재하는 새로운 어떤 것이다. 태초부터 지금까지 당신과 똑같은 사람은 아무도 없었다. 그리고 앞으로 다가올 모든 시대를 통틀어도 절대 당신과 똑같은 사람은 없을 것이다. 유전학이라는 새로운 학문은 당신이 주로 아버지로부터 물려받은 23개의 염색체와 어머니로부터 물려받은 23개의 염색체의 결과물이라는 사실을 알려주었다. 이 46개의 염색체에는 당신이 물려받은 유전적 특질을 결정하는 모든 것이 들어 있다. 암란 샤인펠트(Amran Scheifeld)의 말에 따르면 각각의 염색체 안에는 "수십 개에서 수백 개에 이르는 유전자가 존재하는데, 경우에 따라서는 오직 하나의 유전자가 한 사람의 인생 전체를 바꿀 수도 있다." 정말 우리는 '무섭고도 신기하게' 만들어졌다.

당신의 어머니와 아버지가 만나 부부가 되었다고 하더라도 당신이라는 특정한 사람이 태어날 확률은 무려 300조 분의 1이다! 다시 말해, 당신에게 300조 명의 형제자매들이 있다면 그들이 모두 당신과 다를 것이라는 말이다. 이게 다 어림짐작이라고 생각하나? 그렇지 않다. 과학적인 사실이다. 이것에 관해 더 알고 싶다면 공공도서관에 가서 암란 샤인펠트가 쓴 《당신 그리고 유전(You and

Heredity)》이라는 책을 빌려 보길 바란다.

나는 '있는 그대로의 모습'이라는 주제에 관해 깊이 느꼈던 바가 있기에 확신을 가지고 말할 수 있다. 나는 내가 지금 하고 있는 말의 의미가 무엇인지 너무나도 잘 알고 있다. 상당한 괴로움과 값비싼 경험을 통해 그것을 알게 되었기 때문이다. 미주리 주의 옥수수밭을 떠나 처음 뉴욕에 도착한 나는 미국 연극예술 전문학원에 등록했다. 나는 배우가 되려는 열망을 품고 있었다. 내가 가진 생각은 훌륭했고, 성공으로 가는 지름길이라고 느껴졌다. 너무나도 단순하고 절대 실패할 일이 없는 그 생각을, 야망을 가진 수천 명의 사람들이 어떻게 아직까지 발견하지 못했는지 이해할 수 없었다. 나는 그 시절에 유명한 배우였던 존 드류, 월터 햄튼, 오티스 스키너 같은 이들이 어떻게 영향력을 갖게 되었는지 공부한 다음, 그들 하나하나의 최고 장점을 모방하고 나 자신을 그 장점들의 빛나고 성공적인 집합체로 만들려고 했다. 얼마나 어리석고 어처구니없는 생각이었나! 나는 나 자신이어야만 하고 다른 누구도 될 수 없다는 사실을 미주리 촌놈의 우둔한 머리로 깨달을 때까지 수년의 시간을 허비해야만 했다.

그 비참한 경험은 내게 오래도록 간직할 교훈을 주었어야 했다. 하지만 그렇지 않았다. 아니, 내가 그렇지 못했다. 나는 너무나 멍청했기에 그런 경험을 처음부터 다시 해야만 했다. 몇 년이 지나고 나는 직장인을 위한 대중연설에 관한 책들 가운데 최고의 책이 되길 희망하며 글을 쓰기 시작했다. 이 책을 쓸 때에도 전에 가졌던 연기에 대한 생각과 똑같이 어리석은 생각을 갖고 있었다. 나는 수

많은 작가들의 생각을 모아 그것들을 한 권의 책에 담겠다는, 즉 모든 내용을 담은 책을 쓰려 했다. 그래서 대중연설에 관한 다수의 책들을 구해 1년 동안 그 책에 담긴 생각들을 내 원고 안에 집어넣었다. 하지만 다시 나는 바보 같은 짓을 하고 있다는 생각이 들었다. 다른 사람들의 생각을 모아서 써 놓은 그 잡탕 같은 책은 너무 포괄적이고 단조로워서 그것을 읽을 직장인은 아무도 없을 것 같았다. 그래서 나는 1년 동안 작업한 원고를 쓰레기통에 던져 버리고 처음부터 다시 시작했다.

이번에는 스스로에게 이렇게 말했다. "결점과 능력의 한계는 있어도 너는 데일 카네기여야만 해. 네가 다른 누군가가 된다는 건 불가능해." 그래서 나는 다른 사람들의 생각을 짜 맞추려 했던 것을 그만두고 팔을 걷어붙인 뒤 내가 제일 처음 했어야 했던 일을 했다. 그것은 바로 연설의 화자, 그리고 강사로서의 경험, 관찰, 확신을 토대로 대중연설에 관한 교재를 쓰는 것이었다.

나는 월터 롤리(Walter Raleigh) 경이 깨달은 교훈을 배웠고, 그것을 영원히 기억하길 바라고 있다(내가 말하는 월터 롤리 경은 여왕이 밟고 지나가도록 진흙탕 위에 자신의 코트를 벗어서 깔아 준 사람이 아니라, 1904년에 옥스퍼드 대학에서 영문학을 가르치던 교수 월터 롤리 경이다). 그는 이렇게 말했다. "나는 셰익스피어가 쓴 것에 상응할 만한 책을 쓰지는 못해도 나다운 책 한 권은 쓸 수 있다."

당신을 있는 그대로 인정하라. 미국의 작곡가 어빙 벌린(Irving Berlin)이 고(故) 조지 거쉰(Geroge Gershwin)에게 했던 현명한 조언을 따르라. 두 사람이 처음 만났을 때 벌린은 유명인이었지만 거쉰은 틴팬 앨리에서 주급 35달러를 받으며 일하는 가난한 젊은 작곡가였다. 거쉰의 재능에 깊은 인상을 받은 벌린은 거쉰이 받고 있던 급여의 거의 세 배에 가까운 돈을 받을 수 있는 그의 음악 비서 직을 제의했다. 그러면서 벌린은 이렇게 충고했다. "하지만 내 제의를 받아들이지 말게. 만일 받아들인다면 자네는 이류 벌린으로밖에 성장하지 못할 걸세. 그러나 있는 그대로의 자네 모습을 유지한다면 언젠가 자네는 일류 거쉰이 될 거야."

거쉰은 그 충고를 마음에 새겼고 천천히 자기 자신을 그 시대 미국에서 주목받는 작곡가로 변화시켰다.

이번 장에서 내가 강조하고 있는 교훈은 찰리 채플린(Charles Chaplin), 윌 로저스(Will Rogers), 메리 마거릿 맥브라이드(Mary Margaret McBride), 진 오트리(Gene Autry), 그리고 수많은 사람이 깨닫지 않을 수 없는 교훈이었다. 그들도 나처럼 쓰디쓴 경험을 통해 그 교훈을 깨달았다.

찰리 채플린이 처음 영화를 찍을 때 감독은 그에게 당시 유명했던 독일 코미디언을 흉내 낼 것을 강요했다. 채플린은 자신의 개성을 살려 연기하기 전까지 전혀 인정받지 못했다. 밥 호프(Bob Hope)도 비슷한 경험을 갖고 있다. 그는 노래와 춤을 추는 연기를 하면서 수년을 보냈지만 전혀 빛을 못 보다가 재담에서 자신의 모습을 찾은 뒤에야 비로소 인기를 얻기 시작했다. 윌 로저스는 보드빌 쇼에서 수년간 대사 한마디 없이 밧줄만 돌렸는데, 남다른 유머 감각이 있음을 깨닫고 밧줄을 돌리면서 이야기를 시작한 다음에야 인기를 얻을 수 있었다. 메리 마거릿 맥브라이드가 처음 방송에 출연했을 때 그녀는 아일랜드의 코미디언을 따라 했지만 실패했다. 하지만 그저 있는 그대로의 자신, 미주리 주 출신의 평범한 시골 소녀로서의 모습을 보여 주자 그녀는 뉴욕에서 가장 유명한 라디오 스타가 되었다.

진 오트리가 텍사스 사투리를 쓰지 않으려고 노력하면서 세련된 도시 청년처럼 차려 입고 자신이 뉴욕 출신이라고 말하고 다녔을 때, 사람들은 그의 뒤에서 그저 비웃기만 했다. 하지만 밴조를 튕기며 카우보이 민요를 부르기 시작한 뒤, 진 오트리는 라디오와 영화계에서 가장 인기 있는 카우보이로 성공할 수 있었다.

당신은 이 세상에서 새로운 그 무엇이다. 그것을 기쁘게 생각하라. 자연이 당신에게 준 것을 최대한 활용하라. 결국 모든 예술은 자서전적이다. 당신은 당신 자신만을 노래할 수 있다. 당신 자신만을 그려 낼 수 있을 뿐이다. 당신은 당신의 경험과 환경, 당신을 만든 유전 형질일 수밖에 없다. 잘하든 못하든, 당신은 당신이 가진 작은 정원만을 가꿔야 한다. 잘하든 못하든, 당신은 인생이라는 관현악단에서 당신이 가진 작은 악기만을 연주해야 한다.

에머슨의 에세이 《자립(Self-Reliance)》에는 다음과 같은 말이 나온다.

교육을 하다 보면 누구에게나 어떤 확신, 즉 부러움이란 무지한 것이고, 모방은 자살 행위와 같으며, 좋든 싫든 자기 자신을 자신의 몫으로 받아들여야 하고, 광대한 우주에는 좋은 것들이 많지만 자신에게 주어진 작은 땅에 수고를 기울이지 않으면 옥수수 낟알 한 톨도 그냥 주어지지 않는다는 확신에 이르는 시기가 있다. 자기 안에 내재된 그 힘은 자연계에서 새로운 것이기 때문에 자신이 무엇을 할 수 있는지는 자기 자신밖에 알지 못하며, 시도하기 전까지는 그 자신도 알지 못한다.

에머슨이 이와 같이 말한 것을 고(故) 더글러스 말로크(Douglas Malloch)는 시로 표현했다.

언덕 꼭대기의 소나무가 될 수 없다면
골짜기의 관목이 되어라. 그러나 반드시
실개천 가까이의 관목들 중 최고의 관목이 되어라.
나무가 될 수 없다면 덤불이 되어라.

덤불이 될 수 없다면 풀이 되어라.
풀이 되어 큰 길 지나가는 이들을 행복하게 하라.
커다란 향어가 될 수 없다면 그저 배스가 되어라.
그러나 호수에서 가장 생명력 넘치는 배스가 되어라!

모두가 선장이 될 수는 없으니 선원도 되어야 한다.
우리 모두에게는 저마다 주어진 일이 있다.
큰일도 있고 작은 일도 있지만
우리가 해야 할 일은 바로 우리에게 주어진 그 일이다.

큰 길이 될 수 없다면 그저 오솔길이 되어라.

태양이 될 수 없다면 별이 되어라.

크기에 의해 승패가 좌우되는 것이 아니다.

무엇이 되든지 최고가 되어라!

우리에게 걱정으로부터의 자유와 평화를 가져오는 정신 자세를 갖추고 싶다면,

원칙 5

다른 이를 모방하지 마라.
자신이 누구인지 알아낸 뒤 그 모습대로 살아라.

6
신 레몬을 받으면
레모네이드를 만들어라

이 책을 쓰다가 하루는 시카고 대학에 들러 그 대학 총장 로버트 메이너드 허친스를 만나 걱정을 피하는 방법에 대해 물어보았다. 그는 이렇게 대답했다. "저는 언제나 시어스 로벅 사의 회장이었던 고(故) 율리우스 로젠발트가 해 준 짧은 조언을 따르려고 노력합니다. '신 레몬을 받으면 레모네이드를 만들어라.'"

위대한 교육자는 이런 방법을 취하지만, 어리석은 사람은 그와 반대로 한다. 어리석은 사람은 인생으로부터 레몬을 건네받으면 단념하고 이렇게 말한다. "나는 졌어. 운명이야. 기회가 없어." 그다음 그는 세상을 저주하고 자기연민의 늪에 빠진다. 하지만 현명한 사람은 레몬을 건네받고 이렇게 말한다. "이 불행으로부터 내가 얻을 수 있는 교훈은 무엇일까? 어떻게 해야 내 상황을 개선할 수 있을까? 어떻게 해야 이 레몬을 레모네이드로 바꿀 수 있을까?"

위대한 심리학자 알프레드 아들러(Alfred Adler)는 인간과 인간의 잠재력에 대해 연구하며 일생을 보낸 후 인간의 경이적인 특징

중 하나가 '마이너스를 플러스로 바꾸는 능력'이라고 밝혔다.

　마이너스를 플러스로 바꾼, 내가 아는 한 여성의 흥미롭고 교훈적인 이야기를 들려주겠다. 셀마 톰슨이라는 이름의 그녀는 뉴욕 시 모닝사이드 가 100번지에 살고 있다. 내게 들려준 그녀의 경험은 이렇다. "제1차 세계대전 당시 제 남편은 캘리포니아 주에 있는 모하비 사막 근처의 육군 훈련소로 배치를 받았습니다. 남편과 함께 지내기 위해 그곳에서 살기로 했지만, 저는 그곳이 싫었어요. 정말 끔찍했죠. 그렇게 비참해진 적은 없었어요. 제 남편은 기동작전을 수행하기 위해 모하비 사막으로 출동했고 저는 작은 오두막에 혼자 남게 되었죠. 그곳의 더위는 정말 견디기 힘들었습니다. 선인장 그늘도 섭씨 50도 이상이었거든요. 멕시코 사람들이나 인디언들 말고는 대화 상대가 없었지만 그들은 영어를 할 줄 몰랐어요. 끊임없이 불어 대는 모래바람 때문에 제가 먹는 음식이나 숨 쉬는 공기에는 모래가 가득했고요.

　저는 너무나도 비참하고 처량한 마음에 부모님께 편지를 썼습니다. 다 포기하고 집으로 돌아가겠다고 말이죠. 이제 더는 못 견디겠다고 말했습니다. 차라리 감옥에 있는 편이 나을 것 같다고요! 아버지는 단 두 줄로 된 답장을 보내셨습니다. 그 두 줄의 글은 저의 인생을 완전히 바꿔 놓았고, 앞으로도 언제나 제 기억 속에 남아 있을 것입니다.

　　두 사람이 감옥 창살 밖을 내다보았다.
　　한 사람은 땅의 진흙탕을 보았고, 다른 한 사람은 하늘의 별을 보았다.

저는 이 두 줄의 글을 읽고 또 읽었습니다. 저 자신이 부끄러워지더군요. 저는 제가 처한 상황에서 좋은 면을 발견하기로 마음먹었습니다. 하늘의 별을 보기로 한 것이죠.

저는 그 지방 사람들을 사귀고 나서 그들의 태도에 놀라지 않을 수 없었습니다. 그들이 만든 직물과 도기에 관심을 보였더니 그들은 가장 아끼는 것을 제게 선물로 주었습니다. 관광객들이 돈을 주고 산다고 해도 팔지 않았던 것들을 말이죠. 저는 매력적인 형태의 선인장과 유카, 조슈아 트리를 연구했습니다. 프레리도그에 대해 공부했고, 사막의 일몰도 관찰했고, 수만 년 전에는 해저였던 사막 모래 구릉에 감춰진 조개를 수집하러 다녔습니다.

무엇이 저를 이토록 놀랍게 변화시켰을까요? 모하비 사막은 변하지 않았습니다. 인디언들도 마찬가지고요. 하지만 저는 변했습니다. 마음의 태도를 바꾼 것입니다. 그리고 그렇게 함으로써 저는 비참한 경험을 제 인생에서 가장 흥미진진한 모험으로 바꾸었습니다. 저는 제가 발견한 이 신세계에 자극받고 흥분했습니다. 제가 겪은 너무나도 흥분되는 일들을 바탕으로 '빛나는 성벽'이라는 제목의 소설도 썼습니다. 저는 저 자신이 만든 감옥 너머로 별을 찾아낸 것입니다."

셀마 톰슨, 당신은 예수가 태어나기 500년 전에 그리스에서 가르쳤던 오래된 진리를 발견한 겁니다. '가장 좋은 것이 가장 어렵다.'

20세기에 해리 에머슨 포스딕(Harry Emerson Fosdick)은 그 말을 다시 했다. "행복은 대개 기쁨이 아니다. 그것은 대개 승리감이다."
그렇다. 승리감은 성취감, 성공, 레몬을 레모네이드로 바꿨다는 생각에서 얻을 수 있다.

한번은 플로리다의 어떤 농부를 방문한 적이 있다. 그는 독이 든 레몬까지도 레모네이드로 바꾼 사람이었다. 처음으로 농장을 갖게 되었을 때 그는 실망에 빠졌다. 땅은 너무나 형편없고 오로지 오크 덤불과 방울뱀만 무성한 그 농장에서는 과일을 재배할 수도 없었고, 가축을 키울 수도 없었기 때문이다. 그런데 갑자기 그에게 아이디어 하나가 떠올랐다. 불리한 것을 가치 있는 것으로 바꿔 보자. 이 방울뱀들을 최대한 활용해 보자. 그리고 놀랍게도 그는 방울뱀 고기로 통조림을 만들기 시작했다. 몇 년 전에 내가 그를 찾아갔을 때, 1년에 2만 명 정도의 관광객들이 그의 방울뱀 농장을 보려고 몰려들었다. 그의 사업은 계속 번창하고 있었다. 나는 방울뱀의 독니에서 추출된 독이 연구소로 보내져 해독제로 만들어지는 것을 보았다. 방울뱀의 가죽은 엄청난 가격에 팔려 여성들의 신발이나 핸드백으로 만들어졌고, 방울뱀 통조림은 세계 각지에 있는 고객들에게 팔려 나갔다. 나는 그 농장에서 그림엽서를 사서 '플로리다 방울뱀 마을'로 이름을 바꾼 그 마을의 우체국에서 그것을 부쳤다. 독이 든 레몬을 달콤한 레모네이드로 변화시킨 그 사람을 기념하여 새로 지은 마을 이름이었다. 나는 많은 나라를 여행하면서 '마이너스를 플러스로 바꾼 능력'을 가진 사람들을 만났다.

《신에 맞선 12인(Twelve Against the Gods)》의 작가 고(故) 윌리엄 볼리도(William Bolitho)는 이런 식으로 표현했다. "인생에서 가

장 중요한 것은 얻은 것을 이용하는 것이 아니다. 바보도 그건 할 수 있다. 진짜 중요한 것은 손해를 이익으로 만드는 것이다. 그러려면 지혜가 필요하다. 그리고 그것이 현명한 사람과 어리석은 사람의 차이를 낳는다."

볼리도가 이런 말을 한 것은 철도 사고로 한쪽 다리를 잃은 후였다. 하지만 나는 양쪽 다리를 다 잃고도 마이너스를 플러스로 바꾼 사람을 알고 있다. 그의 이름은 벤 포츤이다. 그를 만난 것은 조지아 주 애틀랜타 시내의 한 호텔 엘리베이터에서였다. 나는 엘리베이터에 발을 올리면서 한쪽 구석에 두 다리가 없는 남자가 휠체어에 밝은 표정으로 앉아 있는 것을 보았다. 그가 내려야 할 층에 엘리베이터가 멈추었을 때 그는 밝은 목소리로 휠체어가 지나갈 수 있게 한쪽으로 비켜 줄 수 있냐고 공손하게 물었다. 그는 말했다. "불편을 끼쳐서 정말 죄송합니다." 그리고 그의 말 만큼이나 깊고 마음이 따뜻해지는 미소가 그의 얼굴에 번졌다. 나는 엘리베이터에서 내려 방으로 향하면서 이 유쾌한 장애인에 대한 생각밖에 할 수 없었다. 그래서 나는 그를 찾아가 이야기를 들려 달라고 청했다.

그는 미소 지으며 말했다. "1929년의 일입니다. 저는 마당에 마련한 콩밭에 말뚝으로 쓸 나무를 하러 갔죠. 나무 한 짐을 제 포드 자동차에 실어 집으로 돌아오고 있을 때였어요. 급커브를 돌리려고 하는 순간 갑자기 나무 막대기 하나가 차에서 떨어지더니 차의 방향조절 장치에 박혀 버렸습니다. 차는 제방을 향해 돌진했고 저는 나무에 부딪쳤죠. 그래서 척추를 다쳤고 다리는 마비되었습니다. 그 일이 일어났을 때 저는 스물네 살이었고 그 이후로는 한 발짝도 걸을 수 없었습니다."

스물네 살인데 남은 인생을 휠체어에 앉아 보내야 한다니! 어떻게 그 사실을 대담하게 받아들일 수 있었는지 묻자 그는 이렇게 말했다. "그렇지 않습니다. 처음에 저도 그 상황에 화가 나고 분노에 휩싸였습니다. 하지만 해가 거듭되면서 운명에 저항하면 괴롭기만 할 뿐 아무런 도움이 되지 않는다는 것을 알게 되었죠. 마침내 저는 다른 사람들이 친절하고 공손한 태도로 저를 대한다는 사실을 깨달았습니다. 그래서 저도 조금이나마 친절하고 공손한 태도로 사람들을 대하게 된 겁니다."

나는 오랜 세월이 흐른 지금도 그의 사고가 끔찍한 불행이었다고 느끼는지 묻자 그는 즉시 이렇게 답했다. "전혀요. 지금은 사고가 일어났던 것이 기쁠 정도입니다." 그는 충격과 원망을 극복한 후에 전혀 다른 삶을 살게 되었다고 말했다. 그는 책을 읽기 시작했고 문학에 대한 애정을 갖게 되었다. 그는 14년 동안 최소한 1,400권의 책을 읽었다고 했다. 그리고 그 책들은 그의 앞에 새로운 시야를 펼쳐 놓았고 전에는 상상할 수 없을 정도로 그의 삶을 풍성하게 해 주었다. 그는 좋은 음악도 듣기 시작했다. 예전에는 지루하게만 느껴졌던 교향곡들이 이제는 그에게 감동을 주었다. 하지만 가장 큰 변화는 그에게 생각할 시간이 주어졌다는 것이다. 그는 말했다. "살면서 처음으로 세상을 바라보고 진정한 가치를 찾을 수 있게 되었습니다. 전에 얻으려고 애쓰던 것들 대부분이 전혀 무가치한 것들이었음을 깨닫기 시작했지요."

독서의 결과로 그는 정치에 관심을 갖게 되어 사회 문제에 대해 연구했고 강연도 하게 되었다. 휠체어에 앉은 채로 말이다! 그는 사람들을 알게 되었고 사람들도 그를 알게 되었다. 그리고 그는 여전히 휠체어에 앉은 채 조지아 주의 국무장관이 되었다.

나는 지난 35년 동안 뉴욕 시에서 성인을 대상으로 하는 교육 강좌를 진행해 왔다. 그러면서 많은 성인들이 대학에 진학하지 않은 것을 크게 후회하고 있다는 사실을 발견했다. 그들은 대학 교육을 받지 않은 것을 불이익으로 생각하는 것 같았다. 하지만 나는 그게 꼭 그렇지만은 않다는 것을 알고 있다. 고등학교밖에 나오지 않고서도 성공한 수많은 사람을 알고 있기 때문이다. 그래서 나는 종종 그런 수강생들에게 내가 알고 있는, 초등학교조차 졸업하지 못한 한 사람의 이야기를 들려주곤 한다. 그는 찢어질 듯한 가난 속에서 자랐다. 그의 아버지가 돌아가셨을 때는 관을 짤 비용을 아버지의 친구들이 빌려 줘야만 했다. 그의 어머니는 우산 공장에서 하루 열 시간을 일했고 조금이라도 돈을 더 벌기 위해 집으로 일거리를 가져와 늦게까지 일했다.

이러한 환경에서 자란 소년은 그가 다니던 교회의 모임에서 공연하는 아마추어 연극에 참가하게 된다. 연기를 하면서 전율을 느낀 그는 대중연설을 시작하기로 마음먹었다. 이러한 결정은 그를 정치로 이끌었다. 그는 서른 살이 되었을 때 뉴욕 주 의원에 당선되었다. 하지만 불행히도 그는 그런 책임을 맡을 준비가 되어 있지 않았다. 실제로 그는 당시에 뭐가 뭔지 하나도 몰랐다고 솔직하게 말했다. 그는 투표해야 할 복잡한 법안들에 대해 오랫동안 검토했지만 그에게 있어 그 법안들은 전혀 알지 못하는 촉토 족(族) 인디언

언어로 쓰인 것이나 다름없었다. 숲에 발을 들이지도 못한 상태에서 숲 관련 위원회 의원이 되었을 때도, 은행 계좌 하나 없이 주 금융위원회 의원이 되었을 때도 그는 걱정스럽고 당황할 수밖에 없었다. 몹시 낙담한 그는 어머니에게 패배를 인정하는 것이 부끄럽게 여겨지지만 않았다면 의원직에서 물러났을 것이라고 내게 말했다. 절망 속에서 그는 하루 열여섯 시간씩 공부해 무지함의 레몬을 정통함의 레모네이드로 바꾸고자 결심했다. 그렇게 함으로써 그는 자기 자신을 지역 정치인에서 국가적인 유명 인사로 변화시켰다. 그리고 월등히 뛰어난 그의 능력에 〈뉴욕 타임스〉는 그를 '뉴욕에서 가장 사랑받는 시민'이라 불렀다.

내가 지금 말하고 있는 사람은 바로 앨 스미스다. 정치에 대한 독학 프로그램을 시작한 지 10년이 지나 그는 뉴욕 주 정부에서 현존하는 인물 가운데 가장 권위 있는 사람이 되었다. 그는 네 번이나 뉴욕 주지사에 당선되었다. 이 경력은 어느 누구도 달성하지 못한 것이었다. 1928년 그는 대통령 선거에 민주당 후보로 출마했다. 초등학교 이상은 가 본 적도 없는 이 사람에게 컬럼비아 대학과 하버드 대학을 포함한 여섯 곳의 명문 대학에서는 명예 학위를 수여했다. 앨 스미스는 내게, 이러한 일들은 마이너스를 플러스로 바꾸기 위해 하루 열여섯 시간씩 열심히 노력하지 않았다면 있을 수 없었을 일들이라고 말했다. 니체(Nietzsche)가 말하는 초인의 조건은 '역경을 이겨 낼 뿐 아니라 역경을 사랑할 수 있는 사람'이었다.

위업을 달성한 사람들의 이력에 대해 연구하면 할수록 나는 그 사람들 중 놀라울 정도로 많은 이들이 악조건에서 시작했기 때문에 성공한 것이라는 확신을 가지게 된다. 그들이 가진 악조건은 그들로 하여금 더 큰 노력을 기울이고, 더 큰 보상을 받도록 자극한 것이다. 윌리엄 제임스의 말대로 "우리가 가진 약점, 바로 그것이 뜻밖에 우리를 돕는다." 그렇다. 어쩌면 밀턴은 앞이 보이지 않았기 때문에 훌륭한 시를 지었고, 베토벤(Beethoven)은 귀가 들리지 않았기 때문에 훌륭한 음악을 작곡했는지도 모른다. 헬렌 켈러의 눈부신 업적은 그녀의 보이지 않는 눈과 들리지 않는 귀 덕분에 가능했다. 만일 차이코프스키(Tchaikovsky)가 비극적인 결혼 때문에 거의 자살까지 생각할 만큼 좌절하지 않았다면, 만일 그의 인생이 그토록 비참하지 않았다면 그는 불후의 명곡 '비창'을 작곡하지 못했을 것이다. 도스토예프스키(Dostoevski)와 톨스토이 또한 그렇게 고통스러운 삶을 살지 않았더라면 절대 불멸의 소설을 쓰지 못했을 것이다.

지구상의 생명에 관한 과학적 개념을 바꿔 놓은 어떤 사람은 이렇게 말했다. "만약 내가 그렇게 심한 병자가 아니었다면 내가 이룩한 그 많은 일들을 할 수 없었을 것이다." 자신의 결점이 뜻밖의 도움을 줬다는 찰스 다윈의 고백이다.

영국에서 다윈이 태어났던 바로 그날, 켄터키 주의 한 숲 속 통나무집에서는 또 다른 아기가 태어났다. 그 역시 결점의 도움을 받았다. 그의 이름은 링컨, 에이브러햄 링컨이다. 만일 그가 상류계급 집안에서 자라 하버드 법대를 졸업하여 행복한 결혼 생활을 했다면 절대 그의 마음속 깊은 곳에 자리하고 있던 불멸의 말들을 발견해 내지 못했을 것이다. 절대 잊을 수 없는 게티즈버그에서의 연설과 그 어떤 통치자의 말보다도 아름답고 고귀한 문구인 그의 두 번째 대통령 취임식에서의 신성한 시를 말이다. "누구에게도 악의를 품지 말고, 모든 사람에게 자비심을……."

해리 에머슨 포스딕은 그의 책 《통찰력(The Power to See it Through)》에서 이렇게 말했다. "우리 중 몇몇이 삶의 표어로 삼을 만한 스칸디나비아 속담이 있다. '북풍이 바이킹을 만들었다.' 안정되고 유쾌한 그리고 어려움 없는 편안한 삶이 사람들을 선하게 혹은 행복하게 만든다는 생각은 도대체 어디서 나온 것인가? 그렇기는커녕, 자기 자신을 동정하는 사람들은 방석 위에 부드럽게 놓여 있을 때조차도 자기 자신을 동정한다. 하지만 역사 속에서 항상 좋고 나쁨에 상관없이 온갖 종류의 환경 속에서 자신에게 주어진 책임을 떠맡은 사람들에게는 명성과 행복이 따랐다. 그런 식으로 북풍은 계속 바이킹을 만들어 오고 있는 것이다."

우리가 너무나도 낙담하여 우리의 신 레몬을 레모네이드로 바꿀 가망조차 없다는 생각이 든다고 가정해 보자. 그럼에도 우리가 그 일을 시도해 봐야 하는 두 가지 이유가 있다. 득이라면 득이지 손해 볼 것이 없는 그 두 가지 이유는 이것이다.

첫 번째 이유 : 성공할 수 있다.

두 번째 이유 : 성공하지 못한다 해도 우리의 마이너스를 플러스로 바꾸고자 하는 단순한 시도는 우리로 하여금 뒤가 아닌 앞을 보게 한다. 부정적인 생각이 긍정적인 생각으로 바뀌는 것이다. 그 시도는 우리가 창조적인 에너지를 발산하고 바빠지게 만듦으

로써 지나간 일, 그리고 끝난 일 때문에 슬퍼할 시간이나 생각이 생기지 않도록 할 것이다.

언젠가 세계적으로 유명한 바이올리니스트 올레 불(Ole Bull)이 파리에서 콘서트를 하고 있을 때 그의 바이올린 A현이 갑자기 끊어지는 일이 있었다. 하지만 그는 나머지 세 현만으로 연주를 마쳤다. 해리 에머슨 포스틱은 말했다. "A현이 끊어지면 나머지 세 현으로 마치는 것, 그것이 인생이다."

그것은 그냥 인생이 아니다. 인생 그 이상이다. 성공한 인생인 것이다!

만약 내게 그렇게 할 만한 힘이 있다면, 윌리엄 볼리도가 한 말을 청동 판에 새겨 이 땅의 모든 학교에 걸어 두고 싶다.

인생에서 가장 중요한 것은 얻은 것을 이용하는 것이 아니다. 바보도 그건 할 수 있다. 진짜 중요한 것은 손해를 이익으로 만드는 것이다. 그러려면 지혜가 필요하다. 그리고 그것이 현명한 사람과 어리석은 사람의 차이를 낳는다.

우리에게 평화와 행복을 가져오는 정신 자세를 갖추고 싶다면,

원칙 6

**운명이 신 레몬을 건네준다면,
그것으로 레모네이드를 만들기 위해 노력하라.**

7
2주 안에
우울증을 없애는 방법

이 책을 쓰기 시작할 무렵, 나는 상금 200달러를 걸고 '걱정을 극복하는 방법'을 주제로 가장 도움이 되고 감동을 줄 수 있는 실제 이야기를 공모했다.

이 공모전의 심사위원으로 이스턴 항공사 사장 에디 리켄베커, 링컨 메모리얼 대학 총장 스튜어트 W. 맥클레런드 박사, 라디오 뉴스 해설가 H. V. 캘튼본 등 세 명이 있었다. 하지만 우리가 받은 사연들 중에는 너무나 훌륭해서 우열을 가리기 힘든 두 이야기가 있었다. 그래서 우리는 상금을 나누기로 했다.

1등상을 공동으로 수상한 두 이야기 중 하나를 소개하겠다. 미주리 주 스프링필드 커머셜 가 1067번지에 사는 C. R. 버튼 씨의 이야기다.

"9살 때 저는 어머니를 잃었고 12살 때 아버지를 잃었습니다. 아버지는 사고로 돌아가셨지만 어머니는 19년 전 어느 날 집을 나가셨고 그 후로 한 번도 볼 수 없었습니다. 어머니는 두 여동생을 데리고 가셨기 때문에 동생들도 다신 만날 수 없었습니다. 집을 나가신 지 7년이 지날 때까지 어머니는 편지 한 통도 보내지 않으셨습니다. 아버지는 어머니가 집을 나가신 지 3년째 되던 해에 사고로 돌아가셨습니다. 아버지와 동업자 한 분은 미주리 시내에 작은 카페를 마련하셨는데, 아버지가 출장을 간 사이에 그 동업자가 카페를 처분하고서는 그 돈을 가지고 도망가 버린 일이 있었습니다. 그래서 아버지 친구 한 분이 아버지에게 빨리 돌아오라는 전보를 보냈고, 아버지는 서둘러 집으로 오시다가 그만 캔자스 주 살리나스에서 자동차 사고로 돌아가시게 된 겁니다. 가난한 데다 나이도 많고 몸도 편찮으신 고모 두 분이 제 형제들 중 셋을 거둬 주셨습니다.

하지만 저와 제 남동생을 원하는 사람은 아무도 없었죠. 우리는 마을 사람들의 동정에 맡겨졌습니다. 저와 동생은 고아라고 불리고 고아 취급을 받는 것에 대한 두려움에 시달렸습니다. 곧 그 두려움은 현실이 되었죠. 한동안 저는 마을의 어느 가난한 집에서 살았습니다. 그러나 그 당시는 모두가 어려웠던 시절이었고 게다가 그 집의 가장이 직장까지 잃어 더 이상 저를 거둬 줄 수 없게 되었습니다.

그래서 이번에는 마을에서 약 18킬로미터 떨어진 농장에 사는 로프틴 부부가 저를 데려가 같이 살게 해 주었습니다. 대상포진이라는 병을 앓고 계셨던 70세의 로프틴 아저씨는 침대에 누워 계셨습니다. 아저씨는 제게 '거짓말하지 않고, 도둑질하지 않고, 말을 잘 들으면' 언제까지나 그곳에 머물러도 좋다고 말했습니다. 그 세

가지 규칙은 제게 성경 말씀과 같이 되었습니다. 저는 그 규칙들을 엄격히 지켰습니다.

저는 학교에 나간 첫 주 동안 집에 돌아와 아기처럼 엉엉 울었습니다. 다른 아이들이 저를 괴롭혔기 때문입니다. 코가 크다고, 벙어리라고 놀리고 저를 '고아 녀석'이라 불렀습니다. 저는 너무 속이 상해 아이들과 싸우고 싶었지만 저를 거둬 주신 농부 로프틴 아저씨는 '피하지 않고 싸우는 사람보다 싸움에 말려드는 것을 피하는 사람이 더 큰 사람이다.'라고 말씀해 주셨습니다. 저는 싸우지 않으려 했지만 어느 날 한 아이가 학교 축사 우리에서 닭똥을 집어다가 제 얼굴에 던졌을 때는 참을 수 없었습니다. 저는 그 아이를 사정없이 두들겨 패 주었습니다. 그러자 두세 명의 친구가 생겼습니다. 친구들은 그 아이가 맞을 짓을 했다고 말했습니다.

저는 로프틴 아주머니가 사 준 모자를 자랑으로 여기고 있었습니다. 하루는 저보다 나이가 많은 한 여학생이 갑자기 제 머리에서 모자를 벗겨 내더니 그 안에 물을 부어 못쓰게 만들었습니다. 그 여학생은 '바보 같은 돌머리가 팝콘처럼 펑 터지지 않게 식혀 주려고' 모자에 물을 채웠다고 말하더군요.

저는 절대 학교에서는 울지 않았지만 집에만 오면 엉엉 울었습니다. 그러던 어느 날 로프틴 아주머니는 제게 한 가지 조언을 해 주었습니다. 그 조언으로 인해 제 모든 근심 걱정은 사라졌고 저의 적들도 친구로 변하게 되었습니다. 아주머니는 '랠프, 네가 그 아이들에게 관심을 가지고 그 아이들을 도울 수 있는 방법을 찾아보렴. 그럼 아이들도 더 이상 너를 괴롭히거나 고아 녀석이라고 부르지 않을 테니 말이다.' 저는 아주머니의 조언을 따라서 열심히 공부했고 곧 반에서 1등을 하게 되었습니다. 그러나 절대 질투의 대상이 되지는 않았습니다. 아이들을 돕는 일을 자처했기 때문입니다.

저는 몇몇 아이들이 글짓기하는 것을 도와주었습니다. 어떤 경우에는 글 한 편을 다 써 주기도 했습니다. 한 친구는 제게 도움을 받는 것을 식구들이 아는 것을 창피하게 여겨서, 종종 자기 엄마한테는 주머니쥐를 잡으러 나간다고 말하고 로프틴 아주머니 댁에 와서는 데려온 개들을 헛간에 묶어 놓고 제 도움을 받으며 같이 공부하기도 했습니다. 저는 또 어떤 친구에게는 독후감을 써 주었고 며칠 밤 동안에는 한 여자아이의 수학 공부를 도와주기도 했습니다.

그 무렵 이웃 사람들에게 죽음이 들이닥쳤습니다. 연로한 두 농부가 세상을 떠났고 한 부인은 남편을 잃었습니다. 저는 네 가정에서 유일한 남자였습니다. 저는 이 미망인들을 2년 동안 도와주었습니다. 학교에서 집에 오는 길에 그들의 농장에 들러 나무도 해 주고, 소들의 젖도 짜 주고, 가축들에게 먹이와 물을 주었습니다. 사람들은 이제 저를 욕하지 않고 고마워했습니다. 모두가 저를 친구로 대했죠.

제가 해군에서 제대해 돌아왔을 때 그들은 진심으로 저를 반겨주었습니다. 제가 집에 돌아온 첫날에는 200명 이상의 사람들이 저를 보러 와 주었습니다. 어떤 사람들은 130킬로미터 이상 되는 거리를 달려왔는데, 그들의 관심은 정말 진심에서 우러난 것이었습니다. 저는 다른 사람들을 돕느라 바쁘고 행복했기 때문에 걱정거리가 없었고, 13년 동안 '고아 녀석'이라는 말은 한 번도 듣지 못했습니다."

C. R. 버튼 씨를 위해 박수를 보내자! 그는 친구를 얻는 법을 알고 있었음은 물론, 걱정을 이기고 삶을 즐기는 법 또한 알고 있었다.

워싱턴 주 시애틀에 사는 고(故) 프랭크 루프 박사도 그러했다. 그는 23년 동안 관절염으로 환자 신세였다. 하지만 시애틀 스타의 스튜어트 위트하우스는 편지로 내게 이렇게 말했다. "저는 루프 박사와 여러 번 인터뷰를 했는데, 그분처럼 이타적이고 풍요로운 삶을 산 사람은 본 적이 없습니다."

침대에 누워만 있었던 환자가 어떻게 풍요로운 삶을 살 수 있었을까? 두 가지를 추측해 볼 수 있다. 불평과 비난으로 그렇게 할 수 있었을까? 아니다. 그렇다면 자기연민에 빠져 다른 사람들이 관심의 대상이 되고 모두에게 자신의 요구를 들어주길 강요했을까? 아니다. 역시 틀렸다. 그는 웨일스 왕자의 좌우명을 자신의 슬로건으로 삼음으로써 그렇게 할 수 있었다. 'Ich dien.', 즉 '나는 봉사한다.'가 그것이다. 그는 다른 환자들의 이름과 주소를 모아 그들에게 행복과 힘을 주는 편지를 씀으로써 자기 자신과 그들의 기운을 북돋아 주었다. 뿐만 아니라 환자들을 위해 편지 쓰기 모임을 만들어 서로에게 편지를 쓰도록 했다. 마침내 그는 '병상 환자회'라 불리는 전국 단위의 조직을 형성했다. 그는 침대에 누워 있으면서도 한 해 평균 1,400통의 편지를 썼고, 수천 명의 환자들에게 라디오나 책을 전달함으로써 기쁨을 주었다.

다른 수많은 사람과 루프 박사의 가장 큰 차이점은 무엇일까? 바로 이것이다. 루프 박사는 목적과 사명감을 지닌 내면적 열정의 소유자였다. 그는 자기 자신보다 훨씬 더 고귀하고 중대한 어떤 신념을 위해 자신이 쓰일 수 있다는 사실에 기뻐할 줄 아는 사람이었다. 그는 버나드 쇼의 표현처럼 '세상은 왜 나를 행복하게 하는 데 헌신하지 않느냐고 불쾌함과 불만을 털어 놓는 자기중심적이고 편협한 얼간이' 같은 사람이 아니었다.

내가 읽어 보았던 위대한 정신의학자의 글 중 가장 놀라운 말은 다음과 같다. 이 말은 알프레드 애들러(Alfred Adler)가 했던 것으로, 그는 우울증 환자들에게 이렇게 말하곤 했다. "이 처방을 따르기만 하면 2주 안에 치료될 수 있습니다. 매일매일 어떻게 하면 다른 사람들을 기분 좋게 할 수 있을지 생각해 보십시오."

터무니없는 것처럼 보이는 이 말을 설명하기 위해 애들러 박사의 위대한 책《우리에게 인생은 무엇인가(What Life Should Mean to You)》의 일부를 인용하면 당신이 이해하는 데 도움이 될 것이다.

우울증은 다른 사람들을 향해 장기간 지속된 분노와 비난 같다. 관심, 동정, 지지를 얻고 싶어 하지만 그 환자는 바로 자신의 잘못으로 인해 낙담할 뿐이다. 우울증 환자의 최초 기억은 일반적으로 이러하다. "소파에 눕고 싶었지만 형이 거기 누워 있던 것이 기억납니다. 내가 너무 울어서 형은 비켜 줘야만 했죠."

우울증 환자는 흔히 자살을 통해 원한을 풀려고 하는 경향이 있다. 그래서 의사들이 가장 먼저 주의해야 하는 것은 그들에게 자살할 구실을 주지 않는 것이다. 나 자신도 긴장을 풀기 위해 '하기 싫은 일은 절대 하지 않는 것'이 치료의 첫 번째 규칙이라고 환자들에게 제안한다. 무척 조심스러운 태도처럼 보일 수 있지만 나는 이것이 모든 문제의 근원에까지 영향을 미친다고 믿는다. 만일 우울증 환자가 원하는 것을 모두 할 수 있다면 누구를 비난하겠는가? 무엇에 원한을 품겠는가? 나는 환자에게 "극장에 가고 싶거나 휴가를 떠나고 싶으면 그렇게 하세요. 도중에 내키지 않으면 돌아오셔도 됩니다."라고 말한다. 이 것은 누구에게나 최상의 상황이다. 이것은 우월함을 얻기 위해 애쓰는 환자에게 만족감을 준다. 그는 마치 신처럼 원하는 것을 할 수 있다. 반면 이것은 환자의 생활방식에 아주 쉽게 들어맞지는 않는다. 환자는 사람들을 위압하고 비난하고 싶어 하는데 만일 다른 사람들이 그의 말에 동의해 버리면 그들을 위압할 방법이 없어진다. 이 규칙은 큰 위안을 주기 때문에 내 환자들 중에 자살을 한 사람은 아무도 없다.

일반적으로 환자들은 이렇게 답한다. "하지만 하고 싶은 게 없는데요." 이 말을 너무나 자주 들었기 때문에 나는 이 대답에 대한 준비가 되어 있다. "그럼 싫어하는 걸 하지 마세요."라고 말하는 것이다. 하지만 가끔 이렇게 대답하는 사람이 있다. "하루 종일 침대에 누워만 있었으면 좋겠어요." 내가 그렇게 하라고 하면 그 환자는 더 이상 그렇게 하고 싶어 하지 않게 된다는 것을 안다. 또한 내가 그렇게 하지 말라고 하면 그 환자는 나와 전쟁을 시작할 것임도 안다. 그래서 나는 항상 동의한다.

이것은 하나의 규칙이다. 다른 규칙은 환자들의 생활 방식을 한층 더 직접적으로 공략한다. 나는 환자들에게 말한다. "이 처방을 따르기만 하면 2주 안에 치료될 수 있습니다. 매일매일 어떻게 하면 다른 사람들을 기분 좋게 할 수 있을지 생각해 보십시오." 이것이 그들에게 무엇을 의미하는지 생각해 보라. 그들은 '어떻게 하면 다른 사람을 걱정하게 만들까?' 하는 생각에 사로잡혀 있다. 그들의 대답은 매우 흥미롭다. 누군가는 이렇게 말한다. "저한테는 너무 쉬운데요. 저는 평생 그래 왔거든요."

하지만 그들은 절대 그렇게 살지 않았다. 나는 그들에게 잘 생각해 보라고 부탁한다. 그들은 잘 생각해 보지 않는다. 나는 그들에게 이렇게 말한다. "잠이 오지 않을 때, 어떻게 하면 다른 사람들을 기분 좋게 할 수 있을지 생각하면서 시간을 보내 보세요. 그렇게 하는 것은 당신의 건강에 큰 도움이 될 겁니다." 다음 날 그들을 만나면 나는 이렇게 묻는다. "제가 제안한 것에 대해 잘 생각해 보셨나요?" 그들의 대답은 이렇다. "어제는 눕자마자 잠들었어요." 물론 이 모든 것은 조금의 우월감도 없이 신중하고, 호의적인 태도로 행해야 한다.

어떤 사람들은 이렇게 대답한다. "저는 절대 그렇게 못할 것 같아요. 너무 걱정이 돼서요." 나는 그들에게 말한다. "걱정을 멈추지 마세요. 단, 때로는 동시에 다른 것들을 생각해 보세요." 나는 언제나 그들의 관심이 친구를 향하게 하고 싶다. 많은 사람이 말한다. "제가 왜 다른 사람들을 기쁘게 해야 하죠? 다른 사람들은 저를 기쁘게 하려고 하지 않는데요." 나는 대답한다. "당신의 건강을 생각해야죠. 다른 사람들도 나중에 이런 고통을 겪을 겁니다." 이렇게 말하는 환자는 극히 드물다. "선생님이 제안했던 것에 대해 잘 생각해 봤습니다." 나는 환자의 사회적인 관심을 증대시키는 것에 모든 노력을 기울인다. 나는 환자가 앓고 있는 병의 근본적인 이유가 다른 사람들과 협력하는 능력의 부족에서 오는 것임을 알고 있고, 그것을 본인도 알게 되길 원한다. 자기 자신을 동료와 동등하고 협조적인 입장으로 결부시키는 순간 그는 치료된다. ……

종교가 강조하는 가장 중요한 과제는 언제나 '네 이웃을 사랑하라.' 였다. …… 인생에서 가장 큰 어려움들과 마주하고 다른 사람들에게도 가장 큰 해를 입히는 사람이 바로 주변 사람들에게 관심을 보이지 않는 개인이다. 그러한 개인들 사이에서 인간의 모든 실패가 발생하는 것이다. …… 우리가 인간에게 요구하는 모든 것, 그리고 우리가 인간에게 줄 수 있는 가장 큰 칭찬은 '좋은 직장 동료', '좋은 친구', '사랑과 결혼에 있어서 진정한 배우자'다.

애들러 박사는 우리에게 매일매일 선행을 하라고 강조한다. 그렇다면 무엇이 선행일까? 예언자 마호메트(Mahomet)는 이렇게 말했다. "선행이란 다른 사람의 얼굴에 기쁨의 미소를 가져다주는 것이다."

매일 선행을 하면 어떻게 그토록 놀라운 결과가 선을 행하는 사람에게 생기는 것일까? 다른 사람들을 기쁘게 하려는 노력은 걱정과 두려움과 우울함을 낳는 바로 우리 자신에 대해 생각하는 것을 멈추게 하기 때문이다.

뉴욕 5번가 521번지에서 문 비서 전문 학교를 운영하는 윌리엄 T. 문 여사는 어떻게 하면 누군가를 기쁘게 할 수 있을지 생각했기 때문에 우울증을 몰아내는 데 2주나 보낼 필요도 없었다. 그녀는 알프레드 애들러보다 한 수 위였다. 아니, 열세 수쯤은 위였다. 그녀는 두세 명의 고아들을 어떻게 하면 기쁘게 할 수 있을지 생각함으로써 2주가 아니라 단 하루 만에 우울증을 없애 버렸다. 문 여사의 말에 따르면 일은 이런 식으로 일어났다.

"5년 전 12월, 저는 슬픔과 자기연민의 감정에 빠져 있었어요. 몇 년간의 행복한 결혼생활 뒤에 남편을 잃었거든요. 크리스마스 연휴가 다가오던 즈음이라 슬픔은 더욱 깊어졌죠. 살면서 크리스마스를 혼자 보낸 적이 한 번도 없었기 때문에 크리스마스를 맞이하는 것이 두려웠어요. 친구들이 크리스마스를 함께 보내자며 저를 초대했지만 축제 분위기를 즐길 기분이 들지 않았어요. 어떤 파티에 가더라도 제가 흥을 깨게 될 거라는 걸 알고 있었죠. 그래서 친구들의 친절한 초대를 거절했습니다. 크리스마스이브가 가까워질수록 저는 점점 더 자기연민에 사로잡혔습니다.

우리 모두에게 감사할 일들이 많이 있듯 당시 제게도 감사할 일들이 많았던 것이 사실입니다. 크리스마스 전날 저는 오후 세 시에 사무실을 나와 자기연민과 우울함을 떨쳐 버리길 바라면서 5번가를 정처 없이 걷기 시작했습니다. 길에는 흥겹고 행복한 사람들로 발디딜 틈이 없었습니다. 그 모습을 보자 이제는 가 버린, 제 행복했던 날들에 대한 기억이 떠올랐습니다. 외롭고 텅 빈 아파트로 돌아가야 한다는 생각에 견딜 수가 없어지더군요.

저는 당혹스러웠고 어찌할 바를 몰랐죠. 눈물을 참을 수 없었습니다. 한 시간 남짓 그렇게 하염없이 걷다가 버스 터미널 앞에 서 있는 저를 발견했습니다. 가끔 남편과 제가 아무 버스에나 올라타는 모험을 했던 기억이 떠올라 정류장에 가장 먼저 도착한 버스에 올랐습니다. 허드슨 강을 건너 얼마 동안 달리고 있자니 버스 기사의 목소리가 들렸습니다. '마지막 정거장입니다, 아주머니.'

저는 버스에서 내렸습니다. 저는 그 마을의 이름조차 몰랐습니다. 조용하고 평화로운 작은 마을이었습니다. 집으로 돌아가려고 다음 버스를 기다리다가 집들이 있는 길을 따라 걷기 시작했습니다. 교회를 지나다가 '고요한 밤 거룩한 밤'의 아름다운 멜로디를 듣게 되었습니다. 저는 교회 안으로 들어갔습니다. 오르간을 연주하는 사람을 빼고는 아무도 없더군요. 저는 눈에 띄지 않게 의자에 앉았습니다. 화려하게 장식된 크리스마스트리의 전구 불빛이 마치 달빛 아래서 춤추는 무수한 별들처럼 보였습니다. 길게 잡아 늘인 곡의 마지막 화음과 아침부터 아무것도 먹지 않았다는 사실이 저를 나른하게 만들었습니다. 지치고 무거운 짐을 진 자였던 저는 차츰 잠에 빠져들었습니다.

잠에서 깨어났을 때 저는 제가 어디에 있는지 몰랐습니다. 무서웠죠. 제 앞에는 크리스마스트리를 보러 온 것으로 보이는 두 아이가 있었습니다. 그중 어린 여자아이가 손가락으로 저를 가리키며 말했어요. '산타 할아버지가 데리고 왔나 봐.' 제가 깨어나자 이 아이들도 겁을 먹었습니다. 저는 해치지 않으니 무서워하지 말라고 말했지요. 아이들의 옷차림은 말이 아니었습니다. 엄마 아빠는 어디 있느냐고 물었더니 아이들은 '우리는 엄마 아빠 없어요.'라고 하더군요.

이 두 어린 고아들은 저보다 형편이 훨씬 어려웠습니다. 그 아이들을 보자 저의 슬픔과 자기연민이 부끄러워졌습니다. 저는 아이들에게 크리스마스트리를 구경시켜 주고 구멍가게에서 간단한 음식을 먹은 뒤 사탕과 두어 개의 선물을 사 주었습니다. 저의 외로움은 마치 마법을 부린 것처럼 사라졌습니다. 이 두 명의 고아는 제가 오랫동안 찾아 헤매던 진정한 행복과 나 자신을 잊는 법을 전해 준 것입니다. 아이들과 이야기를 나누면서 저는 제가 그동안 얼마나 운이 좋았는지 깨닫게 되었습니다. 부모님의 사랑과 애정으로 환하게 빛났던 제 어린 시절의 크리스마스에 대해 하나님께 감사드렸습니다.

그 두 어린 고아는 제가 그들에게 해 준 것보다 훨씬 많은 것을 제게 주었습니다. 그 경험으로부터 저는 우리 자신이 행복해지기 위해서는 다른 사람들을 행복하게 만들어야 할 필요가 있음을 다시 한 번 깨달았습니다. 행복은 옮아가는 것입니다. 주는 것이 곧 받는 것입니다. 저는 누군가에게 도움을 주고 사랑을 전함으로써 걱정과 슬픔, 자기연민을 정복할 수 있었고 새사람이 된 것 같은 기분을 느꼈습니다. 그 당시뿐만 아니라 그 이후로 저는 새로운 사람이 되었습니다."

나는 자기 자신을 잊고 건강과 행복을 되찾은 사람들에 대한 이야기로 책 한 권을 가득 채울 수도 있다. 예를 들어, 미 해군에서 가장 인기 있는 여성으로 꼽히는 마거릿 테일러 예이츠의 경우를 살펴보자.

예이츠 여사는 소설가다. 하지만 그녀의 추리소설들은 일본군이 진주만을 기습했던 운명적인 아침에 그녀에게 일어난 실제 이야기에 비하면 아무것도 아니다. 예이츠 여사는 심장이 좋지 않아 1년

이상 환자로 지내며 하루 24시간 중 22시간을 침대 위에서 보내야 했다. 그녀가 나섰던 가장 먼 여행은 햇볕을 쬐기 위해 마당에 나가는 것이었다. 그리고 그럴 때마저 걸을 때 가정부의 팔에 몸을 의지해야만 했다. 당시 그녀는 남은 인생도 환자 신세로 보내게 될 것이라 예상했다고 한다. 그녀는 내게 이렇게 말했다. "일본군이 진주만을 기습해서 현실에 안주하는 저의 태도에 충격을 주지 않았다면 저는 다시는 제대로 된 삶을 살 수 없었을 겁니다."

예이츠 부인이 들려준 이야기는 이렇다. "그 일이 일어났을 때 모든 것은 혼돈과 혼란 그 자체였습니다. 폭탄 하나가 집에서 아주 가까운 곳에서 터져 그 충격으로 제가 침대에서 떨어질 정도였으니까요. 군용 트럭들이 히컴 주둔지, 스코필드 병영, 카니오히베이 비행장 등으로 달려가 육군, 해군 병사들의 부인과 아이들을 공립학교로 피신시켰습니다. 적십자사에서는 그 사람들을 수용할 여분의 방이 있는 사람들에게 전화를 걸었습니다. 제 침대 옆에 전화기가 있다는 것을 알고 있었던 적십자사 직원들은 제게 정보 교환소로 쓸 장소를 제공해 달라고 부탁했습니다. 그래서 저는 군인 가족들이 묵고 있는 장소를 알아내 기록해 두었지요. 적십자사에서는 가족들이 어디 있는지 알아내려면 제게 전화를 하라고 모든 군인에게 지시했습니다.

저는 사령관이었던 제 남편 로버트 롤리 예이츠가 무사하다는 것을 알게 되었습니다. 저는 남편의 생사를 알지 못하는 부인들에게 힘을 주기 위해 노력했습니다. 그리고 이미 남편이 전사한 미망인들을 위로하는 데 힘을 쏟았습니다. 하지만 그런 사람은 너무나 많

있습니다. 2,117명이나 되는 해군 및 해병대 소속 간부들과 병사들이 전사했고, 960명은 실종 통보를 받았으니까요.

처음에 저는 침대에 누운 상태로 전화를 받았습니다. 그러다가 앉아서 전화를 받게 되었고, 마침내는 너무 바쁘고 흥분해서 제가 아프다는 사실을 잊고 침대에서 벗어나 책상에 앉게 되었습니다. 저보다 훨씬 더 힘든 사람들을 도움으로써 저 자신에 관한 것들을 모두 잊은 것입니다.

그렇게 저는 잠을 자는 여덟 시간을 제외하곤 침대 생활을 하지 않았습니다. 만약 일본군이 진주만을 기습하지 않았다면 저는 아마 평생을 반 환자 신세로 보냈을 것입니다. 침대 위에 있을 때는 편했습니다. 시중을 들어 줄 사람이 항상 있었으니까요. 지금 생각해 보면 저는 무의식적으로 건강을 회복할 의지를 잃었던 것입니다.

진주만 기습은 미국 역사상 가장 비극적인 사건 중 하나였지만 제 경우만 놓고 보자면 그것은 제게 일어난 일 중에서 가장 바람직한 것이었습니다. 그 끔찍한 비극을 통해 저는 제가 소유할 수 없을 것이라 여겼던 힘을 갖게 되었습니다. 그리고 저 자신에게 쏟았던 관심을 다른 사람들에게 집중할 수 있도록 만들었습니다. 또 제가 전념해야 할, 크고 없어서는 안 될 중요한 무언가도 생겼습니다. 저는 더 이상 저 자신에 대해 생각하거나 걱정할 시간이 없습니다."

정신과 의사에게 도움을 얻기 위해 찾아가는 사람들의 3분의 1 정도는 마거릿 예이츠가 했던 것처럼 다른 사람들을 돕는 일에 관심을 갖기만 해도 아마 스스로 병을 고칠 수 있을 것이다. 이것은 내 개인적인 생각이 아니라 칼 융(Carl Jung)이 했던 말에 가깝다. 칼 융만큼 그러한 사실을 잘 알고 있는 사람도 없을 것이다. 그는 이렇게 말했다.

"내 환자들 가운데 약 3분의 1 정도는 임상적으로 정의할 수 있는 신경증 때문이 아닌, 무의미하고 공허한 자신의 삶 때문에 고통받는 사람들이다."

이 말을 다른 식으로 표현하면, 그들은 인생이라는 길을 가면서 공짜로 차를 얻어 타고 가려고 하지만 줄지어 지나가는 차들 모두가 그들을 그냥 지나쳐 간다. 그래서 그들은 열등하고 무의미한, 그리고 무익한 삶을 가지고 정신과 의사를 찾아가는 것이다. 배는 떠나가고 있는데 부두에 서서 자신들을 제외한 모두를 비난하고 자기중심적인 자신들의 욕구를 채워 달라고 세상에 요구한다.

지금 당신은 혼자 이렇게 말하고 있을지 모른다. "이런 이야기들은 별로 와 닿지 않아. 크리스마스이브에 두세 명의 고아들을 만난다면 나도 관심은 가질 수 있을걸. 그리고 만약에 내가 진주만에 있었다면, 기꺼이 마거릿 테일러 예이츠가 했던 것처럼 했을 거야. 하지만 나랑 상황이 다르잖아. 나는 평범한 사람의 삶을 살고 있다고. 하루에 여덟 시간씩 권태로운 일을 하지. 그렇게 극적인 일은 일어난 적이 없어. 어떻게 내가 다른 사람들을 돕는 데 관심을 가질 수 있겠어? 그리고 내가 왜 그래야 되는 거지? 나한테 무슨 득이 된다고?"

적절한 질문이다. 그 질문에 답을 해 보겠다. 당신의 생활은 단조로울지 몰라도 분명 매일 사람들을 만나고 있다. 그 사람들을 어떻게 대하고 있는가? 그저 바라보고만 있는가, 아니면 그들이 활동하는 이유가 뭔지 찾아보려고 노력하는가? 집배원을 예로 들어 보자. 집배원은 매년 수백만 킬로미터의 거리를 돌아다니며 당신의 집에 편지를 배달해 준다. 하지만 당신은 그 집배원이 어디 사는지 알아보거나 그의 아내, 자식들의 사진을 한 번이라도 보여 달라는 등의 수고를 해 본 적이 있는가? 한 번이라도 그에게 다리가 아프지는 않는지, 일이 지겹지는 않은지 물어본 적이 있는가?

식료품점 점원이나 신문 가판 상인, 길모퉁이에서 당신의 구두를 닦아 주는 사람에게는 어떠한가? 그들도 사람이다. 여러 골칫거리, 꿈들, 그리고 개인적인 야망들로 충만한 사람 말이다. 그들 또한 누군가와 그러한 것들을 공유할 기회를 갖고 싶어 한다. 하지만 당신은 한 번이라도 그들에게 그런 기회를 준 적이 있는가? 한 번이라도 그들을 향한, 아니면 그들의 삶에 간절하고 솔직한 관심을 보인 적이 있는가? 말하자면 그렇다. 이 세상과 당신 자신의 사적인 세상을 더욱 좋게 만드는 데 일조하기 위해 플로렌스 나이팅게일이나 사회개혁가가 될 필요는 없다. 당신이 당장 내일 아침에 만나게 될 사람들에서부터 먼저 시작하면 되니 말이다.

그것이 당신에게 무슨 득이 되느냐고? 행복 그 이상의 것을 가져다준다! 큰 만족감과 당신 자신에 대한 자부심을 줄 것이다! 아리스토텔레스는 이러한 종류의 태도를 '계몽적 이기주의'라고 불렀다. 조로아스터(Zoroaster)는 이렇게 말했다. "다른 사람들에게 선을 행하는 것은 의무가 아니다. 그것은 기쁨이다. 그럼으로써 너 자신의 건강과 행복이 증진되기 때문이다." 그리고 벤저민 프랭클린은 이것을 아주 간략하게 요약했다. "다른 사람들에게 좋은 일을 하는 것은 곧 당신 자신에게 가장 좋은 일을 하는 것이다."

뉴욕에 있는 정신상담센터 소장 헨리 C. 링크는 다음과 같은 글을 썼다. "제 생각에 현대 심리학의 가장 중요한 발견은 자기희생이나 자아실현과 행복을 위한 훈련의 필요성을 과학적으로 증명한 것이라고 할 수 있습니다."

다른 사람들을 생각하는 것은 단지 자기 자신에 대한 걱정을 멀리할 수 있게 해 줄 뿐만 아니라 많은 친구들을 사귀고 큰 즐거움을 맛볼 수 있게 한다. 어떻게 그렇게 할 수 있을까? 언젠가 나는 예일 대학교의 윌리엄 라이언 펠프스 교수에게 그 방법을 물어보았다. 그는 다음과 같이 말했다.

"저는 호텔이나 이발소, 또는 상점에 들어가면서 마주치는 모든 사람에게 항상 기분 좋은 말을 건넵니다. 그들을 단지 기계장치의 톱니바퀴가 아닌 사람으로 대우하는 말들을 하려고 노력합니다. 때로는 상점에서 저를 맞이하는 여직원에게 눈이나 헤어스타일이 참 아름답다는 등의 칭찬을 합니다. 이발사에게는 하루 종일 서 있어서 다리가 아프지는 않은지, 이발사 일은 어떻게 시작하게 되었는지, 그 일을 한 지는 얼마나 되었는지, 얼마나 많은 사람의 머리를 잘라 주었는지 등도 물어보고, 그가 셈하는 것을 도와주기도 하죠.

나는 사람들에게 관심을 보이면 그들이 기뻐한다는 것을 알게 되었습니다. 저는 항상 제 가방을 들어 주는 기차역의 짐꾼들과 악수를 합니다. 악수를 하면 그 사람은 새로운 기운을 얻고 하루 종일 활기차게 일할 수 있습니다.

몹시 무덥던 어느 여름날, 저는 뉴 헤이븐 철도회사에 있는 식당차에 점심을 먹으러 갔습니다. 식당차 안은 손님들로 가득해 마치 찜통 같았고 종업원들의 행동도 느렸습니다. 한참을 기다린 끝에 메뉴판을 건네받은 저는 이렇게 말했습니다. '오늘 같은 날 주방에서 일하는 사람은 정말 고생이 많겠네요.' 그러자 종업원은 독설을 퍼붓기 시작했습니다. 매우 불쾌해하는 말투였습니다. 처음에 저는 그 사람이 화가 난 줄 알았습니다. 그는 큰 소리로 이렇게 말했습니다. '도대체 어쩌라는 건지, 오는 사람들마다 음식 타박이네요. 주문을 빨리 안 받는다고 뭐라 하고, 덥다고 투덜거리고 비싸다고 불평하고 말이죠. 19년 동안 손님들이 불평하는 소리만 들었는데 찜통 같은 주방에서 일하는 사람을 생각해 주는 선생님 같은 분은 처음이네요. 선생님 같은 손님이 더 많았으면 좋겠어요.'

그 종업원은 제가 주방에서 일하는 흑인 요리사들을 거대한 철도회사 조직 속의 톱니 같은 하찮은 일원이 아닌, 하나의 사람으로 대한 것에 매우 놀랐습니다. 사람들이 원하는 것은 인간으로서의 작은 관심입니다. 길을 가다가 멋진 개를 산책시키는 사람을 만나면 저는 항상 개가 멋있다고 그 주인에게 한마디 합니다. 그러고 나서 다시 길을 가다가 뒤를 돌아보면 개를 쓰다듬으며 칭찬하고 있는 주인을 볼 수 있습니다. 개에 대한 저의 칭찬이 그 주인으로 하여금 개를 새롭게 보도록 한 것입니다.

언젠가 한 번은 영국에서 양 치는 사람을 만난 적이 있었습니다. 저는 그가 데리고 있는 크고 영리한 목양견을 보고 진심에서 우러난 칭찬을 했습니다. 그리고 그 개를 어떻게 길들였는지 물어보았습니다. 그들과 헤어져 가다가 뒤를 돌아보니 개는 주인의 어깨에 앞발을 올려놓고 주인은 그 개의 머리를 쓰다듬고 있었습니다. 양치기와 그의 개에게 보인 제 작은 관심이 그를 행복하게 만든 것입니다. 그리고 저는 그 개를 행복하게 만들었고 저 자신도 행복하게 했습니다."

짐꾼들과 악수를 하고 뜨거운 주방에서 일하는 요리사들을 걱정해 주며 개 주인에게 개에 대한 칭찬을 아끼지 않는 사람. 그런 사람이 괴로움과 걱정 때문에 정신과 의사의 진료를 받아야 한다고 상상할 수 있겠는가? 그럴 수 없다. 그렇지 않은가? 아니, 당연히 못한다. 그러한 경우를 표현한 중국 속담이 있다. '장미를 건네는 손에는 항상 장미향이 배어 있다.' 이 속담을 예일 대학의 펠프스 교수에게 말해 줄 필요는 없다. 그는 이미 알고 있고, 그 말대로 살았으니 말이다.

당신이 남자라면 다음에 나올 단락에 별 흥미가 없을지도 모르니 읽지 않고 건너뛰어도 좋다. 걱정 많고 불행한 한 소녀가 어떻게 많은 남자들의 구애를 받게 되었는지에 관한 이야기이기 때문이다. 그 소녀는 이제 할머니가 되었다. 몇 년 전, 나는 그녀 부부의 집에서 하룻밤을 묵은 적이 있다. 나는 그녀가 살던 동네에서 강의를 했는데, 그다음 날 그녀는 내가 뉴욕 센트럴 역으로 가는 기차를 놓치지 않도록 거의 90킬로미터나 되는 거리를 차로 태워다 주었다. 대화를 하던 중 화제가 친구를 사귀는 것에 관한 것에 이르렀을 때, 그녀는 이렇게 말했다. "카네기 선생님, 지금까지 남편은 물론 아무에게도 털어놓은 적이 없는 이야기를 들려 드릴게요." (여담이지만 이 이야기는 당신이 상상하는 것만큼 재미있지 않을 수도 있겠다.)

그녀는 필라델피아의 사교계에서 알려진 집안에서 자랐다고 말했다. "제 어린 시절과 젊은 시절의 비극은 우리 집안이 가난하다는 것이었습니다. 저는 사교 모임에 오는 또래 여자아이들처럼 호화롭게 지내지 못했어요. 고급 옷도 입어 보지 못했고, 몸에 맞지 않는 옷과 유행이 지난 옷들만 있었지요. 그때는 너무 창피하고 부끄러워 울다 잠들었답니다. 그러다 자포자기의 심정으로 한 가지 아이디어를 생각해 냈습니다. 저녁 모임에서 만나는 파트너들에게 경험이나 생각, 미래에 대한 계획을 끊임없이 물어보는 것이었죠. 사실 그런 이야기에 특별한 관심이 있어서 물어본 것은 아니었어요. 오로지 파트너가 형편없는 제 옷을 보지 못하게 하려고 한 것이죠.

그런데 이상한 일이 일어났습니다. 그들이 하는 이야기에 귀를 기울이고 그들을 더 많이 알게 되자, 그들의 이야기에 관심이 생겼거든요. 너무 재밌게 듣다가 가끔 제 옷에 관한 생각을 잊어버리기도 했습니다. 하지만 정말로 놀라운 일은 지금부터입니다. 저는 그들의 이야기를 잘 들어 주고 그들 자신에 관한 이야기를 하도록 용기를 북돋아 주었습니다. 그것이 그들에게 행복감을 주었고, 차츰 저는 사교 모임에서 가장 인기 있는 여자가 되었습니다. 저는 그 남자들 중 세 명으로부터 청혼을 받았습니다." (여성들이여, 바로 이런 식으로 남자들을 대하면 된다.)

이번 장을 읽은 사람들 중 어떤 이는 이렇게 말할 것이다. "다른 사람들에게 관심을 가지라는 이런 말은 모두 허튼소리야! 순전히 종교적인 이야기라고! 나한텐 다 부질없는 소리야! 돈은 내 지갑에 넣을 거야. 내가 가질 수 있는 한 모두 내 손에 넣을 거야. 지금 당장 말이야. 얼간이 같은 다른 바보들은 어떻게 되든 나랑 상관없다고!"

이게 당신의 생각이라면 그것에 대해 뭐라고 할 생각은 없다. 하지만 당신의 생각이 옳다면 역사가 기록되기 시작했을 때부터 모든 위대한 사상가들이나 선생들 즉 예수, 공자, 부처, 플라톤, 아리스토텔레스, 소크라테스, 성 프란체스코 같은 사람들의 말은 모두 틀린 셈이 된다. 하지만 당신은 종교적인 지도자들의 가르침을 비웃을지도 모르니 무신론자들의 조언도 참조해 보도록 하자. 우선 케임브리지 대학 교수였고 당대 가장 저명한 학자들 중 한 명이었던 고(故) A. E. 하우스만(A. E. Hausman)의 경우를 살펴보자. 1936년 그는 '시의 제목과 특징'을 주제로 케임브리지 대학에서 강연한 적이 있는데, 그 강연에서 그는 이렇게 말했다. "지금까지 전해지는 말들 가운데 가장 위대한 진리이자 역사상 가장 심오한 도덕적 발견은 다음과 같은 예수의 말입니다. '자기 목숨을 얻으려는 사람은 잃을 것이고, 나를 위해 자기 목숨을 잃는 사람은 얻을 것이다.'"

우리는 목회자들이 그런 이야기를 하는 것을 평생 듣고 살았다. 하지만 하우스만은 자살을 기도했던 무신론자이자 비관론자였다. 그럼에도 그는 자기 자신만을 생각하는 사람은 풍요로운 인생을 살 수 없다고 생각했다. 그런 사람은 불행해진다. 하지만 다른 사람들에게 봉사하기 위해 자신을 잊는 사람은 삶의 기쁨을 발견하게 된다.

A. E. 하우스만의 이야기에서도 느끼는 바가 없다면 20세기 가장 유명한 무신론자의 조언을 들어 보자. 바로 미국의 소설가 시어도

어 드라이저(Theodore Dreiser)다. 드라이저는 모든 종교를 꾸며 낸 이야기라 비웃었고 인생을 '의미 없는 소음으로 가득하고 아무 중요성도 없는, 바보가 지껄이는 이야기'로 여겼다. 그러나 그런 드라이저도 예수가 가르친 한 가지 위대한 원칙, 다른 사람들을 섬기라는 원칙만큼은 지지했다. 그는 이렇게 말했다. "자신의 짧은 인생에서 조금이라도 기쁨을 얻고자 한다면, 자기 자신뿐 아니라 다른 사람들을 더 이롭게 하기 위한 생각을 하고 계획을 세워야 한다. 왜냐하면 그 자신을 위한 기쁨은 다른 사람들에게서 나오는 것이고, 다른 사람들의 기쁨은 나에게서 나오는 것이기 때문이다."

드라이저의 주장처럼 '다른 사람들을 더 이롭게 하기 위하는 것'이라면 서둘러 그것을 하도록 하자. 시간은 계속 흘러가고 있다. "이 길은 단 한 번만 지나갈 수 있다. 그러므로 내가 할 수 있는 모든 좋은 일들과 내가 보여 줄 수 있는 모든 친절은 지금 당장 행해야 한다. 미루거나 소홀히 해서는 안 된다. 이 길은 다시 지나갈 수 없기 때문이다."

걱정을 없애고 평안과 행복을 키우고 싶다면,

원칙 7

**다른 이들에게 관심을 가짐으로써 자신을 잊어버려라.
매일 다른 이의 얼굴에 미소가 생기게 하는
선행을 베풀어라.**

평화와 행복을 가져오는 일곱 가지 마음가짐

1. 평화와 용기, 건강, 희망에 대한 생각으로 정신을 가득 채워라. "우리의 인생은 우리가 생각하는 대로 만들어진다."

2. 절대로 적에게 앙갚음하려 하지 마라. 그것은 적들보다 당신 자신을 더 해친다. 아이젠하워 장군이 그러했듯이 당신 마음에 들지 않는 사람들을 생각하는 데는 1분의 시간이라도 낭비하지 마라.

3.

   1) 사람들이 당신에게 감사할 줄 모른다고 분노하지 말고 아예 그런 기대를 갖지 마라. 예수는 하루에 열 명의 나병 환자를 고쳐 주었지만 그중 오직 한 명만이 감사했음을 기억하자. 우리가 예수보다 더 많은 감사를 받아야 할 이유가 있는가?

   2) 행복을 찾는 유일한 길은 감사를 받을 것이라 기대하는 것이 아니라 베푸는 것에서 오는 즐거움 때문에 베푸는 것이다.

   3) 감사는 '교육되는' 특징이 있다는 것을 기억하자. 따라서 자녀들이 감사하는 사람이 되기를 원한다면, 그들에게 감사하는 법을 가르쳐야 한다.

4. 당신이 안고 있는 문제 대신, 받고 있는 축복을 헤아려 보라.

5. 다른 이를 모방하지 마라. 자신이 누구인지 알아낸 뒤 그 모습대로 살아라. 부러움은 곧 무지이고, 모방은 곧 자살행위다.

6. 운명이 신 레몬을 건네 준다면, 그것으로 레모네이드를 만들기 위해 노력하라.

7. 다른 이에게 작은 행복을 만들어 주기 위해 노력함으로써 우리 자신의 불행을 잊어버리자. "다른 사람들에게 좋은 일을 하는 것은 곧 당신 자신에게 가장 좋은 일을 하는 것이다."

걱정을 극복하는
완벽한 방법

내 부모님은 어떻게 걱정을 극복하셨을까

1
내 부모님은
어떻게 걱정을 극복하셨을까

앞서 말했듯 나는 미주리 주의 농장에서 태어나고 자랐다. 당시 대부분의 농부들이 그러했듯 우리 부모님도 힘들게 돈을 모으셨다. 어머니는 시골 학교 선생님이었고 아버지는 한 달에 12달러를 벌기 위해 일하는 농장 노동자였다. 어머니는 나의 옷가지뿐 아니라 옷을 세탁하는 비누도 만드셨다.

1년에 한 번 돼지를 팔 때를 빼면 우리 집에는 돈이 거의 없었다. 우리는 집에서 만든 버터와 달걀을 식료품점에 가지고 가서 밀가루, 설탕, 커피 같은 것들과 바꿨다. 열두 살 때, 나를 위해 쓸 수 있는 돈은 1년에 50센트도 채 되지 않았다. 나는 가족과 독립기념일 행사에 갔던 날 아버지가 내 마음대로 쓰라고 10센트를 주셨던 일을 아직도 잊을 수가 없다. 그때는 이 세상이 다 내 것 같았다.

나는 교실이 하나뿐인 시골 학교에 1마일을 걸어 다녔다. 눈이 깊게 쌓이고 온도가 영하 30도 가까이 떨어졌을 때에도 그렇게 했다. 열네 살이 될 때까지 나는 고무신이나 방한용 덧신을 신어 보지 못했다. 길고도 추운 겨울 내내 발은 항상 젖어 있었고 차가웠다. 어렸을 때는 겨울에도 발이 보송보송하고 따뜻한 가진 사람이 있을 거라고는 상상도 못했다.

부모님은 하루 16시간씩 일하셨지만 우리 가족은 늘 빚과 불운에 시달렸다. 어린 시절 가장 먼저 일어났던 일에 대한 기억은 홍수로 넘친 102번 강이 우리 옥수수 밭과 목초지를 휩쓸고 지나가 모든 것을 엉망으로 만든 것이다. 7년 동안 여섯 번의 홍수가 우리 집 작물들을 망쳐 놨다. 돼지들은 매년 콜레라로 죽었고 우리는 그것들을 불에 태웠다. 지금도 눈을 감으면 돼지들이 불에 탈 때 풍겼던 지독한 냄새가 생각난다.

홍수 피해가 없었던 해도 있었다. 옥수수 농사는 풍년이었고, 소를 사다가 옥수수를 먹여 살찌웠다. 하지만 그해 역시 홍수가 닥쳤던 해와 다를 바 없었다. 시카고 축산시장에서 소 값이 떨어졌기 때문이다. 그래서 그렇게 소들을 먹이고 살찌웠지만 소들을 살 때 든 비용보다 고작 30달러를 더 벌었을 뿐이었다. 1년 내내 일해서 30달러라니! 우리는 뭘 해도 손해를 봤다. 아버지가 새끼 노새 몇 마리를 사 오셨던 모습이 아직도 기억난다. 우리는 3년 동안 키운 그 노새들을 테네시 주 멤피스로 실어 보냈다. 3년 전에 그 노새들을 샀을 때보다 적은 돈을 받고 말이다.

그렇게 10년 동안 고생해서 죽어라 일했는데도 우리 가족은 수중에 돈 한 푼 없었고 큰 빚까지 지게 되었다. 우리는 농장을 담보로 대출을 받았다. 할 수 있는 일을 다 해 봐도 대출 이자조차 갚을 수 없었다. 대출을 해 준 은행은 아버지를 모욕하고 무시했으며 농장을 빼앗겠다고 으름장을 놓았다. 47세의 아버지가 30년 이상을 열심히 일한 대가로 얻은 것이라고는 빚과 수치심뿐이었다. 아버지는 그 상황을 받아들일 수 없었다. 그리고 식욕도, 건강도 잃으셨다. 하루 종일 밭에서 힘든 육체적 노동을 했음에도 약을 먹어야만 식욕이 생겼다. 살도 빠졌다. 의사는 아버지가 6개월 안에 돌아가실 거라고 어머니에게 말했다. 걱정이 너무도 심했던 아버지는 더 이상 의욕이 없으셨다. 어머니는 내게, 아버지가 말들에게 사료를 주러 가거나 소젖을 짜러 갔다가 제 시간에 돌아오지 않으시면 혹시나 줄에 목을 매고 자살을 하지나 않았을까 두려워하며 축사로 가 보곤 했다는 말씀을 자주 하셨다. 하루는 아버지께서 메리빌에 있는 은행에 갔다가 우리 목장을 처분해 버리겠다는 위협을 들으셨다. 아버지는 집에 돌아오는 길에 강을 건너는 다리 위에서 마차를 세우시고, 마차에서 내린 뒤 한참 동안 서서 강물에 뛰어들어 모든 걸 끝내 버릴까 고민하시기도 했다.

몇 년 후 아버지는 내게 그때 강물에 뛰어들지 않았던 이유에 대해 말씀해 주셨다. 그것은 바로 우리가 하나님을 사랑하고 율법을 잘 지키면 결국 모든 일이 잘될 거라는 어머니의 깊고 변함없는 그리고 기쁨에 넘치는 믿음 때문이었다. 어머니가 옳았다. 결국엔 모든 일이 잘되었다. 아버지는 행복하게 42년을 더 사셨고 89세를 일기로 1941년에 돌아가셨다.

그렇게 고되고 가슴 아팠던 세월 동안 어머니는 단 한 번도 걱정하지 않으셨다. 어머니는 모든 괴로움을 하나님께 맡겼다. 매일 밤, 잠자리에 들기 전에 어머니는 성경책을 읽으셨다. 어머니나 아버

지가 종종 읽었던 성경 말씀에 이런 말이 있다. '내 아버지의 집에
는 거할 곳이 많도다. 내가 너희를 위하여 거처를 예비하러 가노니
나 있는 곳에 너희도 있게 하리라.' 성경을 읽은 뒤 미주리 주의 외
딴 농가에서 우리 가족은 의자 앞에 무릎 꿇고 하나님의 사랑과 보
호를 간청하는 기도를 올렸다. 윌리엄 제임스가 하버드 대학의 철
학 교수였을 때 그는 이렇게 말했다. "걱정을 없애는 특효약은 당
연히 종교적인 신앙심이다."

그 사실을 발견하려고 하버드 대학까지 갈 필요는 없다. 내 어머
니는 미주리 농장에서 그것을 발견하셨으니 말이다. 홍수도, 빚도,
끔찍한 불행도 어머니의 행복하고 기쁨에 빛나는, 그리고 승리한
정신을 억압할 수 없었다. 아직도 당시에 어머니가 일하며 부르던
노래가 들리는 것 같다.

평화, 평화, 놀라운 평화,
하늘에 계신 아버지로부터 흘러내려와,
영원히 내 영혼에 넘치기를
헤아릴 수 없는 사랑의 바다 속에서 기도합니다.

어머니는 내가 종교적인 일에 평생을 바치길 바라셨다. 나는 해
외 선교사가 되는 것에 대해 진지하게 생각했다. 그러다 대학에 입
학했고 차츰 시간이 지나면서 내게 변화가 찾아왔다. 나는 생물학,
철학, 비교종교학을 공부했고, 성경책이 어떻게 만들어졌는지에 관
한 책들을 읽었다. 나는 성경이 주장하는 많은 것들에 대한 의문이

생겼고, 당시 시골 목사들이 가르쳤던 편협한 교리들을 의심하기 시작했다. 혼란스러웠다. 마치 월트 휘트먼(Walt Whitman)이 말한 것처럼 "내 안에서 이상하고 갑작스러운 질문들이 꿈틀거리는 것 같았다."

나는 무엇을 믿어야 할지 알 수 없었다. 삶의 목적도 찾지 못했다. 기도하는 것도 그만두었다. 나는 불가지론(不可知論)자가 되었다. 나는 모든 인생에는 계획도 목적도 없다고 믿었다. 2억 년 전에 지구상을 배회하던 공룡처럼 인간 역시 신성한 목적을 갖고 있지 않다고 믿었다. 공룡들이 멸종한 것처럼 인류도 언젠가는 사라질 것 같았다. 과학은 태양이 서서히 식고 있으며 그 온도가 10퍼센트만 내려가도 지구상의 어떠한 생명체도 존재할 수 없다는 사실을 가르친다는 것을 나는 알고 있었다. 나는 선하신 하나님이 자신의 형상을 따라 인간을 창조했다는 발상에 코웃음을 쳤다. 수억에 수억을 더한 것만큼이나 많은 태양들이 알 수 없는 힘에 의해 창조된 어둡고 차가운 무생명의 우주 공간을 선회하고 있다고 믿었다. 어쩌면 창조 자체가 없었을지도 모른다. 시간과 우주가 언제나 존재하듯 어쩌면 그 태양들도 영원히 존재했는지 모른다.

내가 지금 이 모든 의문들에 대한 답을 알고 있다고 하는 것 같은가? 그렇지 않다. 그 누구도 우주의 신비, 생명의 신비는 설명할 수 없다. 우리는 불가사의한 것들에 둘러싸여 있다. 당신의 신체 활동역시 엄청나게 신비한 것이다. 집 안의 전기도 마찬가지고, 벽 틈에서 핀 꽃과 창밖의 푸른 잔디밭도 그러하다. 제너럴 모터스 사의 연구소를 이끄는 천재 찰스 F. 캐터링은 풀이 푸른 이유를 알아내기 위해 매년 3만 달러라는 돈을 앤티오크 대학에 기부하고 있다. 그는 풀이 태양, 물, 이산화탄소를 포도당으로 바꾸는 방법을 알 수만 있으면 문명을 바꿀 수 있다고 주장한다.

심지어 차 안의 엔진이 작동하는 것도 대단히 신비한 것이다. 제너럴 모터스 연구소는 실린더 내의 스파크가 어떻게, 왜 폭발을 일으켜 차를 움직이게 하는지를 알아내기 위해 수년의 시간과 수백만 달러의 돈을 투자하고 있지만, 여전히 그 답은 찾지 못했다.

신체나 전기, 또는 내연 기관의 신비를 이해하지 못한다 해서 그것들을 사용하고 즐기지 못하는 것은 아니듯, 내가 기도와 종교의 신비를 이해하지 못한다고 해서 종교가 가져다주는 풍요롭고 행복한 삶을 즐기지 말아야 하는 것도 아니다. 오랜 시간이 지난 뒤 마침내 나는 미국 철학자인 산타야나(George Santayana)의 다음과 같은 지혜로운 말의 의미를 깨닫게 되었다. "인간은 삶을 이해하라고 만들어진 것이 아니다. 살아가라고 만들어진 것이다."

나는 예전으로 돌아갔다. 예전의 종교로 돌아갔다고 말하려고 했지만 그 말은 정확하지 않은 것 같다. 나는 기독교 내부 종파를 나누는 교리의 차이들에는 이제 조금의 관심도 두지 않지만, 종교가 내게 미치는 영향에 대한 관심은 엄청나다. 그것은 전기와 양질의 음식과 물이 내게 미치는 영향에 관심을 갖는 것과 같다. 그것들 덕분에 나는 더 풍요롭고, 충만하고, 행복하게 산다. 하지만 종교는 그보다 훨씬 더 큰 도움을 준다. 종교는 내게 정신적인 가치를 준다. 종교는 내게 윌리엄 제임스의 표현처럼 "인생, 더 큰 인생, 더 크고, 더 풍요롭고, 더 만족스러운 인생에 대한 새로운 열정"을 부여한다. 또한 내게 신념, 희망, 그리고 용기를 주며 긴장, 불안, 두려움, 걱정을 없애 준다. 종교는 삶의 목적과 방향을 제시해 주고, 내게 한없는 행복과 넘치는 건강을 준다. 종교는 '소용돌이치는 인생'이라는 모래사막 한복판에 마르지 않는 평화의 샘'을 나 스스로 만들어 낼 수 있도록 도와준다.

350년 전에 프랜시스 베이컨(Francis Bacon)이 했던 말이 맞았다. "얕은 철학은 사람의 마음을 무신론으로 기울인다. 그러나 깊은 철학은 사람의 마음을 종교로 이끈다."

언젠가 사람들이 과학과 종교의 대립에 관해 이야기하던 시절이 생각난다. 그러나 그걸로 끝이었다. 심리학이라는 가장 현대적인 학문에서도 예수가 가르쳤던 것들을 가르친다. 왜 그럴까? 심리학자들은 기도와 강한 종교적 신념이 인간의 모든 질병의 절반 이상을 유발하는 걱정, 근심, 긴장, 두려움 같은 것들을 사라지게 한다는 사실을 깨달았기 때문이다. 심리학자의 대표자 격인 A. A. 브릴(A. A. Brill) 박사가 말했듯 '종교적으로 신실한 사람은 신경증에 걸리지 않는다'는 사실을 심리학자들은 알고 있다. 만약 종교가 진실이 아니라면 삶은 아무런 의미가 없는, 비극적인 광대극일 뿐이다.

핸리 포드가 사망하기 몇 년 전 나는 그와 인터뷰를 했다. 나는 세계에서 가장 큰 사업체 중 하나를 세우고 경영하는 데 보낸 긴 세월의 피로감 같은 것이 그의 얼굴에 드러나지 않을까 예상했다. 그러나 78세라는 나이에도 너무나 차분하고 평온한 그의 모습에 나는 놀라지 않을 수 없었다. 그에게 혹시 걱정이라는 것을 해 본 적이 있는지 묻자 그는 이렇게 대답했다. "아뇨, 없습니다. 저는 모든 일들은 하나님께서 주관하시고 그분께서는 제 조언 같은 건 필요로 하지 않으신다는 것을 믿고, 모든 것은 하나님이 맡고 계시니 결국은 최선의 결과가 나타날 것이라고 믿습니다. 그런데 걱정할 것이 뭐가 있겠습니까?"

오늘날에는 심지어 정신과 의사들조차 현대적인 복음 전도자들이 되고 있다. 그들이 우리에게 종교적인 삶을 권하는 이유는 우리가 죽은 뒤 지옥에 가는 것을 피하게 하려는 것이 아니라 지금 살고 있는 이 세상의 지옥, 즉 위궤양, 협심증, 신경쇠약, 정신이상 등과 같은 것을 막기 위해서다. 심리학자나 정신과 의사들이 가르치는 것들에 대해 더 알고 싶다면 헨리 C. 링크(Henry C. Link) 박사가 쓴《종교의 회복(The Return to Religion)》이라는 책을 읽어 보기 바란다.

그렇다. 기독교를 믿는 신앙심은 활기와 건강을 준다. 예수는 말했다. "내가 온 것은 너희로 하여금 생명을 얻게 하되 더욱 풍성하게 하려 함이니라." 예수는 메마른 형식과 죽은 예배로 대변되는 당시의 종교를 비난했다. 그는 반역자였다. 그는 새로운 종류의 종교, 세상을 뒤엎겠다고 위협하는 종교를 가르쳤다. 바로 그것 때문에 예수가 십자가에 못 박혀 죽은 것이다. 그는 종교를 위해 인간이 존재하는 것이 아니라 인간을 위해 종교가 존재해야 하는 것이고, 인간을 위해 안식일이 만들어진 것이지 인간이 안식일을 위해 만들어진 것은 아니라고 가르쳤다. 그는 죄에 관한 것보다 두려움에 관해서 더 많이 이야기했다. 잘못된 종류의 두려움이 바로 죄다. 그것은 당신의 건강에 대한 죄임과 동시에 예수가 말했던 '더욱 풍요롭고 충만하며 행복하고 용기 있는 삶'에 대한 죄다. 에머슨은 자기 자신을 일컬어 '기쁨에 관한 학문을 가르치는 교수'라고 했는데, 마찬가지로 예수도 '기쁨에 관한 학문'을 가르치는 사람이었다. 예수는 제자들에게 "기뻐하고 즐거워하라."라고 명했다.

예수는 종교에서 중요한 것은 두 가지뿐이라고 강조했다. 하나는 온 마음을 다해 하나님을 사랑하는 것이고, 다른 하나는 이웃을 내 몸과 같이 사랑하는 것이다. 알고 하든 모르고 하든, 이렇게 하는 사람은 종교적인 사람이다. 오클라호마 주 털사에 사는 나의 장인어른 헨리 프라이스가 그 예다. 그분은 황금률에 따라 인생을 살려고 노력하셨고, 절대로 인색하거나 이기적이거나 부정직한 일들을 할 수 없는 성격이었다. 하지만 장인어른께서는 교회에 다니지는 않으셨고 본인을 불가지론자로 여겼다. 하지만 절대로 그렇지 않았다! 어떤 사람이 기독교인일까? 존 베일리가 했던 답을 들어 보자. 그는 아마도 에든버러 대학에서 신학을 가르쳤던 교수들 중 가장 뛰어난 사람일 것이다. 그는 이렇게 말했다. "기독교인이 된다는 것은 어떤 사상을 지적으로 받아들인다거나 어떤 규칙을 지키는 것이 아니다. 어떤 특정한 '정신'으로 어떤 특정한 '삶'을 사는 사람이 기독교인이다." 만일 이렇게 하는 것이 기독교인이라면 내 장인어른은 진정한 기독교인이다.

현대 심리학의 아버지인 윌리엄 제임스는 그의 친구 토머스 데이비슨에게 편지를 썼다. 시간이 흐름에 따라 '점점 더 하나님이 없이는 살아갈 수 없는' 자기 자신을 발견하게 된다고 말이다.

앞서 나는 심사위원들이 걱정에 관해 내 수강생들이 보낸 이야기들 중 가장 좋은 것을 골라야 함에도, 너무나 뛰어난 두 이야기의 우위를 가릴 수 없어 상금을 반으로 나눠야 했다는 이야기를 했다. 그때 공동으로 1등을 차지했던 이야기 중 두 번째 것을 들려주겠다. 이 이야기는 역경을 통해 '하나님 없이 살아가는 것은 불가능하다'는 사실을 깨닫게 된 한 여성의 잊지 못할 경험담이다. 실명은 아니지만 나는 그녀를 메리 쿠쉬먼이라 부르겠다. 나는 자신의 이야기가 책에 실린 것을 자녀들과 손자 손녀들이 본다면 당황할지도 모르니 가명으로 처리해 달라는 그녀의 요청에 동의했다. 하지만 그녀는 실제 인물이다. 몇 달 전에 그녀는 내 책상 옆에 놓인 팔걸이의자에 앉아 자신의 이야기를 들려주었다. 그 이야기는 이렇다.

"경제공황기에 제 남편의 평균 급여는 1주일에 18달러였습니다. 남편이 아팠을 때는 급여를 받지 못했으니 그 정도도 벌지 못할 때가 많았죠. 그런 일은 흔했습니다. 남편에게는 작지만 안 좋은 일들이 계속해서 일어났어요. 볼거리와 성홍열에 걸렸는가 하면 감기도 달고 살았죠. 우리는 우리 손으로 직접 지은 집도 잃게 되었어요. 식료품 가게에 갚아야 할 돈이 50달러였는데 먹여 살려야 할 아이들은 다섯이나 되었죠. 저는 이웃집의 빨래와 다림질을 대신 해주고 받은 돈으로 구세군 가게에 가서 중고 옷가지를 사다가 아이들 몸에 맞게 손질해서 입혔습니다. 걱정이 많았던 저는 저 자신을 병들게 했어요.

하루는 우리가 50달러를 빚지고 있던 식료품 가게 주인이 열한 살 난 제 아들을 붙들어 오더니 연필 몇 자루를 훔쳤다고 하더군요. 그 주인이 제게 그 이야기를 하는 동안 아들은 눈물만 뚝뚝 흘리고 있었습니다. 저는 아들이 정직하고 예민한 아이라는 걸 알고 있었어요. 그리고 아들이 다른 사람들 앞에서 창피를 당하고 자존심이 상했다는 것도 알 수 있었죠. 작은 일이긴 했지만 그 일로 저는 더 이상 견딜 수 없었습니다. 우리 가족이 견뎌 왔던 그 모든 비참함이 한꺼번에 머릿속에 떠올랐습니다. 미래에 대한 희망은 전혀 보이지 않았어요. 그때 전 분명 걱정 때문에 순간적으로 정신이 나갔던 것 같습니다. 저는 세탁기를 끄고 겨우 다섯 살이었던 제 딸아이를 데리고 침실로 들어가 창문을 모두 걸어 잠근 뒤 종이와 천 조각으로 창문과 벽에 나 있던 모든 틈새를 틀어막았습니다. 어린 딸이 묻더군요. '엄마, 뭐 해요?' 저는 대답했습니다. '바람이 새어 들어와서 막는 거야.' 그런 뒤 저는 침실에 있는 가스 난방기를 틀었습니다. 불은 붙이지 않은 채 말이죠. 딸아이와 나란히 침대 위에 눕자 딸이 이렇게 말하더군요. '엄마, 이상해요. 우리 조금 전에 일어났잖아요!' 하지만 저는 이렇게 말했습니다. '걱정 마. 잠깐 낮잠 자는 거야.' 저는 난방기에서 가스가 새는 소리를 들으며 눈을 감았습니다. 그때의 가스 냄새는 절대 잊을 수 없을 거예요.

그런데 갑자기 음악 소리가 들리는 것 같았습니다. 자세히 들어보니 부엌에 있는 라디오를 끄는 걸 제가 깜빡했더군요. 하지만 이제 그런 건 상관없었습니다. 그래도 노래는 계속되었고 어느 순간 저는 누군가 찬송가를 부르는 것임을 알게 되었습니다.

죄와 짐 맡은 우리 구주 어찌 좋은 친군지!

걱정, 근심, 무거운 짐 우리 주께 맡기세.

주께 고함 없는 고로 복을 얻지 못하네.

사람들이 어찌하여 아뢸 줄을 모를까.

그 찬송가를 들으며 저는 제가 엄청난 잘못을 저질렀다는 사실을 깨닫게 되었습니다. 제게 닥친 지독한 싸움들을 혼자서 이겨 내려고만 했지 주께 모든 것을 맡기지 않았던 것입니다. 저는 자리를 박차고 일어나 가스를 잠그고 문과 창문을 활짝 열었습니다. 그날 저는 하루 종일 울면서 기도했습니다. 하지만 저를 도와 달라는 기도는 아니었습니다. 대신 마음을 다해 주님이 제게 주신 축복, 즉 건강하고 착하며 굳센 몸과 마음을 가진 훌륭한 다섯 아이들을 제게 주신 그 축복에 대한 감사를 드렸습니다. 그리고 다시는 그렇게 은혜를 모르는 사람이 되지 않겠다는 약속을 하나님께 드렸고, 그 약속은 지금까지 지키고 있습니다.

저희는 집을 잃고 시골 학교에 딸린 월세 5달러짜리 작은 집으로 이사를 가야 했지만 그런 집에서라도 살게 해 주신 하나님께 감사드렸습니다. 적어도 따뜻하게 지낼 수 있고 비를 피할 수 있는 지붕이 있다는 사실에 감사했습니다. 지금보다 더 안 좋은 일들이 일어나지 않게 해 주신 것에 대해서도 진심으로 감사했습니다. 그리고 저는 주님이 저의 그러한 기도를 들어주셨다고 믿습니다. 오래지 않아 상황이 나아졌기 때문입니다. 그렇다고 하룻밤 사이에 좋아진 것은 아닙니다. 하지만 공황 상태에 빠졌던 경기가 활기를 띠게 되자 우리는 조금씩 더 많은 돈을 벌게 되었습니다. 저는 큰 휴양

시설의 물품 보관소에서 일하게 되었고 부업으로 스타킹도 팔았습니다. 혼자 힘으로 대학을 다니기 위해 아들 중 하나는 농장에서 아침저녁으로 열세 마리의 젖소들의 젖을 짰습니다. 지금 아이들은 모두 성인이 되어 결혼을 했고, 제게는 세 명의 착한 손자 손녀들이 있습니다. 가스를 틀어 놓았던 그 끔찍한 날을 떠올릴 때마다 제때 저를 '일어날 수 있게' 해 주신 하나님께 감사하고 또 감사합니다. 그때 그 일을 저질렀다면 어떻게 이런 기쁨들을 맛볼 수 있었을까! 이렇게 많은 멋진 나날들을 영원히 잃을 뻔했구나! 지금은 누군가가 삶을 끝내고 싶다고 하는 소리를 들을 때마다 이렇게 외치고 싶어집니다. '안 돼요! 안 돼!' 우리가 견뎌 내야 할 가장 암담한 순간은 잠시뿐입니다. 그 순간이 지나고 나면 미래가 찾아옵니다."

미국에서는 평균적으로 35분당 한 명이 자살하고, 120초당 한 명은 정신이상자가 된다. 만일 종교와 기도가 주는 위안과 평안을 갖기만 했다면 대부분의 자살, 그리고 정신이상이라는 비극의 상당수는 막을 수도 있었을 것이다.

가장 뛰어난 정신의학자 중 하나인 칼 융은 《영혼을 찾는 현대인 (Modern Man in Search of a Soul)》이라는 그의 책 264쪽에서 다음과 같이 말하고 있다.

지난 30년 동안 지구상의 모든 문명국가 사람들이 내게 상담을 받았다. 나는 수백 명의 환자들을 치료해 왔다. 인생의 후반부, 즉 35세 이상의 환자들 가운데 궁극적으로 인생에 대한 종교적 시각을 갖추는 것 이외의 문제를 가진 사람은 단 한 명도 없었다. 그들이 아픈 이유는 어느 시대건 살아 있는 종교가 신도들에게 항상 줘 왔던 것을 잃었기 때문이고, 종교적인 시각을 다시 갖추지 못한 사람은 어느 누구도 진짜로 치유되지 않은 것이라 말해도 전혀 과언이 아니다.

이 말은 너무나도 중요한 말이기 때문에 다시 되풀이하겠다. 칼 융 박사는 이렇게 말했다.

지난 30년 동안 지구상의 모든 문명국가 사람들이 내게 상담을 받았다. 나는 수백 명의 환자들을 치료해 왔다. 인생의 후반부, 즉 35세 이상의 환자들 가운데 궁극적으로 인생에 대한 종교적 시각을 갖추는 것 이외의 문제를 가진 사람은 단 한 명도 없었다. 그들이 아픈 이유는 어느 시대건 살아 있는 종교가 신도들에게 항상 줘 왔던 것을 잃었기 때문이고, 종교적인 시각을 다시 갖추지 못한 사람은 어느 누구도 진짜로 치유되지 않은 것이라 말해도 전혀 과언이 아니다.

윌리엄 제임스도 이와 거의 비슷한 말을 다음과 같이 했다. "신앙심은 인간이 살아갈 수 있게 하는 원동력이다. 믿음이 전혀 없다는 것은 무너짐을 의미한다." 부처 이후 지금까지 인도의 가장 위대한 지도자였던 마하트마 간디(Mahatma Gandhi)도 기도가 주는 힘으로 고무되지 않았다면 무너졌을 것이다. 그걸 어떻게 아느냐고? 간디 본인이 그렇게 말했기 때문이다. 그는 이렇게 적었다. "기도가 없었다면 나는 오래전에 미쳐 버렸을 것이다." 수천 명의 사람들이 이와 비슷한 증거가 될 수 있다. 내 아버지도 그렇다. 앞서 언급했듯 아버지는 어머니의 기도와 신앙심이 아니었다면 강물에 뛰어들었을 것이다. 아마도 지금 현재 정신병원에서 비명을 지르며 고통받는 수천 명의 영혼들은 혼자서 인생의 싸움들을 이겨 내려고 하지 않고 더 큰 힘에 의지하기만 했어도 구원을 받았을 것이다.

고통에 시달리고 우리가 가진 힘이 한계에 다다랐을 때, 우리 가운데 많은 사람은 자포자기의 심정으로 신에게 의지한다. 그래서 '피난처에는 무신론자가 없다.'라는 말도 있는 것이다. 하지만 왜 우리는 절박해질 때까지 기다리는 것일까? 어째서 우리가 가진 힘을 매일매일 회복하지 않는 것일까? 심지어 왜 일요일이 될 때까지 기다리는 것일까? 수년간 나는 습관적으로 일요일이 아닌 평일 오후에 텅 빈 교회에 들르고 있다. 너무도 바쁘게 서두르고 사느라 종교적인 것들에 대해 생각할 시간이 조금도 없다고 느껴지면 나는 스스로에게 이렇게 말한다. "잠깐, 잠깐만. 데일 카네기. 이 작은 친구야. 왜 그렇게 숨 가쁘게 뛰면서 서두르는 거야? 잠깐 멈추고 어느 정도 균형 있게 바라볼 필요가 있어." 그런 때에는 문이 열려 있는, 제일 처음 마주치는 교회에 들른다. 나는 개신교 신자이지만 평일 오후에 종종 5번가에 있는 성 패트릭 성당에 들러, 30년 후면 나는 죽겠지만 모든 교회에서 가르치는 위대한 종교적 진리는 영원하다는 사실을 되새기곤 한다. 나는 눈을 감고 기도한다. 이렇게 하면 초조했던 마음이 진정되고 몸이 편안해지며, 내 관점도 명확해지고 나의 가치 체계가 새로 정립되는 데 도움이 된다는 사실을 알게 되었다. 이런 습관을 당신에게도 권하고 싶다.

이 책을 써 온 지난 6년 동안 나는 남성들과 여성들이 기도를 통해 두려움과 걱정을 이겨 낸 것과 관련된 수백 가지의 실례 및 구체적 사례들을 수집했다. 나의 파일 캐비닛은 그런 사례들의 기록으로 가득 차 있다. 대표적인 사례로 실망에 빠져 용기를 잃은 책 판매원인 존 R. 앤서니의 이야기를 살펴보자. 앤서니 씨는 현재 텍사스 주 휴스턴에서 변호사로 일하고 있고 사무실은 험블 빌딩에 있다. 그는 내게 다음과 같은 이야기를 들려주었다.

"22년 전 저는 법률 관련 서적 전문 출판사의 세일즈맨이 되기 위해 제가 운영하던 사법(私法) 전문 사무실을 정리했습니다. 제가 하는 일은 법률가들에게 법률서를 판매하는 것이었는데, 그 책들은 거의 필수 서적이나 다름없었습니다. 저는 철저하게 그 일을 몸에 익혔습니다. 소비자와 직접 만나 이뤄지는 구매 상담에 관해 잘 알고 있었고 혹시나 있을지 모를 거부 반응에도 설득력 있게 답할 수 있었습니다. 고객을 방문하기에 앞서 저는 변호사로서의 그가 가진 인지도와 그가 하는 일의 성격, 지지하는 정당이나 취미 등을 숙지한 뒤, 그 정보들을 상담 시 충분히 활용했습니다. 하지만 뭔가 문제가 있었습니다. 주문을 따 내지 못했던 것입니다. 저는 점점 용기를 잃었습니다. 며칠, 몇 주가 지나는 동안 저는 두세 배의 노력을 기울였지만 제가 들인 비용을 메울 만큼의 판매 계약을 성사시키지 못했고, 마음속에서는 두려움과 불안함이 자라기 시작했습니다. 고객들을 방문하는 것도 두려웠습니다. 고객들의 사무실에 들어가기 전, 저는 심한 불안감 때문에 사무실 문 밖 복도를 서성이거나 아예 건물 밖으로 나가 건물 주변을 배회해야만 했습니다. 소중한 시간을 그렇게 흘려보내며 순전히 의지력으로 마치 사무실 문이라도 때려 부술 정도의 용기가 생겼다고 억지로 믿은 뒤 나는 떨리는 손으로 문을 조심스레 열었습니다. 그나마도 마음의 절반은 고객이 사무실에 없길 바라면서 말입니다!

판매부장은 제가 더 많은 주문을 받아 오지 않으면 보수를 주지 않겠다고 위협했습니다. 고향에 있는 부인은 자신과 세 아이들이 먹고살 돈을 보내 달라고 애원했고요. 걱정이 저를 사로잡았죠. 절망은 나날이 커져만 갔고, 무엇을 어떻게 해야 할지도 도무지 알 수 없었습니다. 앞서 말했듯 저는 고향에서 제가 운영하던 사법 사무실을 정리했고 제 고객들을 포기했습니다. 그때 저는 빈털터리였습니다. 제가 묵던 호텔의 숙박비를 낼 돈조차 없었으니까요. 고향으로 돌아갈 차비도 없었지만, 설령 있다 해도 실패한 사람이 되어 고향으로 돌아갈 용기가 나질 않았습니다. 결국 또 한 번의 불운한 하루를 비참하게 마친 뒤, 호텔 방을 향해 무거운 발걸음을 옮기면서 저는 생각했습니다. 이제 끝이다. 실제로 저는 완전히 지쳐 있었습니다. 비탄에 젖고 낙담한 저는 어디를 향해 가야 할지 몰랐습니다. 살아도 그만, 죽어도 그만이었습니다. 태어난 것 자체가 원망스러웠습니다. 그날 밤 저녁식사라곤 한 잔의 뜨거운 우유가 전부였습니다. 하지만 그마저도 제겐 과분했죠. 그날 밤 저는 절망에 빠진 사람들이 왜 창문을 열고 뛰어내리는지 이해할 수 있었습니다. 용기만 있었다면 저도 그렇게 했을지 모릅니다. 저는 삶의 목적이 무엇인지 생각하기 시작했습니다. 그렇지만 알 수 없었습니다. 도저히 떠오르지 않더군요.

저는 의지할 사람이 아무도 없었기에 하나님께 도움을 청했습니다. 기도를 하기 시작했죠. 저를 둘러싼 어둡고 짙은 절망의 황야를 지날 수 있도록 빛과 지혜를 주시고 인도해 달라고 전능하신 하나님께 간청했습니다. 아내와 아이들을 먹여 살릴 수 있도록 책을 팔아 돈을 벌 수 있게 해 달라고 애원했습니다. 기도를 마치고 눈을 떴는데 텅 빈 호텔방 화장대 위에 기드온 성경이 놓여 있는 것이 보였습니다. 저는 그 성경책을 펼쳐 예수님의 그 아름답고도 영원한 약속을 읽었습니다. 오랜 세월 동안 외롭고, 걱정 많고, 지쳐 버린 수많은 이들에게 힘을 주었음에 틀림없는 그 약속은 걱정을 멀리하는 방법에 관해 예수님이 제자들에게 하신 말씀이었습니다.

"목숨을 부지하기 위해 무엇을 먹을까 혹은 마실까 염려하지 말고, 몸을 위해 무엇을 입을까 걱정하지 말라. 목숨이 음식보다 중하지 아니하느냐? 몸이 의복보다 중하지 아니하느냐? 공중의 새를 보라. 심지도 않고, 거두지도 않고, 곳간에 모아들이지도 아니하나 하늘에 계신 너희의 아버지께서 그것들을 먹이신다. 너희는 새보다 귀하지 아니하느냐? …… 그런즉 너희는 먼저 하나님의 나라와 하나님의 의를 구하여라. 그리하면 이 모든 것을 너희에게 더하여 주실 것이리라."

기도를 하고 이러한 말씀을 읽는 순간 기적이 일어났습니다. 저를 초조하게 만들었던 불안감이 사라진 것입니다. 근심, 두려움, 걱정들이 마음을 따뜻하게 만드는 용기와 희망과 승리의 믿음으로 바뀌었습니다. 비록 호텔 숙박비를 치를 돈도 없었지만 저는 행복했습니다. 근심으로부터 자유로워진 저는 침대로 가서 마치 몇 년 동안 잠을 자 본 적이 없는 사람처럼 깊은 잠에 빠졌습니다.

다음 날 아침, 저는 고객들이 사무실 문을 열 때까지 기다릴 수가 없었습니다. 비가 와서 쌀쌀하기는 했지만 아름다웠던 그날, 저는 저의 첫 번째 고객의 사무실 문을 향해 대담하고 자신 있는 걸음으로 성큼성큼 다가갔습니다. 단호하고 침착하게 손잡이를 잡아 문을 연 저는 당당히 고개를 들고 활기차게, 그리고 적절히 정중한 태도로 활짝 웃으며 고객 앞으로 다가가 이렇게 말했습니다. '안녕하십니까, 스미스 씨! 저는 올 아메리칸 로북 컴퍼니의 존 R. 앤서니라고 합니다!', '아, 그러세요.' 그 역시 웃으며 저를 반겨 주었습니다. 자리에서 일어난 그는 제게 악수를 청하며 이렇게 말했습니다. '만나서 반갑습니다. 앉으시죠!'

그날 저는 제가 그전의 몇 주 동안 판매한 양보다 더 많은 실적을 올렸습니다. 그날 저녁 저는 개선장군처럼 당당하게 호텔로 돌아왔습니다! 마치 새사람이 된 것 같았습니다. 실제로도 저는 새사람이었습니다. 새롭고도 의기양양한 정신 자세를 갖게 되었으니 말입니다. 그날 밤엔 뜨거운 우유로 저녁을 대신하지 않았습니다. 당연히 않겠습니까! 저는 애피타이저와 후식을 곁들인 스테이크를 먹었습니다. 그날 이후로 제 판매 실적은 급증했습니다.

절망에 빠졌던 21년 전 그날 밤, 텍사스 주 아마릴로에 있는 작은 호텔에서 저는 다시 새롭게 태어났습니다. 제 외부적인 상황은 그 다음 날이나 실패를 거듭했던 그전 몇 주나 똑같았습니다. 하지만 제 내면에서는 엄청난 일이 일어났습니다. 갑자기 하나님과 나의 관계를 알게 되었으니까요. 그저 하나의 인간에 불과한 사람은 쉽게 좌절할 수 있지만, 내면에 하나님의 힘을 가지고 살아가는 사람은 패배를 모릅니다. 저는 그 사실을 알고 있습니다. 제 삶에서 그 힘이 작용하는 것을 보았기 때문입니다."

'구하라, 그리하면 너희에게 주실 것이요, 찾으라, 그리하면 찾아 낼 것이요, 문을 두드리라, 그리하면 너희에게 열릴 것이니.'

일리노이 주 하이랜드 8번가 1421번지에 사는 L. G. 버드 부인은 엄청난 비극이 닥쳤을 때 무릎을 꿇고 "오, 주여, 제 뜻이 아닌 당신 뜻대로 하옵소서."라고 말하면 평온과 침착함을 찾을 수 있음을 알게 되었다. 지금 내 앞에 놓여 있는 편지에 그녀는 이렇게 썼다.

어느 날 저녁 집 전화벨이 울렸습니다. 저는 전화벨이 열네 번이나 울리고 나서야 전화를 받을 용기가 생겼습니다. 분명히 병원에서 걸려 온 전화임을 알고 있었던 저는 무서웠습니다. 제 어린 아들이 죽어 간다는 소리를 듣게 될까 두려웠기 때문입니다. 아들은 뇌막염을 앓고 있었습니다. 이미 항생제도 써 봤지만 그것 때문에 체온만 불안정해질 뿐이었습니다. 의사는 염증이 뇌까지 퍼졌을까 봐 걱정했습니다. 그렇게 되면 뇌종양으로 발전해 사망할 수 있기 때문입니다. 전화는 제가 두려워하던 바로 그 전화였습니다. 병원에서 걸려 온 그 전화에서 의사는 우리에게 즉시 와 달라고 말했습니다.

아마 당신도 남편과 제가 대기실에 앉아 있는 동안 겪었던 고통을 상상할 수 있을 겁니다. 다른 사람들은 모두 아기를 안고 있었지만 우리만 빈손으로 앉아서 어린 아들을 다시 안아 볼 수 있을지 걱정하고 있었습니다. 마침내 의사의 호출을 받고 진료실에 들어가 그의 표정을 본 우리의 마음에는 공포가 가득 밀려 왔습니다. 의사가 한 말은 더욱 무서웠습니다. 그는 아들이 살 수 있는 확률은 25퍼센트라고 말하며, 혹시 다른 의사를 알고 있으면 그와 상담해 보라고 이야기했습니다.

집으로 오는 길에 남편은 울음을 터뜨렸고, 주먹으로 자동차 핸들을 내리치며 이렇게 말했습니다. "여보, 나는 우리 아이 절대 포기 못해." 남자가 우는 모습을 보신 적이 있나요? 그건 썩 유쾌한 경험은 아닙니다. 우리는 차를 세우고 대화를 나눈 뒤 교회에 가서 기도하기로 결정했습니다. 아이를 데려가는 것이 하나님의 뜻이라면 그 뜻에 따르겠다고 말입니다. 저는 교회 의자에 앉아 눈물을 흘리며 기도했습니다. "제 뜻이 아닌 당신 뜻대로 하시옵소서."

이 말을 입 밖에 내는 순간, 기분이 한결 나아졌습니다. 오랫동안 느껴 보지 못했던 평온이 찾아왔습니다. 집으로 오는 내내 저는 이 말을 반복했습니다. "오, 주여, 제 뜻이 아닌 당신 뜻대로 하옵소서." 그날 저는 1주일 만에 처음으로 깊은 잠을 잤습니다. 며칠 뒤 전화를 건 의사는 아들 바비가 고비를 넘겼다는 소식을 전해 주었습니다. 지금은 네 살이 된 아들을 튼튼하고 건강하게 해 주신 하나님께 감사드립니다.

종교는 여성들이나 아이들, 목사들을 위한 것이라고 생각하는 남자들이 있다. 그들은 본인들이 자신의 싸움을 혼자 이겨 낼 수 있는 '남자 중의 남자'라는 사실을 자랑으로 여긴다. 이들이 만일 세계에서 가장 유명한 '남자 중의 남자'들 중에도 매일 기도하는 이들이 있다는 사실을 알게 된다면 정말 깜짝 놀랄 것이다. 예를 들어 '남자 중의 남자' 잭 뎀프시는 내게 기도하기 전에 절대 잠자리에 들지 않고, 감사 기도를 하지 않고서는 식사하는 법이 없다고 했다. 그는 시합 전 훈련 기간 동안에는 매일, 시합 당일에는 매 라운드마다 종이 울리기 전에 항상 기도를 한다고 얘기했다. 그는 "기도는 용기와 자신감을 가지고 싸움에 임할 수 있도록 도와줍니다."라고 말했다.

미국 메이저리그 명감독인 '남자 중의 남자' 코니 맥(Connie Mack)은 내게 기도하지 않고는 잠을 잘 수 없다고 말했다.

'남자 중의 남자' 에디 리켄베커(Eddie Rickenbacker)는 기도로 자신의 삶이 구원받았다고 내게 말했다. 그는 매일 기도한다. 제너럴 모터스 사와 U. S. 스틸 사의 고위관리를 지냈고 국무장관을 역임했던 '남자 중의 남자' 에드워드 R. 스테티니우스(Edward R. Stettinius)는 내게 매일 아침저녁으로 지혜와 인도를 구하는 기도를 한다고 했다. 당대 최고의 자본가였던 '남자 중의 남자' J. P. 모건은 토요일 오후에 혼자 월스트리트 입구에 있는 트리니티 교회에 가서 무릎을 꿇고 기도를 드린다.

'남자 중의 남자' 드와이트 아이젠하워(Dwight Eisenhower)가 영미 연합군의 최고 사령관직을 맡기 위해 영국으로 가게 되었을 때 비행기에 가지고 탄 단 한 권의 책은 바로 성경책이었다. '남자 중의 남자' 마크 클라크(Mark Clark) 장군은 전쟁을 치르는 동안 매일 성경을 읽고 무릎 꿇어 기도했다고 한다. 장제스 총통과 '엘 알라메인 전투의 영웅' 몽고메리(Montgomery) 장군도 마찬가지였고, 트라팔가 해전의 넬슨(Nelson) 제독도 그랬다. 워싱턴(Washington)

장군, 로버트 E. 리(Robert E. Lee), 스톤웰 잭슨(Stonewell Jackson), 그리고 수많은 군 지휘자들도 그랬다. 이러한 '남자 중의 남자'들은 다음과 같은 윌리엄 제임스의 말속에 담긴 진리를 발견했던 것이다. '인간과 하나님 사이에는 상호관계가 있다. 우리의 가장 깊은 운명은 하나님의 영향에 우리 자신을 맡김으로써 실현된다.'

수많은 '남자 중의 남자'가 그 사실을 발견해 내고 있다. 현재 미국에는 7,200만 명의 기독교 신자들이 있다. 이는 역사상 가장 많은 수다. 앞서 말한 것처럼 과학자들도 종교에 의지한다. 알렉시스 캐럴 박사가 그렇다. 그는《인간, 그 신비(Man, the Unknown)》라는 책을 썼고 모든 과학자들에게 있어 최고의 영예라 할 수 있는 노벨상을 수상했다. 캐럴 박사는 〈리더스 다이제스트〉에 기고한 글에서 이렇게 말했다.

기도는 인간이 만들어 낼 수 있는 가장 강력한 형태의 에너지다. 그 힘은 지구의 중력만큼이나 실제적이다. 의사로서 나는 모든 치료가 실패로 돌아간 후에, 차분히 기도하는 노력을 통해 질병과 우울증으로부터 벗어나 호전된 사람들을 보았다. …… 기도는 라듐처럼 빛을 발산하고 스스로 힘을 발생시키는 에너지원이다. …… 인간은 기도를 통해 자기 자신을 모든 에너지의 무한한 원천으로 향하게 함으로써 자신의 유한한 에너지를 증대시키고자 한다. 기도할 때 우리는 전 우주를 회전시키는 무궁무진한 원동력에 우리 자신을 연결시킨다. 우리는 이 힘의 일부가 우리가 필요로 하는 곳에 나뉘기를 기도한다. 단순히 요구하는 것만으로도 우리의 인간적 결함은 채워지며 우리는 강해

지고 회복된다. …… 하나님께 뜨거운 기도를 드릴 때마다 우리의 영
혼과 육체는 더 나은 상태로 변화한다. 남자건 여자건 단 한순간이라
도 기도를 하면 반드시 좋은 결과가 생긴다.

버드 제독은 '전 우주를 회전시키는 무궁무진한 원동력에 우리
자신을 연결시킨다.'는 말이 무엇을 의미하는지 알고 있었다. 그
의 그러한 능력은 그의 인생에서 가장 견디기 힘든 시련을 극복할
수 있게 해 주었다. 그는 이 이야기를 자신의 책 《얼론》에서 한 바
있다.

1934년 그는 남극 한가운데 있는 로스 보빙(堡氷) 만년빙 아래
파묻혀 있는 임시 오두막 안에서 다섯 달을 보냈다. 그는 남위(南
緯) 78도 아래에 살아 있는 유일한 생명체였다. 오두막 위에서는
폭설이 굉음을 냈고 기온은 영하 63도까지 떨어졌다. 그는 끝없는
어둠 속에 완전히 고립되어 있었다. 엎친 데 덮친 격으로 그런 상황
속에서 그는 난로에서 새어 나오는 일산화탄소에 서서히 중독되고
있다는 것을 알게 되었다! 그가 무엇을 할 수 있었겠는가? 도움을
청할 수 있는 가장 가까운 곳도 약 200킬로미터나 떨어져 있었기
때문에 그가 있는 곳까지 오려면 서너 달이나 걸릴 것이었다. 그는
난로와 환기장치를 고쳐 보려 했지만 가스는 여전히 새어 나왔다.
그는 가끔씩 정신을 잃고 쓰러지기도 했고, 완전히 의식을 잃고 바
닥에 누워 있곤 했다. 먹을 수도 없었고 잠도 잘 수 없었던 그는 너
무나 쇠약해진 나머지 침대를 벗어나기도 힘들었다. 살아서 그다
음 날 아침을 맞이할 수 있을지 걱정스러운 날도 많았다. 그는 자신

이 그 오두막 안에서 죽고, 그칠 줄 모르고 계속 내리는 눈 속에 묻힐 것이라고 생각했다.

그의 목숨을 살린 것은 무엇이었을까? 깊은 절망에 빠져 있던 어느 날, 그는 일기장을 꺼내 자신의 인생철학을 적어 보려고 했다. 그는 이렇게 적었다. '우주 안에서 인간은 혼자가 아니다.' 그는 하늘 위의 별들, 별자리와 행성들의 규칙적인 회전을 떠올렸다. 그리고 때가 되면 언제나 변함없는 태양이 남극처럼 황량한 지역에도 빛을 비출 것이라는 생각을 했다. 그래서 그는 일기에 이렇게 적었다. '나는 혼자가 아니다.'

바로 이 깨달음, 지구 끝 얼음 구덩이 속에 있을지라도 자신은 혼자가 아니라는 이 깨달음이 리처드 버드를 살린 것이다. "그것 덕분에 내가 견딜 수 있었다는 것을 알고 있습니다." 그는 이렇게 말하며 덧붙였다. "일생 동안 자신 안에 내재되어 있는 능력을 전부 발휘할 수 있는 사람은 없습니다. 우리 안에는 한 번도 사용된 적 없는 깊은 힘의 원천이 존재합니다." 리처드 버드는 그러한 힘의 원천을 계발하고 그러한 능력을 발휘하는 법을 배운 것이다. 하나님께 의지함으로써 말이다.

글렌 A. 아놀드 씨는 버드 제독이 남극의 만년설 속에서 배운 것과 똑같은 교훈을 일리노이 주 옥수수 밭 한가운데서 깨달았다. 일리노이 주 칠러코시의 베이컨 빌딩에서 보험 중개업을 하는 그는 자신이 걱정을 극복한 방법에 대한 연설을 이렇게 시작했다.

"8년 전 저는 이게 제 인생에서 마지막이라 생각하고 우리 집 현관문 자물쇠를 열쇠로 잠갔습니다. 그러고서 차에 올라 강을 향해 출발했죠. 저는 실패자였습니다. 그로부터 한 달 전, 제가 꾸린 작은 세상이 완전히 망했거든요. 제 전기 설비 사업이 암초에 부딪힌 것입니다. 집에서는 어머니가 오늘내일하고 계셨고 아내는 둘째를 임신한 상태였습니다. 병원비는 늘어 갔습니다. 사업을 시작하면서 우리는 자동차나 가구를 포함한 모든 것을 저당 잡힌 상태였습니다. 심지어 제 앞으로 들어 놓은 보험을 담보로 돈을 빌리기까지 했습니다. 그런데 모든 것이 사라진 것이었습니다. 저는 더 이상 견딜수가 없었고, 그래서 차에 올라타 강으로 향했던 겁니다. 비참한 그상황을 끝내 버리려고 말입니다.

시골길을 얼마 동안 달리던 저는 길가에 차를 세우고 땅바닥에 주저앉아 어린아이처럼 엉엉 울었습니다. 그러다 생각하기 시작했습니다. 쓸데없이 걱정만 하는 대신 건설적인 생각을 하려고 노력했습니다. 내 상황이 얼마나 안 좋은가? 더 나빠질 수도 있는가? 정말로 아무런 희망도 없는 것인가? 개선하기 위해 내가 할 수 있는일은 무엇인가?

바로 그 자리에서 저는 모든 문제를 주님께 맡기고 그것을 처리해 달라고 부탁했습니다. 저는 기도했습니다. 간절히 기도했습니다. 마치 제 목숨이 기도에 달려 있는 것처럼 말입니다. 실제로 그렇기도 했고요. 그러자 이상한 일이 일어났습니다. 제가 가지고 있던 문제들을 저 자신보다 강한 힘에 의지하자마자 몇 달 동안 느껴보지 못한 마음의 평화가 찾아온 것입니다. 30분 정도 그곳에 앉아 울면서 기도했나 봅니다. 그러고 나서 저는 집으로 돌아와 아이처럼 편안히 잠이 들었습니다.

다음 날 아침 저는 확신을 가지고 잠에서 깨어났습니다. 주님의 인도하심에 의지하고 있었던 저는 더 이상 아무것도 두렵지 않았습니다. 그날 아침 저는 당당하게 고개를 들고 집 근처 백화점을 향해 걸어갔습니다. 전기기구 매장에 가서 판매직 일자리를 구하고 있다고 자신 있게 말했습니다. 채용될 것을 알고 있었고 실제로도 그렇게 됐습니다. 전쟁으로 설비 산업이 무너지기 전까지는 제 실적에 아무 문제가 없었습니다. 그 후 저는 생명보험 판매업을 시작했습니다. 여전히 위대하신 주님의 인도를 받으면서 말입니다. 그게 겨우 5년 전의 일입니다. 지금은 빚을 모두 갚은 상태입니다. 제게는 세 명의 아이들과 화목한 가정이 있고, 집도 마련했습니다. 차도 새로 구입했고 제 이름으로 된 생명보험에 2만 5,000달러나 들어 놓았습니다.

돌이켜보면 그때 제가 모든 것을 잃고 너무나 절망해 강으로 갔던 것이 정말 다행이라 생각됩니다. 그 비극을 통해 하나님께 의지하는 법을 배울 수 있었기 때문입니다. 그리고 지금 저는 전에는 상상할 수 없었던 마음의 평화와 자신감을 갖고 있습니다."

신앙심이 우리에게 그러한 평안과 차분함, 불굴의 정신을 불러일으키는 이유는 무엇일까? 그 질문에 대한 답은 윌리엄 제임스에게 들어보자. 그는 이렇게 말했다. "물결이 이는 수면 위에 거센 파도가 쳐도 바다 깊은 곳은 언제나 평온하다. 그러므로 더 광대하고 더 영속적인 실제를 붙잡는 사람은 개인적인 운명의 끊임없는 흥망성쇠를 비교적 중요하지 않은 것으로 여긴다. 따라서 정말 종교적인 사람은 흔들리지 않고 침착하며 그날에 주어지는 어떤 의무에도 차분하게 임할 준비를 한다."

걱정스럽고 근심스러운 일이 있다면 하나님께 의지해 보는 것은 어떨까? 임마누엘 칸트(Immanuel Kant)가 말했던 것처럼 "우리에겐 그러한 믿음이 필요하니 하나님에 대한 믿음을 받아들이자." 지금 당장 우리 자신을 '전 우주를 회전시키는 무궁무진한 원동력에 연결'시켜 보는 것은 어떤가? 당신이 종교적인 사람이 아니라 할지라도, 또는 종교적 회의론자라 할지라도, 기도는 당신이 생각하는 것보다 훨씬 큰 도움을 줄 수 있다. 기도는 실제적이기 때문이다. 실제적이라는 말은 무슨 뜻일까? 그것은 신을 믿든 믿지 않든, 모든 사람이 공통적으로 갖고 있는 아주 기본적인 세 가지 심리적 욕구를 기도가 채워 줄 수 있다는 것을 의미한다.

첫째, 기도는 우리를 괴롭히는 것이 무엇인지 정확히 말로 표현할 수 있게 해 준다. 우리는 애매하고 모호한 상태로 남아 있는 문제를 해결하는 것은 거의 불가능하다는 사실을 4장에서 이미 살펴보았다. 어떻게 보면 기도는 우리가 가진 문제를 종이에 적는 것과 매우 흡사하다. 도움을 요청하려면 반드시 그 문제를 말로 표현해야 한다. 그것은 하나님께 도움을 청할 때도 마찬가지다.

둘째, 기도는 우리에게 우리가 짊어진 짐을 혼자 지는 것이 아니라 나눠서 진다는 느낌을 갖게 한다. 우리에게 주어진 가장 무거운 짐, 가장 고통스러운 괴로움을 혼자 감당할 만큼 강한 사람은 거의 없다. 때로 우리의 걱정거리들이 너무 사적인 성격의 것이라 가장 가까운 친척이나 친구들에게도 털어놓지 못할 때가 있다. 그럴 때에는 기도가 답이다. 정신과 의사들은 우리가 억눌리고 긴장했을 때, 그리고 정신적인 고통에 빠져 있을 때 그러한 우리의 괴로움을 다른 사람들에게 말하는 것이 치료에 좋다고 말한다. 다른 사람들에게 말할 수 없을 때에는 언제든지 하나님께 말할 수 있다.

셋째, 기도는 실행이라는 능동적 원칙이 시행되도록 한다. 기도는 행동하기 위한 첫 번째 단계다. 무언가를 성취하게 해 달라고 하루도 빠짐없이 기도하는 사람은 그에 대한 덕을 본다. 다시 말해, 성취하기 위한 조치를 취하게 된다는 말이다. 세계적으로 유명한 과학자 알렉시스 캐럴 박사는 이렇게 말한다. "기도는 인간이 만들어 낼 수 있는 가장 강력한 형태의 에너지다." 그러니 기도를 해 보는 것은 어떨까? 하나님이든, 알라신이든, 신령님이든 불러 보라. 자연의 신비한 힘이 우리를 돌봐 준다는데 신에 대한 정의를 가지고 다툴 이유가 무엇이겠는가?

지금 당장 이 책을 덮고 침실로 가서 문을 닫은 뒤, 무릎을 꿇고 당신 마음의 짐을 풀어 놓는 것은 어떨까? 만일 당신이 신앙이 없는 사람이라면 700년 전에 성 프란체스코가 작성한 이 아름다운 기도문을 외울 수 있게 해 달라고 전능하신 하나님께 간청해 보자.

평화의 기도

주여, 저를 평화의 도구로 써 주소서.
미움이 있는 곳에 사랑을
다툼이 있는 곳에 용서를
의혹이 있는 곳에 믿음을 가져오는 자 되게 하소서.

절망이 있는 곳에 희망을

어둠이 있는 곳에 빛을

슬픔이 있는 곳에 기쁨을 가져오는 자 되게 하소서.

오, 거룩하신 주여.

위로받기보다는 위로하고

이해받기보다는 이해하며

사랑받기보다는 사랑하게 해 주소서.

저희는 줌으로써 받고

용서함으로써 용서받으며

죽음으로써 영생을 얻기 때문입니다.

타인의 비판을 걱정하지 않는 방법

1

죽은 개는 아무도
걷어차지 않는다

1929년, 미국 교육계에 큰 반향을 불러일으킨 사건이 발생했다. 전국에서 학식을 갖춘 사람들이 그 사건을 직접 보기 위해 시카고로 부리나케 달려왔다. 몇 년 전에 로버트 허친슨(Robert Hutchins)이라는 이름의 젊은 청년이 식당 종업원, 벌목꾼, 가정교사, 빨랫줄 판매원으로 일하면서 공부한 끝에 예일 대학을 졸업했다. 그로부터 8년이 지난 지금, 그는 미국에서 네 번째로 부유한 대학인 시카고 대학의 총장으로 취임하고 있었다. 나이 서른에 말이다. 믿기 어렵지 않은가! 나이 많은 교육자들은 고개를 가로저었다. 산사태 같은 혹평들이 그 '걸출한 젊은이'에게로 쏟아졌고, 너무 젊다느니, 경험이 없다느니, 교육관이 비뚤어져 있다느니 하며 이러쿵저러쿵 말들이 많았다. 심지어 언론들도 그런 공격에 가세했다.

그가 취임하던 날, 로버트 허친슨의 아버지에게 한 친구가 말했다.

"오늘 아침 신문에서 아드님을 비난하는 사설을 읽고 큰 충격을 받았습니다."

허친슨의 아버지는 대답했다. "맞네, 너무 심하긴 하더군. 하지만 기억해 두게. 죽은 개는 아무도 걷어차지 않는다네."

그렇다. 중요한 사람일수록 그 사람을 걷어차는 사람들은 더 큰 만족을 얻는다. 후에 에드워드 8세(지금은 윈저 공)가 된 웨일스의 왕자는 경험을 통해 그 사실을 절실히 깨달았다. 당시 그는 데본셔에 있는 다트머스 대학에 다니고 있었다. 그 대학은 미국으로 치면 아나폴리스에 있는 해군사관학교에 해당한다. 왕자가 열네 살쯤 되었을 때의 어느 날, 어느 해군 장교가 울고 있는 그를 발견하고 무슨 문제가 있는지 물어보았다. 왕자는 처음에 대답하길 꺼려했지만 결국 사실을 털어 놓았다. 사관생도들이 발로 그를 걷어찬다는 것이었다. 사관학교 총장은 그 학생들을 불러 왕자가 불평해서 그러는 것이 아니라고 설명한 뒤, 왕자에게 거칠게 대하는 이유를 알고 싶다고 말했다. 한참을 망설이며 꼼지락대던 생도들이 결국 이야기한 이유는 이것이었다. 그들은 나중에 왕자가 왕이 되고 자신들은 부함장이나 함장이 되었을 때, 자신들이 예전에 왕을 걷어찬 적이 있다고 말할 수 있기를 바랐던 것이었다.

그러므로 당신이 걷어차이고 비난을 받게 되면, 걷어차는 사람은 그렇게 함으로써 자신이 중요한 입장이 된다고 생각하기 때문에 걷어찬다는 것을 기억하기 바란다. 그것은 대부분 당신이 무언가를 성취하고 있고 주목받을 가치가 있다는 것을 의미한다. 자기보다 더 교양 있고 성공한 사람들을 깎아내림으로써 천박한 만족감을 느끼는 사람들은 많다. 예를 들어 이 장을 쓰고 있는 동안 나는 한 여성으로부터 구세군의 창설자 윌리엄 부스(William Booth) 장군을 비난하는 편지를 받았다. 내가 전에 방송에서 부스 장군을 칭찬하는 발언을 했더니 그런 편지를 보낸 것이다. 그녀는 가난한 사람들을 돕기 위해 사람들로부터 모금한 800만 달러를 부스 장군이 횡령했다고 말했다. 물론 이 비난은 말도 안 되는 것이다. 하지만 이 여성이 기대한 것은 그것의 진위 여부가 아니라, 자신보다 훨씬 높은 자리에 있는 사람을 비방함으로써 얻을 수 있는 천박한 만족감이었다. 나는 그녀의 불쾌한 편지를 쓰레기통에 던져 버렸고, 그런 여자와 결혼하지 않게 해 주신 하나님께 감사했다. 그녀의 편지는 부스 장군에 대해 아무것도 보여 주지 않았지만 그녀 자신에 관해서는 많은 것을 알려 주었다. 쇼펜하우어는 오래전에 이렇게 말했다. "천한 사람들은 위인들의 잘못이나 어리석음에서 큰 기쁨을 얻는다."

예일 대학의 총장을 지낸 사람을 천하다고 생각할 사람은 거의 없을 것이다. 하지만 전 예일 대학 총장 티모시 드와이트는 분명히 미국 대통령 선거에 출마한 어떤 사람을 비난함으로써 큰 기쁨을 얻었다. 드와이트 총장은 만일 그 사람이 대통령에 당선된다면 "우리의 부인과 딸들이 합법적인 매춘의 희생자가 되어 말짱한 정신으로도 치욕당할 것이고, 허울은 좋아 보이지만 속은 더럽혀져 우아하고 덕이 있는 사람들로부터 버림받을 것이며, 하나님과 사람들로부터 혐오의 대상이 되는 꼴을 보게 될 것"이라고 경고했다.

거의 히틀러를 비난하는 것처럼 들리지 않는가? 하지만 그게 아니었다. 그것은 토머스 제퍼슨(Thomas Jefferson)을 규탄하는 말이었다. 어떤 토머스 제퍼슨을 말하는 거냐고? 설마 독립선언문의 저자이자 민주주의의 창시자로서 불후의 명성을 가진 그 토머스 제퍼슨을 말하는 것은 아니겠지? 맞다. 바로 그 사람을 비난했던 말이다.

'위선자', '사기꾼', '살인자와 다를 바 없는 사람'이라고 비난받았던 미국인은 또 누구일 것 같은가? 한 신문에는 그 사람을 단두대에 눕히고 커다란 칼로 머리를 자르려 하는 풍자만화가 실리기도 했다. 그가 말을 타고 지나가면 사람들은 그에게 야유를 퍼붓고 욕을 해 댔다. 그는 누구였을까? 바로 조지 워싱턴이다.

하지만 그 일은 오래전에 일어난 일이다. 그때 이후로 인간의 본성은 개선되었을지도 모른다. 어디 한번 살펴보자. 1909년 4월 6일, 개썰매를 타고 북극점에 도달하여 세계를 경악케 했고 흥분케 한 탐험가인 피어리 제독의 이야기다. 수 세기 동안 많은 사람은 그 일을 이루기 위해 고통을 받았고 굶주렸으며 죽어 갔다. 피어리 자신도 추위와 배고픔 때문에 거의 죽을 뻔했고, 여덟 개의 발가락은 심한 동상에 걸려 잘라 내야만 했다. 수많은 불행 속에서 그는 정신이 이상해지는 것이 아닌지 걱정하기도 했다.

워싱턴에 있던 그의 해군 상관들은 피어리가 커다란 인기와 명성을 얻자 약이 올랐다. 그래서 그들은 피어리가 과학 탐사를 한다는 이유로 돈을 모금해 '북극에서 게으름 피우고 놀면서 지낸다.'라고 비난했다. 그리고 아마 그들은 실제로도 그렇게 믿었을 것이다. 믿고 싶은 것을 믿지 않기란 거의 불가능하기 때문이다. 피어리를 욕되게 하고 방해하려는 그들의 결심이 너무도 강해서 피어리는 매킨리 대통령이 직접 명령하고 나서야 북극에서의 일을 계속할 수 있었다.

피어리가 워싱턴에 있는 해군본부 사무실의 사무직원이었다면 그런 비난을 받았을까? 아닐 것이다. 그는 다른 사람들의 질투를 살 만큼 중요한 위치의 사람이 되지 못했을 것이다.

그랜트 장군은 피어리 제독보다도 더 좋지 않은 경험을 했다. 1862년 그랜트 장군은 북군 최초로 결정적인 대승을 거뒀다. 어느 오후에 거둔 그 승리로 그랜트는 하루아침에 국가적인 우상이 되었다. 그 승리는 멀리 떨어진 유럽에까지 큰 반향을 일으켰고, 메인 주에서부터 미시시피 강둑에 이르기까지 교회의 종소리가 울려 퍼지고 축포가 터졌다. 하지만 그런 위대한 승리를 거둔 지 6주도 채 지나지 않아 북군의 영웅 그랜트는 체포되었고 부대의 통수권도 빼앗겼다. 그는 수치심과 절망감으로 눈물을 흘렸다.

그랜트 장군의 승리가 최고조에 달했을 때 체포된 이유는 무엇일까? 그가 교만한 상관들의 시기와 질투를 불러 일으켰기 때문이었다.

부당한 비판 때문에 걱정이 된다면,

원칙 1

부당한 비판이란 종종 칭찬의 변형임을 잊지 마라.
죽은 개는 아무도 걷어차지 않는다는 것을 기억하라.

2

타인의 비판에
상처받지 않는 방법

예전에 나는 '날카로운 눈'의 소유자 스메들리 버틀러 소장과 인터뷰를 한 적이 있다. '저승사자'로 불리던 그 버틀러와 말이다! 그를 기억하는가? 그는 미 해병대 지휘관들 중에서 가장 화려하고 허세가 심했던 사람이었다.

그는 내게 자신이 젊었을 때는 지나칠 정도로 인기를 얻고 싶은 열망에 사로잡혔고 누구에게나 좋은 인상을 주고 싶어 했다고 털어 놓았다. 당시 그는 사소한 비난에도 괴로워하고 마음 아파했지만, 30년 동안의 해병대 생활로 자신의 가죽이 단단해졌다고 고백했다. "저는 그동안 온갖 꾸지람과 모욕은 다 들어 봤습니다. 똥개라느니 뱀이라느니, 스컹크라느니 하는 비난도 받았지요. 상관들에게 욕도 많이 먹었습니다. 입에 담지 못할 욕이란 욕은 다 들었지요. 그것 때문에 괴롭냐고요? 천만에요! 지금은 그런 욕을 들어도 한 귀로 듣고 한 귀로 흘려버립니다."

'날카로운 눈' 버틀러는 비판에 너무 무감각한 덕분에 흔들리지 않았는지도 모른다. 하지만 한 가지는 확실하다. 대부분의 사람들은 사소한 조롱과 공격을 너무 심각하게 받아들인다는 것이다. 몇 년 전, 성인 교육 공개수업에 참석했던 〈뉴욕 선〉지의 취재기자가 나와 내 일에 대한 비방 기사를 썼던 기억이 난다. 그때 내가 화가 났을까? 나는 그것을 사적인 모욕으로 받아들였다. 나는 그 잡지사의 집행위원회 위원장 질 호지스에게 전화를 걸어 그 기자로 하여금 조롱하는 기사 말고 사실을 보도하는 기사를 싣게 해 달라고 요구했다. 죄에 맞는 처벌을 받게 하고자 한 것이다.

지금은 그때 그런 식으로 행동했던 나 자신이 부끄럽다. 이제 와 생각해 보면 그 잡지를 구매했던 사람의 절반은 그 기사를 보지도 않았을 것이고, 그 기사를 읽은 사람들 중 절반은 별 악의 없는 웃음거리 정도로 여겼을 것이며, 그 기사를 읽고 고소해하던 사람들도 얼마 지나지 않아 그 내용을 까맣게 잊어버렸을 것이다.

요즘 나는 사람들이 당신과 나에 대해 생각하거나 우리에 대한 말을 신경 쓰지 않는다는 것을 실감한다. 사람들은 아침식사 전후에도, 그 후로도 계속해서 자정이 10분 지난 시간까지도 오로지 자기 자신에 대해서만 생각한다. 사람들은 당신이나 내가 죽었다는 소식보다 자신의 사소한 골칫거리에 1,000배는 많은 관심을 기울일 것이다.

설사 가장 친한 친구 여섯 명 가운데 한 명 꼴로 사람들이 당신이나 나를 속이고 비웃음거리로 만들거나, 배신하고 등 뒤에 칼을 꽂거나 함정에 빠뜨린다 할지라도 자기연민에 빠지지는 말자. 대신 그것이 바로 예수에게 일어났던 일이었음을 상기하자. 예수의 가장 가까운 친구 열두 명 중 한 명은 지금 돈으로 약 19달러 남짓한 액수의 유혹에 그를 배신했다. 그의 가장 가까운 친구 열두 명 가운데 또 다른 한 명은 예수가 곤경에 처하려는 순간에 대놓고 세 번이나 그를 알지 못한다고 부인했다. 그것도 맹세까지 해 가면서 말이다. 여섯 명 중 한 명! 그것이 바로 예수에게 일어났던 일이다. 당신이나 내가 이보다 더 나은 결과를 기대해야 할 이유가 무엇이란 말인가?

나는 비록 사람들이 나를 부당하게 비난하지 못하도록 만들 수는 없어도 그보다 훨씬 더 중요한 무언가는 할 수 있다는 사실을 수년 전에 깨달았다. 그것은 바로 그 부당한 비난이 나를 괴롭히게 할 것인지 말 것인지를 내가 결정할 수 있다는 것이다.

이것에 관해 좀 더 구체적으로 이야기해 보자. 나는 지금 모든 비난을 무시해 버리라고 주장하는 것이 아니다. 절대 그렇지 않다. 오직 부당한 비난만을 무시하는 일에 대해 이야기하는 것이다. 언젠가 나는 프랭클린 루스벨트의 부인인 일리노어 루스벨트 여사에게 부당한 비난에 어떻게 대처하는지 물어본 적이 있다. 그녀가 그런 비난을 많이 받았음은 알라신도 아는 사실이다. 아마도 그녀는 백악관에 살았던 어떤 영부인보다도 열렬한 친구들과 지독한 적들이 많았던 여성일 것이다.

그녀는 자신이 어렸을 때는 거의 병적으로 소심해서 사람들이 무슨 말을 할지 두려워했다고 털어놓았다. 비난이 너무 두려운 나머지 하루는 그녀의 고모인 시어도어 루스벨트(Theodore Roosevelt)의 누나에게 조언을 구했다. "바이 고모, 저는 이러이러하게 하고 싶은데 사람들이 뭐라고 할까 무서워요."

시어도어 루스벨트의 누나는 그녀를 똑바로 바라보며 이렇게 말했다. "마음속으로 네가 옳다고 생각하면 사람들이 하는 말에 절대 신경 쓰지 말거라." 일리노어 루스벨트는 나중에 백악관에 살게 되었을 때 그 한마디의 조언이 지브롤터의 바위처럼 자신을 지켜 주었다고 말했다. 그녀는 내게 모든 비난을 피할 수 있는 유일한 방법은 드레스덴에서 만든 도자기 인형처럼 선반 위에 가만히 있는 것이라고 말했다. "마음속으로 옳다고 생각되는 것을 하세요. 무슨 수를 써도 당신은 비난받을 겁니다. 해도 비난을 받고, 안 해도 비난을 받습니다." 이것이 그녀의 조언이다.

매튜 C. 브러시가 월 가 40번지에 있는 아메리칸 인터내셔널 코퍼레이션의 사장으로 있을 때, 나는 그에게 다른 사람들의 비난에 민감하게 반응한 적이 있는지 물어보았다. 그는 이렇게 대답했다. "그럼요. 젊은 시절에는 아주 민감했죠. 조직의 모든 직원들이 저를 완벽한 사람으로 생각하길 바랐습니다. 그렇지 않으면 불안해졌죠. 처음에 저는 제게 불만을 표현하는 사람을 만족시키려 노력했습니다. 하지만 그 사람을 가라앉히려 했던 행동은 다른 누군가를 화나게 하곤 했습니다. 그래서 이번엔 이 사람과 화해하려고 뭔가를 하면 그것이 또 다른 몇 사람을 자극하는 꼴이 되고 말았죠. 마침내 저는 제가 개인적인 비난을 피하기 위해 다른 사람들의 상한 감정을 진정시키거나 달래려 하면 할수록 적들만 늘어난다는 사실을 알게 되었습니다. 그래서 결국 저 자신에게 이렇게 말했습니다. '다른 사람들보다 높은 자리에 있는 사람에게는 비난이 따르기 마련이다. 그러니 익숙해지자.' 그 생각은 제게 엄청난 도움이 되었습니다. 그때부터 항상 저는 제가 할 수 있는 최선의 것을 다한 뒤, 비처럼 쏟아지는 비난이 등줄기를 타고 흘러내리게 할 게 아니라 우산을 펴 들고 그것이 서서히 사라질 때까지 기다리기로 했습니다."

딤스 테일러는 그보다 조금 더 나아갔다. 그는 비난의 빗줄기가 몸을 타고 내려와도 그저 웃어넘기기만 했다. 그것도 대중 앞에서 말이다. 일요일 오후, 뉴욕 필하모닉 오케스트라 콘서트 실황을 들려주는 라디오 방송에서 그는 중간 휴식 시간에 곡을 해설하고 있었다. 그런데 한 여성이 그에게 '거짓말쟁이, 매국노, 독사, 멍청이' 라고 쓴 편지를 보냈다. 테일러는 그의 책 《인간과 음악에 관하여 (Of Men and Music)》에서 이렇게 말하고 있다. '나는 그녀가 그런 식의 해설을 좋아하지 않았나 하는 의심이 든다.' 그 다음 주 방송에서 테일러는 수백만의 청취자들에게 그 편지를 읽어 주었다. 그리고 며칠 뒤에는 그 여성으로부터 '나는 당신의 여전히 거짓말쟁이이고 배신자이며 독사, 멍청이라는 생각을 바꾸지 않는다.'라고 쓴 또 다른 편지를 받았다고 말했다. 비난에 대해 그런 식으로 대응하는 사람을 우리는 칭찬하지 않을 수 없다. 그의 침착함, 흔들림 없는 자세, 그리고 유머 감각에 박수를 보낸다.

찰스 슈워브는 프린스턴 대학의 전교생 앞에서 강연했을 때, 자신이 얻은 교훈들 중 가장 중요한 것에 대해 고백했다. 그 교훈은 슈워브의 제강공장에서 일했던 한 나이 많은 독일인에게서 배운 것이었다. 전쟁이 한창이던 당시 그 독일인은 다른 노동자들과 전쟁에 대한 논쟁을 벌이다가 그들에 의해 강물에 내던져지고 말았다. 슈워브는 이렇게 말했다. "그가 진흙과 물을 뒤집어 쓴 채 제 사무실로 들어왔길래, 강물에 집어 던진 사람들에게는 뭐라고 말했는지 물었더니 그는 '그냥 웃었지요.'라고 대답하더군요."

슈워브는 나이 많은 독일인의 그 말을 좌우명으로 삼았다고 말했다. '그저 웃는다.' 이 좌우명은 당신이 부당한 비난의 희생양이 되었을 때 특히 도움이 된다. 당신에게 말대꾸하는 사람에게는 뭐라 할 수 있지만 '그저 웃는'사람에게 과연 무슨 말을 할 수 있겠는가?

링컨 역시 자신에게 쏟아진 모든 신랄한 비난들에 일일이 대꾸하는 것이 어리석은 일임을 깨닫지 못했다면 남북전쟁 당시 중압감을 못 이기고 쓰러져 버렸을 것이다. 그가 자신을 비판하는 사람들을 어떻게 처리했는지에 관해 쓴 글은 문학사의 보석이자 하나의 고전이 되었다. 맥아더 장군은 전쟁 당시 그 글을 군 사령부에 있는 자신의 책상 위에 걸어 두었고, 윈스턴 처칠도 그 글을 액자에 넣어 고향인 차트웰에 있는 자신의 서재 벽에 걸어 두었다고 한다. 그 글은 다음과 같다.

나를 향한 모든 공격에 대해 답변하지는 않더라도 그것을 일일이 읽어 보려고 애쓴다면, 그것은 다른 모든 일을 손에서 놓는 것과 같다. 나는 내가 알고 있는 한 가장 좋은 방법을 택했고, 최선을 다하고 있으며, 끝까지 그렇게 할 것이다. 결과가 좋으면 내게 무슨 말을 하든 전혀 상관없다. 결과가 좋지 않으면 그때는 열 명의 천사가 내가 옳았음을 선언한다 해도 아무 도움이 되지 않을 것이다.

당신과 내가 부당한 비판을 받을 때 기억해야 할,

원칙 2

**최선을 다하라. 그리고 오래된 우산이라도 펼쳐서
비판의 빗줄기가 당신의 목덜미를 타고 흘러내리며
당신을 괴롭히지 못하게 하라.**

3
내가 저질렀던
어리석은 행동들

내 서류 정리용 파일 캐비닛에는 'FTD'라고 적힌 폴더가 있다. 'FTD'는 '내가 저질렀던 어리석은 행동들(Fool Things I Have Done)'의 줄임말이다. 나는 그 폴더에 내가 범했던 바보짓들을 글로 적어 보관해 두었다. 그런 기록들을 비서에게 불러 주고 받아 적게 할 때도 있었지만 때로는 내가 저지른 짓들이 너무 개인적이고 너무 바보 같아서 부끄러운 나머지 내가 손수 적기도 했다.

나는 15년 전에 'FTD' 폴더에 넣어 둔 데일 카네기의 비판 몇 개를 지금도 생각해 낼 수 있다. 내가 나 자신에게 철저하게 솔직했다면 캐비닛은 지금 'FTD' 기록들로 넘쳤을 것이다. 나는 사울 왕이 지금으로부터 3,000년 전에 했던 말에 진심으로 공감한다. '나는 너무나도 많은 바보짓을 저질렀고 잘못을 범했다.'

'FTD' 폴더를 꺼내 스스로 작성한 그 비판들을 다시 읽는 것은 내가 직면할 거친 어려움들을 처리하는 데 도움이 된다. 그 어려움이란 바로 데일 카네기, 나 자신을 관리하는 것을 말한다.

나는 내게 닥친 불행들을 다른 사람들 탓으로 돌리곤 했다. 그러나 점점 나이를 먹고, 희망 사항이긴 하지만 더 현명해지고 난 뒤, 내 불행의 거의 대부분은 결국 나 자신 때문이라는 사실을 알게 되었다. 많은 사람은 나이가 들면서 그런 사실을 깨닫는다. 세인트헬레나 섬에 유배되었던 나폴레옹은 이렇게 말했다. "나 외에는 내 몰락을 책임질 수 있는 사람이 아무도 없다. 나 자신이야말로 내게 있어 가장 큰 적이자, 내 비참한 운명의 원인이었다."

자기평가와 자기관리의 면에서 달인의 경지를 보여 주었던 한 사람에 대해 이야기해 보겠다. 그의 이름은 H. P. 하웰(H. P. Howell)이다. 1944년 7월 31일, 그가 뉴욕에 있는 앰배서더 호텔 가게에서 갑자기 사망했다는 뉴스가 전국에 속보로 전해졌을 때 월스트리트는 충격에 휩싸였다. 그는 월 가 56번지에 있는 전미상업신탁은행의 이사회 회장이자 몇몇 대형 기업체에서 임원직을 맡고 있었기 때문이었다. 정규 교육을 거의 받지 못하고 자란 그는 시골 구멍가게의 점원으로 사회생활을 시작했지만 후에 U. S. 스틸 사의 신용담당관이 되었고 계속해서 큰 영향력을 펼치던 중이었다.

"수년간 저는 그날 맺은 모든 약속을 보여 주는 약속기록부를 작성해 왔습니다." 언젠가 내가 성공의 이유를 설명해 달라고 청했을 때 그가 했던 말이다. "우리 가족은 저를 위해 토요일 밤에는 아무런 계획도 세우지 않습니다. 매주 토요일 저녁에는 제가 한 주 동안 실행한 업무에 대해 자기성찰, 재검토, 평가 등을 하는 데 전념한다는 사실을 알고 있기 때문입니다. 저녁식사를 마치고 나면 저는 혼자 방으로 들어가 약속기록부를 펼쳐 놓고 월요일 아침부터 있었던 모든 상담, 토론, 회의 등에 대해 깊이 생각해 봅니다. 그리고 스스로에게 이렇게 묻습니다. '그때 내가 저지른 실수는 무엇이었나? 잘한 행동은 뭐였나? 그리고 어떤 식으로 해야 더 좋은 성과를 낼 수 있는가? 그 경험으로부터 내가 얻을 수 있는 교훈은 무엇인가?' 저는 매주 이루어지는 이런 반성이 때로는 저를 매우 불쾌하게 한다는 사실을 알게 되었습니다. 때로는 제가 저지른 터무니없는 실수들 때문에 깜짝 놀라기도 했고요. 물론 세월이 흐르면서 그런 실수들도 줄어들었죠. 해마다 계속된 이런 자기분석 시스템은 그간 제가 시도했던 어떤 방식보다도 제게 큰 도움이 되었습니다."

아마도 H. P. 하웰은 그 아이디어를 벤저민 프랭클린에게서 빌려 왔을 것이다. 한 가지 다른 점은 프랭클린은 토요일까지 기다리지 않았다는 것이다. 그는 매일 밤마다 자기 자신을 면밀히 검토했다. 그는 자신에게 열세 가지의 심각한 결점이 있다는 사실을 발견했다. 그 결점들 중 세 가지는 첫째, 시간을 낭비하는 것, 둘째, 사소한 일에 조바심 내는 것, 셋째, 사람들 말에 반박하고 논쟁하는 것이었다. 현명했던 벤저민 프랭클린은 이러한 결점을 고치지 않으면 성공할 수 없다는 사실을 깨달았다. 그래서 그는 매일 그가 가진 결점들 중 하나를 가지고 싸웠고 그 난타전의 승자는 누구였는지 항상 기록해 두었다. 다음 날엔 또 다른 나쁜 습관과 싸울 준비를 갖추고 링 위에 올랐다. 프랭클린은 자신의 결점과의 그러한 싸움을 2년 이상 매주 벌였다. 그가 미국이 낳은 인물들 가운데 가장 사랑받고 가장 영향력 있는 사람이 된 것은 놀랄 일이 아니다!

미국 작가인 앨버트 허바드(Elbert Hubbard)는 이렇게 말했다.

"모든 사람은 하루에 적어도 5분 동안 바보 같은 짓을 한다. 지혜라는 것은 그 시간을 넘기지 않는 것이다."

하찮은 사람은 사소한 비판에도 벌컥 화를 내지만 현명한 사람은 자신을 비난하고 꾸짖는 사람과 '길을 비키라며 서로 다투는' 사람에게서도 배우려고 노력한다. 월트 휘트먼은 이 말을 다음과 같이 표현했다. "당신을 칭찬해 주고 부드럽게 대하며, 당신을 위해 비켜서 주는 사람들에게서만 교훈을 얻었는가? 당신을 인정하지 않거나 당신에게 대응할 태세를 갖춘 사람, 또는 길을 비키라며 당신과 다투는 사람들로부터 더 큰 교훈을 얻지는 않았는가?"

적들이 우리 또는 우리의 일을 비판할 때까지 기다리지 말고 먼저 해치우자. 우리 자신에게 가장 엄격한 비평가가 되자. 적들이 말 한마디 할 기회도 갖지 못하도록 약점을 찾아내 고치자. 찰스 다윈은 그렇게 했다. 실제로 그는 비판을 하면서 15년을 보냈다. 이야기는 이렇게 진행된다. 불멸의 저서 《종의 기원(The Origin of Species)》의 초고를 완성했을 때, 그는 창조에 관한 자신의 혁신적인 개념을 출판하면 지식층과 종교계가 뒤흔들릴 것임을 깨달았다. 그래서 그는 자기 자신의 비평가가 되어 수집한 자료를 점검하고, 추론 과정을 엄밀히 조사하고, 자신이 내놓은 결론을 비판하면서 15년을 보냈다.

누군가가 당신을 '빌어먹을 멍청이'라고 비난했다고 가정해 보자. 당신은 어떻게 할 것 같은가? 화를 낼까? 분노할까? 링컨은 이렇게 했다. 링컨의 국방장관 에드워드 M. 스탠튼은 한때 링컨을 '빌어먹을 멍청이'라고 불렀다. 스탠튼이 분개한 이유는 링컨이 자신의 업무에 간섭했기 때문이었다. 링컨은 한 이기적인 정치인의 부탁에 못 이겨 특정 군부대를 이전한다는 결정 사항에 서명을 했다. 스탠튼은 링컨의 명령을 따르지 않았을 뿐 아니라 그런 결정을 내린 링컨은 빌어먹을 멍청이라고 욕했다. 그래서 어떻게 됐을까? 스탠튼이 한 말을 전해 들은 링컨은 조용히 이렇게 말했다. "스탠튼이 나를 보고 빌어먹을 멍청이라고 했다면 나는 빌어먹을 멍청이가 분명해. 그는 거의 매번 옳거든. 그에게 가서 그의 이야기를 직접 들어봐야겠어."

링컨은 스탠튼을 만나러 갔다. 스탠튼은 그 명령이 잘못되었음을 링컨에게 납득시켰고 링컨은 그 명령을 철회했다. 이처럼 링컨은 진심에서 우러나고 지식에 기초한, 그리고 도움을 주기 위한 비판은 환영했다.

당신이나 나도 그런 종류의 비판은 기꺼이 받아들여야 한다. 우리가 하는 일이 전부 다 옳을 수는 없을 뿐 아니라 네 번 중에 세 번 이상 옳기는 기대조차 할 수 없기 때문이다. 시어도어 루스벨트 대통령도 자신이 기대할 수 있는 것은 그 정도가 전부라고 말했다. 이 시대의 가장 깊이 있는 사상가인 아인슈타인 역시 당시에 그가 내린 결론의 99퍼센트는 잘못된 것이었다고 털어놓았다!

프랑스의 작가 라로슈푸코(La Rochefoucauld)는 이렇게 말했다. "우리에 관해서는 우리 자신의 의견보다 우리의 적들의 의견이 진실에 더 가깝다."

나는 이 말이 맞는 경우가 많다는 것을 알고 있다. 하지만 내가 나 자신을 주시하지 않으면, 누군가가 나를 비난하기 시작했을 때

나는 즉시 그리고 자동적으로 방어적인 자세를 취한다. 나를 비난하는 사람이 무슨 말을 하려 하는지 생각도 하기 전에 말이다. 그럴 때마다 나는 나 자신이 싫어진다. 우리 모두는 우리를 향한 비난, 또는 칭찬이 정당한 것인지의 여부와 관계없이 비난은 불쾌해하고 칭찬은 기꺼이 받아들이는 경향이 있다. 인간은 논리적인 동물이 아니다. 인간은 감정의 동물이다. 인간의 논리는 마치 감정이라는 깊고 어둡고 사나운 바다 위에서 요동치는 뗏목과 같다.

누군가가 우리에게 싫은 소리 하는 것을 듣더라도 우리 자신을 지키려 하지 말자. 그건 바보들이나 하는 짓이다. 독창적이고 겸손하며 명석해지자! 우리를 비난하는 사람들을 당혹하게 만들고 다른 이들로부터 갈채를 받을 수 있도록 이렇게 말하자. "내 흠을 잡는 사람이 나의 다른 결점들까지 알았다면, 지금보다 훨씬 더 심하게 나를 비난했을 겁니다."

이전 장들에서 나는 부당한 비난을 받았을 때 어떻게 해야 하는지에 관해 이야기했다. 그러나 이건 다른 개념이다. 부당하게 비난받았다는 생각 때문에 화가 치밀어 오를 때 잠깐 멈춰서 이렇게 말하는 것은 어떨까? "잠깐, 나는 완벽이랑은 거리가 멀지. 아인슈타인도 자신이 99퍼센트는 잘못되었다고 인정했는데 나는 적어도 80퍼센트는 틀리겠지. 내가 이런 비난을 받는다는 것이 당연한 것인지도 몰라. 그렇다면 고마워해야지. 그렇다면 이 비판에 고마워하고, 그것에서 뭔가를 얻을 수 있도록 노력해 보자."

펩소던트 컴퍼니의 회장 찰스 럭맨은 밥 호프를 방송에 내보내기 위해 1년에 수백만 달러를 지출한다. 그는 프로그램을 칭찬하는 편지는 읽지 않고 비판적인 편지만 보기를 고집한다. 그 편지로부터 무언가를 배울 수 있을 거라는 사실을 알기 때문이다.

사업 경영과 운영에 어떤 문제가 있는지 찾아내기 위해 포드 사는 최근 직원들의 여론을 수렴했고 직원들에게 회사를 비판해 달라고 요청했다.

나는 서슴없이 자신에 대한 비판을 요구했던 전직 비누 판매원을 알고 있다. 처음 그가 콜게이트 사의 비누를 팔기 시작했을 때는 주문이 많지 않았다. 그는 일자리를 잃게 될까 걱정이었다. 비누 자체나 가격에는 아무 문제가 없음을 알았던 그는 틀림없이 자기 자신에게 문제가 있을 것이라고 생각했다. 그는 판매에 실패하면 무엇이 잘못되었는지 알아내려고 한참을 서성이곤 했다. 너무 애매하게 말했나? 열정이 부족했나? 때로는 상점으로 다시 들어가서 이렇게 말하기도 했다. "저는 비누를 팔기 위해서가 아니라, 당신의 조언과 비판을 듣고 싶어서 다시 오게 됐습니다. 조금 전 제가 당신에게 비누를 팔려고 했을 때 제가 잘못한 점을 말씀해 주시지 않겠습니까? 당신은 저보다 훨씬 경험도 많으니 제 잘못된 점을 솔직히 말해 주셔도 됩니다. 일부러 조심스럽게 말씀하시지 말고 있는 그대로 알려 주십시오."

이러한 태도 덕분에 그는 수많은 친구와 더불어 이루 값을 매길 수 없이 소중한 조언들을 얻을 수 있었다. 그에게 무슨 일이 일어났을 것이라고 생각하는가? 그는 세계에서 가장 큰 비누 제조회사인 콜게이트-팜올리브-핏 솝 컴퍼니의 사장이 되었다. E. H. 리틀(E. H. Little)이 바로 그의 이름이다.

아무나 H. P. 하웰, 벤저민 프랭클린, E. H. 리틀이 했던 것처럼 할 수 있는 것이 아니다. 그러니 지금, 아무도 안 볼 때 살짝 거울을 보고 스스로에게 물어보라. 당신은 그런 부류의 사람에 속하는가?

비판에 대한 걱정을 떨쳐 버릴 수 있는

원칙 3

우리가 저지른 미련한 행동들을 기록하고
스스로를 비판하라. 완벽하길 바라는 것은 무리다.
E. H. 리틀이 그랬던 것처럼 편견 없고 유용하며
건설적인 비판을 요청하도록 하자.

Section 6 요약정리

타인의 호감을 얻는 여섯 가지 비결

1. 부당한 비판이란 종종 칭찬의 변형임을 잊지 마라. 그것은 대개 당신이 부러움과 질투를 불러일으켰음을 의미한다. 죽은 개는 아무도 걷어차지 않는다는 것을 기억하라.

2. 최선을 다하라. 그리고 오래된 우산이라도 펼쳐서 비판의 빗줄기가 당신의 목덜미를 타고 흘러내리며 당신을 괴롭히지 못하게 하라.

3. 우리가 저지른 미련한 행동들을 기록하고 스스로를 비판하라. 완벽하길 바라는 것은 무리다. E. H. 리틀이 그랬던 것처럼 편견 없고 유용하며 건설적인 비판을 요청하도록 하자.

걱정과 피로를 막고 활력과 기운을 높이는 여섯 가지 방법

1

하루의 활동 시간을
1시간 늘리는 방법

이 책은 걱정을 막는 방법에 관한 책인데 왜 나는 피로를 막는 방법에 대해 쓰고 있는 것일까? 이유는 간단하다. 피로는 종종 걱정을 유발하거나, 그렇지 않으면 적어도 걱정을 유발할 여지를 만들기 때문이다. 어떤 의학도라도 피로는 감기와 수백 가지의 질병들에 대한 신체적 저항력을 감소시킨다고 말할 것이다. 그리고 어떤 정신병리학자든 피로는 불안과 걱정과 같은 감정에 대한 저항력을 떨어뜨릴 것이라고 이야기할 것이다. 그러므로 피로를 막는 것은 걱정을 막는 데 도움이 된다.

내가 '걱정을 막는 데 도움이 된다.'라고 말했나? 조심스럽게 말하면 그렇다. 에드먼드 제이콥슨(Edmund Jacobson) 박사는 이보다 더욱 강하게 표현한다. 그는 긴장 완화와 관련하여 《점진적 이완(Progressive Relaxation)》과 《긴장을 풀어야 한다(You Must Relax)》라는 두 권의 책을 썼다. 그리고 시카고 대학 임상심리학연구소 소장으로서 의학적 치료를 위한 긴장 완화의 활용법에 대해 오랫동안 연구해 왔다. 그는 어떤 신경적 혹은 정서적 상황도 "완벽한 이완 상태에서는 존재할 수 없다."라고 단언했다. 다른 말로 하자면 편안한 상태에서는 걱정을 계속할 수 없다는 뜻이다. 그러므로 피로와 걱정을 막기 위해 지켜야 할 첫 번째 규칙은 이것이다. 자주 쉬어라. 피로해지기 전에 휴식을 취하라.

이것이 왜 중요한가? 피로는 매우 놀라운 속도로 축적되기 때문이다. 미 육군은 반복되는 실험을 통해 이 사실을 발견했다. 수년간의 군사 훈련으로 다져진 젊은 사람들도 한 시간에 10분씩은 군장을 내려놓고 휴식을 취해야 행군을 더 잘할 수 있고 더 오랫동안 견딜 수 있었던 것이다. 그래서 육군 병사들은 실제로 이 방법으로 훈련을 한다.

당신의 심장은 미 육군의 심장만큼이나 기민하다. 당신의 심장은 매일 기차의 유조탱크 하나를 가득 채울 만큼의 혈액을 당신의 몸으로 밀어낸다. 24시간 동안 심장이 소모하는 에너지는 20톤 무게의 석탄을 바닥에서 1미터 정도의 높이로 들어 올리는 힘과 맞먹는다. 심장은 이렇게 믿을 수 없을 정도의 일을 50년, 70년, 혹은 90년 동안 한다. 심장은 어떻게 그것을 견딜 수 있는 것일까? 하버드 의과대학의 월터 B. 캐논 박사는 이렇게 설명한다. "대부분의 사람들은 심장이 쉬지 않고 일한다고 생각하지만, 실제로는 한 번 수축한 이후 일정한 휴지기가 있습니다. 통상적인 수준으로 1분에 70번 박동한다고 가정하면, 심장은 사실상 24시간 중에서 9시간 정도만 일하는 것입니다. 전체적으로 보면 심장의 휴식기는 하루에 총 15시간이나 됩니다."

제2차 세계대전을 겪을 당시 윈스턴 처칠은 60대 후반에서 70대 초반의 나이였음에도 해마다 하루 16시간씩 일하며 대영제국의 전쟁을 지휘했다. 경이적인 기록이다. 그의 비결은 무엇이었을까? 그는 매일 아침 11시까지 침대에서 서류를 읽고, 명령을 내리며, 전화를 하고 중요한 회의를 갖는 등의 업무를 처리했다. 점심 식사 이후에는 다시 침대로 가서 한 시간 동안 잠을 잤고, 저녁에 한 번 더 침대로 가서 저녁식사를 하는 8시 전에 두 시간 동안 잠을 잤다. 그는 따로 피로를 풀지 않았다. 그럴 필요가 없었다. 피로가 쌓이는 것을 미리 막았기 때문이다. 그는 자주 휴식을 취했기 때문에 자정이 한참 지난 시각까지 기운찬 상태로 일을 계속할 수 있었다.

존 D. 록펠러에게는 두 가지 특별한 기록이 있다. 그는 당시까지 세계적으로 유례없이 엄청난 재산을 모은 데다가 98세까지 장수했다. 어떻게 그것이 가능했을까? 물론 가장 큰 이유는 장수할 수 있는 형질을 물려받았기 때문이다. 또 다른 이유로는 매일 정오에 사무실에서 30분 동안 낮잠을 잤던 그의 습관을 들 수 있다. 그가 사무실에 있는 소파에서 잠을 잘 때는 미국 대통령이라 할지라도 그와 통화할 수 없었다!

대니얼 W. 조슬린(Daniel W. Josselyn)은 그의 훌륭한 저서 《피로의 원인(Why Be Tired)》에서 이렇게 말한다.

휴식은 아무것도 하지 않는 것이 아니다. 휴식은 회복이다.

짧은 휴식은 회복시키는 힘이 크기 때문에 단 5분 동안 낮잠을 자더라도 피로를 미리 막는 데 도움이 된다! 농구계의 원로 코니 맥은 경기가 있기 전에 낮잠을 자 두지 않으면 5회쯤 되었을 때 완전히 지쳐 버린다고 내게 말했다. 하지만 단 5분이라도 잠을 자 두면 피로감 없이 연속으로 두 경기도 뛸 수 있다고 한다.

나는 12년 동안이나 영부인으로 있었던 일리노어 루스벨트에게 어떻게 그런 힘든 일정을 소화할 수 있었는지 물어보았다. 그녀는 대중을 만나거나 연설을 하기 전에 의자나 큰 소파에 앉아 눈을 감고 20분 동안 휴식을 취하곤 했다고 말했다.

언젠가 나는 매디슨 스퀘어가든에 있는 대기실에서 진 오트리와 인터뷰한 적이 있다. 그는 그곳에서 열리는 로데오 세계선수권 대회에서 가장 인기 있는 스타였다. 나는 그의 대기실에 군용 간이침대가 있는 것을 보았다. 진 오트리는 이렇게 말했다. "저는 매일 오후 침대에 누워 경기 사이사이에 한 시간씩 낮잠을 잡니다. 저는 할리우드에서 영화를 찍을 때면 종종 커다란 안락의자에 편하게 앉아 10분씩 하루에 두세 번 정도 눈을 붙입니다. 그렇게 하면 엄청나게 기운이 납니다."

에디슨은 그의 엄청난 활력과 인내력은 자고 싶을 때마다 잠을 자는 습관 덕분에 가능한 것이라고 했다. 나는 헨리 포드가 80번째 생일을 맞이하기 직전에 그와 인터뷰를 가졌는데, 기운차고 건강한 그의 모습에 놀라지 않을 수 없었다. 그 비결을 물었더니 그는 이렇게 말했다. "저는 앉을 수 있을 때는 절대 서 있지 않습니다. 그리고 누울 수 있을 때는 절대 앉아 있지 않습니다."

현대 교육의 아버지인 호레이스 만(Horace Mann)도 세월이 지나면서 그와 똑같이 했다. 안티오크 대학의 학장으로 있을 때 그는 학생들과 상담을 하면서도 소파에 누워 있곤 했다.

나는 어느 할리우드 영화감독에게 이와 비슷한 방법을 써 보도록 권한 적이 있는데, 그 효과는 기적에 가까웠다고 그가 고백했다. 내가 말하는 그 사람은 할리우드에서 가장 뛰어난 감독들 중 한 명인 잭 처톡(Jack Chertock)이다. 몇 년 전 나를 만나러 왔을 당시 그는 MGM 영화사에서 단편영화팀을 맡고 있었다. 지칠 대로 지친 그는 강장제, 비타민, 약 등 안 써 본 것이 없었지만, 그 어느 것도 도움이 되지 않았다. 나는 그에게 매일매일 휴가를 떠나 보라고 권했다. 어떻게? 작가들과 사무실에서 회의를 하는 동안 몸을 쭉 펴고 휴식을 취하는 것이 그것이었다.

2년이 지나 내가 다시 그를 보게 되었을 때 그는 말했다. "기적이 일어났어요. 이건 저를 치료하던 의사들이 한 말입니다. 전에 단편영화 아이디어 회의를 할 때에는 긴장하고 굳은 상태로 앉아 있었거든요. 지금은 그런 회의를 하는 동안 사무실에 있는 소파에 누워 있는데, 20년 동안 경험해 보지 못한 편안함을 느끼고 있습니다. 일하는 시간은 전보다 두 시간 더 늘었지만 피곤해지는 일은 거의 없죠."

당신은 이것들을 어떻게 적용할 수 있을까? 만약 당신이 속기 타이피스트라면 에디슨이나 샘 골드윈이 했던 것처럼 사무실에서 낮잠은 잘 수 없을 것이고, 당신이 회계사라면 상관에게 재무보고 회의를 하는 동안 소파에 누워 있을 수도 없을 것이다. 하지만 작은 도시에 살고 있고 점심을 먹으러 집에 갈 수 있다면, 점심식사 후

10분 정도는 낮잠을 잘 수 있을 것이다. 조지 C. 마셜 장군이 바로 그렇게 했다. 전시에 미 육군을 지휘하느라 바빴던 그는 정오에라도 휴식을 취해야겠다고 생각했다. 만일 당신이 50세를 넘긴 나이이고 너무 바빠서 그렇게도 못하겠다면, 지금 당장 가입 가능한 모든 생명보험을 들어 놓기 바란다. 요즘엔 죽음이 아무 때나, 불쑥 찾아온다. 그리고 당신의 아내는 당신이 남긴 보험금을 타서 더 젊은 남자와 결혼하고 싶어 할지도 모르는 일이다!

만약 정오에 낮잠을 잘 여건이 안 되면 적어도 저녁식사 전에 한 시간 정도 누워 있을 수는 있을 것이다. 그렇게 해 봐야 음료수 한 잔 값도 안 된다. 그리고 장기적인 안목으로 봤을 때 5,467배는 더 효과적이다. 다섯 시나 여섯 시, 일곱 시쯤에 한 시간 정도 자면 하루에 한 시간을 더 활동할 수 있다. 왜 그럴까? 어떻게 그럴 수 있지? 저녁식사 전에 자는 한 시간과 밤에 자는 여섯 시간을 합치면 일곱 시간인데, 그 일곱 시간의 잠은 연속으로 여덟 시간을 자는 것보다 낫기 때문이다.

육체노동자들은 휴식을 많이 취하면 취할수록 더 많은 일을 할 수 있다. 프레드릭 테일러(Frederick Taylor)는 베들레헴 철강회사에서 과학 관리 기술자로 일하는 동안 그 사실을 증명해 보였다. 그는 노동자 한 사람당 하루에 거의 12.5톤의 선철을 화물 차량에 실어 올리는데, 정오가 되면 몹시 지쳐 버린다는 사실을 알게 되었다. 그는 피로와 관련된 모든 요인을 과학적으로 조사했고, 그 결과 이 사람들이 하루 동안 옮겨야 할 선철의 무게는 한 사람당 12.5톤이 아니라 47톤이라는 사실을 밝혔다! 그의 계산에 따르면 그 사람들은 현재 옮기는 양의 거의 네 배에 가까운 선철을 옮기면서도 지치지 않아야 했다. 하지만 어떻게 그것을 증명할 것인가!

테일러는 슈미트라는 사람을 선택해 스톱워치에 따라 일하도록 했다. 슈미트는 스톱워치를 가지고 그를 감독하는 사람의 다음과 같은 말을 들으며 일했다. "이제 선철을 들고 걸어가세요. …… 이제 앉아서 쉬세요. …… 이제 걸어가세요. …… 이제 쉬세요."

무슨 일이 일어났을까? 슈미트는 다른 사람들이 한 사람당 12.5톤을 옮기는 동안 47톤을 옮겼다. 그리고 그는 실제로 프레드릭 테일러가 베들레헴 사에 있던 3년 동안 그 속도에 미치지 못한 적이 단 한 번도 없었다. 슈미트가 그렇게 할 수 있었던 이유는 지치기 전에 휴식을 취했기 때문이다. 그는 한 시간에 약 26분 정도를 일했고 34분 정도는 휴식을 취했다. 일하는 시간보다 많이 쉬었던 것이다. 그러면서도 그는 다른 사람들보다 거의 네 배에 가까운 일을 소화했다! 이것이 그저 떠도는 소문에 불과한 것일까? 그렇지 않다. 프레드릭 윈슬로우 테일러가 쓴 《과학적 관리의 원리(Principles of Scientific Management)》라는 책의 41~62쪽을 보면 직접 확인할 수 있다.

다시 한 번 말하겠다. 군인들처럼 자주 휴식을 취해라. 당신의 심장이 그러하듯, 지치기 전에 휴식을 취해라. 그러면 당신은 하루에 한 시간을 더 활동할 수 있다.

2

피로의 원인과
대처 방법

놀랍고도 중요한 사실 한 가지가 있다. 그것은 정신노동만으로는 당신이 절대 피곤해지지 않는다는 것이다. 우습게 들릴지 모르겠다. 하지만 몇 년 전, 인간의 두뇌가 피로의 과학적 정의인 '작업 능력 감소'에 이르지 않고 얼마나 오랫동안 일할 수 있는지 알아내는 실험을 했던 과학자들은 깜짝 놀라고 말았다. 뇌가 활동하고 있을 때 뇌로 공급되는 혈액에서는 피로 증상이 전혀 나타나지 않았기 때문이다. 일하고 있는 노동자의 혈관에서 채취한 혈액 속에는 피로독소와 피로생성물이 가득하다는 사실을 알 수 있다. 하지만 앨버트 아인슈타인의 뇌에서 피 한 방울을 채취해서 살펴보면 저녁이 되더라도 피로독소를 전혀 찾아볼 수 없을 것이다.

뇌에 관해 말하자면, 뇌는 '8시간, 심지어 12시간 동안 활동을 하고도 처음과 마찬가지로 기민하게' 일할 수 있다. 뇌는 절대 지치지 않는다. 그렇다면 당신을 피곤하게 만드는 것은 무엇일까?

정신병리학자들에 따르면 대부분의 피로는 정신적, 그리고 감정적 태도에서 비롯된다. 영국에서 가장 저명한 정신병리학자로 꼽히는 J. A. 해드필드(J. A. Hadfield)는 그의 책 《힘의 심리학(The Psychology of Power)》에서 이렇게 말하고 있다.

우리가 느끼는 피로의 대부분은 정신적인 것에서 기인한다. 실제로 순전히 신체적인 원인 때문에 피로해지는 경우는 드물다.

미국에서 가장 저명한 정신의학자로 꼽히는 A. A. 브릴 박사는 이보다 더욱 강하게 말한다. "건강한 상태의 사무직 노동자가 피곤해지는 이유는 100퍼센트 심리적 요인들이다. 그 심리적 요인들이란 곧 감정적인 요인들을 의미한다."

어떤 종류의 감정 요인들이 사무직, 또는 앉아서 일하는 노동자를 피곤하게 하는 것일까? 기쁨? 만족감? 아니다! 절대 그렇지 않다! 권태, 분개, 인정받지 못하고 있다는 느낌, 헛수고라는 생각, 서두름, 근심, 걱정. 이러한 감정적 요인들이 앉아서 일하는 노동자를 피곤하게 하며, 감기에 걸리기 쉽게 만들고, 노력의 대가를 감소시키며, 신경성 두통으로 조퇴하게 하는 것이다. 그렇다. 우리의 감정이 신체에 신경성 긴장을 일으키기 때문에 우리가 피곤해지는 것이다.

메트로폴리탄 생명보험사는 피로와 관련한 정보 자료에서 그러한 점을 지적했다. 이 대형 생명보험사는 이렇게 말한다. "고된 노동 그 자체로 인한 피로는 숙면이나 휴식을 통해 없앨 수 있다. …… 걱정, 긴장, 그리고 감정적 혼란, 이 세 가지가 피로의 가장 큰 원인이다. 육체적 또는 정신적 노동이 원인으로 여겨질 때에도 이 세 가지가 진짜 원인인 경우가 많다. …… 긴장한 근육은 일하고 있는 근육이라는 사실을 기억하라. 긴장을 완화시켜라! 중요한 직무를 위해 힘을 아껴 둬라."

지금 당신이 있는 바로 그 자리에서 하던 일을 멈추고 스스로의 건강을 진단해 보자. 이 글을 읽으면서 당신은 인상을 찌푸리고 있는가? 미간에 긴장이 느껴지는가? 의자에 편하게 앉아 있는가? 어깨를 웅크리고 있는가? 얼굴 근육이 긴장되어 있는가? 당신의 몸 전체가 낡은 봉제인형처럼 축 처지거나 힘이 빠져 있지 않다면, 지금 이 순간 당신의 신경과 근육은 긴장하고 있다. 당신은 지금 신경성 긴장과 피로를 만들어 내고 있는 것이다.

왜 우리는 정신노동을 하면서 이렇게 쓸데없는 긴장을 만들어 내는 것일까? 조슬린은 이렇게 말한다. "내가 생각하는 가장 큰 장애물은 거의 모든 이들이 노력하고 있다는 기분이 들어야 열심히 일하는 것이고, 그렇지 않으면 제대로 하고 있지 않다고 믿는 것이다." 그래서 우리는 집중할 때 인상을 쓴다. 어깨를 웅크린다. 두뇌의 활동에 아무런 도움도 되지 않는데도 근육이 노력하고 있다는 몸짓을 하도록 요구한다.

놀랍고도 비극적인 진실 하나가 있다. 수많은 사람이 돈을 낭비할 생각은 조금도 없으면서도 본인들의 에너지는 싱가포르 항구에서 술에 취해 비틀거리는 일곱 명의 선원들처럼 분별없이 낭비하고 허비한다는 것이 그것이다.

이러한 신경성 피로의 해답은 무엇인가? 휴식! 휴식! 휴식! 일을 하면서도 쉴 수 있는 방법을 배워라!

쉬울 것 같은가? 그렇지 않다. 어쩌면 당신은 평생 길들여진 습관을 바꿔야 할지도 모른다. 하지만 충분히 노력할 만한 가치가 있다. 왜냐하면 이것은 당신의 인생에 대변혁을 가져다 줄 것이기 때문이다! 윌리엄 제임스는 그의 수필《휴식의 복음서(The Gospel of Relaxation)》에서 이렇게 말했다.

미국인들에게 나타나는 과도한 긴장과 변덕스러움, 숨 막힘과 격렬함, 고통 등은 …… 나쁜 습관일 뿐, 그 이상도 그 이하도 아니다.

긴장은 습관이다. 휴식도 습관이다. 그리고 나쁜 습관은 고칠 수 있고, 좋은 습관을 들일 수 있다.

당신은 어떻게 휴식을 취하는가? 마음의 휴식을 먼저 취하는가, 아니면 신경의 휴식을 먼저 취하는가? 이 두 가지로 시작하는 휴식은 없다. 당신은 언제나 근육의 휴식부터 시작한다!

한번 해 보자. 어떤 식으로 이루어지는지 볼 수 있도록 눈에서부터 시작하자. 이 문단을 다 읽고 끝부분에 이르면 등을 기대고 앉아 눈을 감고, 당신의 눈을 향해 조용히 이렇게 말해 보자. "됐어, 이제 그만 긴장 풀어. 그만 찡그려도 돼. 됐어, 이제 그만." 몇 분간 아주 천천히 이 말을 반복한다…….

몇 초 후에 눈 주위 근육들이 그 말에 반응하기 시작하는 것을 느끼지 못했는가? 마치 어떤 손이 긴장을 풀어 주는 것 같은 느낌을 받을 것이다. 이처럼 놀랍게, 당신은 1분 사이에 휴식의 기술에 관한 요점과 비밀을 전부 맛보았다. 턱, 안면 근육, 목, 어깨, 몸 전체에도 똑같이 할 수 있다. 그러나 신체에서 가장 중요한 기관은 눈이다. 시카고 대학의 에드먼드 제이콥슨 박사는 심지어 눈 근육을 완전히 이완시킬 수만 있다면 모든 고뇌를 잊을 수 있다고 말하기까지 했다! 신경성 긴장을 완화하는 데 눈이 그토록 중요한 이유는 신체가 소비하는 신경성 에너지의 4분의 1을 눈이 소비하기 때문이다. 그것은 또한 시력에 문제 없는 많은 사람들이 '눈의 피로' 때문에 고통을 받는 이유이기도 하다. 그들은 눈을 긴장시키고 있는 것이다.

유명한 소설가 비키 바움(Vicki Baum)은 어렸을 때 한 노인을 만났는데, 그녀는 자신이 살면서 얻은 교훈 가운데 가장 중요한 것을 그 노인으로부터 배웠다고 말했다. 길을 가던 그녀는 넘어져 무릎에 상처를 입고 손목을 다쳤는데, 한 노인이 그녀를 일으켜 주었다. 한때 서커스 단원이었던 그 노인은 그녀의 몸을 털어 주며 말했다. "네가 다친 이유는 힘을 빼는 법을 몰랐기 때문이야. 오래 신어 헐렁해진 양말처럼 부드러워야 한단다. 이리 와 보렴. 어떻게 하는지 가르쳐줄게."

그 노인은 비키 바움과 다른 아이들에게 넘어지는 법, 공중제비, 재주넘는 법을 가르쳐 주었다. 그리고 그는 항상 이렇게 강조했다. "자기 자신을 오래된 양말이라고 생각해야 해. 그러려면 힘을 빼야 한다!"

당신은 시간이 나는 대로 아무데서나 휴식을 취할 수 있다. 다만 휴식을 취하려고 노력해선 안 된다. 휴식이란 모든 긴장과 노력이 없는 것을 말한다. 안락함과 편안함을 생각하라. 눈과 얼굴의 근육들이 이완된다는 생각으로 시작하면서 이런 말을 반복하라. "됐어, 이제 그만 긴장을 풀어." 당신의 안면 근육에서 흘러나온 에너지가 몸의 중심을 향해 가는 것을 느껴 보라. 자신을 아무런 긴장도 느끼지 않는 아기라고 생각하라.

이것은 유명한 소프라노 가수 갈리쿠르치(Galli-Curci)가 사용했던 방법이다. 헬렌 젭슨(Helen Jepson)은 갈리쿠르치가 공연 전에 온몸의 근육을 이완시키고 턱에 힘을 빼 실제로 입을 벌리고 의자에 앉아 있던 모습을 자주 보았다고 내게 말했다. 탁월한 습관이다. 그렇게 하는 것은 그녀가 무대에 오르기 전에 지나치게 긴장하는 것을 막고, 피곤함 또한 예방해 주었다.

다음은 휴식을 취하는 법을 배우는 데 도움이 될 다섯 가지 제안이다.

1. 데이비드 헤럴드 핑크(David Harold Pink) 박사가 쓴《신경성 긴장으로부터의 해방(Release from Nervous)》과 같이 이런 주제에 관한 가장 좋은 책들을 읽어라. 대부분의 공공도서관에 이 책이 있을 것이다. 이 책을 구입하고 싶다면 근처 서점에 가거나 출판사에 직접 주문할 수도 있다. 내가 권하고 싶은 또 한 권의 책은 대니얼 W. 조슬린이 쓴《피로의 원인》이다.
2. 짬짬이 휴식을 취하라. 당신의 몸이 낡은 양말처럼 축 처지도록 하라. 나는 내 몸이 얼마나 축 처져야 하는지 환기할 수 있도록 내가 일하는 책상 위에 낡은 밤색 양말을 올려놓았다. 양

말이 없으면 고양이도 괜찮다. 햇볕을 받으며 잠자고 있는 새끼 고양이를 손으로 들어 본 적이 있는가? 그렇게 하면 고양이의 양 끝이 젖은 신문처럼 축 늘어진다. 심지어 인도의 요가 수행자들은 휴식의 기술을 터득하고 싶으면 고양이를 연구하라고 말한다. 나는 지친 고양이나 신경쇠약에 걸린 고양이, 불면증이나 걱정, 위궤양으로 고생하는 고양이는 한 번도 본 적이 없다. 고양이처럼 쉬는 법을 배운다면 당신도 그런 불행들을 피할 수 있을 것이다.

3. 가능한 한 편한 자세로 일하라. 신체의 긴장이 어깨를 쑤시게 하고 신경성 피로를 유발한다는 사실을 기억하라.

4. 하루에 너댓 번씩 자신을 점검하고 이렇게 말하라. '실제보다 더 힘들게 일하고 있는 것은 아닌가? 내가 하고 있는 일과 전혀 상관없는 근육을 사용하고 있지는 않은가?' 이렇게 하는 것은 당신이 휴식을 취하는 습관을 들이는 데 도움이 될 것이다. 데이비드 헤럴드 핑크 박사는 이렇게 말한다. "심리학을 가장 잘 아는 사람들은 반드시 이 습관을 가지고 있습니다."

5. 하루를 마감하면서 자신을 점검하라. "나는 지금 정확히 얼마나 피곤한가? 피곤하다면, 그것은 내가 한 정신노동 때문이 아니라 일하는 방식 때문이다." 대니얼 W. 조슬린은 이렇게 말한다. "나는 하루를 마감할 때 내가 얼마나 피곤한가가 아니라 얼마나 피곤하지 않은가로 그날의 성과를 가늠한다. 두드러지게 피곤하다고 느껴질 때나 내 피로한 신경이 짜증으로 나타나는 날이면 나는 의심의 여지없이 그날이 양적으로나 질적으

로 비능률적인 하루였음을 알 수 있다." 미국에서 활동하는 모든 사업가들이 그와 같은 교훈을 배운다면 '고혈압'으로 인한 사망률은 바로 감소할 것이고, 피로와 걱정으로 건강을 해친 사람들이 정신요양소나 정신병원을 가득 채우는 일도 없어질 것이다.

3

가정주부가 피로를 막고
젊음을 유지하는 방법

 지난 가을 어느 날, 나와 같이 일하는 사람 한 명이 세상에서 가장 이례적인 의학 강좌에 참석하기 위해 보스턴으로 갔다. 의학? 그렇다고 하는 것이 적절하겠다. 그 모임은 1주일에 한 번 보스턴 진료소에서 열리고, 모임에 참석하는 환자들은 입장에 앞서 정기적이고도 철저한 검진을 받는다. 하지만 사실상 이 강좌는 심리치료 강좌다. 공식적으로는 응용심리학 강좌라고 불리긴 하지만(전에는 초창기 회원이 제안한 이름인 '사고제어강좌'로 불렸다.), 그것의 실제 목적은 걱정으로 인해 병든 사람들을 치료하는 것이다. 그리고 이 환자들의 대다수는 정서적으로 불안한 가정주부들이다.

 걱정하는 사람들을 위한 그런 강좌는 어떻게 시작되었을까? 1930년 조지프 H. 프랫(Joseph H. Pratt) 박사는(참고로 그는 윌리엄 오슬러 경의 제자였다.) 외관상으로는 신체에 아무런 이상이 없는데도 보스턴 진료소를 찾는 외래환자들이 많다는 것을 알게 되었다. 그러면서도 그 환자들은 실제로 육체가 겪을 수 있는 모든 증상을 갖고 있었다. 한 여성은 '관절염'으로 손이 심하게 손상되어 손가락 하나 까딱할 수 없었다. 또 다른 여성은 '위암'에 걸렸을 때 나타나는 증상으로 인해 극심한 고통을 겪고 있었고, 다른 여성들도 요통, 두통, 만성피로를 갖고 있거나 명확치 않은 아픔과 고통을 호소했다. 그들은 실제로 그러한 고통을 느꼈다. 그러나 가장 철저한 건강검진을 해도 이 여성들에게 신체적으로 어떤 문제가 있는지는 발견할 수 없었다. 예전 의사들은 이럴 경우 대부분이 상상의 산물, 즉 '마음의 병'이라고 말하곤 했다.

하지만 프래트 박사는 그런 환자들에게 "집에 가서 잊어버리라." 라고 말해 봐야 아무런 소용이 없다는 것을 깨닫게 되었다. 그는 그 여성들 대부분이 환자가 되길 바라지 않는다는 것을 알고 있었다. 그리고 만약 자신이 가진 병을 잊기가 그렇게 쉬웠다면 그들 스스로 그렇게 했을 것이다. 그렇다면 어떻게 해야 했을까?

그래서 그는 의학적 효과를 의심하는 사람들이 방관자적인 태도로 일제히 의구심을 가졌음에도 이 강좌를 개설했다. 그리고 강좌는 기적적인 성과를 가져왔다! 강좌가 시작된 후 18년 동안, 강좌에 참석한 수천 명의 환자들이 '치유'된 것이다. 어떤 환자들은 마치 교회에 나가듯 수년간 꾸준히 참석하기도 했다. 내 보조원은 9년 동안 그 강좌에 빠짐없이 참석한 한 여성과 대화를 나눴던 적이 있다. 그녀는 처음 그 진료소를 찾았을 때 자신이 유주신(遊走腎)이라는 병과 함께 몇 가지 심장 질환을 앓고 있다고 굳게 믿고 있었다. 극도로 걱정하고 긴장했던 그녀는 이따금 눈앞이 캄캄해지며 시력을 잃기도 했다. 그러나 지금의 그녀는 자신감 있고 활기차며 매우 건강한 상태다. 마흔 살 남짓으로밖에 보이지 않는 그녀의 무릎 위에서는 손자가 잠을 자고 있었다. 그녀는 이렇게 말했다. "저는 죽고 싶을 만큼 가족 문제에 대해 많은 걱정을 했습니다. 하지만 이 강좌에 참석하면서 걱정이라는 게 무의미한 것임을 알게 되었고, 걱정을 멈추는 법을 배웠죠. 그리고 지금 저는 제 인생이 평화롭다고 솔직하게 말할 수 있습니다."

그 강좌에서 의료 고문을 맡고 있는 로즈 힐퍼딩 박사는 걱정을 덜어 줄 가장 좋은 치료법은 '신뢰할 수 있는 누군가에게 당신이 가진 괴로움들을 털어놓는 것'이라고 말했다. "우리는 그것을 정화법이라고 부릅니다. 이곳에 온 환자들은 그들의 괴로움들이 마음속에서 떨어져 나갈 때까지 그것들에 대해 충분히 이야기할 수 있습니다. 걱정거리를 혼자서 고민하고 혼자만 간직하면 심한 신경성 긴장이 발생합니다. 우리 모두는 우리가 가진 괴로움을 공유하고, 걱정을 다른 사람들과 나눠야 합니다. 우리는 이 세상에 기꺼이 들어 줄, 그리고 이해해 줄 수 있는 누군가가 있음을 느껴야 합니다."

내 보조원은 걱정거리를 털어놓는 것이 한 여성에게 얼마나 큰 위안이 되었는지를 목격했다. 그녀는 가정사에 대한 걱정이 있었는데, 처음 말문을 열 때는 마치 금방 튀어 오를 듯한 용수철 같았지만 계속 이야기를 하면서 차츰 차분해지기 시작했다. 상담이 끝날 무렵에는 실제로 그녀가 웃고 있었다. 문제가 해결된 것이었을까? 그렇지 않다. 문제는 그렇게 쉬운 것이 아니었다. 변화를 일으킨 것은 누군가에게 이야기하고, 약간의 조언과 약간의 인간적 동정을 얻었다는 바로 그 사실이었다. 말속에 있는 엄청난 치료의 가치가 실제로 변화를 일으킨 것이다!

정신분석학은 어느 정도 이러한 말의 치유력에 기초하고 있다. 프로이드 시대 이후 정신분석학자들은 환자가 이야기를, 그저 이야기만 할 수 있어도 내면의 근심을 제거할 수 있다는 사실을 알고 있었다. 이런 일은 왜 생기는 것일까? 아마도 우리는 대화를 통해 우리가 가진 문제에 대해 좀 더 나은 통찰력을 갖게 되고, 더 나은 시각을 가질 수 있기 때문일 것이다. 아무도 완전한 해답은 알지 못한다. 그러나 '숨김없이 털어놓아 마음의 짐을 더는 것'이 거의 즉각적으로 위안을 준다는 사실은 모두 다 알고 있다.

그러니 지금부터 우리가 감정적인 문제를 겪게 된다면 그것을 털어놓을 누군가를 찾아보는 것은 어떨까? 물론 눈에 보이는 모든 사람에게 우는소리를 하고 불평하면서 폐를 끼치고 다니라는 말은 아니다. 친척, 의사, 변호사, 목사, 아니면 신부 등 우리가 신뢰할 수 있는 누군가를 정해서 약속을 잡아 보자. 그런 뒤 그 사람에게 이렇게 말해 보자. "당신의 조언을 듣고 싶습니다. 제게 문제가 있는데 제 말을 잘 들어주셨으면 좋겠습니다. 당신이라면 제게 조언을 해 주실 수 있을 겁니다. 당신은 이 문제에 대해 제가 볼 수 없는 시각에서 보실 수 있으니까요. 만약 조언을 해 주실 수 없다면 제가 말하는 동안 그냥 앉아서 들어주시는 것만으로도 제게 엄청난 도움이 될 것입니다."

그러나 만약 당신 주변에 털어놓을 상대가 정말 없다고 느껴진다면 '생명의 전화'를 추천하고자 한다. 이 단체는 보스턴 진료소와는 아무런 관련이 없다. 세상에서 가장 독특한 단체 중 하나인 이 단체는 원래 자살 예방을 목적으로 결성되었지만, 시간이 지남에 따라 불행하거나 정서적인 어려움에 처한 사람들을 상담하는 일에까지 활동 범위를 넓혔다. 나는 한동안 '생명의 전화'를 찾는 사람들과 상담해 주는 로라 B. 보넬 양과 얼마 동안 대화를 나눴다. 그녀는 이 책의 독자들이 편지를 보내면 기꺼이 답장을 하겠노라고 내게 말했다. 당신이 뉴욕 5번가 505번지에 있는 '생명의 전화'에 편지를 보낸다면 그 편지와 당신의 고민들은 절대 비밀로 유지된다. 솔직히, 가능하다면 직접 이야기할 수 있는 사람을 찾아가라고 권하고 싶다. 그렇게 해야 더 큰 위안을 얻을 수 있기 때문이다. 그러나 그것이 불가능하다면 이 단체에 편지를 써 보는 것도 괜찮을 것이다.

어떤 문제에 관해 마음껏 이야기하는 것은 당시 보스턴 진료소 강좌에서 가장 중요한 치료요법 중 하나로 사용되었다. 그 수업에서 입수한 몇 가지 아이디어를 소개하겠다. 가정주부로서 당신이 집에서도 할 수 있는 것들이다.

1. '영감을 준' 글들을 모아 둘 공책이나 스크랩북을 마련하라. 그 안에 개인적으로 마음에 들거나 당신의 기운을 북돋아 주는 시, 짤막한 기도문, 또는 인용구를 붙여 놓을 수 있다. 그러면 비가 내려 활력을 잃은 어느 오후 같은 때, 그 책에서 우울함을 없애 줄 방법을 찾을 수 있을지도 모른다. 보스턴 진료소를 찾는 많은 환자들은 수년간 그런 공책들을 간직하고 있다. 그들은 그 공책이 정신적인 '활력소'라고 말한다.

2. 다른 사람들의 단점에 대해 너무 오랫동안 생각하지 마라! 당신 남편에게도 물론 흠이 있을 것이다! 당신 남편이 성자 같았다면 당신과 결혼하지도 않았을 것이다. 그렇지 않은가? 점점 잔소리가 심해지고 사나운 얼굴이 되어 가던 한 여성은 이 질문 하나에 바로 마음을 고쳤다. "당신의 남편이 죽는다면 어떻게 하시겠습니까?" 그 생각에 큰 충격을 받은 그녀는 즉시 자리에 앉아 남편의 장점 목록을 작성했다. 그러자 상당히 많은 장점을 적을 수 있었다. 나중에 당신이 구두쇠 같은 폭군과 결혼했다는 생각이 들 때 이 여성이 한 것처럼 해 보면 어떨까? 남편의 장점을 읽고 나면 당신이 만나고 싶어 했던 남자가 바로 당신 남편이라는 사실을 알게 될 것이다!

3. 이웃에게 관심을 가져라! 당신의 집 주변에서 함께 살아가는 사람들에게 호의적이고 건전한 관심을 보여라. 자신이 너무 '배타적'인 성격이라 친구가 없다고 고민하던 한 여성이 있었다. 그녀는 자신이 만나게 되는 사람에 대해 이야기를 꾸며 보라는 말을 들었다. 그녀는 전차에서 자신의 눈앞에 보이는 사람들의 배경과 상황을 짜 맞추기 시작했다. 그 사람들의 삶이 어땠을지 상상해 보려고 노력하면서 말이다. 어느새 그녀는 어디를 가나 사람들에게 말을 걸고 있었고, 요즘 그녀는 자신의 '고통'에서 치유되어 행복하고 빈틈없는 매력적인 사람으로 살고 있다.

4. 오늘 밤 잠자리에 들기 전에 내일 할 일에 대한 일정을 정리하라. 많은 주부들이 끊임없이 되풀이되는 집안일에 시달리고

쫓기는 느낌을 받는다는 사실을 그 강좌에서 발견했다. 주부들의 일이란 끝이 없다. 그들은 항상 시간에 쫓긴다. 이런 쫓기는 느낌과 걱정을 없애기 위해 밤마다 그다음 날의 일정을 정리하라는 제안이 나온 것이다. 어떤 일이 일어났을까? 피로감은 훨씬 줄고 더 많은 일을 할 수 있었고 자부심과 성취감을 느꼈으며, 시간이 남아 쉴 시간은 물론 자신을 '치장할' 시간도 생겼다(모든 여성은 하루 중 자신을 치장하고 예쁘게 꾸밀 시간을 가져야 한다. 어디까지나 내 개인적인 생각이지만, 자신이 예쁘다고 생각하는 여성은 '신경과민'에 걸리는 경우가 거의 없다).

5. 마지막으로 긴장과 피로를 피하라. 휴식! 휴식! 긴장과 피로보다 당신을 늙어 보이게 만드는 것은 없다. 그 어떤 것도 당신의 생기와 용모를 그렇게 지독하게 망가뜨리지 못한다. 내 보조원은 보스턴 사고 제어 강좌에 참석해 그곳의 책임자인 폴 E. 존슨 교수가 하는 강의를 들으며 한 시간 가량 앉아 있었다. 내용은 우리가 이전 장에서 이미 살펴 본 휴식의 원칙을 실제로 적용하는 것이었다. 그리고 휴식에 대한 실습 과정이 10분 정도 지나자 강좌에 참석했던 내 보조원은 의자에 똑바로 앉은 채로 거의 잠이 들고 말았다! 이렇게 몸을 이완시키는 것을 강조하는 이유는 무엇일까? 다른 의사들과 마찬가지로 그 강좌를 진행하는 사람들 역시 누군가로부터 걱정을 없애기 위해서는 우선 온몸의 긴장을 빼야 한다는 사실을 알고 있었기 때문이다.

그렇다. 가정주부인 당신은 휴식을 취해야 한다! 당신에게는 눕고 싶을 때 누울 수 있고, 마룻바닥에도 누울 수 있다는 커다란 이점이 있다. 이상한 일이지만, 어느 정도 딱딱한 바닥이 푹신한 침대보다 누워서 휴식을 취하기에 더 알맞다. 바닥은 침대보다 더 단단하게 받쳐 주므로 척추에도 좋다.

자, 이제 집에서도 할 수 있는 운동 몇 가지를 소개하겠다. 1주일 정도 해 보고 당신의 외모와 마음가짐에 어떤 변화가 있는지 확인해 보기 바란다!

1. 피곤하다고 느낄 때마다 바닥에 엎드린다. 최대한 몸을 쭉 편다. 몸을 돌리고 싶으면 돌려도 좋다. 그렇게 하루에 두 번씩 한다.

2. 눈을 감는다. 존슨 교수가 추천한 것처럼 이런 식으로 말해 보려고 하는 것도 좋다. "머리 위에서는 태양이 빛난다. 하늘은 파랗고 영롱하다. 자연은 평온하게 온 세상을 감싸고 있다. 그리고 나, 자연의 아이인 나는 우주와 함께 노래한다." 이렇게 하는 것이 싫다면 기도를 하라. 기도를 하는 것이 사실은 더 나은 방법이다.

3. 오븐에 고기를 굽고 있다거나 시간이 없어 누울 수 없는 상황이라면 의자에 앉아 있는 것만으로도 거의 비슷한 효과를 볼 수 있다. 딱딱하고 허리를 곧게 세울 수 있는 의자가 휴식을 취하는 데 가장 적합하다. 앉아 있는 이집트 조각상처럼 똑바로 의자에 앉아, 손은 손바닥을 아래로 가게 하여 허벅지 위에 놓

는다.

4. 이제 천천히 발가락에 힘을 줬다가 빼고, 다리 근육에 힘을 줬다가 뺀다. 천천히 이런 식으로 몸 위쪽으로, 목에 이를 때까지 한다. 그다음 머리를 마치 축구공 돌리듯 묵직하게 돌린다. 당신의 근육에 계속해서 말을 건다. "됐어, 이제 그만 긴장 풀어."

5. 천천히, 고른 숨을 쉬면서 신경을 가라앉힌다. 가슴 깊은 곳에서부터 숨을 쉬어라. 인도의 요가 수행자들이 한 말이 맞다. 규칙적인 호흡은 신경을 가라앉히는 최선의 방법 중 하나다.

6. 얼굴의 주름과 찌푸린 얼굴을 생각해 그것들을 매끄럽게 만들어라. 미간과 입꼬리에 느껴지는 걱정 주름을 펴라. 이렇게 하루에 두 번만 하면 마사지를 받으러 피부관리실에 갈 필요가 없을 것이고, 주름은 아마도 완전히 사라질 것이다!

4
피로와 걱정을 막는 데
도움이 되는 네 가지 좋은 업무 습관

· **좋은 업무 습관 1** 당장 처리해야 할 일과 관계없는 문서는 책상에서 치워라

시카고 앤드 노스웨스턴 철도회사의 사장 롤랜드 L. 윌리엄스는 이렇게 말한다. "책상에 여러 가지 일과 관련된 서류를 높이 쌓아 놓은 사람은 당장 처리해야 할 일과 관련된 서류만 남기고 나머지는 치워 버려야 합니다. 그러면 훨씬 쉽고 정확하게 자신의 일을 처리할 수 있다는 것을 알게 될 것입니다. 나는 이것을 '올바른 책상 관리'라고 부르는데 이것이 능률을 높이는 첫걸음입니다."

워싱턴 D. C.에 있는 국회도서관에 가 보면 천장에 적힌 짧은 글귀를 볼 수 있다. 그 글귀는 시인 알렉산더 포프(Alexander Pope)가 지은 것이다. '질서는 하늘의 제1법칙이다.'

사업의 제1법칙도 질서여야 한다. 하지만 현실은 어떤가? 보통 직장인의 책상에는 몇 주 동안 들여다보지도 않은 서류들이 뒤죽

박죽 쌓여 있다. 실제로 뉴올리언스에 있는 한 신문사의 경영자는 비서에게 자신의 책상을 정리하라고 시켰는데, 거기에서 2년 동안 찾지 못했던 타자기가 나왔다는 말을 내게 한 적이 있다!

단순히 회신하지 않은 편지와 보고서, 메모들이 책상 위에 널려 있는 것을 보는 것만으로도 혼란, 긴장, 걱정이 생기기에 충분하다. 이보다 더 나쁜 결과가 생길 수도 있다. '할 일은 많고 시간은 없다' 는 생각이 끊임없이 들기 때문에 긴장감과 피로에 빠질 뿐 아니라 고혈압, 심장질환, 위궤양까지 생기기도 한다.

펜실베이니아 대학 의과대학원 교수 존 H. 스톡스 박사는 미국 의학협회가 주관하는 전국대표자회의에서 '기관 질환의 합병증으로서의 기능성 신경증'이라는 제목의 논문을 발표했다. 논문에서 그는 '환자의 정신 상태에서 확인해야 할 것'이라는 표제로 열한 가지 상황을 열거했는데, 그 목록의 첫 번째 항목은 '꼭 해야 한다는 의무감. 끝없이 펼쳐진 일들'이다.

하지만 책상을 치운다든가 결단을 내린다든가 하는 그런 단순한 행동이 어떻게 해서 앞서 말한 고혈압이나 의무감, '끝없이 펼쳐진 일들'이라는 압박감을 피하는 데 도움이 된다는 것일까? 저명한 정신의학자 윌리엄 L. 새들러 박사는 이 단순한 방법을 이용해서 신경쇠약에 걸리는 것을 피했던 환자에 대해 이야기했다. 그 사람은 시카고에 있는 대기업 임원이었다. 새들러 박사를 찾아왔을 때 그는 긴장하고 신경질적이었으며 걱정이 많은 상태였다. 건강이 나빠지고 있다는 사실을 알고 있었지만 일을 그만둘 수 없었다. 그는 도움이 필요했다.

새들러 박사는 이렇게 말했다. "이 사람이 자신의 이야기를 제게 들려주고 있었는데 전화가 왔습니다. 병원에서 온 전화였죠. 나는 그 일을 다음으로 미루지 않고 그 자리에서 바로 결론을 내렸습니다. 저는 가능하면 항상 바로 그 자리에서 문제를 처리했죠. 전화를 끊기 바쁘게 다시 전화벨이 울렸습니다. 이번에도 긴급한 용건이었기 때문에 통화할 시간이 필요했습니다. 그 남자의 이야기를 세 번째로 방해한 것은 위독한 환자에 대한 조언을 듣기 위해 나를 찾아온 내 동료였습니다. 동료와 대화를 마친 뒤, 기다리게 해서 미안하다는 이야기를 하려고 상담자를 보았습니다. 하지만 그는 이미 밝아져 있었습니다. 표정이 완전히 달라져 있었죠."

"미안해하지 않으셔도 됩니다. 선생님!" 상담자는 새들러에게 말했다. "제게 그간 어떤 문제가 있었는지를 지난 10분 동안 알게 된 것 같습니다. 사무실로 돌아가서 제 업무습관을 살펴봐야겠습니다. 그런데 가기 전에, 혹시 선생님 책상 속을 봐도 괜찮을까요?"

새들러 박사는 책상 서랍을 열었다. 업무에 필요한 용품 말고는 아무것도 없었다. 그 환자는 물었다. "아직 마치지 못한 일들은 어디에 보관하시죠?"

"다 끝냈죠." 새들러가 말했다.

"그러면 회신하지 않은 편지들은 어디에 보관하십니까?"

"회신했죠. 저는 답장하기 전까지는 편지를 내려놓지 않는 규칙을 가지고 있습니다. 편지를 받음과 동시에 비서에게 답장을 받아적게 하지요."

6주 후, 이 대기업 임원은 새들러 박사를 자신의 사무실로 초대했다. 그는 변했다. 그의 책상도 그랬다. 그는 책상 안에 끝내지 못한 일들이 하나도 없다는 것을 보여 주기 위해 서랍을 열었다. 그리고 이렇게 말했다. "6주 전까지 저는 사무실 두 개에 서로 다른 책상 세 개가 있었습니다. 그리고 할 일이 너무 많아 감당할 수가 없었습니다. 일은 끝이 없었죠. 그런데 선생님과 상담한 뒤 이 사무실로 돌아와 보고서들과 오래된 서류들을 정리했더니 한 트럭 분량이 되더군요. 이제 저는 하나의 책상에서 일을 하고, 일이 생기는 즉시 처리하기 때문에 마치지 못한 일들이 산더미처럼 쌓여 끊임없이 괴롭고 긴장하거나 걱정하는 일은 없습니다. 하지만 가장 놀라운 것은 제 건강이 완전히 회복되었다는 것입니다. 제 건강은 이제 아무 문제가 없습니다!"

미연방 대법원장이었던 찰스 에번스 휴즈는 "사람들이 쓰러지는 것은 과도한 노동 때문이 아니라 에너지의 분산과 걱정 때문이다."라고 말했다. 그렇다. 에너지의 분산, 그리고 일을 끝내지 못할 것 같다는 걱정이 원인인 것이다.

• 좋은 업무 습관 2 중요한 순서대로 일하라

전국적 규모의 시티즈서비스 컴퍼니의 창립자 헨리 L. 도허티는 아무리 많은 봉급을 주더라도 거의 찾을 수 없는 두 가지 능력이 있다고 말했다. 값을 매길 수 없을 정도로 귀중한 두 가지 능력 중하나는 생각하는 능력이고, 둘째는 중요도 순서대로 일하는 능력이다.

찰스 럭맨은 아무것도 가진 것 없이 시작해 12년 만에 펩소던트 컴퍼니의 사장이 되었다. 그는 1년에 10만 달러의 급여를 받았고 재산은 100만 달러에 달했다. 그는 자신의 성공이 헨리 L. 도허티가 말했던 바로 그 '돈으로 얻을 수 없는 두 가지 능력' 덕분이라고 단언하며 이렇게 말했다. "제 기억이 닿는 아주 오래전부터 저는 새벽 다섯 시에 일어났습니다. 그때가 가장 아이디어가 잘 떠오르는 시간이기 때문이죠. 그래서 저는 그 시간에 하루 일정을 계획하고, 중요한 순서대로 일할 수 있도록 계획을 세웁니다."

미국에서 가장 성공한 보험 판매원으로 꼽히는 프랭클린 베트거는 일정을 계획하기 위해 다섯 시까지 기다리지 않는다. 그는 전날 밤에 그다음 날의 계획을 세우고, 판매할 보험의 양에 대해 스스로 목표를 세운다. 만일 목표한 만큼 팔지 못하면 남은 것은 그다음 날의 목표에 더해지는 식으로 목표량을 정한다.

오랜 경험을 통해 나는 항상 중요한 순서대로 일을 할 수만은 없다는 사실을 알고 있다. 하지만 중요한 일을 먼저 하도록 계획을 세우는 것이 임시변통으로 일하는 것보다 더할 수 없이 낫다는 사실 또한 안다.

만일 조지 버나드 쇼가 중요한 일을 먼저 한다는 원칙을 엄격히 지키지 않았다면 그는 아마 작가로서 성공하지 못하고 일생을 은행원으로 살았을 것이다. 그는 하루에 다섯 장의 글을 쓴다는 계획을 세웠다. 9년 동안 그가 벌어들인 돈은 다 해 봐야 고작 30달러, 그러니까 거의 하루에 1센트밖에 벌지 않은 셈이지만, 그 계획이 있었기에 그는 9년이라는 고통스러운 시간 동안 매일 다섯 장의 글을 써 나갈 수 있었다. 심지어 소설 속의 로빈슨 크루소도 하루를 시간 단위로 나누어 무엇을 할지 계획을 적어 두었다.

- **좋은 업무 습관 3** 문제가 생겼을 때, 결정하는 데 필요한 사실들을 알고 있다면 그 자리에서 즉시 문제를 해결하라. 결정을 미루지 마라

예전 내 강좌의 수강생이었던 H. P. 하웰은 내게 자신이 U. S. 스틸사의 이사였을 당시의 일을 이야기해 주었다. 그가 참석한 이사회는 자주 일을 미뤘고, 많은 안건들을 논의했지만 미결된 것들이 수북이 쌓여 있었다. 그 결과 이사회 회원들은 검토해야 할 보고서만 잔뜩 안고 집으로 돌아가야만 했다.

결국 하웰은 이사회를 설득해 한 번에 하나의 문제를 다루자고 했다. 그러자 회의시간이 지연되는 일도 없었고 결정이 미뤄지는 일도 없었다. 문제의 해결을 위해서는 추가적인 사실들이 필요할 수도 있고, 어떤 것을 해야 한다거나 하지 말아야 하는 것이 있을 수도 있었다. 하지만 각각의 문제들은 다음 안건으로 넘어가기 전에 결론에 도달했다. 그 결과는 놀랄 만큼 유익했다고 하웰은 말했다. 협의해야 할 사항들을 적어 두는 표도 달력도 깨끗해졌다. 사람들은 더 이상 보고서들을 잔뜩 안고 집으로 돌아가지 않아도 되었고, 해결하지 못한 문제들 때문에 걱정해야 할 이유도 사라졌다.

이것은 U. S. 스틸사 이사회뿐 아니라 당신과 내게도 유익한 규칙이다.

• 좋은 업무 습관 4 조직하고, 위임하며, 관리하는 법을 익혀라

많은 비즈니스맨들은 책임을 다른 사람들에게 위임할 줄 모르고 혼자 모든 것을 해결하려 함으로써 스스로 자기 무덤을 파는 경향이 있다. 그 결과 세세한 일들에 파묻혀 혼란스러워진다. 촉박하다는 느낌과 걱정, 불안감, 긴장감에 사로잡힌다. 책임을 위임하는 법을 익히기란 쉽지 않다. 나도 안다. 그것은 내게도 대단히 어려운 일이었다. 나는 또한 엉뚱한 사람에게 권한을 위임했을 때 끔찍한 일이 발생한다는 사실도 경험을 통해 알고 있다. 하지만 권한을 위임한다는 것이 어렵긴 해도, 책임자라면 걱정, 긴장, 피로감을 피하기 위해 반드시 그렇게 해야 한다.

사업을 크게 세워 놓은 뒤에도 그것을 조직화하고, 위임하며, 관리하는 법을 익히지 못한 사람은 대개 50대나 60대 초반에 심장 질환으로 세상을 뜨는 경우가 적지 않다. 심장 질환은 긴장과 걱정으로 야기되는 것이다. 구체적인 사례를 원하는가? 멀리 갈 것도 없이, 눈에 띄는 일간지 부고란을 살펴보라.

5
피로, 걱정, 화를 유발하는 지루함을 몰아내는 방법

피곤을 느끼는 주 원인 중 하나는 바로 지루함이다. 예를 들어 당신 동네에 사는 평범한 '앨리스'라는 사람의 경우를 살펴보자. 어느 날 밤, 앨리스는 완전히 녹초가 되어 집으로 돌아왔다. 그녀는 피곤해 보였고 실제로도 피곤했다. 머리도 아프고 허리도 아팠다. 너무 지쳐 저녁도 먹지 않고 바로 잠을 자고 싶었지만 어머니의 간청에 못 이겨 식탁에 앉았다. 전화벨이 울렸다. 남자 친구였다! 같이 춤추러 가자고 제안한다! 그녀의 눈이 반짝거렸다. 활력이 솟구쳤다. 방으로 달려가 얇은 앨리스블루 컬러의 치마를 입고 나간 그녀는 새벽 세 시까지 춤을 췄다. 마침내 집으로 돌아온 그녀는 조금도 지친 기색이 없었다. 뿐만 아니라 너무 기분이 좋아진 나머지 잠이 오지 않을 정도였다.

8시간 전에 지쳐 보였던 앨리스는 정말로 피곤했던 것일까? 물론 그랬다. 그녀는 지루한 일, 어쩌면 지루한 삶에 지쳐 있었다. 이런 앨리스는 세상에 수백만 명이 있다. 어쩌면 당신도 그중 하나일 것이다.

일반적으로 격렬한 육체 활동보다 감정의 태도가 훨씬 더 큰 피로를 유발한다는 것은 잘 알려진 사실이다. 몇 년 전, 철학박사 조지프 E. 바맥(Joseph E. Barmack)은 〈심리학논집(Archives of Psychology)〉에 권태가 어떻게 피로를 유발하는지에 관한 보고서를 발표했다. 바맥 박사는 한 집단의 학생들로 하여금 의도적으로 재미없게 만든 일련의 실험에 참여하게 했다. 결과는 어땠을까? 그 학생들은 피로와 졸음을 느꼈고 두통, 눈의 피로를 호소했으며 짜증을 냈다. 심지어 속이 뒤집힌다는 학생들도 있었다. 이런 것들이 모두 '상상' 때문이었을까? 그렇지 않다. 이 학생들의 신진대사를 검사해 보니, 지루함을 느낀 사람은 실제로 혈압과 산소 소비가 감소한다는 것을 알 수 있었다. 그리고 일에 흥미와 만족을 느끼기 시작함과 동시에 몸 전체의 신진대사가 향상되었다.

우리는 재미있고 신나는 일을 할 때 피곤을 잘 느끼지 못한다. 예를 들어 나는 최근에 캐나디언 로키 산맥에 있는 루이스 호수 근처로 휴가를 갔는데, 코랄 크리크 강가에서 송어를 잡으며 며칠을 보냈다. 나는 내 키보다 높이 자란 덤불을 헤치며 나아갔고 통나무에 걸려 넘어졌는가 하면, 쓰러져 있는 고목들을 타고 넘기도 했지만 이런 힘든 일들을 8시간 이상 했음에도 전혀 피곤하지 않았다. 왜 그랬을까? 그 일이 무척 흥미롭고 신났기 때문이다. 송어 여섯 마리를 잡은 나는 큰 성취감을 얻었다. 하지만 낚시에 지루함을 느꼈다면 내 기분이 어땠을까? 해발 2,100미터 높이에서 그렇게 힘든 일을 했으니 지치고도 남았을 것이다.

심지어 등산처럼 그렇게 고단한 활동을 할 때에도, 힘들게 움직여서 생기는 피로감보다는 지루함 때문에 생기는 피로감이 훨씬 크다. 미니애폴리스 농공저축은행의 은행장 S. H. 킹맨 씨는 내게 이 말의 정확한 사례가 될 만한 사건을 이야기해 주었다. 1943년 7월, 캐나다 정부는 캐나다 산악회에 왕실 소속 특수부대원들에게 산악등반 훈련을 시켜 줄 산악가이드를 제공해 달라고 요청했다. 킹맨 씨는 그 군인들을 훈련시키기 위해 뽑힌 산악가이드들 중 한 사람이었다. 그는 내게 자신을 포함해 42세부터 49세까지의 연령층으로 구성된 가이드들이 그 젊은 군인들을 상대로 어떻게 빙하와 설원을 가로지르는 장거리 도보여행을 하고 12미터 높이의 깎아지른 듯한 절벽을 로프와 위태로운 손잡이에 의지해서 올라갔는지 말해 주었다. 그들은 캐나디언 로키산맥 리틀 요호 골짜기에 있는 마이클 봉(峯), 바이스프레지던트 봉, 그리고 이름이 알려지지 않은 그 밖의 여러 봉우리들을 올랐다. 산악등반을 한 지 15시간이 지나자 이 원기왕성한 젊은 군인들(그들은 6주간의 힘든 특공 훈련을 바로 얼마 전에 마친 상태였다.)은 완전히 녹초가 되었다.

특공 훈련으로는 단련되지 않은 근육을 사용했기 때문에 지쳤던 것일까? 특공 훈련을 경험해 본 사람이라면 이런 말도 안 되는 질문에 조소와 야유를 던질 것이다! 그들은 산악훈련이 지겨웠기 때문에 그렇게 지친 것이었다. 그들은 식사를 하기도 전에 잠에 빠져들 정도로 피곤해했다. 그러면 그 군인들보다 두세 배 나이가 많은 산악가이드들도 피곤했을까? 그렇다. 하지만 녹초가 될 정도는 아니었다. 그들은 저녁을 먹고 나서도 잠들지 않고 몇 시간 동안 그날 경험한 일에 대해 얘기를 나눴다. 그들은 흥미가 있었기 때문에 지치지 않은 것이다.

컬럼비아 대학의 에드워드 손다이크 박사는 젊은 사람들을 대상으로 피로에 관한 실험을 실시했다. 그는 실험 대상자들에게 끊임없이 흥밋거리를 제공하여 거의 1주일동안 잠을 잘 수 없게 만들었다. 이런저런 조사를 마치고 손다이크 박사는 이렇게 말했다. "작업 능력을 감소시키는 단 하나의 진정한 원인은 바로 지루함입니다."

만일 당신이 정신노동을 필요로 하는 직업을 가진 사람이라면 업무량 때문에 피곤해지는 경우는 드물다는 것을 알 것이다. 당신이 피곤한 이유는 당신이 하지 않은 업무의 양 때문이다. 예를 들어, 당신이 끊임없이 방해받은 지난주를 생각해 보라. 편지에 답장도 못하고 약속도 깨졌다. 여기저기서 문제가 발생했다. 그날은 되는 일이 하나도 없었다. 아무것도 해 놓은 것이 없는데 녹초가 되어 집에 돌아왔다. 게다가 머리도 깨질 듯 아팠다.

그다음 날은 사무실에서 하는 모든 일들이 잘되었다. 전날에 했던 것보다 40배는 더 많은 일들을 했다. 그런데도 당신은 눈처럼 새하얀 치자나무 꽃처럼 상쾌한 기분으로 집에 돌아왔다. 다들 그런 경험이 있을 것이다. 나도 그렇다.

여기서 배워야 할 교훈은? 바로 이것이다. 우리의 피로는 흔히 일 때문이 아니라 걱정과 좌절, 화 때문에 생긴다. 이 장을 쓰는 도중에 나는 제롬 컨의 코미디 뮤지컬 〈쇼 보트〉를 보러 다녀왔다. 코튼 블라섬 호의 선장인 캡틴 앤디는 철학적인 독백을 하는 중에 이렇게 말한다. "일을 즐기는 이들은 운이 좋은 사람들이다." 그런 사람들은 더 활기차고 행복하게 일하면서 걱정과 피로가 덜하기 때문에 운이 좋다. 흥미가 있는 곳에 활력도 있다. 잔소리가 심한 부인과 열 블록을 걷는 것이 사랑스러운 애인과 10킬로미터를 걷는 것보다 피곤한 일일지도 모른다.

그렇다면 어떻게 해야 할까? 당신이 할 수 있는 일은 뭐가 있을까? 이와 관련해 오클라호마 주 털사에 있는 한 석유회사에서 일하는 어느 속기사가 사용한 방법을 소개하겠다. 그녀는 매달 사나흘 정도를, 정말 생각만 해도 지루하기 짝이 없는 일을 하며 보낸다. 그것은 석유 계약에 관한 양식에 숫자와 통계치를 기입하는 일이다. 너무나 지루한 일이라 그녀는 그 일을 재밌게 만들어 보려고 노력했다. 어떻게 했을까? 그녀는 매일 자기 자신과 시합을 했다. 오전에 기입하는 양식의 수를 세어 두었다가 오후에는 그것보다 더 많이 하려고 노력했다. 그리고 그날 하루 동안의 총 개수를 센 뒤 그다음 날에는 그보다 더 많은 양을 하려고 애썼다. 그 결과는 어땠을까? 얼마 지나지 않아 그녀는 부서 내의 그 어떤 속기사보다 많은 양의 양식을 작성할 수 있었다. 이렇게 함으로써 그녀가 얻은 것은 무엇일까? 칭찬? 감사? 승진? 급여 인상? 모두 아니다. 그녀는 지루함 때문에 생기는 피로를 막을 수 있었다. 그것은 그녀에게 심적인 자극을 주었고, 지루한 일을 흥미롭게 만들기 위해 최선을 다했기 때문에 더 큰 활력과 더 큰 열정이 생겼으며 여가시간에 훨씬 더 큰 행복을 느낄 수 있었다. 이 이야기가 사실이라는 것은 내가 장담할 수 있다. 내가 그녀와 결혼했기 때문이다.

이번에는 일이 재미있는 것처럼 행동하는 것이 이익이 된다는 것을 알게 된 또 다른 속기사에 관한 이야기다. 그녀는 싸우듯이 일하곤 했다. 그 이상도 이하도 아니었다. 그녀의 이름은 벨리 G. 골든이고 일리노이 주 엘머스트 사우스케닐워스 가 473번지에 산다. 그녀가 내게 써서 보낸 이야기는 다음과 같다.

"제가 일하던 사무실에는 속기사가 네 명이었는데, 각각 몇몇 사람들의 편지를 써 주고 있습니다. 가끔은 할당된 편지들에 정신없이 바쁘기도 했지요. 그러던 어느 날 차장님 한 분이 제가 쓴 편지를 다시 써 오라고 요구했고, 저는 그것에 반발했습니다. 다시 쓸 필요 없이 편지를 수정하면 되지 않겠냐고 했더니 그는 편지를 다시 쓰지 않으면 다른 사람을 찾아보겠다고 되받아치는 것이었습니다! 저는 정말 화가 치밀어 올랐어요! 하지만 그 편지를 다시 쓰기 시작하니 불현듯, 기회만 된다면 제가 하는 이 일에 기꺼이 뛰어들 사람들이 아주 많을 것이라는 생각이 떠올랐습니다. 게다가 저는 바로 그 일을 하기 때문에 돈을 받고 있는 것이란 생각도 들었습니다. 저는 기분이 나아졌고, 일을 즐기자고 마음먹었습니다. 비록 그 일이 싫었지만 말이죠. 그러자 중요한 것을 발견하게 되었습니다. 일을 즐기듯이 하면 어느 정도는 정말 즐기게 된다는 것, 그리고 일을 즐기면 더 빨리 할 수 있다는 것을 말입니다. 그래서 요즘엔 늦게까지 일할 필요가 거의 없습니다. 이런 새로운 태도로 인해 훌륭한 직원이라는 평판도 얻었습니다. 그리고 개인 비서가 필요하게 된 부장들 중 한 분이 제게 그 자리를 제의했습니다. 제가 불평 없이 기꺼이 초과근무를 한다는 이유로 말입니다! 마음가짐의 변화가 가진 힘은 제게 있어 엄청나게 중요한 발견이었습니다. 정말 놀라운 효과였죠!"

골든 양에게 기적을 만들어 준 방법은 한스 바이힝거 교수가 제안한 '마치 ~인 것처럼'이라는 행동 방침이다. 그는 우리에게 '마치 행복한 것처럼', '마치 ~한 것처럼' 행동하라고 가르친다.

만일 당신이 자신의 일에 대해 '마치 재미있는 것처럼' 행동한다면 그 작은 행동으로 인해 당신의 일은 실제로 재미있는 것이 될 것이고, 당신의 피로와 긴장, 걱정 역시 감소할 것이다.

몇 년 전 할런 A. 하워드는 자신의 인생을 완전히 뒤바꾸는 결정을 했다. 권태로운 직업을 흥미로운 것으로 만들고자 결심한 것이다. 그의 일은 정말 지루했다. 고등학교 식당에서 다른 아이들이 공놀이를 하거나 여학생들과 노닥거리는 동안 그는 접시를 씻고, 판매대를 닦고 아이스크림을 덜어 주는 일을 했다. 할런 하워드는 자신의 일이 너무도 싫었지만 그 일을 할 수밖에 없었다. 그래서 그는 아이스크림을 연구하기로 마음먹었다. 어떻게 만들어지는지, 무슨 재료가 사용되는지, 왜 어떤 아이스크림은 다른 것들보다 맛있는지를 말이다. 아이스크림과 관련된 화학을 공부한 그는 그 고등학교 화학 수업에서 명인이 되었다. 그러면서 식품화학에 큰 흥미를 갖게 된 그는 매사추세츠 주립대학에 입학해 식품화학을 전공했다. 어느 날 뉴욕 코코아 거래소는 100달러의 상금을 걸고 대학생들을 상대로 코코아와 초콜릿 활용에 관한 논문을 공모했다. 그 상금을 누가 받았을 것이라고 생각하는가? 맞다. 할런 하워드였다.

일자리를 구하기가 어려웠던 그는 매사추세츠 주 앰허스트 노스 플레즌트 가 750번지에 있는 자신의 집 지하실에 개인 연구실을 열었다. 그 일이 있고 얼마 지나지 않아 새 법안이 통과되었다. 우유 안에 들어 있는 박테리아의 수를 확인해야 한다는 법률이었다. 할런 A. 하워드는 곧 앰허스트에 있는 14개 우유회사를 위해 박테리아 수를 확인하는 일을 하게 되었고 두 명의 조수도 고용했다.

지금부터 25년이 지나면 그는 어디에 있을까? 현재 식품화학과 관련된 사업을 운영하는 사람들은 그때쯤이면 은퇴를 했거나 아니면 세상을 떠났을 것이다. 그리고 그들의 자리는 창의와 열정을 내뿜는 젊은이들이 차지하게 될 것이다. 지금부터 25년 후, 할런 A. 하워드가 파는 아이스크림을 사 먹던 같은 반 친구들 중 몇몇은 일자리를 구하지 못해 낙담하며 정부를 욕하고 자신들에게 기회가 없었다며 불평하고 있을 테지만, 할런 하워드는 자신의 직업이 속한 분야를 이끌고 있을지 모른다. 만일 그가 지루한 일을 흥미로운 것으로 만들고자 결심하지 않았다면 그에게도 기회는 없었을 것이다.

예전에 자신의 단조로운 일에 지루함을 느꼈던 또 다른 젊은이가 있었다. 그는 공장에 있는 선반 앞에 서서 볼트 조이는 일을 했다. 그의 이름은 샘이었다. 샘은 일을 그만두고 싶어 했지만 다른 일을 구하지 못할 것이 두려웠다. 이 지루한 일을 할 수밖에 없었던 그는 그것을 재미있는 것으로 만들고자 했다. 그래서 그는 자신의 옆에서 기계를 조작하는 기계공과 시합을 벌였다. 그들 중 한 사람은 기계로 볼트의 거친 표면을 제거하고 다른 사람은 볼트를 적당한 지름으로 깎아 다듬어야 했다. 그들은 때때로 서로의 기계를 바꿔 일한 뒤 누가 더 많은 볼트를 생산해 냈는지 확인했다. 샘의 작업 속도와 정확성에 좋은 인상을 받은 공장 감독은 곧 그에게 더 나은 일거리를 주었다. 이것이 그의 계속된 승진의 출발점이었다. 30년 후 샘, 그러니까 새뮤얼 보클레인은 볼드윈 로코모티브 웍스의 사장이 되었다. 하지만 만일 그가 지루한 일을 재미있는 것으로 만들고자 결심하지 않았다면 아마 평생 기계공으로 남아 있었을 것이다.

유명한 라디오 뉴스 해설가 H. V. 캘튼본은 예전에 내게 자신이 어떻게 지루한 일을 재미있는 것으로 만들었는지를 이야기해 주었다. 그는 스물두 살 때 가축 수송선에서 소들에게 먹이와 물을 주는 일을 하며 대서양을 건넜다. 영국에서 자전거 여행을 하고 파리에 도착한 그는 굶주린 상태였지만 돈이 없었다. 카메라를 담보로 5달러를 손에 넣게 된 그는 〈뉴욕 헤럴드〉지의 파리 판(版)에 구직 광고를 실었고, 그 결과 쌍안 사진경을 팔게 되었다. 당신이 마흔이 넘은 사람이라면 구식 입체경을 기억할 것이다. 그것을 보면 놀라운 일이 일어났다. 입체경에 달린 두 개의 렌즈가 두 장의 사진에 입체 효과를 주어 하나의 장면으로 바뀌 거리감과 놀라운 원근감을 느낄 수 있게 했던 것이다.

앞서 말한 것처럼 캘튼본은 파리에서 집집마다 돌아다니며 이런 기계를 파는 일을 시작했다. 그는 불어를 할 줄 몰랐지만 첫 해에 수수료로 5,000달러를 벌었고 그해 프랑스에서 가장 보수를 많이 받은 영업사원이 되었다. H. V. 캘튼본은 하버드 대학에서 공부했던 그 어떤 해보다도 그때의 경험이 성공에 필요한 자질을 계발하는 데 도움이 되었다고 말했다. 자신감? 그 경험을 하고 난 그는 프랑스 주부들에게 미국연방의회의 의사록도 팔 수 있을 것 같은 생각이 들었다고 말했다.

그 경험 덕분에 그는 프랑스 생활을 상세하게 이해할 수 있었고 이것은 후에 그가 라디오에서 유럽에서 일어나는 사건들을 설명하는 데 매우 소중한 도움이 되었다.

그는 불어를 하지 못했는데도 어떻게 능숙한 영업사원이 될 수 있었을까? 그는 자신의 고용주에게 판매에 필요한 말들을 완벽한 불어로 적어 달라고 한 뒤 그것을 암기했다. 초인종을 눌러 가정주부가 응답하면 캘튼본은 우스꽝스러울 정도로 서툴게 자신이 외운 말들을 반복했다. 그는 주부에게 사진을 보여 주었고 주부가 질문을 하면 그는 어깨를 으쓱하면서 이렇게 말했다. "미국인…… 미국인." 그리고 나서 그는 모자를 벗어 그 안에 붙여 놓은, 완벽한 불어로 적힌 판매 어구 쪽지를 가리켰다. 주부가 웃으면 그도 웃으며 사진들을 보여 주었다. 캘튼본은 내게 이 이야기를 하면서 그 일이 절대 쉽지 않았다고 털어놓았다. 그를 견딜 수 있게 만든 단 하나의 요인은 바로 즐겁게 일하겠다는 그의 결심이었다.

매일 아침 그는 집을 나서기 전에 거울을 보며 스스로에게 활력을 불어넣는 말을 했다. "캘튼본, 먹고살려면 이 일을 꼭 해야 돼. 어차피 해야 하는 일이면 기분 좋게 하는 게 낫지 않겠어? 초인종을 누를 때마다 너는 무대에 선 배우고 너를 바라보는 관객이 있다고 상상해 보는 것이 어떨까? 결국 네가 하는 일은 무대 위에서 하는 일 만큼이나 재미있는 일이야. 그러니 큰 활력과 열정을 쏟아 보는 건 어때?"

캘튼본은 매일 스스로에게 격려의 말을 한 것이 한때 하기 싫고 불안해하던 일을 하고 싶게 만들었을 뿐 아니라 이익도 가져다주는 데 도움이 되었다고 말했다.

내가 캘튼본에게 성공을 갈망하는 미국 젊은이들에게 해 주고 싶은 조언이 있는지를 묻자 그는 이렇게 말했다. "있죠. 아침마다 자기 자신을 북돋는 말을 하세요. 많은 사람은 잠이 덜 깬 상태로 돌아다닙니다. 그 상태에서 깨어나기 위해 육체적 운동이 중요하다는 이야기는 많이들 합니다. 하지만 우리가 행동할 수 있도록 자극하는 어떤 정신적이고 심리적인 운동은 그보다 더욱 많이 필요합니다. 그러니 매일 스스로에게 활력을 불어넣는 말을 해 보세요."

날마다 스스로에게 활력을 불어넣는 말을 하라는 조언이 어리석고 무의미하며 유치하게 들리는가? 아니다. 반대로 그것은 실로 건전한 심리학의 본질이다. '우리의 인생은 우리가 생각하는 대로 만들어진다.' 이 말은 1,800년 전에 마르쿠스 아우렐리우스가 그의 책 《명상록(Meditations)》에서 처음 한 말이지만 그때와 마찬가지로 오늘날에도 적용된다.

우리의 인생은 우리가 생각하는 대로 만들어진다.

매 시간 스스로에게 말을 걸면 용기와 행복의 생각, 힘과 평화의 생각으로 자신을 이끌 수 있다. 당신이 감사해야 할 일들을 스스로에게 말하면, 당신의 마음을 희망과 기쁨의 생각들로 채울 수 있다.

올바른 생각을 하면 어떤 일에 대해서도 싫어하는 마음을 줄일 수 있다. 당신의 사장은 당신이 일에 흥미를 갖길 원한다. 그래야 자신이 더 많은 돈을 벌 수 있기 때문이다. 하지만 사장이 무엇을 원하는지는 생각하지 말고, 일에 흥미를 갖는 것이 우리에게 어떤 도움을 주는지만 생각하자. 그렇게 하면 인생으로부터 얻는 행복이 배로 커진다는 사실을 기억하라. 당신은 깨어 있는 시간의 반 정도를 일하면서 보내기 때문이다. 그러므로 당신의 일에서 행복을 찾지 못한다면 그 어디에서도 찾지 못할 것이다. 당신의 일에 흥미를 가지면 걱정이 사라지고, 그것이 결국 승진과 임금 인상을 가져올 것이라는 사실을 기억하라. 설사 그렇지 않더라도, 그것이 피로를 최소한으로 줄여 여가시간을 즐기는 데 도움을 줄 것이다.

6
불면증에 대한
걱정을 없애는 방법

잠을 잘 이루지 못해 걱정하는가? 그렇다면 평생 단 한 번도 제대로 잠을 자 본 적이 없는 유명한 국제변호사 새뮤얼 운터마이어의 이야기에 흥미를 느낄 것이다.

대학에 다닐 때 그에게는 천식과 불면증이라는 두 가지 걱정거리가 있었다. 둘 다 치료 가망성이 없다고 생각한 그는 차선책을 택하기로 결심했다. 불면증을 활용하기로 한 것이다. 잠을 이루지 못해 걱정하고 몸을 뒤척이면서 건강을 해치는 대신 그는 일어나서 공부를 했다. 결과는? 모든 수업에서 우등생이 되기 시작한 그는 뉴욕 시립대학의 수재들 중 한 명으로 꼽히게 되었다. 변호사 업무를 시작한 후에도 그의 불면증은 계속되었다. 하지만 운터마이어는 걱정하지 않았다. 그는 말했다. "자연이 나를 돌봐 줄 것이다." 실제로 자연은 그를 돌봤다. 수면 시간이 부족했음에도 그의 건강은 유지되었고 그는 뉴욕 법조계에 있는 다른 젊은 변호사들만큼 열심히 일할 수 있었다. 아니, 오히려 더 많은 일을 할 수 있었다. 그들이 자는 동안에도 일을 했기 때문이다!

스물한 살의 나이에 샘 운터마이어는 1년에 7만 5,000달러라는 돈을 벌었다. 그의 방식을 배우기 위해 다른 젊은 변호사들이 법정으로 몰려들었다. 1931년 그는 한 사건을 처리하는 대가로 아마 역사상 가장 높은 금액일 거금 100만 달러의 수임료를 현찰로 받았다. 불면증이 있었던 그는 밤늦게까지 독서를 하고 아침 5시에 일어나 편지를 쓰기 시작했다. 대부분의 사람들이 일을 막 시작할 때쯤이 되면 그의 하루 일과는 거의 반 정도가 마무리되어 있었다. 좀처럼 밤에 깊은 잠을 자 본 적이 없었던 이 사람은 여든 한 살까지 살았다. 하지만 만일 그가 불면증 때문에 괴로워하고 걱정했다면, 그의 인생은 어땠을까?

우리는 인생의 3분의 1을 잠자는 데 소비하지만, 어느 누구도 잠에 대해서는 정확히 알지 못한다. 잠이 습관적인 행위라는 것, 그리고 근심으로 뒤얽힌 소맷자락을 자연스럽게 원상태로 만드는 휴식의 상태라는 것은 알고 있다. 하지만 각자에게 필요한 수면시간이 얼마나 되는지도 모르고 심지어 잠을 자야 하는 것인지조차 모른다.

터무니없는 말 같은가? 제1차 세계대전 당시 폴 컨이라는 헝가리 군인은 뇌의 전두엽에 관통상을 입었다. 그는 부상에서 회복되었지만 이상하게도 잠을 이루지 못했다. 의사들은 온갖 종류의 진정제와 수면제, 심지어 최면술도 써 보았지만 그 어떤 것도 폴 컨을 잠들게 하기는커녕 졸음이 오게 하지도 못했다. 의사들은 그가 오래 살지 못할 거라고 말했다. 하지만 그는 그들을 놀라게 했다. 그에게는 직업이 있었고, 최상의 건강 상태로 누구보다 오래 살았다. 그는 누워서 눈을 감고 휴식을 취했지만 결코 잠들지 않았다. 그의 사례는 잠에 관해 우리가 알고 있는 많은 믿음을 뒤엎은 의학적 불가사의였다.

어떤 사람들은 다른 사람들보다 더 많은 잠을 필요로 한다. 토스카니니(Toscanini)는 하루에 다섯 시간만을 잠자는 데 필요로 했지만 캘빈 쿨리지(Calvin Coolidge)는 그보다 두 배 이상 많은 시간을 필요로 했다. 쿨리지는 24시간 중에서 11시간 동안 잠을 잤다. 바꿔 말하면, 토스카니니가 잠자며 보낸 시간은 대략 인생의 5분의 1 정도인 반면 쿨리지는 거의 인생의 반을 자면서 보낸 것이다.

불면증보다 불면증에 대한 걱정이 당신의 건강을 더 상하게 한다. 예를 들어 내 수강생들 중 한 명인 뉴저지 주 릿지필드파크 오버펙 가 173번지에 사는 아이라 샌드너는 고질적인 불면증으로 인해 거의 자살까지 생각했던 적이 있다. 그녀는 이렇게 말했다.

"저는 정말 제가 미쳐 간다고 생각했어요. 처음에는 지나치게 잠을 잘 자서 탈이었죠. 자명종 시계가 울려도 일어나지 못해 늦은 아침이 되어서야 출근하기 일쑤였거든요. 실제로 제 상급자는 제게 제시간에 출근하라는 경고를 줬습니다. 저도 계속 지각하면 일자리를 잃게 될 것임을 알았죠.

친구들에게 이런 이야기를 했더니 한 친구가 '그럼 자기 전에 자명종 시계에 최대한 집중해 보라'고 하더군요. 그렇게 해서 불면증이 시작된 겁니다. 똑딱거리는 그 지독한 시계소리가 나를 괴롭혔고, 그 소리에 저는 밤새 잠들지 못하고 뒤척였습니다. 아침이 되면 저는 거의 병에 걸린 것 같았습니다. 피로와 걱정 때문에 생긴 병이었죠. 이런 일이 8주 동안 계속되었습니다. 제가 겪은 고통이란 말로 표현할 수 없을 정도였습니다. 저는 정신이 이상해지고 있다고 확신했습니다. 몇 시간씩 거실을 왔다 갔다 할 때도 있었는데 그러다 보면 정말로 창밖으로 뛰어내려 모든 걸 끝내고 싶다는 생각이 들기도 했습니다.

결국 저는 어렸을 때부터 알고 지내던 의사를 찾아갔습니다. 그는 말하더군요. '아이라, 나는 널 도울 수 없어. 아무도 널 도와줄 수 없지. 왜냐면 이건 네가 스스로 야기한 일이니까. 잠을 자려고 노력해 봐. 만약 잠이 오지 않으면 다 잊어버려. 그리고 너 자신에게 말해봐. 잠이 안 와도 괜찮다. 아침까지 깨어 있어도 나는 괜찮다. 그리고 눈을 감고 이렇게 말해 보렴. 그냥 가만히 누워 있는 한 걱정하지 말자. 어쨌든 그렇게 하는 동안에도 쉴 수는 있는 거니까.'

저는 그의 말대로 했고 2주가 지나자 차츰 잠이 오기 시작했습니다. 한 달도 채 안 되어, 저는 여덟 시간을 잤고 제 신경은 정상으로 돌아왔습니다."

아이라 샌드너를 괴롭히던 것은 불면증이 아니라 불면증에 대한 그녀의 걱정이었다.

시카고 대학의 너대니얼 클레이트먼 교수는 현존하는 그 어떤 사람보다도 잠에 대한 연구를 가장 많이 한 사람이다. 잠에 관한 한 세계적인 전문가인 그는 불면증 때문에 죽은 사람은 한 번도 본 적이 없다고 단언한다. 물론 불면증을 걱정하는 사람은 저항력이 저하되어 병원균이 침입할 수도 있지만, 피해를 입히는 것은 걱정이지 불면증 그 자체는 아니다.

그는 또한 불면증을 걱정하는 사람들은 대개 본인들이 실감하는 것보다 훨씬 더 많은 잠을 잔다고 말한다. '어젯밤에 한숨도 못 잤다'고 장담하는 사람도 자신이 얼마나 잤는지를 모른다. 19세기의 가장 깊이 있는 사상가인 허버트 스펜서(Herbert Spencer)가 그 예다. 나이 많은 독신주의자였던 그는 하숙집에 살았는데 그의 모든 주변 사람들이 지겨워할 정도로 끊임없이 불면증을 호소했다. 그는 심지어 귀에 '귀마개'를 끼워 소음을 막고 신경을 진정시켜 보려 했고, 때로는 졸음을 유발하기 위해 아편을 사용하기도 했다. 어느 날 그는 옥스퍼드 대학의 세이스 교수와 함께 호텔에 묵게 되었는데, 다음 날 아침 스펜서는 밤새 한잠도 못 잤다고 말했다. 하지만 실제로 한잠도 못 잔 사람은 세이스 교수였다. 스펜서의 코고는 소리 때문에 잘 수가 없었던 것이다.

숙면을 위한 첫 번째 요건은 바로 안정감이다. 우리 자신보다 월등한 어떤 힘이 아침까지 우리를 보살펴 줄 것이라는 느낌이 있어야 한다. 그레이트 웨스트라이딩 요양원의 토머스 히슬롭 박사는 영국의학협회에서 그 점을 강조하며 이렇게 말했다. "수년간의 관례를 통해 제가 알게 된 가장 좋은 수면 유도법은 바로 기도입니다. 이 말은 순전히 의사로서 하는 말입니다. 습관적으로 기도하는 사람들에게는 기도라는 행위가 마음을 진정시키고 신경을 가라앉히는 가장 적합하고 전형적인 방법이라고 보아야 합니다."

'하나님께 맡기고 내버려 두라.'

지네트 맥도날드는 우울하고 걱정되어 잠을 이루기 어려울 땐 항상 시편 23편을 되풀이해 읽음으로써 '안정감'을 얻는다고 말했다. "여호와는 나의 목자시니 내게 부족함이 없으리로다. 그가 나를 푸른 풀밭에 누이시며 쉴 만한 물가로 인도하시는도다."

하지만 당신이 종교를 가진 사람이 아닌데 역경을 헤쳐 나가야만 하는 상황에 있다면 물리적 수단을 통해 긴장을 푸는 방법을 배워야 한다. 《신경성 긴장으로부터의 해방(Release from Nervous Tension)》이라는 책을 쓴 데이비드 헤럴드 핑크 박사는 그렇게 하기 위한 최선의 방법은 자신의 신체에 말을 거는 것이라고 말한다. 그의 말에 따르면 모든 최면에 있어 가장 중요한 요소는 말이다. 따라서 당신이 계속해서 잠을 이루지 못하는 것은 당신 스스로 불면증에 걸리도록 말하고 있기 때문이다. 여기서 벗어나기 위해서는 자신을 최면에서 깨어나게 해야 한다. 당신은 몸에 있는 근육을 향해 이렇게 말하면서 깨어날 수 있다. "이제 그만, 됐어. 긴장 풀고 편히 쉬어." 근육이 긴장해 있는 동안에는 마음과 신경의 긴장도 누그러지지 않는다는 사실을 우리는 이미 알고 있다. 그러므로 제대로 잠을 자고 싶다면 근육의 긴장부터 풀어야 한다. 핑크 박사는 다리의 긴장을 완화하기 위해 베개를 무릎 아래 놓고, 팔 밑에도 작은 베개를 놓아 팔의 긴장을 풀라고 권한다. 이 방법은 실제로 효과가 있다. 그런 다음 턱, 눈, 팔, 다리에게 쉬라고 말하면 마침내 우리는 어떤 효과를 보았는지 알기도 전에 잠에 빠져들게 된다. 나도 그렇게 해 봐서 잘 알고 있다. 만일 당신의 수면에 문제가 있다면 내가 앞에서 언급한 핑크 박사의 책 《신경성 긴장으로부터의 해방》을 읽어 보기 바란다. 내가 아는 한 이 책은 재미있게 읽을 수 있으면서도 불면증을 치료해 줄 수 있는 유일한 책이다.

불면증을 치료하는 가장 좋은 방법 중 하나는 몸을 피곤하게 만드는 것이다. 정원 가꾸기, 수영, 테니스, 골프, 스키, 아니면 그저 단순하게 육체적으로 힘든 일을 하면 된다. 시어도어 드라이저가 바로 그렇게 했다. 가난한 젊은 작가였을 때 그는 불면증을 걱정했고, 그래서 뉴욕 센트럴 철도회사의 선로 관리원 일을 시작했다. 선로용 대못을 박고 자갈을 퍼 나르며 하루를 보낸 그는 너무 피곤해서 식사를 하기도 전에 잠들고 말았다.

충분히 피곤해지면 자연은 우리가 걷고 있는 동안에도 우리를 잠들게 할 수 있다. 실제로 내가 열세 살 때 아버지는 트럭에 살찐 돼지들을 싣고 미주리 주의 세인트조로 향했다. 두 장의 공짜 열차 표가 있었기 때문에 나를 데리고 간 것이다. 그때까지만 해도 나는 인구 4,000명 이상의 도시를 가 본 적이 없었기에, 6만 명이 사는 도시인 세인트조에 도착했을 때 잔뜩 흥분에 들떠 있었다. 당시 내 눈에 초고층 빌딩으로 느껴졌던 6층짜리 건물을 보았고, 무엇보다 놀라웠던 시내 전차도 보았다. 지금도 눈을 감으면 그때 그 전차의 모습과 소리가 생생하다. 내 생애 가장 감격스럽고 흥분되었던 하루를 보낸 뒤 아버지와 나는 기차를 타고 미주리 주 레이븐우드로 돌아왔다. 새벽 두 시에 도착한 우리는 농장에 있는 집까지 6킬로미터가 넘는 거리를 걸어가야 했다. 이야기의 요점은 지금부터다. 너무도 지친 나는 걸으면서 잠도 자고 꿈도 꾸었다. 가끔은 말을 탈 때도 잠이 들었다.

사람이 너무 지치면 전쟁의 굉음과 공포, 위험 속에서도 잠을 잘 수 있다. 저명한 신경학자 포스터 케네디(Foster Kennedy) 박사는 1918년에 있었던 영국군 제5부대의 퇴각 당시 그가 보았던 군인들에 대해 내게 말해 주었다. 몹시 지쳐 있던 그들은 땅바닥이건 어디건 드러누워 혼수상태처럼 깊은 잠에 빠져들었다. 심지어 그가 손가락으로 군인들의 눈꺼풀을 들어 올렸을 때도 깨어나지 않았는데, 그는 그 군인들의 눈동자가 한결같이 눈의 위쪽을 향해 있다는 사실을 알게 되었다고 말한다. "그때 이후로 잠을 이루는 데 문제가 있을 때면, 저는 눈동자를 위쪽으로 향하게 합니다. 그러면 얼마 지나지 않아 하품이 나고 졸음을 느끼게 됩니다. 그것은 제가 통제할 수 없는 반사적인 작용이었습니다.

잠자기를 거부하는 방식으로 자살을 시도했던 사람은 아직까지 아무도 없었고, 앞으로도 그럴 것이다. 자연은 인간이 아무리 큰 의지력을 발휘해도 그것과 상관없이 잠들게 한다. 자연은 인간이 음식이나 물을 섭취하지 않고 버티는 시간보다 잠을 자지 않고 버틸 수 있는 시간을 훨씬 짧게 만들었다.

자살에 관한 이야기를 하다 보니 헨리 C. 링크 박사가 그의 책 《인간의 재발견(Rediscovery of Men)》에 기술한 사례가 떠오른다. 링크 박사는 심리학협회 부회장을 맡고 있으며 걱정과 우울함에 시달리는 많은 사람과 상담을 했다. 위 저서 중 '두려움과 걱정의 극복'이라는 장에는 자살하고 싶어 하는 어떤 환자에 대한 이야기가 나온다. 링크 박사는 그를 설득하기 위해 입씨름해 봐야 상황만 더 악화될 것을 알고 있었기에, 그 환자에게 이렇게 말했다. "이왕 자살하기로 마음먹었다면 적어도 영웅다운 방식으로 하셨으면 좋겠군요. 쓰러져 죽을 때까지 이 주변을 달려 보시죠."

한 번도 아니고 여러 번 그 방법을 시도했던 그 환자는 매번 그렇게 달릴 때마다 근육은 그렇다손 치더라도, 마음이 점점 좋아지는 것을 느꼈다. 사흘째 밤, 그는 링크 박사가 처음에 의도했던 대로 되었다. 즉, 육체적으로 피곤해진 (그리고 기진맥진한) 그는 마치 통나무처럼 세상모르고 잠을 잤던 것이다. 나중에 그는 운동 모임에 가입했고 대회에도 출전하기 시작했다. 얼마 지나지 않아 그는 영원히 죽지 않고 살고 싶을 정도로 만족스러운 삶을 살게 되었다!

불면증에 대한 걱정을 막아 줄 다섯 가지 규칙은 다음과 같다.

1. 잠을 이룰 수 없다면 새뮤얼 운터마이어가 했던 것처럼, 졸음이 올 때까지 일하거나 책을 읽어라.
2. 수면 부족으로 사망한 사람은 없다는 점을 기억하라. 대개는 불면증에 대한 걱정이 불면증 그 자체보다 훨씬 더 큰 피해를 입힌다.
3. 기도하라. 아니면 지네트 맥도날드처럼 시편 23편을 반복해서 읽어라.
4. 몸의 긴장을 풀어라. 《신경성 긴장으로부터의 해방》이라는 책을 읽어라.
5. 운동하라. 자신의 몸을 피곤하게 만들어 잠들게 하라.

걱정과 피로를 막고 활력과
의욕을 높이는 여섯 가지 방법

1. 지치기 전에 휴식을 취하라.

2. 긴장을 풀고 일하는 법을 익혀라.

3. 가정주부들은 건강과 외모를 지키기 위해 집에서 긴장을 완화시켜라.

4. 다음의 네 가지 좋은 업무 습관을 활용하라.

   1) 당장 처리해야 할 일과 관계없는 문서는 책상에서 치워라.

   2) 중요한 순서대로 일하라.

   3) 문제가 생겼을 때, 결정하는 데 필요한 사실들을 알고 있다면 그 자리에서
   즉시 문제를 해결하라.

   4) 조직하고, 위임하며, 관리하는 법을 익혀라.

5. 걱정과 피로를 막기 위해 열정적으로 일하라.

6. 수면 부족으로 죽은 사람은 한 명도 없음을 기억하라. 불면증 자체보다
   불면증에 대한 걱정이 훨씬 더 나쁜 영향을 미친다.

행복과 성공을
얻을 수 있는 일을
선택하는 방법

인생에서 가장 중요한 두 가지 결정

1
인생에서 가장 중요한 두 가지 결정

(이 장에서는 아직 하고 싶은 일을 찾지 못한 젊은이들에게 이야기의 초점을 맞췄다. 만일 당신이 그런 사람이라면 이 장을 읽는 것은 당신의 남은 인생에 깊은 영향을 끼칠 것이다.)

당신이 아직 열여덟 살이 되지 않은 사람이라면 머지않아 당신의 인생을 완전히 뒤바꿀 두 가지 중대한 결정을 요구받을 날이 올 것이다. 그 결정들은 당신의 행복, 소득, 건강에 광범위한 영향을 끼칠 것이며 당신을 일으킬 수도, 무너뜨릴 수도 있다.

이 두 가지 엄청난 결정은 무엇인가?

첫째, 어떻게 생계를 꾸려 나갈 것인가? 농부가 될 것인가, 집배원, 화학자, 삼림감시원, 속기사, 수의사, 대학교수가 될 것인가, 아니면 노점에서 햄버거를 팔 것인가?

둘째, 누구를 당신 자녀의 아버지, 또는 어머니로 선택할 것인가?

이 두 가지 중대한 결정은 때로 도박과 같다. 해리 에머슨 포스딕은 그의 책 《통찰력》에서 이렇게 말한다. "직업을 선택할 때 모든 젊은이는 도박꾼이다. 직업에 자신의 인생을 걸어야 한다."

어떻게 하면 직업을 선택함에 있어 위험을 줄일 수 있을까? 최선을 다해 이야기해 주겠다. 가장 먼저, 될 수 있으면 당신이 즐길 수 있는 일을 찾아라. 예전에 나는 B. F. 굿리치 타이어 회사의 회장 데이비드 M. 굿리치에게 사업에서 성공하기 위한 가장 중요한 요소가 무엇이라 생각하는지 물어본 적이 있다. 그는 이렇게 답했다. "일이 즐거워야 합니다. 하는 일을 즐기게 되면 오랜 시간 일할 수도 있고 게다가 전혀 일이라고 여겨지지 않을 것입니다. 마치 놀이처럼 생각되겠지요."

이것의 좋은 예가 바로 에디슨이다. 학교 교육을 받지 못했지만 어른이 되어 미국의 산업역사를 바꿔 놓은 신문팔이 소년, 에디슨. 자신의 연구실에서 숙식을 해결하기를 예사로 하며 하루 18시간 동안 일하던 에디슨. 하지만 그 일은 그에게 고생이 아니었다. 그는 이렇게 외쳤다. "저는 평생 동안 일을 해 본 적이 없습니다. 모든 것이 즐거움 그 자체였을 뿐이니까요." 그가 성공한 것은 놀랄 일이 아니다!

나는 예전에 이와 거의 같은 이야기를 찰스 슈워브에게서도 들었다. 그는 말했다. "누구든 무한한 열정을 갖고 있는 일을 한다면 그 사람은 성공할 수 있다."

하지만 하고 싶은 일이 무엇인지 도무지 알 수 없는 상황에서 어떻게 일에 열정을 가질 수 있다는 말인가? 한때 듀퐁 사에서 수천 명의 직원을 채용했으며 현재는 아메리칸 홈 프로덕트 컴퍼니에서 노무관리부 팀장을 맡고 있는 에드나 커 여사는 이렇게 말했다. "제가 알고 있는 가장 큰 비극은 수많은 젊은이들이 자신이 정말로 원하는 일을 찾지 못한다는 것입니다. 자신의 일에서 임금 말고는 아무것도 얻지 못하는 사람만큼 불쌍한 사람도 없습니다." 심지어 대학 졸업자들도 그녀를 찾아와 이렇게 말한다고 그녀는 전했다. "저는 다트머스 대학에서 학사 학위를 받았습니다(혹은 코넬 대학에서 석사 학위를 받았습니다). 제가 할 수 있는 일이 귀사에 있을까요?" 그들은 자신이 무슨 일을 할 수 있는지, 심지어 어떤 일을 하고 싶은지조차 알지 못한다. 의욕과 장밋빛 꿈을 가지고 사회에 발을 내딛었던 수많은 젊은 남녀들이 나이 마흔에 철저한 좌절로, 심지어는 신경쇠약에 걸리는 것으로 끝나는 것이 어찌 보면 당연하지 않을까? 사실 적절한 직업을 찾는 것은 당신의 건강을 위해서도 중요하다. 존스 홉킨스 대학의 레이몬드 펄 박사가 몇몇 보험회사들과 함께 장수를 위한 요소들을 찾는 연구를 진행했을 때, 그는 '적절한 직업'을 상위목록에 올려놓았다. 그는 토머스 칼라일과 더불어 이렇게 말했을지 모른다. "자신의 일을 찾은 사람은 축복받은 사람이다. 다른 축복은 바라지 마라."

최근 나는 소코니-배큐엄 정유회사의 인사 담당자인 폴 W. 보인튼과 저녁시간을 함께 보냈다. 그는 지난 20년 동안 7만 5,000명 이상의 구직자들과 면접을 했고 《취업에 성공하는 여섯 가지 방법》이라는 책도 썼다. 나는 그에게 이렇게 물었다. "요즘에 직업을 찾는 젊은이들이 범하는 가장 큰 실수는 무엇입니까?" 그의 대답은 다음과 같았다. "그들은 자신들이 무슨 일을 하고 싶어 하는지 모릅니다. 자신의 모든 미래가, 미래의 모든 행복과 마음의 평화가 좌우되는 직업을 선택하는 것보다 2~3년 동안 입을 옷 한 벌을 사는 데 더 많은 생각을 한다는 사실에 정말 소름이 끼칩니다!"

그래서 어쩌란 말인가? 어떻게 해야 할까? 당신은 직업상담사라 불리는 새로운 직업을 활용할 수 있지만, 당신이 선택한 상담사의 능력과 성격에 따라 당신에게 도움이 될 수도 있고 손해가 될 수도 있다. 이 새로운 직업은 아직 완벽과 거리가 멀고, 심지어 아직 초기 단계에도 이르지 못했다. 하지만 전망은 아주 밝다. 이 분야를 어떻게 이용할 수 있을까? 당신이 살고 있는 지역 내에 직무적성검사와 직업상담을 받을 수 있는 곳이 어디에 있는지 찾아보라. 미국 내 모든 대도시와 수많은 소도시에서는 이와 같은 서비스를 받을 수 있다. 만일 당신이 퇴역 군인이라면 재향군인 관리국을 통해 지원할 곳을 알아볼 수 있고, 퇴역 군인이 아니라면 공공도서관이나 지방 교육청에서 직업 안내를 받을 수 있다. 수백 곳의 고등학교와 대학에도 직업안내 부서가 있다. 만일 당신이 시골에 살고 있다면 해당 지역의 행정관청 소재지를 관할하는 직업정보 안내서비스 담당자에게 편지를 써 보라. 많은 주들에 이런 종류의 조언을 제공하는 담당자들이 있다. 공공기관뿐만 아니라 YMCA, YWCA, 적십자사, 유대인 문화교육촉진협회, 보이즈 클럽, 키와니스 클럽, 구세군 등과 같은 다수의 전국단위 기구들이 당신의 직업 관련 고민에 도움을 줄 상담사를 두고 있다.

하지만 그들은 제안만 할 수 있다. 결정은 당신이 해야 한다. 이 상담사들이 틀림없을 것이라는 생각은 버려라. 그들 사이에서도 의견이 다를 때가 있고, 그들은 때때로 어처구니없는 실수를 범하기도 한다. 일례로 어떤 직업상담사는 단지 어휘력이 풍부하다는 이유로 내 수강생들 중 한 명에게 작가가 되라고 권했다. 얼마나 우스운 일인가! 그것은 그렇게 간단한 문제가 아니다. 글을 쓴다는 것은 자신의 생각과 감정을 독자에게 전달하는 것이기 때문에 글을 잘 쓰기 위해서는 풍부한 어휘력이 아니라 아이디어, 경험, 확신, 자극이 필요하다. 어휘력이 풍부한 이 소녀에게 작가가 되라고 조언해 주었던 그 직업상담사는 단 한 가지에서는 성공했다. 전에는 행복했던 속기사를 좌절감에 기가 꺾인 소설가 지망생으로 만든 것이 그것이다.

내가 강조하고자 하는 것은 직업안내의 전문가도 당신이나 나처럼 완벽하지 않다는 것이다. 혹시나 직업상담사와 상담하게 된다면 여러 명의 의견을 들어본 뒤 그들의 조언을 상식에 비추어 판단하는 것이 좋다.

어쩌면 당신은 걱정에 관한 책에 이런 장을 포함한 것을 이상하게 생각할지 모르겠다. 하지만 우리가 싫어하는 일 때문에 얼마나 많은 걱정과 후회, 좌절이 생겨나는지 알게 된다면 전혀 이상하게 여겨지지 않을 것이다. 당신의 아버지, 아니면 이웃이나 당신의 상사에게 한번 물어보라. 뛰어난 지식인인 존 스튜어트 밀(John Stuart Mill)은 부적합한 일에 종사하는 사람들이 '사회의 가장 큰 손실 가운데 하나'라고 단언했다. 그렇다. 이렇게 자신의 일을 싫어하는 '부적합한 직업을 가진 사람들'은 지구상에서 가장 불행한 사람에 속한다.

어떤 부류의 사람들이 군대에서 '엉망'이 되는지 아는가? 분과 배치를 잘못 받은 사람이다! 내가 말하고 있는 것은 전투에서의 사상자가 아니라 일상 업무에서 엉망이 되는 사람들이다. 현존하는 정신의학자 가운데 가장 뛰어난 인물로 꼽히며 제1차 세계대전 동안 육군의 신경정신과를 담당했던 윌리엄 메닝거(William Menninger) 박사는 이렇게 말한다. "우리는 군대에서 선발과 배치의 중요성, 적절한 임무에 적합한 사람을 임명하는 것의 중요성에 대해 많은 것을 배웠습니다. …… 부여받은 임무의 중요성에 대한 확신은 대단히 중요합니다. 흥미가 없거나, 배치를 잘못되었다고 느끼거나, 인정받지 못한다고 생각되거나, 자신의 재능을 발휘하지 못한다고 느끼는 곳에 배치를 받으면 예외 없이 실제적 혹은 잠재적 정신적 부상이 생긴다는 사실을 발견했습니다."

그렇다. 똑같은 이유로 사회에서도 '엉망'이 될 수 있다. 자신의 일을 싫어하는 사람은 그 일도 '엉망'으로 만들기 마련이다.

그 예로 필 존슨의 경우를 살펴보자. 세탁소를 운영하던 아버지는 아들도 그 일을 하길 바라는 마음에 필에게 그 일을 맡겼다. 그러나 세탁소가 싫었던 필은 빈둥빈둥 게으름을 피우며 해야 할 일만 간신히 하고 있었다. 물론 '자리를 비우는' 날도 많았다. 그의 아버지는 게으르고 패기 없는 아들을 두었다는 생각에 상처를 받아 직원들 얼굴을 보기가 부끄러울 정도였다.

하루는 필 존슨이 아버지에게 자신은 기계공장의 기계공이 되고 싶다고 말했다. 뭐? 기계공이 되어 처음부터 다시 시작하겠다고? 아버지는 충격을 받았지만 필은 자신의 길을 갔다. 그는 기름 범벅

이 된 작업복을 입고 일했다. 세탁소에서 필요로 했던 것보다 훨씬 더 열심히 말이다. 더 긴 시간을 일했지만 휘파람이 절로 나왔다! 그는 공학 공부를 시작했고 엔진에 대해 배웠으며 기계들과 시간을 보냈다. 그리고 1944년 필립 존슨이 세상을 떠났을 때, 그는 보잉 항공사의 사장이었으며 제2차 세계대전이 승리하는 데 크게 기여했던 폭격기인 '공중요새'를 제작하고 있었다. 만일 그가 세탁소에만 들러붙어 있었다면 그와 세탁소는 어떻게 되었겠는가? 특히 그의 아버지가 돌아가신 다음에는? 내 생각에 그는 사업을 말아먹고 엉망이 되어 다시 일어나지 못했을 것 같다.

가족들과 말다툼하게 될 위험은 있겠지만 그래도 나는 젊은이들에게 이렇게 말해 주고 싶다. 가족이 원한다고 해서 억지로 어떤 직업이나 일을 시작하지 마라! 하고 싶지 않은 직업은 시작도 하지 마라! 하지만 부모님의 조언은 신중하게 검토하라. 부모님은 당신보다 두 배는 더 사신 분들이고, 오로지 많은 경험과 오랜 세월을 통해서만 얻을 수 있는 종류의 지혜를 갖고 계시다. 그러나 결국 최종 결정을 내리는 사람은 바로 당신이다. 일을 통해 행복해지거나 불행해지는 사람 역시 바로 당신이다.

이야기는 이 정도로 마치고, 이제 직업 선택과 관련해 몇 가지 경고가 포함된 제안들을 제시하고자 한다.

1. 전문 직업상담사의 선택과 관련한 아래의 다섯 가지 제안들을 주의 깊게 읽어 보기 바란다. 이 제안들을 한 사람은 미국의 뛰어난 직업상담 전문가인 컬럼비아 대학의 해리 덱스터 키슨

교수로, 당신이 충분히 믿어도 좋을 만한 사람이다.

1) 당신의 '직업 적성'을 알려 줄 특별한 방법이 있다고 말하는 사람에게는 가지 말라. 이런 부류의 사람들은 겉만 보고 판단하는 골상학자 아니면 점성술사, 성격분석가, 필적전문가 등이다. 그들이 말하는 그 '방법'은 통하지 않는다.

2) 당신이 선택해야 할 직업을 알려 주는 검사를 해 줄 수 있다고 말하는 사람에게는 가지 말라. 그런 직업상담사는 반드시 피상담자의 신체적, 사회적, 경제적 조건 등을 고려해야 한다는 원칙을 무시하는 사람이다. 직업상담사는 상담받는 사람이 선택 가능한 직업인지를 고려해서 조언해야 한다.

3) 직업에 관한 적절한 정보를 갖고 있으며 그것을 상담 과정에서 활용하는 직업상담사를 찾아보라.

4) 직업안내 상담 서비스를 제대로 받으려면 일반적으로 두 번 이상의 상담이 필요하다.

5) 절대 우편으로 직업상담을 받지 말라.

2. 이미 그 직업을 가진 사람의 수가 넘치도록 많은 직업이나 일은 피하라! 미국에는 2만 개 이상의 직종이 있다. 생각해 보라! 2만 개가 넘는다. 그런데 젊은이들은 이 사실을 알고 있을까? 수정 구슬로 점을 칠 수 있는 힌두교 성자를 고용하지 않는 한 그들은 알 수 없다. 그 결과는? 한 학교에서는 전체 남학생의 3분의 2, 전체 여학생의 5분의 4에 해당하는 학생들이 2만 개의

직종 중 단 다섯 개만을 선택했다. 몇몇 사업과 직업에 사람들이 몰리는 것이 당연하고, 샐러리맨들 사이에서 불안감과 걱정, 불안 노이로제가 만연하는 것도 당연하다! 특히 법조계, 언론, 방송, 영화계처럼 사람들이 몰리는 '인기 직종'에 기를 쓰고 달려드는 것은 조심해야 한다.

3. 생계를 꾸려 나갈 수 있는 가능성이 10분의 1에 불과한 일에는 발을 들이지 마라. 한 예로 생명보험 판매를 살펴보자. 매년 셀 수 없이 많은 사람, 대부분은 아직 직업이 없는 사람들인 이들은 앞으로 무슨 일이 일어날지 미리 생각해 보지도 않고 보험 판매에 뛰어든다. 대략 무슨 일이 일어나는지 필라델피아 주에 있는 부동산신탁 빌딩의 프랭크 L. 베트거의 경우를 살펴보자. 베트거는 20년 동안이나 미국에서 가장 성공한 보험 판매인으로 꼽히는 사람이었다. 그는 생명보험 판매하는 일을 시작한 사람 가운데 90퍼센트가 1년 내에 상심과 실망감에 일을 그만둔다고 단언한다. 남은 10퍼센트의 사람 가운데 한 사람만이 보험의 90퍼센트를 판매하고, 나머지 10퍼센트의 보험은 남은 사람들이 판매한다. 다른 식으로 말해 보겠다. 만일 당신이 보험 판매를 시작한다면 12개월 내에 실패하고 그만둘 가능성이 90퍼센트이고, 그 일로 1년에 1만 달러를 벌 가능성은 고작 1퍼센트라는 뜻이다. 설사 당신이 그 일을 그만두지 않고 계속한다고 해도, 간신히 먹고살 정도의 수준을 넘을 가능성은 10퍼센트에 불과하다.

4. 인생이 걸린 결정을 내리기에 앞서 1주일, 필요하다면 몇 달이라도 들여서 그 직업에 관한 모든 것들을 가능한 한 많이 알아보라! 어떻게? 이미 그 일을 하면서 10년, 20년, 혹은 40년을 보낸 사람들과 만나 이야기해 보는 것이 방법이 된다.

이런 만남은 당신의 미래에 매우 큰 영향을 끼칠 수 있다. 나도 그런 경험이 있기 때문에 잘 안다. 내가 20대 초반일 당시, 나는 두 명의 연장자들에게 직업상의 자문을 구했다. 지금 돌이켜보면 그 두 번의 만남이 내 경력의 전환점이었음을 알 수 있다. 실제로 그 두 번의 만남이 없었다면, 내 인생이 어떻게 되었을지 상상하기조차 어렵다.

이러한 직업상담을 받을 수 있는 만남은 어떻게 만들 수 있을까? 예를 들어 당신이 건축가가 되기 위해 공부하려 한다고 가정해 보자. 당신은 결정을 내리기 전에 당신이 살고 있는 도시, 그리고 인접 도시에 있는 건축과들과 만나 상담을 하며 몇 주의 시간을 보내야 한다. 그들의 이름과 주소는 구인광고가 있는 전화번호부에서 얻을 수 있다. 그들의 사무실에는 미리 약속을 하고 갈 수도 있고 그냥 갈 수도 있다. 미리 약속을 하고 싶다면 다음과 같은 편지를 보내 보기 바란다.

선생님께 작은 부탁이 있어 이렇게 편지를 씁니다. 저는 선생님의 조언을 듣고 싶습니다. 저는 현재 열여덟 살이며 건축가가 되기 위해 공부할 생각을 갖고 있습니다. 결정을 내리기에 앞서 선생님의 조언을 듣고자 합니다.

너무 바빠서 사무실에서 저를 만나기 힘드시다면, 댁에서라도 30분 정도만 시간을 내 주시면 정말 감사하겠습니다.

제가 여쭈어 보고자 하는 질문들은 다음과 같습니다.

1) 인생을 다시 살게 된다면 그때도 다시 건축가가 되시겠습니까?

2) 선생님께서 저를 만나신 후, 제가 건축가로 성공하는 데 필요한 자질을 갖추었는지 판단해 주셨으면 합니다.

3) 건축과 관련한 직업에 인력이 지나치게 많이 몰리고 있습니까?

4) 제가 4년간 건축학을 공부한 후에 직업을 구하는 일이 어렵겠습니까? 처음에는 어떤 종류의 직업을 가지는 것이 좋다고 생각하십니까?

5) 제가 남들과 비슷한 정도의 능력을 가졌다면, 처음 5년 동안 얼마 정도를 벌 수 있습니까?

6) 건축가가 되는 것의 장점과 단점은 무엇입니까?

7) 만일 제가 선생님의 아들이라면, 제게 건축가가 되라고 권하시겠습니까?

만일 당신이 소심한 성격이라 '거물'을 혼자 만나러 가기 망설여진다면, 다음의 두 가지 방법을 사용하면 도움이 될 것이다. 첫째, 또래 친구를 한 명 데리고 가라. 서로에게 의지가 될 것이다. 만일 같이 갈 친구가 없다면 부모님께 함께 가 달라고 요청하라.

둘째, 당신이 조언을 구한다는 것은 그 사람에게 찬사를 보내고 있는 것임을 기억하라. 그는 당신의 요청을 기쁘게 생각할 것이다. 어른들은 젊은이들에게 충고하는 것을 좋아한다. 그 건축가도 아마 당신과의 만남을 즐겁게 받아들일 것이다.

약속을 요청하는 편지를 쓰는 것이 망설여진다면 약속 없이 그 사람의 사무실을 찾아가 '조언을 해 주신다면 정말 고맙겠다'고 이야기하라.

만일 다섯 명의 건축가들을 찾아갔는데 다섯 명 모두가 너무 바빠 당신을 볼 시간이 없다면(그럴 리는 없겠지만), 다섯 명을 더 찾아가 보라. 그들 중 몇 명은 당신을 만나 줄 것이고 값을 매길 수 없는 조언, 시간 낭비와 비탄의 세월로부터 당신을 구할 조언을 해 줄 것이다.

당신은 지금 인생에서 가장 중대하고 가장 큰 영향을 미치는 두 가지 결정을 내리려 한다는 사실을 기억하라. 그러므로 행동으로 옮기기에 앞서 사실을 확인하는 데 시간을 들여라. 그렇지 않으면 평생을 후회 속에서 살 것이다. 혹시 가능하다면, 30분 동안 시간을 내주고 조언을 해 준 데 대한 보답을 하라.

5. 당신에게 적합한 직업이 하나뿐이라는 잘못된 믿음은 버려라! 평범한 사람이라면 다수의 직업에서 성공할 수 있고, 또한 많은 직업에서 실패할 수도 있다. 내 경우를 예로 들어 보자. 만약 내가 아래에 언급할 직업들을 공부하고 준비했더라면 어느 정도 성공도 하고 일도 즐겼을 가능성이 있었을 것 같다. 그 직업들이란 농사, 과수 재배, 과학 영농, 의학, 판매, 광고, 지역 신

문 편집, 교직, 산림 관리 등이다. 반대로 내가 불행해지고 실패했을 것이라 확신하는 직업들도 있다. 경리, 회계, 기술자, 호텔이나 공장 운영, 건축업, 모든 기계 관련업, 그리고 그 밖의 수백 가지 직업이 그런 것들이다.

금전적인 걱정을 줄이는 방법

"우리의 걱정 중 70퍼센트는……."

1

"우리의 걱정 중 70퍼센트는……."

만약 내가 모든 사람의 금전적인 걱정을 해결하는 방법을 알고 있었다면 지금 여기에서 이 책을 쓰고 있지 않고 아마 대통령 바로 옆자리에 앉아 있을 것이다. 하지만 나는 이것 한 가지는 할 수 있다. 이 주제와 관련한 몇몇 권위자들의 말을 인용하고 매우 현실적인 제안을 하며 당신에게 부가적인 안내를 제시할 책들과 소책자들을 얻을 수 있는 장소를 알려주는 것이다.

《레이디스 홈 저널(Lady's Home Journal)》에 따르면 우리가 하는 모든 걱정의 70퍼센트는 돈에 대한 것이다. 여론조사 기관인 갤럽 여론조사의 창립자 조지 갤럽은 '조사에 따르면 모든 사람들은 수입이 10퍼센트만 올라도 더 이상 금전적인 면에서는 걱정하지 않을 것이라 믿는다'는 사실을 발표했다. 이 말이 맞는 경우는 많지만, 그렇지 않은 경우도 놀라울 정도로 많다. 예를 들면, 나는 이 장을 쓰던 도중에 엘시 스테플턴이라는 예산집행 전문가 한 사람과 면담을 가졌다. 이 여성은 수년간 뉴욕에 있는 워너메이커 백화점과 짐벨스 백화점에서 고객들을 상대로 재정 상담을 해 주고 있고, 금전적인 고민으로 힘들어하는 사람들에게 도움을 주기 위해 개인 상담가로도 몇 년간 일한 적이 있다. 연소득이 1,000달러가 채 되지 않는 짐꾼에서부터 1년에 10만 달러 이상을 버는 경영 간부에 이르기까지 수입 규모가 다양한 사람들에게 도움을 주었던 그녀가 내게 해 준 말은 이렇다. "돈을 많이 번다고 해서 금전적 걱정이 해결되는 것은 아닙니다. 실제로 저는 소득이 증가했지만 소비와 골칫거리만 늘어날 뿐 아무것도 성취한 것이 없는 경우를 자주 보았습니다. 대부분의 사람들이 걱정하는 이유는 돈을 충분하지 않아서가 아니라 가지고 있는 돈을 어떻게 써야 할지 모르기 때문입니다." 아마 당신은 마지막 문장을 읽고 코웃음을 쳤을 것이다. 그렇지 않은가? 그렇다면 다시 한 번 코웃음을 치기 전에, 스테이플턴이 '모든 사람이 그렇다'고는 하지 않았음을 기억해 주기 바란다. 그녀는 '대부분의 사람들'이라고 말했지 당신이라고는 말하지 않았다. 그녀가 말하는 사람들은 당신의 형제자매들, 그리고 먼 친척들이다.

많은 독자들이 이렇게 말할지도 모르겠다. "카네기라는 사람한테 내가 받는 봉급으로 한번 살아 보라고 해 봤으면 좋겠네. 그러면 말이 달라질걸." 하지만 내게도 금전적으로 어려웠을 때가 있었다. 나는 미주리 주에 있는 옥수수 밭과 건초 창고에서 하루 10시간 동안 고된 노동을 했다. 당시 내게 바람이 하나 있었다면 그렇게 육체적으로 완전히 녹초가 되어 몸이 쑤시는 고통으로부터 자유로워지는 것이었다. 그런 고된 일을 하면서 내가 받은 돈은 시간당 1달러도 아니고, 50센트도, 심지어 10센트도 아니었다. 나는 시간당 5센트를 받고 하루 10시간을 일했다.

나는 욕실도 없고 수돗물도 나오지 않는 집에서 20년 동안 산다는 것이 어떤 것인지 안다. 영하 25도까지 내려가는 방에서 잠을 잔다는 것이 어떤 것인지도 안다. 차비 5센트를 아끼기 위해 몇 마일씩 걸어 다니는 것이 어떤 것인지, 바닥에 구멍이 난 신발을 신는 것, 엉덩이 부분이 해져서 헝겊으로 기운 바지를 입는 것이 어떤 것인지 나는 안다. 식당에서 가장 싼 음식을 주문하고 바지를 다릴 돈이 없어서 매트리스 밑에 깔고 자는 것이 어떤 것인지 안다.

하지만 그럴 때에도 나는 내가 번 돈 중 단 몇 푼이라도 저축을 했다. 그렇게 하지 않으면 불안했기 때문이다. 이러한 경험의 결과로, 당신이나 나나 빚과 금전적인 걱정을 피하고 싶다면 기업이 하는 것처럼 해야 한다는 것을 깨닫게 되었다. 다름 아닌 돈에 대한 지출 계획을 세우고 그 계획에 따라서 돈을 써야 한다는 것이 그것이다. 하지만 우리 대부분은 그렇게 하지 않는다. 예를 들어 나와 친한 친구이자 이 책을 출판하는 사이먼 앤드 슈스터 출판사의 이사회 회장인 레온 심스킨은 많은 사람들이 자신이 가진 돈에 관해 이상할 정도로 무지하다고 말했다.

그는 자신이 알고 있는 어떤 경리사원에 대해 말했다. 그 사람은 회사에서 일할 때에는 돈에 대해 매우 철저했지만 자신의 개인적인 돈을 취급할 때에는 그와 정반대였다! 이를테면 이런 식이다. 그 사람이 금요일 낮에 보수를 받았다고 가정해 보자. 그러면 그는 시내로 나가서 길을 걷다가 어느 상점에서 마음에 쏙 드는 외투를 보

732

면 그 옷을 산다. 그는 조만간 자신의 월급봉투에서 빠져나가야 하는 집세, 전기세 같은 '고정' 비용에 대해서는 전혀 생각하지 않는다. 당장 수중에 돈이 있으니 괜찮다는 식인 것이다. 하지만 그는 자신이 일하는 회사가 그렇게 분별없이 사업을 경영한다면 결국 파산하게 될 것임을 알고 있다.

우리가 생각해야 할 문제가 바로 이런 것이다. 당신의 돈에 관한 한, 당신은 사업을 하는 것이나 마찬가지다! 그것은 말 그대로 당신의 돈을 갖고 하는 '당신의 사업'이다.

그렇다면 우리의 돈을 관리하기 위한 원칙은 무엇일까? 우리는 어떻게 예산을 편성하고 계획을 세워야 할까? 그것에 관한 열한 가지 원칙을 제시하겠다.

· 원칙 1 사실들을 기록하라

50년 전, 아널드 베넷(Arnold Bennett)이 런던에서 소설을 쓰기 시작했을 때 그는 가난에 쫓기고 있었다. 그는 동전 한 닢을 쓸 때도 기록했다. 돈이 어디로 가는지 궁금해서 그랬을까? 물론 아니다. 그는 중요한 사실을 알고 있었던 것이다. 그는 자신의 그런 생각이 너무 마음에 들어 후에 부자가 되고, 세계적으로 이름을 날리며, 개인 요트를 소유할 정도가 되어서까지도 돈에 대한 기록을 유지했다.

존 D. 록펠러도 장부를 기록했다. 그는 자신의 재정 상태를 완벽하게 파악한 다음에 기도를 하고 잠자리에 들었다.

당신과 나 역시 공책을 마련해서 기록해야 한다. 지금부터 죽을 때까지? 그럴 필요는 없다. 예산에 관한 전문가들은 최소한 처음 한 달간, 가능하다면 석 달 동안 소비한 모든 돈에 대해 정확히 기록하라고 권한다. 이렇게 함으로써 우리는 우리의 돈이 어디로 가는지 정확하게 기록할 수 있고, 그렇기에 예산을 짤 수 있다.

아! 당신은 이미 당신 돈이 어디로 가는지 알고 있다고? 그럴지도 모른다. 만일 그렇다면 당신은 1,000명 중에 한 명 꼴로 나올까 말까 한 보기 드문 사람이다! 스테플턴의 말에 따르면 사람들에게 자신들이 쓴 돈의 사실과 금액들을 말하게 하고 그것을 종이에 받아 적은 다음 그 결과를 보여 주면 이렇게 소리친다고 한다. "내 돈이 이런 식으로 없어진다고요?" 그들은 너무나 믿기 힘들어한다. 당신도 그런가? 그럴지도 모른다.

• 원칙 2 자신의 상황에 맞춰 예산을 짜라

스테플턴은 두 가족이 같은 지역, 비슷한 집에 살고 있으며 자녀들의 수도 같고 수입도 똑같다 하더라도 필요한 생활비는 현저히 다를 수 있다고 말했다. 왜 그럴까? 이유는 사람은 저마다 다르기 때문이다. 그녀는 예산이란 개인의 특성에 따라 맞춤형으로 짜야 한다고 말한다.

예산이라는 개념은 인생에서 모든 기쁨을 억지로 빼앗아 버려야 한다는 것이 아니다. 예산이란 우리에게 물질적인 안정감을 주기 위한 것이고, 대개는 그래야 감정적 안정을 얻고 걱정으로부터 자유로워질 수 있다. 스테플턴은 내게 이렇게 말했다. "예산에 따라 사는 사람들은 더 행복한 사람들입니다."

그렇다면 당신은 어떻게 그 일을 시작할 수 있을까? 먼저, 앞서 말한 것처럼 모든 비용을 목록으로 작성해야 한다. 그다음 조언을 구한다. 당신은 워싱턴 D. C.에 있는 미국 농무부에 이 주제에 관한 자료를 요구하는 편지를 쓸 수도 있다. 밀워키, 클리블랜드, 미니애폴리스, 그리고 대부분의 많은 대도시에서는 몇몇 중견 은행들이 당신의 재정 문제에 대해 기꺼이 상담해 주고 예산을 짜는 데 도움을 줄 전문 상담사들을 두고 있다.

인구 2만 명 이상의 많은 도시에는 당신의 재정 문제에 대해 무료로 조언해 주고 당신의 수입에 맞는 예산을 세우도록 도와줄 가정복지기관들이 있다. 이러한 단체들은 대개 직업별 전화번호부에서 '사회기관' 항목에 실려 있다. 시장 사무실이나 적십자사, 공동기금관리기구에 문의하면 당신이 살고 도시에 위치한 가정복지기관을 알 수 있을 것이다.

내가 스테플턴 씨에게 "만일 당신이 소도시나 농장에 살고 있는데 예산 수립에 대한 개인적인 조언을 얻고 싶으면 어떻게 하시겠습니까?"라고 묻자 그녀는 이렇게 답했다. "저라면 제가 살고 있는 지역에서 가장 가까운 도회지의 큰 신문사에 편지로 예산 수립에 관한 개인적인 안내를 받을 수 있는 곳이 어디인지 물어보는 편지를 보내겠습니다. 그리고 만일 필요하다면 하루가 걸리더라도 찾아가서 조언을 얻겠습니다."

• 원칙 3 현명하게 소비하는 방법을 배워라

이 말은 당신이 가진 돈으로 최대의 가치를 얻는 법을 배우라는 의미다. 큰 단체라면 어디든 오로지 회사를 위해 가장 효과적으로 상품을 사들이는 전문 바이어와 구매 대리인이 있다. 당신의 개인 자산에 대한 관리인이자 경영자인 당신도 그렇게 해야 하지 않겠는가? 그에 필요한 몇 가지 정보를 제공하겠다.

1. 워싱턴 D. C.에 있는 문서관리국에 편지를 써서 구매자와 소비자를 위한 조언이 담겨 있는 정부 간행물을 보내 달라고 요청하라. 이러한 것들은 대부분 명목상의 요금만 지불하고서도 얻을 수 있다.
2. 1년에 50센트만 내면 워싱턴에 있는 농무부에서 발행하는 '소비자 지침서'를 한 달에 한 번씩 우편으로 받아 볼 수 있다.
3. 당신의 돈을 최대한 활용하는 법을 배우는 데 1년에 6달러를 투자할 의향이 있다면 뉴욕 주 세인트마운트버논 워싱턴 가 256번지에 있는 컨슈머 리포츠에서 발간하는 잡지를 구독하라. 이 잡지는 소비자 보고서계의 브리태니커 백과사전에 해당한다. 각 권은 50센트이며 12월에 발간하는 구매 가이드 종합판은 1.75달러다.

• 원칙 4 수입이 늘어난다고 골칫거리도 늘리지 마라

예산과 관련하여 스테플턴 씨에게 들어오는 상담 가운데 그녀를 가장 두렵게 하는 것은 연소득이 5,000달러인 가정이라고 한다. 그 이유를 물었더니 그녀는 이렇게 말했다. "겉보기에는 연소득 5,000달러가 미국 가정 대부분의 목표인 것처럼 보입니다. 그들은 수년간 현명하고 분별 있게 살다가 연소득이 5,000달러까지 높아지면 목표를 '달성했다'고 생각하게 됩니다. 그러면 그들은 소비를 확장하기 시작하죠. '아파트 임대비보다 비싸지 않다'고 하면서 교외에 집을 마련하고, 차도 한 대 사고 새 가구들과 새 옷들을 사들입니다. 그러다 보면 당연히 어느새 적자를 향해 달려가게 됩니다. 실제로 그들은 전보다 덜 행복합니다. 늘어난 소득보다 훨씬 더 많은 돈을 소비해 버렸으니까요."

이것은 자연스러운 현상일 뿐이다. 우리는 모두 인생에서 더 많은 것을 얻고 싶어 한다. 그러나 장기적인 관점에서 보았을 때, 과연 어떤 것이 우리를 더 행복하게 할까? 빡빡한 예산에 맞게 사는 것일까, 아니면 대출상환 고지서를 받고 빚쟁이들이 현관문을 두드리게 하며 사는 것일까?

• 원칙 5 어쩔 수 없이 대출받아야 할 상황에 대비해 신용을 쌓아 놓아라

긴급한 일이 닥쳐서 어쩔 수 없이 대출을 받아야 하는 상황이 되었을 때, 생명보험 증권이나 미국 재무부 발행 채권은 말 그대로 당신 손에 쥐어진 돈이나 마찬가지다. 하지만 보험을 담보로 대출을 받으려면 당신의 보험 증권이 저축성인지 확인해야 한다. 그래야 보험 해약금을 받을 수 있기 때문이다. '정기 보험'이라고 불리는 특정 보험은 일정 기간에 대해서만 보험이 적용되는 것이라 나중에 돌려받는 돈은 생기지 않고, 그래서 이런 보험들은 돈을 빌리려는 당신에게 있어 아무런 소용이 없다. 그러므로 규칙을 한 가지 말하자면, 질문하라! 급하게 돈이 필요할 경우에는 보험을 해약하고 해약금을 받을 수 있는지 보험 계약서에 서명하기 전에 물어보라.

자, 그런데 당신은 가입한 보험이나 채권은 없지만 집, 혹은 자동차, 아니면 그 밖의 다른 담보물은 가지고 있다고 가정해 보자. 그렇다면 돈을 빌리러 어디로 가야 하겠는가? 은행으로 가야 한다! 은행은 그 지역 내에서 좋은 평판을 유지해야 하므로 당신을 공정하게 대할 것이다. 만일 당신이 재정적으로 곤란한 상태에 있다면 은행은 당신과 당신의 문제를 논의하고 계획을 세우며 걱정과 빚에서 벗어날 수 있도록 돕는 일까지 할 것이다. 다시 한 번 강조하지만, 담보물이 있다면 은행으로 가라!

그러나 만에 하나, 담보물도 없고 본인의 이름으로 된 자산이 아무것도 없어서 임금이나 봉급 말고는 담보물로 내놓을 것이 없는 상황이라면 어떻게 해야 할까? 당신의 인생을 소중하게 생각하는 사람이라면 이 말을 명심하라! 허가받지 않은 금융기관에서는 절대로, 절대로 돈을 빌리지 마라! 아직 러셀세이지 재단이 제안한 통일소액대부업법이 통과되지 않은 중서부의 몇몇 주에서는 아직도 무허가 '고리대금업자들'이 활개를 치고 있다. 하지만 이 법을 채택한 32개 주에 있는 허가받은 금융기관들은 일반적으로 신뢰할 수 있다. 대부분은 윤리적이고 정직하며 철저히 규정을 지킨다. 그들은 질병이나 긴급 상황에 직면하여 급히 돈을 조달해야 하는 사람들에게 서비스를 제공한다. 대출 이자율은 은행보다 높지만 은행보다 더 큰 위험을 안고 있고 자금 조달비도 더 높기 때문에 어쩔수 없다. 하지만 만일 당신이 금융기관 영업에 대한 규제가 없는 지역에 살고 있다면 아무데나 찾아가서 거래를 하기 전에 은행으로 가서 직원을 만나 솔직히 상황을 털어놓고 적당한 대출기관을 추천해 달라고 하는 편이 좋다.

만일 그렇게 하지 않으면 당신은 고리대금업자들의 손아귀에 들어갈지 모른다. 특히 소액대부업법의 효력이 미치지 않는 캔자스, 몬태나, 노스다코타, 사우스다코타, 사우스캐롤라이나 주, 그리고 소액대부업법이 있어도 부분적 혹은 전반적으로 효력이 없는 앨라배마, 아칸소, 조지아, 미시시피, 노스캐롤라이나, 테네시, 텍사스, 와이오밍과 같은 주에서 그럴 수 있다. 고리대금업자들은 컬럼비아 특별 지역에서도 활개를 치고 있다. 불법 사채업자들은 대개 은행 이자의 40~50배나 높은 240퍼센트의 이자를 물린다. 부주의한 사람들로부터 매년 1억 달러 이상의 돈을 갈취하는 그들은 당신이 빚을 갚지 못하도록 할 뿐만 아니라 당신을 속여 먹을 방법도 열댓 개는 알고 있다.

• 원칙 6 질병, 화재, 긴급 상황에 대비하여 보험에 들어라

보험은 비교적 적은 금액으로 각종 사고, 재난, 그리고 있음직한 긴급 상황 등에 대비할 수 있는 좋은 방법이다. 그렇다고 욕조에서 미끄러지는 것에서부터 풍진에 걸리는 것까지의 모든 상황들에 대비해 보험을 들라는 것은 아니다. 나는 돈이 들고, 그래서 당신에게 걱정을 끼칠 만한 큰 재난들에 대비하라고 말하는 것이다. 그러면 보험비 이상의 가치를 얻을 수 있다.

예를 들어 작년에 열흘 동안 병원에 입원해야 했던 한 여성이 있는데, 그녀가 퇴원할 때 지불한 병원비는 정확히 8달러였다! 어떻게 그럴 수 있었을까? 그녀는 병원보험에 가입되어 있었기 때문이다.

• 원칙 7 당신의 생명보험금이 부인에게 일시불로 지급되도록 설정하지 마라

당신이 사망한 후에 가족이 보험금을 받도록 하고자 한다면, 제발 부탁이니 보험금이 일시불로 지급되도록 하지 말라.

'벼락부자가 된 미망인'에게는 무슨 일이 일어날까? 그 질문에 대한 대답은 메리언 S. 에벌리 여사에게 들어보자. 뉴욕 시 메디슨가 488번지에 있는 생명보험협회 여성부 부장인 그녀는 미국 각지에서 열리는 여성 모임에 참석해 '생명보험금은 현찰로 받지 말고 연금지급 방식으로 수령하는 것이 현명하다'고 강연한다. 그녀는 2만 달러를 현찰로 받은 한 미망인을 일례로 들어 이야기한다. 그 여성은 그 돈을 아들이 자동차용품 사업을 시작하는 데 필요한 사업자금으로 빌려주었다. 하지만 사업은 실패했고 현재 그 미망인은 가난에 허덕이며 살고 있다. 다른 미망인 하나는 어느 교활한 부동산업자가 '1년 내에 땅값이 두 배로 뛴다'고 설득한 것에 넘어가 보험금의 대부분을 공터를 사는 데 투자했다. 3년 후 그 땅을 매각할 때 그녀는 구입가의 10분의 1밖에 받지 못했다. 또 다른 미망인은 보험금으로 1만 5,000달러를 받은 지 12개월이 지나기도 전에 자신의 자녀들을 부양해 달라고 아동복지협회에 도움을 요청해야만 했다. 이처럼 비극적인 이야기들은 말하자면 끝도 없다.

여자 손에 쥐어진 2만 5,000달러는 보통 7년이 못 간다.

이 말은 〈뉴욕 포스트〉 사의 재정담당자인 실비아 S. 포터가 〈레이디스 홈 저널〉에서 한 말이다.

예전에 〈새터데이 이브닝 포스트〉에 이런 사설이 실렸던 적이 있다. "실무 경험도 없고 은행에 조언을 해 줄 만한 사람도 없는 보통의 미망인들이 맨 처음 다가오는 구변 좋은 세일즈맨의 말에 넘어가 남편의 사망보험금으로 받은 돈을 엉터리 주식에 투자하기 쉽다는 것은 잘 알려진 사실이다. 변호사나 금융전문가라면 누구든지 미망인이나 자녀가 직업적으로 여성들의 돈을 우려먹는 사악한 사기꾼을 믿었다는 이유만으로 한 남자가 평생 희생과 절제를 통해 한두 푼씩 아껴 모은 돈 전부를 한순간에 날려 버린 사례를 수십 개씩은 댈 수 있다."

당신의 부인과 아이들을 보호하고 싶다면 그 누구보다도 현명한 금융가인 J. P. 모건으로부터 비법을 들어 보는 것이 어떤가? 그는 유언을 통해 주요 상속인 열여섯 명에게 유산을 남겼는데, 그중 열두 명은 여성이었다. 그가 이 여성들에게 현금을 남겼을까? 아니다. 그가 남긴 것은 그녀들에게 평생 동안 매달 일정한 수입을 보장해 줄 신탁기금이었다.

• 원칙 8 자녀들이 돈에 대해 책임 있는 태도를 갖도록 가르쳐라

나는 예전에 〈유어 라이프(Your Life)〉지에서 읽었던 어떤 글 하나를 잊을 수 없다. 그 글을 쓴 스텔라 웨스턴 터틀은 자신이 어린 딸에게 어떤 방법으로 돈에 대한 책임감을 갖게 가르치는지 자세히 알려주었다. 그녀는 은행에서 여분의 수표책을 얻어 와 그것을 아홉 살 난 딸에게 주었다. 매주 용돈을 받는 딸은 그 돈을 은행 역할을 하는 엄마에게 '예금'했다. 그리고 엄마는 주중에 5센트든 10센트든 딸이 원할 때마다 그 금액만큼 '수표를 끊게' 하여 잔액을 확인하게 했다. 그 어린 딸은 그렇게 하는 것이 재미있었을 뿐 아니라 그럼으로써 자신의 돈 관리에 대한 실제적인 책임감을 배우기 시작했다. 얼마나 훌륭한 방법인가!

만약 당신에게 고등학생 정도 나이의 아들이나 딸이 있고 이 아이들에게 돈 관리하는 법을 가르쳐 주고 싶다면 다음의 책을 강력히 추천한다. 사실 이 책은 필수 서적이나 다름없다. 책의 제목은 《돈 관리법(Managing Your Money)》이며 워싱턴 D.C. 16번가 1201번지에 있는 전미교육협회에서 소비자 교육 시리즈 중 하나로 발간했다. 이 책은 머리 손질에서부터 콜라에 이르기까지 모든 것을

10대 청소년들의 실생활에 맞춰 다루고 있을 뿐 아니라, 대학을 졸업할 때까지 필요한 예산을 짜는 방법도 담겨 있다. 내게 고등학교 다니는 아들이 있었다면 이 책을 읽어 보게 하고 가족 예산을 짜는 일을 도와 달라고 하고 싶다.

• 원칙 9 가정주부는 주방에서 약간의 부수입을 얻을 수 있다

지출에 대해서 현명하게 예산을 세웠는데도 빚을 지지 않고 살아가기가 쉽지 않다면 당신은 다음 두 가지 가운데 하나를 할 수 있다. 하나는 잔소리하고 초조해하며 불평하는 것이고, 다른 하나는 부업으로 약간의 부수입을 올릴 계획을 짜는 것이다. 어떻게 하냐고? 돈을 벌기 위해 당신은 그저 지금 현재 적절하게 충족되고 있지 않은 필수적인 욕구를 채워 주기만 하면 된다. 뉴욕 주 잭슨하이츠 83번가 37-09번지에 사는 넬리 스피어 부인이 한 일이 바로 그런 것이었다. 1932년, 그녀는 방 세 개짜리 아파트에서 혼자 살게 되었다. 남편은 세상을 떠났고 두 아이들은 결혼을 했다. 어느 날, 가게 음료수 판매대에서 아이스크림을 사던 그녀는 거기서 파이를 판매하는 것을 보게 되었다. 그 파이는 먹으면 기분이 나빠질 것처럼 아주 맛없어 보였다. 그녀는 가게 주인에게 그녀가 집에서 직접 만든 진짜 파이를 살 생각이 있냐고 물어보았고, 가게 주인은 두 개를 주문했다. 스피어 부인은 내게 그 이야기를 들려주면서 이렇게 말했다. "제가 요리를 잘하는 편이기는 했지만 조지아에 살 때는 항상 하녀들이 곁에서 도와주었고, 게다가 저는 한 번도 열두 개

이상의 파이를 구워 본 적이 없었어요. 파이 두 개를 주문받은 저는 이웃집 부인에게 찾아가 애플파이 만드는 법을 물어봤습니다. 그 가게에서 제가 만든 파이를 먹은 손님들은 아주 만족했지요. 하나는 애플파이였고, 하나는 레몬파이였어요. 가게 주인은 다음 날 다섯 개를 주문했습니다. 그러다가 차츰 다른 판매대와 간이식당에서도 주문이 들어오더군요. 2년이 채 되지 않아 저는 한 해에 5,000개의 파이를 굽게 되었습니다. 모든 일은 우리 집의 작은 부엌에서 혼자 했기 때문에 파이에 들어가는 재료비만 빼면 아무런 비용이 들지 않았어요. 그래서 순수익으로 1년에 1,000달러를 벌었답니다."

스피어 부인이 집에서 만든 파이에 대한 수요는 크게 늘었다. 더이상 자신의 부엌에서 일하기가 어려워진 그녀는 가게를 차렸고 두 명의 여직원도 고용하여 파이뿐 아니라 케이크, 식빵, 롤 카스텔라도 만들게 되었다. 전쟁 기간 동안 사람들은 그녀의 수제 빵을 사기 위해 한 시간씩 줄을 서서 기다리기도 했다.

스피어 부인은 이렇게 말했다. "제 평생에 그렇게 행복했던 적이 없습니다. 가게에서 하루에 12시간에서 14시간을 일했지만 하나도 피곤하지 않았어요. 제게 그것은 일이 아니라 살아 있는 모험이었기 때문입니다. 저는 사람들을 행복하게 만들기 위해 제 역할을 다했습니다. 너무 바빠서 외로워하거나 걱정할 틈도 없었죠. 그 일은 어머니와 남편, 그리고 집을 잃고 공허해진 제 삶의 공백을 메워 주었습니다."

내가 스피어 부인에게 인구 1만 명 이상의 도시에 살며 요리에 자신 있는 다른 여성들도 이와 비슷한 방식으로 남는 시간에 돈을 벌 수 있겠느냐고 물었더니 그녀는 이렇게 대답했다. "그럼요. 물론이죠!"

오라 스나이더 여사도 똑같이 말할 것이다. 그녀는 인구 3만 명의 도시인 일리노이 주 메이우드에 살고 있다. 그러나 그녀는 부엌에서 10센트 정도 드는 재료들을 가지고 사업을 시작했다. 병에 걸린 남편을 대신해 그녀는 돈을 벌어야 했다. 하지만 경험과 기술, 자본이 없었기에 무엇을 어떻게 해야 할지 몰랐다. 그저 평범한 가정주부일 뿐이었던 그녀는 부엌 안쪽에서 달걀 흰자와 설탕으로 사탕을 만들었다. 그러고 나서 그 사탕을 그릇에 담아 학교 근처로 가지고 가서 하굣길의 아이들에게 하나에 1센트씩 받고 팔았다. 그녀는 아이들에게 말했다. "내일은 더 많은 돈을 가져오렴. 아줌마가 집에서 만든 사탕을 가지고 매일 이 자리에서 기다리고 있을게." 첫 주 동안 그녀는 4달러 15센트라는 이익뿐만 아니라 삶의 활력도 얻었다. 그녀는 그녀 자신과 아이들 모두를 행복하게 했다. 걱정할 겨를이 없었다.

일리노이 주 메이우드 출신의 이 얌전하고 연약해 보이는 주부는 사업 확장을 결심할 정도로 큰 꿈을 품게 되었다. 그녀는 자신이 만든 사탕을 활기 넘치는 대도시인 시카고에서 팔 수 있도록 도와줄 중개인을 찾았다. 그녀는 길거리에서 땅콩을 팔고 있는 어느 이탈리아인에게 조심스럽게 다가갔다. 그녀의 말을 들은 그는 시큰둥한 반응을 보였다. 그의 손님들이 원하는 것은 땅콩이지 사탕이 아니었기 때문이다. 하지만 그녀가 건네 준 사탕을 맛본 그는 괜찮겠다고 생각했고 그 사탕을 팔기 시작했다. 그렇게 해서 스나이더 여사가 첫날 얻은 이익은 2달러 15센트였다. 4년 후 그녀는 시카고에 자신의 첫 번째 가게를 열었다. 가게의 폭은 겨우 2미터가 조금 넘는 정도였다. 그녀는 밤에 사탕을 만들고 낮에 그것을 팔았다. 집 부엌에서 사탕 만드는 일을 시작한, 한때 소심했던 이 주부는 이제 열일곱 개의 지점을 갖게 되었다. 그중 열다섯 개는 시카고에서도 가장 번화가에 속하는 루프 지역에 있다.

내가 말하고자 하는 요점이 바로 이것이다. 뉴욕 주 잭슨 하이츠에 사는 넬리 스피어, 그리고 일리노이 주 메이우드에 사는 오라 스나이더 부인은 금전 문제에 대해 걱정하는 대신 적극적으로 행동했다. 이들은 간접비, 임대료, 광고비, 직원 월급도 없이 부엌에서 작은 사업을 시작했다. 이런 조건이라면 재정적인 걱정으로 좌절할 여성이 생길 리 만무하다.

주변을 둘러보면 아직도 충족되지 못한 욕구들이 많다는 사실을 알 수 있을 것이다. 예를 들어, 당신이 열심히 연습해서 요리를 잘하게 된다면 당신의 집 주방에서 젊은 여성들을 대상으로 요리 강좌를 열어 돈을 벌 수도 있다. 수강생들은 집집마다 찾아다니며 모으면 된다.

여가시간을 활용해서 돈을 벌 수 있는 방법에 대해서는 이미 많은 책이 나와 있으니 공공도서관에 가서 문의해 보라. 남자든 여자든 기회는 많다. 하지만 주의를 당부하는 말 한마디만 하겠다. 자신이 판매하는 일에 타고난 자질이 있다고 생각되지 않으면 방문판매는 하지 않는 것이 좋다. 대부분의 사람들은 그것을 싫어하고 또 많이들 실패한다.

• 원칙 10 도박은 절대 금물이다

나는 경마나 슬롯머신으로 돈 벌 기대를 하는 사람들을 볼 때마다 놀라지 않을 수 없다. 나는 이런 '도박용 슬롯머신들'을 가지고 생계를 꾸려 나가는 사람을 알고 있는데, 그는 이미 조작된 기계를 이길 수 있다고 생각할 정도로 판단력을 잃은 어리석은 사람들을 업신여길 뿐이다.

나는 미국에서 가장 유명한 출판업자도 알고 있다. 내 수강생이었던 그는 경마에 대해 아무리 많이 알고 있어도 경마로는 돈을 벌수 없었다고 내게 말했다. 그러나 바보 같은 사람들이 경마에 거는 돈은 1년에 60억 달러나 되는 것이 현실이다. 그 돈은 1910년 미국의 국가부채 총액의 무려 여섯 배에 달한다. 이 출판업자는 '정말 원수처럼 싫어하는 사람이 있어서 그를 망하게 하고 싶으면 그를 꼬드겨 경마에 돈을 걸게 만드는 것보다 좋은 방법은 없다'고 말하기도 했다. 내가 그에게 미국 경마 정보지에서 하라는 대로 경마를 하는 사람에게는 무슨 일이 일어나는지 물었더니 그는 이렇게 대답했다. "그런 식으로 돈을 걸면 '몽땅 날릴' 겁니다."

그래도 도박을 하겠다고 마음먹었다면 최소한 현명해져라. 우리가 이기고 질 가능성이 얼마나 되는지 확인해 보자. 어떻게? 오스왈드 자코비(Oswald Jacoby)가 쓴 《확률계산법(How to Figure the Odds)》이라는 책을 읽으면 알 수 있다. 그는 무려 215쪽에 걸쳐 브리지와 포커의 대가이자 최고의 수학자, 통계학 전문가, 그리고 보험계리사이다. 이 책에서 그는 무려 215쪽에 걸쳐 당신이 경마, 룰렛, 주사위 노름, 슬롯머신, 드로 포커, 스터드 포커, 컨트랙트 브리지, 옥션 피노클, 주식투자 등을 할 때 성공할 수 있는 확률을 계산해 놓았다. 이 책에는 그 밖의 다른 여러 가지 활동들에서 나타나는 과학적, 수학적 승산에 대한 내용도 들어 있다. 그렇다고 이 책이 감히 도박으로 돈을 버는 방법을 알려 주려는 것은 아니다. 저자는 딴 속셈을 가지고 책을 쓴 것이 아니라, 단지 대부분의 일반적인 도박에서 당신이 이길 확률을 보여 줄 뿐이다. 만약 당신이 그 확률을 확인하고 나면, 고생해서 번 돈을 경마나 카드, 주사위, 또는 슬롯머신에 거는 불쌍한 노름꾼들을 동정하지 않을 수 없을 것이다. 만약 공공도서관에서 이 책을 찾을 수 없다면 서점을 통해 구입하거나 직접 출판사에 주문할 수 있다. 출판사는 뉴욕 주 가든시티에 있는 더블데이 앤드 컴퍼니이고 책값은 2달러 95센트다. 만일 당신이 주사위 노름이나 포커, 경마에 돈을 걸고 싶은 생각이 들 때 이 책을 본다면 잃게 될 돈을 100배, 아니 어쩌면 1,000배쯤은 줄일 수 있을 것이다.

- **원칙 11 재정 상태를 개선할 수 없다 하더라도 스스로를 용서하고, 바꿀 수 없는 상황을 원망하지 말자**

재정 상태는 개선할 수 없다 하더라도 우리의 마음가짐은 개선할 수는 있다. 다른 사람들 역시 나름대로 금전 문제로 걱정하고 있다는 사실을 기억하자. 어쩌면 우리는 이웃집만큼 잘살지 못해서 고민하는 것인지도 모른다. 하지만 그 이웃집 사람도 다른 집 사람들처럼 잘살지 못하는 문제로 고민하고 있을 것이다. 그리고 그 다른 집 사람도 또 다른 집 사람들처럼 잘살지 못한다고 고민한다.

미국 역사상 가장 유명한 사람들 중에도 재정상의 문제를 안고 있던 이들이 있었다. 링컨과 워싱턴은 둘 다 대통령 취임식 참석을 위한 여비를 마련하기 위해 돈을 빌려야만 했다.

우리가 원하는 것을 모두 소유할 수 없다 하더라도 걱정과 원망으로 삶을 망치지는 말자. 자기 자신에게 너그러워지자. 철학적인 사람이 되자. 에픽테토스의 말에 따르면 철학이란 결국 이런 것이다. "철학의 본질은 자신의 행복이 외부 상황에 좌우되지 않도록 살아가는 것이다." 또한 세네카는 다음과 같이 말했다. "부족하다고 느껴지는 것이 있는 사람은 세상을 가진다 할지라도 비참하다."

그러므로 세상을 소유하고 울타리로 빡빡하게 그 주변을 두른다 해도 우리는 하루에 세 끼밖에 먹지 못하며 한 번에 한 침대에서만 잘 수 있다는 사실을 기억하자. 막노동자도 그렇게는 할 수 있다. 어쩌면 그 사람이 록펠러보다 더 맛있게 음식을 먹고 더 평온하게 잠들지도 모른다.

금전적인 걱정을 줄이기 위해
다음의 열한 가지 규칙을 따르자

1. 사실들을 기록하라.

2. 자신의 상황에 맞춰 예산을 짜라.

3. 현명하게 소비하는 방법을 배워라.

4. 수입이 늘어난다고 골칫거리도 늘리지 마라.

5. 대출받아야 할 상황에 대비해 신용을 쌓아 놓아라.

6. 질병, 화재, 긴급 상황에 대비하여 보험에 들어라.

7. 당신의 생명보험금이 부인에게 일시불로 지급되도록 설정하지 마라.

8. 자녀들이 돈에 대해 책임 있는 태도를 갖도록 가르쳐라.

9. 가정주부는 주방에서 약간의 부수입을 얻을 수 있다.

10. 도박은 절대 금물이다.

11. 재정 상태를 개선할 수 없다 하더라도 스스로를 용서하고, 바꿀 수 없
    는 상황을 원망하지 말자.

성공대화론

Public Speaking
& Influencing Men in Business

용기와 자신감을 기르는 방법

강하고 변치 않는 욕망을 가져라
말하려는 내용을 명확하게 꿰고 있어라
자신감 있게 행동하라
연습하라! 연습하라! 연습하라!

"용기는 남자의 첫 번째 요건이다."

- 대니얼 웹스터(Daniel Webster)

"두려움의 눈으로 미래를 보는 것은 전혀 안전하지 않다."

- E. H. 해리먼(E. H. Harriman)

"절대로 두려움과 상의하지 말라."

- 스톤웰 잭슨(Edward Henry Harriman)의 좌우명

"어떤 일이 가능하다는 전제하에, 그것을 할 수 있다고 스스로를 설득한다면 그 어떤 어려움이 있더라도 당신은 그 일을 해낼 것이다. 하지만 정말 쉬운 일도 해내지 못할 것이라 생각한다면 당신은 두더지가 쌓아 놓은 흙더미를 보고도 엄청나게 큰 태산이라 여길 것이다."

- 에밀리 쿠(Emile Coue)

1
용기와 자신감을
가져라

1912년 이래 내가 진행했던 여러 대중강연 관련 교육과정에 함께한 비즈니스맨들은 18,000명이 넘는다. 나는 그들에게 교육을 받는 목적, 그리고 그 과정을 통해 얻고 싶은 것이 무엇인지 적어 보게 했다. 표현 방식은 다양했지만, 그들의 글에 담긴 주된 요구와 기본적인 바람은 놀랍게도 동일했다. 1,000명이 넘는 그들의 고백은 다음과 같았다.

"많은 사람 앞에서 이야기하려 할 때면 너무 떨리고 두려워서 명확하게 생각하거나 집중할 수가 없고, 뭘 말하려고 했는지조차 잊어버리곤 합니다. 저는 자신감과 안정감, 그리고 재빠르게 생각하는 능력을 원합니다. 사업상의 모임이나 청중 앞에서 제 생각을 논리적으로 정리해서 명확하고 설득력 있게 전달하고 싶습니다."

구체적인 사례를 하나 살펴보자. 몇 년 전 D. W. 겐트 씨는 필라델피아에서 열린 대중강연 교육과정에 참여했다. 그는 첫 수업이 시작되고 얼마 지나지 않아 나를 공장주들이 모이는 점심식사에 초대했다. 중년의 젠트는 자신이 설립한 제조사의 사장이었고, 교회와 지역사회에서도 지도자 역할을 하며 적극적인 삶을 살고 있었다. 점심을 먹던 중 그는 식탁에 기댄 채 이렇게 말했다.

"그간 제게 연설을 해 달라는 요청이 여러 모임에서 몇 번이나 있었는데, 저는 아직 한 번도 그에 응한 적이 없습니다. 연설이란 말만 들으면 불안해지고 머릿속이 온통 하얗게 변해 버리거든요. 그래서 항상 거절을 해 왔는데, 이번에 대학 이사회 의장직을 맡으면서 제가 회의를 진행해야 하는 상황이 되었습니다. 간단한 말이라도 해야 하는데……. 이 늦은 나이에 연설을 배우는 게 가능하다고 생각하십니까?"

"그렇게 생각하느냐고요, 젠트 씨? 더 생각할 것도 없습니다. 당연히 가능하고, 또 해내실 것이라고 확신합니다. 몇 가지 원칙과 교육 내용에만 잘 따른다면 당신도 충분히 할 수 있고말고요."

그는 이 말을 믿고 싶어 했지만, 아무래도 뜬구름을 잡는 소리처럼 들렸던 모양인지 "내게 용기를 주기 위해 하시는 말 같군요."라고 대답했다.

교육과정이 끝난 후 젠트 씨와 나는 한동안 연락하지 못하다가 1912년에야 다시 만나 고급 식당에서 점심식사를 함께했다. 예전과 같은 자리에서 말이다. 나는 우리가 처음 나눴던 대화를 그에게 상기시키며 그때의 내 대답이 너무 낙관적이었는지를 물었다. 그러자 그는 작은 수첩을 주머니에서 꺼내 예약된 강연과 날짜가 적힌 리스트를 내게 보여 주며 이렇게 말했다.

"강연할 수 있는 능력, 강연을 통해 얻는 기쁨, 그리고 내가 지역

사회에 도움이 될 수 있다는 것, 이 모든 것에 저는 매우 만족하고 있습니다."

우리가 다시 만나기 얼마 전, 워싱턴에서는 군비제한을 위한 국제회의가 열렸다. 영국의 총리 로이드 조지(David Lloyd George)가 그 회의에 참석한다는 것을 알게 된 필라델피아 침례교파에서는 조지 총리에게 자신들이 열 대규모 집회에서 연설해 달라고 요청하는 전보를 보냈고, 총리는 자신이 워싱턴을 방문하게 된다면 그 초대에 응하겠다는 답신을 보냈다. 그리고 겐트 씨는 그 도시에 있는 많은 침례교인 중 바로 자신이 영국 수상을 소개하는 대표로 뽑혔다고 내게 말했다.

그는 불과 3년 전에 자신이 대중 앞에서 연설하는 것이 가능하겠냐고 진지하게 물었던 사람이다. 그의 연설 능력이 남들에 비해 유달리 빠르게 발전한 것 같은가? 그렇지 않다. 이와 비슷한 경우는 너무나 많기 때문이다.

구체적인 실례를 하나 더 들어보자. 몇 해 전, 브루클린에 사는 의사 커티스는 플로리다에 있는 자이언츠 팀 훈련장 근처에서 겨울을 보냈다. 열렬한 야구광이었던 그는 자주 자이언츠 팀 선수들의 훈련을 보러 갔고, 시간이 지나면서 그들과 친해져 만찬회에도 초대받았다. 만찬회에서는 사람들이 커피와 땅콩을 즐긴 뒤, 몇몇 저명한 손님들에게 '간단한 연설'을 요청하는 순서가 있었다. 그런데 사회자가 갑작스럽게 그를 가리키며 이렇게 말했다.

"오늘 이 자리에는 의사 선생님 한 분도 함께하고 계십니다. 커티스 박사님에게 야구 선수의 건강에 대한 강연을 들어 보겠습니다."

그는 이야기할 준비가 되어 있었을까? 물론이다. 두말할 필요도 없이 그는 어느 누구보다 잘 준비된 사람이었다. 위생에 대해 연구하며 거의 30년 정도 의료계에 몸담고 있었으니 그런 주제라면 편안히 의자에 앉은 채 옆자리 사람들에게 밤새도록 이야기할 수도 있었다. 하지만 아무리 적은 청중 앞이라도, 또 같은 주제에 대해 말하는 것이라 해도, '일어서서 말하는 것'은 전혀 다른 차원의 문제였다. 평생 연설이라는 것을 해 본 적이 없었던 커티스에게 그러한 상황은 손발이 마비되고 심장이 멎는 듯한 느낌을 주었고, 그의 머릿속에 있던 모든 생각까지 날려 버렸다. 커티스는 어떻게 해야 했을까? 청중들은 손뼉을 치며 그를 바라보고 있었지만 그는 머리를 가로저었다. 그러자 외려 그들은 더 큰 박수갈채를 보냈다.

"닥터 커티스! 연설! 연설!"

함성은 점점 더 커졌다. 곤란한 상황이었다. 그는 자신이 자리에서 일어선다 해도 몇 마디조차 하지 못할 것을 잘 알고 있었다. 자리에서 일어난 커티스는 결국 아무 말도 하지 않은 채 등을 돌리고 조용히 방을 나섰다. 그에게 있어 가장 당황스럽고 굴욕적인 순간이었다.

브루클린으로 돌아온 그가 처음으로 했던 일 중 하나는 YMCA 본부에서 진행하는 대중연설 과정에 등록한 것이었다. 사실 크게 놀랄 일은 아니었다. 커티스는 자신이 얼굴을 붉힌 채 한마디도 하지 못하는 상황을 다시는 만들고 싶지 않았으니 말이다.

그는 착실한 학생이었고 정말 열심히 공부했다. 그는 자신이 멋지게 연설할 수 있기를 간절히 원했기에 철저히 연설을 준비했고, 의지를 갖고 연습했으며 단 한 번도 강의를 빼먹지 않았다. 그리고 그런 태도를 가진 모든 학생이 해낸 것을 그 역시 멋지게 이뤄 냈다. 커티스 자신조차 놀랄 정도의 빠른 속도로 처음에 원했던 목표를 뛰어넘은 것이다.

초반의 몇 개 강의를 들으면서부터 연설에 대한 그의 두려움은 줄어들고 자신감은 점점 쌓이기 시작했다. 2개월이 지나자 커티스는 그룹에서 가장 뛰어난 발표자가 되었고, 얼마 지나지 않아 외부로부터의 강연 요청도 받아들였다. 지금 그는 강연이 주는 기쁨, 그리고 그로 인해 자신에게 집중되는 관심, 새롭게 사귀게 된 친구들을 매우 좋아한다. 커티스의 연설을 들은 뉴욕 시 공화당 유세 본부의 한 인사는 그에게 뉴욕에서의 순회유세 때 공화당 측의 연사가 되어 달라고 요청했다. 커티스가 불과 1년 전, 청중에 대한 공포로 혀가 움직이지 않아 창피와 혼란스러움에 휩싸인 채 공개 만찬회에서 도망쳐 나온 사람이라는 것을 그 정치인이 알면 얼마나 놀라겠는가!

대부분의 사람들은 자신감과 용기, 그리고 사람들 앞에서 연설을 하는 동안 차분하고 명확하게 생각하는 능력을 갖는 것이 어렵다고 생각하지만, 실제로는 그것의 10퍼센트만큼도 어렵지 않다. 그 능력은 신이 극소수의 사람에게만 부여한 선물이 아닌 데다가, 마치 골프 실력처럼 누구라도 충분한 의지만 있다면 자신의 잠재력을 계발할 수 있기 때문이다.

청중 앞에 섰다고 해서 당신이 명료하게 생각하지 못할 이유가 조금이라도 있는가? 물론 없다는 것을 잘 알 것이다. 사실 사람들 앞에 섰을 때에는 더 많은 생각을 해야 한다. 헨리 워드 비처(Henry Ward Beecher)는 "훌륭한 연설가는 청중으로부터 자극과 영감을 받아 자신의 뇌를 더욱 명확하고 날카롭게 움직이게 한다."라고 말한 바 있다. 덧붙여 그는 "바로 그 순간, 당신이 가지고 있는 줄도 미처 몰랐던 생각과 사실, 아이디어가 연기처럼 떠돌아다닌다."라고 말했다. 당신은 손을 뻗어 그 따끈따끈한 것들을 잡아채며 그것을 경험해야 한다. 꾸준히 연습한다면 그것은 아마 무척 좋은 경험이 될 것이다.

어쨌든 이러한 사실은 어느 정도 믿어도 좋다. 훈련과 연습은 청중 앞에 설 때 느끼는 두려움을 사라지게 함과 동시에 자신감과 군센 용기를 줄 것이다. 다른 사람들에게는 그렇다 해도 당신에게만은 그것이 어려울 것이라 생각하지 마라. 심지어 당대 최고의 유명한 연설가가 된 사람들도 처음에는 이 보이지 않는 맹목적인 두려움과 자신의 소심함 때문에 괴로워했다.

역전의 용사 윌리엄 J. 브라이언(William J. Bryan)은 자신이 처음 연설을 할 때 무릎이 덜덜 떨렸음을 인정했는가 하면, 마크 트웨인(Mark Twain) 역시 처음 강단에 섰을 땐 입에 솜이 가득 차 있고 맥박은 우승컵을 향해 달리는 것 같았다고 말했다. 또한 빅스버그를 점령하면서 인류 역사상 가장 강력한 군대를 이끌었던 율리시스 S. 그랜트(Ulysses S. Grant) 장군조차 처음 대중 앞에서 연설을 할 때는 마치 운동실조증 환자처럼 다리가 후들거렸다고 털어놓았다. 당대 프랑스가 배출한 가장 힘 있는 정치 연설가인 장 조레스(Jean Jauregraves) 역시 하원에서 입을 꾹 다물고 앉아 있던 상태로 1년이 지난 후에야 첫 연설을 할 수 있는 용기를 가졌다고 한다.

로이드 조지도 다음과 같이 고백한 적이 있다.

"처음 연설을 했을 때는 무척 괴로웠습니다. 혀가 움직이질 않더군요. 이건 비유가 아니라 글자 그대로의 사실입니다. 정말로 입이 천장에 딱 달라붙어서 한마디도 할 수 없었다니까요."

남북전쟁 때 영국에서 북부군과 노예해방을 옹호하면서 유명해진 존 브라이트(John Bright)는 어느 학교 건물에 모인 지역 주민들 앞에서 처음으로 연설을 했다. 그는 그곳으로 이동하는 도중에도 실패할 것이 두려워 동료에게 자신이 불안해할 때마다 박수를 쳐서 기운을 북돋아 달라고 부탁했다. 아일랜드의 위대한 지도자 찰스 스튜어트 파넬(Charles Stewart Parnell)도 처음 연설을 할 때 무척 당황해했다. 그의 형은 그가 연설 도중 종종 손톱이 살에 박힐 정도로 주먹을 꽉 쥐어 피가 났다고 증언하기도 했다. 영국의 정치가인 벤저민 디즈레일리(Benjamin Disraeli)는 처음 하원의원들을 마주했을 때 차라리 돌진하는 기병대의 선두에 서는 편이 낫겠다는 생각이 들었다고 말했다. 당시 그의 개막 연설은 끔찍한 실패작이었다. 영국의 극작가이자 정치가인 셰리든(Richard B. Sheridan) 역시 그랬다.

사실 영국에서 유명하다는 연설가 중 많은 이들도 처음에는 실력이 형편없었다. 하원에서는 젊은 사람이 첫 연설을 성공적으로 마치면 그것을 불길한 징조로 여기기도 한다. 그러니 용기를 가져라. 나는 많은 연설가의 발전을 지켜봐 왔고, 또 어느 정도 도움을 준 장본인이기에 맨 처음 학생들이 당황하고 긴장한 모습을 보이면 오히려 반가웠다.

비록 20명 남짓의 사람들이 모인 사업상의 회의라고 해도 연설을 할 때는 어느 정도의 책임감, 긴장, 충격 그리고 흥분이 존재할 것이다. 연설가는 언제든지 순수한 혈통의 말처럼 단단히 긴장하고 있어야 한다. 그 유명한 키케로(Marcus T. Cicero)도 지금으로부터 2,000년 전에, 대중연설의 진정한 가치는 바로 '긴장감'에 있다고 하지 않았는가.

연설가들은 이러한 긴장감을 라디오를 통해 이야기할 때도 종종 경험하는데, 이것을 '마이크 공포증'이라고 부른다. 찰리 채플린(Charles Chaplin)은 방송에서 할 모든 말을 미리 적어 놓곤 했다. 이미 1912년에 '무도회장에서 하룻밤을'이라는 보드빌 스케치를 가지고 미국 전역에서 순회공연을 했고, 그 이전에는 영국에서 정식 연극 무대에 서기도 했으니 그는 분명 청중에 익숙한 사람이었다. 하지만 그는 방음벽으로 둘러싸인 방에 들어가 마이크 앞에 서면 마치 폭풍이 휘몰아치는 2월의 대서양을 건너는 느낌이라고 고백했다. 유명한 영화배우이자 감독인 제임스 커크우드(James Kirkwood)도 이와 비슷한 경험을 했다. 그는 강연 무대의 스타였으나, 눈에 보이지 않는 청중에게 강연을 한 뒤 라디오 방송실에서 나와서는 이마에 흐르는 땀을 닦으며 "브로드웨이에서 개막 공연을 하는 것이 이것보다는 쉽겠네요."라고 털어놓았다.

아무리 자주 강연을 하더라도 이야기를 시작하기 전에 이와 같은 자의식을 종종 경험하는 사람들이 있다. 하지만 강연이 시작되면 그것은 금세 사라진다. 심지어 에이브러햄 링컨(Abraham Lincoln)도 연설을 시작할 때는 부끄러움을 느꼈다. 그의 법률사무소 동료인 윌리엄 H. 헌돈(William H. Herndon)은 이렇게 말했다.

"처음에 그는 굉장히 서툴렀습니다. 주변 환경에 자신을 맞추는 일이 무척 힘든 것 같았죠. 자신감도 없고 예민해 보였거든요. 저는 그

시기에 그를 찾아가 종종 위로를 건네기도 했습니다. 연설을 시작할 때, 그의 목소리는 날카롭고 가늘어 듣기에 좋지 않았습니다. 그의 태도, 자세, 그리고 검고 누르스름하고 주름진 얼굴, 자신감 없는 움직임, 그 모든 것은 그에게 불리하게 작용했죠. 하지만 그것은 잠시 뿐이었습니다. 얼마 지나지 않아 그는 침착함과 열정을 되찾았고, 그의 진정한 연설은 그때부터 시작되었습니다."

아마 여러분도 이와 비슷한 경험을 한 적이 있을 것이다.

이 훈련에서 최대의 효과를 거두기 위해, 그리고 그것을 빠르고 신속하게 이끌어 내기 위해서는 다음의 네 가지 사항이 필수적이다.

• 첫째, 강하고 변치 않는 욕망을 가져라

이것은 당신이 생각하는 것보다 훨씬 더 중요한 요소다. 만약 당신을 가르치는 사람이 지금 당신의 정신과 마음을 들여다보고 욕망의 정도를 파악할 수 있다면, 그는 아마 당신의 성취 속도가 얼마나 빠를지도 알아낼 수 있을 것이다. 당신의 욕망이 흐리고 의지가 약하다면 성취 또한 그와 같을 것이다. 하지만 만일 당신이 고양이 뒤를 따라가는 불도그처럼 끈질기게 이 문제를 파고든다면 어떤 것도 당신의 앞날을 막을 수 없다.

그러니 이 연구에 대한 당신의 열정을 불러일으켜라. 그것의 장점들을 열거하라. 당신이 얻을 자신감, 비즈니스 시 좀 더 설득력 있게 말하는 능력이 당신에게 어떤 의미인지 생각해 보라. 그것은 당신의 경제력에 영향을 미칠 수 있다. 아니, 반드시 영향을 미친다. 그것이 당신에게 의미하는 바가 무엇인지에 대해, 또 그것이 가져올 새로운 친구들과 새로운 영향력, 새로운 리더십에 대해 생각해 보라. 그것은 어떠한 활동보다도 더욱 당신의 리더십을 기르는 데 도움이 될 것이다.

미 상원의원이었던 천시 M. 데퓨(Chauncey M. Depew)는 "누구나 익힐 수 있는 능력 중 설득력 있게 말하는 능력만큼 빠르게 출세하고 확실한 명성을 갖게 하는 것은 없다."라고 말한 바 있다. 미국의 자산가 필립 D. 아머(Philip D. Armour)는 수백만 달러의 재산을 축적한 뒤 이렇게 말했다.

"나는 엄청난 자본가보다는 훌륭한 연설가가 되는 편을 택하겠다."

이것은 교육을 받은 사람이면 누구나 바라는 재능이다. 앤드루 카네기(Andrew Carnegie)가 죽은 후, 그의 서류들 중에서 그가 서른셋에 썼던 인생 계획서가 발견되었다. 그의 계획은 당시부터 2년간 사업을 잘 운영해 매년 5만 달러의 수입이 생기게 한 뒤, 서른다섯에 은퇴하여 옥스퍼드 대학에서 철저한 교육을 받으며 '대중연설에 특별한 관심을 기울이는 것'이었다.

이 새로운 힘을 발휘하면서 얻게 될 만족감과 기쁨을 상상해 보라. 나는 이 둥근 지구상의 많은 나라를 여행하며 다양한 경험을 했지만 참되고 오래 지속되며 내적 만족감을 주는, 청중 앞에서 그들이 내 생각을 따라오게끔 말하는 것에 비교될 만큼 근사한 일은 알지 못한다. 그것은 틀림없이 당신에게 강한 힘을 부여하고, 스스로 이룬 성취감에 대해 자부심을 갖게 하며, 당신을 동료보다 앞서게 할 것이다. 그곳에는 마법이, 그리고 결코 잊을 수 없는 짜릿함이 있다. 어떤 연설가는 이렇게 고백했다.

"연설 시작 2분 전에는 연설을 시작하느니 매를 맞는 편이 낫겠다 싶어요. 하지만 연설이 끝나기 2분 전에는 연설을 끝내느니 총을 맞고 싶다는 마음이 듭니다."

어떤 과정에서든 도중에 마음이 약해져 목적 달성에 실패하는 사람들이 있다. 그러니 당신의 욕망을 뜨겁게 불태우면서 이 과정이 당신에게 무엇을 의미하는지 끊임없이 상기하라. 당신은 끝까지 승리하며 모든 과정을 마칠 수 있을 정도의 열정을 준비해야 한다. 친구들에게 당신이 이 과정에 참여하게 되었음을 알려라. 1주일 중 하루는 이 가르침에 관해 읽고 연설을 준비할 시간을 따로 떼어 두라. 간단히 말하자면 최대한 전진하기 쉬운, 그리고 최대한 후퇴하기 어려운 상황을 만들라는 뜻이다.

율리우스 카이사르(Julius Caesar)가 골 지방에서부터 해협을 건너 영국이라는 땅에 도착했을 때, 그는 아군에게 승리에 대한 확신을 심어 주기 위해 매우 명쾌한 방법을 사용했다. 그는 병사들을 도버 해협에 있는 60미터 높이의 흰 절벽에 세우고, 그곳에서 그들이 타고 온 배가 불길에 휩싸이는 것을 바라보게 했다. 적지에 있는 자신들과 대륙을 이어 주는 마지막 끈이 사라지는 광경, 자신들이 후퇴할 수 있는 최후의 수단이 불타는 것을 똑똑히 목격하게 한 것이다. 그것을 본 병사들이 할 수 있는 것은 앞으로 나아가 승리하는 것뿐이었다. 그리고 그들은 정확히 그것을 해냈다. 이것이 바로 영원히 기억되는 카이사르의 정신이다. 청중에 대한 공포에서, 승리하기 위한 이 싸움에서 여러분이 그 정신을 보여 주지 못할 이유가 무엇이겠는가?

• 둘째, 말하려는 내용을 명확하게 꿰고 있어라

만일 연설가가 자신이 무엇을 이야기할지에 대한 계획 없이 청중 앞에 선다면 굉장히 난처할 것이다. 그것은 맹인이 맹인을 안내하는 것과 같기 때문이다. 이 같은 상황에서는 누구나 자신감이 떨어지고, 후회하며 자신의 태만을 부끄러워한다. 시어도어 루스벨트(Theodore Roosevelt)는 자신의 자서전에 다음과 같이 적었다.

> 1881년 가을에 의원으로 선출된 나는 주 의회에서 가장 젊은 의원이었다. 젊고 경험 없는 대부분의 사람들처럼 나도 연설이 상당히 부담스러웠다. 그러던 중 어느 완고한 시골 노인의 충고로 많은 것을 깨닫게 되었다. 그는 무의식적으로 웰링턴 공작의 말을 되풀이했지만, 그 공작 역시 다른 이의 말을 그저 옮겼을 것이다.

> 그 충고는 '당신이 말하려는 것이 확실해지기 전까지는 말하지 말고, 그것이 무엇인지 알았을 때가 되면 말하라.'라는 것이었다. 더불어 그 시골 노인은 루스벨트에게 긴장감을 극복하는 다른 방법에 대해서 이런 말을 덧붙였다.

> 청중 앞에 섰을 때의 두려움을 벗어 버릴 수 있는 무언가를 찾아보면 도움이 될 걸세. 그들에게 뭔가를 보여 주거나, 칠판에 적거나, 지도의 어떤 부분을 가리키거나, 책상을 옮기거나, 창문을 열거나, 책이나 논문을 옮기는 행동 같은 것들 말일세. 목적을 가지고 몸을 움직이는 것은 마음을 편안하게 해 준다네.

사실 연설 중에 그런 행동을 할 만한 구실을 찾기란 쉽지 않다. 하지만 할 수 있다면 처음 몇 번만은 그 충고를 받아들여라. 걸음마를 배운 아이는 더 이상 의자를 잡은 채 걸으려 하지 않게 되니 말이다.

• 셋째, 자신감 있게 행동하라

미국이 배출한 가장 유명한 심리학자 윌리엄 제임스(William James) 교수는 다음과 같이 말한다.

"행동은 감정을 따라오는 것처럼 보이지만 실제로 행동과 감정은 동시에 일어난다. 따라서 의지의 직접적인 통제를 받는 '행동'을 조절하면, 의지의 통제에서 먼 '감정'을 간접적으로 조절할 수 있다. 따라서 즐거운 감정이 사라졌을 때, 다시 즐거워지기 위한 최고의 자발적인 방법은 이미 유쾌한 것처럼 행동하고 이야기하는 것이다. 그러니 용감해지기 위해서는 이미 용감한 것처럼 행동하고 당신의 모든 에너지를 그 목적에 사용하라. 그러면 용감함이 두려움의 자리를 대신할 것이다."

제임스 교수의 충고를 연설 시의 상황에 응용해 보자. 당신이 청중 앞에서 용감해지고 싶다면, 이미 용감한 것처럼 행동하라. 물론 준비가 되어 있지 않다면 그런 행동들도 쓸모없어지겠지만, 당신이 하려는 말이 무엇인지 알고 있다면 용감하게 앞으로 나아가 숨을 깊게 들이쉬어라. 산소 공급량의 증가는 당신의 기분을 좋아지게 하며 용기를 부여한다. 위대한 테너인 장 드 레즈케(Jean de Reszke)는 '자신을 깔고 앉을 수 있을 만큼' 크게 숨을 들이쉬면 긴장감이 사라진다고 말했다.

중앙아프리카 풀라니 부족의 젊은 남자는 성인이 되어 아내를 맞이할 때 채찍질당하는 의식을 거쳐야 한다. 부족의 여인들이 북소리에 맞춰 노래하며 박수를 치면 상반신을 벗은 지원자가 앞으로 걸어나온다. 그리고 무시무시한 채찍을 가진 한 남자가 그에게 다가가 악마처럼 그의 맨몸을 채찍질한다. 채찍 자국이 몸에 남거나 종종 살이 찢겨 피가 흐르기도 한다. 평생 지워지지 않는 상처를 만드는 것이다. 매를 맞는 동안, 부족의 존경을 받는 원로는 희생자의 발아래 쪼그리고 앉아 그가 몸을 움직이는지 혹은 조금이라도 고통스러운 내색을 하지는 않는지 확인한다. 이 시험을 성공적으로 통과하기 위해 매 맞는 지원자는 고통스런 시련을 견딤과 동시에 성스러운 노래까지 불러야 한다.

시대와 지역을 불문하고 사람들은 항상 용기를 찬양해 왔다. 당신의 심장이 아무리 몸속에서 미친 듯이 쿵쾅거리며 뛰고 있어도, 용감하게 걸어 나와 매를 맞는 중앙아프리카의 젊은이처럼 청중 앞에 조용히 서라. 그리고 그 젊은이가 보여 주었듯 지금 처한 상황을 즐기는 것처럼 행동하라.

당신 자신을 최고도로 끌어올리고 청중의 눈은 똑바로 바라보고, 그들을 마치 여러분에게 빚을 지고 있는 사람들인 것처럼 여기며 자신 있게 이야기하기 시작하라. 실제로 그들이 당신에게 빚을 졌고, 지금 당신에게 채무 기한을 연장해 달라고 요청하기 위해 그곳에 모였다고 상상하라. 그런 상상은 당신에게 심리적으로 긍정적인 효과를 미칠 것이다.

코트 단추를 손으로 만지작거리거나 손을 어디에 두어야 할지 몰라 하며 초조함을 드러내지 말라. 만약 초조함을 잊기 위한 움직임이 필요하다면 아무에게도 들키지 않도록 손을 등 뒤로 한 채 손가락을 꼬거나 발가락을 움직여라. 사실 일반적으로 연설가가 가구 뒤에 서는 것은 그리 좋은 것이 아니다. 하지만 탁자나 의자 뒤에 서서 그 가구들을 꽉 붙잡고 서거나 손바닥에 동전을 꼭 쥐고 있으면 어느 정도 용기가 생길 수도 있다.

그렇다면 루스벨트는 어떻게 용기와 자기 신뢰라는 특성을 가지게 되었을까? 애초 그는 천성적으로 모험적이고 용감했던 것일까? 전혀 그렇지 않다. 그는 자서전에서 다음과 같이 털어놓았다.

"어렸을 때 나는 몸이 약하고 여러 가지에 서툴렀으며, 긴장도 많이 하고 자신감 또한 없는 청년이었다. 나는 내 성향을 바꾸기 위해 몸뿐만 아니라 영혼과 정신까지 고통스러울 만큼 고된 훈련을 받아야 했다."

다행히 그는 그 변화를 이끌어 낸 방법에 대해서도 우리에게 말해 주었다.

"어렸을 때 메리엇의 책에서 읽은 인상 깊은 한 구절은 내게 항상 영향을 미쳤다. 대담해질 수 있는 방법에 대해 작은 영국 군함의 선장이 다음과 같이 주인공에게 설명하는 구절이었다. 작전에 참가하면 누구나 겁이 나지만, 그럴 때 그 사람이 해야 하는 것은 마음을 단단히 먹고 겁이 나지 않는 것처럼 행동하는 것이다. 이런 태도를 충분히 오래 지속하다 보면 그것은 정말로 현실이 된다. 즉, 대담한 시늉이 곧 실제로 대담한 성격이 되는 것이다.

내가 선택한 원리는 바로 이것이다. 처음에 나는 회색 곰들, 사나운 말들과 총잡이들에 이르기까지 모든 것이 다 무서웠다. 하지만 무섭지 않은 것처럼 행동하자 두려움은 점차 사라졌다. 대부분의 사람들도 그 원리를 선택한다면 이런 경험을 할 수 있다."

만약 당신이 원한다면 우리의 교육과정에서도 이 경험을 할 수 있다. 프랑스의 뛰어난 전략가였던 포슈(Ferdinand Foch) 사령관은 말했다.

"전쟁에서 최선의 방어는 공격입니다. 그러니 당신의 두려움을 공격하십시오. 기회가 있을 때마다 대담하게 두려움을 직시하고, 그것과 싸우며, 그것을 정복하십시오."

당신을 누군가에게 메시지를 전달하도록 지시받은 웨스턴 유니언사의 배달부라고 상상하라. 사람들은 배달부에게는 아무런 신경도 쓰지 않는다. 그들이 원하는 것은 배달부가 아닌, 전달되는 내용이기 때문이다. 메시지! 중요한 것은 이것이다. 메시지에 집중하고, 메시지에 마음을 담아라. 당신은 당신의 손금을 보듯 그것을 훤히 꿰고 있어야 한다. 메시지를 진심으로 믿어라. 그런 다음 그것에 대해 이야기하려고 결정한 것처럼 말을 시작하라. 그러면 당신은 곧 어떤 상황에서든 주인이 될 수 있고, 틀림없이 당신 자신을 지배하는 주인이 될 것이다.

· 넷째, 연습하라! 연습하라! 연습하라!

여기서 제시하는 이 마지막 사항은 그 무엇보다 중요하다. 지금까지 읽은 내용 모두를 잊어버린다 해도 이것만은 기억해야 한다. 대중연설을 할 때 자신감을 기르는 첫 번째이자 마지막 방법이며 결코 실패하지 않는 방법이기도 한 이것은 다름 아닌, 실제로 연설을 해 보는 것이다. 연습하라. 연습하라. 연습하라. 이것이야말로 '시네 쿠오 논(sine quo non)', 즉 없어서는 안 되는, 반드시 필요한 것이다.

루스벨트는 이렇게 경고했다.

"어떤 초보자든지 처음 나선 사냥에서 사슴을 볼 때 생기는 '사슴열'을 갖게 된다. '사슴열'은 신경이 극도로 흥분되어 있는 상태로, 주저함과는 완전히 다른 것이다. 이것은 많은 대중 앞에서 처음 연설을 하는 사람에게도 나타나는데, 그 영향은 사슴 사냥에 나섰다가 처음으로 사슴을 발견한 사람, 혹은 전투에 처음 참가하는 사람들에게 미치는 영향과 꼭 같다. 그런 사람에게 필요한 것은 용기가 아닌, 신경을 통제하고 냉철한 정신 상태를 갖는 것이다. 이것은 오직 실제 훈련을 통해서만 얻을 수 있다. 각자에게 맞는 자기 극복 훈련을 반복하고 그것에 익숙해지다 보면 자신의 신경을 완벽하게 통제할 수 있게 된다. 이것은 대개 습관의 문제다. 꾸준히 노력하고 의지력을 사용하는 것을 반복해야 하기 때문이다. 만약 어느 정도의 가능성을 가진 사람이라면 이러한 연습을 통해 점점 강해질 수 있다."

끈질기게 노력하라. 주중에 업무로 바빠 제대로 준비하지 못했으니 교육에 참가하지 않겠다는 생각은 버려라. 준비를 했든 못했든 당신은 반드시 참석해야 한다. 교육과정에 참가한 후에는 강사나 같은 반 사람들이 당신에게 주제를 제시하도록 하라.

대중공포증을 없애고 싶은가? 그렇다면 그것의 원인이 무엇인지 살펴보라. 《정신의 형성(The Mind in the Making)》에서 제임스 하비 로빈슨(James Harvey Robinson) 교수는 다음과 같이 말했다.

두려움은 무지와 불확실성에서 생겨난다.

다시 말해 두려움은 자신감 부족의 결과라는 것이다. 그렇다면 그 원인은 무엇인가? 그것은 당신이 실제로 무엇을 할 수 있는지 모르기 때문이다. 그리고 당신이 할 수 있는 것을 모르는 이유는 그와 관련된 경험이 부족하기 때문이다. 만일 당신에게 성공적인 경험이 있다면 두려움은 7월의 따스한 햇살 아래 사라지는 밤이슬처럼 녹아버릴 것이다.

어쨌든 분명한 한 가지 사실은, 누구나 수영을 배우려면 물에 뛰어들어야 한다는 것이다. 당신은 이 책을 충분히 읽었으니 이제 책은 옆으로 치우고 실제 행동으로 옮겨 보자.

가능하면 당신이 잘 아는 주제를 선택해 3분 발표문을 만들어서 여러 번 연습하라. 그리고 당신의 모든 힘과 능력을 다해 그 발표문을 원래 의도한 상대 또는 반 사람들 앞에서 발표하라.

용기와 자신감을 기르는 방법

1. 이 교육과정에 참가한 수천 명의 수강생은 자신이 왜 이 과정을 등록했고, 교육을 통해 얻고자 하는 것이 무엇인지를 이야기했다. 그들 중 대부분은, 소심함을 극복하고 사람들 앞에서 자신의 생각을 전달하며 청중의 수와 관계없이 자신감을 가지고 편안하게 말할 수 있는 능력을 갖고 싶어 했다.

2. 그러한 능력을 갖는 것은 어렵지 않다. 그것은 하늘의 선택을 받은 소수의 사람들에게만 주어진 재능이 아니기 때문이다. 마치 골프 실력을 쌓아 나가는 것처럼, 누구든 하고자 하는 의지만 있다면 자신이 지닌 잠재력을 계발할 수 있다.

3. 경험이 많은 연사들은 개인과 대화를 나눌 때보다 많은 사람 앞에서 이야기할 때 더 많이 생각하고 조리 있게 말한다. 그들에게 청중이라는 존재는 자극제이자 영감이 된다. 만약 당신이 성실하게 이 교육과정을 따라온다면 당신 또한 이것을 경험할 것이고, 기쁜 마음으로 연설을 고대할 것이다.

4. 당신의 경우가 특별하다고 생각하지 마라. 후에 유명 연사가 된 사람들 중에도 연설을 시작했던 초기에는 자의식과 청중에 대한 공포로 입이 거의 마비되었던 이들이 있다. 윌리엄 J. 브라이언, 장 조레스, 로이드 조지, 찰스 스튜어트 파넬, 존 브라이트, 디즈레일리, 셰리든 등 많은 이들이 그랬다.

5. 연설을 자주 하더라도 연설 초반에는 언제나 자의식을 경험하게 될 것이다. 하지만 그 자의식은 연설을 시작하고 얼마 지나지 않아 완전히 사라진다.

6. 이 교육과정에서 최대의 효과와 신속한 결과를 얻으려면 다음의 네 가지를 실천하라.

  1) 강하고 지속적인 욕망으로 이 과정을 시작하라. 이 훈련이 당신에게 가져올 이점을 나열하고 당신의 열정을 불러일으켜라. 그것이 당신에게 재정적으로, 사회적으로, 그리고 영향력과 리더십 증대의 면에서 어떤 의미가 있을지 생각하라. 열정의 깊이에 따라 당신이 이루게 될 성취의 속도도 결정될 것이다.

  2) 준비하라. 자신이 말하려는 것에 대해 알지 못하면 당신은 자신감을 가질 수 없다.

  3) 자신감 있게 행동하라. 윌리엄 제임스는 이렇게 충고한다.

  "용감하다고 느끼고 싶다면 이미 용감한 것처럼 행동하라. 그 목적을 위해 모든 의지를 사용하라. 그러면 틀림없이 용감함이 두려운 감정을 대신할 것이다."

  루스벨트는 이 방법을 통해 회색 곰, 사나운 말, 총잡이들에 대해 가지고 있던 공포를 극복했다고 고백했다. 이 심리학적 사실을 이용하면 당신도 청중에 대한 두려움을 이겨 낼 수 있다.

  4) 연습하라. 다른 무엇보다 이것이 중요하다. 두려움은 자신감 부족에서 오는 결과다. 자신감의 부족은 당신이 무엇을 할 수 있는지 모르기 때문에 생기는 것이고, 이것은 그와 관련된 경험이 적은 것에 기인한다. 그러니 성공적인 경험에 대한 기록을 만들어라. 그러면 두려움 또한 사라질 것이다.

준비를 통해 얻는 자신감

"자신감을 얻는 최선의 방법은 당신이 정말로 하고 싶은 이야기에 대해 많은 것을 준비해 실패할 가능성을 최대한 줄이는 것이다."

- 록우드 소프(Lockwood-Thorpe),
《현대의 대중연설(Public Speaking Today)》

"'순간의 영감을 믿는다.'라는 말은 유망한 사람들을 실패로 이끈 치명적인 구절이다. 영감으로 가는 가장 확실한 길은 준비다. 나는 용기와 능력을 갖춘 사람이 노력 부족으로 실패하는 것을 많이 목격했다. 자신의 주제에 대해 잘 알고 있는 자만이 좋은 연설을 할 수 있다."

- 로이드 조지(Lloyd George)

"연설가는 청중 앞에 서기 전, 친구에게 이런 편지를 써야 한다.

'나는 이런 주제에 대해 연설을 할 것이며 이런 내용을 전달하고 싶다.'

그런 뒤 그는 올바른 순서에 맞게 자신이 말하려는 내용을 열거해야 한다. 만약 이러한 편지에 쓸 말이 없다면, 그는 할머니가 편찮으시다는 핑계로 모임에 참석하지 못한다는 편지를 보내는 편이 더 낫다."

- 에드워드 에버렛 헤일(Edward Everett Hale) 박사

2
준비를 통해 얻는 자신감

1912년 이래로 시즌마다 1년에 약 6,000건 정도의 연설을 듣고 비평하는 것은 나의 직업적 의무이자 즐거움이 되었다. 연설가는 주로 비즈니스맨이거나 전문직에 종사하는 사람이다. 이 과정을 통해 내가 가장 확실하게 느끼는 바는, 연설을 시작하기 전에 반드시 철저한 준비를 해야 한다는 것이다. 분명하고 명확한 어떤 것, 강한 인상을 남길 수 있는 어떤 것, 말하지 않고서는 견디지 못할 어떤 것을 준비하는 과정이 절대적으로 필요하다. 당신은 청중의 정신과 마음에 진정으로 메시지를 전달하길 원하는 연설가에게 무의식적으로 빠져들었던 경험이 있을 것이다. 이것이 바로 연설을 잘하는 비결이다. 연설가가 정신적이고 감정적인 상태에 있다면 그 연설은 저절로 이루어진다. 그 멍에는 메기 쉽고, 그 짐은 가벼울 것이다. 준비가 잘된 연설은 이미 90퍼센트가 청중에게 전달된 것이나 다름없다.

앞서 언급했듯이, 대부분의 사람이 이 강의를 듣는 주된 이유는 자신감, 용기 그리고 자기 신뢰를 획득하기 위해서다. 하지만 많은 사람이 저지르는 가장 치명적인 실수는 연설 준비를 소홀히 한다는 것이다. 전투에 나가는 사람이 젖은 화약이나 총알 없는 빈 총을 가지고 가거나 아무런 무장조차 하지 않고 나선다면 두려움이라는 적군, 초조함의 공격을 물리칠 수 있을까? 이런 상황일 때 청중 앞에서 마음이 불편한 것은 놀랄 일이 아니다. 링컨은 대통령 시절에 이렇게 말했다.

"아무리 나이가 들어도, 할 말이 없는 상황에서 당황하지 않고 연설할 수는 없을 것이다."

만약 당신이 자신감을 얻고 싶다면, 자신감을 갖기 위한 연습을 해야 한다. 사도 요한은 "완벽한 사랑은 두려움을 물리친다."라고 말한 바 있는데, 이는 완벽한 준비에 대해서도 똑같이 적용된다. 웹스터는 "준비가 덜 된 채 청중 앞에 서느니 옷을 덜 입고 나가는 편이 낫다."라고 말하기도 했다.

이 교육과정에 참가한 사람들이라면 더욱 더 철저히 연설을 준비해야 한다. 왜 그래야 하냐고? 어떤 사람은 무엇이 준비인지, 그리고 그것을 잘하려면 어떻게 해야 하는지 명확하게 이해하지 못하기 때문이다. 그래서 이번 장에서는 상세하고 명쾌하게 이 문제를 논의해보고자 한다.

· 연설을 준비하는 올바른 방법

연설은 어떻게 준비해야 할까? 독서? 그것도 한 가지 방법이 되긴 하지만 가장 효과적인 것은 아니다. 책에서 박제된 사고를 꺼내 자신의 것인 양 바로 사용하려고 한다면 어딘가 부족한 부분이 있기 때문이다. 물론 청중은 그 부족한 부분이 무엇인지 정확히는 모르겠지만, 연설가로부터 감동을 느끼지는 못한다.

예를 들어 보자. 얼마 전, 나는 뉴욕 시에 있는 여러 은행 임원들을 위한 대중연설 강좌를 진행했다. 그곳에 모인 사람들은 굉장히 바쁜 시간을 보내기 때문에 자연히 충분한 준비를 하지 못하거나, 자신들이 준비라고 여기는 행위를 하지 못하는 경우가 빈번했다. 그들은 자신만의 시각으로 세상을 바라보고 자신만의 유일한 경험을 하며 살아 왔다. 이런 식으로 그들은 40년 동안 연설에 사용할 소재를 축적해 왔다. 하지만 그들 가운데는 이런 사실을 깨닫기 어려워하는 사람들도 있었다. 그들은 '속삭이는 소리를 내는 소나무와 전나무'만 볼뿐 숲은 보지 못했다.

이 그룹은 매주 금요일 저녁 5~7시에 만났다. 어느 금요일, 시내 중심가 은행에서 근무하던 잭슨은 4시 30분이 된 것을 알고는 사무실에서 나와 〈포브스(Forbes)〉를 한 부 사서 지하철을 타고 강좌가 열리는 연방은행으로 향했다. 그리고 지하철 안에서 '성공을 위해서 남은 시간은 10년뿐'이라는 제목의 글을 읽었다. 특별한 관심이 있는 내용이어서가 아니라, 그것이 무엇이든 강의 시간에 자신에게 배당된 시간을 채워야 했기 때문이다.

한 시간 후, 그는 글의 내용에 대해 설득력 있고 흥미로운 연설을 시도했다. 결과는 어땠을까? 누구나 예상할 수 있듯, 그는 자기가 말하려는 것을 자신의 것으로 소화하지 못했다. 정확히 말하자면 그는 그저 '말하려고 노력'했다. 그는 정말로 노력했지만, 그에게는 진정한 메시지가 없었다. 그것은 그의 태도와 어조를 통해 드러났다. 자신이 감명받지 않으면서 어떻게 청중이 자신보다 더 감동하기를 기대할 수 있겠는가? 연설에서 그는 계속 자신이 읽었던 글의 내용만을 언급하고, 그 필자의 이야기만 청중에게 전달했을 뿐 자신의 이야기는 조금도 하지 않았다. 나는 그에게 이렇게 말했다.

"잭슨 씨, 우리는 그 글을 쓴 필자를 궁금해하는 것이 아닙니다. 그는 여기 없습니다. 우리는 그가 아닌, 당신과 당신의 생각을 알고 싶어요. 다른 사람이 한 이야기가 아닌, 당신이 개인적으로 생각하는 것을 말이죠. 다음 주에도 같은 주제에 대해 연설해 보는 것은 어떨까요? 오늘 읽었던 글을 다시 읽고 자신이 그 글에 동의하는지 아닌지 생각해 보세요. 만일 동의한다면 필자의 제안을 곰곰이 생각한 뒤 당신 자신의 경험에서 나온 관찰을 통해 이야기를 구체화해 보세요. 만약 동의하지 않는다면 왜 그렇게 생각하는지 말해 주세요. 그 글은 연설을 위한 출발점으로만 생각하고 말이죠."

그는 이 제안을 받아들여 그 글을 다시 읽어 본 뒤 자신이 필자의 의견에 전혀 동의하지 않는다는 결론을 내렸다. 이후 그는 지하철에 앉아서 시간을 때우기 위해 연설을 준비하는 행동은 두 번 다시 하지 않았다. 그는 연설 내용이 스스로 성장하게 했다. 그것은 순전히 그의 머리에서만 자라났고, 점차 성장해 실제 그럴듯한 몸짓을 갖게 되었다. 마치 그의 딸들이 그랬듯 그 글에 대한 그의 생각 역시 자신이 알지 못하는 사이에 끊임없이 성장했다. 그의 생각은 때로는 신문 기사를 읽을 때나 친구와 그 주제에 대해 이야기하고 있을 때 예기치 않게 떠올랐다. 그럴 때마다 그의 생각은 깊어지고 높아지고, 길어지고 두터워졌다.

잭슨이 그다음 주 강의시간에 그 주제에 대해 발표할 때 그는 자신의 광산에서 캐낸 광석이나 자신의 조폐국에서 찍어 낸 화폐를 가지고 있는 사람처럼 온전히 자신의 생각을 전달했다. 더구나 그 글의 필자와 다른 의견을 가지고 있었기에 그는 이전보다 훨씬 좋은 내용의 발표를 할 수 있었다. 어느 정도 반대되는 생각을 나타내야 하는 것만큼 사람을 분발시키는 것도 드물다. 불과 1주일 사이에 같은 사람이 같은 주제에 대해 한 발표였음에도 그 차이는 엄청났다. 제대로 된 준비는 이처럼 큰 변화를 가져온다.

또 다른 사례를 살펴보자. 워싱턴 D. C.에서 열린 교육과정에 플린이라는 한 남자가 참여했다. 어느 날 오후 플린은 수업 시간에 미국의 수도를 찬양하는 연설을 했다. 그는 워싱턴의 석간신문 〈이브닝 스타(Evening Star)〉의 후원 책자에서 여러 가지 피상적인 글을 모았다. 말 그대로 무미건조하고 연관성이 없는 그 글들은 당연히 그의 열정을 불러일으키지 못했고, 그는 자신이 말하려 한 것에 대해 깊이 생각하지도 않았다. 그의 발표는 밋밋했고 색깔도 없었다.

• 연설에서 절대 실패하지 않는 방법

그런데 2주 후, 플린에게 큰일이 벌어졌다. 공용주차장에 세워 둔 그의 캐딜락을 누가 훔쳐간 것이다. 경찰서에 달려간 그는 현상금까지 걸었지만 별 소용이 없었고, 한 경찰관은 '그런 범죄에 대처하는 것은 거의 불가능하다'고 그에게 말했다. 하지만 정확히 1주일 전, 손에 분필을 들고 거리를 걸어 다니던 그 경찰관은 플린에게 딱지를 끊었다. 주차 가능 시간을 15분 초과했다는 것이 이유였다. 모범적인

시민을 귀찮게 하느라 범죄자를 잡을 시간이 없다는 이 '딱지 경찰'
은 그를 잔뜩 화나게 했다. 그는 굉장히 분노했고 이제야 할 이야기
가 생겼다. 〈이브닝 스타〉에서 발간한 책이 아닌, 그 자신의 삶과 경
험에서 나온 이야기 말이다. 그것은 살아 있는 사람이 생생하게 느낀
그 무엇, 그의 감정과 소신을 자극한 그 무엇이었다. 워싱턴을 찬양
하는 연설에서는 한 문장 한 문장을 잇기가 힘겨웠던 그였지만, 지금
은 일어서서 입만 열면 저절로 연설이 시작됐다. 경찰에 대한 비난이
베수비오 화산의 용암처럼 끓어오르고 넘쳐흘렀다. 이런 식의 연설
은 누구나 성공할 수 있다. 경험에 사고가 더해져 실패할 확률이 거
의 없기 때문이다.

• 진정한 준비란 무엇인가

연설을 준비한다는 것은 실수가 없는 문장을 몇 개 모아 적어 놓거
나 외운다는 뜻일까? 아니면 당신에게 별로 의미 없는 생각들을 모
은다는 뜻일까? 둘 다 전혀 아니다. 그것은 당신의 생각, 아이디어,
소신 그리고 충동 등을 모으는 과정을 의미한다. 그리고 여러분 모두
에게는 그럴 만한 생각과 충동이 있다. 우리가 깨어 있는 동안은 물
론 심지어 꿈속에서도 그런 것들은 저절로 모인다.

당신이란 존재는 온통 느낌과 경험으로 채워져 있다. 이런 것들은
바닷가의 조약돌만큼이나 두텁게 당신의 잠재의식 아래에 깔려 있
다. 진정한 준비란 사색하고 기억을 떠올리고, 그중에서 당신에게 가
장 인상 깊은 것을 선택한 뒤 그것을 다듬어서 어떤 형태로, 당신만
의 고유한 무늬로 만들어 내는 것이다. 어려울 것 같은가? 그렇지 않

다. 그저 목적을 향한 집중과 사고가 요구될 뿐이다.

지난 세대 동안 복음의 역사를 새로 쓴 미국 침례교의 드와이트 L. 무디(Dwight L. Moody) 목사는 어떻게 자신의 설교를 준비했을까?

이 질문에 대해 그는 "어떤 비결도 없다."라고 대답했다.

"저는 주제를 고르면 그 주제의 제목을 커다란 봉투 겉에 적어 둡니다. 제겐 이런 봉투가 아주 많습니다. 만약 제가 읽은 글이 설교하려고 했던 주제와 맞으면 저는 그 글을 해당 주제의 봉투에 집어넣습니다. 또 항상 공책을 가지고 다니면서 설교를 듣다가 어떤 주제를 더 잘 이해할 수 있게 해주는 말을 들을 때도 그것을 기록해서 집어넣죠. 저는 1년 혹은 그 이상 그런 과정을 지속하다가, 새로운 설교를 준비할 때가 되면 그동안 모은 자료를 활용합니다. 거기서 나온 것과 스스로 공부한 결과를 합치면 소재는 충분합니다. 그런 후 설교를 할 때마다 어떤 내용을 빼거나 첨가하면 항상 새로운 설교가 됩니다."

• 예일 대학교 브라운 학장의 현명한 충고

몇 년 전 예일 신학대는 창립 100주년 기념행사를 열었다. 그 행사에서 신학대 학장인 찰스 레이놀드 브라운(Charles Reynold Brown) 박사는 '설교의 기술'이라는 강좌를 진행했는데, 뉴욕의 맥밀런 출판사는 그 강좌를 같은 제목의 책으로 출간하기도 했다.

브라운 박사는 30년 이상 매주 자신의 설교를 준비해 왔고 다른 사람들의 설교 준비를 도와주었다. 그러니 그는 이 주제에 대해 가장 현명한 충고를 해줄 수 있는 자격이 충분했다. 시편 91편에 대해 설교해야 하는 성직자든 노동조합에 대해 연설해야 하는 구두제조공이든, 그 누구에게나 그의 충고는 유익할 것이다. 브라운 박사의 글을 인용하면 다음과 같다.

당신이 정한 성경 구절과 주제에 대해 깊이 생각하십시오. 그것들이 말랑말랑해져 반응할 때까지 말입니다. 여러분이 거기에 들어 있는 자그마한 생각의 씨앗들을 확장하고 성장시킨다면 틀림없이 유익한 생각들을 많이 얻게 될 것입니다.

이런 과정은 오래 지속할수록 좋습니다. 일요일에 있을 설교에 대한 준비를 토요일 오전까지 미뤄 놓지 마십시오. 그 무렵은 여러분이 설교를 위한 마지막 준비를 해야 하는 때입니다. 어떤 진실에 대해 설교하고자 할 때, 그것에 대한 생각을 설교하기 1개월 혹은 6개월 전, 또는 1년 전부터 마음속에 가지고 있다면 새로운 생각들이 끊임없이 솟구쳐 나와 풍족한 열매를 맺을 것입니다. 여러분은 그 주제를 생각하면서 걸을 수도 있고, 기차를 타고 몇 시간을 가다가 눈이 피로해졌을 때 떠올릴 수도 있습니다. 심지어 한밤중에 생각할 수도 있습니다. 사실 잠자리에서까지 교회 일이나 설교 제목을 생각하는 것은 좋지 않은 습관입니다. 설교단은 설교를 하기에 좋은 자리이지 좋은 잠자리 친구는 아니니까요. 하지만 그럼에도 때때로 나는 머릿속에 뭔가 떠오르면 한밤중에라도 일어나 그것을 적어 두곤 합니다. 아침에 일어나면 잊어버릴지 모른다는 염려가 들어서죠.

당신이 실제로 어떤 특정 주제에 대한 설교를 하기 위해 소재들을 수집한다면 그와 관련되어 떠오르는 모든 것을 기록하십시오. 어떤 구절을 설교 주제로 선택했다면 단 몇 자라도 좋으니 그 구절에서 느끼는 바를, 또 그것과 관련 있는 모든 생각을 적으십시오. 그리고 마치 지금 읽는 책이 내 삶에서 읽는 마지막 책인 것처럼, 그 책에서 더 많은 것을 깨닫기 위해 노력하십시오. 이것은 당신의 생각이 더 많은 열매를 맺도록 훈련하는 길이고, 이 방법을 택함으로써 당신의 지적 능력은 개성 있고 창의적으로 유지될 것입니다.

당신 스스로 탄생시킨 모든 생각을 기록해야 합니다. 그것들은 당신의 지적 발현을 위해 루비나 다이아몬드 또는 순금보다도 더 소중한 것입니다. 그것을 적으십시오. 종잇조각에라도 좋고 오래된 편지 뒷면이나 봉투 한 귀퉁이, 휴지, 아니면 여러분 손에 닿는 그 어떤 것에든 기록하십시오. 이런 방법은 대형 인쇄용지처럼 멋지고, 길고, 깨끗한 종이 위에 기록하는 것보다 모든 면에서 훨씬 효과적입니다. 단지 경제적이기 때문만이 아닙니다. 기록물을 정리할 때는 조그만 종이가 생각을 배열하고 구성하는 데 더욱 편리하기 때문입니다. 당신 마음속에 떠오르는 생각들을 깊이 생각하고 기록하는 습관을 가지십시오. 서두를 필요는 없습니다. 이것은 가장 중요한 정신 활동 중 하나이고, 진정한 생산력이라는 측면에서 당신의 정신을 성장시킬 것입니다.

당신 스스로가 가장 즐거울 수 있는 설교, 청중에게 가장 좋은 영향을 줄 수 있는 설교는 대개 당신 안에서 나옵니다. 그것은 당신의 뼈 중의 뼈, 살 중의 살이고, 지적 노고의 산물이자 창조적 에너지의 결과물입니다. 여기저기서 조금씩 가져다가 이어 붙인 설교는 항상 남의 이야기처럼 어색하고 흔한 냄새가 납니다. 살아 움직이는 설교, 걷고 뜀뛰고 하나님을 찬양하는 성전에 입성하는 설교, 사람들의 마음속으로 들어가 그들을 솟아오르는 독수리처럼 날아오르게 하고 의무의 짐을 지고 걸어가더라도 지쳐 쓰러지지 않게 하는 설교, 이런 진정한 설교는 설교자가 가진 생명의 에너지에서 나오는 것입니다.

• 링컨의 연설 준비 방법

링컨은 어떻게 연설을 준비했을까? 다행히 그의 방법은 우리에게 잘 알려져 있고, 브라운 학장은 자신의 강의에서 70여 년 전 링컨이 사용한 방법 중 몇 가지를 추천한 바 있다.

링컨의 가장 유명한 연설 중 하나에는 다음과 같은 그의 선견지명이 담겨 있다.

"서로 나뉘어 싸우는 집안은 절대 일어설 수 없습니다. 저는 반은 노예, 반은 주인으로 나뉜 이 정부가 영원히 지속될 수 없다는 것을 믿습니다."

그는 평소에 일할 때, 밥을 먹을 때, 길을 걸을 때, 헛간에서 소젖을 짤 때, 회색 망토를 어깨에 두른 뒤 장바구니를 손에 쥐고서 재잘거리는 어린 아들을 데리고 정육점이나 가게로 갈 때도 연설에 대해 생각했다. 링컨은 자신의 아들을 전혀 의식하지 못하고 연설에 관한 생각에만 몰두해 성큼성큼 걸어가곤 했고, 아이는 그런 아버지 곁에서 혼자 재잘거리다가 종종 토라지기 일쑤였다.

생각에 몰두하는 동안 그는 빈 봉투나 종잇조각, 봉투에서 찢어낸 자투리 조각 등 손에 닿는 모든 것에 메모를 했다. 생각의 단편, 단어, 혹은 문장을 꾸준히 기록한 것이다. 그는 이런 자료를 모자에 넣고 다니다가 시간이 나면 자리에 앉아 그것들을 정리해 전체적인 글을 쓰고 재구성하여 연설과 출판에 적합한 형태로 만들었다. 1858년에 있었던 링컨과 더글러스 상원의원의 합동 토론회에서, 더글러스는 어디에 가서든 같은 연설을 반복했다. 하지만 링컨은 끊임없이 연구하고 사색하고 고민함으로써 과거의 연설을 반복하지 않고 매번 새로운 연설을 만들어 냈고, 주제도 계속 확장해 나갔다.

대통령이 된 링컨은 백악관으로 들어가기 얼마 전, 헌법 한 권과 세 개의 연설문 외에는 어떤 참고 자료도 없이 스프링필드의 한 가게에 있는 우중충하고 먼지 덮인 골방으로 들어갔다. 그리고 그곳에서 아무런 방해와 간섭을 받지 않고 자신의 취임 연설문을 작성했다.

그렇다면 링컨은 과연 어떻게 게티즈버그 연설문을 준비했을까? 불행히도 이에 대해서는 잘못된 보고서가 돌아다니고 있지만, 실제 이야기는 아주 재미있다. 한번 살펴보자.

게티즈버그 묘지를 책임지는 위원회는 공식 봉헌식을 하기로 결정하고 에드워드 에버렛에게 연설을 부탁했다. 보스턴 교회의 목사, 하버드 대학교 총장, 매사추세츠 주의 주지사, 미국 상원, 주영대사 및 국무장관을 지낸 그는 당시 미국에서 가장 유능한 연사로 인정받고 있었다. 처음 봉헌식은 1863년 10월 23일에 계획되었지만, 에버렛은 매우 현명하게도 그렇게 짧은 기간 동안 연설을 준비하는 것은 불가능하다고 답했다. 그래서 그에게 준비할 시간을 주기 위해 봉헌식은 거의 한 달이나 미뤄진 11월 19일로 변경되었다. 연설 준비 기간의 마지막 사흘 동안 그는 게티즈버그에 가서 전투 지역을 살펴보고 그곳에서 발생했던 모든 일을 몸으로 직접 체험하는 시간을 가졌다. 이런 식으로 생각하고 고민하는 과정은 연설을 준비하는 매우 뛰어난 방법이었다. 그러는 동안 진짜 '전투'가 그에게 다가왔다.

봉헌식 초대장은 의회의 모든 의원과 대통령, 각료들에게 발송되었는데 대부분의 이들은 참석을 거절했다. 그런데 정작 대통령인 링컨이 참석 의사를 밝히자 위원회는 깜짝 놀랐다. 대통령에게도 연설을 요청해야 하나? 계획에는 없던 일이었다. 링컨에게는 연설을 준비할 시간이 없을 것이라는 이유로 반대하는 사람들도 있었다. 게다가 시간이 있다고 해도 그에게 과연 연설 능력이 있는지에 대한 의문도 제기되었다. 사실 노예제 폐지를 위한 토론이나 쿠퍼 유니언에서 했던 그의 연설은 매우 뛰어났다. 하지만 누구도 그가 봉헌 기념사를 하는 것을 들은 적은 없었다. 봉헌 기념사는 장엄하고 엄숙하기 때문에 아무에게나 연설 기회를 줄 수도 없었다. 링컨에게 연설을 요청해야 할지를 두고 그들은 고민에 고민을 거듭했다. 하지만 만약 그들에게 미래를 내다보는 능력이 있어서, 과연 연설 능력이 있을지 우려하던 링컨이 그 봉헌식에서 지금까지 사람들의 입에서 입으로 전해지며 역사에 길이 남는 명연설 중 하나를 할 줄 알았다면 그들은 오히려 1,000번은 더 고민했을 것이다.

봉헌식이 거행되기 2주 전에야 그들은 뒤늦게 링컨에게 '짧은 인사말'을 요청하는 초대장을 보냈다. 글자 그대로 '짧은 인사말'이라는 한마디만 적은 무례한 초대장을, 그것도 미국 대통령에게 보낸 것이다.

그러나 링컨은 그 즉시 연설을 준비하기 시작했다. 그는 에버렛에게 편지를 써서 이 권위 있는 학자가 준비한 연설문 사본을 받았다. 그리고 하루 이틀이 지났다. 사진관에 가서 사진을 찍을 때에도 링컨은 에버렛의 연설문 초고를 가지고 가서 시간이 날 때마다 읽었다. 그는 계속해서 연설에 대해 고민했고, 백악관과 전시(戰時) 사무실 사이를 이동하는 사이에도, 전시 사무실의 가죽 소파에 누워 전신 보고를 기다리는 중에도 생각을 멈추지 않았다. 그는 연설문 초고를 커다란 종이에 적어 자신의 큰 실크 모자 안에 넣고 다녔다. 끊임없이 연설을 고민하던 그는 점차 내용을 구체화했다. 연설을 하기 전 일요일, 그는 당시 그가 신임했던 기자인 노아 브룩스에게 이렇게 이야기했다.

"아직 완벽한 연설문을 쓰지 못했네. 완성이 안 됐어. 두세 번 정도 고쳐 쓰긴 했지만 만족하려면 좀 더 손을 봐야 할 것 같네."

봉헌식 전날 그는 게티즈버그에 도착했다. 인구 1,300명의 그 작은 마을에 1만 5,000명의 사람들이 순식간에 몰려들었으니 붐비는 것은 당연했다. 길은 꽉 막혀 움직일 수 없었고 남녀노소 모두 지저분한 거리에 익숙해져야 했다. 여기저기에서 밴드가 곡을 연주했고 사람들은 모여서 북부 연합군의 행진곡인 '존 브라운의 시체'라는 노래를 불렀다.

링컨이 머물고 있는 윌즈 씨의 집으로 몰려온 사람들은 링컨을 큰 소리로 부르며 연설을 요청했지만, 그는 간결하고 명확한 몇 마디로 그다음 날까지는 연설할 의사가 없음을 밝혔다. 사실 그는 밤늦게까지 자신의 연설을 한 번 더 다듬었고, 심지어는 옆집에 묵고 있던 시워드 국무장관을 찾아가 연설문에 대한 평을 요청하기도 했다. 다음 날 아침식사를 끝낸 그는 다른 사람들이 문을 두드리며 행사에 참석할 시간이 되었음을 알릴 때까지 연설문을 '다듬는 일'을 계속했다.

대통령 뒤에서 그를 수행했던 카 대령은 훗날 이렇게 말했다.

"대통령은 행렬이 시작되자 말 위에 꼿꼿이 앉아 군 지휘관을 바라보았지만, 행렬이 지나간 뒤에는 몸을 숙이고 팔을 늘어뜨린 채 머리를 숙였습니다. 마치 깊은 생각에 잠긴 것처럼 보였지요."

우리는 그가 그 순간에도 열 문장밖에 안 되지만 영원히 기억에 남게 될 자신의 짧은 연설을 다듬고 있었다고 추측할 수 있다. 링컨의 연설 중 그가 큰 관심을 두지 않았던 몇몇은 의심할 필요도 없이 실패작이었다. 하지만 노예 제도와 연방에 대해 연설할 때가 되면 그는 놀라운 능력을 발휘했다. 왜 그랬을까? 그 주제들은 링컨이 항상 끊임없이 생각하고 있던 것들이었기 때문이다. 일리노이 주의 한 여관에서 링컨과 같은 방을 썼던 한 직원은 다음 날 아침 일어났을 때, 침대에 앉아 벽을 바라보고 있는 링컨을 보았다. 그에 의하면 링컨의 첫마디는 다음과 같았다.

"반은 노예로, 반은 자유인으로 나뉜 이 정부는 영원할 수 없다."

그렇다면 예수는 어떻게 연설을 준비했을까? 그는 군중으로부터 물러나 곰곰이 생각했고, 홀로 광야로 나가 40일 동안 단식과 명상을 했다. 마태복음에는 "그때부터 예수께서 설교하기 시작했다."라고 기록되어 있다. 얼마 지나지 않아 예수는 세상에서 가장 유명한 연설 가운데 하나인 산상수훈(山上垂訓, Sermon on the Mount, 예수 그리스도가 서기 30년경에 그의 제자와 군중에게 신앙생활의 근본 원리에 대해 설교한 내용으로, 마태복음 5~7장에 기록되어 있음 - 옮긴이)을 설파했다.

당신은 이렇게 반박할지도 모른다.

"재미있는 이야기이긴 하지만, 나는 불멸의 연사가 되고 싶은 게 아니라 그저 모임에 나가 간단히 몇 마디만 하고 싶을 뿐입니다."

그렇다. 나는 당신이 무엇을 원하는지 충분히 알고 있다. 그리고 당신 혹은 당신과 비슷한 다른 비즈니스맨들 역시 위의 사례처럼 뛰어난 연설을 할 수 있도록 돕는 것이 이 교육의 분명한 목적이다. 그러나 아무리 여러분의 연설이 평범한 종류의 것이라 해도, 과거의 유명 연설가들이 사용한 방법을 익히면 많은 도움이 될 뿐 아니라 그중 몇몇은 현실에서 실제로 적용할 수 있을 것이다.

• 당신의 연설은 어떻게 준비해야 할까

당신이 연설할 주제는 어떤 것인가? 당신이 흥미를 갖는 것이라면 무엇이든 좋다. 가능하면 당신 스스로 주제를 정하라. 마음에 드는 주제가 있다면 더 좋다. 하지만 가끔 강사가 주제를 제안하는 경우도 있다.

짧은 연설문에 많은 내용을 담는 일반적인 실수는 저지르지 마라. 한두 가지 정도의 관점만 선택하고 그것에 대한 내용을 충분히 제시하기 위해 노력하라. 특히 이 교육과정에서 피할 수 없이 작성해야 하는 짧은 발표문에서 그렇게 할 수 있다면 정말 다행스러운 일이다.

주제는 1주일 전에 정하라. 그리고 그 주제에 대해 생각할 시간을 충분히 가져라. 날마다 그 주제를 생각하고 매일 밤 그에 관한 꿈을 꿔라. 잠자리에 들어서도 그 주제에 대해 생각하라는 뜻이다. 다음 날 아침 면도할 때도, 세수할 때도, 차를 몰고 시내에 나갈 때도, 엘리베이터나 점심 혹은 약속 시각을 기다리면서도 그 주제에 대해 생각하라. 친구들과 그 주제에 관한 토론을 하고, 그 주제를 대화의 소재로 만들어라. 그 주제와 관련된, 가능한 한 많은 질문을 스스로에게 던져라. 예를 들어 당신이 이혼에 대해 연설할 것이라면 이혼은 왜 발생하는지, 이혼의 경제적·사회적인 효과는 무엇인지 스스로에게 질문하라. 어떻게 그 문제를 처리할 수 있을까? 연방 단위의 통일 이 혼법을 만들어야 할까? 이혼을 아예 불가능하게 하거나 더 어렵게, 혹은 더 쉽게 할 수 있도록 해야 할까?

당신이 이 교육을 받기로 결정한 이유에 대해 발표한다고 가정해 보자. 이때 당신은 스스로에게 다음과 같은 질문을 해야 한다. 나의 문제점은 무엇인가? 이 과정을 통해 나는 무엇을 얻고자 하는가? 내가 대중연설을 해 본 적이 있었나? 있다면 언제, 어디서였고 그때의 내 연설은 어땠는가? 나는 왜 이 교육이 내게 유용할 것이라고 생각하는가? 내가 아는 사람 중에 자기 확신, 존재감, 설득력 있는 말솜씨 덕분에 많은 돈을 버는 사람이 있는가? 내가 아는 사람 중에 이런 긍정적인 자신감이 부족해서 만족할 만한 성공을 거두지 못한 사람이 있는가? 만일 있다면 이름은 언급하지 말고 그 사람들에 대해 구체적으로 이야기해 보라.

일어서서 2 ~ 3분 정도 명확히 생각하며 사람들 앞에서 이야기하는 것, 그것이 처음 몇 번의 수업에서 당신에게 기대하는 전부다. 당신에게 있어 '내가 이 강의를 듣는 목적'과 같은 것은 아주 명확하기 때문에 매우 쉬운 주제에 해당한다. 그에 관한 이야깃거리를 찾고 다듬는 데 약간의 시간을 들이면 그 내용을 잊어버리는 일은 거의 없을 것이다. 왜냐하면 당신은 자신의 관찰과 욕망, 경험에 대해 이야기할 것이기 때문이다.

이번에는 당신이 자신의 사업이나 직업에 대해 발표하기로 결정했다고 가정해 보자. 그 발표에 대한 준비는 어떻게 시작해야 할까? 당신에게는 이미 그 주제에 대한 풍부한 자료가 있으니, 그중에서 적절한 것들을 선택하고 정리하기만 하면 된다. 3분 내에 모든 것을 말하려 하지 마라. 그렇게 할 수도 없는 데다가, 설사 한다 해도 지나치게 피상적이고 단편적인 이야기에 불과할 것이니 당신이 고른 주제의 한 면만을 선택하라. 그리고 그것을 확장하고 확대하라.

예를 들어, 당신이 현재의 특정한 사업 혹은 직업을 선택하게 된 사연에 대해 발표하는 것은 어떨까? 그것은 우연의 결과였는가, 아니면 선택의 결과였는가? 처음에 당신이 겪었던 어려움, 좌절, 희망, 승리에 대해 이야기하라. 한 인간의 관심사에 관한 이야기, 경험에 기초한 실제 인생의 그림을 제시하라. 듣는 이들을 불쾌하게 하지 않으며 조심스럽게 제시되는 한, 인간의 진실하고 내적인 이야기처럼 흥미로운 것은 없다. 그것은 거의 언제나 확실한 발표 소재가 된다.

혹은 당신 사업의 다른 측면에 대해 이야기해 보자. 그 일에는 어떤 문제가 있는가? 또 당신의 사업 분야에 진출하려는 젊은이에게 해줄 수 있는 조언으로는 어떤 것들이 있는가?

아니면 당신이 접하는 사람들 중 정직한 사람들과 그렇지 않은 사람들, 또는 직원들이나 고객들과의 문제에 대해 얘기해 보라. 당신은 사업을 통해 '인간의 본성'이라는, 세상에서 가장 흥미로운 주제에 대해 무엇을 배웠는가? 만약 당신이 사업의 기술적인 부분에 대해서만 말한다면 그것이 다른 사람들에게 얼마나 재미없는 발표가 될지 쉽게 예상할 수 있을 것이다. 하지만 사람들이나 성격, 이것은 거의 실패하지 않는 연설의 소재다.

무엇보다도 당신의 발표를 추상적인 설교로 만들지 마라. 그런 설교는 사람들을 지루하게 만든다. 당신의 이야기 안에 구체적인 사례와 일반적인 규칙을 케이크의 층처럼 반복적으로 배열하라. 당신이 본 구체적인 사례에 대해 생각하고, 그 사례에 나타난다고 판단되는 기본적인 진실에 대해 생각하라. 당신은 이런 구체적인 사례들이 추상적인 이론보다 훨씬 기억하거나 이야기하기 쉽다는 것을 알게 될 것이다. 또한 그런 사례들은 당신이 연설을 수월하게 하는 데 도움이 되고, 그것에 생기를 불어넣어 줄 것이다.

여기 굉장히 흥미로운 연설 방식이 있다. 다음은 경영진이 직원들에게 책임을 위임해야 할 필요성에 대해 B. A. 포브스(B. A. Forbes)가 쓴 글에서 발췌한 것이다. 사람들에 대한 일화에 주목해 보라.

현대의 대규모 기업들 중 많은 곳이 예전에는 1인 체제였다. 하지만 그들 대부분은 성장해서 그 형태를 벗어났다. 과거의 모든 훌륭한 조직은 한 사람의 거대한 그림자였지만, 지금의 사업과 산업은 굉장히 큰 구조로 이루어져 있어 아무리 거대한 거인이라 할지라도 필연적으로 주위의 모든 고삐를 다룰 수 있도록 현명한 협력자들을 끌어모아야 한다.

울워스는 내게 자신의 기업이 오랫동안 1인 기업에 바탕을 두고 있었다고 말한 적이 있다. 하지만 그는 건강을 잃어 병원에 누워 있던 때에야 비로소 자신이 원하는 대로 사업을 확장하려면 경영에 대한 책임을 나눠야 한다는 사실을 깨달았다.

오랫동안 1인 기업의 형태를 유지했던 철강회사인 베들레헴 스틸 (Bethlehem Steel)은 찰스 M. 슈워브(Charles M. Schwab)가 기업 전체라고 해도 과언이 아니었다. 그러다가 유진 G. 그레이스(Eugene G. Grace)가 조금씩 성장하며 위상을 키워 나갔고, 마침내 슈워브보다 더 유능한 '철강맨'으로 성장했다. 오늘날의 베들레헴 스틸은 더 이상 슈워브 그 자체가 아니다.

이스트먼 코닥의 경우 역시 초기에는 조지 이스트만(George East-man)이 기업의 전부였다. 하지만 그는 현명한 사람이었기에 이미 코닥을 오래전에 효율적인 조직으로 만들었다. 시카고의 대형 통조림 공장들은 설립자가 있는 동안 대부분 비슷한 경험을 했다. 하지만 일반적으로 알려져 있는 것과 달리 스탠더드 오일의 경우 어느 정도 규모를 갖춘 뒤부터는 한 번도 1인 기업 조직이 된 적이 없다. 또한 J. P. 모건(J. P. Morgan)은 그 자신이 위대한 거인이었지만 가장 유능한 파트너를 선택해서 그들과 책임을 공유해야 한다고 굳게 믿은 사람들 중 하나다.

야망을 가진 많은 기업가 중에는 아직도 기업을 1인 체제로 유지하고자 하는 사람들이 있지만, 현대 기업의 운영 규모는 엄청나기 때문에 그들은 원하든 원하지 않든 자신들의 책임을 타인에게 위임할 것을 요구받는다.

어떤 이들은 자신의 사업에 대해 연설하면서 용서받기 힘든 실수를 저지르는데, 그중 하나가 자신이 관심을 갖는 사실에 대해서만 이야기하는 것이다. 연설가는 자기 자신이 아니라 청중이 흥미로워하는 이야기를 하려고 노력해야 한다. 청중의 이기적인 관심에 호소해야 하는 것이다. 예를 들어 화재 보험 판매원이라면 어떻게 해야 화재를 예방할 수 있는지 얘기해야 하고, 은행원이라면 재무나 투자에 대한 조언을 해야 한다.

어떤 주제에 대한 연설을 준비할 때는 반드시 청중을 연구하라. 그들의 요구, 그들의 바람에 대해 생각하라. 시간이 있다면 그 주제와 관련된 책을 읽거나 그 주제에 대해 다른 사람들의 생각은 어떤지, 다른 이들은 어떻게 얘기했는지 알아보는 것이 좋다. 다만 스스로 생각을 정리한 다음 책을 읽어라. 이 점은 굉장히 중요하다.

충분히 머릿속이 정리되었다면 도서관에 가서 사서에게 당신이 찾는 책에 대해 말하라. 당신이 어떤 주제에 대해 연설하려고 한다고 얘기하고 솔직하게 도움을 청하라. 자료 조사에 익숙하지 않은 당신이라면 그의 도움에 깜짝 놀랄 것이다. 그가 내놓는 것은 당신이 선택한 주제에 대한 책일 수도 있고, 현안이 되고 있는 공적인 문제에 관한 토론에서 찬반 양측의 주된 주장이 담긴 개요나 보고서일 수도 있으며, 다양한 주제에 관해 잡지에 실린 글을 모아 둔 문학잡지 가이드일 수도 있고, 실록이나 세계 연감, 백과사전 혹은 기타 수십 종의 참고서일 수도 있다. 그런 자료들은 당신이 준비 작업을 하는 데 사용할 도구들이니 충분히 활용해야 한다.

• 여분의 능력이 가진 비밀

미국의 육종학자 루터 버뱅크(Luther Burbank)는 죽기 얼마 전에 이런 말을 했다.

"나는 종종 수백만 종의 식물 표본을 생산한 뒤, 그중 아주 뛰어난 품종 한두 개를 뺀 나머지 것들은 모두 폐기하곤 했다."

이와 마찬가지로 연설도 넉넉하면서도 까다로운 마음으로 준비해야 한다. 100개의 생각을 모은 뒤 그중 90개는 버려라. 더 많은 자료와 정보를 수집하라. 사용할 가능성이 없어 보이는 것까지 말이다. 그러면 추가적인 자신감 혹은 주제에 대해 상세히 알고 있다는 느낌이 들 것이고, 그것은 당신에게 심리적 안정을 줌과 동시에 연설을 하는 전반적인 태도에도 영향을 미칠 것이다. 이것은 준비 과정에서 무척이나 기본적이고 중요한 요인이다. 하지만 사적인 영역에서든 공적인 영역에서든 연설가는 이 점을 종종 잊곤 한다. 아서 던은 이렇게 말했다.

"저는 그동안 많은 세일즈맨과 외판원, 판매인들을 교육시키면서 그들의 주된 약점을 발견했습니다. 그것은 바로 자신이 파는 물건에 대한 모든 정보를 파악하고, 판매하기 전에 그 정보들을 머릿속에 꿰고 있어야 한다는 것의 중요성을 모른다는 점이었습니다. 많은 세일즈맨들이 제 사무실로 와서 상품 설명서와 판매 화술 몇 가지를 얻어 간 뒤 바로 판매를 시작하려고 했지만, 대부분은 1주일도 버티지 못했습니다. 심지어 48시간조차 버티지 못하는 사람들도 많았고요.

특히 식품 판매를 위한 세일즈맨과 외판원을 교육하고 훈련시키는 동안, 저는 그들을 식품 전문가로 만들기 위해 노력했습니다. 미국 농무부에서 발표하는 식품 영양표도 공부하게 했는데, 그 표에는 음식 내 수분, 단백질, 탄수화물, 지방, 회분 등의 함유량이 나타나 있었습니다. 또한 나는 그들에게 자신들이 파는 상품의 구성 성분을 연구하게 한 다음, 며칠 동안 학교에 보낸 뒤 시험을 치르게 했습니다. 그런가 하면 다른 세일즈맨들에게 자신의 상품을 판매하게 해서, 가장 뛰어난 판매 화법을 구사하는 사람에게 상을 주었습니다.

저는 팔아야 하는 상품에 대해 연구하는 시간을 힘들어하는 세일즈맨들을 가끔 봅니다. 그들은 이렇게 말합니다.

'식료품 주인에게 이런 걸 다 말해 줄 시간이 없습니다. 그 사람들은 너무 바쁘니까요. 단백질이니 탄수화물이니 하는 이야기는 들으려고 하지도 않겠지만, 설사 듣는다고 해도 제가 무슨 말을 하는지 이해하지 못할 겁니다.'

그러면 나는 이렇게 대답합니다.

'이 모든 지식에 대해 아는 것은 당신 고객을 위해서가 아니라 당신 자신을 위해서입니다. 만일 자신이 파는 상품에 대한 모든 것을 알고 있다면, 당신은 그 상품에 대해 뭐라 설명하기 어려운 굉장한 힘을 갖게 됩니다. 당신은 긍정적인 에너지로 충만하고 강한 사람이 됨으로써, 다른 이들이 거부하거나 정복할 수 없는 상대가 될 테니까요.'"

스탠더드 오일의 역사에 관한 책을 쓴 유명 언론인 아이다 M. 타벨(Ida M. Tabell)은 수년 전 내게 이런 이야기를 해 준 적이 있다. 아이다가 파리에 머물 때 〈맥클루어즈 매거진〉의 설립자인 S. S. 맥클루어가 애틀랜틱 케이블에 관해 짧은 기사를 써 달라고 그녀에게 연락했다. 런던으로 간 아이다는 그 대형 통신사의 유럽 책임자를 만나 자신이 맡은 일을 하는 데 필요한 자료를 충분히 수집했다. 하지만 거기서 멈추지 않고 관련 사항에 대한 더 많은 사실이 궁금해진 그녀는 대영 박물관에 전시되어 있는 모든 종류의 케이블을 연구했고, 케이블 역사에 관한 책을 읽었으며, 심지어 런던 근교에 있는 케이블 제조 공장에 가서 제조 과정을 살펴보기도 했다.

그녀는 왜 자신이 사용할 수 있는 양보다 열 배나 더 많은 정보를 수집한 것일까? 그런 작업이 자신에게 여분의 능력을 줄 것임을 느꼈기 때문이다. 표현하지는 않았어도 그녀는 자신이 확실하게 파악한 사실들이 주는 힘과 색을 알고 있는 사람이었다.

에드윈 제임스 커텔은 대략 3,000만 명의 사람들에게 연설을 했다. 그는 그럼에도 자신이 연설에서 어떤 좋은 내용을 미처 말하지 못한 안타까운 날에는 집에 가는 길에 '이번 연설은 망쳤구나!'라고 생각한다고 한다. 왜 그랬을까? 그는 오랜 경험을 통해 자신에게 주어진 시간에 쓸 수 있는 양보다 훨씬 더, 과도할 정도로 많은 예비 자료가 갖추어질 때 진정 연설이 잘된다는 사실을 알고 있었기 때문이다.

당신은 이렇게 반박할지도 모른다.

"뭐라고요? 그 일을 모두 해낼 시간이 제게 있다고 생각하는 건 아니겠죠? 전 사업도 해야 하고 아내와 아이 둘, 강아지 두 마리도 키워야 한다는 걸 알아주셨으면 좋겠네요. 저는 박물관에 가서 케이블을 살펴보거나 책을 읽거나 대낮에 침대에 앉아서 연설문을 중얼거리고 있을 수는 없어요."

경애하는 여러분, 우리는 당신의 사정을 잘 알고 있고, 또한 충분히 배려하고 있다. 앞으로 다루게 될 주제는 이미 여러분이 상당히 고민해 본 적이 있는 문제들일 것이다. 때로는 연설에 대해 미리 준비하지 않은 상태인데도 청중 앞에서 쉬운 주제에 대해 즉석에서 연설해야 하는 상황이 생길 것이다. 이것은 당신이 남들 앞에 서서 떨지 않고 제대로 생각하게 할 것이라는 점에서 당신에게 가장 필요한 훈련이다. 사업적인 만남에서 여러분이 해야만 하는 종류의 일도 바로 이것이다.

교육에 참가하는 몇몇 사람들은 연설을 미리 준비하는 법을 배우는 데 관심이 없을지도 모른다. 그들은 그런 것보다는 다양한 사업상의 만남에서 벌어지는 토론에 참여해 사람들 앞에 서서 제대로 생각할 수 있길 바랄 것이다. 때때로 이런 학생들은 수업에 와서 다른 사람들의 발표를 듣고 몇 가지 배울 점을 얻는 것을 좋아한다. 제한적으로 사용한다면 이 방법도 나쁘지 않다. 하지만 지나치게 자주 사용하지는 마라. 이 장에서 제시하는 방법은 당신이 찾고 있는 편안함, 자유로움, 그리고 연설을 효과적으로 준비하는 능력을 선사할 것이다.

만약 당신이 발표를 준비하고 계획할 만한 여유가 생길 때까지 이 훈련을 미루기만 하면, 결코 그런 때는 오지 않을 것이다. 하지만 습관적이고 익숙한 일을 하는 것은 어렵지 않다. 그러니 1주일 중 특정한 날을 정해 8~10시에는 이 과제에만 전념하는 원칙을 세우라. 그것이 확실하고 체계적인 방법이다.

준비를 통해 얻는 자신감

1. 연설가가 다른 사람들의 가슴에 진정한 메시지를 담고자 하는 강한 내
적 동기를 가지고 있다면 틀림없이 좋은 결과를 만들 것이다. 준비가 잘
된 연설이라면 이미 10분의 9는 청중에게 전달된 것이나 다름없다.

2. 준비란 무엇인가? 상투적인 문장 서너 개를 종이 위에 기록하는 것일
까? 아니면 좋은 구절을 암기하는 것일까? 그렇지 않다. 진정한 준비란
당신 마음속에서 무엇인가 퍼 올리는 것, 당신의 생각을 모으고 정리하
는 것, 그리고 당신의 확신을 소중히 하고 발전시키는 것이다.

   사례 : 뉴욕에 사는 잭슨 씨가 〈포브스〉에 실린 글에 나타난 다른 사람의 생
   각을 단순히 반복하려고 했을 때는 연설에 실패했다. 하지만 그 글을
   자신의 연설을 위한 출발점으로만 이용하고 자신의 생각을 발전시킨
   뒤 자신의 사례를 제시했을 때, 그는 성공했다.

3. 자리에 앉아서 30분 안에 연설문을 만들려고 노력하지 말라. 연설은 스
테이크처럼 바로 요리할 수 있는 것이 아니다. 연설문은 성장해야 한다.
미리 주제를 정하고 그 주제에 관해 틈틈이 생각하라. 그 주제를 곰곰이
생각하고, 생각하면서 잠들어라. 그 주제에 관한 꿈을 꿔라. 또한 그 주
제를 대화의 소재로 삼고 친구들과 토론하면서 그 주제와 연관 있는 모
든 문제를 살펴보라. 당신에게 떠오르는 모든 생각과 사례를 종이에 기
록하고, 더 많은 것을 찾기 위해 계속 노력하라. 그러면 목욕을 하거나
차를 몰고 시내로 나가거나 저녁식사를 기다리는 중에도 아이디어, 제
안, 그리고 사례들이 수시로 당신의 머릿속에 떠오를 것이다. 이것이 링
컨을 비롯한 성공적인 연사들의 대부분이 사용한 방법이다.

4. 독립적으로 생각을 정리한 후에, 시간이 된다면 도서관에 가서 당신이
선택한 주제에 관한 책을 읽어라. 그리고 사서에게 도움을 청하라. 사서

는 당신이 연설문을 준비하는 데 커다란 영향을 끼칠 참고 서적을 찾아 줄 것이다.

5. 당신이 사용하려고 했던 자료보다 더 많이 수집하라. 루터 버뱅크의 방식을 사용하라. 그는 종종 매우 우수한 한두 개의 품종을 얻기 위해 100만 개의 식물 표본을 만들었다. 100개의 생각을 모으고 90개는 버려라.

6. 여분의 능력을 계발하는 방법은 당신이 사용할 수 있는 것보다 훨씬 더 많은 정보를 아는 것이다. 정보 저장고를 가득 채워라. 연설을 준비할 때는 아서 던이 세일즈맨들을 교육시키던 방법, 아이다 타벨이 애틀랜틱 케이블에 대한 기사를 준비할 때 사용했던 방법을 활용하라.

유명 연사들의
연설 준비 방법

"머릿속에 어마어마한 양의 잡다한 사실들이 뒤죽박죽 들어 있는 것과, 정보가 잘 정리 · 분류되고 포장되어 있어 편하게 처리할 수 있고 즉시 전달될 수 있는 것에는 엄청난 차이가 있다."

– 로리머(Lorimer), 〈자수성가한 기업인이 아들에게 보내는 편지글〉 중에서

"교육을 받은 사람과 받지 않은 사람과의 큰 차이는 문제의 핵심을 파악하는 능력이다. 대학 교육을 통해 얻을 수 있는 가장 커다란 이득이 훈련된 정신의 습득이라는 사실에는 의심할 여지가 없다."

– 존 그리어 히번(John Grier Hibben), 프린스턴 대학 총장

"교육받은 사람임을, 그리고 교육받은 사람 가운데서도 더욱 뛰어난 정신을 갖춘 사람임을 다른 무엇보다 한눈에 알아볼 수 있게 해 주는 요소는 무엇일까? …… 우리가 그런 인상을 받게 되는 진정한 이유는 그 사람의 정신이 질서정연하기 때문이다."

– S. T. 칼리지(S. T. Coleridge)

3
유명 연사들의
연설 준비 방법

예전에 나는 뉴욕 로터리 클럽의 식사 모임에 참석한 적이 있다. 그날 초청 연사는 유명한 정부 관료였다. 높은 직위 덕분에 그는 돋보였고 그의 연설에 대한 우리의 기대도 커졌다. 그는 자신이 속해 있는 정부 부처의 활동에 대해 이야기하기로 되어 있었는데, 이것은 뉴욕에서 사업을 하는 사람이라면 누구나 관심 있을 내용이었다. 그는 자신의 연설 주제에 대해 잘 알고 있었고 실제 활용할 수 있는 양보다 훨씬 더 많은 정보도 가지고 있었다. 하지만 그는 말할 소재를 선별하거나 정리하는 등 연설에 필요한 준비를 하지 않았다. 그럼에도 무지에서 나오는 용감함 덕분에 그는 무작정 연설을 시작했다. 그는 어딘가로 가고 있었지만 자신이 어디를 향해 가는지도 몰랐다.

간단히 말해, 그의 머릿속과 그가 우리에게 대접한 '정신적인 만찬'은 완전히 뒤죽박죽이었다. 그는 먼저 아이스크림을 가져온 뒤 수프를 내놓았고 생선과 땅콩이 뒤따라 나왔다. 그리고 거기에는 수프와 아이스크림, 먹음직스러운 훈제 청어를 뒤섞어 놓은 요리도 있었다. 나는 그렇게 혼란스러운 연사는 한 번도 본 적이 없었다.

그는 즉석연설을 하려 했지만 어려웠는지 주머니에서 메모 한 뭉치를 꺼내며 비서가 자료를 수집해 줬다고 고백했다. 그의 말을 의심하는 사람은 아무도 없었다. 그 메모지들 또한 고철 더미를 잔뜩 싣고 있는 화물차처럼 전혀 정돈되어 있지 않았다. 그는 메모지들을 신경질적으로 뒤적거리며 어떻게든 그 혼란으로부터 빠져나오려 노력했지만 불가능했다. 청중에게 사과하고 물을 달라고 한 그는 떨리는 손으로 한 모금 마시더니 이미 했던 말을 다시 반복한 뒤 메모지를 보았다. 시간이 지날수록 그는 어떤 말을 해야 할지 몰랐고 길을 잃은 것에 당황해했다. 긴장 때문인지 이마에는 땀이 맺히기 시작했고 땀을 닦는 손수건은 바들바들 떨렸다. 자리에 앉아 그의 큰 실패를 바라보자니 동정심이 일어나고 난처한 마음까지 들었다. 그의 일이 마치 우리의 일인 것처럼 직간접적으로 당황스러움을 느꼈다. 하지만 신중하기보다 완고했던 그는 계속해서 메모를 뒤적거리고 사과를 하며 물을 들이켰다. 그를 제외한 모든 사람은 상황이 완벽한 실패에 가까워져 가는 것을 이미 알고 있었기에 그가 자리에 앉아 죽음과 같은 몸부림을 끝내는 것을 보고는 안도했다.

그것은 내가 들어본 연설 중 가장 듣기 힘든 연설이었고, 그는 내가 본 연사 중 가장 창피하고 수치스러운 사람이었다. 만일 루소가 연애편지 쓰는 법에 대해 연설했다면 그와 같았을지도 모르겠다. 그는 무슨 말을 해야 할지 모르는 상태에서 연설을 시작해서 무슨 말을 했는지도 모르는 채 연설을 끝낸 것이다.

이 사례에서 우리는 다음의 사실을 배울 수 있다.

"생각이 정리되어 있지 않은 사람은 생각을 많이 할수록 더욱 혼란스러워진다."

영국의 철학자 허버트 스펜서(Herbert Spencer)의 말이다. 제대로 된 사람이라면 설계도 없이 집을 짓지 않을 것이다. 그렇다면 그는 왜 전체적인 윤곽이나 순서도 없이 연설을 시작했을까?

연설은 목적이 있는 항해다. 그러므로 항해 지도를 미리 작성해야 한다. 어딘지 모르는 곳에서 출발한 사람은 대개 어딘지 모르는 곳에 도착한다. 나는 다음과 같은 나폴레옹의 말을 대중연설을 공부하는 학생들이 모이는 전 세계 모든 건물의 현관에 새빨간 글씨로 새겨 놓고 싶다.

"전쟁의 기술은 과학이다. 철저히 계산되고 고려되지 않으면 그 어떤 것도 성공하지 못한다."

이 말은 전투만이 아니라 연설에도 해당된다. 하지만 연설가는 이 사실을 알고 있을까? 알고 있더라도 그 원칙을 지킬까? 절대 그렇지 않다. 많은 연설문의 계획이나 구성은 보통 아일랜드 스타일의 스튜를 만들 때 양고기, 감자, 양파, 당근 등 흔한 재료를 넣어 평범하게 끓이는 것과 같다.

아이디어를 살리는 연설에 필요한 최선의, 그리고 가장 효과적인 구성은 무엇일까? 누구도 스스로 연구하기 전에는 이 질문에 답하지 못한다. 그것은 언제나 새로운 문제임과 동시에 연설을 준비하는 사람이라면 반드시 자신에게 몇 번이나 묻고 답해야 하는 영원한 숙제다. 어떤 원칙에든 오류가 있긴 하지만, 우리는 여기서 구체적인 사례를 통해 정돈된 구성이 무엇을 의미하는지 알 수 있다.

• 대상을 받은 연설의 구성

다음의 글은 교육과정을 수강한 학생이 제13차 부동산중개인모임 전국연합연례회의에서 했던 연설이다. 여러 도시에서 제출된 스물일곱 편의 연설문을 누르고 대상을 수상한 이 연설은 구성이 좋고, 명확하며, 흥미로운 사실들을 제시했을 뿐 아니라 생명력과 속도감도 있어서 연구할 만한 가치가 있다.

"존경하는 의장님, 그리고 존경하는 회원 여러분.

144년 전, 위대한 미합중국은 필라델피아에서 탄생했습니다. 그러므로 이런 역사적인 기록을 갖고 있는 도시에 강한 미국 정신이 있고, 그 정신이 이 도시를 미국에서 가장 큰 산업중심지뿐 아니라 세계에서 가장 크고 가장 아름다운 도시 중의 하나로 만들었다는 사실은 당연합니다.

인구 200만 정도가 사는 필라델피아의 면적은 밀워키와 보스턴, 그리고 파리와 베를린을 모두 합친 것과 비슷합니다. 130제곱마일에 달하는 토지 중 8,000에이커 정도의 가장 좋은 땅을 공원, 광장, 거리로 만들어 지역 주민에게 휴식과 놀이를 위한 공간, 모범적인 미국인이라면 누구나 누려야 할 환경을 제공하고 있습니다.

회원 여러분, 필라델피아는 아름다운 도시일 뿐만 아니라 세계의 대규모 공장으로도 알려져 있습니다. 9,200개의 산업시설과 40만 명에 달하는 산업역군을 보유하여 근로일 기준으로 10분마다 10만 달러의 가치가 있는 유용한 상품을 생산하기 때문입니다. 어느 유명한 통계학자의 말대로 미국 내에는 양모, 가죽 제품, 편물, 직물, 펠트 모자, 하드웨어, 공구, 축전지, 강선 및 기타 수많은 품목의 생산에서 필라델피아에 필적할 만한 도시가 없습니다. 우리는 밤낮을 가리지 않고 두 시간에 한 대씩 철도 차량을 만들고, 이 위대한 국가의 국민 절반 이상이 필라델피아에서 만든 시내 전차를 이용합니다. 우리는 1분마다 1,000개의 시가를 제조하고, 지난해에 우리 시에 있는 115개의 양말 공장에서는 우리 국민 수의 두 배에 달하는 스타킹을 만들었습니다. 또한 영국과 아일랜드의 생산량을 합친 것보다 더 많은 카펫과 러그를 생산합니다. 사실 지난해 370억 달러에 달한 어음 교환액이 미국 전체의 자유 공채를 전부 갚을 만한 액수에 해당될 정도로 필라델피아 전체의 상공업 규모는 어마어마합니다.

우리는 필라델피아가 놀라운 산업 발전과 더불어 의료, 예술, 직업의 중심지 중 하나라는 점에 자부심을 느끼지만, 그보다 이곳에 있는 수많은 주택을 더 자랑스럽게 생각해야 합니다. 필라델피아에는 39만 7,000채의 단독주택이 있는데, 이 주택들을 너비가 7.5미터가 되도록 한 줄로 늘어세우면 필라델피아에서 캔자스에 있는 이 컨벤션 홀을 통과해 덴버에 이르기까지 총 1,881마일에 달하는 길이가 됩니다.

그러나 제가 여러분의 특별한 관심을 받고자 하는 이유는 우리 도시의 노동자들이 이렇게 많은 주택들을 가지고 있거나 그곳에서 거주하고 있다는 사실 때문입니다. 자신에게 거주할 수 있는 땅과 지붕이 있을 때, 사람들로 하여금 사회주의나 볼셰비즘이라고 알려진 수입된 질병에 걸리게 하는 IWW, 즉 세계산업노동자동맹 같은 논쟁은 발생하지 않습니다.

필라델피아는 유럽의 혼란이 자라나기에 좋은 땅이 아닙니다. 우리 필라델피아의 가정, 교육제도, 거대 산업은 우리 시에서 탄생한 진정한 미국 정신에 의해 만들어진, 우리 선조들의 유산이기 때문입니다. 필라델피아는 이 위대한 나라의 어머니 도시이자 미국 자유의 발상지이며 최초로 미국 국기가 만들어진 도시입니다. 또한 제1차 미합중국 대륙회의가 개최된 곳이자 독립선언문 서명이 이루어진 도시이며, 미국에서 가장 사랑받는 유물인 자유의 종이 수만 명의 남자와 여자, 어린이의 가슴을 뛰게 하던 도시입니다.

따라서 우리에게는 황금 송아지를 경배하는 것이 아닌, 미국의 정신을 널리 알리고 자유의 불꽃을 계속 타오르게 할 신성한 임무가 있다고 믿습니다. 하나님의 허락 아래, 워싱턴과 링컨, 그리고 시어도어 루스벨트 정부는 전 인류에게 정신적인 영감이 될 것입니다."

이 연설을 분석해 보자. 어떻게 구성되었으며, 어떤 효과를 가지는가? 우선 이 연설에는 시작과 끝이 있다. '친애하는 독자에게'와도 같은 첫 구절은 보기 드문 장점이다. 당신이 생각하는 것보다 훨씬 더 보기 드문 장점 말이다. 구체적인 지점에서 시작하는 이 연설은 날개를 펼친 기러기처럼, 지체하거나 잠깐의 시간도 낭비하지 않고 목적지로 바로 날아간다.

또한 이 연설문은 매우 신선하고 독창적이다. 연사는 다른 연사들이 자기 도시에 대해 말하지 못한 사실, 즉 자신이 사는 도시가 나라 전체의 탄생지임을 언급하며 연설을 시작한다.

그는 필라델피아가 세상에서 가장 크고 아름다운 도시 중 하나라고 말한다. 사실 이 말 자체 자체만 보면 일반적이고 진부하며 인상적이지도 않다. 이것을 알고 있었던 그는 '필라델피아의 면적은 밀워키와 보스턴, 파리와 베를린을 합친 것과 비슷하다.'라고 말함으로써 청중이 필라델피아의 규모를 시각화할 수 있도록 했다. 이런 방법은 명확하고 구체적임과 동시에 흥미롭고 놀라우며 시선을 집중시킨다. 통계치가 가득 적힌 종이 한 장을 제시하는 것보다 이런 표현이 더 명확한 인식을 갖는 데 도움이 된다.

그다음 그는 '필라델피아는 전 세계적인 대규모 공장으로 알려져 있다.'라고 말했다. 마치 선전문구처럼 과장된 것 같지 않은가? 만일 여기에서 그가 다음 문장으로 바로 넘어갔다면 아무도 그의 말을 확신하지 못했을 것이다. 하지만 그는 그러지 않았다. 그는 잠시 멈춰 '양모 제품, 가죽 제품, 편물, 직물, 펠트 모자, 하드웨어, 공구, 축전지, 강선' 등 필라델피아에서 생산되는 품목들 중 세계 시장을 선도하고 있는 것들을 열거한다. 이렇게 말하니 전의 문장과 달리 과장하는 느낌이 없다. 그렇지 않은가?

'필라델피아는 밤낮을 가리지 않고 두 시간에 한 대씩 철도 차량을 만들어 내고 국민 절반 이상이 필라델피아에서 만든 시내 전차를 타고 다닌다.'라는 말을 듣고 우리는 '음, 이건 몰랐던 사실이네. 아마 내가 어제 시내에 갈 때 탔던 전차도 필라델피아에서 만들었겠구나. 내일은 전차를 한번 살펴봐야겠다.'라는 생각을 하게 된다. 또한 '1분마다 1,000개의 시가 …… 남녀노소를 불문하고 우리나라 모든 국민 1인당 두 켤레의 스타킹……'이라는 구절에서 우리는 더 강한 인상을 받는다.

'그렇다면 내가 좋아하는 시가도 필라델피아에서 만들었을까? 그리고 내 양말도?'

다음에 연사는 무슨 말을 하는가? 필라델피아의 크기에 관한 주제로 돌아가서 미처 말하지 못한 사실을 다시 전달할까? 아니다. 전혀 아니다. 그는 한 가지 주제를 완전히 끝내면 다시 처음의 주제를 반복하지 않았다. 이 점에 대해서는 연사에게 고마워해야 한다. 저녁 무렵의 박쥐만큼이나 한 주제에서 다른 주제로 정신없이 왔다 갔다 하는 연사만큼 청중을 혼란스럽고 당황하게 하는 것은 없기 때문이다.

많은 연사들이 그렇게 자신이 하고 싶은 이야기를 순서대로 말하지 않는 실수를 저지르는 반면, 이 연사는 정해진 계획대로 진행한다. 절대 빈둥대거나 되돌아서지 않고, 왼쪽이나 오른쪽으로 빗나가지도 않는다. 그는 마치 자신이 연설에서 언급했던 철도 차량처럼 움직인다.

그가 자신의 연설 중 드러냈던 가장 취약한 부분은 '필라델피아는 이 나라에서 가장 큰 의료, 예술, 직업 중심지 중 하나'라고 단언한 것이다. 그는 이렇게 언급한 뒤 곧장 다른 이야기로 넘어간다. 생동감을 주어 생생하게 만들고 기억에 남도록 하기 위해 단지 열 개 남짓한 단어를 썼을 뿐이다. 여러 문장 속에 묻혀 가라앉아 있는 이 정도 개수의 단어로는 당연히 그렇게 하기가 어렵다. 어쨌든 그는 그 사실을 밝히는 데 극히 짧은 시간을 할애했고, 그 내용도 지나치게 일반적이고 모호하여 사람들에게 영향을 끼치지 못했다.

사실 그는 필라델피아가 세계의 공장이라는 사실을 이야기할 때

썼던 것과 같은 방법을 사용하면 된다는 것을 잘 알고 있었지만, 한 편으로는 시합할 때 스톱워치로 시간을 재는 것처럼, 자신에게 주어 진 시간이 5분이며 그것에서 단 1초도 넘기면 안 된다는 사실을 알 고 있었다. 때문에 그는 그 주제에 대해서는 간략하게 말하는 대신 다른 것을 강조해야 했다.

'필라델피아에는 전 세계 어느 도시보다 단독주택이 많다.'라는 문 장을 어떻게 더 인상적이고 설득력 있게 만들 수 있을까? 첫째, 그 는 39만 7,000이라는 숫자를 제시한다. 둘째, 그는 그 숫자를 시각화 한다.

'이 주택들을 너비가 7.5미터가 되도록 한 줄로 나란히 늘어놓는다 면 필라델피아에서부터 캔자스에 있는 이 컨벤션 홀을 통과해 덴버 에 이르기까지 총 1,881마일에 달하는 긴 줄이 될 것이다.'

청중은 아마 그가 이 문장을 끝낼 때쯤에는 앞에 말한 숫자를 잊어 버렸을지도 모른다. 하지만 이미지도 잊어버렸을까? 그렇지 않다.

딱딱한 자료적 사실에 대해서는 이 정도로만 해 두자. 하지만 연설 의 유창함은 사실 관계에서 나오는 것이 아니다. 클라이맥스 부분에 이르러 청중의 심금을 울리고 마음을 움직이려 했던 이 연사는 이제 마지막 부분에 이르러 감정적인 문제를 다룬다. 그는 집을 소유하고 있다는 것이 어떤 의미를 지니는지 얘기하고, '유럽의 혼란 …… 사 회주의나 볼셰비즘이라고 알려진 수입된 질병'을 비난하며, 이어 필 라델피아가 '미국 자유의 발상지'라고 찬양한다. 자유! 마법의 단어. 감정으로 가득 찬 단어, 수백만 명의 사람이 자신의 목숨을 바쳐 지 키고자 했던 자유. 이 구절은 그 자체로도 좋지만 청중이 소중하고 신성하게 여기는 역사적 사건과 기록에 대한 구체적인 언급을 통해 강화되어 더 큰 효과를 거둔다.

'필라델피아는 최초로 미국 국기를 만들었고 제1차 미합중국 대륙회의가 열린 도시이자 독립선언문 서명이 이루어진 도시이며 …… 자유의 종 …… 하나님의 허락 아래, 워싱턴과 링컨 그리고 시어도어 루스벨트의 정부는 인류에게 정신적인 영감이 될 것입니다.' 이 부분이 바로 진정한 클라이맥스다.

이 연설의 구성에 대해서는 이쯤 하자. 구성 면에서는 감탄할 만하지만 만일 아무런 기백이나 생기 없이 조용히 이루어졌다면 이 연설은 별 볼 일 없는 것이 되었을 것이다. 하지만 연사는 자신이 구성한 그대로, 깊은 진심에서 우러나온 감정과 열정을 담아 연설했다. 이 연설이 대상작으로 선정돼 시카고 컵을 받았다는 것은 전혀 놀랄 일이 아니다.

· **콘웰 박사가 연설을 준비하는 방법**

앞서 이미 말한 대로, 연설 구성 시 발생할 수 있는 문제점을 해결하는 완벽한 규칙은 없다. 대부분의 연설에 맞는 설계, 구조 혹은 지도 같은 것도 없다. 하지만 여기 유용한 연설 구성 몇 개를 제시해 보겠다. 《다이아몬드의 땅(Acres of Diamonds)》이라는 책의 저자 러셀 H. 콘웰(Russell Herman Conwell)은 언젠가 내게 자신의 수많은 연설을 다음의 순서로 구성했다고 말한 적이 있다.

1. 말하고자 하는 사실을 제시하라.

2. 사실로부터 논의하라.

3. 행동에 호소하라.

이 교육과정에 참여한 많은 학생은 이 계획이 도움과 자극이 된다는 것을 확인했다. 다음과 같이 간추릴 수도 있다.

1. 잘못된 것을 보여 주기

2. 어떻게 잘못을 고칠지 생각하기

3. 협조 구하기

또 다른 식으로 표현하면 다음과 같다.

1. 여기 개선이 필요한 상황이 있다.

2. 이 문제에 대해 우리는 이렇게 대응해야 한다.

3. 이것을 위해 당신은 이렇게 도와야 한다.

이 책의 15장 '행동을 이끌어 내는 방법'에는 이와 다른 연설 구성이 들어 있다. 그 부분을 요약하면 다음과 같다.

1. 흥미를 끌어내라.

2. 신뢰를 얻어 낼 자격을 갖춰라.

3. 사실을 제시하고 당신 주장에 대한 장점을 이해시켜라.

4. 사람들을 행동하게 하는 동기에 호소하라.

이 내용에 관심이 있는 사람은 지금 15장을 펼쳐 자세히 살펴보기 바란다.

• 베버리지 상원의원이 연설을 준비하는 방법

상원의원 앨버트 J. 베버리지(Albert J. Beveridge)는 《대중연설법 (The Art of Public Speaking)》이라는 매우 짧고 실용적인 책에서 다음과 같이 말했다.

> 연사는 자신의 주제에 대해 완벽히 알고 있어야 한다. 이것은 그 주제에 대한 모든 사실을 모으고, 정리하고, 연구하고, 그 내용을 충분히 소화하고 있어야 함을 의미한다. 데이터뿐만 아니라 모든 면에서 말이다. 그리고 그것들이 단지 가정이나 입증되지 않은 주장이 아니라 확실한 사실임을 확인해야 한다. 그 어떤 것도 당연하게 받아들이지 말고 모든 항목을 검토하고 확인하라. 이것은 고통스러운 과정일 것이다. 하지만 그래서 뭐가 어떻단 말인가? 당신은 지금 시민들에게 정보를 제공하고 충고하는 사람, 당신 자신을 권위자라고 내세우는 사람이지 않은가? 그러니 어떤 문제에 관한 사실을 모으고 정리하여, 그것에서 나온 해결책에 대해 철저히 생각하라. 그럼으로써 당신의 연설은 독창성과 고유의 힘을 지니게 될 것이다. 즉, 생명력이 있고 보다 강해질 것이다. 그런 뒤 당신의 생각을 가능하면 명확하고 논리적으로 기록하라.

그의 이야기를 달리 표현하자면, 사실의 양면 그리고 그 사실들에서 나온 명확하고 구체적인 결론을 제시하라는 것이다.

• 우드로 윌슨의 요지 구성법

제28대 미국 대통령인 우드로 윌슨(Woodrow Wilson)에게 자주 사용하는 연설 준비 방법을 물었더니 그는 이렇게 대답했다.

"나는 내가 다루고 싶은 소재를 나열해 마음속에서 그것들의 자연스런 관계를 정리하며 시작합니다. 즉, 요지를 구성하는 것입니다. 그리고 그것들을 빠르게 기록합니다. 나는 시간을 절약하기 위해 속기하는 습관을 가지고 있습니다. 그런 다음 속기한 내용을 타이핑하면서 구절도 바꾸고 문장을 수정하고 소재도 추가합니다."

루스벨트는 자신만의 방법으로 연설을 준비했다. 그는 모든 사실을 찾아내 그것을 검토하고 평가하여 사실 관계를 결정한 뒤, 흔들리지 않을 정도의 확신을 가지고 자신의 결론에 도달했다. 그런 다음 종이를 가져와 자신이 말하는 것을 받아 적게 했는데, 그럴 때는 구술하는 속도를 빨리 함으로써 연설문 안에 속도감과 즉흥성 그리고 생동감이 느껴지도록 만들었다. 그러고서 타이핑된 원고를 보며 수정하거나 삽입 또는 삭제하면서 연필 자국으로 종이를 채운 뒤 전체를 다시 구술했다. 그는 이렇게 말했다.

"나는 많은 수고를 들여 최선의 판단을 하고, 미리 계획하며 작업하지 않고서는 어떤 결과를 만들어 낸 적이 단 한 번도 없다."

때때로 그는 비평가들을 불러 자신의 구술을 선보이거나 직접 그들에게 읽어 주었다. 이미 되돌릴 수 없을 정도로 마음을 확고히 먹은 그는 자신의 말이 현명한가를 두고 그들과 토론하는 것을 거절했다. 그가 듣고 싶은 것은 '무엇을 말할 것인가'가 아니라 '어떻게 말해야 하는가'였다. 그는 타이핑한 원고를 몇 번이나 검토하고 수정했다. 신문에 실린 그의 연설문은 모두 이러한 과정을 거친 것들이었다. 물론 그는 연설문을 외우지 않고 즉흥적으로 연설했기 때문에 가끔은 그가 실제로 한 연설과 신문에 실린 연설문에 조금 차이가 있긴 하다. 하지만 그의 연설 수정 작업은 굉장히 훌륭했다. 이 과정을 통해 그는 자신이 가지고 있는 자료에 익숙해졌을 뿐 아니라 자신이 전달하려는 내용의 요지에 맞게 그것을 정리할 수 있었다. 또한 다른 어떤 과정에서도 얻기 힘든 매끄러움과 확실성, 그리고 세련미를 가지는 데도 이 방법은 도움이 되었다.

영국의 저명한 물리학자인 올리버 로지(Oliver Lodge) 경은 내게 말하길, 빠른 속도로 내용을 담아 마치 실제 청중에게 하듯 연설문을 구술해 보는 것은 매우 뛰어난 준비 과정이자 훈련이라고 말했다. 이 교육에 참여한 많은 수강생은 자신의 연설을 녹음기에 담아 연습하고 듣는 과정에서 상당히 많은 것을 얻었다. 뭔가를 깨우치게 되는가 하면 때로는 환상이 깨지거나 벌을 받는 듯한 느낌도 들 수 있지만, 무척 유용한 것이기에 나는 이 훈련을 적극적으로 추천한다. 당신이 전달하고자 하는 것을 실제로 써 보는 것은 당신으로 하여금 생각하게 하고, 그것을 명료하게 만들어 주며, 기억에 각인시킨다. 더불어 당신의 지적인 방황도 최소로 줄이고 어휘력 또한 향상시킨다.

• 벤저민 프랭클린의 옛날이야기 활용법

벤저민 프랭클린은 자서전에서 자신이 어떻게 어휘력을 향상시켰고, 어떻게 어휘 활용력을 계발했으며 어떻게 생각을 정리하는 방법을 익혔는지 이야기했다. 그의 생에 관한 이 책은 문학 고전이기도 하지만 다른 고전들과 달리 매우 쉽게, 또 속속들이 즐길 수 있다. 평이하고 직설적인 문장들 또한 영문(英文)의 모범이 되므로 비즈니스맨이라면 누구나 이 책을 재밌게 읽고 많은 것을 배울 수 있을 것이다. 여러분 역시 이 책을 좋아하기를 바라며 그중 일부를 발췌해 여기에 싣는다.

이 시기에 나는 우연히 정치 주간지인 〈스펙테이터(Spectator)〉를 읽게 되었다. 나는 한 번도 그런 책을 본 적이 없었다. 나는 그 책을 사서 몇 번이나 읽으면서 큰 즐거움을 느꼈다. 글이 매우 뛰어나서 가능하다면 모방하고 싶을 정도였다. 이런 생각으로 나는 각 문장의 개요를 짧게 메모하고 며칠 동안 그대로 두었다. 그리고 책을 보지 않은 채 그 문장을 완성시키려고 노력했다. 메모된 각각의 요지를 상세히 표현하고 적합하다고 여겨지는 단어는 뭐든 사용해서 전에 표현되어 있던 것만큼 충분히 표현하려 애썼다.

이렇게 한 다음 내가 쓴 〈스펙테이터〉를 원래의 것과 비교해 내가 잘못 쓴 부분을 찾아 교정했다. 그 과정에서 만일 내가 운문 짓는 법을 훈련했더라면 더 많은 단어를 알고 있었을 것이고 또 그것들을 자유롭게 사용할 수 있었을 것이라는 사실을 깨달았다. 같은 의미를 가지면서 강약을 맞추기 위해 길이가 다른 단어를 찾거나, 운을 맞추기 위해 소리가 다른 단어를 끊임없이 찾는 일은 나로 하여금 항상 다양함을 추구하게 만들었을 것이고, 그 다양함을 확실히 익힘으로써 그런 일에도 능숙해졌을 것이기 때문이다. 그래서 나는 가끔 옛날이야기 가운데 일부를 골라 운문으로 만든 뒤, 원래의 내용을 완전히 잊을 때쯤 되면 그것을 다시 산문으로 만들어 보았다. 때로는 내가 적어 놓은 메모를 섞어 놓고 몇 주를 보낸 뒤, 내가 보기에 가장 좋은 순서가 되도록 추려내 완벽한 문장을 만들고 글을 완성했다. 이것은 나 자신에게 생각을 가다듬는 법을 가르치기 위한 것이었다. 나는 내가 작업한 것을 나중에 원본과 비교하면서 잘못된 부분을 찾아 고쳤다. 하지만 운 좋게도 때로는 사소한 부분에서 원문보다 더 나은 글을 썼다고 느끼기도 했다. 그럴 때면 나도 언젠가는 내가 그렇게 바라는 '글을 잘 쓰는 사람'이 될 수 있지 않을까 하는 강한 희망을 가질 수 있었다.

• 메모를 정리하고 선별하라

당신은 앞에서 '메모를 하라'는 조언을 들었다. 당신이 가진 다양한 생각과 사례들을 종이에 적은 다음 그것들을 가지고 놀이를 해라. 이렇게 모은 메모 묶음은 당신이 할 연설의 주요 내용이 되어야 한다. 그것들을 더 작은 단위로 나눠라. 필요 없는 부분은 버리고 가장 알차고 좋은 알맹이만 남겨라. 때론 그것조차도 사용하지 않고 구석에 두어야 한다. 제대로 작업을 한다면 누구든 자신이 모은 재료의 일부분밖에 사용할 수 없다. 연설문이 완성되기까지 이 수정 작업을 멈춰서는 안 된다. 심지어 연설문이 완성된 후에도 '이런 내용을 여기에 넣고, 이렇게 개선하고 다듬었어야 하는데…….' 하는 아쉬움이 들 때가 있다. 좋은 연설가는 보통 연설을 마치고 나서 다음과 같은 네 종류의 연설이 있음을 알게 된다. 하나는 자신이 준비한 연설, 다른 하나는 그가 실제 전달한 연설, 또 다른 하나는 그가 연설했다고 신문에 난 연설, 마지막은 집으로 돌아가는 길에 '이런 식으로 할걸.' 하고 후회하는 연설이다.

• 연설할 때 메모를 사용해야 할까?

즉흥 연설의 대가였던 링컨조차 대통령이 된 후로는 그 어떤 비공식적인 연설을 할 때에도 연설문을 미리 작성하지 않은 적이 없었다. 물론 그는 취임 연설 때에도 연설문을 읽어야 했다. 정부 공식 문서의 구체적인 어구들은 무척 신중히 선정해야 했기 때문이다. 하지만 그가 일리노이에 있을 때에는 연설을 할 때 메모도 사용하지 않았다. 그는 '메모는 언제나 청중을 피곤하게 하고 혼란스럽게 한다'고 말했다.

우리들 중 링컨의 말에 반박할 수 있는 사람이 있을까? 메모가 연설의 흥미를 떨어뜨리지는 않는가? 메모가 연사와 청중 사이에 존재해야 할 소통과 친밀감을 감소시키지는 않는가? 메모가 인위적인 느낌을 만들지는 않는가? 메모가 청중으로 하여금, 연사라면 반드시 가져야 할 자신감 혹은 여분의 능력에 대한 신뢰를 가지지 못하게 하지는 않는가?

다시 말하지만 준비를 할 땐 메모를 해야 한다. 그것도 정성을 다해서 말이다. 혼자 연습할 때 메모가 더 보고 싶을 수도 있다. 청중 앞에 있을 때도 메모지가 주머니에 있다면 마음이 더 편해질 수도 있다. 하지만 그것들은 기차의 침대 차량에서 쓰는 망치와 톱, 도끼처럼 비상 도구의 역할만 해야 한다. 다시 말해 차량 전복이나 파손 등 죽음이나 재난의 위협을 당하는 경우에만 사용해야 한다는 뜻이다. 만약 메모를 사용해야 한다면, 커다란 종이에 큰 글자로 간략하게 적어라. 그리고 연설할 장소에 미리 가서 단상 위에 있는 책들 사이에 숨겨 놓아라. 꼭 봐야 할 때에만 보고, 이러한 약점을 청중에게 들키지 말라. 존 브라이트는 메모지를 자기 앞에 둔 모자 안에 숨겨 놓곤 했다.

하지만 메모를 이용하는 것이 현명할 때가 있다. 예를 들어, 연설을 몇 번 해 보지 않은 사람이라면 긴장감과 강한 자의식 때문에 미리 준비한 것들이 하나도 기억나지 않을 수도 있다. 그 결과는 어떨까? 연설은 이상한 곳으로 흘러갈 것이고, 연사는 힘들게 준비한 내용을 다 잊어버린 채 올바른 길을 벗어나 늪지에 빠져 허둥댈 것이다. 이런 사람들은 연설에 익숙해질 때까지 짧게 요약된 메모를 손에 가지고 다니는 것이 낫다. 아이들은 처음 걸음마를 시작할 때 가구를 잡고 일어선다. 하지만 그 기간은 그리 길지 않다.

• 연설문을 외우려 하지 마라

연설문을 글자 그대로 읽거나 외우려 하지 마라. 그것은 시간 낭비일 뿐만 아니라 연설을 실패작으로 만들기 때문이다. 이렇게 경고했음에도 여러분 중에는 이 방법을 시도하는 사람들이 있을 것이다. 연설문을 몽땅 외운 연사는 청중 앞에 서서 과연 뭘 생각하게 될까? 자신이 하고 싶은 말? 아니다. 그는 자신이 외운 어구를 정확히 기억해 내기 위해 노력할 것이다. 인간의 정신은 대개 작동하는 것과 정반대로, 즉 앞이 아닌 뒤로 생각을 진행한다. 당신과 당신의 연설은 전체적으로 딱딱하고 차가우며 아무런 개성도 없는 비인간적인 느낌을 줄 것이다. 나는 당신이 이런 일로 시간과 에너지를 낭비하지 않았으면 좋겠다.

중요한 만남이 있을 때 당신은 의자에 앉아서 할 말을 일일이 외우는가? 물론 그렇지 않을 것이다. 당신은 말할 내용이 명확히 정리될 때까지 심사숙고하고, 약간의 메모와 서류를 뒤져볼 수도 있다. 그리고 이런 생각을 한다. '이런 점에 대해 말해야겠군. 이 일을 해야 하는데, 이런 이유 때문이라고 하면 되겠지…….' 그러고는 이유를 나열하고 구체적인 사례도 덧붙인다.

사업상의 만남을 준비하는 방식도 이와 동일하지 않은가? 그런데 왜 연설을 준비할 때는 이런 상식적인 방법을 사용하지 않는가?

• 애퍼매톡스의 그랜트 장군

남북전쟁 당시 남부 측의 로버트 E. 리(Robert E. Lee) 장군이 버지니아 주의 애퍼매톡스(Appomatox) 청사에서 항복하며 조건을 적어 달라고 했을 때, 북부 연합군의 수장이었던 그랜트 장군은 파커 장군을 돌아보며 펜과 종이를 달라고 했다. 그랜트 장군은 자서전에서 다음과 같이 밝혔다.

항복 조건을 적을 때 어떤 말을 써야 할지 나는 전혀 몰랐다. 내가 아는 것은 내 생각뿐이었으니 나는 오해의 여지가 없을 정도로만 내 생각을 명확히 표현하고자 했다.

그랜트 장군은 어떤 말로 문서를 시작해야 할지 몰랐지만, 확고한 생각을 가지고 있는 것만으로도 충분했다. 그에게는 확신이 있었고, 간절히 그리고 명확하게 뭔가를 말하고 싶어 했다. 그 결과, 의식적으로 노력하지 않았음에도 그랜트가 자주 쓰는 구절들이 저절로 튀어나왔다. 다른 사람들도 마찬가지다. 의심스럽다면 길거리 청소부 한 사람을 때려눕혀 보라. 벌떡 일어선 그가 무슨 말을 해야 할지 몰라서 말을 더듬는 일은 전혀 없을 테니까.

2,000년 전 고대 로마의 시인 호라티우스(Horatius)는 이렇게 적었다.

어떻게 말할까 고민하지 말고 오직 사실과 생각을 추구하라.
그러면 말은 찾지 않아도 넘쳐날 것이다.

생각을 완벽하게 정리한 다음 연설의 처음부터 끝까지 연습하라. 길을 걷거나, 버스나 엘리베이터를 기다리는 동안 조용히 마음속으로 연습해 보라. 혼자 방에 있을 때는 큰 목소리로 몸짓을 곁들여 생명과 열정을 담아 연설해 보라. 캔터베리의 캐논 낙스 리틀은 "성직자는 같은 설교를 열 번 이상 해야 진짜 메시지를 전할 수 있다."라고 말했다. 그렇다면 당신이 그 정도의 연습을 하지 않고서 진짜 메시지를 전하는 것은 가능할까? 연습할 때는 당신 앞에 진짜 청중이 있다고 상상하라. 이런 상상을 정말 실감나게 한다면 당신은 실제 청중 앞에서도 그 상황을 이미 겪은 것처럼 자연스럽게 여길 수 있다. 많은 범죄자가 교수대로 향하면서 허풍을 떨 수 있는 것도 이 때문이다. 그들은 수천 번 머릿속에서 그 상황을 그려왔기에 두려워하지도 않고, 실제 처형을 당하는 순간조차 예전에 몇 번이나 겪은 일처럼 느낀다.

• 농부는 왜 링컨이 게으르다고 생각했을까

이런 방식의 연설 연습법은 많은 유명 연설가가 보여 준 예를 충실히 따르는 것이다. 로이드 조지는 고향 웨일스에 있는 토론 모임의 회원이던 시절, 종종 시골길을 따라 걸으면서 나무와 울타리를 청중 삼아 몸짓을 섞어 가며 연습했다.

젊은 시절 링컨은 브레켄리지와 같은 유명 연설가의 연설을 듣기 위해 왕복 40마일가량 되는 거리를 걸어 다녔다. 연설을 듣고 집으로 돌아오는 길에 그는 굉장히 흥분해서 연설가가 되겠다고 결심했고, 가끔은 들판에서 일하던 다른 일꾼들을 불러 모으고 그루터기 위에 올라가 연설을 했다. 그러자 사장은 화가 나서 이 '게으른 놈'이 농담과 연설로 다른 일꾼을 망쳐 놓는다고 고함을 질렀다.

영국의 총리였던 하버트 애스퀴스(Herbert Asquith)는 옥스퍼드에 있는 학생 토론 모임에 적극 참여하면서 처음으로 연설을 익혔다. 그리고 그는 후에 직접 토론 모임을 창설했다. 우드로 윌슨도 토론 모임에서 연설하는 법을 익혔다. 헨리 워드 비처나 위대한 에드먼드 버크(Edmund Burke) 역시 마찬가지였다. 노벨 평화상을 받은 일라이휴 루트(Elihu Root)는 뉴욕 23번가에 있는 YMCA에서 열린 문학 모임에 참가하며 연설 실력을 길렀다.

유명 연설가의 경력을 보면 공통점을 발견할 수 있다. 바로 누구보다 열심히 연습했다는 것이다. 그리고 지금이 교육과정에서 가장 빠르게 실력이 향상되는 사람 역시 꾸준히 연습하는 자다.

연습할 시간이 없다고? 그렇다면 조지프 초트가 사용했던 방식을 사용하라. 그는 조간신문 한 부를 사서 그 속에 머리를 파묻었다. 그러면 방해하는 사람이 없었다. 의미 없는 스캔들과 사건 기사를 읽는 대신 그는 그런 모습으로 연설을 구상하고 기획했다. 천시 M. 데퓨는 철도회사 사장과 미국 상원의원을 지내며 무척 바쁜 삶을 살았다. 하지만 그는 거의 매일 저녁 연설을 했다.

"나는 연설이 내 사업을 방해하게 놔둘 생각이 없었습니다. 그래서 퇴근하고 저녁 늦게 집으로 돌아온 뒤에야 연설을 준비할 수 있었지요."

누구나 하루 중 3시간 정도는 자신이 원하는 일을 할 수 있다. 건강에 문제가 있던 다윈도 24시간 중 3시간을 현명하게 사용함으로써 유명해졌다.

루스벨트는 대통령으로 재임하던 시절 종종 오전 내내 짧은 인터뷰를 해야 했다. 하지만 그는 약속 사이사이에 생기는 몇 분의 여유라도 활용하기 위해 늘 책을 가지고 다녔다.

만일 시간이 부족하다면 아널드 베넷(Arnold Bennett)의 《하루 스물네 시간으로 살아가기》란 책을 읽어 보기 바란다. 그 가운데 100여 장을 뜯어내어 주머니에 넣고 여유가 날 때마다 읽어라. 나는 그런 식으로 이틀 만에 그 책을 다 읽었다. 그 책은 시간을 아끼는 법과 하루를 효율적으로 사용하는 방법을 가르쳐 준다.

당신에게는 규칙적인 작업으로부터의 변화와 여유가 필요하다. 가능하다면 이 과정에 참여한 다른 사람들과 함께 1주일에 한 번 정도 만나 연설 연습을 해라. 만약 시간이 없다면 가정에서 가족과 함께 즉흥 연설을 하는 놀이를 하는 것도 좋다.

• 더글러스 페어뱅크스와 찰리 채플린이 하던 놀이

영화배우 더글러스 페어뱅크스(Douglas Fairbanks)와 찰리 채플린이 충분한 휴양을 즐겨도 될 정도의 돈을 벌었다는 것은 잘 알려진 사실이다. 하지만 그러한 부와 명성에도 불구하고 그들에게 있어 저녁시간을 보내기에 가장 좋은 오락거리는 바로 즉흥 연설을 하는 것이었다. 몇 해 전 페어뱅크스는 〈아메리칸 매거진(American Magazine)〉에 기고한 글에서 다음과 같은 이야기를 했다.

어느 날 저녁, 나는 가벼운 농담을 하면서 찰리 채플린을 청중에게 소개하는 척했다. 물론 듣는 이는 아무도 없었지만 말이다. 그러자 그는 조금도 망설이지 않고 자리에서 일어나 보이지 않는 관중에게 능청스럽게 자신을 소개했다. 그날 한 가지 게임이 생겨났고 그때부터 우리는 거의 매일 저녁 그 게임을 한다. 메리 픽포드(Mary Pickford)와 나 그리고 채플린, 이 셋은 쪽지에 각각 한 가지 주제를 적은 뒤, 그것들을 모아서 섞은 다음 한 장씩 뽑는다. 어떤 단어가 뽑히든 각자 1분 동안 그 단어를 주제로 연설해야 한다. 단, 같은 단어는 사용하지 않으면서 연설이 새롭게 만들어지게 했다. 또한 우리는 온갖 종류의 단어를 사용했다.

어느 날 '믿음'과 '전등갓'이라는 두 개의 단어가 제시되었다. 그 가운데 '전등갓'이라는 단어가 내 몫이었다. 나는 그 주제로 1분 동안 연설을 하느라 어느 때보다 진땀을 흘렸다. 쉽다고 생각되는 사람은 한번 시도해 보라. '전등갓은 두 가지 용도가 있다. 하나는 불빛을 부드럽게 하는 것, 다른 하나는 장식의 효과다.' 당신이 나보다 전등갓에 대해 더 많은 것을 알고 있지 않다면, 이게 전부다. 어쨌든 나는 어렵게 연설을 끝냈다.

여기서 내가 말하고자 하는 것은 이 게임을 시작한 후부터 우리 세 사람은 무척 예민해졌다는 것이다. 우리는 잡다한 주제에 대해 상당히 많은 것을 알게 되었다. 그러나 그보다 훨씬 중요한 사실은 우리가 어떤 주제에 대해서든 아주 짧은 시간 안에 우리가 알고 있는 지식과 생각을 결합하고 그것을 간략하게 제시하는 법을 배우고 있다는 점이다. 우리는 남들 앞에 서서 생각하는 법을 배우고 있다. '배우고 있다'고 현재형으로 말하는 이유는 우리가 아직도 이 게임을 하고 있기 때문이다. 거의 2년 동안 우리는 이 게임에 싫증 난 적이 없는데, 그것은 우리가 여전히 성장하고 있음을 의미한다.

유명 연사들의 연설 준비 방법

1. 나폴레옹은 "전쟁의 기술은 과학이다. 철저히 계산되고 고려되지 않으면 그 어떤 것도 성공하지 못한다."라고 말했다. 이 말은 전투뿐만 아니라 연설에서도 유용하다. 연설은 항해다. 따라서 미리 항해 지도를 준비해야 한다. 어딘지 모르는 곳에서 출발한 사람은 대개 어딘지 모르는 곳에 도착한다.

2. 생각을 정리하고 연설을 구성하는 것에 관한 규칙들 중 아무런 오류도 가지지 않은 것은 없다. 각각의 연설에는 그 나름의 문제가 있기 마련이다.

3. 연설가가 한 가지 내용을 다룰 때는 철저히 다루어야 하며 나중에 그 내용을 다시 언급하지 않는 것이 좋다. 일례로 필라델피아를 주제로 하여 대상을 받은 연설을 살펴보라. 저녁 무렵의 박쥐만큼이나 종잡을 수 없게, 한 주제에서 다른 주제로 훌쩍 넘어갔다가 되돌아오는 모습을 보이지 마라.

4. 콘웰 박사는 연설문을 만들 때 다음과 같은 구성을 사용했다.

    1) 말하려는 사실을 제시하라.

    2) 사실로부터 논지를 발전시켜라.

    3) 행동에 호소하라.

5. 다음과 같은 구성도 도움이 될 것이다.

    1) 잘못된 것을 제시하라.

    2) 잘못된 것을 어떻게 고칠지 제시하라.

    3) 협조를 구하라.

6. 잘된 연설 계획의 예다. (이에 관한 자세한 정보는 15장을 참고하라.)

　1) 흥미를 이끌어 내라.

　2) 신뢰를 얻어라.

　3) 자신의 경험을 제시하라.

　4) 사람들이 행동하게 하는 동기에 호소하라.

7. 앨버트 J. 베버리지 상원의원은 이렇게 조언했다.

　"당신이 다루는 주제의 양면에 관한 모든 사실을 수집·정리하고 연구하여 그 내용을 충분히 소화해야 한다. 그것들이 사실임을 증명하라. 그리고 그 사실에서 도출되는 해법에 대해 당신 스스로 철저히 검토하라."

8. 연설을 하기 전에, 링컨은 수학적 정밀함을 가지고 결론을 내렸다. 마흔 살에 의원이 된 후에 그는 유클리드를 공부했다. 궤변을 밝혀내고 자신의 결론을 제시하기 위해서였다.

9. 루스벨트는 연설을 준비할 때, 모든 사실을 확인하고 평가한 뒤 매우 빠르게 구술하고 그것을 타이핑한 원고를 수정한 다음 마지막으로 한 번 더 구술했다.

10. 가능하다면 연설을 녹음한 한 후에 들어 보라.

11. 메모는 연설에 대한 청중의 관심을 반감시킨다. 메모를 피해라. 무엇보다 연설문을 읽지 마라. 청중은 그 모습을 참을 수 없을 것이다.

12. 연설문에 대한 구상이 끝났다면 거리를 걸으며 조용히 연습하라. 또한 혼자 있을 장소를 찾아서 처음부터 끝까지 연설을 연습하되 제스처와 함께 열정적으로 연습하라. 당신 앞에 진짜 청중이 있다고 생각하면서 말이다. 연습을 하면 할수록 실제 연설에서 편안한 마음을 갖게 될 것이다.

기억력을
향상시키는 방법

"사업에 있어 가장 짜증나고 비싼 대가를 치러야 하는 것 중 하나는 건망증이다. …… 어떤 인생길을 걸어가건 좋은 기억력은 측정할 수 없는 가치를 지닌다."

- 〈새터데이 이브닝 포스트(Saturday Evening Post)〉

"오래전에는 알고 있었지만 지금은 잊어버린 것을 다시 익히며 시간을 보내는 사람은 자신의 것을 유지할 뿐이지만, 한 번 습득한 것을 절대 놓치지 않는 사람은 언제나 성취하고 진보한다."

- 윌리엄 제임스(William James) 교수

"중요하다고 생각하는 것에 대해 연설하려 할 때, 나는 과연 내가 청중에게 전달하고자 하는 것이 무엇인지 생각해 본다. 나는 사실이나 주장을 적지 않는다. 대신 떠오르는 논지와 사실의 흐름을 두서너 장 정도의 종이에 메모한다. 그리고 구체적인 구절들은 연설을 할 때 떠오르는 것을 사용한다. 때로 짧은 구절들은 정확성을 기하기 위해 기록해 놓기도 하는데, 그런 것들의 대부분은 맺음말이나 결구다."

- 존 브라이트(John Bright)

4
기억력을
향상시키는 방법

저명한 심리학자 칼 시쇼어(Carl Seashore) 교수는 다음과 같이 말했다.

"보통 사람은 자신이 실제 물려받은 기억력의 10퍼센트도 사용하지 못한다. 우리는 기억의 자연법칙을 위반하고 90퍼센트를 낭비하고 있다."

당신 역시 이런 보통 사람에 속하는가? 만약 그렇다면 당신은 사회적이고 금전적인 제약 안에서 발버둥 칠 것이다. 따라서 이 장의 내용은 당신에게 충분히 흥미롭고 유익할 것이다. 이 장에서는 '기억의 자연법칙'을 묘사·설명하고 있으며 연설이나 사업에서 이 법칙을 어떻게 활용할 수 있는지 보여 준다.

'기억의 자연법칙'은 아주 단순해서 그저 세 개의 법칙만 알면 된다. 소위 '기억 체계'라는 것은 이 법칙에 기반을 두고 있다. 간략히 말하자면 그 세 가지는 인상, 반복, 결합이다.

좋은 기억력을 갖기 위한 첫 번째 규칙은 '마음에 간직하고 싶은 것들에 대해 깊고 생생한, 지워지지 않을 인상을 가질 것'이다. 그러기 위해서는 집중이 필요하다. 시어도어 루스벨트는 놀라운 기억력으로 그를 만나는 사람마다 깜짝 놀라게 했다. 이런 탁월한 능력은 그가 사람들의 인상을 물이 아닌 철판에 기록하기 때문에 얻어진 것이다.

그는 끊임없이 연습하여 열악한 상황에서도 집중할 수 있도록 자신을 단련했다. 1912년 시카고에서 열린 불무스(BullMoose) 전당 대회 당시 그는 콩그레스 호텔에 대회 본부를 설치했다. 도로에 몰려든 군중은 깃발을 흔들며 "테디! 테디!" 하고 외쳤고, 그들의 함성에 맞춰 밴드는 연주를 했다. 많은 정치인이 정신없이 왔다 갔고 수시로 집회와 회의가 열렸다. 하지만 루스벨트는 그 모든 상황을 잊은 듯 흔들의자에 앉아 그리스 역사서 《헤로도토스》를 읽고 있었다. 브라질의 황량한 지역을 여행할 때도 마찬가지였다. 저녁 무렵 캠프장에 도착하자마자 그는 커다란 나무 아래 마른 곳에 간이 의자를 꺼내 앉아 기번이 쓴 《로마제국쇠망사》를 읽기 시작했다. 그는 곧 책에 빠져들어 비가 내리는 것도, 캠프장의 소음과 움직임도, 열대 우림에서 들려오는 소리도 다 잊은 듯했다. 그가 책의 내용을 기억한다는 것은 조금도 놀랄 일이 아니었다.

집중하며 보낸 5분은 의식이 몽롱한 상태로 보낸 여러 날보다 더 나은 결과를 가져온다. 헨리 워드 비처는 이렇게 적었다.

"꿈꾸듯 보낸 몇 년보다 집중한 한 시간이 더 낫다."

또한 베들레헴 스틸의 사장으로 1년에 100만 달러 이상을 벌어들이는 유진 G. 그레이스는 이렇게 말했다.

"내가 배운 것 가운데 가장 중요한 것은 '지금 하고 있는 일에 집중하라'는 것이다. 나는 매일 어떤 상황에서라도 그것을 위한 훈련을 한다."

이것이 기억력을 향상시키는 비결 가운데 하나다.

• 인식의 능력

토머스 에디슨(Thomas Edison)은 직원 가운데 스물일곱 명이 6개월 동안 매일같이 그의 전구 공장에서 뉴저지 주에 있는 본사 공장으로 이동할 때 딱 한 길만을 이용한다는 사실을 발견했다. 그런데 그들 중 그 길에 있는 벚나무의 존재를 알고 있는 사람은 단 한 명도 없었다.

에디슨은 이렇게 말했다.

"보통 사람의 뇌는 눈에 보이는 것 가운데 수천 분의 일도 인식하지 못한다. 우리가 가진 인식, 진정한 인식의 능력은 거의 믿기지 않을 정도로 형편없다."

어떤 사람에게 당신의 친구 두세 명을 소개했다고 하자. 만약 그가 평범하다면 2분만 지나도 소개받은 사람들의 이름을 하나도 기억하지 못할 가능성이 높다. 왜 그럴까? 그것은 그가 처음에 충분한 관심을 가지지 않았고, 그래서 그들을 정확하게 인식하지 않았기 때문이다. 당신은 그에게 기억력이 좋지 않다고 말할지 모르지만 실은 그렇지 않다. 그는 다만 관찰력이 좋지 않은 것이다. 그는 안개 속에서 찍은 사진이 잘 나오지 않았다고 해서 카메라 탓을 하진 않을 것이다. 하지만 그는 자신의 정신이 몽롱하고 흐릿한 인상을 지우지 않기를 기대한다. 물론 그런 일은 일어나지 않는다. 〈뉴욕 월드(New York World)〉를 창간한 퓰리처는 그의 편집실에서 근무하는 모든 직원에게 다음과 같은 세 단어를 책상에 적도록 했다.

정확성, 정확성, 정확성

우리가 원하는 것은 바로 이것이다. 정확하게 상대의 이름을 들어라. 만약 제대로 듣지 못했으면 다시 말해 달라고 요청하고, 어떻게 쓰는지도 물어라. 당신이 그렇게 관심을 보이면 상대는 기분이 좋아지고, 당신은 집중함으로써 상대의 이름을 기억하게 된다. 그렇게 당신은 깨끗하고 정확한 인상을 가질 수 있는 것이다.

• 링컨의 소란스러운 연습

링컨이 어렸을 때 다녔던 학교는 습자 교본에서 찢어 낸 기름종이가 유리창을 대신하고, 바닥은 판자로 되어 있는 곳이었다. 교과서는 한 권만 있었기 때문에 선생님이 큰 소리로 책을 읽으면 학생들은 선생님을 따라 반복했다. 그래서 수업 시간이 항상 시끄러웠던 이 학교를 동네 사람들은 '소란스러운 학교'라고 불렀다.

그 '소란스러운 학교'에서 링컨의 고정적인 습관 하나가 생겼다. 바로 자신이 기억하고 싶은 것은 언제나 큰 소리로 읽는 것이었다. 그는 매일 아침 스프링필드 사무실에 도착하자마자 볼품없는 다리 하나를 가까운 의자에 걸친 채 소파에 드러누워 큰 소리로 신문을 읽었다. 이에 대해 그의 동료는 이렇게 말했다.

"그는 참기 힘들 만큼 성가신 행동을 했습니다. 한번은 왜 그렇게 읽느냐고 물어보았더니 이렇게 설명하더군요. 소리 내어 읽으면 두 가지 감각을 사용하게 된다고요. 우선 읽을 때 눈으로 볼 수 있고, 그 다음에 귀로 들을 수 있으니, 그러면 더 잘 기억할 수 있다고 했습니다."

그의 기억력은 매우 뛰어났다. 그는 이렇게 말했다.

"내 머리는 철판과도 같아서 뭔가를 새기기까지는 어렵지만 일단 새기고 나면 지워지지 않습니다."

그는 이렇듯 뭔가를 기억하는 데 있어 두 가지 감각을 동시에 사용하는 방법을 활용했다. 당신도 이렇게 해야 한다. 이상적인 방법은 기억해야 할 것을 보고 들을 뿐만 아니라 만져 보고 냄새 맡고 맛보는 것이다. 하지만 무엇보다 중요한 것은 '보는 것'이다. 인간은 시각 중심적인 동물이기 때문에 눈을 통해 새겨진 인상은 기억에 오래 남는다. 어떤 사람의 이름은 생각나지 않아도 얼굴을 기억하는 경우가 많은 이유는 그 때문이다. 눈에서 뇌에 이르는 신경망은 귀에서 뇌로 가는 신경망보다 20배나 더 넓다. 중국에는 '백문불여일견(百聞不如一見)'이라는 속담도 있다. 이름, 전화번호, 연설문의 개요 등 당신이 기억하고 싶은 것을 적고 눈으로 보라. 그리고 눈을 감고 불길이 타오르는 듯한 글자로 그것을 시각화하라.

• 메모 없이 연설한 마크 트웨인

시각을 활용하는 기억법을 발견한 덕분에 마크 트웨인은 수년간 연설을 망치게 했던 메모를 버릴 수 있게 되었다. 그는 〈하퍼스 매거진(Harper's Magazine)〉에 실린 글에서 다음과 같이 이야기했다.

날짜는 숫자로 이루어져 기억하기가 어렵다. 숫자는 형태가 단조로 워서 눈에 띄지 않고 잘 인식되지 않기 때문이다. 또한 숫자는 그림을 만들어 내지 않으므로 눈에 잘 들어오지도 않는다. 하지만 그림을 이 용하면 날짜를 쉽게 기억할 수 있다. 그림은 날짜를 잘 기억나게 한다. 특히 당신이 그림을 만들어 냈다면 더욱 그렇다. 사실 여기에서 중요 한 점은 당신 스스로 그림을 만들어야 한다는 것인데, 나는 경험을 통 해 이 사실을 깨달았다. 30년 전 나는 매일 밤 강의를 했다. 머릿속으 로 언제나 외우고 있는 강의였지만, 매일 저녁 헷갈리지 않기 위해 메 모를 해야만 했다. 메모 내용은 각 문장의 첫 몇 마디들이었다. 예를 들면 다음과 같다.

1) 그 지역의 날씨는 ……
2) 그 당시 관습은 ……
3) 하지만 캘리포니아에서는 결코 ……

이런 식으로 총 열한 개의 문장들을 만들고, 강의 개요의 도입부에 이것들을 표시해서 내용을 건너뛰지 않게 했다. 하지만 종이 위에 적 힌 내용은 종종 비슷해 보였다. 나는 그것들을 그림으로 만들지 않았 다. 외우고는 있었지만 그 순서까지는 정확히 기억하지 못했던 탓에 나는 항상 메모지를 곁에 두고 수시로 바라보았다. 그러다가 한번은 메모지를 둔 곳을 잊어버렸는데, 그날 저녁 내가 겪은 공포는 누구도 상상할 수 없을 것이다. 그제야 나는 새로운 방법을 찾아야 한다는 사실을 깨달았다.

다음 날 저녁, 나는 문장 열한 개를 기억해 순서대로 놓고 각 문장의 첫 글자를 손가락 손톱에 잉크로 적은 뒤 연단에 섰다. 하지만 그것은 해결책이 되지 못했다. 얼마간은 손가락을 잘 따라갔지만 어느 순간 순서를 놓쳐 버린 것이다. 그다음부터는 내가 마지막에 보았던 손가락이 어떤 것인지 전혀 알 수 없었다. 나는 내가 읽은 손가락 글자를 침으로 지울 수 없었다. 물론 그렇게 하면 효과야 있겠지만, 연설 도중에 손톱에 침을 묻혀 글자를 지워 나가는 내 모습을 청중이 보면 궁금해할 수 있기 때문이다. 그리고 사실 청중은 이미 궁금해하고 있었다. 그들은 나를 연설 내용보다 손톱에 관심을 가진 사람으로 생각했을 것이다. 실제로 한두 사람은 연설이 끝나자 내 손에 무슨 문제가 있냐고 묻기도 했다.

그때 그림을 이용해야겠다는 생각이 떠올랐다. 그리고 문제는 해결되었다. 2분 만에 나는 펜으로 여섯 개의 그림을 그렸고 그 그림들은 열한 개의 문장에 대한 색인 역할을 완벽하게 해 주었다. 그리고 나는 눈을 감으면 떠올릴 수 있다고 확신했기 때문에 그 그림들을 간직하지 않고 버렸다. 이것은 벌써 25년이나 지난 일이고 그 강의에 대한 기억 역시 이미 20년 전에 잊어버렸다. 하지만 나는 언제든지 그 연설을 적을 수 있다. 왜냐하면 머릿속에 그림이 남아 있기 때문이다.

최근에 나는 기억에 관해 강연했는데, 이 장에서 설명하는 내용으로 강연을 진행하고 싶었다. 나는 그림으로 요점을 기억한다. 나는 사람들이 소리 지르고 밴드가 연주하는 중에도 창문 아래에서 역사책을 읽고 있는 루스벨트의 모습을 시각화했다. 또 벚나무를 바라보고 있는 토머스 에디슨을 떠올렸고, 신문을 큰 소리로 읽고 있는 링컨의 이미지를, 청중 앞에서 손톱에 묻은 잉크를 침으로 지우고 있는 마크 트웨인을 그려 보았다.

그렇다면 그림의 순서는 어떻게 기억했을까? 1, 2, 3, 4 이런 식으로? 아니다. 나는 그 숫자들을 그림으로 바꿔 각각의 개요에 해당하는 그림과 결합시켰다. 예를 들어 '1(one)'은 '달리다(run)'와 발음이 비슷하다. 그래서 나는 1에 대한 상징으로 경주마를 선택했다. 나는 방 안에서 경주마에 올라탄 채 책을 읽고 있는 루스벨트의 그림을 만들었다. '2(two)'에 해당하는 그림으로는 '동물원(zoo)'을 골랐다. 나는 토머스 에디슨이 바라보고 있는 벚나무가 동물원의 곰 우리에 서 있는 그림을 떠올렸다. '3(three)'을 위해서는 그것과 발음이 비슷한 '나무(tree)'를 골랐다. 나는 링컨이 나무 위에 아무렇게나 드러누운 채 동료에게 큰 소리로 신문을 읽게 만들었다. '4(four)'와 소리가 비슷한 '문(door)'을 이용한 나는 열려 있는 문틈으로 마크 트웨인이 문 설주에 기대어 청중에게 연설하면서 손가락에 묻은 잉크를 침으로 지우는 모습을 엿보았다.

독자 가운데 많은 이가 이 방법이 우스꽝스럽다고 생각할지 모른다. 하지만 이 방법이 효과가 있는 이유 중 하나는 바로 그 점 때문이다. 사람들은 비교적 이상하고 웃긴 것은 잘 기억할 수 있다. 내가 만일 숫자만으로 순서를 외우려고 했다면 아마 쉽게 잊어버렸을 것이다. 하지만 조금 전에 말한 방법을 사용한다면 잊어버리는 것은 거의 불가능하다. 만일 세 번째 요지를 생각하고 싶다면 나무 꼭대기에 뭐가 있는지 떠올리면 된다. 그러면 링컨의 모습이 바로 그려진다. 나는 1부터 20까지의 숫자를 그것의 발음과 비슷한 그림으로 바꿔 놓았다. 여기에 그 목록을 적어 두겠다. 30분 정도만 시간을 들여서 이 그림과 숫자를 기억한다면 20개 정도 항목들은 언제든지 앞뒤를 따지지 않고 여덟 번째가 무엇인지, 열네 번째 혹은 세 번째가 무엇인지 정확하게 순서대로 기억할 수 있을 것이다.

여기 그림 숫자들이 있다. 시도해 봐라. 틀림없이 깜짝 놀랄 것이다.

1(one) - run. 경주마를 시각화한다.

2(two) - zoo. 동물원 우리에 있는 곰을 본다.

3(three) - tree. 세 번째 항목은 나무 위에 올라가 있다.

4(four) - door. 또는 wild boar(멧돼지)처럼 발음이 비슷한 동물도 좋다.

5(five) - bee hive. 벌집.

6(six) - sick. 적십자 간호사를 본다.

7(seven) - heaven. 천사들이 금으로 덮인 길에서 하프를 연주한다.

8(eight) - gate.

9(nine) - wine. 탁자 위에 병이 쓰러져 있고, 포도주가 바닥에 있는 물건 위로 떨어지고 있다. 어떤 장면에 움직임을 넣으면 기억하는 데 도움이 된다.

10(ten) - den. 깊은 숲 속 바위굴 안에 있는 야생동물의 소굴.

11(eleven) - foot Eleven. 열한 명의 축구팀이 힘차게 경기장을 달리고 있다. 열한 번째로 기억하고 싶은 항목을 높이 들고 달리는 모습을 떠올린다.

12(twelve) - shelve. 무엇인가 선반에 얹으려고 한다.

13(thirteen) - hurting. 상처에서 피가 나서 열세 번째 항목을 붉게 적시고 있다.

14(fourteen) - courting. 연인들이 어떤 것 위에 앉아 사랑을 속삭인다.

15(fifteen) - lifting. 힘센 남자, 존 설리번 같은 사람이 머리 위로 무엇인가 들어 올린다.

16(sixteen) - licking. 주먹다짐

17(seventeen) - leavening. 주부가 밀가루 반죽을 하는데, 열일곱 번째 항목을 반죽 속에 넣고 있다.

18(eighteen) - waiting. 깊은 숲 속 갈림길에서 한 여인이 누군가를 기다리고 있다.

19(nineteen) - pining. 한 여인이 울고 있다. 눈물이 열아홉 번째 항목 위에 떨어지고 있다.

20(twenty) - horn of Plenty. 꽃, 열매, 곡식이 넘치는 풍요의 뿔.

만약 당신이 시도해 보고 싶다면 이 그림 숫자들을 외워 보길 바란다. 원한다면 자신의 그림을 만들어도 좋다. 10이라면 ten과 비슷한 소리가 나는 것, 예를 들어 굴뚝새(wren)라든가 만년필(fountain pen),

암탉(hen) 혹은 구취제거제인 센센(Sen-Sen) 같은 단어를 사용할 수 있다. 가령 열 번째로 기억해야 할 항목이 '풍차'라면 암탉이 풍차 위에 앉아 있다든가 풍차가 만년필에 채울 잉크를 길어 올린다고 생각하면 된다. 그런 뒤 만일 누가 열 번째 항목이 뭐냐고 물어보면 열 번째가 무엇인지는 전혀 고민하지 않고, 그저 암탉이 어디 앉아 있는지만 떠올리면 된다. 이 방법이 효과가 있을지 의아해하는 사람도 있겠지만, 한번 시험해 봐라. 사람들은 아마 당신이 보여 주는 뛰어난 기억력에 놀랄 것이다. 그것만큼 재미있는 일도 없다.

• 신약성서처럼 긴 책을 외우는 방법

세계에서 가장 큰 대학교 중의 하나는 카이로에 있는 알 아자르 대학으로, 이 이슬람계 대학에는 2만 1,000명의 학생이 있다. 입학시험은 코란을 암송하는 것이다. 코란의 길이는 신약성서와 비슷하며, 모두 암송하려면 무려 사흘이나 걸린다! 또한 중국 학생들, 이른바 '학동'들은 중국의 종교와 인문 관련 서적을 외워야 한다. 아랍과 중국 학생들 가운데 대다수는 그저 평범한 사람일 텐데 어떻게 그들은 누구나 이렇게 엄청난 기억력이 요구되는 입학시험을 통과할 수 있을까? 그것을 가능하게 하는 것은 기억의 두 번째 자연법칙, '반복'이다.

만약 당신이 자주, 충분히 반복하기만 하면 무한히 긴 내용도 외울 수 있다. 당신이 암기하고자 하는 지식을 반복 암기하고, 그것을 활용하고 적용하라. 새로 배운 단어를 대화에 사용하라. 소개받은 사람의 이름을 외우고 싶다면 그 사람의 이름을 자주 불러라. 당신이 대중연설에서 주장하고 싶은 내용의 요지를 대화에서 제시하라. 이렇게 사용된 지식은 기억에 오래 남는 경향이 있다.

• 현명하게 반복하라

하지만 맹목적이고 기계적으로 외우는 것만으로는 충분하지 않다. 우리가 해야 하는 것은 '현명한' 반복, 즉 확고하게 정립되어 있는 몇몇 정신적 특성들에 부합하는 반복이다. 예를 들어, 에빙하우스 교수는 학생들에게 'deyux', 'qoli' 등과 같은 무의미한 철자의 목록을 외우게 했다. 그는 학생들에게 사흘 동안 38회 반복 암기를 하게 하면 한 번에 68회 반복 암기할 때와 동일한 양의 단어를 외울 수 있다는 사실을 발견했다. 다른 심리학 테스트 역시 이와 비슷한 결과를 보여준다.

이것은 우리의 기억이 작용하는 방법에 있어서 굉장히 중요한 발견이다. 이 발견은 뭔가가 외워질 때까지 의자에 앉아 하염없이 그것을 반복 암기하는 사람은, 적당한 시간차를 두고 반복해서 암기하는 사람에 비해 같은 결과를 얻기까지 두 배나 더 많은 시간을 보내야 함을 의미한다.

만약 '정신의 특색'이라는 표현이 적절한 것이라면, 정신이 갖고 있는 이러한 특색은 다음 두 가지 요소로 설명할 수 있다.

첫째, 반복을 하는 동안 우리의 무의식은 더 확고한 연관성을 만들기 위해 부지런히 움직인다. 제임스 교수의 현명한 지적대로 "우리는 겨울에 수영을 배우고 여름엔 스케이트 타는 법을 배운다."

둘째, 정신이 간격을 두고 움직이기 때문에 연속적인 활동에서 오는 긴장으로 피곤해지는 일이 없다. 《아라비안나이트》의 저자 리처드 버튼은 스물일곱 가지 언어를 자유롭게 구사했다. 하지만 그는 어떤 언어든 한 번에 15분 이상 공부하거나 연습하지 않는다고 고백했다. "15분을 넘기면 뇌가 신선해지지 않기 때문이다."

지금까지의 결과를 읽었다면, 상식이 있는 사람은 누구나 연설 전날 밤까지 하염없이 준비하는 미련한 일은 하지 않을 것이다. 만일 그런 사람이 있다면 그의 기억력은 반드시 자신의 잠재적인 효율성의 반밖에는 보여 주지 못할 것이다.

여기 망각하는 과정에 대해 굉장히 도움이 될 만한 발견이 있다. 많은 심리학적 실험은 우리가 학습한 새로운 내용 중 처음 여덟 시간 동안 잊어버리는 양이 그 후 사흘간 잊어버리는 양보다 더 많다는 것을 반복적으로 보여 준다. 얼마나 놀라운 비결인가! 그러니 회의에 들어가기 직전 혹은 연설하기 직전에 당신이 준비한 자료를 다시 보고 사실들을 점검해 기억을 새롭게 만들라.

링컨은 이 습관의 가치를 잘 알고 있었고 실제로 그것을 사용했다. 게티즈버그에서 열린 봉헌식에서 링컨은 대학자인 에드워드 에버렛 다음에 연설을 하도록 예정되어 있었다. 에버렛이 길고 장중한 연설의 막을 내릴 때가 다가오자 링컨은 자기 앞 사람이 연설할 때면 언제나 그랬듯 눈에 띄게 초조해졌다. 그는 급히 안경을 고쳐 쓰고 주머니에서 원고를 꺼내 속으로 조용히 읽으며 기억을 새롭게 했다.

• 윌리엄 제임스 교수가 말하는 좋은 기억력의 비결

기억에 관한 두 가지 법칙에 대해서는 이 정도만 다루겠다. 그러나 세 번째 법칙인 '결합'은 반드시 알아야 하는 요소다. 사실 결합은 기억 그 자체에 대한 설명이라고 할 수 있다. 제임스 교수의 말을 들어 보자.

"정신은 기본적으로 결합기계다. …… 내가 조용히 있다가 갑자기 명령하는 말투로 '기억해! 생각해!'라고 말했다고 가정해 보자. 당신의 기억력이 이 명령에 복종해서 과거로부터 특정한 영상을 불러올 수 있을까? 당연히 그렇지 않다. 당신의 기억은 빈 곳을 바라보며 이렇게 묻는다. '내가 뭘 기억하길 바라지?'

간단히 말해, 기억은 단서를 필요로 한다. 위와 달리 만일 내가 당신에게 내 생일이 언제인지, 아침에 무엇을 먹었는지 혹은 특정 멜로디에 대해 묻는다면 당신의 기억력은 즉시 요구되는 결과를 떠올릴 것이다. 단서는 무한히 잠재적인 사실로부터 특정한 사실을 도출한다. 이런 일이 일어나는 과정을 살펴보면 당신은 이내 연상되는 사물과 단서 사이에는 밀접한 관계가 있음을 알게 될 것이다.

'내 생일'이란 단어는 특정 날짜와 밀접한 관계를 갖고 있다. '오늘 아침식사'라는 말은 커피, 베이컨, 달걀로 이어지는 것을 제외한 모든 연상 경로를 끊어 버린다. '멜로디'는 정신적으로 '도레미파솔라시도'의 오래된 이웃이다. 사실 결합의 법칙은 외부에서 침입해 온 감각이 방해하는 경우를 제외하고는 거의 모든 사고의 흐름을 통제한다. 마음속에 떠오르는 모든 것은 이미 마음속에 존재하고 있는 기존의 어떤 것과 결합되어 소개된다.

이것은 당신이 생각하고 기억해 내는 모든 것에 적용된다. 훈련된 기억력은 결합에 대한 유기적 체계를 기반으로 한다. 그리고 그러한 기억력의 우수함 정도는 '결합의 지속성'과 '결합의 다양성'이라는 두 가지 특성에 달려 있다. 따라서 '좋은 기억력의 비결'이란 곧 우리가 간직하고자 하는 사실에 대해 얼마나 다양하고 많은 결합을 형성했는가의 문제와 같다. 그러나 이처럼 어떤 사실을 결합해서 형성하는 것, 이것은 그 사실에 대해 가능한 많은 생각을 요한다.

간략하게 정리하면 외적으로 비슷한 경험을 가진 두 사람 중 자신의 경험에 대해 더 많이 생각하고 그 경험들을 가장 체계적인 관계로 만드는 사람의 기억력이 더 뛰어나다는 것이다."

• 사실들을 결합시키는 방법

사실들을 엮어 체계적인 관계로 만드는 것은 무척 훌륭한 작업이다. 그런데 어떻게 하면 그렇게 할 수 있을까? 사실의 의미를 파악하고 사실에 대해 깊이 생각하는 것이 정답이다. 예를 들어 당신이 새로운 사실에 대해 다음과 같이 질문한다면 그 과정은 사실들의 체계적인 관계를 구축하는 데 도움이 될 것이다.

> a. 왜 이렇게 되었는가?
>
> b. 어떻게 이렇게 되었는가?
>
> c. 언제 이렇게 되었는가?
>
> d. 어디서 이렇게 되었는가?
>
> e. 누가 이렇다고 말했는가?

예를 들어, '새로운 사실'이 낯선 이의 이름이고, 그것이 흔한 이름이라면 우리는 이 사실을 같은 이름을 가진 동료와 연결 지을 수 있다. 반대로 흔한 이름이 아니면 그에게 "흔한 이름이 아니군요."라고 말을 걸 수 있는데, 그럼으로써 그의 이름에 대해 그와 이야기할 기회를 갖게 된다.

일례로 나는 이 장을 집필하는 동안 소터 부인이라는 한 여성과 인사를 나누었다. 나는 그녀 이름의 철자를 물어보았고 그런 이름이 흔하지 않다고 말했다. 그녀는 "네, 정말 드물죠."라고 대답한 뒤, 자신의 시댁 가족이 그리스 아테네 출신이며 거기에서 고위 관료를 지냈다고 이야기했다.

나는 사람들로 하여금 자신의 이름에 대한 얘기를 하게 하는 것은 간단한 일이고, 그렇게 함으로써 그들의 이름을 더 잘 외울 수 있다는 사실을 깨달았다.

새로 만난 사람의 얼굴을 날카롭게 살펴보라. 그의 눈동자 색, 머리카락의 색을 확인하고 그의 생김새를 자세히 살펴라. 그의 옷차림에 주의를 기울이고, 그가 말하는 방식을 들어 보라. 그의 외모와 성격에 대해 정확하고 날카로우며 선명한 인상을 간직해라. 그리고 이것들을 그들의 이름과 연결시켜라. 이러한 선명한 인상은 그를 기억하는 데 도움이 될 것이다.

이미 두세 번 만난 사람인데 그의 직업은 기억나는 반면 이름이 생각나지 않았던 경험이 있을 것이다. 그 이유는 직업은 명확하고 구체적이며 의미를 가지고 있기 때문이다. 의미 없는 이름은 가파른 지붕에서 떨어지는 우박과 같지만, 직업은 반창고처럼 기억에 달라붙어 떨어지지 않는다. 결론적으로, 다른 이의 이름을 정확하게 기억하고 싶다면 그의 이름을 그의 사업과 연관 짓는 어구를 만들어야 한다.

이 방법의 효과에 대해서는 의심할 여지가 없다. 일례로 최근 필라델피아 주의 펜애슬래틱 클럽(Penn Athletic Club)에서는 이 교육과정에 참여하기 위해 20명이 모인 적이 있었다. 서로 모르는 사이였던 그들은 각각 일어나서 자신의 이름과 사업 분야를 소개하도록 요청받았다. 소개 후에는 그 두 가지를 연결시킬 수 있는 어구를 하나씩 만들었다. 몇 분이 지나자 모두가 다른 이들의 이름을 외운 것은 물론, 심지어 교육과정이 끝난 뒤에도 타인의 이름이나 사업 분야를 기억하고 있었다.

다음은 그때 모인 사람들의 이름을 알파벳순으로 적은 것이다. 그리고 옆에 있는 문장은 그들의 이름을 사업과 결합하기 위해 만든 것들이다.

G. P. Albrecht(모래채취업) - 모래는 모든 것을 브라이트하게 만든다(Sand makes all bright).

George A. Ansley(부동산중개업) - 부동산을 팔려면 앤슬리 매거진에 광고하라(To sell real estate, advertise in Ansley's Magazine).

G. W. Bayless(아스팔트) - 아스팔트를 사용하고 돈은 적게 내라(Use asphalt and pay less).

H. M. Biddle(모직업) - 비들 씨는 모직업에서 빈둥댄다(Mr. Biddle piddles about the wool business).

Gideon Boericke(광산업) - 보어릭은 광산 판매 선수다(Boerickes

bores quickly for mines).

Thomas J. Devery (인쇄업) - 누구나 데브리의 인쇄가 필요하다
(Every man needs Devery's printing).

O. W. Doolittle (자동차매매업) - 노력하지 않으면 자동차를 팔지
못한다(Do little and you won't succeed in selling cars).

Thomas Fischer (석탄) - 석탄 주문을 받으려고 낚시하는 피셔(He
fishes for coal orders).

Frank H. Godley (목재) - 목재업에 골드가 있다(There is gold in
lumber business).

J. H. Hancock (새터데이 이브닝 포스트) - 〈새터데이 이브닝 포스
트〉구독 신청란에 존 행콕이란 이름을 적자(Sign your John Han-
cock to a subscription blank for the Saturday Evening Post).

• 날짜 외우는 법

날짜는 중요한 날과 연결시킬 때 기억에 오래 남는다. 예를 들어
수에즈 해협의 개통년도를 미국인이 외우려면'수에즈 해협이 개통
된 해는 1869년'이라고 외우는 것보다 '수에즈 해협이 개통된 해는
남북전쟁 종전 4년 후'라고 외우는 것이 훨씬 쉬울 것이다. 또한 '호
주에 유럽 사람이 처음 정착한 해는 1788년'이라고 외우려 한다면
그 날짜는 마치 자동차에서 느슨한 나사가 하나 빠지듯 쉽게 잊히겠
지만, 그날이 미국 독립선언일인 1776년 7월 4일과 관련이 있으며
유럽인은 그로부터 12년 후에 정착했다고 기억한다면 그 날짜는 절
대로 잊히지 않을 것이다. 이것은 마치 느슨한 나사를 조이는 일과

같다.

전화번호를 선택할 때도 이 원칙을 기억해 두면 좋다. 예를 들어 세계대전 중에 필자의 전화번호는 1776번이었는데, 이 번호를 외우지 못하는 사람은 없었다(1776년은 미국의 독립선언이 있었던 해임 - 옮긴이). 만약 당신이 전화국에 말을 잘해서 1492, 1861, 1865, 1914, 1918 등의 번호를 받는다면 당신 친구들은 당신의 번호를 찾기 위해 전화번호부를 뒤지지 않아도 될 것이다(1492년은 콜럼버스가 미 대륙을 발견한 해이고 1861년과 1865년은 미국의 남북전쟁이 시작하고 끝난 해, 1914년과 1918년은 제1차 세계대전이 시작하고 끝난 해임 - 옮긴이). 또한 당신이 "제 전화번호는 콜럼버스가 미국을 발견한 해인 1492이라 쉽게 기억하실 겁니다."라고 말한다면 그들은 결코 그 번호를 잊지 못할 것이다. 물론 호주나 뉴질랜드 또는 캐나다에 사는 독자라면 1776, 1861, 1865 대신 각자 나라에 맞는 중요한 날짜를 선택하는 것이 좋다. 예를 들면 다음과 같다.

a. 1564 - 셰익스피어 탄생

b. 1607 - 영국 이주민, 미국 제임스타운에 최초로 정착

c. 1819 - 빅토리아 여왕 탄생

d. 1807 - 로버트 리 장군 탄생

e. 1789 - 바스티유 감옥 붕괴

만일 북부연방에 가입한 13개 주를 순서대로 외우기 위해 기계적으로 반복하기만 한다면 틀림없이 지겹겠지만, 그것들을 이야기로

엮어서 외우면 시간과 노력을 훨씬 덜 들이고 쉽게 암기할 수 있다. 아래의 글을 집중해서 읽어 보길 바란다. 다 읽고 난 다음에는 당신이 13개 주를 순서대로 정확히 외우고 있는지 확인해 보라.

어느 토요일 오후, 델라웨어(Delaware)에서 온 젊은 부인이 바람을 쐬러 펜실베이니아(Pennsylvania)를 지나는 기차표를 샀다. 그녀는 가방에 뉴저지(New Jersey)에서 만든 스웨터를 넣고 친구 조지아(Georgia)를 만나러 코네티컷(Connecticut)으로 갔다. 다음 날 아침 두 사람은 미사(Massachusetts)에 참가했다. 메리(Maryland)네 땅에 있는 성당이었다. 그리고 그들은 집으로 가는 남행 열차(South Carolina)를 타고 새 햄(New Hampshire)으로 식사를 했다. 요리사 버지니아(Virginia)는 뉴욕(New York)에서 온 흑인이었다. 그들은 저녁을 먹고 북부행 기차(North Carolina)를 타고 아일랜드(Rhode Island)로 달려갔다.

- **연설의 요지를 기억하는 방법**

뭔가를 생각해 내는 데는 두 가지 방법만이 존재한다. 하나는 외부 자극을 통해서고 다른 하나는 이미 기억하고 있는 것과의 결합을 통해서다. 이것을 연설과 관련지어 생각하면 다음과 같은 의미가 된다.

첫째, 당신은 메모와 같은 외부 자극의 도움을 받아 당신이 말하고자 하는 바를 기억할 수 있다. 하지만 누가 메모를 사용하는 연사를 좋아하겠는가? 둘째, 당신은 이미 기억하고 있는 무엇과의 결합을 통해 연설의 요지를 기억할 수 있다. 그럴 경우에는 논리적인 순서에 따라 마치 한 방의 문이 다른 방과 연결되듯, 첫 번째에서 두 번째로,

두 번째에서 세 번째로 이어지도록 배열해야 한다.

쉬운 방법인 것 같지만 공포 때문에 사고력이 마비되는 초보자들에겐 그렇지 않다. 그러나 쉽고 빠르게 당신의 요지를 통합시킬 수 있는 방법이 있다. 바보가 아니라면 누구나 사용할 수 있는 그것은 바로 비논리적인 문장을 사용하는 것이다. 가령 서로 아무런 연관도 없이 섞여 있어 기억하기 어려운 '소, 시가, 나폴레옹, 집, 종교'라는 단어들에 대해 토론하고 싶다고 가정했을 때, 다음과 같은 엉터리 문장을 이용해서 이 단어들을 사슬의 고리처럼 서로 단단히 엮을 수 없는지 확인해 보자.

소는 담배를 피우고 나폴레옹을 낚았으며 집은 종교로 다 타 버렸다.

이제 손으로 위의 문장을 가리고 다음 질문에 답해 보라. 위에서 세 번째로 말한 항목은 무엇인가? 다섯 번째는? 네 번째는? 두 번째는? 첫 번째는?

이 방법이 효과적인가? 물론이다. 이 교육과정에 참여하는 사람이라면 이 방법을 사용해 보길 권한다. 어떤 대상이든 이런 방법으로 연결할 수 있으며 우스꽝스러운 문장을 사용할수록 더 기억하기 쉽다.

• 완전히 잊어버릴 경우의 대처법
연사가 충분히 준비하고 주의를 기울였음에도 연설을 하는 도중 머릿속이 하얘져 버리는 상황, 한마디도 하지 못하고 청중만 바라보는 상황과 맞닥뜨렸다고 가정해 보자. 정말 끔찍한 일이 아닐 수 없다. 당혹감과 패배감을 안고 주저앉기엔 자존심이 허락하지 않는다. 10초나 15초라도 주어진다면 어떤 말이라도 생각해 낼 수 있을 것 같지만, 청중을 앞에 둔 상태라면 사람을 미치게 할 것 같은 적막한 시간이 단 15초만 흘러도 상황은 파국에 가까워진다.

그러면 어떻게 해야 할까? 어느 유명한 상원의원은 최근 이런 상황에 처하자 청중에게 자신의 목소리가 충분히 큰지, 뒤쪽에도 목소리가 잘 들리는지 물어보았다. 물론 그는 자신의 목소리가 충분히 크다는 것을 알고 있었다. 그는 그 정보가 필요한 것이 아니었다. 다만 시간이 필요했을 뿐이다. 그리고 짧은 시간 동안 생각을 정리했고 연설을 이어 나갔다.

하지만 이런 정신적인 혼란 속에서 가장 좋은 구원책은 마지막으로 말했던 단어, 어구, 생각을 새로운 문장의 출발점으로 삼는 것이다. 다소 유감스러운 말이지만 이것은 영국의 시인 알프레드 테니슨(Alfred Tennyson)이 시에서 읊었던 개울처럼 아무 목적도 없이, 영원히 달려가는 무한궤도를 만들어 낸다. 그럼 실제로 이 방법이 어떻게 사용되는지 알아보자. '사업에서의 성공'이라는 주제로 연설을 하던 한 연사는 다음과 같은 말을 한 뒤 정신적으로 막다른 골목에 이르고 말았다.

보통 종업원들이 성공하지 못하는 이유는 자신의 일에 대한 진정한 관심을 갖지 않고 주도성도 보여 주지 않기 때문입니다.

이 경우, '주도성'이라는 단어로 문장을 시작하라. 당신은 어떤 말을 해야 할지 또는 어떻게 문장을 끝내야 하는지 감을 못 잡고 있을 수 있다. 하지만 어찌 되었건 시작하라. 완전히 무너지는 것보다는 형편없는 연설이라도 하는 편이 낫다.

주도성은 독창성, 즉 지시받을 때까지 기다리지 않고 스스로 움직이는 것을 말합니다.

그다지 독창적인 문장도 아니고 훌륭한 연설 내용이라 할 수도 없지만, 고통스러운 침묵이 이어지게 하는 것보다는 이런 말을 하는 편이 좋지 않을까? 방금 그 문장의 마지막 말은 무엇이었나? '스스로 움직이는 것'이었다. 좋다. 그 말로 새로운 문장을 시작해 보자.

스스로 움직이지 않고 독창적 사고도 거부한 채, 끊임없이 지시받고 이끌리며 재촉당하는 종업원들. 그들은 우리가 상상할 수 있는 가장 짜증나는 부류의 사람들 중 하나입니다.

자, 한 단락은 마무리됐다. 다음 단락으로 가 보자. 이번엔 상상에 대해 얘기하겠다.

상상력, 이것은 우리에게 반드시 필요합니다. 비전을 가져야 합니다. 솔로몬은 이렇게 말했습니다.
"비전이 없는 백성은 멸망한다."

이제 아귀가 들어맞는 두 단락을 만들었다. 마음을 다잡고 계속해 보자.

해마다 비즈니스라는 전쟁터에서 멸망하는 종업원의 수는 정말 유감스러울 정도입니다. 확실히 유감스럽습니다. 약간의 충성심과 열정을 가졌더라면 그들은 성공과 실패를 가르는 경계선 안쪽에 설 수 있었을 것이기 때문입니다. 하지만 비즈니스에서의 실패는 절대로 그런 것을 용납하지 않습니다.

이런 식으로 계속하는 것이다. 즉석에서 평범한 의견을 말하는 동안 다른 한편으로는 자신이 원래 계획한 연설의 다음 요지, 본래 말하려 했던 것이 무엇이었는지를 필사적으로 생각해 내야 한다.

물론 이렇게 끝도 없는 방식으로 계속 연설하다 보면 연사는 자신도 모르게 요점에서 벗어난 얘기를 하게 될 수도 있다. 하지만 망각 증세로 인해 순간적으로 모든 것을 잊어버린 상처 받은 영혼에게는 이것만으로도 훌륭한 긴급 처방이 된다. 이 처방은 지금까지 절체절명에 처한 수많은 연설을 되살리는 수단이 되어 왔다.

• 특별한 결합

나는 이 장에서 생생한 인상을 얻는 방법, 반복하는 방법 및 사실들 간의 관계를 구축하는 방법을 어떻게 더 개선할 수 있을지에 대해 언급했다. 하지만 '기억'은 기본적으로 결합의 문제다. 따라서 제임스 교수가 지적했듯이 '기억력 향상'이란 오직 특별한 체계의 결합으로만 가능할 뿐, 전반적인 혹은 기본적인 기억력을 향상시킨다는 것은 불가능하다.

예를 들어 셰익스피어의 작품 한 구절씩을 외운다면 우리는 문학적인 어구 인용과 관련된 기억력을 놀라울 정도로 향상시킬 수 있다. 한 구절을 외울 때마다 그 구절은 우리 정신 속에서 수많은 친구를 찾아 관계를 맺는다. 하지만 햄릿에서 로미오에 이르는 그 모든 것을 외운다 해도 그것이 면사 시장이나 선철에서 실리콘을 제거하는 베서머법에 관한 사실들을 외우는 데는 도움이 되지 않는다.

다시금 이야기하자면, 이 장에서 제시한 원칙을 적용하거나 사용하면 무엇을 외우든 그 방법이나 효율성을 개선할 수 있다. 하지만 이 원칙들을 따르지 않는다면 야구에 대한 1,000만 가지 사실을 외워도 그것이 주식 시장에 대한 사실을 기억하는 데는 도움이 되지 않을 것이다. 이렇듯 서로 관련 없는 자료를 연결시킬 수는 없다. 우리의 정신은 기본적으로 '결합하는 기계'이기 때문이다.

기억력을 향상시키는 방법

1. 저명한 심리학자 칼 시쇼어 교수는 이렇게 말했다.

   "보통의 인간은 자신이 실제 물려받은 기억력의 10퍼센트도 사용하지 못한다. 우리는 기억의 자연법칙을 위반하고 90퍼센트를 낭비하고 있다."

2. 기억의 자연법칙'은 인상, 반복, 결합이다.

3. 당신이 기억하고 싶은 것에 대해 깊고 생생한 인상을 가져라. 그렇게 하기 위해서 다음과 같이 하라.

   1) 집중하라. 루스벨트가 뛰어난 기억력을 가졌던 비결도 이것이었다.

   2) 자세히 관찰하라. 정확한 인상을 얻어라. 안개 속의 카메라가 제대로 된 사진을 찍지 못하는 것처럼, 당신의 정신도 흐릿한 인상은 제대로 기억하지 못한다.

   3) 가능한 많은 감각을 통해 인상을 얻어라. 링컨은 기억하고자 하는 것의 시각적·청각적 인상을 얻기 위해 그것이 무엇이었든 소리 내어 읽었다.

   4) 무엇보다 시각적 인상을 얻기 위해 노력하라. 그것은 무엇보다 오래 남는다. 눈에서 뇌에 이르는 신경망은 귀에서 뇌에 이르는 신경망보다 20배나 넓다. 메모를 사용할 때 마크 트웨인은 연설의 개요를 기억하지 못했지만, 메모를 그만두고 그림을 활용해 다양한 요지를 기억하려 하자 모든 문제가 해결되었다.

4. 기억의 두 번째 법칙은 반복이다. 수천 명의 이슬람교 학생은 신약성서만큼이나 긴 코란을 외울 때 주로 반복이 가진 힘을 사용한다. 상식의 범위 안에서 우리는 반복을 통해 무엇이든 암기할 수 있다. 하지만 반복과 관련해서는 다음과 같은 사실을 명심하라.

1) 뭔가를 기억에 새기려고 의자에 앉아 암기를 반복하지 말라. 한두 번 반복하고 멈춘 다음 나중에 다시 반복하라. 이처럼 간격을 두고 반복하면 한 번에 기억하려 할 때 필요한 시간의 절반만 들이고도 외울 수 있다.

2) 무엇인가 암기한 뒤 8시간이 지나는 사이에 우리는 사흘 동안 잊어버리는 것과 같은 양을 잊어버린다. 그러니 연설을 하기 전의 몇 분 동안이라도 메모를 다시 봐라.

5. 기억의 세 번째 법칙은 결합이다. 뭔가를 기억할 수 있는 유일한 방법은 그것을 다른 사실과 결합시키는 것이다. 제임스 교수는 "마음속에 떠오르는 모든 것은 소개를 받고 들어온 것이며 소개를 받을 땐 이미 마음속에 존재하는 것과 결합이 된다."라고 말했다. 자신의 경험을 더 많이 생각하고 그것들의 체계적인 관계를 구축하는 사람의 기억력이 더 좋다.

6. 이미 기억하고 있는 사실과 새로운 사실을 결합하고자 한다면 다음과 같은 질문을 던지며 새로운 사실을 다른 각도로 바라보라.

"왜 이렇게 되었는가? 어떻게 이렇게 되었는가? 언제 이렇게 되었는가? 어디서 이렇게 되었는가? 누가 이렇게 되었다고 말했는가?"

7. 새로 만난 사람의 이름을 기억하고 싶다면 "그 이름은 어떻게 쓰나요?"와 같이 이름에 관해 질문하라. 그리고 그의 외모를 자세히 살펴보고, 그의 얼굴과 이름을 연결시켜 보라. 펜 애슬레틱 클럽에서 했던 것처럼 그의 비즈니스를 파악하고 그것과 그의 이름을 연결하는 우스꽝스러운 어구를 만들어 내라.

8. 날짜를 기억하고 싶다면 당신이 이미 기억하고 있는 유명한 날짜와 그것을 연결하라. 예를 들어 셰익스피어 탄생 300주년 기념일은 남북전쟁 기간에 있었다.

9. 당신 연설의 요점을 기억하려면 그것들을 논리적인 순서가 되도록 배열함으로써 하나의 요점과 다른 요점을 자연스럽게 연결시켜야 한다. 덧붙여 중요 요점만으로 다음과 같은 비논리적인 예문을 만드는 방

법도 있다.

"소는 담배를 피우고 나폴레옹을 낚았으며 집은 종교로 다 타 버렸다."

10. 모든 준비를 했음에도 갑자기 하고 싶은 말이 생각나지 않을 때는 마지막 문장에서 사용한 마지막 단어를 새로운 문장의 출발점으로 사용하라. 이 방법은 완전한 실패로부터 당신을 구해 줄 것이고, 다음 요점을 떠올릴 때까지 이 과정은 계속될 수 있다.

청중을 깨어 있게 만드는 비법

"천재성은 곧 집중력이다. 성취할 가치가 있는 것을 발견한 사람은 고양이 뒤를 쫓는 불도그처럼 그의 모든 신경을 곤두세워 끈질기고 집요하게 목표물을 쫓아간다."

– W. C. 홀맨(W. C. Holman),
전 내셔널 캐시 리지스터 사(社) 판매담당 임원

"열정을 가진 사람은 남자건 여자건 간에 항상 자신이 만나는 사람들을 자석처럼 끌어당긴다."

– M. 애딩턴 브루스(M. Addington Bruce)

"진심을 다하라. 열정이 열정을 낳는다."

– 러셀 H. 콘웰(Russell H. Conwell)

"나는 열정으로 끓어오르는 사람을 좋아한다. 진흙탕보다 간헐천이 되는 것이 낫다."

– 존 G. 셰드(John G. Shedd), 전 마셜 필드(Marshall Field) 대표

"그는 최선을 다했기 때문에 하는 일마다 잘되었다."

– 구약성경, 〈역대기 하편〉

5
청중을 깨어 있게
만드는 비법

셔먼 로저스와 나는 세인트루이스 주에서 열린 상공회의소 모임에서 연설을 한 적이 있다. 나는 셔먼보다 먼저 연설을 했는데, 만일 그때 적당한 핑계만 있었다면 나는 즉시 그 자리를 떠났을 것이다. 왜냐하면 그는 '벌목공 웅변가'라는 별명을 가지고 있었기 때문이다. 나는 솔직히 '웅변가'라고 하는 사람들을 왁스 플라워(화려하긴 하지만 꽃병에나 어울리는 조화 - 옮긴이)와 같은 종류로 생각하고 있었기에 그의 연설도 꽤 따분할 것이라 예상했다. 그러나 내 예상은 빗나갔고, 그의 연설은 내가 들었던 가장 훌륭한 연설 중 하나가 되었다.

그렇다면 과연 셔먼 로저스는 누구인가? 그는 서부 지역의 깊은 숲에서 일생을 보낸 진짜 벌목공이다. 그는 대중연설의 원칙에 관해 달변을 늘어놓은 책은 알지 못했고 그 내용 또한 신경 쓰지 않았다. 그의 연설은 세련되진 않았지만 예리했고, 문법에 어긋날 때도 있었지만 연설의 원칙을 벗어나진 않았다. 연설을 망치는 것은 그런 것들이 아닌, 장점의 부재다.

그의 연설은 벌목꾼의 수장으로 일하며 산 일대를 돌아다니다 이제 막 그의 인생에서 나와 생생하게 살아 움직이는 경험의 한 덩어리였다. 그의 연설에서는 책 냄새를 맡을 수 없었다. 그의 연설은 마치 살아 있는 것처럼 웅크리고 있다가 뛰어올라 청중을 덮쳤다. 그의 입에서 나오는 말 한마디는 그의 가슴에서부터 불꽃처럼 뜨겁게 피어올랐고, 청중은 전율을 느꼈다.

그처럼 경이로운 성공의 비결은 뭘까? 이에 대해서는 미국의 철학자이자 시인인 랠프 월도 에머슨(Ralph Waldo Emerson)이 했던 다음의 말을 참고해 보자.

"역사에 기록된 모든 위대한 성취는 곧 열정의 승리다."

마법의 단어인 '열정(enthusiasm)'은 '안'을 뜻하는 그리스어 'en'과 '신'을 뜻하는 그리스어 'theos'의 두 단어에서 유래되었다. 열정은 어원적으로 '우리 안에 있는 신'이라는 의미를 갖고 있는 것이다. 열정적인 연설가는 결국 '신들린 듯'이 말하는 사람이다.

이것은 물건을 광고하거나 팔 때 혹은 어떤 일을 시작할 때 가장 효과적이고 중요한 요인이다. 30년 전 단일 품목으로는 지구상에서 가장 큰 규모의 광고를 하던 어떤 사람이 주머니에 50달러도 지니지 않은 채 시카고에 도착했다. 매년 3,000만 달러어치의 풍선껌을 파는 사람, 뤼글리의 사무실 벽에는 에머슨이 말한 구절을 담은 액자가 걸려 있다.

"열정 없이 이루어진 위대한 일은 없다."

나도 대중연설 기법을 중요하게 생각하던 때가 있었다. 하지만 시간이 지나면서 연설의 중요성을 더 신뢰하게 되었다. 윌리엄 J. 브라이언은 이렇게 말했다.

"설득력 있는 말은 자신이 하고 있는 말의 의미를 잘 알고, 진심으로 그것을 믿는 사람이 하는 말이다. 그 말에는 진심이 있다. 진심이 없는 연사에게 지식은 도움이 되지 않는다. 설득력 있는 연설이란 오직 마음에서 마음으로 전달되기 때문이다. 연사가 청중에게 자신의 감정을 속이는 일은 어렵다."

약 2,000년 전, 로마 제국의 시인은 이에 대한 자신의 생각을 "다른 이의 눈에서 눈물이 흐르게 하려면 자신이 먼저 슬픔을 보여 줘야 한다."라고 표현했다.

마르틴 루터는 이렇게 말했다.

"만약 내가 멋진 곡을 쓰거나 좋은 글을 쓰거나 기도를 잘하거나 설교를 잘하고 싶다면 반드시 분노해야 한다. 그래야 내 핏줄의 모든 피가 소용돌이 치고 감각이 예민해지기 때문이다."

당신과 내가 말 그대로 분노해야 할 필요는 없을지도 모르나, 우리가 깨어 있어야 하고 진지함과 진실함으로 충만해야 한다는 것은 분명하다. 심지어 동물도 격려의 말을 해 주면 영향을 받는다. 동물 조련사로 유명한 레이니는 말의 심장 박동 수를 10 이상 올리는 욕설을 알고 있다고 하는데, 청중도 말처럼 예민하다.

기억해야 할 중요한 점은 바로 이것, 연설할 때 청중의 태도를 결정하는 것은 언제나 연사라는 것이다. 청중은 연사의 손 안에 있다. 연사에게 열의가 없다면 청중의 열의도 없어지고, 연사가 우물쭈물한 태도를 보이면 청중 또한 그렇게 된다. 만약 연사가 연설에 조금만 마음을 둔다면 청중 역시 그럴 것이다. 하지만 연사가 자신이 말하려는 것에 대해 진지한 자세를 보이고, 마음에서 우러나 남에게 전해질 정도의 확신을 갖고 연설한다면 청중도 그의 태도에 영향을 받을 것이다.

뉴욕의 유명 만찬 연설가인 마틴 W. 리틀턴(Martin W. Littleton)은 이렇게 말했다.

"사람들은 자신이 이성으로 움직인다고 믿고 싶어 하지만, 사실 세상은 감정에 의해 움직입니다. 진지함이나 재치로 움직이려는 사람들은 쉽게 실패하지만, 진정한 확신을 가지고 호소하는 사람들은 절대 실패하지 않습니다. 연사가 말하려는 주제가 백색 레그혼종 닭의 사육법이든 아르메니아에서 기독교인들이 겪는 고난이든 국제연맹이든 상관없이, 그 말을 진정으로 전하고 싶다는 확고한 신념만 가지고 있다면 그 연사의 연설은 불꽃처럼 타오를 것입니다. 중요한 것은 그 연사가 자신의 확신을 어떻게 표현하며 나타내는가가 아니라, 어떤 진지함과 감정적인 힘을 가지고 그것을 청중에게 전달하는가입니다."

열의, 진지함 그리고 열정만 있다면 연사의 영향력은 넓게 퍼질 것이다. 500개의 단점이 있다 해도 그는 실패하지 않는다. 위대한 피아니스트 루빈스타인조차 틀린 건반을 누른 적이 많았지만 아무도 그것에 신경을 쓰지 않았다. 왜냐하면 그는 그 이전까지는 노을을 볼 때 창고 너머 지평선으로 지고 있는 크고 붉은 둥근 물체 말고는 아무것도 보지 못하던 사람들의 영혼에 쇼팽의 시를 들려주었기 때문이다.

아테네의 강력한 지도자 페리클레스(Pericles)는 연설을 시작하기 전, 신들에게 자신의 입에서 가치 없는 말은 한마디도 나오지 않게 해 달라는 기도를 올렸다고 역사는 기록하고 있다. 그가 하는 말엔 영혼이 담겨 있어 국민의 가슴 속으로 파고들곤 했다.

미국에서 가장 유명한 여류 소설가 가운데 한 사람인 윌라 캐서(Willa Cather)는 이렇게 말한다.

"모든 예술가의 비밀은 열정이다. 이것은 누구나 아는 비밀이지만 아무도 훔쳐 갈 수 없고, 영웅적 자질처럼 값싼 재료로는 흉내 내지 못한다."

모든 대중연설가는 예술가가 되어야 한다. 정열, 느낌, 영혼, 감정적 진실…… 당신의 연설에 이런 특징을 담아라. 그러면 청중은 당신의 사소한 단점을 용서해 줄 것이다. 아니, 전혀 인식하지 못할 것이다. 역사는 이런 사실을 보여 준다. 링컨은 불쾌할 정도의 높은 목소리로 연설했고, 고대 그리스 웅변가 데모스테네스(Demosthenes)는 말을 더듬었다. 후커의 목소리는 너무 작았고, 커런은 말 더듬기로 유명했으며, 셰일은 거의 첫소리를 냈다. 최연소 영국 수상이었던 젊은 윌리엄 피트(William Pitt The Younger)의 목소리는 탁하고 듣기에도 불편했다. 하지만 이 모든 사람에게는 자신의 단점들을 물리칠 진실함, 열정 그리고 절실함이 있었다. 그리고 그것은 다른 모든 단점을 아무것도 아닌 것으로 만들었다.

• 간절하게 말하고 싶은 것을 가져라

브랜더 매튜스(Brander Matthews) 교수는 〈뉴욕 타임스(New York Times)〉에 흥미로운 기사를 기고한 적이 있다.

좋은 연설의 핵심은 연사가 자신이 진정으로 말하고 싶은 무언가를 갖고 있는 것이다. 이것은 몇 년 전 내가 컬럼비아 대학에서 커디스 메달 수상자를 선정하기 위한 세 명의 선정위원이었을 때 깨달은 사실이다. 후보는 대여섯 명의 대학생들이었는데, 모두 기교가 뛰어났고 좋은 결과를 얻고자 노심초사했다. 하지만 단 한 명을 제외한 나머지 학생들이 추구하는 것은 메달이었다. 그들에게는 누군가를 설득하고자 하는 욕구가 거의 혹은 전혀 없었다. 그들은 웅변 기교를 드러내기에 적합한 주제를 선택했는데, 자신들이 다룰 주제에 대해 개인적으로 깊은 관심은 없는 것처럼 보였다. 따라서 그들의 연설은 웅변 기교를 자랑하는 것에 불과했다. 하지만 줄루족의 왕자만은 예외였다. 그가 고른 주제는 '근대 문명에 기여한 아프리카'였다. 그는 자신이 내뱉는 모든 말에 깊은 느낌을 담았다. 그의 연설은 보여 주기 위한 것이 아닌, 살아 움직이는 것이자 강한 확신과 열정에서 비롯된 것이었다. 자신의 백성과 대륙을 대표해서 나선 그에게는 간절히 말하고 싶은 것이 있었다. 그는 누구나 공감할 수 있을 정도로 진실하게 말했다. 비록 기교면에서는 다른 두세 명의 경쟁자보다 부족했지만 결국 메달은 그에게 돌아갔다. 그의 연설에는 웅변이 가져야 할 진정한 열정이 있었기 때문이다. 그의 열정적인 호소에 비교하면 다른 연설들은 껍데기만 그럴듯했다.

많은 연설가가 이 부분에서 실패를 경험한다. 그들의 표현은 확신에서 나온 것이 아니며, 어떤 욕구나 힘 또한 없어서 마치 화약 없는 총을 쏘는 것과 같다. 어떤 이는 이렇게 말할지 모른다.

"네, 좋아요. 하지만 당신이 그렇게 높이 평가하는 진실함, 영혼, 열정은 어떻게 가질 수 있나요?"

분명한 한 가지는, 겉만 맴도는 연설을 통해서는 절대 그것을 얻을 수 없다는 것이다. 분별력을 지닌 사람이라면 누구나 당신이 피상적인 인상만으로 말하고 있는 것인지, 아니면 깊은 가슴에서 나오는 말을 하고 있는 것인지 구별할 수 있다. 마음을 다하라. 캐내라. 당신 안에 숨어 있는 자원을 찾아내라. 사실을 확인하고 그 뒤에 숨은 원인을 밝혀라. 집중하라. 사실에 빠져 고민하고 성찰해 그 의미를 찾아라. 결국 당신은 철저하고 올바른 준비에 모든 것이 달려 있음을 알게 될 것이다.

가슴으로 준비하는 것은 머리로 준비하는 것만큼 중요하다. 예를 들어 보자. 나는 예전에 미국은행협회 뉴욕 지부에 속한 사람들을 대상으로 절약 캠페인 기간에 연설을 하도록 교육했던 적이 있는데, 그들 중 강렬함이 부족한 사람이 한 명 있었다. 그가 연설을 하는 이유는 절약에 대해 강한 열정을 갖고 있어서가 아니라 그저 연설을 하고 싶기 때문이었다. 그에게 내가 처음 가르친 것은 정신과 마음을 뜨겁게 하는 것이었다. 나는 그에게 혼자만의 시간을 갖고 열정이 생길 때까지 그 주제에 대해 생각해 보라고 말했다. 또한 유언장 집행을 검토하는 검인 법원 기록에 의하면 뉴욕 주민 중 85퍼센트는 사망 시에 아무런 재산도 남기지 못하고 단지 3.3퍼센트만이 1만 달러

이상의 유산을 남긴다는 사실을 잊지 말라고 덧붙였다. 그는 끊임없이 자신이 사람들에게 부탁을 하는 것도 아니고, 사람들이 할 수 없는 일을 하도록 촉구하는 것도 아니라는 것을 되새겨야 했다. 더불어 그는 이런 생각을 해야 했다.

'나는 지금 이 사람들이 노년기에 의식주를 해결할 수 있도록, 그리고 사후에는 그들의 부인과 아이가 보호받을 수 있도록 준비시키고 있는 것이다.'

또한 그는 엄청난 사회봉사를 하러 가는 것임을 기억할 필요가 있었다. 그렇기에 그는 예수 그리스도의 복음을 실제적이면서 현실적인 내용에 맞게 설파하고 있다는 십자군 전사와 같은 믿음으로 충만해야 했다.

그는 이런 사실들을 곰곰이 생각하고 가슴 깊이 새긴 뒤 그것의 중요성을 깨달았다. 그는 그 주제에 큰 관심을 가지게 되었고 열정을 끌어냈으며 자신에게 주어진 사명이 신성하다고 여길 정도가 되었다. 그리고 마침내 그가 연설을 하러 나가자 그의 말에 확신이 담겨 있다는 느낌이 들었다. 실제로 절약에 관한 그의 연설은 큰 관심을 받아 미국 최대의 은행에서 그를 영입해 갔고, 그는 후에 남미 지역의 지점장으로 부임하는 영광까지 누렸다.

• 승리의 비결

한 젊은이가 볼테르(Voltaire)에게 소리쳤다.

"나는 살아야 합니다!"

그러자 볼테르는 이렇게 답했다.

"나는 그 필요성을 인식하지 못한다."

당신이 하는 말에 대해 세상이 보이는 태도는 대부분 이럴 것이다. 세상은 그 말의 필요성을 인식하지 못한다. 하지만 성공하고 싶다면 당신은 그 필요성을 느껴야 하고 그에 대한 확신을 가져야 한다. 지금 당장 그것을 세상에서 가장 중요한 일로 여겨야 한다.

드와이트 L. 무디 목사는 은총이라는 주제로 설교를 준비하다가 진리를 구하고자 하는 마음에 사로잡혀 모자를 집어 들고 서재에서 떠나 거리로 나갔다. 그리고 처음 만난 사람에게 갑작스런 질문을 했다.

"은총이 무엇인지 아십니까?"

이런 진실한 감정과 열정으로 불타오르는 사람이 청중에게 마법과 같은 영향력을 행사하는 것은 조금도 놀랄 일이 아니다.

얼마 전 나는 파리에서 강의를 했는데, 며칠이나 감흥 없는 연설을 계속하는 한 사람이 있었다. 그는 괜찮은 수강생이었고 정확한 지식도 많이 갖고 있었지만, 뜨거운 열정이 없었기에 그는 자신이 말하고 있는 사실들을 하나로 결합시키지 못했다. 청중은 그가 중요한 무언가에 대해 얘기하고 있다고 여기지 않았고, 자연스럽게 주의를 기울이지도 않았다. 그가 중요성을 부여하는 딱 그 정도만큼만 청중도 그의 연설을 받아들인 것이다. 나는 몇 번이고 연설을 중단시키며 그에게 강렬해져야 하고 깨어 있어야 한다고 강조했지만, 이미 차가워진 라디에이터에서 뜨거운 김을 뿜아내려 애쓰고 있다는 느낌만 들었다. 교육 후반부가 되어서야 마침내 나는 그의 준비 방법이 잘못되었음을 설득하는 데 성공했다. 나는 그에게 머리와 가슴 사이에서는 아주 긴밀한 의사소통이 이뤄져야 한다는 사실을 납득시켰고, 연설은 사람들에게 단순한 사실을 제시하는 것이 아니라 그 사실에 대한 자신의 생각을 드러내는 것임을 인지시켰다.

다음 주에 그가 나타났을 때, 그는 표현할 만한 가치가 있다고 생각되는 어떤 생각을 품고 있었다. 마침내 뭔가에 대해 열정적인 관심을 갖게 된 것이다. 그는 마치 영국 작가 윌리엄 M. 새커리(William M. Thackeray)가 영화 〈베니티 페어(Vanity Fair)〉에 나오는 여주인공 베키 샤프를 사랑하듯 그 메시지를 사랑하고 있었고, 그 일을 위해서라면 어떤 수고도 마다하지 않을 준비가 되어 있었다. 그의 연설은 뜨거운 박수를 받았다. 실로 극적인 승리였다. 그는 조금이나마 마음으로 느낄 수 있는 진실함을 만들고야 말았다.

이것이 바로 준비의 기본 요건이다. 2장에서 이미 보았듯이 연설, 그것도 진정한 연설을 준비한다는 것은 몇 가지 기계적인 어구를 종이에 적거나 암기하는 것이 아니고, 책이나 신문에 실린 남의 생각 서너 가지를 가져오는 것은 더더욱 아니다. 결코 그런 것이 아니다. 준비는 당신의 정신, 마음, 인생 그리고 그 깊은 곳으로 파고들어가 본질적으로 당신 자신의 것이라 할 만한 확신과 열정을 끄집어내는 것이다. 당신의 것! 당신 자신의 것! 그것을 파내고, 파내고, 또 파내라. 그것은 그곳에 있다. 그곳에 당신이 꿈도 꾸지 못했던, 금광과도 같이 엄청난 것들이 거기에 있음을 절대로 의심하지 말라.

당신은 자신의 잠재력에 대해 알고 있는가? 그렇지 않을 것이다. 제임스 교수는 보통 사람은 자신이 가진 잠재적인 정신력의 10분의 1도 계발하지 못한다고 했다. 이것은 엔진은 8기통인데 그 가운데 고작 실린더 하나에만 불꽃이 튀는 것보다도 더 나쁜 상황이다. 그렇다. 연설에서 중요한 것은 차가운 어법이 아니라 그 뒤에 있는 인간, 영혼, 확신이다.

버크와 피트, 윌버포스와 찰스 J. 폭스(Charles J. Fox) 같은 유명한 연설가들은 하원에서 셰리든이 워런 헤이스팅스(Warren Hastings)를 공격하는 연설을 듣고 그것이야말로 영국 땅에서 나온 가장 설득력 있는 웅변이었다고 말했다. 하지만 셰리든은 그 연설의 큰 장점이 차가운 문자 안에 있기엔 너무 정신적이고 사라지기 쉬운 것이라고 생각했기에 5,000달러짜리 출판 계약도 거절했다.

비록 오늘날 그 연설은 존재하지 않지만, 만일 우리가 그 연설문을 읽는다면 틀림없이 실망할 것이다. 연설을 위대하게 만든 특성은 사라져 버리고, 몸 안에 솜을 넣고 날개를 펼친 채 박제 가게에 걸린 독수리처럼 빈껍데기만 남았을 것이 분명하기 때문이다.

당신이 하는 연설에서 가장 중요한 요인은 당신 자신임을 항상 명심하라. 무한한 지혜를 담고 있는 에머슨의 명구에 귀를 기울여 보자.

"당신이 하는 말은 당신 자신이다."

이 말은 자기표현에 관한 기술 중 가장 중요한 말이다. 그러므로 한 번 더 반복하겠다.

"당신이 하는 말은 당신 자신이다."

• 재판을 승리로 이끈 링컨의 연설

링컨은 위의 구절을 읽은 적이 없을 수도 있지만, 그 진리를 이미 알고 있었다는 점은 분명하다. 어느 날 나이가 들어 허리가 굽은, 독립전쟁에서 남편을 잃은 한 노인이 다리를 절뚝이며 그의 변호사 사무실로 찾아왔다. 그녀의 연금업무 대행인이 그녀가 받아야 할 돈의 절반인 200달러를 수수료 조로 가져갔다는 사연이었다. 화가 난 링컨은 즉각 소송을 제기했다.

그는 이 사건을 어떤 방식으로 준비했을까? 링컨은 워싱턴 일대기와 독립전쟁에 관한 기록을 읽으며 열정적으로 임했다. 변론할 차례가 되자 그는 애국자들로 하여금 반발하고 자유를 위해 투쟁하게 만들었던 압제의 사례를 하나하나 열거했다. 더불어 그들이 겪은 보이지 않는 고난과, 계곡의 얼음과 눈 위에서 먹을 것과 신을 것 없이 피흘리는 발을 끌며 견뎌야 했던 고통을 묘사했다. 그리고 분노로 가득 찬 채 그러한 영웅의 미망인으로부터 연금의 절반을 강탈한 악당을 향해 돌아섰다. 도무지 반론의 여지가 없을 정도로 통렬한 질타를 쏟아 내는 링컨의 눈은 활활 불타오르고 있었다. 그는 다음과 같이 결론지었다.

"세월은 지나갑니다. 독립전쟁의 영웅은 죽고 다른 곳에 부대를 만들었습니다. 그 용사들은 잠들어 있는데 다리를 절거나 앞을 보지 못하거나 상처 입은 미망인이 배심원 여러분에게, 그리고 제게 와서 그 억울함을 풀어 달라고 호소합니다. 그분이 늘 지금 같은 모습은 아니었습니다. 젊고 아름다운 여성이었던 그녀는 걸음걸이에 탄력이 있었고 얼굴은 희었으며 목소리는 예전 버지니아 산등성이에 울리던 그 어떤 소리보다 달콤했습니다. 하지만 지금 그녀는 가난하고 의지할 데조차 없습니다. 어릴 때 지내던 곳으로부터 수백 마일이나 떨어져 있는 일리노이 주의 넓은 벌판에서 그녀는 독립전쟁의 용사들이 쟁취한 특권을 누리고 있는 우리에게 동정심을 갖고 도와 달라고, 남자답게 자신을 보호해 달라고 호소합니다. 제가 묻고 싶은 것은, 우리가 그녀의 친구가 되어 줄 것인가 하는 것입니다."

변론이 끝나자 배심원들 가운데는 눈물을 흘리는 사람도 있었다. 배심원단은 그 노부인이 요구한 금액 전부를 배상하라는 판결을 내렸다. 링컨은 그녀가 부담해야 할 비용에 대한 보증인이 되어 주고 호텔 숙박비와 돌아가는 여비까지 부담했다. 수임료 역시 한 푼도 받지 않았다.

며칠 뒤, 링컨의 파트너는 사무실에서 작은 종잇조각을 발견했다. 그는 링컨의 변론이 적혀 있는 그 메모를 읽고 웃음을 터뜨렸다.

계약 없음 – 전문 서비스 아님 – 비상식적인 수수료 – 피고가 유보한 돈을 원고에게 전달하지 않음 – 독립전쟁 – 포지 계곡의 비참함을 묘사할 것 – 원고의 남편 – 입대하는 군인 – 피고 반론의 여지없음 – 끝

당신의 뜨거운 마음과 열정을 일으키기 위해 가장 먼저 해야 할 것은 이처럼 다른 사람에게 호소하고 싶은 진짜 메시지를 갖게 될 때까지 준비하는 것이다.

∙ 진실하게 행동하라

우리는 1장에서 제임스 교수가 지적한 다음의 말을 살펴봐야 한다.

"행동과 감정은 동시에 일어난다. 따라서 의지의 직접적인 통제를 받는 행동을 조절하면 의지의 통제에서 먼 감정을 간접적으로 조절할 수 있다."

그러므로 진실하고 열정적인 느낌을 갖기 위해서는 일어서서 진실하게, 또 열정적으로 행동해야 한다. 탁자에 기대지 마라. 몸을 똑바로 세우고 가만히 서 있어라. 몸을 앞뒤로 흔들지 마라. 위아래로도 움직이지 마라. 지친 말처럼 체중을 이쪽 발에 실었다 저쪽 발에 실었다 하지 마라. 즉, 당신이 초조하고 자신감이 없다는 표시가 될 만한 신경질적인 움직임을 많이 만들지 말라는 뜻이다. 자신의 육체를 통제하라. 그러면 안정감과 힘이 있다는 느낌을 줄 수 있다. '경주를 즐기는 강한 사람'처럼 똑바로 서라. 반복하겠다. 당신의 허파에 산소를 최대한 채우고, 청중을 똑바로 보라. 마치 뭔가 급하게 말할 것이 있고, 또 그것이 급하다는 점을 잘 알고 있다는 듯이 청중을 바라보라. 교사가 학생에게 그렇게 하듯 자신감과 용기를 갖고 청중을 응시하라. 지금 당신은 교사이고, 청중은 당신의 가르침을 받기 위해 모인 학생들이다. 그러므로 자신 있고 힘차게 말하라. 선지자 이사야는 이렇게 말했다.

"목소리를 높여라. 두려워하지 마라."

힘이 있는 제스처를 사용하라. 제스처가 아름다운지 우아한지는 신경 쓰지 말고 오직 힘차고 자연스러워 보이는지만 생각하라. 이 순간에는 당신의 동작이 남에게 전달할 의미를 위해서가 아닌, 당신 자신에게 전달할 의미를 위해서 제스처를 취하라. 그러면 기적이 일어날 것이다. 라디오를 통해 당신의 연설을 듣고 있는 청중을 위해서도 끊임없이 제스처를 사용하라. 물론 청중은 당신의 제스처를 볼 수 없지만 그 결과는 그들에게 전달된다. 적극적인 제스처는 당신의 어조와 전반적인 태도에 생동감과 에너지를 더해 줄 것이다. 나는 무척이나 자주, 활기 없는 연사의 연설을 중간에 멈추게 하고 그에게 강한 제스처를 취하게 했다. 처음에 억지로 취했던 그 신체적 움직임은 마침내 그 연사를 일깨우고 자극해서 결국엔 자발적 제스처까지 이끌어 내곤 한다. 연사는 심지어 얼굴까지 밝아지고, 전반적인 태도와 자세 또한 더 진실해지고 더 활발해진다.

진실한 행동은 진실한 느낌을 갖게 한다. 셰익스피어가 충고한 대로 어떤 미덕이 부족하면 그 미덕이 있는 것처럼 행동하라. 다른 무엇보다 입을 크게 벌리고 큰 소리로 말하라. 위커샴 법무장관은 전에 이런 말을 했다.

"보통의 대중연설가들은 10미터만 떨어져도 목소리가 들리지 않습니다."

너무 과장된 얘기 같은가? 나는 최근에 어느 명문 대학교의 총장이 하는 연설을 들었는데, 네 번째 열에 앉았음에도 그가 하는 말의 절반은 알아들을 수 없었다. 또 어느 유럽 주요국의 대사는 최근 유니언 대학의 졸업식에서 축사를 했는데, 지나치게 우물거리며 말하는 바람에 고작 20피트 정도 떨어진 곳에서도 그의 연설을 들을 수 없었다.

경험이 많은 연사들도 이런 잘못을 저지르는데 하물며 초보자들이야 더 말해 무엇 하겠는가? 그들은 청중 전체에게 들릴 정도로 목소리를 높이는 일에 익숙하지 않기 때문에, 만일 청중이 알아듣기 충분할 정도의 성량으로 연설을 하면 자신이 악을 쓰고 있어 사람들이 웃음을 터뜨릴지 모른다고 생각할 것이다. 하지만 대화하듯 하되 크고 강하게 말해야 한다. 작은 글씨는 눈에서 가까운 거리에 있을 때만 읽을 수 있고, 강단 맞은편에서도 볼 수 있으려면 큰 글씨가 필요한 법이다.

• 청중이 졸 때 가장 먼저 해야 할 일

어느 시골 목사가 헨리 워드 비처에게 "무더운 일요일 오후에 신자들이 조는 것을 막으려면 어떻게 해야 합니까?"라고 묻자, 비처는 "뾰족한 막대기를 든 사람을 옆에 두고 목사가 졸지 못하게 찌르면 됩니다."라고 말했다. 나는 이 일화를 무척 좋아한다. 상식을 높은 경지로 끌어올린 이 얘기는 연설 방법을 다룬 묵직한 그 어떤 학술서보다 초보자의 이해를 도울 것이다.

연설을 배우는 사람이 자신을 잊고 연설에 몰입할 수 있는 가장 확실한 방법은 자기 자신을 때려눕히는 것이고, 그것은 그의 연설에 정열, 혼, 생기를 줄 것이다. 배우들은 무대에 서기 전에 침착해지기 위해 애쓴다. 마술사 해리 후디니(Harry Houdini)는 무대 뒤에서 뛰어오르고 허공에 주먹을 휘두르며 보이지 않는 적과 싸움을 했다. 여배우 제인 맨스필드(Jayne Mansfield)는 때때로 스태프의 숨 쉬는 소리가 신경 쓰인다고 트집을 잡아서라도 일부러 화를 내곤 했는데, 그것은 아마 그렇게 함으로써 자신이 원하는 에너지를 얻고 그것을 고양시킬 수 있다고 생각했기 때문일 것이다. 심지어 나는 무대 입구에서 자신의 차례를 기다리며 가슴을 세게 내리치는 배우를 본 적도 있다. 나 역시 잠시 후 연설해야 하는 수강생들에게 옆방에 가서 맥박이 뛰고 얼굴과 눈가에 생기가 돌 때까지 자신의 몸을 치라고 했다. 또한 연설을 준비하는 과정에서 수강생들에게 큰 제스처와 함께 목소리를 높여 격렬하게 'A, B, C'를 반복하게 했다. 마치 앞으로 달려 나가려는 순혈마처럼 청중 앞에 서는 것이 더 바람직하지 않겠는가?

연설 직전에는 가능하다면 충분한 휴식을 취하라. 가장 이상적인 것은 편한 옷차림으로 몇 시간 정도 잠을 자는 것이다. 그리고 가능하다면 그다음에는 찬물로 샤워를 하며 온몸을 세게 문질러라. 이보다 더 좋은, 훨씬 더 좋은 방법은 수영을 하는 것이다.

영국의 연극 제작자이자 극장주였던 찰스 프로먼(Charles Frohman)은 배우를 고용할 때 그가 활발한 사람인지를 본다고 말하곤 했다. 연기와 연설은 많은 신경을 써야 하며 상당한 체력을 소모시키는 일임을 그는 잘 알고 있었던 것이다. 나는 히코리 나무를 베어 장작을 만들어 보았고, 한 번에 두 시간씩 연설도 해 보았다. 내 경험으로 보건대 이 두 가지 일이 사람을 지치게 하는 정도는 거의 비슷했다.

제1차 세계대전 때 더들리 필드 말론(Dudley Field Malone)은 뉴욕 센추리 극장에서 굉장히 열정적인 연설을 했다. 연설을 시작하고 1시간 30분이 지나 절정에 이르렀을 무렵, 그는 탈진해 의식을 잃고 무대에서 실려 내려왔다.

영국의 작가 시드니 스미스(Sydney Smith)는 미국의 정치가이자 명

연설가인 대니얼 웹스터를 두고 '바지 입은 증기 기관'이라고 평했다. 비처는 다음과 같은 말을 하기도 했다.

"성공적인 연설가들은 엄청난 생명력과 회복력, 그리고 무엇보다 자기 자신이 하고 싶은 말을 표현할 수 있는 폭발력을 가진 사람들이다. 그들은 투석기(投石器)와도 같아서 그 앞에 선 사람들은 쓰러지고 만다."

• '족제비 어구'와 양파

당신이 하는 말에 힘을 불어 넣고 분명하게 말하라. 하지만 너무 단정적이면 안 된다. 무지한 사람들만이 매사에 단정적인 법이다. 이와 반대로 나약한 사람들은 '……한 것 같습니다.', '아마', '제 생각에는'이라는 말을 서두에서 사용하곤 한다. 연설을 처음 시작하는 사람들에게 나타나는 거의 보편적인 문제는 그들이 지나치게 단정적인 표현을 사용한다는 것이 아니라 이와 같은 약한 표현을 씀으로써 연설의 효과를 떨어뜨린다는 것이다.

나는 뉴욕의 한 비즈니스맨이 자동차를 타고 코네티컷을 돌아본 경험을 발표하던 것을 기억한다. 그는 "길 왼편에는 양파 같은 것을 심은 밭이 있었습니다."라고 말했다. '양파 같은 것'은 없다. 양파면 양파고 아니면 아닌 것이다. 그리고 그 물체가 양파인지 아닌지 알아차리기 위해 비범한 능력이 필요한 것도 아니다. 얼마나 말도 안 되는 표현인가.

루스벨트는 이런 표현을 가리켜 '족제비 어구'라고 했다. 족제비는 알의 내용물만 빨아 먹고 빈 껍질만 남기기 때문이다. 위의 표현들 역시 이런 역할을 한다. 움츠리고 변명하는 어조, 빈껍데기 같은 어구는 듣는 이에게 신뢰나 확신을 주지 못한다. 사무실 벽에 다음과 같은 표어가 붙어 있다고 상상해 보라.

- 결국 당신이 사는 기계는 언더우드일 것 같습니다.
- 우리 생각에 푸르덴셜은 지브롤터의 힘을 가지고 있는 것처럼 보입니다.
- 우리는 당신이 언젠가는 결국 우리 밀가루를 사용하시리라 생각합니다. 그러니 지금 사용하는 것이 어떻겠습니까?

민주당의 윌리엄 J. 브라이언이 처음으로 미국 대통령 선거에 나섰던 1896년, 어린아이였던 나는 그가 왜 그렇게 자신이 당선될 것이고 경쟁자 매킨리(William McKinley)는 떨어질 것이라는 말을 강조하고 반복하는지 궁금했다. 그 이유는 간단하다. 브라이언은 대중이 강조와 증명을 구분하지 못한다는 사실을 알고 있었던 것이다. 만약 자신이 어떤 말을 충분히 자주, 충분히 강하게 얘기한다면 대부분의 청중은 그것을 믿게 될 것이라는 점도 그는 간파하고 있었다. 세계적으로 위대한 지도자들은 마치 그들의 주장을 뒤집을 만한 가능성은 전혀 없다는 듯이 강하게 말했다. 부처는 죽음을 앞두었을 때 합리화하거나 애원하거나 논쟁하지 않고, 오직 권위를 가진 사람으로서만 말했다.

"내가 가르친 대로 걸어라."

수백만 명의 인생을 지배하던 요소인 코란에서는 예비 기도가 끝나면 곧바로 다음과 같은 구절이 시작된다.

"이 책에 대해 아무 의심도 가지지 마라. 이것은 명령이다."

빌립보 감옥의 수감자가 바울에게 "제가 어떻게 구원받을 수 있겠습니까?"라고 묻자 그의 대답은 논쟁이나 얼버무림, 또는 '이런 것 같다'거나 '나는 이렇게 생각한다'와 같은 것이 아니었다. 바울의 대답은 선생으로서의 엄연한 명령이었다.

"주 예수 그리스도를 믿어라. 그러면 구원받을 것이다."

하지만 앞서 말했듯 모든 경우에 너무 단정적이면 안 된다. 시간, 장소, 주제, 청중에 따라 지나친 확고함은 도움보다는 외려 방해가 될 수 있기 때문이다. 일반적으로 청중의 지적 수준이 높을수록 단정적인 주장의 효과는 낮아진다. 그런 사람들은 안내받기를 원하지 끌려다니는 것을 원하는 것은 아니기 때문이다. 그들은 사실을 들은 뒤자신이 스스로 결론짓기를 바라고, 질문받는 것은 좋아하지만 직접적인 진술을 계속해서 듣는 것은 좋아하지 않는다.

• 청중을 사랑하는 태도

몇 년 전 나는 영국에서 몇몇의 대중강연자를 고용해 교육시켰다. 고통스럽고 비용도 많이 들었던 시도 끝에 그들 중 세 명은 해고되었고 한 명은 3,000마일이나 떨어진 미국으로 돌려보내졌다. 그들의 주된 문제는 진심으로 청중에게 마음을 다하지 않는다는 것이었다. 그들은 주로 다른 사람이 아닌 자기 자신과 급여 봉투에만 관심을 가졌다. 누구라도 그것을 느낄 수 있었다. 그들은 청중에게 차가웠고 청중도 그들에게 차가웠다. 결과적으로 이 연사들은 소리를 내는 나

팔이나 딸랑거리는 심벌즈와 매한가지였다. 사람들은 연사가 하는 말이 눈썹 위에서 나오는지 가슴뼈에서 나오는지 빠르게 알아차린다. 심지어 강아지조차 그런 것을 눈치 챌 수 있다.

나는 대중연설가인 링컨에 대해 아주 특별한 연구를 했다. 그가 미국이 낳은 가장 사랑받는 사람이자 미국 최고의 연설가라는 사실은 의심할 여지가 없다. 비록 천재적인 부분도 있긴 하지만 나는 청중을 압도하는 그의 능력 중 많은 부분이 그의 동정심, 정직성 그리고 선량함에서 나온 것이라 믿는다. 그는 사람들을 좋아했다. 그의 아내는 말했다.

"그의 가슴은 그의 긴 팔처럼 넓었습니다."

그는 예수를 닮았다. 2,000년 전 연설 기술에 관해 쓰인 첫 번째 책에서 연설을 잘하는 이는 능숙하게 말하는 착한 사람이라고 묘사되고 있다. 유명한 프리마돈나인 슈만하잉크(Ernestine Schumann-Heink)는 이렇게 말했다.

"내 성공의 비밀은 청중에 대한 절대적인 헌신입니다. 그들은 모두 나의 친구이고, 나는 그들 앞에 서는 순간 유대감을 느낍니다."

이것이 그가 세계적으로 성공을 거둔 비밀이다. 우리도 이런 마음을 기르자. 연설에서 가장 중요한 것은 육체적인 것도 아니고 정신적인 것도 아닌, 바로 영혼이다. 죽어 가는 대니얼 웹스터의 머리맡에 있던 책은 모든 연설가가 살아 있을 때 책상에 둬야 할 책, 바로 성경이었다. 사람들을 진정으로 사랑한 예수는 그와 함께 길을 걷는 사람들의 마음을 뜨겁게 했다. 만약 대중연설에 관한 뛰어난 책이 필요하다면 신약성서를 읽어 보는 것은 어떨까?

청중을 깨어 있게 만드는 비법

1. 연설을 듣는 청중의 태도를 결정하는 것은 바로 당신이다. 만약 당신이 열정적이지 않다면 청중도 그럴 것이다. 만약 당신이 조금만 관심을 가진다면 청중도 그럴 것이다. 만일 당신에게 열의가 있다면 청중은 당신의 활기에 영향을 받을 것이다. 열정은 연설을 전달하는 데 있어 최대 요건은 아닐 수 있지만, 그 가운데 하나인 것은 분명하다.

2. 마틴 W. 리틀턴은 이렇게 말한다.

   "진지하려고 노력하거나 재치 있어 보이려 하는 사람은 쉽게 실패하는 반면 진정한 확신을 가지고 호소하는 사람은 절대 실패하지 않는다. 만약 사람들에게 하고 싶은 말이 있다고 진정으로 확신하는 연사라면 그의 연설은 불꽃처럼 타오를 것이다."

3. 감염이 되는 확신이나 열정의 중요성이 강조됨에도 대부분의 사람은 그것을 가지고 있지 않다.

4. 브랜더 매튜스 교수는 이렇게 말한다.

   "좋은 연설의 핵심은 연사가 진심으로 말하고 싶은 것을 가지고 있다는 것이다."

5. 사실에 대해 생각하고 그것의 중요성을 마음에 새겨라. 다른 사람을 설득하기 전에 당신이 열정을 가지고 있는지 확인하라.

6. 머리와 가슴 사이에서 의사소통이 이뤄지게 하라. 우리는 사실만이 아니라 그 사실에 대한 사람들의 태도를 알고 싶어 한다.

7. 어떤 언어를 사용하든 당신 자신이 아닌 말은 할 수 없다. 연설에서 중요한 것은 말이 아니라, 그 뒤에 숨은 그 사람의 정신이다.

8. 진정성을 개발시키고 열정을 느끼기 위해 열정적으로 행동하라. 똑바로

서서 청중을 바라보라. 확고한 제스처를 사용하라.

9. 무엇보다 입을 크게 벌리고 당신의 말이 잘 들리게 말하라. 10미터만 떨어져도 목소리가 들리지 않는 연사들이 많다.

10. 시골의 한 목사가 헨리 워드 비처에게 무더운 일요일 오후 신자들이 조는 것을 막기 위해 어떻게 해야 하는지에 대해 묻자 비처는 "뾰족한 막대기를 든 사람을 옆에 두고 목사가 졸지 못하게 찌르면 됩니다."라고 말했다. 이것은 대중연설의 기술에 대한 가장 뛰어난 충고 중 하나다.

11. 당신의 연설을 "그런 것 같다.", "제 생각으로는"과 같은 '족제비 어구'로 약하게 만들지 말라.

12. 청중을 사랑하라.

성공적인 연설의 필수 요소

"나는 어떤 환경에서든 절대 낙담하지 않는다. 가치 있는 것을 성취하기 위한 세 가지 필수 요소는 근면, 끈기, 상식이다."

— 토머스 A. 에디슨

"훌륭한 연설도 마지막 노력이 부족해서 실패하는 경우가 많다."

— E. H. 해리먼(E. H. Harriman)

"절대 절망하지 말라. 혹시 절망했다면 절망 속에서 최선을 다하라."

— 에드먼드 버크(Edmund Burke)

"모든 문제의 가장 좋은 치료법은 인내다."

— 플라우투스(Plautus), 기원전 225년

"인내심이 완벽하게 일할 수 있도록 하라."

— 러셀 H. 콘웰 박사의 좌우명

"할 수 있다고 믿는 사람은 승리할 수 있다. 매일의 두려움을 극복하지 못하는 사람은 인생의 첫 번째 교훈을 배우지 못한 사람이다."

— 에머슨

"승리는 의지다."

— 나폴레옹(Napoleon)

6
성공적인 연설의
필수 요소

이 글을 쓰는 1월 5일은 어니스트 섀클턴 경(Sir Ernest Shackleton)의 추도일이다. 그는 퀘스트 호를 타고 남극을 탐험하러 가던 중 세상을 떠났다. 퀘스트 호에는 다음과 같은 글이 새겨져 있었다.

만약 꿈을 꾸더라도 그 꿈의 노예가 되지 않는다면,

만약 생각을 하더라도 생각 자체를 목표로 보지 않는다면,

만약 승리와 재앙을 같이 만나더라도

그 두 거짓을 똑같이 대할 수 있다면,

만약 마음, 신경, 근육이 약해졌을지라도

다시 사용하려고 노력한다면,

'계속하자'는 의지를 제외하고는

아무것도 남아 있지 않더라도 계속한다면,

만약 가차 없이 지나가는 1분을

6초씩 뛰는 달리기로 채울 수 있다면,

세상과 그 안에 있는 모든 것들이 너의 것이 될 것이며

무엇보다도 그때 너는 남자가 된단다. 내 아들아.

새클턴은 이 시를 '퀘스트 호의 정신'이라고 불렀다. 이는 진실로 남극으로 떠나는 사람이 지녀야 할 정신이자 대중연설에서 자신감을 갖기 위해 갖춰야 할 정신이기도 하다. 덧붙이자면, 유감스럽게도 처음 대중연설을 시작하는 사람들은 이 정신을 가지고 있지 않다. 몇 해 전 교육 사업을 막 시작했을 때, 나는 여러 종류의 야간 학교에 등록한 사람들 중 많은 이가 목표에 이르기도 전에 중간에 지쳐 포기한다는 사실을 목격하고 깜짝 놀랐다. 그 숫자가 내 마음을 아프게 했고 놀라게 했다. 이것은 인간 본성에 대한 슬픈 설명이다.

이번 장은 강의의 여섯 번째 시간에 해당하는데, 내 경험에 비춰 보면 이 글을 읽고 있는 사람 중에서도 6주라는 짧은 시간 동안 대중 공포를 극복하고 자신감을 획득하지 못했다는 사실에 실망하는 사람들이 있을 것이다. 참 안타까운 일이다.

"인내심이 없는 자들이여, 불쌍하도다. 조금씩 아물지 않는 상처가 어디 있겠는가?"

• 끈기의 필요성

프랑스어든 골프든 대중연설이든 우리가 뭔가 새로운 것을 배울 때, 실력은 꾸준히 발전하거나 일정하게 나아지는 것이 아니라 어느 순간 갑자기 향상된다. 그리고 나서는 그 정체기에 계속 머물거나 실

력이 퇴보해서 전보다 더 나빠질 수도 있다. 심리학자들 사이에서 이미 널리 알려진 이 정체기 혹은 퇴보기는 '학습 곡선의 고원(高原)'이라 불린다. 대중연설을 배우는 학생들은 때로 이 정체기에 몇 주씩 빠져서, 아무리 열심히 해도 빠져나오지 못한다. 약한 사람들은 절망감에 포기한다. 끈기를 지닌 사람만이 어느 날 갑자기 어떻게, 왜 그렇게 되었는지 모른 채 엄청나게 발전한 자신의 모습을 발견할 수 있다. 어느 순간 요령을 깨닫고 대중연설에서의 자연스러움, 힘, 자신감을 얻게 된 그들은 비행기처럼 고원 위를 오른다.

다른 곳에서 본 대로 당신은 항상 사람들 앞에 서는 두려움을 겪었을 것이다. 처음 몇 분간 느껴지는 일종의 충격, 초조한 불안감 말이다. 존 브라이트는 그의 바쁜 생애가 끝날 때까지 그것을 느꼈고, 윌리엄 글래드스턴(William Gladstone), 윌리엄 윌버포스(William Wilberforce)와 같은 영국 정치가들, 그리고 많은 유명 연사들 역시 그러했다. 심지어 셀 수 없이 여러 차례 무대에 섰던 위대한 음악가들도 종종 그런 느낌을 받았다. 파데레프스키(Ignacy Paderewski)는 항상 피아노 앞에 앉기 직전에 불안에 떨며 소매 끝을 만지작거렸다. 노르디카(Lilian Nordica)는 심장이 경주하듯 뛰는 것을 느꼈고 폴란드 출신의 소프라노 젬브리히(Marcella sembrich)와 에마 임스(Emma Eames) 등 20세기 초반의 유명한 디바들도 그랬다. 하지만 대중 공포는 8월의 햇살 속에서 안개가 사라지듯 빠르게 사라졌다.

이제 그들의 경험은 당신의 것이 된다. 당신이 끝까지 해낸다면 초반에 느끼는 대중 공포를 제외한 모든 것을 없앨 수 있다. 그 공포도 처음의 공포일 뿐, 그 이상은 아니다. 몇 마디 하고 나면 자신을 통제할 수 있고 연설을 즐길 수 있을 것이다.

· 끊임없는 도전

법학을 공부하고 싶은 열정으로 가득한 한 젊은이는 어느 날 링컨에게 조언을 구하는 편지를 보냈는데, 링컨은 다음과 같이 답했다.

"법률가가 되고 싶다는 결심이 확고하다면 이미 절반 이상은 이루어진 걸세. 항상 성공하겠다는 결심은 다른 무엇보다 중요하다는 사실을 명심하게나."

이것은 링컨 자신이 경험했기에 잘 알고 있는 사실이었다. 그가 받은 정규 교육은 전 생애를 통틀어 1년도 채 되지 않는다. 그렇다면 책은 읽었을까? 링컨은 집에서 50마일 이내에 있는 모든 책을 빌려 읽었다. 그의 오두막에는 밤새 불이 꺼지지 않았고 그는 불빛 옆에서 책을 읽었다. 링컨은 늘 통나무 사이에 있는 틈새에 책을 끼워 놓았고 책을 읽을 수 있는 아침이 오면 나뭇잎 더미에서 일어나 눈을 비비고 다시 책에 열중했다.

그는 연설을 듣기 위해 약 30마일 정도의 거리를 걸어 다녔고 집에 돌아오는 길에는 들판이든 숲이든, 젠트리빌에 있는 존스네 가게에 모인 사람들 앞에서든 열심히 연설 연습을 했다. 또한 그는 뉴세일럼과 스프링필드의 문학과 토론 모임에도 참여해 이 수업을 듣고 있는 당신들만큼 열심히 연습에 몰두했다.

그는 항상 열등감에 힘들어했다. 여성과 함께 있을 때는 수줍음을 탔고 말이 없었다. 메리 토드와 연애를 할 때에도 얼굴을 붉힌 채 조용히 그녀가 말하는 것을 듣기만 했다. 하지만 훈련과 학습을 거친 끝에 뛰어난 연설가인 더글러스 상원의원과도 토론을 벌일 수 있게 된 사람이 바로 링컨이다.

게티즈버그에서의 두 번째 취임 연설에서 인류 역사상 누구도 도달하지 못한 수준의 훌륭한 연설을 한 사람이 바로 이 사람이란 말이다. 그가 가진 치명적인 약점과 안쓰러운 노력을 봤을 때 그가 다음과 같은 글을 쓴 것은 놀랄 일이 아니다.

"만약 법률가가 되고 싶은 결심이 확고하다면 이미 절반 이상은 이루어진 걸세."

백악관 대통령 사무실에는 에이브러햄 링컨의 멋진 초상화가 걸려 있다. 시어도어 루스벨트는 다음과 같이 말했다.

"무엇인가 결정해야 할 때, 또는 복잡해서 해결하기 어려운 일, 권리나 이해관계가 충돌하는 일이 있을 때 나는 링컨의 초상화를 바라보며 만약 그가 내 자리에 있었다면 어떻게 했을지 생각해 봅니다. 이상하게 들릴 수 있지만, 솔직히 그렇게 하면 문제를 해결하는 것이 쉬워집니다."

루스벨트의 방법을 사용해 보면 어떨까? 만약 당신이 무척 낙담하고 연설가가 되기 위한 배움을 포기하고 싶단 생각이 든다면, 지갑에서 링컨이 그려진 5달러짜리 지폐 한 장을 꺼내 그러면 이런 상황에서 어떻게 했을지 질문해 보라. 당신은 링컨이 어떻게 했을지 알고 있다. 상원의원 선거에서 스티븐 A. 더글러스에게 패배한 후 링컨은 지지자들에게 "한 번 졌다고 포기하지 말고, 백 번을 져도 포기하지 말라."라고 말했다.

• 보상의 확신

내가 당신에게 1주일간 아침마다 식탁에서 이 책을 꺼내 유명한 심리학자 윌리엄 제임스 하버드 교수가 한 말을 외우게 할 수 있다면 얼마나 좋을까.

"어떤 교육을 받든 젊은이는 자신이 받는 교육의 결과에 대해 걱정하지 않아도 된다. 만약 그가 매 시간을 성실하게 공부하며 바쁘게 보낸다면 최종 결과로부터 자유로울 수 있다. 어느 화창한 아침에 일어나 보면 그는 무엇을 연구했든 자신의 동료보다 훨씬 뛰어난 실력을 갖춘 사람이 되어 있음을 발견할 것이다."

유명한 제임스 교수의 말을 빌려 나는 이렇게 말하고 싶다. 만약 당신이 이 교육과정을 열정적으로 충실하게 잘 따라오고 현명하게 연습한다면, 어느 화창한 아침에 일어나 분명 당신 자신이 지역 사회나 모임에서 유능한 연설가가 되어 있는 것을 발견할 것이라 확신해도 된다고 말이다. 당신에게 터무니없게 들릴지 모르지만, 이 말은 일반적인 원칙처럼 사실이다. 물론 예외는 있다. 지적인 면과 인격적인 면이 열등하고 얘기할 거리가 하나도 없는 사람이 하루아침에 대니얼 웹스터처럼 되긴 어렵다. 하지만 상식적인 수준에서는 위의 말이 정확하다.

구체적인 예를 들어 설명하겠다. 뉴저지의 주지사였던 스톡스는 트렌턴에서 열린 대중연설 강의의 수료 파티에 참석했다. 저녁에 그는 수강생들의 연설이 워싱턴의 상원이나 하원에서 들었던 연설들처럼 훌륭하다고 말했다. 그날 트렌턴에서 연설한 사람들은 몇 달 전만 해도 대중 공포로 혀가 굳어 한마디도 하지 못했던 비즈니스맨들이었다. 그들은 키케로(Marcus Tullius Cicero)처럼 뛰어난 웅변가가 아니라, 단지 뉴저지에 사는, 미국 도시 어디에서나 볼 수 있는 그런 평범한 사람들이었지만, 어느 날 아침 일어나 보니 지역에서 무척 뛰어난 연설가가 되어 있었다.

당신이 연설가로 성공할 수 있는지의 여부는 다음의 두 가지에 달려 있다. 타고난 재능, 그리고 당신 욕망의 깊이다.

제임스 교수는 이렇게 말했다.

"어떤 문제에서든지 당신을 구하는 것은 열정이다. 당신이 어떤 결과를 충분히 원하기만 한다면 그것을 얻을 수 있다. 부자가 되길 바라면 부자가 될 수 있고, 학식 있는 사람이 되길 바라면 학식 있는 사람이 될 수 있으며, 선한 사람이 되길 원하면 선한 사람이 될 수 있다. 그렇게 되기 위해 당신은 그 일만을 진심으로 원해야 하고, 그 일과 양립할 수 없는 일을 동시에 바라면 안 된다."

제임스 교수는 진실성을 가지고 다음과 같이 덧붙였을지도 모른다.

"만약 당신이 자신감 있는 대중연설가가 되고 싶다면 그렇게 될 수 있다. 단지 진심으로 그렇게 되길 원하기만 한다면 말이다."

나는 글자 그대로 수천 명의 사람이 대중 앞에서 연설할 수 있는 자신감과 능력을 갖기 위해 노력하는 것을 주의 깊게 보았다. 성공한 사람 중에 특별한 재능이 있는 사람은 소수에 불과했고, 대부분은 어디서나 흔히 볼 수 있는 평범한 비즈니스맨들이었다. 하지만 그들에게는 끈기가 있었다. 똑똑한 사람들은 쉽게 낙담하거나 돈을 버는 것에 지나치게 몰두해 큰 성과를 이루지 못한다. 하지만 끈기와 목적의식을 지닌 평범한 사람들은 마침내 큰 성과를 이뤄 냈다. 이것은 인간적이고 자연스러운 일이다. 사업에서나 직장에서 종종 이런 일이 일어난다는 사실을 당신도 알고 있지 않은가?

록펠러(John Rockefeller)는 사업에서 성공하기 위한 첫 번째 필수 조건은 인내라고 말했다. 이와 마찬가지로 이 교육과정에서 성공하기 위한 첫 번째 필수 조건 역시 인내다. 포슈 장군은 지금까지 세상에서 찾아볼 수 없을 정도로 막강한 군대를 상대로 승리했다. 그는 자신이 지닌 한 가지 미덕이 '절망하지 않는 것'이라고 밝혔다.

프랑스가 1914년에 마른 지방으로 후퇴하자 조프르 사령관은 200만의 군대를 이끌고 있던 장군들에게 후퇴를 멈추고 공격하라고 지시했다. 인류 역사상 가장 중대한 전투가 벌어진 지 이틀째 되던 날, 조프르 사령관을 지휘하고 있던 포슈 장군은 전쟁사에서 가장 유명한 전문(電文) 가운데 하나인 다음의 글을 보냈다.

중앙 지역 무너짐. 우익 후퇴. 상황은 최고. 공격하겠음.

그 공격이 파리를 구했다. 그렇다. 전투가 가장 힘들고 희망이 없을 때, 중앙이 무너지고 우익이 후퇴할 때가 가장 좋은 시기다. 공격하라! 공격하라! 공격하라! 그러면 당신은 당신에게서 가장 뛰어난 부분인 용기와 신념을 구할 것이다.

• '와일드 카이저'에 올라라

몇 해 전 여름, 나는 오스트리아 쪽에 있는 알프스 산맥 가운데 하나인 '와일드 카이저'라는 봉우리에 오른 적이 있다. 《베데커》라는 여행 안내서에는 길이 험해서 아마추어 등산객은 반드시 가이드와 함께해야 한다고 적혀 있었다. 하지만 친구와 나는 가이드가 동행하지 않는 아마추어 등산객이었고, 그래서인지 또 다른 친구가 우리에게 그 산을 오를 수 있겠느냐고 물었다. 우리는 "물론이지!"라고 답했다. 이유를 묻는 그에게 나는 이렇게 답했다.

"가이드 없이도 등반에 성공한 사람들은 이미 있으니 이건 상식적으로 가능한 일이라고 생각하네. 게다가 나는 실패를 예상하며 일을 시작하는 어리석은 행동은 하지 않거든."

등산가로서의 나는 서투른 왕초보에 불과했지만, 대중연설 훈련을 받든 에베레스트 등반에 도전을 하든 이것은 모든 일을 하는 데 있어 필요한 정신자세다. 이 교육과정에서 성공한다고 생각하라. 완벽하게 자신을 통제하면서 대중 앞에서 연설하는 모습을 상상해 보라. 어려운 일이 아니다. 당신이 반드시 성공한다고 믿어라. 강하게 믿으면 당신은 성공하기 위해 반드시 해야 할 일을 하게 된다.

듀퐁 제독은 자신이 찰스턴 항구로 전투함을 파견하지 않은 여섯 가지 이유를 제시했다. 말없이 듣고만 있던 패러것 제독은 이렇게 말했다.

"당신이 아직 얘기하지 않은 이유가 하나 있군요."

듀퐁 제독이 물었다.

"그것이 무엇입니까?"

그의 대답은 이러했다.

"당신이 그 일을 해낼 수 있다고 믿지 않은 것입니다."

대중연설 강좌를 통해 대부분의 사람이 얻는 가장 가치 있는 것은 자신감이 높아지고 성취할 수 있다는 믿음이 커진다는 점이다. 어떤 일을 하든 성공하는 데 있어 이것보다 더 중요한 것이 뭐가 있겠는가?

• 승리의 의지

엘버트 허바드(Elbert Hubbard)의 현명한 조언을 여기에 인용하겠다. 만약 평범한 사람이 그 안에 담긴 지혜를 삶에서 적용하고 실천한다면 더 행복해지고 부유해질 것이다.

집에서 나설 때, 턱은 아래로 당기고 고개는 들고 햇살 아래서 숨을 최대한 들이마셔라. 미소를 지으며 친구를 맞이하고, 진심을 담아 악수를 나눠라. 오해받을까 두려워하지 말고 적을 염려하며 시간을 낭비하지 말라. 당신이 무엇을 하고 싶은지 마음에 정확히 새기기 위해 노력하라. 그러면 방향을 잃지 않고 곧장 목표를 향해 갈 수 있다. 당신이 하고 싶은 위대하고 훌륭한 일에 대한 포부를 품어라. 날이 갈수록 산호가 조류에서 필요한 영양분을 섭취하듯, 자신도 모르는 중에 꿈을 이루는 데 필요한 기회를 잡고 있는 자신을 보게 될 것이다. 당신이 되고자 하는, 유능하고 성실하며 유용한 사람의 이미지를 그려 보라. 그러면 그 생각이 매 시간 당신을 그런 사람으로 변화시킬 것이다. 모든 것은 생각으로 결정된다. 올바른 정신 자세를 견지하라. 용기, 솔직함 그리고 쾌활함이 그것이다. 바르게 생각하는 것은 곧 창조하는 것이다. 모든 것은 욕망에서 탄생하며, 모든 진실한 기도는 응답을 받는다. 우리는 우리의 마음에 따라 변한다. 턱을 당기고 고개를 들어라. 인간은 고치 안에 들어 있는, 준비 단계에 있는 신이다.

나폴레옹, 웰링턴, 리, 그랜트, 포슈 같은 위대한 군 지휘관들은 승리에 대한 의지와 확신이 다른 무엇보다도 그 군의 승리를 결정한다는 사실을 알고 있었다. 마셜 포슈 장군은 이렇게 말한다.

"전쟁에서 패배한 9만의 병사가 전쟁에서 승리한 9만의 병사보다 먼저 후퇴하는 이유는 그들이 정신적 저항 끝에 승리를 믿지 않았고 그로 인해 의기소침해졌기 때문이다."

달리 표현하면, 후퇴한 9만의 병사들은 육체적이 아닌 정신적으로 지쳤기 때문에 용기와 자신감을 잃어버렸다는 것이다. 그런 군대에 희망이 없는 것처럼 그런 사람 역시 희망이 없다. 미 해군의 유명한 군목(軍牧)인 프래지어 목사는 제1차 세계대전 때 군목으로 근무하겠다고 지원한 사람들을 대상으로 면접을 실시했다. 그에게 해군 군목으로 성공하려면 어떤 필수 요건이 있냐고 물었을 때, 그는 다음과 같은 4G로 대답했다.

"은총(Grace), 진취성(Gumption), 기개(Grit), 용기(Guts)."

이것들은 또한 대중연설에서 성공하기 위한 필수 조건이기도 하다. 이것들을 당신의 모토로 삼아라. 로버트 서비스가 지은 시를 당신의 투쟁가로 삼아라.

당신이 숲에서 길을 잃었을 때,

아이처럼 두려워할 때,

죽음이 눈앞에 닥쳤을 때,

종기가 난 것처럼 마음이 아플 때,

보통의 방법은 방아쇠를 당겨…… 목숨을 끊는 것.

하지만 용기 있는 사람은 이렇게 말한다.

"최선을 다해 싸워라."

자기 소멸은 금지다.

배고픔과 비통함 속에서 포기하는 것은 쉬운 일.

어렵고 힘든 일은 아침이 올 때까지 싸우는 것이다.

너는 이 게임에서 지쳤구나. 그건 창피한 일이다.

너는 젊고 용감하며 현명하다.

너는 푸대접을 받았다. 나는 안다.

그렇지만 소리 지르지 마라.

힘을 내서 최선을 다해 싸워라.

승리의 길은 끝까지 최선을 다하는 것.

그러니 친구여, 숨지 말고 용기를 내라.

그만두는 것은 쉬운 일이다.

어려운 일은 용기를 갖는 것이다.

맞아 쓰러질 때 소리 지르는 것은 쉬운 일이다.

가재처럼 기는 것은 쉬운 일이다.

그러나 희망이 보이지 않아도 싸우고 또 싸워라.

그것이 진짜 사는 것이다.

잔인한 싸움에서 내려올 때마다

부러지고 맞고 상처 입더라도

한 번 더 붙어라.

죽는 것은 쉽고,

계속 살아가는 것은 어렵다.

성공적인 연설의 필수 요소

1. 골프 실력도, 프랑스어 실력도, 대중연설 실력도 점차적으로 쌓이는 것이 아니다. 실력은 어느 날 갑자기 향상되고, 갑작스럽게 발휘되기 시작한다. 또한 몇 주 동안 정체기에 머무는가 하면 심지어 이전에 성취했던 것의 일부를 잃어버릴 수도 있다. 심리학자들은 이런 정체기를 '학습 곡선의 고원'이라고 부른다. 아무리 벗어나려 애써도 그 고원을 벗어나 더 높은 곳으로 가지 못할 수도 있다. 이런 사실을 모르는 사람은 이 고원에서 낙담하고 모든 노력을 포기한다. 이것은 정말 안타까운 일이다. 만약 잘 버티고 계속 연습하기만 한다면, 하룻밤 사이에 비행기가 날듯 급격하게 실력이 향상되는 것을 발견할 수 있을 것이다.

2. 연설을 시작하려 할 때 초조한 불안감이 계속될 수도 있다. 브라이트, 글래드스턴, 윌버포스는 그들의 생을 마칠 때까지 처음 연설을 시작할 때의 불안감을 항상 느꼈다. 하지만 인내심을 갖고 계속 노력한다면 당신은 곧 이 모든 불안감을 없앨 수 있고, 그 불안감은 연설을 시작한 뒤 시간이 조금 지나면 사라진다.

3. 제임스 교수는 교육의 결과에 대해 걱정할 필요가 없다고 지적했다. 만약 충실하게 하루하루를 보낸 사람이라면, 어느 화창한 아침에 일어났을 때 분명 자신이 추구하는 부분에서 다른 이들보다 월등히 앞서 있는 사람이 되어 있음을 알게 될 것이다. 하버드 대학의 저명한 석학이 발견한 심리학적 진리는 대중연설을 연습하는 당신에게도 적용된다. 여기엔 의심의 여지가 없다. 이 교육과정에서 성공한 사람들은 일반적으로 비범한 능력을 가진 사람들이 아닌, 오직 끈기와 완강한 결단력을 지닌 사람들이었다. 그들은 계속했고, 결국 성공했다.

4. 대중연설에서 성공한다는 생각을 하라. 그러면 당신은 성공하기 위해

필요한 것을 할 수 있다.

5. 만약 의욕을 잃어버렸다면 루스벨트가 그랬던 것처럼 링컨의 사진을 보면서 '링컨이라면 이 상황에서 어떻게 했을까?'라고 질문해 보라.

6. 제1차 세계대전 때 미 해군의 어느 유명한 군목은 군목으로 성공하기 위해서는 4G의 필수 자질이 요구된다고 했다. 그것은 무엇인가?

좋은 연설의 비법

"사실을 정확히 이해하고 받아들여라. 가장 중요한 것은 열정이며, 열정은 진실함에서 나온다."

- 에머슨

"연설할 때는 그 주제에 대한 지식 이상의 것이 요구된다. 당신은 발표할 때 진심을 담아야 한다. 사람들이 반드시 알아야 할 무엇인가를 말하듯이 해야 한다."

- 브라이언

"당신 마음에서 나온 조언을 들어라. 왜냐하면 당신만큼 자신을 신뢰하는 사람은 없기 때문이다. 이것은 때로 높은 탑에 올라가 앉아 있는 일곱 명의 야경꾼보다 당신에게 더 많은 것을 보여 줄 수 있다."

- 키플링(Kipling)

"한 번에 한 가지 일을 하되, 그것이 마치 당신의 인생을 좌우할 것처럼 하라."

- 유진 G. 그레이스 베들레헴 스틸 사 회장의 모토

7
좋은
연설의 비법

 냉전이 끝나고 얼마 지나지 않아 나는 로스 스미스와 키스 스미스 형제를 런던에서 만났다. 런던에서 오스트레일리아까지 비행하는데 최초로 성공한 그들은 오스트레일리아 정부에서 주는 5만 달러의 상금을 받았고, 영국에 센세이션을 일으키며 왕실에서 주는 기사 작위도 받았다.

 풍경 사진의 대가로 알려진 캡틴 헐러(Captain Hurler)는 그들과 함께 여행을 하며 영화를 찍었다. 스미스 형제는 사진을 곁들여 자신들의 여행 이야기를 해야 했고, 그 작업을 돕게 된 나는 그들이 여행담을 잘 전달할 수 있도록 훈련시켰다. 런던의 필하모닉 홀에서 형제 중 한 사람은 오후에, 한 사람은 밤에 두 차례씩 넉 달 동안 연설을 연습했다. 그들은 동일한 경험을 했고 세계의 반을 나란히 앉아 비행했다. 그런데 각각 연설에서 사용하는 단어까지 거의 일치했음에도 그 둘의 연설은 왠지 모르게 달라 보였다.

 연설에는 단어보다 중요한 무언가가 있다. 그것은 바로 연설할 때 느껴지는, 연설의 맛이다.

"무엇을 말하는지가 아니라 어떻게 말하느냐가 중요하다."

예전에 나는 어떤 음악회에서, 악보를 보면서 파데레프스키의 쇼팽 연주를 감상하던 한 젊은 여성의 곁에 앉은 적이 있다. 그녀는 도저히 이해할 수 없다는 표정이었다. 파데레프스키의 손가락은 그녀가 이전에 연주했을 때 눌렀던 것과 정확히 같은 건반들을 누르고 있었다. 같은 곡이었는데도 그녀의 연주는 평범했던 반면 파데레프스키의 연주는 영감이 넘쳤고 놀라울 만큼 아름다워 관객을 전율시켰다.

보통 사람과 천재의 차이는 단순히 그가 연주하는 멜로디 자체가 아니라 그 사람이 연주하는 방식, 예술적인 기교, 그가 그 연주에 불어넣은 자신의 인간적인 매력이었다.

러시아의 위대한 화가인 브륄로프(Karl P. Bryullov)는 언젠가 어느 학생의 그림을 조금 고쳐 준 적이 있었다. 그 학생은 그가 고친 그림을 보고서는 너무 놀란 나머지 큰 소리로 외쳤다.

"아주 작은 부분을 손보셨을 뿐인데 어떻게 이렇게 다른 그림이 될 수 있죠?"

브륄로프는 답했다.

"예술은 그 작은 부분에서부터 시작한다네."

연설도 그림이나 파데레프스키의 연주와 같다. 말을 다룰 때에도 이것은 마찬가지다. 영국 의회에는 "모든 것은 무엇을 말하느냐가 아니라 누가 말하느냐에 달려 있다."라는 오래된 격언이 있다. 이것은 영국이 로마 제국의 식민지였던 시절 마르쿠스 F. 퀸틸리아누스

(Marcus F. Quintilianus)가 한 말이다. 대개의 옛 격언들이 그렇듯 이 말도 에누리해서 들을 필요가 있긴 하지만, 어쨌든 좋은 연설에서는 별 내용 없는 말도 그럴 듯하게 들린다. 내가 대학교 경연 대회에서 종종 확인하는 사실은, 좋은 주제를 가진 연설가가 늘 우승하는 것은 아니란 것이다. 그보다는 오히려 자신이 말하려는 내용이 가장 훌륭히 전달되도록 말을 잘하는 학생이 우승했다. 몰리 경은 언젠가 다음과 같이 장난스런 냉소가 담긴 말을 했다.

"연설에는 세 가지 요소가 있다. 누가 말하고, 어떻게 말하고, 그리고 무엇을 말했느냐가 그것이다. 그중에서 가장 중요하지 않은 것은 마지막 요소다."

과장된 것 같다고? 그럴지도 모른다. 하지만 그 표면을 긁어 보면 당신은 그 아래에서 반짝이고 있는 진실을 보게 될 것이다.

논리, 추론, 작문 등에 관해 에드먼드 버크가 남긴 매우 뛰어난 연설문들은 오늘날에도 전체 대학교의 절반에 이르는 곳에서 고전 웅변의 모델로 학습되고 있다. 하지만 연설가로서의 버크는 악명 높은 실패자였다. 그에게는 자신의 훌륭한 연설문을 재밌고 강렬하게 만들 능력이 없었다. 때문에 그는 하원에서 '만찬을 알리는 종'이라고 불렸다. 그가 말하려고 일어서면 다른 사람들이 기침을 하거나 딴청을 부리거나 무리지어 나가 버렸기 때문이다.

누군가를 향해 있는 힘껏 총알을 던져 보라. 아무리 강철로 만들어진 총알이라도 그것을 그저 손으로 던졌을 때는 맞는 사람의 옷에 아무런 흔적도 남기지 못한다. 그러나 한낱 양초라도 그 안에 화약을 넣으면 송판을 뚫고 나갈 것이다. 이렇게 말해서 유감이지만, 화약을 가진 볼품없는 양초와 같은 연설 능력은 강철로 싸여 있어도 아무런 힘을 발휘하지 못하는 연설보다 강한 인상을 준다. 그러니 이야기를 전달하는 것에 주의를 기울여라.

• 전달이란 무엇일까

백화점에서 당신이 산 물건을 '전달'해 준다고 할 때 그것은 무엇을 뜻하는 것일까? 그저 운전사가 당신의 뒷마당에 물건을 던져 놓고 가 버리는 것인가? 단지 다른 사람의 손으로부터 물건을 받았다는 말이 곧 전달받았다는 말과 같은 뜻일까? 전보를 배달하는 소년은 받아야 할 사람에게 직접 그 전보를 전한다. 하지만 대부분의 연설가들은 어떤가?

많은 사람이 얘기하는 전형적인 예를 보자. 나는 스위스 알프스 산에 있는 여름 리조트인 뮈렌에 머물렀던 적이 있다. 그때 나는 런던의 한 회사가 운영하는 호텔에 묵었는데, 그 회사는 영국에서 매주 두 명의 연사를 보내 손님들에게 강연을 하게 했다. 그들 중에는 영국의 유명한 여류 소설가도 있었는데 그녀의 연설 주제는 '소설의 미래'였다. 그런데 그녀 자신이 인정했듯, 그 주제는 그녀가 직접 고른 것이 아니었다. 그러니 그녀는 그 주제를 가치 있는 것으로 표현하는 데 필요한 관심 또한 충분히 갖고 있지 않았다. 정리되지 않은 메모를 가지고 청중 앞에 선 그녀는, 청중에게는 눈길도 주지 않거나 때론 그들의 머리 너머나 메모, 혹은 바닥을 바라보았다. 그녀의 말 한마디 한마디는 그녀의 눈에 담긴 먼 시선, 그녀의 목소리에 담긴 아득한 울림과 함께 허공으로 사라져 버렸다.

그것은 연설이라고 할 수 없다. 의사소통의 개념이 없는 그런 말하기는 흡사 독백과도 같다. 의사소통, 그것이 연설의 첫 번째 필수 요소다. 청중은 연설 내용이 연설가의 마음에서 자신의 마음으로 전달되고 있음을 느껴야 한다. 내가 예로 든 연설은 모래로 가득한 불모지인 고비 사막에서 했다고 해도 느낌이 다르지 않았을 것이다. 솔직히 그 강연은 살아 있는 사람에게 연설하는 것보다는 정말 그런 곳에서 하는 것처럼 들렸던 것이 사실이다.

이야기를 전달하는 것은 아주 간단하면서도 매우 복잡한 과정이다. 또한 제대로 이해되지 못하고 정당히 다루어지지 않는 경우도 많으니 주의해야 한다.

• 전달을 잘하는 비결

전달에 관한 터무니없는 글은 수도 없이 많을 뿐 아니라 온갖 규칙, 관습과 연관되어 신비스럽게 보이기까지 한다. 신과 사람들의 눈에 거슬리는 구식 '웅변술' 때문에 우스꽝스러워지는 경우도 적지 않다. 도서관이나 서점에 깔려 있는 수많은 '웅변술' 관련서는 비즈니스맨들에게 전혀 도움이 되지 않는다. 다른 방면에서는 큰 발전을 거두었음에도 미국에서는 아직도 거의 모든 주의 학생들이 대니얼 웹스터와 로버트 G. 잉거솔(Rovert G. Ingersol)의 수사적인 웅변을 암기하도록 강요받고 있다. 그것들은 이제 잉거솔 부인과 웹스터 부인이 부활한다면 그들이 머리에 쓰고 있을 모자만큼이나 오늘날의 정신과 문체에 뒤떨어진 것이 되어 버렸는데도 말이다.

예전에는 인기 있었던 언어의 불꽃놀이들이 현 시대를 사는 이들에게는 더 이상 받아들여지지 않는다.

열댓 명이 있는 업무 회의실에서든 1,000명이 모인 천막 안에서든, 오늘날의 청중은 연사가 편하게 이야기를 나누듯이, 즉 청중 한 사람과 대화를 나누는 것처럼 직접적으로 말해 주기를 원한다. 단, 태도는 그와 같되 목소리의 크기는 달라야 한다. 만약 목소리의 크기도 똑같이 한다면 연사의 목소리는 청중에게 들리지 않을 것이다. 자연스럽게 보이기 위해서는 한 사람에게 말할 때보다 마흔 명에게 말할 때 훨씬 더 노력해야 한다. 건물 꼭대기에 있는 동상이 거리에 있는 행인에게 실물과 같은 크기로 보이기 위해서는 실물보다 더 커야 하는 것처럼 말이다.

네바다 주의 광산 캠프에서 마크 트웨인이 강연을 끝낼 때쯤, 한 광부는 그에게 "평소에도 이렇게 말씀하시나요?"라고 물었다. 청중이 원하는 것은 바로 이것, 즉 '자연스러운 목소리 톤'과 '조금 크게 말하는 것'이다.

상공회의소에서 연설을 할 때는 존 헨리 스미스라는 이름을 가진 어떤 한 개인에게 말하는 것처럼 하라. 결국 상공회의소의 미팅도 몇 명의 존 헨리 스미스가 모여서 열린 것이 아니겠는가? 각각의 개인을 대상으로 성공을 거둘 수 있는 방식이라면 한꺼번에 모아 놓은 사람들을 대상으로 해도 성공적이지 않을까?

나는 앞서 어떤 여류 소설가의 연설을 예로 들었다. 그녀가 연설했던 바로 그 강연장에서 나는 며칠 뒤에 올리버 로지 경의 강연을 듣는 기쁨을 누렸다. 그의 주제는 '원자와 세계'였다. 그는 반세기 이상 그 주제에 대해 생각하고 연구하고 실험하고 조사해 왔다. 그는 그의 가슴, 마음, 인생의 일부인 그것에 대해 너무도 말하고 싶어 했다. 신에게 감사해야 할 일이지만 그는 자신이 연설을 하고 있다는 사실을 잊어버렸고 나 역시 그랬다. 강연 자체에 대한 생각은 그의 머릿속에 없었다. 그는 오직 원자에 대해서 청중에게 정확하고 명료하고 생생하게 말하기 위해 노력했고, 자신이 보고 느낀 것을 우리도 보고 느낄 수 있게 하기 위해 진심으로 노력했다. 그 결과는 어땠을까? 매력과 힘을 모두 갖춘 그의 연설은 무척 깊은 인상을 남겼다. 그는 특별한 능력을 가진 연사지만 그 자신은 그렇게 생각하지 않을 것이라고 나는 확신한다. 그의 강연을 들은 사람 중에 그를 대중연설가로 기억하는 사람은 거의 없었다.

만약 당신의 대중연설을 들은 청중들이 당신은 대중연설에 관해 훈련받은 사람임을 조금이라도 알아챈다면, 그것은 당신을 가르친 사람에게 빚을 지는 일이다. 당신의 스승은 당신의 연설이 매우 자연스러워 훈련받은 티가 나지 않는 것을 원할 것이다. 좋은 유리는 그 자체로 사람들의 시선을 끄는 것이 아니라, 그저 빛을 들일 뿐이다. 좋은 연사도 마찬가지다. 좋은 연사는 무척 자연스럽게 연설을 하기 때문에 청중은 그가 말하는 방식에 대해 신경 쓸 겨를조차 없다. 사람들은 단지 그가 말하는 내용에만 주의를 기울이게 된다.

• 헨리 포드의 충고

"포드 자동차는 모두 한 치의 오차도 없이 똑같습니다. 그러나 똑같은 두 사람은 있을 수 없습니다. 모든 새로운 생명은 태양 아래 새롭습니다. 그와 같은 것은 전에도 없었고, 이후에도 없을 것입니다.

젊은이들은 자신에 대해 그런 생각을 가져야 합니다. 자신을 다른 사람들과 다르게 만드는 개성의 불꽃을 찾아내 자신의 가치를 높이기 위해 노력해야 합니다. 사회와 학교는 당신을 다른 이와 똑같이 만들려고 합니다. 모든 사람들을 획일적인 틀에 넣으려 하는 것입니다. 그러나 그 불꽃이 사라지지 않게 해야 합니다. 그것이 바로 당신이 중요한 진정한 이유이기 때문입니다."

대중연설은 헨리 포드(Henry Ford)의 위와 같은 말이 두 배쯤은 더잘 들어맞는 분야다. 이 세상 누구도 당신과 같을 수는 없다. 수백만명의 사람들이 두 개의 눈과 한 개의 코, 한 개의 입을 가지고 있지만당신과 똑같이 생겼거나 같은 성격, 행동 방식, 마음씨를 가진 사람은 그중 한 명도 없다. 또한 당신이 자연스럽게 연설할 때와 같은 방식으로 연설하거나 표현하는 사람도 없다.

다시 말해, 당신은 당신만의 개성을 가지고 있다. 연사에게 있어개성은 가장 중요한 자산이다. 그것에 매달려라. 그것을 소중히 여기고 발전시켜라. 그것은 당신의 연설에 힘과 진실함을 더해 줄 것이다. "그것이 바로 당신이 중요하다고 말할 수 있는 이유다."

올리버 로지 경은 다른 이들과 다르게 말한다. 다른 사람들과 다르기 때문이다. 그의 강연 방식은 본질적으로 그의 턱수염이나 대머리처럼 그가 가진 개성의 한 부분이다. 만일 그가 로이드 조지를 따라하려고 했다면 그는 가짜밖에 되지 않았을 것이고, 결국 실패했을 것이다.

1858년 일리노이 주의 초원에 있는 작은 도시에서는 스티븐 A. 더글러스와 에이브러햄 링컨이 벌인, 미국 역사상 가장 유명한 논쟁이 있었다. 링컨은 키만 컸고 어딘가 어색했던 반면, 더글러스는 키가 작고 품위 있는 모습이었다. 그들은 각자의 체격만큼이나 성격, 사고 방식, 개성과 기질이 달랐다. 더글러스는 누구보다 교양 있는 사람이 었고, 링컨은 양말도 신지 않은 채 손님을 맞으러 가는 '시골 나무꾼' 이었다. 더글러스의 몸짓은 우아했고 링컨은 볼품없었다. 더글러스는 유머가 없었지만 링컨은 세상이 알아주는 이야기꾼이었다. 더글러스는 비유를 거의 사용하지 않았지만 링컨은 지속적으로 비유와 사례를 들어 논쟁했다. 더글러스는 거만하고 지배적이었으나 링컨은 겸손하고 너그러웠다. 더글러스는 재빠르게 생각하는 스타일이었고 링컨은 사고가 느렸다. 더글러스는 말할 때 회오리바람처럼 강했고 링컨은 더 조용하게, 깊게 생각했다.

이렇게 달랐음에도 그들은 자신에 대한 용기와 지각을 갖춘 사람들이었다. 둘 중 어느 한쪽이 다른 한쪽을 따라 하려 했다면 분명히 끔찍하게 실패했을 것이다. 하지만 그들은 자기가 가지고 있는 고유의 재능을 최고로 발휘해 개성 있고 파워풀한 논쟁을 벌였다. 당신도 이렇게 하라.

방향을 제시하는 것은 간단하다. 그러나 그 길을 따라가는 것도 쉬울까? 절대 그렇지 않다. 페르디낭 포슈 장군은 전쟁의 기술에 대해 이렇게 말했다.

"개념을 잡는 것은 간단하지만, 불행하게도 그것을 실행에 옮기는 것은 복잡하다."

청중 앞에서 자연스러워지려면 연습을 해야 한다. 배우들은 그것을 안다. 당신이 네 살 먹은 어린아이였을 때는 연단에 올라 뭔가를 자연스럽게 말하는 것이 가능했을 것이다. 하지만 스물네 살 또는 마흔네 살인 당신이 연단에 서서 말하려 할 때는 무슨 일이 생길까? 당신이 네 살 때 가졌던 무의식적인 자연스러움이 여전히 존재할까? 물론 그럴 수도 있겠지만, 당신은 아마 몸이 굳고 부자연스러워질 것이며 기계처럼 딱딱해지는 데다가 거북이처럼 껍질 안으로 숨으려 할 것이다.

연설을 가르치고 훈련할 때 가장 중요한 점은 그 사람의 장애물을 제거해서 그가 마치 반사작용처럼 자연스럽고 자유롭게 말하게끔 하는 것이다. 수백 번이나 나는 사람들의 연설을 중단시키고 "좀 더 자연스럽게 말해 주세요."라고 부탁했고, 자연스럽게 말하는 방법을 연습시키느라 완전히 지쳐서 집으로 돌아오곤 했다. 그만큼 자연스럽게 말한다는 것은 결코 간단한 문제가 아니다. 높은 하늘 아래 넓은 자연스러움의 재주를 가질 수 있는 유일한 방법은 연습뿐이다. 연습을 하다가 자신이 말하는 것이 어색하게 느껴지면 말을 잠시 멈추고 스스로에게 냉정하게 말해 보자.

"뭐가 문제지? 뭔가 어색해. 다시 정신 차리고 자연스럽게 해 봐야지."

그리고 청중 중 가장 멍청해 보이는 한 사람에게 말을 걸어라. 다른 사람들은 다 잊어버리고 그와 이야기하라. 그가 당신에게 던진 어떤 질문에 당신이 대답한다고 상상하라. 만약 그가 일어서서 당신에게 말하고 당신이 그에게 대꾸를 해 준다면, 이야기는 예기치 않게 자연스럽고 직접적으로 바뀔 것이다. 그러므로 그런 일이 정말 일어나는 것처럼 상상하라. 실제로 청중에게 질문하고 답하는 것도 좋다.

예를 들어 연설 중간에 이렇게 말해도 좋다는 뜻이다.

"이 주장에 대한 근거를 물으시는 분이 계실지도 모르겠습니다. 저는 그에 대한 충분한 증거를 가지고 있고 그것은 ⋯⋯."

이런 식으로 그 가상의 질문에 대한 답을 스스로 하라. 이 방식은 굉장히 자연스러워 보이며, 연설의 단조로움을 없애 직접적이고 듣기 편한 느낌을 줄 것이다. 솔직함과 열정 그리고 성실함이 당신을 도와줄 수 있다. 진정한 자아는 감정의 영향을 받을 때에야 비로소 표면 위에 드러난다. 빗장이 열리고 감정의 열기는 모든 장애물을 사라지게 한다. 그는 자연스럽게 행동하고, 마음에서 우러나듯 말한다. 그는 자연스럽다. 결국 전달을 잘하는 비결 역시 이 장에서 몇 차례 반복하며 강조하는 것과 같다. 즉, 당신의 말에 마음을 담아라.

예일 신학대의 브라운 학장은 설교에 대해 강의할 때 이렇게 말했다.

"저는 한 친구가 런던 시에서 참석한 예배에 대해 했던 말을 잊을 수 없습니다. 설교자는 조지 맥도널드였는데, 그가 그날 아침 성경 낭독 시간에 읽은 부분은 히브리서 11장이었습니다. 그는 이렇게 말했습니다.

'믿음을 가진 이 사람들의 이야기는 여러분 모두 이미 들어 보셨을 겁니다. 그러니 저는 믿음이란 무엇인가에 대해서 말하지 않겠습니다. 그런 이야기라면 저보다 더 잘해 줄 신학 교수들이 많으니까요. 제가 이곳에 온 이유는 여러분이 믿음을 가질 수 있도록 돕기 위해서입니다.'

이 말을 통해 그는 보이지는 않지만 영원히 존재하는 실체에 대한 자신의 신앙고백을 간결하면서도 장엄하게 전달했고, 사람들의 마음과 가슴에 신앙심이 자리 잡게 만들었습니다. 그의 말에는 그의 마음이 담겨 있었고, 그 설교는 내면의 순수한 아름다움에서 비롯된 것이기에 더없이 효과적이었습니다."

"그의 말에는 그의 마음이 담겨 있었다." 이 말에 비결이 있다. 물론 이렇게 모호하고 분명하지 않은 충고는 인기를 얻지 못한다는 것을 나는 알고 있다. 대부분의 학생은 누구나 이해할 수 있는 규칙을 원한다. 정확하고 손으로 만질 수 있는 것, 포드 자동차 사용 설명서만큼 정확한 규칙 말이다. 그런 규칙이 바로 사람들이 원하는 것이다. 나도 그런 규칙을 알려줄 수 있다면, 그래서 나도 편해지고 듣는 사람들도 편해질 수 있다면 좋겠다. 물론 그런 규칙들이 실제로 존재하긴 하지만 거기엔 작은 문제가 하나 있다. 바로 효과가 없다는 것이다. "그것들은 연설의 자연스러움, 자발성 그리고 생동감을 빼앗아 간다. 젊은 시절 나도 그런 규칙들을 연습하느라 많은 시간을 낭비했던 경험이 있기 때문에 잘 알고 있다. 유명한 유머 작가 조시 빌링스(Josh Billings)가 "아무짝에도 쓸모없는 지식은 아무리 많이 알아봤자 소용없다."라고 얘기했듯이, 그런 규칙은 당신에게 불필요하기에 이 책에 적지도 않았다.

• 대중연설 연습, 이렇게 하라

이제 더욱 분명하고 더욱 생기 있는 연설을 하는 데 필요한 '자연스러운 연설'의 특징을 살펴볼 것이다. 그런데 이렇게 말하면 누군가는 분명히 "아, 알겠다. 이렇게 하면 되겠구나!" 하고 생각할 것 같아서 상당히 망설였던 것이 사실이다. 여기 나와 있는 것들만 의식적으로 연습한다면 당신의 몸은 나무나 기계처럼 뻣뻣해질 것이다.

음식을 소화하는 데 있어 의식이 필요하지 않듯, 자연스러운 연설에 필요한 대부분의 원칙들은 당신이 어제 누군가와 대화를 나누며 이미 사용했을 것이다. 바로 그것이 원칙을 사용하는 방법이고, 그렇게 무의식적으로 사용하는 수준에까지 도달하는 방법은 이미 말했듯이 연습밖에 없다. 좀 더 구체적인 연습 방법은 다음과 같다.

첫째, 중요한 단어는 강하게 말하고 중요하지 않은 단어는 약하게 말하라.

대화를 할 때 우리는 단어의 특정 음절 하나에 강세를 두고 나머지 음절들은 마치 떠돌이 일꾼의 무리를 지나치는 택시처럼 흘려보낸다. 예를 들어 매사추세츠(MassaCHUsetts), 어플릭션(afFLICtion), 어트랙티브니스(atTRACtiveness), 인바이런먼트(enVIRonment)와 같이 말이다. 문장도 이와 같다. 우리는 뉴욕 시에서 가장 오래되고 유명한 초고층 건물인 울워스 빌딩이 브로드웨이 전경에서 불쑥 튀어나와 있는 것처럼, 전체 문장에서 한두 개의 중요한 단어만 그렇게 돋보이도록 말한다. 이것은 이상하거나 비정상적인 현상이 아닌 데다가 항상 주변에서 일어나고 있는 것이기도 하니 잘 들어 보라. 당신 스스로도 어제 100번, 아니 1,000번쯤은 이렇게 말했을 것이고, 내일도 분명히 수백 번은 그렇게 할 것이다.

예를 들어 보자. 다음 인용문에서 밑줄 친 부분을 강하게 발음하고 나머지는 빨리 지나치며 읽어 보라. 어떤 효과가 있는가?

나는 무슨 일이든 열심히 노력했기에 성공해 왔다. 나는 한 번도 주저하지 않았다. 이것이 나를 다른 사람들보다 뛰어나게 만들어 주었다.

- 나폴레옹

이 문장을 반드시 이렇게 읽어야 한다는 것은 아니다. 다른 사람은 아마 다른 방식으로 읽을 것이다. 또한 그때그때 상황에 따라 읽는 방법도 달라질 테니 단어들을 강조하는 데 있어 반드시 지켜야 할 엄격한 규칙이 있는 것 또한 아니다.

다음 문장을 요지가 명확하고 설득력 있게 들리도록 크고 진지하게 읽어 보라. 거창하고 의미 있는 단어에는 힘을 주게 되는 반면 그 외의 단어들은 빨리 읽게 되지 않는가?

만일 당신이 졌다고 생각하면 진 것이다.
만일 당신이 감히 할 수 없다고 생각하면 하지 못한다.
당신이 이길 수 없다고 생각하면 이기지 못하는 것은 당연하다.
인생의 전투에서 항상 힘세고 빠른 사람이 이기는 것은 아니다.
늦거나 빠르긴 해도 인생에서는 이길 수 있다고 생각하는 사람이 이긴다.

- 저자 불명

굳은 결심보다 중요한 성격적 요소는 아마 없을 것이다. 위대한 사람이 되거나 어디서든 성공하겠다는 꿈을 가진 사람은 단지 많은 장

애물을 극복하겠다는 결심뿐만이 아니라 많은 거부와 패배가 있더라
도 승리하겠다는 결심을 가져야 한다.

– 시어도어 루스벨트

둘째, 목소리 높이에 변화를 주어라.

대화할 때 우리 목소리의 높이는 위아래로 오르락내리락 하며 잠
시도 쉬지 않고 바다의 수면처럼 움직인다. 왜 그럴까? 그 이유는 아
무도 모르고, 또 아무도 신경 쓰지 않는다. 결과적으로 이것은 기분
좋게 들리게끔 말하는 자연의 법칙이다. 비록 배우거나 의식해 본 적
은 없지만 우리는 어렸을 때부터 이것을 알고 있었다.

하지만 자리에서 일어나 청중을 바라볼 때면 우리의 목소리는 네
바다 주의 알칼리 사막처럼 둔하고 낮고 단조로워질 것이다. 평소에
고음의 목소리를 가진 당신이 단조롭게 말하고 있다는 것이 느껴지
면 잠시 멈추고 스스로에게 이렇게 말하라.

"내가 목각 인형처럼 말하고 있구나. 사람이 이야기하듯, 자연스럽
게 사람들에게 말해 보자."

자신에게 던지는 이런 잔소리가 어느 정도의 효과는 있을 것이다.
잠시 멈추기만 해도 도움이 될 것이다. 연습을 통해서 각자에 맞는
해결 방식을 찾아야 한다. 중요한 구문이나 단어에 이르러 갑자기 목
소리를 낮추거나 높이기만 해도 그것들을 앞마당의 푸른 월계수처
럼 돋보이게 할 수 있다. 브루클린의 유명한 조합 교회 목사인 캐드
먼 박사는 자주 그렇게 했고, 올리버 로지 경, 브라이언, 루스벨트 등
대부분의 유명 연사들 또한 거의 모두가 그랬다.

다음 예문에서 밑줄 친 단어들을 나머지 단어보다 훨씬 낮은 소리로 말해 보라. 어떤 효과가 있는가?

내게 한 가지 장점이 있다면 절대 포기하지 않는 것입니다.

- 포슈 장군

교육의 위대한 목표는 지식이 아니라 행동입니다.

- 허버트 스펜서(Herbert Spencer)

나는 86년을 살아오면서 많은 사람이 성공을 향해 나아가는 것을 보았습니다. 그런데 성공하는 데 필요한 중요한 요소들 가운데에서도 가장 중요한 것은 믿음이었습니다.

- 기번스 추기경(Cardinal Gibbons)

셋째, 말의 속도에 변화를 주어라.

어린아이가 말하거나 우리가 평소 떠들 때, 말의 속도는 계속해서 변한다. 그 편이 듣기에도 자연스럽고 좋다. 무의식적으로 이뤄지는 일이지만 그럼으로써 당신의 말에는 강약이 생긴다. 실제로 이것은 당신의 생각을 돋보이게 하는 좋은 방법들 중 하나이기도 하다.

월터 B. 스티븐스(Walter B. Stevens)가 미주리 주 역사학회에서 출간한 《기자의 눈에 비친 링컨(Repoter's Lincoln)》이라는 책에는 링컨이 연설을 결론으로 이끌 때 자주 사용하던 방법이 소개된다.

링컨은 몇 단어를 굉장히 빠르게 말하고 자신이 강조하고 싶은 단어나 문구에서는 목소리를 낮추고 속도를 늦췄다. 그러고 나서 그는 번개처럼 문장의 끝까지 달렸다. 그는 자신이 강조하고 싶은 한두 단어에는 중요하지 않은 대여섯 개의 단어에 들이는 것과 맞먹는 시간을 할애했다.

이런 방법은 언제나 관심을 받는다. 일례로 나는 종종 대중강연에서 기번스 추기경의 말을 자주 인용하는데, 한번은 '용기'를 강조하고 싶었다. 그래서 나는 인용문을 말하면서 내가 그 말에 감동을 받은 것처럼 강조된 단어에 시간을 오래 끌었다.

기번스 추기경이 세상을 뜨기 전에 이런 말씀을 하셨습니다.

"나는 86년을 살았고 수많은 사람이 성공을 향해 나아가는 걸 보았습니다. 그런데 성공하는 데 필요한 중요한 요소들 가운데에서도 가장 중요한 것은 믿음이었습니다. 용기를 갖지 못한다면 그 누구도 위대한 일을 할 수 없습니다."

이렇게 한번 해 보라. '3,000만 달러'라는 단어를 그다지 큰돈도 아닌 것처럼 대수롭지 않게 빨리 말해 보라. 그리고 이번에는 '3만 달러'라는 말을 천천히 감정을 담아, 마치 너무도 많은 돈이라 엄청난 감동을 받은 것처럼 말해 보라. 3만 달러가 3,000만 달러보다 훨씬 더 큰 금액처럼 들리지 않는가?

넷째, 중요한 생각의 앞과 뒤에서 멈춰라.

링컨은 종종 연설을 하다 말을 멈추곤 했다. 청중의 마음에 깊은 인상을 남기고 싶은 구절에 이르면 그는 몸을 앞으로 구부리고 잠시 그들의 눈을 바라보며 아무 말도 하지 않았다. 그런 갑작스러운 침묵은 갑작스러운 소음처럼 주의를 환기시키는 효과가 있어서, 사람들은 그다음에 무슨 이야기가 나올지 바짝 긴장한 채 귀를 기울인다.

예를 들어 더글러스와의 그 유명한 논쟁이 끝날 무렵, 모든 지표는 링컨의 패배를 가리켰다. 낙담에 빠진 그는 가끔씩 오랜 습관처럼 우울한 모습을 보였고, 단어 하나하나에는 애절함이 묻어 나왔다. 그렇게 결론 부분에 이르렀을 때, 링컨은 갑자기 아무 말도 없이 가만히 서 있었다. 그리고 언제나 그렇듯 금방이라도 눈물을 흘릴 것처럼 지치고 깊게 패인 눈으로 자기 앞에 앉아 있는, 절반은 무관심하고 절반은 친근한 사람들의 얼굴을 바라보았다. 그는 마치 속수무책으로 다가오는 패배 앞에서 지친 것처럼 팔짱을 끼고 특유의 단조로운 목소리로 이렇게 말했다.

"여러분, 미국 상원의원으로 더글러스 판사와 저 둘 중 누가 선출된다고 해도 차이는 거의 없을 것입니다. 하지만 제가 여러분에게 제시한 쟁점은 개인적인 이익이나 정치적인 운명을 뛰어넘는 것입니다."

링컨은 여기서 다시 멈췄고 청중은 그의 말에 집중했다.

"더글러스 판사와 저의 초라하고 연약하며 더듬거리는 혀가 무덤에 들어가 조용해질 때에도 이 쟁점들은 살아 숨 쉴 것입니다."

링컨의 전기 작가 중 한 사람은 이렇게 적었다.

"이 단순한 말과 태도는 그곳에 있던 사람들의 마음에 뜨거운 감동을 주었다."

링컨은 또한 자신이 강조하고 싶은 구문에서도 멈췄다. 그는 침묵함으로써 사람들의 가슴 속에 그 의미가 서서히 녹아 그 임무를 다하도록 자신이 한 말의 효과를 더했다.

올리버 로지 경은 자주 연설의 중요한 부분의 앞과 뒤에서 멈췄고 종종 한 문장에 서너 번씩 쉬기도 했는데 그 모습이 무척 자연스럽고 무의식적으로 보여 그의 연설 방법을 분석하지 않는다면 아무도 알아채지 못했을 것이다. 소설가 루디야드 키플링은 "침묵을 통해 말하게 되리라."라고 말했다. '침묵은 금'이라는 말도 있지만, 연설에서 현명하게 사용하는 침묵보다 더 빛나는 금은 없다. 이것은 결코 무시할 수 없을 정도로 중요하고 강한 무기인데도 대부분의 초보 연설가들은 이 점을 소홀히 여긴다.

다음의 글은 홀먼(Holman)이 쓴 《자극적인 말(Ginger Talks)》이란 책에서 발췌한 것이다. 연설가가 적당히 쉴 자리가 어디인지 표시해 두긴 했지만, 반드시 그 자리에서 쉬어야 한다거나 그곳이 쉬기에 가장 좋은 곳이라고 말하려는 것은 아니다. 어디에서 쉬는가에 대해서는 엄격한 규칙이 없다. 그것은 의미, 그리고 말하는 사람의 기질과 감정에 따르는 문제이기 때문이다. 오늘 하는 연설에서는 이 부분에서 쉬었더라도, 내일은 다른 부분에서 쉴 수 있다.

다음의 예문을 멈추지 말고 크게 읽어 보라. 그러고 나서 내가 표시한 부분에서 숨을 고르고 다시 읽어 보라. 쉴 때 어떤 효과가 있는가?

영업은 전쟁입니다. (쉬면서 전쟁이라는 개념이 스며들게 한다.) 따라서 전사들만 이길 수 있습니다. (쉬면서 요점이 배어들게 한다.) 이런 조건이 마음에 들지 않을 수도 있지만, 그 조건을 만든 것은 우리가 아니기에 어떻게 바꿀 방법도 없습니다. (쉰다.) 영업이란 게임에 뛰어들 때에는 용기를 가지십시오. (쉰다.) 그렇지 않으면 (멈추고 1초 동안 긴장을 지속한다.) 배트를 휘두를 때마다 아웃이 되어 결과적으로는 1점도 득점하지 못할 것입니다. (쉰다.) 투수를 두려워하는 타자치고 3루타를 기록한 사람은 아무도 없습니다. (멈추고 당신의 요점이 스며들게 한다.) 이 점을 기억하십시오. (멈추고 요점이 더 깊게 배어들게 한다.) 장타를 치거나 담장 밖으로 홈런을 친 사람은 항상 타석에 가까이 다가가는 사람입니다. (멈추고 이 대단한 선수에 대해 당신이 뭐라고 말하려는지 긴장감을 고조시킨다.) 그것도 마음속에 굳은 의지를 담은 사람⋯⋯.

다음 인용문의 의미를 생각하면서 큰 소리로 힘차게 읽어 보라. 그리고 당신이 자연스럽게 쉬게 되는 곳이 어딘지 살펴보라.

> 미국의 거대한 사막들은 아이다호나 뉴멕시코, 애리조나에 있는 것이 아니다. 그것은 평범한 사람들의 모자 아래에 있다. 미국의 거대한 사막은 물리적인 사막이 아닌 정신적인 사막이다.
>
> — J. S. 녹스 (J. S. Knox)

> 인간의 질병에 만병통치약은 없다. 그것과 가장 가까운 것이 있다

면 그것은 이미 널리 알려진 것이다.

- 폭스웰(Foxwell) 교수

내게는 내가 꼭 기쁘게 해줘야 하는 두 존재가 있다. 하나는 하나님
이고 다른 하나는 가필드 가족이다. 나는 이 세상에서는 가필드 가족
과 함께 살고 사후에는 하나님과 함께 살아야 한다.

- 제임스 A. 가필드(James A. Garfield)

이 장에서 제시한 원칙들을 잘 지키는 연설가라고 해도 여전히 결
점이 많을 수 있다. 그는 일상 대화를 할 때와 똑같이 대중 앞에서 연
설함으로써 결과적으로는 듣기에 거슬리는 목소리를 낼 수 있고, 문
법에 맞지 않게 얘기할 수도 있으며, 어색해하거나 공격적인 태도를
취하는 등 대중의 기분을 나쁘게 하는 많은 잘못을 저지를 수도 있
다. 평상시 대화를 하는 것처럼 말하는 방법 역시 많은 개선을 필요
로 한다. 일상에서 말하는 방식을 완벽하게 만들고 그 방식을 연단에
서 그대로 사용해 보라.

좋은 연설의 비법

1. 말에는 단지 단어의 뜻 외에도 다른 무엇이 있다. 그것은 이야기가 전달될 때 생기는 맛이다. "무엇을 말하는가'보다 중요한 것은 '어떻게 그것을 말하는가'다."

2. 많은 연사가 청중을 무시하고 그들의 머리 너머나 바닥을 바라보는데, 그것은 독백을 하는 것이나 다름없다. 거기에는 청중과 연사 사이에 주고받는 의사소통의 개념이 없기 때문이다. 연사의 그런 태도는 청중과의 의사소통은 물론 연설도 망친다.

3. 좋은 강연이란 대화체와 명쾌함을 더 확장시킨 것이다. 상공회의소에서 연설을 할 때 존 헨리 스미스에게 말하듯이 하라. 상공회의소란 결국 존 헨리 스미스가 여러 명 모인 곳이다.

4. 모든 사람에게는 강연을 할 수 있는 능력이 있다. 만약 이 말에 의구심이 든다면, 당신이 알고 있는 사람들 중 가장 무지한 이를 때려눕혀 보라. 그는 몸을 일으키고 무슨 말이든 하겠지만, 그가 말하는 방식에는 아무 결점도 없을 것이다. 당신은 대중 앞에서 그렇게 자연스럽게 연설해야 하고, 그 방식을 발전시키는 연습을 해야 한다. 다른 사람을 따라 하지 않고 자발적으로 말한다면 당신은 세상 누구와도 다르게 말할 수 있을 것이다. 연설에 당신의 개성과 인격을 담아라.

5. 청중에게 말할 때는 마치 그들이 잠시 자리에서 일어나 당신에게 질문한다고 상상하며 말하라. 만약 그들이 일어서서 당신에게 질문을 던진다면 당신의 연설은 틀림없이 크게 발전할 것이다. 따라서 누군가 당신에게 질문을 하고 당신이 그것을 되풀이하고 있다고 상상하라. 큰 소리로 이렇게 말하라. "여러분은 제가 어떻게 이걸 알고 있는지 궁금해할 것입니다.

그래서 말씀드리자면……." 이런 말은 완벽하게 자연스러운 데다가 당신의 형식적인 어조까지 깨뜨릴 것이고, 당신의 연설 태도를 따뜻하고 인간적인 것으로 만들 것이다.

6. 연설에 당신의 마음을 담아라. 감정적인 진실함은 세상의 모든 규칙을 뛰어넘는다.

7. 일상 대화에서 우리는 무의식적으로 다음의 네 가지 방식을 사용한다. 그러나 대중 앞에서 얘기할 때에도 그렇게 하는가? 대부분은 그렇지 않다.

1) 당신은 중요한 단어를 강조하고 중요하지 않은 단어는 약하게 말하는가? 당신은 '그, 그리고, 그러나'를 포함한 모든 단어를 똑같이 강조하는가, 아니면 매사추세츠를 발음할 때처럼 한 부분만 강조하는가?

2) 어린아이가 말할 때처럼 목소리가 높은음에서 낮은음으로, 다시 낮은음에서 높은음으로 오르락내리락하는가?

3) 말하는 속도에 변화를 주는가? 중요하지 않은 단어는 빠르게 말하고 돋보이게 하고 싶은 단어에서는 속도를 늦추는가?

4) 중요한 단어들의 앞과 뒤에서 잠시 멈추는가?

연단에 서기 전 준비해야 할 것들

"행동은 웅변이다. 무지한 사람들의 눈은 귀보다 더 유식하다."

- 셰익스피어(William Shakespeare)

"제스처가 너무 많거나 너무 적으면 부자연스럽다. 아이들은 제스처의 적절한 사용을 알고 있고, 길에서 만난 이웃과 이야기를 나누는 사람들에게서도 그런 예를 찾아볼 수 있다. 이런 점을 고려했을 때, 중용의 미덕을 가진 경우를 보기 힘들다는 것은 참 이상한 일이다."

- 매튜스(Matthews), 《연설과 연설가(Oratory and Orators)》

"연설할 때는 몸짓을 완전히 잊어버려라. 당신이 무엇을 말하려 하는지, 왜 그것을 말하려고 하는지에 대해서만 집중하라. 당신의 생각을 표현하는 데 열정과 영혼을 불어넣어라. 열정을 드러내고, 진지해져라. 진지해지고 또 진지해져라. 그러면 자연스러운 몸짓이 나오게 된다. 당신의 내적생각과 충동을 강하게 만든다면 당신을 가로막는 제약은 사라질 것이다. 당신의 몸은 그러한 것들을 표현하기 위한 몸짓들을 만들어 낼 것이다. 실제 연설을 하는 동안 당신이 말하고 싶은 것에 대해서만 생각하라. 미리 제스처를 계획하지 말라. 자연스런 충동이 행동을 결정하게 하라."

- 조지 롤랜드 콜린스(George Rowland Collins),
《연단에서의 연설(Platform Speaking)》

8
연단에 서기 전 준비해야 할 것들

언젠가 카네기 기술재단에서 100명의 유명한 사업가를 모아 지능 검사를 한 적이 있다. 전쟁 때 군대에서 실시하는 검사와 같은 유형 의 것이었는데, 검사 결과 사업의 성패는 뛰어난 지능보다 성격에 달 려 있다는 것이 증명되었다. 이것은 무척 중요한 사실로, 사업가뿐만 아니라 교육자와 전문직 종사자들 그리고 강연자에게도 굉장히 의 미심장한 것이다. 엘버트 허바드는 "유창한 연설은 말이 아닌 태도 가 결정한다."라고 말했다. 보다 정확히 말해서, 연설을 결정하는 것 은 태도와 아이디어다. 하지만 성격이라는 것은 그 정체가 애매한 데 다 제비꽃 향기처럼 정의하거나 규정하기도 어렵다. 육체적이고 영 적이고 정신적인 모든 것의 총체라 할 수 있는 '성격'은 사람의 생김 새, 좋아하는 것, 성향, 기질, 마음가짐, 활력, 경험, 교육 그리고 인생 을 모두 포함하기 때문에 아인슈타인의 상대성 이론만큼이나 복잡 해서 이해하기 어렵다.

사람의 성격은 대개 유전이라 태어나기 전에 결정되어 있다. 사실

후천적인 환경과도 어느 정도 관련이 있지만 대체로 성격을 바꾸거나 개선하기는 굉장히 어렵다. 하지만 신경을 씀으로써 보다 강한 또는 보다 매력적인 성격을 만드는 것은 가능하다. 어쨌든 우리는 자연이 준 이 신비로운 것을 최대한 활용하기 위해 노력할 수 있다. 이 문제는 우리에게 엄청나게 중요하다. 비록 완전히 바꿀 수는 없지만 성격을 개선할 수 있는 논의와 연구는 계속되고 있고, 가능성 또한 충분하기 때문이다.

만약 당신이 개성을 드러내고 싶다면 휴식을 취한 뒤에 청중 앞에 서라. 피곤한 사람은 다른 사람들을 흡입하지 못하고, 매력적이지도 않다. 준비와 계획을 마지막까지 미루고 미루느라 잃어버린 시간을 보충하기 위해 서두르는 바람에 저지르는 흔한 실수를 하지 않도록 조심하라. 그렇게 하면 육체에는 독이, 뇌에는 피로가 쌓여 당신을 지치게 만든다. 당신은 기력도 쓰지 못하고 뇌와 신경이 모두 쇠약해질 것이다. 만약 당신이 오후 4시에 위원회에서 중요한 연설을 해야 한다면 점심식사를 한 뒤 사무실에 들어가지 말고, 가능하다면 집에 가서 가볍게 점심을 먹고 낮잠을 자며 기분을 전환하라. 몸과 마음 그리고 신경의 휴식은 반드시 필요하다.

유명한 오페라 가수이자 영화배우였던 제럴딘 패러(Geraldine Farrar)는 새로 사귄 친구들을 남편에게 맡기고 자신은 일찍 잠자리에 들어 그들에게 충격을 주곤 했다. 그녀는 예술이 무엇을 요구하는지 알고 있었던 것이다. 노르디카는 프리마돈나가 된다는 것은 곧 자신이 좋아하는 모든 것, 즉 사교 생활과 친구들, 맛있는 음식을 포기하는 것을 뜻한다고 했다.

중요한 연설을 해야 할 때는 시장기에 유의해야 한다. 수행 중인 수도승처럼 조금만 먹어라. 헨리 워드 비처는 항상 크래커와 우유를 제외하고는 일요일 오후에 아무것도 먹지 않았다. 오스트레일리아의 소프라노 가수 넬리 멜바(Nellie Melba)는 이렇게 말했다.

"저녁 공연이 있는 날에는 5시에 생선, 닭고기, 아니면 송아지 내장과 사과 구이, 그리고 물 한 잔으로 아주 가벼운 식사를 해요. 오페라나 콘서트가 끝나고 집에 가면 항상 배가 고프죠."

내가 전문 강사가 되어 매일 상당한 양의 저녁식사를 하고 두 시간에 걸친 강연을 하기 전까지는 멜바와 비처의 행동이 얼마나 현명했는지 미처 알지 못했다. 신선한 사과를 곁들인 가자미 혀 요리, 비프 스테이크, 튀긴 감자, 샐러드, 채소, 그리고 디저트를 먹은 뒤 한 시간 동안 서 있는 것이 나 그리고 내 강연 주제나 몸에 적절하지 않다는 것을 나는 경험을 통해 알았다. 내 머리에 있어야 할 피가 뱃속에 있는 스테이크, 감자와 싸우느라 아래로 내려갔기 때문이다. 파데레프스키의 말이 옳았다. 그는 콘서트를 앞두고 먹고 싶은 것을 다 먹으면 내면에 있는 동물적인 힘이 세지고 심지어 손끝으로 몰려가 움직임을 방해하고 연주를 망친다고 했다.

• 다른 연사보다 더 끌리는 연사

당신의 힘을 약하게 하는 일은 어떤 일도 하지 마라. 힘은 다른 이들을 강하게 끌어당긴다. 활력, 생기, 열정, 이것들은 내가 연설가와 지도자를 뽑을 때 첫 번째로 생각하는 것이다. 야생 거위가 밀을 찾아 가을 들판에 모이는 것처럼, 사람들은 에너지가 넘치는 사람에게 모인다. 나는 런던 하이드파크의 야외 연설에서 그 예를 쉽게 본다. 마블 아치의 출입구 근처는 모든 인종의 사람과 모든 사상가가 모이는 곳이다. 일요일 오후에는 교황무오설을 설명하는 가톨릭 신자나 마르크스의 경제 이론을 복음처럼 설파하는 사회주의자, 이슬람교도가 네 명의 아내를 두는 것이 왜 정당하고 합당한지를 설명하는 인도인 가운데 자신이 원하는 쪽을 골라 들을 수 있다. 어떤 연사에게는 수백 명의 청중이 따르는 반면 그 옆의 연사 앞에는 몇 안 되는 사람들만 모여 있다. 왜 그럴까? 연사들의 흡인력이 다른 이유가 언제나 그들이 말하는 주제가 다르기 때문이라는 것 하나밖에 없을까? 아니다. 답은 연사를 보면 알 수 있다. 연설에 더 깊은 관심을 가지는 연사에게는 청중도 더 큰 관심을 갖는다. 그런 연사는 더 실감 나고 더 생동감 있게 연설한다. 그는 활력과 생기를 내뿜고 그럼으로써 사람들의 시선을 끈다.

• 옷차림이 끼치는 영향

심리학자이며 대학 총장인 어떤 교수가 많은 사람을 대상으로 옷차림이 사람에게 끼치는 영향에 대한 설문조사를 했다. 그 결과 거의 만장일치로 사람들은 자신이 깔끔하고 흠 잡을 데 없는 옷차림임을 인지하면 설명하기는 어렵지만 매우 명확하고 현실적인 효과가 있다고 답했다. 그런 옷차림은 자신감을 주고 자신에 대한 신뢰를 높임으로써 자존감도 향상시킨다는 것이다. 그와 더불어 성공한 사람처럼 옷을 입으면 성공을 꿈꾸고 이루는 것도 더 쉬워진다고 답했다. 옷차림이 당사자에게 끼치는 영향은 이 정도다.

그러면 청중에게는 어떤 영향을 줄까? 연사라는 이들인데도 헐렁한 바지에 형편없는 코트와 신발 차림인 데다가 윗옷 주머니에는 만년필과 연필이 끼워져 있고, 옷깃 사이로는 신문이나 담배 파이프, 또는 담뱃갑이 튀어나와 있는 경우를 나는 자주 봤다. 그리고 그가 자신의 외적 요소에 자부심을 갖고 있지 않은 것만큼 청중도 그에 대한 존경심이 없다는 것을 알게 되었다. 청중들이 그 연사의 정신 또한 그의 헝클어진 머리와 구질구질한 신발만큼 엉망일 것이라고 여기는 것은 당연하지 않겠는가?

• 그랜트 장군의 한 가지 후회

버지니아의 애퍼매톡스 청사에서 북군의 그랜트 장군에게 항복하던 날, 남군의 수장인 리 장군은 새 군복으로 깔끔하게 차려입고 비싼 검을 차고 있었다. 그에 반해 그랜트 장군은 외투나 검도 없이 이등병의 셔츠와 바지만 입고 있었을 뿐이었다. "나는 멋지게 차려입은, 키가 6피트나 되는 그 사람과 비교되었을 것이 뻔하다." 역사적인 순간에 제대로 옷을 차려입지 않았다는 것은 그의 인생에 있어 진정으로 후회스러운 일 중 하나였다.

워싱턴의 농림부 실험 농장에는 수백 개의 양봉대가 있다. 각각의 통에는 안을 비추는 확대경이 있어 버튼을 누르면 전깃불이 내부를 밝히기 때문에 낮이나 밤이나 벌들을 관찰할 수 있다. 연사도 이와 같다. 그는 확대경 아래에 있으며 스포트라이트 안에서 모든 사람의 시선을 받는다. 비록 아주 작다 해도 그의 외모에 부조화적인 요소가 있다면, 그것은 마치 평지에 록키산맥의 파이크스 봉우리가 우뚝 솟아 있는 것처럼 커 보일 것이다.

• "우리는 연설 시작 전에도 비난받거나 칭찬받는다."

몇 년 전 〈아메리칸 매거진〉에 어느 성공한 뉴욕 은행가의 삶에 대한 글을 연재했던 적이 있다. 나는 그 은행가의 친구에게 그의 성공 요인을 알려 달라고 요청했는데, 그는 그 은행가의 '미소' 때문이라고 답했다. 처음에는 과장처럼 들릴 수 있지만 나는 진심으로 그것이 정답이라고 믿는다. 그보다 더 경험이 많고 재정적으로도 그와 같은 판단을 내린 사람들이 많이 있었겠지만 그는 다른 사람들에게 없는 특별한 장점, 즉 아주 유쾌한 성품을 지녔다. 따뜻하고 사람을 반기는 웃음이 그의 가장 큰 장점이었고 그는 그것으로 사람들의 신뢰와 호의를 신속하게 얻을 수 있었다. 우리는 그런 사람이 성공하는 것을 보고 싶어 한다. 그리고 그런 사람을 도와주는 것은 큰 즐거움이다.

'웃지 않는 사람은 장사를 하면 안 된다.'라는 중국 속담이 있다. 계산대 뒤에서뿐만 아니라 청중 앞에서도 이런 미소는 환영받기 마련이다. 브루클린 상공회의소에서 이루어졌던 대중연설 강의에서, 한 수강생은 항상 자신이 이 자리에 있어 기쁘고 자기에게 주어진 일이 즐겁다는 느낌을 주면서 청중 앞에 섰다. 그는 항상 미소를 머금었고 우리를 만나서 기쁜 것처럼 행동했다. 얼마 지나지 않아 청중은 그에게 따뜻한 마음을 가지게 되었고 진심으로 그를 환영했다.

하지만 유감스럽게도 같은 강의를 수강한 학생들 중 일부는 마치 하기 싫은 일을 억지로 하는 사람처럼, 이 시간이 얼른 끝났으면 좋겠다는 듯 차갑고 형식적으로 걸어 나왔다. 그리고 그로 인해 청중인 우리들도 같은 느낌을 갖게 되었다. 이런 태도는 전염성이 있다.

저명한 심리학자 해리 A. 오버스트리트(Harry A. Overstreet) 교수가 쓴《인간 행동에 영향을 미치는 방법(Influencing Human Behavior)》에는 다음과 같은 말이 있다.

"뿌린 대로 거둔다. 우리가 청중에게 관심을 가지면 그들도 우리에게 같은 관심을 가질 것이고, 우리가 청중을 못마땅하게 생각하면 그들도 우리를 탐탁지 않게 여길 것이다. 만약 우리가 소심하고 어리둥절하다면 그들 역시 우리에 대한 신뢰를 잃을 것이고, 우리가 뻔뻔하고 잘난 척한다면 그들도 자신들의 방어적인 이기주의로 반응할 것이다. 우리는 연설 시작 전에도 비난받거나 칭찬받는다. 그러므로 우리는 청중의 따뜻한 반응을 끌어낼 수 있도록 행동해야 한다."

· 청중을 모아라

대중연설가로서 나는 종종 오후에 몇 사람이 흩어져 있는 넓은 홀에서도 연설해 본 적이 있고, 저녁에 많은 사람이 가득한 작은 홀에서도 연설한 적이 있다. 저녁시간의 청중은 오후의 청중이었다면 미소 지으며 넘겼을 것에 큰 소리로 웃어 주고, 오후의 청중이 전혀 반응을 보이지 않았던 부분에서도 후하게 박수갈채를 보낸다. 왜 그럴까?

그 이유는, 오후 연설의 청중들인 나이 든 아주머니나 아이들은 저녁시간의 연설에 오는 청중보다 활발한 반응을 보여 주지 않기 때문이다. 그러나 이것은 부분적인 이유이고, 진짜 이유는 흩어져 있는 청중들은 쉽게 감동하지 않기 때문이다. 청중들 사이에 놓여 있는 넓고 텅 빈 의자들만큼 분위기를 가라앉히는 것은 없다. 헨리 워드 비처는 예일 대학교에서 이루어진 설교 관련 강의에서 이렇게 말했다.

"사람들은 종종 '적은 수의 사람에게 강의하는 것보다 많은 사람에게 강의하는 것이 더 힘들지 않습니까?'라고 묻습니다. 저는 아니라고 대답합니다. 나는 그들이 모여서 앉아 주기만 한다면 열두 명에게도 1,000명에게 하듯 강의할 수 있습니다. 하지만 1,000명의 사람일지라도 그들이 4피트씩 떨어져 앉는다면 빈 방에서 말하는 것과 같습니다. 청중을 모여 앉게 하십시오. 그러면 당신은 절반의 노력으로 그들을 울고 웃게 할 수 있습니다."

사람들은 많은 청중 속에 있을 때 자신의 개성을 잃어버리는 경향이 있다. 군중의 한 사람이 되면 혼자 있을 때보다 훨씬 쉽게 마음을 움직인다. 만약 그가 여섯 명의 청중 중 한 명이었다면 혼자일 때는 아무런 감동을 받지 않을 얘기에도 웃고 박수 칠 것이다. 사람들을 전체로 행동하게 하는 것은 개별적으로 행동하게 하는 것보다 훨씬 쉽다. 예를 들어 전투에 나가는 사람들은 세상에서 가장 위험하고 무모한 일을 하고 싶어 한다. 즉, 한데 뭉쳐 있기를 원하는 것이다. 제1차 세계대전 때 독일군들이 종종 서로 팔짱을 낀 채 전투에 임했다는 사실은 이미 잘 알려져 있다.

군중! 군중! 군중! 그들은 무척 특이하다. 위대한 대중운동이나 개혁은 군중 심리 덕분에 이뤄졌다. 이 주제를 다룬 흥미로운 책이 바로 에버릿 딘 마틴(Everett Dean Martin)의 《군중행동(The Behavior of Crowds)》이다.

몇몇 사람에게 연설할 때는 작은 방을 선택해야 한다. 작은 공간의 통로에까지 사람들이 차 있는 것은 방음장치가 되어 있는 조용하고 넓은 방에 사람들을 채우는 것보다 낫다. 만약 청중이 흩어져 있으면 가깝게 붙어 앉으라고 부탁하라. 연설을 시작하기 전에 이렇게 부탁하고 그 상태를 유지하라. 청중이 많지 않고 연설을 해야 하는 진짜 이유가 없다면 연단에 서지 마라. 청중과 같은 높이에 서서 그들과 가까이 자리하라. 형식적인 것을 없애고 친근하게 접촉해 자연스럽게 대화하는 것처럼 하라.

• 창문을 깬 폰드 장군

신선한 공기를 유지하라. 대중연설에서 산소는 후두, 인두, 후두개만큼이나 중요한 역할을 한다. 키케로의 웅변, 브로드웨이의 화려한 쇼 〈지그펠드 폴리스(Ziegfeld Follies)〉의 여성스러운 아름다움도 나쁜 공기로 오염된 방 안에서는 관객을 깨어 있게 할 수 없다. 그래서 나는 연설할 때 내 차례가 되면 창문을 열어 두고 청중에게 2분 정도 일어나 쉬게 한다.

제임스 B. 폰드(James B. Pond) 장군은 헨리 워드 비처가 유명한 대중연설가로 한창 인기 있던 14년간 그의 매니저로 활동하며 미국과 캐나다를 여행했다. 폰드 장군은 홀이든 교회든 극장이든 간에 비처가 갈 장소라면 청중이 오기 전에 그곳에 미리 가서 조명, 좌석, 실내온도 그리고 환기 상태 등을 점검했다. 폰드는 고함치는 장교 출신의 노인이라 권위를 드러내는 것을 좋아했다. 그래서 강연할 곳이 너무 덥고 공기가 탁한데 창문을 열 수 없는 경우에는 책을 집어 던져 유리창을 깨 버렸다. 아마도 그는 하나님의 은총 다음으로 좋은 것이 바로 산소라고 믿었던 것 같다.

• 조명의 효과

많은 사람 앞에서 심령술을 보여 줄 것이 아니라면 가능한 한 방 안을 빛으로 가득 채워라. 보온병 속처럼 어두컴컴한 방에서 청중들의 열광적인 반응을 이끌어 내기란 메추라기를 길들이는 것만큼이나 어렵다.

미국의 유명한 극작가 데이비드 벨라스코(David Belasco)가 연극에 관해 쓴 글을 보면 연설가들이 적절한 조명의 중요성을 전혀 모르고 있다는 사실을 알 수 있다. 조명이 당신의 얼굴을 비추게 하라. 사람들은 당신을 보고 싶어 한다. 당신 얼굴을 스쳐 지나가는 작은 변화도 자기를 표현하는 과정의 일부다. 때로 그것은 당신의 말보다 더 큰 의미를 전달한다. 게다가 조명 바로 밑에 혹은 바로 앞에 서면 얼굴에 그늘이 질 수 있으니 연설을 시작하기 전에 조명이 당신을 가장 돋보이도록 비추는 지점을 미리 확인해 두는 것이 현명한 행동일 것이다.

• 연단을 정리하라

테이블 뒤에 숨지 마라. 사람들은 연사의 전신을 보고 싶어 하고, 그것을 위해서는 심지어 통로로 몸을 기울이기도 한다.

어떤 이는 연사를 잘 대접하기 위해 테이블 위에 물주전자와 잔을 갖다 놓을 것이다. 그러나 목이 마르면 약간의 소금이나 레몬을 맛보는 것이 나이아가라 폭포수를 마시는 것보다 갈증 해소에 좋다. 연사에게는 물도, 주전자도 필요 없다. 연단에는 그 어떤 불필요하고 지저분한 방해물이 있어서는 안 된다. 브로드웨이에 있는 다양한 자동차 매장은 아름답고 정돈되어 있어 보기 좋고, 향수와 보석을 파는 파리의 거대한 매장들은 예술적이고 호화스럽다. 왜 그럴까? 그래야 장사가 되기 때문이다. 사람들은 그렇게 잘 꾸며진 매장을 더 존중하고 신뢰하며 동경한다. 이와 같은 맥락에서 연설가들은 주변 환경을 기분 좋게 만들어야 한다.

내 생각에 가장 이상적인 준비는 연단에 아무 가구도 두지 않는 것이다. 진한 푸른 벨벳 커튼 외에는 연설가의 뒤 혹은 양옆에 사람들의 관심을 끌 만한 것은 아무것도 두지 말라. 연설가의 뒤편에 지도, 표지판, 테이블, 그리고 먼지가 수북이 내려앉은 의자들이 쌓여 있을 수도 있다. 그렇다면 결과적으로 그곳의 분위기 또한 싸구려 같고 정신 사나운 데다 지저분할 것이다. 그러니 모든 불필요한 물건을 치워라. 헨리 워드 비처는 "연설에서 가장 중요한 것은 사람이다."라고 말했다. 그러니 스위스의 푸른 하늘로 우뚝 솟은 융프라우의 눈 덮인 정상처럼 연사를 두드러져 보이게 하라.

• 연단 위에 게스트를 들이지 마라

나는 예전에 캐나다 온타리오 주에 있는 런던 시에서 캐나다 수상의 연설을 들은 적이 있다. 때마침 긴 장대를 가진 관리인이 방 안의 공기를 환기한답시고 이 창문에서 저 창문으로 돌아다녔다. 어떤 일이 벌어졌을까? 거의 모든 청중은 잠시나마 연사를 무시한 채 그 관리인이 기적이라도 행하는 것처럼 뚫어지게 바라보았다. 움직이는 것을 보려는 유혹은 결코 뿌리칠 수 없다. 아니, 뿌리치려 하지 않는 것일지도 모른다. 연설가가 이러한 진실만 잘 기억한다면 불편과 불필요한 성가심을 없앨 수 있다.

첫째, 연사는 손가락을 돌리거나 옷을 만지작거리는 일, 혹은 초조함을 드러내는 사소한 행동을 하지 않음으로써 청중의 시선이 분산되는 것을 막을 수 있다. 나는 뉴욕의 어느 유명한 연설가가 연설 중에 계속 연단 덮개를 만지작거리는 바람에 청중이 30분 동안 그의 손만 바라보던 일을 기억한다.

둘째, 연설가는 가능하면 청중들의 자리 배치에 신경을 써서 사람들이 나중에 들어오는 이들을 쳐다보느라 시선이 흩어지지 않도록 해야 한다.

셋째, 연설가는 연단 위에 어떤 게스트도 앉게 하지 말아야 한다. 몇 해 전에 레이먼드 로빈스가 브루클린에서 강연을 한 적이 있었다. 나는 몇몇 이들과 함께 게스트로 초대받아 연단 위에 앉아 있기를 요청받았지만 연설가에게 좋지 않을 것 같아 거절했다. 그날 저녁 나는 많은 게스트가 몸을 움직이거나 다리를 꼬는 등의 모습을 보았다. 그리고 그들이 움직일 때 청중은 연설가 대신 게스트를 쳐다보았다. 다음 날 나는 로빈스에게 그 사실을 말해 주었고 그는 현명하게 연단을 홀로 차지했다. 벨라스코는 너무 많은 시선을 끈다는 이유로 빨간 장미도 연단에 올려 두지 못하게 했는데, 하물며 왜 연설가가 자신이 얘기하는 동안에 가만히 있지 못하는 사람들을 청중과 마주 보게 해야 하는가? 그래서는 안 된다. 현명한 연사라면 절대 그러지 않을 것이다.

• 착석의 기술

연설가가 연설을 시작하기 전에 청중과 마주 앉는 것이 과연 좋아 보일까? 오래된 것보다는 새로 나온 신상품처럼 나중에 나타나는 것이 더 낫지 않을까? 하지만 반드시 그래야 하는 상황이라면 주의를 기울여야 한다. 당신은 폭스하운드가 밤을 지내기 위해 누울 자리를 찾는 것처럼 의자를 찾기 위해 두리번거리는 연설가를 보았을 것이다. 여기저기 둘러본 뒤 자신이 앉을 의자를 발견하면 그들은 털썩 주저앉으며 자기 통제의 무거운 짐을 벗어 버린다. 하지만 앉는 법을 아는 사람은 다리 뒤쪽을 의자에 붙이고 머리에서 엉덩이에 이르는 허리를 곧게 세우고 앉는다.

• 몸의 균형

앞서 얘기했듯이 옷을 만지작거리는 행동은 삼가라. 청중의 관심을 분산시켜서이기도 하지만 다른 이유도 있다. 그런 행동에서는 힘이 느껴지지 않을 뿐 아니라 자기 통제가 부족하다는 느낌도 준다. 당신의 가치를 더하지 않는 모든 움직임은 시선을 분산시킨다. 중립적인 움직임은 없다. 절대로. 그러니 가만히 서서 자신의 움직임을 제어하면 그것은 정신적으로 통제된 느낌과 더불어 침착하다는 인상을 줄 것이다.

연설을 하기 위해 청중 앞에 서면 처음부터 서두르지 말라. 그것은 당신이 아마추어라는 사실을 증명하는 행동이기 때문이다. 숨을 깊게 들이마셔라. 그리고 청중을 바라보라. 만약 장소가 시끄럽고 소란스럽다면 조용해질 때까지 침묵하라. 가슴을 쫙 펴라. 청중 앞에 서는 순간에까지 가슴을 펴지 않을 이유가 있는가? 평소에도 꾸준히 그 자세를 유지하는 것은 어떨까? 그러면 당신은 무의식적으로 대중 앞에서 가슴을 펼 수 있을 것이다.

유명한 행정학자 루터 H. 귤릭(Luther H. Gulick)은《효율적인 생활(The Efficient Life)》이란 책에서 이렇게 말한다.

> "자신을 가장 멋지게 보이게 하는 사람은 열 명 중에 한 명도 안 된다. 목을 꼿꼿이 들고 옷깃에 가까이 두라."

그리고 그는 다음과 같은 운동을 추천했다.

> "가능한 천천히, 크게 숨을 들이마심과 동시에 목을 옷깃에 바싹 붙여라. 이 자세를 오래 유지하라. 이 동작은 지나쳐도 해가 되지 않는다. 이것의 목적은 양 어깨 사이를 펴는 것이고 이렇게 함으로써 가슴을 넓힐 수 있다."

그러면 손은 어떻게 해야 할까? 손은 잊어버려라. 두 팔은 자연스럽게 양 옆에 두는 것이 가장 이상적이다. 두 손이 바나나 송이처럼 느껴질 수도 있겠지만 당신의 손에 관심을 기울이는 사람은 아무도 없다. 두 팔은 몸의 양 옆에 편안하게 있을 때 가장 보기 좋다. 그러면 팔이 관심을 끌지 못할 것이다. 심지어 비판적인 사람도 그 자세를 욕할 수 없다. 게다가 팔은 구속받지 않고 자유롭기 때문에 움직이고 싶을 때 편하게 움직일 수 있다.

그러나 당신이 너무 긴장해서 뒷짐을 지거나 주머니에 넣어야만 자의식을 떨쳐 버릴 수 있을 것 같다는 생각이 든다고 가정해 보자. 어떻게 해야 할까? 상식을 사용해라. 나는 이 시대의 유명 연사들의 연설을 많이 들었다. 대부분은 아니지만 많은 이가 연설을 할 때 손을 주머니에 찔러 넣곤 했다. 브라이언, 천시 M. 데퓨, 루스벨트도 그랬음은 물론, 까다로운 영국의 디즈레일리 수상까지도 때로 이 유혹에 굴복했다. 그러나 그날 하늘이 무너지지는 않았고, 기상 예보에 따르면 그다음 날에도 평소처럼 해가 떴다고 했던 것이 기억난다. 만약 할 말이 있는 연사라면 그가 자신의 손과 발로 무엇을 하든 상관없다. 머리에 말할 내용이 가득 차 있고 가슴에서는 열정이 부풀어 오른다면 그 외의 사항들은 중요하지 않다. 결국 연설에서 가장 중요한 것은 손과 발의 위치가 아니라 심리학적인 측면인 것이다.

• 제스처라는 이름으로 교육되는 우스꽝스러운 것

이제 많은 이들이 질문하는 '제스처'에 대해 이야기하겠다. 대중연설에 대해 내게 처음으로 강의해 주신 분은 중서부에 있는 한 대학의 학장이었다. 내가 기억하기로 그의 수업은 대개 제스처에 관한 것이었다. 하지만 그 강의는 그리 유익하지 않고 잘못된 생각을 가지게 했기 때문에 오히려 해가 됐다. 내가 배운 바에 의하면 손바닥은 뒤로 향하게 하고 팔에 힘을 뺀 채 옆으로 늘어뜨리며 반쯤 주먹을 쥔 뒤 엄지손가락으로 다리를 만져야 했다. 나는 또한 우아한 곡선을 그리면서 팔을 올리는 방법과 손목을 사용해 고전적으로 손을 흔들고 검지로 시작해서 중지를 지나 새끼손가락까지 펴도록 훈련받았다.

그렇게 미학적이고 장식적인 움직임을 하고 난 뒤에 내 팔은 우아하고 부자연스런 곡선을 그리며 다리 옆으로 되돌아와야 했다.

그 모든 행동은 나무처럼 뻣뻣하고 가식적이었으며, 합리적이고 정직한 면이라고는 하나도 없었다. 나는 누구도 해 보지 않은 방식으로 훈련을 받았다. 그 움직임에 내 개성을 넣으려 하거나, 적절한 감정을 불러일으켜 제스처가 저절로 나오게끔 하는 시도 같은 것은 없었다. 자아를 잊어버리고 그 과정에서 삶의 열정을 담아 자연스럽고 무의식적이며 불가피한 동작을 만들려는 노력이 없었음은 물론, 내 안의 나를 깨뜨리고 나와 인간처럼 말하고 행동하게 하려는 노력 역시 전무했다. 모든 유감스런 동작은 타자수처럼 기계적이었고 새가 떠나 버린 둥지만큼이나 생기 없었으며 영국의 전통 인형극 〈펀치와 주디(Punch and Judy)〉처럼 우스꽝스러웠다.

그때는 무려 1902년이었다. 그런 터무니없는 것을 20세기에도 가르쳤다는 사실을 믿기란 어렵겠지만, 지금도 여전히 그런 교육은 진행되고 있다.

몇 년 전 한 교수는 제스처에 관한 책을 한 권 냈다. 이 문장에선 이런 손짓을 해야 하고, 한 손이나 두 손을 사용해야 할 때, 손을 높게 들거나 중간 정도로 또는 낮게 들어야 할 때, 이 손가락을 내밀 때와 저 손가락을 내밀 때 등을 알려 주는 그 책은 사람을 로봇으로 만들려는 책과도 같았다.

나는 어느 수업에서 20명의 학생이 똑같은 단어에서 정말 똑같이 손짓하는 모습을 본 적이 있다. 이런 행동은 가식적이고 시간을 낭비하는 일인 데다 기계적이고 모욕적이기까지 하다. 이 때문에 많은 이가 대중연설 강의에 대해 악평을 할 정도였다. 매사추세츠의 한 대학 학장은 최근 대학 내에 대중연설 수업을 개설하지 않았는데, 이유는 자신이 지금껏 실용적이거나 상식적인 대중연설 강의를 들어 본 적이 없기 때문이라고 했다. 나 역시 그 말에 동의한다.

제스처에 관한 책 중 10분의 9는 엉터리다. 심지어 좋은 종이와 검은 잉크로 된 쓰레기보다 더 나쁘다. 책에 있는 제스처는 무엇이든지 간에 쓰레기처럼 보인다. 제스처는 당신 자신, 당신의 가슴과 머리, 어떤 주제에 대한 당신의 관심, 당신이 보는 그대로 다른 사람 역시 그것을 보게 하고 싶은 욕구 그리고 당신 자신의 충동에서 나와야 한다. 한 번을 하든 두세 번을 하든, 가치 있는 제스처는 순간의 충동에서 나온다. 1온스의 자발성이 1톤의 규칙보다 낫다.

제스처는 야회복 재킷처럼 마음대로 입는 것이 아니라 키스, 복통, 웃음, 뱃멀미처럼 내면의 상황이 밖으로 표출되는 것이다. 또한 제스처는 칫솔처럼 개인적인 것이어야 한다. 사람이 제각각인 것처럼 자연스러운 제스처는 사람마다 달라야 한다. 누구도 똑같은 제스처를 하도록 훈련받아서는 안 된다. 앞 장에서 나는 링컨과 더글러스의 차이에 대해 말했다. 키가 크고 어색하며 생각도 느린 링컨이 빨리 말하고 성급하고 세련된 더글러스와 똑같은 제스처를 취한다고 상상해 보라. 분명히 우스울 것이다.

링컨의 전기 작가이자 동료 법률가였던 윌리엄 헌돈은 다음과 같이 밝혔다.

"링컨은 머리를 움직이는 만큼 손을 사용하진 않았다. 그의 머리는 그가 종종 자신의 말을 강조하고자 할 때 움직이며 중요하게 사용됐다. 그는 마치 전기가 가연성 물질에 불꽃을 튀기듯 순간적으로 머리를 움직였다. 링컨은 다른 웅변가들이 하듯 허공에 손을 휘젓지도 않았고, 절대로 무대 효과를 위해 행동하지 않았다. …… 연설 태도에 있어 그는 움직임이 자유로웠고 불편함도 줄어드는 것 같았고 우아해 보였다. 그는 완벽하게 자연스러웠으며 그의 개성도 강하게 나타났다. 그만큼 더 위엄 있어 보였다. 그는 화려함, 허세, 틀에 박힌 형식과 거짓을 경멸했다. …… 그가 청중의 마음에 여러 생각들을 전달할 때 그의 긴 오른손은 의미와 강조의 세계가 되었다. 때로 즐거움과 기쁨을 표현하기 위해 그는 손바닥을 위로 하고 양손을 50도 정도로 들어 올렸다. 마치 사랑하는 어떤 정신을 끌어안고 싶어 하는 것처럼 말이다. 노예제처럼 자신이 혐오하는 것을 말할 때면 그는 주먹을 쥐고 두 팔을 위로 올려 공기를 쓸면서, 진정으로 숭고해 보일 정도로 증오를 표현했다. 그가 가장 효과적으로 사용한 제스처 중 하나는 자신이 혐오하는 대상을 끌어내려 땅에 밟아 버리겠다는 강한 의지를 생생하게 보여 주는 동작이었다. 그는 항상 발의 끝과 끝을 나란히 하고 섰으며, 결코 한 발이 홀로 앞으로 나가는 일이 없었다. 무언가를 만지거나 기대는 일도 없었다. 간혹 서 있던 자리와 자세를 바꿀 뿐이었다. 연단 위에서 소리를 지르거나 앞뒤로 움직이는 일도 없었다. 엄지손가락을 세운 왼손은 팔의 동작을 편하게 하기 위해 외투를 잡고 있었지만 오른손은 항상 움직일 수 있어 자유로웠다."

미국의 조각가 어거스터스 세인트 고든스(Augustus Saint-Gaudens)는 시카고에 있는 링컨 공원에 이런 링컨의 모습을 조각해 세웠다. 이것이 링컨의 방법이었다.

시어도어 루스벨트는 더 활기차고 열정적이고 적극적이었다. 그의 얼굴에는 감정이 살아 있었고 그의 몸은 하나의 표현 도구였다. 브라이언은 자주 손을 펴서 앞으로 내밀었고, 글래드스턴은 종종 테이블을 치거나 주먹을 쥔 손으로 다른 손을 치거나 한 발로 바닥을 쿵쿵 구르곤 했다. 로즈버리 경(Lord Rosebery)은 오른손을 올렸다가 엄청난 힘과 속도로 끌어내리는 방법을 사용했다. 하지만 우선 기억해야 할 것은 연사의 생각과 신념에 힘이 있어야 한다는 점이다. 그래야만 강하고 자발적인 제스처가 나오기 때문이다.

자발성과 생동감 ……. 이것들이 움직임의 핵심이다. 버크의 제스처는 딱딱하고 어색했다. 피트는 어설픈 광대처럼 허공을 갈랐다. 헨리 어빙 경(Sir Henry Irving)은 다리를 절어 확실히 움직임이 이상했고, 연단 위에서의 매콜리 경(Lord Macaulay)이 보인 행동도 볼품없었다. 아일랜드의 정치가 그라탄(Henry Grattan)도, 파넬도 그랬다. 케임브리지 대학의 커즌 경(Lord Curzon)은 '의회 연설'이란 주제의 강연에서 다음과 같이 말했다.

"위대한 대중연설가들은 모두 각자의 제스처를 가지고 있다는 것이 정답입니다. 따라서 잘생긴 겉모습과 우아한 행동은 틀림없이 도움이 되지만, 설사 못생기고 어색한 사람이라 해도 문제 될 것은 없습니다."

몇 년 전 영국의 유명한 복음전도사인 집시 스미스(Gypsy Smith)의 설교를 들었을 때, 나는 수천 명을 예수 그리스도에게로 이끈 그 사람의 웅변에 사로잡혔다. 그는 많은 제스처를 사용했지만 마치 숨 쉬는 것처럼 매우 자연스러워 보였다. 이것이 가장 이상적인 방법이다.

친애하는 독자 여러분, 지금까지 열거된 원칙을 적용하고 연습한다면 당신도 위의 사람들처럼 제스처를 사용할 수 있다. 나는 제스처에 대한 어떤 원칙도 제시할 수 없다. 모든 것은 연사의 기질과 준비 상황, 열정과 성격, 주제와 관객 그리고 상황에 달려 있기 때문이다.

• 도움이 되는 제안들

그래도 여기 부분적이나마 도움이 될 만한 제안이 몇 가지 있다. 하나의 제스처만 반복하지 마라. 팔꿈치에서 시작하는 짧고 갑작스러운 움직임은 피하라. 연단에서는 어깨부터 움직이는 것이 좋다. 제스처를 너무 서둘러 끝내지 말라. 만약 당신의 생각을 납득시키기 위해 검지를 사용한다면 그 문장이 끝날 때까지 그 제스처를 사용하라. 그렇지 않으면 흔하면서도 심각한 실수, 즉 당신이 강조하는 부분을 왜곡해서 작은 것들은 중요하지 않게 만들고 정작 중요한 부분은 시시한 것으로 보이게끔 하는 잘못을 저지르기 쉽다.

청중 앞에서 연설을 하는 경우라면 자연스러운 제스처만 사용하라. 하지만 함께 배우는 다른 수강생들 앞에서 연습하는 것이라면 필요할 때 일부러라도 제스처를 사용해 보라. 5장에서도 말했듯이 이렇게 실제로 해 봐야 나중에는 굳이 의식하지 않고도 제스처를 사용할 수 있기 때문이다.

책 따위는 덮어라. 인쇄된 종이로는 제스처를 배울 수 없다. 당신이 연설할 때 스스로 느끼는 충동, 그것이야말로 어떤 스승이 말해줄 수 있는 것보다 더 신뢰할 수 있고 더 값진 것이 된다. 설사 제스처와 전달에 대해 앞서 내가 말한 모든 것을 잊어버린다 해도 이것만은 기억하라. 자신이 해야 할 말에 열중해 있다면, 청중에게 자신의 메시지를 전하는 데 너무 열중한 나머지 자기 자신조차 잊어버리고 말과 행동을 자발적으로 하는 사람이라면 제스처나 의사전달의 방법을 굳이 공부하지 않아도 흠잡을 데가 없을 것이다. 만약 이 말이 의심스럽다면 지나가는 사람을 때려눕혀 보라. 벌떡 일어선 그가 당신에게 하는 말은 거의 흠이 없는 데다 연설로서도 완벽하다는 것을 알게 될 것이다.

아래는 내가 강연이란 주제에 대해 읽은 어구들 중 가장 훌륭한 것이다.

술통을 채우라.

마개를 따라.

'자연'이 알아서 뛰어놀게 하라.

연단에 서기 전 준비해야 할 것들

1. 카네기 기술재단이 실시한 검사에 따르면 사업의 성공을 결정하는 요인은 사업가의 뛰어난 지식이 아닌 성격이다. 이것은 연설에서도 마찬가지다. 하지만 성격은 뭐라 말할 수 없고 규정하기 힘든 막연한 것이기에 그것을 계발할 수 있는 안내서를 만든다는 것도 거의 불가능하다. 그러나 이 장에서 제시된 몇몇 제안들은 당신이 최상의 모습을 가진 연사가 되도록 도울 것이다.

2. 피곤할 때는 연설을 하지 마라. 쉬면서 원기를 되찾고 에너지를 충전하라.

3. 연설하기 전에는 약간의 음식만 먹어라.

4. 에너지를 약하게 하는 것은 어떤 일도 하지 마라. 에너지에는 사람을 끄는 힘이 있다. 마치 밀을 찾아 야생 거위가 가을 들판에 몰려오듯, 사람들은 에너지가 넘치는 사람에게 모인다.

5. 깔끔하고 매력적인 옷을 입어라. 옷을 잘 차려입었다는 사실은 자존심과 자신감을 높여 준다. 연사라는 사람이 헐렁한 바지와 형편없는 외투, 후줄근한 신발 차림인 데다 윗옷 주머니에는 만년필과 연필이 꽂혀 있고, 옷깃 사이로는 신문이나 파이프 담배 혹은 담뱃갑이 삐죽 나와 있다면 연사 스스로도 자신감이 떨어지고 청중 역시 그를 존경하지 않을 것이다.

6. 미소를 지어라. '여러분이 이곳에 있어 기쁘다'고 말하는 것처럼 보이게끔 행동하며 청중 앞에 나가라. 오버스트리트 교수는 이렇게 말했다. "호감은 호감을 가져온다. 연사가 청중에게 관심을 가진다면 그들 역시 연사에게 관심을 가질 것이다. 연설하기 전부터 연사는 이미 비판과 칭찬을 듣는다. 그러므로 연사는 어떤 일이 있어도 청중으로부터 따뜻한

반응을 얻어낼 수 있는 태도를 가져야 한다."

7. 청중을 모아라. 흩어져 있는 사람들에게 인상을 남기는 것은 어려운 일이다. 사람들에게는 청중이 여기저기 흩어진 큰 공간에서 듣거나 혼자 들었을 때라면 의심하며 반대했을 내용도 여럿이 한데 모인 자리에서 들으면 그것에 쉽게 웃고 박수를 치며 동의하는 경향이 있다.

8. 몇몇 사람에게 연설을 하는 경우라면 작은 방 안에서 그들이 붙어 앉게끔 하라. 또한 연단에 서지 말고 그들과 같은 높이에서 친밀하고 격식 없는 대화를 하듯 자연스럽게 얘기하라.

9. 신선한 공기를 유지하라.

10. 조명은 충분히 준비하라. 또한 당신의 표정이 잘 보이도록 조명이 잘 비치는 곳에 서라.

11. 가구 뒤에 서지 말라. 테이블과 의자는 한쪽으로 밀어 버리고, 연단을 지저분하게 만드는 보기 싫은 표지와 불필요한 물건들도 모두 치우라.

12. 만일 연단 위에 게스트를 둔다면 그들은 가끔씩 몸을 움직일 것이고, 청중은 연사가 아닌 그 게스트에게 관심을 가질 것이다. 그것이 물건이든 동물이든 사람이든, 청중은 움직이는 것을 보려는 유혹을 이겨낼 수 없다. 왜 그런 것들이 당신과 경쟁하게끔 해야 하는가?

13. 의자에 털썩 주저앉지 마라. 상체는 꼿꼿이 세우고 다리는 의자에 딱 붙이고 천천히 앉아라.

14. 가만히 서 있어라. 불안한 행동도 많이 하지 마라. 그러면 나약한 인상을 주게 된다. 당신에게 도움이 되지 않는 움직임은 당신의 가치를 떨어뜨린다.

15. 두 팔을 옆으로 편하게 둬라. 그것이 이상적인 자세다. 하지만 등 뒤 혹은 주머니에 손을 두는 것이 편하다면 그것도 문제는 되지 않는다. 당신이 말하려는 것으로 당신의 머리와 가슴이 가득 차 있다

연설을
시작하는 방법

"만일 당신이 청중에게 자신의 경험과 관련지어 연설을 한다면 적절한 구성에 대해 이런 말을 종종 들을 것이다. '처음과 끝에 더 공을 들이고 나머지는 당신이 좋을 대로 하라.'"

- 빅터 머독(Victor Murdock)

"좋은 시작은 대중연설에서 매우 중요하다. 연설은 모든 과정이 어렵지만 그중에서도 가장 어려운 것은 청중과 편하고 능숙하게 만나는 것이다. 대부분의 경우 그것을 결정짓는 것은 연사의 첫인상과 첫마디다. 청중을 사로잡느냐의 여부는 처음 몇 문장으로 알 수 있다."

-

록우드 소프,《현대의 대중연설》

"인간은 그가 가진 능력에 비해 겨우 절반 정도만 깨어 있다. 우리는 우리가 지닌 육체적·정신적 자원의 극히 일부분만을 사용할 뿐이다. 일반화하여 이야기하자면 개개의 인간은 그럼으로써 자신의 한계에 훨씬 못 미치는 삶을 살고 있다. 하지만 인간에게는 습관상 활용하지 못하고 있는 다양한 종류의 능력이 있다."

- 윌리엄 제임스 교수

9
연설을
시작하는 방법

나는 전에 노스웨스턴 대학교 총장을 역임한 린 헤럴드 호 박사에게 연설가로서의 오랜 경험을 통해 얻은 것 중 무엇을 가장 중요하게 생각하는지 물어보았다. 그는 잠시 생각하더니 이렇게 답했다.

"매력적인 시작입니다. 사람들의 관심을 단번에 끌어야 하니까요."

그는 연설의 시작과 끝에 할 말을 미리 정확하게 계획해 두곤 했다. 존 브라이트, 글래드스턴, 웹스터, 링컨도 그랬다. 실제로 상식과 경험이 있는 연설가라면 그렇게 했다.

하지만 초보자라면? 거의 이 부분을 무시한다. 계획이라는 것은 시간, 생각, 의지를 필요로 한다. 사고하는 것은 고통스러운 과정이다. 토머스 에디슨은 18세기 영국의 유명한 초상화가 조슈아 레이놀즈(Joshua Reynolds)의 다음과 같은 말을 공장 벽에 붙여 놓았다.

"생각이라는 진정한 노동을 피할 수 있는 방법은 없다."

초보자들은 대개 한순간의 영감을 기대하지만 그 결과는 '위험과 덫으로 가득한 길을 방황하게 될 뿐'이다. 주급을 받는 직원 신분에서 영국에서 가장 부유하고 영향력 있는 신문사의 주인이 된 비스카운트 노스클리프 경(Lord Viscount Northcliffe)은 자신이 읽은 다른 어떤 글보다도 파스칼(Blaise Pascal)의 짧은 말이 성공에 큰 역할을 했다고 말했다.

"예견하는 것은 지배하는 것이다."

이 말은 연설을 계획할 때 책상에 두고 새겨 볼 만한 가장 훌륭한 모토다. 정신이 맑아 당신이 하려는 말을 다 이해할 수 있을 때 연설을 어떻게 시작할지 그리고 마지막에는 어떤 인상을 남길 것인지 예측해 보라.

아리스토텔레스 시대부터 이 주제를 다룬 책들은 연설을 서론, 본론, 결론의 세 부분으로 나눴다. 비교적 최근까지 서론 부분은 마차를 타고 유람하는 듯 여유로웠고, 또 그렇게 한다 해도 큰 문제가 되지 않았다. 당시의 연설가는 뉴스를 전달하는 사람이자 연예인이기도 했다. 100년 전에 그는 오늘날의 신문, 라디오, 전화, 극장이 하는 역할을 담당했다.

그러나 상황은 놀랍게 바뀌어, 지금은 완전히 다른 세상이 되었다. 지난 100년간의 다양한 발명 덕분에 우리의 삶은 바빌론의 벨사자르 왕과 네부카드네자르 왕 이후의 어떤 시대와도 비교되지 않을 정도로 빠르게 달려왔다. 자동차, 비행기 그리고 라디오를 통해 우리가 움직이는 속도는 더욱 빨라졌고, 연설가 역시 이 속도를 따라야 한다. 서론은 광고판의 문구처럼 짧아야 한다. 이것은 평균적인 현대 관객의 성향과 관련이 있다. 그들은 아마 다음과 같이 요구할 것이다.

"하고 싶은 말이 있다고요? 좋아요. 그럼 쓸데없는 말은 빼고 빨리 해 봐요. 웅변은 필요 없으니 요점만 빨리 말하고 자리에 앉아요."

우드로 윌슨이 잠수함 전투에 관한 최후 통첩과 같은 중요 사안에 대해 의회에서 연설했을 때, 그는 매우 짤막하게 주제를 노출시킴으로써 청중의 관심을 끌었다.

"우리나라의 외교 관계에 한 가지 문제가 발생했습니다. 저는 이것을 여러분께 솔직하게 알려 드리는 것이 제 의무라고 생각합니다."

찰스 M. 슈워브는 뉴욕 펜실베이니아 소사이어티에서 연설할 때 두 번째 문장부터 바로 연설의 핵심으로 들어갔다.

"현재 미국 국민의 마음속을 차지하고 있는 문제들 중 가장 중요한 것은 '지금의 경기 침체가 무엇을 의미하고, 앞으로는 어떻게 될 것인가'입니다. 개인적으로 저는 낙관주의자입니다."

아래는 내셔널 캐시 레지스터 사의 영업부장이 사원들에게 했던 연설의 첫 부분이다. 단 세 문장인데도 알아듣기 쉽고 힘차며 박력이 넘친다.

"우리 공장 굴뚝에서 연기가 계속 피어오를 수 있는 것은 수주를 하는 여러분 덕입니다. 그런데 지난여름 두 달 동안 굴뚝에서 나왔던 연기는 들판을 검게 물들이기에 매우 역부족이었습니다. 이제 힘든 시간은 지나가고 회복기를 맞아 여러분에게 더 많은 연기를 보여 달라고 단도직입적으로 부탁드리겠습니다."

하지만 경험 없는 연설가들이 이런 인정받을 만한 신속함과 간결함을 보여 줄 수 있겠는가? 대개 그렇지 못하다. 훈련받지 않고 능숙하지 못한 연설가들은 대개 두 가지 방법 중 하나로 시작하는데, 둘 다 좋은 방법은 아니다. 우선 이 문제에 대해 이야기해 보자.

• 유머로 시작할 때의 주의 사항

어떤 유감스러운 이유에서인지 초보자는 연설가로서 자신이 재미있어야 한다고 생각한다. 그의 천성은 어쩌면 백과사전만큼이나 엄숙하고, 가벼움이라고는 전혀 없을지도 모른다. 그러나 연설을 위해 일어나는 순간 그는 자신에게 마크 트웨인의 혼이 들어왔다고 상상한다. 그래서 그는 연설 첫 부분에서 웃긴 이야기를(특히 만찬이 끝난 자리일 경우) 하기 원한다. 그 결과는? 갑자기 맛깔나는 이야기꾼으로 바뀐 그 철물점 상인의 이야기는 사전만큼이나 무거워 사람들의 반응을 얻기 힘들 것이다. 햄릿의 불멸의 언어로 표현하면 그것은 '싫증나고 진부하며 무익한 헛소리'일 뿐이다.

만일 어떤 연예인이 돈을 내고 쇼를 보러 온 관객에게 그런 실수를 한다면 사람들은 야유를 보내고 "저 사람을 당장 쫓아내!"라고 외칠 것이다. 그에 비해 연설을 듣는 청중은 이해심이 깊어서 몇 번이라도 웃어 주기 위해 최선을 다하지만, 마음속으로는 재미있는 연설가가 되려 애쓰는 그의 실패를 측은하게 여길 것이다. 청중도 편하지 않다. 독자 여러분도 이런 낭패를 여러 번 목격한 적이 있지 않은가? 나는 그런 경험이 많다.

연설은 모든 부분이 어렵지만 그중에서도 청중을 웃게 하는 능력보다 더 어렵고 귀한 능력이 무엇이겠는가? 유머는 민감한 부분이고 상당 부분 개성과 성격과 관련된다. 그것은 당신이 유머를 타고났는가의 여부에 달린 문제다. 다시 말해 당신이 갈색 눈을 가지고 태어났는지 그렇지 않은지와 비슷한 문제라는 뜻이다. 두 가지 경우 모두에 대해 우리가 어떻게 할 수 있는 것은 별로 없다.

이야기 자체가 재미있는 경우는 흔치 않다는 것에 유념하라. 이야기가 유머로서의 효과를 내는가의 여부는 그것이 전달되는 방식에 달렸다. 마크 트웨인을 유명하게 만든 이야기라 해도 그것을 똑같이 써먹는 100명 중 99명은 비참하게 실패할 것이다. 일리노이 주 제8 재판구의 술집에서 링컨이 했던 이야기들, 장거리임에도 사람들이 기꺼이 운전해 가서라도 들었다는 이야기들, 사람들이 밤을 새우면서 들었다던 이야기들, 원주민들로 하여금 '배꼽을 잡고 데굴데굴 구르게 했다'는 그 모든 재미난 이야기들을 읽어 보라. 그리고 가족들 앞에서 크게 읽어 보고 과연 당신이 그들을 웃음 짓게 하는지 보라. 여기 링컨이 사람들을 웃게 하는 데 크게 성공한 이야기가 있으니 당신도 한번 해 보라. 단, 청중 앞에서가 아닌 사적인 자리에서 말이다.

"한 여행자가 늦은 밤, 일리노이 주 초원 지대의 진흙길을 걸어 집으로 돌아오는 길에 폭풍을 만났다. 칠흑처럼 아주 어두운 밤이었다. 비는 마치 하늘에 있는 댐이 무너진 것처럼 퍼부어 댔고, 번개는 폭탄이 터지는 소리를 내며 성난 구름을 흩어 놓았다. 번갯불은 주위에 쓰러진 나무들을 비췄고 엄청나게 큰 소리는 귀를 멀게 할 정도였다. 그 소리는 그가 지금까지 들은 소리 중에서 가장 컸고 소름 끼치게 무서웠다. 결국 그는 무릎을 꿇고 말았다. 평소에는 기도를 하지 않던 그였지만 그날은 겁에 질려 숨을 헐떡거리며 '오, 하나님! 당신께 문제만 되지 않는다면 차라리 제게 조금만 더 빛을 주시고 저 소리는 줄여 주세요!' 이렇게 기도했다. "

당신은 유머의 재능을 타고난 운 좋은 사람일지 모른다. 만일 그렇다면 어떻게 해서든 그 재능을 발전시켜라. 당신이 연설을 한다면 사람들은 어디서든 당신을 굉장히 반길 것이다. 그렇지만 만약 당신의 재능의 다른 데 있다면 천시 M. 데퓨를 따라 하려는 어리석은 행동은 하지 말라. 그것은 어리석은 데다 엄청난 반역 행위다.

만일 당신이 데퓨, 링컨, 또는 잡 헤지스(Job Hedges)의 연설문을 연구한다면 특히 그들이 서두에서 재미난 이야기를 한 적은 거의 없다는 사실에 놀랄 것이다. 에드윈 제임스 커텔(Edwin James Cattell)은 유머 그 자체를 위해 재미있는 이야기를 한 적은 전혀 없다고 말했다. 재미있는 이야기는 말하고자 하는 주제와 관련이 있어야 하며 핵심을 보여 줘야 한다. 연설에 있어 유머는 그저 케이크에 입히는 설탕 옷이나 케이크 층의 사이사이를 장식하는 초콜릿 정도여야 하지 케이크 자체가 되어서는 안 된다.

미국 최고의 유머 강사인 스트릭랜드 질리랜(Strickland Gillilan)은 연설을 시작한 3분 동안 아무 말도 하지 않는 것을 규칙으로 삼는다. 유머의 달인인 질리랜도 그렇게 하는데 당신이나 내가 굳이 아니라고 우길 필요는 없지 않은가.

그렇다면 서두는 딱딱하고 진지하며 코끼리처럼 무거워야 할까? 전혀 그렇지 않다. 만약 할 수 있다면 연설하는 지역 혹은 행사와 관련된 사항을 말하거나 다른 이의 말을 빌려 쓰는 식의 방법으로 청중들의 유머 감각을 살짝 건드려 보라. 코미디 영화의 등장인물, 장모님이나 염소를 소재로 하는 진부한 농담보다는 이런 종류의 이야기로 성공할 가능성이 수십 배나 더 높다.

즐거움을 유발하는 가장 쉬운 도구는 아마 자신을 소재로 한 농담일 것이다. 우스꽝스러우면서도 당황스러운 상황에 처한 자신의 모습을 묘사해 보라. 이것이 유머의 핵심에 닿아 있는 소재다. 에스키모인들은 심지어 다리가 부러진 사람을 보고도 웃고, 중국인들은 2층 창문에서 떨어져 죽은 개를 보고도 킥킥거린다. 우리는 그들보다는 좀 더 동정적이지만, 바람에 날리는 모자를 쫓아가는 사람이나 바나나 껍질에 미끄러진 사람을 보고 어떻게 웃지 않을 수 있겠는가?

유머를 위해 거의 누구나 사용할 수 있는 방법으로는 서로 어울리지 않는 생각이나 성격을 조합하는 것이 있다. 일례로 어떤 신문기자는 '아이들, 돼지의 위, 그리고 민주당원을 싫어한다.'라고 썼다.

키플링이 정치 연설의 서두에서 어떻게 청중을 웃게 만드는지 주목해 보라. 그는 지어낸 일화가 아닌, 자신의 일부 경험을 전하며 정치인들의 부조화를 유쾌하게 강조한다.

신사 숙녀 여러분, 저는 젊었을 때 인도의 한 신문사에서 일하며 범죄 사건을 보고하곤 했습니다. 위조범, 횡령범, 살인자, 그리고 그런 부류의 노름꾼들까지 만날 수 있었으니 재미있는 일이었죠. (웃음) 그들의 재판을 취재한 뒤에는 때때로 복역 중인 제 친구들을 방문하기도 했습니다. (웃음) 살인죄로 무기징역을 받은 한 친구가 기억납니다.

똑똑하고 말도 아주 유창하게 하던 그 친구는 소위 자기의 인생담을 제게 늘어놓으며 이렇게 말하더군요. "내 분명히 말하는데, 사람이 한 번 잘못된 길로 들어서면 계속 그런 길을 가게 된다네. 그러다가 다시 제대로 된 길로 가려 하면 다른 누군가를 해쳐야 할 상황에 처하게 되지." (웃음) 그 친구의 말이 바로 현재 내각의 상황을 정확하게 묘사해 주고 있습니다. (웃음과 환호)

윌리엄 하워드 태프트(William Howard Taft) 역시 메트로폴리탄 생명보험사 간부들의 연례 연회장에서 이런 식의 유머를 선보였다. 그는 유머를 함과 동시에 청중에게 우아한 경의를 표하는데, 이것이 바로 유머의 매력이다.

회장님, 그리고 메트로폴리탄 생명보험사 임직원 여러분.

9개월 전, 저는 예전에 살던 집에서 한 신사의 식후 연설을 들은 적이 있습니다. 그분은 연설을 하면서 조금 떨었습니다. 그는 식후 연설 경험이 많은 자신의 친구와 상의를 했다고 고백하더군요. 그 친구는 '식후 연설가에게 가장 좋은 청중은 지적이고 학식이 높으면서 약간 술에 취한 사람들'이라는 조언을 했다고 합니다. (웃음과 박수) 지금, 저는 여러분들이 제가 지금까지 만나 본 최고의 청중이라고 말할 수 있습니다. 모두들 정신이 맑은 상태라는 것이 조금 아쉽긴 하지만 그 부족한 것을 보충할 만한 것이 이곳에 있습니다. (박수) 그리고 저는 그것이 메트로폴리탄 생명보험사의 정신이라고 생각합니다. (계속되는 박수)

• 사과의 말로 연설을 시작하지 마라

초보자가 연설 서두에서 저지르는 두 번째 어리석은 실수는 사과를 하는 것이다. 예를 들어 "저는 말을 잘하지 못합니다. 준비를 많이 하지 못했는데, 뭐라 말을 해야 할지……."처럼 말이다.

절대 이렇게 시작하지 말라. 키플링의 시 중 처음 이렇게 시작되는 것이 있다. "더 가도 아무 소용이 없다." 이와 마찬가지로, 연설가가 그런 식으로 연설을 시작할 때 청중은 더 이상 들을 것이 없다고 생각하게 된다.

물론 당신이 준비가 덜 되었다면 눈치 빠른 사람들은 그 사실을 알아차릴 수도 있겠지만, 그렇지 않은 사람도 분명 있을 것이다. 그런데 무엇 때문에 그들에게 굳이 그 사실을 알려주는가? 왜 당신이 그 연설을 준비할 만한 가치가 없다거나, 먹다 남은 음식을 손님에게 대접하듯 청중에게 대충 아무 말이나 해도 된다고 생각한다는 사실을 암시함으로써 청중을 모욕하는가? 절대 그래서는 안 된다. 청중은 이런 식의 사과를 원하지 않는다. 그들은 어떤 정보, 그리고 재미를 위해 그 자리에 있는 것이다. 이 점을 기억하라.

청중 앞에 서는 순간 당신은 자연스럽게, 또 불가피하게 그들의 관심을 받는다. 처음 5초 동안은 그들의 관심을 끌기 쉽지만 그다음 5분 동안에도 그것을 유지하기란 어렵다. 일단 청중의 관심을 잃으면 그것을 되찾는 것은 두 배로 힘들다. 그러니 첫 문장은 뭔가 흥미로운 내용으로 시작하라. 두 번째 문장도, 세 번째 문장도 아니다. 바로 첫 문장! 첫 번째 문장이다!

당신은 그럼 어떻게 해야 하냐고 물을 것이다. 솔직히 이 질문에 답하기는 쉽지 않다. 그 답을 구하기 위해 우리는 굽이지고 확실하지 않은 길을 가야 한다. 왜냐하면 그 길에는 당신 자신, 청중, 주제, 자료, 시기 등 고려해야 할 요소가 너무나 많기 때문이다.

부디 이 장 뒤에서 논의되고 실제로 보여 줄 시험적인 제안들이 유용하고 가치 있는 것이 되길 바란다.

• 호기심을 유발하라

다음은 호웰 힐리(Howell Healy)가 필라델피아의 펜 애슬레틱 클럽에서 본 대중연설 강좌 전에 했던 이야기의 첫 부분이다. 어떤가? 당신의 흥미를 불러일으키는가?

"82년 전 이맘때쯤, 불후의 명작이 될 작은 책 한 권이 런던에서 출간되었습니다. 많은 사람은 그것을 '세상에서 가장 위대한 작은 책'이라고 불렀습니다. 막 출간되었을 때 거리에서 만난 친구들은 그 책을 읽었는지 서로에게 물었고, 그 대답은 언제나 "당연하지. 그에게 신의 축복이 있기를!"이었습니다.

책은 출간 첫날 1,000부, 2주 안에는 1만 5,000부가 판매됐습니다. 그 후 그 책은 재판을 거듭했고 하늘 아래 존재하는 모든 언어로 번역되었습니다. 몇 년 전, J. P. 모건은 엄청난 거금을 주고 그 친필 원고를 구매했습니다. 그리고 그 원고는 지금 그가 자신의 도서관이라 부르는 뉴욕의 거대한 화랑에서 다른 귀한 보물과 함께 소장되어 있습니다. 그 유명한 책은 무엇일까요? 바로 디킨스의 《크리스마스 캐럴》입니다."

성공적인 서두 같은가? 당신은 이 이야기에 관심이 가고 흥미가 고조되었는가? 그렇다면 그 이유는 무엇인가? 이 이야기는 당신의 호기심을 일으키고 긴장감을 주었기 때문이다. 호기심! 모든 사람은 호기심에 민감하다.

나는 숲속에 있는 새들이 단순한 호기심으로 나를 바라보며 한 시간 정도 날아다니는 것을 보았다. 내가 아는 알프스 고원 지대의 한 사냥꾼은 자신의 몸에 침대 시트를 걸치고 이곳저곳을 기어 다니면서 영양의 호기심을 자극해서 유인한다. 개나 고양이는 물론, 인간을 포함한 모든 동물들에게는 호기심이 있다. 그러니 첫 문장으로 청중의 호기심을 자극하라. 그러면 그들의 관심을 끌 수 있을 것이다. 나는 토머스 로렌스(Thomas Lawrence) 대령의 아라비아 모험에 관한 강연을 다음과 같은 말로 시작했다.

"로이드 조지는 로렌스 대령을 현대에서 가장 로맨틱하고 환상적인 사람 중 하나로 여긴다고 말했습니다."

이러한 시작에는 두 가지 장점이 있다. 첫째, 유명 인사의 말을 인용했기에 상당한 관심을 유발한다. 둘째, 호기심을 일으킨다. 예를 들어, "왜 로맨틱하지?"라는 질문이 자연스럽게 생기고, "어째서 환상적인 사람이라는 거지?", "나는 그 사람 얘긴 처음 듣는데…… 그 사람은 뭘 했지?" 하는 궁금증이 끊이지 않고 떠오른다.

로웰 토머스는 로렌스 대령에 대한 강연을 이렇게 시작했다.

"어느 날 저는 예루살렘의 기독교 거리를 걷다가 동양의 군주나 입을 것 같은 화려한 옷을 걸친 한 남자를 만났습니다. 그의 허리에는 예언자 모하메드의 후손들만이 지닐 수 있는 구부러진 황금 칼이 자리 잡고 있더군요. 그런데 그는 아랍 사람처럼 보이지는 않았습니다. 아랍인의 눈은 검은색이나 갈색인데, 그의 눈은 파란색이었죠."

이 정도면 호기심이 생길 법하지 않은가? 당신은 더 많은 이야기를 듣고 싶어질 것이다. 그는 누구일까? 왜 그는 아랍 사람처럼 차려입고 다니지? 그는 무슨 일을 했을까? 또 나중에는 무엇이 되었을까?

어떤 학생은 다음과 같은 질문으로 말문을 열었다.

"오늘날에도 17개 국가에 노예 제도가 있다는 사실을 알고 계십니까?"

이 학생은 청중에게 호기심뿐만 아니라 충격까지 안겼다. "노예 제도? 지금도? 17개국에나? 믿을 수 없어. 대체 어디에 있는 어떤 나라지?"

또 다른 방법은 결과부터 먼저 던짐으로써 그 원인을 궁금해하게끔 만드는 것이다. 예를 들어, 한 학생은 다음과 같이 깜짝 놀랄 문장으로 연설을 시작했다.

"최근 주 의회 의원 한 분이 입법 회의 중에 모든 학교의 반경 2마일 범위 내에서 올챙이가 개구리로 자라는 것을 금지하는 법을 통과시키자고 건의했습니다."

당신은 웃을 것이다. 연사가 농담하는 건가? 뭐 저렇게 어이없는 소리가 있지? 저게 실제로 있었던 일인가? …… 그렇다. 연설가는 설명하기 위해 말을 계속했다.

〈새터데이 이브닝 포스트〉에 실린 '조폭과 함께'라는 제목의 기사는 다음과 같은 문장으로 시작된다.

조폭들은 정말 조직을 만들까? 그렇다. 그런데 과연 어떻게?

이 몇 마디 문장을 통해 기자는 자신의 주제를 말하고 독자에게 정보를 주었으며 조폭들이 어떻게 조직을 이루는지에 대한 독자의 호기심을 자극했다. 굉장히 훌륭하다. 대중연설을 하려는 사람이라면 누구든지 잡지 기자들이 독자의 흥미를 한눈에 끌기 위해 사용하는 기법을 연구해야 한다. 인쇄된 연설문 수십 개를 읽는 것보다 연설을 시작하는 방법에 대해 더 많은 것을 배울 수 있을 것이다.

• 관심을 끄는 이야기

해럴드 벨 라이트(Harold Bell Wright)는 자신이 쓴 소설로 1년에 10만 달러가 넘는 수입을 올렸다고 인터뷰에서 밝혔다. 부스 타킹턴(Booth Tarkington)과 로버트 W. 챔버스(Robert W. Chambers)도 그와 비슷하게 벌었다. 더블데이 페이지 앤드 컴퍼니 사는 17년 동안 대형 인쇄기 한 대를 갖다 놓고 진 스트래턴 포터(Gene Stratton Porter)의 소설만 인쇄했다. 이렇게 해서 팔려 나간 소설은 1,700만 부가 넘었고 그녀는 300만 달러가 넘는 인세를 받았다.

이런 수치들을 보면 이야기를 좋아하는 사람은 정말 많은 것 같다. 우리는 특히 다른 이의 경험이 담긴 이야기를 좋아한다. 러셀 H. 콘웰은 '다이아몬드의 땅'이란 강연을 6,000번 이상 했고 수백만 달러를 벌었다. 그렇게 놀라운 인기를 얻는 강연은 어떤 말로 시작되었을까? 여기 그 도입부가 있다.

"1870년에 우리는 티그리스 강으로 갔습니다. 우리는 바그다드에서 안내원을 고용했는데, 그는 페르세폴리스, 니네베, 그리고 바빌론으로 우리를 안내했습니다."

이것이 청중의 관심을 끄는 그만의 방법이다. 이런 강연은 실패할 걱정이 없다. 이야기는 움직이고 행진하기 마련이며, 청중은 이야기를 쫓아간다. 우리는 무슨 일이 일어날지 궁금해 한다. 이 책의 3장에도 이야기로 시작하는 방법이 적용되었다.

다음은 〈새터데이 이브닝 포스트〉에 실린 두 편의 이야기에 나온 도입부다.

> 권총이 날카로운 소리를 내고 불을 뿜으며 정적을 깼다.

> 7월 첫 주, 그 자체로는 사소하지만 그것이 끼치는 결과는 엄청난 사건이 덴버에 있는 몬트뷰 호텔에서 일어났다. 거주 지배인인 괴벨은 그 사건에 호기심을 느꼈고, 며칠 뒤 몬트뷰를 비롯한 여섯 개 패러데이 호텔의 소유주인 스티브 패러데이가 호텔에 정기 방문을 했을 때 그 사건을 보고했다.

이 두 서두는 행위를 표현하고 있다. 그들은 무엇인가 시작되었음을 알리며 당신의 호기심을 자극한다. 당신은 계속 읽어 나가면서 무슨 일이 일어난 것인지 알고 싶어 한다.

경험이 적은 초보자도 이야기를 이용해 청중의 호기심을 일으키면 일단 성공적인 시작을 한 것이라 할 수 있다.

• 구체적인 예를 들어라

일반적인 청중에게 있어 추상적인 말을 오래도록 따라가기란 어렵고 고된 일이다. 이럴 때는 예를 들어 주면 훨씬 이해하기 쉬워진다. 그렇다면 뭐가 문제일까? 그렇게 시작하면 되지 않을까? 사실 나도 시도해 봤지만 이 방법이 쉽지는 않다. 연설가들은 일반적인 진술을 먼저 해야 한다고 생각하는데, 이것은 착각이다. 우선은 실제적인 예를 들어 청중의 관심을 유발한 후에 일반적인 진술을 하는 편이 좋다. 이 기술의 예시를 원한다면 이 책 5장의 서두나 7장을 읽어 보라.

지금 당신이 읽고 있는 이 장은 시작에서 어떤 방법을 사용했는가?

• 시각 자료를 활용하라

사람들의 관심을 끄는 가장 쉬운 방법은 아마도 그들이 볼 수 있게 무엇인가를 들어 올리는 일일 것이다. 야만인이나 멍청한 사람들, 요람 속의 아기나 상점에 진열된 원숭이, 길거리에서 어슬렁거리는 개들도 이런 자극에만큼은 관심을 가진다. 이것은 때로 세련된 청중에게도 효과가 있는 방법이다. 필라델피아의 S. S. 엘리스 씨는 엄지와 집게손가락 사이에 동전을 쥐고 어깨 위로 높이 올리면서 강연을 시작했다. 자연히 그를 바라보는 사람들에게 그는 물었다.

"여기 계신 분들 중에 혹시 길에서 이런 동전을 주운 분이 계십니까? 그분에게는 어느 부동산 개발회사에서 땅 1평을 공짜로 준답니다. 그냥 찾아가셔서 동전만 보여 주시면 됩니다 ……."

계속해서 그는 예민하고 민감한 문제에 대해 이야기했고 그것과 연관하여 오해의 소지가 있는 비윤리적인 관례들을 비난했다.

• 질문을 던져라

엘리스의 서두에는 또 다른 뛰어난 특징이 있다. 질문으로 시작함
으로써 청중이 연설가와 함께 생각하고 호응하게 했다는 것이 그것
이다. 〈새터데이 이브닝 포스트〉 기사는 처음 세 문장 중 두 문장을
질문으로 시작한다.

조폭들은 조직을 만드는가? 어떻게 만드는가?

질문을 던진 뒤 해답을 보여 주는 것은 연사가 청중의 마음의 문을
열고 그 안으로 들어갈 수 있는 가장 간단하고 확실한 방법이다. 다
른 방법이 효과가 없다면 항상 이 방법을 사용해 보라.

• 유명 인사의 말을 인용하라

유명한 사람들의 말은 주목받기 마련이다. 따라서 인용을 적절하
게 사용하는 것은 연설을 시작하기에 좋은 방법이다. 기업의 성공에
대한 토론이라면 다음과 같이 시작하는 것은 어떤가?

"'세상은 오직 한 가지에게만 돈과 명예라는 큰 상을 줍니다.' 이
것은 엘버트 허바드가 한 말입니다. 그 한 가지는 바로 솔선수범하는
태도입니다. 그럼 솔선수범이란 무엇입니까? 그것은 누가 시켜서가
아니라 스스로 알아서 자신이 할 일을 하는 것입니다."

여기에는 몇 가지 좋은 점이 있다. 첫 문장은 호기심을 일으킨다.

그것은 청중을 앞으로 끌어당기고 다음 말을 더 듣고 싶게 만든다. 만약 연설가가 기술적으로 "엘버트 허바드가 한 말입니다."라고 말한 뒤 잠시 멈춘다면 긴장감은 더욱 높아질 것이다. '대체 세상이 무엇에게 큰 상을 준다는 거야?' 청중은 빨리 답을 듣고 싶어 한다. 당신의 생각에 동의하지 않을 수도 있지만, 일단 당신 생각이 무엇인지 들어는 보자는 것이다. 두 번째 문장은 청중을 곧장 주제로 이끈다. 그다음 질문 형식의 세 번째 문장은 청중을 토론에 참여시켜 무엇인가 생각하게 만든다. 청중은 이런 방식을 좋아한다. 네 번째 문장은 솔선수범에 대한 정의를 내린다. 이런 서두가 끝나고 연설가는 그 자질을 설명하면서 인간적인 흥미를 이끌어 내는 이야기를 시작한다. 이 연설 구성에 관해 신용평가기관 무디스의 설립자는 아마 최고 등급인 'Aaa'를 주었을 것이다.

• 청중의 관심사와 주제를 연결하라

청중의 개인적인 관심사와 관련 있는 이야기로 연설을 시작하는 것은 가장 좋은 방법이다. 이런 방법은 반드시 청중의 주의를 끈다. 사람들은 자신에게 중요하고 중대한 것에 흥미를 갖게 되어 있으니 말이다.

하지만 이 방법은 좀처럼 잘 사용되지 않는다. 일례로 최근 나는 정기적인 건강검진의 필요성에 대한 연설을 들은 적이 있다. 그런데 그는 생명연장협회의 역사와 조직, 서비스에 대한 이야기로 서두를 시작했다. 정말 어처구니가 없었다! 청중은 그 회사가 어떻게 설립되었는지에 대해서는 관심 없다. 그들이 영원히 변치 않는 관심을 가지는 대상은 오로지 자기 자신뿐이다. 왜 이런 기본적인 사실을 모르는 가? 그보다는 회사가 그들에게 왜 중요한 의미가 될 수 있는지를 분명히 이해시켜야 하지 않겠는가?

"생명보험 계산표에 따른 여러분의 예상 기대수명이 얼마나 되는지 알고 계십니까? 그에 따르면 예상 기대수명은 여든에서 현재 나이를 뺀 수의 3분의 2라고 합니다. 가령 여러분이 서른다섯 살이라면 80에서 35를 뺀 45의 3분의 2인 30년을 더 살 수 있다는 것입니다. 이 정도면 충분하신가요? 아닐 것입니다. 우리는 그보다 더 오래 살고 싶어 합니다. 하지만 그 계산표는 수백만의 기록을 바탕으로 한 것입니다. 여러분과 제가 그 기록을 깰 수 있을까요? 우리가 적당히 조심한다면 가능합니다. 가장 먼저 우리가 해야 하는 일은 철저한 건강검진을 받는 것입니다 ……."

이렇게 서두를 시작한 후 정기 건강검진의 필요성을 자세히 설명한다면 청중은 이런 서비스를 제공하기 위해 설립된 회사에 관심을 가질지 모른다. 하지만 처음부터 개인과 관련 없이 그 회사의 일반적인 이야기를 늘어놓는다면 연설은 완전히 처참하게 끝날 것이다.

다른 예를 보자. 지난 시즌 동안, 나는 한 학생이 숲을 보존하는 일이 굉장히 긴급한 사안이라고 연설하는 모습을 보았다. "우리 미국인은 천연자원에 대해 자부심을 가져야 합니다 ……."라는 문장을 시작으로 그는 우리가 얼마나 무분별하게 목재를 낭비하고 있는지 지적했다. 하지만 이 연설의 시작 부분은 좋지 않다. 너무 일반적이고 너무 애매하기 때문이다. 그는 그 주제의 심각성을 청중에게 전달하지 못했다. 청중 중에는 인쇄업자가 한 명 있었는데, 숲의 파괴는 그의 사업에 매우 중요한 의미를 가질 것이다. 또한 숲의 파괴는 우리 모두의 번영에도 영향을 끼치기 때문에 그곳에 있던 은행가도 그 것으로부터 자유롭지 못할 것이다. 그렇다면 이렇게 연설을 시작하는 것은 어떨까?

"오늘 제가 말하려는 주제는 애플비 씨, 소울 씨를 비롯한 여러분 모두의 사업에 영향을 끼치는 것입니다. 사실 그것은 우리가 먹는 음식의 가격과 우리가 지불하는 임대료에도 영향을 줄 것입니다. 즉, 우리 모두의 복지와 번영과 관련된 문제라는 뜻입니다.

숲을 보존하는 것의 중요성을 너무 과장한 것 같은가? 나는 그렇게 생각하지 않는다. 그저 '그림을 크게 그리고, 사람들이 시선을 돌리지 않을 수 없게끔 사물을 배치하라.'라고 한 엘버트 허바드의 조언을 따른 것뿐이다."

• 충격적인 사실의 힘

자신의 이름으로 잡지사를 설립한 S. S. 매클러(S. S. McClure)는 "훌륭한 잡지 기사는 일련의 충격적인 사건들을 기록한 것"이라고 말한 바 있다. 그들은 우리를 몽상에서 빠져나오게 하고 우리를 사로잡으며 우리의 관심을 끈다. 여기 몇 가지 예가 있다. 볼티모어 출신의 N. D. 발렌타인은 '라디오의 경이로운 업적'이란 연설을 이렇게 시작한다.

"여러분, 파리 한 마리가 뉴욕에 있는 유리창을 기어가는 소리를 라디오로 전하면 중앙아프리카에서는 나이아가라 폭포 소리만큼 크게 들릴 수 있다는 사실을 알고 계십니까?"

뉴욕 시 해리 G. 존스 컴퍼니의 해리 G. 존스 시장은 '범죄 상황'이란 연설을 이렇게 시작했다.

"미국 대법원장 윌리엄 하워드 태프트 판사는 '우리의 형법 운용은 문명에 대한 수치다.'라고 선언했습니다."

이런 시작은 내용이 충격적일 뿐만 아니라 그것이 법학 분야 권위자의 말을 인용한 것이라는 두 가지 장점을 갖는다. 필라델피아의 전 낙천주의자 클럽 회장이었던 폴 기번스는 범죄에 대해 다음과 같은 매력적인 말로 연설을 시작했다.

"미국인은 세계적으로 최악질의 범죄자들입니다. 이 말에 놀라시겠지만, 이는 명백한 사실입니다. 오하이오 주 클리블랜드에서 일어난 살인 사건의 수는 런던의 여섯 배입니다. 인구 비례로 보면 강도 건수는 런던의 170배에 해당합니다. 매년 클리블랜드에서 강도를 당하거나 강도의 공격을 받는 사람들의 수는 잉글랜드, 스코틀랜드, 그리고 웨일스의 전체 인구를 합한 수보다 많습니다. 뉴욕의 살인 사건은 전체 프랑스, 독일, 이탈리아, 또는 영국보다 많습니다. 더 슬픈 사실은 이 범죄자들이 처벌을 받지 않는다는 것입니다. 만약 당신이 살인을 저지른다 해도 그로 인해 처형될 가능성은 100분의 1도 안 됩니다. 무고한 시민인 여러분들이 암으로 죽는 확률이 사람에게 총을 쏘고 교수형 당할 확률보다 열 배나 높다는 것입니다."

이 서두는 성공적이었다. 왜냐하면 기번스의 말에는 꼭 필요한 힘과 진지함이 담겨 있었기 때문이다. 그의 말은 살아 움직였다. 다른 학생들도 어느 정도 비슷한 예를 사용해 범죄 상황에 대한 연설을 했지만 그 시작이 형편없었다. 왜일까? 구조적 짜임에서는 흠이 없었지만 말에서 아무런 힘이 느껴지지 않았기 때문이다. 그들의 말투는 연설을 방해할 뿐이었다.

• 평범한 시작의 가치

다음과 같은 서두는 마음에 드는가? 그렇다면 왜 그런가? 메리 E. 리치먼드는 뉴욕 여성 유권자 연맹 연례 모임에서 아동 결혼을 금지하는 법안이 채택되기 전에 이렇게 연설했다.

"어제, 기차가 이곳에서 멀지 않은 도시를 지나갈 때, 저는 몇 년 전 그곳에서 열렸던 결혼식을 떠올렸습니다. 이 주에서 열린 다른 많은 결혼도 그 결혼처럼 급하게 이뤄졌다가 파장에 이르는 경우가 많기 때문에, 오늘 저는 그 사건의 내용을 자세히 소개하는 것으로 연설을 시작하려 합니다.

12월 12일, 그 도시에 사는 열다섯 살 난 고등학교 여학생이 이제 막 성인이 된 대학생을 만났습니다. 그리고 겨우 사흘 뒤인 12월 15일에 그들은 소녀가 열여덟 살이라고 거짓으로 선서함으로써 결혼 승인서를 받았습니다. 열여덟 살이면 부모의 동의가 필요하지 않기 때문이죠. 그들은 결혼 승인서를 가지고 시청에서 나와 바로 사제에게 갔습니다. 왜냐하면 소녀는 가톨릭 신자였거든요. 하지만 사제는 그들의 결혼을 허락하지 않았습니다. 이 사제가 알려 줬기 때문인지는 모르지만 그 아이의 어머니는 그들의 결혼 이야기를 듣게 되었습니다. 그러나 어머니가 딸을 찾기도 전에 판사는 그 둘을 부부로 결합시켰습니다. 신랑은 신부를 호텔로 데려갔고 그곳에서 이틀 밤낮을 보냈지만, 그 뒤 신부를 버렸고 다시는 그녀와 살지 않았습니다."

개인적으로 나는 이 서두가 마음에 든다. 특히 첫 문장 말이다. 그것은 흥미로운 회상이 이어질 것이라고 암시한다. 청중은 더 자세한 이야기를 듣고 싶어 할 것이다. 우리는 흥미로운 이야기를 들을 준비를 한다. 게다가 그것은 밤새 열심히 공들여 준비한 느낌이 들거나 딱딱하지도 않고 매우 자연스럽게 흘러간다. "어제, 기차가 여기에서 멀지 않은 도시를 지나갈 때, 저는 몇 년 전 그곳에서 열렸던 결혼식을 떠올렸습니다." 무척 자연스럽고 즉흥적이며, 인간적으로 들린다. 누군가 재밌는 이야기를 해 주는 것 같다.

청중은 이런 것을 좋아한다. 하지만 너무 공을 들이거나 미리 계획된 느낌이 드는 것은 꺼리기 마련이다. 청중은 기교를 원하기는 하지만, 그런 티가 드러나지 않는 쪽을 좋아하는 것이다.

연설을 시작하는 방법

1. 연설의 시작은 매우 어려우면서도 중요하다. 시작하는 시점의 청중은 마음이 열려 있고 비교적 쉽게 감동을 받기 때문이다. 운에만 맡겨 두기엔 매우 중요한 부분이기 때문에 미리 세밀하게 준비해야 한다.

2. 연설의 서두 부분은 한두 문장 정도로 짧아야 한다. 아니면 전혀 없어도 괜찮을 때가 많다. 가능하면 최소한의 몇 단어로 주제의 핵심에 뛰어들어라. 이것에 이의를 제기하는 사람은 없을 것이다.

3. 초보자들은 재미있는 이야기를 늘어놓거나 사과를 함으로써 연설을 시작하려는 경향이 있다. 이 두 방법의 결과는 대개 부정적이다. 유머러스한 이야기를 성공적으로 소화할 수 있는 사람은 극히 드물다. 이 시도는 청중들을 즐겁게 하기보다는 당황스럽게 만든다. 이야기는 상황에 적절해야 하고 단지 이야기 자체만을 위해 사용해서는 안 된다. 유머는 케이크 자체가 아니고 케이크에 입힌 설탕 옷일 뿐이다. 또한 사과를 하는 것도 안 된다. 그것은 청중에 대한 모욕이고 그들을 지루하게 만든다. 그러니 곧바로 당신이 하고 싶은 말을 빠르게 끝내고 자리에 앉아라.

4. 연설가는 다음의 방법으로 청중의 관심을 빠르게 사로잡을 수 있다.

   1) 호기심을 불러일으키기 (예: 디킨스의 《크리스마스 캐럴》 이야기)

   2) 인간적으로 흥미로운 이야기를 활용하기 (예: '다이아몬드의 땅' 강연)

   3) 구체적인 예로 시작하기 (예: 이 책의 5장, 7장의 시작 부분 참고)

   4) 시각적인 재료를 사용하기 (예: 공짜로 땅을 받을 수 있는 동전)

   5) 질문하기 (예: 혹시 길에서 이런 동전을 주우신 분이 계십니까?)

   6) 인상적인 인용으로 시작하기 (예: 솔선수범에 대한 엘버트 허바드의 말 인용)

7) 주제가 얼마나 청중의 관심사와 관련되어 있는지 보여 주기 (예: 여러분의 예상 기대수명은 여든 살에서 현재 나이를 뺀 수의 3분의 2입니다. 여러분은 정기 건강검진을 통해 그 수치를 높일 수 있습니다.)

8) 충격적인 사실을 제시하며 시작하기 (예: 미국인은 세계적으로 최악질의 범죄자들입니다.)

5. 지나치게 격식을 차린 시작은 인위적인 느낌을 주기에 좋지 않다. 자연스럽고 평범하면서도 논리적으로 필연적인 전개인 것처럼 보이게 하라. 얼마 전에 일어난 일을 언급하는 방식이 한 예가 될 수 있다. (예: 어제, 기차가 여기에서 멀지 않은 도시를 지나갈 때, 저는 몇 년 전 그곳에서 열렸던 결혼식을 떠올렸습니다.)

단번에 청중을 사로잡는 방법

"당신은 청중을 기쁘게 해야 한다. 당신은 그들의 두려움을 진정시키고, 의심을 사라지게 하며, 그들이 무기를 내려놓고 '그래요, 우리 함께 이야기해 봅시다!'라고 말하게 해야 한다. 이것은 서로 교감할 수 있는 것과 상호 관심사를 찾을 때 가능하다. 우리를 분열시키는 힘보다 더 강한 힘으로 이어 주는 것이 있다. 그것이 무엇인가? 연설의 성패는 그것을 찾을 수 있느냐 없느냐에 달려 있다. 만일 청중을 진정으로 기쁘게 할 수 없다면 놀라운 용기를 보여 그들의 감탄과 존경을 끌어내야 한다.

그 첫 번째 예로, 만일 내가 벨파스트의 오렌지당원 집회에서 연설을 한다면, 나는 양심에 충실한 그들을 찬사할 것이다. 또 우리가 존경하는 위대한 조상들, 우리가 공유하는 것에 관해 말할 것이다. 만일 회사 직원들 앞에서 연설한다면 격렬한 질책으로 시작하지 않고 좀 더 행복했던 시절, 과거의 협력 관계, 업계와 관련된 모든 사람들을 괴롭히는 걱정과 문제를 떠올리게 할 것이다. 내가 진실로 아무런 사심 없이 문제에 대한 해결책을 모색하고 있다는 것을 청중은 알 것이다. 모든 상황에서 청중의 가장 선한 본능에 호소하라. 이런 호소에 보이는 사람들의 반응은 정말로 놀랍다."

- 시드니 F. 윅스(Sidney F. Wicks),

《기업인을 위한 대중연설(Publick Speaking for Business Men)》

10
단번에 청중을
사로잡는 방법

몇 년 전, 콜로라도 연료철강회사는 노사 문제로 어려움을 겪었다. 총격전까지 일어나면서 유혈 사태가 벌어졌다. 회사 분위기는 격한 증오심 때문에 숨 막힐 것 같았다. 록펠러라는 이름은 저주의 대상이었다. 그럼에도 존 D. 록펠러 2세(John D. Rockefeller, Jr.)는 종업원들과 대화하길 원했고, 그들에게 자신의 생각을 설명하고 설득하여 그들이 자신의 신념을 받아들이게 만들고 싶었다. 그는 모든 좋지 않은 감정과 적대감은 연설 서두에서 없애야 한다는 것을 알고 있었다. 처음부터 그는 진심을 다해 아름다운 연설을 해냈다. 많은 연설가는 그의 방법을 연구함으로써 무엇인가 배울 수 있을 것이다.

"오늘은 제 삶에서 매우 특별한 날입니다. 처음으로 저는 이 훌륭한 회사의 종업원 대표 여러분과 임원들, 그리고 감독들과 자리를 함께하는 행운을 얻었습니다. 저는 이 자리에 선 것을 자랑스럽게 생각하고 제 삶이 다하는 날까지 이 자리를 기억할 것입니다. 만일 이 모임이 2주 전에 열렸다면 저는 여러분 대부분을 알지 못했을 것입니다. 지난주에는 남부 석탄 지대의 모든 캠프를 둘러보고, 출장 중인 분들을 제외한 실질적인 전체 대표 여러분과 직접 대화하며 여러분 집으로도 방문해 부인과 자녀들을 만나는 기회를 가졌습니다. 그랬기에 우리는 지금 서로 낯설지 않은 친구로 마주하고 있는 것입니다. 이런 상호 우의의 정신으로 공통 관심사를 함께 의논하게 된 것에 저는 큰 기쁨을 느낍니다. 오늘 이 모임은 회사 임원과 대표 여러분들의 모임이고, 불행히 그 어느 쪽에도 속하지 않지만 저는 여러분의 호의와 배려 덕분에 이 자리에 설 수 있게 되었습니다. 하지만 한편으로 저는 주주들과 이사들을 대표한다는 의미에서 여러분과 긴밀하게 연관되어 있다고 느낍니다."

재치 있는 연설이다. 격한 증오심이 있었음에도 그의 연설은 성공적이었다. 임금 인상을 위해 파업하며 투쟁한 사람들은 록펠러가 그 상황과 관련된 사실을 설명한 후에 그 문제에 대해 아무 말도 할 수 없었다.

• 꿀 한 방울과 쌍권총의 남자들

"오래된 속담에 '꿀 한 방울이 쓸개즙 한 통보다 더 많은 파리를 잡는다.'라는 것이 있다. 이것은 사람에게도 적용된다. 만일 누가 내 뜻을 따르게 하고 싶다면 먼저 당신이 그의 진실한 친구임을 확신시켜라. 그곳에 그의 마음을 사로잡는 꿀 한 방울이 있다. 그 마음은 그의 이성에 이르는 지름길이므로, 일단 마음을 얻으면 그에게 당신이 추구하는 대의의 정당성을 설득하는 데 별 어려움이 없을 것이다. 물론 여기에는 그 대의가 진실로 정당해야 한다는 단서가 붙는다."

이것이 링컨의 계획이었다. 1858년, 미국 상원의원 선거 운동 중에 그는 당시 '이집트'라고 불린 남부 일리노이의 한 위험 지역에서 연설을 했다. 그 지역 사람들은 거칠었고, 공적 행사에도 흉한 칼을 들거나 벨트에 총을 찬 채 등장했다. 노예 제도 폐지론자에 대한 그들의 증오심은 결투나 옥수수 위스키를 사랑하는 감정과 맞먹을 정도였다. 켄터키와 미주리 출신의 노예 소유주들이 포함된 남부인들은 흥분과 소동의 주인공이 되기 위해 미시시피 강과 오하이오 강을 건너 왔다. 그들 중 거친 사람들은 "만약 링컨이 한마디라도 하면 그 노예제 폐지론자를 쫓아내고 총으로 온몸에 구멍을 내고 말겠어!" 하고 소리쳤다.

링컨은 이런 위협적인 상황에 대해 이미 들은 바 있었고, 긴장감과 분명한 위험 또한 알고 있었다. 그는 말했다. "그러나 만약 그들이 내게 몇 마디 할 수 있는 기회만 준다면, 나는 그들을 진정시킬 수 있다." 그래서 그는 연설을 시작하기 전에 주모자들에게 자신을 소개하고 정중히 그들의 손을 잡았다. 그렇게 시작된 그의 연설 서두에는 재치가 넘쳤다.

"친애하는 남부 일리노이 주민 여러분, 켄터키 주민 여러분, 미주리 주민 여러분. 오늘 이 자리에 오신 분들 중에 저를 불쾌해하는 분들이 계시다고 들었습니다. 저는 그분들이 왜 그러시는지 잘 모르겠습니다. 저는 여러분처럼 평범한 사람입니다. 그런데 도대체 무엇 때문에 제게는 여러분처럼 제 생각을 표현할 권리가 없는 것입니까?

시민 여러분, 저는 여러분과 같은 사람입니다. 저는 이곳의 불법 침입자가 아닙니다. 여러분 대다수가 그렇듯 저는 켄터키에서 태어나고 일리노이에서 자랐으며 열심히 일해 제 길을 개척했습니다. 저는 켄터키 주민을 알고 있습니다. 저는 남부 일리노이 주민을 잘 압니다. 그리고 미주리 주민도 잘 안다고 생각합니다. 저는 그들 중의 한 사람이기 때문에 그들을 아는 것은 당연한 일이며 그들 역시 저를 알 것입니다. 그들이 저를 잘 안다면 제가 그들에게 피해를 줄 사람이 아니란 것도 잘 알 것입니다. 그런데 왜 그들이, 또는 그들 중의 어떤 분이 저에게 해를 가해야 합니까? 이런 어리석은 짓은 생각하지 말고 우리 모두 친구가 됩시다. 서로 친하게 지냅시다. 저는 미천하지만 세상에서 가장 평화적인 사람 중 하나이며, 다른 이를 부당하게 대하거나 그의 권리를 침해할 사람이 아닙니다. 제가 여러분께 바라는 것은 제 말에 귀를 기울여 주시는 것입니다. 용감하고 용맹한 일리노이, 켄터키, 미주리 주민은 틀림없이 그렇게 해 주시리라 믿습니다. 이제 친구처럼 각자의 생각을 허심탄회하게 말해 봅시다."

연설하는 동안 그의 얼굴에는 훌륭한 성품이 드러났고 그의 목소리는 진심 어린 호소로 떨고 있었다. 그 재치 있는 서두는 몰려오던 폭풍우를 멈추게 했고 적들을 조용하게 만들었다. 그리고 정말로 그 연설은 많은 이를 링컨의 친구로 변화시켰다. 그들은 링컨의 연설에 환호했고, 거칠고 무례했던 '이집트인'들은 훗날 링컨이 대통령이 되는 데 있어 가장 열정적인 지지자가 되었다.

물론 여러분은 이렇게 생각할 수도 있다.

'재밌네. 하지만 이게 나랑 무슨 상관이지? 난 록펠러가 아니야. 나는 날 목 졸라 죽이려는 굶주린 파업자들 앞에서 연설할 일은 없단 말이지. 또 나는 링컨도 아니야. 옥수수 위스키를 마시며 증오심으로

가득 찬 쌍권총의 사나이들과는 한마디도 하지 않을 거라고.'

사실이다. 하지만 당신은 거의 매일 어떤 문제에 대해 나와 생각이 다른 사람들과 말하면서 살아간다. 집이나 직장, 혹은 시장에서 당신은 계속해서 사람들에게 자신의 의견을 이해시키려고 노력할 것이다. 당신의 방법을 발전시킬 여지는 없는가? 당신은 어떻게 연설을 시작하는가? 링컨의 재치를 보여 주면서? 아니면 록펠러의 기지를 보여 주면서? 그렇다면 당신은 귀한 재주와 비상한 능력을 가진 사람이다. 대부분의 사람은 상대방의 견해와 욕망을 고려하지 않고 서로의 합일점을 찾으려는 노력도 하지 않은 채 자신의 생각만 늘어놓는 식으로 시작한다.

뜨거운 문제였던 금주법에 관해 내가 들었던 많은 연설도 그 예에 해당한다. 거의 모든 연설가는 도자기 가게에 뛰어 들어온 황소처럼 연설을 시작했다. 그들은 강하게 자신이 가진 신념과 방향을 드러냈고, 자신의 신념은 단단한 바위처럼 흔들릴 가능성이 없다고 했다. 그러면서 그는 다른 사람들이 스스로의 소중한 신념을 버리고 자신의 생각을 받아들이길 기대했다.

결과는 어땠을까? 모든 논쟁의 결과는 거의 같았다. 아무도 그들의 의견에 동의하지 않았던 것이다. 무뚝뚝하고 공격적인 서두는 그와 다른 의견을 가진 사람들의 너그러운 마음을 잃게 했고, 청중은 그가 하는 모든 말을 무시하며 경멸했다. 그의 말은 사람들이 각자의 신념의 방패 뒤에서 더욱 강하게 몸을 감싸고 웅크리게 했다. 그는 시작부터 청중을 재촉하고 그들이 몸을 뒤로 빼며 이를 악문 채 "아니야! 아니야!"라고 외치게 하는 치명적인 실수를 저지른 것이다.

나와 다른 생각을 가진 사람들로 하여금 내 뜻을 따르게 한다는 것이 어떻게 그리 간단하겠는가? 뉴욕의 새사회연구학교에서 열린 오버스트리트 교수의 강연을 인용한 다음 글은 이 문제를 적절하게 지적한다.

"아니오."라는 부정적인 반응은 가장 극복하기 어려운 장애물이다. 일단 "아니오."라고 말한 사람은 자존심 때문에 그 입장을 굽히지 않으려 한다. 나중에는 자신의 "아니오."가 잘못된 것이라고 생각할 수도 있지만, 너무나 소중한 자존심 때문에 한 번 말한 사실을 고수할 것이다. 일단 입 밖으로 나온 말에 대해서는 끝까지 책임져야 하는지라, 사람이 처음부터 긍정적인 방향을 잡을 수 있도록 이끄는 것이 중요하다. (뛰어난 연설가는) 처음부터 몇 차례나 "네."라는 반응을 이끌어 낸다. 듣는 사람들의 심리를 긍정적인 방향으로 움직이게 만드는 것이다. 그것은 마치 당구공의 움직임과 비슷해서, 처음에 공을 한쪽 방향으로 쳐 보내고 나면 그것의 방향을 바꾸는 데 힘이 필요하고, 더구나 반대 방향으로 움직이게 하려면 엄청난 힘이 든다.

이런 경우의 심리적인 패턴은 꽤 명백하다. 누군가 "아니오."라고 말하고 또 그렇게 생각한다면, 그는 단순히 그 세 글자를 말하는 것 이상의 일을 한 것이다. 그의 분비기관, 신경, 근육의 전 유기체는 한데 모여 거부 상태를 만들어 낸다. 그러면 가끔은 보이지만 대부분의 경우는 눈에 띄지 않을 정도로 미미하게 신체적으로 위축되거나 그러한 조짐을 보인다. 즉, 수용에 대한 경계경보가 그의 신경과 근육의 전체 체계에 울리는 것이다.

그러나 그와 반대의 경우, 즉 "네."라고 답하는 경우에는 이런 긴장이 일어나지 않는다. 몸 전체의 조직은 전향적이고 수용적이며 개방적인 태도를 취한다. 따라서 처음에 긍정적인 반응을 많이 이끌어 낼수록 우리의 궁극적인 제안이 상대의 관심을 얻는 데 성공할 확률은 높아진다.

긍정적인 반응을 유도하는 전략은 아주 단순한 방법이지만 너무 사소한 것으로 여겨져 무시되는 경우가 매우 많다. 사람들은 처음부터 다른 이들과 다른 의견을 제시하면 자신이 대단한 존재로 보일 것이라고 착각하곤 한다. 급진주의자는 보수적인 동료들과 함께 있으면 이내 상대방을 화나게 한다. 그런데 그렇게 해서 그가 얻는 것은 무엇인가? 만일 상대를 화나게 하는 것 자체가 즐거운 일이기 때문에 그렇게 하는 것이라면 이해할 수도 있겠으나, 상대를 설득하는 것이 목적이었다면 그는 심리적으로 무지한 사람이라는 것을 드러낼 뿐이다.

학생이나 고객, 어린이, 남편, 아내 등 누가 되더라도 상대방으로 하여금 처음에 일단 "아니오."라는 말이 나오게 했다면, 그 부정적인 대답을 다시 "네."로 되돌리는 데는 그야말로 천사의 지혜와 인내가 필요할 것이다.

어떻게 처음부터 "네."라는 반응을 얻을 수 있을까? 아주 간단하다. 링컨은 그 비법에 대해 이렇게 말했다. "내가 논쟁을 시작해서 이기는 방법은 먼저 공통의 합의점을 찾는 것이다." 심지어 그는 노예제도라는 굉장히 민감한 문제에 대해 논쟁할 때도 그 합의점을 찾아냈다. 링컨의 연설을 보도한 중립 신문 〈미러(The Mirror)〉는 그의 연설을 다음과 같이 평했다.

"그의 적들은 그가 하는 모든 말에 동의했다. 그때부터 그는 가축을 몰아 가듯, 조금씩 그들을 특정한 방향으로 이끌었고 마침내 자신의 우리 속으로 끌어들였다."

• 롯지 상원의원의 방법

세계대전이 끝나고 롯지 상원의원과 하버드 대학의 로웰 총장은 보스턴 청중 앞에서 국제연맹에 대해 토론했다. 롯지 상원의원은 많은 청중이 자신의 생각에 호의적이지 않다는 것을 감지했지만, 그들을 자신의 주장에 동의하게 해야 했다. 그는 어떻게 해야 했을까? 그들의 믿음을 직접 정면으로 치고 들어가는 방법을 사용할까? 절대 아니다. 이 상원의원은 사람의 심리를 정확히 꿰뚫고 있어서 그런 어리석은 방법으로 일을 망칠 사람이 아니었다. 그는 처음부터 탁월한 재치와 기지를 보여 주었다. 그의 연설 서두가 아래에 나와 있다. 서두에 나온 몇 문장은 그에게 적대적인 사람들조차 거부할 수 없는 내용이었다. 또 '저의 동포 미국인 여러분'이라는 인사로 어떻게 그들의 애국심에 호소하는지도 눈여겨보라. 또한 그가 얼마나 세밀하게 양쪽의 차이를 최대한 줄이고 공통점을 드러내는지 보라. 그가 상대방을 어떻게 대하는지, 그들이 사소한 방법의 문제에서만 차이가 있을 뿐 미국의 복지와 세계 평화라는 대의에 있어서는 전혀 다를 것이 없다는 사실을 어떻게 강조하는지 주목하라. 심지어 더 나아가 그는 자신이 특정 종류의 국제연맹을 지지한다고까지 말했다. 결국 그와 반대자가 서로 차이를 보이는 부분은, 그가 좀 더 이상적이고 효과적인 연맹이 필요하다고 느끼는 부분뿐이다.

"친애하는 각하, 신사 숙녀 여러분, 저의 동료인 미국인 여러분.

로웰 총장님의 배려로 저는 오늘 훌륭한 청중 여러분 앞에 서는 영광을 얻었습니다. 저와 오랜 친구이며 같은 공화당원인 그분은 미국에서 가장 중요하고 영향력 있는 곳의 하나인 이 뛰어난 대학교의 총장입니다. 또한 그는 정치학과 정치 조직 분야에서 훌륭한 학자이자 역사가입니다. 우리 앞에 놓인 이 큰 문제와 관련된 구체적인 방법에 대해서는 그분과 제 의견이 다르지만, 세계 평화의 유지와 미국의 복지에 대해서만큼은 서로 같은 뜻을 가지고 있다고 믿습니다.

허락해 주신다면 제 생각을 말해 보겠습니다. 저는 여러 번 그것을 말씀드렸고, 또 단순하고 쉬운 언어로 전달했다고 생각했습니다. 하지만 제 말을 오해해 그것을 논쟁의 무기로 이용하는 사람들이 있고, 매우 현명한 판단력을 지닌 분 중에도 제 말을 듣지 못했거나 아니면 잘못 이해하는 분들이 계신 것 같습니다. 그래서 제가 국제연맹에 반대하는 것처럼 전해지고 있지만 사실은 전혀 다릅니다. 저는 오히려 세계의 자유 국가들이 하나의 연맹, 또는 프랑스 사람들이 협회라고 부르는 체제 안에서 미래의 세계 평화를 보장하고 전체적으로 군축을 실현하기 위해 할 수 있는 모든 일을 하게 되기를 간절히 바라고 있습니다."

이런 연설을 들으면 제아무리 그전에 연사와 다른 의견을 가졌던 사람들도 닫혔던 마음이 열리고 누그러지지 않을까? 또한 조금 더 들어 보겠다는 마음도 자연스럽게 가질 수 있을 것이다. 이런 연설을 통해 사람들은 이 연사를 공정한 정신의 소유자라고 생각하지 않을까? 만일 롯지 상원의원이 국제연맹을 지지하는 사람들에게 직설적으로 그들이 잘못되었으며 환상에 빠져 있다고 말했다면 그 결과는 어땠을까? 말할 것도 없이 연설은 아무 소용이 없었을 것이다. 제임스 하비 로빈슨 교수의《정신의 형성》에서 고른 다음의 인용은 이런 공격이 헛되다는 것을 심리학적 관점에서 보여 준다.

"때때로 우리는 어떤 저항감이나 감정적인 동요 없이 마음을 바꿀 때가 있다. 그러나 누군가로부터 우리가 틀렸다는 말을 들으면 그 말에 분개해 마음을 굳게 닫아 버린다. 우리가 어떤 믿음을 형성하는 과정은 놀랄 정도로 허술하지만, 막상 누군가 그 믿음의 세계를 깨려고 하면 그 믿음에 대해 불합리할 정도로 집착한다. 이때 우리에게 소중한 것은 아이디어 자체가 아니라, 외부의 위협에 노출된 우리의 자존심이다. …… 인간사에서 가장 중요한 것은 바로 '나의'라는 요소인데, 지혜는 이것을 적절하게 고려하는 것에서 시작된다. '나의' 저녁식사, '나의' 개, '나의' 집, '나의' 신념, '나의' 조국, '나의' 신 등 그것이 무엇이든 '나의'라는 말과 관련된 것은 모두 같은 힘을 가지고 있다. 우리는 내 시계가 틀렸거나 내 차가 형편없다는 것뿐만 아니라 화성의 운하, '에픽테토스(Epictetus)'의 발음, 살리신(salicin) 해열 진통제의 의학적 가치, 사라곤 1세의 연대 등에 대한 내 생각이 수정되어야 한다는 지적에 대해서도 몹시 불쾌해 한다. …… 우리는 자신이 진리라고 익숙하게 받아들였던 것을 계속 믿고 싶어 하고, 이런 신념 체계에 누군가 의혹의 눈길을 던질 때 생기는 반발심으로 그것에 더욱 집착하게 된다. 그러므로 소위 말하는 논증이라는 것 역시 우리가 이미 믿고 있는 것을 계속 믿기 위한 논거를 찾아내는 작업과 같은 것이다."

• 최고의 논쟁은 설명이다

청중과 논쟁하는 연사는 청중을 더욱 완고하고 방어적으로 만들 뿐 아니라, 청중이 마음을 바꾸는 일도 거의 불가능하게 만든다는 것은 명백한 사실이다. "지금부터 저는 이것을 증명하겠습니다."라는 식으로 말하는 것이 과연 현명할까? 청중은 이런 태도를 하나의 도전으로 받아들이고 속으로 '그래, 얼마나 잘하나 보자.'라고 말하면서 당신을 지켜볼 것이다.

그보다는 청중이 공감하는 어떤 것을 강조하며 연설을 시작한 다음 모두가 해답을 듣기 원하는 적절한 질문을 하는 것이 훨씬 효과적이지 않을까? 그런 뒤 그 해답을 찾는 진지한 과정에 청중을 동참시키자. 답을 찾는 동안 그와 관련 사실을 명백하게 제시해 청중이 무의식적으로 당신의 결론을 그들 자신이 내린 결론으로 생각하도록 유도하는 것이다. 그들은 자신이 그 사실을 스스로 찾았다는 생각에 더 강하게 그것을 믿을 것이다. "최고의 논쟁은 단지 설명하는 것처럼 보이는 것이다."

아무리 의견 차이가 크고 첨예하다고 해도 모든 논쟁에는 연설가가 하고자 하는 진실 탐색 과정에 모든 사람을 참여시킬 근거가 되는, 어떤 상호 교감을 이룰 수 있는 합의점이 항상 존재하기 마련이다. 예를 들어 공산당 당수가 미국 은행가 협회의 집회에서 연설을 한다고 해도 그는 서로에 대한 믿음, 혹은 청중과의 공감대를 형성하게 하는 어떤 공동의 소원을 찾아낼 수 있다. 그것이 어떻게 가능한

지 살펴보자.

"빈곤은 항상 인간 사회를 괴롭히는 잔인한 문제 중 하나로 존재해 왔습니다. 우리 미국인들은 언제나 시기와 장소를 가리지 않고 능력이 허락하는 한 가난한 사람들의 고통을 덜어 주는 것을 의무로 여겼습니다. 우리는 마음씨 좋은 국민입니다. 역사상 그 어느 민족도 불행한 사람들을 돕기 위해 자신의 부를 아낌없이, 사심 없이 내놓은 적이 없었습니다. 우리는 베풂의 역사의 특징이었던 그 정신적 관대함과 이타적 정신으로, 산업화 시대의 우리 삶을 돌아보며 빈곤의 문제를 줄이는 것은 물론 그것을 예방할 수 있는 공정하고 합리적이며 모두가 받아들일 수 있는 방법을 찾을 수 있는지 생각해 봐야겠습니다."

이 말에 반대할 사람이 누가 있을까? 이 주장이 5장에서 그렇게 강조한 힘과 에너지와 열정의 복음과 모순되는 것처럼 보이는가? 전혀 아니다. 모든 것에는 다 때가 있다. 연설의 서두는 힘을 보일 때가 아니다. 여기에서 필요한 것은 재치와 기지다.

• 패트릭 헨리의 격렬한 연설 시작 방법

이 땅의 모든 학교 학생들은 패트릭 헨리(Patrick Henry)가 1775년 버지니아 집회 때 했던 그 유명한 연설을 기억할 것이다. "나에게 자유가 아니면 죽음을 달라." 하지만 격렬하고 감동적이며 역사적인 그 연설의 시작이 비교적 차분하고 재치 있었다는 사실을 알고 있는 이는 거의 없다. 당시 가장 중요한 논쟁거리는 미국 식민지들이 영국과의 관계를 끊고 전쟁을 해야 하는가의 여부였다. 사람들의 격앙된 감정은 사나운 열기를 내뿜으며 끓어올랐지만, 패트릭 헨리는 자신을 반대하는 자들의 능력과 애국심을 찬양하는 말로 연설을 시작했다. 아래 연설문 두 번째 단락에서 그가 어떻게 질문을 던져 청중의 생각을 자신의 생각으로 유도하고 그들이 스스로 결론을 이끌어내게 하는지 살펴보자.

"친애하는 의장님, 여기 그 어느 누구도 연설하신 존경하는 여러 신사분의 능력과 애국심에 대해 저보다 더 큰 경외심을 가지지는 않을 것입니다. 하지만 사람들은 저마다 다르기 때문에 같은 문제에 대해 생각하는 것도 서로 다를 때가 많습니다. 따라서 제가 그분들과 다른 의견을 가지고 자유롭게, 또 거침없이 표현한다 해서 그것이 그분들에게 무례한 것으로 보이지 않기를 바랍니다. 지금은 격식이 중요한 때가 아닙니다. 우리가 당면한 이 문제는 이 나라에 매우 중요한 의미를 가지고 있습니다. 저 개인적으로는 그것을 자유 혹은 속박의 문제로 인지하고 있습니다. 이 주제만큼이나 중요한 문제는 바로 토론의 자유에 관한 것입니다. 우리는 자유로운 토론을 통해 진리에 도달할 수 있고, 신과 조국에 대한 큰 책임을 완수할 수 있습니다. 이런 때에 제가 공격받을 것을 걱정해 제 생각을 말하지 않는다면 그것은 조국을 반역하는 것이고, 모든 것들 위에 존재하시는 높으신 하나님께 죄를 짓는 것입니다.

존경하는 의장님, 인간이 희망의 환상에 빠지는 것은 자연스러운 일입니다. 우리는 고통스러운 진실에 대해 눈을 감고 사악한 바다의 요정 사이렌의 노래에 취하길 원합니다. 그녀가 우리를 짐승으로 만들어 버린다는 것도 모르고 말입니다. 이것이 자유를 위한 중요하고 힘겨운 투쟁에 참여하는 지혜로운 자들이 할 일일까요? 우리는 자신의 현세적 구원과 밀접하게 관련된 것들을 보지 못하고 듣지 못하는 그런 무리에 속하기를 바라는 것입니까? 저는 어떤 정신적 고통이 있더라도 모든 진실을 알고 싶어 할 뿐 아니라, 최악의 진실도 회피하지 않고 그것에 대비하며 맞설 준비를 하고자 합니다."

• 셰익스피어가 쓴 최고의 연설

셰익스피어가 자신이 만들어 낸 인물을 통해 했던 가장 유명한 연설, 바로 마크 안토니가 줄리어스 시저의 시체 앞에서 행한 추도사는 뛰어난 기지를 보여 주는 연설의 고전적인 예다.

상황은 이렇다. 시저는 독재자가 되었다. 자연스럽고도 불가피하게 그의 정적들은 그를 질투했고, 시저를 몰아내고 파멸시켜 그의 권력을 자신들의 것으로 만들려 했다. 결국 그들 중 23명은 브루투스와 캐시어스의 지휘하에 작당하여 시저를 칼로 찔렀다. 시저의 국무장관이었던 마크 안토니는 잘생긴 데다 글솜씨가 뛰어났으며 훌륭한 연설가이기도 했다. 공적인 문제에서 정부를 멋지게 대변한 그를 시저가 자신의 오른팔로 인정한 것도 이상한 일은 아니었다. 시저가 사라진 상황에서 음모자들은 안토니를 어떻게 해야 할까? 제거해야 하나? 하지만 피는 이미 충분히 흘렸고, 거사의 명분에 필요한 정당성도 충분했다. 그러니 안토니를 자신들의 편으로 끌어들이는 것이 좋지 않을까? 그의 영향력은 무시할 수 없었고, 뛰어난 말솜씨 역시 자신들의 방패막이로 활용해 목적을 달성하는 지렛대로 유용하게 사용할 수 있었다. 타당한 생각 같았기에 그들은 이 계획을 실행으로 옮겼다. 그들은 안토니를 만나 천하를 지배한 영웅 시저의 시체 앞에서 '몇 마디를 할 수 있도록' 허락하는 친절을 베풀었다.

안토니는 로마 광장의 연단에 오른다. 그의 앞에는 살해당한 시저가 누워 있고 군중은 요란하고 위협적인 몸짓을 보이며 안토니 주변으로 몰려든다. 이들은 브루투스와 캐시어스, 그리고 다른 암살자들에 대해 우호적인 사람들이다. 안토니의 목적은 대중의 열정을 격한 증오심으로 바꿔 군중 반란을 일으킨 뒤 시저를 쓰러뜨린 자들을 살해하게 하는 것이다. 그가 손을 치켜들자 소란은 가라앉았고 그는 말을 시작한다. 안토니가 얼마나 노련하고 교묘하게 브루투스 일파를 치켜세우며 연설을 시작하는지 주목하라.

"브루투스는 고귀하신 분입니다. 그리고 그들도 모두 고귀하신 분들입니다."

여기서 그는 논쟁을 하지 않는다. 조금씩 조금씩, 그러나 너무 드러나지 않게 그는 시저에 대한 몇 가지 사실을 하나씩 이야기한다. 시저가 포로들의 몸값으로 어떻게 국고를 채웠는지, 그가 어떻게 가난한 자들과 함께 울었는지, 어떻게 왕관을 거절했고 어떻게 유언을 통해 자신의 재산을 사회에 환원했는지 등을 말한 것이다. 그는 사실을 나열하면서 군중에게 질문을 던져 그들 스스로 결론을 내리게 한다. 증거는 새로운 그 무엇이 아니라, 그들이 잠시 잊고 있었던 어떤 사실로 제시된다.

"저는 여러분이 이미 알고 있는 것에 대해 말할 뿐입니다."

마법 같은 말솜씨로 안토니는 군중의 마음을 건드리고 격정을 자극했으며, 동정심을 일깨우고 분노에 불을 지폈다. 다음 단락에 기지와 달변의 전형이랄 수 있는 그의 연설 전문을 소개한다. 당신이 문학 및 연설 분야와 관련된 모든 자료를 찾아본다 해도 이만큼 뛰어난 연설을 찾긴 어려울 것이다. 이 연설문은 사람들의 마음을 움직이는 뛰어난 기술을 얻고자 하는 사람이라면 누구나 진지하게 연구해 볼 만한 가치가 있다. 하지만 기업인들이 셰익스피어를 읽고 또 읽어야 하는 이유는 이것뿐만이 아니다. 셰익스피어의 어휘력은 다른 작가보다 훨씬 더 방대했다. 그는 누구보다 더 아름다운, 그리고 매력적인 언어를 사용했다. 《맥베스》나 《햄릿》, 《줄리어스 시저》를 공부하는 사람은 누구나 의식하지 못하는 새 자신의 언어를 한층 세련되게 연마해 그 폭을 넓히게 된다.

안토니 : 친구들, 로마인들, 동포 여러분, 당신들의 귀를 빌려 주시오. 나는 시저를 찬양하러 온 것이 아니라 매장하기 위해 왔습니다. 사람이 행한 악행은 그가 죽은 뒤에도 남아 있지만, 선한 행실은 그의 뼈와 함께 땅에 묻힙니다. 시저도 예외일 수는 없습니다.

고귀한 브루투스는 당신들에게 시저가 야심이 있었다고 말합니다. 그것이 사실이라면 그것은 큰 잘못이고 시저는 참담하게 그 대가를 치렀습니다. 저는 브루투스와 나머지 분들의 허락을 받아(브루투스는 고귀한 분이고 다른 분들도 모두 그렇기 때문에) 시저의 장례식에서 추도사를 하게 되었습니다. 그는 제 친구였고, 제게 신실하고 공정했습니다. 하지만 브루투스는 그에게 야심이 있었다고 말합니다. 브루투스는 고귀하신 분입니다.

시저는 많은 포로들을 로마에 끌고 왔으며 그들의 몸값으로 국고를 채웠습니다. 이것이 시저의 야심이었습니까? 가난한 자들이 울 때 그분은 같이 울었습니다. 야심은 조금 더 냉혹한 성품에서 나와야 합니다. 하지만 브루투스는 그가 야심이 있었다고 말합니다. 브루투스는 고귀하신 분입니다.

루퍼컬 축제에서 여러분도 보셨을 것입니다. 제가 시저에게 세 번이나 왕관을 바치는 것을, 그리고 그가 세 번이나 거절하는 것을 말입니다. 이것이 야심입니까? 분명히 브루투스는 영예로운 분입니다. 저는 브루투스가 한 말을 반박하려는 것이 아니라 제가 아는 사실을 말하기 위해 이 자리에 나온 것입니다. 여러분은 한때 그분을 사랑했고, 거기엔 이유가 있었습니다. 그렇다면 왜 그분을 애도하는 일에 주저하는 것입니까?

오, 판단력이여. 그대는 잔인한 짐승들에게 도망가 버리고 인간은 이성을 잃어버렸구나! 아, 저를 이해해 주십시오. 제 심장은 시저와 함께 관에 누워 있으니 그것이 다시 돌아올 때까지 쉬어야겠습니다.

시민 1 : 저 사람 말은 꽤 일리가 있는 것 같군.

시민 2 : 그러고 보면 시저가 억울하게 죽음을 당한 거지.

시민 3 : 그렇지 않나? 난 시저 대신 더 사악한 자가 올까 걱정되네.

시민 4 : 저 사람 말을 못 들었나? 그는 왕관을 거절했어. 그는 분명 야심이 없었다고.

시민 1 : 만일 그것이 사실로 밝혀진다면 누군가는 호된 대가를 치르겠지.

시민 2 : 불쌍한 사람. 울어서 눈이 불처럼 빨개졌구먼.

시민 3 : 로마에 안토니보다 고귀한 사람은 없지.

시민 4 : 자, 더 들어 보세. 안토니가 다시 말을 시작했군.

안토니 : 어제만 해도 시저의 말은 천하를 다스렸지만, 지금 그는 저곳에 누워 있습니다. 그리고 아무리 비천한 이조차 그에게 경의를 표하지 않습니다. 오, 여러분 만약 제가 여러분의 심장과 마음을 충동질해 반란과 폭동을 일으키게 한다면, 저는 브루투스와 캐시어스를 욕되게 하는 것입니다. 여러분도 알다시피 그들은 모두 고귀하신 분들입니다. 저는 그분들을 욕되게 하지 않을 것입니다. 이렇게 고귀하신 분들을 욕되게 하느니 저는 죽은 사람과 저 자신, 그리고 여러분을 욕되게 할 것입니다.

그런데 여기 시저의 인장이 찍힌 양피지가 있습니다. 이것은 그분의 유서로, 제가 그의 벽장에서 발견한 것입니다. 시민들만 이 유서의 내용을 듣게 합시다. (미안합니다, 제가 읽겠다는 뜻은 아닙니다.) 그러면 그들은 가서 죽은 시저의 상처에 입을 맞추고, 그분의 신성한 피에 자신의 손수건을 적시며, 기념으로 삼기 위해 그분의 머리카락 한 올을 달라며 애원하고, 죽을 때는 그들의 유언장에 그에 관한 기록을 남겨 그들의 후손에게 귀중한 유산으로 물려줄 것입니다.

시민 4 : 유서의 내용이 궁금하오. 읽어 주시오. 마크 안토니.

시민들 : 어서 유언장을 읽어 주시오. 우리는 시저의 유언을 듣고 싶소.

안토니 : 참으십시오, 인정 많은 친구들이여. 전 이것을 읽을 수 없습니다. 시저가 그대들을 얼마나 사랑했는지 모르는 것이 더 낫습니

다. 여러분은 목석이 아니라 인간입니다. 그런 이상 이 유서를 듣게 되면 여러분의 가슴은 분노로 불타오를 것입니다. 여러분이 그의 상속인이라는 사실은 모르는 것이 좋습니다. 만약 그것을 알게 되면 무슨 일이 벌어질지 생각만 해도 두렵습니다.

시민 4 : 얼른 읽으시오. 꼭 듣고 싶소. 안토니. 읽어 주시오. 시저의 유언을!

안토니 : 좀 참아 주십시오. 잠깐 기다려 주실 수 있습니까? 유언장 이야기를 하다니 제가 경솔했습니다. 내가 저 고귀하신 분들에게 못할 짓을 하는 것 같아 두렵습니다. 시저를 칼로 찌른 저분들에게 말입니다. 나는 두렵습니다.

시민 4 : 고귀하신 분들은 무슨! 그들은 반역자요. 시민들 : 유서를 읽으시오! 읽으시오! 시민 2 : 그들은 극악무도한 살인자들이오. 어서 유서를 읽으시오. 안토니 :　　　　꼭 유서의 내용을 들어야겠습니까? 그렇다면 시저의 시체 주위에 둘러서 주십시오. 여러분에게 유언장을 쓴 분의 모습을 보여 드리겠습니다. 제가 내려가도 되겠습니까? 시민들 : 그러시오. 시민 2 : 내려오시오.

(안토니가 아래로 내려온다.)

시민 3 : 당신은 허락을 받았소.

시민 4 : 원을 만들어요. 빙 둘러섭시다.

시민 1 : 관에서 물러나시오. 시체에서 떨어지시오.

시민 2 : 고귀한 안토니가 설 자리를 만들어 줍시다.

안토니 : 자, 밀지 말고 멀리 떨어져 주시오.

시민들 : 물러나시오. 공간을 만들어 줘요.

안토니 : 여러분에게 눈물이 있다면, 이제 흘릴 준비를 하십시오. 여러분은 이 망토를 잘 아실 것입니다. 저는 시저가 처음 이것을 입었을 때를 기억하고 있습니다. 어느 여름날 저녁 그분의 천막 안에서였죠. 그날 그분은 너비족을 정복했습니다.

보십시오. 이곳이 캐시어스의 칼이 뚫고 지나간 자리입니다. 질투에 사로잡힌 카스카가 남긴 이 상처를 보십시오. 이곳은 그분이 그토록 총애하던 브루투스가 찌른 자리입니다.

브루투스가 그의 저주받은 칼을 꺼냈을 때, 시저의 피가 어떻게 그 칼을 뒤쫓아 나왔는지 보십시오. 마치 문밖으로 달려 나가 브루투스가 정말 그렇게 찔렀는지 확인이라도 하려는 듯이. 여러분도 아시다시피 브루투스는 시저의 총아였으니 말입니다.

오, 신들이여! 판단해 주소서. 시저가 그를 얼마나 총애했는지! 이것이야말로 모든 상처 중 가장 잔인한 상처입니다. 고귀한 시저께서는 브루투스마저 자신을 찌르는 것을 보시고 반역자의 완력보다 더 강한 그의 배신에 질려 그 위대한 가슴이 터져 버린 것입니다. 그래서 망토로 얼굴을 가리고 폼페이의 조상 밑에 붉은 피를 흘리며 그렇게 위대한 시저는 쓰러지고 말았습니다.

아, 동포 여러분! 이것이 무슨 최후란 말입니까? 저와 여러분, 우리 모두는 그때 쓰러진 것입니다. 그동안 반역은 피비린내를 풍기며 우리 위에 군림했습니다. 여러분도 이제 눈물을 흘리시는군요. 저는 알 수 있습니다. 여러분이 측은함을 느끼는 것을. 그것은 거룩한 눈물입니다. 선하신 분들이여. 시저 옷에 나 있는 상처를 본 것뿐인데도 그렇게 눈물을 흘리신단 말입니까? 여기를 보십시오. 여기 그분이 계십니다. 반역자들의 칼에 찔린 모습 그대로.

시민 1 : 오, 비참한 모습이여!

시민 2 : 오, 고귀하신 시저여!

시민 3 : 오, 비통한 날이여!

시민 4 : 오, 반역자들, 악당들!

시민 1 : 오, 정말 잔인하구나!

시민 2 : 우리가 복수하겠다.

시민들 : 복수! 찾아라! 태워라! 불 질러라! 죽여라! 반역자는 모두 죽여라!

안토니 : 동포들이여, 진정들 하시오.

시민 1 : 거기 좀 조용히 해 보시오. 고귀한 안토니의 말을 들읍시다.

시민 2 : 우리는 그의 말을 듣고 따르겠소. 우리는 그와 함께 죽을 것이오.

안토니 : 좋은 친구들, 믿음직한 친구들이여, 내 말에 흥분해 이렇게 폭동을 일으키면 안 됩니다. 그런 짓을 한 분들은 고귀하신 분들입니다. 그들이 시저에게 무슨 원한이 있어 이렇게 했는지 저는 모르겠습니다. 그들은 현명하고 고귀하신 분들입니다. 그러니 틀림없이 여러분에게 그 이유를 설명해 주실 것입니다.

친구들이여! 저는 이곳에 여러분의 마음을 얻기 위해 온 것이 아닙니다. 저는 브루투스 같은 웅변가도 아니고, 여러분도 알다시피 그저 제 친구를 사랑하는 평범하고 어리숙한 사람입니다. 그들도 이것을 잘 알기 때문에 시저에 대해 이야기하도록 허락한 것입니다. 왜냐하면 제게는 재주도, 말솜씨도, 위풍도, 행동도, 능변술도, 사람의 피를 끓게 할 만한 설득력도 없기 때문입니다.

저는 솔직하게 말할 뿐입니다. 저는 여러분도 잘 알고 있는 사실을 말씀드리고, 존경하는 시저의 상처를 여러분에게 보여 드림으로써 그 불쌍하고 가련한 상처들이 무언의 입이 되어 제 대신 말하게 한 것뿐입니다. 그러나 만일 제가 브루투스이고, 브루투스가 안토니라면, 안토니는 여러분의 정신을 흔들고 시저의 상처에 혓바닥을 달아 주어 로마의 돌들이 분기해 일어나게 할 것입니다.

시민들 : 우리가 들고 일어나겠소.

시민 1 : 우리가 브루투스의 집을 불태우겠소.

시민 3 : 갑시다. 반역자들을 찾읍시다.

안토니 : 제 이야기를 더 들어 주십시오. 동포들이여, 제 말을 들어 주십시오.

시민들 : 조용히! 우리 고결한 안토니의 말을 들어 봅시다.

안토니 : 아니, 동포들이여! 여러분은 왜 하는지도 모를 일을 하려 합니까? 무엇 때문에 시저는 이렇게 여러분의 사랑을 받아야 합니까? 아! 모르고 계시는군요. 제가 말씀 드리겠습니다. 여러분은 유언장에 대해 제가 드린 말을 잊고 계십니다.

시민들 : 유언장의 내용을 들어 봅시다.

안토니 : 이것은 시저의 봉인이 찍힌 유언장입니다. 그분은 모든 로마 시민에게 유산을 남겼습니다. 각각의 사람들에게 75드라크마씩

말입니다.

시민 2 : 오, 고귀한 시저! 우리가 그를 대신해 복수하겠소.

시민 3 : 오, 위대한 시저!

안토니 : 제 말을 끝까지 들어주십시오.

시민들 : 모두 조용히. 쉿!

안토니 : 그밖에도 시저는 여러분에게 그의 모든 농장, 타이버 강 이쪽 편에 있는 그의 개인 정원과 새로 나무를 심은 과수원들을 여러분과 후손들에게 남겨 주셨습니다. 자유롭게 거닐면서 즐길 수 있는 공동의 휴식 공간으로 말입니다. 시저는 바로 그런 분이셨습니다. 우리가 그런 분을 언제 또 만날 수 있겠습니까?

단번에 청중을 사로잡는 방법

1. 공통된 의견으로 시작하라. 처음에는 누구든 당신에게 동의할 수 있게 하라.

2. 처음부터 사람들이 "아니오."라는 반응을 보이지 않게 신중히 발언하라. 누구든 일단 "아니오."라고 말하면 자존심 때문에라도 그 말을 바꾸기 어렵다. 처음 시작 단계에서 "네."라는 반응을 많이 이끌어 낼수록, 우리의 궁극적인 목적에 청중의 관심을 끌어들이기는 쉬워진다.

3. 이것저것을 증명해 보이겠다는 말로 시작하지 마라. 이것은 상대의 적개심을 일으키기 쉬운 방법이기 때문이다. 이때 청중들은 '그래, 얼마나 잘하나 보자.'라는 식으로 반응한다. 어떤 적절한 질문을 제기하고 그들이 당신과 함께 그에 대한 해답을 찾는 과정에 동참하게끔 하라. "최고의 논쟁은 설명하는 것처럼 보이는 것이다."

4. 셰익스피어가 쓴 가장 유명한 연설은 시저를 애도하는 마크 안토니의 추도사다. 그것은 뛰어난 기지를 보여 주는 연설의 고전적인 예다. 로마 시민은 음모자들에게 우호적이었다. 그런데 안토니가 얼마나 교묘하게 그 호의를 격한 증오심으로 뒤바꾸었는지 눈여겨보라. 그가 이 과정에서 논쟁을 하지 않았다는 사실에 주목하라. 그는 객관적인 사실을 제시하고, 군중이 스스로 결론을 내리게 했을 뿐이다.

연설을
마무리하는 방법

"결론 또한 공들여 작업해야 하는 부분이다. 여기에서 전체 연설이 마무리되고, 청중은 그 짧은 순간에 온 정신을 집중한다. 생각의 실타래가 이곳에서 하나로 뭉쳐져 연설이라는 천을 완성하는 것이다. 끝을 어떻게 맺을지 철저하게 계획하고 적절한 언어를 선택하라. 절대 '이제 제가 할 말은 다한 것 같습니다.'라는 식으로 웅얼거리며 쫓기듯 어색하게 바삐 끝내지 말라. 제대로 매듭을 짓고 이제 끝났다는 것을 청중이 분명히 알게 하라."

― 조지 롤랜드 콜린스,《연단에서의 연설》

"시간은 실제 설교의 길이와 아무런 관계가 없다. 전혀 상관 없다! 긴 설교는 길게 느껴지는 설교이고, 짧은 설교는 사람들이 더 듣고 싶어 하는 아쉬움으로 끝나는 설교다. 겨우 20분간 진행된 것일 수도 있고, 1시간 30분짜리 설교였을 수도 있다. 길이가 얼마가 됐든, 그것이 청중이 더 듣고 싶어 하는 설교라면 시간이 얼마나 흘렀는지 그들은 알지도 못하고 신경 쓰지도 않는다. 따라서 시계를 봐서는 설교가 얼마나 긴지 알 수 없다. 사람을 봐야 한다. 그들의 손이 어디 있는가를 보라. 만약 그들의 손이 주로 조끼 주머니를 향하는 데다가 자꾸 시계를 꺼내며 시간을 살핀다면, 그것은 불길한 징조다. 그들이 어디를 보고 있는지, 마음은 어디에 두고 있는지 보라. 그러면 그 설교가 얼마나 긴지 알 수 있다. 아마 그때가 바로 설교를 끝내야 할 순간일 것이다."

― 찰스 R. 브라운 예일대 신학대학 학장,
《설교의 기술(The Are of Preaching)》

11
연설을
마무리하는 방법

연설가의 경험 부족과 노련함, 어설픔과 재능은 연설의 어느 부분에서 드러날까? 바로 연설의 시작과 끝이다. 연극계에는 배우에 관한 오래된 격언이 있다.

"배우의 수준은 그가 등장하고 퇴장하는 모습만으로도 알 수 있다."

시작과 끝! 어떤 일에서든 가장 처리하기 어려운 부분이 바로 시작과 끝이다. 가령 사교 행사에서 가장 어려운 부분은 우아한 등장과 퇴장이고, 비즈니스 면담에서 역시 인상적인 첫 대면과 성공적인 마무리만큼 어려운 것이 없다.

연설에서 마무리는 전략적으로 가장 중요한 부분이다. 마지막으로 하는 말은 연설이 다 끝난 뒤에도 청중의 귀에 남아 가장 오래 기억되기 쉽다. 하지만 초보자들은 이 부분의 중요성을 알지 못하고 끝맺음에서 종종 많은 아쉬움을 남긴다.

가장 흔히 저지르는 실수는 무엇일까? 몇 가지 예를 보고 그 해결책을 찾아보자.

첫째, 이런 식의 끝맺음이다.

"이 문제에 대해 할 말은 다했군요. 이제 끝낼 때가 된 것 같습니다."

이것은 끝이 아니라 실수다. 아마추어라는 티를 팍팍 내는, 거의 용서받을 수 없는 수준의 실수 말이다. 할 말을 다했으면 바로 자리에 앉아야지, '이제 다 말한 것 같다'는 이야기는 왜 하는가? 정말 할 말을 다했는지에 대한 판단은 청중에게 맡기는 것이 안전하고 센스 있는 행동이다.

또 어떤 사람은 말이 다 끝나도 멈추지 않는다. 미국의 작가 조시 빌링스는 황소를 잡을 때 뿔이 아닌 꼬리를 잡으라고 조언한 바 있다. 그래야 놓기가 쉽기 때문이다. 그런데 이 연사는 황소를 정면에서 상대하고 있으니 그 녀석으로부터 떨어지려고 아무리 애를 써도 도망칠 수 없고, 안전한 울타리나 나무로 피할 수도 없다. 결국 그는 원 안에서 계속 몸부림치며 같은 곳을 뱅뱅 돌고 같은 동작을 하면서 보는 사람을 괴롭게 만들고 만다.

그렇다면 과연 어떻게 마무리를 해야 할까? 끝맺음을 잘하려면 제대로 된 계획을 세워야 하지 않을까? 청중을 마주한 후나 긴장된 순간에, 또는 말하는 내용에 온 신경을 집중하고 있을 때 결론을 생각하는 것이 과연 현명할까? 조용하고 차분하게 미리 계획하는 것이 상식에 맞는 일이 아닐까?

영어 구사력이 탁월했던 웹스터, 브라이트, 글래드스턴 같은 노련한 연사들도 마지막에 할 말은 한 글자 한 글자 정확하게 미리 적고 암기할 정도가 되어야 한다고 느꼈다. 초보자들이 이들의 방식을 따르면 실패할 일은 없을 것이다. 마무리 발언에 어떤 생각을 담을 것인지는 미리부터 아주 정확히 알고 있어야 한다. 사전 연습은 몇 차례 하되, 연습 때마다 반드시 똑같은 표현을 해야 하는 것은 아니다. 다만 청중에게 전하고자 하는 내용만큼은 분명한 언어로 표현하는 훈련을 해야 한다.

즉흥 연설은 진행 도중에 내용이 변경될 수 있고, 예상치 못한 상황 전개로 분량이 축소되거나 청중의 반응에 맞춰 조정해야 할 경우도 발생할 수 있다. 따라서 결론 부분은 두세 가지 정도로 미리 계획해 두었다가 상황에 맞는 것을 선택하는 것이 현명한 방법이다.

연설가 중에는 종착점을 찾지 못하는 사람들도 있다. 그들은 연료가 거의 떨어진 자동차의 엔진처럼 연설 도중에 이런저런 말을 하면서 궤도를 찾지 못하고, 몇 번의 필사적인 돌진만 겨우 시도하다가 결국 멈춰 버린다. 물론 이들은 더욱 치밀한 준비와 연습을 해야 한다. 탱크에 연료를 충분히 채워야 한다는 뜻이다.

많은 초보자가 갑작스럽게 연설을 끝내곤 한다. 그들의 마무리에는 매끄러움과 세련된 끝손질이 없다. 엄밀히 말하자면 그들의 말에는 끝이 없다. 그저 어느 순간 갑자기 멈출 뿐이다. 당연히 뒷맛은 불쾌하고 개운하지 않다. 그것은 대화를 나누던 친구가 퉁명스레 말을 끊고는 작별 인사도 제대로 하지 않은 채 방을 나가 버리는 것과 같다.

링컨과 같은 뛰어난 연설가도 첫 취임식 연설 초고에서 이런 실수를 저질렀다. 그 연설은 증오와 불화의 기운을 가진 검은 먹구름이 머리 위를 덮고, 몇 주 뒤엔 유혈과 파괴의 회오리바람이 나라 전체를 뒤덮는 긴장된 시기에 이루어졌다. 링컨은 남부 시민을 위한 그 연설문을 다음과 같이 끝맺으려 했다.

"불만에 가득 찬 동포 여러분, 우리는 지금 내전이란 중대한 문제에 처해 있습니다. 그리고 그것은 제 손이 아닌 여러분의 손에 달린 문제입니다. 정부는 여러분을 공격하지 않을 것입니다. 여러분 스스로가 공격에 나서지 않는 이상 투쟁에 휩싸이는 일은 없을 것이고, 여러분은 정부를 파괴하겠다고 하늘에 맹세하지 않았지만, 저는 정부를 보존하고 지키겠다는 매우 엄숙한 맹세를 했습니다. 여러분은 정부에 대한 공격을 자제할 수도 있지만, 저는 정부를 옹호하는 일을 그만둘 수 없습니다. 평화냐 전쟁이냐의 중요한 선택은 제가 아닌 여러분에게 달려 있습니다."

그는 수어드 장관에게 이 연설문을 보여 주었다. 수어드는 조심스럽게 끝 부분이 다소 무뚝뚝하고 느닷없으며 도전적이라고 명확히 지적했고, 자신이 직접 결론 부분을 다듬었다. 사실 그는 두 개의 원고를 썼고, 링컨은 그중 하나를 선택해 조금 수정한 다음, 자신이 처음 썼던 마지막 세 문장 대신 수정본을 사용했다. 그 결과 링컨의 취임 연설문은 퉁명스럽고 도전적인 느낌이 사라지고 부드럽고 완전한 아름다움, 그리고 시적인 유창함으로 무척 근사한 연설문이 되었다.

"여기서 마치려고 하니 안타깝군요. 우리는 적이 아닌 친구입니다.

우리는 적이 되면 안 됩니다. 비록 열정은 약해졌을지 모르나 그것으로 인해 우리의 애정이 끊어져서는 안 됩니다. 이 광활한 대지 위에 있는 모든 전쟁터와 애국자의 무덤에서부터 살아 있는 모든 사람과 가정에까지 이어져 있는 신비로운 기억의 현(弦)에, 언젠가는 우리 본성에 깃들어 있는 보다 선한 천사의 손길이 다시 와 닿을 것이며, 바로 그때 미국 연방의 대합창은 크게 울려 퍼질 것입니다."

그럼 초보자는 어떻게 연설의 마지막을 적절하게 마무리할 수 있을까? 기계적인 규칙으로? 아니다. 이 작업은 문화가 그렇듯 기계적인 틀에 강제로 끼워 맞추기에는 너무나 섬세하다. 그것은 감각 혹은 직관의 문제다. 만일 연설가가 자신의 연설이 조화롭고 훌륭하게 잘 끝났음을 느끼지 못한다면, 어떻게 그에게 그런 연설을 기대할 수 있겠는가?

하지만 이런 느낌은 계발될 수 있다. 즉, 명연설가들의 방식을 연구함으로써 이런 숙련된 감각도 어느 정도 향상시킬 수 있다. 다음은 영국 황태자가 토론토의 엠파이어 클럽에서 했던 연설의 마지막 부분이다.

"신사 여러분. 제가 자제하지 못하고 저 자신에 대한 이야기를 너무 많이 한 것 같아 걱정스럽습니다. 하지만 제가 캐나다에서 만난 가장 많은 대중 앞에서, 저는 제 신분 그리고 그에 따르는 책임에 대해 느끼는 바를 말씀드리고 싶었습니다. 저는 이런 무거운 책임에 부응하고 여러분들의 기대에 어긋나지 않는 삶을 살기 위해 항상 노력하겠다는 말씀을 드리는 것뿐입니다."

만약 앞을 보지 못하는 사람이라고 해도 이 말을 듣는 순간에는 연설이 끝났음을 느낄 수 있을 것이다. 이 연설은 풀린 줄처럼 공중에 매달려 있지도 않고, 거칠게 다듬어지지 않은 인상도 주지 않으며 완벽히 매끈하게 마무리되었다.

유명한 설교가 해리 에머슨 포스딕(Harry Emerson Fosdick) 박사는 제6차 국제연맹 회의가 개막된 다음 일요일에 제네바의 성 피에르 성당에서 연설한 적이 있다. 주제는 '칼을 휘두르는 사람은 칼로 망한다.'였는데, 그가 얼마나 아름답고 우아하며 강하게 연설의 대미를 이끌어 가는지 주목하라.

"우리는 절대 예수와 전쟁을 화해시킬 수 없습니다. 이것이 문제의 핵심입니다. 또한 이것은 오늘날 기독교의 양심을 흔들 도전이기도 합니다. 전쟁은 인류를 파괴하는 가장 크고 파괴적인 사회악입니다. 그것은 아무리 봐도 비기독교적인 데다, 전체적인 방법과 결과를 놓고 보면 예수의 뜻과 반대되는 모든 것을 뜻합니다. 전쟁은 신과 인간에 대한 기독교의 모든 교리를 세상의 모든 이론적 무신론자들이 생각해 낼 수 있는 것보다 더욱 뻔뻔한 방법으로 부정하는 것입니다. 교회라면 우리 시대의 가장 큰 도덕적 문제를 자신의 것으로 삼고, 우리 선조들의 시대에 그랬던 것처럼 이 세상의 우상 숭배를 반대하며, 호전적인 국가들의 손짓에 양심을 팔아 버리는 행위를 거부하고, 민족주의 위로 하나님 왕국을 받들고, 세상을 향해 평화를 외쳐야 하지 않겠습니까? 이것은 애국심의 부정이 아니라, 오히려 승화라 해야 할 것입니다.

오늘 이곳, 이 높고 사랑으로 가득 찬 지붕 아래에서 저는 감히 미국 정부를 대신해 말할 수 없습니다. 하지만 미국인으로서, 또 기독교인으로서 저는 수백만 시민을 대신해 우리가 참여하지 못함을 진심으로 안타까워하는 여러분의 위대한 사역이 그에 합당한 빛나는 성공을 거두길 바랍니다. 우리는 평화로운 세계라는 공동의 목적을 위해 다양한 방법으로 협력하고 있습니다. 이보다 더 가치 있는 목표는 없습니다. 평화 이외의 다른 목적은 인류를 끔찍한 재앙으로 이끌 것입니다. 물리적 영역에서의 중력의 법칙처럼, 도덕적 영역에서의 하나님의 법칙은 특정 사람이나 특정 국가를 예외라고 인정하지 않습니다. '칼을 쓰는 자는 칼로 망한다.'라는 법칙에서 자유로울 수 있는 사람이나 국가는 존재하지 않습니다."

하지만 이 모든 연설들의 마지막도, 아래에 있는 링컨의 두 번째 취임 연설 끝부분의 웅장한 어조와 오르간 소리에서 느껴지는 듯한 장엄함이 없다면 적지 않은 아쉬움이 남을 것이다. 옥스퍼드 대학교 총장이었던 케들스턴의 커전 백작(Earl Curzon of Kedleston)은 이 연설문을 '인류의 모든 영광과 보물 중에서 …… 가장 완벽한 황금과도 같은 인간의 웅변, 아니 거의 신의 경지에 이른 웅변'이라고 평가했다.

"우리는 이 비극적인 전쟁의 고통이 사라지길 간절히, 열렬히 바랍니다. 그러나 250년간 아무런 보답 없이 흘린 노예들의 땀방울을 밑거름으로 쌓아 올린 그 모든 부가 사라질 때까지, 또 3,000년 전의 말씀대로 채찍질로 흘린 모든 핏방울 하나하나를 다른 피로 갚을 때까지 전쟁이 계속되는 것이 신의 뜻이라고 해도, 우리는 여전히 '하나님의 뜻은 전적으로 참되고 옳다'고 말해야 합니다. 아무에게도 원한을 가지지 않고, 모든 사람에게 자비롭고, 신이 우리에게 준 정의를 볼 수 있는 능력에 힘입어 그 정의에 대한 확고한 신념을 갖고 우리의 문제를 해결해야 합니다. 나라의 상처를 싸매고, 전쟁의 무거운 짐을 지고 있는 사람과 그의 미망인과 고아가 된 그의 자녀들을 돌보고, 우리 자신 그리고 모든 민족 사이에 정의롭고 영원한 평화를 심기 위해 우리가 할 수 있는 모든 일을 해 나가야 합니다."

여러분은 방금 인간의 입에서 나올 수 있는, 가장 마무리가 아름다운 연설을 읽었다. 동의하는가? 연설 문학 전 영역을 통틀어서 이만 한 인류애, 순수한 사랑, 연민의 정은 찾을 수 없을 것이다.

윌리엄 E. 바턴(William E. Barton)은 《에이브러햄 링컨의 생애(Life of Abraham Lincoln)》에서 이렇게 말했다.

> 게티즈버그의 연설도 숭고하지만, 이 연설은 한층 더 높은 품격을 가지고 있다. 이는 에이브러햄 링컨의 연설 중 가장 위대하고, 가장 수준 높은 그의 지적 능력과 영적인 힘을 보여 준다.

미국의 정치인 칼 슈르츠(Karl Schurz)는 이렇게 기록했다.

> 이것은 고결한 시와 같다. 미국의 그 어떤 대통령도 국민에게 이렇게 말한 적이 없다. 미국인들은 이렇게 마음 깊은 곳에서 이런 말을 찾아낸 대통령을 만난 적이 없다.

하지만 워싱턴의 대통령, 또는 오타와나 멜버른의 수상으로 만인에게 기억될 연설을 할 기회가 없을 여러분은 그저 기업인 모임에서

할 간단한 연설을 어떻게 끝맺음할지에 대해 고민할 것이 분명하다. 그렇다면 지금부터 그것에 유용한 해결책을 찾아보자.

• 핵심을 요약하라

3~5분 정도의 짧은 연설에서 연설가가 너무 많은 것을 다루려고 하면 청중은 그가 무슨 말을 하고 있는지 헷갈리기 시작한다. 하지만 이 사실을 아는 연설가는 많지 않다. 연설가는 자신이 이야기하는 여러 사항들이 자기에게 명확한 것이기 때문에 청중에게도 정확하게 전달될 것이라 착각한다. 그러나 전혀 그렇지 않다. 연설가는 자신의 논점을 여러 번 생각해 보았겠지만, 청중에게 있어 그것은 생전 처음 듣는 이야기다. 그것은 청중에게 뿌려지는 한 줌의 모래와도 같아서, 어떤 것은 이해되겠지만 대부분은 그렇지 않다. 청중은 셰익스피어의 이아고처럼 '잡다하게 많은 것을 기억하지만, 뚜렷하게 기억나는 것은 없는' 상황에 놓이게 된다.

익명의 한 아일랜드 정치인은 연설에 대해 이렇게 조언했다.

"우선 청중에게 당신이 이야기를 시작할 것이라고 말하라. 그리고 말을 하고, 그다음엔 당신이 이런저런 말을 했다는 사실을 말하라."

나쁘지 않은 방법이다. 청중에게 자신이 이런저런 말을 했다고 알리는 것이 매우 바람직한 경우는 많다. 단, 간단히 요점만 간추려 전달해야 한다.

여기 좋은 예가 있다. 연설가는 시카고 센트럴 YMCA에서 미스터 빌스의 대중연설 강좌를 듣던 학생이었는데, 그는 시카고의 한 철도 회사 운수과장이기도 했다.

"신사 여러분, 저는 이 차단 장치를 뒷마당에서 실험해 본 경험과 동부, 서부, 북부에서 사용해 본 경험, 무난한 작동 원리, 검증을 통해 드러난 1년간의 파손 방지로 인해 어마어마하게 절약되는 돈의 액수 등을 근거로 이 장치를 즉시 우리 남부 지점에도 설치할 것을 건의하게 되었습니다."

그가 무엇을 했는지 알겠는가? 당신은 나머지 연설을 듣지 않고도 알 수 있다. 그는 전체 연설에서 밝힌 모든 핵심 논점들을 몇 개의 문장으로 요약한 것이다. 이런 요약이 효과적이라고 생각되는가? 그렇다면 이 기법을 당신의 것으로 만들어라.

• 행동을 촉구하라

위 인용문의 마지막 부분은 청중에게 행동을 요구하는 끝맺음의 아주 좋은 예라고 하겠다. 연설가는 어떤 행동을 촉구하길 원했다. 그는 한 차단 장치가 자기 회사 남부지점에 설치되길 바랐고, 그 근거로 절감될 비용과 그것이 예방할 수 있는 파손 사고를 들었다.

그는 행동을 원했고, 마침내 뜻을 이뤘다. 그것은 단순한 연습 연설이 아니었다. 철도 회사의 이사진 앞에서 이뤄진 그 연설로, 그는 차단 장치 설치를 설득하는 데 성공한 것이다.

연설가 행동을 호소할 때 직면하는 문제들과 그 해결책은 14장에서 자세히 논의할 것이다.

• 간결하고 진정한 칭찬

"위대한 펜실베이니아 주는 새로운 시대를 이끌어야 합니다. 철과 강철의 주 생산지이며 세계 최대 철도회사의 모태이자 이 나라에서 세 번째로 큰 농업 생산의 규모를 자랑하는 펜실베이니아는 우리 사업의 핵심입니다. 그 어느 때보다 전망 있고 리더십을 발휘할 좋은 기회입니다."

찰스 슈워브는 뉴욕 펜실베이니아 소사이어티에서의 연설을 이렇게 마무리했다. 청중은 기뻐하고 행복해했다. 이것은 훌륭한 마무리다. 하지만 효과를 높이려면 진정성이 담겨 있어야 한다. 세련되지 못한 아첨이나 과장은 좋지 않다. 진정성이 담겨 있지 않다면 이러한 마무리는 가식적으로 들릴 것이고 사람들은 그 연설을 위조지폐처럼 취급할 것이다.

· 유머러스한 마무리

미국의 배우 겸 극작가인 조지 코핸(George Cohan)은 이렇게 말했다. "작별 인사를 할 때는 항상 웃음을 남겨라." 만약 이렇게 할 능력과 소재가 있다면 분명 훌륭한 마무리를 지을 수 있다. 그러나 어떻게 상대방을 웃길 수 있는가? 햄릿의 말처럼 '그것이 문제'인 셈인데, 각자 자기의 방식대로 할 수밖에 없다.

로이드 조지가 감리교 신자들의 모임에서 영국의 성직자 존 웨슬리(John Wesley)의 무덤과 관련된 무거운 주제에 관해 이야기할 때, 아무도 그가 그러한 분위기에서 신도들을 웃기리라고는 상상하지 못했다. 하지만 그가 얼마나 그 작업을 재치 있게 해냈고, 그로써 연설이 얼마나 부드럽고 아름답게 마무리되는지 다음 예문에서 살펴보라.

저는 여러분이 그분의 무덤을 보수하기 시작했다는 말을 듣고 기뻤습니다. 그것은 마땅히 명예롭게 보존되어야 합니다. 그분은 생전에 불결하고 지저분한 것을 혐오하셨습니다. 또한 "감리교 신자는 다른 사람에게 초라하게 보이면 안 된다."라고 말씀하신 것도 그분이라고 생각합니다. 우리 신도들 중에 그런 사람이 없는 것도 다 그분 덕입니다. (웃음) 그런 분의 무덤을 초라하게 두는 것은 이중으로 불경한 일입니다. 그분이 지나갈 때 문으로 달려와서 "웨슬리 선생님께 하나님의 축복이 함께 하시길."이라고 인사한 더비셔의 한 소녀에게 그분이 어떻게 대답하셨는지를 아마 여러분은 기억하실 겁니다. "아가씨의 얼굴과 앞치마가 좀 더 깨끗했다면 그 축복이 더 소중했을 텐데." (웃음) 그 정도로 그분은 깔끔하셨습니다. 그러니 그분의 무덤을 깨끗하게 유지해 주십시오. 만일 그분이 지나가시다가 그곳의 깔끔하지 못한 모습을 보면 슬퍼하실 것입니다. 잘 관리해 주십시오. 그곳은 기념할 만한 성소입니다. 이는 또한 여러분의 믿음이기도 합니다. (환호)

• 시적 인용을 활용하라

연설을 마무리하는 모든 방법 중에서 유머나 시를 사용하는 것만큼이나 효과적인 것은 없다. 물론 잘되었을 때의 이야기다. 사실 연설의 마지막을 적절한 시 구절로 장식하는 것은 정말 이상적이다. 그로 인해 연설은 더욱 매력적이고, 품위 있으며 개성 넘치는 아름다움으로 돋보일 것이다.

로터리 클럽 회원인 해리 로더 경은 에딘버러 집회에 참가한 미국 로터리 클럽 대표단 앞에서 했던 연설을 이렇게 마무리했다.

"집으로 돌아가시면 어떤 분들은 제게 엽서를 보낼 것입니다. 여러분이 보내지 않는다면, 제가 보내 드리겠습니다. 제가 보낸 엽서는 쉽게 알아보실 것입니다. 거기엔 우표가 없을 테니까요. (웃음) 하지만 제가 그 엽서에 적을 몇 자의 글은 바로 이런 내용입니다."

계절은 오고 또 가네.

모든 것은 때가 되면 시든다.

하지만 아침 이슬처럼 새롭게 피어나는 것이 있으니,

그것은 당신을 향한 나의 사랑과 애정이다.

이 짧은 시는 해리 로더의 성격과 잘 조화를 이루었고, 확실히 연설의 취지와도 잘 어울렸다. 따라서 이 시구는 탁월한 선택이었다. 하지만 만일 딱딱하고 무거운 어떤 로터리 클럽 회원이 엄숙한 연설의 마지막에 이 시를 사용했다면, 그 부조화에 사람들은 웃음을 터뜨렸을 것이다. 대중연설을 오래 가르칠수록 모든 경우에 맞는 규칙을 만드는 것은 불가능하다는 것을 절감하게 된다. 주제, 시간, 장소, 사람에 따라 많은 것이 달라지므로, 사도 바울이 말했듯이 '자신의 구원은 각자 자신이 책임지는' 수밖에 없다.

나는 최근 뉴욕에서 전출된 한 사람을 위한 환송연에 초대되었다. 열 명 정도의 연사가 차례로 일어나 그들의 친구에게 인사하고 새로운 곳에서의 성공을 기원했다. 하지만 열 개의 찬사 중에서 인상적인 마무리를 보여 준 것은 단 하나뿐이었다. 그 연사는 마지막에 시구를 인용했는데 목소리에 감정을 담아 떠나는 친구에게 말하듯 이야기했다.

이제 작별을 해야 하는군요. 원하는 모든 일이 잘되길 빌게요.

'동양인들이 하듯 나는 가슴에 손을 얹고 빕니다.

당신이 어디로 오든, 어디로 가든,

알라의 평화가 항상 당신과 함께하기를.

알라신의 아름다운 종려나무가 자라나기를.

낮의 수고와 밤의 휴식으로

알라의 사랑이 당신을 보듬어 주기를.

나는 동양인들이 하듯 가슴에 손을 얹고 빕니다.

알라의 평화가 항상 당신과 함께하기를.'

브루클린 L. A. D 모터스 코퍼레이션의 부사장 J. A. 애보트 씨는 회사 직원들에게 충성과 협동심을 주제로 일장 연설을 했다. 그는 연설의 마지막에서 키플링의 《정글북 2》에서 가져온 인상적인 시구를 사용했다.

이것이 정글의 법칙이다. 하늘만큼 오래되고 진실된.

이것을 따르는 늑대는 번성하고, 범하는 늑대는 죽게 된다.

나무줄기를 감는 덩굴식물처럼, 이 법칙도 정글의 삶을 휘감고 지배한다.

무리의 힘은 곧 늑대이고, 늑대의 힘은 곧 무리임을 기억하라.

만약 지역 공공도서관에 가서 사서에게 당신이 어떤 주제의 연설을 준비하고 있으며, 이런 생각을 표현해 줄 시구를 찾는다고 하면,

그는 바틀릿의 인용문 모음집 같은 문헌에서 알맞은 것을 골라 줄지도 모른다.

• 성서 인용구의 힘

만약 성서 구절을 인용해 연설을 보충할 수 있다면, 당신은 운이 좋은 것이다. 적절한 성서 인용구는 종종 큰 효과를 거두기 때문이다. 유명한 재정가 프랭크 밴더립(Frank Vanderlip)은 미국에 대한 연합국의 채무를 주제로 한 연설에서 이 방법을 사용했다.

"만일 우리가 청구 내용을 글자 그대로 적용시키려고 하면, 십중팔구는 아무것도 받아낼 수 없을 것입니다. 이기심을 앞세워 받을 것은 꼭 받아야겠다고 고집을 부리면 우리는 현금이 아닌 증오심을 받게 될 것입니다. 우리가 너그럽고 현명하고 관대해진다면 청구 금액을 다 받을 수 있을 것이고, 우리가 그들에게 베푸는 선은 우리가 내주는 그 어떤 것보다 물질적으로 우리에게 이득이 될 것입니다. '누구든지 자신의 목숨을 구하려고 하는 자는 목숨을 잃을 것이요, 나와 복음을 위해 목숨을 잃는 자는 목숨을 얻으리라.'"

• 클라이맥스 기법

클라이맥스 기법은 마무리에 많이 사용되지만 소화하기 어렵고, 연사나 주제와 상관없이 모든 연설에 다 들어맞는 것도 아니다. 그러나 잘만 하면 그 효과는 상당히 좋다. 뒤로 갈수록 각 문장들이 더 힘을 받아 정점을 향해 상승하기 때문이다. 3장에서 나온, 필라델피아에 관한 최고상 수상 연설의 마지막 부분이 이러한 클라이맥스 기법을 잘 활용한 좋은 예다.

링컨은 이 기법을 활용해 나이아가라 폭포에 대한 강연 메모를 준비했다. 각각의 비교가 이전의 것들에 비해 어떻게 더 강해지는지, 그리고 그가 폭포의 연대를 콜럼버스, 예수, 모세, 아담 등의 시기와 비교하면서 어떻게 클라이맥스 효과를 얻는지 주목하라.

"그것은 먼 과거를 떠올리게 합니다. 콜럼버스가 처음으로 이 대륙을 발견했을 때, 그리스도가 십자가에서 고통받았을 때, 모세가 백성을 이끌고 홍해를 건넜을 때, 아니, 그보다 훨씬 이전에 창조주의 손끝에서 아담이 떨어졌던 태초의 그 순간에도 나이아가라 폭포는 지금처럼 엄청난 소리를 내며 떨어졌습니다. 미국에 있는 산을 자신들의 뼈로 채운, 지금은 거의 사라진 거인족의 눈도 지금 우리의 눈이 바라보듯 나이아가라를 보았습니다. 태초에 인류와 함께하고, 최초의 인간보다도 이 세상에 먼저 태어난 나이아가라는 1만 년 전과 같이 오늘도 힘차고 신선합니다. 오래전 멸종해 이제는 거대한 뼛조각들을 통해서만 자신의 존재 역사를 입증할 뿐인 매머드와 마스토돈도 나이아가라를 보았습니다. 그 오랜 시간 동안 나이아가라는 한 번도 멈춘 적이 없으며 마른 적도, 얼어 버린 적도, 잠을 잔 적도, 휴식을 취한 적도 없습니다."

미국의 사회개혁가 웬델 필립스(Wendell Phillips)도 아이티의 정치 지도자인 투생 루베르튀르(Toussaint l'Ouverture)에 관한 연설에서 이 방법을 사용했다. 아래에 그 결론 부분을 실어 두었다. 생동감 있고 힘찬 이 연설은 대중연설 관련서에서 자주 인용되곤 한다. 요즘처럼 실용적인 시대의 눈으로 보면 문체가 조금 화려하긴 하지만, 그럼에도 재미있다. 이 연설문은 반세기도 더 전에 작성된 것이다. 웬델 필립스가 존 브라운과 투생 루베르튀르의 역사적 중요성과 관련해 '50년 후에 진실이 드러나게 되면'이라고 운을 띄우던 예측이 얼마나 틀린 것인지 확인하는 것이 재미있다. 역사를 상대로 추측 놀음을 하는 것은 내년의 주식 시황이나 돼지기름 가격을 맞추는 것만큼이나 어렵다.

"저는 그를 나폴레옹이라고 부를 것입니다. 하지만 나폴레옹은 맹세를 버리고 피의 바다를 만들며 제국을 건설했던 것에 반해, 이 사람은 자신의 했던 말을 바꾸지 않습니다. '보복하지 않는다'는 것은 그의 위대한 모토이자 삶의 규범이었습니다. 프랑스에서 그는 자신의 아들에게 이렇게 말했습니다.

'아들아, 언젠가 너는 산타 도밍고로 돌아갈 것이다. 그때 프랑스가 네 아버지를 죽였다는 사실은 잊어버려라.'

저는 그를 크롬웰이라고 부를 수 있지만, 크롬웰은 그저 군인이었을 뿐이고 그가 세운 나라는 그와 함께 무덤으로 사라졌습니다. 저는 그를 워싱턴이라고 부를 수도 있지만, 그 훌륭한 버지니아인은 노예 소유주였습니다. 하지만 이 사람은 자신이 지배하는 곳에서 노예무역을 허락하느니 자신의 제국을 위태롭게 하는 쪽을 선택한 것입니다.

오늘 밤 여러분은 저를 광신도로 여길지도 모르겠으나, 그것은 여러분이 역사를 눈이 아닌 편견을 가지고 읽기 때문입니다. 하지만 지금부터 50년 후 진실이 제 목소리를 내게 되면, 역사의 여신은 포시온을 위대한 그리스인으로, 브루투스를 위대한 로마인으로, 햄든과

라파예트를 영국과 프랑스의 상징으로, 워싱턴을 우리 초기 문명에 찬란히 만개한 꽃으로, 존 브라운을 한낮의 성숙한 과일로 평가할 것이며, 마지막으로 여신은 태양에 자신의 펜을 담그고, 이 모든 위대한 인물들의 이름 위로 군인이며 정치가이자 순교자인 투생 루베르튀르의 이름을 푸른 하늘에 적을 것입니다."

• 아쉬움의 미학

좋은 시작과 마무리 말을 찾을 때까지 사냥과 탐색, 실험을 그만두지 마라. 그리고 찾아낸 후에는 이들을 긴밀히 연결시켜라. 급하고 빠르게 흘러가는 시대의 분위기에 맞춰 자신의 말을 하지 못하는 연설가는 어디서든 환영받지 못할 뿐 아니라 때로는 혐오의 대상이 될 수도 있다.

타르수스의 사울 같은 성인도 이와 같은 점에서는 죄를 범했다. 그는 청중의 한 사람인 '유티쿠스라는 이름의 젊은이'가 잠이 든 후 창문에서 떨어져 목이 거의 부러지는 상황에 이를 때까지 설교를 계속했다. 어쩌면 그 순간에도 그는 설교를 멈추지 않았을지 모른다.

어느 날 밤, 브루클린의 유니버시티 클럽에서 연설했던 한 의사가 기억난다. 무척 긴 연회였던 데다가 많은 연사들이 이미 발언한 뒤였기에 그의 차례가 되었을 때의 시간은 무려 새벽 2시였다. 상식과 분별력이 있었다면 그는 대여섯 개의 문장으로 연설을 짧게 끝내고 청중을 침실로 보냈을 것이다. 하지만 그는 그렇게 하지 않았다. 연설이 절반도 지나지 않았지만, 청중은 그가 유티쿠스처럼 창문에서 떨어져서 어디라도 부러져 입을 다물게 되길 바랐다.

〈새터데이 이브닝 포스트〉의 편집자 로리머는 잡지에 싣는 일련의 기사들이 인기 절정의 순간에 오를 때 항상 게재를 중단시킨다고 했다. 그러면 독자들은 더 많은 정보를 요구한다는 것이다. 그 이유를 묻자 로리머는 이렇게 답했다.

"인기 절정의 순간이 지나면 바로 포만감이 들기 때문이죠."

연설에도 이런 원리가 적용되어야 한다. 청중이 당신의 말을 더 듣고 싶어 할 때 멈춰야 한다. 예수의 가장 위대한 설교인 산상수훈도 고작 5분 정도다. 링컨의 게티즈버그 연설은 10개의 문장으로 되어 있다. 창세기의 전체 창조 설화를 읽는 데 걸리는 시간은 아침 신문의 살인사건 기사를 읽는 시간보다 짧다.

니아사(Nyasa)의 부감독 존슨 박사는 아프리카의 원시민족에 대한 책을 썼다. 그는 49년 동안 그들과 지내면서 그들을 관찰했다. 그의 책에 따르면, 마을 회합인 광와라(Gwangwara)에서 연사가 말을 길게 하면 사람들은 "이메토샤! 이메토샤!(그만! 그만!)"라고 외치며 중단시킨다고 한다. 또 다른 부족은 연사에게 그가 한 발로 서 있을 수 있는 시간 만큼만의 연설 시간을 허락한다고 한다. 그래서 들고 있던 발이 땅에 닿는 순간 그는 말을 멈춰야 한다.

이들보다 조금 더 정중하고 참을성 있는 보통의 백인 청중도 긴 연설을 싫어하기는 아프리카 사람들과 똑같다는 것을 기억하자.

당신은 분명히 한 귀로 흘려버리겠지만,
부디 그들의 운명을 거울로 삼아
그들이 말하는 법을 배워라.

연설을 마무리하는 방법

1. 연설의 마지막은 전략상 가장 중요한 부분이다. 사람들은 마지막 말을 가장 오래 기억한다.

2. 이런 말로 연설을 끝내지 마라.

   "이 문제에 대해서 할 말은 다한 것 같습니다. 이제 끝내야 할 것 같네요."

   할 말을 다했으면 그냥 끝내고, 끝낸다는 것에 대한 토를 달지 말라.

3. 웹스터, 브라이트, 글래드스턴이 그랬듯 마무리 부분을 미리 꼼꼼히 계획하라. 그리고 사전 연습을 하라. 마지막에 할 말은 단어 하나하나까지 정확하게 알고 있어야 한다. 매끄러운 마무리가 되게 하라. 다듬어지지 않은 돌처럼 거칠고 깨진 티가 나지 않게 하라.

4. 마무리 방법에 대한 일곱 가지 제안

   1) 전체 내용의 핵심을 간추리고 요약하여 요점만 다시 이야기한다.

   2) 행동을 촉구한다.

   3) 청중에게 진심어린 찬사를 보낸다.

   4) 웃음을 유발한다.

   5) 적절히 어울리는 시를 인용한다.

   6) 성경 구절을 인용한다.

   7) 클라이맥스 기법을 사용한다.

5. 좋은 시작과 끝을 위한 말을 찾고, 서로 긴밀히 연결시켜라. 항상 청중이 끝내길 바라기 전에 끝내라. "인기 절정의 순간이 지나면 바로 포만감이 생기기 마련이다."

의미를
명확히 하는 방법

"열 명 중 아홉 명의 독자는 명확한 진술을 진실한 것으로 받아들인다."

- 브리태니커 백과사전

"당신이 하고자 하는 말을 깊이 연구하라. 글을 쓰거나 상상의 인물에게 큰소리로 이야기함으로써 말로 표현해 보라. 핵심 요점을 순서대로 정렬하고, 그 순서를 지키고, 중요도에 따라 시간을 각 요점 사이에 적절히 안배하라. 전달이 끝나면 바로 멈춰라."

- 에드워드 에버렛 헤일 박사

"만일 기업인을 상대로 솔로몬에 대해 강연한다면, 그를 당시의 J. P. 모건이라고 칭하라. 만일 야구팬들 앞에서 삼손에 관한 이야기를 한다면, 그를 그 시대의 베이브 루스라고 불러라. 힌덴부르크 방어선을 무너뜨린 포슈의 전략을 묘사할 때 프랭크 시몬즈는 대문의 경첩 두 개를 때려 부수는 비유를 사용했다. 이와 비슷하게 위고는 A라는 글자를 이용해 워털루 전장을 묘사했고, 엘슨은 게티즈버그 전투를 설명하는데 말발굽을 이용했다. 전투를 직접 경험한 사람은 많지 않겠지만 대문과 말발굽, 알파벳을 모르는 사람은 없을 것이다."

- 글렌 클락(Glenn Clark),《즉흥 연설에서의 자기계발
(Self-Cultivation in Extemporaneous Speaking)》

12
의미를
명확히 하는 방법

전쟁 중에 영국의 유명한 주교 한 분이 롱아일랜드의 업튼 캠프에서 문맹인 흑인 병사들을 앞에 두고 연설을 한 적이 있다. 그들은 전선으로 가는 길이었는데, 왜 자신이 그곳에 가야 하는지를 제대로 아는 병사의 수는 매우 적었다. 그들에게 물어 보니 그들은 '국제 친선'이라든가, '세르비아의 권리' 등의 단어를 말했다. 하지만 그들 중 절반은 세르비아가 동네 이름인지 질병 이름인지조차 모르는 이들이었다. 그런 병사들에게 했던 그 연설의 결과만 놓고 보자면, 그는 태양계의 기원에 관한 성운설을 당당히 옹호하는 연설을 한 것이나 다름없었다. 그럼에도 연설 중에 강당을 떠난 병사는 단 한 사람도 없었다. 혹 그런 불상사를 막기 위해 출구마다 권총을 찬 헌병들이 배치되어 있었던 것이다.

그 주교가 잘못했다는 것은 아니다. 그는 누가 봐도 학자였으므로 만약 유식한 사람들 앞이었다면 그의 연설은 강한 울림을 주었을지도 모른다. 하지만 그 흑인들 앞에서는 무참히 실패했다. 그는 자신의 청중을 알지 못했고, 연설의 정확한 목적도, 그것을 달성하는 방법도 몰랐다.

연설의 목적은 무엇일까? 연설가가 알든 모르든, 모든 연설은 다음의 것 중 하나를 목표로 한다.

1. 어떤 사항을 명확하게 이해시킨다.
2. 감동을 주고 확신을 갖게 한다.
3. 행동을 유도한다.
4. 즐거움을 준다.

• 구체적인 예를 들어라

기계에 관심이 많았던 링컨은 좌초된 배를 모래톱이나 다른 장애물에서 끌어내는 장치를 발명해 특허를 받은 적이 있다. 그는 자신의 법률 사무소 근처에 있는 정비소에서 일하면서 그것을 만들었다. 비록 결과적으로는 쓸모없는 장치가 되었지만, 그것의 가능성에 대한 그의 열정은 뜨거웠다. 그는 친구들이 그것을 보러 오면 조금도 귀찮아하지 않고 친절하게 그 원리를 설명했다. 이때 그 설명의 주요 목적은 그것을 명확히 이해시키는 것이었다.

게티즈버그에서 한 그 위대한 연설, 첫 번째와 두 번째 취임 연설, 그리고 미국의 정치가 헨리 클레이(Henry Clay)가 사망한 후에 그의 삶을 기리며 한 연설 등에서 링컨의 주요 목적은 청중에게 감동을 주고 확신을 갖게끔 하는 것이었다. 물론 확신을 주기 이전에는 명확한 이해가 선행되어야 하지만, 위의 예들에 있어 명확한 이해는 그의 고려사항이 아니었다.

배심원에게 말할 때 그는 유리한 판결을 이끌어 내려고 했고, 정치적인 연설에서는 표를 얻어 내려 했다. 이러한 경우 그의 목적은 행동을 유도하는 것이었다.

대통령에 당선되기 2년 전, 링컨은 발명에 대한 강의를 준비했는데 이때 그의 목적은 청중에게 즐거움을 주는 것이었다. 적어도 이것이 그의 목적이었겠지만, 결과는 성공적이지 않았다. 대중연설가로서의 그의 경력은 확실히 실망스러워서, 어떤 마을에서는 그의 말을 들으러 온 사람이 하나도 없었던 적도 있다.

하지만 앞서 예로 들었던 연설들에서 그는 성공했다. 그것도 아주 크게 말이다. 무슨 차이였을까? 성공한 연설의 경우, 그는 자신의 목적뿐 아니라 그것을 달성하는 법을 알고 있었다. 자신이 가고 싶은 곳이 어디인지, 어떻게 가야 하는지를 잘 알고 있었던 것이다. 많은 연사들은 이것을 몰라서 허둥거리고 낭패를 본다.

일례로, 나는 전에 미국의 한 국회의원이 청중의 야유와 조소 끝에 뉴욕의 옛 히포드롬의 무대에서 쫓겨나는 것을 본 적이 있다. 그것은 분명히 무의식적으로, 하지만 참 어리석게도 그가 '명확한 이해'를 연설의 목적으로 택했기 때문이다. 그때는 전쟁 상황이었다. 그는 청중에게 미국이 어떻게 전쟁 준비를 하고 있는지 설명했다. 하지만 청중이 원했던 것은 가르침이나 설교가 아닌 즐거움이었다. 그들은 10분, 15분 동안 인내심을 가지고 정중히 연설을 들어 주었지만, 마음속으로는 빨리 그 지루한 공연이 끝나길 기다렸다. 하지만 공연은 끝날 줄 몰랐고, 청중은 더 이상 참을 수 없었다. 누군가 야유를 보내기 시작했고, 다른 사람들도 그것에 가세했다. 순식간에 1,000명의 군중이 휘파람을 불고 소리를 질렀지만, 둔감한 연설가는 그런 상황조차 파악하지 못한 채 계속 떠들어댔다. 결국 들고일어난 청중들은 전투를 시작했다. 그들의 조급함은 분노로 변했고, 그들은 그의 입을 막아 버리기로 결정했다. 그들의 야유, 항의, 분노의 소리는 연설가의 말을 질식시켰고, 바로 옆에 있는 사람도 그의 말을 들을 수 없을 정도가 되었다. 결국 그는 두 손을 들고 패배를 인정했으며 굴욕 속에서 퇴장할 수밖에 없었다.

이 예화가 우리에게 주는 교훈은 바로 연설의 목적을 알아야 한다는 것이다. 연설을 하기 전에 현명하게 목적을 선택하라. 그리고 그것을 이룰 수 있는 방법을 파악하여 기술적으로, 또 과학적으로 준비하라.

이 모든 일에는 지식과 전문적인 교육이 필요하다. 연설 구성에서 이것은 매우 중요하기 때문에 이 책에서는 네 개의 장을 이 문제를 살펴보는 데 할애하고, 이 장의 나머지 부분에서는 연설가가 전하려는 내용을 청중에게 정확히 이해시키는 방법을 다룰 것이다. 13장에서는 인상적이고 설득력 있게 연설하는 방법, 14장에서는 재미있게 연설하는 방법, 15장에서는 행동을 촉구하는 과학적인 방법에 대해 알아보기로 한다.

• 이해를 돕는 비교를 사용하라

명확함의 중요함과 어려움을 절대로 과소평가하지 마라. 최근 나는 한 아일랜드 시인이 자신의 시를 낭송하는 저녁 행사에 참석했는데 절반의 시간이 지나도록 그가 하는 말을 이해하는 사람은 참석자의 10퍼센트도 되지 않는다는 것을 알았다. 공석에서든 사석에서든 그처럼 말하는 사람들은 많다.

나는 40년 동안 대학생 또는 일반인을 대상으로 강연했던 올리버 롯지 경과 대중연설의 핵심에 관해 이야기한 적이 있다. 그는 지식과 준비의 중요성에 대해 언급했고, 그다음으로는 '명확한 의미 전달을 위해 상당히 노력할 것'을 강조했다.

보불전쟁 발발 시 위대한 폰 몰트케 장군은 장교들에게 이렇게 말했다. "제군들, 오해될 여지가 있는 명령은 꼭 오해된다는 것을 명심하시오."

나폴레옹도 이런 점을 알고 있었다. 그가 비서들에게 강조하고 계속해서 지적한 것은 '명확성'이었다. 제자들이 예수에게 왜 비유를 들어 설명하는지 묻자, 예수는 "그들은 보아도 보지 못하고, 들어도 듣지 못하며, 이해하지도 못하기 때문이다."라고 답했다.

그러니 과연 청중에게 익숙하지 않은 주제에 대해 말할 때, 그 옛날 군중이 예수의 말을 이해했던 것보다 더 쉽게 현대의 청중이 당신의 말을 알아들을 수 있겠는가? 절대 그렇지 않다. 그럼 어떻게 해야 할까? 이와 비슷한 상황에서 예수는 어떻게 했을까? 그는 우리가 상상할 수 있는 방법들 중 가장 단순하고 자연스런 것으로 이 문제를 해결했다. 사람들이 모르는 것을 그들이 이미 알고 있는 것에 비유해 설명한 것이다. 천국은 어떻게 생겼을까? 팔레스타인의 무지한 농부들이 그것을 어떻게 알겠는가? 때문에 예수는 그들에게 익숙한 물체와 활동을 끌어왔다.

"천국은 마치 여자가 가루 서 말 속에 갖다 넣어 전부 부풀게 한 누룩과 같다."

"천국은 마치 좋은 진주를 구하는 상인과 같으니……."

"천국은 마치 바다에 던져 놓은 그물과 같으니……."

이것은 명쾌하고 이해하기 쉽다. 군중 속의 아내들은 누룩을 사용했고, 어부들은 매일 바다에서 그물질을 했으며, 상인들은 진주를 사고팔았으니 말이다.

그렇다면 다윗은 여호와의 인자하심과 자비를 어떻게 묘사했을까?

"여호와는 나의 목자시니 내게 부족함이 없으리로다. 그는 나를 푸른 풀밭에 누이시며 잔잔한 물가로 인도하시는도다……."

메마른 땅에 펼쳐진 푸른 목초지, 양들이 목을 축이는 물가…… 유목민들이 쉽게 떠올릴 수 있는 장면이다.

이 원칙을 이용한 놀랍고 흥미로운 예가 있다. 일군의 선교사들이 성경을 아프리카 부족의 방언으로 번역하고 있었다. 그런데 '너희 죄가 진홍색처럼 붉더라도 눈처럼 하얗게 되리라.'라는 구절에 이르렀다. 그들은 과연 이 말을 어떻게 옮겼을까? 부족민들은 2월 아침에 길에서 눈을 치워 본 적이 없고, 그들 언어에는 눈이라는 단어조차 없었다. 그들은 눈과 콜타르의 차이도 몰랐을 것이다. 하지만 그들은 코코넛 야자나무에 올라 점심식사를 위해 야자열매를 흔들어 떨어뜨렸다. 그래서 선교사들은 '너희 죄가 진홍색처럼 붉더라도 야자열매 속처럼 하얗게 되리라.'라고 번역했다. 이런 상황에서 이보다 더 적절한 표현은 찾기 힘들 것이다.

미주리 주 워렌버그에 있는 주립 교육대학에서 한 강사가 알래스카에 대해 강연하는 것을 들었던 적이 있다. 여러 면에서 그의 연설은 명확하지 않았고, 재미 또한 없었다. 아프리카 선교사들과 달리그는 청중이 알고 있는 사실에 비유해 설명을 이끌어 가지 못했다. 그 예로, 그는 알래스카의 총 면적은 59만 840제곱마일이고, 인구는 6만 4,356명이라고 했다.

하지만 보통 사람들에게 있어 이런 수치들은 막연하게 느껴질 것이다. 또한 제곱마일로 생각하는 데도 익숙하지 않아 명확한 그림을 머릿속에 떠올리기도 어렵다. 그러나 만일 연사가 이렇게 이야기했다고 가정해 보자. "알래스카와 그곳 섬들의 해안선을 모두 합친 총 길이는 지구를 한 바퀴 돈 거리보다 더 길고, 면적은 버몬트, 뉴햄프셔, 메인, 매사추세츠, 로드아일랜드, 코네티컷, 뉴욕, 뉴저지, 펜실베이니아, 델라웨어, 메릴랜드, 웨스트버지니아, 노스캐롤라이나, 사우스캐롤라이나, 조지아, 플로리다, 미시시피, 그리고 테네시를 모두 합친 지역보다 더 넓습니다." 이렇게 설명하면 사람들은 알래스카 크기가 어느 정도인지 쉽게 감을 잡을 수 있을 것이다.

그는 알래스카 인구가 6만 4,356명이라고 말했다. 이 수치를 5분, 아니 단 1분이라도 머리에 기억할 수 있는 사람은 몇 명 없을 것이다. 그 이유는 '육만 사천삼백오십육'이라고 서둘러 말하면 듣는 사람에게 뚜렷한 인상을 남기지 못하고 해변가 모래 위에 있는 글씨처럼 불안정한 인상만 남기기 때문이다. 이어지는 내용에 집중되는 관심의 파도는 그것에 대한 정보를 지워 버린다. 따라서 청중에게 익숙한 것에 비유해 그 수치를 제시했다면 더 좋지 않았을까? 예를 들어 보겠다. 세인트조지프란 도시는 그 청중들이 살고 있던 미주리 주의 작은 마을에서 멀지 않은 곳에 있다. 청중들 중 많은 사람은 그 도시에 가 봤고, 그 당시 알래스카 인구는 세인트조지프의 인구보다 1만 명 정도 적었다. 이보다 더 좋은 방법은 연사가 지금 강연하고 있는 바로 그 고장에 견주어 알래스카를 소개하는 것이다. 만약 연사가 이렇게 말했다면 어땠을까? "알래스카는 미주리 주보다 여덟 배나 크지만, 인구는 이곳 워렌버그에 사는 인구 수의 열세 배밖에 되지 않습니다."

다음에 제시된 a, b 두 개의 진술에서 어느 것이 더 명확한가?

a. 지구에서 가장 가까운 별은 35조 마일 떨어져 있다.

b. 기차가 1분에 1마일의 속도로 지구에서 가장 가까운 별까지 달리면, 그곳에 도착하는 데 4,800만 년이 걸린다. 만약 누군가 그 별에서 노래하고 그 노랫소리가 지구로 이동할 경우, 그것이 우리 귀에 닿기까지는 380만 년의 시간이 걸린다. 또한 지구와 그곳을 거미줄로 잇는다면 무려 500톤 무게의 거미줄이 필요하다.

a. 세계에서 가장 큰 교회인 성 베드로 성당은 길이가 212미터이고 너비는 110미터에 이른다.

b. 성 베드로 성당은 워싱턴의 국회의사당 건물 두 개를 합쳐 놓은

것과 크기가 같다.

올리버 롯지 경은 일반 대중을 대상으로 원자의 크기와 성질을 설명할 때 이 방법을 사용했다. 나는 그가 유럽 청중에게 "물 한 방울에 들어 있는 원자의 수는 지중해가 담고 있는 물방울의 수만큼 많다"고 설명한 것을 들은 적이 있다. 청중 중에는 1주일 동안 지브롤터에서 수에즈 운하까지 항해해 본 사람들이 많았는데, 청중이 실감나게 느끼도록 그는 물 한 방울에는 지구상의 풀잎 개수만큼 많은 원자가 있다고 이야기했다.

미국의 저널리스트이자 소설가인 리처드 하딩 데이비스(Richard Harding Davis)는 뉴욕 시민을 상대로 성 소피아 사원은 "대략 5번가 극장의 관객석만 하다."라고 말했다. 그는 이탈리아 풀리아 지방의 도시인 브린디시는 "뒤에서 보면 마치 롱아일랜드 시와 비슷하다."라고 설명했다.

앞으로 이 방법을 활용하라. 만약 거대한 피라미드를 묘사한다면, 그것이 136미터라고 말하고, 그다음엔 청중이 자주 보는 건물과 비교해 그 높이를 설명하라. 기단의 넓이는 '시내 몇 블록 정도의 넓이다.'라는 식으로 말이다. 어떤 액체의 양을 말할 때도 몇 천 갤런이니 수백 배럴이니 하는 식으로 말하는 대신, '지금 이 방 몇 개를 채울 만큼의 분량이다.'라는 식으로 말하라. '6미터 높다.'라고 말하는 대신에, '이 방 천정의 한 배 반 높이'라고 말하면 어떨까? 거리를 말할 때도 마일이나 킬로미터 단위를 말하는 대신 '여기에서 무슨 역까지, 또는 몇 번가까지 정도의 거리다.'라고 표현하는 것이 더 명확하지 않을까?

• 전문적인 용어는 피하라

만일 당신이 상당한 기술적인 성격의 일을 하고 있다면, 즉 변호사, 의사, 공학자, 또는 고도로 전문화된 업무 분야에 종사하고 있다면, 그 분야의 문외한들을 상대로 말할 때 두 배로 더 주의해 평이한 언어로 표현하고 필요한 세부 정보를 제공하게 해야 한다.

나는 두 배로 신경 쓰라고 조언했다. 그 이유는 바로 이 점에서 처절하게 실패한 수백 건의 연설을 들었기 때문이다. 연사들은 자신의 전문 분야에 대해 일반 대중은 완전히 까막눈일 수 있다는 사실을 전혀 모르는 듯했다. 그 결과가 어떻겠는가? 그들은 자신의 생각, 자신의 경험과 관련된 표현을 사용하면서 자신에게 의미 있는 말들만을 할 뿐이다. 그렇지만 그와 관련된 지식이 없는 일반인에게 있어 그들의 말은 6월의 장대비가 새로 쟁기질한 아이오와와 캔자스의 옥수수밭에 내린 뒤의 미주리 강물만큼이나 희뿌옇게 다가올 뿐이다. 그러면 이런 연사는 어떻게 해야 할까?

그는 인디애나 주의 전 상원의원인 베버리지의 다음과 같은 충고를 잘 읽고 기억해야 한다.

"청중 중에서 가장 아둔해 보이는 한 명을 골라 그로 하여금 당신의 말에 흥미를 갖게 해 보는 것은 좋은 연습이 될 수 있다. 이것은 사실에 대한 명확한 진술과 명쾌한 논증에 의해서만 가능하다. 그보다 훨씬 더 좋은 방법은 부모와 함께 있는 어린아이를 연설의 중심 대상으로 정하는 것이다. 스스로에게 (그리고 원한다면 큰 소리로) 이렇게 말하라. '나는 어린아이도 이해하고 기억할 수 있을 정도로, 그래서 모임이 끝난 후 아이가 들은 말을 다시 반복할 수 있을 정도로 알아듣기 쉽게 설명하겠다.'라고."

나는 이 강좌의 수강생이던 한 의사가 연설 중에 "횡경막 호흡은 장의 연동 운동에 유익하며 건강에 도움이 된다."라고 말하는 것을 들은 적이 있다. 그는 이 부분을 이 한 문장으로만 이야기한 뒤 다음 주제로 넘어가려고 했다. 그래서 나는 연설을 멈추게 하고, 청중들 중에 횡경막 호흡이 다른 호흡과는 어떤 차이가 있는지, 왜 그것이 건강에 좋은지 그리고 연동 운동이 무엇인지 등을 알고 있는 사람이 있는지 손을 들어 보게 할 것을 요청했다. 사람들이 많이 모르고 있다는 사실을 알게 된 의사는 깜짝 놀라며 다시 원점으로 돌아가 다음과 같이 부연 설명을 했다.

"횡경막은 가슴 아래쪽에 있는 얇은 근육으로 폐의 바닥과 복강의 천정 부위에 위치해 있습니다. 활동하지 않고 가슴 호흡 중일 때의 횡경막은 뒤집어 놓은 세면기처럼 구부러진 모습입니다.

배로 호흡할 경우 이 활 모양의 근육은 호흡할 때마다 아래로 밀려 내려가 거의 평평해지고, 이때 배 근육은 벨트를 압박하게 됩니다. 이렇게 아래로 가해지는 횡경막의 압력은 복강 위에 자리한 기관들, 즉 위, 간, 췌장, 비장, 태양신경총(명치) 등을 마사지하고 자극합니다.

다시 숨을 내쉬면 위와 내장은 횡경막 쪽으로 올라가면서 다시 마사지를 받습니다. 이런 마사지는 배설 작용을 촉진시킵니다.

건강 악화는 대부분 내장에서 비롯됩니다. 위와 내장이 깊은 횡경막 호흡을 통해 적절한 자극을 받는다면 대부분의 소화불량, 변비, 자가중독 등의 문제는 사라질 것입니다."

• 링컨 연설의 명쾌함에 대한 비밀

링컨은 다른 사람들이 명쾌하게 즉시 이해할 수 있는 표현을 좋아했다. 그는 의회에 처음으로 보낸 메시지에서 '사탕발림(sugar-coated)'이란 표현을 사용했다. 링컨의 친구였던 인쇄업자 드프리는, 그 표현이 일리노이에서 가두연설을 할 때 써먹긴 좋겠지만 역사에 남을 정부 문서에 기록되기에는 격이 떨어진다고 지적했다. 그때 링컨은 이렇게 말했다. "혹시 사람들이 '사탕발림'이란 말을 이해하지 못하는 때가 오면 바꿔 보겠지만, 그게 아니면 그냥 두겠네."

그는 녹스 대학 학장이던 걸리버 박사에게 자신이 어떻게 평이한 언어에 대한 '열정'을 갖게 되었는지에 대해 이렇게 설명했다.

"아주 어렸을 때부터 저는 누군가 알아듣기 힘들게 말을 하면 짜증을 내곤 했습니다. 살아오면서 이것 외에 다른 이유로 화를 냈던 적은 없었던 것 같습니다. 하지만 예전이나 지금이나 이런 경우를 당하면 항상 화가 납니다. 어렸을 적, 이웃들이 저희 아버지와 이야기를 하시는 것을 들은 뒤 침실로 돌아가 방을 서성거리며 어른들이 한 말이 무슨 뜻이었는지 알아내려고 했던 일이 생각납니다. 일단 그런 궁금증이 생기고 나면 그것이 풀릴 때까지 잠을 이룰 수가 없었어요. 그리고 고민하던 문제가 해결됐다 해도 그것을 몇 번이고 되풀이해 내가 아는 사람이라도 이해할 수 있을 정도로 표현하지 않으면 만족하지 않았습니다. 그것은 제게 있어 일종의 열정이었고, 그 이후로도 그 열정은 식은 적이 없습니다."

뉴 살렘의 교장이었던 멘토 그래햄이 증언한 것을 보면 그것은 열정이라 표현할 만하다. 그는 이렇게 말했다. "링컨은 생각을 표현하는 세 가지 방법 중 어느 것이 가장 좋을지에 대해 여러 시간을 고민했다."

사람들이 명쾌하게 표현하지 못하는 아주 흔한 이유는, 그들이 말하고자 하는 내용이 그들 자신에게조차 분명하지 않기 때문이다. 말하자면 그들의 머릿속도 흐릿한 인상과 불명료하고 애매한 생각들로 뒤범벅되어 있는 것이다. 이러니 카메라가 물리적인 안개 속에서 제구실을 못하는 것처럼 그들의 마음 역시 당연히 정신적인 안개 속을 헤맬 수밖에 없는 것이다. 그들은 링컨이 그랬듯이 모든 애매함과 모호함을 무찌를 각오를 해야 한다.

• 시각에 호소하라

4장에서 언급했듯이 눈에서 뇌로 연결된 신경망은 귀로 연결된 것보다 몇 배나 더 크다. 과학에 따르면, 우리는 귀로 들리는 것보다 눈에 보이는 것에 25배나 더 주의를 기울인다고 한다. '한 번 보는 것이 백 번 듣는 것보다 낫다.'라는 일본 속담도 있다.

따라서 명료한 의미 전달을 위해 요점 사항들을 머리에 그리며 당신의 생각을 시각화하라. 이것은 유명한 내셔널 캐시 레지스터 사의 사장인 존 H. 패터슨(John H. Patterson)의 계획이기도 했다. 그는 〈시스템 매거진〉에 자신이 직원과 영업사원들에게 말할 때 사용한 방법들을 설명하는 기사를 실었다.

자신의 말을 이해시키며 청중의 관심을 끌고 지속하려면 연설에만 의지해서는 안 되고, 어떤 극적인 보완 자료가 필요하다는 것이 내 생각이다. 가능하면 옳은 방법과 그른 방법을 보여 주는 그림으로 연설을 보완하는 것이 좋다. 그냥 말만 하는 것보다는 도표를 보여 주는 것이, 도표를 보여 주는 것보다는 그림을 보여 주는 것이 더 설득력 있다. 어떤 주제를 제시하는 이상적인 방법은 그림으로 각 부분을 표현하고, 말은 단지 그들을 연결시키기 위해서만 사용하는 것이다. 나는 예전부터 사람을 상대할 때는 어떠한 말보다도 그림이 효과적이라는 사실을 깨달았다.

약간 괴기스런 모양의 그림이 매우 효과적이다. …… 나는 하나의 완전한 만화, 또는 '도표언어'라는 체계를 가지고 있다. 달러 표시가 있는 원은 작은 돈을, 달러가 표시된 가방은 많은 돈을 의미한다. 둥근 얼굴을 이용해서도 좋은 효과를 볼 수 있다. 원을 그린 다음 몇 개의 선으로 눈, 코, 입, 귀를 그린다. 이 선들을 조금 비틀면 여러 표정들을 만들 수 있다. 시대에 뒤떨어진 사람은 입이 아래로 처져 있고, 활기차고 시대를 앞서가는 사람은 위쪽으로 향한다. 그림은 수수하지만, 가장 예쁜 그림을 그리는 사람이 꼭 최고의 만화가는 아니다. 중요한 것은 어떤 생각과 그에 대립되는 개념을 눈에 보이는 형태로 표현해 낼 수 있느냐는 것이다.

큰 돈 가방과 작은 돈 가방 그림은 각각 옳고 그른 방법을 표시하는데, 하나는 돈을 많이 벌게 해 주지만 다른 하나는 적은 돈을 벌게 해 준다. 말을 하면서 이런 그림을 빨리 그린다면 사람들의 마음이 허공을 헤매게 할 위험이 없다. 그들은 당신의 움직임을 지켜보고, 연속적으로 이어지는 몇 단계를 거쳐 전하려는 핵심 요점까지 끌려올 수밖에 없다. 다시 말해, 재미있는 그림은 사람들의 기분을 좋게 한다.

나는 전에 한 화가를 고용해서 나와 함께 가게를 돌아다니며 문제가 있는 부분을 조용히 그리게 했다. 그리고 그 그림으로 직원들을 불러 문제가 무엇인지 찾게 했다. 입체 환등기에 대한 얘기를 듣고 나는 환등기 하나를 사서 스크린 위에 그림들을 투사했다. 종이 위에 그린 그림보다 화면 위의 그림이 더 효과적이었다. 그 뒤에 영화가 나왔다. 나는 아마 내가 최초로 나온 영사기 중 하나를 구입한 사람일 거라고 믿는다. 현재 우리 회사에는 수많은 영화 필름과 6만 개가 넘는 컬러 환등기 슬라이드를 관리하는 큰 부서가 있다.

물론 그림이나 볼거리가 모든 주제나 상황에 적합하다는 것은 아니다. 그러나 할 수 있을 때는 그것들을 이용하라. 청중의 주의를 끌고 관심을 자극하며 말의 의미를 두 배나 더 명쾌하게 해 주니 말이다.

• 록펠러, 동전을 쓸다

록펠러도 〈시스템 매거진〉의 칼럼을 통해 자신이 어떻게 시각에 호소함으로써 콜로라도 연료철강회사의 재정 상태를 명료하게 설명했는지 밝혔다.

콜로라도 연료철강회사 직원들은 록펠러 가문의 사람들이 그간 회사 지분으로 큰 이익을 챙겼다고 생각했다. 많은 사람이 그렇게 이야기해 왔기 때문이다. 그 사실을 알게 된 나는 그들에게 정확히 상황을 설명했다. 우리가 회사와 관계한 14년 동안, 회사는 보통주에 대해 한 푼의 배당금도 지급하지 않았다는 사실을 설명한 것이다.

나는 어느 모임에서 시각 효과를 동원해 회사의 재정 상황을 실감 나게 보여 줬다. 우선 몇 개의 동전을 테이블에 두었다. 그리고 그중 종업원의 임금에 해당하는 동전 하나를 쓸어 냈다. 회사가 가장 우선적으로 챙겨야 할 것이 바로 임금이기 때문이다. 이어 임원들의 봉급을 나타내는 동전을 없애고 나면 중역들의 임금을 의미하는 동전이 남게 된다. 그것마저 다 치우자 주주들 몫은 하나도 남지 않았다. 나는 물었다. "여러분, 우리는 이 회사의 동업자인데, 그들 중 셋이 크든 작든 회사의 수익 모두를 가져가고 나머지 하나는 한 푼도 못 건진다는 것이 말이 됩니까?"

설명이 끝나자 누군가가 그래도 임금은 인상돼야 한다고 말했다. 그래서 나는 그에게 물었다. "동업자 한 사람은 한 푼도 못 받는데 당신만 더 높은 임금을 받는 것이 공정합니까?" 그는 그것이 공정한 게 임으로 보이지 않는다는 사실을 인정했다. 그 뒤에 나는 더 이상 임금 인상에 대한 이야기는 듣지 못했다.

시각적인 호소는 명쾌하고 구체적으로 하라. 지는 해를 뒤로 하고 검은 윤곽을 드리운 수사슴의 뿔처럼 뚜렷하게 돋보이는 정신의 그림을 그려라. 가령 '개'라는 말은 비교적 명확한 그림이 떠오르게 만든다. 그것은 코커스패니얼 종일 수도 있고 스카치테리어, 세인트버나드, 또는 포메라니안 종일 수 있다. 내가 '불도그'라고 말하면 당신의 머릿속에 얼마나 또렷한 상이 잡히는지 확인해 보라. 이 말이 '개'보다는 구체적이다. 하지만 만약 '얼룩무늬 불도그'라고 말하면 더 선명한 그림이 떠오르지 않을까? 그냥 '말'이라고 하는 것보다 '셔틀랜드 종의 검정 조랑말'이라고 특화하는 것이 더 생생하지 않을까? 마찬가지로 그냥 '닭'이라는 말보다 '다리가 부러진 흰색 밴텀 수탉'이란 표현이 더 분명하고 또렷한 이미지를 떠올리게 하지 않을까?

• 핵심 내용은 말을 바꿔 재진술하라

나폴레옹은 '반복이란 유일하게 진실한 수사학의 원칙'이라고 말했다. 내가 어떤 생각을 명확히 이해한다고 해서 그것이 항상 남에게도 이해되는 것은 아니라는 사실을 그는 알고 있었던 것이다. 그는 새로운 생각을 이해하는 데 시간을 필요로 했고, 지속적으로 그 생각에 정신을 집중해야 했다. 즉, 그는 그 생각이 되풀이되어야 한다는 것을 알고 있었다. 이때 정확히 똑같은 말을 사용하면 안 된다. 사람들은 그에 반발할 것이고, 이는 당연한 일이다. 그러나 반복되는 생각이 새로운 언어로 표현되고 다양하게 변주된다면 청중은 그것을 전혀 같은 말의 되풀이라고 생각하지 않을 것이다.

브라이언은 이렇게 말했다.

"자신이 이해하지 못하는 주제라면 남들도 이해시킬 수 없습니다. 어떤 주제가 머릿속에 또렷하게 자리 잡을수록, 남들의 머릿속에도 그것을 더욱 명확한 상으로 제시할 수 있습니다."

위의 두 번째 문장은 첫 문장의 생각을 반복한 것이다. 하지만 이 문장들을 듣는 사람의 마음은 그것이 반복되는 것임을 알아채지 못한다. 그저 연사가 말하는 내용의 의미가 더 명확해졌음을 느낄 뿐이다.

나는 매번 강좌를 할 때마다 이 바꿔 말하기의 법칙을 따르지 않아 의미가 애매한 데다 강한 인상도 주지 못하는 연설들을 접한다. 그러나 안타깝게도 초보자는 이 법칙에 대해 거의 모르는 듯한 태도를 취한다.

• 일반적인 예와 구체적인 예

자신의 논점을 명확하게 표현하는 확실하고 쉬운 방법 중 하나는 일반적인 예와 구체적인 예들로 보완하는 것이다. 이 둘의 차이점은 무엇일까? 글자 그대로 하나는 일반적이고, 다른 하나는 구체적이라는 것이다. 둘의 차이에 대해 설명하고 구체적인 예로 각각의 용도를 살펴보도록 하겠다. 가령 다음과 같은 말이 있다고 하자.

전문직 종사자들 중에는 무척 높은 소득을 올리는 사람들이 있습니다.

이 발언의 내용은 명확한가? 화자가 무엇을 말하려는지 알겠는가? 아니다. 그리고 화자 자신도 이런 발언이 청중의 마음속에 어떤 생각이 떠오르게 할지 확신할 수 없다. 오자크 산속의 시골 의사가 이 말을 들었다면 그는 5,000달러의 수입을 올리는 한 작은 도시의 주치의를 생각할 것이고, 성공한 광산 기술자라면 동종업계에서 연봉 10

만 달러쯤 버는 사람을 떠올릴 수도 있다. 이처럼 이런 말은 너무 모호하고 느슨하므로 더 단단하게 조일 필요가 있다. 화자가 말하는 전문직이 어떤 것인지, 또 소득이 무척 높다는 말은 어떤 의미에서 한것인지 등을 알기 위해서는 몇 가지 세부적인 사항들이 추가로 필요하다.

변호사, 프로 권투선수, 작곡가, 소설가, 극작가, 화가, 배우, 그리고 가수들 중에는 미국 대통령보다 많은 돈을 버는 사람들이 있습니다.

이 정도면 화자가 무엇을 뜻하는지 좀 더 분명해졌다고 할 수 있지만, 아직도 구체적이라고는 할 수 없다. 그는 일반적인 예를 제시했을 뿐이지 구체적인 사례를 들지 않았다. 즉, '가수'라고만 말했을 뿐로자 폰셀, 커스텐 플래그스태드, 또는 릴리 폰스 등으로 특화하지못했기에 위의 진술은 아직 애매하다는 것이다. 그러나 우리가 구체적인 사례를 떠올릴 수는 없다. 그것은 화자가 청중을 위해 해야 하는 것이기 때문이다. 다음과 같이 특정 사례를 제시하면 진술은 훨씬분명해지지 않겠는가?

유명한 법정 변호사 새뮤얼 언터미아어와 맥스 스튜어 같은 이들은 1년에 100만 달러의 수입을 올립니다. 잭 뎀프시의 연소득은 50만 달러에 이른다고 하더군요. 교육을 받지 못한 젊은 흑인 권투선수인 조루이스는 20대임에도 50만 달러 이상을 벌었고, 어빙 베를린의 래그타임 음악은 그에게 매년 50만 달러를 가져다주는 것으로 알려져 있습니다. 시드니 킹슬리는 자신의 희곡에 대한 인세로 1주일에 10만 달러를 벌었고, H. C. 웰스는 자서전에서 자신의 팬이 300만 달러를 벌게 해 주었다고 말했습니다. 또한 디에고 리베라는 그림을 그려 1년에 50만 달러 이상을 벌어들였습니다. 캐서린 코넬은 1주일에 5,000달러나 되는 영화출연 제의를 계속 거절했고요. 로렌스 티벳과 그레이스 무어의 연수입은 25만 달러에 달하는 것으로 밝혀졌습니다.

이 정도가 되면 청자는 화자가 정확히 무슨 말을 하려고 했는지를 매우 분명히 이해할 수 있다. 명료하게 말하고, 구체적인 예를 들어라. 명확한 말은 이해하는 데 도움을 주는 것 외에도 감동, 확신, 관심을 불러일으키는 데 기여한다.

• 산양과 경쟁하지 마라

윌리엄 제임스 교수는 그의 교사들에게 강연할 때, 한 강의에서 한 가지 논점만을 다루라고 조언했다. 여기에서의 한 강의란 한 시간을 말한다. 하지만 나는 최근에 3분의 연설 시간을 가진 연사가 열한 가지 사항을 전하겠다고 말하며 연설을 시작하는 것을 봤다. 그렇다면 한 가지 주제는 16.1초 동안만 다뤄지는 셈인데, 어느 정도 지각이 있는 사람이라면 그런 시도는 시작조차 하지 않았을 것이다. 물론 이것은 극단적인 예에 해당하지만, 이 정도까지는 아니더라도 거의 모든 초보자들은 이 함정에 빠지기 쉽다. 마치 관광객에게 하루 동안 파리를 다 보여 주겠다는 가이드 같다. 하기야 미국 자연사 박물관을 30분 만에 걸어서 다 볼 수 있는 사람이라면 못할 것도 없겠으나, 이런 경우에는 어느 하나라도 정확하게 파악하기 어려울 뿐 아니라 흥미도 잃어버릴 것이다. 수많은 연설이 명확하게 의미를 전달하는 데 실패하는 이유는, 연사가 정해진 시간 안에 얼마나 많은 분량을 다룰 수 있느냐를 두고 세계 신기록을 세우려는 듯 달려들기 때문이다. 그런 사람들은 산양처럼 재빠르게 이 주제에서 저 주제로 건너간다.

이 강좌에서 하는 연설은 시간관계상 짧아야 한다. 따라서 전달할 내용을 상황에 맞게 잘 조절해야 할 필요가 있다. 가령 노동조합에 대해 연설한다면 3분에서 6분의 시간 내에, 그것이 생겨난 이유, 그들이 이용하는 방법, 그들의 업적과 문제점, 산업 분쟁의 해결 방안에 대해 논의하려 하지 마라. 절대로 그래서는 안 된다. 그런 시도를 하면 당신의 말을 제대로 알아듣는 사람이 하나도 없을 것이다. 마치 연설의 소제목만 나열하는 것처럼 너무 혼란스럽고 애매하며 피상적이기 때문이다. 따라서 이런 경우에는 노동조합의 한 가지 문제만 선택해 그것을 충분히 다루고 설명하는 것이 현명하다. 이런 연설은 한 가지 인상을 남기지만 그것은 명확하며 알아듣기 쉬울 뿐 아니라 기억하기도 어렵지 않다.

만일 한 주제의 몇 가지 측면을 다루어야 할 경우에는 끝에서 간단히 요약하는 것이 좋다. 이 방법이 효과가 있는지 보자. 다음은 본 장의 요약이다. 이것을 읽는 것이 우리가 지금까지 배운 내용을 더 정확하고 쉽게 이해하는 데 도움이 되는가?

의미를 명확히 하는 방법

1. 명확한 의미를 전달하는 것은 매우 중요하고 때로는 아주 어렵다. 예수는 자신이 비유를 들어 가르쳐야 한다고 말했다. 그 이유는 "저들이 보아도 보지 못하며 들어도 듣지 못하고 이해하지도 못하기 때문이다."

2. 예수는 청중이 모르는 것을 설명할 때 그것을 잘 알려진 것에 비유함으로써 그 의미를 전달했다. 그는 천국을 누룩, 바다에 던져 놓은 그물, 진주를 구하는 상인에 비유하며 "너희들도 가서 그리 하라."라고 말했다. 알래스카의 크기가 어느 정도인지 청중들이 확실히 감을 잡게 하고 싶으면 제곱마일 단위로 이야기하지 말고, 그 지역이 몇 개 주를 합한 정도의 크기인지 밝히고 그 주의 이름들을 이야기하라. 그리고 그곳의 인구수는 지금 연설하고 있는 지역의 인구수와 비교하여 표현하라.

3. 일반 청중을 상대할 때는 전문용어를 피하라. 당신의 생각을 어린아이도 이해할 수 있도록 최대한 평이한 언어로 표현하라.

4. 당신이 전하고자 하는 내용은 먼저 당신 마음속에서 정오의 태양처럼 뚜렷하고 확실히 빛나고 있어야 한다.

5. 시각에 호소하라. 가능하면 볼거리, 그림, 일러스트 등을 이용하라. 그리고 명확함에 만전을 기하라. '오른쪽 눈 위에 검은 얼룩이 있는 폭스테리어'라고 구체적으로 묘사할 수 있는 것을 그냥 에둘러서 '개'라고 말하지 마라.

6. 주요 생각은 거듭하여 진술하라. 하지만 똑같은 표현을 반복해서는 안 된다. 문장에 변화를 주고, 청중이 눈치 채지 못하도록 주제를 되풀이하라.

7. 일반적인 사례를 통해, 그러나 그보다 더욱 좋은 것은 특수한 경우와 구체적인 사례를 통해 추상적인 진술을 눈에 보이게 만들어라.

8. 너무 많은 사항들을 다루려 하지 마라. 짧은 연설에서는 큰 주제의 한두 가지 논점으로 범위를 제한하고 그 이상은 욕심내지 마라.

9. 이야기를 끝낼 때는 요점 사항들을 간략히 요약하라.

인상적이고 설득력 있게 말하는 방법

"인생에서 성공하는 열쇠는 사람의 마음을 움직이는 법을 아는 데 있다. 성공한 변호사, 가게 주인, 정치인 또는 설교자가 되는가의 여부는 바로 이 능력으로 결정된다."

- 프랭크 크레인(Frank Crane) 박사

"말로 사람을 움직일 수 있는 능력이 지금보다 더 중요하거나 하나의 성취로서 더 유용하고 더 높이 평가되었던 적은 없었다."

- 케들스턴의 커전 백작, 옥스퍼드 대학교 총장

"영원히 무지하려면 자신의 의견과 지식에 만족하면 된다."

- 엘버트 허바드

"대중연설가라면 같은 주제와 내용이라도 다른 이들이 단조롭고 맥 빠진 말투로 전달하는 것을 힘차고 매력적으로 표현할 수 있어야 한다."

- 키케로

13
인상적이고 설득력 있게 말하는 방법

다음은 노스웨스턴 대학교 총장 월터 딜 스코트(Walter Dill Scott)의 말로, 매우 중요한 심리학적 발견의 의미가 있다.

"사람의 마음에 들어오는 모든 생각과 개념, 또는 결론은 그와 반대되는 어떤 생각과 충돌하지 않는 한 진실한 것으로 여겨진다. …… 만일 누군가에게 어떤 생각을 주입시키고자 할 때, 그것과 배치되는 생각들이 그의 마음속에 떠오르지 않게 할 수 있다면, 주입하고자 하는 생각의 진실성을 그에게 납득시키는 수고는 하지 않아도 된다. 만일 내가 당신에게 '미국제 타이어는 좋다.'라는 문장을 읽게 했을 때 당신 마음에 이와 반대되는 생각이 떠오르지 않는다면, 당신은 별 증거 없이도 미국제 타이어는 좋다고 그냥 믿어 버릴 것이다."

스코트 박사가 말하는 것은 바로 '암시'로서, 공석에서든 사석에서든 남에게 말하는 사람이 사용할 수 있는 가장 강한 힘 중의 하나다.

첫 크리스마스 때 동방박사들이 베들레헴의 별을 따라나선 300년 전, 아리스토텔레스는 인간을 일컬어 '논리가 명령하는 대로 행동하는 이성적인 동물'이라고 가르쳤다. 그러나 이러한 그의 말은 인간에게 있어 입에 발린 소리와도 같다. 순수 이성에 기초해서 행동한다는 것은 아침식사 앞에서 낭만적인 생각을 하는 것만큼이나 어려운 일이다. 우리 행동의 대부분은 암시의 결과이기 때문이다.

암시는 증거를 들지 않고서도 마음으로 하여금 어떤 생각을 받아들이게 만든다. 내가 당신에게 "로열 베이킹파우더는 정말 순수합니다."라고 말해 놓고 그것을 증명하려 하지 않는다면 그것이 곧 암시의 방법을 이용하는 것이다. 그와 달리 내가 그 제품을 분석하고 그와 관련된 유명 요리사들의 증언을 제시했다면 나는 내 주장을 증명하려는 것이다.

다른 사람의 마음을 움직이는 데 성공하는 사람들은 논쟁보다 암시에 더 많이 의존한다. 판매 기법이나 현대의 광고는 주로 암시에 기반을 둔다.

무엇을 믿긴 쉬워도 의심하기는 어렵다. 어떤 것을 의심하고 그에 대해 지적인 의문을 제기하려면 경험, 지식, 사고 행위가 필요하다. 어린아이에게 산타클로스는 굴뚝을 타고 들어온다고 말하거나 미개인에게 천둥은 신이 진노한 것이라고 말한다면, 이런 주장에 의문을 품을 정도의 지식이 쌓이기 전까지 그들은 그 주장을 진실이라고 받아들일 것이다. 수백만 인도 국민들은 갠지스 강물은 신성하고 뱀은 신이 변신한 것이며, 소를 죽이는 것은 사람을 죽이는 것만큼 나쁜 짓이라고 믿고 있다. 그들에게 있어 소고기 구이를 먹는 것은 식인 행위와 마찬가지다. 그들이 이런 터무니없는 믿음을 갖는 것은 그것이 증명되어서가 아니라 암시에 의해 그들 뇌리에 깊이 새겨졌기 때문이고, 그것에 의문을 제기하는 데 필요한 지성, 지식, 경험이 그들에게는 없기 때문이다.

'이런 어리석은 사람들 같으니!'라며 우리는 그들을 비웃는다. 하지만 실상을 깊이 들여다보면 우리의 대다수 의견이나 소중한 믿음들, 신조, 삶의 기반이 되는 행동 원칙들이 사실은 이성적 사고보다 암시의 결과라는 사실을 발견할 것이다.

비즈니스 분야에서 구체적인 예를 찾아보자. 우리는 애로우 칼라, 로열 베이킹파우더, 하인즈 피클, 골드 메달 밀가루, 아이보리 비누 등은 각각 동종 제품에서 최고까지는 아니더라도 대표적인 상품에 해당한다고 간주한다. 왜 그럴까? 이렇게 판단하는 합당한 이유가 있을까? 사실 우리 대부분에게는 그런 이유가 없다. 이들 브랜드의 제품과 경쟁사의 제품을 비교해 본 적이 있는가? 그렇지 않다. 우리는 아무런 증거도 제시되지 않은 것들을 그냥 믿게 된 것이다. 논리가 아니라 편견이나 선입관에 물든 반복된 주장들이 우리의 믿음을 형성했기 때문이다.

인간은 암시의 노리개이고, 이것을 부정할 수는 없다. 만일 당신과 내가 생후 6개월째 미국의 요람에서 옮겨져 위대한 브라마푸트라 강둑에 사는 한 힌두인 가정에서 키워졌다면, 유아 시절부터 우리는 소가 신성한 동물이라는 가르침을 받으며 성장했을 것이다. 또한 비프스테이크를 먹는 '기독교의 개들'을 공포의 눈길로 바라볼 것이고, 원숭이 신과 코끼리 신, 나무 신과 돌의 신들에게 경배할 것이다. 결국 믿음은 이성과 상관없는 것이고, 그것은 거의 전적으로 암시와 지리적 환경에 의해 형성된 것이라 할 수 있다. 다음의 예에서 우리 대부분이 매일같이 얼마나 암시의 영향을 받는지 살펴보자.

여태까지 당신은 커피가 몸에 해롭다는 말을 꽤나 여러 차례 들어왔다. 때문에 이제부터는 커피를 그만 마실 생각이라고 가정해 보자. 그런데 어느 날 당신이 자주 가는 식당에 저녁을 먹으러 갔다가 그곳 종업원이 판매수완이 부족해 당신의 심리를 제대로 파악하지 못하면, 아마 "커피 드시겠어요?"라고 물을 것이다. 이렇게 물으면 당신의 마음은 마시느냐 마시지 않느냐를 놓고 잠시 갈등하게 된다. 물론 당신의 자제력이 승리하여, 당장 미각을 만족시키는 쪽보다는 소화가 잘되게 하는 쪽을 선택할지도 모른다. 하지만 종업원이 부정적인 표현으로 "커피 안 드실 거죠?"라고 물으면 당신은 "네, 안 마셔요."라고 답하기가 훨씬 쉬울 것이다. 종업원이 당신 마음에 심어 준 부정적인 생각을 바로 행동으로 연결시키면 되기 때문이다(센스가 없고 교육도 받지 못한 판매사원은 잠재 고객에게 이런 부정적인 제안을 한다는 얘기를 들어본 적이 없는가?).

하지만 종업원이 "커피는 지금 드실 건가요, 아니면 나중에 드실 건가요?"라고 질문한다면 어떻게 되겠는가? 종업원은 당신이 커피를 원할 것임을 기정사실화했고, '언제' 커피를 마실 것인지에 당신의 모든 관심이 집중되게 한다. 따라서 그는 그것 이외의 다른 생각들이 당신의 마음에 떠오르는 것을 어렵게 만들고, 커피를 주문하겠다는 생각을 행동으로 옮길 수 있게 한다. 그 결과는 어떤가? 당신은 전혀 의도하지도 않았는데 "지금 갖다 주세요."라고 말해 버린다. 이런 일은 나도, 또 이 글을 읽는 대부분의 독자도 경험한 일이다.

이와 비슷한 수많은 일들은 날이면 날마다 발생한다. 백화점에서는 매장 직원들로 하여금 손님에게 "이거 가져가실 건가요?"라고 묻도록 교육시킨다. "이거 배달시켜 드릴까요?"라고 물으면 즉시 백화점 배달 비용이 늘어난다는 사실을 알게 되었기 때문이다.

마음에 들어오는 모든 생각은 진실로 여겨지는 경향이 있는 데다가 행동으로 옮겨지기도 한다는 것은 잘 알려져 있는 심리학적 사실이다. 일례로 우리가 알파벳 한 글자를 생각하면 그것을 발음하는 데 사용되는 근육들도 무의식적으로 미세하게나마 움직인다. 또한 뭔가를 삼킨다고 상상할 때에도 그렇게 할 때 사용되는 근육을 아주 조금이라도 움직이게 된다. 비록 우리가 의식할 수는 없다 해도, 근육의 미세 반응을 잡아낼 정도로 섬세한 기계는 그런 움직임을 포착한다. 당신 마음에 생각하는 모든 일을 행동으로 옮기지 않는 유일한 이유는 또 다른 생각, 즉 그 일의 무익함, 비용, 수고, 불합리함, 위험 등의 반작용으로 그 충동이 억제되기 때문이다.

• 우리의 주된 문제

다른 사람들로 하여금 우리의 생각을 받아들이게 하거나 우리의 암시에 따라 행동하게 하는 방법은, 그들 마음에 어떤 생각을 심은 뒤 그와 모순되거나 배치되는 생각이 움트지 못하게 막는 것이다. 이 작업을 능숙하게 하는 사람이 말도 잘하고 사업에서도 성공한다.

• 심리학이 주는 도움

이 문제와 연관되어 심리학이 우리에게 도움이 될까? 그렇다. 어떤 생각에 전염성이 강한 열정과 진심 어린 감정이 담겨 있다면, 당신 마음에 그와 반대되는 다른 생각이 떠오를 가능성은 크게 줄어든다는 것을 경험한 적이 없는가? 나는 '전염성이 강한'이란 표현을 사용했는데, 이것은 바로 열정의 속성이다. 열정은 사람들의 비판적인 능력을 잠재우며, 모든 부정적이고 적대적인 생각을 없애 버린다.

사람들에게 강한 인상을 남기는 것이 당신의 목표라면, 그들의 생각을 일깨우기보다는 감정을 자극하는 편이 더 효과적이란 사실을 기억하라. 차가운 관념보다는 뜨거운 감정의 힘이 더 강력하다. 진지하고 진심이 느껴져야 청중의 감정을 흔들 수 있다. 온갖 미사여구를 동원해도, 많은 예를 들어도, 아무리 목소리가 좋고 제스처가 세련되어도, 하고자 하는 말에 진심이 담겨 있지 않다면 그것은 공허하고 겉만 번지르르한 소리에 불과하다.

청중을 감동시키고 싶다면 먼저 당신이 감동을 받아야 한다. 청중에게 말하는 것은 당신의 입이 아니다. 그것은 당신의 눈을 통해 빛나고, 목소리를 통해 전해지며, 태도를 통해 실체를 드러내는 당신의 영혼이다.

• 사람들이 이미 믿고 있는 것과 당신이 생각하는 것을 연결시켜라

한 무신론자가 영국의 목사인 윌리엄 페일리(William Paley)에게 신이 없다고 말하고, 자신의 주장을 반증해 보라며 그에게 도전해 왔다. 페일리는 차분하게 시계를 꺼내더니 덮개를 열고 그 무신론자에게 시계 내부를 보여 주며 말했다.

"만일 내가 당신에게 이 지레, 바퀴, 스프링이 저절로 생겨나 저절로 조립되고 움직였다고 말하면 내 지적 능력을 의심하겠지요? 물론 제정신이 아니라고 생각할 것입니다. 하지만 하늘의 별을 보십시오. 수많은 별들은 완벽하게 정해진 궤도대로 움직입니다. 지구와 태양 둘레의 행성들, 그리고 전체 성군의 무리는 하루에 100만 마일 이상의 속도로 달리고 있습니다. 각각의 별은 자체의 세계를 거느린 또 다른 태양으로, 우리의 태양계처럼 우주 공간을 질주하고 있습니다. 그럼에도 그 모든 별들은 서로 충돌하거나 방해 혹은 혼란을 일으키지 않으며 조용히, 효율적으로, 통제된 상태로 움직입니다. 이 모든 형상이 그저 우연에 불과하다고 믿는 것이 쉽겠습니까, 아니면 누군가 그렇게 만들었다고 믿는 것이 쉽겠습니까?"

꽤 인상적이지 않은가? 이 목사는 어떤 방법을 사용했는가? 10장에서 언급했듯이 그는 서로 공감할 수 있는 객관적인 사실부터 말함으로써 상대방이 '네'라고 답하게 했고, 그의 의견에 동의하게 만들었다. 그리고 신에 대한 믿음은 시계 제조공의 존재를 믿는 것만큼이나 단순하고 필연적이라는 논리를 전개했다.

처음부터 그가 상대방의 말에 반박하며 "신이 없다고? 정말 어리석군. 당신은 지금 당신 자신이 무슨 말을 하는지 모른다고."라고 말했다면 무슨 일이 일어났을까? 틀림없이 소란스럽고 무익한, 침 튀기는 설전이 오갔을 것이다. 그 무신론자는 자신의 신념을 고수하겠다는 강한 투지에 휩싸여 그의 불손한 마음을 더욱 다잡았을 것이다. 왜 그럴까? 로빈슨 교수가 말했듯 그것은 '내 의견'이었기 때문이다. 그 소중하고 무엇과도 바꿀 수 없는 나의 자존심, 자부심이 위협받는데 어떻게 가만히 있을 수 있겠는가?

자부심에는 매우 강력한 폭발력이 있다. 때문에 우리는 이것이 우리를 거스르게 하지 않고, 우리에게 유리한 쪽으로 작용하도록 하는 편이 현명한 처사다. 그럼 어떻게 해야 할까? 우리가 제안하는 것은 상대방이 이미 믿고 있는 것과 유사하다는 것을 페일리 목사처럼 보여 주면 된다. 그러면 상대방은 우리의 제안을 받아들이기 쉬울 것이고, 우리가 말하는 것과 반대되는 생각이 그의 마음속에서 일어나 우리의 말을 공허한 메아리로 흩어지게 하는 것을 막을 수 있다.

페일리는 인간의 심리가 작용하는 방법을 잘 이해하고 있었다. 하지만 대다수의 사람들은 다른 사람이 갖고 있는 믿음의 성채에 무혈입성할 수 있게 하는 이런 능력이 부족하다. 그들은 성채를 빼앗으려면 상대와 정면으로 승부하며 공격해야 한다고 생각한다. 그럼 어떻게 될까? 공격이 시작되면 도개교가 올라가고 무거운 성문은 굳게 닫히며 빗장이 채워지고, 갑옷 차림의 궁수들은 긴 화살을 뽑을 것이다. 그리고 치열한 전투가 시작된다. 하지만 이런 싸움은 무승부로 끝나기 마련이다. 어떤 문제에서든 그 어느 쪽도 상대를 설득할 수 없기 때문이다.

· 성 바울의 기지

앞서 언급했던 방법은 전혀 새로운 것이 아니라 이미 오래 전에 성 바울이 활용했던 방법이다. 마스 언덕에서 아테네인들에게 연설했을 당시 그는 이 방법을 매우 노련하고 솜씨 있게 활용했기에, 1,900년이 지난 지금의 우리에게도 깊은 감동을 준다. 그는 완전한 교육을 받은 사람이었고, 기독교로 개종한 뒤에는 뛰어난 웅변술 덕분에 대표적인 기독교 옹호자가 되었다.

어느 날 그는 아테네에 도착했다. 페리클레스 이후의 아테네는 전성기를 지나 쇠퇴의 길에 접어들고 있었다. 성경에서는 이 시기의 아테네를 다음과 같이 표현했다.

모든 아테네인과 그곳에 살던 이방인들은 단지 새로운 이야기를 하거나 듣는 일로 시간을 보냈다.

라디오나 전보, AP통신의 긴급 타전도 없는 상황에서 당시 아테네 사람들이 매일 오후 새로운 무엇인가를 얻기란 쉽지 않았을 것이다. 그때 바울이 등장했고, 그에게는 뭔가 새로운 것이 있었다. 바울 주위에 몰려든 사람들은 즐거워하고 그에게 호기심을 느끼며 관심을 가졌다. 그들은 바울을 아레오파고스 언덕에 데려가 이렇게 말했다.

"당신이 말하는 그 새로운 가르침에 대해 알려줄 수 있습니까? 당신의 말은 우리 귀에 생소한 것이라 우리는 그것이 무엇을 뜻하는지 알고 싶습니다."

그들은 이렇게 바울에게 연설을 부탁했고, 그는 그에 응했다. 사실 바울이 그곳에 간 목적이 그것이기도 했다. 연설을 시작하기 전에 그는 나무 받침대나 돌 위에 서서 모든 훌륭한 연사들도 처음엔 그렇듯 약간 불안해하며 손바닥을 비비고 헛기침을 했을지 모른다.

하지만 바울은 그들이 자신에게 연설을 청했을 때 했던 말이 그다지 마음에 들지 않았다. '새로운 가르침', '생소한 것'이니 하는 말은 독약과도 같은 것이었기에 그는 이런 생각을 없애야만 했다. 그런 말들은 적대적이고 반대되는 의견들이 자랄 수 있는 비옥한 토양이었기 때문이다. 바울은 자신의 믿음을 생소하거나 이질적인 것으로 제시하지 않고, 사람들이 이미 믿고 있는 것과 연결시키며 둘 사이의 유사성을 부각시키고 싶었다. 그렇게 해야 사람들 마음속에서 부정적인 생각이 싹트는 것을 막을 수 있기 때문이었다. 그러려면 어떻게 해야 할까? 그는 잠시 생각에 잠겼고, 이내 아이디어가 떠올랐다. 그는 이렇게 명연설을 시작했다.

"아테네 시민 여러분, 여러분은 여러 면에서 미신에 빠져 있는 것 같습니다."

어떤 번역본에는 '여러분은 매우 종교적인 분들입니다.'라고 되어 있기도 한데, 나는 이것이 더 낫고 정확한 표현이라고 생각한다. 그들은 많은 신을 숭배했고, 매우 종교적이었으며, 그것을 자랑스러워했다. 바울은 그들에게 찬사를 보내며 그들을 기쁘게 했고, 그들 역시 그를 향해 문을 열었다. 대중연설의 주요 기법 중 하나는 어떤 예를 통해 진술을 보강하는 것이다. 바울은 바로 그 방법을 활용했다.

"저는 지나오면서 여러분이 예배드리는 곳들을 살펴봤는데, 그곳에서 '미지의 신에게'라는 글자가 새겨진 제단을 발견했습니다."

이것은 아테네인들이 종교적이라는 사실을 입증한다. 그들은 그 많은 신들 중 어떤 신에게 불경을 저지를지 몰라 두려워했기 때문에 알 수 없는 신을 위한 제단을 별도로 마련했다. 이것은 무의식적이고 의도하지 않은 불경과 무례에 대한 보험증서 같은 것이었다. 바울은 이 특별한 제단을 언급하면서 자신이 괜한 말을 하는 것이 아님을 밝혔다. 즉, 자신의 발언이 실제 관찰에 근거한 진정한 이해에서 나온 것임을 보여 준 것이다. 이제 적절하고 흠 잡을 데 없는 서두가 이어진다.

"저는 여러분이 알지도 못한 채 섬겨 온 그 신을 이제 여러분에게 알려 드리고자 합니다."

이 문장에는 새로운 가르침이나 생소한 것이 없다. 바울은 그들이 의식 못하면서 숭배하고 있었던 어떤 신에 대해 몇 가지 진실을 알려 주고자 했던 것이다. 그들이 믿지 않는 것을 그들이 이미 받아들이고 있는 것과 연계시키는 이 방법은 아주 탁월했다.

바울은 구원과 부활의 가르침을 전했고, 한 그리스 시인의 시구를 사용했다. 그것으로 끝이었다. 연설 시간은 2분도 채 걸리지 않았다. 그를 조롱한 사람도 있었지만, 그 이야기를 더 듣고 싶다는 이들도 있었다.

한 가지 더 이야기하자면, 2분 연설의 장점 중 하나는 바울이 그랬 듯 한 번 더 말해 달라는 요청을 받을 수 있다는 것이다. 예전에 필라 델피아의 한 정치인은 연설할 때 유념해야 될 주요 원칙은 '짧게 말 하고 빨리 끝내는 것'이라고 내게 이야기했던 적이 있는데, 바울은 두 가지 모두를 성공적으로 해냈다.

바울이 아테네에서 사용한 이 방법은 오늘날 현명한 기업인들이 판매 상담과 광고에서 이용하는 것이기도 하다. 일례로, 아래 나온 글은 최근에 내 책상에 배달된 한 구매 권유 편지의 일부다.

올드 햄프셔 본드의 종이와 가장 저렴한 종이의 가격 차이는 장당 0.5센트도 채 되지 않습니다. 만일 귀하가 고객이나 잠재 고객에게 1 년에 열 통의 편지를 쓴다고 해도 올드 햄프셔 종이를 사용할 때 발생되는 추가 비용은 한 차례의 교통 요금에도 못 미치고, 5년에 한 번 꼴로 고객에게 괜찮은 시가 한 대를 선물하는 비용도 안 됩니다.

1년에 한 번 고객의 차비를 부담하거나 10년에 두 번 하바나 시가를 제공하는 일을 누가 거절하겠는가? 그럴 사람은 없다. 올드 햄프셔 본드 종이를 사용했을 때 추가 비용이 그 정도에 불과한데, 그렇다면 가격이 터무니없이 비싸다는 생각이 고객의 마음속에 조성될 여지를 없애기에 충분하지 않을까?

• 작은 것은 크게 보이게, 큰 것은 작아 보이게 만들어라

이와 비슷하게, 큰 금액도 오랜 시간에 걸쳐 그것을 나누고, 하찮아 보이는 일상의 비용과 대조하는 방법으로 작아 보이게 할 수도 있다. 가령 한 생명보험사의 사장은 회사 영업사원들에게 연설하면서 다음과 같은 방식으로 보험료가 비싸지 않다는 인상을 준다.

"30세 미만의 남자는 직접 구두를 닦아 매일 5센트를 줄이고, 그렇게 절약한 돈을 보험에 투자해 사망 시 그의 가족에게 1,000달러를 남길 수 있습니다. 매일 25센트의 시가를 피우는 34세의 남자는 그 돈을 보험에 투자함으로써 가족 곁에 더 오래 머물 수 있을 뿐 아니라, 그들에게 3,000달러의 유산까지 남길 수 있습니다."

반면 적은 금액은 그 액수를 한데 모으는 방법으로 상당히 크게 보이게 할 수 있다. 한 전화회사의 임원은 자투리 시간들을 합하는 방법으로 뉴욕 시민들이 전화를 받지 않음으로써 낭비되는 시간이 얼마나 많은지 강하게 전달했다.

"연결된 전화 통화 100건당 일곱 건은 수신자가 전화를 받기까지 1분의 시간이 걸립니다. 이렇게 매일 28만분이 낭비됩니다. 뉴욕에서 6개월 동안 이렇게 허비되는 시간을 합하면 콜럼버스가 아메리카를 발견한 이후 현재까지의 모든 근무 일수를 합한 것과 비슷합니다."

• 숫자를 인상적으로 보이게 하는 법

숫자나 양은 그 자체로만 보면 전혀 인상적이지 않다. 때문에 그것들은 실제 사례와 함께 제시되어야 하는데 가능하면 우리의 경험, 특히 최근의 경험이나 감정적 체험과 연계되어 표현되어야 한다.

예를 들어 올더맨 람베스는 런던 자치구 의회에서 근로 조건을 주제로 연설할 때 이 방법을 사용했다. 그는 연설 도중에 갑자기 멈춰서 시계를 꺼내고 아무 말도 하지 않은 채 1분 12초 동안 멍하니 청중을 처다보기만 했다. 청중은 불안해져 몸을 움직이고 의아한 표정을 지으며 그를 바라보았다. 어떻게 된 걸까? 연사가 갑자기 정신이 나갔나? 올더맨은 다시 말을 시작하며 이렇게 말했다.

"여러분이 방금 자리에 앉은 채 불안해하며 보낸, 영원처럼 느껴졌던 72초의 시간은 보통의 노동자가 벽돌 한 장을 쌓는 데 걸리는 시간입니다."

이 방법의 효과는 대단했고 전 세계로 타전되어 해외의 신문에 실리기도 했다. 또한 건설업 통합 노조가 곧 '우리의 존엄성을 모독한 것에 대한 항의의 표시'로 파업을 지시했을 정도로 그 위력은 엄청났다.

다음 두 개의 진술 중 어느 것이 더 강하게 전달되는가?

a. 바티칸에는 1만 5,000개의 방이 있다.

b. 바티칸에는 방이 너무 많아 40년 동안 돌아가며 바꿔 써도 못 자는 방이 있을 정도다.

다음 중 어느 표현이 영국이 세계대전 중 사용한 엄청난 비용을 더 인상적으로 나타내는가?

a. 영국은 세계대전에 약 70억 파운드, 미화로 340억 달러의 돈을 사용했다.

b. 세계대전 동안 영국이 사용한 비용이 필그림 파더스가 플리머스의 바위에 상륙한 이후 지금까지 분당 34달러를 쓴 돈을 합한 분량이라면 놀라겠는가? 하지만 이것은 거짓이고, 실제로는 그보다 더 엄청나다. 세계대전 중 영국이 사용한 비용은 콜럼버스가 미국을 발견한 이후 지금까지 밤낮을 가리지 않고 1분에 34달러를 썼을 때의 총 금액과 같다. 놀랍지 않은가? 그러나 실제로는 그보다 엄청나다. 세계대전 중 영국이 사용한 비용이 1066년 노르망디 공 윌리엄이 잉글랜드를 쳐들어와 정복한 이후부터 매 분마다 34달러를 쓴 규모와 비슷하다면 놀라겠는가? 하지만 놀라기에는 아직 이르다. 실제로는 그보다 엄청나다. 세계대전 동안 영국이 사용한 비용은 예수가 탄생한 이후부터 지금까지 매 분마다 34달러를 쓴 비용을 합한 정도와 같다. 다시 말해 예수 탄생 이후 지금까지 흐른 시간은 약 10억 분이고, 이는 곧

세계대전 중에 영국이 사용한 금액은 340억 달러에 달한다는 것을 뜻한다.

• 바꿔 말하기의 효과

바꿔 말하기는 우리의 주장에 대해 반대되는 생각이 상대방의 마음속에 떠오를 때, 그것을 없애기 위해 사용할 수 있는 또 다른 방법이다. 유명한 아일랜드 웅변가 대니얼 오코넬(Daniel O'Connell)은 "정치적 진실은 한두 번, 심지어 열 번을 말한다고 해도 대중이 받아들이지 않는다."라고 말했다. 청중과 대중을 많이 상대했던 사람이니만큼, 그의 말은 진지하게 받아들일 필요가 있다. 그는 다음과 같이 계속 말했다. "상대방으로 하여금 정치적 진실을 받아들이게 하려면 끊임없는 반복이 필요하다. 같은 것을 반복해서 들으면 사람은 자신도 모르게 그것을 진리와 연관시킨다. 결국 사람들은 그렇게 반복된 내용을 마음 한구석에 간직하게 되고, 마치 신앙으로 자리 잡은 종교적 믿음처럼 의심하지 않는다."

히램 존슨은 오코넬이 한 말의 의미를 정확히 이해했다. 그가 7개월 동안 캘리포니아를 오가면서 자신의 모든 연설을 아래와 같이 똑같은 예측으로 마무리한 것도 바로 그런 이유에서다.

"친구 여러분, 잊지 마십시오. 제가 캘리포니아 주지사가 될 것이라는 사실을. 그리고 그때 저는 이 정부에서 윌리엄 F. 헤린과 남태평양 철도를 몰아내고 말 것입니다. 안녕히 가십시오."

존 웨슬리의 어머니도 오코넬의 말이 옳다는 것을 알았다. 그래서 왜 아이들에게 같은 말을 여러 번 반복하는지 남편이 물었을 때 그녀는 이렇게 대답했다. "아이들은 내가 열아홉 번을 들려줄 때까지도 그 가르침을 깨닫지 못하기 때문이죠."

오코넬이 한 말의 의미를 알고 있었던 우드로 윌슨도 자신의 연설에서 이 방법을 이용했다. 다음 마지막 두 문장은 첫 문장의 의미를 변주한 것에 불과하다는 것에 주목하라.

"지난 몇 십 년 동안 대학생들은 제대로 교육을 받지 못했습니다. 그 모든 가르침에도 받았음에도 우리는 아무도 교육시키지 못하고 있는 것입니다. 열심히 뭔가를 가르치기는 하는데 정작 제대로 배운 사람은 하나도 없습니다."

바꿔 말하기라는 방법이 이토록 효과가 좋긴 하지만, 미숙한 연사에게 잘못 사용되면 자칫 위험한 도구가 될 수 있다는 점에 유의해야 한다.

표현력이 풍부하지 않다면 바꿔 말하기는 단조롭고 너무 빤한 반복에 불과할 것이다. 이것은 당신에게 매우 치명적이다. 당신의 그 어설픈 화법을 알아채는 순간, 청중은 곧 자리에서 몸을 비틀고 시계로 눈을 돌리기 시작할 것이다.

• 일반적인 사례와 구체적인 사례

하지만 일반적인 사례와 구체적인 사례를 제시하면 청중을 지루하게 만들 위험이 거의 없다. 게다가 청중에게 감동과 확신을 주기 위해 연설을 하는 것이라면 이 방법은 더욱 효과적이다.

예를 들어 뉴웰 드와이트 힐리스(Newell Dwight Hillis) 박사는 한 강연에서 "불복종은 노예적인 삶이고, 복종은 자유입니다."라고 선언했다. 이 진술은 구체적인 예로 뒷받침되지 않으면 명확하거나 인상적이지 않다는 것을 알았기에 그는 계속 말했다.

"불, 물 그리고 산(酸)의 법칙에 불복하면 죽습니다. 색채의 법칙에 순종하는 화가는 그로써 자신의 기술을 빛나게 할 수 있습니다. 수사학의 법칙을 따르는 웅변가는 더욱 멋진 연설을 하게 되고, 발명가는 철의 법칙을 따를 때 다양한 도구들을 만들어 낼 수 있습니다."

이런 예들은 확실히 연설에 힘을 준다. 여기에 구체적인 사례까지 덧붙인다면 생생함과 힘이 배가될 것이다. 가령 이렇게 말해 보는 건 어떨까?

"색채의 법칙에 순종함으로써 레오나르도 다빈치는 〈최후의 만찬〉을 그려 냈습니다. 헨리 워드 비처가 그토록 감동적인 리버풀 연설을 할 수 있었던 까닭은 그가 웅변술의 법칙을 따랐기 때문입니다. 철의 법칙에 복종해 맥코믹은 수확기를 발명했습니다."

훨씬 낫지 않은가? 청중은 연사가 구체적인 이름과 날짜를 제시하는 것을 좋아한다. 그러면 원할 경우 그들이 직접 확인해 볼 수도 있다. 이렇게 하면 청중으로 하여금 연사가 진실하고 정직하다는 느낌과 더불어 신뢰감을 갖게 하며 깊은 인상을 남긴다.

가령 내가 "많은 부자들은 매우 소박하게 살고 있습니다."라는 말을 했다고 가정하자. 인상적인 말인가? 그렇지 않다. 너무 모호하기 때문이다. 그것은 여러분에게 어떤 확실한 느낌으로 다가오지 않고 머릿속에서 사라져 버린다. 정확하지도 않거니와 재미와 설득력이 있는 것도 아니다. 그리고 아마 신문에서 읽었던, 부자들의 삶과 관련하여 상반되는 성격의 기사들에 대한 기억이 이런 주장에 대해 시비를 걸 것이다.

만일 내가 많은 부자들이 소박하게 산다고 믿는다면, 그 믿음은 어떻게 생긴 것일까? 그것은 구체적인 사례들을 몇 가지 목격한 덕분일 것이다. 그러니 청중도 나처럼 믿게 만들 수 있는 가장 좋은 방법은 그러한 구체적 사례를 제시하는 것이다. 내가 본 것을 청중에게 보여 줄 수 있다면 그들은 나와 같은 결론을 내릴 것이다. 내가 제시하는 구체적 사례와 증거를 통해 청중이 스스로 발견하게 되는 결론은 빤하고 진부한 결론보다 두 배, 세 배, 혹은 다섯 배나 더 강한 힘을 가지게 될 것이다. 예를 들어 보자.

- 존 D. 록펠러는 브로드웨이 26번가에 있는 사무실 가죽 소파에서 매일 낮잠을 잤다.
- J. 오그덴 아무어는 9시에 자고 6시에 일어났다.
- 누구보다 많은 기업을 운영했던 조지 F. 베이커는 칵테일을 좋아하지 않았다. 담배는 죽기 불과 몇 분 전에 시작했다.
- 내셔널 캐시 레지스터 사의 사장인 존 H. 패터슨은 술과 담배를 전혀 하지 않았다.
- 미국 최대 은행의 은행장을 지낸 프랭크 밴더립은 하루에 두 끼만 먹는다.
- 해리만은 우유와 옛날식 생강 웨이퍼만으로 점심을 때웠다.
- 앤드류 카네기가 즐겨 먹은 음식은 오트밀과 크림이었다.
- 〈새터데이 이브닝 포스트〉와 〈레이디스 홈 저널(Ladys' Home Journal)〉의 소유주인 사이러스 H. 커티스는 삶은 콩을 베이컨 등과

함께 구운 요리를 좋아한다.

이 구체적인 사례들은 당신에게 어떻게 다가오는가? 부자들이 소박하게 산다는 진술을 극적으로 표현해 주는가? 그 진술의 진실성이 느껴지는가? 이런 사례들을 접하면 마음속에서 이에 반대되는 생각이 고개를 쳐들 가능성이 낮아지지 않겠는가?

• **축적의 원리**

이런 효과가 몇 가지 구체적인 예를 대강 언급함으로써 얻을 수 있는 것이라고는 생각하지 마라. 아서 에드워드 필립스(Authur Edward Phillips) 교수는《효과적인 연설(Effective Speaking)》에서 이렇게 말한다.

처음 받은 감동을 강화해 주는 일련의 인상들이 계속 이어져야 하고, 마음은 끊임없이 처음 그 생각에 집중되어야 한다. 쌓이고 쌓인 여러 경험들의 무게가 그 생각을 뇌의 조직 깊숙한 곳으로 밀어 넣을 때까지 이 과정을 멈추면 안 된다. 이 과정이 완성될 때 그 생각은 그의 일부가 되고, 세월도, 사건도 그것을 지울 수 없다. 이 작업을 가능케 하는 효과적인 원리는 바로 축적이다.

이러한 축적의 원리가 앞서 언급했던 '많은 부자들은 소박하게 산다'는 진술의 증명을 위한 구체적인 사례를 나열하는 데 어떻게 이용되었는지 주목하라. 또한 이 원칙이 필라델피아가 '세계 최고의 일터'라는 것을 증명하기 위해 어떤 식으로 이용되었는지 보라. 그리고 서스톤 상원의원이 다음 글에서 인간은 오직 힘에 의해서만 부정과 압제의 해악을 바로잡을 수 있었다는 사실을 입증하기 위해 어떻게 이 원리를 활용했는지를 살펴보라. 만약 이런 구체적인 사례들 중 3분의 2가 생략되었다면 글의 효과가 어땠겠는가?

우리는 인간의 존엄성이나 자유를 지키기 위한 싸움에서 힘 외의 다른 수단을 통해 이겨 본 적이 있는가? 힘이 아닌 다른 어떤 것에 의해 부정과 불의와 압제의 장벽이 무너진 적이 있었던가? 완고한 왕실로 하여금 대헌장(마그나 카르타)에 서명하게 했던 것은 힘이었다. 독립선언서와 노예해방령이 효력을 발휘할 수 있게 한 것도 힘이었고, 맨손으로 바스티유의 철문을 부수고 수백 년 동안 자행한 왕실의 악행에 복수하게 한 것도 힘이었다. 힘은 벙커 힐에 혁명의 깃발을 세웠고, 포지 계곡의 눈 위에 피 묻은 발자국을 남겼다. 또한 실로의 무너진 전선을 지켜 냈고, 차타누가의 불길에 휩싸인 언덕을 기어올랐으며, 룩아웃 하이츠 고원의 구름을 상대로 기습 공격을 하게 했다. 서먼 장군이 바다로 진군한 것도, 셰넌도어 계곡에서 셰리든 장군과 함께 말을 달린 것도, 애퍼매톡스에서 그랜트 장군에게 승리를 준 것도 힘이었다. 그리고 힘은 연방을 지켜 주었고, 성조기의 별들이 제자리를 지키게 했으며, '검둥이들'을 사람으로 만들어 주었다.

- **시각적인 비교**

몇 해 전, 브루클린 센트럴 YMCA에서 강의를 듣던 학생이 연설

중에 그 이전 해에 일어났던 화재 사건에서 불타 버린 집들의 수를 말했다. 그리고 더 나아가, 그 집들을 나란히 세우면 그 길이가 뉴욕에서 시카고까지의 거리와 같고, 그 사건으로 희생된 사람들이 0.5마일의 간격을 두고 선다면 그것의 총 길이는 시카고에서 브룩클린의 거리와 맞먹을 것이라고 덧붙였다.

비록 그 학생이 말했던 수치는 금방 잊어버렸지만, 그로부터 10년이 지난 지금에도 나는 맨해튼 섬에서 일리노이 주의 쿡 카운티까지 줄지어 있는, 불에 탄 집들을 어렵지 않게 그릴 수 있다. 이유는 무엇일까? 청각적인 인상은 오래 지속되지 않아서, 마치 너도밤나무의 미끄러운 껍질에 내려앉은 진눈깨비처럼 흔적도 없이 사라진다. 하지만 시각적 인상은 어떨까? 예전에 나는 다뉴브 강 둑에 있던 오래된 집에 대포알이 박혀 있는 것을 보았다. 그것은 나폴레옹의 포병대가 울름 전투에서 발사한 것이었다. 시각적인 인상들은 이와 같이 강한 충격을 주기 때문에 머릿속에 깊이 박혀 사라지지 않는다. 그리고 나폴레옹이 오스트리아군을 몰아냈던 것처럼, 그와 대립되는 내용의 모든 암시들을 없애 버린다.

무신론자의 질문에 대한 윌리엄 페일리 목사의 답에서 힘이 느껴지는 것 역시 그것이 시각적이기 때문이다. 버크는 미국 식민지에 대한 영국의 과세를 비난하는 연설을 했을 때 이 방법을 사용했다. 그는 비전을 가지고 이렇게 말했다.

"우리는 지금 양이 아닌, 늑대의 털을 깎고 있습니다."

• '권위자'의 도움을 받아라

중서부에 살던 어린 시절, 나는 양들이 지나가는 문에 막대기를 가로로 걸쳐 놓는 것을 좋아했다. 처음 몇 마리의 양이 막대기를 뛰어넘으면 나는 그것을 치웠다. 하지만 그 뒤에 있던 양들은 상상의 장애물 위를 뛰어넘으며 문을 통과했다. 그렇게 했던 유일한 이유는 앞에 지나간 양들이 그와 같이 행동했기 때문이었다. 사실 동물 중에서 양만 그런 것이 아니다. 우리는 대부분 남들이 하는 것을 하려 하고, 남들이 믿는 것을 믿으려 하며, 유명 인사의 말이라면 의심하지 않고 받아들인다.

미국 은행협회의 뉴욕 지부에서 한 학생도 유명인의 말을 빌려 절약에 대한 연설을 시작했는데, 그것은 탁월한 선택이었다.

"제임스 J. 힐은 이렇게 말했습니다. '당신이 성공할 수 있는지의 여부를 알아볼 수 있는 쉬운 방법이 있다. 당신은 돈을 저축할 수 있는가? 할 수 없다면 성공하는 것도 포기해라. 당신은 분명히 실패할 것이다. 당신은 그렇지 않다고 생각할 수 있지만, 당신의 실패는 당신이 지금 살아 있는 것만큼이나 확실할 것이다.'"

미국의 철도왕이었던 제임스 J. 힐(James J. Hill)이 직접 와서 연설하는 것 다음으로 효과적인 방법은 바로 이렇게 그가 했던 말을 인용하는 것이다. 그 학생의 말은 인상적이었고, 그것에 반대되는 생각들이 떠오르는 것도 막아 버렸다.

하지만 권위자의 말을 인용할 때는 다음의 네 가지 사항에 유의해야 한다.

1. 정확해야 한다.

다음 중 어느 것이 더 인상적이고 설득력 있는가?

    a. 자료는 시애틀이 세계에서 가장 건강한 도시임을 보여 준다.

    b. 연방정부의 공식 사망률 통계에 따르면 지난 15년간 시애틀의
      연 사망률은 1,000명당 9.78명이었다. 이에 반해 시카고는 14.65
      명, 뉴욕은 15.83명, 뉴올리언스는 21.02명으로 나타났다.

애매하게 '통계 자료는……'으로 시작하는 것을 주의하라. 무슨 통
계인가? 누가, 왜 그런 자료를 수집했다는 것인가? '숫자는 거짓말을
하지 않지만, 거짓말쟁이는 제멋대로 숫자를 주물럭댄다'는 것에 항
상 조심하라.

흔히 사용되는 '다수의 권위자들이 말하듯'이라는 표현도 이와 마
찬가지로 애매모호하다. 어떤 권위자를 말하는 것인가? 몇몇 사람의
이름을 직접 거론하라. 만일 그들이 누구인지 청중이 모른다면, 어떻
게 그들의 말에 대해 믿음을 가질 수 있겠는가?

정확성에 만전을 기하라. 그래야 청중의 신뢰를 얻고, 내가 그것에
대해 정확히 알고 있음을 증명할 수 있다.

루스벨트 역시 애매한 것은 용납하지 않았다. 그래서 그는 우드로
윌슨 정부 시절, 켄터키 주 루이빌에서 연설했을 때 다음과 같이 자
신이 인용한 글의 출처를 밝혔다.

윌슨은 선거 전에 자신의 연설이나 정강 발표에서 했던 약속을 거
의 지키지 않기 때문에 친구들조차 그의 버릇을 웃음거리로 삼았습

니다. 윌슨의 유력한 의회 내 민주당 지지자들 중의 한 명은 윌슨의 선거 전 공약과 그를 대신해 남발된 공약에 대한 정확한 진실을 솔직하게 말했습니다. 그는 일관성이 없다는 비난에 "우리의 공약은 대선 승리용이었고, 결국 우리는 이겼다."라는 말로 답했습니다. 이것은 제62대 국회 3차 회기의 의회의사록 4618쪽에 기록되어 있습니다.

2. 인기 있는 사람의 말을 인용하라.

무언가를 좋아하고 싫어하는 것은 보통 생각하는 것 이상으로 각자가 가진 신념과 관련이 있다. 나는 새뮤얼 언터마이어(Samuel Untermyer)가 뉴욕의 카네기홀에서 사회주의 논쟁을 벌일 때 청중으로부터 야유를 받는 모습을 보았다. 그는 매우 정중했고 논조 또한 부드러웠다. 하지만 대다수의 청중은 사회주의자들이었고, 따라서 그들은 그를 증오했다. 아마 그가 구구단을 인용했더라도 그들은 그 진실성을 의심했을 것이다.

그에 반해 앞서 이야기했던 제임스 J. 힐의 인용문은 특히 미국 은행협회의 지부에서 사용하기에 적합했다. 왜냐하면 구레나룻을 기른 그 철도 건설업자는 금융단체 사이에서 평판이 좋았기 때문이다.

3. 해당 지역 유력 인사의 말을 인용하라.

만약 디트로이트에서 연설하게 된다면 디트로이트 사람의 말을 인용하라. 청중은 그에 관해 찾아보고 조사해 볼 수도 있다. 그들은 저 먼 곳에 있는 잘 알지도 못하는 사람의 말보다는 같은 고장 사람의 말에 더 강한 인상을 받을 것이다.

4. 자격 있는 사람의 말을 인용하라.

다음과 같은 질문을 스스로에게 던져 보라. 이 사람이 대체로 이 분야의 권위자라 인정받고 있는가? 왜 그런가? 그가 편견에 사로잡힌 증인은 아닌가? 충족되어야 할 이기적인 목표가 그에게 있는 것은 아닌가?

어떤 학생은 브루클린 상공회의소에서 전문화에 대한 연설을 시작할 때 아래와 같은 앤드류 카네기의 말을 인용했다. 그것은 매우 현명한 선택이었다. 왜냐하면 청중으로 참석한 기업인들은 위대한 강철왕에 대해 변치 않은 존경심을 가지고 있었기 때문이다.

게다가 그때 인용되었던 말은 사업에서의 성공과 관련된 것이었는데, 카네기 평생의 경험과 관찰을 바탕으로 생각해 보면 그가 충분히 말할 수 있는 자격을 갖춘 주제였던 것이다.

"나는 어떤 분야에서든 성공하기 위해서는 그 분야의 전문가가 되어야 한다고 생각한다. 자신의 능력을 여러 곳에 분산시키는 방식은 그다지 믿음이 가지 않는다. 나는 경험을 통해 여러 분야에 발을 내딛는 사람 치고 돈을 버는 데 성공한 사람을 보지 못했다. 특히 제조업 분야에서는 단 한 명도 그런 사람을 본 적이 없다. 성공한 사람들은 한 분야를 선택해 그것에 모든 것을 쏟아 붓는 사람들이었다."

인상적이고 설득력 있게 말하는 방법

"마음속에 들어오는 모든 생각, 개념, 또는 결론은 그와 대립되는 생각의
제지를 받지 않는 한 진실한 것으로 여겨진다."

그러므로 연설의 목적이 사람들에게 감동과 확신을 심어 주는 것일 때, 우
리에게는 두 가지 전략이 있다. 하나는 우리 자신의 생각을 표현하는 것이
고, 다른 하나는 청중의 마음에서 적대적인 생각이 꿈틀거리는 것을 막음으
로써 우리의 생각이 무익하고 공허해지지 않게 하는 것이다. 다음은 그와
같은 목적을 달성하는 데 도움이 되는 여덟 가지 제안들이다.

1. 다른 이를 설득하려 하기 전에 먼저 당신 자신을 설득시켜라. 당신의 말
   에서 청중을 전염시킬 정도로 강한 열정이 느껴지게 하라.

2. 당신이 사람들에게 전하려는 것이 그들이 이미 믿고 있는 것과 얼마나
   유사한지를 이야기하라. (예: 페일리 목사와 무신론자 논쟁, 아테네인을
   대상으로 했던 바울의 이야기, 올드 햄프셔 본드 종이)

3. 요점 사항은 표현을 바꿔 다시 말하라. (예: "나는 차기 캘리포
   니아 주지사가 될 것입니다."라는 히램 존슨의 말이나, "우리는
   아무도 교육하지 못하고 있습니다."라는 우드로 윌슨의 말)

   숫자를 전달할 때는 예를 함께 들어 보완하라. 가령 영국은 세계대전 동
   안 340억 달러를 지출했는데, 이는 예수 탄생 이후 지금까지 매분마다
   34달러씩을 지출한 총액과 맞먹는 금액이다.

4. 일반적인 사례를 이용하라. (예: "화가는 색채의 법칙에 복종할 때 자신
   의 기술을 제대로 발휘할 수 있다."라고 했던 힐리스 박사의 말)

5. 특정하고 구체적인 사례를 제시하라. (예: "많은 부자들은 매우 소박한
   삶을 산다. …… 프랭크 밴더립은 하루에 두 끼의 식사만을 한다.)

6. 축적의 원리를 이용하라. "특정 생각을 뒷받침하는 구체적인 경험들을 연달아 제시함으로써 그 축적된 경험의 무게로 하여금 그 생각이 청중의 뇌리 깊숙한 곳에 박히게 하라." (예: "완고한 왕실이 마지못해 대헌장에 서명하게 만든 것은 바로 힘이었다.")

7. 시각적인 비교를 활용하라. 귀로 그려지는 청각적인 인상은 쉽게 지워지지만, 시각적인 인상은 담벼락에 깊이 박힌 대포알처럼 생명이 길다. (예: 브루클린에서 시카고까지 한 줄로 늘어선 불타 버린 집들)

8. 사심 없는 권위자의 힘을 빌려 당신의 말을 보강하라. 루스벨트가 그랬던 것처럼 그런 이들의 말을 인용할 때는 정확성에 만전을 기하라. 인기 있는 사람이나 해당 지역 출신인 인사의 말을 빌리고, 특정 주제에 대해 말할 만한 자격이 있는 사람의 말을 인용하라.

청중의
흥미를 돋우는 방법

글을 이용한 것이든 말을 이용한 것이든, 모든 의사소통에는 관심의 한계선이 있다. 이 선을 넘어갈 수 있다면 세상은 최소한 일시적으로나마 우리에게 눈길을 보내지만, 그 선을 넘을 수 없다면 그냥 물러서는 편이 좋다, 세상은 우리에게 관심을 보이지 않을 것이다.

- 해리 A. 오버스트리트, 《인간 행동을 조종하는 힘(Influencing Human Behavior)》

항상 뭔가 할 말을 갖고 있어라. 사람들은 할 말이 있는 이와 할 말이 없으면 결코 입을 열지 않는 이의 말에는 반드시 귀를 열어 준다. 입을 열기 전에는 언제나 자신이 무슨 말을 하려고 하는지 알고 있어야 한다. 만약 당신의 마음이 부옇게 흐린 상태라면 청중의 마음은 한층 더 뒤죽박죽일 것이다. 항상 생각을 일정한 순서대로 정렬하라. 그 생각들이 아무리 단순하다 해도, 시작과 중간과 끝이 있다면 더욱 좋을 것이다. 어떤 경우에도 명확하게 만들고, 그것이 무엇이든 당신이 의미하는 바가 청중에게 그 생각을 분명하게 전달되도록 하라. 논쟁적인 대화에 참여할 때는 상대가 어떻게 나올지 예측하라. 농담에는 진지하게 대꾸하고, 진지함에는 농담으로 대응하라. 그리고 항상, 당신이 상대하게 될 청중의 성격을 미리 파악하라. 절대로 청중의 입에서 하품이 나오지 않게 하라.

- 브라이스 경(Lord Bryce)

14
청중의
흥미를 돋우는 방법

만일 당신이 중국 어느 지역의 부잣집에 식사 초대를 받았다면, 식사를 마친 뒤 어깨 너머로 그 집 마룻바닥에 닭고기 뼈와 올리브 씨앗을 던지는 것이 예의다. 그것은 주인을 칭찬하는 행동이기 때문이다. 즉, 그렇게 함으로써 당신은 그가 부자라는 것과, 그렇게 어질러도 식사 후에 깔끔하게 치울 하인들이 많다는 사실을 인정하는 것이다. 그러면 주인은 아주 만족해 할 것이다.

부잣집에서는 식사 후에도 남아 있는 음식 같은 것에 전혀 신경 쓰지 않겠지만, 중국의 일부 가난한 지역에서는 목욕물도 아껴 써야 한다. 심지어 물을 데우는 비용이 너무 많이 들기 때문에 더운 물은 가게에서 사야 할 정도다. 목욕을 마치면 사 왔던 물을 다시 가져다가 처음에 구입했던 가게에 중고품으로 되판다. 그런데 그 물은 두 번째 고객이 몸을 씻는 데 사용한 후에도 계속 거래가 된다. 가격이 조금 할인되긴 하지만 말이다.

중국인들의 삶에 관한 이런 사실들이 재미있는가? 만일 그렇다면 왜 그럴까? 그것이 우리의 일상과 다른 모습을 보여 주기 때문이다. 그들은 식사나 목욕 같은 지극히 일상적인 일들이 매우 특이하게 전개되는 모습을 보여 준다. 익숙하고 일상적인 것의 새로운 면, 이것 때문에 우리는 흥미가 생기는 것이다.

다른 예를 보자. 당신이 지금 읽고 있는 이 책의 종이는 일상에서 흔히 볼 수 있는 것이다. 이미 이런 종이들을 수도 없이 보아 온 당신에게 이것은 진부하고 빤해 보인다. 하지만 내가 그것에 대해 특별한 사실을 이야기하면 당신은 분명히 관심을 가질 것이다. 과연 그럴까? 당신이 보고 있는 이 페이지의 종이는 고체처럼 보인다. 하지만 그것은 고체라기보다 거미집에 가깝다. 물리학자는 그것이 원자로 구성되어 있다는 것을 안다.

원자는 얼마나 작을까? 12장에서 우리는 물 한 방울에 들어가는 원자 수가 지중해의 물방울 수만큼, 또 지구상의 풀잎 수만큼 많다는 이야기를 들었다. 그렇다면 이 종이를 이루는 원자는 무엇으로 이루어져 있을까? 그것은 원자보다 더 작은 전자와 양자다.

이 전자들은 모두 원자의 중앙에 있는 양자를 중심으로 회전한다. 그리고 상대적인 비례로 볼 때, 그 둘 사이의 거리는 지구와 달 사이의 거리만큼 멀다.

이 소우주 속의 전자들은 초당 약 1만 6,000킬로미터라는 상상하기 힘든 속도로 자신의 궤도를 돈다. 따라서 당신이 보고 있는 이 종이를 구성하는 전자들은 당신이 바로 이 문장을 읽기 시작한 후 뉴욕에서 도쿄 사이의 거리만큼 움직였다는 말이 된다.

2분 전만 해도 당신은 이 종이가 움직일 수 없는 죽은 물체라 여겼을 것이다. 하지만 이것은 신의 신비고 대폭풍의 힘을 지닌 진정한 에너지 덩어리다.

당신이 지금 이 종이에 관심을 가진다면, 그 이유는 종이에 대한 새롭고 특별한 사실을 알게 되었기 때문이다. 바로 여기에 사람들의 흥미를 돋우는 비결이 있다. 이것은 매우 중요한 진실이므로 우리는 일상의 모든 관계에서 이것을 유용하게 활용할 수 있어야 한다. 완전히 새로운 것은 재미가 없다. 지극히 평범한 것도 마찬가지다. 우리가 원하는 것은 일상적인 것에 대한 뭔가 새로운 이야기다.

가령 일리노이 주 농부에게 부르쥬의 대성당이나 모나리자에 대한 설명이 흥미롭게 여겨질까? 그것은 그에게 너무 낯설고, 그의 관심사와 동떨어져 있다. 하지만 '네덜란드 농부들은 해수면보다 낮은 땅을 경작하고, 도랑을 파서 울타리를 삼으며, 다리를 세워 대문을 삼는다'는 말이라면 그는 아마 관심을 가질 것이다. 또한 네덜란드 농부들은 겨울에 소들을 사람 가족과 한 지붕 밑에서 키우고, 가끔 소들은 레이스 커튼 사이로 하늘에서 떨어지는 눈을 구경한다는 이야기는 어떨까? 그 농부는 분명히 귀가 솔깃할 것이다. 농부에게 있어 소와 울타리는 일상적이지만 그것이 새롭게 다가올 것이기 때문이다. '소한테 레이스 커튼? 말도 안 돼!' 그리고 친구들에게도 이 사실을 전할 것이다.

다음은 뉴욕에서 이 강좌에 참여했던 학생의 이야기다. 이 글이 흥미로운지 살펴보라. 만약 흥미롭게 느껴진다면 그 이유가 무엇인지 알겠는가?

황산이 끼치는 영향

대부분의 액체는 파인트, 쿼트, 갤런, 또는 배럴 단위로 측정됩니다. 우리는 보통 포도주 몇 쿼트, 우유 몇 갤런, 당밀 몇 배럴 하는 식으로 말합니다. 새 유정이 발견되면 '하루 생산량이 몇 배럴이다.'라는 식으로 말이죠. 하지만 대량으로 제조되고 소비되기 때문에 계량 단위를 톤으로 사용하는 액체가 있는데, 그것이 바로 황산입니다.

우리는 일상에서 여러 방식으로 황산을 접합니다. 황산이 없으면 자동차는 달리지 못하이 우리는 말이나 마차를 타고 다녀야 할 것입니다. 황산은 등유와 가솔린을 정제하는 데 사용되기 때문입니다. 사무실을 밝히고 식탁을 비추고 밤에 침대에 가는 길을 밝혀 주는 전깃불도 황산이 없다면 빛을 낼 수 없습니다.

아침에 일어나 씻기 위해 물을 틀 때도 우리는 니켈로 도금한 수도꼭지를 사용하는데, 그 수도꼭지를 만드는 데도 황산이 필요합니다. 또한 황산은 에나멜을 입힌 욕조의 마무리 공정 때도 필요합니다. 우리가 매일 사용하는 비누도 그렇습니다. 비누는 황산으로 처리된 그리스나 기름으로 만들어지는 것이니까요. 수건도, 빗의 솔에도, 셀룰로이드 빗도 황산이 없었다면 세상에 등장하지 않았을 것입니다. 면도칼도 틀림없이 가열 냉각된 후에는 황산에 의해 씻겨졌을 겁니다.

표백업자, 염료 제조업자 그리고 염색업자도 황산을 사용합니다. 단추 제조업자는 단추를 만들 때 황산이 필요하다는 것을 알았을 것입니다. 제혁업자는 구두 제작용 가죽을 만들 때 황산을 사용했고, 구두를 닦을 때도 그것을 필요로 합니다.

식탁 위의 컵과 받침 접시도 흰색이 아닌 이상, 황산의 도움 없이는 그곳에 올라올 수 없습니다. 황산은 금박과 다른 장식용 착색제를 만들 때도 사용됩니다. 숟가락, 칼, 그리고 포크도 은도금이 아니라면 모두 황산을 사용한 것들입니다.

빵을 만들 때 쓰이는 밀은 아마 인산비료를 써서 재배되었을 텐데, 이 인산비료 역시 황산을 필요로 합니다. 혹시 팬케이크에 시럽을 곁들인다면, 그 시럽에도 들어가야 하고요.

결국 황산은 하루종일 우리를 졸졸 따라다닙니다. 어디를 가든 벗어날 수가 없지요. 황산이 없이는 전쟁도 할 수 없고 평화롭게 살 수도 없습니다. 이렇듯 인간과 떼려야 뗄 수 없는 관계인 이 물질이 보통 사람들에게 낯설다는 사실은 있을 수 없는 일처럼 보이지만 사실입니다.

• 세상에서 가장 재미있는 세 가지

세상에서 가장 재미있는 세 가지는 무엇일까? 섹스, 재산, 그리고 종교다. 우리는 섹스를 통해 생명을 창조하고, 그것을 유지하는 데 재산을 사용하며, 종교를 통해 다음 생에서도 계속 그것을 이어 나가기를 기대한다. 하지만 우리의 관심 대상은 우리의 섹스와 우리의 재산 그리고 우리의 종교다. 우리의 모든 관심은 자아를 중심으로 돌아간다.

우리는 '페루에서 유언장을 작성하는 법'에 대해 관심이 없지만, '우리의 유언장을 작성하는 법'에는 흥미를 가진다. 우리는 아마 힌두인의 종교에 관심이 없겠지만, 우리의 영원한 행복을 보장해 주는 종교에 대해서는 강한 흥미를 느낀다.

노스클리프 경은 '사람들은 무엇에 흥미를 갖는가?'란 질문에 바로 '자기 자신'이라고 답했다. 영국에서 가장 부유한 신문사의 소유주였던 그에게 그것은 어려운 질문이 아니었을 것이다.

당신은 자신이 어떤 사람인지 알고 싶은가? 이것은 정말 재미있는 주제다. 우리는 지금 당신에 대해 말하고 있다. 당신의 진정한 자아를 비춰서 당신의 실체를 있는 그대로 볼 수 있는 방법이 있다. 당신의 환상을 보라. 환상은 무엇을 말하는가? 제임스 하비 로빈슨 교수가 《마음의 형성》에서 했던 말을 들어보자.

우리 모두는 자신이 깨어 있는 시간 내내 생각을 하고 있다고 믿는다. 하지만 깨어 있을 때뿐만 아니라, 엉뚱하긴 하지만 잠을 자는 동안에도 우리는 계속 생각한다. 어떤 실제적인 문제에 방해를 받지 않는한 우리는 환상에 빠져든다. 이것은 자연스럽고 우리가 좋아하는 종류의 사고다. 우리는 생각의 흐름에 몸을 맡기고, 이 흐름의 방향은 우리의 희망과 두려움, 무의식적 소망, 그런 소망의 충족과 좌절 그리고 우리가 좋아하고 싫어하는 것, 우리의 사랑과 분노와 증오에 의해 결정된다. 우리에게 있어 우리 자신보다 더 흥미로운 주제는 없다. 강한 힘으로 통제되거나 조절되지 않는 모든 생각은 우리 자아를 중심으로 돌아간다. 우리 자신과 다른 사람들에게서 나타나는 이런 경향을 살펴보는 것은 즐거우면서도 안타까운 일이다. 우리는 이런 진실을 못본 척 너그러이 넘기는 법을 배우지만, 일단 마음먹고 이 문제를 생각하기 시작하면 그것은 한낮의 태양처럼 강한 빛을 쏟아 낸다.

우리의 환상은 우리의 근본적인 성격의 주요 지표를 만든다. 그것은 숨어 버리거나 기억에서 사라진 경험에 의해 변형된 우리의 성격을 반영한다. 이 환상은 의심의 여지없이 자기확대와 자기정당화의 경향 속에서 우리의 모든 사고에 영향을 끼친다.

그러므로 청중은 심각한 문제로 신경을 쓸 일이 없을 때는 대부분 자기 자신에 대해 생각하고 자신을 정당화하는 데 시간을 보낸다는 사실을 기억하라.

일반 사람들은 이탈리아가 미국에 진 빚을 갚는 문제보다 요리사가 일을 그만두는 문제에 관심을 가진다는 사실을 잊지마라. 남아프리카에서 일어난 혁명보다 무딘 면도날에 더 신경이 거슬릴 것이고, 50만 명의 생명을 앗아간 아시아의 지진보다 자신의 치통이 더 괴로운 일일 것이다. 그는 역사적 위인들 열 명의 이야기보다 자신과 관련된 말을 듣는 것을 좋아할 것이다.

• 좋은 대화자가 되는 방법

많은 사람이 대화에서 실패하는 이유는 자신이 흥미를 가지는 것에 대해서만 이야기하기 때문이다. 정작 그 주제는 상대방을 미치도록 지루하게 만드는 것일지도 모르는데 말이다. 그러니 이 과정을 뒤집어라. 상대방이 자신의 관심사나 사업, 골프 스코어 그리고 성공에 대해, 또는 상대가 아이 엄마라면 그녀의 자녀들에 대해 말하도록 유도하라. 상대방의 말에 귀를 기울이면 그에게 당신은 기분 좋은 사람이 될 수 있다. 결과적으로 당신은 별로 말을 하지 않았지만, 즐거운 대화 상대로 여겨질 수 있는 것이다.

필라델피아의 해롤드 드와이트 씨는 최근 대중연설 강좌의 마지막 수업에서 굉장히 인상적인 연설을 했다. 그는 테이블에 둘러앉아 있는 사람들에게 차례로 돌아가면서 이야기를 했다. 자신이 처음 이 강의를 들었을 때는 어떻게 말했고 얼마나 실력이 향상되었는지, 여러 수강생들이 했던 연설과 토론한 주제를 회고했으며, 그들 중 몇몇의 말투를 흉내 내고 그들의 특이한 버릇을 보여 주며 사람들을 즐겁게 했다. 이렇게 훌륭한 재료를 가지고 실패할 수 있을까? 그것은 지극히 이상적인 주제였다. 이것만큼 그들의 관심을 자극할 만한 다른 주제가 과연 무엇이겠는가? 드와이트는 인간성을 어떻게 다뤄야 하는지 아는 사람이었다.

• 200만 독자를 끌어모은 아이디어

몇 해 전 〈아메리칸 매거진〉은 비약적으로 성장했다. 폭발적으로 증가한 발행부수는 출판계의 놀라운 화젯거리가 되었는데, 그 비밀의 중심에는 존 M. 시달과 그의 아이디어가 있었다. 내가 처음 만났던 당시의 그는 그 잡지의 '화제의 인물 부서'를 이끌고 있었다. 나는 그를 위해 기사를 몇 번 써 준 적이 있는데, 어느 날 그는 오랜 시간 동안 내게 이런 이야기를 들려주었다.

"사람들은 이기적입니다. 자기 자신에게만 관심이 있으니까요. 그들은 정부의 철도 국유화 필요에 대해 별 관심이 없습니다. 그들의 관심사는 성공하는 법, 많은 돈을 버는 법, 건강을 유지하는 법 등입니다. 제가 이 잡지의 편집자라면 저는 그들에게 치아 관리법, 여름을 시원하게 보내는 법, 일자리를 얻는 법, 종업원을 다루는 법, 잘사는 법, 잘 기억하는 법, 문법적인 오류를 피하는 법을 알려 줄 것입니다. 사람들은 사람 사는 이야기를 좋아합니다. 그래서 저는 부자에게 그가 어떻게 부동산에서 백만 달러를 벌었는지 얘기해 달라고 할 생각입니다. 유명한 금융인이나 기업 사장님들에게는 그들이 평범한 시작을 딛고 힘과 부를 소유하게 된 과정에 대한 이야기를 끌어낼 것이고요."

그리고 얼마 안 돼서 시달은 편집장이 되었다. 당시 이 잡지는 발행부수도 보잘 것 없는 등 거의 실패한 것이나 다름없었다. 하지만 사람들의 반응은 폭발적이었고 발행부수는 20만, 30만, 40만, 50만 이상으로 올라갔다. 여기엔 대중이 원하는 뭔가가 있었다. 곧 한 달에 그 잡지를 구매하는 사람은 100만을 넘어섰고, 이어 150만, 200만으로 늘어났다. 이 기세는 여러 해 동안 지속되었다. 독자들의 이기적인 관심에 호소한 시달의 전략이 효과를 거둔 것이다.

• 콘웰 박사가 100만 명의 청중을 사로잡은 방법

세상에서 가장 인기 있는 강연인 '다이아몬드의 땅'의 비밀은 무엇일까? 그것은 우리가 지금까지 이야기 한 것에 있다. 존 M. 시달은 앞서 언급했던 나와의 대화 중에 이 강연에 대해서도 이야기했다. 그리고 나는 그 강연의 엄청난 성공이 그의 잡지가 나아갈 방향을 정하는 데 영향을 미쳤다고 생각한다.

그 강연은 결코 정적이지 않았다. 콘웰 박사는 자신이 연설하게 될 지역의 상황과 사정에 맞춰 강연의 내용을 다듬고 보완했는데, 이것은 매우 중요한 과정이었다. 해당 지역과 관련된 사실을 언급하는 것은 강연을 새롭고 신선해 보이게 하고, 그 지역과 청중을 돋보이게 하는 방법이었기 때문이다. 다음에서 그는 이 작업을 어떻게 했는지 들려준다.

"나는 마을이나 도시를 방문하면 그곳에 미리 가서 우체국장, 이발사, 호텔 관리인, 학교 교장 선생님, 교회 목사님 등을 만나 본다. 그리고 공장이나 가게들에도 들러서 사람들과 이야기하며 그 지역의 현지 사정을 이해하고, 그들의 역사, 그들이 경험한 행운과 실패의 내용을(어느 곳에나 실패하는 일은 있기 마련이므로) 살핀다. 그런 뒤 실제로 강연을 할 때는 그 지역 상황에 적용되는 주제들을 이야기한다. 그럼에도 '다이아몬드의 땅'의 기본 정신은 전혀 달라진 적이 없다. 그 기본 정신이란, 이 나라의 모든 사람은 자신이 처한 환경에서 자신의 기술과 에너지, 친구들만을 가지고도 지금보다 더 발전할 가능성이 있다는 것이다."

• 항상 관심을 끄는 연설 자료

사물이나 개념에 대한 이론적인 이야기는 사람들을 지루하게 만들 가능성이 높다. 하지만 사람에 대해 이야기하면 그들의 관심을 끄는 데 실패할 가능성이 낮다. 내일도 미국 전역의 뒷마당 울타리 너머로, 찻잔을 사이에 두고, 또는 식탁 위에서 많은 이야기가 오고갈 텐데, 그 무수한 이야기의 내용은 대부분은 어떤 것들일까? 바로 사람과 세상에 대한 것이다. 그 사람은 이런 말을 했고, 저 사람은 이런 일을 했으며, 나는 그녀가 이런 일을 하는 것을 봤고, 누구는 엄청난 돈을 벌었다 등과 같이 말이다.

나는 미국과 캐나다의 학생들 앞에서 연설할 기회가 많았는데, 그들의 관심을 얻으려면 사람에 관한 이야기를 들려줘야 한다는 사실을 깨달았다. 내가 화제를 조금 일반적인 방향으로 틀어 추상적인 개념으로 옮겨 가면 아이들은 곧 답답해하고 의자에서 몸을 뒤틀었으며, 누군가에게 얼굴을 찌푸리거나 통로 쪽으로 뭔가를 던졌다.

사실 이 청중은 아이들이었기 때문에 당연한 일이기도 했다. 하지만 전쟁 중에 군대에서 실시한 지능검사는 미국인의 49퍼센트가 13세 어린이의 정신연령 수준이라는 놀라운 사실을 보여 줬다. 그렇기에 사람에 관한 이야기를 한다고 해서 그 연설이 잘못될 가능성은 거의 없다고 하겠다. 그런 이야기들은 수백만의 독자가 있는 〈아메리칸(American)〉, 〈코스모폴리탄(Cosmopolitan)〉, 〈새터데이 이브닝 포스트〉 같은 잡지들을 가득 채우고 있다.

나는 전에 파리에 있는 미국 기업인들에게 성공하는 법에 대한 강연을 해 달라고 요청한 적이 있다. 그들 대부분은 빤한 덕목들을 강조하면서 설교와 훈계조의 강의로 청중을 지루하게 했다(최근에 우연히 나는 미국의 가장 유명한 기업인 한 사람이 라디오 담화에서 같은 주제를 놓고 위와 같은 실수를 하는 것을 보았다).

나는 수업을 멈추고 이렇게 말했다.

"우리는 설교를 원하지 않습니다. 이런 것을 좋아하는 사람은 아무도 없으니까요. 당신의 말이 재미없으면 우리는 아무런 주의도 기울이지 않는다는 것을 기억하십시오. 또 세상에서 가장 재미있는 이야기 중의 하나가 승화되고 미화된 남의 뒷말이라는 것도 잊지 마십시오. 그러니 우리에게 당신이 알고 있는 두 사람의 이야기를 들려주십시오. 한 사람은 왜 성공하고 다른 사람은 왜 실패했는지 말입니다. 우리는 그런 이야기를 즐겁게 듣고 기억하며, 그것으로부터 교훈을 얻을 수 있을 것입니다. 더구나 이런 이야기들은 장황하고 추상적인 설교보다 사람들에게 전달하기도 쉽습니다."

그 강좌를 들었던 어떤 학생은 자기 자신이나 청중의 흥미를 자극하는 일에 자신이 없다고 했다. 하지만 그날 밤, 그는 사람 냄새가 나는 이야기를 활용하라는 제안에 무엇인가 느끼는 것이 있었는지, 우리에게 그의 두 대학 친구에 대한 이야기를 들려주었다. 한 명은 굉장히 보수적이어서 시내의 각기 다른 가게에서 셔츠를 구입한 후 도표를 만들어 어느 것이 가장 잘 세탁되고 오래 입을 수 있는지, 가격에 비추어 효용 가치가 가장 높은 것은 어느 것인지 등을 기록했다. 그는 항상 돈을 신경 썼다. 하지만 공과 대학을 졸업하고 직장을 구할 때, 그는 자신을 대단한 존재로 생각해 다른 졸업생들이 하는 것처럼 바닥에서부터 시작해 차츰차츰 사다리를 올라가려 하지 않았다. 세 번째 연례 동창회를 할 때까지 그는 여전히 셔츠의 세탁 차트를 만들었고, 그동안 호박이 굴러들어올 듯 좋은 일이 일어나길 기다렸다. 그 이후 25년이 지난 지금, 이 친구는 여전히 불만투성이인 데다가 삶에 환멸을 느끼고 별 볼일 없는 자리에 머물러 있다.

그리고 연사는 이 실패 사례를 모두의 기대를 뛰어넘은 다른 한 친구의 이야기와 대비시켰다. 그 친구는 그를 좋아하지 않는 사람이 없을 정도로 뛰어난 사교가였다. 그는 나중에 큰일을 해 보겠다며 큰 꿈을 가졌지만, 일단 제도공으로 작게 시작했다. 하지만 그는 항상 기회를 엿보았다. 당시 버펄로에서는 미국 박람회 개최를 위한 계획을 세우고 있었다. 그는 그곳에 공학적 재능을 가진 이가 필요하다는 것을 알고 필라델피아의 일을 정리한 뒤 버펄로로 옮겼다. 호감을 주는 성격인 그는 정치적 영향력을 갖고 있던 버펄로의 한 인사와 친구가 되었다. 두 사람은 동업 관계를 맺고 당장 계약한 사업에 뛰어들었다. 그들은 전화회사를 위해 많은 일을 했고, 결국 이 친구는 고액 임금을 받고 그 회사에 스카우트되었다. 지금 그는 수백만 달러의 재산가이자 웨스턴 유니언의 대주주 중 한 사람이다.

여기에는 그 연사가 한 말의 개요만 옮겨 놓았다. 그는 놀랍고 사람 냄새가 나는 세부 내용으로 자신의 이야기에 재미를 더했다. 평소에는 3분짜리 연설을 위한 자료도 마련하기 벅차했던 그 학생은 계속해서 이야기를 했고, 끝낸 후에는 30분이나 자기 혼자 강단을 주름잡았다는 사실에 이루 말할 수 없을 정도로 놀라며 신기해했다. 그 이야기는 무척 흥미로웠기 때문에 모든 청중은 그것이 너무나도 짧다고 느꼈다. 그 연설은 이 학생이 최초로 거둔 진정한 승리였다.

이 사례를 통해 누구든 교훈을 얻을 수 있다. 평범한 연설도 인간미 넘치는 사연이 그 안에 가득하다면 한층 더 설득력 있게 다가올 수 있다. 연사는 몇 가지 요점을 말하고 거기에 구체적인 사례를 덧붙이는 방식을 취해야 한다. 이런 방식은 청중의 관심을 효과적으로 지속시킬 수 있다.

이런 이야기들은 투쟁, 즉 내가 무엇을 위해 싸웠고 어떤 승리를 했는지에 대한 것이어야 한다. 우리 모두 싸움과 투쟁에 큰 관심을 가지고 있다. 옛날 속담에 '세상은 사랑하는 사람을 사랑한다.'는 말이 있는데 이것은 사실이 아니다. 세상이 사랑하는 것은 싸움과 다툼이다. 세상은 한 여자를 두고 싸우는 두 연인을 보길 원한다. 이런 내용은 대부분의 소설이나 잡지, 또는 영화나 드라마의 기본이다. 모든 장애물이 사라지고 그 남자주인공이 여자주인공을 자신의 품에 안을 때 청중은 자신의 모자와 외투를 집어 들기 시작한다. 그리고 5분 뒤에는 청소부들이 자신의 빗자루에 대해 이러쿵저러쿵 수다를 떠는 것이다.

모든 잡지와 소설은 이것을 토대로 한다. 독자를 주인공으로 만들어라. 그로 하여금 뭔가를 강하게 열망하게끔 하고, 그 뭔가를 얻기란 불가능한 것처럼 보이게 하라. 그리고 주인공이 어떻게 그것을 얻기 위해 싸우고 쟁취에 성공하는지를 보여 주어라.

누군가가 사업이나 어떤 전문적 일을 수행하는 과정에서 불리한 여건과 어떻게 싸워 승리했는지에 대한 이야기는 언제나 감동적이고 재미있다. 한 잡지 편집자는 내게 어떤 사람의 진정한 내면의 이야기가 사람의 흥미를 돋운다는 사실을 지적했다. 만일 누군가 싸우고 투쟁했다면(그렇지 않은 사람이 누가 있을까마는) 그의 이야기가 잘 전달될 경우 엄청난 매력을 보여 줄 것이다. 이것은 틀림없는 사실이다.

• 구체적이어야 한다

나는 대중연설 강좌에서 철학박사 한 사람과 30년 전 영국 해군에서 청춘을 불태운 열정적인 학생을 만난 적이 있다. 그 멋진 학자는 대학교수였고, 일곱 개 바다를 거느리던 그의 친구는 뒷골목의 조그만 이삿짐센터 주인이 되었다. 이상하게 들리겠지만, 강좌 내내 그 이삿짐센터 주인의 연설이 철학교수의 연설보다 인기가 있었다. 왜 그럴까?

그 대학교수는 아름다운 영어를 구사했고, 태도는 교양 있고 세련되었으며 언어 또한 명확했고 논리 정연했다. 하지만 그의 이야기에는 한 가지 중요한 요소, 즉 구체성이 결여되어 있었다. 그것은 너무 애매하고 일반적이었다. 그에 반해 그 이삿짐센터 주인은 일반화시켜 말할 수 있는 능력은 많이 부족했지만 말을 시작하면 곧장 실무적인 이야기로 들어갔다. 이런 특징은 그의 활달함과 신선한 표현이 더해져 이야기를 유쾌하게 만들었다.

이 사례를 이야기하는 이유는 그것이 대학교수나 이삿짐센터 주인의 전형적인 예이기 때문이 아니라, 교육 수준과 상관없이 자신의 말에 구체성과 명확성을 더한 사람이 흥미를 잘 유발한다는 사실을 보여 주기 때문이다.

이 원칙은 중요하기 때문에 몇 가지 예를 통해 당신에게 각인시킬 생각이다. 반드시 깊이 유념하고 소홀히 하지 않길 바란다.

예를 들어 마르틴 루터는 소년 시절 '고집이 세고 완고했다.'라고 말하는 것이 더 재미있겠는가, 아니면 그가 선생님들에게 '오전에만 열다섯 번 회초리를 맞은 적도 있었다.'라고 고백했다는 표현이 더 좋겠는가? 전자의 말은 사람들의 이목을 끌기 어렵다. 하지만 말을 안 들어 선생님께 매를 맞은 횟수를 말하면 듣는 사람은 관심을 가질 것이다.

예전에는 전기문을 쓸 때 일반적인 사례들을 주로 다뤘고, 아리스토텔레스는 이것을 적절하게 '나약한 인간의 피난처'라고 불렀다. 새로운 전기문들은 구체적인 사실들을 제시하고 그들 스스로 말하게 하는 방식이 사용된다. 가령 구식 전기 작가는 '존 도우는 가난하지만 정직한 부모 밑에서 태어났다.'라고 말했다면, 새로운 방법을 사용하는 작가는 '존 도우의 아버지는 덧신 한 짝을 사서 신을 형편도 안 되어 눈이 올 때 발을 보호하기 위해 굵은 삼베 자루로 신발을 싸매야 했다. 하지만 가난했음에도 그는 절대 우유에 물을 타지 않았고 천식이 있는 말을 건강한 말이라고 속여 팔지도 않았다.'라고 할 것이다. 이 정도면 그의 부모가 '가난하지만 정직했다'는 사실을 실감 나게 전달하지 않는가? 또한 흥미를 끌지 않는가?

현대 전기 작가들의 이 방법에 공감한다면, 현대의 연사들 역시 이것을 사용해 봄직하다. 예를 들어 '매일 나이아가라에서 낭비되는 잠재적인 동력은 가공할 만한 수준'이라는 말을 하고 싶어서 이 말을 한 뒤 '만일 이 동력을 이용하고 여기서 나오는 이익을 생필품 구입에 사용한다면, 많은 사람에게 옷을 입히고 음식을 먹일 수 있습니다.'라고 덧붙인다고 가정하자. 이것이 더 재밌고 즐겁게 들리지 않는가? 조금이 아니라 훨씬 낫다. 다음은 〈데일리 사이언스 뉴스 불러틴(Daily Science News Bulletin)〉에 실린 에드윈 E. 슬로선(Edwin E. Slosson)의 글이다.

우리는 이 나라의 수백만 명이 가난 속에서 제대로 먹지도 못하고 있다는 말을 듣는다. 하지만 여기 나이아가라에서는 시간당 25만 개의 빵 덩어리가 낭비되고 있다. 우리는 마음의 눈을 통해 매 시간마다 60만 개의 신선한 계란이 절벽 위로 떨어져 소용돌이 속에서 거대한 오믈렛을 만드는 광경을 볼 수 있다. 이것은 베틀에서 만들어진 무명천들이 나이아가라 강만 한 1,200미터 넓이의 하천으로 흘러 들어가 사라지는 것과 같다. 만일 그 물이 방수관에서 쏟아져 나오는 책이라면 한두 시간 만에 카네기 도서관 전체를 채울 것이다. 아니면, 매일 커다란 백화점이 이리 호(Lake Erie)에 떠 내려와 그 안의 물건들이 50미터 아래 바위 위로 내던져져 박살나는 모습을 상상해볼 수 있다. 그것은 정말 재미있고 짜릿한 장면일 것이고, 지금만큼이나 사람들에게 흥미로운 구경거리가 될 것이며 유지비 또한 들지 않을 것이다. 하지만 떨어지는 물의 힘을 이용하는 데 반대하는 일부 사람들은 백화점 물건을 폭포 아래로 버리자는 생각이 낭비인 것 같아 반대할 수도 있다.

• 시각적인 언어

관심을 끄는 데 있어서 굉장히 중요하지만 무시되는 한 가지 기술이 있다. 보통 연사들은 이것의 존재를 모르는 것 같고, 그것에 대해 의식적으로 생각하지도 않는 것 같다. 그것은 바로 마음속에 어떤 그림을 그려 낼 수 있게 하는 언어다. 듣기 쉽게 말하는 사람은 눈앞에 이미지가 떠다니게 하는 사람이다. 애매하고 상투적이며 개성 없는 상징을 이용하는 사람은 청중을 지루하게 만든다.

청중의 머릿속에 그림이 그려지게 하라. 그것은 우리가 숨 쉬는 공기만큼 자유롭다. 시각적인 언어로 연설이나 대화를 시작하면 청중은 더 즐거워할 것이고 당신은 더 강한 힘으로 그들을 매료시킬 것이다.

앞에서 말한 나이아가라 관련 기사를 다시 보자. 시각적인 어휘들이 보이는가? 그들은 오스트레일리아의 토끼 떼처럼 문장에서 깡충깡충 뛰어다니고, 안 보인다 싶으면 이내 다시 나타난다. 25만 개의 빵 덩어리, 절벽 아래로 떨어지는 60만 개의 달걀, 소용돌이 속의 거대한 오믈렛, 베틀에서 쏟아져 나와 1,200미터 넓이의 하천으로 들어가는 무명천들, 방수관 밑의 카네기 도서관, 책들, 물 위에 떠다니는 부서진 백화점, 떨어지는 물……

이런 기사나 연설에 관심을 주지 않는 것은 극장에서 스크린에 관심을 주지 않는 것과 같다. 허번트 스펜서는 오래 전에 문체의 철학에 대해 쓴 짧은 수필에서 명확한 그림이 그려지게 하는 언어의 우수함을 이렇게 지적했다.

우리는 일반화시켜 생각하지 않고 구체적으로 생각한다. 예를 들어 이런 문장은 피해야 한다. '한 민족의 풍속과 관습, 오락이 잔인하고 야만적인 정도에 비례해 그들의 형법 규정의 엄격함이 결정될 것이다.' 이런 문장은 다음과 같은 문장으로 대체되어야 한다. '싸움, 투우, 그리고 검투사의 혈투를 즐기는 것만큼 사람들은 교수형, 화형, 그리고 고문에 의한 처벌을 받을 것이다.'

성경과 셰익스피어 작품에는 사과 주스 압착기 주위에 몰려든 벌 떼처럼 시각적 표현이 넘쳐난다. 가령 보통의 작가는 불필요하게 어떤 일을 하려는 상황을 '이미 완벽한 것을 개선하려 한다.'라고 표현하겠지만 셰익스피어는 '정련된 금에 도금을 하며 백합에 채색을 하고 제비꽃에 향수를 뿌리는 격'이라는 불멸의 회화적 표현으로 전했다.

혹시 당신은 수 세대를 거쳐 전해진 속담들은 전부 시각적이라는 사실에 주목해 본 적이 있는가?

'숲 속의 새 두 마리보다 손에 있는 한 마리의 새가 낫다.'

'비가 오면 억수로 퍼붓는다.'

'말을 물가로 끌고 갈 수는 있지만, 억지로 물을 마시게 할 수는 없다.'

수백 년 동안 너무 많이 사용되어 상투적인 느낌을 주는 직유들도 회화적 요소를 가지고 있다. 예를 들어 '여우처럼 교활한', '문에 박힌 못처럼 꼼짝 못하는', '팬케이크처럼 납작한', '바위처럼 단단한' 등과 같은 것들 말이다.

링컨은 항상 시각적인 표현을 사용했다. 그는 백악관의 자기 책상 위에 올라오는 길고 복잡한 보고서에 대해 화를 낼 때조차 평범한 표현이 아닌, 잊을 수 없는 시각적인 표현으로 부하들을 나무랐다. "내가 다른 이에게 말을 사 오라고 할 때는 그 말의 꼬리에 털이 몇 개나 붙어 있는지가 궁금하기 때문이 아니오. 내가 알고 싶은 것의 말의 중요한 특징들이오."

• 대조와 흥미 유발 효과

다음은 매콜리(Macaulay)가 찰스 1세를 비난한 글이다. 매콜레이는 회화적 표현뿐만 아니라 균형 있는 문장을 사용했다. 격한 대비는 언제나 사람들의 관심을 끌고 글의 뼈대를 형성한다.

> 우리는 그가 대관식 맹세를 어겼다고 비난하지만, 그는 자신의 결혼 서약을 지켰다고 말한다. 우리는 그가 다혈질적인 성직자들의 횡포에 백성들을 내주었다고 비난하지만, 그는 어린 아들을 무릎에 앉히고 입맞춤을 했다고 주장한다. 우리는 그가 심사숙고한 끝에 권리청원 조항을 위반했다고 비난했지만, 우리가 듣는 얘기는 그에게 아침 6시에 기도하는 습관이 있다는 것이다. 이런 것들이 그의 반다이크 풍의 의복과 잘생긴 얼굴, 그리고 뾰족한 수염과 함께 인기가 있다는 이유라고 본다.

• 흥미는 전염된다

우리는 지금까지 청중의 관심을 일으키는 요소들을 살펴봤다. 하지만 여기 제시된 모든 방법을 기계처럼 정확하게 따른다고 해도 연설은 지루해질 수 있다. 사람들의 관심을 끌고 유지시키는 힘은 아주 미묘한 것이기 때문에, 실제로는 느낌과 기분이 많은 것을 결정한다. 그것은 증기 엔진을 작동시키는 것과는 달라서, 이를 위한 어떤 정확한 규칙도 존재할 수 없다.

흥미는 전염된다는 사실을 기억하라. 만일 당신이 흥미라는 병에 걸린 환자라면 청중도 그 병에 전염될 것이다. 얼마 전에 볼티모어에서 열린 강좌 중에 한 신사가 일어나서 체서피크 만에서 일어난 볼락 포획이 현재 방식대로 진행된다면 이 어종은 멸종할 것이라고 말했다. 그것도 몇 년 안에 말이다. 그는 자신의 주장을 마음으로 느꼈다. 중요한 것은 바로 그것이다. 그는 이 문제를 심각하게 생각했고, 그의 모든 말과 태도는 그것을 분명하게 보여 주었다. 그가 말을 하기 위해 일어났을 때 나는 체서피크 만에 볼락 같은 어종이 있는지조차 몰랐다. 대다수의 청중도 그랬을 것이다. 하지만 그 신사가 이야기를 끝내기도 전에 우리 모두는 그의 우려에 전염되었다. 우리 모두 볼락을 법으로 보호하자는 청원서에 서명이라도 할 기세였다.

언젠가 나는 당시 이탈리아 주재 미국 대사였던 리처드 워시번 차일드(Richard Washburn Child)에게 그가 작가로 성공한 비결에 대해 물었다. 그는 이렇게 말했다. "저는 삶이 너무 흥미로워서 가만히 보고만 있을 수가 없습니다. 그것에 대해 말하지 않고는 견딜 수가 없었지요." 이런 연사나 작가에게 누가 매력을 느끼지 않겠는가?

나는 최근 한 연사의 강연을 들으러 런던에 갔다. 강연이 끝나고 우리 일행이었던 영국의 유명 소설가 E. F. 벤슨(E. F. Benson)은 연설의 처음보다 마지막이 훨씬 좋았다고 말했다. 그 이유를 묻자 그는 이렇게 말했다. "연사가 마지막 부분에 흥미를 느끼는 것 같았어요. 제 열정과 관심은 항상 연사에게서 전염되지요."

모든 사람이 그렇다. 그러니 이 점을 기억하라.

청중의 흥미를 돋우는 방법

1. 우리는 일상적인 것들 속에 깃들어 있는 특이한 사실들에 관심을 가진다.

2. 우리가 관심을 갖는 주된 대상은 우리 자신이다.

3. 비록 자신은 별로 말하지 않아도 다른 이들로 하여금 그들 자신과 관심사에 대해 말하게끔 하는 사람, 그리고 그것에 진지하게 귀 기울여 주는 사람이야말로 훌륭한 대화자다.

4. 그럴 듯하게 미화된 남의 뒷말이나 사람들의 구체적인 인생 이야기는 거의 예외 없이 우리의 흥미를 불러일으킨다. 연사는 그저 몇 가지의 핵심 사항들을 인간미 풍기는 이야기로 장식해서 전달해야 한다.

5. 구체적으로 이야기하고, 명확성에 만전을 기하라. 마르틴 루터는 소년 시절 '완고하고 고집이 셌다.'라는 식으로 막연하게 일반화시켜 말하지 마라. 그 사실은 이야기하되, 그 후에는 선생님들이 그를 '오전에만 열다섯 번이나 회초리로 때렸던 적이 있다.'라는 구체적인 내용으로 보강하라. 이렇게 하면 일반적인 진술이 한층 명확해지고 힘을 얻으며 재미있어진다.

6. 그림을 그릴 수 있게 하는 언어, 눈앞에 이미지가 떠다니게 하는 표현을 많이 사용하라.

7. 가능하면 균형 잡힌 문장과 서로 대비되는 개념을 이용하여 논지를 전개하라.

8. 관심은 전염된다. 연사 자신이 진심으로 자신이 말하는 내용에 관심을 느낀다면 청중 역시 반드시 그 분위기에 전염된다. 그러나 그것은 단순히 규칙에 기계적으로 따른다 해서 가능해지는 일이 아니다.

행동을
이끌어 내는 방법

"정말 유능한 연사들은 결코 맹목적인 충동을 자신의 신으로 섬기지 않는다. 그들은 행동과 신념을 지배하는 법칙을 꼼꼼히 연구한 후, 그렇게 형성된 판단력으로 그것들을 조종하고 지배한다."

- 아더 에드워드 필립스,《효과적인 연설》

"비즈니스와 관련된 모든 대화들은 그것이 난로 판매에 관한 것이든 공장의 정책을 표결에 붙이는 것에 관한 것이든 그 목적이 분명하다. 그것은 상품을 파는 것일 수도 있고, 어떤 아이디어를 파는 것일 수도 있다. 따라서 그것은 상용 편지나 길거리 광고판의 광고 문구처럼 사람들의 관심사에 호소할 수 있어야 한다. 치밀하게 준비되고 계획된 대화는 철저히 준비되고 검증된 광고가 그렇듯 전혀 계획 없이 임한 대화보다 훨씬 효과적이다."

- 〈성공적인 비즈니스 대화법〉

"현대의 세련된 청중들은 연사에게 무엇을 요구하는가? 첫째, 연사 자신이 진국이어야 한다. 둘째, 그는 뭔가 가치 있는 것을 알고, 또 그것을 확실히 알아야 한다. 셋째, 연사 자신의 감정과 확신이 그가 제시하는 주제 속에 완전히 녹아 있어야 한다. 넷째, 단순하고 자연스러우며 힘찬 언어로 곧장 핵심을 찔러야 한다."

- 록우드 소프,《현대의 대중연설》

"인생의 위대한 목표는 지식이 아니라 행동이다."

- 헉슬리(Huxley)

"행동이야말로 다른 것과 뚜렷하게 구별되는 위대함의 특징이다."

- E. 세인트 엘모 루이스(E. St.Elmo Lewis)

15
행동을
이끌어 내는 방법

단지 요청만 함으로써 당신이 지니고 있는 어떤 능력을 두세 배로 올릴 수 있다면, 당신은 어떤 능력을 선택할 것인가? 다른 사람의 마음을 움직여 그들의 행동을 이끌어 내는 것을 원하지 않을까? 그것은 우리의 힘, 이익, 기쁨이 더 커지는 것을 의미한다.

성공적인 삶에 필수적인 재능을 언제까지 운에만 맡겨 둘 것인가? 본능이나 주먹구구식 임기응변에만 의존해 일을 그르치면 안 된다. 이런 재능을 얻기 위한 합리적인 방법은 없을까?

당연히 길은 있다. 이제 그것에 대한 이야기를 할 텐데, 상식과 인간 본성의 법칙에 근거를 둔 그 방법은 필자가 자주 사용한 것일 뿐더러 다른 사람들을 훈련시킬 때도 그 효과를 입증한 바 있다.

이 방법의 첫 단계는 사람들의 관심을 받는 것이다. 이 부분에서 실패하면 사람들은 당신의 말을 듣지 않으려 한다. 이것과 관련해서는 9장과 14장에서 이미 언급했으니, 이쯤에서 다시 짚어 보는 것이 유용할 것이다.

두 번째는 청중의 신뢰를 얻는 것이다. 신뢰를 얻지 못하면 그들은 당신의 말을 믿지 않을 것이다. 많은 연사들이 한계를 느낄 뿐 아니라 수많은 광고, 상용 편지, 그리고 많은 직원과 기업이 실패하는 것이 바로 이 단계다. 또한 많은 사람이 자신의 환경에서 자신의 능력을 발휘하지 못하는 것 역시 이 지점이다.

· 신뢰받을 자격을 갖춰라

신뢰를 얻는 최고의 방법은 그럴 만한 자격을 갖추는 것이다. J. P. 모건은 신뢰를 얻는 데 있어 가장 중요한 것은 인격이라고 한 바 있는데, 인격은 청중의 신임을 얻는 데도 반드시 필요하다. 나는 유창하고 재치 있는 연사들이 그보다 덜 똑똑하지만 더 진실한 연사만큼 설득력을 발휘하지 못하는 경우를 많이 봤다.

필자가 최근 주최한 강좌에 참여했던 한 학생은 외모가 뛰어났고, 말할 때 나타나는 사고와 언어에 거침이 없어 사람들의 감탄을 자아냈다. 그가 말을 마쳤을 때, 사람들은 '거 참 똑똑한 친구네.' 하는 정도의 반응을 보였다. 그가 사람들에게 준 인상은 표면적 수준에 그쳤고, 그들의 마음을 움직이지 못한 것이다. 반면 그와 같은 그룹에 있었던 보험사 직원은 작은 체구에 말도 더듬고 언어 또한 세련되지 않았다. 하지만 그의 마음에서 우러난 성실성과 목소리에서 나오는 울림은 사람들에게 신뢰를 주었다.

영국의 사상가 토머스 칼라일(Thomas Carlyle)은《영웅과 영웅 숭배(Heroes and Hero Worship)》에서 다음과 같이 말했다.

미라보, 나폴레옹, 번즈, 크롬웰 등 성공하는 인물은 자신의 일에 진지하다. 나는 이런 이들을 성실한 인간이라고 부른다. 나는 깊고 진실한 성실성이야말로 성공에 필요한 첫 번째 요소라고 생각한다. 스스로 성실한 척하는 가식적인 모습은 여기에 포함되지 않는다. 이것은 정말 불쌍한 것이고 천박한 허영이며, 의식적인 성실함이고 자만에 속한다. 위대한 사람의 성실성은 자신도 말할 수 없고 자신도 의식할 수 없는 종류의 것이다.

몇 년 전 당대 가장 재치 있고 뛰어난 연설가 중 한 명이었던 이가 세상을 떠났다. 젊은 시절 그는 큰 꿈에 부풀었고 장래가 촉망되는 젊은이였지만 무엇 하나 제대로 이룬 것 없이 세월을 보냈다. 가슴보다 머리가 발달했던 그는 자신에게 이익이나 돈을 가져다주는 것이면 그것을 위해 입을 놀리면서 자신의 아까운 재능을 낭비했다. 그는 불성실하다는 오명을 얻었고 공적인 삶은 붕괴되었다.

웹스터가 말하듯 마음으로 느끼지 못하면서 동정심이나 성실한 이미지를 억지로 꾸며 내는 것은 아무 소용없다. 그것은 아무에게도 통하지 않는다. 진실이 없는 말은 울림을 주지 못하는 메아리에 불과하기 때문이다.

인디애나 주의 유명 연설가 앨버트 J. 베버리지는 이렇게 말했다.

"사람들의 가장 심오한 감정, 그들의 성격에서 가장 큰 영향력을 갖는 것은 종교적 요소다. 그것은 자기 보존의 법칙만큼이나 본능적이고 본질적인 힘으로 사람의 지성과 성격을 형성한다. 아직 틀이 잡히지 않은 자신의 생각을 통해 남에게 감동을 주는 사람은 분석할 수 없는 공감과 유대의 감정을 가지고 있어야 한다."

링컨은 사람들과 공감했다. 그는 화려하지 않았다. 그를 '웅변가'라고 부르는 사람은 없었다. 더글러스 판사와의 논쟁에서도 그에게는 상대방이 지닌 노련함, 유연함, 그리고 웅변술이 없었다. 사람들은 더글러스를 '작은 거인'이라고 부르고, 링컨은 '정직한 에이브'라고 불렀다.

더글러스는 매력적이었고, 놀라운 힘과 열정을 가지고 있었다. 하지만 그는 함께 공존할 수 없는 가치들 사이에서 위험한 줄타기를 했고 원칙보다는 책략을, 정의보다는 편의를 우선시했다. 이것은 그의 몰락을 재촉했다.

링컨은 어땠을까? 그가 말하면 사람들은 링컨의 소박하고 진실한 마음을 느꼈고, 이것은 그가 하는 말의 힘을 더욱 굳건하게 만들었다. 사람들은 그의 정직성, 성실함, 그리고 예수와도 같은 풍요로운 마음을 느꼈다. 법률 지식에서 그를 능가하는 사람은 많았지만, 배심원들을 상대로 그만 한 영향력을 발휘하는 사람은 찾기 힘들었다. 그는 자신에게 유리한 방향으로 일을 끌어들이는 데는 관심이 없었던 대신 정의와 영원한 진리를 수호하는 일에 더 관심을 가졌다. 그리고 사람들은 그의 말에서 그것을 충분히 느낄 수 있었다.

• 경험을 전하라

청중의 신뢰를 얻는 두 번째 방법은 자신의 경험을 전하는 것이다. 이것은 효과적이다. 만일 당신이 의견을 말하면 사람들은 의심스러워할지 모른다. 어디서 들은 이야기거나 책에서 본 내용이라면 낡은 물건 같다는 느낌을 줄 것임에 반해 자신의 체험, 깊은 울림과 진실성이 담긴 이야기는 사람들의 흥미를 끌고 그들에게 신뢰를 준다. 그들은 그 특정 주제에서만큼은 세계적인 권위자로 당신을 인정할 것이다.

• 제대로 소개받아라

많은 연사들이 제대로 소개받지 못해 청중의 즉각적 관심을 받지 못하는 경우가 많다. '소개'를 의미하는 '인트로덕션(introduction)'이라는 단어는 '인트로(intro, 안으로)'와 '듀서(ducere, 이끌다)'라는 두 개의 라틴어가 합쳐진 것이다. 그러므로 연사는 '소개'를 통해 청중을 주제의 핵심 내부로 끌고 들어가 그들에게 이야기를 듣고 싶다는 충동을 일으켜야 한다. 소개는 연사와 관련된 중요 사실들, 그가 이 특별한 주제에 대한 말을 하기에 적합한 인물이라는 것을 증명하는 사실들 속으로 청중을 인도해야 한다. 다시 말해, 소개는 청중에게 주제와 연설가를 '팔아야' 한다. 그것도 짧은 시간 안에 말이다.

하지만 사실 이렇게 진행되기란 어려워서 열에 아홉은 실패하고 만다. 대부분의 소개는 빈약하고 내용이 허술해서 그런 효과를 이끌어 내기에 부적절한 경우가 많기 때문이다.

일례로 나는 예전에 어떤 유명 연사가 아일랜드의 시인 W. B. 예이츠(W. B. Yeats)를 소개하는 것을 보았다. 예이츠는 자신의 시를 낭송하게 되어 있었다. 그 당시보다 3년 전에 그는 문학인에게 있어 최고의 영예인 노벨문학상을 받았다. 하지만 그 자리에 있던 청중 중 그 상과 상에 대한 의미를 알고 있는 사람은 극히 적었고, 그랬기에 그 시인을 소개하는 자리라면 어떤 경우에라도 이 두 가지는 언급되어야 했다. 그러나 그 연사는 이런 사실은 무시한 채 신화와 그리스 시에 관한 이야기만 했다. 그는 자신이 청중에게 그 자신의 지식과 중요성을 나타내려고 한다는 사실을 의식하지 못했다.

그 연사는 국제적으로 유명했고 남에 의해 소개받은 경험도 많았지만, 자신이 남을 소개하는 데 있어서는 실패했다. 그 정도의 경력을 가진 사람인데도 그런 실수를 하니 하물며 다른 사회자는 어떻겠는가?

이 문제는 어떻게 해결해야 할까? 겸손한 자세로 사회자에게 자신을 소개하는 데 참고가 될 몇 가지 사실을 알려드려도 되겠는지 물어보라. 그는 감사하게 당신의 제안을 받아들일 것이다. 그러면 내가 내 소개에서 언급되었으면 하는 것들, 내가 특정 주제에 대해 말할 만한 위치에 있음을 보여 주는 내용들, 그리고 청중이 알아야 할 간단한 사실과 나의 발언을 의미 있게 해 줄 정보들을 그에게 알려 줘라. 한 번 들으면 그 사회자는 그중의 절반은 잊어버리고 절반은 어렴풋이 기억할 것이다. 따라서 그가 당신을 소개하기에 앞서 참고할 수 있게 한두 문장으로 정리한 내용을 전해 주는 것이 좋다. 그러나 과연 그가 내 바람대로 그것을 참고할까? 아마 그러지 않을지도 모른다. 그러면 어쩔 수 없는 것이다.

• 푸른 풀과 히코리 나무의 재

어느 가을에 나는 뉴욕의 여러 YMCA에서 대중연설 강좌를 하고 있었다. 한번은 그 도시에서 유명한 어느 판매 조직의 스타급 영업사원이 강좌에 참석했는데, 어느 날 저녁 그는 자신이 씨앗과 뿌리 없이 푸른 풀을 자라게 했다는 이상한 이야기를 했다. 그는 새로 쟁기질한 땅 위에 히코리 나무의 재를 뿌렸는데 놀랍게 푸른 풀이 자랐다는 것이다. 그 풀이 돋아나게 한 것은 바로 히코리 나무라고 그는 믿고 있었다.

나는 웃으며 그 말이 사실이라면 그는 백만장자가 될 것이라고 말했다. 그런 씨앗이라면 가격 또한 엄청날 테니 말이다. 또 나는 그 사건으로 그가 불멸의 존재뿐 아니라 역사상 가장 뛰어난 학자가 될 것이라고 말했다. 지금까지 어떤 사람도 그런 기적을 행한 적이 없었고, 그 누구도 생명이 없는 것에서 생명을 만들어 낼 수는 없다는 것도 지적했다.

그의 오류는 너무나 명백했고 터무니없다고 느꼈기 때문에 나는 조용히 이 이야기를 전했다. 내가 말을 마쳤을 때 그 강좌를 듣던 학생들도 그의 주장이 터무니없다고 생각했지만, 그 자신은 단 한 순간도 자신의 생각을 굽히지 않았다. 그는 자신이 살아 있는 것만큼이나 자신의 주장을 믿었고, 벌떡 일어나 자신이 틀리지 않다고도 말했다. 그는 자신이 어떤 이론을 강의하는 것이 아닌, 자신의 개인적인 경험을 전하는 것이라고 했다. 그는 자신이 무슨 말을 하는지 알고 있었다. 그는 최초의 발언에 살을 붙여 가면서 추가적인 정보와 증거를 제시했고, 그의 목소리에서는 진실과 정직의 메아리가 울렸다.

다시 나는 그에게 그의 주장이 옳고 진실일 수 있는 가능성은 굉장히 낮다고 말했다. 그러자 그는 화를 내며 5달러 내기를 제안했고 미국 농무성 판결에 맡겨 보자고 했다.

그리고 그가 수강생 몇 명을 자신의 편으로 끌어들인 것을 알게 된 나는 놀라며 그들에게 어떻게 그의 주장을 믿게 되었는지 물었다. 그들은 그가 자신의 생각에 대해 가지고 있는 진지함과 믿음 때문이라고 답했다. 이것이 그들이 그의 말을 믿은 이유였다.

진지함, 특히 일반 대중에게 이 힘은 믿을 수 없을 정도로 큰 힘을 갖는다. 독립적인 사고 능력을 가진 사람은 에티오피아의 황옥처럼 지극히 귀하고 드물다. 하지만 우리 모두는 감정과 정서가 있고, 연설가의 감정에 영향을 받는다. 만일 연설가가 진심을 담아 말한다면 허허벌판과 재에서 푸른 풀이 돋아났다고 말해도 그 말을 믿어 줄 사람들이 생길 것이다. 심지어 뉴욕의 세련되고 성공한 기업인들 중에서도 추종자를 찾을 수 있을 것이다.

어찌 됐든 청중의 관심과 신뢰를 얻는 데 성공한 후에는 본격적인 작업이 시작된다. 이제 세 번째 단계는 사실을 진술하고 당신의 주장이 지닌 장점을 청중에게 교육시키는 것이다.

• 나의 주장이 지닌 장점을 교육시켜라

이것은 연설의 핵심이자 의미에 해당하므로, 여기에 대부분의 시간을 할애해야 한다. 이제 당신은 명확성에 대해 12장에서 배운 모든 내용, 감동과 확신을 주는 법에 대해 13장에서 배운 내용을 적용해야 한다.

철저한 준비가 빛을 보는 것도 바로 이 지점이다. 빈약한 준비는 여기서 〈맥베스〉에 나오는 유령인 뱅쿼(Banquo)처럼 나와 당신을 비웃을 것이다.

전쟁터에 비유하면 이곳은 최전선과도 같다. 포슈 장군은 이렇게 말했다.

"전쟁터에서는 따로 연구할 기회가 없다. 이곳에서는 이미 알고 있는 것을 적용할 수 있을 뿐이다. 그러므로 핵심은 철저하게 알고, 그 아는 바를 빠르게 활용하는 것이다."

여기서는 당신이 주제에 대해 실제 사용할 수 있는 정보보다 더 많은 것을 알고 있어야 한다. 《거울 나라의 앨리스》에 등장하는 백기사는 여행을 떠나기 전, 발생할 수 있는 모든 일에 대비한다. 그는 쥐들이 괴롭힐 것을 걱정해 쥐덫을 가져갔고, 길 잃은 벌떼를 만날 것을 대비해 벌통도 가져갔다. 만일 백기사가 대중연설도 그렇게 준비했다면 엄청난 성공을 거뒀을 것이고, 많은 정보로 그를 방해하는 모든 반대들도 제압할 수 있었을지 모른다. 그는 자신의 주제를 알고 철저히 계획해 실패할 가능성을 없앴을 것이다.

• 반대 의견에 대한 패터슨 식의 대처법

만일 당신이 특정 기업인을 상대로 그들에게 영향력 있는 어떤 제안을 해야 한다면, 당신만이 그들을 교육할 것이 아니라 그들에게도 당신을 교육하게 해야 한다. 그들이 어떤 생각을 하고 있는지 알아야 엉뚱한 과녁을 겨냥하는 꼴을 피할 수 있기 때문이다.

그들로 하여금 자신의 생각을 말하게 하고, 당신은 그들의 반대 의견에 열심히 답하라. 그러면 그들은 마음이 너그러워져 당신의 말을 받아들일 것이다. 다음은 〈시스템 매거진〉에 실린, 내셔널 캐시 레지스터 사의 초대 사장 존 H. 패터슨이 이런 상황에 대처한 방식을 소개한 기사에서 인용한 글이다.

우리는 금전등록기의 가격을 올려야 할 상황에 처했다. 하지만 대리점과 영업 담당자들은 이에 반대하며 가격을 그대로 두지 않으면 영업에 큰 지장이 생길 것이라고 주장했다. 나는 그들 모두를 데이턴(Dayton)으로 불러들여 회합을 했고 그 모임을 주도했다. 내 뒤쪽 단상 위에는 커다란 종이 한 장과 기록할 사람이 있었다.

나는 그곳에 모인 사람들에게 가격 인상을 반대하는 이유를 물었다. 그러자 가격 고정이 필요성에 대한 거친 의견들이 따발총처럼 쏟아져 나왔다. 나는 그 의견들을 모두 기록자에게 큰 종이에 적도록 지시했다. 첫날 회의에서는 반대 의견을 모으는 데만 모든 시간을 사용했다. 나는 그들에게 의견 제시를 권유하는 것 외에는 아무것도 하지 않았다. 모임이 끝나고 의견을 종합해 보니 반대 이유로 100여 개가 거론되었다. 나올 수 있는 모든 이유가 그들 앞에 있었고, 그들의 마음은 이미 어떤 변화도 허용하지 않는다는 결론을 내리고 있는 것처럼 보였다. 1차 회의는 그렇게 마무리되었다.

다음 날 아침 나는 그 반대 의견들 하나하나를 지적하면서 왜 그것들이 부적절한지 도표와 말로 설명했다. 사람들은 모두 수긍했다. 왜 그랬을까? 반대 의견이 모두 분명히 제시되었고 토론은 그것에 집중되어 미해결된 부분은 하나도 없었다. 우리는 현장에서 모든 것을 해결한 것이다.

하지만 이런 경우 단지 논쟁을 통해 문제를 해결하는 것만으로는 불충분하다는 생각이 들었다. 대리점 사원들의 모임은 참석자 모두가 새로운 의욕으로 충전된 채 끝나야 하는데, 논쟁을 하다 보면 등록기 자체와 관련된 문제들이 토론 과정에서 희석될 수 있다. 이런 일은 절대 일어나지 말아야 하는 것이었다. 극적인 마무리가 필요했던 것이다. 나는 회의가 끝나기 전에 100명의 사람들이 한 사람씩 무대를 행진하게 했다. 각 사람은 한 개의 깃발을 들었고, 그 깃발에는 최신 기종 등록기의 부품 그림이 하나씩 그려져 있었다. 마지막 사람이 무대를 가로지를 때는 전체 인원이 다시 모여 완벽한 기계를 형성하며 대미를 장식했고, 모임은 대리점 사람들이 함께 열렬히 환호하는 것으로 끝났다.

• 욕망과 욕망이 싸우게 하라

이 방법의 네 번째 단계는 사람을 행동하게 만드는 동기에 호소하는 것이다. 이 지구와 그것에 속한 모든 것들은 우연이 아닌, 불변의 인과 법칙에 의해 움직인다.

세상은 질서 있게 만들어졌고, 원자는 서로 조화롭게 행진한다.

지금까지 일어났고 앞으로 일어날 일들은 그 전에 일어난 어떤 일의 논리적이며 불가피한 결과였으며 앞으로도 그럴 것이다. 이 원칙은 메디아인들이나 페르시아인들의 법처럼 변하지 않는다. 지진과 요셉의 색동옷, 기러기 울음소리, 질투심, 찐 콩과 베이컨 요리의 가격, 코이누르 다이아몬드, 그리고 시드니의 아름다운 항구가 진실이듯 이 법칙도 어김없는 진리다. 이것을 인식한다면 왜 미신이 어리석은 것인지도 이해할 수 있다. 불변의 자연법칙이 테이블에 둘러앉은 열세 명의 사람에 의해, 또는 누군가 거울을 깨뜨린다고 해서 조금이라도 멈춰지거나 변경되거나 영향을 받겠는가?

우리가 취하는 의식적이고 의도적인 모든 행동은 욕망에 의해 일어난다. 이 원칙이 적용되지 않는 유일한 부류의 사람들은 정신병원에 갇힌 이들이다. 우리를 움직이게 하는 것은 많지 않다. 매 시간과 매일 밤낮, 우리는 놀라울 정도로 적은 수의 욕망에 지배된다.

이것은 곧 우리가 이 동기들이 무엇인지 알고 그것에 호소할 수 있는 능력이 있다면 엄청난 힘을 갖게 된다는 것을 의미한다. 현명한 연사는 바로 이것을 행하려고 하는 반면, 미숙한 연사는 맹인처럼 자신이 어디로 가는지도 모르는 채 목적 없이 길을 더듬기만 한다.

가령 한 아버지가 아들이 몰래 담배를 피웠다는 사실을 알게 된 경우를 생각해 보자. 아버지는 불같이 화를 내고 당장 담배를 끊으라고 말하면서 담배가 건강에 해롭다는 것을 경고한다. 하지만 아들은 건강에는 관심이 없고 담배의 맛과 그것을 피우는 데서 오는 스릴을 즐긴다고 가정해 보자. 그러면 어떻게 될까? 아버지의 위협은 쇠귀에 경 읽기가 될 것이다. 왜 그런가? 그것은 아들의 주요 행동 동기를 이해하고 그것을 이용하는 지혜가 아버지에게 없었기 때문이다. 그는 자신의 동기에 따라서만 움직였을 뿐, 아들의 심리는 전혀 이해하지 못했다.

만일 그 아들이 학교 육상부에서 100미터 달리기 대회에 출전하고 운동에서 뛰어난 능력을 보이기를 원하는 학생이라면, 아버지는 자신의 생각만 늘어놓는 것이 아니라 흡연이 아들의 꿈을 망치는 원인이 될지 모른다고 이야기하는 편이 낫다. 그러면 언성을 높이지 않고도 더 약한 욕망을 더 강한 욕망과 충돌시키는 현명한 방법을 통해 아들로부터 원하는 행동을 이끌어 낼 수 있을 것이기 때문이다. 이런 상황은 세계 최대 스포츠 행사의 하나인 옥스퍼드-캠브리지 대학교 보트 경주에서 실제로 일어난다. 경기에 참가한 선수들은 훈련 기간 중에 금연해야 한다. 승리 외의 다른 욕망은 부차적인 것이기 때문이다.

오늘날 인류가 직면한 가장 심각한 문제 중의 하나는 곤충이다. 몇 년 전, 수도에 있는 호숫가의 조경을 위해 일본 정부의 제안으로 들여와 심은 벚나무를 위해 오리엔탈 과일 나방이 수입되었다. 하지만 이 나방들은 세력을 퍼뜨려 동부 몇 개 주의 과일 작황을 위협했다. 살충제 살포도 별 효과가 없어 보이자 정부는 일본에서 또 다른 곤충들을 들여와 그 나방을 잡아먹게 하는 방법을 택했다.

다른 사람의 행동을 자극하는 데 능숙한 사람도 이와 비슷한 방법을 사용해 하나의 동기가 다른 동기와 대립하게 한다. 이것은 상식적이고 분명한 방법처럼 보여 일반적으로 사용될 것이라 생각하기 쉽지만 실제로 활용되는 경우는 많지 않다.

예를 들어 보자. 나는 한 도시에서 있었던 정오 만찬에 참석한 적이 있다. 인근 도시의 컨트리클럽 골프장에서는 경기에 참여할 사람을 모집했는데, 이름을 적은 사람은 많지 않았다. 그 클럽의 회장은 자신이 후원하는 행사가 물거품이 되어 버리고 그의 체면은 구겨질 상황이었으므로 기분이 좋지 않았다. 그는 많은 사람이 참석해 주길 호소했지만, 그의 태도와 어투는 그에 적절하지 않았다. 그는 회원들이 참석하길 바란다는 자신의 소망을 이야기하긴 했지만 그것은 전혀 호소하는 모습이 아니었다. 그는 사람의 마음을 능숙하게 다루지 못하고, 그저 자신의 감정만 이야기하는 데 그쳤다. 담배 피우는 아들 때문에 화가 난 아버지처럼 그는 상대방의 욕망을 전혀 고려하지 않았던 것이다.

그는 어떻게 해야 했을까? 그는 상식을 발휘해 남에게 얘기하기 전에 자신에게 이렇게 자문해야 했다.

'왜 사람들이 골프 모임에 참석하지 않는 걸까? 시간이 없는 사람도 있겠고, 어떤 이들은 기차 요금이나 비용적인 부분이 부담스러워 참석하지 않는 것일지도 모르겠군. 이 문제를 어떻게 해결해야할까? 이런 식으로 설득하는 것이 좋겠다. 즉, 레크리에이션은 시간을 낭비하는 것이 아니고, 피곤한 상태에서 엿새 동안 일하는 것보다는 좋은 컨디션으로 닷새간 일하는 것이 훨씬 능률적이라고 말이야. 이것은 다들 아는 사실이지만, 다시 한 번 일깨워 주는 것이 좋겠군. 이 행사에 들어가는 적은 비용을 아끼는 것보다 더 중요한 것이 있음을 지적하고, 이것은 건강과 즐거움에 투자하는 것이란 사실을 알게 해 줘야겠어. 그리고 그들의 상상력을 자극해 골프장을 걸어 다니는 모습, 얼굴에 불어오는 서늘한 바람, 발밑의 푸른 잔디를 떠올리게 하고, 무더운 도시에서 돈 몇 푼을 벌기 위해 허덕이는 사람들을 측은하게 느끼게끔 해야겠다.'

이렇게 말하는 것이 "여러분이 참석해 주시면 감사하겠습니다."라고 말하는 것보다 훨씬 효과적이지 않을까?

• 우리의 행동을 결정하는 욕망

행동을 지배하고 사람답게 행동하게 만드는 이 기본적인 욕망들은 무엇일까? 그것들을 이해하고 이용하는 것이 우리 성공에 있어서 중요한 요소라면 그것을 꺼내 그 위에 불을 비추고 분석해 보자. 나는 이 장의 나머지를 그것에 관해 이야기하는 데 할애할 생각이다. 여러분의 머릿속 깊숙한 곳에서 그것의 의미가 분명해지고 정확하게 이해될 것이다.

사람을 움직이는 가장 강한 동기들 중 하나는 이익에 대한 욕망이다. 오늘 아침에도 수백만의 사람들을 잠에서 깨워 일어나게 하는 동기가 바로 이것이다. 이 욕망은 새벽의 단잠과 침대의 푹신함보다 더 강하다. 누구나 다 알고 있는 이 욕구의 강한 힘에 대해 무슨 말이 더 필요할까?

하지만 돈에 대한 욕구보다 더 강한 것은 자기보호에 대한 욕구다. 건강과 관련된 주장들은 이것에 기초하고 있다. 예를 들어 한 도시가 건강에 좋은 기후를 광고하거나, 식품회사가 자사 제품의 순도와 기력충전 효과를 강조하거나, 약장수가 자신의 만능약이 치료해 줄 그 많은 질병을 나열할 때, 혹은 낙농업자 조합이 우유는 비타민이 풍부하고 꼭 필요한 식품이라 주장하거나, 금연협회의 한 연사가 담배의 3퍼센트는 니코틴이고 니코틴 한 방울이면 개 한 마리를 죽일 수 있으며 여덟 방울이면 말 한 마리를 죽일 수 있다고 위협할 때, 이들은 우리의 근원적인 욕망에 호소하는 것이다.

이 욕망에 대한 호소를 조금 더 강화하려면 그것을 개인적인 차원으로 끌어내려라. 가령 암이 증가 추세에 있음을 보여 주는 이야기를 하는 중이라면, 듣고 있는 사람들과 그 이야기를 이런 식으로 직접 연계시켜라. "이 방에는 30명의 사람들이 있습니다. 의학적 통계에 따르면 여러분이 45세까지 산다고 했을 때, 여러분 중 세 분은 암으로 사망할 것입니다. 누가 그분이 될지 궁금하네요. 앞에 앉은 이분일지, 그 뒤에 계신 분일지, 아니면 저쪽에 앉아 계실 분일지 말입니다."

돈에 대한 욕망만큼 강한 것은 남에게 인정받고자 하는 욕망이다. 많은 사람에게 있어서 이 욕망은 돈에 대한 욕망보다 강하다. 다시 말해 자존심은 나를 지탱해주는 힘이자, 나 자신이다.

자존심이여, 그대는 그 이름으로 얼마나 많은 범죄를 일으켰는가? 오랜 세월 중국에서는 많은 어린 소녀들이 참을 수 없는 고통에 비명을 지르면서도 자발적으로 전족의 관행을 따랐다. 그들에게 발을 묶어 자라나지 못하게 한 것은 바로 그들의 자존심이었다. 이 순간에도 중앙아프리카의 일부 지역에 사는 수천 명의 원주민 여성들은 입술에 나무 원반을 끼고 있다. 믿기 힘들겠지만, 이 원반의 크기는 음식을 담는 접시만 하다. 이 부족 출신의 소녀들은 여덟 살이 되면 입술의 바깥쪽을 찢고 그 안에 원반을 끼워 넣는다. 시간이 지나면서 먼저 착용한 원반은 더 큰 것으로 교체된다. 마지막에는 이 무지막지한 장식품이 들어갈 공간을 만들기 위해 치아까지 제거해야만 한다. 이것은 그녀들이 정확한 발음을 하는 것을 불가능하게 만들어 사람들은 그들의 말을 알아들을 수 없다. 이 여성들이 이 모든 것을 견뎌내는 것은 더 아름답게 보이기 위함이고, 남에게 칭찬받고 스스로를 높이 평가하며 자신의 자존심을 만족시키기 위함이다.

우리 문명 세계에 사는 사람들은 그 정도는 아니지만, 자존심을 자기 내면의 최고신으로 떠받든다는 점에서는 본질적으로 그들과 다르지 않다. 따라서 사람들의 자존심에 호소하는 것은 잘만 하면 TNT 폭탄에 맞먹는 위력을 발휘한다.

당신이 왜 이 강좌를 듣는지 자문해 보라. 남에게 더 잘 보이고 싶어서인가? 감동적인 연설에서 오는 내적 만족을 위해서인가? 대중 연설가의 자연스런 덕목인 힘과 리더십과 명성에 대한 자부심을 느끼고 싶어서인가?

한 통신판매 잡지의 편집인은 최근 한 강연에서 영업 서신에 담을 수 있는 온갖 호소 중에서도 자존심과 이익에 대한 것만큼 효과적인 것은 없다고 말했다.

링컨 역시 이 자존심 동기에 호소하는 방법으로 1847년 테이즈웰 카운티 법정에서의 소송에서 이긴 적이 있다. 스노우라는 이름의 두 형제가 케이스라는 사람으로부터 멍에 맨 두 쌍의 소와 쟁기를 구입했다. 그들은 미성년자였음에도 케이스는 그들이 제시한 200달러짜리 공동어음을 받았다. 하지만 어음 만기일이 다가와 돈을 지급받으려고 했을 때, 그에게 돌아온 것은 현금이 아닌 조롱이었다. 그래서 그는 링컨을 고용했고 사건을 법정으로 끌고 갔다. 스노우 형제들은 자신들은 미성년자이고 케이스도 그 사실을 알면서 어음을 받은 것이라고 말했다. 링컨은 그들의 주장과 미성년자 법의 유효성을 모두 인정했다. "맞습니다, 저도 그렇게 생각합니다." 상대의 문제 제기를 순수하게 인정해 나가는 것으로 보아 그는 마치 소송을 완전히 포기한 듯 보였다. 하지만 자기 차례가 오자 링컨은 열두 명의 배심원에게 이렇게 말했다.

"배심원 여러분, 이 소년들이 그들의 인격에 이런 수치와 불명예의 오물을 뒤집어 쓴 채 인생을 시작하게 하실 건가요? 인격에 대한 최고 심판자는 이런 글을 남겼습니다.

'오, 하나님. 인간의 선한 이름은 그 영혼의 귀한 보석입니다. 내 지갑을 훔치는 자는 쓰레기를 훔친 것일 뿐, 그것은 물건이긴 하지만, 아무것도 아닙니다. 그것은 내 것이었지만 그의 것이기도 했고, 또 다른 수천 명의 노예였을 뿐입니다. 하지만 내게서 선한 이름을 훔치는 자는 자신을 풍요롭게 하지 못하면 나를 진정으로 가난하게 만드는 것을 훔쳐 가는 것입니다.'"

그러고 나서 링컨은 만약 상대 변호사가 개념 없이 행동하지만 않았다면 이 소년들은 이런 죄를 짓지 않았을 것이라고 말했다. 그는 법이라는 고상한 직업이 정의를 장려하기보다 그것을 파괴하는 데 사용될 수 있음을 보여 주고 상대 변호사를 비난했다. 그는 계속해서 말을 이어 나갔다. "이 소년들을 세상 앞에 내보내는 것은 여러분들에게 달려 있습니다." 배심원들이 명백한 부정을 보호하는 데 자신의 이름과 영향력을 빌려 줄까? 만약 그들 자신이 가진 이상에 진실하다면 그렇게 할 수 없다는 것을 링컨은 알고 있었다. 링컨은 그들의 자존심에 호소했고, 배심원단은 논의할 필요도 없이 그 자리에서 빚을 갚아야 한다고 결정했다.

링컨은 배심원들의 정의에 호소했다. 모든 사람은 정의감을 가지고 태어났다. 우리는 거리에서 작은 아이가 더 큰 아이에게 괴롭힘을 당하는 것을 보면 그 아이 편에 서게 된다.

사람은 감정의 존재이며, 편안함과 기쁨을 갈망한다. 우리는 커피를 마시고 비단 양말을 신고 극장에 가며 바닥이 아닌 침대에서 잠이 든다. 그런 것들이 좋다고 논리적으로 생각했기 때문이 아니라 편하기 때문이다. 따라서 당신의 목적이 사람들의 편안함과 기쁨을 높일 것이라는 것을 보여야 한다. 그렇게 하는 것은 곧 그들의 행동을 강화시키는 동기를 자극하는 것과 같다.

'시애틀은 미국의 어느 다른 도시들보다 사망률이 가장 낮고 그곳에서 태어난 아이는 오래 살 가능성이 높다.'라고 광고한다면 이것은 어느 동기에 호소하는 것일까? 그것은 아주 강력한 힘을 가지고 인간 행동의 많은 부분에 있어 추진력을 부여하는 '애정'이란 동기다. 애국심도 애정과 정감이라는 동기에 그 기반을 두고 있는 것이다.

다른 모든 것은 실패해도 감정에 호소하는 것이 행동을 이끌어 내는 데 주요한 역할을 하기도 한다. 이는 뉴욕의 유명한 부동산 경매인인 조지프 P. 데이의 경험으로, 그는 그런 호소를 통해 가장 큰 거래를 성사시켰다. 다음은 그의 이야기다.

전문 지식이 판매에 있어 전부는 아닙니다. 저는 최대 규모의 거래를 성사시켰을 때 전문적인 지식을 전혀 사용하지 않았습니다. 저는 브로드웨이 71번지에 있는 미국 철강회사의 매각 문제에 대해 게리 판사와 협상을 진행하고 있었습니다. 나는 거래가 끝났다고 생각해서 게리 판사를 찾아갔는데, 그는 차분하고 단호하게 이렇게 말했습니다.

"데이 씨, 우리는 이 근처에 조금 더 현대적인 건물 하나가 있는데,

그것이 우리 목적에 더 잘 맞는 것 같아요. 마무리가 참 잘된 건물이 죠. 이 건물은 너무 낡았어요. 동료들도 여러 면에서 그 건물이 저희에게 더 적합하다고 하더군요."

500만 달러짜리 계약이 날아갈지도 모르는 순간이었습니다. 저는 잠시 말을 멈췄고 게리 판사도 더 이상 말을 잇지 않았습니다. 그는 이미 결정을 내린 것 같았죠. 너무나 조용해서 만일 핀이 바닥에 떨어졌다면 폭탄 터지는 소리처럼 들렸을 것입니다. 저는 그에게 대답 대신 질문을 했습니다.

"판사님이 뉴욕에 처음 오셨을 때 첫 번째 사무실은 어디에 있었나요?"

"여기였소. 아니면 건너편에 있는 방이었거나."

"이 철강회사가 설립된 곳은 어디였나요?"

"그거야 여기 사무실들입니다."

그는 대답한다기보다는 생각에 잠긴 듯했습니다. 그러더니 곧 말을 이었죠.

"젊은 간부들 일부가 여기보다 조금 더 세련된 사무실에서 일했던 적이 있습니다. 아마 그들은 여기의 낡은 가구들이 마음에 들지 않았던 모양입니다. 하지만……"

그는 덧붙였습니다.

"지금 그들 중 어느 누구도 이곳에 없습니다."

이렇게 해서 매매가 이뤄졌고, 그다음 주에 우리는 공식적으로 거래를 마쳤습니다. 물론 저는 그들에게 제안된 건물이 어떤 것인지 알고 있었고 두 건물의 구조적인 장점도 비교할 수 있었습니다. 하지만 그렇게 했다면 게리 판사는 건축의 본질적인 문제를 놓고 아마 제가 아닌 자기 자신과 논쟁을 했을 겁니다. 대신 저는 감정에 호소한 것입니다.

• 종교적인 동기

우리에게 강한 영향을 끼치는 또 다른 형태의 동기들이 있다. 나는 일단 이것들을 종교적인 동기라고 지칭하겠다. 종교적이라는 의미는 정통 교파의 예배나 어느 특정 종파의 교의와 관련된 것이 아닌, 예수가 가르쳤던 아름답고 영원한 진리들, 곧 정의와 용서, 자비 그리고 남에게 봉사하고 이웃을 자신의 몸같이 사랑하는 마음을 가리킨다. 사람은 누구나 자신이 친절하지 않다거나 아량이 넓지 않다는 사실을 인정하길 꺼린다. 따라서 누군가 이런 심리를 건드리면 우리는 쉽게 마음을 움직인다. 그것은 고귀한 영혼을 상징하고, 사람들은 그런 품성을 가진 것에 자부심을 느끼기 때문이다.

C. S. 워드는 오랜 기간 국제 YMCA 위원회의 사무관을 역임하면서 자신의 시간을 협회 건물을 위한 기금 모금활동에 바쳤다. 내가 지역 YMCA를 위해 1,000달러짜리 수표를 발행한다고 해도 그것이 나의 보호 수단이 되거나, 그로써 나의 재산이나 권력이 커지는 것은 아니다. 하지만 많은 이들이 그런 일을 하는 것은 정의롭고자 하는 욕망, 다른 이에게 도움이 되고자하는 욕망이 발현되기 때문이다.

북서부 지역의 한 도시에서 모금 운동을 할 때, 워드는 교회와 사회 운동과는 거리가 먼 한 유명 기업인에게 다가갔다. 그 기업인이 과연 1주일 동안 자신의 사업을 모른 체하고 YMCA 건물 기금 모금

활동에 동참할 수 있을까? 정말 말도 안 되는 소리다. 그런데도 그는 모금운동 개회식에 참석하기로 했다. 또한 워드 씨가 그의 숭고한 정신과 이타주의에 호소한 결과, 그는 1주일을 열정적인 모금 활동에 쏟아부었다. 1주일이 지나기도 전에 그동안 불경스런 언행으로 악명 높았던 이 사업가는 모금 운동의 성공을 기원하는 단계에까지 이른 것이다.

사람들이 예전에 제임스 J. 힐을 찾아가 북서부 지역의 철도 노선을 따라 YMCA를 설립하자고 설득한 적이 있었다. 그것은 돈이 상당히 많이 드는 사업이었는데, 힐을 빈틈없는 사업가라고 생각한 그들은 어리석게도 돈에 대한 그의 욕망을 자극하는 쪽으로 그를 설득하려 했다. 그들은 YMCA 협회가 근로자들의 행복하고 만족스러운 삶에 도움이 될 것이며, 그의 재산 가치를 높이는 데도 기여할 것이라 말했다. 그러자 힐은 다음과 같이 이야기했다.

"여러분은 아직 제가 YMCA를 설립하는 데 협조하게 할 진정한 동기를 말하지 않았습니다. 올바른 일을 하는 데 힘이 되고 싶다는 욕망, 그리고 기독교인다운 인격을 함양하고 싶은 욕망 말입니다."

국경 지역의 영토를 둘러싼 오래된 분쟁은 1900년에 아르헨티나와 칠레를 전쟁 직전까지 몰고 갔다. 전함이 만들어지고 무기가 비축되었으며 세금이 증가한 것 외에도 많은 분야에서 이 문제를 피로 해결하기 위한 준비를 하는 데 어마어마한 비용이 소모되었다. 이런 시기였던 1900년 부활절에 아르헨티나의 한 주교는 예수의 이름으로 간절히 평화를 호소했고 이어서 안데스 산맥 너머 칠레 주교가 이 메시지에 답했다. 그들은 마을을 돌아다니며 평화와 형제애를 호소했다. 처음에 그들을 따르던 무리는 여성뿐이었지만, 나중에 전 국민이 이 호소에 흔들렸다. 국민들의 탄원과 여론에 힘입어 결국 양국은 중재에 이르렀고 각자의 군대를 감축시켰다. 또한 국경의 요새를 철거했고, 총기들을 녹여 청동 그리스도상을 만들었다. 오늘도 고고한 안데스 산정 드높이 십자가를 든 이 평화의 왕자상은 분쟁의 근원지였던 국경 지역을 지키며 우뚝 서 있다. 이 조각상의 받침대엔 이런 글이 있다.

이 산들이 무너져 먼지가 된다 해도 칠레와 아르헨티나 공화국 국민들은 그리스도의 발 아래에서 맺은 장엄한 서약을 잊지 않으리라.

종교적인 감정과 신념에 호소할 때 발휘되는 힘은 이처럼 강력하다.

행동을 이끌어 내는 방법

1. 관심을 유도하라.

2. 신뢰를 이끌어 내라. 그러려면 성실하고, 제대로 소개받고, 특정 주제에 관해 말할 만한 자격을 갖추고, 직접적인 체험을 통해 배운 내용들을 전해야 한다.

3. 전하고자 하는 사실들을 이야기하고, 당신이 내놓은 제안의 장점에 대해 청중들을 납득시키며, 그들의 이의 제기에 답변하라.

4. 인간을 움직이게 만드는 동기들, 즉 이득에 대한 욕망, 자기보호, 자존심, 즐거움, 감정, 애정 그리고 정의와 자비와 용서와 사랑 같은 종교적인 이상의 동기에 호소하라.

현명하게 사용되기만 한다면 이 방법은 공적으로든 사적으로든 연사에게 귀중한 도움이 되며, 영업 서신과 광고 문안을 작성하고 비즈니스 관련 면담을 이끄는 데도 큰 보탬이 될 것이다.

나는 내가 설명했던 방법들을 성공적으로 적용했는가?

1. 나는 인간성을 효과적으로 다루는 일의 중요성을 강조하고, 그것을 가능하게 하는 과학적인 방법이 있다는 사실, 그리고 그 방법에 대해 즉시 논의할 것이라고 말함으로써 여러분의 관심을 끌어냈는가?

2. 나는 이 시스템이 상식의 법칙에 기초하고 있고, 이 방식을 이용했음은 물론 수천 명의 다른 사람들에게도 가르쳤다고 말함으로써 당신의 신뢰를 얻었는가?

3. 나는 사실들을 명백하게 진술하고, 이 방법의 작동 원리와 장점에 대해 당신을 납득시켰는가?

4. 나는 이 방법을 사용함으로써 당신이 더 큰 힘과 이익을 얻게 되리라는 사실을 납득시켰는가? 이 글을 읽은 후에 당신은 이 방법을 따르기 위해 노력할 것인가? 즉, 나는 당신이 이 방법을 실천에 옮길 수 있게끔 하는 동기를 유발했는가?

언어의
마술사가 되는 방법

마크 트웨인의 비밀
일상적인 언어 속의 낭만적인 사연
한 문장을 104번 고쳐 쓰다
진부한 표현은 피하라

"주목을 받으려면 사람들의 귀를 자극해야 한다. 자신의 생각대로 타인을 이끌려는 사람, 수많은 이들로 하여금 자신의 말에 주의를 기울이게 하려는 사람이라면 누구든 반드시 명확성, 힘, 그리고 아름다운 언어라는 세 가지 요소를 갖춰야 한다."

- 우드로 윌슨

"설교의 내용이 무엇이든, 그것은 먼저 설교자 자신 속에 들어 있어야 한다. 명확성, 논리성, 활기, 진지함 등은 설교 내용 속의 사상과 언어의 특질이기 이전에 설교자 자신의 개인적인 덕목이 되어야 한다."

- 필립스 브룩스(Phillips Brooks)

"말을 잘하는 사람은 대부분 보통 사람들보다 독서량이 많다. 그들은 의식적인 노력 없이도 다양한 생각과 그것을 표현하는 말들을 흡수한다. 일류 작가들의 문체와 취향이 그들의 사고와 언어에 스며드는 것이다. 흔히 독서는 어휘력을 늘리는 데 있어 가장 효과적인 방법으로 여겨진다."

- 호프만, 〈기업인을 위한 대중연설〉

16
언어의
마술사가 되는 방법

예전에 직업도 돈도 없는 한 영국인이 일을 찾아 필라델피아 거리를 돌아다녔다. 그는 그 도시의 유명 기업가 폴 기번스를 찾아가 면담을 요청했다. 기번스는 불만족스러운 눈으로 그를 바라보았다. 그 영국인의 외양이 별로 마음에 들지 않았던 탓이다. 그는 옷도 초라하고, 어려움에 처해 있다는 흔적이 몸 여기저기에 나타나 있었다. 하지만 호기심 반, 동정심 반으로 기번스는 면담을 허락했다. 처음엔 그저 말을 잠깐 들어주려는 계획이었지만, 몇 분간 이어진 대화는 한시간이 되도록 끊이지 않았다. 결국 기번스는 딜론, 리드 앤드 컴퍼니(Dillon, Read and Company) 사의 필라델피아 지사장인 롤랜드 테일러에게 전화하는 것으로 대화를 끝맺었다. 그 도시의 저명한 금융가였던 테일러는 그 영국인을 점심식사에 초대해 좋은 일자리를 내주었다. 옷차림도 형편없었던 데다 실패자의 기색이 역력했던 그 영국인은 어떻게 짧은 시간에 그런 인맥을 만들 수 있었을까?

그것은 바로 그의 영어 구사력이었다. 옥스퍼드 대학교 출신이었던 그는 사업상의 임무를 띠고 미국에 왔다가 일이 잘못돼 친구와 돈을 다 잃고 방황하게 된 것이었다. 하지만 그는 아름답고 정확한 영어를 구사했기 때문에 그의 대화 상대자들은 그의 낡은 신발, 초라한 외투, 수염이 있는 얼굴은 잊어버리고 말았다. 그의 언어는 최고의 자리로 들어갈 수 있는 즉석 여권과도 같은 역할을 했다.

조금 특별한 이야기지만 여기서 우리는 일반적이고 기본적인 사실을 알 수 있다. 우리는 매일 우리가 하는 말에 의해 평가를 받는다는 것이다. 우리의 말은 우리의 품격과 우리가 어울리는 사람들의 수준을 보여 준다. 즉, 우리가 사용하는 언어는 우리의 교육과 교양을 말해 주는 기준이 되는 것이다.

우리가 세상과 접촉하는 방식에는 오직 네 가지만 있다. 우리는 무슨 일을 하는지, 남의 눈에 어떻게 보이는지, 그리고 어떤 말을 하며 어떻게 말하는지에 따라 평가받는다. 하지만 많은 사람은 학교를 졸업하고 언어를 향상시키고 의미의 미묘한 차이에 익숙해지며 품위 있게 말하려는 노력을 기울이지 않기 때문에 오랜 시간 동안 적지 않은 실수를 저지르며 살아가게 된다. 그저 사무실이나 길거리에서 흔히 사용하는 빤하디 빤한 말들을 습관적으로 사용하는 것이다. 그러니 그들의 말에서 기품과 개성은 찾기 힘들고 발음에 있어서도 정통적인 원칙이 무시되며 때로는 문법 자체까지 파괴되는 것이 어찌 보면 그럴 수 있는 일 같기도 하다. 심지어 대학교를 졸업한 사람들도 "am not"이나 "is not"이 아닌 "ain't"를, "he doesn't"가 아닌 "he don't"를, 그리고 "between you and me"가 아닌 "between you and I"라는 표현을 사용하곤 한다. 학사 학위를 받은 사람들도 이럴진대,

제대로 교육을 받지 못한 사람들은 오죽할까?

예전에 나는 로마의 원형경기장에서 생각에 잠긴 채 서 있었다. 그때 누군가가 내게 다가와 자신을 영국의 식민지 주민이라 소개하면서 로마에서 경험한 일을 이야기했다. 3분 정도의 시간이 지나자 그는 "You were"가 아닌 "You was", "I did"가 아닌 "I done" 등 틀린 표현을 하기 시작했다. 그날 그는 아침에 일어나 다른 사람들에게 품위 있게 보이기 위해 깔끔하고 단정하게 옷을 입고 멋을 냈을 것이다. 그러나 그는 품위 있어 보이는 말을 사용하지 않았다. 예를 들어 그는 여자에게 말할 때 모자를 들어 올리지 않는 것은 부끄러워했겠지만 올바른 언어 사용을 하지 않아 듣는 이를 거북하게 하는 자신의 행동은 의식조차 하지 못했다. 그는 말을 통해 자신의 수준을 드러낸 것이다. 그의 엉터리 언어 사용은 그가 교양인이 아님을 모든 사람에게 보여 주는 셈이었다.

30년 넘게 하버드 대학교의 총장을 맡았던 찰스 W. 엘리엇(Charles W. Eliot) 박사는 이렇게 말했다. "내가 인간 교육의 필수 요소로 간주하는 유일한 지적 능력은 모국어를 정확하고 세련되게 구사할 수 있는 능력이다." 이것은 매우 중요하다. 다시 한 번 깊이 생각해 보길 바란다.

그렇다면 어떻게 말과 친숙해지고 그것을 정확하고 아름답게 구사할 것인가? 다행히 이걸 위해 신비로운 비결이나 마술 같은 것이 필요한 것은 아니다. 그것은 공공연한 비밀이다.

링컨은 성공적으로 이 방법을 사용했다. 어떤 미국인도 링컨처럼 언어를 이용해 아름다운 무늬와 조화로운 산문 음악을 만들어 내지는 못했다. 교육받지 못한 그저 그런 아버지와 평범한 어머니 사이에서 링컨은 어떻게 그런 언어적 재능을 타고날 수 있었을까? 이것을 뒷받침할 증거는 없다. 국회의원으로 선출되었을 때, 그는 워싱턴의 공식 기록부에 자신의 교육을 '결함 있음'이라는 하나의 형용사로 묘사했다. 그가 정규교육을 받은 기간은 12개월도 채 안 된다. 그의 스승은 누구였을까? 켄터키 숲에서 살던 시절에는 자카리아 버니와 칼렙 헤이즐이었고, 인디애나 주의 피전 크릭에서는 아젤 도시와 앤드루 크로포드였다. 이곳저곳의 개척 부락을 전전하며 기본적인 읽기, 쓰기, 셈을 가르쳐주는 순회 교사였던 이들은 햄과 옥수수를 줄 수 있는 학생이 있는 곳이면 어디든 찾아다니며 생계를 해결했다. 그런 교사들과 일상적 환경으로부터 링컨이 받은 도움은 거의 없었다.

농부, 상인, 그리고 그가 일리노이 주의 제8사법지구에서 관계한 법률가와 소송인들도 언어를 다루는 재능이 신통치 않긴 마찬가지였다. 그는 자신의 시간을 그와 비슷한 혹은 열등한 수준의 사람들과 어울리며 보내지 않았다. 그는 지적 능력이 뛰어난 사람들, 가수들, 당대 시인들과 친밀한 사이를 유지했다. 그는 번스(Robert Burns)와 바이런(Baron Byron), 그리고 브라우닝(Robert Browning)의 시 전체를 암송할 수 있었고 번스에 대해서라면 강연도 할 수 있었다. 그는 바이런의 시집을 사무실과 집에 두고 읽었는데, 사무실에 있던 시집은 낡아서 꺼내 들 때마다 장편시 〈돈 주앙(Don Juan)〉이 저절로 펼쳐질 정도였다. 심지어 남북전쟁으로 마음고생을 했던 백악관 시절에도 그는 잠자리에서 후드의 시집을 펼쳐 보곤 했다. 한밤중에 잠에서 깨어 시집을 읽다 감동적이고 기쁨을 주는 구절을 발견하면, 그는 잠옷만 걸치고 슬리퍼를 신은 채 비서에게 가서 여러 편의 시를 읽어 주곤 했다. 바쁜 백악관 시절에도 그는 시간을 내서 셰익스피어의 긴 시를 암송했고, 특정 배우의 읽는 방식을 비판하며 자신의 생각을 표현하기도 했다. 그는 배우 해킷에게 이런 편지를 보냈다. "저도 셰익스피어 희곡 몇 개는 아마추어 독자만큼은 섭렵했다고 생각합니다. 《리어왕》,《리처드 3세》,《헨리 8세》,《햄릿》, 특히《맥베스》를 정말 많이 읽었습니다. 그중에서도《맥베스》는 단연 최고라고 생각됩니다. 정말 대단한 작품이죠."

링컨은 시를 정말 좋아했다. 공식적인 자리에서나 사적인 자리에서 그는 시를 암기하거나 암송할 뿐 아니라 직접 쓰기도 했고, 여동생이 결혼할 때는 자작시를 암송했다. 중년에는 한 권의 공책을 채울 정도로 많은 시를 썼지만, 친한 친구에게도 보여 주지 않을 만큼 부끄러워했다.

로빈슨은《문인으로서의 링컨(Lincoln as a Man of Letters)》에서 이렇게 이야기했다.

독학으로 공부한 링컨은 진정한 교양의 재료들로 자신의 마음을 채웠다. 그것을 천재성이라고 부르든 재능이라 부르든, 그가 지성의 벽돌을 하나씩 쌓아 올린 과정은 에머튼 교수가 에라스무스의 교육에 대해 표현한 것과 같다.

"그는 더 이상 학교에 오지 않습니다. 하지만 그는 어디서든 어떤 형태로든 효과가 있는 유일한 학습법, 즉 쉬지 않고 끊임없이 공부와 연습에 매진하는 방법으로 자신을 교육시켰습니다."

인디애나 주의 피전 크릭 농장에서 일당 31센트를 받으며 도토리를 까고 돼지를 잡던 이 어리숙한 개척자는 게티즈버그에서 사람의 입에서 나올 수 있는 가장 아름다운 연설을 했다. 17만 명이 그곳에서 싸웠고, 7,000명이 전사했다. 그가 세상을 뜨자 정치가이자 노예제 반대론자였던 찰스 섬너(Charles Sumner)는 "전투의 기억은 사라져도 링컨의 연설은 살아남을 것이며, 먼 미래에 이 전투가 기억된다면 이 연설 덕택일 것"이라고 말했다. 과연 누가 이 예언에 이의를 제기할까? 심지어 이 세대에 그 예언은 실현되기 시작했다. 당신은 '게티즈버그'란 말을 들을 때 링컨의 연설이 떠오르지 않는가?

에드워드 에버렛은 게티즈버그에서 두 시간 동안 연설했지만, 그가 말한 모든 내용은 후에 완전히 잊혀졌다. 링컨의 연설 시간은 채 2분도 되지 않았다. 연설 도중 사진사가 사진을 찍으려고 했지만, 연설은 당시 구식 카메라가 설치된 뒤 초점을 맞추기도 전에 끝나 버렸다.

링컨의 연설은 영어로 적힐 수 있는 가장 아름다운 문장의 상징으로 동판에 새겨져 옥스퍼드 대학교 도서관에 비치되어 있다. 대중연설을 공부하는 사람이라면 누구나 그의 연설은 암기할 수 있어야 한다.

"87년 전, 우리 조상들은 이 대륙에서 자유 속에 잉태되고 모든 인간은 평등하게 창조되었다는 명제 아래 새로운 나라를 창조했습니다. 우리는 지금 거대한 내전의 소용돌이에 휩싸여 있으며, 그렇게 탄생되고 봉헌된 어떤 나라가 과연 오래도록 생명력을 유지할 수 있을지 시험받고 있습니다. 우리가 모인 이 자리는 그 전쟁이 벌어진 곳입니다. 우리는 이 나라를 살리기 위해 목숨을 바치신 분들에게 그 싸움터의 일부를 마지막 안식처로 봉헌하고자 여기에 모였습니다. 우리의 이 행위는 너무도 마땅한 일입니다. 하지만 더 큰 의미에서 이 땅을 봉헌하고 신성하게 하는 자는 우리가 아니라 여기서 싸웠던, 지금도 살아 계시거나 전사한 그 용감한 분들입니다. 우리의 나약한 힘으로는 여기에 더 보탤 것도 뺄 것도 없습니다. 세상 사람들은 오늘 우리가 여기서 한 말을 오래 기억하지 않겠지만, 그분들이 행한 용감한 일만은 결코 잊지 않을 것입니다. 우리는 여기서 피 흘려 싸운 분들이 지금까지 진행시킨 그 고귀한 미완의 임무와 우리 앞에 남겨진 위대한 과업에 더욱 헌신해야 합니다. 살아남은 우리는 그분들이 최후까지 자신의 모든 것을 다 바쳐 가며 지키려 했던 그 숭고한 대의에 대한 충성의 마음을 다잡고, 유명을 달리한 분들의 죽음이 헛되지 않도록 이 나라가 하나님의 가호 아래 새로운 자유의 탄생을 보게 하고, 국민의, 국민에 의한, 국민을 위한 정부가 이 지상에서 사라지지 않게 할 것임을 굳게 다짐하는 바입니다.”

이 연설에서 영원히 기억에 남는 마지막 문장은 링컨이 처음으로 생각해 낸 것이라 추측된다. 하지만 정말 그럴까? 그의 동료 변호사인 헌돈은 그보다 몇 년 전 링컨에게 목사이자 노예 제도 폐지론자였던 시어도어 파커(Theodore Parker)의 연설문집을 주었다. 링컨은 그 책에서 '민주주의는 국민에 대한, 국민에 의한, 국민을 위한 직접적인 자치제도'란 표현을 읽고 밑줄을 그었다. 하지만 시어도어 파커는 그 말을 웹스터에게서 빌려왔을지도 모른다. 또한 웹스터는 그 전에 로버트 헤인(Robert Hayne) 의원에게 했던 유명한 답변에서 "국민을 위해 만들어지고 국민에 의해 만들어지며 국민에게 책임을 지는 국민의 정부"라고 말했다. 하지만 웹스터도 그 말을 그보다 30년 정도 전에 제임스 먼로(James Monroe) 대통령에게서 빌려왔을지도 모른다. 제임스 먼로는 그 생각을 어디서 가져왔을까? 먼로가 태어나기 500년 전, 영국의 선구적 종교개혁자 존 위클리프(John Wycliffe)는 성경 번역본 서문에서 "이 성경은 국민의, 국민에 의한, 국민을 위한 정부를 위한 것"이라고 말했다. 그리고 예수가 탄생하기 400년도 더 전에 클레온(Kleon)은 아테네 시민들에게 "국민의, 국민에 의한, 국민을 위한" 통치자에 대해 말했다. 클레온은 그 생각을 어디서 빌려왔을까? 이것을 알아내기에는 고대의 안개와 밤의 장막이 너무 어둡다.

하늘 아래 새로운 것은 적다. 뛰어난 연설가들이라 해도 얼마나 독서에 큰 빚을 지고 있는지 이제 알겠는가?

비밀은 바로 책이다. 어휘력을 향상시키고 풍부하게 만들고 싶은 사람은 계속해서 문학이라는 큰 통 속에 자신의 마음을 담고 그 안에서 헤엄쳐야 한다. 존 브라이트는 "내가 도서관 앞에서 느끼는 유일한 슬픔은, 인생이 너무 짧다는 것과 내 앞에 놓인 풍요한 양식을 마음껏 만끽할 가능성이 없다는 사실이다."라고 말한 바 있다. 15세에 학교를 그만두고 방적 공장에서 일해야 했지만 그는 당대의 가장 유명한 연설가가 되었고, 뛰어난 영어 구사력으로 이름을 날렸다. 그는 읽고 연구하고 노트에 베껴 적었고, 바이런, 밀턴, 워즈워스, 휘티어, 셰익스피어, 그리고 셸리의 긴 시구들을 암기하는 데 노력을 기울였다. 또한 매년 《실락원》을 독파하며 어휘력을 향상시켰다.

찰스 J. 폭스는 셰익스피어를 읽으며 자신의 문체를 바꿔 나갔다. 글래드스턴은 자신의 서재를 '평화의 신전'이라고 불렀고 그곳에 1만 5,000권의 장서를 보관했다. 그는 성 어거스틴, 버틀러 주교, 단테, 아리스토텔레스, 그리고 호머의 작품에서 가장 많은 도움을 받았다고 고백했으며 《일리아드》와 《오디세이》에도 심취했다. 그는 호머의 시와 그의 시대에 대해 여섯 권의 저서를 집필했다.

어린 피트는 그리스어와 라틴어 작품 한두 페이지를 숙독하고 그것을 모국어로 번역하는 연습을 했다. 그는 10년 동안 하루도 빠짐없이 이것을 연습했고, "미리 계획하지 않고 자신의 생각을 정선되고 잘 배열된 말로 표현하는 데 있어서는 따라올 자가 없을 정도의 능력을 보였다."

데모스테네스는 투키디데스(Thukydides)의 역사서를 여덟 번이나 직접 손으로 필사했는데, 그것은 유명한 역사가의 위엄 있고 인상적인 화법을 자기 것으로 만들기 위해서였다. 2,000년이 흐른 뒤, 우드로 윌슨은 자신의 문체를 개선하기 위해 데모스테네스의 작품을 연구했다. 영국의 정치가 허버트 H. 애스퀴스(Herbert H. Asquith)는 버클리 주교의 작품을 읽는 것이 최고의 훈련이라고 여겼다.

시인 알프레드 테니슨은 매일 성서 공부를 했다. 톨스토이(L. V. Tolstoy)는 복음서의 긴 구절들을 암기할 때까지 읽고 또 읽었다. 영국의 비평가이자 사상가였던 존 러스킨(John Ruskin)의 어머니는 아들로 하여금 매일 성서의 긴 문장들을 외우게 하고, 성경의 '음절 하나하나, 까다로운 이름들, 그 밖의 모든 것들을 창세기에서부터 계시

록까지' 큰 소리로 외우게 했다. 러스킨은 자신의 문학적 취향과 문체는 바로 이때 만들어졌다고 고백했다.

영어에서 가장 사랑 받는 이니셜 R. L. S의 주인공인 로버트 루이스 스티븐슨(Robert Louis Stevenson)은 본질적으로 작가의 작가였다. 그는 자신을 유명하게 만든 그 매혹적인 문체를 대체 어떻게 발전시켰을까? 다행히 그는 그 비결에 대해 직접 밝혔다.

"책을 읽다가 절묘한 표현 혹은 효과가 적절하고 힘과 개성이 눈에 띄게 돋보이는 구절을 발견하면 나는 당장 그것을 흉내 내려 했다. 물론 내 기대에는 미치지 못했고, 다시 시도해도 마찬가지의 결과여서 나는 항상 불만족스러웠다. 그러나 최소한 나는 이 허망한 몸부림처럼 보이는 시도 덕분에 리듬과 조화, 그리고 부분의 구성과 통합 등의 측면에서 꽤 많은 연습을 할 수 있었다. 그래서 나는 윌리엄 해즐릿(William Hazlitt), 찰스 램(Charles Lamb), 윌리엄 워즈워스(William Wordsworth), 토머스 브라운 경, 대니얼 디포(Daniel Defoe), 너대니얼 호손(Nathaniel Hawthorne), 미셸 몽테뉴(Michel Montaigne)를 열심히 흉내 냈다. 좋든 싫든 그것이 글쓰기를 배우는 방법이고, 그로 인해 이득을 보든 못 보든 그것이 내 방식이다. 키츠도 바로 그런 식으로 배웠고, 문학에서의 세련된 감수성에서 그를 따를 자는 없었다.

이런 모방의 과정을 통해 학생은 자신이 도저히 흉내 낼 수 없는 어떤 모델이 존재함을 깨닫게 된다. 이것이 바로 모방이 가지는 중요한 의미다. 그는 자신이 아무리 노력해도 실패할 것임을 안다. 하지만 성공으로 가는 유일한 지름길 역시 실패라는 사실은 변함없는 진리다."

이제 좋은 예가 될 만한 이름이나 이야기는 충분히 이야기한 것 같다. 비밀은 밝혀졌다. 링컨은 훌륭한 변호사가 되고 싶다는 어느 청년에게 이런 편지를 써서 보냈다. "책을 정독하고 공부하는 것이 가장 좋은 방법입니다. 첫째도 공부, 둘째도 공부라는 사실을 잊지 마세요."

어떤 책을 읽어야 할까? 아널드 베넷(Arnold Bennett)의 《스물네 시간으로 하루 살기(How to Live on Twenty-four Hours a Day)》로 시작해 보는 것도 좋다. 이 책은 찬물에 빠지는 것만큼 정신을 번쩍 들게 할 것이고, 가장 흥미로운 주제, 즉 당신 자신에 대해 많은 것을 알려줄 것이다. 또한 당신이 하루에 얼마나 많은 시간을 낭비하고 어떻게 그 낭비를 막을 수 있는지, 그리고 그렇게 절약한 시간을 어떻게 활용해야 하는지 알려준다.

토머스 제퍼슨은 이렇게 말했다.

"나는 타키투스와 투키디데스, 뉴턴과 유클리드를 위해 신문을 포기했다. 그리고 그로써 더욱 행복해졌다."

최소한 제퍼슨처럼 신문 읽는 시간을 절반 정도로만 줄여도 당신은 얼마 지나지 않아 더 행복해지고 현명해질 수 있을 것이다. 시험삼아 한 달 정도만 좀 더 영속적인 가치를 가진 양서를 읽는 데 시간을 보내 보는 것은 어떻겠는가? 엘리베이터나 차를, 또는 음식이나 약속 시간을 기다리는 동안 뒷주머니에 넣어 둔 것을 꺼내서 읽어 보는 것은 어떨까?

《스물네 시간으로 하루 살기》를 다 읽었다면 같은 작가가 지은 《인간 기계(The Human Machine)》를 읽어 보는 것도 흥미로울 것이다. 슬기롭게 사람을 상대하는 방법을 알려 주는 이 책은 균형 감각과 침착한 성품을 기르는 데 도움을 줄 것이다. 여기서 이 책들을 추천하는 이유는 내용 때문만이 아니라, 그것이 전달되는 방식과 함께 어휘력 향상에 미칠 효과가 확실하고도 긍정적이기 때문이다.

지금 소개하는 책들도 유익할 것이다. 프랭크 노리스(Frank Norris)의 《문어(The Octopus)》와 《함정(The Pit)》은 가히 미국 최고의 소설이라 할 수 있다. 《문어》는 캘리포니아 주의 밀밭에서 일어나는 소동과 비극을, 《함정》은 시카고의 상품 거래소에서 파는 쪽과 사는 쪽 사이에 일어나는 갈등을 다룬 작품이다. 토머스 하디(Thomas Hardy)의 《테스(Tess of the D'Urbervilles)》는 인간이 쓴 가장 아름다운 이야기 중 하나다. 뉴웰 드와이트 힐리스의 《사회 안에서의 인간의 가치(A Man's Value to Society)》와 윌리엄 제임스 교수의 《교사에게 드리는 말씀(Talks to Teachers)》도 읽어 볼 만한 작품들이다. 앙드레 모로아(Andre Maurois)의 《아리엘, 셸리의 삶(Ariel, A Life of Shelley)》, 바이런의 《차일드 헤럴드의 편력(Child Harold's Pilgrimage)》, 로버트 루이스 스티븐슨의 《당나귀와의 여행(Travles with a Donkey)》도 필독서 목록에 포함시켜야 한다.

또한 랠프 월도 에머슨과 매일 벗이 되어라. 그의 유명한 첫 에세이인 《자기신뢰(Self-Reliance)》로 그와 만나고, 다음과 같은 강렬한 문장들의 속삭임에 귀를 기울여라.

당신의 숨어 있는 확신을 이야기하면 그것은 일반적인 관념이 될 것이다. 그 이유는 항상 가장 안쪽이 가장 바깥쪽이 되고, 우리의 처음 생각은 최후 심판일에 나팔 소리와 함께 우리에게 돌아올 것이기 때문이다. 마음의 목소리는 서로에게 친숙하나니, 우리가 모세와 플라톤, 밀턴에게서 발견하는 가장 위대한 점은 그들이 책과 전통을 무시했고, 다른 사람들이 한 말을 그대로 옮기지 않고 자기 자신의 생각을 말했다는 점이다. 우리는 시인이나 현자들의 눈부신 반짝임보다 자신의 깊은 내면에서 반짝이는 빛을 보는 법을 배워야 한다. 하지만 우리는 단지 자신의 생각이라는 이유로 그 생각을 경솔하게 삭제해 버린다. 모든 천재의 작품에서 우리는 우리가 거부한 그 생각을 발견한다. 위대한 예술 작품들이 우리에게 가르쳐 주는 가장 감동적인 교훈은 바로 이것이다. 그것들은 아무리 수많은 목소리가 반대쪽에서 크게 떠들어 댄다고 해도 우리 자신의 자연스러운 느낌을 즐겁고도 우직하게 따르라고 가르친다. 그렇게 하지 않으면 당장 내일 어떤 낯선 이가 우리가 항상 생각하고 느껴 왔던 것과 정확히 똑같은 내용을 양식과 위엄이 넘치는 목소리로 외칠 것이다. 그러면 우리는 부끄러워하며 우리 자신의 의견이었던 것을 다른 이의 입을 통해 듣게 될 것이다.

교육을 받는 과정에서 모든 사람은 다음과 같은 확신에 도달할 때가 있다. 즉, 질투는 무지이고, 모방은 자살 행위이며, 좋든 나쁘든 나 자신은 스스로 책임져야 하고, 광활한 우주는 좋은 것들로 가득하지만 내가 땅을 갈고 땀을 흘리는 수고를 하지 않으면 곡식 한 알조차도 내게 돌아오지 않는다는 확신이다. 자기 안에 있는 힘은 사실상 새로운 것이고, 나 이외에는 어느 누구도 내가 무엇을 할 수 있을지 알지 못하며, 실제로 시도해 보기 전까지는 나 자신도 절대 모른다.

하지만 우리는 아직 최고의 작가들을 언급하지 않았다. 그들은 누구일까? 헨리 어빙 경은 그가 생각하는 최고의 책 100권의 목록을 뽑아 달라는 부탁을 받았을 때 이렇게 답했다.

"그 어떤 양서 100권보다 내게 있어서는 성경과 셰익스피어, 이 둘을 공부하는 것이 제일 유익합니다."

그의 말이 옳다. 그가 말한 위대한 영문학의 두 샘물을 깊게, 오래 그리고 자주 들이켜라. 이제 석간신문은 옆으로 치우고 이렇게 말하라. "셰익스피어 씨, 오늘 밤 제게로 와서 로미오와 줄리엣, 맥베스와 그의 열정에 대해 말해 주세요."

이렇게 하면 당신에겐 어떤 이득이 생길까? 당신의 언어는 자신도 의식하지 못하는 사이에 점차 아름다움과 품위의 옷으로 갈아입게 될 것이고, 당신은 책 속에 있는 당신 친구들의 영광과 아름다움, 그리고 위엄을 얼마간 반향하기 시작할 것이다. 괴테(J. W. von Goethe)는 이런 말을 했다.

"당신이 어떤 책을 읽고 있는지 말해 주시오. 그러면 나는 당신이 어떤 사람인지 이야기해 주겠소."

의지력과 좀 더 세심한 시간 관리 외에 내가 제안한 이 독서 프로그램을 따르는 데 필요한 것은 거의 없을 것이다.

• 마크 트웨인의 비밀

마크 트웨인은 어떻게 언어의 마술사가 되었을까? 젊었을 때 그는 미주리 주에서 네바다 주까지 매우 느린 데다 고통스럽기까지 한 역마차 여행을 한 적이 있다. 그는 승객과 말들을 위한 음식과 함께 때로는 물을 실어 나르기도 했다. 필요 이상의 무게는 안전에 심각한 위험을 초래할 수도 있었고 모든 짐은 온스 단위로 요금을 부과해야 했음에도, 그는 산길을 지나거나 사막을 건널 때는 물론 산적과 인디언이 많은 지역을 지날 때도 항상 웹스터 사전을 가지고 다녔다. 그는 언어의 달인이 되기를 원했고, 그 특유의 용기와 상식으로 그 목표를 이루는 데 필요한 일들을 해 나갔다.

피트와 채텀 경은 사전의 모든 페이지와 단어를 하나도 빼놓지 않고 두 번씩 연구하기도 했다. 브라우닝 역시 매일 사전을 탐독하며 그 안에서 가르침과 즐거움을 발견했다. 링컨의 전기 작가 니콜레이와 헤이에 따르면 그는 '해가 질 무렵 자리에 앉으면 글자가 보이지 않을 때까지 사전을 읽었다'고 한다. 이들이 예외적으로 특이한 사람들이 아니라, 유명한 작가와 연사는 모두들 이와 똑같은 과정을 거쳤다.

우드로 윌슨의 영어 솜씨는 매우 뛰어났다. 예를 들어 독일에 선전 포고를 해야 했을 때 그가 썼던 글은 확실히 문학의 반열에 들 만하다. 말을 배열하는 법을 그가 어떻게 익혔는지 그의 입을 통해 직접 들어보자.

"아버지는 식구들이 부정확한 표현을 사용하는 것을 용납하지 않으셨습니다. 누구라도 실수를 하면 바로잡아 주셨고, 낯선 말은 즉시 설명해 주셨으며, 다른 이들과 대화를 할 때 그 말을 사용하게 함으로써 그것이 우리 기억 속에 깊이 각인되도록 해 주셨습니다."

탄탄한 문장 구성력과 단순하면서도 아름다운 언어 사용으로 유명했던 뉴욕의 한 연사는 최근 대화 도중에 자신이 정확하고 예리한 단어를 선택할 수 있는 능력의 비결이 무엇인지 말해 주었다. 그것은 사람들과 대화할 때나 글을 읽을 때 생소한 말을 접하게 되면 그것을 수첩에 따로 적어 두었다가 잠들기 직전에 사전에서 찾아보고 그것을 완전히 자신의 말로 만드는 것이었다. 만일 이런 식의 자료 수집을 낮에 하지 못하면 퍼날드(Fernald)의 《동의어, 반의어, 전치사(Synonyms, Antonyms and Prepositions)》의 한두 페이지를 공부하고, 완벽한 동의어로 바꿔 사용할 수 있는 말들의 의미를 정확하게 파악한다. 하루에 새로운 단어 하나를 익히는 것이 그의 모토인데, 이는 곧 1년 동안 365개의 새로운 표현 수단을 추가적으로 얻게 됨을 뜻한다. 이 새로운 단어들은 작은 수첩에 기록되고, 그 의미는 낮 시간에 틈틈이 검토된다. 그는 하나의 단어를 세 번 사용하면 온전히 자신의 것이 된다는 사실을 알았다.

• 일상적인 언어 속의 낭만적인 사연

사전을 이용할 때는 단어의 의미뿐만 아니라 그 어원도 찾아보라. 그것의 역사, 기원은 흔히 정의 뒤에 괄호로 묶여 표시되어 있다. 당신이 매일 사용하는 말이 지루하고 활기 없는 표현이라는 생각은 잠시 접어라. 그것들을 깊이 살펴보면 각각 특유의 느낌과 개성이 들어 있고, 그 안에는 낭만적인 사연이 있음을 알 수 있다.

가령 "식료품 가게에 전화해서 설탕을 주문해(Telephone the grocer for sugar)."라는 일상적인 말을 할 때도 우리는 많은 외래어를 사용해야 한다. 텔레폰(telephone, 전화하다)이란 말은 '멀리'를 의미하는 텔레(tele)와 '소리'를 뜻하는 폰(phone)이란 두 그리스어로 만들어졌다. 그로서(grocer, 식료품 가게)라는 말은 고대 프랑스어인 그로시어 (grossier)에서 나온 말인데, 라틴어 그로세리어스(grossarius)에서 유래한 이 단어의 뜻은 '도매로 물건을 파는 이'에 해당한다. 슈거(sugar, 설탕)란 말도 프랑스어에서 온 것인데, 그 단어는 스페인어에, 스페인어는 아랍어에, 아랍어는 페르시아어에 그 기원을 두고 있다. 페르시아어의 세리커(shaker)는 '사탕'을 말하는 산스크리트어 카카라 (carkara)에서 나온 단어다.

당신은 어떤 회사에서 일하거나, 그것을 소유하고 있을지 모른다. 여기에서의 회사, 즉 컴퍼니(company)라는 단어는 고대 프랑스어인 컴퍼니언(companion)에서 유래된 것인데, 이는 '함께'라는 컴(com)과 '빵'이라는 파니스(panis)가 합쳐진 말이다. 따라서 컴퍼니언은 '빵을 함께 나누는 사람'을 말하고 컴퍼니는 빵을 만들기 위해 모은 사람들을 뜻한다. 봉급(salary)은 '소금(salt)을 살 돈'을 의미한다. 로마 군인들은 소금을 사는 데 필요한 일정 금액의 돈을 따로 지급받았는데, 장난이 심한 한 사람이 자신의 전체 급료를 '소금을 사기 위한 돈'이라는 뜻으로 샐러리엄(salarium)이라고 지칭함으로써 속어를 만들어냈고, 이것이 훗날 품위 있는 영어로 자리 잡게 되었다. 당신이 지금 보고 있는 책(book)은 사실 글자 그대로 보자면 너도밤나무(beech)를 가리킨다. 예전에 앵글로 색슨 사람들은 너도밤나무나 그 목재의 판을 깎어 글을 적었다. 지갑에 있는 달러(dollar) 역시 글자 그대로 보면 골짜기(valley)라는 뜻이다. 달러는 16세기 성 요아킴 계곡(Thaler ordaleorvalley)에서 처음 만들어졌다.

'문지기'라는 뜻의 제니터(janitor)와 '1월'을 의미하는 '재뉴어리

(January)'라는 단어는 로마에 살던 에트루리아인 대장장이 이름에서 나온 것인데, 그는 자물쇠와 빗장의 전문 제조자였다. 그는 죽어서 이교의 신으로 신격화되었고, 두 방향을 볼 수 있게 두 개의 얼굴을 지닌 것으로 묘사되었고, 문을 여닫는 것과 관련을 갖게 되었다. 따라서 한 해의 끝과 시작에 위치한 달은 January, 혹은 야누스(Janus)의 달이라고 불린다. 즉, January나 janitor란 말은, 예수가 탄생하기 1,000년 전에 제인이란 부인과 함께 살았던 한 대장장이의 이름을 기리는 것과 같다.

'7월'인 줄라이(July)는 줄리어스 시저(Julius Caesar)의 이름에서 가져온 것이고, 아우구스투스(Augustus) 황제는 그에 뒤처지지 않기 위해 7월의 다음 달을 어거스트(August, 8월)이라고 명했다. 하지만 당시 8월은 30일밖에 없어서 아우구스투스는 줄리어스의 이름을 딴 달보다 더 짧은 일수의 달에 자신의 이름이 사용되는 것을 원치 않았고, 결국 2월에서 하루를 8월로 가져왔다. 이 허영심이 빚어 낸 도둑질의 증거는 집에 걸린 달력에 분명히 나타나 있다. 이 정도면 단어의 역사를 살펴보는 일도 꽤나 흥미롭지 않은가?

atlas, boycott, cereal, colossal, concord, curfew, education, finance, lunatic, panic, palace, pecuniary, sandwich, tantalize와 같은 단어들의 어원을 큰 사전에서 찾아보라. 그 단어들은 훨씬 더 재미있고 다채로워질 것이며 그것들을 사용할 때의 흥미나 즐거움도 한층 커질 것이다.

• 한 문장을 104번 고쳐 쓰다

당신이 의미하는 것을 정확하게 전달하고 생각의 가장 미묘한 차이를 제대로 표현하기 위해 노력하라. 이것은 결코 쉬운 일은 아니어서 경험이 많은 작가들조차도 힘들어하는 것이 사실이다.

패니 허스트(Fanny Hurst)는 한 문장을 50번에서 100번까지 고쳐 쓴 적도 있다고 했다. 나와 대화를 했던 며칠 전에도 그녀는 한 문장을 104번 고쳐 썼다고 고백했다. 그녀는 〈코스모폴리탄〉지에 이야기 한 편당 2,000달러를 받을 정도로 유명한 작가였다. 마벨 허버트 우르너(Mabel Herbert Urner)는 신문사들에 배급될 예정이던 한 단편 소설에서 겨우 한두 문장을 없애느라 오후를 다 보낸 적이 있다고 털어놓았다.

구버너 모리스(Gouverneur Morris)는 리처드 하딩 데이비스가 정확한 표현을 찾기 위해 끊임없이 노력한 과정을 말해 주었다.

"그가 소설에서 사용한 모든 표현들은 자신이 생각해 낼 수 있었던 무수한 표현들 중에서도 가차 없고 냉정한 평가를 통해 고르고 또 고른 뒤 가장 적합한 것들만을 추려 낸 것이다. 각각의 어구와 단락, 페이지, 심지어 전체 이야기까지도 셀 수 없이 여러 번 고쳐 쓰는 과정 끝에 만들어졌다. 그의 작업에서 근간이 된 것은 '삭제의 원칙'이었다. 가령 자동차가 대문으로 들어오는 것을 표현하고자 할 때, 일단 그는 가장 예리한 관찰자의 눈으로 그 장면과 관련된 모든 사항들을 하나도 빠뜨림 없이 세세히 묘사한 뒤, 그렇게 열심히 공들여 쓴 세부 사항들을 하나씩 지워 나가기 시작했다. 각각의 삭제가 끝난 뒤에는 '그림이 남아 있는가?'라고 스스로에게 물어본다. 만약 남아 있지 않으면 자신이 삭제한 내용을 다시 살리는 대신 다른 어떤 것을 없애는 시도를 해 본다. 이런 과정을 계속하다 보면 어느 순간 완벽하고, 얼음처럼 투명하게 빛나는 멋진 그림 하나가 남게 된다. 그의 이야기와 로맨스들은 이런 즐거운 그림들로 꾸며져 있다."

이 강의를 듣는 대부분의 학생들은 위에 말한 작가들처럼 그토록 절실하게 단어를 찾을 만한 시간이나 의향이 없을 것이다. 지금까지의 예들은 성공한 작가들이 얼마나 단어와 표현을 중요하게 생각하는지를 당신에게 보여 주기 위해서, 또 당신이 올바른 언어 사용에 많은 관심을 가지길 바라는 마음에서 인용한 것이다. 연설 도중에 연설가가 자신이 전하려는 의미의 미묘한 차이를 표현해 줄 단어를 찾느라 말을 더듬는 모습은 보기 좋지 않다. 다만 그는 일상에서 정확한 표현을 찾는 것을 습관화해서 그것이 무의식적으로 나올 수 있게 해야 한다. 그러나 실제로는 전혀 그렇지 못하다.

밀턴은 8,000개의 단어를, 셰익스피어는 1만 5,000개의 단어를 사용했다고 한다. 표준 사전에 등록된 어휘 수는 45만 개 정도임에 반해, 보통 사람들이 사용하는 단어의 수는 약 2,000개에 불과하다. 몇 개의 동사와 그것을 연결할 수 있는 연결사, 약간의 명사, 그리고 무자비로 남발되는 형용사가 전부인 것이다. 사람들은 너무 게으르거나 먹고살기 바빠 정확한 표현을 위한 훈련은 시도조차 할 수 없다. 그 결과는 어떨까? 구체적인 예를 들어 보겠다. 예전에 나는 콜로라도의 그랜드 캐니언에서 잊을 수 없는 날을 보냈다. 어느 날 오후 나는 한 부인이 중국산 차우차우 종 개 한 마리, 관현악 발췌곡 그리고 사람의 성격과 그랜드 캐니언을 묘사하는 데 있어 오직 하나의 형용사, '아름다운(beautiful)'만을 사용하는 것을 보았다.

그렇다면 그녀는 '아름다운' 대신 어떤 말을 할 수 있었을까? 다음은 로제(Roget)의 《동의어 사전(Treasury of Words)》에 나온 '아름다운(beautiful)'의 동의어들이다. 이 중에서 그녀는 어떤 형용사를 사용했어야 했을까?

아름다운(beautiful), 황홀한(beauteous), 잘생긴(handsome), 귀여운(pretty), 사랑스런(lovely), 우아한(graceful), 품위 있는(elegant), 최고의(exquisite), 고상한(dainty), 섬세한(delicate).

미모의(comely), 고운(fair), 매력적인(goodly), 예쁘장한(bonny), 멋있는(good-looking), 미모의(well-favored), 모양 좋은(well-formed), 팔등신의(well-proportioned), 볼품 있는(shapely), 균형이 잘 잡힌(symmetrical), 조화로운(harmonious).

밝은(bright), 눈이 맑은(bright-eyed), 장밋빛 뺨의(rosy-cheeked), 밝은(rosy), 혈색 좋은(ruddy), 꽃다운(blooming), 활짝 꽃핀(in full bloom).

산뜻한(trim), 말끔한(trig), 단정한(tidy), 깔끔한(neat), 맵시 있는(spruce), 세련된(smart), 멋진(jaunty), 날씬한(dapper).

찬란한(brilliant), 빛나는(shining), 반짝거리는(sparkling), 눈부신(radiant), 화려한(splendid), 휘황찬란한(dazzling), 타는 듯한(glowing), 윤기 있는(glossy), 매끄러운(sleek), 윤택한(rich), 호화로운(gorgeous), 최고의(superb), 웅장한(magnificent), 장엄한(grand), 훌륭한(fine).

예술적인(artistic), 심미적인(aesthetic), 회화적인(picturesque), 그림 같은(pictorial), 매혹적인(enchanting), 매력적인(attractive), 어울리는

(becoming), 장식적인(ornamental).

완벽한(perfect), 흠 잡을 데 없는(unspotted), 티 없는(spotless), 순결한(immaculate), 온전한(undeformed), 깔끔한(undefaced)

쓸 만한(passable), 풍채 좋은(presentable), 꽤 좋은(tolerable), 나쁘지 않은(not amiss)

로제의 이 책은 그의 다른 책《유의어 사전(Thesaurus)》의 축약판으로 매우 유용하다. 나는 글을 쓸 때 이 사전을 옆에 두고, 필요에 따라 보통 사전보다 열 배나 더 많이 보기도 한다.

로제는 이 사전을 만들기 위해 오랜 세월 동안 열심히 노력했지만, 당신은 값싼 넥타이 한 개 값으로 그것을 책상에 두고 평생 볼 수 있다. 이 책은 도서관 책꽂이 위에서 먼지로 뒤덮일 책이 아니라 끊임없이 사용해야 하는 도구다. 글을 쓰거나 말을 다듬고 광택을 낼 때, 혹은 편지를 쓰거나 업무보고서를 쓸 때도 이 책을 활용하라. 그러면 당신의 어휘력은 두세 배 늘어날 것이다.

• 진부한 표현은 피하라

정확한 것 외에도 신선하고 독창적으로 표현할 수 있도록 노력하라. 다른 사람을 신경 쓰지 말고 사물을 내가 본 그대로 표현할 수 있는 용기가 있어야 한다. 가령 대홍수가 끝나고 얼마 지나지 않아 독창적인 누군가가 아주 냉정하고 침착하다는 뜻을 표현하기 위해 처음으로 '오이처럼 차가운(cool as a cucumber)'이란 비유를 사용했다. 당시로서는 이 표현이 새로운 것이었기에 매우 신선하게 여겨졌다.

아마도 고대 바빌론의 벨사살 왕이 열었던 그 유명한 축제 때까지만 해도 식후 만찬 연설에서 유용하게 사용할 수 있을 정도로 매력적인 표현이었을 것이다. 하지만 요즘 시대에 자신의 표현에 자부심을 가지고 있는 사람이라면 과연 누가 틀에 박혀 진부하기 짝이 없는 그 표현을 사용할 수 있을까?

아래는 차가움이나 냉정함을 나타내는 표현들이다. 닳고 닳아 너덜너덜해진 '오이'라는 비유만큼 효과적이면서도 훨씬 더 신선하고 새롭게 다가오지 않는가?

개구리처럼 차가운

아침의 열탕 주머니처럼 차가운

탄약을 꽂는 대처럼 차가운

무덤처럼 차가운

그린란드 얼음산처럼 차가운

진흙처럼 차가운 – 콜리지

거북이처럼 차가운 – 리처드 컴벌랜드

바람에 날리는 눈발처럼 차가운 – 앨런 커닝햄

소금처럼 차가운 – 제임스 휴니커

지렁이처럼 차가운 – 모리스 매터링크

새벽처럼 차가운

가을비처럼 차가운

당신의 기분에 따라 달라지겠지만, 차가움이나 냉정함을 표현할 수 있는 당신만의 독특한 직유적 표현을 한껏 창의적으로 만들어 여기에 적어 보라.

~처럼 차가운(침착한)

~처럼 차가운(침착한)

~처럼 차가운(침착한)

~처럼 차가운(침착한)

~처럼 차가운(침착한)

예전에 나는 미국에서 돈을 가장 많이 받는 잡지 연재소설 작가 캐슬린 노리스(Kathleen Norris)에게 문체 개선 방법에 대해 물어보았던 적이 있는데, 그녀는 이렇게 답했다.

"고전이 된 산문과 시를 읽고, 자신의 글에서 상투적이고 진부한 표현을 삭제하는 것이 중요합니다."

한 잡지 편집자는 출간 의뢰가 들어온 원고에서 진부한 표현이 한두 개 정도만 눈에 띄어도 더 이상 읽지 않고 작가에게 돌려보냈다고 말했다. 독창적인 표현을 하지 못하는 사람은 독창적인 생각도 할 수 없다는 것이 그 이유였다.

언어의 마술사가 되는 방법

1. 우리는 오직 네 가지 방식으로만 사람들과 접촉한다. 즉, 우리의 행동, 우리의 외모, 우리가 하는 말, 그리고 그 말을 하는 방식에 의해 우리는 평가 및 분류된다. 우리는 얼마나 자주 우리 자신이 사용하는 언어로 평가받았던가? 한 세기의 3분의 1에 해당하는 기간을 하버드 대학교 총장으로 재직했던 찰스 W. 엘리엇은 다음과 같이 말한 바 있다. "내가 인간 교육의 필수 요소로 간주하는 유일한 지적 능력은 모국어를 정확하고 세련되게 구사할 수 있는 능력이다."

2. 당신의 언어는 상당 부분 당신이 교제하고 있는 사람들의 수준을 반영한다. 그러므로 링컨이 그랬던 것처럼 문학의 대가들과 교류하는 것이 좋다. 그가 자주 그랬던 것처럼 당신의 저녁 시간을 셰익스피어와 다른 위대한 시인들, 그리고 산문의 대가들과 함께하라. 그러면 당신도 모르는 사이에 그리고 불가피하게 당신의 마음은 풍요로워지고 말투에도 그 교류자들의 품격이 배어 나오게 될 것이다.

3. 토머스 제퍼슨은 "나는 타키투스와 투키디데스, 뉴턴과 유클리드를 위해 신문을 포기했다. 그리고 그로써 더욱 행복해졌다."라고 말했다. 당신도 이것을 따라 보는 것은 어떨까? 신문 읽는 것을 아예 포기하라는 뜻이 아니라, 그저 예전에 그것에 투자했던 시간을 절반으로 줄여 대충 읽어 넘기라는 뜻이다. 그렇게 절약한 시간은 영원한 가치를 지닌 책들을 읽는 데 투자하라. 그런 책들을 20~30페이지 정도 찢어서 주머니 속에 넣고 다니며 틈틈이 읽어 보라.

4. 책을 읽을 때에는 언제나 사전을 옆에 두고 생소한 말이 나올 때마다 찾아보고, 그 사용의 예를 완전히 익혀 머릿속에 각인시켜라.

5. 당신이 사용하는 말들의 어원을 연구해 보라. 그런 말들의 역사는 재미

있고 지루하지도 않으며, 낭만적인 사연으로 가득 차 있을 때가 많다. 예를 들어 '봉급(salary)'은 어원으로만 보면 '소금 사는 돈(salt money)' 이라는 뜻이다. 로마 군인들은 소금 구입에 필요한 돈을 따로 지급받았는데, 어느 날 장난기 많은 누군가가 자기 임금을 '소금 살 돈'이라고 지칭함으로써 일종의 속어를 만들어 냈다.

6. 진부하고 틀에 박힌 표현을 사용하지 말고, 의미 또한 정확히 표현하라. 로제의 《동의어 사전》을 책상 위에 두고 수시로 참조하라. 눈에 보기 좋은 모든 것들을 '아름다운(beautiful)'이라는 단 하나의 형용사로만 표현하지 마라. 다른 유의어를 사용하면 더욱 정확한 의미를 훨씬 신선하고 아름답게 전달할 수 있다. '아름다운'을 대체할 수 있는 단어들로는 아래와 같은 것들이 있다.

잘생긴(handsome), 품위 있는(elegant), 섬세한(delicate), 고상한(dainty), 멋진(jaunty), 날씬한(dapper), 맵시 있는(shapely), 최고의(superb), 휘황찬란한(dazzling), 눈부신(radiant), 웅장한(magnificent), 회화적인(picturesque).

7. '오이처럼 차가운'과 같이 닳고 닳은 비유의 사용은 피하라. 새로움을 추구하고, 독창성을 발휘하여 당신 자신만의 비유를 창조하라.

옮긴이 **베스트트랜스**

세계 여러 곳에 숨겨진 작품을 발굴, 기획하고 번역하는 사람들의 모임이다. 기자, 작가, 편집자들이 최대한 원작의 느낌을 살려 번역하자는 한뜻으로 활동한다. 번역뿐 아니라 창작 집필을 하며 우리 콘텐츠를 국외에 알리는 일에 열정을 쏟고 있다.

데일카네기

인간관계론 · 자기관리론 · 성공대화론

초판 1쇄 펴낸 날 2020년 5월 15일

지은이   데일 카네기
옮긴이   베스트트랜스
펴낸이   장영재
펴낸곳   (주)미르북컴퍼니
자회사   더스토리
전 화   02)3141-4421
팩 스   02)3141-4428
등 록   2012년 3월 16일(제313-2012-81호)
주 소   서울시 마포구 성미산로32길 12, 2층 (우03983)
E-mail   sanhonjinju@naver.com
카 페   cafe.naver.com/mirbookcompany